中華大藏經編輯局編

中華大藏經

漢文部分

二五

中華書局

圖書在版編目(CIP)數據

中華大藏經:漢文部分.第25册/《中華大藏經》編輯局編.
—北京:中華書局,1987.4(2023.6 重印)
ISBN 978-7-101-00033-7

Ⅰ.中…　Ⅱ.中…　Ⅲ.大藏經　Ⅳ.B941

中國國家版本館 CIP 數據核字(2023)第 046628 號

内封題簽:李一氓
裝幀設計:伍端端

中華大藏經(漢文部分)

第二五册

《中華大藏經》編輯局 編

*

中華書局出版發行

(北京市豐臺區太平橋西里 38 號　100073)

http://www.zhbc.com.cn

E-mail:zhbc@zhbc.com.cn

北京虎彩文化傳播有限公司印刷

*

787×1092 毫米 1/16・57 印張・2 插頁

1987 年 4 月第 1 版　2023 年 6 月第 4 次印刷

定價:600.00 元

ISBN 978-7-101-00033-7

中華大藏經（漢文部分）

第二十五册目録

千字文編次　念——名

佛說菩薩內戒經

宋罽賓三藏求那跋摩譯

佛以十五日說戒時文殊師利正衣服以頭腦著佛足起長跪白佛言若有初發意菩薩於道於俗當用何等功德以開化一切衆生使各得成其功德惟佛當以漚惒拘舍羅為我曹分別說之

佛言善哉善哉文殊師利若所問甚深甚深多所過度多所安隱若諦聽諦受吾當為若具說其要各自以意施行之諸在會者及文殊師利皆言受教佛言當先三自歸三尊當言某自歸佛自歸法自歸比丘僧自歸菩薩自歸摩訶薩自歸文殊師利菩薩自歸摩訶般若波羅蜜

某身作惡口言惡意念惡不知故作後不復作菩薩道十万劫常行四等心某從十万劫以来身作惡口言惡意念惡不知故作後不復作

某先世時不行菩薩道今這行菩薩道以弃惡故從今以往晝夜作善不

敢復犯諸惡波藍質兜波初發意菩薩當行六波羅蜜何謂六第一檀波羅蜜布施意行第二尸波羅蜜持戒意行第三羼提波羅蜜忍辱意行第四惟逮波羅蜜精進意行第五禪波羅蜜一心意行第六般若波羅蜜智慧意行若見人分檀布施政心代其歡喜若見人持戒政心代其歡喜若見人忍辱政心代其歡喜若見人精進政心代其歡喜若見人坐禪政心代其歡喜若見人智慧說經政心代其歡喜菩薩當知三願乃為菩薩何謂三一願我當作佛我當作佛時令國中無有三惡道者皆有金銀水精琉璃七寶人民壽無極皆自然飯食衣被五樂倡伎宮殿舍二願我往生阿弥陁佛前三願我世世與佛相值佛當授我莂是為三願合會為十五戒具

菩薩所奉行　惒闍名明師

阿柢利名文殊師利前已過去菩薩皆從波藍質兜波發意行菩薩道自致得作佛無有菩薩道亦無有佛是

故當行菩薩道當作佛
菩薩入松寺有五事入松寺不得著履入松寺不得持繖蓋入松寺當礼佛繞塔三匝入松寺若見不淨汙穢當掃弃入松寺見諸沙門皆當作礼
菩薩行道路有二事若天熱若雨時見有樹木屋舍當讓人先坐若見井水泉水若見人持水當讓人飲若見大溪水極自飲是為二事
菩薩得人飲食時有三事視上下皆令等若不等得當分令等飯已得水飲當讓上座先飲若飲已不得先起去當與衆人俱起是為十法則
第一時
南無佛令受尸四十七戒何謂四十七一者菩薩不得殺生身口意不得念殺生念殺生者不得為菩薩也二者菩薩不得盗他人財物三者菩薩不得淫泆他人婦女四者菩薩不欺怠人五者菩薩不得飲酒六者菩薩不得兩舌七者菩薩不得惡口八者菩薩不得妄言九者菩薩不得綺語十者菩薩不得嫉妬十一者菩薩不

得瞋恚十二者菩薩不得癡疑十三者菩薩不得信邪魔道十四者菩薩不得持惡行教人十五者菩薩當廣方便益布施十六者菩薩不得慳貪十七者菩薩不得貪利他人財物十八者菩薩不得邪心賊害人十九者菩薩不得讒擊人二十者菩薩不得撾捕人二十一者菩薩不得略取良民作奴婢二十二者菩薩不得販賣奴婢二十三者菩薩不得賣妻子與人二十四者菩薩不得男女更相淫戲二十五者菩薩不得至博戲姤女舍二十六者菩薩不得至黄門家二十七者菩薩不得相欺詐二十八者菩薩不得持重稱侵人二十九者菩薩不得持輕稱欺人三十者菩薩不得持大㪷侵人三十一者菩薩不得持小斗欺人三十二者菩薩不得持長尺侵人三十三者菩薩不得持短尺欺人三十四者菩薩不得斷弃牛馬五陰三十五者菩薩不得賣牛馬三十六者菩薩不得賣為駝三十七者菩薩不得賣騾驢三十八者菩薩

不得賣猪羊三十九者菩薩不得賣鷄犬畜生四十者菩薩不得賣經法四十一者菩薩不得至邪魔道家四十二者菩薩不得至擔死人種家四十三者菩薩不得入死喪家四十四者菩薩不得入酒舍四十五者菩薩不得入賣飯舍四十六者菩薩得人飯時心念言我何時當布施與人令飽滿如我今日四十七者菩薩相見心當歡喜如見父母兄弟見他人亦尒无有異若見人作菩薩道行當等心視之不得言某人善某人惡是為四十七戒具菩薩身口意不得犯十惡不得教人犯亦不得勸勉人犯之晝夜思惟我持是戒堅住不動會當得三辦一者得阿惟越致二者得阿惟顔三者當得作佛
第二時
南無佛今受羼阿惟越致法四門何謂四佛二十因緣法二十因緣身二十因緣摩訶般若波羅蜜二十因緣何謂佛二十因緣是為佛多陁阿伽度阿羅呵三耶三佛陁術闍發心所

念天眼洞視豫知他人心中所念遮
蘭那身口心所行三般術闍遮蘭那
三般是三蓋乃成須迦頭須迦頭是
泥洹由迦底多世間之父阿耨多羅
天上天下无有在其上者浮滔沙勇猛
男子曇摩沙羅祁曇摩者涉沙羅祁
者馭法世多提惒摩耨沙那教天上
天下人佛陁波迦惒政蹈地足下平
行時直舉足手足指間肉相連紫磨
金色兩手兩肩項上有浮肉頰車如
師子四十齒政白平出舌入耳入自
入鼻自覆面肉髻是為佛二十種因緣
何謂法二十因緣阿術闍本癡僧迦
羅所為惟然那知衆事那摩留波那
摩名留波眼所見沙羅耶多那福罪
法来至波利眼耳鼻口身意痛痒惒
擅那若病未老時惒毒痛若病已老
怏痛三根那迦摩怛那波惒怛那惟
波惒怛那男子女人所愛樂願欲作
天作人願令我身富貴无有極傴波
他那師使弟子授教作波惒其事成
耶祁天下人生闍羅摩羅那闍老摩
羅那死是為十二因緣生死四意何

謂四身意念痛痒意念意念是為四
意念四神足欲精進意是為四神足
是為法二十種因緣
何謂身二十因緣三事身所作何謂
三煞盗婬身自不煞不得教人煞身
自不盗不得教人盗身自不婬不得
教人婬四事口所作何謂四兩舌惡
口妄言綺語口自不兩舌不得教人
兩舌自不惡口不得教人惡口自不
妄言不得教人妄言自不綺語不得
教人綺語三事意所作何謂三嫉妬
瞋恚癡疑意自不嫉妬不得教人嫉
妬意自不瞋恚不得教人瞋恚意自
不癡疑不得教人癡疑身口意不得
犯是十事不得教人犯是為身口意
法二十種因緣
何謂摩訶般若波羅蜜二十因緣先
世所念欲令一切天下人皆作佛欲
令一切天下人皆洞視欲令一切天
下人皆徹聽波羅質然知人意欲令
一切天下人皆知人意阿耨沙耶阿
耨沙耶然那知一切天下人意所念
欲令一切天下人皆知一切人意所

念因利耶波利浮利耶然那眼耳鼻
舌身意因利佛所知欲令一切天下
人皆知佛現威神然那欲令一切天
下人皆知摩訶迦留祁然那佛慈心
念一切天下人欲令一切天下人薩
惒浮然那皆知一切天下人事欲令
一切天下人皆知一切人事阿那惒
羅然那佛智慧一切天下鬼神天神
龍神皆不能禁制欲令一切天下人
皆知是智慧是為摩訶般若波羅蜜
二十種因緣合會為八十種因緣阿
惟越致菩薩法以是過當来今現在
菩薩是為八十種因緣皆合會是為
菩薩法
第三時
南無佛今受惟逮法二十因緣行之
自知宿命何謂二十有五因緣多福
何謂五禮那福多尸福多念福多所
作善無量福多治政松寺无量福多
是五多福
有五因緣護身何謂五護身護口護
意護尸護戒護是為五因緣護身
菩薩有五意何謂五尸意好心善意

布施意念善道意慧意是為五意合會為二十種因緣行之自知宿命乃致阿耨多羅三耶三菩何謂阿耨多羅天上天下無有在其上者

第四時

南無佛今受四禪法何謂禪法菩薩坐禪一心念佛佛空无所有意便止復念貪婬五所欲已無貪婬五所欲便得一禪

菩薩坐禪一心念法法亦空无所有意便無瞋恚痛痒已无瞋恚痛痒如是便得二禪菩薩坐禪一心念摩訶般若波羅蜜亦空無所有意便无愚癡如是便得三禪

菩薩已得三禪諸惡已盡無所復念意清淨不動不搖便得四禪一心不復轉自然得五旬是為菩薩行禪法

第五時

南無佛今受般若三昧法何謂三昧法菩薩三昧慈哀念一切十方諸天人民父母兄弟妻子怨家債主泥犁薜荔畜生諸在厄難勤苦及人非人薩惒薩皆欲令解脫勤苦得出生人道奉行六波羅蜜阿耨多羅三耶三菩心是為菩薩三昧法

菩薩三昧等心護一切十方諸天人民父母兄弟妻子怨家債主泥犁薜荔畜生中人及非人非薩惒薩皆欲令解脫勤苦富樂安隱發阿耨多羅三耶三菩心是為菩薩三昧法菩薩三昧等意慈心哀愍念一切十方諸天人民父母兄弟妻子怨家債主泥犁薜荔畜生中人非人薩惒薩視之護之如母視護其子一切平等无有異意已平等是為三昧法從是自然得五旬菩薩坐起晝夜思惟常當平心等意尒乃為菩薩三昧法

第六時

南無佛南无菩薩南無摩訶薩今受三昧法如菩薩摩訶薩今我持心所作當如虛空今持虛空作平是故行菩薩道持心視天下万民如一當如視父母兄弟妻子無異當等心視之今我歡喜為十方天下人民作善是為文殊師利菩薩三昧持是三昧戒具者文殊師利菩薩當来與共語持是三昧戒具者是為諸菩薩中最尊是為文殊師利菩薩三昧菩薩摩訶薩文殊師利三昧菩薩坐欲起時叉手念腹中所願言我是菩薩摩訶薩文殊師利菩薩我所作分檀布施用是故我得菩薩道若人從菩薩求自菩薩當以自與之若人從求身菩薩以身與之若人求財物菩薩當以財物與之常當念言我是菩薩文殊師利亦是菩薩今我當諦持是身與不妄菩薩常當念使十方天下人民安隱富樂如使十方人民勤苦我當念令安隱富樂解脫菩薩當諦持身法行菩薩道菩薩當急欲作沙門當持禪波羅蜜我急當至阿弥陁佛所我持是三昧急欲與水精琉璃金銀共會相娛樂文殊師利菩薩惒闍名阿提波羅

阿耨名阿提調

第七時

南無佛南无法南無比丘僧南无諸摩訶薩南無洹耶鳩淄菩薩三昧道住止是故念十方天下人民若在冥

中者我何時當作大光明如日月為十方人民作光明如菩薩當為十方天下人民作大光明是三昧諦持心當政要安心平心當為十方天下人民如日月作光明是菩薩三昧道當為十方天下人民心作平令十方有菩薩十方菩薩行三昧遠等用是明三昧如他菩薩亦用是三昧如洹那鳩溜菩薩問釋迦文佛是三昧云何釋迦文佛黙然无所語洹那鳩溜復問三昧釋迦文佛復無所語洹那鳩溜菩薩自念佛何等心洹那鳩溜知佛心洹那鳩溜便起往為佛作礼洹那鳩溜便揺揵椎十方三昧菩薩皆來會六万菩薩皆前為佛作礼巳皆坐洹那鳩溜問佛當為十方天下人民平心三昧名為何等為月三昧佛語六万菩薩皆平心巳平心諸拘樓檀皆動揺不能住持佛威神安天下是三昧名月三昧巳得聞是三昧者皆當平心行之

第八時

南無佛南无法南無比丘僧南无諸菩薩南無摩訶薩南无文殊師利菩薩我自念命前世時巳行菩薩道自念我巳奉事三百億佛自念我前世為菩薩時常以慈悲喜護之心愍傷一切人非人及蜎蜚蠕動之類恒為之感痛我常以經道勸勵開導之使得入正法遠去惡為善耳不受善惡之聲眼不視好醜之色鼻不嗅臭香之氣口不嗜味味之味身不求麁細之飾意不求可欲之欲我自斷六我自斷三六事不得起耳得定不聞善惡之聲眼得定不視好醜之色鼻得定不嗅臭香之氣口得定不貪著五味身得定不知寒溫之痛痒意得定无復往来之思想身行檀波羅蜜但欲布施眼為尸波羅蜜但欲持戒耳為羼提波羅蜜但欲忍辱鼻為惟逮波羅蜜但欲精進口為禪波羅蜜但欲一心意為般若波羅蜜但欲智慧我常以是六事救濟施惠一切我今来生復得見佛經戒復得奉事三尊我今當復以六事教化一切廣利法門開導衆人使成大道為一切人非人作唱導時當死不犯淨戒時當死死不為欲惑時當死死不為可不可動是我平願人来索身當以與之制其所索我不逆也是為菩薩九時之戒以平等心持之是為持戒所以尒者我為十方諸佛故我為諸經法故我為諸比丘僧故我為諸菩薩摩訶薩故我為十方天下人非人蜎蜚蠕動之類故我持是諸事憂念衆生以故我今得菩薩道行諸菩薩法是故菩薩道難值難聞聞之者皆得阿惟越致我今持我身命歸十方諸佛一心不復退轉

第九時

南無佛南无法南無比丘僧南无諸菩薩南無摩訶薩南无文殊師利菩薩菩薩道難我以身命救濟一切衆生無所愛惜菩薩不作罪亦不畏罪宿命到来怨家債主至菩薩歡喜畢罪亦不怖遽菩薩持法如法持戒如戒菩薩以信故得作佛菩薩博讀衆經悉入諸道順化衆生菩薩常行慈心言語儒軟不中傷人意菩薩與妻

子並居如養怨家常護其意菩薩視女人如虎狼師子如毒虵菩薩不畏愛欲不能動菩薩意菩薩於欲故愛欲不能得沾汙菩薩清淨之行如蓮華不於高山陸地生也菩薩於愛欲中生如蓮華雖淤泥中生不為泥塗所汙也菩薩戒內不戒外也外行如地內戒如水水以清淨儒軟為行地以多容多受為功德也一切百草樹木皆從地得生長一切万物皆從水得生活是故菩薩功德如地如水菩薩山居獨處亦不恐懼菩薩雖居家畜養妻子常如獨處恬然安定無復痛痒思想之念以故菩薩功德尊大巍巍堂堂无端無底无邊無限功德難稱難量是為菩薩十時之戒菩薩常行四等心平等無異已信功德便得一住已得一住便得二住已得二住便得三住已得三住便得四住已得四住便得五住已得五住便得六住已得六住便得七住已得七住便得八住已得八住便得九住已得九住便得十住已得十住便得作佛處

度一切衆生是為菩薩積累功德自致得道其有人隨我諷誦是經者既却諸惡得佛疾也見者聞者一時歡喜者既却已身無央數之罪令得十住信心以致得道常當以月十五日一日一夜誦讀是經其福蓋於三界中莫作限身縛著之行是則遠離功德不為菩薩道也

第十時

南無佛南无法南無比丘僧南无諸菩薩南無揵郍鴿溜菩薩南无文殊師利菩薩菩薩常慈心慇念一切人民見貧者富者豪者貴者卑賤者強健羸瘦怯弱者心常念之欲使齊等常願使十方平如水無山坑人民貧富等等无異壽命長短等等無異豪貴卑賤等等无異求道同心常願俱發大乘之業一切人非人皆發無上正真之道悉有智慧悉行布施无有慳貪悉持經戒悉能忍辱皆能精進一心入定見化三昧皆有漚惒拘舍羅見迷惑者願使之疾見正道陰冥者得覩光明痿者皆使除愈強健各

現色力陸行願使人馬車牛肥壯人手足筋力強健財物安隱船行者東西南北上水下水各得其願船車安隱帆行傑利賈市百倍千倍万倍住止得處賣買便利貴賤各得所願居家者妻子父母公嫗皆使安隱水火盜賊疾病縣官无有居官者常得安隱慈心愛育人民家人富饒無有貧窮憂厄苦劇者是為菩薩十一時戒平等之行善男子善女人聞是歡喜皆得阿惟越致諸天神地神山神皆来侍衛常持是經者一切災害不敢干犯是為菩薩已得神通

第十一時

南無佛南无法南無比丘僧南无諸菩薩摩訶薩南無文殊師利菩薩菩薩從一數二隨三止四觀五還六淨以次得道得須陁洹得斯陁含阿那含得阿羅漢辟支佛皆不於中住得佛道現三十二相八十種好紫金色十種力四無所畏十八法不共八種大音聲亦不於中住菩薩菩薩發乘之業以僧郍僧涅度脫一切人非人

菩薩內戒經 第十八張 念字号

以波羅蜜示現衆人以慈悲喜捨救
濟衆人菩薩以儒軟伏諸鋼強菩薩
以漚惒拘舍羅和合衆人菩薩以謙
恭慈仁安慰衆人菩薩以和悅歡喜
降伏諸惡逆菩薩以道力度諸愚癡
菩薩以貞潔度諸愛欲菩薩以大慈
愍念衆生菩薩以省約絶諸財寶菩
薩以清淨斷諸酔酒菩薩以訥言正
心口忍辱菩薩以經行立於精進菩
薩以少食絶於睡卧菩薩以无欲輕
身強健菩薩以無瞋怒養於道德菩
薩以无嫉妬合聚衆人菩薩以功德
歸流一切人非人是為菩薩十二時
戒平等之行救濟一切衆生是為飛
行菩薩功德具足有善心好意樂聞
是經諷誦讀是者是為十住阿惟顏
菩薩入水不沉入火不燒索頭與頭
索眼與眼索耳與耳割鼻與鼻投身
虎口不惜身命是為菩薩大士尊貴
功德難稱難量無端无底無端无限
不可度量各尊承世尊經戒以自衛
身行與是經合者舉曆得所善加精
進善遠諸惡莫犯是犯是者為菩薩

菩薩內戒經 第十九張 念字号

也是為菩薩具足正戒一生補處旦
暮朝晡當得作佛光明相好皆已照
現是為功德成滿諸善已現威神具
悉一切皆敬伏無敢當菩薩者佛說
菩薩功德十二時正戒竟文殊師利
菩薩及諸来會神通菩薩飛行菩薩
成就菩薩現化菩薩及八方上下諸
菩薩颰陁和菩薩羅鄰那竭菩薩憍
越兜菩薩那迦達菩薩深弥菩薩摩
訶須菩薩惒菩薩因提達菩薩惒輪
調菩薩等合七万二千人皆大踊躍
歡喜各現光明展轉相照各各起正
衣服前以頭腦着地為佛作礼

第十二時

佛說菩薩戒十二時竟文殊師利白
佛言菩薩用何功德得是十住惟顏
天中天分別說之佛言善哉善哉文
殊師利菩薩摩訶薩多所愛念多所
安隱吾當為若具說其要諦聽諦受
文殊師利言受教佛言有十住菩薩
功德各有高下自有次第文殊師利
言何等為十

一住波藍質兜波菩薩法住佛言上

菩薩內戒經 第二十張 念字号

頭見師端正無比視面色无有厭無
有逮者尊貴无有能過者所教授無
有能踰者見佛威神儀法如是便稍
入佛道中轉導之皆隨其意教度既
之見勤苦者皆愍傷之稍稍解曉佛
語信向之新發起意學佛道悉欲得
了知佛智十難處悉欲逮得之何等
為十難處佛十種力是一者當供養
佛二者當隨其所樂當教語之三者
所生處皆尊貴四者天上天下無有
能及者五者佛智悲悉逮得六者世
世所生處得見無央數佛七者佛經
悉逮得八者悉過度諸生死九者今
脫去不久十者悉度脫十方人

二住何等為阿闍浮菩薩法住佛言
有十意念十方人何等為十意一者
悉念世間善二者潔淨心三者皆安
隱四者柔軟心五者悉愛等六者心
念但欲布施與人七者心悉當護八
者念人與我身無異九者心念十方
人我視如師十者心念十方人視如
佛阿闍浮菩薩法當多學經多學經
已當獨處山獨處山當與善師從事

與善師從事當在善師邊當具使當
隨時隨時所作為勇所作為既勇當
學入慧中已所受法當悉持既悉持
悉持法當不忘也既不忘者當安隱
處山所以者何益於十方人故
三住何等為喻阿闍菩薩法住者佛
言入於諸法中用十事何等為十事
一者諸所有皆無常二者諸所有皆
勤苦三者諸所有皆虛四者諸所有
皆非我所五者諸所有皆无主六者
諸所有皆無利也七者諸所有皆无
所止八者諸所有皆無所處九者諸
所有皆无所著十者一切無所有諸
法悉入一法中一法悉入諸法中是
為喻阿闍菩薩教法
四住何等為闍摩期菩薩法住者佛
言常願於佛處生有十事一者不復
還二者多深思於佛三者深思於法
四者念比丘僧視十方人五者思惟
万物皆無所有六者十方佛剎皆虛
空七者宿命所作了无所有八者所
有如幻皆虛空九者諸所勤苦無所
有十者泥洹虛空亦无所有用是故
生於佛法中是為闍摩期菩薩教法
五住何等為波喻三般菩薩法住者
佛言所作功德悉度十方人有十事
一者悉護十方人二者悉念十方人
善三者悉念十方人悉令安隱四者
悉愛十方人五者悉哀念十方人六
者悉念十方人莫使作惡七者悉引
十方人著菩薩道中八者悉清淨於
十方人九者悉度脫十方人十者悉
使十方人般泥洹是為波喻三般菩
薩教法
六住何等為阿者三般菩薩法住者
佛言有十法深哀愍心一者用人說
佛善惡心无有異二者說經法善惡
心無有異三者說菩薩善惡心无有
異四者求菩薩道人共相道善惡心無
有異五者人言十方人有多少心无
有異六者觀十方人展轉相道善惡
心無有異也七者中有人說言十方
人易脫難脫心无有異八者若有人
聞說法多少心無有異九者有人說
法壞心无有異十者有法處無法處
心无有異是為阿者三般菩薩教法
七住何等為阿惟越致菩薩法住者
佛言有十事堅住不動一者言有佛
無佛不動還二者有法无法不動還
三者有菩薩無菩薩不動還四者有
求索菩薩无求索菩薩道者不動還
五者持法得不動還六者有諸過去
佛無諸過去佛不動還七者有諸當
来佛无諸當来佛不動還八者有現
在佛無現在佛不動還九者佛智慧
盡不盡不動還十者當來過去現在
世事呼若種不動還是為阿惟越致
菩薩教法
八住何等為鳩摩羅浮童男菩薩法
住者佛言菩薩於十事中住一者身
所行口所言心所念悉淨絜二者無
有能得長短者三者心一反念在所
欲生何所四者十方人知誰慈心者
五者十方人所信用悉知六者十方
人若干種悉知七者十方人所作為
悉知八者十方諸佛剎土成敗悉知
九者得神足念飛在所至到十者諸
悉淨絜是為鳩摩羅浮童男菩薩教法
九住何等為喻羅闍菩薩法住者佛

菩薩內戒經　第二十四張　念字號

言用十事得一者十方人所出生悉知二者十方人所繫恩愛悉知三者十方人所念本末所從來悉知四者十方人所作宿命所趣向悉知五者若干種諸法悉知六者十方人所念若干種變化悉知七者諸佛剎善惡壞敗悉知八者過去當來現在無央數世事悉知九者十方人等不等悉知十者教授十方人說虛空法悉知是為喻羅閻菩薩教法

十住何等為阿惟顏菩薩法住者佛言菩薩入於十智中能分別知有十事一者何因當感動十方諸佛剎中二者當明无央數佛剎中三者我日日當署置無央數佛剎中菩薩四者我日日當度脫无央數佛剎中民人五者我當安隱無央數佛剎中衆生六者十方人莫不聞我聲歎善得度脫者七者悉念十方人民使得佛道皆捨家作沙門八者十方人所思想善惡我悉知之九者十方人我悉當內著佛道中悉使發菩薩意十者十方人我悉當度脫是阿惟顏菩薩

菩薩內戒經　第二十五張　念字號

了不能及知阿惟顏身所行口所言心所念所作為了不能及知阿惟顏菩薩事亦不能知神足念不能知飛行亦不能遠知阿惟顏菩薩當來過去今現在事是為阿惟顏菩薩教法

佛說菩薩內戒經

佛說菩薩內戒經

校勘記

一　底本，金藏廣勝寺本。

一　一頁中二行譯者「宋北印度」，資作「宋」；磧、南、徑、清作「劉宋」。

一　一頁中一一行第五字「爲」，資、磧、南、徑、清作「爲說」。

一　一頁中一八行及本頁下末行「菩薩道」，資、磧、南、徑、清作「菩薩」。

一　一頁中二一行第一一字「這」，資、磧、南、徑、清作「適」，下同。

一　一頁下五行第三字「逮」，資作「建」。

一　一頁下七行「政心」，資、磧、南、徑、清作「正心」，下同。

一　一頁下一八行第一三字「十」，資、磧、南、徑、清作「千」。

一　一頁下二〇行第三字「所」，資、磧、南、徑、清、麗作「所當」。

一　二頁上二行「松寺」，資、磧、南、徑、清作「塔寺」，下同。

一　二頁上三行首字「姦」，資、磧、南、徑、清作「屐」；麗作「姦」。

一　二頁上一五行「今受尸」，資、磧、徑、清作「今受尸羅」；南作「今受尸羅」。

一　二頁中八行「略取」，石、資、磧、南、徑、清、麗作「掠取」。

一　二頁中九行「敗責」，石、資、磧、

南、徑、清、麗作「販賣」。
二頁中一一行「男女」，資、磧、南、徑、清作「男子」。
二頁中一二行第一三字「妬」，資、磧、南、徑、清、麗作「婬」。
二頁下一六行「三辦」，資、磧、南、徑、清、麗作「三術」。
三頁上九行第一〇字「肉」，資、磧、南、徑、清作「網」。
三頁上一五行第五字「眼」，資、磧、南、徑、清作「明」。
三頁中一行「意念意念」，資、磧、南、徑、清、麗作「意念心意念法意念」。
三頁中二行第九字「意」，資、磧、南、徑、清、麗作「意慧」。
三頁下一二行「是過」，石、資、磧、南、徑、清、麗作「過去」。
三頁下二二行「尸護」，南作「念護」。
四頁上三行「三耶」，磧、南、徑、清作「三藐」。
四頁上七行末字「止」，資、磧、南、徑、清作「不」。
四頁上二二行「及人」，資、磧、南、徑、清作「人及」。
四頁中五行第九字「非」，資、磧、南、徑、清無。
四頁中一一行「母視護其子」，資、麗作「母視護赤子」；磧、南、徑、清作「母親護赤子」。
四頁下一九行第二字「耨」，石、麗作「祇」。
四頁下末行第二字「止」，資、磧、南作「上」。
五頁上七行末字「明」，資、磧、南、徑、清、麗作「月」。
五頁中五行第八字「蜚」，石、資、磧、南、徑、清作「飛」。
五頁中六行「慼痛」，石、麗作「感痛」。
五頁中九行「味味」，資、磧、南、徑、清作「五味」。
五頁中一四行首字「味」，資、磧、南、徑、清作「味之味」。
五頁中二〇行第二字「常」，資、磧、南、徑、清作「當」。
五頁下一行第七字「死」，資、磧、南、徑、清作「死死」。
五頁下三行第四字「平」，資、磧、南、徑、清作「本」。
五頁下八行「蜎蜚」，磧、南、徑、清作「蜎飛」。
五頁下一七行第五字「難」，麗作「甚難」。
五頁下二〇行「怖遽」，資、磧、南、徑、清作「怖懼」。
五頁下末行「儒軟」，磧、南、徑、清作「懦軟」。
六頁上一行第二字「並」，石作「共」。
六頁上三行第一一字「於」，資、磧、南、徑、清、麗作「捨」。
六頁上五行第六字「陸」，石作「陵」。
六頁上六行第七字「淤」，資、磧、

一 南、經、清作「於」。
一 六頁上八行，七頁上二行「儒軟」，資、磧、南、經、清作「懦軟」。
一 六頁中二二行「正道」，磧作「王道」。
一 六頁下二行「葝力」，資、磧、南、經、清、麗作「筋力」。
一 六頁下四行「條利」，資、磧、南、經、清作「調利」。
一 六頁下五行第二字「得」，石作「得使」。
一 六頁下六行第一〇字「使」，經作「得」。
一 六頁下八行第二字「慈」，資、磧、南、經、清作「發」。
一 六頁下二二行「菩薩菩薩」，資、磧、南、經、清、麗作「菩薩」。
一 七頁上一八行第九字「割」，資、磧、南、經、清、麗作「匃」。
一 七頁上二〇行「無端」，南、經、清作「無邊」。
一 七頁上二二行「舉唇」，南、經、清作「舉止」。
一 七頁上末行第一二字「爲」，資、磧、南、經、清、麗作「非爲」。
一 七頁中一一行首字「調」，資、磧、南、經、清、麗作「稠」。
一 七頁中一一行「二千」，石作「三千」。
一 七頁中一九行第六字「若」，南、經、清作「汝」。
一 七頁中末行末字「止」，資、磧、南、磧、清、麗作「上」。
一 七頁下一三行末字「今」，資、磧、南、經、清作「令」。
一 七頁下一五行「何閣浮」，石、資、磧、南、經、清、麗作「何闍浮」，下同。
一 七頁下一六行「十方人」，資、磧、南、經、清作「十方人等」。
一 八頁上二行「爲既」，資、磧、南、經、清作「既爲」。
一 八頁上三行第五字「已」，資、磧、南、經、清、麗作「心」。
一 八頁中三行第四字「作」，資、磧、南、經、清作「信」。
一 八頁中二一行首字「聞」，資、磧、南、經、清無；麗作「言」。
一 八頁下一一行「若種」，資、磧、南、經、清作「若動」；麗作「若干種」。
一 九頁上四行「所作宿命」，資、磧、南作「所住言命」；經、清作「所住宿命」。
一 九頁中末行「內戒經」，石、資作「內戒經一卷」。

優婆塞五戒威儀經一卷　念

宋罽賓三藏求那跋摩譯

佛者衆聖尊　神通應自在　隨類處身形
音聲亦復尒　見聞獲安隱　莫不信向心
是故我歸命　願普如世尊　甚深菩薩戒
功德難思議　受者獲安隱　福慧日夜生
諸佛常護念　万行漸滿盈　六度四等意
普度諸群盲　手足初莫犯　節言順所行
常樂在定意　是名真比丘　質直離諂曲
常與賢聖俱　愛衆猶養己　是名真菩薩

諸大德一心諦聽諦聽善思念之我今欲說三世諸佛菩薩成就利益一切衆生功德戒如是住菩薩戒者有四波羅夷法何等為四若菩薩為利養故自讚毀他是名菩薩波羅夷若菩薩多饒財物貧苦之人來從乞索菩薩慳貪無有慈心乃至不施一錢之物有求法者乃至不為說於一偈是名菩薩波羅夷若菩薩瞋於前人惡言罵辱加以手打及以杖石意猶不息前人求悔善言懺謝菩薩猶瞋憤結不解是名菩薩波羅夷若菩薩自謗菩薩法藏若見人謗善可其言既自不信反助他言若心自解或從他受是名菩薩波羅夷如是菩薩四波羅夷菩薩於中不應犯一何況具犯若有犯者不名菩薩現身不能莊嚴菩提亦復不能令心寂靜是似菩薩非實菩薩犯有三種有軟中上若軟中心犯是不名失若是增上心犯是名為失何者是上若犯上四數數樂犯心无慚恥不自悔責是名上犯菩薩雖犯於上四事不即永失如比丘犯四即為永弃菩薩不尒何以故比丘犯四更無受路菩薩雖犯脫可更受是故不同略有二事失菩薩戒一捨菩提願二增上惡心除是二事若捨此身戒終不失從是以後生生之處常有此戒若不憶念更遇善友而更受者不名新得如是菩薩戒者應當識知犯不犯事輕重之相軟中上異如是住菩薩戒者日應供養諸佛若塔若像次供養法若行法人及菩薩藏大乘經典供養衆僧及十方土住於大地諸菩薩等於日夜中供養三

寶隨其力能乃至一念一礼一四句誦信心供養勿令有廢若不恭敬憍墮心者犯重垢罪若妄誤者犯輕垢罪不犯者若病若狂若有淨心逮菩薩地如須陁洹得不壞淨心常能供養三寶不絕是名不犯菩薩不知猒足貪著利養不制心者犯重垢罪不犯者雖貪利養常生悔心我當精進断除是意極自制御貪心猶起若取小利助断大貪是名不犯

菩薩見上座尊長耆宿德同師同學生憍慢心及瞋惡心不起承迎礼拜避座設有言語餘談不聽若有所問不如實荅者犯重垢罪若無慢瞋恚癡之意直以懶惰无記散心犯輕垢罪不犯者若病若狂若時睡眠若聽法說法若先共他人語若為調伏滅惡增善若有僧限護多人意是名不犯

菩薩檀越来請若於自舍若僧寺內給施所須菩薩憍慢瞋恚輕賤不往受者犯重垢罪若懶惰不往犯輕垢罪不犯者若病若狂若遠若道嶮難若為調伏滅惡增善若失受請若為

修善若聽未聞若知請主欲相惱故若有僧限護多人意是名不犯

菩薩從他人邊得金銀琉璃種種雜寶所須之物及地中伏藏無主財物皆應取之念當轉施若惡心瞋故不取者犯重垢罪若作是心我不與人而作因緣若懶惰心犯輕垢罪不犯者若是狂心若為調伏滅惡增善若知受已必生愛著若知施已生悔若知施主施故發狂若慮施主施已窮苦若知施物三寶所有若知施物劫盜所得若知受已多得苦惱所謂王難賊盜死亡繫閉惡聲流布擯令出境界是名不犯菩薩他来求法以瞋惡心憎嫉他故不與說者犯重垢罪若懶惰心不與說者犯輕垢罪不犯者若外道求法應還譏刺若病若狂若為調伏滅惡增善若知前人不解其義若前人不敬不如法事若前人鈍根不解深法恐生邪見若知聞已破失本心壞滅正法若知聞已必向非器宣說其事是名不犯

菩薩見惡衆生犯戒毀禁作衆罪行

菩薩自知能化為善若惡心瞋心捨不教者犯重垢罪何以故菩薩不於身口意淨持戒人邊起於悲心若見惡人犯戒毀禁作衆罪行極生悲心是故有犯不犯者若狂若為調伏滅惡增善若有僧限護多人意是名不犯

菩薩如佛所制波羅提木叉及結毗尼欲使不信者信已信者增此聲聞戒及菩薩戒等无有異何以故聲聞之人順常自為猶欲學令不信者信信者增何況菩薩所修學常為衆生豈不能尒是故名同不犯

如佛所制聲聞之人應少欲作少因緣事菩薩不尒何以故順求自利不為他人是聲聞好菩薩若尒則不名菩薩為他人故所可受衣乃至百千從非親里婆羅門居士盡力所求如衣鉢亦如是為他人故及應乞縷教織師織斋憍奢耶衣受取金銀乃至百千如是之事與聲聞異若菩薩本為衆生而瞋惡心少作少因緣事放捨衆生獨居其所者犯重垢罪若懶惰心少欲少事居其所者犯輕垢罪

菩薩有五非法一諂二華三相四以利求利五邪命有此五事以不為愧不制不息者犯重垢罪不犯者覺是非法常欲制之是名不犯

菩薩戲笑散乱高聲唱說作非威儀令他人笑為衆所輕者犯重垢罪若是宿習妄誤作者犯輕垢罪不犯者覺是非法常欲制之若外人瞋恚欲調伏故若人苦惱為令懌故若欲攝取戲笑故若二人共諍為和合故是名不犯菩薩如是見如是語菩薩不應樂於涅槃不應背涅槃不應畏煩惱不應滅煩惱何以故菩薩三阿僧祇往來生死故如是語者犯重垢罪何以故如菩薩樂於涅槃畏於煩惱比於聲聞千万倍不可為喻何以故聲聞之人順自為已菩薩常為一切衆故菩薩雖處有漏於滅煩惱而得自在過於羅漢處無漏者上若菩薩起身口業應自防護莫使他人懱惰罪若故不自護使他惰罪者犯重垢罪若不作意自護放散所作生他罪者犯輕垢罪不犯者若外道若隨出家

如法所作若值多瞋惡人是名不犯

菩薩見前衆生須加杖痛然後有利自護不治者犯輕垢罪不犯者若利少苦多是名不犯

菩薩以罵報罵以瞋報瞋以打報打以牽挽者犯重垢罪

菩薩與他共鬪及共相嫌惡心瞋心若憍慢心不如法悔者犯重垢罪若懶惰放逸一不求悔者犯輕垢罪不犯者若為調伏滅惡增善若彼外道要作非法若彼意鬪怨更增上若知彼人終不受悔若向彼悔起彼重慢是名不犯

菩薩共他嫌恨他如法求悔菩薩惡心不受為惱他者犯重垢罪若无瞋心不受他悔犯輕垢罪不犯者若為調伏滅惡增善若要非法是名不犯

菩薩瞋他受者瞋事不休息者犯重垢罪不犯者若常制之瞋心猶起是名不犯

菩薩受畜徒衆但為給事及與衣食是名不犯菩薩起懶惰意樂於非時食貪著睡眠若倚若卧者犯重垢罪不

犯者若病若狂無巧便若道路行極若常制之是名不犯

菩薩以染著心談說世樂事者犯重垢罪若妄誤說犯輕垢罪不犯者若有人問正心少說若談異聞若談論法事是名不犯菩薩樂欲坐禪知他有法以瞋慢心不能下意從他求受法者犯重垢罪若懶惰心不求受者犯輕垢罪不犯者若病若無巧便若知彼入不順法教於自有巧便多聞攝其心者是名不犯

菩薩起欲界欲不觀對治疾除滅者犯重垢罪不犯者常勤欲滅欲心猶起是名不犯如欲餘蓋亦尒若菩薩貪味於禪著功德者犯重垢罪不犯者常欲捨著著心猶起是名不犯菩薩如是見如是語菩薩不應聽受誦學聲聞法藏菩薩之人用學是為作是語者犯重垢罪何以故菩薩於外道書尚應當學何況佛語不犯者為欲調伏聲聞入大乘故是名不犯

菩薩法藏一向捨置貪學讀誦聲聞經者犯輕垢罪

菩薩有佛經藏不能勤學乃更勤學外道俗典犯重垢罪不犯者若極根利一聞能持同佛語者取用助化以彼妙辯助明佛法於佛法於佛經義意不傾動是名不犯

菩薩欲學外道經典應如上學若於中受樂生著心不如服苦藥者犯重垢罪菩薩若聞菩薩法藏甚深秘密第一實義不思議事純是諸佛菩薩境界於此義中生誣謗心言此義無益非佛所說不能祐利一切衆生作是謗者犯重垢罪不犯者若思惟定義若方便說是名不犯

菩薩聞於甚深義時若不生信以不諂心為生信故應作是念我不應尒我如盲者无有慧眼佛口所說我云何謗如是菩薩自憒由癡是佛境界非我所及若能如是是為正行若意不解不生誹謗是名不犯

菩薩為飲食故以瞋恚心自讃毀他犯重垢罪不犯者若為伏外道若伏憍慢增長佛法若為不信者信已信者增是名不犯

菩薩有說法家若說毗尼處大法會處瞋嫉慢心不往聽者犯重垢罪若懶惰心不往聽者犯輕垢罪不犯者若自不聞又无人喚若病若無巧便若知彼說法不順義理若知說者於已有難若知彼說更无異聞若得惣持自多聞若勤修善根是名不犯

菩薩有人來倩我有事緣當為營辦所謂共去共還營佐衆事有所營了守護財物和合鬪訟經辦飲食修福德業若一二事不為作者犯重垢罪若懶惰不為犯輕垢罪不犯者若病若無巧便若自有事若彼能辦若不相倩若无益事若為調伏滅惡增善若無他倩若報他作勤修善根若自闇鈍恐失業次若有僧限護多人意是名不犯若菩薩見病衆生以惡心瞋心不瞻養者犯重垢罪若懶惰不養犯輕垢罪不犯者若自有病若无巧便若倩他看若彼病者自有眷屬若知病者能自經給若久病若人猶能起止若欲勤修增上善根若極自闇鈍恐失業次若失看病如病餘貧

窮苦惱亦復如是是名不犯

菩薩見前衆生應有利宜无有方便而能發起菩薩惡心瞋心不教示者犯重垢罪若懶惰不教犯輕垢罪不犯者若無方便若使他教若彼自有善知識若為調伏滅惡增善若示彼方便更瞋反戾无有敬愛心彊得自用是名不犯菩薩衆生給施所須應念其恩若惡心瞋心不念恩報恩者犯重垢罪若懶惰不報犯輕垢罪不犯者若自無力若无巧便若為調伏滅惡增善若欲念報施主不受是名不犯

菩薩見人親里死亡若亡失財物種種憂苦若惡心瞋心不往慰喻者犯重垢罪不犯者如前倩菩薩中說

菩薩有人從索飲食所須不與者犯重垢罪不犯者若自無物若索不淨物若為調伏滅惡增善若王所制若護僧限是名不犯

菩薩弟子應隨時教悔若弟子有乏應從篤信人邊勸索供給若惡心瞋心不教悔不供給者犯重垢罪若懶

惰心不教供給犯輕垢罪不犯者若
為調伏滅惡增善若護僧限若病若
無巧便若倩人教若弟子福德能致
供養若弟子本是外道无好善心是
名不犯菩薩以瞋心惡心不護他意
者犯重垢罪若懶惰放逸不護他意
犯輕垢罪不犯者若非法事若病若
有僧限護多人意若外道若為調伏
滅惡增善是名不犯
菩薩見他德行不能稱讚以惡心瞋
心隱蔽他善者犯重垢罪若懶惰放
逸不稱他善犯輕垢罪不犯者若知
彼人不樂讚嘆若病若無巧便若為
調伏滅惡增善護僧限若知聞讚更
生憍慢若彼无實德若言似善實無
善義若為外道若讚時未到是名不犯
菩薩為多人頭首見諸眷屬不如法
事應呵應擯若瞋心惡心捨不呵治
者犯重垢罪若懶惰放逸不教呵者
犯輕垢罪不犯者若知彼人惡性健
瞋不受教呵若待時教呵若畏破僧
若知彼質直宿習少羞喜數犯悔是
名不犯

菩薩有神通變化應為衆生隨時變
現或方便恐怖令生信心若畏信施
不現變化者犯輕垢罪不犯者若人
深著惡法邪見若是外道若罵賢聖
若著邪見若狂若痛是名不犯菩薩
戒成就具足無量妙果以是戒聚因
緣力故具足尸波羅蜜受者雖未得
阿耨多羅三藐三菩提以得具足五
事功德一者常為諸佛菩薩所護念二
者受常淨樂三者臨終無悔四者捨
身得生諸佛世界五者莊嚴阿耨多
羅三藐三菩提菩薩受持菩薩戒者
不自為身唯為利他及莊嚴阿耨多
羅三藐三菩提是菩薩戒悉是過去
未来現在恒河沙等諸佛菩薩之所
成就乃至十方諸佛菩薩亦復如是
菩薩弘慈普恩及六道衆生三塗八
難苦惱十方无不蒙益
功德不可計　福慧如虛空　略說其要竟
歡喜礼奉行　普發菩提心　福慧命得成
慈悲男女長　喜捨次第生　一切成佛道
永盡无有餘　十方同共願　巍巍無極尊
欲為菩薩優婆塞放逸五戒威儀者

若無師從受處尒時受者若无師應
向佛像前自誓受菩薩優婆塞威儀
應如是作礼偏袒右肩胡跪合掌應
如是言我某甲白十方佛及住大地
諸菩薩等今於諸佛前欲受一切戒
學一切菩薩戒優婆塞五戒威儀攝
一切善法菩薩戒為利衆生戒是戒
過去諸菩薩已學未来諸菩薩當學
現在諸菩薩今學我亦如是學第二第
三亦如是說竟其餘諸事應如前廣說
離欲優婆塞具行五戒遠離身四惡
一者殺二者盜三者婬四者飲酒遠
離口五惡一者妄語二者惡口三者
兩舌四者無義語五者綺語遠離五
邪命一者賣宍二者沽酒三者賣毒
四者賣衆生五者賣兵仗遠離嚴飾
五事一者香二者花三者瓔珞四者
香油塗身五者香熏衣遠離放逸五
事一者歌二者舞三者作樂四者嚴
飾樂器五者不往觀聽此五戒隨力
所堪若能終身具持五為上若不能
隨持多少年月日夜乃至須臾亦得
暫持不但如持全念佛臨涅槃勑四

大聲聞及六應真吾滅度後如是真法之中若出家二衆淨持禁戒及在家二衆隨力多少心次近持上戒者若造房舍床褥衣服飲食一切順道資生之具施四方僧及諸賢聖汝等盡應受請若不受者得罪以此觀之賢聖不遠感至則應若作功德先當竭力受持上戒然後至心請四方僧及諸賢聖若不能終身至一日一夕者善若不能者設供之時便受罷便止此諸賢聖皆來受請若有所犯即如法悔此一切菩薩犯當發吉羅罪當向大小乘人能解說能受悔者如法懺悔

若菩薩以增上煩惱犯波羅夷處法者失律儀戒應當更受若中煩惱犯波羅夷處法者當向三人若過三人長跪合掌作發吉羅懺悔所犯罪多作是說言大德憶念我某甲捨菩薩毗尼如所稱事犯發吉羅罪餘如比丘發吉羅罪懺悔法說

若下煩惱犯波羅夷處法及餘所犯向一人懺三礼文

願十方法界世性六道三業罪障垢惑衆生崩頹倒山竭四流濟登平等道入無為國歸命敬礼七處八會盧舍那佛盡十方國諸妙覺尊

願十方法界世性六道沉淪諸有長没衆生摧破戒林殄滅邪聚歸命敬礼七處八會佛華嚴藏盡十方國修多羅海願十方法界世性六道小心滕固顛倒衆生頓絶徧照須證住想永附大乘盡未來際歸命敬礼七處八會普賢衆等盡十方國諸聖賢僧若欲發心去時當立五願一者願令我早弃此身二者願師僧父母使不愁惱令我身命疾至菩提三者願至阿蘭若處行若有虎狼惡毒虫獸来欲嗞我我不恐怖猶如比丘得第三禅樂四者若我至阿蘭若處若天雨風起或有惡鬼毒龍来欲螫我我心安隱亦不恐怖猶如有人欲度大海到水中央天忽風起波浪甚大度者恐怖天風即定度到彼岸心大歡喜願我亦尒疾到菩提无上彼岸五者願我到阿蘭若處若當病時願得諸

天来至我所教導我等使心不悔我復念言我此身中有四毒虵同俱止中猶如四虵同共一窟虵欲出時各相謂言我前去諍窟不出死在窟中猶瞋諍故四俱滅亡我今身中有四毒虵闘諍瞋恚在我身中作如是念病得即除菩提心起令心得安六識不乱安心蘭若四者行具足安心禅定制伏六情是第五願發此願已礼四方佛乃有十拜作如是言諸佛世尊哀愍我等覆護我等使我得无上道疾至菩提我今懺悔我某甲歸依佛歸依法歸依僧十地菩薩辟支羅漢諸賢聖等我從無數劫以来流轉生死百生千生无量億生或墮六趣受生異報或作餓鬼畜生受如此苦常不得樂我自思尋過惑自纒不覩聖道障涅槃門閉甘露户塞衆善道不聞正法沉没大海有如此苦罪今悲懺悔五體投地如此投地七遍亦然當投地時發如此言願去我身無量衆毒拔出邪愚無量衆毒拔出邪愚无量塵惑心意清淨六念成就使

我到阿蘭若處心无恐怖疾到菩提開涅槃門啓甘露户塞地獄門閉三惡道拔三毒根出三界網得三樂證三果真超生死危當得智慧離寂後身疾至菩提發此願已從地而起礼十方佛訖竟合掌立住心懷歡喜作如是念我罪永除受繩床法四種一者請佛二者請師三脫革屣偏袒右肩清淨四右膝著地胡跪佛前請師作如是白十方諸佛及大迦葉親然佛前受阿蘭若法佛為作證明師為作證知若我四十五日行於苦行志不退轉若坐退心我即妄語誑於諸天不到彼岸大德當證請師復作是言長老一心念今於佛前發此誓言請大德為證汝若退者誑於他人自墮地獄不免苦也

汝當真成行阿蘭若行得蘭若智如是受持答言如是三說

受錫杖法長跪大德前如是三白大德一心念今請大德師如是三白大德作如是言長老一心念汝今發无上心受持如法用不得不淨手捉入

僧房應當脫摟褰不得近地若入白衣舍應纂在後若中前須詣白衣舍或受中食種種因緣當三喚三若不来者乃至五五若不来者乃至七七若不来更至餘家乃至七家七家不得於是中第二第三亦如是說

捨法戒

長老一心念比丘某甲優婆塞五戒威儀者何緣而生日滿後不死不墮地獄中間白十方佛及大迦葉皆當善聽某甲竪摽如是三白已訖捉攝竪樹竟復作如是白十方諸佛四方靜行大德悉為證知某不欺者誑於諸天不到彼岸今賣法床及如法杖悉皆具足今以結坐一切行蘭若比丘亦皆結坐如是三白作礼六拜合掌一心如是念念

十方諸佛及大迦葉比丘某甲優婆塞某甲衆念成就今解坐向餘處還結若欲捉繩床時應作四念第一念者念我身中皆是無常應當苦之二者苦身修習空智自至宜當修之三者當起忍心莫生瞋慾四生歡喜心

若生歡喜心疾至菩提作此念已向彼放牛虎狼大聲小聲雄聲及迫近悉皆遠離此聲已安心端念欲去諸塵時當作二念言一者令我身中得安隱定不生疲極疾到菩提二者當得閑靜心無錯乱六識安隱得滅盡定安詳放床立住礼佛乃至十拜立住合掌便作三念一者念佛二者念成三者念禪定作此念已便向繩床安詳而坐復作六念一者念諸佛護念我念成就二者念我戒身清淨戒者謂波羅提木叉念者是名不犯從序至偈四事思得至於十三念此十三成就二不定三十九十四波羅提舍尼衆多學法七滅諍法從上至下皆應賓念三者念報父母師僧之恩四者念五欲皆是无常大患之根本昏網之元首五者念地獄之苦惱當勤修善遠離此苦我已出家宜應謹慎弃惡修善六者念慧若我有慧則應憶持慧具足無事不辦者得无上道六念具足安心如坐依禪法觀優婆塞若欲移時當作三念一者念我

行時地上蠢蠢多有虫蟻我若悮殺時得何罪死者生天二者當念如法行如法仰手挺杖在身威儀齊整安詳而行三者行不反顧亦不摇頭動手是名三念成就如法行来優婆塞威儀篤信持食来時當淨受之受得訖已結加趺坐復作四念一者念我身中有八万户虫虫得此食即皆安隱二者我念得食當少食之若少食者令我身輕若身輕衆欲亦少若欲少者疾至菩提三者我不為美故但為活命者諸善成就善若成就成無上智四者我食時十方餓者悉令飽滿皆悉奉行

優婆塞五戒威儀經一卷

優婆塞五戒威儀經一卷

校勘記

一　底本，金藏廣勝寺本。

一　二頁中一行及卷末「優」，徑、清作「菩薩優」。

一　二頁中一行及卷末「一卷」，資、磧、普、南、徑、清無。

一　二頁中二行首字「宋」，磧、普、南、徑、清作「劉宋」。

一　二頁中二行「三藏」，資、磧、普、南、徑、清作「三藏法師」。

一　二頁下三行第三字「是」，資、磧、普、南作「具」。

一　二頁下六行第三字「亦」，資、磧、普、南、徑、清作「又」。

一　三頁上一一行第八字「耆」，資、磧、普、南、徑、清作「耆年」。

一　三頁上二二行第六字「病」，石作「疾」。

一　三頁下一〇行末字「已」，磧、普、南、徑、清無。

一　四頁上九行第一〇字「懌」，石、麗作「釋」。

一　四頁上一七行末字「衆」，資、磧、普、南、徑、清作「衆生」。

一　四頁中六行第三字「挽」，徑作「輓」。

一　四頁中一一行第九字「怨」，石作「恐」。

一　四頁中一七行第八字「要」，資、磧、普、南、徑、清、麗作「惡」。

一　四頁下一〇行第八字「於」，諸本作「若」。

一　四頁下二〇行首字「道」，資、磧、普、南、徑、清作「道經」。

一　五頁上一三行「是名不犯」，資、磧、普、南、徑、清無。

一　五頁上一七行第八字「憒」，資、磧、普、南、徑、清作「責」。

一　五頁中一八行第四字「瞻」，磧、普、南、徑、清作「瞻」。

一　六頁上一二行第五字「善」，資、磧、普、南、徑、清作「善者」。

一六頁上一四行「善護」，資、磧、普、南、徑、清作「善若護」。

一六頁中五行第七字「若」，資、磧、普、南、徑、清作「苦」。

一六頁中六行首字「戒」，資、磧、普、南、徑、清、麗作「戒聚」。

一六頁中一九行第一三字「共」，南、徑、清作「其」。

一七頁上二行「持禁」，石作「戒持」。

一七頁上四行第六字「褥」，資、徑作「蓐」。

一七頁上二〇行第八字「突」，資、磧、普、南、徑、清無。

一七頁中六行第六字「戒」，徑、清作「惑」。

一七頁中一二行首字「若」，資、磧、普、南、徑、清作「諸」。

一七頁中一四行第三字「令」，石作「今」。

一七頁中末行第一〇字「病」，石作「疾」。

一七頁下一七行第九字「過」，資、磧、普、南、徑、清作「愚」。

一八頁上四行第三字「真」，資、磧、普、南、徑、清作「直」。

一八頁上四行第七字「危」，資、磧、普、南、徑、清作「厄」。

一八頁上一三行第五字「坐」，諸本作「生」。

一八頁上一四行第一〇字「請」，資、磧、普、南、徑、清作「受請」。

一八頁上一八行第一〇字「得」，磧、普、南、徑、清作「阿」。

一八頁中三行第一一字「喚」，石作「聒」；資、磧、普、南、徑、清作「搖」。

一八頁中一二行「樹竟」，資作「標意」；磧、普、南、徑、清作「標竟」。

一八頁下二行末字「迮」，資、磧、普、南、徑、清作「迮聲」。

一八頁下三行第四字「離」，諸本作「離離」。

一八頁下一四行末字「提」，資、磧、普、南、徑、清作「提提」。

一八頁下二二行第八字「如」，資、磧、普、南、徑、清、麗作「而」。

一九頁上九行「我念」，石、麗作「念我」。

佛說文殊師利淨律經　念

西晉月氏國三藏竺法護譯

眞諦義品第一

聞如是一時佛遊羅閱祇耆闍崛山中與大比丘衆俱比丘千二百五十菩薩三万二千彼時世尊與無央數百千之衆眷屬圍繞而為說經時有天子名曰寂順律音在於會坐即從坐起更整衣服長跪叉手白世尊曰文殊師利今為所在一切諸會四部之衆天龍鬼神釋梵四王皆共渴仰欲覲正士咨講妙辯聽受經議佛言東方去此万佛國土世界名寶氏佛号寶英如来无所著等正覺今現在演說道教文殊在彼為諸菩薩大士之倫宣示不及天子白佛惟願大聖加哀垂威令文殊師利自屈到斯所以者何文殊師利所說經法開發結导靡不濯然過聲聞緣覺之上文殊師利設說大法一切衆魔皆為降伏諸邪迷惑無得人便諸外異道莫不歸命其貢高者不懐自大未發意者皆發道心已發道心立不退轉所當覺者無不稽顙所當執御靡不攬持如来至真皆亦勸讚因此聖教乃令正法長得久存自捨如来未有他尊智慧辯才班宣典語如文殊者也

於是世尊見寂順律音天子之所啓白為一切故則發大哀演兩眉間毛相之光其明普照照諸三千大千佛土通達周徹一万佛土大光照燿寶氏世界時彼佛土諸菩薩衆前問其佛是何感應先現此瑞寶英如来告諸菩薩西方去此過万佛剎有世界名忍其佛号曰能仁如来至真等正覺今現在講法演眉間光照万佛土普燿此剎菩薩問曰唯然世尊何故放光佛言無央數億百千菩薩會彼佛土釋梵持世及四部衆皆共傾望文殊師利欲得奉覲諮講經法悉俱白佛奮斯光明遥請文殊寶英如来告文殊曰汝往彼土能仁如来延企相待衆會無不遲想相見稽首恩聞欲聽稟受文殊白佛吾亦尋知此光瑞應於時文殊與万菩薩礼寶英佛

右繞三匝猶如壯士屈申臂頃於寶氏剎忽然不現立于忍土在虛空中不現其身僉雨天花遍大衆會花至于膝時諸會者咸未曾有皆白佛言此何先瑞而雨天花佛告諸族姓子此文殊師利與万菩薩應命俱來在于虛空雨於衆花以供養佛衆會僉曰願見文殊及諸菩薩若能親覲如是正士甚為欣慶難值難遇說是未竟文殊師利與万菩薩便即現身稽首佛足右繞七匝各以威力神足變化作大蓮華自處其上寂順律音天子白佛願發聖教令文殊師利敷演道化衆會踊躍欲聞訓誨佛告天子自恣汝心便可稽問寂順律音則白文殊寶英佛土有何等特超異之德至使仁者遊居樂彼文殊告曰不興貪欲亦不滅之不起瞋恚亦无所盡不達愚癡亦無所除不造塵勞亦无所壞所以者何無所生法亦无所盡又問其佛說法何所興為何所滅除荅曰其本淨者以無起滅不以生盡所以者何彼土衆生了真諦義以為

无首不以緣合為第一也又問何謂真諦无首何謂緣合以為第一荅曰於義無起亦无所壞無有相處亦不无相亦非一相亦不離相亦不顯相彼無視者亦不无視亦不諦視亦不有盡無能盡者已无所盡不可盡者是曰真諦義義者天子謂無心矣无本心者不教他人不於此際不度彼岸不在中流是真諦義義者天子謂無文字乃為聖諦所以者何如佛言曰一切音聲皆為虛為天子又問如來所說將无欺乎文殊荅曰如來所說無誠无欺所以者何如來於二心無所住而於有為无為之法無有言辭由是之故无誠無欺於天子意所趣云何如來之化設有所說為實為虛荅曰不誠不欺所以者何如來之化不有四大亦無誠實文殊荅曰如是天子一切諸法皆亦如化自然之行如來所解无所成就亦無所住以是之故所宣講法不誠不欺歸于无二又問何謂如來說真諦義文殊荅曰真諦義者不可稱說所以者何其義

趣者無言无說亦不可得說是真諦義時五百比丘漏盡意解無數千人遠塵離垢於諸法法眼淨万二千菩薩逮得無所從生法忍

聖諦品第二

寂順律音問文殊師利其真諦義甚為難解文殊荅曰如是天子其懈怠者於真諦義甚為難解又問何謂比丘精進荅曰無所斷滅亦无所除而不修行亦不取證是為比丘奉行正義所以者何其自念言斷滅如是除去若此修行取證則為壞想顛倒放逸衆行俱合又計斯者非正精進又問何謂正精進乎荅曰其等无本及與法界等於五逆亦復如是如等無本及與法界於六十二邪見亦如凡夫之法學法不學聲聞之法緣一覺法佛法亦如如等佛法生死之法其泥洹法愛欲塵勞諍訟顛倒亦復如是比丘若茲精進行者乃正精進又問何謂所行平等如等佛法及於愛欲塵勞之義亦等諍訟顛倒之事文殊荅曰用空無相无願等故所以者

何空者不別無有若干猶如天子坏瓦器内空及與寶器之内空者俱同等空无有若干不可言二如是天子愛欲之空及與諍訟顛倒之空上至道空彼則俱空無有若干不可名二天子又問何謂菩薩脩行聖諦文殊荅曰假使菩薩不行真諦何因當為聲聞說法所以者何菩薩行諦多所察護聲聞無護菩薩行諦廣大難限聲聞偏爲菩薩行諦將護衆生而於本際无所造證菩薩行諦善權方便不捨生死泥洹之門菩薩行諦普觀一切諸佛之法猶如天子有一士夫竊捨大師馳逸犇走獨身無侶心懐恐懼渡於曠路不敢復還聲聞如是意懐惶懅怖畏生死不護衆生不能堪住遊渡一切終始之患獨自行諦不護佛法雖權方便无有慧侶不亦然乎猶如天子謂彼大師多獲盈利賫無量寶璝琦異珎賜衆賈人超越曠嶮菩薩如是亦如大師積行無量道寶无限脩於大慈無極之哀真諦聖慧饒益一切無數辯智以為傲冨

遊一佛國復遊一國六度無極攝行四恩以濟危厄矜救衆生還入生死善權方便脩行聖諦度諸未度解諸未解周旋三界獨步无侶開化未聞使入大乘

猶如天子垢穢弊衣以思夷華黄白須曼而用熏之香氣不久尋便歇盡聲聞縁覺行諦淳妙亦復如是便中滅度不脩所願不至於佛戒定慧解度知見事度脫之香亦復不能降伏塁㝵塵勞之欲猶如天子細軟妙衣其價百千以天殊特珎寶諸華百千万歲熏此好衣其衣常香香氣普流巍巍芬馥未曾有歇諸天世人皆所愛樂菩薩如是從無數刧行諦法香不具所願不中滅度而常演出佛无上道戒定慧解度知見馨降伏塁㝵塵勞之欲遊於天上及至人間天龍鬼神諸阿須倫君子庶民莫不奉敬而欲見者恒弘濟度寂順律音天子復問文殊其寶英如來至真佛土聲聞之衆為如何乎文殊荅曰不御篤信不從他教不行於法不毀法界亦

不八等離於八邪不須陁洹皆度一切恐懼惡趣非斯陁含来化衆生非阿那含於一切法無所往来非阿羅漢而皆受於三千世界供養之利不離於欲亦不以欲而見瘛恚不離瞋恚不以怒恨而見燋然不於衆生而懐害心亦无所憂不離於癡不以愚騃而為危難滅除窈冥及一切法不離塵勞慇懃精進化去一切衆生愛欲逮得高節無所從生而遊現生於諸想念開化衆生不計吾我及與人壽悉無所受亦无所捨淨於一切人民所施衆祐之德無意无念以脩意止奉四意斷不起不滅行四神足身意寂然遵于五根曉了一切衆生本源行于五力降伏塵勞念於覺意解平等慧靜脩道教弃捐邪徑證于道訓不得無為遊趣寂寞而行本際觀於所觀僉入法界滅於无明盡于愚癡興于聖慧無上正真而除於三解脫之品則以肉眼皆見衆生一切佛土諸佛世尊所化人民則以天眼覩于五趣生死往来周旋人民蛸蜚蠕

動鼓行喘息形物之類之所歸生則以慧眼察知一切衆生之疇心行所念則以法眼覩見三世三界群萌一切人民所可行者則以佛眼皆用明觀一切諸法法藏秘典聖耀所照則以天耳逕聞諸佛所宣經法以無念慧念知過去无央數刧之所更歷而以神足遊於無量諸佛國土靡不周遍盡于諸漏不至无餘修解脫也而現其形無有色身有所講說不演文字有所思惟无心想者示於顔貌姿艷端正以相莊挍衆好若干而以功德自嚴其體威神殊絶無能當者名稱普流功巍闡布通于三世无所礙尋以咨嗟慧而為馨香自熏其身則於世法而無所著不為塵勞而見染汙惡口麁辯不能毁之則以神通而自娯樂博聞无猒班宣辯才為師子吼以智慧光靡所不照聖明之逵而為雷震滅除閉塞幽隱之愚所說無盡通解揔持佛所觀察聲聞緣覺所不知處常見諸佛覺意如海三昧之定猶須弥山忍辱柔和等之如地勇

猛之力降魔官屬弃諸外道安樂自在如天帝釋喻若梵天心得由已無有疇疋求比難比而无等倫亦如虛空不可為喻靡所不周無所不入天子欲知寶英如來所去國土聲聞之衆其功德熏復超於此如吾所歎不可計量文殊師利說是語時五百比丘五百比丘尼五百優婆塞五百優婆夷五千天子未得道證發心白佛世尊我等願生於彼寶英佛土得為聲聞文殊荅曰諸族姓子不可以懷聲聞之心生彼佛土汝等當發入道之心乃致彼土應時受教皆發無上正真道意佛悉記說當生彼土

解律品第三

寂順律音天子復問文殊何謂聲聞律何謂菩薩律荅曰受教畏三界難猒患惑者聲聞之律護於无量生死周旋勸安一切人民蚑行喘息蠕動之類開道三界決其疑網衆想之著是菩薩律惡猒積德以用懈廢不能自進是聲聞律興功為德不猒諸行以益衆生因而得濟是菩薩律滅除

一切塵勞之欲已身所惡是聲聞律攻伐一切衆生塵勞恩愛之著是菩薩律不覩諸天心行所念所志不同是聲聞律目見三千大千之佛國土根心所歸是菩薩律但能察已心之所行是聲聞律普見十方諸佛處所衆生心念是菩薩律惟照已身志性所趣是聲聞律光于一切人民之行蜎蜚蠕動心念思惟三界之居各有本末是菩薩律難將以護一切衆魔是聲聞律降化一切三千大千世界諸魔官屬壞衆魔行能受正法是菩薩律如毁破砕瓦石之器不可還合小志之德滅度如是不進正真是聲聞律猶若金器雖為破敗終不遺弃即可還合以為寶器大士現滅深慧法身永存不朽不增不減續現三界是菩薩律若大火燒山林樹木莫不燔燎禽獸馳竄小志若茲畏三界難藏隱泥洹是聲聞律樂于生死獨步三界意無怯弱欣心娛樂道法之樂勸化衆生亦如苑囿遊觀之園花實茂盛多所悅豫是菩薩律不能斷除

罣㝵盤結之難而有處所是聲聞律摩滅一切蔽蓋之患永無止處是菩薩律取要言之而有限節自繫縛身以有限德而見成就戒定慧解度知見事不能具足無極大道是聲聞律所接玄邈志如虛空功熏无量戒定慧解度知見品不可稱載是菩薩律尒時世尊嘆文殊師利曰善哉善哉快說解此諸菩薩律文殊聽吾引喻重解令是義歸廣普究竟猶如二人一人嘆譽牛跡之水一人起立咨嗟大海積水之功於意云何其人歎譽牛跡之水能久如乎答曰牛跡之水甚為少少不足稱譽佛言文殊聲聞之律所見威神亦復若茲如牛跡水不足稱譽彼人起立嗟嘆大海能如何乎答曰甚多甚多天中之天其大海者無有邊際不可齊限深廣難計佛言菩薩之律當作是觀猶如江海不可思量佛說是時二万二千人逮得無所從生法忍異口同音皆而歎曰我等世尊當學於斯菩薩之律開道發起无央數人

寂順律音天子復問文殊師利文殊為學何律為修聲聞緣覺之律若菩薩律文殊答曰於天子意所志云何其大海者為受何水捨置何水答曰其大海者無水不受報曰如是天子菩薩之律猶如大海不逆汙塗十方諸律靡不歸之聲聞緣覺一切衆生開化行律而普遊之天子又問文殊師利所言律者為何謂乎答曰所言律者開導教化恩愛塵勞故曰為律曉了貪欲故曰為律天子又問何謂開導恩愛塵勞何謂曉了於貪欲者答曰衆念思想計有吾我處于諸見不弃顛倒不捨不明愚癡之本行于二事興發塵勞分別此者是謂曉了貪欲也彼若修行無念思想淨導隨順不計吾我不住諸見捐捨顛倒弃捨无明愚癡之冥不為二行塵勞不興亦無諍乱无諍乱已究竟永安是謂開化塵勞之律辟如天子其有術師明識能知毒虺種類便以呪術除去毒害學者若斯設能分別塵勞本末無有根源則能消滅塵勞恩愛天子

又問何謂開化塵勞本末之律答曰於衆想念本末所行無有想念則不興諍已不興諍則无所着已無所着則无所倚已無所倚則无所住已無所住則无惱熱已無惱熱究竟被教而蒙度脫此謂為律設使天子以賢聖慧玄妙之智曉了塵勞恩愛之本虛妄空無无所是在無有帝主亦无所屬無所從來无所從去無有處所亦无方面無內无外亦不兩間亦不積聚無色无像無有形貌是為曉了塵勞恩愛之本天子又問塵勞云何而蒙度脫為實為虛答曰猶如有人卧出夢中毒蛇螫之其人苦痛不能堪任尋時便服除毒之藥其毒即滅痛瘳休息於天子意所趣云何其人審為毒蛇所螫為虛事乎答曰為虛不可言實又問設使虛者何故服毒而蒙藥除答曰如虛妄夢夢虛不實而被於毒毒除亦然亦無所除文殊答曰衆聖解空開化一切塵勞恩愛亦復如是如天子問何謂開化塵勞恩愛為實為虛欲了此義如我之身

計無有身恩愛塵勞實无恩愛亦復若斯設使我身實身者恩愛塵勞亦當常存所以塵勞無塵勞者用我已身无有身故由是之故無有能得閒化塵勞所以者何一切諸法皆為寂寞而无生故諸法惔怕不可受持故諸法靜默無歸趣故諸法皆盡无積聚故諸法無盡无所生故諸法不生無所成故諸法无成用無造故諸法无作無所為故諸法无為用無我故諸法无我用無主故諸法无主如虛空故諸法無來无所著故諸法無來從无住故諸法無住无所受故諸法無受无所著故是故天子究竟蒙化成為法律亦無所化

道門品第四

天子又問一切諸法以何為門之元首也荅曰無順之念以為門首周旋生死順義之念為泥洹矣不行精進為罣㝵門精進之行為道品門狐疑之行為陰蓋門勤修解脫無罣㝵門恩想諸著為塵勞門無所想念无有虛妄無恩愛門諸乱多念衆望想門寂然之行為恬怕門六十二見為憍慠門修於空無无自大門隨惡親友為惡罪門從善親友為善法門衆邪見事為癡患門正見之義為安隱門慳貪之事為貧匱門布施之義為大富門毀犯戒者便當歸趣諸惡道門奉修禁戒當歸一切生善處門喜諍訟者違失法門若忍辱者得歸殊特超異之門為懈怠者心垢穢門遵行精進為無垢門放逸之事為乱意門一心之事為定意門惡智之行癡冥之惑如牛羊門修智慧者三十七品為道法本師子之門而悉具足慈心行者無所害門悲哀行者志和雅門性以和柔无諛諂門而行喜悅樂法樂門修行護者無所適莫无增減門行四意止不失宿德諸所福門四意斷者順平等門四神足者心身輕門五根行者篤信之義為无首門五力行者不為塵勞及諸愛欲所沾汙門七覺意者悉已曉了平等慧門八道行者弃捐一切衆邪異徑迷惑之門復次天子計於菩薩為諸佛法元首之門將護法法自在門故善權方便曉了處處無處之門故智度无極通知一切衆生心念所念順度彼岸門故六度無極攝於六欲令无所處為大乘門故觀求於空三界如化終始如夢智慧明門故一切諸法皆為本無法无生忍明達自然無所不了其慧不依他人明故

天子又問文殊師利何謂法界之門乎荅曰而其法界則曰普門又問其法界為何所界荅曰一切衆生之所界者名曰法界又問其法界者豈有分際文殊荅曰虛空之界寧有分際乎報曰不也文殊荅曰猶如虛空無有分際法界如是亦无分際天子又問曰豈可分別於法界乎荅曰其法界者不可分別天子又問仁者何因解明諸法乃能曉了如斯辯才文殊告曰於天子意所趣云何其呼響者而有音出以何解法天子報曰其呼響者不解諸法以緣合成乃響出矣荅曰如是天子菩薩皆因衆生緣故而有所說天子又問仁者為住何所

而有所說荅曰如来化住有所講吾之所住所演若斯荅曰如来之化法無所住而有所說荅如如来化於无所住而有所說吾之所宣亦復如是設使文殊於一切法無所住立而有所說仁何所住成於无上正真之道為寂正覺乎荅曰吾住五逆乃成無上正真之道又問文殊其五逆者為住何所荅曰其五逆者無有根本亦无所住又問如来說言其作逆者無聞可避不離地獄荅曰如是天子如佛所說其作逆者當墮地獄若菩薩住於此五逆疾逮無上正真之道何謂為五假使菩薩懇懃至心發大道意去小乘心而不墮落聲聞緣覺之地是第一逆發心廣施一切所有無所愛惜不與慳貪而共合會是第二逆而發慈心一切衆生吾當度之不中懈廢是第三逆見一切法无所從生尋便逮得無所從生法忍不復中與六十二疑邪見俱合是第四逆所當知見所當斷除所當班宣所當成覺發意之頃悉知見覺靡所不達而

無所住成一切智不著三界是為五逆文殊師利謂其天子菩薩已住於是五逆介乃疾成无上正真之道為寂正覺天子又問所說何謂逆不成逆順不成順荅曰如紫磨金及如意珠雖墮不淨為俱合乎荅曰不合所以者何其物真故不與為合文殊告曰人心本淨縱處穢濁則無瑕疵猶如日明不與冥合亦如蓮花不為泥塵之所沾汙譬如虛空无能汙者欲行學法發菩薩心住於諸逆亦不動搖開化諸逆則名曰順其心本淨不與穢合所以者何設使合者不可復別水及泥土尚不俱合況于心本清淨无形與形合乎

佛說文殊師利淨律經

佛說文殊師利淨律經

校勘記

一　底本，金藏廣勝寺本。

一　二一頁中二行「月氏國三藏」，資、磧、南、徑、清作「三藏法師」。末字「譯」，磧、南、徑、清作「初譯」。

一　二一頁中一九行第五字「過」，資、磧、南、徑、清、麗作「踰過」。

一　二一頁下五行第七字「語」，資、徑、麗作「誥」；磧、南、清作「告」。

一　二一頁下七行末字「毛」，磧、南、徑、清作「毫」。

一　二一頁下一九行「文殊」，資、磧、南、徑、清作「文殊師利」。

一　二一頁下二一行第六字「不」，資、磧、南、徑、清作「數」。

一　二二頁上四行第一一字「皆」，資、磧、南、徑、清作「皆共」。

一　二二頁上八行首字「口」，資、磧、普、南、徑、清、麗作「曰」。

一　二二頁上一五行第二字「咨」，資、

磧、南、徑、清作「恣」。

一 二二頁上一六行第九字「等」，資、磧、南、徑、清、麗無。

一 二二頁上一九行第二字「違」，資、磧、南、徑、清、麗作「建」。

一 二二頁中一行首字「无」，資、磧、南、徑、清、麗作「元」。

一 二二頁中一一行第八字「爲」，資、磧、南、徑、清、麗作「僞」。

一 二二頁中末行第七字「稱」，麗作「講」。

一 二二頁下一二行第一〇字「壞」，資、磧、南、徑、清作「懷」。

一 二二頁下一五行第七字「逆」，資、磧、南、徑、清作「道」。

一 二二頁下二一行第一二字「及」，資、磧、南、徑、清作「乃」。

一 二三頁上五行末字「二」，資、磧、南、徑、清作「二也」。

一 二三頁上一〇行第三字「偏」，資、磧作「徧」。

一 二三頁上一七行第二字「住」，資、磧、南、徑、清、麗作「任」。

一 二三頁中一行第三字「拂」，原有描摹墨迹，資、磧、南、徑、清、麗作「佛」。

一 二三頁下五行第一〇字「⿸疒忽」，資、磧、南、徑、清作「惱」，下同。

一 二三頁下一二行第一一字「必」，資、磧、南、徑、清作「畢」。

一 二四頁中五行第九字「云」，資、徑、清、麗作「生」。

一 二四頁中一二行第一三字「入」，資、磧、南、徑、清、麗作「大」。

一 二四頁中末行第二字「益」，資、磧、南、徑、清作「蓋」。

一 二四頁下四行第五字「目」，資、磧、南、徑、清作「自」。

一 二四頁下一〇行第二字「未」，資、磧、南、徑、清、麗作「末」。

一 二四頁下一〇行「將以」，資、磧、南、徑、清作「以將」。

一 二四頁下二一行第六字「弱」，磧、南、徑、清作「懦」。

一 二四頁下二二行末字「寶」，資、磧、南、徑、清、麗作「實」。

一 二五頁上末行首字「道」，資、磧、南、徑、清、麗作「導」。

一 二五頁中一六行第八字「念」，資、磧、南、徑、清、麗作「貪」。

一 二五頁中一七行末字「捨」，資、磧、南、徑、清作「除」。

一 二五頁下八行第一一字「帝」，資、磧、南、徑、清、麗作「常」。

一 二五頁下一八行第一三字「放」，資、磧、南、徑、清、麗作「被」。

一 二六頁上二行第七字「實」，資、磧、南、徑、清、麗作「是實」。

一 二六頁上一一行第七字「主」，資、磧、南、徑、清作「生」。

一 二六頁上一二行末字「來」，資、磧、南、徑、清作「去」。

一 二六頁中一行第六字「恬」，磧、南、徑、清作「惔」。

一 二六頁中二〇行第一二字「沾」，南、徑、清作「玷」。

一　二六頁下一行第五字「法」，資、磧、南、徑、清、麗作「諸」。

一　二六頁下三行第八字「念」，資、磧、南、徑、清作「合隨」。

一　二六頁下七行第一〇字「然」，南作「我」。

一　二六頁下八行末字「故」，資、磧、南、徑、清作「故也」。

一　二六頁下一〇行「而其法界」，資、磧、南、徑、清、麗作「其法界者」。

一　二六頁下一二行第一二字「生」，資、磧、南、徑、清無。

一　二七頁上一行第一三字「講」，資、磧、南、徑、清作「講説」。

一　二七頁上二行第八字「答」，資、磧、南、徑、清作「問」，麗作「若」。

一　二七頁上一一行首字「聞」，資、磧、南、徑、清、麗作「間」。

一　二七頁上二一行首字「與」，資、磧、南、徑、清作「興」。

一　二七頁上末行第五字「頊」，徑、清作「須」。

一　二七頁中一〇行第四字「沽」，資、磧、南、徑、清、麗作「沾」。

一　二七頁中一一行第一二字「亦」，資、磧、南、徑、清作「而」。

一　二七頁中一三行末字「復」，資、磧、南、徑、清作「而」。

一　二七頁中一四行第一一字「于」，徑、清作「乎」。

一　二七頁中末行「佛説」，資、磧、南無。

佛說文殊悔過經 念

西晉月氏國三藏竺法護譯

聞如是一時佛在羅閱祇耆闍崛山中與大比丘衆俱比丘千二百五十菩薩無央數一切大聖神通已達逮得揔持攬十方慧立三脫門曉了三世無所罣㝵班宣三寶救濟三界開演三乘使曉本元无上正真

尒時文殊師利菩薩遊羅閱祇耆闍崛山與諸菩薩不可稱計諸大弟子天龍鬼神乹沓惒阿須倫迦留羅真陁羅摩睺勒等眷屬圍繞而為衆生廣說經法開演分別志三乘學其来聽者本學聲聞尋聞文殊四聖諦事學緣覺者則已自問十二緣起深奥之事學大乘者則從已行諮問啓受六度無極四等四恩善權方便无極大道或問神通四無放逸四等心行諸分別辯菩薩之道三十七品不退轉地超入寂滅或問土界悔過之處十地十忍十分別事十瑞十持十印十三昧定或有問於不壞諸法入于一義無從生忍文殊師利各隨所問而發遣之可悅其心令無餘疑尒時會中有諸新學發意菩薩而来聽受不能將護罪福之緣陰蓋所覆而為虛妄狐疑所蔽習在顛倒無勇猛志依猗形色抱怯弱心不能諮啓文殊師利淨除因緣一切罪苦修學大乘至無上道時彼會中有一菩薩名曰如来齊光炤燿見諸新學菩薩心念志懷猶豫不能自決則前白問文殊師利無罪之事悔過之義无失勸助諮請無過不違謗進文殊師利即荅如来齊光炤燿菩薩是族姓子菩薩大士欲除罪業奉行平等入於過去當来現在佛法五體投地尋復起立右膝著地口自說言一切衆生從於左路著於左道其在耶見悉當立之於賢聖法欲化一切衆生之類皆至無上正真平等之道以是之故右膝著地當宣此言猶若如来至真等正覺詣於道場坐尊樹時蠲除一切衆惡之法諸善普備吾亦如之觀首遍體以手摩之重以右手而㨖于地吾

當降魔并及官屬若得佛道令一切人衆生之類消伏魔事及外怨敵坐佛樹下拍地要誓成佛聖慧如本世尊右手指地降十八億諸魔官屬以是之故所以右掌而案著地以當左手案著於地又跽左膝口説此言假使有人住愚癡法所受顛倒而不順義儱偅難化不成好器慳貪垢穢而處危害訾毁同學今者識道改往修来而皆諦受於四恩行是以左手及與左膝著於地矣假使頭腦著於地時口演此言使一切人弃除貢高自大之心孝順父母奉敬尊長若干種養當以逮得无能見頂佛之髻相越度一切世間諸法身過三界慧踰虛空今吾自歸以是五體投地礼德使諸衆生至成大道世俗之人生長五蓋以此功德自然弃除五蓋之蔽具足五根究竟五力絶滅五欲逮得五通遠離五陰成就五眼其在五趣衆生之類獲致殊特五法之行禁戒差特三昧智慧修於解脱度知見事以是五體投地之德陰蓋以消住根力

者常念如來未曾捨懐復説此言諸佛世尊唯垂恩慈而見愍念於是一切十方世界所有菩薩上至諸佛慧無罣㝵其行不二於是平等將護法相以法身體清淨之言无有解説鮮絜之心而無有心一切諸法慧无陰蔽無来无去於一切智悉愍普見等入如来證明要義過去當来今現在法識知罪福因縁之報諸佛世尊乃為聖眼其慧成就悉能證明為人重任脩精進已吾從本際至於生死於真諦際而自迷惑不能敏達無所識知處在非法與於法想違犯政律以為律想非是衆祐為衆祐想興發不善以為善想心隨顛倒不了无常苦空非身自貪見身諸惡罪業所為非法不順典約佛所禁眼自犯此罪若教他人方當所作罪蓋塵勞不聽聞法憎懥菩薩聖衆之業不奉道教見諸魔事速波羅蜜諸度無極若人布施抑令不為壞人德本使不成就吾今皆從十方諸佛世尊光耀悔過自首不敢覆蔽令除其殃改往脩来從今

已後不敢復犯勿復令我有衆罪蓋墮於地獄餓鬼畜生鬼神貧窮若在人中莫令乏匱穀在天上勿為貧人博達衆經莫貧於道財業豊饒莫使厄匱用七法財以給少智眼耳鼻口身意陰蓋斯傻親屬心壞因縁若坐邊地家室鬪諍而相别離是惡瑕穢而不可忍莫與如此眷屬共會常使應行正士俱會而與相見今從十方諸佛悔過改往修来不敢藏匿

文殊師利言當復自責我前世時行不清淨毁身口意婬怒愚癡興心為害放逸論誦多求無猒積累惡業誹謗輕調毁佛法衆不孝父母蔑於尊長衆祐凡人瞌其功勳不能自覺輕智慢聖自歎其身求他長短既身自犯又勸他人其順行者教令越法不知佛時不知法時不知僧時不知善惡時深没貪婬瞋恚所沮愚癡所蔽不能精進嫉妬不實兇暴難化多所志慕計任吾我處人壽命與五趣念乞求合集懐諛諂想積累无限非法之行自計有身念是我所無常為常

想苦為樂想无身為身想不淨為淨
想墮四顛倒種於惡業醉於形色遠
於財業惑於傲貴荒於國位乱於眷
屬所作過罪見覩諸佛聞所說法不
肯諮受不供聖衆離於德本捨度無
極而忘道心違失三寶若復弃捐无
盡正業無量功德及不可盡聖慧辯
才所欲自恣從惡知識遠於善友從
十方佛自首悔過改往修来不敢藏匿
文殊師利復曰當自悔言我前世時
志於下劣所遊土地而興誓願毀誤
大乘過斷政教勸從邪徑誹謗政法
佛所班宣深妙之典若干種教抑制
法輪使不通流若身自犯設教他人
勸助非法破壞塔寺敗乱聖衆散縣
聚落毀大國土若危城邑謀啚帝主
宮於種姓内外親屬若復傷殘他人
身體令生瘡𤸃絶其命根閉於牢獄
若教人煞其心迷荒常懷狐疑教人
猶豫說他罪殃使不順戒處於邪見
從異道教反其政行自懷怨心乱他
人意令必瞋恚所作過罪若身自犯
及教他人皆從十方自首悔過佛世

光明惟蒙見濟改往修来不敢藏匿
文殊師利曰當復悔過言我身前計
有吾我言是我所見顛倒住於貪婬
心者無本而想有心不能明了心如
幻化也其本自然不能分別諸佛之
法發於无上正真道意而欲觀見道
之處所一切諸法悉無所有而反言
有其身口心所作善惡皆從十方諸
世光曜自首悔過改往修来不敢藏匿
吾往本時所行布施持戒忍辱精進
一心智慧不解三昧住顛倒見若布
施者妄想求報心念所取護於禁戒
想我他人修於忍辱心倚著身奉於
精進住于衆想興發禪定念應不應
而想有人樂于放逸貪求智慧志慕
歸道謂有處所皆從十方世光悔過
改往修来不敢藏匿
吾往古時不能曉了正真之義供養
於佛而反倚求色相莊嚴八十種好
雖奉事佛不能入於法界無所壞法
亦不曉了無所住法而住諸法想法
若干設聞經法若講說者思惟所趣
而不分別无為之法計於聖衆而有

數想供養衆聖亦起悕望皆從十方
世光悔過改往修来不敢隱匿
吾往古時希望諸法求空處所遊於
閑居限節知足少欲為德不能識知
一切法空心無所著尒乃可謂靜處
燕坐住於法界不能解達法界无受
及衆生界亦無所受及依吾我立避
況没不能行道而計有人不修四恩
當救衆生亦不能濟亦不曉了佛道
自然相亦自然於三十七道品之法
見有吾起而倚求望不知寂然沙門
之義出家所修奉受具戒依比丘行
如是及餘所造德本因其德本獲致
安隱有為之福與无為安超絶逈遠
不與道合皆從十方世光悔過改往
修来不敢藏匿如過去佛諸天中天
本為菩薩奉行道時皆悔諸罪罣㝵
陰蓋吾亦若茲當来現在諸佛世尊
本所修改我今悔過亦當如是向尊
自首歸命於佛為上為長最勝殊特
無上之德為无等倫諸佛聖慧巍巍
無量悉知一切世界所有衆塵諸數
而得自在普能曉了衆生心念吾等

文殊悔過經　第九張　念字号

之身從無央數阿僧祇劫所行迷惑而自改悔一切罪陰蓋之患如為己身所悔殃釁及為地獄餓鬼畜生在於五趣一切衆生罪所蔽者令吾皆以五體代受而為悔過曉了微妙除諸限㝵已能遊入觀一切法辟如虛空所可悔者无罪無報亦无塵滓已入諸法無罪蓋者乃為名曰悔一切過是族姓子菩薩大士往古結縛一切所行衆念惑想財業因緣所受依倚而住處所皆當悔過若使於中如此色像所受思想行不平等當令明了一切無本假使一切无所行者乃能得入於斯本際無想之際无形相際無有二際无陰蓋際無所得際无身之際離欲之際無所習際无所行際無罣㝵際无所歸際無所由際是則名曰菩薩大士自首悔過无有罪害得至佛慧滅除一切伏自殃釁罣㝵之蓋

文殊師利曰悔此一切衆罪過已尋發無上正真道意請為一切衆生之類除諸殃釁使无罪蓋令在世間成

文殊悔過經　第十張　念字号

佛正真莫為聲聞緣覺之乘開化衆生諸未度者吾當度之諸未脫者吾當脫之諸未滅度者當滅度之為一切人救濟之宅擁護自歸導示道徑將順燈明光明之曜為衆將師賈人大導以是如來十種之力尋發意頃令得莊嚴四無所畏三十有二大人之相八十種好如來音響八部之聲明識如來善權方便入衆生心佛之弘廣無上大慧在於法界禁戒清淨无有缺漏而雨諸法金剛章句不捨一切群生之類則不退轉究竟得至於一切智諸通之慧興正真心於諸佛法而无所著以諸德本勸助諸佛過去當來今現在佛本行學道從初發意至於無上正真之道成最正覺於此中間所顯德本如佛所教一切諸法則无根原亦無所住所放捨者而无所施本性清淨禁戒鮮潔乃無所犯衆生盡索而无所起乃曰為忍靜默無作乃為精進其心自然而无所生乃為一心度無所度不越馱永弃諸邪見乃為智慧入於深遠十二

文殊悔過經　第十一張　念字号

緣起而無所入乃可堪任名為玄妙明達行空乃為慈心作无所作乃曰為哀不行諸法乃曰為喜若越四瀆而無有二乃曰為護无受不受亦無所攝乃為四恩无有根本亦無所住乃為德本名曰五根意无所念亦無所遊乃為五力覺了真諦一切本末為七覺意不合於二無合无散乃曰道矣獲致之然澹泊之行乃曰為寂以慧解度不違柔順乃曰為觀以慧為黨乃曰神通吾皆以此勸助歸趣不退轉輪等御至佛所以如來具足莊嚴成就其身則以此義演文字說隨諸衆生言語音響為分別解所可班宣靡不周遍無能抑制所以如來於十種力常得自在以慧莊嚴而得成就示現一切諸佛變化无上無極最尊無比為无等倫我皆勸助如是法行

其有過去當來現在諸佛世尊本淨淨身而解自然悉不可得所言清淨其心清淨亦不可得無所發遣供養諸佛於一切法无所將護乃為護法

無德无衆為供養僧皆已備悉威儀
礼節亦以成就一切諸行其行如是
并及餘事而曉去来現在諸佛道慧
平等等行佛法不誤墮於一切衆魔
不與諸法而俱同塵不著聲聞辟支
佛地断絶諸非奉度無極逮得摠持
修菩薩行逮近於道悉能報荅衆生
所言恣隨衆人之所欲啓各令得所
常住平等所行由已莊嚴一切諸佛
國土辯才光曜歸于清淨断諸悪趣
三昧自在恣隨一切衆生所為得諸
摠持靡不照明辯才聖達皆當從已
則以所發一切智心悉用勸助諸佛
道慧

其諸過去當来現在逮得佛道无有
衆漏戒定慧解度知見事周遊諸力
無能退轉縁无所畏諸佛之法無所
罣㝵其无極慈行無等倫其大哀者
不戴仰人等如虚空无能察頂無二
功德報應之相清淨蠲除迷惑之心而
自莊嚴其身口意諸天釋梵普来勸
助敷演道教而轉法輪弃去无智不
達神識化諸衆生建立佛慧吾悉勸

助使至於佛無上大道其有去来今
現在佛臨滅度時善權方便威神建
立流布舍利令人供養攝取一切衆
生志性從始至終乃能至于正法滅
盡我皆勸助所可勸助志於佛慧无上
大道去来現在諸佛世尊現於滅度
合會聲聞過諸罣㝵導御篤信解法
界味導御法念度於八邪所謂八等
住於無為種性之地其種性衆而反
其流至須陁洹二反周旋為斯陁含
沒此生彼不復迴還為阿那含无為
無起无所復進為阿羅漢分別曉了
深妙縁起十二之因為辟支佛自悉
通見慧靡不達者為諸菩薩初發意
者心等如地普入衆行所行眞諦窮
盡生死諸法之原具足佛法為不退
轉於一切生而無所生乃能逮入一
生補處講說宣暢無所有慧而奮大
光諸所德本悉无根本亦無所住吾
悉勸助如是像法悉於佛慧无上大道
其有去来及今現在三世之中衆生
之類淨諸佛眼所可布施不計吾我
無所貪愛所作功德禁戒无盡不可

限量所修道義其行無行所有功德
悉以勸助諸佛之慧無上大道不老
別等無所損清淨離識猶如虚空入
於殊妙智慧衆聖則為最上導御衆
義精進行法自然如空眞寶無比亦
如無為便無有侶以是勸助取要言
之如去来今諸佛世尊本為菩薩行
求道時所行無量智慶無極善權方
便無所罣㝵眞實之行善修清淨行
清淨已證取佛慧所可勸助衆德之
本方當勸助吾當學此所尊修法而
効勸助志於佛慧無上大道使諸衆
生如十方界滿中諸塵身所行事一
切見佛悉令發心不可計會解於大
道自在所行吾悉勸助斯衆德本了
此德本不可捉持一切諸法猶如虚
空若能勸助此德本已則無有本已
離諸本不可護持無所志念寂然無
主逹無主已便入諸法已入諸法便
勸德本如為已身所可勸助亦復勸
助一切菩薩開化衆生俱復如是等
無老特是族姓子菩薩大士勸助佛
慧順而無失乃至大道

復次族姓子菩薩大士所住如此深妙大義然後口宣斯之言教其有十方不可稱計諸佛世尊在其世界逮得無上正真之道成寂正覺曉了經典過於四魔逮成无擭濟泊之法皆難文字應聖二事如所逮法而復觀察善權方便亦現受法開化所應可度衆生不失大哀稽首請問樂於靜寂觀彼佛樹為諸天龍神揵沓惒所見咨嗟解了音響言語文辭為一切說若立此行則能降伏魔及官屬化諸怨敵令無刺棘所曰刺棘三毒之謂具足所願輒如所念滅除睡冥則成世間无極弘曜聖慧之明入於無量分別聰達道靡不通其智慧輪莫能過毀行權方便暢識一切衆生根本為說經法莫能抑制而皆斷絶一切處所閉結之行照見群黎所欲諸受五體投地稽首諸佛尊敬歸命為勝為殊為最第一為無等倫无有過上不有辟喻無可為侶佛之智慧如是難及觀无二際我如此礼乃為礼佛無所從生亦无所至為忍辱礼首悔

殃疊以稽首佛悔過自歸殃罪消索雲除日出假使無量十方一切所有世界滿中衆塵如此之數衆生之類口所宜說發心之頃思念諸想不可計會勸助諸佛令轉法輪此諸世尊轉无上輪至無二輪无有形相無成就輪不可得輪裂壞一切魔羅網輪久遠已來覺无從生逮致大道而窹起輪開化衆生嚴淨十方諸佛土輪於一切智多所摧伏力無能勝入此道輪曉了於空无相願輪無所行輪亦无所生無有起輪悉无所有如真諦輪所可成就無所成輪有可降伏无所度輪深奧微妙解於十二緣起之輪破壞衆魔却外敵輪消除迷惑危害怨賊遏不可遠無極法鼓亦復吹於无言法蠡則亦竪立法慧之幢而智聖慧解脫大明而炳然熾無極錠燎壽則雨於无量甘露法滴之水可悅衆生及賢聖智無上大道以正七覺而飽滿之滅盡一切衆生之類生老病死愁憂啼哭惱不可意結網之身窈冥曚蔽樹之根栽故曰然於

智慧之明無極大燈則隨衆生本所為業罪福果報各為現說是諸世尊在於无數不可計會十方世界而作佛事善示法律不斷言教諦分別慧亦復授於諸菩薩莂堅住聖衆開化衆生求於玄妙寂然無為咸受經典而无猒足諸佛大聖欲滅度者我悉勸助令不滅度專志一心所行安隱順住法界而常永存無央數姟不可稱計阿僧祇劫教化衆生住六波羅蜜所度无餘一人不度終不捨去普令入於諸揔持門皆見一切諸佛三昧因行之始若種正義立於大定勸志大乘遣至一切諸佛世界而為顯示諸佛世尊從無所生輒逮成道現有所生實无所生其無所滅亦復如是乃有所滅自然寂靜悉无所著是為族姓子菩薩大志勸助佛慧而無罪疊

文殊師利言已能如是悔所犯過當發無上正真道意常以慈心向於衆生不懷怨結已无怨望請召三界勸助一切衆德之本稽首諸佛歸命悔

過勸助轉法輪示現無量所建立德
則當興發薩芸若智諸通敏慧十方
世界无所像屬琦珎異寶花鬘雜香
擣香澤香燈火衣服幢蓋繒綵伎樂
不鼓自鳴宮殿浴池河海泉原日月
光明無君主者亦无敢名吾目自見
而心取此持以貢上諸世光耀佛天
中天以此衆養琦寶異珎奉事諸佛
三界所有天上世間七寶樹木自然璝
琦華香天樂牀卧復上諸佛供養已
訖曉了諸佛解一同等諸佛無二无
有形容三十二相八十種好而現相
好善權方便示無量色有所演說音
聲遠聞化无數身不可計像於諸世
界而無所處不住法界以懷誠信因
緣解脫所可供養奉侍之德以貢諸
佛是諸世尊於諸法界而不動搖不
得諸度无極處所入無罣㝵所至无
際察於衆生五陰之體猶如曠野而
無有主悉无所有不曉了此唐為憂
患化衆生類志薩芸若諸通之慧普
入衆行取如來身所入行者悉捨有
無顯現衆生人之境界使无憍慢轉

佛法輪無有放逸皆弃調戲抑制衆
魔人民志性不可限量斷除諸根為
現无量一切衆生處諸羅網而以道
力廣示其義平等之事無陰蓋本亦
不動搖悉皆興發宣示普門具足逮
成薩芸若慧淨修諸佛功勲之德莊
嚴其身供養舍利以此燈香衆華雜
馨諸所供具衆養之德悉貢諸佛世
之光曜如諸菩薩過去佛時若干種
養心无所著以貢諸佛吾亦如之建
立勸助唯諸大聖垂以大慈見愍納受
文殊師利曰復次族姓子菩薩大上
所住若茲當說此言吾所悔過則虛
不實所可勸助亦無所生所可請問
亦无所有計此所悔虛無實也設我
所勸无所生者所可請問無所有已
道亦如是虛无所有其無所生无所
有者等定亦如則無所生无有度者
無着无念已無所著則能信脫无著
勸助所首悔過功德之品計於道心
一切衆生於無罪福而得自在本所
勸助皆以德本供養一切諸如來衆
稽首歸命貢上燈香花蓋瓔珞若干

種物所供養者取此功德皆為一味
清淨之行所清淨者本性清淨鮮潔
顯曜等一切智以為大施無極之業
仁和无織等行於道所願合集當令
歸趣如來之道則用勸助無上正真
為寂正覺一切諸法无所勸助假使
以眼不勸助色了色自然不以眼著
因緣報應計如其識所從起者不出
於眼亦無有色適起壞滅消散盡索
亦无住處耳聲鼻香舌味身更心法
所勸亦然意無有法諸所功德亦復
如是勸助於道道无德本有從德本
而興因緣因其所行而起心矣所發
道心亦無所住適起尋壞消散滅盡
彼以其心而造德本所可用心勸助
行者發心展轉而不相見猶如燈火
若晝日光无所從來無所從去適起
生焰因緣合成忽不知處菩薩道心
亦復如是智慧之明興顯德本亦无
所住其如是像以法住者是為名曰
菩薩勸助入於寂然受決得忍逮致
聖光智慧之曜假使菩薩遊於是法
心不樂行衆織之無諸佛世尊以為

證明乃當勸助志於德本猶如諸佛智度无極善權方便所因聖慧令衆菩薩行於正德所說勸助吾亦如之而不動搖精進若此其道普至靡所不周承志性力所入無量亦皆弃除所應不應衆想之念設已得入衆性行者思念一切如來至真悉在目前思惟虛空一切所有等如虛无已能可意入於無量思法界行一切具足神通之慧昇自在堂乃得申叙而顯其心普悉弃捐世之垢穢裂壞羅網入於自識皆見十方佛天中天諸菩薩衆无有遺脫而不覩者念於去來現在諸佛悉為一等則以德本勸助聖慧吾今勸助如無二界一切普至令此德本亦復如是悉令周遍於諸群生而得申叙皆使得入一切諸乘諸菩薩門所生之地悉逮具足靡不覩念令其眼根皆見衆生究竟脩悉无量佛事盡入耳根所可聽聞一切天人蜎飛蠕動音響言聲分別文字所暢決慧處處別異教誨具足衆生所作諸業罪福所歸從其所行而見

界實觀察三世去來今事曉了衆生善分別行解知所言而皆識練一切德本無本无住亦無所行乃為具足諸度无極普見衆生而等導御常以依倚無我本際一切世人悉欲樂往與共相見在於世間无所罣㝵亦無坑塹得　第一度思惟逮入斷一切法皆得通入於諸法界亦无所壞其所遊居微妙真際其有衆生在諸苦惱令入佛土觀諸剎土悉是人界逮得明眼普見十方悉承一切諸佛聖德索察群黎心性所趣開導制御罪蓋所為如所執持悉為示現成就自在所奉道業順無從生不乏四等四恩六度以濟窮厄令至弘廣殊特之慧衆生志性各異不同而使具足所欲志願令无顛倒得可其心使懷悅豫勢力奇特而無有侶心已得開逮成正覺目見衆生性行所趣各教化之示現究竟使菩薩行永存不斷令諸衆生一切備悉六度無極住於正道使无有餘過去當來今現在諸佛世尊皆誨衆生與得是處無上大道供

養奉事志性和雅具足往詣使得通入無所行法經道之輪一切剎土衆生徑路有身形者皆開化之清徹悅豫令不墮落目見諸佛奉養歸命以是德本覩一切色如見佛形而皆等觀十方剎土則能嚴淨諸佛國土等察一切諸天人民蚑行喘息人物之類諭諂虛僞猶如幻化普悉了斯解无所有等視三世一發心頃靡所不入一切諸法雖各別異等無若干入於道力令一切法至一平等紹无相好等解善權察衆生心從其志性委靡而隨應病與藥等受無上正真道慧超度世俗諸所為作清淨鮮絜歸于平等洗除衆生塵勞結恨穢濁志操使徹清明歸此平等使得歸於一切諸佛悉一法身逮成莊嚴志習於此柔順之法導脩其行精進勢力懃懃不懈欲有所度以此德本使十方人一發意頃普達衆生解告人民諸菩薩行皆令合集言語辭意以一發言出無數教示現衆生善權方便一心念須各令見聞平等道門變化感

動靡不衆濟轉於法輪舌能覆面上至梵天音聞遐方如來身者顯現道門歡悅衆生以一普安演於無量若干光明佛道巍巍无有斷絶一時顯揚口宣十方五趣之處示佛變化悉令遊居具足德行為諸衆生而訓誨現於斯德本修於無量揔持之門入於光明巍巍之慧令一切具靡不成就人民所行衆德本者志性各異使入揔持光明之慧其有諸天一切人民愁憂苦惱為除衆患悉入揔持光明之曜一切諸論文字本際入於揔持光明之曜一切諸行諸想所應悉入揔持光明之曜使致普門諸根轉輪使入揔持光明之門一切莊嚴清淨衆飾使入揔持光明之門一切徑路衆好威神以悅衆人悉入揔持光明之門無所罣㝵揔持諸法歸趣若干无數威曜悉使具足皆令一切諸佛之法悉逮得入揔持光明以是德本由此因緣悉為諸佛所見攝護現於諸佛如見父母則以攝取佛之國土修治嚴淨為諸菩薩所見攝取恭

敬奉事諸佛世尊以若干種變樂欣悅心無變異而不可動攝取衆生就教誨受護一切諸惡趣則以聖威斷惱根攝取諸世顯發行執懷善教一切典所開化者无導御攝取諸法欲以執持諷誦之故用斯德本因此緣報住於一事普見衆事住於衆事悉見一事則以一事入一切事以一切事入於一事則以一義皆諸開化一切諸義以一切義興發一義以無因緣入於諸緣化于諸緣令入无緣以無事法入于衆生性行各異從其相行而教誨之以无有想入於諸想諸未進者悉令入道入諸有想而誘進之使入無想以是德本因此事故由斯瑞應住於一人含氣之類心性之行普見一切衆生意歸住於一切衆生志性則觀一人心意所趣究竟具足廣大其意所誨無限以一人心勸化宣示一切衆生意志所念以一切心興發一心則以諸佛威神感動教化如應開解一切衆生之行誘一人心勸入一切衆生意行以一切心勸

入一心化衆生界勸進暢示佛身光明心存住於無人之際於无人際則不動搖所建立慕下捨衆生逮度無極而不懈惓以是德本修此事故住一佛土普見一切諸佛國界住一切土觀於一土於一切土入无盡土於無量土入於一土无盡本際莊嚴挍飾還淨國土訓誨所入斷婬怒癡靡所不散住於一土教化諸土在於諸土誘進一土一切衆生所念思想勸至方面發起人民令一剎土入一切土以一國土入於一切无量佛土等見三界衆生所興不可動故以無極哀開化人民而无處所亦無所住若懐狐疑悉濟猶豫度衆生類以是德本以過去事入於過去又以過去入於當來又以過去入於現在其當來事入於當來又當來事入於過去當來事者入於現在又現在事入於現在又現在事入於過去一切過去當來現在入平等相令其現在入於現在其現在者入於過去其去來今普入平等以是德本因緣之報逮得諸

佛現在目前三昧要慧致成佛德聖衆如来三昧政定逮致光明華如来所化莊嚴三昧皆莊嚴淨所現三昧示一切色所現身三昧皆入諸音言辯三昧又首楞嚴現若干種般泥洹事獲致不斷佛教三昧而當成就車一嚴淨三昧究竟善住三昧定意金剛道場三昧如金剛三昧慧明三昧以是之比見於一切衆生之心所行若干志操不同過去當来今現在事無所不達乃為如来三昧道場各各別異令致于彼神通之慧所願具足以是德本吾及衆生悉使成就進退自由究竟清淨被蒙開化以是德本一切衆生目之根原使如佛眼一切世間衆生所在諸可聞者逮興佛耳其聽無極使衆生鼻得如佛鼻通徹无際悉無所著令諸衆生舌根德殊逮得世尊廣長之舌其所教誨如佛之言處在一切世間之法所作身事所可興發皆成佛身處在一切法界之中亦無所處化於衆生一切所行作佛慧業從其人民志性所願應病

與藥而開化之一切諸香則能變為佛之德馨勳為道事一切諸味則能化成成習義味一切細滑柔和内性入人義業一切諸法皆以訓導使成道法開化衆生是為一切諸所入者吾當令成諸佛所入通達大慧人民陰蓋諸所情裹吾當興法消化諸裹為作佛事當使諸界悉為佛界所有諸根令無有根使之根著為立道根以是德本因此緣故得至建立无所住慧聖道所處皆建立普令人民皆悉曉之化一切色悉成佛形由是之故各各使人曉了其慧變諸音響悉成佛聲皆為人民宣布道教如是之比使諸衆生消除盡索塵勞欲門巧為菩薩入諸菩薩療治其行道法之門是為清淨一切人民志性事矣可悅衆生智慧之宅入無勝地勢力之坐菩薩道行下於應時而不違失身行口言意所修業无所罣礙不有危害無所藏匿班宣諸佛之言教也行不虛妄逮得神通所知具足以是德本當令我身及諸衆生悉得成就至

於清淨為人講說是為菩薩大士所行勸助佛慧真諦無失文殊師利說是五體悔過品時五百菩薩皆悉逮得无所從生法忍皆以除狐疑猶豫慮僞附結倒見之惑如来齊光照曜菩薩逮得一切諸佛無所破壞三昧之定

於是世尊則以道耳遥聞文殊師利之所講說尋以讃曰善哉善哉仁快說此除諸菩薩罣㝵罪蓋勸助入道若有菩薩讀聞說此勸助教者即能奉持諷誦講說如是不久皆當滅盡一切罪蓋令無罣㝵如燈及燭入於冥室衆闇消索猶如日出炤于天下靡不蒙明如盲得目聾者得聽瘂者能言跛者能行塞者得通五陰自消六衰則滅昇於法堂入于道室超慧臺閣處大聖殿何謂法堂佛言神通已暢无所罣㝵逮三達智何謂道室佛言得三昧定見十方佛如人炤鏡無有遠近周遍悉見何謂慧臺佛言智度无極解一切空心無所著大慈大哀何謂大殿佛言善權方便進退

知時不在有為不處無為與法身合无合無散現形三界化為佛身相好威容班宣道教或為菩薩聲聞緣覺高士大聖凡夫愚行因時開化度脫十方莫不得濟至于大道佛說如是如來齊光照曜菩薩賢者阿難諸天龍神阿須倫世間人民莫不歡喜作礼而退

佛說文殊悔過經

此色像所受思想行不平等當令明了一切無本假使一切无所行者乃能得入於斯本際無想之際无形相際無有二際无陰蓋際無所得際无身之際離欲之際無所習際无所行際無星辱際无所歸際無所由際是則名曰菩薩大士自首悔過无有罪害得至佛慧滅除一切侏自殃釁星辱之蓋

文殊師利曰悔此一切衆罪過已尋發無上正真道意請為一切衆生之類除諸殃釁使无罪蓋令在世間成之身從無央數阿僧祇劫所行迷惑而自改悔一切罪陰蓋之患如為已身所悔殃釁及為地獄餓鬼畜生在於五趣一切衆生罪所蔽者今吾皆以五體代受而為悔過曉了微妙除諸限辱已能遊入觀一切法辟如虛空所可悔者无罪無報亦无塵染已入諸法無罪蓋者乃為名曰悔一切過是族姓子菩薩大士往古結縛一切所行衆念忘想財業因緣所受依倚而住處所皆當悔過若使於中如

一切群生之類則不退轉究竟得至於一切智諸通之慧興正真心於諸佛法而无所著以諸德本勸助諸佛過去當來今現在佛本行學道從初發意至未無上正真之道成最正覺於此中間所顯德本如佛所教一切諸法則无根原亦無所住所放捨者而无所施本性清淨禁戒鮮潔乃無所犯衆生盡索而无所起乃曰為忍靜默無作乃為精進其心自然而无所生乃為一心度無所度不越駛水弃諸邪見乃為智慧入於深遠十二佛正真莫為聲聞緣覺之乘開化衆生諸未度者吾當度之諸未脫者吾當脫之諸未滅度者當滅度之為一切人救濟之厄擁護自歸導示道徑將順燈明光明之曜為衆將師賈人大導以是如來十種之力尋發意頂令得莊嚴四無所畏三十有二大人之相八十種好如來音響八部之聲明識如來善權方便入衆生心佛之弘廣無上大慧在於法界禁戒清淨无有缺漏而兩諸法金剛章句不捨

佛說文殊悔過經

校勘記

一　底本，金藏廣勝寺本。三三頁上、中兩版原錯簡，已剪拼，原版附後。

一　三〇頁中二行「月支國三藏」，石作「三藏」；資、磧、南、徑、清作「三藏法師」。

一　三〇頁中五行第一三字「達」，石作「建」。

一　三〇頁中八行第七字「元」，資、磧、南、徑、清、麗作「無」。

一　三〇頁中一一行第一二字「留」，磧、南、徑、清作「樓」。

一　三〇頁中一六行第一三字「啓」，石、麗作「咸」。

一　三〇頁中一七行第八字「恩」，資、磧、南、徑、清作「忍」。

一　三〇頁中二〇行第九字「土」，資、磧、南、徑、清作「上」。

一　三〇頁下七行第一〇字「苦」，資、磧、南、徑、清作「蓋」。

一　三〇頁下七行末字「乘」，石作「業」。

一　三〇頁下一七行第五字「左」，資、磧、南、徑、清作「右」。

一　三一頁上八行「儱俠」，石、磧、南、徑、清、麗作「儱悏」。

一　三一頁上一一行第五字「於」，資、磧、南、徑、清無。

一　三一頁中四行「於是」，資、磧、南、徑、清作「奉於」。

一　三一頁中九行第一三字「乃」，石作「及」。

一　三一頁中一三行第一一字「政」，磧、南、徑、清作「正」。

一　三一頁中一七行第八字「眼」，諸本(不包括晋，下同)作「限」。

一　三一頁下三行第一二字「爲」，徑作「謂」。

一　三一頁下三行末字「人」，諸本作「天」。

一　三一頁下六行第一〇字「壞」，資、磧、南、徑、清作「懷」。

一　三一頁下六行末字「坐」，諸本作「生」。

一　三一頁下一三行「論誦」，諸本作「諛諂」。

一　三一頁下二一行第四字「任」，資、磧、南、徑、清作「住」。

一　三一頁下二二行「諛諂」，資、磧、南、徑、清作「諂諛」。

一　三二頁上一四行「身自」，資、磧、南、徑、清作「自身」。

一　三二頁上一八行第七字「絶」，石、麗作「危」。

一　三二頁中一行第四字「蒙」，石作「願」。

一　三二頁中三行第八字「所」，資、磧、南、徑、清無。

一　三二頁中一二行第三字「妄」，資、磧、南、徑、清作「望」。

一　三二頁中一三行末字「於」，麗作「持」。

一　三二頁下一行「衆聖」，石、資、磧、南、徑、清作「聖衆」。

一 三二頁下二行第一一字「隱」，石、資、磧、南、經、清作「藏」。

一 三二頁下七行末字「避」，資、磧、南、經、清、麗作「僻」。

一 三二頁下一一行「吾起」，資、磧、南、經、清作「五趣」。

一 三三頁上二行第三字「改」，資、磧、南、經、清、麗作「放逸」。

一 三三頁上一四行末字「相」，麗作「想」。

一 三三頁上一九行第一一字「自」，諸本作「息」。

一 三三頁中二行第三字及三行第五字「末」，麗作「求」。

一 三三頁中五行第一二字「師」，磧、南、經、清作「帥」。

一 三三頁中一八行第一二字「放」，經、清、麗作「施」。

一 三三頁下九行第五字「之」，資、磧、南、經、清作「定」。

一 三三頁下一五行首字「斑」，資、磧、南、經作「定」。

一 三四頁上三行第二字「反」，資、磧、南、經、清、麗作「及」。

一 三四頁上一六行第一二字「遊」，資、磧、南、經、清作「旋」。

一 三四頁上二〇行第六字「相」，資、磧、南、經、清作「想」。

一 三四頁中一一行首字「没」，資、磧、南、經、清作「殁」。

一 三四頁中一八行第七字「暢」，資、磧、南、經、清作「揚」。

一 三四頁中二〇行第八字「悉」，諸本作「志」。

一 三四頁下二行第一三字「不」，諸本作「而不」。

一 三四頁下六行第四字「便」，石、磧、南、經、清作「更」。

一 三四頁下一九行首字及第四字「主」，麗作「生」。

一 三五頁上二行第五字「復」，資、磧、南、經、清作「後」。

一 三五頁上七行第五字「亦」，資、磧、南、經、清、麗作「示」。

一 三五頁中一六行第八字「遠」，諸本作「逮」。

一 三五頁下六行第一一字「感」，資、磧、南、經、清、麗作「啓」。

一 三五頁下八行第八字「志」，資、磧、南、經、清作「士」。

一 三五頁下二二行第九字「望」，資、磧、南、經、清作「結」。

一 三六頁上二行第六字「芸」，資、磧、南、經、清作「雲」，下同。

一 三六頁中九行末字「種」，諸本作「供」。

一 三六頁中一二行末字「上」，資、磧、南、經、清、麗作「士」。

一 三六頁中一五行第七字「所」，資、磧、南、經、清作「可」。

一 三六頁下一〇行第一二字「更」，資、磧、南、經、清作「受」。

一 三六頁下一六行末字「火」，資、磧、南、經、清作「光」。

一 三六頁下末行第八字「無」，資、磧、南、經、清、麗作「元」。

一　三七頁上一二行第四字「誡」，資、磧、南、徑、清作「試」。

一　三七頁中一行第三字「覩」，資、磧、南、徑、清、麗作「觀」。

一　三七頁中一三行第五字「執」，石作「報」；麗作「教」。

一　三七頁中二二行第八字「來」，資、磧、南、徑、清作「来及」。

一　三七頁下二行第九字「輪」，資、磧、南、徑、清作「論」。

一　三七頁下八行第二字「諭」，資、磧、南、徑、清、麗作「諫」。

一　三七頁下一一行第一二字「紹」，資、磧、南、徑、清、麗作「治」。

一　三七頁下一三行第九字「受」，資、磧、南、徑、清、麗作「授」。

一　三八頁上一一行「愁憂」，資、磧、南、徑、清作「憂愁」。

一　三八頁中二行末字「就」，資、磧、南、徑、清、麗作「成就」。

一　三八頁中四行首字「惱」，資、磧、南、徑、清作「煩惱」。

一　三八頁中七行首字「報」，資、磧、南、徑、清作「執」。

一　三八頁中二一行「感動」，磧作「威勤」。

一　三八頁下七行第二字「量」，石、資、磧、南、徑、清作「盡」。

一　三八頁下一九行第八字「又」，石、資、磧、南、徑、清作「入」。

一　三九頁上二行第六字「政」，資、磧、南、徑、清、麗作「正」。

一　三九頁上八行第一二字「明」，麗作「眼」。

一　三九頁中五行首字「導」，石、資、磧、南、徑、清作「道」。

一　三九頁中九行第八字「之」，資、磧、南、徑、清、麗作「乏」。

一　三九頁下四行第一〇字「除」，諸本作「除棄」。

一　三九頁下一六行首字「能」，資、磧、南、徑、清作「得」。

一　三九頁下二二行第七字「忉」，諸本作「切」。

一　四〇頁上三行第八字「爲」，徑作「謂」。

一　四〇頁上四行第二字「土」，資、磧、南、徑、清、麗作「士」。

一　四〇頁上末行「悔過經」，石作「悔過經一卷」；資作「師利悔過經」。

清淨毗尼方廣經　念

後秦龜玆國三藏鳩摩羅什譯

如是我聞一時佛住王舍城祇闍崛山與大比丘僧八千人俱菩薩摩訶薩万二千人及欲色界天淨居天子尒時世尊與諸無量百千天衆恭敬圍繞而演說法時有天子名寂調伏音来在會坐是時寂調伏音天子從坐而起偏袒右肩右膝著地合掌向佛白世尊言是文殊師利為住何處今此大衆渴仰欲見是善丈夫從其聞法如是問已時佛告彼寂調伏音天子東方過此十千佛土彼有佛國名曰寶主是中有佛号曰寶相如来應正遍覺現在說法文殊師利住在彼土為諸菩薩摩訶薩而轉說法時彼天子白世尊言惟願現相令文殊師利来詣此土何以故世尊若從一切聲聞緣覺有所聞法不如從於文殊師利所從法也惟除如来其餘說法无有勝者文殊師利若演說法一切魔宮皆悉闇蔽一切衆魔悉能摧

伏去增上慢滅增上慢若有未發菩提心者發菩提心已發心者住不退轉可攝者攝可捨者捨順如来欲令正法久住尒時世尊知寂調伏音天子心已放白毫相光普遍照此佛世界已東方過於十千佛土普遍照彼寶主世界時寶主世界菩薩摩訶薩見此光已白寶相佛言世尊是何光相有此光明遍照此界如是問已寶相佛告諸菩薩言善男子西方去此十千佛土有國名娑婆其中有佛号釋迦牟尼如来應供正遍覺現在說法彼如来放毫相一光是光勇散十千佛土来照此界是諸菩薩白世尊言以何因緣故彼釋迦牟尼如来應正遍覺放毫相一光時佛報言彼釋迦牟尼如来國有無量千億菩薩皆悉集會及釋梵護世一切四衆欲見文殊師利童子從其聞法以是緣故請彼釋迦牟尼如来放毫相一光時寶相佛告文殊師利汝今可往娑婆世界釋迦如来應正遍覺喜欲見汝及諸大衆欲見聞法文殊師利白彼世

尊我今亦知如是光瑞時文殊師利法王之子與十千菩薩俱頭面敬礼寶相佛足辟如壯士屈申脾頃與十千菩薩没寶主界到娑婆界住虛空中而不現形雨種種花以供如來普及大衆積至於膝雜色如好色香適意一切大衆見雨此華白世尊言是何光相大雨此花佛言諸善男子是文殊師利法王之子與十千菩薩俱來到此娑婆世界住虛空中而不現形雨花供我時諸大衆俱共同聲白世尊言我等欲見文殊師利法王之子及諸菩薩摩訶薩觀其形容時文殊師利及十千菩薩從空而下頂礼佛足右遶已畢各以神力化作座已却坐一面時寂調伏音天子白世尊言頗問文殊師利法王之子建立言論衆所欲聞佛告天子汝今自問文殊師利法王之子隨汝所疑時寂調伏音天子問文殊師利彼寶相佛土云何說法汝樂於彼文殊師利報言天子不生貪欲不滅貪欲不生瞋恚不滅瞋恚不生愚癡不滅愚癡不生

煩惱不滅煩惱何以故無生之法終无有滅天子問言云何文殊師利彼土衆生不生貪瞋愚癡煩惱又不滅耶荅言不也天子天子問言彼佛說法為何所斷荅言為不生不滅而演說法何以故彼佛刹土不知斷不修證彼諸衆生重第一義非重世諦天子問言文殊師利云何名為第一義諦文殊師利言天子彼不住生不住滅無有處相非无處相非相非無相非相非虛空色相非可相非不可相非盡可盡无盡无有能盡如是說名第一義諦天子義者非心非心相續非言說句無此无彼亦無中間如是說名第一義諦天子又復義者而不可得無文字行是名第一義何以故佛說一切所有音聲皆是虛妄天子言文殊師利如來所說可虛妄耶天子如來所說无實無虛妄何以故如來无二相無住心无言說非有為法非無為法非說實非說虛无二相天子於意云何如來化人若有所說為實為虛妄荅言非實非虛妄何以故

如來化人無有實故文殊師利言如是如是天子一切諸法无成就者如來所說無實無虛妄故名无二天子言文殊師利云何如來說第一義諦文殊師利言天子無有能說第一義諦者何以故是无言說無能說者說是法時五百比丘不受諸法漏盡心得解脫二百天子逮得於法忍時寂調伏音天子問文殊師利第一義諦甚為難解文殊師利言如是如是天子第一義諦實為難解不正修行者實為難解天子問言文殊師利云何菩薩名正修行文殊師利言若不說言知是斷是修是證是何以故若有相者是貪是著是戲論若有說言是應知應斷應修應證是不名為正修行也天子問言文殊師利云何菩薩正修行也天子如如等法界等五逆等如法界等諸見亦等如凡夫法等學法亦等无學法等如聲聞法等緣覺法等菩薩法等佛法亦等如生死法等涅槃法等煩惱亦等諍訟亦等天子問言文殊師利云何諍訟等煩惱亦等文殊師利言

空故等无相故等無願故等何以故
空无分異故天子如寶器空泥器空
其中空界等無有異无有種種以無
二故如是天子如煩惱空及諍訟空
無有别異等无有二天子言文殊師
利菩薩頗修於聖諦不文殊師利言
天子若其菩薩不修聖諦去何能為
聲聞說法又復天子菩薩修聖諦有
觀聲聞修聖諦無觀菩薩修聖諦有
閑聲聞修聖諦无閑菩薩修聖諦有緣聲聞
修聖諦无緣菩薩修聖諦而正觀之不證實
際菩薩修聖諦有善方便不背生死
向於涅槃菩薩修聖諦觀一切
佛法天子辟如有人捨大伴主獨一
无侶欲過曠路心甚驚怖不敢復還
如是天子聲聞亦尒怖畏生死不還
世間捨一切衆生不還生死不觀佛
法無善方便獨一无二修行聖諦天
子如大伴主多諸眷屬多諸財產資
粮豐饒大獲生利欲過曠路天子菩
薩如是為大伴主多諸眷屬成大法
利多法資粮具足六波羅蜜成四攝
法普悉觀緣一切衆生觀生死迴流

正觀佛法從於佛土至於佛土具善
方便修於聖諦天子如踈薄物若以
瞻婆須曼婆師花所熏之香香氣速
出如是天子聲聞修諦速疾如是不
滿所願中入涅槃彼亦不出於佛戒
聞定慧解脫解脫知見功德之香又
亦不能斷煩惱習天子如迦尸衣若
以天寶沉香熏經百千年清淨美香
人天敬重如是天子菩薩百千万億
劫中常修聖諦不中入涅槃欲滿本願出佛戒聞定慧
解脫解脫知見功德之香能斷結習
為於人天阿修羅乾闥婆等之所敬
重寂調伏音天子又問文殊師利彼
寶相如來應正遍覺是佛國土諸聲
聞衆為何如也汝樂於彼文殊師利
言天子彼土聲聞不住於信不教他
信不護法界非八人出過八邪非須
陁洹出過惡道非斯陁含往來教化
一切衆生非阿那含一切諸法無去
來故非阿羅漢受於一切三千界供
亦非聲聞能持一切佛所說法不斷
於欲不為欲熱不斷於瞋不為瞋熱
不斷於癡不為癡熱於一切法離諸

暗障不斷煩惱勤行精進斷於一切
衆生煩惱永无有生過一切上隨心
欲生無有我人衆生之相而教化衆
生无取無與一切衆生清淨福田无
思無念而修正念不生不滅而修正
斷遠離身心而出生神足知於一切
衆生諸根到於彼岸而修行根摧一
切結而修於力遍知一切而修於覺
得於无為不證於道到於實際而修
於定至於法界而修於慧盡於無明
而生於明无有二行而證解脫肉眼
悉見一切衆生一切佛國一切諸佛
天眼悉見一切衆生生死此彼慧眼
觀見一切衆生生死無來无去法眼
見於諸法平等佛眼明見一切佛界
天耳悉聞一切佛法能受能持一心
能知一切衆生所有心行悉知宿命
過去際劫百千万億神通能過無量
佛刹煩惱悉盡不證解脫雖復可見
然非色身雖有言說无有文字雖有
思念而心無動形色尊妙衆相莊嚴
功德瓔珞威德難當名聞高遠淨戒
塗香世法不壞煩惱不染无麁惡言

遊戲神通多聞增廣辯才震吼善知
變化調伏聞寘大慧明照所說無滯
揔持究竟常為諸佛之所護念聲聞
所念常恒憶念菩提之道其念如海定
如須弥忍如大地勇健降魔猶如帝
釋无能輕者寂靜如梵无有等等猶
如虛空遍入一切天子彼寶相佛土
聲聞如是所有功德復過於此說是
法時於是會中五百比丘五百比丘
尼五百優婆塞五百優婆夷五千天
子向聲聞智說如是言世尊我等願為
彼寶相如來作聲聞衆文殊師利言
善男子非聲聞心能生彼土汝等可
發無上道心得生彼土諸生彼者皆
是發阿耨多羅三藐三菩提心尒時
是等即發无上正真道心如來悉記
當生彼尒時寂調伏音天子問文殊
師利云何名為菩薩毗尼云何名為
聲聞毗尼文殊師利言天子怖畏三
界毗尼是聲聞毗尼受無量生死欲
化一切諸衆生等生於三界毗尼是
菩薩毗尼輕毀功德莊嚴毗尼是聲
聞毗尼自集功德莊嚴毗尼是菩薩

毗尼自斷一切諸煩惱結是聲聞毗
尼欲斷一切衆生煩惱是菩薩毗尼
不念成熟一切衆生一切佛法是聲
聞毗尼念欲成熟一切衆生一切佛
法是菩薩毗尼非為一切諸天所識
是聲聞毗尼一切三千大千世界諸
天識知是菩薩毗尼一切魔捨是聲
聞毗尼一切三千大千世界諸魔嘷
哭一切衆魔生於怨增生摧伏相是
菩薩毗尼惟獨照明是聲聞毗尼普
欲照明一切世間欲照明成就一切
佛法是菩薩毗尼自觀之心是聲聞
毗尼觀一切佛法是菩薩毗尼漸次
毗尼是聲聞毗尼一念悉知是菩薩
毗尼斷三寶種是聲聞毗尼持三寶
種是菩薩毗尼如破瓦器不可修補
是聲聞毗尼如金銀器破還可修治
是菩薩毗尼无善方便是聲聞毗尼
成就方便是菩薩毗尼無有十力四
无所畏是聲聞毗尼成就十力四無
所畏是菩薩毗尼少水果樹是聲聞
毗尼園林堂閣法樂可樂是菩薩毗
尼无六波羅蜜無四攝法是聲聞毗

尼有六波羅蜜具四攝法是菩薩毗
尼不斷一切習是聲聞毗尼滅一切
習是菩薩毗尼又復天子略說有限
所攝有少法功德有少戒聞定慧解
脫解脫知見是聲聞毗尼無量无量
所攝無量功德无量戒聞定慧解脫
解脫知見是菩薩毗尼
尒時世尊讚文殊師利善哉善哉文
殊師利汝快說此菩薩毗尼文殊師
利聽我少說成滿汝義文殊師利譬
如二人一讚大海二歎牛跡文殊師
利於意云何是人能讚是牛跡中幾
所功德文殊師利白言世尊大海无
量牛跡甚少當何所讚佛言如是知
聲聞毗尼猶如牛跡小無功德无可
讚歎聲聞乘人亦復如是文殊師利
於意云何彼第二人能讚大海功德
不也文殊師利言世尊而是大海有
無量功德无量可歎佛言當知菩薩
毗尼亦復如是譬如大海無量功德
无量可歎當知大乘亦復如是說是
法時万二千天子發阿耨多羅三藐
三菩提心而說是言世尊我等亦當

修學如此菩薩毗尼調伏无量一切衆生時寂調伏音天子問文殊師利汝今修學何等毗尼聲聞毗尼緣覺毗尼菩薩毗尼文殊師利言天子於意云何頗有大海不納衆水天子荅言文殊師利無有大海不納衆水文殊師利言如是天子菩薩毗尼猶如大海所有毗尼无不納受所謂聲聞毗尼緣覺毗尼菩薩毗尼一切毗尼天子言文殊師利所言毗尼毗尼者為何等義文殊師利言天子毗尼毗尼者調伏煩惱為知煩惱故名毗尼天子言文殊師利云何當修調伏煩惱云何知煩惱文殊師利言若自妄想若他妄想自他妄想不正憶念自想他想顛倒不實諸見所縛無明為首如是則能發生煩惱若不自妄想不他妄想不自他妄想專正憶念不自想他想斷於顛倒不住諸見除去无明不行二行如是則便不起煩惱煩惱不起是畢竟毗尼天子是名畢竟毗尼若以聖智知於煩惱虛妄詐偽是無所有无主無我无所繫屬無

來處去處无方非無方非內非外非中可得无聚無積无形無色如是名為知於煩惱天子如人知於毒虵種性能寂彼毒如是若知結使種性能寂煩惱天子問言云何名為煩惱種性文殊師利言妄想是煩惱種若不妄想則便不起若其不起則非煩惱若無煩惱則无窟宅若無窟宅則无所燒亦無所住若無所住名畢竟毗尼如是名為知煩惱種天子問言云何文殊師利是調伏煩惱為實為不實文殊師利言天子如人夢為毒虵所螫以苦痛故服於毒藥虵毒消除苦痛便差天子於意云何如彼人者為虵所螫為實不實天子荅言文殊師利此是不實无有實故當除何毒文殊師利言毒虵不實除亦不實應如是知諸聖毗尼亦復如是天子汝作是言云何是調伏煩惱為實為不實天子若我無我煩惱无煩惱若我无實者煩惱亦无實是中若我無我煩惱无煩惱都不可得若如是者當何調伏何以故天子一切法寂以無生

故一切法寂不可取故一切法寂无形相故一切法盡無所有故一切法无盡以無生故一切法无生無所有故一切法无滅無有堅實故一切法无作無作者故一切法无作無有我故一切法无我以无主故一切法无主如虛空故一切法無來以无體故一切法无去以無際故一切法无住无住處故一切法无住無生滅故一切法无為以無漏故天子一切法无與畢竟調伏故尒時寂調伏音天子復問文殊師利一切諸法以何為門文殊師利言不正修門增生死故正修行門獲涅槃故正修行門得自在故不正修門不得自在故疑惑門闇障身故達解脫門无暗障故妄想門增煩惱故无妄想門无煩惱故有結使故无識門識門无結使故覺門多事務故寂門一切寂靜故見門增憍慢故空門滅憍慢故惡知識門生諸惡法故善知識門生諸善法故邪見門生諸苦本故正見門諸善本故慳惜門貧窮故布施門大財封故毀戒門諸惡道故持戒門諸善處故諍訟

門障諸法故忍辱門增勝法故懈怠
門令心垢故精進門心無垢故覺觀
門多乱㓃故禪定門心一處故无智
慧門如癡羊故智慧門三十七助道
分故慈門不障智故悲門質直無虛
偽故喜門集法寶故捨門離愛增故
正念門不失本善根堅斷門修正行
故神足門身心輕故根門信為首故
力門摧伏一切諸煩惱故覺門順覺
諸法故八聖道門出過一切諸非道
故復次天子菩提心門一切佛法故
攝一切法門於一切法得自在故攝
衆生門演說法故善方便門處非處
故慧度門到於一切衆生心行之彼
岸故六波羅蜜門大乘故六神通門
慧光明故法施忍門不隨他智故天
子又問文殊師利何等為法界門文
殊師利言天子普遍門是法界門天
子言何界是法界文殊師利言一切
衆生界是法界天子言文殊師利法
界有邊際不荅言天子於意云何虛
空有邊際不不也文殊師利天子猶
如虛空無有邊際法界亦介无有邊

際天子言文殊師利汝知法界耶荅
言天子法界不知法界天子言文殊
師利汝知何法有如是辯荅言天子
於意云何響知何法而出音聲天子
言響无所知而出音聲以因緣故而
有音聲如是天子菩薩緣衆生故而
有所說天子言汝住何處能有所說
荅言天子猶如如來化人所住而有
所說我住亦介天子言如來化人無
有住處荅言天子如來化人无所住
而有所說一切諸法亦無所住而有
所說天子言文殊師利若一切法无
住汝住何處成無上道文殊師利言
天子我住无間成無上道天子言无
間為住何處荅言無間住无根本天
子言文殊師利住無間者必墮地獄
荅言天子如是如是如來所說造五
无間必墮地獄天子我今亦住於五
無間天子菩薩住五无間成無上道
何等為五菩薩摩訶薩從初發心求
无上道中間不墮聲聞緣覺地是初
無間我應救濟一切衆生中間无懈
是二無間捨一切物中間无慳是三

無間知諸法无生中間不與諸見共
住是四無間若知若見若斷平等正
覺以一念相應慧而覺知之中間不
起必成正覺是五无間若菩薩住是
五無間成阿耨多羅三藐三菩提天
子言文殊師利頗有凡夫住五无間
墮於地獄菩薩亦住此五無間成於
无上正真道耶荅言有天子言以何
因緣故荅言天子一切法空解於空
故名得菩提一切諸法無相无願非
有為無生无起因緣生覺是因緣故
名覺菩提
天子言文殊師利誰信此法荅言天
子若佛如來尚不生信況復聲聞天
子又問誰解是法荅言不行我相者
又問誰信是法荅言不住此彼岸者
天子言若不住此彼誰想是法荅言
於一切法無憶想者又問誰持荅言
不持一切結使者持天子又問此經
當至何等人手荅言至與一切衆生
法者之手又問彼何形色荅言天子
彼有法色非陰界入色又問彼有何
行荅言彼有空行無相行无願行又

問彼趣何處荅言天子彼當趣向一切至處到於一切衆生心行至無所至天子問言文殊師利菩薩退不荅言天子若菩薩退阿耨多羅三藐三菩提无有是處天子言誰為退者荅言一切諸煩惱退一切聲聞緣覺地退又問誰是不退荅言三昧等者是無有退天子言文殊師利何等為三昧荅言无二無別異天子言文殊師利若一切法无有別異誰為別異荅言天子不知一切法平等者分別為二彼行二行墮於二行若知平等不行別異若知平等彼趣平等天子又問文殊師利頗有菩薩具於煩惱成菩提耶荅言有天子又問是誰荅言天子若菩薩斷結使是聲聞若菩薩知一切衆生煩惱結使大悲增盛發於無上正真道心是有菩提天子問言頗有慳悋成檀波羅蜜耶荅言有問言是誰荅言天子若菩薩不捨菩提之心攝護衆生如是慳悋是檀波羅蜜天子又問頗有毀戒名尸波羅蜜耶荅言有問言是誰荅言天子若

菩薩多益一切衆生不自觀戒如是毀戒名尸波羅蜜文殊師利頗有菩薩捨於堪忍名忍波羅蜜耶荅言有問言是誰荅言天子若菩薩捨外道禁戒堅住佛戒是名羼提波羅蜜文殊師利頗有懈怠成精進波羅蜜耶荅言有問言是誰荅言天子若菩薩於聲聞緣覺地生於懈怠勤加修習无上正道是名毗梨耶波羅蜜文殊師利頗有不定心名禪波羅蜜耶荅言有問言是誰荅言天子菩薩夢中不生聲聞緣覺地心是菩薩不定心是名禪波羅蜜文殊師利頗有無慧名菩薩般若波羅蜜耶荅言有問言是誰荅言天子謂无慧者而是菩薩不作一切世間蠱道諸惡呪術厭鎮顛狂皆於一切衆生法慧是菩薩成就具一切智是名般若波羅蜜是時世尊讃文殊師利善哉善哉文殊師利善說菩薩應作不應作汝如是說文殊師利聽吾少說文殊師利如人飢羸寧忍飢苦終不服於雜毒之食菩薩如是寧慳貪毀戒瞋諍懈怠乱心妄

念愚無智慧不住聲聞緣覺地中正念施戒忍進禪慧何以故菩薩於中應生怖畏天子問佛菩薩不怖畏結使耶佛言應怖天子但菩薩於聲聞地中倍應生怖天子於意云何如人護命為畏斬頭畏斬手足天子白佛彼畏斬頭不畏手足何以故世尊人斬手足能修福業以是因緣得生天上世尊若人斬頭失於壽命不得修行佛言如是天子菩薩寧當毀犯禁戒終不捨於一切智心寧為菩薩具諸煩惱終不作於漏盡羅漢天子歎曰希有世尊是菩薩所行勝餘世間世尊諸聲聞持戒勤加精進即是菩薩毀禁懈怠佛言如是如是如汝所說天子如貧人食是轉輪王毒如是天子聲聞勤進斷諸煩惱尚不安樂閻浮衆生況復一切諸衆生也天子如大商主多財封邑大捨勤進多所利安多所養育菩薩如是行大慈悲於一切衆生興起大悲修行精進養育无量一切衆生令得世間出世間樂是時長老大迦葉白世尊言諸聲

聞人證無為法菩薩唯得有為之法云何有為菩薩勝无為聲聞佛言迦葉我今為喻諸有智者因是得解迦葉辟如有人破析一毛以為百分是人復以此一分毛點滿四大海中之酥迦葉於意云何是人毛分取四海酥能作是念我所取多非海中者迦葉白言不也世尊佛言迦葉汝意云何於此二分何者為勝何者為大何者為多何者大價迦葉白言假使令取千億由旬餘者猶勝猶大猶多有於大價況以毛分惟取一渧佛言迦葉如毛百分以一分毛取一點酥聲聞所有無為智慧亦復如是佛智所知迦葉如滿四大海中之酥菩薩有為善根功德亦復如是用以迴向无為智故迦葉辟如蟻子含持一粒猶如秋月成熟䅘滿大地迦葉於意云何何者為勝世尊秋月成熟䅘滿大地有無量䅘救濟養育无量衆生以為資粮世尊蟻持一粒無所利安迦葉蟻持一粒如諸聲聞解脫之果亦復如是如秋䅘成熟滿於大地當知

菩薩六波羅蜜四攝之法善根功德亦復如是成熟養活无量衆生安置世樂出世間樂及涅槃樂迦葉如有百千水精珠擔而來入城若一無價琉璃寶珠置之舩上若其安隱達閻浮提救護一切貧窮困苦迦葉於意云何是百千擔水精入城是无價一琉璃珠可為比不不也世尊迦葉是百千擔諸水精珠來入城者喻於聲聞無為功德亦復如是如一无價寶琉璃珠舩上安隱至閻浮提多所安樂菩薩如是不斷三寶種發於一切智寶之心多所安樂時大迦葉白世尊言未曾有也如來善說諸菩薩等發於一切智寶之心出過一切聲聞緣覺尒時寶主世界菩薩諸與文殊師利來者聞說是已白世尊言一切言說皆是戲論是差別說呵責結使說世尊寶相佛土无有是說純明菩薩不退轉說無差別說世尊難有釋迦牟尼如來應正遍覺能忍是苦得一切法无有差別無上中下一味法性安置三乘是諸菩薩即以天花散供佛

上語文殊師利我等可還寶主世界文殊師利言汝等可去宜知是時諸菩薩言汝不去耶文殊師利言善男子一切世界皆悉平等一切佛等一切法等一切衆生等我住於彼何所為作諸菩薩言以何事故一切世界等一切佛等一切法等一切衆生等文殊師利言諸善男子一切刹土如虛空故等諸佛法界不思議故等一切諸法虛偽故等一切衆生无我故等以是義故我如是說一切世界等乃至一切諸衆生等時文殊師利現神通力以神通力故令娑婆界如寶主界等無差別令世尊釋迦牟尼如寶相如來等無差別彼諸菩薩各作是念我等已到寶主世界於釋迦牟尼佛生寶相佛想即白佛言誰使我等來至此土佛言誰將汝去諸菩薩言文殊師利童子將我等去佛言彼將汝來尒時文殊師利語諸菩薩善男子汝等各各入定觀之誰將汝來誰將汝去時諸菩薩各入定觀各作念言我等不動娑婆世界去我等自謂

至寶主界世尊未曾有也文殊師利神力通力三昧之力使我等謂到寶主界猶故不動是娑婆界世尊願令一切衆生悉得如是神力如文殊師利尒時佛告寶主世界諸來菩薩善男子等如金器銀器頗梨器琉璃器水精器鐵器金剛器栴檀器寶器瓦器木器其中空界器雖種種其空无異如是一法性一如一實際然諸衆生種種形相各取生處彼自體變百千億種形色别異謂地獄色畜生色餓鬼色天色人色聲聞色緣覺色菩薩色佛色以平等故色等如如等故色等如空等故色等善男子文殊師利以是事故說一切世界等乃至一切衆生等是故說言我今不往是時世尊以如是法示教利喜諸菩薩已頭面礼足遶佛三匝出衆不遠沒娑婆界住寶主界是時佛告阿難汝受此經持讀誦說於大衆中為人廣說大德阿難白世尊言我已受持世尊何名斯經云何受持佛告阿難此經名寂調伏音天子所問亦名清淨毗尼

亦名一切佛法佛說是經已大德阿難寂調伏音天子文殊師利等一切菩薩大迦葉等一切聲聞聞佛所說皆大歡喜

清淨毗尼方廣經

清淨毗尼方廣經

校勘記

一　底本，金藏廣勝寺本。

一　四四頁中二行譯者，資作「姚秦三藏法師鳩摩羅什譯」；磧、南、徑、清作「姚秦三藏法師鳩摩羅什第三譯」。

一　四四頁中六行「天衆」，資、磧、南、徑、清、麗作「大衆」。

一　四四頁中一二行第七字「時」，資、磧、南、徑、清無。

一　四四頁中一九行第一三字「於」，資、磧、南、徑、清無。

一　四四頁中二〇行第五字「從」，資、磧、南、徑、清、麗作「聞」。

一　四四頁下一行「滅增」，資、磧、南、徑、清作「住滅」。

一　四四頁下六行「遍照」，麗作「照遍」。

一　四四頁下一三行「勇散」，資、磧、南、徑、清、麗作「通徹」。

一　四四頁下一四行「世尊言」，資、磧、南、徑、清作「佛言世尊」。

一　四四頁下一五行第三字「因」，資、磧、南、徑、清無。

一　四五頁上四行「主界」，磧作「三界」；南作「王界」。

一　四五頁上六行「如好」，資、磧、南、徑、清作「妙好」。

一　四五頁上八行第二字「光」，麗作「先」。

一　四五頁上八行第九字「言」，資、磧、南、徑、清作「告」。

一　四五頁上一七行第三字「問」，資、磧、南、徑、清作「聞」。

一　四五頁上一九行第一二字「時」，資、磧、南、徑、清作「是時」。

一　四五頁中四行「答言」，資、磧、南、徑、清作「文殊答言」。

一　四五頁中七行及一六行「第一義」，麗作「第一義諦」。

一　四五頁中七行「世諦」，資、磧、南、徑、清作「世諦義」。

一　四五頁中九行第一三字「不」，資、磧、南、徑、清、麗作「又不」。

一　四五頁中一〇行「非相」，資、徑作「非一相」。

一　四五頁下八行第九字「於」，麗無。

一　四五頁下一一行第一七字「解」，資、磧、南、徑、清作「得」。

一　四五頁下一二行第一二字「正」，資、磧、南、徑、清作「不正」。

一　四六頁上九行第七字「無」，資、磧、南、徑、清作「不」。

一　四六頁上一〇行第四至六字及一一行第一至三字「修聖諦」，資、磧、南、徑、清均無。

一　四六頁中一二行第二字「於」，資、磧、南、徑、清、麗作「諸」。

一　四六頁中一五行「汝樂」，麗作「如樂」。

一　四六頁下二行「一切上」，資、磧、南、徑、清、麗作「一切生」。

一　四六頁下九行末字「修」，資、磧、南、徑、清作「住」。

一　四六頁下一三行「生死此彼」，資、磧、南、徑、清、麗作「死此生彼」。

一　四六頁下末行「不壞」，資、磧、南、徑、清、麗作「不汙」。

一　四七頁上一七行第五字「尒」，麗無。

一　四七頁中一六行「瓦器」，資、磧、南、徑、清作「瓦礫」。

一　四八頁中九行第三字「無」，資、磧作「不」。

一　四八頁中一〇行第八字「種」，資、磧、南、徑、清、麗作「種性」。

一　四八頁中二〇行末字及二一行第六字「无」，麗無。

一　四八頁下一七行「无煩惱故有結使故无識門識門」，資、磧、南、清作「得解脱故無識門」；徑作「得解脱故識門增結使故無識門」；麗作「无煩惱故識門有結使故无識門」。

一　四八頁下二一行「諸善」，資、磧、南、徑、清作「生諸善」。

一　四九頁上六行「愛增」，資、磧、南、徑、清、麗作「愛憎」。

一　四九頁上七行第一〇字「正」，麗無。

一　四九頁上二二行「師利」，資、磧、南、徑、清作「師利言」。

一　四九頁中四行「音聲」，資、磧、南、徑、清作「音響」。

一　五〇頁上一行「趣向」，資、磧、南、徑、清作「趣於」。

一　五〇頁上八行第三字「退」，資、南、徑、清作「退失」。

一　五〇頁中一七行首字「苦」，資、磧、南、徑、清作「若」。

一　五〇頁中一八行「是時」，資、磧作「于時」；南、徑、清作「於時」。

一　五〇頁下六行「畏斬手足」，資、磧、南、徑、清作「不畏斬手足」。

一　五〇頁下七行「不畏」，資、磧、南、徑、清作「不畏斬」。

一　五〇頁下九行「得修」，資、磧、南、徑、清、麗作「修德」。

一　五〇頁下一九行第三字「商」，資、磧、南、徑作「賣」；清、麗作「商」。

一　五一頁中七行「无價」，資、磧、南、徑、清作「无價寶」。

一　五一頁中一六行「菩薩諸」，資、磧、南、徑、清作「諸菩薩」。

一　五一頁下一三行第六字「通」，麗無。

一　五一頁下一三行第一二字「界」，資、磧、南、徑、清作「世界」。

一　五二頁上二行「神力通力」，資、磧、南、徑、清作「神通力」；麗作「以神通力」。

一　五二頁上一一行第七字「謂」，資、磧、南、徑、清作「諸」。

一　五二頁上一四行第二字「如」，資、磧、南、徑、清無。

一　五二頁上一五行第三字「事」，徑作「故」。

一　五二頁上一六行第一一字「往」，資、磧、南、徑、清作「住」。

一　五二頁上一九行第二字「往」，資作「任」；磧、南、徑、清作「住」。

一　五二頁中末行「之廣」，資無。

趙城縣廣勝寺

寂調音所問經 一名如來所說清淨調伏　念

宋三藏法師法海奉　詔譯

如是我聞一時婆伽婆遊王舍城耆闍崛山與大比丘僧八百人俱菩薩摩訶薩万二千人及欲界色界淨居諸天子等尒時世尊與無量百千之衆恭敬圍遶而為説法尒時衆中有一天子名寂調音承佛威神從坐而起偏袒右肩右膝著地合掌向佛而白佛言世尊文殊師利法王子今在何所此諸大衆為聞法故渇仰欲得見彼賢士尒時世尊告寂調音東方去此過万佛土有世界名曰寶住佛号寶相如来應供正遍知今現在文殊師利法王子為彼諸菩薩摩訶薩如應説法時寂調音天子白佛言世尊願現微相令彼賢士而来會此所以者何世尊惟除如来一切聲聞辟支佛无能説法如彼文殊師利法王子者何以故以世尊文殊師利法王子説法力故魔不得便令諸魔宮隱蔽不現志能降伏群邪異學增上慢

者離於慢心未發菩提心者令其發心已發心者得不退轉可攝受者即便攝受未任攝受方便調伏令佛正法得久住世尒時世尊受寂調音天子請已於大丈夫白毫相中放一光明此勝光明遍照三千大千世界徹照万佛剎已遍照寶住世界彼諸菩薩摩訶薩見此光已白寶相佛言是何瑞相令此世界大光普照彼佛告言善男子等西方去此過万佛土有世界名曰娑婆彼有如来名釋迦牟尼應供正遍知今現在説法是彼如来所放白毫相光此光徹過万佛剎已来照此世界彼諸菩薩白其佛言釋迦牟尼如来以何緣故放此光明彼佛告大衆言善男子等釋迦如来與無量百千億菩薩釋梵護世比丘比丘尼優婆塞優婆夷衆為聽法故渇仰欲見文殊師利聞其説法是故彼佛放此光明尒時寶相如来應正遍知告文殊師利法王子言善男子汝詣娑婆世界彼釋迦牟尼如来及諸大衆速欲見汝聞所説法時文殊

師利白彼佛言唯然世尊已見光明時文殊師利法王子即與万菩薩俱頂礼彼佛右遶三匝已猶如力士屈申臂頃與万菩薩於彼世界忽然不現至娑婆界住於空中為供佛故即雨第一淨花其花香氣普遍大衆積至于膝是時大衆怪未曾有而白佛言世尊是誰神力雨此妙花佛告大衆此是文殊師利法王子與万菩薩從寶住世界来至娑婆為供佛故於上空中雨此妙花寂調音天子白佛言世尊願樂欲見文殊師利及彼菩薩摩訶薩衆世尊彼善丈夫是无救者救作是語已即時文殊師利法王子與万菩薩從上空中忽然而下頂礼佛足遶七匝已文殊師利即坐已力所化蓮花師子座上及万菩薩亦頂礼佛足右遶七匝於世尊前合掌向佛而作是言世尊寶相如来應正遍知勸問世尊少病少惱氣力康耶時彼菩薩作是語已各坐已力所化座上是時寂調音天子白佛言世尊今此大衆渴仰欲聞文殊師利法王

子所說妙法惟願世尊聽我少問佛告天子有所疑者恣聽汝問時寂調音天子以恭敬心向文殊師利作是問言寶相如来世界以何說法仁者樂彼文殊師利言天子彼所說法不為生貪欲故不為盡貪欲故不為生瞋恚故不為盡瞋恚故不為生愚癡故不為盡愚癡故不為生煩惱故不為盡煩惱故所以者何夫法無生則无有盡天子言文殊師利彼土衆生無貪欲等諸結使生與滅耶文殊師利言如是天子言若如是者彼佛說法為何所斷文殊師利言法本无生為何所盡所以者何彼佛世界衆生無知无断無脩无證彼界衆生貴第一義諦不貴方便諦天子言文殊師利何者第一義諦何者方便諦文殊師利言天子義者不以生故得稱不以壊故得稱無處所相无非處相非一相非無相无影響相不可相非不可相不可盡非不可盡非墮落非不墮落是名第一義諦天子義者无心無心相續非跡非不跡非此岸非彼

岸非中流是名第一義諦无名稱無文字處是名第一義所以者何世尊說一切音聲悉皆虛妄天子言文殊師利世尊所說亦　虛妄耶文殊師利言世尊不說實不說虛妄所以者何世尊住離二邊離心意言說於有為無為法中不說實不說虛是故無二天子於汝意云何如来所化化人若有所說為實為虛天子言二俱无也所以者何如来所化人無身無成就文殊師利言如是天子如来說一切法同於化性不說實不說虛是故無二天子言文殊師利如来云何說第一義諦文殊師利言天子第一義諦不可言說何以故不可言說何以故不可喻不可說不可名是名第一義諦說此第一義諦時五百比丘遠塵離垢於諸法中得法眼淨二百天子得無生法忍

寂調音天子復問文殊師利第一義者難可究盡文殊師利言如是天子第一義諦不正精進者難可究盡天子言云何菩薩正精進耶文殊師利

言若菩薩不為知不為斷不為修不為證而精進者是名正精進所以者何若謂此應知此應斷此應修此應證者此則有相此則取著此則戲論此則有作若如是行不名正精進天子言若如是者復云何名正精進耶文殊師利言如如等法界等即與无聞等如如等法界等即與見等凡夫法等學法無學法聲聞法緣覺法菩薩法佛法等即諸行等涅槃等垢等淨等如是平等精進者名正精進天子言文殊師利何等如與垢淨等文殊師利言空無相无願如所以者何涅槃空故天子如瓦器中空寶器中空無二无別如是天子垢空淨空俱同一空無二無別天子言文殊師利菩薩於諸聖諦應精進不文殊師利言天子若菩薩不於諸諦起精進者云何當為聲聞說法所以者何菩薩修諦必有所為聲聞修諦則無所為菩薩修諦有善方便聲聞修諦无善方便菩薩修諦有所觀察聲聞修諦無所觀察菩薩修諦為一切衆生而

不證實際菩薩修諦方便堅固而不捨生死及涅槃門菩薩修諦為一切佛法故天子喻如有人離大商主獨度曠野心懷驚怖方乃得過天子聲聞之人亦復如是畏懼生死心懷驚怖於此世界無有還心亦復无有為衆生心觀生死曠遠於諸佛法無有方便獨一無二而修諸諦天子如彼商主多諸財寶資產豊實度曠野已廣利衆生如是天子菩薩之人如大商主具足大慈大悲成就法利具於寂滅善御巧便調伏資產乘六度船執四攝弓箭成就方便為於佛法而修諸諦天子喻如狗皮以須漫贍蔔婆師迦而用熏之雖變為香一切人天所不愛樂聲聞修諦亦復如是頗不滿足中般涅槃不能出生多聞定慧解脫知見之香亦不能斷伏煩惱習結不為人天之所愛樂天子喻如天迦尸迦衣以多竭流阿竭流旃檀婆師迦等百千種淨香常以熏之一切人天之所愛樂菩薩亦復如是於百千億那由他阿僧祇劫以修諦法

而自熏修於其中間不般涅槃諸願滿足廣能出生無上淨香多聞定慧解脫知見功德之香斷伏煩惱習結一切人天阿修羅等之所愛樂

寂調音天子復謂文殊師利法王子言文殊師利彼實相如來世界諸聲聞衆功德云何仁能與其俱共樂彼文殊師利言彼聲聞衆非堅信非不隨他信非堅法非異法界非八人而度八邪非須陁洹而一切惡道畏非斯陁含為化衆生示有去來非阿那含去至過去一切法中非阿羅漢應受三千世界利養實非聲聞而能解了諸佛所說不離欲染然復不為欲火所熱於取著處離諸悕望不離瞋恚不為恚惱所惱於一切衆生不起恚辱不離愚癡不為愚癡所蔽於一切法離諸暗冥不離煩惱勤為衆生斷諸煩惱未昇決定而不受生化度衆生而无我相無所受取而畢報施恩無恩无念而修諸念處無生无滅而修諸正勤離於身心而起諸神足為滿足一切衆生神通故而修諸通

為增長一切衆生根故而修諸根為摧滅一切煩惱故而修諸力為覺了平等智故而修諸覺為度一切邪徑故而修諸道為得道故而證無為為入實際故而修於通為入法界故而起知見為盡無明故而起於明為離一邊故而修解脱能以宍眼悉見諸佛及世界世界衆生以天眼見一切衆生生死以慧眼領知一切衆生心行以法眼見諸法平等觀三世一切衆生平等以佛眼照明佛法以天耳解一切佛所説以一心知一切衆生心行心憶念智念過去劫際以神足過無邊佛刹諸漏已盡而於无生心得解脱雖復可見而不成就色身雖有文字而無言説心不思議言辤无㝵顔色端嚴善可樂見具諸相好功徳荘嚴威徳難視名聞高遠體具稱譽世法不染不為衆惱所惱不為悪言所污遊戲諸通多聞應辯智見踊悦滅暗冥黒熾然智慧説法无㝵深入揔持諸佛顧念非聲聞辟支佛所見念如大海定如須弥堪任如地神

足變現如因陁羅心得自在猶如梵王無等等與空等遍一切處入一切處天子彼實相如来世界諸聲聞衆徳皆如是復更成就無量功徳説此法時五百比丘五百比丘尼五百優婆塞五百優婆夷五千天子等来䒭決定者各作是言我等願欲樂往彼土寶相如来諸聲聞衆文殊師利言善男子等不可以聲聞心得生彼土是故汝等宜應發阿耨多羅三藐三菩提心乃可得生時諸大衆為生彼故發阿耨多羅三藐三菩提心願生彼土世尊即説當得往生

寂調音天子復謂文殊師利法王子言文殊師利彼土以何法調伏聲聞調伏菩薩文殊師利言天子以三乗性調伏聲聞以攝無量生死等安慰一切衆生故受身調伏菩薩以毀呰功徳資産調伏聲聞以不猒廣積功徳資産利益衆生調伏菩薩以不願斷一切衆生煩惱調伏聲聞以樂斷一切衆生煩惱調伏菩薩以捨一切衆生不為成就一切佛法調伏聲聞

以大悲心念一切衆生為成就諸佛之法調伏菩薩以少分行調伏聲聞以遍一切世間行調伏菩薩以捨衆魔調伏聲聞以怖一切世界衆魔摧伏異論調伏菩薩以成就已心調伏聲聞以成就無上菩提心調伏菩薩以照明已照調伏聲聞以照明一切世界衆生身及佛法調伏菩薩以次第方便調伏聲聞以一刹那心方便調伏菩薩以斷三寳種調伏聲聞以長養三寳種調伏菩薩以治破瓦石器調伏聲聞以治破金銀器調伏菩薩以不成就十力四无所畏佛十八不共法調伏聲聞以成就十力四無所畏佛十八不共法調伏菩薩以不成就六波羅蜜方便四攝調伏聲聞以成就六波羅蜜方便四攝調伏菩薩以獨處林藪樂於遠離調伏聲聞以樂園林臺觀樂於法樂調伏菩薩以斷煩惱習調伏聲聞以不斷煩惱習調伏菩薩以有量有思議有等有數調伏聲聞以無量不思議无等無數調伏菩薩是名調伏

尒時世尊嘆文殊師利法王子言善哉善哉汝善説此菩薩調伏汝今聽我説喻更明此義文殊師利譬如一人終身嘆説牛跡中水復有一人嘆大海水文殊師利於汝意云何如此二水可相比不文殊師利白佛言世尊牛跡甚少其歎亦少大海无量歎亦無量佛言如是文殊師利喻如牛跡水少其歎亦少聲聞調伏亦復如是喻如大海水既無量歎亦无量菩薩調伏亦復如是説是法時万二千天子發阿耨多羅三藐三菩提心而作是言世尊我等亦欲學菩薩調伏當以調伏無量衆生寂調音天子復謂文殊師利法王子言文殊師利仁者學何調伏為學聲聞調伏緣覺調伏菩薩調伏耶文殊師利言天子於汝意云何頗有大海不受衆流者不天子言無也文殊師利言如是天子諸菩薩調伏喻如大海於諸調伏勤作方便修聲聞調伏緣覺調伏菩薩調伏天子言文殊師利調伏句者是何義耶文殊師利言若知煩惱斷煩

惱者謂是調伏天子言文殊師利云何調伏煩惱云何知煩惱文殊師利言若妄想分別憶想不善順思惟計有彼我斷倶行見纒顛倒无明等如是為煩惱縛著若不妄想不分別不憶想善順思惟不計彼我倶行見纒顛倒離無明等是名滅煩惱无憶想及究竟調伏天子是名究竟調伏菩薩若復以智如是知煩惱微小虚誑不堅牢空無主无我無所屬无所從来去無所至无方處非内非外非兩中間非積聚物無色无形無相无貌無處所如是煩惱究竟滅天子喻如有人能識毒虵種性所生則能滅毒如是天子若知煩惱種性所生能滅煩惱天子言文殊師利云何為煩惱種性所生文殊師利言天子從妄想生煩惱若無妄想則无煩惱無煩惱故則无禪窟無禪窟故則无所住無所住故則无惱害無惱害故則究竟調伏天子言文殊師利為有煩惱故調伏為无煩惱故調伏文殊師利言天子喻如有人夢為毒虵所螫此人為苦

所逼即於夢中而服解藥以服藥故毒氣得除天子於汝意云何此人實為虵所螫不耶天子言不也文殊師利言彼毒實為除不耶天子言文殊師利如實不被螫除亦如是文殊師利言天子一切賢聖調伏亦復如是天子汝作是言為有煩惱故調伏无故調伏者天子如我與無我有煩惱无煩惱亦如是如我無我亦无如是有煩惱無煩惱亦尒以我即无我故有煩惱無煩惱此處餘處无有煩惱可調伏所以者何一切法寂靜不可愛故一切法寂靜不可取故一切法究竟寂靜不可生故一切法無盡以不生故一切法无生無成就故一切法无成就無作者故一切法无我作者以無我故一切法无我以無主故一切法无主與虚空等故一切法無来无所依故一切法無去无禪窟故一切法無住无所安立故一切法無安立生即滅故一切法无為以無漏故一切法无受究竟調伏故

寂調音天子復謂文殊師利法王子

言諸法以何為寂文殊師利言生死所習不善順為寂趣涅槃界善順為寂於障㝵中不精進為寂於正覺中精進為寂於諸蓋中疑網為寂種種相中得解觀為寂諸煩惱中妄想為寂無煩惱中不妄想為寂於諸覺中多事為寂於滅心中禪定為寂於諸見中增上慢為寂於空法中无增上慢為寂諸不善法中惡知識為寂諸善法中善知識為寂一切苦法中邪見為寂一切樂法中正見為寂於貧窮中慳貪為寂於大富中布施為寂於惡趣中破戒為寂於勝趣中持戒為寂於垢心中瞋恚為寂於淨心中忍辱為寂於退善法中懈怠為寂於修善法中精進為寂於散乱中諸覺為寂於一心中禪定為寂無智慧中愚癡為寂於三十七助道法中般若為寂於慈心中无㝵為寂於悲心中専念不諂為寂於喜心中樂法樂為寂於捨心中離愛憎為寂於念處中不忘宿善根為寂於正勤中正方便為寂於如意足中身心輕為寂於諸

根中信首為寂於諸力中摧伏煩惱為寂於諸覺中悟平等為寂於八聖道度一切邪道為寂於佛法中菩提心為寂於攝法中財法為寂導化衆生中說法為寂於方便中處非處智為寂於般若波羅蜜中知一切衆生心行相續到彼岸為寂於六波羅蜜中大乘為寂於求空中慧明為寂於法忍出離中不由他為寂

寂調音天子復謂文殊師利法王子言文殊師利法界以何為寂文殊師利言天子法界以平等為寂天子言文殊師利法界以何為界文殊師利言法界以一切衆生界為界天子言文殊師利法界頗有分齊不文殊師利言天子於汝意云何空界頗有分齊不天子言無也文殊師利言天子如空界无分齊法界亦如是無有分齊天子言文殊師利法界若尒仁者云何知法界耶文殊師利言法界即無法界法界不知法界天子言文殊師利若如是者仁知何法辯乃如是文殊師利言天子於汝意云何呼聲

響為知何法而有應聲天子言呼聲響無所知但以因緣合故便有聲出文殊師利言如是天子以緣衆生為境界故諸菩薩便有應辯天子言仁者為住處而說法耶文殊師利言天子如如來所作化人所住說法我所說法亦復如是天子言文殊師利如來所化無所住故而有所說文殊師利言我亦如是无所住故而有所說天子言文殊師利若一切處無所住者仁住何處當得阿耨多羅三藐三菩提文殊師利言我住無間當得阿耨多羅三藐三菩提天子言彼无間復何所住文殊師利言天子無間者无根本無所住天子言文殊師利成就无間業者如來不說趣無間獄耶文殊師利言天子有无間業者如來說趣無間獄如是天子菩薩住五无間速得阿耨多羅三藐三菩提何等為五若菩薩専念發阿耨多羅三藐三菩提心時於其中間不墮聲聞辟支佛地復次若廢捨一切所有心時於其中間不與慳垢心俱復次我應當

救一切衆生於其中間不生下劣心
復次知一切法無生已於生法中得
忍於其中間不與諸見俱復次所應
如應見應證處應正覺了如是一切
悉以一心一剎那勤方便慧正覺了
至得一切知於其中間終不懈廢天
子是名五無間菩薩住是无間速得
阿耨多羅三藐三菩提天子言文殊
師利頗有凡夫愚人住無間罪趣无
間獄菩薩即住是無間可證阿耨多
羅三藐三菩提不耶文殊師利言有
天子言以何方便文殊師利言天子
一切法以諸入空空故空無相无願
無生无起無作无為順緣起故則是
菩提天子言文殊師利此法不可見
誰當信耶文殊師利言若不信順如
來者云何當信聲聞耶天子言若如
是者云何當得解脫耶文殊師利言
若不行我者若不受一切煩惱者若
復受持如是經典者若以大悲授一
切衆生法手者曰彼等有何相貌曰
彼等當有相貌陰界入相貌曰彼等
當有何行曰當有空无相無願行曰

彼等當何所趣曰彼等當趣一切智
當趣一切衆生心行曰文殊師利退
轉菩薩云何曰天子若退轉菩薩得
阿耨多羅三藐三菩提者無有是處
曰於何退轉曰於一切煩惱及聲聞
辟支佛地曰云何不退曰若與平等
等曰文殊師利平等句者有何義曰
此是不異之說曰文殊師利若如是
者云何知一切法差別曰天子不知
平等者於平等中生差別行差別故
趣於差別若知平等者則不行差別
以不行差別故即趣平等謂趣无差
別天子言文殊師利頗有有煩惱菩
薩有菩薩不曰有曰以何方便文殊
師利言若菩薩無煩惱如聲聞者則
无受生天子菩薩為斷一切衆生煩
惱故起大悲發菩提心名有菩提文
殊師利頗有菩薩有慳有菩提不耶
曰有天子言以何方便文殊師利言
若菩薩不捨菩提心而化度衆生攝
受諸法是菩薩有慳成就檀波羅蜜
天子言文殊師利頗有菩薩捨戒成
就尸波羅蜜不曰有天子言以何方

便文殊師利言若菩薩以化度衆生
故為於衆生是菩薩无戒成就尸波
羅蜜天子言文殊師利頗有菩薩捨
忍成就羼提波羅蜜不曰有天子言
以何方便文殊師利言若菩薩捨一
切異道忍修佛法忍是菩薩捨忍成
就羼提波羅蜜天子言文殊師利頗
有菩薩捨於精進成就毗梨耶波羅
蜜不曰有天子言以何方便文殊師
利言若菩薩捨聲聞辟支佛精進趣
等正覺菩提是菩薩捨精進成就毗
梨耶波羅蜜天子言文殊師利頗有
菩薩忘念成就禪波羅蜜不曰有天
子言以何方便文殊師利言若菩薩
乃至夢中不生聲聞辟支佛念常定
不捨等正覺心是菩薩忘念成就禪
波羅蜜天子言文殊師利頗有菩薩
無智慧成就般若波羅蜜不曰有天
子言以何方便文殊師利言若菩薩
一切世間盡道起尸諸惡呪術於中
无慧惟為成就攝一切智是菩薩無
慧成就般若波羅蜜
尒時世尊嘆文殊師利法王子言善

哉善哉文殊師利善説菩薩摩訶薩所應行所不應行又文殊師利吾當為汝説喻重明此義文殊師利譬如有人飢渴羸瘦彼人寧忍飢渴終不食於雜毒之食何以故食可畏故如是文殊師利菩薩寧墮嫉破戒惡名懶惰忘念无慧終不悕求聲聞辟支佛地所以者何以可畏故天子白佛言世尊諸菩薩不畏煩惱耶佛告天子應畏煩惱畏聲聞辟支佛地復過於彼又天子我今問汝隨汝意荅天子於汝云何樂生之人當畏何處為畏斬首斬支節耶天子白佛言世尊畏於斬首所以者何斬支節能修福業生於勝處其斬首者無有壽命不能修福佛告天子如是菩薩寧毀禁戒終不捨見寧有煩惱終不异於聲聞決定天子白佛言希有世尊菩薩所行世所難信所以者何聲聞之人持戒精進乃是菩薩破戒懶惰佛告天子如汝所言如貧人食是轉輪王毒如是天子聲聞之人持戒精進即是菩薩破戒懶惰天子喻如有人傭

作自活其人尚自不能資衆眷屬令得快樂况復餘人如是天子聲聞精進為自斷結以此精進不能令閻浮提人得樂况餘一切天子如大商主多饒財寶常樂賑給精進不息則能利益一切衆生如是天子菩薩專心精進成就悲愍則能利益一切衆生為無量衆生而作樂因能授世間出世間之樂

尒時長老摩訶迦葉白佛言世尊聲聞之人證无為法菩薩之人到於有為到有為者云何輕蔑到無為者佛告迦葉吾當為汝説喻以明此義迦葉喻四大海滿中生酥有人析於一毛以為百分以一分毛取酥一渧迦葉於汝意云何分毛渧能輕滿四海生酥不迦葉白佛言世尊不能輕也佛告迦葉於汝意云何此二酥中何者為多何者價貴迦葉復白佛言世尊一大海生酥億百千分之一尚多尚勝况復四海迦葉如百分毛一所舉酥渧當知聲聞無為智亦尒迦葉如四大海生酥當知菩薩有為善根

百千阿僧祇劫迴向一切智亦復如是迦葉喻如蟻子取一粒棃比秋月棃成熟之時一切大地所有諸棃迦葉於意云何如此二棃何者多勝迦葉白佛言世尊秋月熟時无量衆生各得受用此為多勝如是迦葉如蟻子所取一粒之棃當知聲聞解脱果亦復如是迦葉猶如秋月一切大地苗稼成熟當知菩薩具六波羅蜜四攝善根此成熟已則能利益無量衆生亦復如是迦葉喻如百千馱水精器来入城邑復有一无價琉璃寶珠於大海中載舩舫上安隱得至閻浮提界到已則能除人貧乏窮患迦葉於汝意云何諸水精器頗能輕此無價琉璃寶不迦葉白佛言不敢輕也迦葉如水精馱入城邑者當知聲聞无為亦復如是如無價琉璃大寶當知菩薩紹三寶種使不斷絶生一切智寶心亦復如是

尒時長老摩訶迦葉白佛言希有世尊如来善説一薩婆若心實菩薩則勝一切聲聞辟支佛尒時寶相如来

刹土諸來菩薩聞說此法已咸懷希有白佛言世尊此諸所說皆是戲論有種種垢淨起諸異說彼寶相如來刹土惟說菩薩不退轉法無煩惱經希有難及釋迦如來應正遍知乃能堪忍如是煩惱於無分別一味法中說上中下顯示三乘差別之異尒時諸菩薩以諸天花供養如來已謂文殊師利法王子言文殊師利我等欲還寶住世界文殊師利言善男子等宜知是時諸菩薩言仁者不俱去耶文殊師利言善男子刹土平等佛法及衆生平等處我欲樂是當趣是處諸菩薩曰文殊師利以何方便文殊師利言一切刹土平等无盡故諸佛等正覺不可思議一切法空衆生自性無我諸善男子我觀平等性如是故作是說言一切刹土平等一切佛法衆生平等故我趣是處於是文殊師利即入三昧變此世界如寶住世界一切大衆咸悉得見無增无減亦見世尊釋迦牟尼色貌形體如寶相如來諸聲聞衆皆如彼菩薩形色相

貌時彼菩薩見是相已皆謂已到寶住世界咸謂釋迦牟尼佛即是寶相如來而白佛言世尊誰將我等還此世界佛告諸菩薩善男子等云汝等去時誰將汝去諸菩薩言文殊師利法王子佛告諸菩薩亦彼將還時文殊師利從三昧出謂諸菩薩言善男子各念三昧時諸菩薩各各念已所得三昧現在前已而作是念希有希有我等今者猶在於此乃謂已到寶住世界時諸菩薩怪未曾有而白佛言甚奇世尊文殊師利法王子乃能有是不可思議神通定力世尊願諸衆生得神通力如文殊師利佛告諸菩薩言善男子等喻如金銀頗梨金剛栴檀等寶器及瓦器等是諸器等皆受空界空界遍在諸器以空界平等故如是善男子等若法如際及空此等諸法即一無差入第一義空故而彼衆生以作種種行故受種種生亦現千種我分化成若干千色所受地獄畜生餓鬼人天色聲聞辟支佛菩薩佛色此等諸色雖皆可見平等色

如色空等一無差无有別異善男子等以是義故當如是知文殊師利法王子言一切刹土等無別異故一切佛等一切法等一切衆生等无差別故時諸菩薩受世尊如法教法深生厭離心得喜悅頂礼佛足右遶三匝離世尊已即於娑婆世界不現還至寶住世界尒時世尊告慧命阿難言阿難此勝經典汝當受持讀誦廣令通利所以者何若能以此經典廣為人說若能故聽受者則得無量福聚阿難白佛言唯然世尊我已受持當何名此經云何奉持佛告阿難此經當名寂調音所問如是受持又名如來所說清淨調伏受持佛說經竟寂調音天子文殊師利法王子長老摩訶迦葉慧命阿難及諸時會大衆天龍夜叉乹闥婆阿修羅護世等聞佛所說歡喜奉行

寂調音所問經

寂調音所問經

校勘記

一　底本，金藏廣勝寺本。

一　五五頁中一行及卷末「所問經」，石作「所問經一卷」。

一　五五頁中一行夾註末字「伏」，資、磧、普、南、徑、清作「伏經」。

一　五五頁中二行譯者，石作「宋沙門法海譯」；資作「宋沙門釋法海譯」；磧、普、南、徑、清作「劉宋沙門釋法海第四譯」。

一　五五頁下九行末字「告」，磧、普、南、徑、清作「報」。

一　五五頁下末行第四字「速」，資、磧、普、南、徑、清、麗作「遲」。

一　五六頁上五行第五字「界」，資、磧、普、南、徑、清作「世界」。

一　五六頁下八行「汝意云何如來」，資作「汝云何如意來」；磧、普、南作「汝意何云如意如來」。

一　五六頁下一〇行「所化人」，諸本作「所化化人」。

一　五七頁上八行首字「聞」，資、磧、南、徑、清作「間」。

一　五七頁中四行第八字「方」，資、磧、普、南、徑、清、麗作「劣」。

一　五七頁中一八行及下三行「斷伏」，石、麗作「斷依」；資、磧、普作「斷復」。

一　五七頁中一九行及下三行「習結」，石、麗作「習緒」。

一　五七頁下七行「功德行」，石、資、磧、普、南、徑、清作「功德」；麗作「德行」。

一　五七頁下一〇行「一切」，資、磧、普、南、徑、清、麗作「離一切」。

一　五七頁下一一行第八字「示」，石、資、磧、普、南、徑、清作「亦」。

一　五八頁上五行第八字「通」，資、磧、普、南、徑、清作「道」。

一　五八頁上九行第八字「領」，石作「顧」；資、磧、普、南、徑、清作「預」。

一　五八頁上一三行第三字「心」，諸本作「以」。

一　五八頁上二〇行末字至二一行首字「踊悦」，資、磧、普作「踊鋭」；南、徑、清作「勇鋭」；麗作「誦悦」。

一　五八頁中二行第四字「等」，石無。

一　五八頁中七行第一三字「往」，資、磧、南、徑、清作「作」。

一　五八頁下三行第六字「聞」，資、磧、南、徑作「調」。

一　五九頁下九行第八字「無」，資、磧、普、南、徑、清作「無無」。

一　六〇頁上五行第四字「解」，資、磧、普、南、徑、清作「解脱」。

一　六〇頁中三行首字「道」，資、磧、普、南、徑、清作「道中」。

一　六〇頁中二二行「辯乃」，資、磧、普、南、徑、清作「乃辯」。

一　六〇頁下五行第四字「處」，資、磧、普、南、徑、清、麗作「何處」。

一　六〇頁下二二行第六字「廢」，資、磧、普、南、徑、清作「發」。

一 六〇頁下末行第七字「垢」，南、徑作「姤」。

一 六一頁上四行首字「如」，諸本作「知」。

一 六一頁上六行「一切知」，諸本作「一切智」。

一 六一頁中一四行第四字「薩」，諸本作「提」。

一 六一頁下四行首字「忍」，磧、普作「思」。

一 六一頁下一三行「忘念」，資、磧、普、南、徑、清作「妄念」，下同。

一 六二頁上一七行第五字「見」，資、磧、普、南、徑、清作「於一切智心」。

一 六三頁中四行第一二字「云」，資、磧、普、南、徑、清無。

一 六三頁中一八行「若法」，資、磧、普、南、徑、清作「善法」。

一 六三頁中二〇行末字「亦」，諸本作「示」。

一 六三頁下五行首字「故」，資、磧、普、南、徑、清無。

大乘三聚懺悔經　念

隋開皇年闍那崛多共笈多等於大興善寺譯

如是我聞一時婆伽婆在毗舍梨大光明林與大比丘衆千餘人俱復有無量諸菩薩等尒時世尊與於无量百千諸衆前後圍遶而為說法

尒時長老舍利弗在彼會坐承佛威神從坐而起偏袒右邊右膝著地合掌向佛而作是言我於今者欲有所問願佛聽許為我解釋

尒時佛告舍利弗言汝舍利弗恣汝所問我當解釋令汝心喜尒時長老舍利弗蒙佛聽許解釋所問歡喜踊躍不能自勝以歡喜意而白佛言大德世尊若善男子善女人等云何欲住於聲聞乘辟支佛乘及住大乘是衆生等有諸業障云何懺悔云何發露謂煩惱障諸衆生障法障轉後世障云何懺悔云何發露

尒時佛告舍利弗言善哉善哉汝舍利弗汝今欲為多所安樂利益天人能問如來於如是事汝舍利弗汝今應當諦聽諦聽善思念之當為汝說

時舍利弗而白佛言善哉世尊惟願解說

尒時佛告舍利弗言汝舍利弗若善男子善女人等若欲發心住於聲聞辟支佛乘若住大乘是衆生等應於晝夜各在三時從坐而起偏袒右邊右膝著地合十指掌應作是言所有現在十方世界諸佛世尊常住在世若坐經行是諸世尊當憶念我當證知我為我作眼為我作智為我作勝為作寂極我在彼前懺悔發露若我無始流轉往來若我此生若於餘生所有業障若自作若教他作見作隨喜及煩惱障諸衆生障法障轉後世障若自初作若教他初作若見初作隨喜若自正作若教他作若見正作隨喜若自作竟若教他作竟若見他作竟隨喜若復未識佛時未識法時未識僧時未知善時未知不善時若復隨順於欲瞋癡貪乱心等而起諸惡若復為於睡眠所覆若復掉戲若復疑惑若復諂曲若復无慚無愧若

復我慢貢高自大若起怨嫌若醉放逸若起惡心出佛身血若謗正法破和合僧煞阿羅漢或殺父母如是等業若自初作正作作已若教他作見作隨喜身業三種口業有四意三業行於衆生所起諸惡意或復逼觸毀辱呵罵三乘衆生說其過惡嫌恨誹謗或作邪婬或作邪見若初始作若正作時若復作已自作教他見作隨喜或隨所說違背戒聚或盗塔物起於邪見若始發意或復作時及作已竟如是等惡自作教他見作隨喜或於父母而起違背或障入出家或復欲受具戒之時為作衣服留㝵或入禪定時或正念時而作障㝵或於利養名聞善根而為障㝵如是等事初作作時及已作竟自作教人見作隨喜如是一切所作衆惡今於一切佛世尊前發露懺悔為證明我與我作眼與我作智與我作勝與我作極今於一切佛世尊前至心懺悔發露不敢覆蔵於未来世更不敢作而今一切諸佛世尊已知見我攝受證明若

我所有無始生死諸煩惱中流轉往来所作惡業自作教他見作隨喜如是等業應受惡報若復現受若當来受如是諸業諸佛世尊當證知我如對目前與我作勝與我作極於諸佛前至心懺悔不敢覆藏於未来世更不敢作所有過去有諸如来正遍知者如彼往昔行菩薩行時懺悔業障及煩惱障諸衆生障法障轉後来世障如是懺悔我今亦復如是懺悔不敢覆蔵於未来世更不敢作所有未来世諸佛如来正遍知者如彼當行菩薩行時懺悔業障煩惱障諸衆生障法障轉後世障懺悔已復懺悔我今亦復如是懺悔諸障發露懺悔不敢覆蔵懺悔已後更不敢作所有現在十方世界一切世界有諸如来正遍知者現住在世如彼往昔行菩薩行時懺悔業障煩惱障諸衆生障法障轉後来世障懺悔已復懺悔我今亦復如是懺悔業障煩惱障諸衆生障轉後来世障懺悔發露不敢覆蔵於未来世更不敢作如是過去未来

現在諸佛如来正遍知者若已現知若有當知我今為於業障所覆應墮地獄畜生餓鬼若閻羅王世界違背遠離佛法僧處墮於逼迫苦惱之處如是等障今於一切佛世尊前發露懺悔願佛世尊當證知我為最勝者為最極者我於彼前皆悉至心發露懺悔不敢覆藏於未来世更不敢作我今於此至心懺悔我及衆生願皆清淨諸法業障當淨一切助菩提法願皆滿足如是三發於如是願如過去諸佛如来正遍知者彼等世尊於往昔行如是懺悔如是懺已得一切法無障清淨若未来世諸佛如来正遍知者彼諸世尊亦當如是懺悔所有現在十方世界一切世界諸佛業障已得一切法無障清淨如来正遍知者現住在世彼佛世尊往昔修行亦皆如是懺悔業障得一切法無障清淨舍利弗以是之故若善男子及善女人若欲發住於聲聞乘辟支佛乘若住大乘欲淨業障應當如是懺悔發露不應覆蔵於未来世不應復

作舍利弗若有善男子善女人欲離地獄畜生餓鬼貧賤生者亦當如是懺悔發露不應覆藏於未來世不應復作舍利弗若善男子善女人欲生刹利大姓婆羅門大姓居士大家受福樂果若復欲生四天王處三十三天夜摩天兜率天化樂天他化自在天梵身天梵輔天梵侍天大梵天淨居天少淨天無量淨天遍淨天大身天小身天無量身天廣果天無想天光音天无惱天善見天阿迦尼吒天無邊空處天无邊識處天無所有處天非想非非想處天若欲生彼同受果報應當如是懺悔業障如是發露不應覆藏後不更作是故舍利弗欲得須陁洹果斯陁含果阿那含果阿羅漢果辟支佛道亦當如是懺悔發露淨於業障後不更作舍利弗若有善男子善女人欲當成就无上菩提一切種智智不可稱智一切三界寂勝妙智亦應如是懺悔發露後不更作應如是知如來所說一切諸法從因緣有或有生滅過去已滅未來

未至現在無體无有業障無業障處現作諸行亦无業障所以者何如來常說一切諸法空無我所无有衆生無有命者无福伽羅無有人者无摩郍婆本性空寂以是義故一切諸法無有業障舍利弗若善男子善女人等若當能入如是等際所謂實際无我之際無有家際無漏際者是則能淨一切法障而得寂靜於是舍利弗白佛言世尊是住大乘發菩薩心諸善男子善女人等云何當應隨喜一切衆生善根佛告舍利弗是住菩薩乘善男子善女人等應晝三時及夜三時從坐而起偏袒右邊右膝著地合十指掌應作是言一切世界所有衆生衆生所攝彼等所有諸福德聚若初作若正作若作已若自作若教他作見作隨喜若於佛邊若於法邊若於僧邊若福伽羅邊若行布施福事持戒福事若等行福事彼等我今皆悉隨喜寂勝隨喜大寂妙寂極寂淨無等无等等無上无上上諸佛許可我今應當如是隨喜所有過去

諸佛如來正遍知者從初發心乃至入於无餘涅槃於其中間所有福聚彼等我今皆悉隨喜所有未來十方世界諸世界中當有如來應供正遍知從初發心所有修行六波羅蜜和合福聚彼等一切我今皆悉如是隨喜乃至如於諸佛許可隨喜隨喜若復現在一切十方諸世界中有諸如來應供正遍知從初發心乃至得阿耨多羅三藐三菩提已乃至入於無餘涅槃於其中間所有福聚我今皆悉如是隨喜寂勝隨喜乃至如佛許可隨喜如是隨喜舍利弗於意云何如是隨喜和合福聚得幾功德有大利益舍利弗若此三千大千世界所有衆生衆生所攝彼等一切成阿羅漢若有善男子善女人供養彼等恭敬奉事給施衣服飲食湯藥牀敷等事乃至命終彼所得福寧為多不舍利弗言甚多世尊佛言舍利弗且置三千大千世界諸衆生等衆生所攝若復東方如恒河沙諸世界中所有衆生衆生所攝者彼等皆得成阿羅

漢若有善男子善女人乃至盡命供養供給乃至湯藥是等諸事舍利弗於汝意云何彼所得福寧為多不舍利弗言甚多世尊佛告舍利弗如是南方西方北方四維上下恒河沙等諸世界中所有衆生衆生所攝皆成羅漢若有善男子善女人等盡形供養奉事供給乃至衣服湯藥等事彼所得福寧為多不舍利弗言甚多世尊不可思議能得邊際佛告舍利弗若住大乘發菩薩心諸善男子善女人等能有正信无諸諂曲發阿耨多羅三藐三菩提心復能如是隨喜隨喜舍利弗彼前福德於此福聚百分不及一千分百千分億分百億分乃至筭數辟喻所不及一舍利弗諸菩薩等如是隨喜能具足故能速成就阿耨多羅三藐三菩提舍利弗若有善男子善女人住於大乘復能如是隨喜隨喜當得如是無量无邊大福德聚舍利弗若有婦人猒惡女身欲求男身欲當成就阿耨多羅三藐三菩提亦應如是隨喜隨喜

尒時舍利弗復白佛言惟願世尊為我廣說勸請和合所得福聚利益安樂諸天世人亦為現在及未來世諸菩薩等攝受廣大諸善根故尒時佛告舍利弗言善哉善哉舍利弗汝今欲為多所利益安樂天人能問如來如是之義舍利弗汝今諦聽善思念之當為汝說舍利弗言善哉世尊我今欲聞願為解說佛告舍利弗若有善男子善女人等住大乘者應於晝夜各在三時從坐而起偏袒右邊右膝著地合十指掌應作是言諸佛世尊當憶念我所有十方一切世界所有諸佛如來應供正遍知證菩提已欲轉法輪我今悉皆勸請彼等諸佛世尊皆悉願轉无上法輪為欲憐愍安樂利益諸天人故如是三說亦復如是我今勸請諸佛世尊惟願為轉無上法輪惟願彼等諸佛世尊施於法施願佛世尊普設法會願諸世尊注大法雨願諸世尊然大法炬願諸世尊擊大法鼓願佛世尊作法音樂願諸世尊吹大法蠡願諸世尊建立

法幢願佛世尊以法充足一切衆生令諸衆生以法自恣多所利益安樂世間憐愍一切諸天人故又舍利弗若善男子善女人等欲當成就阿耨多羅三藐三菩提者應晝三時及夜三時偏袒右邊右膝著地合十指掌而作是念所有十方一切世界所有一切諸佛世尊現住在世若住若行應當憶念應當礼敬應作是言所有現在十方世界諸佛世尊欲捨壽命入涅槃者我皆勸請諸佛世尊莫入涅槃久住於世不思議刼不可說無有量不可稱刼為多利益安樂世間諸天人故堪忍久住无令身心而有疲倦如是三請諸佛世尊久住於世於无量刼利益安樂一切世間諸天人故堪忍久住勿令身心而有疲倦如是勸請彼所善根應當迴向阿耨多羅三藐三菩提舍利弗汝今當觀勸請迴向得幾許福舍利弗於汝意云何若此三千大千世界滿中七寶持用布施諸佛如來其所得福寧為多不舍利弗言甚多世尊非所思量

之所能知佛告舍利弗且置三千大千世界滿中七寶如是東方南西北方四維上下諸世界中滿中七寶持用布施諸佛如來其所得福寧為多不舍利弗言甚多世尊非可思量能得邊際舍利弗汝今當觀若善男子善女人等正信無諂能發无上菩提之心能作如是勸請諸佛轉於法輪舍利弗如此福聚比前福聚百分不及一千分百千分不及一乃至筭數辟喻所不能及舍利弗若善男子善女人等發菩提心能作如是勸請迴向和合善根能具足者當速成就無上菩提舍利弗我於往昔行菩薩行時亦常如是勸請諸佛轉於法輪及久住世我以如是勸請諸佛轉法輪故因彼善根因緣之力是故今者帝釋天王諸梵王等恭敬合掌而勸請我轉於法輪而作是言惟願世尊多所憐愍安樂饒益一切世間諸天人故轉於法輪舍利弗我於往昔行菩薩行時勸請諸佛久住於世轉法輪故今得十力四无所畏四無礙辯大

慈大悲十八不共法我涅槃後正法當住於五百歲像法亦復住五百歲

尒時舍利弗復白佛言大德世尊是住大乘諸善男子善女人等於阿耨多羅三藐三菩提善根云何迴向

尒時佛告舍利弗言汝舍利弗是住大乘若善男子善女人等應晝三時及夜三時從坐而起偏袒右邊右膝著地合十指掌應作是言我於无始生死流轉已來至於今日所有福聚自作教他見作隨喜或於三寶福伽羅所修諸福德若修布施若行持戒諸福德事若復等行諸福德事若後思念作福德事乃至於今懺悔隨喜勸請等事一切和合皆悉迴向施與一切諸衆生等如於過去諸佛如來應供正遍知者往昔所行菩薩行時以諸善根皆悉迴向於一切智我今亦復如是迴向以諸善根皆悉迴向無上菩提所有未來諸如來等正遍知者如彼當行菩薩行時以諸善根當以迴向於一切智我今亦復如是迴向以此善根皆悉迴向無上菩提

所有現在十方世界諸佛如來正遍知者現住在世自在行者如彼往昔菩薩行時以諸善根皆悉迴向無上菩提我今亦復如是以諸善根皆悉迴向無上菩提如彼世尊釋迦牟尼如來應供正遍知坐於道場菩提樹下以不思議不可稱量廣大无垢如是智印住佛三昧一念和合相應智慧降魔波旬軍力退已於夜後分明相出時應所知見皆悉正覺得正覺已於波羅奈鹿野苑中轉於無上四諦法輪若有沙門若婆羅門若天魔梵及餘世間所不能側然法炬擊法鼓吹法蠡建法幢雨法雨以法充潤一切衆生多所憐愍利益安樂諸天人故亦如彼等阿閦如來阿弥陀佛師子佛百焰佛放焰佛熾盛光佛无邊光佛蒙恩光佛燈王佛寂上佛蓮華上佛開敷佛寶月佛寶焰佛無量光佛弥留幢佛寶相佛大焰聚佛寶幢佛因陁羅幢佛寶軸佛栴檀香佛決定焰波頭摩蓮花熾盛身佛无量名稱功德光明佛如彼弥留孤知如

來應供正遍知如是等諸佛如來應供正遍知證於無上佛菩提已轉於无上最大法輪我亦如是願當轉於無上法輪願以法施一切衆生充足自恣為欲利益安樂世間諸天世人作利益故

舍利弗若有得聞如此所說第一之道聞已信受隨教行者彼則當得无量福聚舍利弗若善男子善女人等聞於如是三聚法本受持讀誦能解其義為他廣說彼則當得多福德聚不可思議不可稱量舍利弗汝今當觀如是無量神通福聚舍利弗於汝意云何於此三千大千世界所有衆生衆生所攝皆令彼等悉得人身得人身已成辟支佛若善男子善女人等盡形供養飲食衣服牀卧湯藥種種諸事彼涅槃後起舍利塔高十由旬縱廣正等滿七由旬妙色莊嚴端正可喜金銀琉璃頗梨真珠馬瑙虎珀衆寶所成又復供養彼諸塔廟以天音樂散妙華鬘燒香塗香繒幡幢蓋而以供養彼所得福寧為多不舍

利弗言甚多世尊不可思議之所能及佛告舍利弗且置三千大千世界諸衆生等衆生所攝又復東方如恒河沙等諸世界中所有衆生衆生所攝南西北方四維上下如是世界所有衆生衆生所攝皆令彼等悉得人身得人身已證辟支佛若善男子善女人等乃至盡命供養奉事衣服飲食湯藥牀卧種種諸事供養供給彼所得福寧為多不舍利弗言甚多世尊非可思量之所能及佛告舍利弗若善男子善女人等能具正信無有諂曲發於无上菩提之心復能依此迴向迴向舍利弗此前福德於此福聚百分不及一千分百千分乃至筭數譬喻所不能及

尒時衆中有十千人從坐而起偏袒右邊右膝著地合掌向佛而白佛言大德世尊我等亦欲當成無上諸佛菩提所以者何大德世尊我等以聞如是等法修多羅故深起愛樂大德世尊我等志樂无上菩提時天帝釋與諸眷屬六万八千天衆圍遶即以

諸天曼陁羅花栴檀末香閻浮金衆憂鉢羅花波頭摩花俱牟頭花分陁利花供養於佛及此所說三聚法本而散其上再三散已而白佛言希有世尊乃至如此三聚法本多所利益為諸菩薩摩訶薩等當淨一切諸法業障當令值遇一切善法具足成就佛告帝釋如是如是憍尸迦我今說此三聚法本為諸菩薩摩訶薩等多作利益於一切法无障清淨得成就故當得值遇一切善法悉成就故憍尸迦我念往昔阿僧祇劫復過是數不可思量彼時有佛出興於世名大焰聚如來應供正遍知明行足善逝世間解無上士調御丈夫天人師佛世尊憍尸迦彼大焰聚如來壽命六万八千億歲初會百千諸聲聞衆第二會有九十九億諸聲聞衆第三會有九十八億諸聲聞衆憍尸迦彼大焰聚如來為諸天人大作利益時彼衆中有一女人名曰尊親於彼會坐從彼大焰聚如來聞於如此三聚法本信受讀誦廣為人說如說修行發

於无上菩提之心彼聞此法即轉女身成丈夫身常得生於天人之中往來流轉當得受於八万四千轉輪王身今現住彼在於東方去此佛刹過億百千諸佛刹土現成阿耨多羅三藐三菩提名寶焰聚如來應供正遍知憍尸迦若有衆生臨命終時聞彼寶焰聚如來名号能憶念者彼當不復更受女身所以者何彼寶焰聚如來往昔行菩薩行時發如是願若有女人臨命終時聞我名字能憶念者彼當不復更受女身憍尸迦此三聚法本能有如是多作利益爲諸菩薩摩訶薩等具足當淨一切諸法諸障㝵業當得值遇一切善法成就具足佛說此經時帝釋天王及長老舍利弗及諸天龍乹闥婆阿修羅人非人等聞佛所說歡喜奉行

大乘三聚懺悔經

大乘三聚懺悔經

校勘記

一 底本，金藏廣勝寺本。

一 六六頁中一行「懺悔經」，石作「懺悔經一卷」。

一 六六頁中二行譯者，石作「隋天竺三藏闍那崛多等譯」；資作隋開皇年闍那崛多及笈多等於大興善寺譯」；磧、普、南作「隋開皇年天竺三藏闍那崛多及笈多等於大興善寺譯」；徑、清作「隋天竺三藏闍那崛多及笈多等譯」。

一 六六頁中八行及下七行，六九頁中二行及下六行，七〇頁中八行「右邊」，資、磧、普、南、徑、清作「右肩」。

一 六六頁下一〇行第九字「當」，磧、普、南、徑、清作「常」。

一 六六頁下一七行第一〇字「作」，資、磧、普、南、徑、清作「正作」。

一 六七頁上八行第五字「媱」，諸本作「婬」。

一 六七頁下七行及九行「至心」，資、磧、普、南、徑、清作「志心」。

一 六七頁下九行末字「皆」，磧、普、南、徑、清作「智」。

一 六八頁上六行首字「福」，資、磧、普、南、徑、清作「富」。

一 六九頁上二二行第四字「欲」，資、磧、普、南、徑、清無。

一 六九頁下九行第一二字「言」，徑、清作「念」。

一 七〇頁中一三行末字「後」，諸本作「復」。

一 七〇頁下二行末字「昔」，資、磧、普、南、徑、清作「昔行」。

一 七〇頁下一三行第九字「惻」，磧、普、南、徑、清作「測」。

一 七一頁中一四行第八字「此」，南、徑、清作「比」。

一 七二頁上四行第二字「今」，普作「念」。

菩薩五法懺悔文　　念

失譯人名今附梁録

十方三世佛五眼照世間三大無不
知明見罪榀相　弟子某甲等從无
數劫來不遇善知識造作一切罪破
戒犯四重六重及八重謗法斷善根
具足一闡提幸遇諸如來經法賢聖
衆能除衆罪者弟子頭面札願諸惡
雲消令發無上慧懺悔竟五體作札
十方諸佛始登道場觀樹經行未轉
法輪無明老死長衰可悲願設法藥
救諸疾苦法雨流布枯槁衆生得道
明了十方現在佛已度有縁者衆生
多懈怠方便現泥洹弟子誠心札請
佛令久住一切諸菩薩已發无上意
願勤加精進於無佛世界現成等正
覺普度諸群生慈哀无過佛是故至
心請請佛已竟頭面作札
歷世懐妬嫉我慢及恚癡見人得利
如箭射心聞人得樂如釘入眼坐此
諸罪障墮落三惡道常不遇諸佛今
日一心悟發大隨喜心十方三世佛
及彼弟子衆其數無有量從初發一念
乃至坐道場四等大布施清淨持禁
戒定慧及解脫無量諸知見弟子悉
隨喜慧心朗然明愚癡暗障滅一念
發隨喜功德滿十方智慧如諸佛隨
喜已竟五體作札
徃返生死中從生故至死從貴故還
賤惟未得泥洹法身常清淨波若妙
解脫今當求此利所可有福業一切
皆和合迴以施衆生共成无上道廣
大如虛空無相如真智究竟盡法界
金剛空慧常現在前无行神通有感
必應迴向已竟頭面作札
誠心發大願行道如菩願慧心如猛風
定力如金剛於此迴向後念念轉慈
悲捨離愛著想歡喜度一切捨去身
命時佛放光明滅除一切難障化生
兜率天面覲慈氏尊修相盡具足六根
普聰徹聞佛說妙法即悟無生忍皆
住不退地乘大神通力周遊十方國
供養一切佛无量妙音聲讚歎佛功
德二十五有中無時不現身如日照
世界光明朗十方一切幽闇處皆為

菩薩五法懺悔文　第二張　念

作燈明雖得佛道轉法輪現泥洹衆
生不盡成佛不捨普賢文殊願發願
已竟洗心作札

菩薩五法懺悔文

壬寅歲高麗國大藏都監奉
勑雕造

菩薩五法懺悔文　第三張　念

菩薩五法懺悔文

校勘記

一　底本，麗藏本。

一　七三頁上一行及下四行「懺悔文」，資、磧、普、南、徑、清作「懺悔經」。

一　七三頁上二行譯者，資作「失譯」；磧、普、南、徑、清作「失譯師名開元附梁録」。

一　七三頁上一一行第八字「衰」，資、磧、普、南、徑、清作「夜」。

一　七三頁上一九行「妬嫉」，清作「嫉妬」。

一　七三頁中一行第二字「彼」，資、磧、普、南、徑、清作「德」。

一　七三頁中八行「波若」，南、徑、清作「般若」。

一　七三頁中一四行第八字「如」，資、磧、普、南、徑、清無。

一　七三頁中一八行第九字「修」，資、磧、普、南、徑、清作「衆」。

菩薩藏經　念

梁扶南三藏僧伽婆羅譯

如是我聞一時佛住舍衛國祇樹給孤獨園與大比丘衆一千二百五十人及七万二千菩薩是時長老舍利弗承佛神力即從坐起偏袒右肩右膝著地合掌礼佛白佛言世尊云何善男子善女人懺悔滅罪速得三藐三菩提佛告舍利弗言人欲學三藐三菩提或聲聞乘人或緣覺乘人或大乘人或餘衆生應誦十方十世界十佛名号然十千燈若酥若油香及磨香亦隨燈數種種花種種果種種菓作大供養行大布施盛十瓶伽水盛十坩水沐浴清淨以香熏身著新淨衣更洗手足兩手各持十枚蓮華應當菜食給使僕人皆令淨潔於十方面各施佛座（上方佛座宜須小高）懺悔之人於十方面隨便設座即於坐處礼十方佛口自發露懺悔從來所作行業亦悔無始生死以来所造衆悪敗往脩来誓不復作佛言舍利弗東方名阿輸訶世界（此謂無憂）於彼有佛名月勝吉南方難陁世界（此謂歡喜）於彼有佛名旃檀吉西方跋陁羅世界（此謂賢）於彼有佛名無邊光明北方饒益眼世界於彼有佛名幢吉東南方月光世界於彼有佛名無憂吉西南方有幢世界於彼有佛名寶剎西北方有鳴世界於彼有佛名花德東北方安隱世界於彼有佛名三勇猛上方有月世界於彼有佛名大功德吉下方大名世界於彼有佛名光明吉一日一夜六時行道礼拜偏袒右肩右膝著地合掌向佛而說此言我礼一切諸佛如來彼現在十方諸佛已得阿耨多羅三藐三菩提現轉法輪現光明法輪現取法輪現兩法雨現擊法鼓現吹法螺現建法幢現然法炬現以法施充足衆生隨一切衆生所樂皆悉為說能多利益安隱衆生為慈悲世間為饒益諸天人衆我今頂礼彼諸如來彼諸如來彼佛尊重應當供養諸佛是大智慧是世間眼能為世間作證主領世間現知現見我以身口

意敬礼彼佛我從無始生死以来所造悪業為一切衆生障㝵或起貪或起瞋或起癡不識佛法僧不識善不善法或以悪身口意出佛身血或誹謗正法或破和合僧或煞真人羅漢或煞父母或俻起十不善道或已作今作當作或見他作讚歎隨喜或以身三口四意三業行造作衆悪悪口罵詈誹謗他人或斗秤欺誑於人或生六道惱乱父母或取塔寺物或用僧物或用四方僧物或破佛所制戒或不隨和上阿闍梨語或瞋或罵或誹謗聲聞緣覺大乘或因慳嫉造諸悪業或悪罵如來或法說非法或非法說法如是一切諸悪我今於十方諸佛發露懺悔彼諸如來現見現知現證我於佛前一心發露不敢覆藏發露已後誓不敢作是諸罪業應入地獄餓鬼畜生阿修羅道或經八難願此諸罪現前消滅未來不生我今日在諸佛前發露懺悔不敢覆藏發露之後誓不敢作如過去諸菩薩為修行菩提如彼所懺悔我今亦復如

是懺業障㝵發露之後不敢復作如未来諸菩薩摩訶薩當懺悔我亦如是懺悔發露發露之後誓不更作如現在十方菩薩摩訶薩為修行菩提令現懺悔我亦如是懺悔發露誓不更作如過去未来現在三世諸菩薩摩訶薩為修行菩提已懺悔當懺悔現懺悔我亦如是懺悔誓不敢作舍利弗若善男子善女人當如是懺悔是故舍利弗若善男子善女人欲得於一切諸法清淨無有障㝵應當如是懺悔諸惡業障既發露已誓不更作若樂生刹利冨貴種姓多饒財寶種種具足形貌端正欲得大乘者當如是懺悔若欲得四天王處當如是懺悔若欲得三十三天炎摩天兜率陁天化樂天他化自在天應如是懺悔若欲得梵身天梵冨樓天大梵天少光無量光光曜少淨无量淨遍淨受福無罣㝵天果實天无想天不煩不熱善見善現色究竟當如是懺悔若樂生無色界空處識處不用處非想非非想處當如是懺悔若欲得須

陁洹斯陁含阿那含阿羅漢果當如是懺悔若欲得聲聞三明六通神力自在聡明利智若欲得緣覺菩提當如是懺悔若欲得一切智清淨智不可思議智無等等智正遍智如是當懺悔舍利弗何以故一切諸法由因緣生如来所說有法從緣生有法從緣滅以因緣展轉於彼法過去彼已滅已轉彼業無障㝵彼諸法未生亦無障㝵舍利弗何以故一切諸法如来所說皆悉空寂无衆生無壽命无人不生不滅舍利弗一切諸法自身所造自身者亦是有舍利弗若善男子善女人欲入此法慧所謂无真實衆生此謂說滅一切業障懺悔品竟

尒時舍利弗白佛言世尊善男子善女人欲得阿耨多羅三藐三菩提欲得聲聞乘緣覺乘大乘或有餘人修功德云何當生隨喜善根尒時佛告舍利弗善男子善女人若欲隨喜晝夜六時偏袒右肩右膝着地恭敬合掌如是當說此言若有衆生於十方已作功德事若布施若持戒若修行

我於彼一切隨喜以第一隨喜勝隨喜最上隨喜無上隨喜无等隨喜無等等隨喜我悉如是隨喜若有衆生於十方當作功德若布施若持戒若修行我於彼一切隨喜以第一隨喜勝隨喜最上隨喜無上隨喜无等隨喜無等等隨喜我悉如是隨喜若有衆生於十方今現作功德若布施若持戒若修行我於彼一切隨喜以第一隨喜勝隨喜最上隨喜無上隨喜无等隨喜無等等隨喜我悉如是隨喜若彼諸菩薩初發菩提心功德若彼菩薩已於百劫修行功德聚若彼菩薩已得無生法忍功德聚若彼菩薩已得不退地功德聚若菩薩從一地次第至十地功德我於彼一切隨喜以第一隨喜勝隨喜乃至无等等隨喜若菩薩先已修行六波羅蜜相應功德善根我悉隨喜以第一隨喜乃至無等等隨喜若未来菩薩當修行六波羅蜜相應功德善根我悉隨喜以第一隨喜乃至无等等隨喜若現在諸菩薩今修行六波羅蜜相應

功德我悉隨喜以第一隨喜乃至無等等隨喜以過去如來應供正遍知已得阿耨多羅三藐三菩提已轉法輪爲饒益衆生爲安隱衆生爲慈悲衆生爲以義饒益衆生及諸天人聲聞緣覺菩薩所造功德我悉隨喜未來如來當得阿耨三菩提當轉法輪爲饒益衆生爲安隱衆生爲慈悲衆生爲以義饒益衆生及諸天人聲聞緣覺菩薩所造功德我悉隨喜現在十方諸佛現得阿耨多羅三藐三菩提現轉法輪現燃法炬現擊法鼓現吹法蠡現建法幢現以法施充足衆生饒益衆生安隱衆生慈悲世間以義饒益一切人天若彼聲聞緣覺大乘所造功德我悉隨喜以第一隨喜乃至無等等隨喜舍利弗此謂隨喜功德聚以此隨喜功德聚若善男子善女人行此功德此功德果報不可數不可量舍利弗若三千大千世界所有衆生乃至恒河沙等世界衆生悉皆漏盡成阿羅漢若有善男子善女人以四事盡壽供養若善男子善女人如是

菩薩藏經　第七張　念

隨喜功德勝此功德無量无邊是故舍利弗若善男子善女人樂得阿耨多羅三藐三菩提當隨喜若女人欲得男子當隨喜

尒時舍利弗白佛言世尊已說隨喜爲現在未來菩薩光明云何勸請佛告舍利弗若善男子善女人欲得阿耨多羅三藐三菩提若聲聞乘若緣覺乘若大乘若餘衆生晝夜六時偏袒右肩右膝著地恭敬合掌說如是言我礼一切諸佛世尊今現在十方諸佛已得阿耨多羅三藐三菩提現轉法輪我已礼彼佛我今勸請轉於法輪願諸佛世尊轉法輪願燃法燈法蠡願擊法鼓願建法幢爲饒益衆生願開法眼願燃法炬願興法雲願吹生安隱衆生爲慈悲世間以義饒益一切天人舍利弗晝夜六時偏袒右肩右膝著地恭敬合掌說如是言我礼一切諸佛世尊若十方諸佛欲入涅槃我當勸請彼佛願久住世爲饒益衆生安隱衆生慈悲世間以義饒益一切天人我爲阿耨多羅三藐三

菩薩藏經　第八張　念

菩提行此勸請舍利弗此謂勸請聚此勸請聚善男子善女人所得功德不可數量舍利弗若善男子善女人三千大千世界布滿七寶布施如來若善男子善女人前勸請功德勝此功德無量无邊舍利弗若恒河沙等世界布滿七寶布施諸佛若善男子善女人前勸請功德勝此功德無量无邊如是勸請阿耨多羅三藐三菩提如是我勸請舍利弗此謂勸請聚以此勸請聚若善男子善女人現勸請彼功德不可思量何以故舍利弗我先修行菩提行我已如是勸請諸佛爲轉法輪以此功德我得阿耨多羅三藐三菩提帝釋諸天娑婆世界主梵天王等亦勸請我轉於法輪爲多所饒益安隱世間乃至以義饒益一切天人舍利弗我先勸請諸如來爲法久住我以此功德根故得十力四無畏十八不共法得四无㝵辯得大慈大悲我已入泥洹我法當久住

尒時舍利弗白佛言世尊云何善男子善女人欲得阿耨多羅三藐三菩

菩薩藏經　第九張　念

提若聲聞乘若緣覺乘若大乘若餘衆生當行迴向善根為一切智尒時佛告舍利弗若善男子善女人欲得阿耨多羅三藐三菩提若聲聞乘若緣覺乘若大乘若餘衆生晝夜六時偏袒右肩右膝著地恭敬合掌作如是言我於無始生死所作功德善根或於佛或於法或於僧或一人乃至施與畜生一摶食或懺悔或勸請或隨喜或歸依三寶受戒功德一切和合迴施與一切衆生如諸佛世尊現智無著智迴施與一切衆生我亦如是迴施一切衆生如手捉寶珠施與一切如雲降雨閏益无盡無減為衆生富貴无減為功德無減法无減智慧無減樂說无減為阿耨多羅三藐三菩提為得一切智我以此功德施與衆生一切和合迴向阿耨多羅三藐三菩提以此善根願令一切衆生亦得阿耨多羅三藐三菩提得一切智如先諸菩薩為菩提修行善根修行迴向為一切智我亦如是迴向為一切智以此善根我當得阿耨多羅

三藐三菩提得一切智如未来諸菩薩當修行迴向善根為一切智我亦如是以迴向善根為一切智如現在諸菩薩修善根為一切智我亦如是迴向善根為一切智以此善根願一切衆生得阿耨多羅三藐三菩提得一切智如先釋迦牟尼佛坐菩提樹下住不可思議無垢定降伏惡魔所有諸法可知可見可覺於夜後分明星出時以一念相應慧行滅苦道得證醍醐我亦如是一切衆生學阿耨多羅三藐三菩提如無量光明如来勝光明如来清淨光明如来功德光明如来師子如来百光如来高明如来網光如来珠光如来火光如来光王如来莊嚴如来寶幢如来法幢如来身勝如来等應供正遍知如餘諸佛世尊巳得阿耨多羅三藐三菩提巳轉法輪為饒益多衆生為安隱諸衆生為慈悲世間乃至以義饒益一切天人我亦如是為一切衆生得阿耨多羅三藐三菩提當轉法輪為饒益衆多衆生為安隱衆生為慈悲世

間乃至以義饒益一切天人舍利弗此謂迴向功德聚此功德聚勝前布施功德聚百分千万億分乃至筭數辟喻所不能及

舍利弗若善男子善女人受持此經為他廣說所得功德无數無量舍利弗若有人能令三千大千世界雜類衆生於一念頃俱得人身巳復能令得緣覺菩提常以四事供養施與一一緣覺七寶如須弥山如是日日乃至入涅槃入涅槃巳起七寶塔花香幡蓋種種供養舍利弗於汝意云何是善男子善女人所得功德寧為多不舍利弗言甚多世尊甚多善逝是故舍利弗若善男子善女人受持此經所得功德復多於彼願此功德為阿耨多羅三藐三菩提此功德比先功德百分千万億分乃至筭數辟喻所不能及何以故舍利弗善男子善女人信此經勸請十方諸佛為轉法輪如我所說法施勝於財施尒時四衆一万人俱從坐起皆偏袒右肩右膝著地合掌向佛而說此言世尊我

等當受持此經為人廣說當信何以故世尊我等欲得阿耨多羅三藐三菩提我當成就如是善根如是善法是時帝釋天王散以天花供養世尊及此經法而說此言世尊此經有大功德為增長諸菩薩善根為滅業障是時佛告帝釋如是如是憍尸迦何以故天王我念過去阿僧祇劫是時有大光聚如來應供正遍知出現於世天王大光聚如來應供正遍知壽六十八億歲初始說法有百千万億弟子彼一切皆阿羅漢盡諸有漏第二說法有九十九千億弟子亦皆漏盡得阿羅漢第三說法有九十八億百千弟子諸漏已盡得阿羅漢天王彼大光明聚如來應供正遍知為一切世間諸天梵王沙門婆羅門故住經六十八億歲是時帝釋天王及四衆從光明聚如來受持此經為多利益一切世間為成阿耨多羅三藐三菩提復有一天女名喝伽陁受持此經發阿耨多羅三藐三菩提心猒離女人得丈夫身常生人天之中不經

菩薩藏經　第十三張　含

惡趣八万四千世作轉輪王憍尸迦於汝意去何至此彼喝伽陁女人豈異人乎即我身是我昔於億百千世界值無數佛同名光明聚如來於彼佛所悉聞此經若善男子善女人聞此如來名必定當得大般涅槃若有女人聞此光明聚如來名者當轉女身壽命終時無有疑乱不更受女身憍尸迦此經大功德恩能攝受諸菩薩摩訶薩善根能滅諸業障㝵是時帝釋白佛言世尊當何名此經去何受持是時佛告帝釋憍尸迦此經名滅業障㝵汝當受持亦名菩薩藏汝當受持亦名斷一切疑如是受持佛說經已帝釋天王及長老舍利弗比丘衆及諸菩薩天人阿修羅乹闥婆一切世間聞佛所說歡喜奉行

菩薩藏經

壬寅歲高麗國大藏都監奉
勑雕造

菩薩藏經　第十四張　含

菩薩藏經

校勘記

一　底本，麗藏本。

一　七五頁上一行經名，石作「菩薩藏經一卷」。卷末經名同。

一　七五頁上二行譯者，資、磧、普、南作「梁天監年扶南國沙門僧伽婆羅於楊州譯」；徑、清作「梁扶南國沙門僧伽婆羅譯」。

一　七五頁上一八行夾註「上方……小高」，徑、清無。

一　七五頁上末行第八字「言」，資、磧、普、南、徑、清作「告」。

一　七五頁中一九行第二字「説」，資、磧、普、南、徑、清作「説法」。

一　七五頁中末行第三字「主」，資、磧、普、南、徑、清作「王」。

一　七五頁下六行「備起」，資、磧、普、南、徑、清作「起備」。

一　七五頁下一一行第一三字「制」，資、磧、普、南、徑、清作「教」。

一　七六頁上一行「懺業障㝵」，南作「懺悔發露」。
一　七六頁上一〇行「是故」，南作「是作」。
一　七六頁中一行第五字、第八字「舍」，資、磧、普、南、徑、清作「含」。
一　七六頁中一五行「懺悔品竟」，徑、清無。
一　七六頁下末行第六字「今」，資、磧、普、南、徑、清作「令」。
一　七七頁上七行「阿耨」，資、磧、普、南、徑、清作「阿耨多羅三藐」。
一　七七頁上一一行及本頁中三行「多羅三藐」，資、磧、南、徑、清無。
一　七七頁中四行「男子」，資、磧、南、徑、清作「男子身」。
一　七七頁中一九行第三字「脓」，諸本作「膝」。
一　七七頁下一九行第八字「根」，資、磧、普、南、徑、清作「善根」。
一　七八頁中末行第二字「衆」，資、磧、普、南、徑、清無。
一　七八頁下一四行末字至次行首字「是故」，資、磧、普、南、徑、清無。
一　七八頁下一七行末字「先」，資、磧、普、南、徑、清作「前」。
一　七九頁中六行第七字「當」，諸本無。

三曼陁跋陁羅菩薩經

西晉居士聶道真譯　念

五蓋品第一

聞如是一時佛在摩竭提國清淨法處自然金剛座光影甚明无所不遍照與衆摩訶薩等無央數菩薩共會坐三曼陁跋陁羅菩薩文殊師利菩薩寂第一文殊師利菩薩問三曼陁跋陁羅菩薩言若有人求菩薩道者善男子善女人欲得无蓋清淨者當施行何等法自致得之乎三曼陁跋陁羅報文殊師利菩薩若有善男子善女人欲求菩薩道者當整衣服晝夜各三稽首十方諸佛作礼悔過悔諸所作惡諸所當忍者忍之諸所當礼者礼之諸所當願樂者願樂之諸所當勸請者勸請之如是一切諸罪蓋諸垢蓋諸法蓋悉除也一切功德悉得具足般若波羅蜜兜沙陁比羅經一切三昧一切諸陁隣尼一切漚惒拘舍羅是為諸經中尊將如是者為已得礼一切諸佛其意至心也

悔過品第二

三曼陁跋陁羅菩薩言一切人身所行口所犯心所念惡一切諸佛剎其中塵等起意念一切諸惡某皆為其悔過某從本所作為有惡於諸佛諸菩薩諸迦羅蜜父母阿羅漢辟支佛怛沙竭護怛沙竭寺神怛沙竭法中諸所犯過惡須呵摩提阿弥陁佛剎土一切諸佛一切諸佛剎一切諸佛法若有狐疑起意不信者某為其悔一切罪過其有於一切諸佛諸菩薩諸迦羅蜜諸父母諸阿羅漢諸辟支佛一切諸人所可誹謗者若恣隨欲恣隨癡恣隨自用若有瞋恨不與人語若為貪婬所牽為慳嫉所牽為貪餘所牽為諛諂所牽七百五十諸欲所牽其心乱時不能自專為一切所蓋為一切所畏所起意有過失令某皆為悔一切罪過

某從阿僧祇劫起惡意於佛若闘乱比丘僧若害阿羅漢若害父母若見正法言非法若見非法言是法若誹咲一切人所思念常與非法之事若

他所犯過若欲犯若已犯其多沙竭所教誡若犯之令世若前世不知佛法比丘僧時諸所犯過惡令某皆為悔一切罪過

某諸所作邪嫉之意若有佛斷止人不得令見若有明經說法者斷止人不得令聞若有迦羅蜜斷止人不得令住會若有人施與鉢震越飯食牀卧具病瘦醫藥所作功德呵止人不得令與作無央數不止展轉相教起罪令某皆為悔一切罪過

某諸所作罪見人犯者於邊勸助用是故為罪所牽生於末世若生於貧家若離迦羅蜜若有佛不能得見若有菩薩迦羅蜜不能得與共會而不能得聞經法以諸所作惡故不能及值是聖賢身令某皆為悔一切罪過

某諸所作罪不能及逮聞法或聞法其心不能受法若已受而復忘失不能堅持法不能諷持法而怯劣无膽其形色不能致得端政所生常少財寶不能得陁隣尼行不能得三昧行不能得般若波羅蜜行不能得無念

慧行不能得漚恕拘舍羅所入慧不能得兜沙陁比羅無所罣㝵所入慧其一切諸所作罪不能及逮是也令某皆為悔一切罪過

某諸所作罪不能得一切法行所入慧功德不能得一切人意所行慧功德不能得一切人因五根所入慧功德不能得一切人慧律所入功德不能得一切法慧所入功德不能得一切人泥洹慧功德其一切諸所作罪不能及逮是也令某皆為悔一切罪過

某諸所作罪不能得洞視徹聽不能得神足飛行不能得自知宿命不能得知去來之事不能得梵天音聲不能得身口意功德不能得清淨高行而不能得具足於功德其一切諸所作罪不能及逮是也令某皆為悔一切罪過若他人起惡意向某若有衆兵若某起惡心向他人若有衆兵若致一切諸蓋所畏某合會於諸佛前諸眼諦慧遍諦所言即受諦某於是諦前自歸悔復自發舉自發竟自悔責不敢覆藏從今已後不敢復犯

願樂品第三

三曼陁跋陁羅菩薩言善男子善女人求菩薩道者當作是願樂令某自歸曉一切於諸佛曉菩薩迦羅蜜及父母諸阿羅漢辟支佛及一切人至心求哀不可曉者令皆曉之如諸佛所知如是者所可自歸為已自歸也

復次令某礼一切諸佛一切諸菩薩諸迦羅蜜父母及阿羅漢辟支佛皆為作礼寂中寂上无上明中明無有雙亦无比如諸佛所知如是者所當作禮為已作禮也

復次令某願礼諸佛功德一切諸菩薩諸迦羅蜜功德諸阿羅漢諸辟支佛功德及十方一切人所作功德如諸佛所知如是者所當礼諸功德為悉礼也

是則菩薩慧若善男子善女人有是功德者願樂助其歡喜若有逮佛慧者所當願樂某已願樂也其未作功德者令作功德某皆願樂其有尊復尊所作功德某亦願樂持某所作願樂功德令十方一切皆悉得也

請勸品第四

三曼陁跋陁羅菩薩言善男子善女人求菩薩道者當作是請勸某至心請勸一切諸佛令現在佛阿耨多羅三耶三菩及至阿惟三佛其已成悉等知未轉法輪者某請勸諸佛轉於法輪令諸佛所轉法輪者以用請勸故所說經法令一切人各得其所悉令安隱及諸天龍鬼神乾陁羅阿須倫迦留羅甄陁羅摩休勒人非人其在泥犁薜荔禽獸諸勤苦中者皆令得解脫其無所曉者皆令捨癡意悉得正意入於佛道

復次其諸佛所欲般泥洹者某請勸且莫般泥洹用一切人故且自住無央數劫以法身住為无所住所說經法令一切人各得其所皆令勇猛具足三曼陁跋陁羅菩薩法行令一切人悉以是為本各得安隱及諸天龍鬼神乾陁羅阿須倫迦留羅甄陁羅摩休勒人非人泥犁薜荔禽獸諸勤苦者早得解脫其无所曉者令捨癡意悉得正意入於佛道其作邪者皆

捨邪道入於正道悉住於本無法三曼陁跋陁羅菩薩言善男子善女人求菩薩道者當作施與某所可悔功德所可忍所可礼所可願樂所可請勸諸功德若欲作若方作若已作諸所作功德皆一切合會成就為一福味如諸佛法如佛所知是功德便可所生致諸佛相能得自恣法諸所施與已受施與而有施與是施與為正施與無所著斷某持是法施與功德令一切人皆逮得與法皆令起意如薩芸若施與等者令某施與令如三曼陁跋陁羅菩薩所行持是功德令一切與某莫墮泥犂中薜荔禽獸勤苦八惡道中生皆令生有佛處有菩薩處皆令生須呵摩提阿弥陁佛剎某持是功德因某好心具足遍發阿耨多羅三耶三菩心

某持是法施與之功德為一切人作舍作護受其自歸為作度於冥中作明明中寂明於持中作持持中尊持一切人未度者我當度之未脫者我當脫未般泥洹者我當令般泥洹造

作一切人皆令發阿耨多羅三耶三菩心

某持是法施與之功德令一切人與某身等諸所生處所可起意常供養諸佛供養諸菩薩持前所作供養諸佛菩薩令一切人與某身不離菩薩法不離迦羅蜜文殊師利及惟摩鴻與三曼陁跋陁羅菩薩等是諸菩薩所行皆具足陁憐尼清淨三昧一心不動搖皆以成就般若波羅蜜所行悉以曉了漚恕拘舍羅所入一切於諸法有差特令一切人與某逮得是諸菩薩慧行而具足

某持是法施與功德在其泥犂薜荔禽獸拘繫縛束中人皆令得解脫其无眼者得眼聾者得聽其在勤苦中者皆得安隱若在是佛剎及彼方佛剎下至阿鼻泥犂上至無極其中間蠕動之類有足无足者若未來若軟生若化生若色無色若思想无思想及一切人非人轉相犄著者以時能持佛眼見知悉覺令一切皆得人形入於佛道聞法悉曉了受皆得阿耨多羅

三耶三菩提心

某持是法施與功德令一切人與某持是功德悉逮諸佛等行諸菩薩等行諸迦羅蜜行令一切人皆至供養起願得諸佛剎能令清淨於三世法曉了能悉譬如金剛無所不穿令一切人與某皆令得佛智慧而具足諸所感動能悉等於諸深慧皆逮得於諸法而无疑持是功德令某具足願如三曼陁跋陁羅菩薩法行十種力地皆悉逮以是為證持是功德願令一切人及某皆令得福

譬福品第五

文殊師利菩薩問三曼陁跋陁羅菩薩言若有善男子善女人欲求菩薩道者晝夜各三悔過勸樂法行如上說其福者去何三曼陁跋陁羅菩薩報文殊師利菩薩言若有善男子善女人奉行菩薩道者持七寶滿閻浮提地內供養怛沙竭阿羅呵三耶三佛不如是善男子善女人晝夜各三勸樂法行所當悔者悔之所當忍者忍之所當礼者礼之所當願樂者願

樂之所當請勸者請勸之所當施與者施與之晝夜奉行如上教其福出於供養恒沙喝滿閻浮提七寶百倍千倍万倍億倍巨億万倍終不可比不可計亦不可譬說是法時無央數諸天於虛空中住持天花香及伎樂供養散佛及諸菩薩上文殊師利菩薩三曼陁跋陁羅菩薩說是經已諸天龍鬼神阿須倫人非人聞經大歡喜前為佛作礼而去

三曼陁跋陁羅菩薩經

壬寅歲高麗國大藏都監奉
勑雕造

跋陁羅菩薩經　第十張　念

三曼陁跋陁羅菩薩經

校勘記

一　底本，麗藏本。

一　八一頁上一行第四字「跋」，諸本作「颰」。末字「經」，石作「經一卷」。卷末經名同。

一　八一頁上二行「居士」，諸本作「清信士」。

一　八一頁上三行「五盖」，資、磧、普、南、徑、清作「序」。

一　八一頁上六行第九字「央」，資作「鞅」，下同。

一　八一頁上一二行第一一字「有」，石無。

一　八一頁上一三行第一一字「整」，石作「正」。

一　八一頁中七行首字及第五、第一〇字「恒」，南、徑、清均作「恒」。

一　八一頁中八行第七字「呵」，石作「訶」；磧、普、南、徑、清作「阿」。

一　八一頁中一四行第一〇字「禎」，資作「項」。第一一字「佷」，磧、南、徑、清作「很」。

一　八一頁中二二行末字「渊」，普、徑、清作「訮」。

一　八一頁下一行第二字「所」，資、磧、普、南、徑、清無。

一　八一頁下三行「惡今某皆爲」，石作「今某爲其」。

一　八一頁下八行第二字「住」，石作「往」。第一二字「飯」，石作「飲」。

一　八一頁下一〇行第九字「止」，資、磧、普、南、徑、清作「正」。

一　八二頁上三行首字及次頁下一七行第二字「其」，資、磧、普、南、徑、清作「某」。

一　八二頁上七行第九字「五」，資作「坘」；磧、普、南、徑、清作「坻」。

一　八二頁上一九行第四字「慈」，資、磧、普、南、徑、清作「惡」。

一　八二頁上二二行「自發舉自發竟」，資、磧、普、南、徑、清作「悔自改舉自發覺」。

一　八二頁上末行第九字「後」，諸本作「往」。

一　八二頁中一二行「已作」，石作「作已」。

一　八二頁中二〇行「某已」，資作「其已」；磧、普、南、徑、清作「其所」。

一　八二頁中二一行第八字「願」，資、磧、普、南、徑、清作「歡」。

一　八二頁下五行「三菩」，石作「三菩提」，下同。

一　八二頁下七行第三字「令」，南作「今」。

一　八二頁下八行第六字「令」，資、磧、普、南、徑、清作「今」。

一　八三頁上一行第一三字「法」，資、磧、普、南、徑、清至此分品；作「法行品第五」。

一　八三頁上七行末字「可」，資、磧、普、南、徑、清作「有」。

一　八三頁上一二行「今某施與令」，石作「令某施令」；資、磧、普、南、徑、清作「令某施與合」。

一　八三頁上一四行第六字「墮」，資、磧、普、南、徑、清作「在」。

一　八三頁上二〇行第五字「其」，資、磧、普、南、徑、清作「某」。

一　八三頁中九行第三字「皆」，資、磧、普、南、徑、清作「皆是」。

一　八三頁中一二行第三字「有」，資、磧、普、南、徑、清作「無有」。第一一字「某」，資、磧、普、南、徑、清作「其」。

一　八三頁中一五行第一〇字「令」，資、磧、普、南、徑、清無。

一　八三頁中一九行第一三字「軟」，石作「濡」。

一　八三頁中二〇行第二字「化」，資、磧、普、南、徑、清作「從」。

一　八三頁中二一行第一〇字「者」，資、磧、普、南、徑、清無。

一　八三頁中二二行第六字「令」，南作「了」。

一　八三頁下六行第四字「悉」，資、磧、普、南、徑、清作「悉等」。

一　八三頁下九行第一二字「某」，資、磧、普、南、徑、清作「其」。

一　八三頁下一三行末字「五」，資、磧、普、南、徑、清作「六」。

菩薩受齋經　　念

西晉居士聶道真譯

菩薩受齋法言某自歸佛自歸法自歸比丘僧某身所行惡口所言惡意所念惡今已除弃某若干日若干夜受菩薩齋自歸菩薩如前六万菩薩皆持是齋我是菩薩如先行菩薩文殊師利洹鄉鳩樓阿蕪陁曇無迦弥勒阿惟樓尸利沙門陁樓檀鄉羅首楞及陁宿命菩薩所持齋我是菩薩持菩薩齋若我分檀布施當得檀波羅蜜如我受莂當得惟逮波羅蜜一心坐禪當得禪波羅蜜如我說經當得般若波羅蜜是為漚惒拘舍羅從是得摩訶般若波羅蜜如念泥犁中人薜荔中人畜生中人令得解脫出生為人從是分檀布施當到須摩提拘樓檀阿弥陁佛前受得三昧禪是為菩薩受齋法

佛告須菩提菩薩有十念當護之何等十念當念過去佛是菩薩法當念未來佛是菩薩法當念一切十方現在佛是菩薩法當念尸波羅蜜持戒是菩薩法當念禪波羅蜜是菩薩法當念漚惒拘舍羅是菩薩法當念般若波羅蜜是菩薩法當念禪三昧六万菩薩在阿弥陁佛所是菩薩法當念過去當來今現和上阿闍梨是菩薩法是為十念若有發意求菩薩道者禪日當思惟是為十事不念為汙行

菩薩齋日有十戒第一菩薩齋日不得著脂粉花香第二菩薩齋日不得歌儛搯鼓伎樂莊飾第三菩薩齋日不得卧高牀上第四菩薩齋日過中以後不得復食第五菩薩齋日不得持錢刀金銀珎寶第六菩薩齋日不乘車牛馬第七菩薩齋日不得搯兒子奴婢畜生第八菩薩皆持是齋從分檀布施得福我是菩薩如我念在泥犁中人薜荔中人畜生中人令得解脫出生為人從是分檀布施當至須訶摩持拘樓檀阿弥陁佛前受得三昧禪是為菩薩解齋法

菩薩齋日去卧時於佛前叉手言今日一切十方其有持齋戒者某助安

無量今日其有持戒者某助安無量今日其有忍辱者念天下人民者某助安无量今日其有精進者某助安無量今日其有智慧說經者某助安无量持是代勸助歡喜福施與歸流十方一切人非人薩惒薩所在勤苦厄難之處皆令得福解脫憂苦出生為人安隱富樂無極是菩薩齋日不得見掃除第九菩薩齋日不得飲食盡器中第十菩薩齋日不得與女人相形笑共坐席女人亦尒是為十戒不得犯不得教人犯亦不得勸勉人犯

菩薩解齋法言南無佛南无法南無比丘僧某若干日若干夜持菩薩齋從分檀布施當得檀波羅蜜如我持戒當得尸波羅蜜如我念十方天下人令得安隱當得羼提波羅蜜如我受莂當得惟逮波羅蜜如我坐禪當得禪波羅蜜是為漚惒拘舍羅如摩訶般若波羅蜜如諸菩薩六万菩薩法齋日夜一分禪一分讀經一分卧是為菩薩齋日法正月十四日受十七日解四月八日受十五日解七月

一日受十六日解九月十四日受十
六日解
右齋日數
歸命西方阿弥陁三耶三佛檀盧樓
亘摩訶郁鉢菩薩三毒消除往生尊刹
清淨尊神國　安隱在西方　願得自歸命
奉事无上王　神通聖智達　照見我心情
自歸諸大護　百劫不動傾

菩薩受齋經

壬寅歲高麗國大藏都監奉
勅雕造

菩薩受齋經　第四張　念

菩薩受齋經
校勘記

一　底本，麗藏本。
一　八六頁上一行第五字「經」，石作「經一卷」。卷末經名同。
一　八六頁上二行「居士」，諸本作「清信士」。
一　八六頁上八行第九字「燕」，資、磧、普、南、經、清作「無」。
一　八六頁上一〇行第四字「陁」，石、經、清作「他」。
一　八六頁上末行首字「未」，諸本作「當」。
一　八六頁中一七行第一四字「在」，資、磧、普、南、經、清無。
一　八六頁下一八行末字「當」，石無。

佛說舍利弗悔過經　念

後漢安息國三藏安世高譯

佛在羅閱祇耆闍崛山中時與千二百五十比丘菩薩千人共坐第一弟子舍利弗起前長跪叉手問佛言若有善男子善女人意欲求佛道若前世為惡當何用悔之乎佛言善哉善哉舍利弗憂念諸天人民好乃如是佛言若有善男子善女人欲求阿羅漢道者欲求辟支佛道者欲求佛道者欲知去來之事者常以平旦日中日入人定夜半鷄鳴時澡漱整衣服叉手礼拜十方自在所向當悔過言某等宿命從無數劫以來所犯過惡至今世所犯婬泆所犯瞋怒所犯愚癡不知佛時不知法時不知比丘僧時不知善惡時若身有犯過若口犯過若心犯過若意犯過若意欲害佛嫉惡經道若鬪比丘僧若殺阿羅漢若自煞父母若犯身三口四意三自煞生教人煞生見人煞生代其喜身自行盜教人行盜見人行盜代其喜身自欺人教人欺人見人欺人代其喜身自兩舌教人兩舌見人兩舌代其喜身自罵詈教人罵詈見人罵詈代其喜身自妄言教人妄言見人妄言代其喜身自嫉妬教人嫉妬見人嫉妬代其喜身自貪餮教人貪餮見人貪餮代其喜身自不信教人不信見人不信代其喜身不信作善得善作惡得惡見人作惡代其喜身自盜佛寺中神物若比丘僧財物教人行盜見人行盜代其喜身自輕稱小斗短尺欺人以重稱大斗長尺侵人見人侵人代其喜身自故賊教人故賊見人故賊代其喜身自惡逆教人惡逆見人惡逆代其喜身諸所更以來生五處者在泥犁中時在禽獸中時在薜荔中時在人中時身在此五道中生時所犯過惡不孝父母不孝於師不敬於善友不敬於善沙門道人不敬長老輕易父母輕易於師父輕易求阿羅漢道者輕易求辟支佛道者若誹謗嫉妬之見佛道言非見惡道言是見正言不正見不正言正某等諸所作過惡願從十方諸佛求哀悔過

令某等今世不犯此過殃令某等後世亦不被此過殃所以從十方諸佛求哀者何佛能洞視徹聽不敢於佛前欺某等有過惡不敢覆藏從今以後皆不敢復犯佛語舍利弗若有善男子善女人意不欲入泥犁禽獸薜荔中者諸所作過皆當悔過之不當覆藏受戒以後不當復作惡不欲生邊地無佛處無經處無比丘僧處無義理處善惡處者皆當悔過不當覆藏意不欲愚癡聾盲瘖瘂不欲生屠生漁獵獄吏更生貧家皆當悔過不當覆藏女人欲求男子者皆當悔過欲得須陁洹道不復入泥犁薜荔中者皆當悔過欲得斯陁含道上天作人欲得阿那含道上二十四天欲得阿羅漢泥洹去者欲於世間得阿羅漢道者欲得辟支佛道者欲知去來之事者皆當悔過不當覆藏

佛語舍利弗若有善男子善女人各當日三稽首為十方現在諸佛作礼十方諸佛皆以中正廻教天下人日月所照人民使作善佛以經道兩於

天下譬如天雨百穀草木皆茂好佛以經道雨於天下故生侯王四天王上至三十三天上豪貴富樂佛生須陁洹斯陁含阿那含阿羅漢者願十方諸佛聽某等所言天下人民蜎飛蠕動之類所作好惡若布施者若持道勤力不毀經戒者若慈心念人民者若作善無量者若施於菩薩及諸比丘僧者若施凡夫及貧窮者下至禽獸慈衆者某等勸其作善助其歡喜諸過去佛所可過度人民得泥洹者某等皆助其歡喜諸當來佛教人作善遠離五惡生死之道至令得阿羅漢辟支佛道者某等皆助某等勸樂使作善令如佛令十方現在諸佛所當過度者教人布施不犯經戒慈衆人民蜎飛蠕動之類者皆令脫於泥犁禽獸薜荔愚癡貧窮至令得須陁洹斯陁含阿那含阿羅漢辟支佛泥洹道某等皆勸樂使作善助其歡喜諸過去菩薩未成佛者奉行六波羅蜜所作善行檀波羅蜜布施行尸波羅蜜不犯道禁行羼提波羅蜜忍

舍利弗悔過經　第四張　念

辱行精進波羅蜜精進行禪波羅蜜一心行般若波羅蜜智慧成六波羅蜜諸過去若菩薩奉行六波羅蜜某等勸樂助其歡喜諸當來菩薩奉行六波羅蜜者某等勸樂助其歡喜令現在菩薩奉行六波羅蜜者某等勸樂助其歡喜某等諸所得福皆布施天下十方人民父母蜎飛蠕動之類兩足之類四足之類多足之類皆令得佛福得辟支人持四大城金銀寶物持用布施百倍千倍万倍億倍佛語舍利弗若有善男子善女人當晝夜各當三過稽首為十方佛拜言願聽某等所言十方佛已得佛不說經令某等勸勉使為諸天人民蜎飛蠕動之類說經使脫於泥犁禽獸薜荔愚癡貧窮至令得泥洹道諸十方欲般泥洹者某等願從求哀且莫般泥洹當令諸天人民蜎飛蠕動之類得其福皆令得脫於泥犁薜荔佛語舍利弗某等宿命為菩薩時某等當勸樂諸佛說經且莫般泥洹用是故某等為佛第一四天王第二天王釋

舍利弗悔過經　第五張　念

來下叉手作礼求哀守我諸天人民說經無數諸天曉我且莫般泥洹佛語舍利弗言如是人民種種各得其類作善自得其福作惡自得其殃舍利弗白佛言若有善男子善女人欲求佛道者當何以願為得之佛言若有善男子善女人當晝夜各三稽首為十方佛拜言願十方諸佛聽某等宿命從无數劫以來所作得福若布施若持經道若持善意為佛作善為經作善為比丘僧作善為凡人作善若為禽獸作善作惡自得其殃作善自得其福為惡自悔持經戒不毀若受戒不與女人通若勸樂諸佛菩薩万民作善若勸勉諸佛且莫般泥洹某等取諸學道以來所得福徳皆集聚合會以持好心施與天下十方人民父母蜎飛蠕動之類皆令得其福有餘少所令某得之令某等作佛道行佛經諸未度者某當度之諸未脫者某等當脫之諸未得泥洹者某等當令得泥洹

佛語舍利弗言使天下男子女人皆

舍利弗悔過經　第六張　念

為得阿羅漢辟支佛若有人供養天下阿羅漢辟支佛千歲其福寧多不舍利弗言但供養一阿羅漢辟支佛一日其福無量何况舉天下阿羅漢辟支佛千歲乎佛言其供養天下阿羅漢辟支佛千歲不如持悔過經晝夜各三過讀一日其得福勝供養天下阿羅漢辟支佛百倍千倍万倍億倍

佛說舍利弗悔過經

壬寅歲高麗國大藏都監奉

勅雕造

舍利弗悔過經　第七張　舍

佛說舍利弗悔過經

校勘記

一　底本，麗藏本。

一　八八頁上一行「佛說」，諸本無。第八字「經」，石作「經一卷」。下同卷末經名同。

一　八八頁上二行第五字「國」，石無。「三藏」，資、磧、普、南、徑、清作「沙門」。

一　八八頁上七行「何用」，資、磧、普、南、徑、清作「用何」。

一　八八頁上一二行第一二字「整」，諸本作「正」。

一　八八頁上一三行第三字「礼」，資、磧、普、南、徑、清無。

一　八八頁上一五行第六字「姝」，資、磧、普、南、徑、清作「洙」。

一　八八頁中一五行第六字「喜」，石作「喜某」；資、普作「喜其」。

一　八八頁中一七行第五字「人」，普作「入」。

一　八八頁下七行第一一字「過」，資、磧、普、南、徑、清無。

一　八八頁下一八行第一二字「知」，資、磧、普、南、徑、清作「得知」。

一　八九頁上五行第一三字及下一八行第五字「蜎」，石作「蠉」。

一　八九頁上一七行第一三字「脱」，石作「陀」。

一　八九頁中一行第二至三字「精進」，資、磧、普、南、徑、清作「惟逮」。

一　八九頁中一〇行第五字「得」，資、磧、普、南、徑、清作「德」。

一　八九頁中一二行末字「當」，資、磧、普、南、徑、清無。

一　八九頁中一四行第九字「佛」，石作「諸」；資、磧、普、南、徑、清作「諸佛」。

一　八九頁下一行第一〇字「我」，資、磧、普、南、徑、清作「我使」。

一　八九頁下三行「種種」，資、磧、普、南、徑、清作「種」。

一　八九頁下八行末字「某」，磧、普作

「其」。

一　八九頁下一六行第一三字「德」，石無。

一　八九頁下一九行第四字「少」，資、磧、普、南、徑、清作「少分」。

一　九〇頁上二行第一三字「多」，資、磧、普、南、徑、清作「爲多」。

一　九〇頁上五行「千歲」，諸本無。

一　九〇頁上六行第六字「千」，諸本無。

一　九〇頁上七行「一日」，石無。

一　九〇頁上七行第八字「其」，資、磧、普、南、徑、清作「其供養阿羅漢辟支佛千不如持悔過經晝夜各三過讀一日其」。

佛說法律三昧經

吳月支國居士支謙奉　詔譯

聞如是一時佛遊於摩竭提國與大比丘衆俱及諸菩薩四部弟子天人龍神一切大會佛告衆會有法律三昧菩薩學者當以和順調其情性深入微妙不得輕慢所以者何未深入者不識三學功德厚薄或以放恣失其本意當知是輩有十二事自墮大罪終不可悔何謂十二有人學道不得明師見聞未廣而自貢高欲求名字謗菩薩法以為不要妄造譁說言我師說既已自墮復墮他人如獼猴毒羹之喻但欲害彼不知還自殺是一自燒有人學菩薩法藏得聞深經未曾問師不知義趣自用隨意及以輕慢成就菩薩是二自燒有人已學深經中道更墮弟子學者毀笑大道以為迂遠是三自燒有人學不深入但欲依道全保其命不解道理專行謗訕深經大法是四自燒有人雖學無有至意但欲容身虛飾自可得經好語與非其人令到見者諂意嗶呲以為不然聚蹴為戲造謗長短欲望其譽是為五自燒有人頑闇嫉妬賢能常懷毒心向講法者不惟道德但貪利養是六自燒有始入學從明師得決不念恩德反有人工言我自知既不自解亦不肯復從師問經此无反復罪不輕矣是七自燒若已發菩薩意欲學佛經道隨師不久礼節未闇聲聞師說有權方便未達其趣妄飾虛辭非法解之復以微意瞻師所行自用為是遂失權慧入魔羅網是八自燒學有畔弃何謂畔弃謂從明師得解權慧見深入者不數請問中道懈怠更懷毒心念師所短已墮非法不自覺知違道失智謂之畔弃是九自燒有人以曉微妙權慧而更不敬廢經輕罪為枝掖說於屏處言師無所知我已從學其說皆非自令不當復與從事令無知者信用其言斯已自飲毒復飲他人毒是十自燒有人學道從明師得深經有信菩薩至心行者欲從求學斷絕不與呼為不賢有但聲聞未曾

見經信戒未立此人索經為反與之便以俗語比方解之轉相教誑令真道薄淡自取大罪復誤他人是十一自燒有人雖學无有至信不識真為不畏于罪曲媚豪强不解道者隨毀佛法誹比丘僧此輩既自墮八難復增成人罪是十二自燒犯此罪者不可悔除從三惡道出則有所望如是十二輩難可度脫

佛告阿難吾故說是法律三昧汝為人說當令了諦護其意行莫作小福如毫釐者而犯大罪如須弥也長失三寶却就惡道無窮竟者但坐貪愛須臾之可而致劇痛斯難言也佛說是時莫不感愧學者悉入第六道地衆會皆起同聲讚言佛為吾等及後學者開現大明令得慧眼俱前稽首願以頂受佛言且聽乃往久遠時有菩薩名有道志與十四万人俱從違羅提佛發菩薩意其輩中有一人家高才名賢行時有道志事以為師追隨累劫不失其意堅行精進後成作佛字世頭胞而有道志遂從受決餘

人悉退墮弟子行于今在五道尚未得出阿難問言其時輩人從見佛後頗復得深經不佛言皆得但不力學不問中慧不敬承師輕人法者阿難復問已發大意何以墮落佛言用四事故一者學本不知善權方便輕慢師友无有一心其意數轉二者學不精進无有道力但貪名譽望人敬待三者學所事師不念勤苦當得成就虛飾貢高無有至心四者好學外道習邪見人反持異術比佛深經言道同等時十四万人皆用是意故後世轉退去大道遠獨有道志志大心强追事賢行至其得佛果從受決當說是時天人百一十万皆發菩薩意賢者阿難言如佛所說學當恭敬反以自悠失大道本可不慎哉自今新學欲入法者寧能別善惡不失善師友至竟者耶佛言有但少耳多隨本意不可化者阿難又問凡人相說惡寧自知惡不佛言天下愚人但見人惡不自知惡但自見善不見人善稱已智者皆非智也自處明者其悉甚矣言我知經亦以惑也去知大法而不事師不可信矣

佛智廣大不可測度見聞少少自以為足用自貢高豈智者哉唯有至學深入之士近善師者乃為明智愚者安知世有明智人乃別有賢愚耳夫愚癡者但見人貢高不自知貢高其自見過者可與說善事自見善者不可與語議何則皆自是故能解難者可與論道不者但增其憍慢自可者不可為說忍辱之事會不能受解道意謙虛者可與共講深經之要不者皆縛知微妙深入者可與共說無端緒事不者猶疑言我知菩薩法發言有貪者言我所入淨不自知汙濁適始欲與便言已了能覺魔事不知皆在魔羅網中如蠶作繭還自纏裹欲悉覺知分別內外深淺意者當問久學成就菩薩近善師者乃可了了覺魔事耳佛言學不可不諦行不可不護忘其本意墮非法者皆坐自用隨邪心故諸不可行不當行輕犯大過墮惡道者皆以專愚心不承法令為魔所中致罪不細於是賢者舍利弗白佛言新發意者實宜自護坐小可意而失大者斯

不少矣昔我前世有是意故失大得小雖欲悔之無復及也佛言本心不解皆有是耳舍利弗問佛何謂人本五陰本六入本十二緣起本及九十六種道本所入何謂四諦本弟子本各佛本如來本知之去何曾聞佛言不解本无故墮小道願為新學分別說之佛言善哉所問甚快多所開發欲聞者聽於時會中皆曰受教佛言人本者無從出无所受無作者无有主無色无識不生不滅如是知本失是離本五陰本者無有住處隨所著耶為陰成敗如幻一切无强知如是者計無有陰六入本者猶如空野以所更樂謂之為入其入虛空无積聚處知本淨者計無所入十二緣起本无端緒來無所從去无所至癡不可見所緣無際至於老死如夢非真如不起法忍是知本也九十六種道本所入皆從貪欲六十二見捨內取外何謂捨內取外身為化種虛而非真求有万端貪不能捨欲保安存久而要壞生死不絕四諦本者亦无根莖皆

習盡道皆由觀解見空淨者為知諦本弟子本者初觀世有不解本無猒生死苦攝意觀法断却五陰守空行淨想滅漏盡便得解脫是為羅漢本所入各佛本者學作功德不曉成時聞知有佛欲得尊号无有大悲不曉善權呼身為有持想視佛樂淨守道不覲善友雖積功德如江河沙猶無益於不入權慧不修利及相好半行不具以覺因緣便得成佛是為各佛本所入如來本者從發意來見身皆空諸法清淨曉衆生本恵德所入陰入種持一切本无曉諸功德成時所入如本立如有智不起不滅無往无來不在泥洹不離本無如虛空等不可動移是為如來本所入

舍利弗言佛意實妙非衆羅漢各佛所知我輩初學皆從縛著志微學淺承佛得度心根已滅雖聞大道無復學意譬如野夫聞天子事斃快其耳終不能劾雖人久處三悪道者出學大道可成作佛如我羅漢無復心矣為菩薩者誠快无量已發大意深入

廣博但當精進諦護行耳於是有菩薩名勇聲白佛言大道甚妙非是世間才明所知唯深入者乃達其微恐後三學新發意菩薩及為弟子各佛行者曚冥未寤不別深淺見聞少小自以為明諍訟取勝更以相惑唯佛加哀為決大疑其諸學者皆俱行禪得道各異何用别知弟子各佛菩薩大乘及諸外學五通仙人禪意去何佛言善哉善哉大士欲護一切乃以此問雖俱行禪意趣不同弟子學者聞有四禪要約直心可疾得道不及知餘深妙大法畏苦猒身一心思惟取欲自度不念衆生但守行滅何如為滅所施福德持戒精進欲望泥洹不知佛大慈泥洹所出入言泥洹一到通四禪得三活生死断已度世是為羅漢所入禪各佛學者從發意來不事善友言世間有其行常著何如為著所作功德望欲得佛言禪道如不用餘行亦不知佛禪意所向如來禪者无意無想无見無得不熟曉了鄉中繫意守淨无為不曉權慧法意以成得

禪見空因緣解便得道明過羅漢而不及佛無十種力四无所畏及十八不絶法是為各佛所入禪菩薩禪者從發意來不離明師學廣智深曉了禪本何謂曉了本心法本無道亦无本無著无縛無解无行無出无入無捨无取現大智慧善權之行不斷德本及大悲意修相好嚴佛國具十力四無所畏及十八不絶法一切見一切知无所不覺故号曰佛佛用世間多貪乱意故於樹下閉目而坐為現禪法欲令解者以道縛意亦隨所樂各得其所是為如來本所入禪外諸小學五通禪者學貴無為不解至要避世安已持想守一瞑目縱體内觀歷藏存神道氣養性求昇悪消福盛思致五通壽命久長名曰仙人行極於此不知泥洹其後福盡生死不絶是為外道五通禪定

佛言如弟子各佛雖得泥洹為不知本所以者何其學本謂世有道無故壞五陰而取滅度唯如來為知泥洹本所以者何知俗與道諸法本空如本无住

不起不滅是為泥洹佛意如是故曰如來弟子各佛名為滅盡菩薩當解深妙大法明諦受學雖難明師心當清淨不可放逸於是勇聲叉手白佛言得值佛者為難有也大聖大慈所度無極令蒙佛恩无所復疑其欲學者當受佛教莫為不賢之行使魔得其便如佛所言終無有異天魔官屬莫能壞是清淨行者言已即前稽首佛足是時諸天及人有二百一十万皆願樂立於无所從生法忍賢者阿難白佛言此法律為何等義佛言是為剖决道意釋人根本慧德所入分別弟子各佛菩薩學意所行知諦知不諦大要名曰法律三昧佛言阿難其有信解是經法者皆於十方佛所聞善權巳佛說經訖諸來會者皆歡喜各前為佛作礼而去

佛說法律三昧經

辛丑歲高麗國大藏都監奉
勑雕造

法律三昧經　第十張　念

佛說法律三昧經
校勘記

一　底本，麗藏本。
一　九二頁上一行「佛說」，資、磧、南、無；末字「經」，石作「經一卷」。卷末經名同。
一　九二頁上二行譯者，石作「吴月支(磧、南、經、清作「氏」)優婆塞支謙譯」。
一　九二頁上五行「告衆會」，資、磧、南、經、清作「言」。
一　九二頁上一一行第六字「而」，資、磧、南、經、清作「亦」。
一　九二頁上一五行第九字「藏」，石無。
一　九二頁上一七行第一二字「已」，資、磧、南、經、清無。
一　九二頁中一行第六字「到」，資、磧、南、經、清作「倒」。
一　九二頁中三行第二字「爲」，石無。
一　九二頁中一二行第七字「慧」，石作「智」。第八字「入」，石作「墮」。第一〇字「羅」，資、磧、南、經、清無。
一　九二頁中一三行第三字「畔」，石作「叛」，下同。
一　九二頁中一六行第一三字「自」，經作「目」。
一　九二頁中一七行「廢經輕」，資、經作「發經」；磧、南、清作「發輕」。
一　九二頁中二〇行第一一字「已」，石作「既」。「已自飲毒」，資、磧、南、經、清作「飲自毒」。
一　九二頁中二一行第二字「他」，資、磧、南、經、清無。
一　九二頁中末行第一〇字「有」，石作「者」。「有但」，資、磧、南、經、清作「但有」。
一　九二頁下一一行第一二字「作」，資、磧、南、經、清作「住」。
一　九二頁下一二行首字「福」，石作「善」。第一三字「也」，資、磧、南、經、清作「也忘其本意」。

一九二頁下一四行第五字「可」，資、磧、南、徑、清作「間」。

一九二頁下一五行第八字「學」，資、磧、南、徑、清作「覺」。

一九二頁下一七行第四字「開」，石作「聞」。

一九二頁下一八行第一一字「往」，石作「昔」。

一九二頁下一九行第四字「名」，資作「多」。

一九二頁下二二行第八字「堅」，石、資、磧、南、徑、清作「賢」。

一九二頁下末行第五字「胞」，石作「脆」。

一九三頁上一行第四字「墮」，石作「隨」。

一九三頁上三行首字「頗」，資、磧、南、徑、清無。

一九三頁上四行第九字「人」，石作「入」。

一九三頁上一〇行「好學」，資、磧、南、徑、清作「學好」。

一九三頁上一三行第九字「心」，石作「意」。

一九三頁上一四行第四字「佛」，資、磧、南、徑、清作「道」。第一〇字「說」，資、磧、南、徑、清作「佛說」。

一九三頁上一六行第二字「佛」，資、磧、南、徑、清作「是」。

一九三頁上一九行第五字「少」，石作「小」。末字「者」，石作「導」。

一九三頁上二〇行「自知惡」，資、磧、南、徑、清作「有自知者」。

一九三頁上二三行第八字「悉」，資、磧、南、徑、清作「迷」。第一二字「我」，資、磧、南、徑、清無。

一九三頁上末行第五字「知」，資、磧、南、徑、清無。末字「矣」，資、磧、南、徑、清作「矣若無慧行言知諸經斯非賢也」。

一九三頁中二行第一一字「唯」，資、磧、南、徑、清作「天下可愛唯」。第一二字「有」，資、磧、南作「有安」。

一九三頁中四行「智人」，石作「人者」。

一九三頁中七行第一〇字「故」，資、磧、南、徑、清無。

一九三頁中八行首字「與」，石作「與共」。

一九三頁中一〇行第八字「深」，石作「衆」。

一九三頁中一一行首字「縛」，石作「緒」。

一九三頁中一二行第七字「我」，資、磧、南、徑、清無。

一九三頁中一三行第一〇字「汙」，資、磧、南、徑、清作「行」。末字「與」，資、磧、南、徑、清作「學」。

一九三頁中一五行第一三字，九四頁下一〇行第四字「覺」，資、磧、南、徑、清作「學」。資、徑次頁下一〇行第四字同。

一九三頁中一七行第七字「乃」，資、磧、南、徑、清無。第一一字「覺」，資、磧、南、徑、清作「學覺」。

一九三頁中一八行第一三字「忘」，

資、磧、南、徑作「妄」。

一　九三頁中二〇行第七字「行」，石、資、磧、南、徑、清作「行也」。

一　九三頁中二一行第九字「令」，磧作「本」。

一　九三頁中二二行第二字「細」，石作「网」。「於是」，資、磧、南、徑、清無。

一　九三頁中末行第一三字「者」，石作「法」。

一　九三頁下二行「復及也」，石作「所復及」。

一　九三頁下三行第一〇字「佛」，資、磧、南、徑、清無。

一　九三頁下四行第一一字「本」，資、磧、南、徑、清無，下同。

一　九三頁下六行首字及次頁上一〇行第一二字「各」，資、磧、南、徑、清作「名」。

一　九三頁下六行第一〇字「何」，磧作「阿」。

一　九三頁下九行第五字「會」，石作「坐」。

一　九三頁下一二行第七字「有」，資、磧、南、徑、清作「所著」。

一　九三頁下一四行「有陰」，資、磧、南、徑、清作「所有」。

一　九三頁下一七行第一〇字「至」，資、磧、南、徑、清作「去」。

一　九三頁下一九行「起法忍」，資、磧、南、徑、清作「真起法」。

一　九三頁下二〇行首字「入」，石作「入者」。

一　九三頁下二一行末字至二二行第六字「求……能」，石作「端求不」。

一　九四頁上一行首字「習」，石作「集」。第五字「由」，石作「從」。

一　九四頁上五行第三字「各」，資、磧、南、徑、清作「若」，下同。

一　九四頁上六行第一四字「曉」，石作「解」。

一　九四頁上七行第六字「持」，資、磧、南、徑、清作「特」。

一　九四頁上八行第三字，中一九行首字「友」，石作「師」。

一　九四頁上九行第八字「利」，資、磧、南、徑、清作「刹土」。

一　九四頁上一〇行第九字「佛」，石作「道」。

一　九四頁上一〇行第一二字「各」，資、磧、南、徑、清作「名」。

一　九四頁上一二行第一一字「入」，資、磧、南、徑、清作「入及生死法」。

一　九四頁上一三行第五字「无」，石作「道」。

一　九四頁上一四行第三字「如」，資、磧、南、徑、清作「而」。

一　九四頁上一六行「爲如來本」，資、磧、南作「故如來因」；徑、清作「如來」。

一　九四頁上一七行第一三字，下三行第六字「各」，石、資作「若」。

一　九四頁上一八行第一〇字「著」，資、磧、南、徑、清作「著而求解脱」。

一　九四頁上一九行末字「復」，資、磧、南、徑、清作「有」。

一 九四頁中一行「於是」，資、徑無。

一 九四頁中二行第四字「白」，磧作「曰」。

一 九四頁中五行第四字「寤」，資、磧、南、徑、清作「開」。第一二字「小」，石作「少」。

一 九四頁中六行第四字「訟」，資、磧、南、徑、清作「經」。

一 九四頁中七行「得道」，石作「道得」。

一 九四頁中八行第六字「知」，徑作「之」。「大乘」，石無。

一 九四頁中一〇行「善哉」，石無。

一 九四頁中一九行末字「所」，石作「爲所」。

一 九四頁中二〇行第八字「言」，資、磧、南、徑、清作「信」。

一 九四頁中二〇行第一一字「如」，石、資、磧、南、徑、清作「妙」。

一 九四頁中二一行第五字「佛」，磧作「修」。

一 九四頁下三行第二字及九行第七字「絶」，資、磧、南、徑、清作「共」。第六字「各」，石作「若」。

一 九四頁下五行「法本」，資、磧、南、徑、清無。

一 九四頁下六行第一四字至七行首字「捨无取」，資、磧、南、徑、清作「合無散」。

一 九四頁下一三行末字「學」，資、磧、南、徑、清作「道」。

一 九四頁下一四行第四字「者」，磧作「老」。

一 九四頁下一六行第三字「道」，石作「導」。

一 九四頁下一七行「久長」，石作「長久」。

一 九五頁上二行第八字「滅」，資、磧、南、徑、清作「滅度」。

一 九五頁上三行第八字「雖」，石作「莫」。

一 九五頁上四行第一〇字「叉」，石作「起叉」。「白佛」，資、磧、南、徑、清無。

一 九五頁上五行第六字「有」，資、磧、南、徑、清作「者」。

一 九五頁上八行第九字「天」，資、磧、南、徑、清作「天人」。「魔官屬」，石作「人魔官」。

一 九五頁上一〇行第四字「諸」，資、磧、南、徑、清無。

一 九五頁上一三行第一一字「入」，石作「八」。

一 九五頁上一四行第一二字「知」，石無。

一 九五頁上一五行首字「大」，石作「入」。第一〇字「言」，石作「告」。

一 九五頁上一七行「來會者皆」，石作「會一切莫不」。

十善業道經　念

大唐于闐三藏實叉難陀奉　制譯

如是我聞一時佛在娑竭羅龍宮與八千大比丘衆三万二千菩薩摩訶薩俱尒時世尊告龍王言一切衆生心想異故造業亦異由是故有諸趣輪轉龍王汝見此會及大海中形色種類各别不耶如是一切靡不由心造善不善身業語業意業所致而心無色不可見取但是虚妄諸法集起畢竟无主無我我所雖各隨業所現不同而實於中无有作者故一切法皆不思議自性如幻智者知已應修善業以是所生蘊處界等皆悉端正見者無猒龍王汝觀佛身從百千億福德所生諸相莊嚴光明顯曜蔽諸大衆設无量億自在梵王悉不復現其有瞻仰如來身者莫不目眩汝又觀此諸大菩薩妙色嚴淨一切皆由修集善業福德而生又諸天龍八部衆等大威勢者亦因善業福德所生今大海中所有衆生形色麁鄙或大或小皆由自心種種想念作身語意諸不善業是故隨業各自受報汝今當應如是修學亦令衆生了達因果修習善業汝當於此正見不動勿復墮在断常見中於諸福田歡喜敬養是故汝等亦得人天尊敬供養龍王當知菩薩有一法能斷一切諸惡道苦何等為一謂於晝夜常念思惟觀察善法令諸善法念念增長不容毫分不善間雜是即能令諸惡永断善法圓滿常得親近諸佛菩薩及餘聖衆言善法者謂人天身聲聞菩提獨覺菩提无上菩提皆依此法以為根本而得成就故名善法此法即是十善業道何等為十謂能永離殺生偷盗邪行妄語兩舌惡口綺語貪欲瞋恚邪見

龍王若離殺生即得成就十離惱法何等為十一於諸衆生普施無畏二常於衆生起大慈心三永断一切瞋恚習氣四身常无病五壽命長遠六恒為非人之所守護七常無惡夢寢覺快樂八滅除怨結衆怨自解九无惡

道怖十命終生天是為十若能迴向阿耨多羅三藐三菩提者後成佛時得佛隨心自在壽命復次龍王若離偷盗即得十種可保信法何等為十一者資財盈積王賊水火及非愛子不能散滅二多人愛念三人不欺負四十方讃美五不憂損害六善名流布七處衆無畏八財命色力安樂辯才具足无缺九常懷施意十命終生天是為十若能迴向阿耨多羅三藐三菩提者後成佛時得證清淨大菩提智復次龍王若離邪行即得四種智所讃法何等為四一諸根調順二永離諠掉三世所稱歎四妻莫能侵是為四若能迴向阿耨多羅三藐三菩提者後成佛時得佛丈夫隱密藏相復次龍王若離妄語即得八種天所讃法何等為八一口常清淨優鉢華香二為諸世間之所信伏三發言成證人天敬愛四常以愛語安慰衆生五得勝意樂三業清淨六言無誤失心常歡喜七發言尊重人天奉行八智慧殊勝無能制伏是為八若能

迴向阿耨多羅三藐三菩提者後成佛時即得如來真實語復次龍王若離兩舌即得五種不可壞法何等為五一得不壞身無能害故二得不壞眷屬无能破故三得不壞信順本業故四得不壞法行所修堅固故五得不壞善知識不誑惑故是為五若能迴向阿耨多羅三藐三菩提者後成佛時得正眷屬諸魔外道不能沮壞復次龍王若離惡口即得成就八種淨業何等為八一言不乖度二言皆利益三言必契理四言詞美妙五言可承領六言則信用七言無可譏八言盡愛樂是為八若能迴向阿耨多羅三藐三菩提者後成佛時具足如來梵音聲相復次龍王若離綺語即得成就三種決定何等為三一定為智人所愛二定能以智如實答問三定於人天威德最勝无有虛妄是為三若能迴向阿耨多羅三藐三菩提者後成佛時即得如來諸所授記皆不唐捐復次龍王若離貪欲即得成就五種自在何等為五一三業自在

諸根具足故二財物自在一切怨賊不能奪故三福德自在隨心所欲物皆備故四王位自在珍奇妙物皆奉獻故五所獲之物過本所求百倍殊勝由於昔時不慳嫉故是為五若能迴向阿耨多羅三藐三菩提者後成佛時三界特尊皆共敬養復次龍王若離瞋恚即得八種喜悅心法何等為八一無損惱心二無瞋恚心三无諍訟心四柔和質直心五得聖者慈心六常作利益安衆生心七身相端嚴衆共尊敬八以和忍故速生梵世是為八若能迴向阿耨多羅三藐三菩提者後成佛時得無㝵心觀者无猒復次龍王若離邪見即得成就十功德法何等為十一得真善意樂真善等侶二深信因果寧殞身命終不作惡三唯歸依佛非餘天等四直心正見永離一切吉凶疑網五常生人天不更惡道六無量福慧轉轉增勝七永離邪道行於聖道八不起身見捨諸惡業九住无㝵見十不墮諸難是為十若能迴向阿耨多羅三藐三

菩提者後成佛時速證一切佛法成就自在神通

尒時世尊復告龍王言若有菩薩依此善業於修道時能離殺害而行施故常富財寶無能侵奪長壽无夭不為一切怨賊損害離不與取而行施故常富財寶無能侵奪最勝无比悉能備集諸佛法藏離非梵行而行施故常富財寶無能侵奪其家貞順母及妻子无有能以欲心視者離虛誑語而行施故常富財寶無能侵奪離衆毀謗攝持正法如其誓願所作必果離離間語而行施故常富財寶无能侵奪眷屬和睦同一志樂恒無乖諍離麁惡語而行施故常富財寶无能侵奪一切衆會歡喜歸依言皆信受無違拒者離无義語而行施故常富財寶无能侵奪言不虛設人皆敬受能善方便斷諸疑惑離貪求心而行施故常富財寶無能侵奪一切所有悉以慧捨信解堅固具大威力離忿怒心而行施故常富財寶无能侵奪速自成就無㝵心智諸根嚴好見

皆敬愛離邪倒心而行施故常富財寶無能侵奪恒生正見敬信之家見佛聞法供養衆僧常不忘失大菩提心是為大士修菩薩道時行十善業以施莊嚴所獲大利如是龍王舉要言之行十善道以戒莊嚴故能生一切佛法義利滿足大願忍辱莊嚴故得佛圓音具衆相好精進莊嚴故能破魔怨入佛法藏定莊嚴故能生念慧慚愧輕安慧莊嚴故能斷一切分別妄見慈莊嚴故於諸衆生不起惱害悲莊嚴故愍諸衆生常不厭捨喜莊嚴故見修善者心無嫌嫉捨莊嚴故於順違境无愛恚心四攝莊嚴故常勤攝化一切衆生念處莊嚴故善能修習四念處觀正勤莊嚴故悉能斷除一切不善法成一切善法神足莊嚴故恒令身心輕安快樂五根莊嚴故深信堅固精勤匪懈常無迷忘寂然調順斷諸煩惱力莊嚴故衆怨盡滅无能壞者覺支莊嚴故常善覺悟一切諸法正道莊嚴故得正智慧常現在前止莊嚴故悉能滌除一切

十善業道經　第七張　念

結使觀莊嚴故能如實知諸法自性方便莊嚴故速得成滿為無為樂龍王當知此十善業乃至能令十力无畏十八不共一切佛法皆得圓滿是故汝等應勤修學龍王譬如一切城邑聚落皆依大地而得安住一切藥草卉木藂林亦皆依地而得生長此十善道亦復如是一切人天依之而立一切聲聞獨覺菩提諸菩薩行一切佛法咸共依此十善大地而得成就佛說此經已娑竭羅龍王及諸大衆一切世間天人阿修羅等皆大歡喜信受奉行

十善業道經

壬寅歲高麗國大藏都監奉
勅雕造

十善業道經　第八張　念

十善業道經
校勘記

一　底本，麗藏本。

一　九九頁上一行經名首字「十」，徑、清作「佛說十」。第五字「經」，石作「經一卷」。卷末經名同。

一　九九頁上二行譯者，石作「大唐于闐國三藏實叉難陀」；資、磧、南、徑、清作「唐于闐三藏法師實叉難陀譯」。

一　九九頁上八行第一三字「由」，徑作「繇」。

一　九九頁上一八行第九字「莫」，資、磧、南、徑、清作「豈」。

一　九九頁上二〇行第二字「集」，資、磧、南、徑、清作「習」。

一　九九頁中三行首字「當」，資、磧、南、徑、清作「常」。

一　九九頁中六行第七字「人」，磧作「八」。

一　九九頁中一四行第二字「而」，資、

磧、南、徑、清作「不」。

一　九九頁中二二行末字「覺」，石作「興」。

一　九九頁下五行第二字「者」，石、資、磧、南、徑、清無。

一　九九頁下六行第九字「念」，南作「令」。

一　一〇〇頁上二行第三字「即」，石無。

一　一〇〇頁上二一行第六字「即」，石、資、磧、南、徑、清無。

一　一〇〇頁中一行第八字「物」，石無。

一　一〇〇頁中二行第二字「能」，資、磧、南、徑、清無。

一　一〇〇頁中一〇行第二字「訟」，磧作「說」。

一　一〇〇頁中一四行第八字「得」，石、資、磧、南、徑、清作「得佛」。

一　一〇〇頁下四行第一三字「行」，石無。

一　一〇〇頁下九行第一二字「直」，石、資、磧、南、徑、清作「貞」。

一　一〇一頁上一五行首字「常」，磧作「當」。

一　一〇一頁上一九行第一一字「常」，石作「曾」。

一　一〇一頁上一九行末字「忘」，磧、南、徑、清作「妄」。

一　一〇一頁中末行第五字「經」，資作「經上」。

大智度初序品中緣起義釋論第一　卷第一　作

龍樹菩薩造

後秦龜茲國三藏法師鳩摩羅什奉　詔譯

智度大道佛從來　智度大海佛窮盡
智度相義佛无导　稽首智度無等佛
有無二見滅无餘　諸法實相佛所說
常住不壞淨煩惱　稽首佛所尊重法
聖衆大海行福田　學无學人以莊嚴
後有愛種永已盡　我所既滅根亦除
已捨世間諸事業　種種功德所住處
一切衆中最為上　稽首真淨大德僧
一心恭敬三寶已　及諸拔世弥勒等
智慧第一舍利弗　无諍空行須菩提
我今如力欲演說　大智彼岸實相義
願諸大德聖智人　一心善順聽我說

問曰佛以何因緣故說摩訶般若波羅蜜經諸佛法不以无事及小因緣而自發言譬如須弥山王不以無事及小因緣而動今有何等大因緣故佛說摩訶般若波羅蜜經荅曰佛於三藏中廣引種種諸喻為聲聞說法不說菩薩道唯中阿鋡本末經中佛

記弥勒菩薩汝當来世當得作佛号字弥勒亦不說種種菩薩行佛今欲為弥勒等廣說諸菩薩行是故說摩訶般若波羅蜜經

復次有菩薩修念佛三昧佛為彼等欲令於此三昧得增益故說般若波羅蜜經如般若波羅蜜初品中說佛現神足放金色光明遍照十方恒河沙等世界示現大身清淨光明種種妙色滿虛空中佛在衆中端正殊妙無能及者譬如須弥山王處於大海諸菩薩見佛神變於念佛三昧倍復增益以是事故說摩訶般若波羅蜜經復次菩薩初生時放大光明普遍十方行至七步四顧觀察作師子吼而說偈言

我生胎分盡　是最末後身　我已得解脫
當復度衆生

作是誓已身漸長大欲捨親屬出家求无上道中夜起觀見諸伎直后妃婇女狀若臭尸即命車匿令被白馬夜半踰城行十二由旬到跋伽婆仙人所住林中以刀剃髮以上妙寶衣貿鹿

布僧伽梨於泥連禪河側六年苦行日食一麻或食一米等而自念言是處非道尒時菩薩捨苦行處到菩提樹下坐金剛處魔王將十八億万衆來壞菩薩菩薩以智慧功德力降魔衆已卽得阿耨多羅三藐三菩提是時三千大千世界主梵天王名式棄及色界諸天等釋提桓因及欲界諸天等并四天王皆詣佛所勸請世尊初轉法輪亦是菩薩念本所願及大慈大悲故受請說法諸法甚深者般若波羅蜜是以是故佛說摩訶般若波羅蜜經復次有人疑佛不得一切智所以者何諸法无量無數云何一人能知一切法佛住般若波羅蜜實相清淨如虛空无量無數法中自發誠言我是一切智人欲斷一切衆生疑以是故說摩訶般若波羅蜜經復次有衆生應得度以佛大功德智慧无量難知難解故為惡師所惑心沒邪法不入正道為是輩人起大慈心以大悲手授之令入佛道是故自現寂妙功德出大神力如般若波羅蜜

初品中說佛入三昧王三昧從三昧起以天眼觀十方世界舉身毛孔皆笑從其足下千輻輪相放六百千万億種種色光明從足指上至肉髻處處各放六百千万億種種色光明普照十方無量无數如恒沙等諸佛世界皆令大明佛欲重宣示一切諸法實相斷一切衆生疑結故說般若波羅蜜經復次有惡邪人懷嫉妬意誹謗言佛智慧不出於人但以幻術惑世斷彼貢高邪慢意故現无量神力无量智慧力於般若波羅蜜中自說我神德无量三界特尊為一切覆護若一發惡念獲罪无量一發淨信受人天樂必得涅槃果復次欲令人信受法故言我是大師有十力四無所畏安立聖主住處心得自在能師子吼轉妙法輪於一切世界最尊最上復次佛世尊欲令衆生歡喜故說是般若波羅蜜經言汝等各應大喜何以故一切衆生入邪見網為異學惡師所惑我於一切惡師邪網中得出十力大師難可值見汝今以遇我隨時

開發三十七品等諸深法藏恣汝採取復次一切衆生為結使病所煩惱自有生死已來无人能治此病者常為外道惡師所誤我今出世為大醫王集諸法藥汝等當服以是故佛說摩訶般若波羅蜜經復次有人念言佛與人同亦有生死實受飢渴寒熱老病苦佛欲斷彼意故說是摩訶般若波羅蜜經示言我身不可思議梵天王等諸天祖父於恒河沙等劫中欲思量我身尋究我聲不能測度況我智慧三昧如偈說

諸法實相中　諸梵天王等　一切天地主
迷惑不能了　此法甚深妙　无能測量者
佛出悉開解　其明如日照

又如佛初轉法輪時應時菩薩從他方來欲量佛身上過虛空无量佛剎至華上佛世界見佛身如故菩薩說言

虛空无有邊　佛功德亦尒　設欲量其身
唐勞不能盡　上過虛空界　无量諸佛土
見釋師子身　如故而不異　佛身如金山
演出大光明　相好自莊嚴　猶如春華敷

如佛身無量光明音響亦復无量戒

定慧等諸佛功德皆悉无量如密迹
經中三密此中應廣說復次佛初生
時墮地行七步口自發言言竟便默
如諸嬰孩不行不語乳餔三歲諸母
養育漸次長大然佛身无數過諸世
間為衆生故現如凡人凡人生時身
分諸根及其意識未成就故身四威
儀坐卧行住言談語默種種人法皆
悉未了日月歲過漸漸習學能具人
法今佛云何生便能語能行後更不
能以此致恠但為此故以方便力故
現行人法如人威儀令諸衆生信於
深法若菩薩生時便能行能語世人
當作是念今見此人世未曾有必是
天龍鬼神其所學法必非我等所及
何以故我等生死肉身為結使業所
牽不得自在如此深法誰能及之以
此自絕不得成賢聖法器為是人故
於嵐毗尼園中生雖即能至菩提樹
下成佛以方便力故而現作孩童幼
小年少成人於諸時中次第而受嬉
戲術藝服御五欲具足人法後漸見老
病死苦生厭患心於夜中半踰城出

家到欝特伽阿羅洛仙人所現作弟
子而不行其法雖以常用神通自念宿
命迦葉佛時持戒行道而今現修苦
行六年求道菩薩雖主三千大千世
界而現破魔軍成无上道隨順世法
故現是衆變令於般若波羅蜜中出
大神通智慧力故諸人當知佛身无
數過諸世間復次有人應可度者或
墮二邊或以无智故但求身樂或有
為道故修著苦行如是人等於第一
義中失涅槃正道佛欲拔此二邊令
入中道故說摩訶般若波羅蜜經復
次分別生身法身供養果報故說摩
訶般若波羅蜜經如舍利品塔品中
說復次欲說阿鞞跋致阿鞞跋致相
故說復次欲說魔幻魔偽魔事故說復次為當
來世人供養般若波羅蜜因緣故又
欲授三乘記別故說是般若波羅蜜
經如佛告阿難我涅槃後此般若波
羅蜜當至南方從南方至西方後五
百歲中當至北方是中多有信法善
男子善女人種種華香瓔珞幢幡伎
樂燈明珎寶財物供養若自書若教

人書若讀誦聽說正憶念修行以法供養是人
以是因緣故受種種世間樂末後世時得三乘
入无餘涅槃如是等觀品品中因緣事故說般
若波羅蜜經復次佛欲說第一義悉檀相故說
是般若波羅蜜經有四種悉檀一者世界悉檀
二者各各為人悉檀三者對治悉檀四者第一
義悉檀四悉檀中總攝一切十二部經八万四千
法藏皆是實无相違背佛法中有以世界悉檀
故實有以各各為人悉檀故實有以對治悉檀
故實有以第一義悉檀故實有世界悉檀者有
法從因緣和合故有无別性譬如車轅軸輻輞
等和合故有无別車人亦如是五衆和合故有人
无別人也若无世界悉檀者佛是實語人云何言
我以清淨天眼見諸衆生隨善惡業死此生彼
隨善惡業受果報善業者生人天中惡業者墮
三惡道復次經言一人出世多人蒙慶福樂饒
益佛世尊也如法句中說神自能救神他人安
能救神自行善智是最能自救如瓶沙王迎經
中佛說凡人不聞法凡人著於我又佛二夜經
中說佛初得道夜至般涅槃夜是二夜中間所
說經教一切皆實不顛倒若實无人者佛云何
言我天眼見衆生是故當知有人者世界悉檀
故非是第一義悉檀問曰第一悉檀是真實實故

名第一餘者不應實荅曰不然是四悉檀各各有實如如法性實際世界悉檀故無第一義悉檀故有人等亦如是世界悉檀故有第一義悉檀故无所以者何人五衆因緣有故有是人等辟如乳色香味觸因緣有故有是乳若乳實无乳因緣亦應无今乳因緣實有故乳亦應有非如一人第二頭第三手无因緣而有假名如是等相名為世界悉檀云何各各為人悉檀者觀人心行而為說法於一事中或聽或不聽如經中所說雜業報故雜生世間得雜受雜觸更有破羣那經中說无人得觸無人得受問曰此二經云何通荅曰有人疑後世不信罪福作不善行墮斷滅見欲斷彼疑捨彼惡行欲拔彼斷見是故說雜生世間得雜觸得雜受是破羣那計有我有神墮計常中破羣那問佛言大德誰受若佛說某甲某甲受便墮計常中其人我見倍復牢固不可移轉以是故不說有受者觸者如是等相是名各各為人悉檀對治悉壇者有法對治則

有實性則无辟如重熱膩酢鹹藥草飲食等於風病中名為藥於餘病非藥若輕冷甘苦澁藥草飲食等於熱病名為藥於餘病非藥若輕辛苦澁熱藥草飲食等於冷病中名為藥於餘病非藥佛法中治心病亦如是不淨觀思惟於貪欲病中名為善對治法於瞋恚病中不名為善非對治法所以者何觀身過失名不淨觀若瞋恚人觀過失者則增益瞋恚火故思惟慈心於瞋恚病中名為善對治法於貪欲病中不名為善非對治法所以者何慈心於衆生中求好事觀功德若貪欲人求好事觀功德者則增益貪欲故因緣觀法於愚癡病中名為善對治法於貪欲瞋恚病中不名為善非對治法所以者何先邪觀故生邪見邪見即是愚癡問曰佛法中說十二因緣甚深如說佛告阿難是因緣法甚深難見難解難覺難觀細心巧慧人乃能解愚癡人於淺近法猶尚難解何况甚深因緣今云何言愚癡人應觀因緣法荅曰愚癡人者

非謂如牛羊等愚癡是人欲求實道邪心觀故生種種邪見如是愚癡人當觀因緣是名為善對治法若行瞋恚婬欲人欲求樂欲惱他於此人中非善非對治法不淨慈心思惟是二人中是善是對治法何以故是二觀能拔瞋恚貪欲毒刺故復次著常顛倒衆生不知諸法相似相續有如是人觀无常是對治悉檀法非第一義何以故一切諸法自性空故如說偈言

无常見有常　是名為顛倒
空中無无常　何處見有常

問曰一切有為法皆无常相應是第一義云何言无常非實所以者何一切有為法生住滅相故一切有為法前生次住後滅故无常荅曰有為法下應有三相何以故三相不實故若諸生住滅是有為相者今生中亦應有三相是生有為相故如是一一處亦應有三相以是故无窮住滅亦如是若諸生住滅各更無有生住滅者不應名有為法何以故有為法相无故以是故諸法无常非第一義悉檀復

次若一切實性无常則無行業報何以故无常名生滅失故辟如腐種子不生果如是則无行業無行業云何有果報今一切賢聖法有果報善智之人所可信受不應言無以是故諸法非无常性如是等無量因緣說不得言諸法无常性一切有為法无常苦无我等亦如是如是等相名為對治悉檀第一義悉檀者一切法性一切論議語言一切是法非法一一可分別破散真實不可破不可壞諸佛辟支佛阿羅漢所行於三悉檀中所求不通者此中皆通問曰云何通答曰所謂通者離一切過失不可變易不可勝何以故除第一義悉檀諸餘論議諸餘悉檀皆可破故如衆義經中所說偈

各各自依見　戲論起諍競　若能知彼非
是為知正見　不肯受他法　是名愚癡人
作是論議者　真是愚癡人　若依自是見
而生諸戲論　若此是淨智　无非淨智者

此三偈中佛說第一義悉檀相所謂世間衆生自依見自依法自依論議

而生諍競戲論即諍競本戲論依諸見生如說偈言

有受法故　有諸論　若无有受　何所論
有受无受諸見等　是人於此悉已除

行者能如實知此者於一切法一切戲論不受不著不見是實不共諍競能知佛法甘露味若不介者則謗法若不受他法不知不取是无智人若介者應一切論議人皆无智何以故各各不相受法所謂有人自謂法第一義淨餘人法妄語不淨辟如世間治法故治法者刑罰種種不淨世間人信受行此法以為真淨若餘出家善聖人中是寂弊不淨外道出家人法五熱中一脚立拔髮等尼揵子輩以為妙慧餘人說此是癡法如是等種種外道出家白衣婆羅門法各各自以為好餘人妄語是佛法中亦有犢子比丘說如四大和合有眼法五陰和合有人法犢子阿毗曇中說五衆不離人人不離五衆不可說五衆是人離五衆是人是人第五法不可說藏中所攝說一切有道人輩言人一切種一切時一切法門中求

不可得辟如兔角龜毛常无復次十八界十二入五衆實有而此中无人更有佛法中方廣道人言一切法不生不滅空无所有辟如兔角龜毛常无如是等一切論議師輩自守其法不受餘法此是實餘者妄語若自受其法自法供養自法修行他法不受不供養為作過失若以是為清淨得第一義利者則一切無非清淨何以故彼一切自法愛故問曰若諸見皆有過失者第一義悉檀何者是答曰過一切語言道心行處滅遍无所依不示諸法實相无初無中无後不盡不壞是名第一義悉檀如摩訶衍義偈中說

語言盡竟　心行亦訖　不生不滅
法如涅槃　說諸行處　名世界法
說不行處　名第一義

一切實一切非實　及一切實亦非實
一切非實非不實　是皆名諸法實相

如是等處處經中說第一義悉檀是義甚深難見難解佛欲說是義故說摩訶般若波羅蜜經復次欲令長爪梵志等大論議師於佛法中生信故

說是摩訶般若波羅蜜經有梵志号名
長爪更有名先尼婆蹉衢多羅更有
名薩遮迦摩揵提等是等閻浮提大
論議師輩言一切論可破一切語可
壞一切執可轉故无有實法可信可
恭敬者如舍利弗本末經中說舍利
弗舅摩訶俱絺羅與姉舍利論議不
如俱絺羅思惟念言非姉力也必懷
智人寄言母口未生乃尒及生長大
當如之何思惟已生憍慢心為廣論議
故出家作梵志入南天竺國始讀經
書諸人問言汝志何求學習何經長
爪荅言十八種大經盡欲讀之諸人
語言盡汝壽命猶不能知一何況能
盡長爪自念昔作憍慢為姉所勝今
此諸人復見輕辱為是二事故自作
誓言我不剪爪要讀十八種經盡人
見爪長因號為長爪梵志是人以種
種經書智慧力種種譏刺是法是非
法是應是不應是實是不實是有是
无破他論議辟如大力狂象搪揬蹴
蹈無能制者如是長爪梵志以論議
力摧伏諸論師已還至摩伽陁國王

舍城那羅聚落至本生處問人言我
姉生子今在何處有人語汝姉生子
者適生八歲讀一切經書盡至年十
六論議勝一切人有釋種道人姓瞿
曇與作弟子長爪聞之起憍慢生不信
心而作是言我姉子聦明如是彼與
何術誘誑剃頭作弟子說是語已直
向佛所尒時舍利弗初受戒半月佛
邊侍立以扇扇佛長爪梵志見佛問
訊訖一面坐作是念一切論可破一
切語可壞一切執可轉是中何者是
諸法實相何者是第一義何者性何
者相不顛倒如是思惟辟如大海水
中欲盡其涯底求之既久不得一法
實可以入心者彼以何論議道而得
我姉子作是思惟已面語佛言瞿曇
我一切法不受佛問長爪汝一切法
不受是見受不佛所質義汝已飲邪
見毒今出是毒氣言一切法不受是見汝受不
尒時長爪梵志如好馬見鞭影即覺
便著正道長爪梵志亦如是得佛語
鞭影入心即弃捐貢高慚愧低頭如
是思惟佛置我著二處負門中若我

說是見我受是負處門麁故多人知
云何自言一切法不受今受是見此
是現前妄語是麁負處門多人所知
第二負處門細我欲受之以不多人
知故作是念已荅佛言瞿曇一切法
不受是見亦不受佛語梵志汝不受
一切法是見亦不受則無所受與衆
人无異何用自高以生憍慢如是長
爪梵志不能得荅自知墮負處即於
佛一切智中起恭敬生信心自思惟
我墮負處世尊不彰我負不言是非
不以為意佛心柔濡是第一清淨處
一切語論處滅得大甚深法是可恭
敬處心淨第一无過佛者佛說法斷其邪見故
即於坐處得遠塵離垢諸法中得法
眼淨是時舍利弗聞是語得阿羅漢是長爪梵志
出家作沙門得大力阿羅漢若長爪
梵志不聞般若波羅蜜氣分離四句
第一義相應法小信尚不得何況得
出家道果佛欲導引如是等大論議
師利根人故說是般若波羅蜜經復
次諸佛有二種說法一者觀人心隨
可度二者觀諸法相今佛但欲說諸

法相故說是摩訶般若波羅蜜經如
說相不相品中諸天子問佛是般若
波羅蜜甚深云何作相佛告諸天子
空則是相无相無作相無生滅相无
行之相常不生如性相寂滅相等復
次有二種說法一者諍處二者不諍
處諍處如餘經中說今欲明无諍處
故說是般若波羅蜜經有相无相有物
无物有依无依有對无對有上无上世界非世
界如是等二種法門亦如是問曰佛大慈悲
心但應說无諍法何以說諍法荅曰
无諍法皆是无相常寂滅不可說今說布
施等及无常苦空等諸法皆為寂滅无戲
論故說利根者知佛意不起諍鈍根
者不知佛意取相著心故起諍此般若波
羅蜜諸法畢竟空故无諍處若畢竟
空可得可諍者不名畢竟空是故般
若波羅蜜經名无諍處有无二事皆
寂滅故復次餘經中多以三種門說諸法所謂
善門不善門无記門今欲說非善門
非不善門非无記門諸法相故說摩
訶般若波羅蜜經學法无學法非學非
无學法見諦斷法思惟斷法無斷法

可見有對不可見有對不可見无對
上中下法小大無量法如是等三法門亦如是復次
餘經中說四念處隨聲聞法門於是
比丘觀內身三十六物除欲貪病如
是觀外身觀內外身今於四念處欲以
異門說般若波羅蜜如所說菩薩觀
內身於身不生覺觀不得身以無所
得故如是觀外身觀內外身於身不
生覺觀不得身以无所得故於身念
處中觀身而不生覺觀身是事甚難三念
處亦如是四正勤四如意足四禪四
諦等種種四法門亦如是復次餘經
中佛說五衆无常苦空无我相今於
是五衆欲說異法門故說般若波羅
蜜經如佛告須菩提菩薩若觀色是
常行不行般若波羅蜜受想行識是
常行不行般若波羅蜜色无常行不
行般若波羅蜜受想行識無常行不
行般若波羅蜜五受衆五道五法等
種種五法門亦如是餘六七八等乃
至無量法門亦如是如摩訶般若波
羅蜜无量無邊說般若波羅蜜因緣
亦无量無邊是事廣故今略說摩訶

般若波羅蜜因緣起法竟

摩訶般若波羅蜜初品如是我聞一時

釋論第二

經如是我聞一時論問曰諸佛經何以故
初稱如是語荅曰佛法大海中信為
能入智為能度如是義者即是信若人
心中有信清淨是能入佛法若无信
是人不能入佛法不信者言是事不如
是是不信相信者言是事如是譬如
牛皮未柔不可屈折無信人亦如是
譬如牛皮已柔隨用可作有信人亦
如是復次經中說信如手如人有手
入寶山中自在取寶有信人亦如是入佛法
无漏根力覺道禪定寶山中自在所取无信
如无手无手人入寶山中則不能有所取无信
亦如是入佛法寶山都无所得佛自念言若人
有信是人能入我大法海中能得沙門果不空
剃頭染袈裟若无信是人不能入我法海中如
枯樹不生華實不得沙門果雖剃頭
染衣讀種種經能難能荅於佛法中
空无所得以是故如是義在佛法初
善信相故復次佛法深遠更有佛乃
能知人有信者雖未作佛以信力故能
入佛法如梵天王請佛初轉法輪以

偈請佛

閻浮提先出　多諸不淨法　今開甘露門
當說清淨道

佛以偈荅

我法甚難得　能斷諸結使　三有愛著心
是人不能解

梵天王白佛大德世界中智有上中下善濡直心者易可得度是人若不聞法者退墮諸惡難中譬如水中蓮華有生有熟有水中未出若不得日光則不開佛亦如是佛以大慈悲憐愍衆生故為說法佛念過去未來現在三世諸佛法皆度衆生為說法我亦應介如是思惟竟受梵天王等諸天請說法以偈荅曰

我今開甘露味門　若有信者得歡喜
於諸人中說妙法　非惱他故而為說

佛此偈中不說布施人得歡喜亦不說多聞持戒忍辱精進禪定智慧人得歡喜獨說信人佛意如是我第一甚深微妙无量無數不可思議不動不猗不著无所得法非一切智人則不能解是故此法中信力為初信力

能入非布施持戒禪定智慧等能初入佛法如說偈言

世間人心動　愛好福果報　而不好福田
求有不求滅　先聞邪見法　心著而深入
我此甚深法　無信云何解

如提婆達大弟子俱迦梨等无信法故墮惡道中是人无信於佛法自思推以慧求不得何以故佛法甚深故如梵天王教俱迦梨說偈

欲量无量法　智者所不量　無量法欲量
此人自覆沒

復次如是義者若人心善直信是人可聽法若无是相則不解如所說

聽者端視如渴飲　一心入於語議中
踊躍聞法心悲喜　如是之人應為說

復次如是義在佛法初現世利後世利涅槃利諸利根本信為大力復次一切諸外道出家心念我法微妙第一清淨如是人自歎所行法毀他人法是故現世相打鬪諍後世墮地獄受種種无量苦如說偈

自法愛染故　呰毀他人法　雖持戒行人
不脫地獄苦

是佛法中棄捨一切愛一切見一切吾我憍慢悉斷不著如栰喻經言汝曹若解我栰喻法是時善法應棄捨何況不善法佛自於般若波羅蜜不念不猗何況餘法有猗著者以是故佛法初頭稱如是我聞佛意如是我弟子无愛法无染法無朋黨但求離苦解脫不戲論諸法相如說阿他婆耆經摩犍提難中言

決定諸法中　橫生種種想　悉捨內外故
云何當得道

佛荅言

非見聞知覺　亦非持戒得　非不見聞等
非不持戒得　如是論悉捨　亦捨我我所
不取諸法相　如是可得道

摩犍提問曰

若不見聞等　亦非持戒得　非不見聞等
非不持戒得　如我心觀察　持啞法得道

佛荅言

汝依邪見門　我知汝癡道　汝不見妄相
介時自當啞

復次我法真實餘法妄語我法第一餘法不實是為鬪諍本今如是義示

人無諍法聞他所説説人无咎以是
故諸佛經初稱如是義略説如是義竟
我者今當説問曰若佛法中言一切
法空一切無有吾我云何佛經初頭
言如是我聞荅曰佛弟子輩雖知无
我隨俗法説非實我也辟如以金錢
買銅錢人无笑者何以故賣買法應
尒言我者亦如是於无我法中而説
我隨世俗故不應難如天問經中偈説
阿羅漢比丘　諸漏已永盡　於最後邊身
能言吾我不
佛荅言
有羅漢比丘　諸漏已永盡　於最後邊身
能言有吾我
世界法中説我非第一實義中説以
是故諸法空无我世界法故雖説我
無咎復次世界語言有三根本一者
邪見二者慢三者名字是中二種不
淨一種淨一切凡人三種語邪慢名
字見道學人二種語慢名字諸聖人
一種語名字内心不違實法而隨世
界人故共傳是語除世邪見故隨俗
無諍以是故除二種不淨語本隨世

故用一種語佛弟子隨俗説我无有
咎復次若人著无我相言是實餘
妄語是人應難汝一切法實相無我
云何言如是我聞今諸佛弟子一切
法空无所有是中心不著亦不言著
諸法實相何況我法中心著以是故
不應難言何以説我如中論中説
若有所不空　應當有所空　不空尚不得
何況得於空　凡人見不空　亦復見於空
不見見无見　是實名涅槃　非二安隱門
能破諸邪見　諸佛所行處　是名无我法
略説我義竟
聞者今當説問曰聞者云何聞用耳
根聞耶用耳識聞耶用意識聞耶若耳
根聞耳根无覺知故不應聞若耳識
聞耳識一念故不能分別不應聞若
意識聞意識亦不能聞何以故先五
識識五塵然後意識識意識不能識
現在五塵唯識過去未來五塵若意
識能識現在五塵者盲聾人亦應識
聲色何以故意識不破故荅曰非耳
根能聞聲非耳識非意識能聞聲事
從多因緣和合故得

聞聲不得言一法能聞聲何以故耳
根无覺故不應聞聲識无色無對無
處故亦不應聞聲聲无覺亦无根故
不能知聲尒時耳根不破聲在可聞
處意欲聞憶是事情塵憶和合故耳
識生隨耳識即生意識能分別種種
因緣得聞聲以是故不應作是難雖
聞聲佛法中亦无有一法能作能見
能知如説偈
有業亦有果　无作業果者　此第一甚深
是法佛能説　雖空亦不斷　相續亦不常
罪福亦不失　如是法佛説
略説聞竟
一者今當説問曰佛法中數時等法
實无陰入界所不攝故何以言一時
荅曰隨世俗故有一時无有咎若畫
涅木等作天像念天故礼拜無咎説
一時亦如是雖實无時隨俗説時无
咎問曰應无一時佛自説言一人出
世間多人得樂是者何人佛世尊也
亦説偈
我行無師保　志一無等侶　積一行得佛
自然通聖道

如是等佛處處說一應當有一復次一一法和合故物名為一若實无一法何以故一物中一心生非二非三二物中二心生非一非三三物中三心生非二非一若實无諸數一物中應二心生二物中應一心生如是等三四五六皆尒以是故定一物中有一法是法和合故一物中一心生荅曰若一與物一若一與物異二俱有過問曰若一有何過荅曰若一瓶是一義如因提梨釋迦亦是一義若尒者在在有一者應皆是瓶辟如在在有因提梨亦應處處有釋迦衣等諸物皆應是瓶一瓶一故如是處處一皆應是瓶知瓶衣等悉是一物无有分別復次一是數法瓶亦應是數法瓶體有五法一亦應有五法瓶有色有對一亦應有色有對若在在一不名為瓶今不應瓶一一若說一不攝瓶說瓶亦不攝一瓶一不異故又復說一應說瓶欲說瓶應說一如是則錯亂問曰一中過如是異中有何咎荅曰若一與瓶異瓶則非一若瓶與

一異則一非瓶若瓶與一合瓶名一者今一與瓶合何以不名為瓶是故不得言瓶一異問雖一數合故瓶為一然一不作瓶荅曰諸數初一一與瓶異以是故瓶不作一一無故多亦无何以故先一後多故如是異中一不可得以是故二門中求一法不可得不可得故云何陰界入攝但佛弟子隨俗語言名為一心實不著知數法名字有以是故佛法中言一人一師一時不墮邪見咎略說一義竟

時者今當說問曰天竺說時名有二種一名迦羅二名三摩耶佛何以不言迦羅而言三摩耶荅曰若言迦羅俱亦有疑

問曰輕易說故應言迦羅迦羅二字三摩耶三字重語難故荅曰除邪見故說三摩耶不言迦羅有人言一切天地好醜皆以時為因如時經中說

時來衆生熟　時至則催促　時能覺悟人
是故時為因　世界如車輪　時變如轉輪
人亦如車輪　或上而或下

更有人言雖天地好醜一切物非時

所作然時是不變因是實有時法細故不可見不可知以華果等果故可知有時往年今年久近遲疾見此相雖不見時可知有時何以故見果知有因故以是故有時法時法不壞故常荅曰如泥丸是現在時土塵是過去時瓶是未來時時相常故過去時不作未來時如經書法時是一物以是故過去世不作未來世亦不作現在世雜過故過去世中亦無未來世以是故无未來世現在世亦如是

問曰汝受過去土塵時若有過去時必應有未來時以是故實有時法荅曰汝不聞我先說未來世瓶過去世土塵未來世不作過去世墮未來世相中是未來世相時云何名過去時以是故過去時亦無

問曰何以无時必應有時現在有現在相過去有過去相未來有未來相荅曰若今一切三世時有自相應盡是現在世无過去未來時若有未來不名未來應當名現在以是故是語不然問曰過去時未來時非現在相火中

過去時則過去世中行未来世未来中行以是故各各法相有時荅曰若過去復過去則破過去相若過去不過去則无過去相何以故自相捨故未来世亦如是以是故時法无實是云何能生天地好醜及華果等諸物如是等種種除邪見故不說迦羅時說三摩耶見陰界入生滅假名為時无別時所謂方時離合一異長短等名字出凡人心者謂是實有法以是故除捨世界名字語言法

問曰若無時云何聽時食遮非時食是戒荅曰我先已說世界名字法有時非實法汝不應難亦是毗尼中結戒法是世界中實非第一實法相吾我法相實不可得故亦為衆人瞋呵故亦欲護佛師法使久在家弟子礼法故諸三界世尊結諸戒是中不應求有何實有何名字等何者相應何者不相應何者是法如是相何者是法不如是相以是故是事不應難如是我聞一時五語各各義略說竟

問曰非時食時藥時衣皆是柯邏何

以不說三摩耶荅曰此毗尼中說白衣不得聞外道何由得聞而生邪見餘經通皆得聞是故說三摩耶令其不生邪見三摩耶詭名時亦是假稱又佛法中多說三摩耶少說柯邏少故不應難如是我聞一時五語各各義略說竟

大智度論卷第一

摩訶般若波羅蜜經釋論序　傅一

長安釋僧叡述

夫萬有本於生生而生生者無生變化兆於物始而始始者無始然則無生無始物之性也生始不動於性而萬有陳於外悔吝生於內者其唯邪思乎正覺有以見邪思之自起故阿含爲之作知滯有之由惑故般若爲之照然而照本希夷津涯浩汗理超文表趣絕思境以言求之則乖其深以智測之則失其旨二乘所以顛沛於三藏雜學所以曝鱗於龍門者不其然乎是以馬鳴起於正法之餘龍樹生於像法之末正餘易弘故直振其遺風瑩拂而已像末多端故乃寄跡凡夫示悟物以漸又假照龍宫以朗搜玄之慧託聞幽祕以窮微言之妙爾乃憲章智典作茲釋論其開夷路也則令大乘之駕方軌而直入其辯實相也則使妄見之惑不遠而自復其爲論也初辭擬之必標衆異以盡美卒成之終則擧無執以盡善釋所不盡則立論以明之論其未辯則寄折中以定之使靈篇無難喻

之章千載悟作者之旨信若人之功矣有鳩摩羅耆婆法師者少播聰慧之聞長集奇拔之譽才舉則亢標萬里言發則英辯榮枯常杖茲論焉淵鏡憑高致以明宗以秦弘始三年歲次星紀十二月二十日自姑臧至長安秦王虛襟既已蘊在昔見之心豈徒則悅而已晤言相對則淹留終日研微造盡則窮年忘倦又以晤言之功雖深而恨獨符之心不曠造盡之要雖玄而惜津梁之勢未普遂以莫逆之懷相與弘兼忘之慧乃集京師義業沙門命公卿賞契之士五百餘人集於渭濱逍遙園堂鑾輿佇駕於洪涘禁禦息警於林間躬覽玄章考正名於梵本諮通津要坦夷路於來踐經本既定乃出此釋論之略本有十萬偈偈有三十二字并三百二十萬言梵夏既乖又有煩簡之異三分除二得此百卷於大智三十萬言玄章婉旨朗然可見歸途直達無復惑趣之疑以文求之無間然矣故天竺傳云像正之末微馬鳴龍樹道學之門其淪胥溺喪矣其故何耶寔由二未契微邪法用盛虛言與實教並興崄徑與夷路爭轍始進者化之而流離向道者惑之而播越非二匠其孰與正之是以天竺諸國爲之立廟宗之若佛又稱而詠之曰智慧日已頹斯人令再曜世昏寢已久斯人悟令覺若然者真可謂功格十地道侔補處者矣傳而稱之不亦宜乎幸哉此中鄙之外忽得全有此論梵文委曲皆如初品法師以秦人好簡故裁而略之若備譯其文將近千有餘卷法師於秦語大格唯譯一往方言殊好猶隔而未通苟言不相喻則情無由比不比之情則不可以託悟懷於文表不喻之言亦何得委殊塗於一致理固然矣進欲停筆爭是則交競終日卒無所成退欲簡而便之則負傷於穿鑿之譏以二三唯案譯而書都不備飾幸冀明悟之賢略其文而挹其玄也

大智度論卷第一

校勘記

一　底本，金藏廣勝寺本。

一　底本無經序，校本有之，今據清藏本補錄，附於卷末。

一　一〇三頁中一行經名前，資、普、南冠以「摩訶般若波羅蜜經釋論」。

一　一〇三頁中一行經名，石作「大智度經論卷第一」；資、磧、普、南、徑、清作「大智度論卷第一」。

一　一〇三頁中三行譯者，石作「後秦三藏法師鳩摩羅什奉詔譯」；資、磧、普、南、徑、清作「姚秦三藏法師鳩摩羅什譯」。以下各卷同。

一　一〇三頁中三行與四行之間，石有「摩訶般若波羅蜜經序品第一釋論緣起第一」；資有「緣起論第一」；磧、普、南、徑、清有「緣起論」一行。

一　一〇三頁中四行第六字「從」，資、

磧、普、南、徑、清作「善」。

一〇三頁中四行第一〇字「大」，資作「深」。

一〇三頁中四行末字「盡」，資、磧、普、南、徑、清作「底」。

一〇三頁中五行第一三字「等」，磧、普、南、徑、清作「子」。

一〇三頁中九行第一三字「亦」，資、磧、普、南、徑、清作「已」。

一〇三頁中一三行「空行」，石作「行者」。

一〇三頁中末行第九字「鈴」，諸本作「含」。

一〇三頁下八行第一二字「方」，石、資、磧、普、南、徑、清作「方如」。

一〇三頁下一三行「摩訶」，石無。

一〇三頁下一五行「四顧觀察」，石、資、磧、普、南、徑、清作「觀察四方」。

一〇三頁下一九行第一五字至二〇行第二字「求無上道」，資、磧、普、南、徑、清作「修道」；麗作「修無上道」。

一〇三頁下二一行第一〇字「被」，磧、普、南、徑、清作「鞁」。

一〇三頁下末行首字「住」，石作「住處」。

一〇三頁下末行第八字「以」，石、資、磧、普、南、徑、清作「持」。

一〇四頁上五行第一二字「力」，諸本作「力故」。

一〇四頁上一二行第六字「以」，資、磧、普、南、徑、清無。

一〇四頁上一六行第一〇字「數」，資、磧、普、南、徑、清作「數般若波羅蜜」。

一〇四頁上一六行「中自」，資作「自而」。

一〇四頁上一九行第七字「度」，石、資、磧、普、南、徑、清作「度者」。

一〇四頁上二二行「手授」，石作「拔」；資、磧、普、南、徑、清作「手拔」。

一〇四頁中三行「輪相」，石作「相輪」。

一〇四頁中六行第九字「恒」，石、資、磧、普、南、徑、清作「恒河」。

一〇四頁中七行「欲重」，石、麗作「從三昧起欲」；資、磧、普、南、徑、清作「欲」。

一〇四頁中八行「般若」，資、磧、普、南、徑、清作「摩訶般若」。

一〇四頁中一二行第一三字至一三行第五字「自說我神德无量」，資作「說我無量德藏」。

一〇四頁中一三行第一〇字「爲」，資無。

一〇四頁中一四行「罪无量一發」，石作「深重罪發一」；資、磧、普、南、徑、清作「罪無量發一」。

一〇四頁中二〇行「各應」，石、磧、普、南、徑、清、麗作「應生」。

一〇四頁下三行「自有」，石、麗作「無始」。

一〇四頁下五行第一〇字「以」，資、磧、普、南、徑、清無。

一〇四頁下八行第二字「苦」，石、資、磧、普、南、徑、清無。

一〇四頁下一六行第一〇字「時」，資、磧、普、南、徑、清作「持」。

一〇四頁下一八行第四字「佛」，石、資、磧、普、南、徑、清無。

一〇四頁下一八行「菩薩說」，石、資、磧、普、南、徑、清作「而說偈」。

一〇四頁下一九行第一四字「其」，石、資、磧、普、南、徑、清作「佛」。

一〇五頁上一一行「以此致怪但爲此故以方便力故」，石、資、磧、普、南、徑、清作「此事可怪當知但以方便力故」；麗作「以此致怪但爲此故以方便力」。

一〇五頁上一三行第七字「時」，石、資、磧、普、南、徑、清無。

一〇五頁上一三行第一一字「能」，資、磧、普、南、徑、清無。

一〇五頁上二〇行第八字「故」，石無。

一〇五頁上二一行「小年少」，石、資、磧、普、南、徑、清作「稚少年」。

一〇五頁上二二行第一二字「後」，資、磧、普、南、徑、清無。

一〇五頁中二行第八字「以」，磧、普、南、徑、清、麗無。

一〇五頁中四行第九字「生」，諸本作「主」。

一〇五頁中六行末字「出」，石、磧、普、南、徑、清、麗作「現」。

一〇五頁中一四行第一一字「品」，石、磧、普、南、徑、清、麗無。

一〇五頁中一六行「說復次欲說魔幻魔爲魔事故說」，石、資、磧、普、南、徑、清作「復次欲說魔幻魔僞魔事故」；麗作「說又爲魔幻魔事故說」。

一〇五頁中一九行第七字「我」，石、資、磧、普、南、徑、清作「我般」。

一〇五頁中二一行第三字「中」，資、磧、普、南、徑、清無。

一〇五頁中末行第六字「財」，諸本作「以財」。

一〇五頁下二行「世時」，麗無。

一〇五頁下三行第一〇字「品」，諸本作「諸」。

一〇五頁下七行「中揔攝」，石作「揔攝」；麗作「中」。

一〇五頁下八行「有以」，石、磧、普、南、徑、清作「實有以」；資作「有」。

一〇五頁下一〇行「世界悉檀者」，資、磧、普、南、徑、清作「云何名世界悉檀」；麗作「世界者」。

一〇五頁下一一行「軸輻」，磧、普、南、徑、清作「輻軸」。

一〇五頁下一二行第八字「車」，資、磧、普、南、徑、清作「車也」。

一〇五頁下一二行末字「人」，諸本無。

一〇五頁下一三行第四字「也」，麗無。

一〇五頁下一三行「若無世界悉檀者佛是實語人云何言」，石、資、磧、普、南、徑、清作「問曰如佛說」。

一　一〇五頁下一四行第一一字至一五行第四字「修善惡業死此生彼隨善惡業」，石、資、磧、普、南、徑、清作「死此生彼隨善惡業」；麗作「隨善惡業死此生彼」。

一　一〇五頁下二〇行第四字「初」，石、資、磧、普、南、徑、清作「從」。

一　一〇五頁下二〇行第一四字「二」，資、磧、普、南、徑、清作「兩」。

一　一〇五頁下二二行首字至次頁上二行第六字「言我天眼見衆生是故當知有人者世界悉檀故非是第一義悉檀問曰第一悉檀是真實實故名第一餘者不應實答曰不然是四悉檀各各有實」，石、資、磧、普、南、徑、清作「説人等答曰人等世界故有第一義故無」。

一　一〇六頁上三行第一、二字及第八、九字「悉檀」，石、資、磧、普、南、徑、清無。

一　一〇六頁上四行第三字至六行第二字「世界悉檀故有第一義悉檀故无所以者何人五衆因緣有故有是人等」，石、資、磧、普、南、徑、清作「第一義故無世界故有所以者何五衆因緣有故有人」。

一　一〇六頁上七行「是乳」，石、資、磧、普、南、徑、清無。

一　一〇六頁上一〇行首字「爲」，石、磧、普、南、徑、清無。

一　一〇六頁上一〇行第五字「檀」，資、磧、普、南、徑、清作「檀相」。

一　一〇六頁上一〇行第七字「何」，石、資、磧、普、南、徑、清作「何名」。

一　一〇六頁上一〇行末字及末行第九字「者」，石、資、磧、普、南、徑、清無。

一　一〇六頁上一二行「業報」，諸本作「報業」。

一　一〇六頁上一三行「得雜受雜觸」，石、資、磧、普、南、徑、清作「得雜觸得雜受」；麗作「得雜觸雜受」。

一　一〇六頁上一三行第一二字「那」，資、磧、普、南、徑、清作「邪」。

一　一〇六頁上一五行第五字「曰」，諸本作「以」。

一　一〇六頁上一七行第八字「是」，資、磧、普、南、徑、清無。

一　一〇六頁上一八行「得雜觸得雜受」，麗作「雜觸雜受」。

一　一〇六頁上一九行第七字「問」，徑、清作「經問」。

一　一〇六頁上一九行第九字「言」，石無。

一　一〇六頁上二一行「以是故」，資、磧、普、南、徑、清作「是以」。

一　一〇六頁上二二行「是名」，石、資、磧、普、南、徑、清作「名爲」。

一　一〇六頁上末行第四字「檀」，石、資、磧、普、南、徑、清作「檀云何名」。

一　一〇六頁上末行第九字「者」，資、磧、普、南、徑、清無。

一　一〇六頁中一行第九字「熱」，磧、普、南、徑、清作「熱病」。

一　一〇六頁中七行第六字「貪」，石

作「貪媱」。

一〇六頁中九行、一〇行及次頁上一四行「過失」，石作「過罪」。

一〇六頁中一五行第八字「法」，資、磧、普、南、徑、清無。

一〇六頁中一八行「佛法」，石、麗作「如佛法」。

一〇六頁下一行「愚癡」，石無。

一〇六頁下四行第二字「媱」，資、磧、普、南、徑、清作「貪」。

一〇六頁下九行第一〇字「法」，石、麗無。

一〇六頁下一一行第一三字「無」，資作「空」。

一〇六頁下一四行「云何言无常非實」，資、磧、普、南、徑、清無。

一〇六頁下一五行「故一切有爲法」，諸本無。

一〇六頁下一六行「无常」，諸本作「云何言无常非實」。

一〇六頁下一八行首字「諸」，石、磧、普、南、徑、清、麗作「諸法」。

一〇六頁下一九行「是生」，諸本作「生是」。

一〇六頁下一九行第七字「相」，石、資、磧、普、南、徑、清作「法」。

一〇六頁下二〇行「以是故」，諸本作「是則」。

一〇六頁下二一行第九字「有」，石、磧、普、南、徑、清無。

一〇六頁下末行「悉檀」，石、麗無。

一〇七頁上九行「第一義悉檀者」，石、資、磧、普、南、徑、清作「云何名第一義悉檀」。

一〇七頁上一一行「真實不可破不可壞」，諸本無。

一〇七頁上一二行第八字「於」，石、資、磧、普、南、徑、清作「真實法不可破不可散上」；麗作「真實法不可破不可散上於」。

一〇七頁上一二行至一三行「中所求不通者此中皆通」，石作「中所不通此中皆通」；資、磧、普、南、徑、清作「不通此則通」；麗作「中所不通者此中皆通」。

一〇七頁上一七行「所說偈」，石、資、磧、普、南、徑、清作「偈說」。

一〇七頁上一八行第一一字至二〇行第一〇字「若能知彼非是爲知正見不肯受他法是名愚癡人作是論議者真是愚癡人」，石作「若能知彼非是爲知正法不肯受他法是名愚癡人諸有戲論者皆是大愚人」；資、磧、普、南、徑、清作「知此爲知實不知爲謗法不受他法故是則無智人諸有戲論者悉皆是無智」。

一〇七頁上二〇行「是見」，資、磧、普、南、徑、清作「見法」。

一〇七頁上二一行「此是」，資、磧、普、南、徑、清作「是爲」。

一〇七頁上二二行首字「此」，石、資、磧、普、南、徑、清作「於此」。

一〇七頁中二行「說偈言」，石、資、磧、普、南、徑、清作「偈說」。

一〇七頁中五行第一二字「法」，石作「法於」。

一〇七頁中六行第一〇字「實」，石作「實事」。

一〇七頁中八行末字至九行第九字「若尒者應一切論議人皆」，石作「諸自執者皆是」；資、磧、普、南、徑、清作「如是則諸有戲論者皆是」。

一〇七頁中一〇行第六字「法」，諸本作「法故」。

一〇七頁中一一行「義淨餘人法妄語不淨」，石作「真實餘人法虛妄不淨」；資、磧、普、南、徑、清作「實淨餘人法妄語不淨」；麗作「義淨餘人妄語不淨」。

一〇七頁中一二行「故治法者刑罰」，石、資、磧、普、南、徑、清作「刑罰殺戮」；麗作「故治法者刑罰殺戮」。

一〇七頁中一三行「此法」，諸本作「之」。

一〇七頁中一三行第一〇字「若」，諸本作「於」。

一〇七頁中一四行第二字「弊」，石、磧、普、南、徑、清、麗作「爲」。

一〇七頁中一五行第五字「等」，石作「等是」。

一〇七頁中一六行第四字「是」，諸本作「爲」。

一〇七頁中一八行首字「人」，石、磧、普、南、徑、清、麗作「皆」。

一〇七頁中一九行「五陰」，石、磧、普、南、徑、清、麗作「如是五衆」；資作「中如是五衆」。

一〇七頁中二二行「是人第五法不可說」，諸本作「人是第五不可說法」。

一〇七頁中末行第二字「人」，石、磧、普、南、徑、清、麗作「神人」。

一〇七頁下二行「五衆」，石作「五陰」。

一〇七頁下二行「而此中无人」，石、資、磧、普、南、徑、清作「自性而人此中不攝」。

一〇七頁下六行「不受餘法比是」，石作「以爲」。

一〇七頁下七行「自法供養自法修行」，石、磧、普、南、徑、清作「自供養法自修行法」。

一〇七頁下八行第三字「養」，石作「養他法」。

一〇七頁下九行第九字「非」，石作「不」。

一〇七頁下一〇行「自法愛」，石、麗作「皆自愛法」；資、磧、普、南作「自愛法」；徑、清作「自受法」。

一〇七頁下一一行第三字「者」，麗無。

一〇七頁下一一行第一四字「過」，石、磧、普、南、徑、清無。

一〇七頁下一二行第四字「道」，石作「道過」；磧、普、南、徑、清作「道斷」。

一〇七頁下一三行「諸法實相」，石、麗作「諸法諸法實相」；資、磧、普、南、徑、清作「諸法」。

一〇七頁下一九行「皆名諸法」，諸本作「名諸法之」。

一 一〇七頁下二〇行末字「是」，石作「如是第四悉檀」。

一 一〇七頁下二一行第八字「佛」，石作「佛世尊」。

一 一〇七頁下二一行第一二字「義」，石作「第一義悉檀」。

一 一〇七頁下二一行末字「説」，石作「説是」。

一 一〇八頁上一行「摩訶」，石無。

一 一〇八頁上一行第一四字「号」，石無。

一 一〇八頁上三行「是等」，石作「如是等」；資、磧、普、南、徑、清作「是」。

一 一〇八頁上五行第七字「故」，石無。

一 一〇八頁上一〇行第六字「惟」，資、磧、普、南、徑、清作「惟是」。

一 一〇八頁上一七行第一二字「經」，石、麗作「經書」。

一 一〇八頁上二二行首字「蹈」，石、麗作「蹹」；資、磧、普、南、徑、清作「蹋」。

一 一〇八頁中二行第一〇字「語」，諸本作「語言」。

一 一〇八頁中二行第一三字「生」，諸本無。

一 一〇八頁中六行第六字「我」，諸本作「如我」。

一 一〇八頁中六行末字「與」，資、磧、普、南、徑、清、麗作「以」。

一 一〇八頁中一四行首字「中」，石、資、磧、普、南、徑、清無。

一 一〇八頁中一六行第九字「面」，諸本作「而」。

一 一〇八頁中一七行、一八行及一九行「不受」，資、磧、普作「不忍」。

一 一〇八頁中一八行及一九行「受不」，普作「忍不」。

一 一〇八頁中一八行「佛所質義」，資作「佛如是示」。

一 一〇八頁中一九行第一六字「毒」，石、麗無。

一 一〇八頁中末行「著二」，石作「兩」。

一 一〇八頁下一行「多人」，石作「衆人所共」。

一 一〇八頁下二行「不受今受」，資、磧、南、徑、清作「不受今言」；普作「不忍今言」。

一 一〇八頁下二行末字至三行首字「此是」，石作「此」；資、磧、普、南、徑、清作「我受此」。

一 一〇八頁下四行第八字「欲」，磧、普、南、徑、清作「不」。

一 一〇八頁下四行「不多」，石作「少」。

一 一〇八頁下八行「自高以生」，石、麗作「自高而生」；資、磧、普、南、徑、清作「貢高而生」。

一 一〇八頁下一二行第六字「心」，石作「心處」。

一 一〇八頁下一二行第九字「是」，石、麗無。

一 一〇八頁下一二行末字「處」，石、麗無。

一　一〇八頁下一三行第一三字「可」，石作「最可」。

一　一〇八頁下一四行「无過佛者」，資、麗無。

一　一〇八頁下一五行「諸法」，資、磧、普、南、徑、清作「於諸法」。

一　一〇八頁下一六行第三字「是」，資、麗無。

一　一〇八頁下一六行末字「志」，資、磧、普、南、徑、清作「志便」。

一　一〇八頁下二〇行第五字「佛」，資、磧、普、南、徑、清作「如」。

一　一〇八頁下二一行第七字「是」，石無。

一　一〇八頁下末行第二字「度」，麗作「度者」。

一　一〇八頁下末行第一一字「但」，諸本無。

一　一〇九頁上一行第二字「相」，諸本作「實相」。

一　一〇九頁上一行「是摩訶」，石作「是」；資、磧、普、南、徑、清作「摩訶」。

一　一〇九頁上七行第七字「中」，資、磧、普、南、徑、清作「中已」。

一　一〇九頁上七行第一一字「明」，資、磧、普、南、徑、清作「說」。

一　一〇九頁上八行第三字「是」，石作「是摩訶」；資、磧、普、南、徑、清無。

一　一〇九頁上一〇行「如是等二種法門」，麗無。

一　一〇九頁上一二行「今說」，資無。

一　一〇九頁上一三行第一一字「皆」，資無。

一　一〇九頁上一四行第三字「說」，石、資、磧、普、南、徑、清無。

一　一〇九頁上一五行「故起諍」，資、磧、普、南、徑、清作「起諍故名諍」。

一　一〇九頁上一七行第一一字「空」，石、資、磧、普、南、徑、清作「空畢竟空有無二事皆滅故」。

一　一〇九頁上一八行第五字「經」，資、磧、普、南、徑、清無。

一　一〇九頁上一八行第九字「處」，資作「法」。

一　一〇九頁上一八行第一〇字至一九行第三字「有無二事皆寂滅故」，石、資、磧、普、南、徑、清無。

一　一〇九頁上一九行第一〇字「以」，資作「說」。

一　一〇九頁上一九行「說諸法」，資無。

一　一〇九頁中三行「說四念處隨聲聞法門」，資、磧、普、南、徑、清作「隨聲聞法說四念處」。

一　一〇九頁中五至六行「今於四念處欲以異門」，資、磧、普、南、徑、清作「今欲以異法門說四念處故」。

一　一〇九頁中六行第八字「蜜」，資、磧、普、南、徑、清作「蜜經」。

一　一〇九頁中九行第一三字「身」，資、磧、普、南、徑、清無。

一　一〇九頁中一〇行「覺觀身」，石、麗作「身覺觀」；資、磧、普、南、徑、清作「覺觀」。

- 一〇九頁中一二行首字「諦」，石、資、磧、普、南、徑、清作「諦如是」。
- 一〇九頁中一三行至一四行「今於是五衆欲説異法門」，資、磧、普、南、徑、清作「今欲以異法門説五衆」。
- 一〇九頁中一四行第一〇字「説」，石作「説是摩訶」。
- 一〇九頁中一五行「若觀」，資、磧、普、南、徑、清無。
- 一〇九頁中一九行「五法」，諸本作「如是」。
- 一〇九頁中二〇行第五字「門」，資、磧、普、南、徑、清無。
- 一〇九頁中二一行「無量」，資、磧、普、南、徑、清作「無量門等種種」。
- 一〇九頁下一行「起法」，資、磧、普、南、徑、清無。
- 一〇九頁下一行末字「竟」，至此，石換卷爲卷第二。
- 一〇九頁下二行「摩訶般若波羅蜜初品」，石作「摩訶般若波羅蜜經釋初品中」；資、磧、普、南作「大智度論釋初品中」；徑、清作「釋初品中」。
- 一〇九頁下三行「釋論第二」，磧、普、南、徑、清無。
- 一〇九頁下四行首字「經」，資、無；餘校本作〔經〕。〔經〕代表大般若經，非經文本身，以下各卷同。
- 一〇九頁下四行第八字「論」，資無；餘校本作〔論〕。〔論〕代表釋論，非經文本身，以下各卷同。
- 一〇九頁下五行第一二字「中」，諸本無。
- 一〇九頁下六行至七行「如是義者即是信若人心中」，資作「如是者即是信也若心」；磧、普、南、徑、清作「如是者即是信也若人心中」。
- 一〇九頁下七行第七字「是」，諸本作「是人」。
- 一〇九頁下九行「是不信相」，資、磧、普、南、徑、清無。
- 一〇九頁下一二行第九字「如」，石、資、磧、普、南、徑、清作「爲」。
- 一〇九頁下一三行「取寶」，資、磧、普、南、徑、清作「能取若無取不能有所取」。
- 一〇九頁下一三行第一一字「人」，石、麗無。
- 一〇九頁下一四行第一六字至一六行第九字「无信如无手……都」，資作「若無信空」。
- 一〇九頁下一六行「自念」，石、麗無。
- 一〇九頁下一八行「袈裟」，資、磧、普、南、徑、清作「衣」。
- 一〇九頁下二三行第六字「者」，資、磧、普、南、徑、清無。
- 一一〇頁上一行「請佛」，石作「問佛」；資、磧、普、南、徑、清作「請曰」。
- 一一〇頁上二行第一一字「今」，諸本作「願」。
- 一一〇頁上三行「當説」，石、資、

磧、普、南、徑、清作「説諸」。

一一〇頁上一〇行第一〇字「出」，諸本作「出者」。

一一〇頁上一一行第三字「不」，石、麗作「不能」。

一一〇頁上一五行第五字「以」，石作「尒時世尊説」；麗作「尒時世尊以」。

一一〇頁上二〇行第一二字「我」，資、磧、普、南、徑、清作「法」。

一一〇頁上二一行第二字「深」，石、麗作「深法」。

一一〇頁上末行第六字「此」，諸本作「佛」。

一一〇頁上末行至本頁中一行「信力爲初信力能入」，資作「信力能初入」。

一一〇頁中一行「禪定智慧等」，石作「禪定智慧」；資、磧、普、南、徑、清作「等」。

一一〇頁中二行「説偈言」，石作「偈説」；資、磧、普、南、徑、清作「偈曰」。

一一〇頁中三行「愛好福果報」，資作「猗著福愛果」；磧、普、南、徑、清作「愛著福果報」。

一一〇頁中三行末字「田」，石、磧、普、南、徑、清、麗作「因」。

一一〇頁中七行第一三字至八行第三字「自思惟以慧」，諸本作「自以智慧」。

一一〇頁中八行第五字「不」，諸本作「不能」。

一一〇頁中一〇行「所不」，資、磧、普、南、徑、清作「豈應」。

一一〇頁中一三行末字「説」，石、麗作「説偈」。

一一〇頁中一四行「聽者端視」，資、磧、普、南、徑、清作「專視聽法」。

一一〇頁中一七行第五字「諸」，資作「謂」。

一一〇頁中一九行第一二字「毀」，石、資、磧、普、南、徑、清作「毀呰」。

一一〇頁中二〇行「相打鬪諍」，資、磧、普、南、徑、清作「鬪諍相打」。

一一〇頁中二一行「説偈」，石、資、磧、普、南、徑、清作「偈説」。

一一〇頁下三行首字「曹」，資、磧、普、南、徑、清作「等」。

一一〇頁下六行第四字「頭」，資、磧、普、南、徑、清無。

一一〇頁下六行「我聞」，諸本無。

一一〇頁下九行第七字「中」，諸本作「偈」。

一一〇頁下一〇行末字「故」，資、磧、普、南、徑、清作「滅」。

一一〇頁下一三行及一七行「亦非持戒得」，資、磧、普、南、徑、清作「非持戒所得」。

一一〇頁下一三行及一七行「非不見聞等」，石作「亦非不見等」；資、磧、普、南、徑、清作「亦非不見聞」。

一一〇頁下二〇行「汝不見妄相」，

資作「若不見諸相」；石、磧、普、南、徑、清、麗作「汝不見妄想」。

一一〇頁下二一行「尒時自當啞」，資、磧、普、南、徑、清作「汝尒時自啞」。

一一一頁上二行第九字「義」，諸本無。

一一一頁上四行「一切」，資無。

一一一頁上四行第七字「吾」，資無。

一一一頁上四行末字「頭」，資、磧、普、南、徑、清無。

一一一頁上五行第一一字「革」，資作「等」；磧、普、南、徑、清作「革等」。

一一一頁上六行第六字「非」，諸本作「我非」。

一一一頁上八行首字「尒」，資、磧、普、南、徑、清作「尒故」。

一一一頁上一〇行首字「阿」，石、麗作「有」。

一一一頁上一三行首字「有」，資、磧、普、南、徑、清作「阿」。

一一一頁上一五行第六字及一六行第七字「我」，石作「吾我」。

一一一頁上一五行「實義中說」，資、磧、普、南、徑、清作「義」。

一一一頁上一六行「世界法故雖」，資、磧、普、南、徑、清作「而」。

一一一頁上一七行第二字及中二行首字「咎」，石作「罪」。

一一一頁上一八行第二字「見」，石、資、磧、普、南、徑、清無。

一一一頁上二〇行「諸聖人」，石作「語聖人」；資、磧、普、南、徑、清作「諸漏盡人用」。

一一一頁上二一行第八字「不」，諸本作「雖不」。

一一一頁上二二行第三字「故」，資、磧、普、南、徑、清無。

一一一頁上二二行「除世邪見故隨」，石作「除世界邪見順」；資、磧、普、南、徑、清作「故除世邪見順」；麗作「除世界邪見故隨」。

一一一頁上末行第三字至中二行首字「以是故除二種不淨語本隨世故用一種語佛弟子隨俗說我无有咎」，資、磧、普、南、徑、清無。

一一一頁上末行末字「世」，石作「俗」。

一一一頁中一行「隨俗」，石作「順俗故」。

一一一頁中二行第八字及三行末字「我」，石、麗作「吾我」。

一一一頁中四行「一切」，磧、普、南、徑、清作「於一切」。

一一一頁中四行第一三字至五行末字「一切法空无所有是中心不著亦不言著」，資作「於」。

一一一頁中五行第九字「不」，石、磧、普、南、徑、清作「亦不」。

一一一頁中五行第一三字「言」，磧、普、南、徑、清無。

一一一頁中六行「實相」，資作「實相尚不著」。

一一一頁中七行第七字「我」，諸

本作「無我」。

一一一頁中七行末字「説」，諸本作「偈説」。

一一一頁中八行「尚不」，石作「不可」。

一一一頁中一〇行第一一字「非」，資、磧、普、南、徑、清作「不」。

一一一頁中一三行第八、九字「聞者」，資無。

一一一頁中一四行第三字「耶」，資無。

一一一頁中一四行第七字「聞」，磧、普、南、徑、清作「聞耶」。

一一一頁中一六行第六字「故」，資、磧、普、南、徑、清無。

一一一頁中一六行第一一字「不」，資、磧、普、南、徑、清作「亦不」。

一一一頁中二二行第五字及第八字「非」，諸本作「亦非」。

一一一頁中二二行第一一字「能」，資、磧、普、南、徑、清作「是」。

一一一頁中末行第七字「故」，資無。

一一一頁下一行第二字「聲」，資作「聲生」。

一一一頁下四行第一二字「在」，石、麗作「至」。

一一一頁下五行第二字「意」，資無。

一一一頁下五行「憶是事」，石、磧、普、南、徑、清、麗無。

一一一頁下五行第一〇字「憶」，資、麗作「意」。

一一一頁下七行末字「雖」，麗作「誰」。

一一一頁下九行「説偈」，石、資、磧、南、徑、清作「偈説」。

一一一頁下一一行「能説」，石、麗作「能見」；資、磧、普、南、徑、清作「所説」。

一一一頁下一三行第三字「聞」，資、磧、普、南、徑、清作「聞法」。

一一一頁下一四行第一二字「時」，資無。

一一一頁下一五行第五字「界」，麗作「持」。

一一一頁下一六行「无有咎若」，資作「如」。

一一一頁下一八行第九字及第一三字「時」，諸本作「一時」。

一一一頁下一九行第四字「應」，諸本作「不應」。

一一一頁下二一行「亦説偈」，石、資、磧、普、南、徑、清作「亦如偈説」；麗作「亦如説偈」。

一一二頁上二行第二字「一」，諸本無。

一一二頁上七行第一〇字「定」，石、磧、普、南、徑、清、麗作「定知」。

一一二頁上一一行「亦是一義若尒」，石作「若一義」。

一一二頁上一二行第六字「者」，石、資作「處」；磧、普、南、徑、清作「處處」。

一一二頁上一三行第六字「應」，石、資、麗無。

一一二頁上一五行「應是瓶知瓶」，石、資、磧、普、南、徑、清作「是瓶如瓶」；麗作「應是瓶如瓶」。

一一二頁上二〇行第二字「說」，石、磧、普、南、徑、清、麗作「若說」。

一一二頁上二〇行「不攝一」，石、資、磧、普、南、徑、清作「應不攝瓶」。

一一二頁上二一行首字「說」，諸本作「欲說」。

一一二頁上二一行第三字「應」，資作「應瓶」。

一一二頁上末行「瓶則」，資作「若瓶」。

一一二頁中一行「則一」，石、磧、普、南、徑、清、麗作「一則」。

一一二頁中二行第一〇字「名」，石、磧、普、南、徑、清、麗作「名一」；資作「一名」。

一一二頁中二行第一一字「爲」，資無。

一一二頁中三行「一異」，石、磧、普、南、徑、清、麗作「異一」。

一一二頁中三行「問雖一數」，石作「問曰雖一數」；資、磧、普、南、徑、清作「問曰雖瓶與一」。

一一二頁中四行首字「然」，石無。

一一二頁中六行末字「不」，諸本作「亦不」。

一一二頁中七行末三字「不可得」，石無。

一一二頁中八行第八字「界」，麗作「持」。

一一二頁中九行第四字「言」，資、磧、普、南、徑、清無。

一一二頁中一〇行至一一行「一人一師一時」，石、資、磧、普、南、徑、清作「一時一人一師」。

一一二頁中一一行第一一字「義」，諸本無。

一一二頁中一八行第一〇字「有」，石、麗作「後次有」。

一一二頁中一九行末字「說」，諸本作「偈說」。

一一二頁中二〇行第七字「至」，磧、普、南、徑、清作「去」。

一一二頁下二行第一〇字「果」，石、磧、普、南、徑、清作「實」。

一一二頁下三行第一一字「庆」，諸本作「疾」。

一一二頁下八行第五字「如」，麗作「汝」。

一一二頁下九行至一一行「過去世」、「未來世」、「現在世」，石、資、磧、普、南、徑、清作「過去時」、「未來時」、「現在時」，下同。

一一二頁下一〇行第四字「故」，資、磧、普、南、徑、清作「去」。

一一二頁下一五行第一一字「墮」，資、磧、普、南、徑、清無。

一一二頁下一六行「相時」，石、資、磧、普、南、徑、清無。

一一二頁下一八行第四字「以」，資、磧、普、南、徑、清作「以故」。

一一二頁下二〇行第四字「今」，石、麗作「令」；資、磧、普、南、徑、清作「尒」。

一　一一二頁下二二行「當名現在」，資、磧、普、南、徑、清作「名已來」。

一　一一二頁下末行「火中」，石、麗作「中行」；資、磧、普、南、徑、清作「行」。

一　一一三頁上一行第四字「則」，諸本無。

一　一一三頁上一行「世中」，石作「時中」；資、磧、普、南、徑、清作「相」。

一　一一三頁上一行末字「來」，石、麗作「來時」。

一　一一三頁上二行首字「中」，資、磧、普、南、徑、清作「相」。

一　一一三頁上三行第三字「復」，資、磧、普、南、徑、清無。

一　一一三頁上四行「何以故自相捨故」，資、磧、普、南、徑、清無。

一　一一三頁上五行「无實是」，石、麗作「无實」；資、磧、普、南、徑、清作「不實」。

一　一一三頁上一〇行「名字出」，資作「亦如是」。

一　一一三頁上一一行「故除捨」，石、麗作「故除棄」；資、磧、普、南、徑、清作「故故除捨」。

一　一一三頁上一三行首字「是」，石作「爲」。

一　一一三頁上一七行第六字「師」，諸本無。

一　一一三頁上一七行「在家」，諸本作「存定」。

一　一一三頁上一八行「三界」，石、磧、普、南、徑、清作「佛」。

一　一一三頁上二一行至二二行「如是我聞一時五語各各義略說竟」。諸本無。

一　一一三頁上末行第三字「非」，磧、普、南、徑、清、麗作「若非」。

一　一一三頁上末行第一〇字至本頁中一行第六字「皆是柯邏何以不說三摩耶」，資、磧、普、南、徑、清作「何以不言三摩耶而說迦羅」。

一　一一三頁中三行「皆得聞是」，資作「聞」；磧、普、南、徑、清作「皆得聞」。

一　一一三頁中三行「三摩耶」，資、磧、普、南、徑、清作「三摩耶三摩耶者假名」。

一　一一三頁中四行「三摩耶詭名時亦是假稱」，石、麗作「三摩耶詭名時亦是假名稱」；資、磧、普、南、徑、清無。

一　一一三頁中六行第五字「如」，資、磧、普、南、徑、清作「略說如」。

一　一一三頁中六行至七行「五語各各義略說」，資、磧、普、南、徑、清作「五字別義」。

大智度初品總說如是我聞釋論第二 卷第二 作

龍樹菩薩造

後秦龜茲國三藏法師鳩摩羅什奉 詔譯

如是我聞一時今當總說問曰若諸佛一切智人自然無師不隨他教不受他法不用他道不從他聞而說法何以言如是我聞荅曰如汝所言佛一切智人自然無師不應從他聞法而說佛法非但佛口說者是一切世間真實善語微妙好語皆出佛法中如佛毗尼中說何者是佛法佛法有五種人說一者佛自口說二者佛弟子說三者仙人說四者諸天說五者化人說復次如釋提桓因得道經佛告憍尸迦世間真實善語微妙好語皆出我法中如讃佛偈中說

諸世善語　皆出佛法　善說無失
无過佛語　餘處雖有　善無過語
一切皆是　佛法之餘　諸外道中
設有好語　如虫食木　偶得成字
初中下法　自共相破　如鐵出金
誰當信者　如伊蘭中　牛頭栴檀
如苦種中　甘善美果　設能信者
是人則信　外經書中　自出好語
諸好實語　皆從佛出　如栴檀香
出摩梨山　除摩梨山　無出栴檀
如是除佛　無出實語

復次如是我聞是阿難等佛大弟子輩說入佛法相故名為佛法如佛般涅槃時於俱夷那竭國薩羅雙樹間北首卧將入涅槃尒時阿難親屬愛未除未離欲故心沒憂海不能自出尒時長老阿泥盧豆語阿難汝守佛法藏人不應如凡人自沒憂海一切有為法是无常相汝莫愁憂又佛手付汝法汝今愁悶失所受事汝當問佛佛般涅槃後我曹云何行道誰當作師惡口車匿云何共住佛經初作何等語如是種種未來事應問佛阿難聞是事悶心小醒得念道力助於佛末後卧牀邊以此事問佛佛告阿難若今現前若我過去後自依止法依止不餘依止云何比丘自依止法依止不餘依止於是比丘內觀身常當一心智慧勤修精進除世間貪憂

外身內外身觀亦如是受心法念處亦復如是是名比丘自依止法依止不餘依止從今日解脫戒經即是大師如解脫戒經說身業口業應如是行車匿比丘我涅槃後如梵法治若心濡伏者應教刪陁迦旃延經即可得道復次我三阿僧祇劫所集法寶藏是藏初應作是說如是我聞一時佛在某方某國土某處樹林中何以故過去諸佛經初皆稱是語未來諸佛經初亦稱是語現在諸佛末後般涅槃時亦教稱是語今我般涅槃後經初亦應稱如是我聞一時是故當知是佛所教非佛自言如是我聞佛一切智人自然無師故不應言我聞若佛自說如是我聞有所不知者可有此難阿難問佛佛教是語是弟子所言如是我聞无有咎復次欲令佛法久住世間故長老摩訶迦葉等諸阿羅漢問阿難佛初何處說法說何等法阿難荅如是我聞一時佛在波羅㮈國仙人鹿林中為五比丘說是苦聖諦我本不從他聞法中正憶念

得眼智明覺是經是中應廣說如集法經中廣說佛入涅槃時地六種動諸河反流疾風暴發黑雲四起惡雷掣電雹雨驟墮處處星流師子惡獸哮吼喚呼諸天世人皆大號咷諸天人等皆發是言佛取涅槃一何疾哉世間眼滅當是時間一切草木藥樹華葉一時剖裂諸須弥山王盡皆傾搖海水波揚地大震動山崖崩落諸樹摧折四面煙起甚大可畏陂池江河盡皆嬈濁彗星晝出諸人啼哭諸天憂愁諸天女等郁伊哽咽涕淚交流諸學人等默然不樂諸无學人念有為諸法一切无常如是天人夜叉羅剎犍闥婆甄陁羅摩睺羅伽及諸龍等皆大憂愁諸阿羅漢度老病死海心念言

已渡凡夫恩愛河　老病死券已裂破
見身篋中四大蛇　今入无餘滅涅槃

諸大阿羅漢各各隨意於諸山林流泉谿谷處處捨身而般涅槃更有諸阿羅漢於虛空中飛騰而去譬如鴈王現種種神力令衆人心信清淨然

大智度論卷第二　第四張　八

後般涅槃六欲天乃至遍淨天等見諸阿羅漢皆取滅度各心念言佛日既沒種種禪定解脫智慧弟子光亦滅是諸衆生有種種婬怒癡病是法藥師輩今疾滅度誰當治者无量智慧大海中生弟子蓮華今已乾枯法樹摧折法雲散滅大智象王既逝象子亦隨去法商人過去從誰求法寶如偈說

佛已永寂入涅槃　諸滅結衆亦過去
世界如是空无智　癡冥遂增智燈滅

尒時諸天礼摩訶迦葉足說偈言

耆年欲恚慢已除　其形譬如紫金柱
上下端嚴妙无比　目明清淨如蓮華

如是讚已白大迦葉言大德迦葉仁者知不法船欲破法城欲頹法海欲竭法幢欲倒法燈欲滅說法人欲去行道人漸少惡人力轉盛當以大慈建立佛法

尒時大迦葉心如大海澄靜不動良久而荅汝等善說實如所言世間不久无智盲冥於是大迦葉默然受請尒時諸天礼大迦葉足忽然不現各

大智度論卷第二　第五張　作

自還去是時大迦葉思惟我今云何使是三阿僧祇劫難得佛法而得久住如是思惟竟我知是法可使久住應當結集脩妬路阿毗曇毗尼作三法藏如是佛法可得久住未來世人可得受行所以者何佛世世勤苦慈愍衆生故學得是法為人演說我曹亦應承用佛教宣揚開化是時大迦葉作是語竟住須弥山頂撾銅揵稚說此偈言

佛諸弟子　若念於佛　當報佛恩
莫入涅槃

是揵稚音大迦葉語聲遍至三千大千世界皆悉聞知諸有弟子得神力者皆來集會大迦葉所尒時大迦葉告諸會者佛法欲滅佛從三阿僧祇劫種種勤苦慈愍衆生學得是法佛般涅槃已諸弟子知法持法誦法者皆亦隨佛滅度法今欲滅未來衆生甚可憐愍失智慧眼愚癡盲冥佛大慈悲愍傷衆生我曹應當承用佛教須待結集經藏竟隨意滅度諸來衆會皆受教住尒時大迦葉選得千人

大智度論卷第二　第六張　作

除善阿難盡皆阿羅漢得六神通得
共解脱无礙解脱悉得三明禪定自
在能逆順行諸三昧皆悉无㝵誦讀
三藏知内外經書諸外道家十八種
大經盡亦讀知皆能論議降伏異學
問曰是時有如是等无數阿羅漢何
以故正選取千人不多取耶荅曰頻婆
娑羅王得道八万四千官屬亦各得
道是時王敕宮中常設飯食供養
千人阿闍貰王不斷是法尒時大迦
葉思惟言若我等常乞食者當有外
道强来難問廢闕法事今王舍城常
設飯食供給千人是中可住結集經
藏以是故選取千人不得多取是時
大迦葉與千人俱到王舍城耆闍崛
山中告語阿闍世王給我等食日日
送來今我曹等結集經藏不得他行是
中夏安居三月初十五日說戒時集
和合僧大迦葉入禪定以天眼觀今
是衆中誰有煩惱未盡應逐出者唯
有阿難一人不盡餘九百九十九人
諸漏巳盡清淨无垢大迦葉從禪定
起衆中手牽阿難出言今清淨衆中

大智度論卷第二　第七張　作

結集經藏汝結未盡不應住此是時
阿難慚耻悲泣而自念言我二十五
年隨侍世尊供給左右未曾得如是
苦惱佛實大德慈悲含忍念巳白大
迦葉言我能有力久可得道但諸佛
法阿羅漢者不得供給左右使令以
是故我留殘結不盡斷耳大迦葉言
汝更有罪佛意不欲聽女人出家汝
慇懃勸請佛聽為道以是故佛之正
法五百歲而衰微是汝突吉羅罪阿
難言我憐愍瞿曇弥又三世諸佛法
皆有四部衆我釋迦文佛云何獨无
大迦葉復言佛欲涅槃時近俱夷那
竭城脊痛四疊漚多羅僧敷卧語汝
言我須水汝不供給是汝突吉羅罪
阿難荅言是時五百乘車截流而渡
令水渾濁以是故不取大迦葉復言
正使水濁佛有大神力能令大海濁
水清淨汝何以不與是汝之罪汝去
作突吉羅懺悔大迦葉復言佛問汝
若有人四神足好修可住壽一刧若
减一刧佛四神足好修欲住壽一刧
若减一刧汝默然不荅問汝至三汝

大智度論卷第二　第八張　作

故默然汝若荅佛佛四神足好修應
住一刧若减一刧由汝故令佛世尊
早入涅槃是汝突吉羅罪阿難言魔
蔽我心是故无言我非惡心而不荅
佛大迦葉復言汝與佛疊僧伽梨衣
以足蹈上是汝突吉羅罪阿難言尒
時有大風起无人助我捉衣時風吹
来墮我脚下非不恭敬故蹈佛衣大
迦葉復言佛陰藏相般涅槃後以示
女人是何可耻是汝突吉羅罪阿難
言尒時我思惟若諸女人見佛陰藏
相者便自羞耻女人形欲得男子身
修行佛相種福德根以是故我示女
人不為无耻而故破戒大迦葉言汝
有六種突吉羅罪盡應僧中悔過阿
難言諾隨長老大迦葉及僧所教是
時阿難長跪合手偏袒右肩脱革屣
六種突吉羅罪懺悔大迦葉於僧中
手牽阿難出語阿難言斷汝漏盡然
後来入殘結未盡汝勿来也如是語
竟便自閉門尒時諸阿羅漢議言誰
能結集毗尼法藏者長老阿泥盧豆
言舍利弗是第二佛有好弟子字憍

大智度論卷第二　第九張　作

梵波提秦言牛呞柔軟和雅常處閑居住心寂燕能知毗尼法藏今在天上尸利沙樹園中住遣使請來大迦葉語下坐比丘汝次應僧使下坐比丘言僧有何使大迦葉言僧使汝至天上尸利沙樹園中憍梵波提阿羅漢住處是比丘歡喜踊躍受僧勑命白大迦葉言我到憍梵波提阿羅漢所陳説何事大迦葉言到已語憍梵鉢提大迦葉等漏盡阿羅漢皆會閻浮提僧有大法事汝可疾來是下坐比丘頭面礼僧右繞三帀如金翅鳥飛騰虛空往到憍梵波提所頭面作礼語憍梵波提言軟善大德少欲知足常在禪定大迦葉問訊有語今僧有大法事可疾下來觀衆寶聚是時憍梵波提心覺生疑語是比丘言僧將无鬪諍事喚我來耶无有破僧者不佛日滅度耶是比丘言實如所言大師佛已滅度憍梵波提言佛滅度大疾世間眼滅能逐佛轉法輪將我和上舍利弗今在何所荅曰先入涅槃憍梵波提言大師法將各自別離當可奈何摩訶目

伽連今在何所是比丘言是亦滅度憍梵波提言佛法欲散大人過去衆生可愍問長老阿難今何所作是比丘言長老阿難佛滅度後憂愁啼哭迷悶不能自喻憍梵波提言阿難懊惱由有愛結別離生苦羅睺羅復云何荅言羅睺羅得阿羅漢故无憂無愁但觀諸法无常相憍梵波提言難斷愛已斷无憂愁憍梵波提言我失離欲大師於是尸利沙樹園中住亦何所為我和上大師皆已滅度我今不能復下閻浮提住此般涅槃説是言已入禪定中踊在虛空身放光明又出水火手摩日月現種種神變自心出火燒身身中出水四道流下至大迦葉所水中有聲説此偈言

憍梵鉢提稽首礼　妙衆第一大德僧
聞佛滅度我隨去　如大象去象子隨

尒時下坐比丘持衣鉢還僧是時中間阿難思惟諸法求盡殘漏其夜坐禪經行懃懃求道是阿難智慧多定力少是故不即得道定智等者乃可速得後夜欲過疲極偃息却臥就枕

頭未至枕廓然得悟如電光出闇者見道阿難如是入金剛定破一切諸煩惱山得三明六神通共解脫作大力阿羅漢即夜到僧堂門敲門而喚大迦葉問言敲門者誰荅言我是阿難大迦葉言汝何以來阿難言我今夜得盡諸漏大迦葉言不與汝開門汝從門鑰孔中來阿難荅言可尒即以神力從門鑰孔中入礼拜僧足懺悔大迦葉莫復見責大迦葉手摩阿難頭言我故為汝使汝得道汝無嫌根我亦如是以汝自證譬如手畫虛空无所染著阿羅漢心亦如是一切法中得無所著復汝本坐是時僧復議言憍梵波提已取滅度更有誰能結集法藏長老阿泥盧豆言是長老阿難於佛弟子常侍近佛聞經能持佛常歎譽是阿難能結集經藏是時長老大迦葉摩阿難頭言佛囑累汝令持法藏汝應報佛恩佛在何處最初説法佛諸大弟子能守護法藏者皆以滅度唯汝一人在汝今應隨佛心憐愍衆生故集佛法藏是時阿難

札僧已坐師子牀時大迦葉說此
偈言
佛聖師子王　阿難是佛子　師子座處坐
觀衆无有佛　如是大德衆　無佛失威神
如空無月時　有宿而不嚴　汝大智人說
汝佛子當演　何處佛初說　今汝當布現
是時長老阿難一心合手向佛涅槃
方如是說言
佛初說法時　尒時我不見　如是展轉聞
佛在波羅柰　佛為五比丘　初開甘露門
說四真諦法　苦集滅道諦　阿若憍陳如
最初得見道　八万諸天衆　皆亦入道迹
是千阿羅漢聞是語已上昇虛空高
七多羅樹皆言咄无常力大如我等
眼見佛說法今乃言我聞便說偈言
我見佛身相　猶如紫金山　妙相衆德滅
唯有名獨存　是故當方便　求出於三界
勤集諸善根　涅槃寂為樂
尒時長老阿泥盧豆說偈言
咄世間无常　如水月芭蕉　功德滿三界
无常風所壞
尒時大迦葉復說此偈
无常力甚大　愚智貧富貴　得道及未得

大智度論卷第二　第十三張　化

一切无能免　非巧言妙寶　非欺誑力諍
如火燒万物　無常相法尒
大迦葉語阿難從轉法輪經至大般
涅槃集作四阿含增一阿含中阿含
長阿含相應阿含是名脩妬路法藏
諸阿羅漢更問誰能明了集毗尼法
藏皆言長老憂婆離於五百阿羅漢
中持律第一我等今請即請言起就
師子座處坐說佛在何處初說毗尼
結戒憂婆離受僧教師子座處坐說
如是我聞一時佛在毗舍離尒時須
提那迦蘭陁長者子初作婬欲以是
因緣故結初大罪二百五十戒義作
三部七法八法比丘尼毗尼增一憂
婆利問雜部善部如是等八十部作
毗尼藏諸阿羅漢復更思惟誰能明
了集阿毗曇藏念言長老阿難於五
百阿羅漢中解脩妬路義第一我等
今請即請言起就師子座處坐佛在
何處初說阿毗曇阿難受僧教師子
座處坐說如是我聞一時佛在舍婆
提城尒時佛告諸比丘諸有五怖五
罪五怨不除不滅是因緣故此生中

大智度論卷第二　第十四張　作

身心受無量苦復後世墮惡道中諸
有無此五怖五罪五怨是因緣故於
今生種種身心受樂後世生天上樂
處何等五怖應遠一者煞二者盜三
者邪婬四者妄語五者飲酒如是等
名阿毗曇藏三法藏集竟諸天鬼神
諸龍天女種種供養雨天華香幡蓋
天衣供養法故於是說偈
憐愍世界故　集結三藏法　十力一切智
說智无明燈
問曰八犍度阿毗曇六分阿毗曇等
從何處出答曰佛在世時法无違錯
佛滅度後初集法時亦如佛在後
百年阿輸迦王作般闍于瑟大會諸
大法師論議異故有別部名字從是
以来展轉至姓迦旃延婆羅門道人
智慧利根盡讀三藏內外經書欲
解佛語故作發智經八犍度初品是
世間第一法後諸弟子等為後人不
能盡解八犍度故作鞞婆娑有人言
六分阿毗曇中第三分八品之名分別世
處分（此是樓炭經作六分中第三分）是目揵連作六分中初
分八品四品是婆須蜜菩薩作四品

大智度論卷第二　第十三張　作

是罽賓阿羅漢作餘五分諸論議師所作有人言佛在時舍利弗解佛語故作阿毗曇後犢子道人等讀誦乃至今名為舍利弗阿毗曇摩訶迦旃延佛在時解佛語作蜫勒（蜫勒秦言篋藏）乃至今行於南天竺皆是廣解佛語故如說五戒幾有色幾无色幾可見幾不可見幾有對幾无對幾有漏幾无漏幾有為幾无為幾有報幾无報幾有善幾不善幾有記幾无記如是等是名阿毗曇復次七使欲染使瞋恚使有愛使憍慢使无明使見使疑使是七使幾欲界繫幾色界繫幾无色界繫幾見諦斷幾思惟斷幾見苦斷幾見集斷幾見盡斷幾見道斷幾遍使幾不遍使十智法智比智世智他心智苦智集智滅智道智盡智无生智是十智幾有漏幾无漏幾有為幾无為幾有漏緣幾无漏緣幾有為緣幾无為緣幾欲界緣幾色界緣幾无色界緣幾不繫緣幾无㝵道中修幾解脫道中修四果得時幾得幾失如是等分別一切法亦名阿毗曇為阿毗曇三種一者阿毗曇身及義略

說三十二万言二者六分略說三十六万言三者蜫勒略說三十二万言蜫勒廣比諸事以類相從非阿毗曇略說如是我聞一時揔義竟

大智度初品中婆伽婆釋論第四

經婆伽婆論今當說釋曰云何名婆伽婆婆伽婆者婆伽言德婆言有是名有德復次婆伽名分別婆名巧巧分別諸法揔相別相故名婆伽婆復次婆伽名名聲婆名有是名有名聲无有得名聲如佛者轉輪聖王釋梵護世者无有及佛何況諸餘凡庶所以者何轉輪聖王與結相應佛已離結轉輪聖王没在生老病死泥中佛已得渡轉輪聖王為恩愛奴僕佛已永離轉輪聖王處在世間曠野灾患佛已得離轉輪聖王處在无明闇中佛處第一明中轉輪聖王若極多領四天下佛領无量諸世界轉輪聖王財自在佛心自在轉輪聖王貪求天樂佛乃至有頂樂亦不貪著轉輪聖王從他求樂佛內心自樂以是因緣佛勝轉輪聖王諸餘釋梵護世者亦復如是但於轉輪聖王小勝復次婆伽名破婆

名能是人能破婬怒癡故稱為婆伽婆問曰如阿羅漢辟支佛亦破婬怒癡與佛何異答曰阿羅漢辟支佛雖破三毒氣分不盡譬如香在器中香雖出餘氣故在又如草木薪火燒煙出炭灰不盡火力薄故佛三毒永盡无餘譬如劫盡火燒須弥山一切地都盡无煙無炭如舍利弗瞋恚氣殘難陁婬欲氣殘必陵伽婆磋慢氣殘譬如人被鎖初脫時行猶不便時佛從禪起經行羅睺羅從佛經行佛問羅睺羅何以羸瘦羅睺羅說偈荅佛

若人食油則得力　若食酥者得好色
食麻滓菜无色力　大德世尊自當知

佛問羅睺羅是衆中誰為上座羅睺羅荅和上舍利弗佛言舍利弗食不淨食尒時舍利弗轉聞是語即時吐食自作誓言從今日不復受人請是時波斯匿王長者須達多等來詣舍利弗所語舍利弗佛不以无事而受人請大德舍利弗復不受請我等白衣云何當得大信清淨舍利弗言我大師佛言舍利弗食不淨食今不得受人請於是波斯匿等至佛所白佛

言佛不常受人請舍利弗復不受請我等云何心得大信願佛勑舍利弗還受人請佛言此人心堅不可移轉佛尒時引本生因緣昔有一國王為毒虵所囓王時欲死呼諸良醫令治虵毒時諸醫言還令虵嗽毒氣乃盡是時諸醫各設呪術所囓王虵即来王所諸醫積薪燃火勑虵還嗽汝毒若不尒者當入此火毒虵思惟我既吐毒云何還嗽此事劇死思惟心定即時入火尒時毒虵舍利弗是世世心堅不可動也復次長老必陵伽婆蹉常患眼痛是人乞食常渡恒水到恒水邊彈指言小婢住莫流水即兩斷得過乞食是恒神到佛所白佛佛弟子必陵伽婆蹉常罵我言小婢住莫流水佛告必陵伽婆蹉懺謝恒神必陵伽婆蹉即時合手語恒神言小婢莫瞋今懺謝汝是時大衆笑之云何懺謝而復罵耶佛語恒神汝見必陵伽婆蹉合手懺謝不懺謝无慢而有此言當知非惡此人五百世来常生婆羅門家常自憍貴輕賤餘人本

来所習口言而已心無憍也如是諸阿羅漢雖斷結使猶有殘氣如諸佛世尊若人以刀割一臂若人以栴檀香泥一臂如左右眼心無憎愛是以永无殘氣栴闍婆羅門女木杅謗佛於大衆中言汝使我有娠何以不憂與我衣食為尒无羞誑惑餘人是時五百婆羅門師等皆擧手唱言是是我曹知此事是時佛无異色亦無慙色此事即時彰露地為大動諸天供養散衆名華讃歎佛德佛无喜色復次佛食馬麦亦無憂慼天王獻食百味具足不以為悅一心无二如是等種種飲食衣被卧具讃呵輕敬等種種事中心無異也譬如真金燒鍛打磨都无增損以是故阿羅漢雖斷結得道猶有殘氣不得稱婆伽婆問曰婆伽婆正有此一名更有餘名荅曰佛功德无量名號亦无量此名取其大者以人多識故復有異名名多陁阿伽陁等云何名多陁阿伽陁如法相解如法相說如諸佛安隱道来佛亦如是来更不去後有中是故名多陁

阿伽陁復名阿羅呵云何名阿羅呵阿羅名賊呵名煞是名煞賊如偈說

佛以忍為鎧　精進為剛甲　持戒為大馬
禪定為良弓　智慧為好箭　外破魔王軍
內滅煩惱賊　是名阿羅呵

復次阿名不羅呵名生是名不生佛心種子後世田中不生無明糠脫故復次阿羅呵名應受供養佛諸結使除盡得一切智慧故應受一切天地衆生供養以是故佛名阿羅呵復名三藐三佛陁云何名三藐三佛陁三藐名正三名遍佛名知是名正遍知一切法問曰云何正遍知荅曰

知苦如苦相　知集如集相　知滅如滅相
知道如道相

是名三藐三佛陁復次知一切諸法實不壞相不增不減云何名不壞相心行處滅言語道斷過諸法如涅槃相不動以是故名三藐三佛陁復次一切十方諸世界名號六道所攝衆生名號衆生先世因緣未来世生處一切十方衆生心相諸結使諸善根諸出要如是等一切諸法悉知是名

三藐三佛陁復名鞞侈遮羅那三般
那泰言明行具足云何名明行具足宿
命天眼漏盡名為三明問曰神通明有
何等異荅曰直知過去宿命事是名
通知過去因緣行業是名明直知死
此生彼是名通知行因緣際會不失
是名明直盡結使不知更生不生是
名通若知漏盡更不復生是名明是
三明大阿羅漢大辟支佛所得問曰
若尒者與佛有何等異荅曰彼雖得
三明明不滿足佛悉滿足是為異問
曰云何不滿云何滿荅曰諸阿羅漢
辟支佛宿命智知自身及他人亦不
能遍有阿羅漢知一世或二世三世
十百千万劫乃至八万劫過是以往
不能復知是故不滿天眼明未來世
亦如是佛一念中生住滅時諸結使
分生時如是住時如是滅時如是苦
法忍苦法智中所斷結使悉覺了知
如是結使解脫得尒所有為法解脫
得尒所无為法解脫乃至道比忍見
諦道十五心中諸聲聞辟支佛所不
覺知時少疾故如是知過去衆生因緣

大智度論卷第二　第二十二張　作

漏盡未来現在亦如是是故名佛明
行具足行名身口業唯佛身口業具
足餘皆有失是名明行具足復名脩
伽陁脩泰言好伽陁或言去或言說
是名好去好說好去者於種種諸深
三摩提无量諸大智慧中去如偈說
佛一切智為大車　八正道行入涅槃
是名好去好說者如諸法實相說不
著法愛說觀弟子智慧力是人正使
一切方便神通智力化之亦无如之何
是人可度是疾是遲是人應是處度是
人應說布施或說戒或說涅槃是人
應說五衆十二因緣四諦等諸法能
入道如是等種種知弟子智力而為說
法是名好說復名路迦憊路迦泰言
世憊名知是名知世間問曰云何知
世間荅曰知二種世間一衆生二非衆生及如
實相知世間世間因知世間滅出世間
道復次知世間非如世俗知亦非外
道知知世間无常故苦苦故無我復
次知世間相非有常非无常非有邊非
无邊非去非不去如是相亦不著清
淨常不壞相如虛空是名知世間復
名阿耨多羅泰言無上云何无上涅

大智度論卷第二　第二十三張　作

槃法无上佛自知是涅槃不從他聞
亦將導衆生令至涅槃如諸法中涅
槃无上衆生中佛亦无上復次持戒
禪定智慧教化衆生一切无有與等
者何況能過故言无上復次阿名无
耨多羅名荅一切外道法可荅可破
非實非清淨故佛法不可荅不可破
出一切語言道亦實清淨故以是故
名無荅復名富樓沙曇藐娑羅提富
樓沙泰言丈夫曇藐言可化娑羅提
言調御師是名可化丈夫調御師佛
以大慈大悲大智故有時軟美語有
時苦切語有時雜語以此調御令不
失道如偈說

佛法為車弟子馬　實法寶主佛調御
若馬出道失正轍　如是當治令調伏
若小不調輕法治　好善成立為上道
若不可治便棄捨　以是調御為无上

復次調御師有五種初父母兄姊親里
中官法下師法今世三種法治後世閻
羅王治佛以今世樂後世樂及涅槃
樂利益故名師上四種法治人不久
畢壞不能常實成就佛成人以三種

大智度論卷第二　第二十四張　作

道常隨道不失如大自相不捨乃至滅佛令人得善法亦如是至死不捨以是故佛名可化丈夫調御師問曰女人佛亦化令得道何以獨言丈夫答曰男尊女卑故女從男故男為事業主故復次女人有五导不得作轉輪王釋天王魔天王梵天王佛以是故不說復次若言佛為女人調御師為不尊重若說丈夫一切都攝譬如王来不應獨来必有侍從如是說丈夫二根無根及女盡攝以是故說丈夫用是因緣故佛名可化丈夫調御師復名舍多提婆魔嵬舍喃舍多秦言教師提婆言天魔嵬舍喃言人是名天人教師云何名天人教師佛示導是應作是不應作是善是不善是人隨教行不捨道法得煩惱解脫報是名天人師問曰佛能度龍鬼神等墮餘道中生者何以獨言天人師答曰度餘道中生者少度天人中生者多如白色人雖有黑黶子不名黑人黑少故復次人中結使薄猒心易得天中智慧利以是故二處易得道

餘道中不尒復次言天則攝一切天言人則攝一切地上生者何以故天上則天大地上則人大是故說天則天上盡攝說人則地上盡攝復次人中得受戒律儀見諦道思惟道及諸道果或有人言餘道中不得或有人言多少得天人中易得多得以是故佛為天人師復次人中行樂因多天中樂報多善法是樂因樂是善法報餘道中善因報少以是故佛為天人師復名佛陁秦言知者知何等法知過去未来現在衆生數非衆生數有常无常等一切諸法菩提樹下了了覺知故名為佛陁問曰餘人亦知一切諸法如摩醯首羅天秦言大自在八辟三眼騎白牛如韋紐天秦言遍悶四辟捉貝持輪騎金翅鳥如鳩摩羅天秦言童子是天擎鷄持鈴捉赤幡騎孔雀皆是諸天大將如是等諸天各各言大皆稱一切智有人作弟子學其經書亦受其法言是一切智荅曰此不應一切智何以故瞋恚憍慢心著故如偈說

若彩畫像及泥像　聞經中天及讚天
如是四種諸天等　各各手執諸兵杖
若力不如畏怖他　若心不善恐怖他
此天定必若怖他　若少力故畏怖他
是天一切常怖畏　不能除却諸衰苦
有人奉事恭敬者　現世不免没憂海
有人不敬不供養　現世不妨受富樂
當知虛誑无實事　是故智人不屬天
若世間中諸衆生　業因緣故如循環
福德緣故生天上　雜業因緣故人中
世間行業屬因緣　是故智者不依天

復次是三天愛之則欲令得一切願惡之則欲令七世滅佛不尒菩薩時若怨家賊来欲煞尚自以身肉頭目髓腦而供養之何况得佛不惜身時以是故獨佛應當受佛名号應當歸命佛以佛為師不應事天復次佛有二事一者大功德神通力二者第一淨心諸結使滅諸天雖有福德神力諸結使不滅故心不清淨心不清淨故神力亦少聲聞辟支佛雖結使滅心清淨福德薄故力勢少佛二法滿足故稱勝一切人餘人不勝一切

婆伽婆名有德先巳說復名阿婆磨秦言無等復名阿婆摩婆摩秦言无等等復名路迦那他秦言世尊復名波羅伽秦言度彼岸復名婆檀陀秦言大德復名尸梨伽那秦言厚德如是等无量名號父母名字悉達陀秦言成利得道時知一切諸法故是名為佛應受諸天世人供養如是等得名大德厚德如是種種隨德立名問曰汝愛刹利種淨飯王子字悉達多以是故而大稱讚言一切智一切智人无也荅曰不尒汝惡邪故妬瞋佛作妄語實有一切智人何以故佛一切衆生中身色顏貌端正无比相德明具勝一切人小人見佛身相亦知是一切智人何况大人如放牛辟喻經中說摩伽陁國王頻婆娑羅請佛三月及五百弟子王須新乳酪酥供養佛及比丘僧語諸放牛人來近處住日日送新乳酪酥竟三月王憐愍此放牛人語言汝往見佛還出放牛諸放牛人往詣佛所於道中自共論言我等是

下劣小人何能別知實有一切智人諸婆羅門喜好酥酪故常來往諸放牛人所作親厚放牛人由是聞婆羅門種種經書名字故言四違陁經中治病法鬪戰法星宿法祠天法歌舞論議難問法如是等六十四種世間伎藝淨飯王子廣學多聞若知此事不足為難其從生已來不放牛我等以放牛秘法問之若能解者實是一切智人作是論已前入竹園見佛光明照於林間進前見佛坐樹下狀似金山如酥投火其炎大明有似融金散竹林間上紫金光色視之无猒心大歡喜自相謂言

今此釋師子　一切智有無　見之无不喜
此事亦已足　光明第一照　顏貌甚貴重
身相威德備　與佛名相稱　相相皆分明
威神亦滿足　福德自纓絡　見者无不愛
圓光身處中　觀者無猒足　若有一切智
必有是功德　一切諸彩畫　寶飾莊嚴像
欲比此妙身　不可以為喻　能滿諸觀者
令得第一樂　見之發淨信　必是一切智

如是思惟已禮佛而坐問佛言放牛

人有幾法成就能令牛羣蕃息有幾法不成就令牛羣不增不得安隱佛荅言有十一法放牛人能令牛羣蕃息何等十一知色知相知刮刷知覆瘡知作煙知好道知牛所宜處知好度濟知安隱處知留乳知養牛主若放牛人知此十一法能令牛羣蕃息比丘亦如是知十一法能增長善法云何知色知黑白雜色比丘亦如是知一切色皆是四大四大造云何知相知牛吉不吉相與他羣合因相則識比丘亦如是見善業相知是智人見惡業相知是愚人云何刮刷為諸虫飲血則增長諸瘡刮刷則除害比丘亦如是惡邪覺觀虫飲善根血增長心瘡除則安隱云何覆瘡若衣若草葉以防蚊虻惡刺比丘亦如是念正觀法覆六情瘡不令煩惱貪欲瞋恚惡虫刺棘所傷云何知作煙除諸蚊虻牛遥見煙則來趣向屋舍比丘亦如是如所聞而說除諸結使蚊虻以說法煙引衆生入於無我實相空舍中云何知道知牛所行

来去好惡道比丘亦如是知八聖道能至涅槃離斷常惡道云何知牛所宜處能令牛番息少病比丘亦如是說佛法時得清淨法喜諸善根增盛云何知濟知易入易度無波浪惡虫處比丘亦如是能至多聞比丘所問法說法者知前人心利鈍煩惱輕重令入好濟安隱得度云何知安隱處知所住處無虎狼師子惡虫毒獸比丘亦如是知四念處安隱無煩惱惡魔毒獸比丘入此則安隱无患云何留乳犢母愛念犢子故與乳以留殘乳故犢母歡喜則犢子不竭牛主及放牛人日日有益比丘亦如是居士白衣給施衣食當知節量不令罄竭則檀越歡喜信心不絕受者无乏云何知養牛主諸大特牛能守牛羣故應養護不令羸瘦飲以麻油飾以瓔珞摽以鐵角摩刷讚譽稱等比丘亦如是衆僧中有威德大人護益佛法摧伏外道能令八衆得種諸善根隨其所宜恭敬供養等放牛人聞此語已如是思惟我等所知不過三四事

放牛師輩遠不過五六事今聞此說歎未曾有若知此事餘亦皆尒實是一切智人无復疑也是經此中應廣說以是故知有一切智人問曰世間不應有一切智人何以故無見一切智人者荅曰不尒不見有二種不可以不見故便言无一者事實有以因緣覆故不見辟如人姓族初及雪山斤兩恒河邊沙數有而不可知二者實无无故不見辟如第二頭第三手无因緣覆而不見如是一切智人因緣覆故汝不見非无一切智人何等是覆因緣未得四信心著惡邪汝以是因緣覆故不見一切智人問曰所知處无量故无一切智人諸法无量无邊多人和合尚不能知何況一人以是故無一切智人荅曰如諸法无量智慧亦無量无數無邊如函大蓋亦大函小蓋亦小問曰佛自說佛法不說餘經若藥方星宿筭經世典如是等法若是一切智人何以不說以是故知非一切智人荅曰雖知一切法用故說不用故不說有人問故說不問故

不說復次一切法略說有三種一者有為法二者无為法三者不可說法此已攝一切法問曰十四難不荅故知非一切智人何等十四難世界及我常世界及我无常世界及我亦有常亦无常世界及我亦非有常亦非無常世界及我有邊无邊亦有邊亦无邊亦非有邊亦非无邊死後有神去後世无神去後世亦有神去亦无神去死後亦非有神去亦非无神去後世是身是神身異神異若佛一切智人此十四難何以不荅荅曰此事无實故不荅諸法有常无此理諸法斷亦无此理以是故佛不荅辟如人問搆牛角得幾升乳是為非問不應荅復次世界无窮如車輪无初無後復次荅此无利有失墮惡邪中佛知十四難常覆四諦諸法實相如渡處有惡虫水不應將人渡安隱无患處可示人令渡復次有人言是事非一切智人不能解以人不能知故佛不荅復次若人無言有有言无是名非一切智人一切智人有言有無言无佛

有不言无無不言有但說諸法實相去何不名一切智人辟如日不作高下亦不作平地等一而照佛亦如是非令有作无非令無作有常說實智慧光照諸法如一道人問佛言大德十二因緣佛作耶他作耶佛言我不作十二因緣餘人亦不作有佛无佛生因緣老死是法常定住佛能說是生因緣老死乃至无明因緣諸行復次十四難中若荅有過罪若人問石女黃門兒長短好醜何類此不應荅以无兒故復次此十四難是邪見非真實佛常以真實以是故置不荅復次置不荅是為荅有四種荅一決了荅如佛第一涅槃安隱二解義荅三又問荅四置荅此中佛以置荅汝言无一切智人有是言而无義是大妄語實有一切智人何以故得十力故知處非處故知因緣業報故知諸禪定解脫故知衆生根善惡故知種種欲解故知種種世間无量性故知一切至處道故先世行處憶念知故天眼分明得故知一切漏盡故淨不淨分明知故說一

切世界中上法故得甘露味故得中道故知一切法若有為若无為實相故永離三界欲故如是種種因緣故佛為一切智人問曰有一切智人何等人是荅曰是第一大人三界尊名曰佛如讃佛偈說

頂生轉輪王　如日月燈明　釋迦貴種族
淨飯王太子　生時動三千　須弥山海水
為破老病死　哀愍故生世　生時行七步
光明滿十方　四觀發大音　我生胎分盡
成佛說妙法　大音振法鼓　以此覺衆生
世間无明睡　如是等種種　希有事已現
諸天及世人　見之皆歡喜　佛相莊嚴身
大光滿月面　一切諸男女　視之无猒足
生身乳餔力　勝万億香象　神足力无上
智慧力无量　佛身大光明　照曜佛身表
佛在光明中　如月在光裏　種種惡毀佛
佛亦无惡想　種種稱譽佛　佛亦无喜想
大慈視一切　怨親等无異　一切有識類
咸皆知此事　忍辱慈悲力　故能勝一切
為度衆生故　世世受勤苦　其心常一定
為衆作利益　智慧力有十　无畏力有四
不共有十八　无量功德藏　如是等无數

希有功德力　如師子无畏　破諸外道法
轉无上梵輪　度脫諸三界

是名為婆伽婆婆伽婆義无量若廣說則廢餘事以是故略說

大智度論卷第二

辛丑歲高麗國大藏都監奉
勅雕造

大智度論卷第二

校勘記

一　底本，麗藏本。

一　一二八頁上一行經名、石卷名品名併作「摩訶般若波羅蜜經摠説初品中如是我聞一時義第三」；資、磧、普、南、徑、清作「大智度論卷第二」。

一　一二八頁上三行與四行之間，資有「釋初品中如是我聞之二」一行；磧、南、徑有「釋初品中總説如是我聞」一行；清有「釋初品中總説如是我聞一時」一行。

一　一二八頁上四行「一時」，資、磧、普、南、徑、清無。

一　一二八頁上四行第一二字「曰」，石作「曰如是我聞一時是言」。

一　一二八頁上五行及八行「無師」，石作「而出」。

一　一二八頁上五行「他教不受」，石作「他語不隨」。

一　一二八頁上六行第三字「用」，石作「隨」。

一　一二八頁上九行末字「真」，石作「中」。

一　一二八頁上一〇行「善語微妙好語」，石作「好語微妙語」。

一　一二八頁上一〇行第一二字「中」，資無。

一　一二八頁上一一行第一一字「有」，石作「皆有」。

一　一二八頁上一三行「化人」，石作「變化」。

一　一二八頁上一五行「真實善語微妙好語」，石作「實好語微妙語」。

一　一二八頁上一六行第二字「中」，資、磧、普、南、徑、清無。

一　一二八頁上一七行至一八行「善説無失无過佛語」，石作「無過此語世尊獨有」。

一　一二八頁中一行「甘善」，磧、普、南、徑、清作「生甘」。

一　一二八頁中一行末字「者」，諸本作「此」。

一　一二八頁中三行及五行「實語」，資作「語實」。

一　一二八頁中六行第七字「是」，石作「是語」。

一　一二八頁中八行末字「聞」，石作「林中」。

一　一二八頁中九行第四字「將」，石作「一心欲」。

一　一二八頁中一四行第一〇字「受」，資作「愛」。

一　一二八頁中一五行第三字「般」，諸本無。

一　一二八頁中一六行第一三字「初」，石作「初頭」；資、磧、普、南、徑、清作「初首」。

一　一二八頁中一九行第一二字「佛」，資無。

一　一二八頁中二一行及二二行「不餘」，石作「莫」。

一　一二八頁中二二行「內觀」，資、

磧、普、南、徑、清作「觀內」。

一二八頁中二二行末字「常」，石無。

一二八頁中末行首字「當」，資、磧、普、南、徑、清作「念」。

一二八頁中末行第一〇字「除」，石作「以除」。

一二八頁中末行末字「憂」，資、磧、普、南、徑、清作「愛」。

一二八頁下三行「餘依止」，石作「依止餘」。

一二八頁下五行第一二字「梵」，石、磧、普、南、徑、清作「梵天」。

一二八頁下五行末字「治」，石作「應當治」。

一二八頁下六行第四字「伏」，資作「復」。

一二八頁下六行第五字「者」，石無。

一二八頁下六行「刪陁」，石無；磧、普、南、徑、清作「那陁」。

一二八頁下七行「復次」，資、磧、普、南、徑、清無。

一二八頁下七行第六字「我」，石作「是我」。

一二八頁下八行第一四字「時」，石作「切」。

一二八頁下九行第九字「樹」，資、磧、普、南、徑、清無。

一二八頁下九行第一一字「中」，石作「中是我法門中初頭應如是說」。

一二八頁下一〇行「經初」，石作「經法初頭」。

一二八頁下一一行「經初」，石無。

一二八頁下一三行首字「初」，石作「初頭」。

一二八頁下一三行第一一字「是」，石作「以是」。

一二八頁下一八行第六字「无」，資、磧、普、南、徑、清作「我無」。

一二九頁上一行第一二字「說」，石作「說初轉法輪經」。

一二九頁上二行第四字「廣」，資、磧、普、南、徑、清無。

一二九頁上八行首字「葉」，石作「果」。

一二九頁上九行第一〇字「崖」，石作「峯」。

一二九頁上一一行第三字「嬈」，資作「繞」；磧、普、南、徑、清作「擾」。

一二九頁上一八行第四字「夫」，資、磧、普、南、徑、清作「人」。

一二九頁中一行第七字「天」，石作「天梵天王」。

一二九頁中二行第二字「阿」，石無。

一二九頁中三行第一三字「光」，資、磧、普、南、徑、清作「先」。

一二九頁中四行首字「滅」，資、磧、普、南、徑、清作「滅度」。

一二九頁中一一行第一〇字「遂」，磧、普、南、徑、清作「道」。

一二九頁中一六行第四字「法」，諸本作「佛法」。

一二九頁下一行「思惟」，石作「如

是思惟」。

一 一二九頁下二行第一二字「而」，石作「令」。

一 一二九頁下九行第六字「住」，南、徑、清作「往」。

一 一二九頁下九行末字「稚」，資、磧、南、徑、清作「椎」。

一 一二九頁下一九行第三字「隨」，石作「逐」。

一 一三〇頁上一行第二字「善」，磧、普、南、徑、清作「去」。

一 一三〇頁上七行「故正」，資、磧、普、南、徑、清作「止」。

一 一三〇頁上一一行第八字「常」，南作「當」。

一 一三〇頁上一四行「多取」，石作「取多」。

一 一三〇頁上一七行第五字「曹」，資、磧、普、南、徑、清無。

一 一三〇頁上二一行「阿難一人不」，石作「一人阿難煩惱未」。

一 一三〇頁中八行末字「汝」，徑、清作「以汝」。

一 一三〇頁中一〇行「是汝突吉羅罪」，石作「汝應突吉羅罪懺悔」，下同。

一 一三〇頁中一四行第三字「脊」，石、磧、普、南、徑、清作「背」。

一 一三〇頁中一九行「何以」，資、磧、普、南、徑、清作「何以故」。

一 一三〇頁中二二行第四字「佛」，石作「多陀阿伽度」。

一 一三〇頁下六行第四字「上」，石作「上汝之罪」。

一 一三一頁上一三行首字「往」，石無。

一 一三一頁上一七行「覺生」，資、磧、普、南、徑、清無。

一 一三一頁上一八行第二字「來」，資、磧、普、南、徑、清無。

一 一三一頁中二行至三行「大人過去衆生可愍問」，石作「衆生可憐大人過去問言」。

一 一三一頁中五行「迷悶不能自喻」，石作「悉忘諸方悲哀懊惱不能發言」。

一 一三一頁中九行第二字「愛」，石作「處」。

一 一三一頁中九行第五字「无」，石作「是故羅睺羅不」；資、磧、普、南、徑、清作「是以無」。

一 一三一頁中一七行「稽首」，石作「頭面」。

一 一三一頁下一六行第三字「法」，諸本作「經」。

一 一三二頁上一行第七字「牀」，資、磧、普、南、徑、清作「座」。

一 一三二頁上五行第二字「空」，石、磧、普、南、徑、清作「夜」。

一 一三二頁上五行「有宿而不嚴」，石、磧、普、南、徑、清作「虛空不明淨」。

一 一三二頁上七行第一〇字「手」，資、磧、普、南、徑、清作「掌」。

一 一三二頁上八行末字「言」，資、磧、普、南、徑、清無。

一三二頁上一二行「八萬諸天衆皆亦入道跡」，石作「及八萬諸天聞是得見道」。

一三二頁上一四行第七字「咄」，資、磧、普、南、徑、清無。

一三二頁上一八行第五字「根」，石作「法」。

一三二頁上一八行第九字「爲」，石作「妄」。

一三二頁上一九行第九字「說」，諸本作「說此」。

一三二頁中九行第六字「說」，石、磧、普、南、徑、清無。

一三二頁中九行至一〇行「初說毗尼結戒」，石作「最初結戒長老」。

一三二頁中一〇行末字及二一行第四字「說」，石無。

一三二頁中一二行首字「提」，諸本作「鄰」。

一三二頁中一五行第一二字「十」，資作「千」。

一三二頁中一六行「復更」，諸本作「等復」。

一三二頁中二〇行「阿難」，石作「長老阿難」。

一三二頁下一行第七字「復」，石無。

一三二頁下二行末字「於」，資、磧、普、南、徑、清無。

一三二頁下四行第一〇字「煞」，諸本作「殺生」。

一三二頁下六行首字「名」，資、磧、普、南、徑、清作「名爲」。

一三二頁下六行第五字「藏」，資作「作竟廣說五戒幾花色幾無色」。

一三二頁下七行「諸龍」，石作「龍諸」。

一三二頁下七行第一三字「幡」，資、磧、普、南、徑、清作「幢」。

一三二頁下九行「藏法」，石作「法竟」；資、磧、普、南、徑、清作「法藏」。

一三二頁下一三行末字「後」，資、磧、普、南、徑、清作「佛後」。

一三二頁下一八行第三字「語」，資、磧、普、南、徑、清作「法」。

一三二頁下一九行第一〇字「等」，資、磧、普、南、徑、清無。

一三二頁下二〇行首字「能」，石無。

一三二頁下二一行「第三分八品之名」，石、磧、普、南、徑、清無。

一三二頁下二二行夾註「此是……第三分」，資作「此之一」。

一三三頁上一行第一一字「諸」，資、磧、普、南、徑、清作「是諸」。

一三三頁上六行「天竺」，資、磧、普、南、徑、清作「天竺諸論議師」。

一三三頁上七行「五戒」，資、磧、普、南、徑、清作「五戒五戒」。

一三三頁上一〇行首字「有」，諸本無。

一三三頁上一〇行第一二字至一一行第七字「如是等是名阿毗曇復次」，資、磧、普、南、徑、清無。

一三三頁中二行首字「六」，諸本

作「二」。

一一三三頁中三行「蜫勒廣比諸事以類相從非」，石作「名爲」；資、磧、普、南、徑、清作「是爲」。

一一三三頁中四行「一時」，資、磧、普、南、徑、清無。

一一三三頁中四行末字「竟」，至此、石卷第二終，卷第三始。

一一三三頁中五行品名，石作「摩訶般若波羅蜜經釋初品中婆伽婆義第四」；資作「初品中婆伽婆釋論第四」；磧、普、南作「釋初品中婆伽婆第四」；徑、清作「釋初品中婆伽婆」。

一一三三頁中六行首字至七行首字「經婆伽婆論今當說釋曰云何名婆伽婆」，資無。

一一三三頁中六行首字「經」，第五字「論」，磧、普、南、徑、清分別作〔經〕〔論〕。

一一三三頁中六行「今當說」，磧、普、南、徑、清無。

一一三三頁中七行「婆伽婆者婆伽言」，石、磧、普、南、徑、清作「天竺語婆伽秦言」。

一一三三頁中九行第七字「故」，石作「是故」。

一一三三頁中一三行第一二字「結」，石作「結縛」。

一一三三頁中一九行第一四字「乃」，資無。

一一三三頁下一行第四字「人」，石無。

一一三三頁下四行「氣分不」，石作「亦不了了」。

一一三三頁下五行第二字「出」，資、磧、普、南、徑、清作「去」。

一一三三頁下八行第七字「如」，石作「又如」。

一一三三頁下八行「氣殘」，石、磧、普、南、徑、清作「餘習」，下同。

一一三三頁下九行第一一字「磋」，諸本作「蹉」。

一一三三頁下二二行「佛言舍利弗食不淨食」，石作「佛語我言不淨食不應食」。

一一三四頁上六行第一〇字「嗽」，資、磧、普、南、徑、清作「嗽」，下同。

一一三四頁上一〇行「心定」，資、磧、普、南、徑、清作「定心」。

一一三四頁上一二行第一〇字「老」，磧作「者」。

一一三四頁上一六行第八字「常」，磧、普、南、徑、清作「當」。

一一三四頁上一七行第三字「水」，諸本無。

一一三四頁上一七行第五字「告」，南、徑、清作「言」。

一一三四頁中一行第一〇字「憍」，石作「慢」。

一一三四頁中二行第一〇字「殘」，石、磧、普、南、徑、清作「餘」。

一一三四頁中四行第二字「泥」，石作「塗」。

一一三四頁中五行及一七行「殘氣」，石、磧、普、南、徑、清作「習氣」。

一　一三四頁中五行「木杅」，石、資作「帶杅」；磧、普、南、徑、清作「帶盂」。

一　一三四頁中六行第一〇字「娠」，資、磧、普、南、徑、清作「身」。

一　一三四頁中七行第九字「誑」，石作「詐」。

一　一三四頁中一四行第六字「被」，資、磧、普、南、徑、清作「服」。

一　一三四頁中一八行第四字「正」，資、磧、普。南、徑、清作「止」。

一　一三四頁中二〇行「異名」，資、磧、普、南、徑、清無。

一　一三四頁中二一行第四字「等」，資、磧、普、南、徑、清無。

一　一三四頁中二二行末字「亦」，資無。

一　一三四頁中末行第六字「去」，石、磧、普、南、徑、清作「去至」。

一　一三四頁下三行第四字「爲」，石作「辱」。

一　一三四頁下四行第九字「好」，石作「如」。

一　一三四頁下一二行第一一字「名」，資、磧、普、南、徑、清作「言」。

一　一三四頁下末行末字「名」，石作「名正遍知是爲」。

一　一三五頁上二行第六字、第一三字及本頁中三行第一〇字「具」，資、磧、普、南、徑、清無。

一　一三五頁上二行第一〇字「名」，石無。

一　一三五頁上五行第一一字及七行第三字「明」，石作「明復次」。

一　一三五頁上八行首字「名」，石作「名漏盡」。

一　一三五頁上一二行第五字及第八字「滿」，資、磧、普、南、徑、清作「滿足」。

一　一三五頁上一三行「知自身及他人」，石作「雖自知知他」。

一　一三五頁上一六行「能復知是」，石作「復能知以是」。

一　一三五頁上一八行「如是住時」，資無。

一　一三五頁上末行第五字「疾」，石作「速」。

一　一三五頁中一行第一〇字至二行第三字「是故名佛明行具足」，資、磧、普、南、徑、清無。

一　一三五頁中二行第六字「身」，資、磧、普、南、徑、清作「身業」。

一　一三五頁中三行第六字「是」，資、磧、普、南、徑、清作「是故」。

一　一三五頁中九行第一〇字「力」，石作「力故」。

一　一三五頁中一〇行「神通智力化之」，資作「神智力化」。

一　一三五頁中一二行第八字「戒」，石、磧、普、南、徑、清作「持戒」。

一　一三五頁中一三行末字「能」，石、磧、普、南、徑、清作「則能」。

一　一三五頁中一七行「二種世間一衆生二非衆生」，石作「有二種一者衆生二者非衆生」。

一　一三五頁中一八行第九字「知」，

- 資、磧、普、南、徑、清無。
- 一三五頁中一八行第一二字「滅」，石作「盡知」。
- 一三五頁中二一行第五字「相」，石作「相所謂」；資、磧、普、南、徑、清無。
- 一三五頁中末行「云何无上」，石、磧、普、南、徑、清作「問曰云何無上答曰」。
- 一三五頁下五行第五字「過」，石作「過上」。
- 一三五頁下六行第四字「名」，石、磧、普、南、徑、清作「名上」。
- 一三五頁下七行第三字「非」，資、磧、普、南、徑、清無。
- 一三五頁下九行第二字「無」，石、磧、普、南、徑、清作「無上」。
- 一三五頁下一〇行第九字「言」，資、磧、普、南、徑、清作「秦言」。
- 一三五頁下一二行「大悲」，資、磧、普、南、徑、清無。
- 一三五頁下一九行第五字「師」，資無。
- 一三五頁下二〇行第六字「法」，資無。
- 一三五頁下末行首字「畢」，石作「必」。
- 一三六頁上二行第三字「令」，石作「今治」。
- 一三六頁上五行第九字「從」，石作「屬」。
- 一三六頁上五行第一二字至六行第三字「男爲事業主故」，石無。
- 一三六頁上七行第一二字「佛」，資、磧、普、南、徑、清作「佛佛」。
- 一三六頁上一〇行「不應獨來」，石無。
- 一三六頁上二〇行第三字「度」，石作「雖度」。
- 一三六頁上二〇行末字「生」，石無。
- 一三六頁上末行「故二處」，石作「二事故」。
- 一三六頁中一行「中不尒」，石作「無此故不說」。
- 一三六頁中二行「攝一切地上生者」，石作「地上生者無不盡攝」。
- 一三六頁中七行第九字「得」，石作「可」。
- 一三六頁中八行第一〇字「行」，石作「得」。
- 一三六頁中九行第三字、末字及一〇行第六字「報」，石作「果」。
- 一三六頁中一〇行第四字「善」，資、磧、普、南、徑、清無。
- 一三六頁中一一行及一五行、一六行、一八行夾註，資、磧、普、南、徑、清作正文。
- 一三六頁中一二行第一二字「數」，石作「數法」。
- 一三六頁中一六行末字「悶」，磧、普、南、徑、清作「聞」。
- 一三六頁下四行第一三字「怖」，資、磧、普、南、徑、清作「於」。
- 一三六頁下七行第一三字「富」，資、磧、普、南、徑、清作「福」。

一　一三六頁下一〇行第一二字「故」，石、磧、普、南、徑、清作「生」。

一　一三六頁下一三行「不介」，石作「法則不然」。

一　一三六頁下一五行第一〇字「佛」，諸本作「佛佛」。

一　一三六頁下一六行第六字「應」，石無。

一　一三六頁下一六行第一一字「号」，資、磧、普、南、徑、清作「字」。

一　一三六頁下二二行首字「心」，石作「善心」；南、徑、清作「心善」。

一　一三六頁下末行第三字「稱」，資、磧、普、南、徑、清無。

一　一三六頁下末行第一〇字「不」，石作「非」。

一　一三七頁上一行第一三字及二行正文第四字、第六字「婆」，資、磧、普、南、徑、清作「娑」。

一　一三七頁上二行及三行、四行、五行、六至七行夾註，資、磧、普、南、徑、清作正文。

一　一三七頁上七行正文第九字「故」，資、磧、普、南、徑、清無。

一　一三七頁上八行第九字「養」，磧、普、南、徑、清作「食」。

一　一三七頁上八行第一二字「等」，資、磧、南、徑、清無。

一　一三七頁上一一行第二字「故」，資、磧、普、南、徑、清作「故汝」。

一　一三七頁上一五行第六字「小」，石作「凡」。

一　一三七頁上二〇行第一〇字「月」，石作「月日」。

一　一三七頁上末行第二字「等」，石作「曾」。

一　一三七頁中二行「故常」，資、磧、普、南、徑、清作「常常」。

一　一三七頁中四行「違陁經」，資、磧、普、南、徑、清作「韋陀經」。

一　一三七頁中六行第六字「如」，資、磧、普、南、徑、清無。

一　一三七頁中一一行第三字「於」，石作「竹」。

一　一三七頁中一一行「坐樹下」，石作「佛樹下坐」。

一　一三七頁中一二行「其炎」，徑、清作「焰焕」。

一　一三七頁中一二行末字「融」，資、磧、普、南、徑、清作「鎔」。

一　一三七頁中一三行第三字「竹」，石作「樹」。

一　一三七頁中一三行第七字「紫」，資無。

一　一三七頁中一八行第九字「緾」，資作「縺」。

一　一三七頁下四行「十一」，石作「十一法」。

一　一三七頁下一一行第五字「知」，資、磧、普、南、徑、清無。

一　一三七頁下一四行第三字「爲」，石作「若」。

一　一三七頁下一五行「除害」，資作「住除害則悅澤」；磧、普、南、徑、清作「除害則悅澤」。

一　一三七頁下一七行第四字「若」，

一　資、磧、普、南、徑、清無。

一　一三七頁下一八行第四字「念」，資、磧、普、南、徑、清作「以」。

一　一三七頁下二一行第八字「如」，資、磧、普、南、徑、清無。

一　一三八頁上五行第三字「知」，資、磧、普、南、徑、清作「知度」。

一　一三八頁上八行第二字「入」，資、磧、普、南、徑、清作「人」。

一　一三八頁上一三行「犢子」，資、磧、普、南、徑、清作「續有」。

一　一三八頁上一七行「諸大特牛」，資作「護大犢牛」；磧、普、徑、清作「護大特牛」；南作「護大㸬牛」。

一　一三八頁上一九行「讚譽稱」，石作「称歎」；資、磧、普、南、徑、清作「稱嗟」。

一　一三八頁上二二行第一一字「人」，石作「人有此十一法能令牛群番息」。

一　一三八頁上末行第七字「等」，諸本作「等放牛人」。

一　一三八頁中五行第一一字「無」，石無。

一　一三八頁中六行第三字「者」，石作「者尚不可得何况一切智人」。

一　一三八頁中七行「一者」，資無。

一　一三八頁中八行「姓族」，石作「種族之」。

一　一三八頁中九行第二字「河」，石、磧、普、南、徑、清作「水」；資無。

一　一三八頁中一〇行首字「无」，資、磧、普、南、徑、清無。

一　一三八頁中一〇行及一二行、一四行「不見」，石作「不見不知」。

一　一三八頁中一一行第三字「不」，諸本作「不可」。

一　一三八頁中一六行第一一字「人」，石作「人能知」。

一　一三八頁中末行第七字「有」，石作「亦有以」。

一　一三八頁下一行第一二字「種」，石作「種法」。

一　一三八頁下三行「此已」，石作「此三皆」；資、磧、普、南、徑、清作「此三已」。

一　一三八頁下七行「無邊」，石作「世界無邊世界」。

一　一三八頁下八行第二字「邊」，石作「邊世界」。

一　一三八頁下九行第三字、第八字「世」，石作「世死後」。

一　一三八頁下一五行第七字「升」，石作「㪷」；資、磧、普、南、徑、清作「斗」。

一　一三八頁下一六行末字「後」，石作「後故不答」；資、磧、普、南、徑、清作「後答」。

一　一三八頁下一九行第四字「水」，資、磧、普、南、徑、清無。

一　一三八頁下二〇行「有人言」，石無。

一　一三八頁下二二行第五字「無」，石作「無有」。

一　一三九頁上四行首字及第六字「令」，資、磧、普、南、徑、清無。

- 一三九頁上六行「他作耶佛」，石作「他人作耶佛答道人」。
- 一三九頁上七行「有佛无佛」，石作「若佛出若佛不出」。
- 一三九頁上九行第一一字「行」，石作「行而不作」。
- 一三九頁上一二行第九字「是」，資、磧、普、南、徑、清無。
- 一三九頁上一二行第一三字「真」，資、磧、普、南、徑、清無。
- 一三九頁上一四行第一〇字「了」，資、磧、普、南、徑、清作「定」。
- 一三九頁上一七行第四字「言」，石作「語」。
- 一三九頁上一八行第九字「故」，資、磧、南、徑、清無。
- 一三九頁上一八行第一〇字「知」，石作「知是」。
- 一三九頁上二一行第一〇字「至」，資、磧、普、南、徑、清作「住」。
- 一三九頁上二一行至二二行「先世行」，石作「知宿命」。
- 一三九頁上末行第一〇字「明」，資、磧、普、南、徑、清作「別」。
- 一三九頁中三行「永離三界」，石作「三界中永離」。
- 一三九頁中四行第一二字「人」，石作「人是」。
- 一三九頁中五行第二字「是」，石無。
- 一三九頁中七行「貴種族」，資、磧、普、南、徑、清作「貴族種」。
- 一三九頁中一〇行第七字「觀」，石作「顧」。
- 一三九頁中一二行「世間无明」，石作「愚癡盲冥」。
- 一三九頁中一二行末字「現」，資、磧、普、南、徑、清作「出」。
- 一三九頁下四行末字「說」，石作「說不具足」。
- 一三九頁下五行「大智度論」，石作「大智度經論」。

大智度初品中住王舍城釋論第五　三　步卒　作

龍樹菩薩造

後秦龜茲國三藏法師鳩摩羅什奉　詔譯

經住王舍城云何名住四種身儀坐卧行住是名住又以怖魔軍衆自令弟子歡喜入種種諸禪定故在是中住復次三種住天住梵住聖住六種欲天住法是為天住梵天等乃至非有想非無想天住法是名梵住諸佛辟支佛阿羅漢住法是名聖住是三住法中住聖住法憐愍衆生故住王舍城問曰何以不直說般若波羅蜜法而說佛住王舍城答曰說方時人令人心生信故復次布施持戒善心三事故名天住慈悲喜捨四無量心故名梵住空無相無作是三三昧名聖住聖住法佛於中住復次四種住天住梵住聖住佛住三住如前說佛住者首楞嚴等諸佛无量三昧十力四無所畏十八不共法一切智等種種諸慧及八萬四千法藏度人門如是等種種諸佛功德是佛所住處佛於

中住略說住竟王舍城者問曰如舍婆提迦毗羅婆波羅㮈大城皆有諸王舍何以故獨名此城為王舍答曰有人言是摩伽陀國王有子一頭兩面四臂時人以為不祥王即裂其身首棄之曠野羅刹女鬼名梨羅還合其身而乳養之後大成人力能并兼諸國王有天下取諸國王萬八千人置此五山中以大力勢治閻浮提閻浮提人因名此山為王舍城復次有人言摩伽陀王先所住城城中失火一燒一作如是至七國人疲役王大憂怖集諸智人問其意故有言宜應易處王即更求住處見此五山周帀如城即作宮殿於中止住以是故名王舍城復次往古世時此國有王名婆藪心厭世法出家作仙人是時居家婆羅門與諸出家仙人共論議居家婆羅門言經書云天祀中應殺生噉肉諸出家仙人言不應天祀中殺生噉肉共諍云云諸出家婆羅門言此有大王出家作仙人汝等信不諸居家婆羅門言信諸出家仙人言我

以此人為證後日當問諸居家婆羅門即以其夜先到婆藪仙人所種種問已語婆藪仙人明日論議汝當助我如是明旦論時諸出家仙人問婆藪仙人天祀中應殺生噉肉不婆藪仙人言婆羅門法天祀中應殺生噉肉諸出家仙人言於汝實心云何應殺生噉肉不婆藪仙人言為天祀故應殺生噉肉此生在天祀中死故得生天上諸出家仙人言汝大不是汝大妄語即唾之言罪人滅去是時婆藪仙人尋陷入地沒踝是初開大罪門故諸出家仙人言汝應實語若故妄語者汝身當陷入地中婆藪仙人言我知為天故殺生噉肉无罪即復陷入地至膝如是漸漸稍沒至腰至頸諸出家仙人言汝今妄語得現世報更以實語者雖入地下我能出汝令得免罪尒時婆藪仙人自思惟言我貴重人不應兩種語又婆羅門四圍陀法中種種因緣讚祀天法我一人死當何足計一心言應天祀中殺生噉肉无罪諸出家仙人言汝重罪

人催去不用見汝於是舉身沒地中從是以来乃至今日常用婆藪仙人王法於天祀中殺生當下刀時言婆藪殺汝婆藪之子名曰廣車嗣位為王後亦厭世法而復不能出家如是思惟我父先王出家生入地中若治天下復作大罪我今當何以自處如是思惟時聞空中聲言汝若行見難值希有處汝應是中作舍住作是語已便不復聞聲未經幾時王出田獵見有一鹿走疾如風王便逐之而不可及遂逐不止百官侍從无能及者轉前見有五山周帀峻固其地平正生草細軟好華遍地種種林木華果茂盛溫泉凉池皆悉清淨其地莊嚴處處有散天華天香聞天伎樂尒時乾闥婆伎適見王來各自還去是處希有未曾所見今我正當在是中作舍住如是思惟已羣臣百官尋跡而到王告諸臣我前所聞空中聲言汝行若見希有難值之處汝應是中作舍住我今見此希有之處我應是中作舍住即捨本城於此山中住是王

初始在是中住從是已後次第止住是王元起造立宮舍故名王舍城略說王舍城竟

耆闍崛山中耆闍名鷲崛名頭問曰何以名鷲頭山荅曰是山頂似鷲王舍城人見其似鷲故共傳言鷲頭山因名之為鷲頭山復次王舍城南屍陁林中多諸死人諸鷲常來噉之還在山頭時人便名鷲頭山是山五山中最高大多好林水聖人住處問曰已知耆闍崛山義佛普慈一切何以故獨住王舍城諸佛塔普慈一切如日照萬物无不蒙明何故不住諸餘大城如漚祇尼大城富樓那跋檀大城阿醯車多羅大城弗迦羅婆多大城如是等大城多人豐樂而不住何故多住王舍城舍婆提大城婆羅柰迦毗羅婆睺婆婆翅多拘睒鞞鳩樓城等雖有住時多王舍城舍婆提云何知多住二處見佛諸經多在二城說少在餘城荅曰佛雖大慈等及以漚祇尼等諸大城是邊國故不住又弥離車弊惡人多善根未熟故如偈說

如日光等照　華熟則時開若華未應敷

則亦不强開　佛亦復如是　等心而說法
善根熟則敷　未熟則不開　以是故世尊
住三種人中　利智善根熟　結使煩惱薄
復次知恩故多住王舍城舍婆提城問曰云何知恩故多住二城荅曰憍薩羅國是佛所生地如佛荅頻婆娑羅王偈說
有好妙國土　在於雪山邊　豐樂多異寶
名曰憍薩羅　日種諸釋子　我在是中生
心猒老病死　出家求佛道
入是憍薩羅國主波斯匿王住舍婆提大城中佛為法主亦住此城二主應住一處故復次是憍薩羅國佛生身地知恩故多住舍婆提問曰若知恩故多住舍婆提者迦毗羅婆城近佛生處何不多住荅曰佛諸結盡无復餘習近諸親屬亦无異想然釋種弟子多未離欲若近親屬則染著心生問曰何以不護舍婆提弟子而多住舍婆提荅曰迦毗羅婆弟子多佛初還國迦葉兄弟千比丘本修婆羅門法苦行山閒形容憔悴父王見之以此諸比丘不足光飾世尊即選諸釋貴人子弟兼人少壯戶遣一人强

令出家其中有善心樂道有不樂者此諸釋比丘不應令還本生處舍婆提弟子輩不尒以是故佛多住舍婆提不多住迦毗羅婆復次出家法應不近親屬親屬心著如火如虵居家婆羅門子為學問故尚不應在生處何况出家沙門復次舍婆提城大迦毗羅婆不尒舍婆提城九億家是中若少時住者不得度多人以是故多住復次迦毗羅婆城中佛生處是中人已久習行善根熟利智慧是中佛少時說法不須久住度已而去舍婆提人或初習行或久習行或善根熟或善根未熟或利根或不利根多學種種經書故研心令利入種種邪見網中事種種師屬種種天雜行人多以是故佛住此久如治癰師知癰已熟破出膿與藥而去若癰未熟是則人住塗傅佛亦如是於國中若弟子善根熟教化已更至餘處若可度弟子善根未熟則須久住佛出世閒正為欲度衆生著涅槃境界安隱樂處是故多住舍婆提不多住迦毗羅婆佛於摩

伽陁國至連禪河側漚樓頻螺聚落得阿耨多羅三藐三菩提成就法身故多住王舍城問曰已知多住王舍城舍婆提因緣於此二城何以多住王舍城荅曰以報生地恩故多住舍婆提一切衆生皆念生地如偈說
一切論議師　自愛所知法　如人念生地
雖出家猶諍
以報法身地恩故多住王舍城諸佛皆愛法身如偈說
過去未來　現在諸佛　供養法身
師敬尊重
法身於生身勝故二城中多住王舍城復次以坐禪精舍多故餘處无有如竹園鞞婆羅跋恕薩多般那求呵因陁世羅求呵薩簸恕魂直迦鉢婆羅耆闍崛五山中有精舍竹園在平地餘國无此多精舍舍婆提一處祇洹精舍更有一處摩伽羅母堂更无第三處婆羅柰斯國一處鹿林中精舍名梨師槃陁那毗耶離二處一名摩呵槃二名猕猴池岸精舍鳩睒弥一處名劬師羅園如是諸國或一處

有精舍或空樹林以王舍城多精舍
坐禪人所宜故多住此復次是中有
富羅那等六師自言我是一切智人
與佛為對及長爪梵志婆蹉姓梵志拘迦
那大等皆外道大論議師及長者尸
利崛多提婆達多阿闍貰等是佛怨
家不信佛法各懷嫉妬有是人輩故
佛多住此譬如毒草生處近邊必有
良藥又如偈說

譬如師子　百獸之王　為小虫吼
為衆所笑　若在虎狼　猛獸之中
奮迅大吼　智人所可
諸論議師如猛虎　在此衆中无所畏
大智慧人多見聞　在此衆中最第一

以是大智多聞人皆在王舍城故佛
多住王舍城復次頻婆娑羅王到伽
耶祀舍中近佛及除結髮千阿羅漢
是中佛為王說法得須陁洹道即請
佛言願佛及僧就我王舍城盡形壽
受衣被飲食卧具醫藥四事供養給所當得佛
即受請是故多住王舍城復次閻浮
提四方中東方為數始以日出故次
第南方西方北方東方中摩伽陁國

最勝摩伽陁國中王舍城最勝是中
有十二億家佛涅槃後阿闍貰王以
人民轉少故捨王舍大城其邊更作
一小城廣長一由旬名波羅利弗多
羅猶尚於諸城中最大何況本王舍
城復次是中人多聰明皆廣學多識
餘國无此復次佛豫知釋提桓因及
八萬諸天應在摩伽陁國石室中得
度有人應得度者待時待處待人乃
能得道是釋提桓因因緣應在摩伽
陁石室中得道是故佛多住王舍城
復次摩伽陁國豐樂乞食易得餘國
不如以三因緣故一者頻婆娑羅王
約勅宫中常作千比丘食二者樹提
伽雖人中生常受天樂又多富貴諸
憂婆塞三者阿波羅羅龍王善心受
化作佛弟子除世飢饉故常降好雨
是故國豐如佛涅槃後長老摩訶迦
葉欲集法思惟何國豐樂乞食易得
疾得集法如是思已憶王舍城中頻
婆娑羅王約勅常設千比丘食頻婆
娑羅王雖死此法不斷是中食易得
易可集法餘處无如是常供若行乞

食時諸外道來共論議若共論議集
法事廢若不共論便言諸沙門不如我如是思惟
擇取最上千阿羅漢將詣耆闍崛山集結經藏以
是三因緣故知摩伽陁國乞食易得如阿含及毗
尼中說言毗耶離國時時有飢餓如
降難陁婆難陁龍王經中說舍婆提
國亦有飢餓餘諸國亦時時有飢餓摩伽
陁國中无是事以是故知摩伽陁國
豐樂乞食易得
復次王舍城在山中閑靜餘國精舍
平地故多雜人入出來往易故不閑
靜又此山中多精舍諸坐禪人諸聖
人皆樂閑靜多得住中佛是聖人坐
禪人主是故多住王舍城問曰若住
王舍城可尒何以不多住竹園精舍而多
住耆闍崛山荅曰我已荅聖人坐禪
人樂閑靜處問曰餘更有四山鞞婆
羅跋恕等何以不多住而多在耆闍
崛山荅曰耆闍崛山於五山中最勝
故云何勝耆闍崛山精舍近城而山
難上以是故雜人不來近城故乞食
不疲以是故佛多在耆闍崛山中不
在餘處復次長老摩訶迦葉於耆闍

崛山集三法藏可度衆生度竟欲隨佛入涅槃清朝著衣持鉢入王舍城乞食已上耆闍崛山語諸弟子我今日入無餘涅槃如是語已入房結加趺坐諸无漏禪定自熏身摩訶迦葉諸弟子入王舍城語諸貴人知不尊者摩訶迦葉今日入无餘涅槃諸貴人聞是語皆大愁憂言佛已滅度摩訶迦葉持護佛法今日復欲入無餘涅槃諸貴人諸比丘晡時皆共集耆闍崛山長老摩訶迦葉晡時從禪定起入衆中坐讃說无常諸一切有為法因緣生故无常本無今有已有還無故無常因緣生故无常无常故苦苦故无我無我故有智者不應著我我所若著我我所得无量憂愁苦惱一切世界中心應猒求離故如是種種說世界中苦開導其心令入涅槃說此語竟著從佛所得僧伽梨持衣鉢捉杖如金翅鳥現上昇虛空四種身儀坐卧行住一身現无量身滿東方世界於无量身還為一身身上出火身下出水身上出水身下出火南西北

方亦如是衆心猒世皆歡喜已於耆闍崛山頭與衣鉢俱作是願言令我身不壞弥勒成佛我是骨身還出以此因緣度衆生如是思惟已直入山內如入軟埿入已山還合後人壽八万四千歲身長八十尺時弥勒佛出佛身長百六十尺佛面二十四尺圓光十里是時衆生聞弥勒佛出无量人逐佛出家佛在天人衆中初說法時九十九億人得阿羅漢道六通具足第二大會九十六億人得阿羅漢道第三大會九十三億人得阿羅漢道自是已後度无數人尒時人民久後懈癈弥勒佛見衆人如是以足指扣開耆闍崛山是時長老摩訶迦葉骨身著僧伽梨而出礼弥勒足上昇虛空現變如前即於空中滅身而般涅槃尒時弥勒佛諸弟子怪而問言此是何人似人而小身著法衣能作變化弥勒佛言此人是過去釋迦文尼佛弟子名摩訶迦葉行阿蘭若少欲知足行頭陁比丘中第一得六神通共解脫大阿羅漢彼時人壽百年少出多

減以是小身能辦如是大事汝等大身利根云何不作如是功德是時諸弟子皆慚愧發大猒心弥勒佛隨衆心為說種種法有人得阿羅漢阿那含斯陁含須陁洹有種辟支佛善根有得无生法忍不退菩薩有得生天人中受種種福樂以是故知是耆闍崛山福德吉處諸聖人喜住處是故摩訶迦葉於中集法亦於中般涅槃又諸聖人皆住是處佛為諸聖人主是故佛多住耆闍崛山復次耆闍崛山是過去未來現在諸佛住處如富樓那經中說佛語富樓那若使三千大千世界劫燒若更生我常在此山中一切衆生以結使纏縛不作見佛功德以是故不見我復次耆闍崛山清淨鮮潔處三世佛及諸菩薩更无是處是故多住耆闍崛山復次諸摩訶衍經多在耆闍崛山中說餘處說少何以故是中淨潔有福德閑靜故一切三世諸佛行處十方諸菩薩亦讃歎恭敬此處諸天龍夜叉阿修羅伽留羅乾闥婆甄陁羅摩睺羅伽等大力衆神守護供養恭敬是處如偈說

是耆闍崛山諸佛聖所處覆蔭一切故
衆苦得解脫
復次是中十方無量智慧福德力大
菩薩常來見釋迦牟尼佛礼拜恭敬
聽法故佛說諸摩訶衍經多在耆闍
崛山諸摩訶衍經般若爲最大今欲說故云何不
住耆闍崛山略說耆闍崛山竟
大智度共摩訶比丘僧釋論第六
共名一處一時一心一戒一見一道一
解脫是名爲共共摩訶比丘僧摩訶
秦言或大或多或勝云何大一切衆
中上故一切障㝵斷故天王等大人
恭敬故是名爲大云何多數至五千
故名多云何勝一切九十六種道論
議能破故名勝云何名比丘比丘名
乞士清淨活命故名爲乞士如經中
說舍利弗入城乞食得已向壁坐食
是時有梵志女名淨目來見舍利弗
問舍利弗言沙門汝食耶荅言食淨
目言汝沙門下口食耶荅言不姉仰
口食耶不方口食耶不四維口食耶
不淨目言食法有四種我問汝汝言
不我不解汝當說舍利弗言有出家

人合藥種穀殖樹等不淨活命者是
名下口食有出家人觀視星宿日月
風雨雷電霹靂不淨活命者是名仰
口食有出家人曲媚豪勢通使四方
巧言多求不淨活命者是名方口食
有出家人學種種呪術卜筭吉凶如
是等種種不淨活命者是名四維口
食姉我不墮是四不淨食中我用清
淨乞食活命是時淨目聞說清淨法
食歡喜信解舍利弗因爲說法得須
陁洹道如是清淨乞食活命故名乞
士復次比名破丘名煩惱能破煩惱
故名比丘復次出家人名比丘譬如
胡漢羌虜各有名字復次受戒時自
言我是某甲比丘盡形壽持戒故名
比丘復次比名怖丘名能怖魔王及
魔人民當出家剃頭著染衣受戒是
時魔怖何以故怖魔王言是人必得
入涅槃如佛說有人能剃頭著染衣
一心受戒是人漸漸斷結離苦入涅
槃云何名僧伽僧伽秦言衆多比丘
一處和合是名僧伽譬如大樹叢聚
是名爲林一一樹不名爲林除一一

樹亦無林如是一一比丘不名爲僧
除一一比丘亦無僧諸比丘和合故
僧名生是僧四種有羞僧无羞僧瘂
羊僧實僧云何名有羞僧持戒不破
身口清淨能別好醜未得道是名有
羞僧云何名无羞僧破戒身口不淨
無惡不作是名无羞僧云何名瘂羊
僧雖不破戒鈍根无慧不別好醜不
知輕重不知有罪无罪若有僧事二
人共諍不能斷決默然無言譬如白
羊乃至人殺不作聲是名瘂羊僧六
何名實僧若學人若无學人住四果
中行四向道是名實僧是中二種僧
可共百一羯磨說戒受歲種種得作
是中實聲聞僧六千五百菩薩僧二
種有羞僧實僧以是實僧故餘皆得
名僧以是故名僧大數五千分者云
何名大數少過少減是名爲大數云
何名分　分多衆邊取一分是名分是
諸比丘千萬衆中取一分五千以是
故名五千分皆是阿羅漢云何名阿
羅漢阿羅名賊漢名破一切煩惱賊
破是名阿羅漢復次阿羅漢一切漏

盡故應得一切世間諸天人供養復
次阿名不羅漢名生後世中更不生
是名阿羅漢諸漏已盡者三界中三
種漏已盡无餘故言漏盡也无復煩惱
者一切結使流受扼縛盖見纏等斷
除故名无煩惱也心得好解脫慧得
好解脫者問曰何以記心得好解脫
慧得好解脫荅曰外道離欲人一處
一道心得解脫非於一切障法得解
脫以是故阿羅漢名心得好解脫慧
得好解脫復次諸阿羅漢二道心得
解脫見諦道思惟道以是故名心得
好解脫學人心雖得解脫非好解脫
何以故有殘結使故復次諸外道等
助道法不滿若行一切德若行二切
德求道不能得如人但布施求清淨
如人祀天言能脫憂衰能得常樂國
中生亦更有言八清淨道一自覺二
聞三讀經四畏內苦五畏大衆生苦
六畏天苦七得好師八大布施但說第
八名清淨道復次有外道但布施持
戒說清淨有但布施禪定說清淨有
但布施求智慧說清淨如是等種種

道不具足若无功德若少功德說清
淨是人雖一處心得解脫不名好解
脫涅槃道不滿足故如偈說

無功德人不能渡　生老病死之大海
少功德人亦不渡　善行道法佛所說

是中應說須跋陁梵志經須跋陁梵
志年百二十歲得五神通阿那跋達
多池邊住夜夢見一切人失眼倮形
冥中立日墮地破大海水竭大風起
吹須弥山破散覺已恐怖思惟言何
以故尒我命欲盡若天地主欲墮猶
豫不能自了以有此惡夢故先世有
善知識天從上来下語須跋陁言汝
莫恐怖有一切智人名佛後夜半當
入无餘涅槃是故汝夢不為汝身是
時須跋陁明日到拘夷那竭國樹林
中見阿難經行語阿難言我聞汝師
說新涅槃道今日夜半當取滅度我
心有疑請欲見佛決我所疑阿難荅
言世尊身極汝若難問勞擾世尊須
跋陁如是重請至三阿難荅如初佛
遥聞之勅語阿難聽須跋陁梵志来
前自在難問是吾末後共談寂後得

道弟子是時須跋陁得前見佛問訊
世尊已於一面坐如是念諸外道輩
捨恩愛財寶出家皆不得道獨瞿曇
沙門得道如是念竟即問佛言是閻
浮提地六師輩各自稱言我是一切
智人是語實不尒時世尊以偈荅曰

我年一十九　出家學佛道　我出家已来
已過五十歲　淨戒禪智慧　外道无一分
少分尚无有　何况一切智

若无八正道是中无第一果第二第
三第四果若有八正道是中有第一
果第二第三第四果須跋陁是我法
中有八正道是中有第一道果第二
第三第四道果餘外道法皆空无道
无果無沙門无婆羅門如是我大衆
中實作師子吼須跋陁梵志聞是法
得阿羅漢道思惟言我不應佛後般
涅槃如是思惟竟在佛前結加趺坐
自以神力身中出火燒身而取滅度
以是故佛言无功德少功德是助道
法不滿皆不得度佛說一切功德具
足故能度弟子辟如小藥師以一種
藥二種藥不具足故不能差重病入

藥師輩具足衆藥能差諸病問曰若一切三界煩惱離故心得解脫何以故佛言染愛離心得解脫荅曰愛能繫閉心有大力以是故說不說餘煩惱愛斷餘則斷復次若人言王來知必有將從染愛亦如是又如捉巾一頭餘則盡隨愛染亦如是愛斷則知餘煩惱皆已斷復次諸結使皆屬愛見屬愛煩惱覆心屬見煩惱覆慧如是愛離故屬愛結使亦離得心解脫如是无明離故屬見結使亦離得慧解脫復次是五千阿羅漢應不退法得无生智以是故言心得好解脫慧得好解脫不退故退法阿羅漢得時解脫如劬提迦等雖得解脫非好解脫以退法故心調柔軟者若有恭敬供養瞋恚罵詈撾打者心等无異若得珎寶瓦石視之一等若有持刀斫截手足有持栴檀塗身亦等无異復次婬欲瞋恚憍慢疑見根本已斷故是謂心調柔軟復次是諸阿羅漢欲染處不染應瞋處不瞋癡處不癡守護六情以是故名心調柔軟如偈說

人守護六情　如好馬善調　如是實智人
諸天所敬視

諸餘凡人輩不能守護六情欲瞋慢癡疑見不斷故不名調柔如惡弊馬以是故諸阿羅漢名心調柔軟摩訶那伽者摩訶言大那名不伽名罪諸阿羅漢諸煩惱斷以是故名不罪復次那伽或名龍或名象是五千阿羅漢諸无數阿羅漢中最大力是以故言如龍如象水行中龍力大陸行中象力大復次如善調象王能破大軍直入不迴不畏刀杖不難水火不走不退死至不避諸阿羅漢亦復如是修禪定智慧故能破魔軍及諸結使賊罵詈撾打不悔不恚老死水火不畏不難復次如大龍王從大海出起於大雲遍覆虛空放大電光明照天地澍大洪雨潤澤萬物諸阿羅漢亦復如是從禪定智慧大海水中出起慈悲雲潤及可度現大光明種種變化說實法相雨弟子心令生善根所作已辦者問曰云何名所作云何名已辦荅曰信戒捨定等諸善法得故名爲

所作智慧精進解脫等諸善法得故是名已辦二法具足滿故名所作已辦復次諸煩惱有二種一種屬愛一種屬見屬愛煩惱斷故名所作屬見煩惱斷故名已辦復次色法善見故名所作无色法善見故名已辦可見不可見有對无對等二法亦如是復次不善无記法斷故名所作善法思惟故名已辦聞思慧成就故名所作修慧成就故名已辦種種三法亦如是復次煖法頂法忍法世間第一法得故名所作苦法忍等諸无漏善根得故名已辦見諦道得故名所作思惟道得故名已辦成得學道故名所作无學道得故名已辦心解脫得故名所作慧解脫得故名已辦漏盡故名所作得共解脫故名已辦一切結使除故名所作得非時解脫故名已辦自益利竟故名所作利益他人故名已辦如是等所作已辦義自在說棄擔能擔者五衆麁重常惱故名爲擔如佛所說何謂擔五衆是擔諸阿羅漢此擔已除以是故言棄擔能擔

者是佛法中二種功德檐應檐一種自益利二種他益利一切諸漏盡不悔解脫等諸功德是名自利益信戒捨定慧等諸功德能與他人是名利益他是諸阿羅漢自檐他檐能檐故名能檐復次辟如大牛壯力能負重載此諸阿羅漢亦如是得无漏根力覺道能檐佛法大事檐以是故諸阿羅漢名能檐逮得已利者云何名已利云何非已利行諸善法是名已利諸餘非法是名非已利復次信戒捨定慧等諸功德一切財寶勝故今世後世常得樂故能到甘露城故以是三因緣故是名已利如信品中偈說

若人得信慧　是實最第一　諸餘世財利
不及是法寶

復次若人今世得樂後世得樂及得涅槃常樂是名已利餘非已利如偈說

世智種種無道法　與諸禽獸等无異
當求正智要道法　得脫老死入涅槃

復次八正道及沙門果是名諸阿羅漢已利是五千阿羅漢得道及果二事俱得故名已利以是故言逮得已

利盡諸有結者三種有欲有色有無色有云何欲有欲界繫業取因緣後世能生亦是業報是名欲有色有无色有亦如是是名為有結盡者結有九結愛結恚結慢結癡結疑結見結取結慳結嫉結是結使盡及有是有盡及結使以是故名有結盡問曰諸阿羅漢結使應永盡得一切煩惱離故應言結盡有不應盡何以故阿羅漢未滅度時眼根等五衆十二入十八界諸有成就故荅曰无所妨是果中說因如佛語檀越施食時與五事命色力樂贍食不能久人必與五事有人大得飲食而死有人得少許食而活食為五事因是故佛言施食與五事如偈說

斷食死無疑　食者死未定　以是故佛說
施食與五事

亦如人食百斤金金不可食金是食因故言食金佛言女人為戒垢女人非戒垢是戒垢因故言女人為戒垢如人從高處墮未至地言此人死雖未死知必死故言此人死如是諸阿羅漢結已盡知有必當盡故言有結

盡正智已得解脫者如摩犍提梵志弟子舉其屍著床上舉行城市中多人處唱言若有眼見摩犍提屍者是人皆得清淨道何況礼拜供養者多有人信其言諸比丘聞是語白佛言世尊是事云何佛說偈言

小人眼見求清淨　如是无智无實道
諸結煩惱滿心中　云何眼見得淨道
若有眼見得清淨　何用智慧功德寶
智慧功德乃為淨　眼見求淨无是事

以是故言正智已得解脫問曰諸阿羅漢所作已辦更不求進何以故常在佛邊不餘處度衆生荅曰一切十方衆生雖盡應供養佛阿羅漢受恩重故應倍供養所以者何是阿羅漢從佛得成受无量功德知結使斷信心轉多是故諸大德阿羅漢佛邊受功德樂味供養恭敬報佛恩故在佛邊住諸阿羅漢圍繞佛故佛德益尊如梵天人遶梵天王如三十三天遶釋提桓因如諸鬼神遶毗沙門王如諸小王遶轉輪聖王如病人病愈住大醫邊如是諸阿羅漢住在佛邊諸阿羅漢圍繞供養故佛德益尊問曰若

諸阿羅漢所作已辦逮得已利不須
聽法何以故說般若波羅蜜時共五
千阿羅漢荅曰諸阿羅漢雖所作已
辦佛欲以甚深智慧法試如佛問舍
利弗如波羅延經阿耆陁難中偈說
種種諸學人　及諸數法人　是人所行法
願為如實說
是中云何學人云何數法人尒時舍利弗
默然如是三問三默佛示義端告舍利弗
有生不舍利弗荅大德有生有生者數為
滅有為生法故名學人以智慧得无生法
故名數法人是經此中應廣說復次若有
漏若无漏諸禪定未得故欲得已得欲令
堅深故諸阿羅漢佛邊聽法復次現
前樂故如難陁迦經中說以今世樂
故聽法復次諸阿羅漢在佛邊聽法
心無猒足如錍盧提迦經中說舍利
弗語錍盧提迦我法中聽法无猒復
次如佛大師自一心從弟子邊聽法
不應難言阿羅漢所作已辦何以聽
法辟如飽滿人得好食猶尚更食云
何飢渴人而言不應食以是故諸阿
羅漢雖所作已辦常在佛邊聽法復
次佛住解脫法中諸阿羅漢亦住解

脫法中住法相應眷屬莊嚴如栴檀
辟喻經中言有栴檀林伊蘭圍之有
伊蘭林栴檀圍之有栴檀栴檀以為
叢林有伊蘭伊蘭自相圍繞佛諸阿
羅漢亦復如是佛住善法解脫中諸
阿羅漢亦住善法解脫中住法相應
眷屬莊嚴佛以大眾圍繞如須弥山
王十寶山圍繞如白香為王白香為
圍繞如師子王師子眾圍繞佛亦如
是佛為世間无上福田與諸弟子圍
繞共住
唯阿難在學地得須陁洹者問曰何
以言唯阿難荅曰上所讚諸阿羅漢
阿難不在其數何以故以在學地未
離欲故問曰大德阿難第三師大眾
法將種涅槃種已无量劫常近佛持
法藏大德利根何以至今未離欲作
學人荅曰大德善阿難本願如是我
於多聞眾中冣第一亦以諸佛法阿
羅漢所作已辦不應作供給供養人
以其於佛法中能辦大事煩惱賊破
共佛在解脫床上坐故復次長老阿
難種種諸經聽持誦利觀故智慧多

攝心少二功德等者可得漏盡道以
是故長老阿難是學人須陁洹復次
貪供給世尊故是阿難為佛作供給
人如是念若我早取漏盡道更遠世
尊不得作供給人以是故阿難雖能
得阿羅漢道自制不取復次有人言處時人
未合故何等處能集法千阿羅漢未
在耆闍崛山是為處世尊過去時未
到長老婆耆子不在以是故長老阿
難漏不盡要在世尊過去集法眾合婆
耆子說法讖諫三事合故得漏盡道
復次大德阿難猒世法少不如餘人
是阿難世世王者種端正無比福德
无量世尊近親常侍供佛必有此念
我佛近侍知法實藏漏盡道法我不
畏失以是事故不大慇懃問曰大德
阿難名以何因緣是先世因緣是父
母作字是依因緣立名荅曰是先世
因緣亦父母作名亦依因緣立字問
曰云何先世因緣荅曰釋迦文佛先
世作凡師名大光明尒時有佛名釋
迦文弟子名舍利弗目伽連阿難佛
與弟子俱到凡師舍一宿尒時凡師

布施草坐燈明石蜜漿三事供養佛及比丘僧便發願言我於當來老病死惱五惡之世作佛如今佛名釋迦文我弟子名字亦如今佛弟子以佛願故得字阿難復次阿難世世立願我在釋迦文佛弟子多聞衆中願最第一字阿難復次阿難世世忍辱除瞋以是因緣故生便端正父母以其端正見者皆歡喜故字阿難阿難者秦言歡喜是為先世因緣字云何父母作字昔有日種王名師子頰其王有四子第一名淨飯二名白飯三名斛飯四名甘露飯有一女名甘露味淨飯王有二子佛難陀白飯王有二子跋提提沙斛飯王有二子提婆達多阿難甘露王有二子摩訶男阿泥盧豆甘露味女有一子名施婆羅是中悉達陀菩薩漸漸長大棄轉輪聖王位夜半出家至漚樓鞞羅國中尼連禪河邊六年苦行是時淨飯王愛念子故常遣使問訊欲知消息我子得道不若病若死使來白王菩薩唯有皮骨筋相連持耳命甚微弱若今

日若明日不復久也王聞其言甚大愁念没憂惱海我子既不作轉輪王又不得作佛一何衰苦無所得而死如是憂惱荒迷憒塞是時菩薩棄苦行處食百味乳糜身體充滿於尼連禪水中洗浴已至菩提樹下坐金剛處而自誓言要不破此結加趺坐成一切智不得一切智終不起也是時魔王將十八億衆到菩薩所欲與菩薩決其得失菩薩智慧力故大破魔軍魔不如而退自念菩薩巨勝當惱其父至淨飯王所詭言汝子今日後夜已了王聞此語驚怖躃牀如熱沙中魚王哭而言

阿夷陀虚言　瑞應亦無驗　得利之吉名
一切無所獲

是時菩提樹神大歡喜持天曼陀羅華至淨飯王所說偈言

汝子已得道　魔衆已破散　光明如日出
普照十方土

王言前有天來言汝子已了汝今來言壞魔得道二語相違誰可信者樹神又言實不妄語前來天者詭言已

了是魔懷嫉故來相惱今日諸天龍神華香供養空中懸繒汝子身出光明遍照天地王聞其言於一切苦惱心得解脱王言我子雖捨轉輪聖王今得法轉輪王定得大利無所失也心大歡喜是時斛飯王家使來白淨飯王言貴弟生男王心歡喜言今日大吉是歡喜日語來使言是兒當字為阿難是為父母作字云何依因緣立名阿難端正清淨如好明鏡老少好醜容貌顔狀皆於身中現其身明淨女人見之欲心即動是故佛聽阿難著覆肩衣是阿難能令他人見者心眼歡喜故名阿難於是造論者讃言

面如淨滿月　眼若青蓮華　佛法大海水
流入阿難心　能令人心眼　見者大歡喜
諸來求見佛　通現不失宜

如是阿難雖能得阿羅漢道以供養佛故自不盡漏以此大功德故雖非無學在無學數中雖未離欲在離欲數中以是故數為五千以實未是阿羅漢故言唯除阿難

大智度初品中四衆義釋論第七

二十三張

五百比丘尼優婆塞優婆夷皆是聖諦問曰何以諸比丘五千餘三衆各五百答曰女人多短智慧煩惱垢重但求喜樂愛行多故少能斷結使得解脫證如佛說是因緣起法第一甚深難得一切煩惱盡離欲得涅槃倍復難見以是故女人不能多得不如比丘優婆塞優婆夷有居家故心不淨不能盡漏止可得四聖諦作學人如偈說

孔雀雖有色嚴身　不如鴻鴈能遠飛
白衣雖有富貴力　不如出家功德勝

以是故諸比丘尼雖出家棄世業智慧短是故有五百阿羅漢比丘尼白衣二衆居家事懅故得道亦各五百問曰如五千阿羅漢皆讚三衆何以不讚答曰大衆已讚則知餘亦讚復次若別讚外道輩當呵言何以讚比丘尼生誹謗故若讚白衣當言為供養故以是故不讚問曰諸餘摩訶衍經佛與大比丘衆俱或八千人或六萬十萬人俱是摩訶般若波羅蜜經諸經中第一大囑累品中說餘經忘

大智度論卷第三　第二十四張　作少夕

忘失其罪少少失般若波羅蜜一句其罪大多以是故知般若波羅蜜經第一大是第一經中當第一大會何以故聲聞衆數少止有比丘五千比丘尼優婆塞優婆夷各五百答曰以是大經甚深難解故聲聞衆少辟如王有真寶不示凡人示大人信愛者如王謀議時與諸大臣信愛智人共論諸餘小臣則不得入復次是六千五百人盡得道雖不盡解甚深般若波羅蜜皆能信得无漏四信故餘經聲聞衆雖大多雜不盡得道復次是中先讚千万阿羅漢中擇取最勝五千人比丘尼優婆塞優婆夷亦介勝者難得故不多

大智度論卷第三

大智度論卷第三

校勘記

一　底本，金藏廣勝寺本。

一　一五○頁中一行經名，石作「大智度經論卷第四」；資、磧、普、南、徑、清作「大智度論卷第三」。

一　一五○頁中三行與四行之間，石有「摩訶般若波羅蜜經釋初品中王舍城義第五」一行；資有「釋初品中住王舍城第五」一行；磧、普、南、徑、清有「釋初品中住王舍城」一行。

一　一五○頁中四行首字「經」，資無；磧、普、南、徑、清、麗作「(經)」。

一　一五○頁中四行第五字「城」，石、磧、普、南、徑、清、麗作「城(論)今當說(今當說磧、普、南、徑、清無)問曰何以不直說般若波羅蜜法(法石無)而說佛(佛石無)住王舍城答曰說方時人令人心生信故」。

一　一五〇頁中五行第五字「住」，資、磧、普、南、徑、清作「住王舍城」。

一　一五〇頁中七行第一三字「種」，石、磧、普、南、徑、清無。

一　一五〇頁中一〇行第一二字「是」，石、麗作「於是」。

一　一五〇頁中一二行第二字至一四行第五字「問曰……信故」，石、磧、普、南、徑、清、麗無。

一　一五〇頁中一九行首字「者」，石作「者佛住」。

一　一五〇頁下二行第六字「婆」，資、磧、普、南、徑、清無。

一　一五〇頁下六行第一一字「梨」，石、磧、普、南、徑、清作「闍」。

一　一五〇頁下七行末字「兼」，石無。

一　一五〇頁下一三行第一三字「宜」，資、磧、普、南、徑、清無。

一　一五〇頁下一八行「諸出家」，石作「出家諸」。

一　一五一頁上四行第五字「且」，諸本作「旦」。

一　一五一頁上一五行第八字及中三行第八字「生」，石、資、磧、普、麗作「羊」。

一　一五一頁上一七行首字「頸」，石作「項」。

一　一五一頁上一九行首字「令」，石作「今」。

一　一五一頁中四行首字「藪」，石作「藪仙人」。

一　一五一頁中一三行末字「故」，諸本作「正」。

一　一五一頁中一四行「林木」，石作「樹林」。

一　一五一頁中一五行第五字「涼」，資、磧、普、南、徑、清作「浴」。

一　一五一頁中二一行第一一字「應」，石作「於」。

一　一五一頁中末行末字及次頁上一二行第四字「主」，諸本作「王」。

一　一五一頁下二行第三字「元」，資、磧、普、南、徑、清作「先」。

一　一五一頁下三行末字「竟」，石、麗作「本起竟」。

一　一五一頁下四行首字「者」，石、磧、普、南、徑、清、麗冠以「經」。

一　一五一頁下四行第六字「者」，石、磧、普、南、徑、清、麗冠以「論」。

一　一五一頁下七行首字「因」，石作「因而」。

一　一五一頁下八行第一二字「嗽」，石作「食」。

一　一五一頁下九行第六字「便」，石、麗作「遂」。

一　一五一頁下九行「五山」，石、麗作「於五山」。

一　一五一頁下一一行「普慈一切」，資、磧、普、南、徑、清、麗無。

一　一五一頁下一一行第一六字「獨」，資、磧、普、南、徑、清、麗無。

一　一五一頁下一二行第一八字至一三行第六字「何故不住諸餘大城」，資、磧、普、南、徑、清、麗無。

一　一五一頁下一四行第三字「醯」，資、磧、普、南、徑、清、麗作「藍」。

一　一五一頁下一六行「大城」，石無；資、磧、普、南、徑、清作「少於」。

一　一五一頁下一八行「有住時多」，石作「住此諸城而多住」；資、磧、普、南、徑、清作「有住時多住」；麗作「有住時而多住」。

一　一五一頁下一九行第八字「諸」，南作「說」。

一　一五一頁下二一行第二字「尼」，石作「尼大城」。

一　一五一頁下二一行第五字「大」，石無。

一　一五一頁下二二行第三字「地」，石作「地多」；資、麗無。

一　一五一頁下二二行第七字「多」，石作「又」。

一　一五二頁上九行「諸釋」，資、磧、普、南、徑、清作「釋諸」。

一　一五二頁上一一行首字「入」，諸本作「又」。

一　一五二頁上一二行「亦住」，石作「亦在」。

一　一五二頁上一二行「住一處」，石作「一處住」。

一　一五二頁上一二行第一五字「故」，磧、普、南、徑、清作「故多住舍婆提」。

一　一五二頁上一二行第一六字至一三行第一〇字「復次……知恩故」，資無。

一　一五二頁上一五行第四字「何」，石作「何以」。

一　一五二頁上一八行第一〇字「提」，石作「提國」。

一　一五二頁中二行第三字「釋」，資、磧、普、南、徑、清無。

一　一五二頁中七行第八字「次」，石、麗作「次如」。

一　一五二頁中一〇行首字「住」，石作「住舍婆提城」。

一　一五二頁中一二行第二字「時」，石、麗作「時住」。

一　一五二頁中一三行首字「提」，石作「提城中」。

一　一五二頁中一七行「住此久」，石作「多住舍婆提城」。

一　一五二頁中一八行第一三字「是」，石無。

一　一五二頁中一九行首字「人」，諸本作「久」。

一　一五二頁中一九行第四字「毀」，石、麗作「慰」。

一　一五二頁中一九行「於一國中若」，石作「於一國中」；資、磧、普、南、徑、清、麗作「若」。

一　一五二頁中二〇行第五字「至」，石作「生」。

一　一五二頁中二〇行第八字「若」，石作「若國土中」。

一　一五二頁中二二行第一一字「處」，石、麗作「處故」。

一　一五二頁下七行第七字「愛」，石作「受」。

一　一五二頁下一〇行第五字「如」，石、麗作「故如」。

一　一五二頁下一一行「供養法身」，

一 資、磧、普、南、徑、清作「皆供養法」。

一 一五二頁下一七行「耆闍崛五山中」，石、麗作「王舍城」。

一 一五二頁下一七行第八字「有」，資、磧、普、南、徑、清、麗作「有五」。

一 一五二頁下一九行第一〇字「陁」，資、磧、南、徑、清、麗無。

一 一五二頁下二二行第一〇字「精」，資、磧、普、南、徑、清作「樓」。

一 一五三頁上一行第八字「以」，石作「以是」。

一 一五三頁上二行第五字「宜」，石、麗作「宜其處安隱」。

一 一五三頁上三行「羅那」，石作「蘭那」；資、磧、普、南、徑、清、麗作「那羅」。

一 一五三頁上四行「姓婆蹉梵志」，資、磧、普、南、徑、清、麗作「婆蹉姓」。

一 一五三頁上六行第一二字至七行首字「是佛怨家」，石、麗作「是謀欲害佛」。

一 一五三頁上八行第四字「此」，石作「此城」。

一 一五三頁上九行第三字「又」，石、麗無。

一 一五三頁上一一行第八字「狼」，石作「豹」。

一 一五三頁上一三行第九字「此」，石作「大」。

一 一五三頁上一七行「近佛及除」，諸本作「迎佛及餘」。

一 一五三頁上一八行第二字「中」，石、麗作「時」。

一 一五三頁上二〇行首字「受」，石、麗作「受我」。

一 一五三頁上二〇行第四字「飲」，資、磧、普、南、徑、清作「飯」。

一 一五三頁上二〇行「四事供養」，資、磧、普、南、徑、清、麗無。

一 一五三頁上二一行「復次」，石作「有人言」。

一 一五三頁上二二行「數始以日」，石、麗作「始日初」。

一 一五三頁上末行第一〇字「中」，諸本作「之中」。

一 一五三頁中一行第二字「勝」，石作「諸方雖皆好」。

一 一五三頁中一行「勝是」，石作「好其城」。

一 一五三頁中四行第一一字「羅」，石無。

一 一五三頁中七行第七字至一〇行第一〇字「佛豫知……因緣」，石、磧、普、南、徑、清、麗作「佛豫知（此三字石、麗無）有人應得度（度石、麗作「道」）者待時待處待人乃能得道是（上五字石、麗作「佛豫知」）釋提桓因及八萬諸天」。

一 一五三頁中一一行第二字「石」，麗作「國石」。

一 一五三頁中一一行「石室中得道」，石無。

一 一五三頁中一二行「摩伽陁」，石、麗作「其」。

一五三頁中一三行第三字「以」，石、麗作「又以」。

一五三頁中一四行第五字「常」，資、磧、普、南、徑、清作「當」。

一五三頁中一五行第九字「樂」，石、麗作「富樂」。

一五三頁中一八行第五字「如」，石作「豐復次」。

一五三頁中二〇行第七字「思」，石、資、磧、普、南、徑、清作「思惟」。

一五三頁下三行末字至四行第一四字「以是三因緣故知摩伽陁國乞食易得」，資、磧、普、南、徑、清無。

一五三頁下五行「時時」，資、磧、普、南、徑、清作「時亦」。

一五三頁下六行第八字「王」，石、麗作「王兄弟」。

一五三頁下七行「亦有飢餓」，石作「亦有飢時」；資、磧、普、南、徑、清、麗作「飢餓」。

一五三頁下七行「時時有」，石作「有時時」。

一五三頁下八行第七字至九行末字「以是故知摩伽陁國豐樂乞食易得」，石無。

一五三頁下一二行首字至一三行第七字「静又……多得」，石作「静佛樂閑静處以是故多王舍城住又坐禪人諸聖人皆憙」。

一五三頁下一三行「住中」，石作「住山中」；資、磧、普、南、徑、清作「住山」。

一五三頁下一三行第六字「多」，石無。

一五三頁下一四行第一〇字「城」，石、麗作「城如是等種種因緣故多住王舍城」。

一五三頁下一五行「精舍」，資、磧、普、南、徑、清、麗無。

一五三頁下一六行第五字及一九行第二字「山」，石作「山中」。

一五三頁下一八行第一二字「在」，石、麗作「住」。

一五三頁下二二行第三字「以」，石無。

一五三頁下末行首字「在」，石作「住」。

一五四頁上一一行末字「定」，石、資、磧、普、南、徑、清無。

一五四頁上一二行第一〇字「諸」，資、磧、普、南、徑、清作「説」。

一五四頁上一六行首字及第六字「我」，資無。

一五四頁上一六行第一五字至一七行第六字「一切世界中心應厭」，石作「應厭一切世間」。

一五四頁上一七行第二字「界」，麗作「間」。

一五四頁上一七行第九字「故」，諸本作「欲」。

一五四頁上一八行「世界中苦開導」，石作「世間苦導引」。

一五四頁上一九行第二字「竟」，資、磧、普、南、徑、清作「竟即」。

一五四頁上二〇行第八字「昇」，

磧、普、南作「是」。

一五四頁中一行第二字「亦」，石作「亦復」。

一五四頁中四行「入山內」，石作「入耆闍崛山頭石中」；磧、普、南、徑、清作「入闍耆崛山石頭中」；麗作「入山頭石內」。

一五四頁中六行「時弥勒佛出佛」，石作「弥勒佛」。

一五四頁中八行第一〇字「出」，石、麗作「出世」。

一五四頁中八行末字「逐」，石、麗作「隨」。

一五四頁中九行「天人」，諸本作「大」。

一五四頁下一行第二字「以」，石作「如」。

一五四頁下三行末字「衆」，資、磧、普、南、徑、清作「衆生」。

一五四頁下七行第一〇字「是」，石無。

一五四頁下八行「人喜住」，石作「所樂」。

一五四頁下八行第九字至九行末字「是故摩訶迦葉於中集法亦於中般涅盤又諸聖人皆住是處」，資、磧、普、南、徑、清、麗無。

一五四頁下一〇行「是故佛多住耆闍崛山」，石作「以是故佛在耆闍山中」。

一五四頁下一二行第六字「那」，石、麗作「那弥帝隸耶尼子」。

一五四頁下一四行第五字「中」，石、磧、普、南、徑、清、麗作「中住」。

一五四頁下一六行第九字「處」，石、麗作「受」。

一五四頁下一七行第四字「无」，石、麗作「無如」。

一五四頁下一九行第一〇字至二〇行首字「中淨潔有福德」，石作「地有福淨潔」；資、磧、普、南、徑、清作「中清淨有福德」。

一五四頁下二〇行第一一字「行」，石、麗作「住」。

一五五頁上一行「聖所處」，石、磧、普、南、徑、清、麗作「所住處聖人所止息」。

一五五頁上二行第五字「脫」，石、磧、普、南、徑、清、麗作「脫唯有真法存」。

一五五頁上三行「力大」，石、麗作「大力」。

一五五頁上五行第一二字「在」，石作「住」。

一五五頁上六行「寂大今欲說故」，資、磧、普、南、徑、清作「大」。

一五五頁上七行「略說耆闍崛山」，石、麗作「略說住耆闍崛山因緣」。

一五五頁上八行「大智度共摩訶比丘僧釋論第六」，石作「摩訶般若波羅蜜經釋初品中摩訶比丘僧義第六」；資作「大智度論釋初品中共摩訶比丘僧第六」；磧、普、南作「大智度論釋初品中共摩訶比丘僧」；徑、清作「釋初品中共摩訶比丘僧」。

一　一五五頁上九行首字「共」，石、磧、普、南、徑、清、麗作〔經〕共摩訶比丘僧〔論〕共」。

一　一五五頁上一〇行第七字至一二字「共摩訶比丘僧」，石、麗無；資、磧、普、南、徑、清作「摩訶比丘僧」。

一　一五五頁上一一行第三字「或」，石、磧、普、南、徑、清、麗無。

一　一五五頁上一一行第一〇字「何」，石作「何爲」。

一　一五五頁上一二行第二字「上」，石、麗作「最上」。

一　一五五頁上一四行第二字「名」，資、磧、普、南、徑、清作「名爲」。

一　一五五頁上一四行第一三字「道」，資、磧、普、南、徑、清作「外道」。

一　一五五頁上二〇行第一三字「姉」，磧、普、南、徑、清無。

一　一五五頁上末行「舍利弗言」，石作「云何爲下口食舍利弗答曰」。

一　一五五頁中一行第四字「積」，諸本作「種」。

一　一五五頁中六行「卜筭吉凶」，石作「卜算吉凶小術不正」；麗作「卜筮吉凶」。

一　一五五頁中七行「種種」，石無。

一　一五五頁中九行「聞說」，石作「因聞是說」。

一　一五五頁中一四行「羗虜各有名字」，石作「夷虜各各有說」。

一　一五五頁中一五行「是某甲比丘」，石作「比丘某甲能」；麗作「某甲比丘」。

一　一五五頁中一六行第一〇字「能」，石、麗作「能能」。

一　一五五頁下二行第一一字「丘」，石作「丘因緣」。

一　一五五頁下一一行第六字「不」，諸本作「不能」。

一　一五五頁下一一行末字「六」，諸本作「云」。

一　一五五頁下一六行第六字「僧」，石、資、磧、普、南、徑、清作「僧聲聞一種謂實僧」。

一　一五五頁下一七行第七字「僧」，石、麗作「比丘僧」。

一　一五五頁下一七行第八字「大」前，石、磧、普、南、徑、清、麗冠以〔經〕。

一　一五五頁下一七行第一三字「者」，石、磧、普、南、徑、清、麗作〔論〕。

一　一五五頁下一八行第一一字「爲」，石無。

一　一五五頁下二〇行第一二字「千」，諸本作「千人」。

一　一五五頁下二一行第六字「皆」，石、磧、普、南、徑、清、麗冠以〔經〕。

一　一五五頁下二一行「云何」，石、麗作「〔論〕問曰云何」；磧、普、南、徑、清作「〔論〕云何」。

一　一五五頁下二二行第二字「漢」，石作「漢有人言」。

一　一五六頁上三行第六字「諸」，石、磧、普、南、徑、清、麗冠以〔經〕。

一　一五六頁上三行第一〇字「者」，石、磧、普、南、徑、清、麗作〔論〕。

一　一五六頁上四行第一二字「无」，

石、磧、普、南、徑、清、麗冠以「〔經〕」。

一五六頁上五行首字「者」，石、磧、普、南、徑、清、麗作「〔論〕」。

一五六頁上六行第八字「心」，石、磧、普、南、徑、清、麗冠以「〔經〕」。

一五六頁上七行第四字「者」，石、磧、普、南、徑、清、麗作「〔論〕」。

一五六頁上七行第九字「記」，諸本作「說」。

一五六頁上二〇行第三字「天」，資、磧、普、南、徑、清作「人天」。

一五六頁上二〇行第一〇字「大」，資、磧、普、南、徑、清無。

一五六頁上二一行首字「八」，石作「八布施」。

一五六頁中一一行第一三字「墮」，石作「崩」。

一五六頁中一七行末字「師」，石作「師更」。

一五六頁下七行「年一」，石、資、磧、普、南、徑、清作「始年」。

一五六頁下一〇行第四字及一三行第四字「正」，石作「聖」。

一五六頁下一七行第八字「言」，石無。

一五六頁下末行末字「人」，諸本作「大」。

一五七頁上一六行第四字「心」，石、磧、普、南、徑、清作「〔經〕其心」；資作「其心」；麗作「〔經〕心」。

一五七頁上一六行「柔軟」，石、磧、普、南、徑、清作「順」；資作「柔」。

一五七頁上一六行第八字「者」，石、磧、普、南、徑、清、麗作「〔論〕」。

一五七頁上一九行第七字「身」，石、麗作「身者」。

一五七頁上二一行及末行「柔軟」，石作「順」。

一五七頁上二二行第八字「癡」，石、麗作「應癡」。

一五七頁中四行第三字「見」，徑作「者」。

一五七頁中四行第八字「名」，資、磧、普、南、徑、清、麗無。

一五七頁中五行「柔軟」，磧、普、南、徑、清作「順」。

一五七頁中五行第一二字「摩」，石、磧、普、南、徑、清、麗冠以「〔經〕」。

一五七頁中六行第二字「者」，石、磧、普、南、徑、清、麗作「〔論〕」。

一五七頁中六行第五字「言」，石作「秦言」。

一五七頁中六行第九字「不」，磧、普、南、徑、清作「無」。

一五七頁中六行第一三字「諸」，資、磧、普、南、徑、清無。

一五七頁中七行「不罪」，磧、普、南、徑、清作「大無罪」。

一五七頁中九行「無數」，資、磧、普、南、徑、清無。

一五七頁中九行「是以」，石、資、磧、普、南、徑、清作「以是」。

一五七頁中一九行第三字「從」，資、磧、普、南、徑、清無。

一五七頁中二一行「實法相雨」，

石作「實相法雨」。

一五七頁中二一行第一一字「根」，石、麗作「牙」。

一五七頁中二一行第一二字「所」，石、磧、普、南、徑、清、麗冠以「經」。

一五七頁中二二行第二字「者」，石、磧、普、南、徑、清、麗作「論」。

一五七頁中末行「信戒捨定」，石作「得信戒捨定」；資、磧、普、南、徑、清作「信戒定捨」。

一五七頁中末行第一一字「得」，石無。

一五七頁中末行末字至本頁下一行第二字，「爲所作」，石作「所作得」。

一五七頁下一行第一三字「得」，石無。

一五七頁下二行首字「是」，石無。

一五七頁下三行末字「一」，石、麗作「二」。

一五七頁下一〇行第二字「修」，資作「思惟」。

一五七頁下一一行第五字「燸」，石作「得煖」。

一五七頁下一二行第二字及一三行第二字「得」，石無。

一五七頁下一二行第六字「作」，石作「作得」。

一五七頁下一三行第七字「見」石作「得見」。

一五七頁下一四行「思惟道得」，石作「得思惟道」。

一五七頁下一四行「成得學道」，石作「得成學道」；資作「成學道得」；磧、普、南、徑、清作「學道得」；麗作「成學道」。

一五七頁下一五行首字及一六行第三字「作」，石作「作得」。

一五七頁下一五行第五字及第一三字、一六行第七字「得」，石無。

一五七頁下二一行首字「棄」，石、磧、普、南、徑、清、麗冠以「經」。

一五七頁下二一行第五字及次頁上九行第一〇字、下一行第八字「者」，石、磧、普、南、徑、清、麗作「論」。

一五七頁下二一行及二二行「五衆」，石作「五陰」。

一五七頁下二二行第七字「謂」，石作「謂爲」。

一五八頁上一行末字及二行第五字「種」，石、麗作「者」。

一五八頁上二行第二字、第七字、三行第一二字及五行首字「益」，石無。

一五八頁上二行「他益利」，資、磧、普、南、徑、清作「益利他」。

一五八頁上五行第二字「他」，資、磧、普、南、徑、清作「他人」。

一五八頁上六行第一三字「負」，資、磧、普、南、徑、清作「勝」，麗作「服」。

一五八頁上七行第七字「亦」，資、磧、普、南、徑、清作「亦復」。

一五八頁上九行第六字「逮」，石、磧、普、南、徑、清、麗冠以「經」。

除」。

一　一五九頁中一二行第一一字「者」，石、磧、普、南、徑、清、麗作「論」。

一　一五九頁中一三行第三字「唯」，諸本作「唯除」。

一　一五九頁中一八行第七字「善」，石、磧、普、南、徑、清、麗無。

一　一五九頁下四行第一二字「更」，諸本作「便」。

一　一五九頁下六行「有人言」，石、磧、普、南、徑、清、麗無。

一　一五九頁下一〇行第一四字「合」，資、磧、普、南、徑、清作「令」。

一　一五九頁下一一行第五字「識」，石、麗作「勸」。

一　一五九頁下一三行第六字及一八行第一二字「是」，資、磧、普、南、徑、清無。

一　一五九頁下一六行首字「畏」，石作「憂」。

一　一五九頁下一六行第八字「大」，石無。

一　一五九頁下一六行第一〇字「懃」，諸本作「懃盡漏」。

一　一五九頁下一七行第三字「名」，石作「名字」。

一　一五九頁下二二行第一〇字「伽」，石、麗作「乾」；南、徑、清作「揵」。

一　一六〇頁上四行首字「文」，石作「文尼」。

一　一六〇頁上四行「我弟子名字」，石、麗作「我佛弟子名」。

一　一六〇頁上四行第一二字「子」，石、麗作「子名」。

一　一六〇頁上九行至一〇行「阿難者秦言歡喜」，石、麗作夾註。

一　一六〇頁上一一行「師子頰」，石作「新韓阿㝹」並夾註「秦言師子頰」。

一　一六〇頁上一二行「第一」，資、磧、普、南、徑、清作「其第一」。

一　一六〇頁上一四行第七字「佛」，石作「悉達」；資、磧、普、南、徑、清作「悉達陀」。

一　一六〇頁上一六行第六字「王」，諸本作「飯王」。

一　一六〇頁上一八行末字「聖」，石無。

一　一六〇頁上一九行第二字「位」，石作「位處」。

一　一六〇頁上一九行第七字「至」，資、磧、普、南、徑、清作「往」。

一　一六〇頁上末行第八字「耳」，石、資、磧、普、南、徑、清作「身」。

一　一六〇頁中七行首字「處」，石、麗作「座」。

一　一六〇頁中九行「十八」，石、磧、南、徑、清作「八十」。

一　一六〇頁中一三行第三字「了」，資、磧、普、南、徑、清作「死了」。

一　一六〇頁中一四行「哭而言」，石、麗作「時悲哭而說偈言」。

一　一六〇頁中二〇行末字「土」，石作「國」；資、磧、普、南、徑、清作「土歡喜得大利解脫一切苦今得轉法輪無所不清淨」。

一 一六〇頁中二一行第一一字及下一行首字「了」，資、磧、普、南、徑、清作「死」。

一 一六〇頁中末行第九字「來」，資、磧、普、南、徑、清無。

一 一六〇頁下五行第四字「轉」，石無。

一 一六〇頁下六行首字「心」，石、麗作「王心」。

一 一六〇頁下九行第三字「難」後，石有夾註「阿難者秦言歡喜」。

一 一六〇頁下一六行「大歡喜」，徑、清作「心歡喜」。

一 一六〇頁下一八行「供養」，石、麗作「供給供養」。

一 一六〇頁下一九行末字「非」，石作「非是」。

一 一六〇頁下二一行「數爲五千」，石、麗作「共數五千中」。

一 一六〇頁下二二行第五字「唯」，石無。

一 一六〇頁下末行「大智度初品中四衆義釋論第七」，石作「摩訶般若波羅蜜經釋初品中四衆義第七」；資作「大智度論釋初品中四衆品第七」；磧、普、南作「大智度論釋初品中三衆品」；徑作「別釋初品中三衆義」；清作「別釋三衆義」。

一 一六一頁上一行首字「五」，諸本作「〔經〕復有五」。

一 一六一頁上二行首字「諦」，磧、普、南、徑、清作「諦者」。

一 一六一頁上二行第二字「問」，石、磧、普、南、徑、清、麗冠以〔論〕。

一 一六一頁上九行第六字「止」，資、磧、普、南、徑、清作「正」。

一 一六一頁上一五行第一〇字「道」，資、磧、普、南、徑、清作「道者少」。

一 一六一頁上末行第七字「囑」，諸本作「如囑」。

一 一六一頁中七行第一二字及八行第一〇字「愛」，石作「受」。

一 一六一頁中末行「大智度論卷第三」，石作「大智度經論卷第四」。

大智度初品中菩薩釋論第八　卷第四　作

龍樹菩薩造
後秦龜茲國三藏法師鳩摩羅什奉　詔譯

經復有菩薩摩訶薩論問曰若從上數應先菩薩次第比丘比丘尼優婆塞優婆夷菩薩次佛故若從下數應先優婆夷次第優婆塞比丘尼比丘菩薩今何以先說比丘次三衆後說菩薩答曰菩薩雖應次佛以諸煩惱未盡故先說阿羅漢諸阿羅漢智慧雖少而已成熟諸菩薩智慧雖多而煩惱未盡是故先說阿羅漢佛法有二種一秘密二現示現示中佛辟支佛阿羅漢皆是福田以其煩惱盡無餘故秘密中說諸菩薩得無生法忍煩惱已斷具六神通利益衆生以現示法故前說阿羅漢後說菩薩復次菩薩以方便力現入五道受五欲引導衆生若在阿羅漢上諸天世人當生疑怪是故後說問曰在阿羅漢後可尒何以乃在優婆塞優婆夷後答曰四衆雖漏未盡盡在不久故通名聲聞衆若於四衆中間說菩薩者即不便如比丘尼得無量律儀故應次比丘後在沙弥前佛以儀法不便故在沙弥後此諸菩薩亦如是雖應在學人三衆上以不便故在後說復次有人言菩薩功德智慧超殊阿羅漢辟支佛是故別說問曰聲聞經中但說四衆此中何以別說菩薩衆答曰有二種道一聲聞道二菩提薩埵道比丘比丘尼優婆塞優婆夷四衆是聲聞道菩薩摩訶薩是菩提薩埵道以是故聲聞法中經初無佛在某處某處住尒所菩薩俱但言佛某處某處住與尒所比丘俱如說佛在波羅柰與五比丘俱佛在伽耶國中與千比丘俱佛在舍婆提與五百比丘俱如是種種經初不說與菩薩若干人俱問曰諸菩薩二種若出家若在家在家菩薩摠說在優婆塞優婆夷中出家菩薩摠在比丘比丘尼中今何以故別說答曰雖摠在四衆中應當別說何以故是菩薩必墮四衆中有四衆不墮菩薩中何者是有聲聞人辟支佛人

有求生天人有求樂自活人此四種人不墮菩薩中何以故是人不發心言我當作佛故復次菩薩得無生法忍故一切名字生死相斷出三界不墮衆生數中何以故聲聞人得阿羅漢道滅度已尚不墮衆生數中何況菩薩如波羅延優波尸難中偈說

已滅無處更出不　若已永滅不出不
既入涅槃常住不　惟願大智說其實

佛答曰

滅者即是不可量　破壞因緣及名相
一切言語道已過　一時都盡如火滅

如阿羅漢一切名字尚斷何況菩薩能破一切諸法知實相得法身而不斷耶以是故摩訶衍四衆中別說菩薩問曰何以故大乘經初菩薩衆聲聞衆兩說聲聞經初獨說比丘衆不說菩薩衆答曰欲辯二乘義故佛乘及聲聞乘聲聞乘陿小佛乘廣大聲聞乘自利自爲佛乘益一切復次聲聞乘多說衆生空佛乘說衆生空法空如是等種種分別說是二道故摩訶衍經聲聞衆菩薩衆兩說如讚摩訶衍偈中說

得此大乘人　能與一切樂　利益以實法
令得无上道　得此大乘人　慈悲一切故
頭目以布施　捨之如草木　得此大乘人
護持清淨戒　如犛牛愛尾　不惜身壽命
得此大乘人　能得无上忍　若有割截身
視之如斷草　得此大乘人　精進无猒惓
力行不休息　如抒大海者　得此大乘人
禪修无量定　神通聖道力　清淨得自在
得此大乘人　分別諸法相　无壞實智慧
是中已具得　不可思議智　无量悲心力
不入二法中　等觀一切法　驢馬駝象乘
雖同不相比　菩薩及聲聞　大小亦如是
大慈悲為軸　智慧為兩輪　精進為駛馬
戒定以為衡　忍辱心為鎧　總持為轡勒
摩訶衍人乘　能度於一切

問曰如聲聞經初但說比丘眾摩訶衍經初何以不但說菩薩眾荅曰摩訶衍廣大諸乘諸道皆入摩訶衍聲聞乘陿小不受摩訶衍辟如恒河不受大海以其陿小故大海能受眾流以其廣大故摩訶衍法亦如是如偈說

摩訶衍如海　小乘牛跡水　小故不受大
其喻亦如是

問曰何等名菩提何等名薩埵荅曰

菩提名諸佛道薩埵名或眾生或大心是人諸佛道功德盡欲得其心不可斷不可破如金剛山是名大心如偈說

一切諸佛法　智慧及戒定　能利益一切
是名為菩提　其心不可動　能忍成道事
不斷亦不破　是心名薩埵

復次稱讚好法名為薩好法體相名為埵菩薩心自利利他故度一切眾生故知一切法實性故行阿耨多羅三藐三菩提道故為一切賢聖之所稱讚故是名菩提薩埵所以者何一切諸法中佛法第一是人欲取是法故為賢聖所讚歎復次如是人為一切眾生脫生老死故索佛道是名菩提薩埵復次三種道皆是菩提一者佛道二者聲聞道三者辟支佛道辟支佛道聲聞道雖得菩提而不稱為菩提佛功德中菩提稱為菩提是名菩提薩埵問曰齊何來名菩提薩埵荅曰有大誓願心不可動精進不退以是三事名為菩提薩埵復次有人言初發心作願我當作佛度一切眾生從是已來名菩提薩

埵如偈說

若初發心時　誓願當作佛　已過諸世間
應受世供養

從初發心到第九无㝵入金剛三昧中是中間名為菩提薩埵是菩提薩埵有兩種有鞞跋致有阿鞞跋致如退法不退法阿羅漢阿鞞跋致菩提薩埵是名實菩薩以是實菩薩故諸餘退轉菩薩皆名菩薩辟如得四道人是名實僧以實僧故諸未得道者皆得名僧問曰云何知是菩薩鞞跋致阿鞞跋致荅曰般若波羅蜜阿鞞跋致品中佛自說阿鞞跋致相如是相是退轉如是相是不退轉復次若菩薩一法得好修好念是名阿鞞跋致菩薩何等一法常一心集諸善法如說諸佛一心集諸善法故得阿耨多羅三藐三菩提復次有菩薩得一法是阿鞞跋致相何等一法正直精進如佛問阿難阿難汝說精進如是世尊阿難汝讚精進如是善逝阿難常行常修常念精進乃至令人得阿耨多羅三藐三菩提如經廣說復次若得

二法是時是阿鞞跋致相何等二法一切法實知空亦念不捨一切衆生如是人名為阿鞞跋致菩薩復次得三法一者若一心作願欲成佛道如金剛不可動不可破二者於一切衆生悲心徹骨入髓三者得般舟三昧能見現在諸佛是時名阿鞞跋致復次阿毗曇中迦旃延尼子弟子輩言何名菩薩自覺復能覺他是名菩薩必當作佛是名菩薩菩提名漏盡人智慧是人從智慧生智慧人所護智慧人所養故是名菩薩又言發阿鞞跋致心從是已後名菩薩又言若離五法得五法是名菩薩何謂五法離三惡道常生天上人間離貧窮下賤常得尊貴離非男法常得男子身離諸形殘缺陋諸根具足離捨憙忘常憶宿命得是宿命智慧常離一切惡法遠離惡人常求道法攝取弟子如是名為菩薩又言從種三十二相業已來是名菩薩問曰何時種三十二相業因緣答曰過三阿僧祇劫然後種三十二相業因緣問曰幾時名阿

大智度論卷第四　第七張　作

僧祇答曰天人中能知筭數者極數不復能知是名一阿僧祇如一一名二二二名四三三名九十十名百十百名千十千名万千万名億千万億名那由他千万那由他名頻婆千万頻婆名迦他過迦他名阿僧祇如是數三阿僧祇若行一阿僧祇滿行第二阿僧祇第二阿僧祇滿行第三阿僧祇譬如筭數法筭一乃至筭百百筭竟還至一如是菩薩一阿僧祇過還從一起初阿僧祇中心不自知我當作佛不作佛二阿僧祇中心雖能知我必作佛而口不稱我當作佛三阿僧祇中心了了自知得作佛口自發言无所畏難我於来世當作佛釋迦文佛從過去釋迦文佛到剌那尸棄佛為初阿僧祇是中菩薩永離女人身從剌那尸棄佛至燃燈佛為二阿僧祇是中菩薩七枚青蓮華供養燃燈佛敷鹿皮衣布髮掩泥是時燃燈佛便授其記汝當来世作佛名釋迦牟尼從燃燈佛至毗婆尸佛為第三阿僧祇若過三阿僧祇劫是時菩薩

大智度論卷第四　第八張　作

種三十二相業因緣問曰三十二相業何處可種答曰欲界中非色无色界於欲界五道在人道中種於四天下閻浮提中種於男子身種非女人佛出世時種佛不出世不得種緣佛身種緣餘不得種問曰是三十二相業因緣於身業口業意業何業種答曰意業種非身口業何以故是意業利故問曰意業有六識是三十二相業為是意識種是五識種

答曰是意識非五識何以故五識不能分別以是故意識種問曰何相初種答曰有人言足安立相先種何以故先安立然後能種餘相有人言紺青眼相初種得此眼相大慈觀衆生此兩語雖有是語不必尒也若相因緣和合時便是初種何必安立足為初問曰一思種為多思種答曰三十二思種三十二相一一思種一一相一一相百福德莊嚴問曰幾許名一福德答曰有人言有業報轉輪聖王於四天下受福樂得自在是名一福德如是百福成一相復有人言作釋提桓因於二天中得自在是名

大智度論卷第四　第九張　作

一福德復有人言作他化自在天王於欲界中得自在是名一福復有人言除補處菩薩餘一切衆生所得福報是名一福復有人言天地劫盡一切衆生共福德故三千大千世界報立是名一福復有人言是福不可量不可以譬喻知如三千大千世界一切衆生皆盲无目有一人能治令差是爲一福一切人皆被毒藥一人能治令差一切人應死一人能救之令脫一切人破戒破正見一人能教令得淨戒正見如是等爲一福復有人言是福不可量不可譬喻是菩薩入第三阿僧祇中心思大行種是三十二相因緣以是故是福无能量唯佛能知問曰菩薩幾時能種三十二相答曰極遲百劫極疾九十一劫釋迦牟尼菩薩九十一大劫行辦三十二相如經中言過去久遠有佛名弗沙時有二菩薩一名釋迦牟尼一名弥勒弗沙佛欲觀釋迦牟尼菩薩心純淑未即觀見之知其心未純淑而諸弟子心皆純淑又弥勒菩薩心已純淑

而弟子未純淑是時弗沙佛如是思惟一人之心易可速化衆人之心難可疾治如是思惟竟弗沙佛欲使釋迦牟尼菩薩疾得成佛上雪山上於寶窟中入火定是時釋迦牟尼菩薩作外道仙人上山採藥見弗沙佛坐寶窟中入火定放光明見已心歡喜信敬翹一脚立叉手向佛一心而觀目未曾眴七日七夜以一偈讚佛

天上天下無如佛　十方世界亦無比
世界所有我盡見　一切無有如佛者

七日七夜諦觀世尊目未曾眴超越九劫於九十一劫中得阿耨多羅三藐三菩提問曰若釋迦牟尼菩薩聰明多識能作種種好偈何以故七日七夜一偈讚佛答曰釋迦牟尼菩薩貴其心思不貴多言若更以餘偈讚佛心或散亂是故七日七夜以一偈讚佛問曰釋迦牟尼菩薩何以心未純淑而弟子純淑弥勒菩薩自心純淑而弟子未純淑答曰釋迦牟尼菩薩饒益衆生心多自爲身少故弥勒菩薩多爲己身少爲衆生故從釋迦尸

佛至迦葉佛於其中間九十一大劫種三十二相業因緣集竟六波羅蜜滿何等六檀波羅蜜尸羅波羅蜜羼提波羅蜜毗梨耶波羅蜜禪波羅蜜般若波羅蜜問曰檀波羅蜜云何滿答曰一切能施无所遮礙乃至以身施時心无所惜譬如尸毗王以身施鴿釋迦牟尼佛本身作王名尸毗是王得歸命救護陀羅尼大精進有慈悲心視一切衆生如母愛子時世无佛釋提桓因命盡欲墮自念言何處有佛一切智人處處問難不能斷疑知盡非佛即還天上愁憂而坐巧變化師毗首羯磨天問曰天主何以愁憂答曰我求一切智人不可得以是故愁憂毗首羯磨言有大菩薩布施持戒禪定智慧具足不久當作佛帝釋以偈答曰

菩薩發大心　魚子菴樹華　三事因時多
成果時甚少

毗首羯磨答曰是優尸挪種尸毗王持戒精進大慈大悲禪定智慧不久作佛釋提桓因語毗首羯磨當往試

之知有菩薩相不汝作鴿我作鷹汝
便佯怖入王腋下我當逐汝毗首羯
磨言此大菩薩云何以此事惱釋提
桓因說偈言
我亦非惡心　如真金應試　以此試菩薩
知其心定不
說此偈竟毗首羯磨即自變身作一
赤眼赤足鴿釋提桓因自變身作一
鷹急飛逐鴿鴿直來入王掖底舉身
戰怖動眼促聲
是時衆多人　相與而語曰　是王大慈仁
一切宜保信　如是鴿小鳥　歸之如入舍
菩薩相如是　作佛必不久
是時鷹在近樹上語尸毗王還與我
鴿此我所受王時語鷹我前受此非
是汝受我初發意時受此一切衆生
皆欲度之鷹言王欲度一切衆生我
非一切耶何以獨不見愍而奪我今
日食王答言汝須何食我作誓願其
有衆生來歸我者必救護之汝須何
食亦當相給鷹言我須新殺熱肉王
念言如此難得自非殺生无由得也
我當云何殺一與一思惟心定即自

大智度論卷第四　第十三張　作

說偈
是我此身肉　恒屬老病死　不久當臭爛
彼須我當與
如是思惟已呼人持刀自割股肉與
鷹鷹語王言王雖以熱肉與我當用
道理令肉輕重得與鴿等勿見欺也
王言持稱來以肉對鴿鴿身轉重王
肉轉輕王令人割二股亦輕不足次
割兩蹲兩臗兩乳項脊舉身肉盡鴿
身猶重王肉故輕是時近臣內戚安
施帳幔却諸看人王今如此無可觀
也尸毗王言勿遮諸人聽令入看而
說偈言
人天阿修羅　一切來觀我　大心无上志
以求成佛道　若有求佛道　當忍此大苦
不能堅固心　則當息其意
是時菩薩以血塗手攀稱欲上定心
以身盡以對鴿鷹言大王此事難辦
何用如此以鴿還我王言鴿來歸我
終不與汝我喪身无量於物无益今
欲以身求易佛道以手攀稱尒時菩
薩肉盡筋斷不能自制欲上而墮自
責心言汝當自堅勿得迷悶一切衆

大智度論卷第四　第十四張　作

生墮憂苦大海汝一人立誓欲度一
切何以怠悶此苦甚少地獄苦多以
此相比於十六分猶不及一我今有
智慧精進持戒禪定猶患此苦何況
地獄中人无智慧者是時菩薩一心
欲上復更攀稱語人扶我是時菩薩
心定无悔諸天龍王阿修羅鬼神人
民皆大讚言為一小鳥乃尒是事希有
即時大地為六種振動大海波揚枯
樹生華天降香雨及散名華天女歌
讚必得成佛是時念我四方神仙皆
來讚言是真菩薩必早成佛鷹語鴿
言終試如此不惜身命是真菩薩即
說偈言
慈悲地中生　一切智樹牙　我曹當供養
不應施憂惱
毗首羯磨語釋提桓因言天主汝有
神力可令此王身得平復釋提桓因
言不須我也此王自作誓願大心歡
喜不惜身命感發一切令求佛道帝
釋語人王言汝割肉辛苦心不惱沒
耶王言我心歡喜不惱不沒帝釋言
誰當信汝心不沒者是時菩薩作實

大智度論卷第四　第十五張　作

誓願我割肉血流不瞋不惱一心不
悶以求佛道者我身當即平復如故
即出語時身復如本人天見之皆大
悲喜歎未曾有此大菩薩必當作佛
我曹應當盡心供養願令早成佛
道當念我等是時釋提桓因毗首羯
磨各還天上如是等種種相是檀波
羅蜜滿問曰尸羅波羅蜜云何滿答
曰不惜身命護持淨戒如須陁須摩
王以劫磨沙波陁大王故乃至捨命
不犯禁戒昔有須陁須摩王是王精
進持戒常依實語晨朝乘車將諸婇
女入園遊戲出城門時有一婆羅門
来乞語王言王是大福德人我身貧
窮當見愍念賜匃少多王言諾敬如
来告當相布施須我出還作此語已
入園澡浴嬉戲時有兩翅王名曰鹿
足空中飛來於婇女中捉王將去譬
如金翅鳥海中取龍諸女啼哭號慟
一園驚城內外擾擾悲惶鹿足負王
騰躍虛空至所住止置九十九諸王
中須陁須摩王涕零如雨鹿足王語言
大剎利王汝何以啼如小兒人生有

死合會有離須陁須摩王答言我不
畏死甚畏失信我從生已來初不妄
語今日晨朝出門時有一婆羅門來
從我乞我時許言還當布施不慮無
常辜負彼心自招欺罪是故啼耳鹿
足王言汝意欲尒畏此妄語聽汝還
去七日布施婆羅門訖便來還若過
七日不還我有兩翅力取汝不難須
陁須摩王得還本國恣意布施立太
子為王大會人民懺謝之言我智不
周物治不如法當見忠恕如我今日
身非已有正尒還去舉國人民及諸
親戚叩頭留之願王留意慈廕此國
勿以鹿足鬼王為慮也當設鐵舍奇
兵鹿足雖神不畏之也王言不得尒
也而說偈言

實語第一戒　實語昇天梯　實語小而大
妄語入地獄　我今守實語　寧棄身壽命
心無有悔恨

如是思惟已王即發去到鹿足王所
鹿足遥見歡喜而言汝是實語人不
失信要一切人皆惜身命汝從死得
脫還來赴信汝是大人尒時須陁須

摩王讚實語是為人非實語非
人如是種種讚實語呵妄語鹿足聞
之信心清淨語須陁須摩王言汝好
說此今相放捨汝既得脫九十九王亦
布施汝隨意各還本國如是語已百王
各得還去如是等種種本生中相是為
尸羅波羅蜜滿問曰羼提波羅蜜云何
滿答曰若人來罵撾捶割剝支解奪命
心不起瞋如羼提比丘為迦梨王截其
手足耳鼻心堅不動問曰毗梨耶波羅
蜜云何滿答曰若有大心勤力如大
施菩薩為一切故以此一身誓杼大海
令其乾盡定心不懈亦如讚弗沙佛
七日七夜翹一脚目不眴問曰禪波
羅蜜云何滿答曰如一切外道禪定
中得自在又如尚闍梨仙人坐禪時
無出入息鳥於螺髻中生子不動不
搖乃至鳥子飛去問曰般若波羅蜜
云何滿答曰菩薩大心思惟分別如
劬嬪陁婆羅門大臣分閻浮提大地
作七分若干大城小城聚落村民盡
作七分般若波羅蜜如是是菩薩六
波羅蜜滿在迦葉佛所作弟子持淨

戒行功德生兜率天上問曰菩薩何以生兜率天上而不在上生不在下生是大有福德應自在生荅曰有人言因緣業熟應在是中生復次下地中結使厚濁上地中結使利兜率天上結使不厚不利智慧安隱故復次不欲過佛出世時故若於下地生命短壽終時佛未出世若於上地生命長壽未盡復過佛出時兜率天壽與佛出時會故復次佛常居中道故兜率天於六天及梵之中上三下三於彼天下必生中國中夜降神中夜出迦毗羅婆國行中道得阿耨多羅三藐三菩提中道為人說法中夜入无餘涅槃好中法故中天上生如是菩薩兜率天上生竟以四種觀人間一者觀時二者觀土地三者觀種姓四者觀生處云何觀時時有八種佛出其中第一人長壽八万四千歲時第二人壽七万歲第三人壽六万歲第四人壽五万歲第五人壽四万歲第六人壽三万歲第七人壽二万歲第八人壽一百餘歲菩薩如是念人壽百歲

大智度論卷第四　第十九張　作

佛出時到是名觀時云何觀土地諸佛常在中國生多金銀寶物飲食豐美其土清淨云何觀種姓佛生二種姓中若刹利若婆羅門刹利種勢力大故婆羅門種姓智慧大故隨時所貴者佛於中生云何觀生處何等母人能懷那羅延力菩薩亦能自護淨戒如是觀竟唯中國迦毗羅婆淨飯王后能懷菩薩如是思惟已於兜率天下不失正慧入於母胎問曰何以故一切菩薩末後身從天上來不從人中來荅曰乘上道故六道之中天道最上復次天上下時種種瑞應未曾所有若從人道人道不能有此復次人敬重天故問曰一切人以垢心有相續入母胎一切邪慧相應云何名菩薩正慧入母胎荅曰有人言有相續時一切衆生邪慧心入母胎菩薩憶念不失故名正慧入母胎中陰中住則知中陰住入胎時知入胎歌羅羅時知住歌羅羅（受胎七日亦白精和合時也）頞浮陁（二七日時如疊皰狀也）時知住頞浮陁伽那時知住伽那（三七日時如凝酪也）五皰時知住五

大智度論卷第四　第二十張　作

皰出生時知出生是中憶念不失是名正慧入母胎復次餘人在中陰住時若男於母生欲染心此女人與我從事於父生瞋恚若女於父生染欲心此男子與我從事於母生瞋恚如是瞋恚心染欲心菩薩無此菩薩先已了知是父是母是父是母能長養我身我依父母生身得阿耨多羅三藐三菩提是淨心念父母相續入胎是名正慧入母胎是菩薩滿十月正慧不失念出胎行七步發口言是我末後身乃至將示相師汝觀我子實有三十二大人相不若有三十二相具足者是應有二法若在家當為轉輪聖王若出家當成佛諸相師言地天太子實有三十二大人相若在家者當作轉輪王若出家者當成佛王言何等三十二相相師荅言一者足下安平立相足下一切著地間无所受不容一針二者足下二輪相千輻輞轂三事具足自然成就不待人工諸天工師毗首羯磨不能化作如是妙相問曰何以故不能荅曰是毗首

大智度論卷第四　第二十一張　作

羯磨諸天工師不隱沒智慧是輪相善業報是天工師生報得智慧是輪相行善根智慧得是眦首羯磨一世得是智慧是輪相從无量劫智慧生以是故眦首羯磨不能化作何況餘工師三者長指相指纖長端直次第傭好指節参差四者足跟廣平相五者手足指縵網相如鴈王張指則現不張則不現六者手足柔軟相如細劫波毳勝餘身分七者足趺高滿相以足蹈地不廣不狹足下色如赤蓮華足指間網及足邊色如真珊瑚指爪如淨赤銅足趺上真金色足趺上毛青毗琉璃色其足嚴好譬如雜寶嚴種種莊飾八者伊泥延膊相如伊泥延鹿膊隨次傭纖九者正立手摩膝相不俯不仰以掌摩膝十者陰藏相譬如調善象寶馬寶問曰若菩薩得阿耨多羅三藐三菩提時諸弟子何因緣見陰藏相答曰為度眾人决衆疑故示陰藏相復有人言佛化作馬寶象寶示諸弟子言我陰藏相亦如是十一者身廣長等相如尼拘盧陁

大智度論卷第四　第二十二張　作

樹菩薩身齊為中四邊量等十二者毛上向相身有諸毛生皆上向而稱十三者一一孔一毛生相毛不亂青琉璃色毛右靡上向十四者金色相問曰何等金色荅曰若鐵在金邊則不現今現在金比佛在時金則不現佛在時金比閻浮那金則不現閻浮那金比大海中轉輪聖王道中金沙則不現金沙比金山則不現金山比須弥山則不現須弥山金比三十三諸天瓔珞金則不現三十三諸天瓔珞金比焰摩天金則不現焰摩天金比兜率陁天金則不現兜率陁天金比化自在天金則不現化自在天金比他化自在天金則不現他化自在天金比菩薩身色則不現如是色是名金色相十五者丈光相四邊皆有一丈光佛在是光中端嚴第一如諸天諸王寶光明淨十六者細薄皮相塵土不著身如蓮華葉不受塵水若菩薩在乾土山中經行土不著足隨藍風來吹破土山令散為塵乃至一塵不著佛身十七者七處隆滿相

大智度論卷第四　第二十三張　作

兩手兩足兩肩項中七處皆隆滿端正色淨勝餘身體十八者兩腋下隆滿相不高不深十九者上身如師子相二十者大直身相於一切人中身最大而直二十一者肩圓好相一切治肩无如是者二十二者四十齒相不多不少餘人三十二齒身三百餘骨頭骨有九菩薩四十齒頭有一骨菩薩齒骨多頭骨少餘人齒骨少頭骨多以是故異於餘人身二十三者齒齊相諸齒等无麁無細不出不入齒密相人不知者謂為一齒齒間不容一毫二十四者牙白相乃至勝雪山王光二十五者師子頰相如師子獸中王平廣頰二十六者味中得上味相有人言佛以食著口中是一切食皆作最上味何以故是一切食中有最上味因故无是相人不能發其因故不得最上味復有人言若菩薩舉食著口中是時咽喉邊兩處流注甘露和合諸味是味清淨故名味中得上味二十七者大舌相是菩薩大舌從口中出覆一切面分乃至髮際若還入

大智度論卷第四　第二十四張　作

口口亦不滿二十八者梵聲相如梵天王五種聲從口出其一深如雷二清徹遠聞聞者悅樂三入心敬愛四諦了易解五聽者无猒菩薩音聲亦如是五種聲從口中出迦陵毗伽聲相如迦陵毗伽鳥聲可愛鼓聲相如大鼓音深遠二十九者真青眼相如好青蓮華三十者牛眼睫相如牛王眼睫長好不亂三十一者頂髻相菩薩有骨髻如拳等在頂上三十二者白毛相白毛眉間生不高不下白淨右旋舒長五尺相師言地天太子三十二大人相如是菩薩具有此相問日轉輪聖王有三十二相菩薩亦有三十二相有何差別荅曰菩薩相者有七事勝轉輪聖王相菩薩相者一淨好二分明三不失處四具足五深入六隨智慧行不隨世間七隨遠離轉輪聖王相不尒問曰去何名相荅曰易知故名相如水異火以相故知問曰菩薩何以故三十二相不多不少荅曰有人言佛以三十二相莊嚴身者端正不亂故若少者身不端正

若多者佛身相乱是三十二相端正不乱不可益不可減猶如佛法不可增不可減身相亦如是問曰菩薩何以故以相嚴身荅曰有人見佛身相心得信淨以是故以相嚴身復次諸佛以一切事勝故身色威力種姓家屬智慧禪定解脫衆事皆勝若佛不莊嚴身相是事便少復次有人言阿耨多羅三藐三菩提住是身中若身相不嚴阿耨多羅三藐三菩提不住此身中辟如人欲娶豪貴家女其女遣使語彼人言若欲娶我者當先莊嚴房室除却汙穢塗治香熏安施牀榻被褥綩綖幃帳幔幡蓋華香必令嚴飾然後我當到汝舍阿耨多羅三藐三菩提亦復如是遣智慧使未来世中到菩薩所言若欲得我先修相好以自莊嚴然後我當住汝身中若不莊嚴身者我不住也以是故菩薩修三十二相自莊嚴身為得阿耨多羅三藐三菩提故是時菩薩漸漸長大見老病死苦猒患心生夜半出家六年苦行食難陀婆羅門女益身

十六功德石蜜乳糜食竟菩提樹下破万八千億鬼兵魔衆已得阿耨多羅三藐三菩提問曰得何功德故名為佛荅曰得盡智无生智故名為佛復次有人言得佛十力四无所畏十八不共法三達无导三意止一者受教敬重佛无喜二者不受教不敬重佛无憂三者敬重不敬重心無異大慈大悲三十七道品一切諸法捴相别相悉知故故名為佛問曰何以故未得佛道名為菩薩得佛道不名為菩薩荅曰未得佛道心愛著求欲取阿耨多羅三藐三菩提以是故名為菩薩已成佛道更得佛種種異大功德故更有異名名為佛辟如王子未作王名為王子已作王不復名王子既為王雖是王子不名王子菩薩亦如是未得佛道名為菩薩已得佛道名為佛聲聞法中摩訶迦旃延尼子弟子輩説菩薩相義如是摩訶衍人言是迦旃延尼子弟子輩是生死人不誦不讀摩訶衍經非大菩薩不知諸法實相自以利根智慧於佛法中作論議諸結

使智定根等於中作義尚處處有失何況欲作菩薩論議辟如少力人跳小渠尚不能過何況大河於大河中則知没失問曰云何失荅曰如上言三阿僧祇劫過名為菩薩三阿僧祇中頭目髓腦布施心無有悔是阿羅漢辟支佛所不能及如昔菩薩為大薩陁婆渡大海水惡風壞船語衆賈人捉我頭髮手足當渡汝等衆人捉已以刀自煞大海水法不停死屍即時疾風吹至岸邊大慈如是而言非者誰是菩薩第二阿僧祇劫行滿求入第三阿僧祇時於燃燈佛所受記為佛即時上昇虛空見十方佛於虛空中立讚然燈佛然燈佛言汝過一阿僧祇劫當得作佛名釋迦牟尼得記如是而言尒時未是菩薩豈非大失迦旃延尼子弟子輩言三阿僧祇劫中未有佛相亦無種佛相因緣云何當知是菩薩一切法先有相然後可知其實若無相則不知摩訶衍人言受記為佛上昇虛空見十方佛此非大相耶為佛所記當得作佛得作

佛者此是大相捨此大相而取三十二相三十二相轉輪聖王亦有諸天魔王亦能化作此相難陁提婆達等皆有三十相婆跋梨婆羅門有三相摩訶迦葉婦有金色相乃至今世人亦各各有一相二相若青眼若長臂上身如師子如是等種種或多或少汝何以重此相何經中言三阿僧祇劫中菩薩不種相因緣如難陁澡浴鞞婆尸佛願得清淨端正於一辟支佛塔青黛塗壁作辟支佛像因而作願願我恒得金色身相又作迦葉佛塔中級以此三福因緣世世受樂處處所生恒得端嚴是福之餘生迦毗羅婆釋種中為佛弟子得三十大人相清淨端正出家得阿羅漢道佛說於五百弟子中難陁比丘端正第一此相易得云何言於九十一大劫中種餘一生中得是為大失汝言初阿僧祇劫中不知當作佛不作佛二阿僧祇劫中知當作佛不自稱說三阿僧祇劫中知得作佛能為人說佛何處說是語何經中有是語若聲聞法三藏

中說若摩訶衍中說迦旃延尼子弟子輩言雖佛口三藏中不說義理應尒阿毗曇鞞婆沙菩薩品中如是說荅曰摩訶衍中說初發心是時知我當作佛如阿遮羅菩薩於長手佛邊初發心時乃至金剛座處成佛道於其中間顛倒不淨心不生如首楞嚴三昧中四種菩薩四種受記有未發心而授記有適發心而授記有於前授記他人盡知已身不知有於前授記他人已身盡知汝云何言於二阿僧祇劫知受記而不自稱說復次如佛言無量阿僧祇劫作功德欲度衆生何以故言三阿僧祇劫三阿僧祇劫有量有限問曰摩訶衍中雖有此語我亦不能都信荅曰是為大失是佛真法佛口所說汝無反復汝從摩訶衍中出生云何言我不能都信復次摩訶衍論議此中應廣說復次說是三十二相業因緣欲界中種非色無色界中種無色界中以無身無色是三十二相是身莊嚴故於中不得種可尒色界中何以不得種色界中大有諸梵王

常請佛初轉法輪是智慧清淨能求
佛道何以言不得種三十二相因緣
又言人中得種非餘道如娑伽度龍
王十住菩薩阿那婆達多龍王七住菩
薩羅睺阿修羅王亦是大菩薩復何
以言餘道不得種三十二相因緣汝
言人中閻浮提種鬱怛羅曰不可種
有義彼中人无吾我著樂不利根故
劬陁尼弗婆提二處福德智慧壽命
勝閻浮提何以不得種復次汝言一
思種一相是心彈指頃六十生滅一
心中不住不能分別云何能種大人
相此大人相不應不了心得種以是
故多思和合能種一相如重物一人
不能擔必須多人力如是種相要得
大心多思和合命乃得種以是故名
百福相百大心思種福德是名百福相
不應一思種一相餘事尚不得一思種
一事何況百福相何以故言釋迦文
尼菩薩心未純淑弟子心純淑弥勒
菩薩心純淑弟子心未純淑是語何
處說三藏中摩訶衍中无是事此言
自出汝心汝但見釋迦文尼菩薩於

大智度論卷第四　第三十二張　作

寶窟中見弗沙佛七日七夜以一偈
讚弥勒菩薩亦種種讚弗沙佛但阿
波陁那經中不說汝所不知無因緣故
汝便謂弥勒弟子心未純淑如是皆
為違失汝言菩薩一切物能施无所
愛惜如尸毗王為鴿故割肉與鷹心
不悔恨如以財寶布施是名下布施
以身布施是名中布施種種施中心
不著是為上布施汝何以讚中布施
為檀波羅蜜滿此施心雖大多慈悲
有知智慧有不知智慧如人為父母
親屬不惜身或為主不惜身以是故
知為鴿不惜身是中布施問曰菩薩
為一切衆生為父母為主者為一切人
故以是故非直不惜身為檀波羅蜜
滿荅曰雖為一切衆生是心不清淨
不知己身无吾我不知取者無人无
主不知所施物實性不可說一不可
說異於是三事心著是為不清淨於
世界中得福德報不能直至佛道如說
般若波羅蜜中三事不可得亦不著
是為具足檀波羅蜜滿如是乃至般
若波羅蜜能分別大地城郭聚落作七

大智度論卷第四　第三十六張　作

分是為般若波羅蜜滿是般若波羅
蜜无量無邊如大海水諸天聖人阿
羅漢辟支佛乃至初行菩薩尚不能
知其邊涯十地住菩薩乃能知云何汝
言能分大地城郭聚落作七分是名般
若波羅蜜滿是事是笇數法能分地
是世俗般若波羅蜜中少許分辟如
大海水中一渧兩渧實般若波羅蜜
名三世諸佛母能示一切法實相是
般若波羅蜜无来處无去處一切處
求不可得如幻如響如水中月見便
失諸聖人憐愍故雖一相以種種名
字說是般若波羅蜜諸佛智慧寶藏
汝言大失汝言四種觀觀時觀土地
觀種族觀生處人壽八万歲佛出
世七六五四三二万歲中佛出世人
壽百歲是佛出世時若諸佛常憐
愍衆生何以正八種時中出世餘時
不出佛法不待時如好藥服時便
差病佛法亦如是不待時問曰雖
菩薩憐愍衆生諸佛不待時過八万
歲人長壽多樂深愛等結使厚根鈍
非可化時若百歲後時人短壽苦多瞋
恚等諸結使更厚此樂時苦時非得

大智度論卷第四　第三十三張　作

道時以是故佛不出世荅曰諸天壽出千万歲有先世因緣雖多樂染愛厚能得道何況人中不大樂三十六種不淨易可教化以是故人壽過八万歲佛應出世是中人无病心樂故人皆利根福德福德利根故應易得道復次師子鼓音王佛時人壽十万歲明王佛時人壽七百阿僧祇劫阿弥陁佛時人壽無量阿僧祇劫汝云何言過八万歲佛不出世問曰摩訶衍經有此事我法中無十方佛唯過去釋迦文尼拘陳若等一百佛未來弥勒等五百佛荅曰摩訶衍論中種種因緣說三世十方佛何以故十方世界有老病死婬怒癡等諸苦惱以是故佛應出其國如經中說無老病死煩惱者諸佛則不出世復次多病人應有多藥師汝等聲聞法長阿含中毗沙門王以偈白佛

稽首去來　現在諸佛　亦復歸命
釋迦文佛

汝經說過去未來現在諸佛言稽首釋迦文尼佛言歸命以此故知現在有餘佛若无餘國佛何以故前稽首三

大智度論卷第四　第三十四張　宮

世佛後別歸命釋迦文尼佛此王未離欲在釋迦文尼所得道敬愛心重故歸命於餘佛所直稽首問曰佛口說一世間无一時二佛出亦不得一時二轉輪王出以是故不應現在有餘佛荅曰雖有此言汝不解其義佛說一三千大千世界中無一時二佛出非謂十方世界无現在佛也如四天下世界中无一時二轉輪聖王出此大福德人無怨敵共世故以是故四天下一轉輪聖王佛亦如是於三千大千世界中亦無二佛出佛及轉輪聖王經說一猶汝何以信餘四天下更有轉輪聖王而不信餘三千大千世界中更有佛復次一佛不能得度一切衆生若一佛能度一切衆生者可不須餘佛但一佛出如諸佛法度可度衆生已而滅如燭盡火滅有為法無常性空故以是故現在應更有餘佛復次衆生无量苦亦无量是故應有大心菩薩出亦應有無量佛出世度諸衆生問曰如經中說无量歲中佛時時出譬如優曇鉢羅樹華

大智度論卷第四　第三十五張　作

時時一出若十方佛充滿佛便易出易得不名為難值荅曰不尒為一大千世界中佛无量歲時時出不言一切十方世界中難亦為罪人不知恭敬不勤精進求道以是故語言佛无量歲時時一出又此衆生衆罪報故墮惡道中无量劫尚不聞佛名何況見佛以是人故言佛出世難問曰若現在十方多有諸佛菩薩今一切衆生罪惡苦惱何以不來度之荅曰衆生无量阿僧祇劫罪垢深厚雖有種種餘福无見佛功德故不見佛如偈說

好福報未近　衰罪未除却　現在不能見
大德有力人　大德諸聖人　心亦无分別
慈悲一切人　一時令欲度　衆生福德熟
智慧根亦利　若為現度緣　即時得解脫
譬如大龍王　隨願雨衆雨　罪福隨本行
各各如所受

問曰若自有福德自有智慧如是人佛能度若无福德智慧佛不度若尒者自有福德智慧不待佛度荅曰此福德智慧從佛因緣出若佛不出世諸菩薩以十善因緣四无量意後世

大智度論卷第四　第三十六張　作

罪禍報種種因緣教道者无菩薩有
種種經中說人得此法行福德因緣
復次人雖有福德智慧若佛不出世
是世界中受報不能得道若佛出世
乃能得道是為大益辟如人雖有目
日不出時不能有所見要須日明得
有所見不得言我有眼何用日為如
佛說二因二緣能生正見一從他聞
法二內自如法思惟福德事故能生
善心利根智慧故能如法思惟以是
故知從佛得度如是等種種多有違
錯欲作般若波羅蜜論議故不能得
廣論餘事

大智度論卷第四

乙巳歲高麗國大藏都監奉
勅雕造

大智度論卷第四　第二十七張　作
恐

大智度論卷第四　校勘記

底本，麗藏本。

一七三頁上一行經名，石作「大智度經論卷第五」；資、磧、普、南、徑、清作「大智度論卷第四」。

一七三頁上三行與四行之間，石有「摩訶般若波羅蜜釋初品中菩薩義第八」；資作「釋初品中菩薩第八」；磧、普、南、徑、清作「釋初品中菩薩」。

一七三頁上四行首字「經」，資無。

一七三頁上四行第九字「論」，資無。

一七三頁上七行首字「先」，石作「從」。

一七三頁上九行第八字「應」，石無。

一七三頁上一三行第七、八字及一六行「現示」，資、磧、普、南、徑、清作「顯示」，下同。

一七三頁上一五行第六字「諸」，石無。

一七三頁上二〇行末字「乃」，資、磧、普、南、徑、清作「反」。

一七三頁上末行第七字「故」，石無。

一七三頁中八行第七字「衆」，石無。

一七三頁中一〇行第七字至一一行第一〇字「四衆……薩埵道」，資、磧、普、南、徑、清作「若說四衆當知是求聲聞道者若別說菩薩摩訶薩衆當知是求佛道者」。

一七三頁中一三行「某處某處」，石作「某處」。

一七三頁中二〇行第二字「在」，資、磧、普、南、徑、清作「說在」。

一七三頁中二二行第五字「必」，石作「心」。

一七三頁下七行第六字「延」，資、磧、普、南、徑、清作「延經」。

一七三頁下一七行第八字「初」，

磧、普、南、徑、清無。

一七三頁下二一行首字「乘」，石作「乘中」。

一七三頁下二二行「分別」，資、磧、普、南、徑、清作「分別三乘分別」。

一七三頁下二二行第九字「是」，石無。

一七三頁下二三行第五字「衆」，石無。

一七三頁下二三行第一二字至末行首字「讚摩訶衍」，石作「摩訶衍讚」。

一七四頁上一行「大乘人」，石作「摩訶衍」。

一七四頁上二行首字「令」，資作「今」。

一七四頁上六行「精進無厭惓」，石作「大精進無厭」。

一七四頁上七行「力行」，石作「行之」。

一七四頁上七行「抒大海者」，石作「人抒大海」。

一七四頁上一〇行第五字「得」，資、磧、普、南、徑、清作「足」。

一七四頁上一〇行「悲心力」，資作「非心轉」。

一七四頁上一二行第五字「比」，資、磧、普、南、徑、清作「匹」。

一七四頁上一三行第一四字「駛」，石、資、磧、普、南、徑、清作「快」。

一七四頁上一五行「人乘」，資作「乘人」。

一七四頁上一七行第七字「但」，石作「獨」。

一七四頁上一七行末字「摩」，石作「是摩」。

一七四頁上末行「問曰」，諸本作「以是故小乘衆不受菩薩問曰」。

一七四頁中一行第一〇字「或」，磧、普、南、徑、清作「成」。

一七四頁中八行第八字及九行首字「爲」，石無。

一七四頁中一一行第一三字「之」，石無。

一七四頁中一二行第三字「故」，石作「其心故」。

一七四頁中一三行第七字「法」，資、磧、普、南、徑、清作「法最」。

一七四頁中一六行第一一字「是」，石作「名」。

一七四頁中一九行「爲菩提」，石作「菩提薩埵」。

一七四頁中二〇行末字「來」，資無。

一七四頁中二一行首字「名」，石作「名爲」。

一七四頁中二三行「作願」，石作「度一切衆生作願言」。

一七四頁中末行「度一切衆生從是已來」，石作「從是來得」。

一七四頁下二行首字「若」，資作「佛」。

一七四頁下一〇行「名實僧以實僧故」，石作「實道人」。

一七四頁下一一行「皆得名僧」，石作「以實道人故得名道人」。

- 一七四頁下一二行第七字「曰」，石作「曰佛自説是」。
- 一七四頁下一三行「佛自説」，石無。
- 一七四頁下一六行第八字「常」，資無。
- 一七四頁下一七行首字「説」，石作「是」。
- 一七四頁下二二行「令人得」，石作「能令人至」。
- 一七五頁上六行「骨入」，資、磧、普、南、徑、清作「入骨」。
- 一七五頁上一二行「菩薩又」，石作「菩提薩埵有人」。
- 一七五頁上一三行第一一字及二〇行第六字「又」，石作「有人」。
- 一七五頁上一七行第一三字「忘」，石作「忠」。
- 一七五頁上一九行第三字「離」，諸本作「捨」。
- 一七五頁中一行第一二字「者」，石、磧、普、南、徑、清作「法」。
- 一七五頁中二行第二字「復」，資、磧、普、南、徑、清無。
- 一七五頁中一二行末字「知」，石作「了知」。
- 一七五頁中一六行及一八行「剌那」，石、磧、普、南、徑、清作「罰那」。
- 一七五頁下四行第六字「種」，諸本作「種非拘耶尼鬱單羅越弗婆提唯（唯石作「雖」）在閻浮提」。
- 一七五頁下六行首字「身」，諸本作「身得」。
- 一七五頁下七行「因緣」，資、磧、普、南、徑、清無。
- 一七五頁下七行第一二字「業」，石作「業因緣」。
- 一七五頁下一二行第六字「故」，石作「故是業」。
- 一七五頁下一六行「此兩語」，資、磧、普、南、徑、清無。
- 一七五頁下一七行第一〇字至一八行第三字「何必安立足爲初」，資、磧、普、南、徑、清無。
- 一七五頁下二一行第一一字「有」，資、磧、普、南、徑、清無。
- 一七六頁上一行第三字「德」，資、磧、普、南、徑、清無。
- 一七六頁上七行第五字「知」，石作「可知」。
- 一七六頁上一〇行第一〇字「能」，石無。
- 一七六頁中四行末字「於」，石作「入」。
- 一七六頁中五行第六字及七行第六字「定」，石作「禪定」。
- 一七六頁中一九行末字及二一行第四字「未」，石作「不」。
- 一七六頁中二〇行第一二字「自」，資、磧、普、南、徑、清無。
- 一七六頁下二行第九字「集」，資、磧、普、南、徑、清無。
- 一七六頁下三行「檀波羅蜜」，石作「檀那波羅蜜」，下同。
- 一七六頁下四行「禪波羅蜜」，石作「禪那波羅蜜」，下同。

一　一七六頁下一一行「盡欲墮」，資、磧、普、南、徑、清作「欲終」。

一　一七六頁下一二行「不能斷疑」，石作「都無斷疑處」。

一　一七七頁上九行第一一字「掖」，諸本作「腋」。

一　一七七頁上一二行第五字「信」，諸本作「護」。

一　一七七頁上一五行第五字「受」，資作「愛」。

一　一七七頁上一六行第一〇字「此」，石無。

一　一七七頁上二二行第一一字「无」，資、磧、普、南、徑、清作「何」。

一　一七七頁中五行第九字「熱」，石作「煖」。

一　一七七頁中七行「持稱」，石作「將秤」。

一　一七七頁中九行第八字「項」，資、磧、普、南、徑、清作「頸」。

一　一七七頁中一四行「人天」，資、磧、普、南、徑、清作「天人」。

一　一七七頁中一五行第三字「成」，石作「我」。

一　一七七頁中二〇行第一一字「物」，石作「人」。

一　一七七頁中二一行「攀稱」，石作「攀稱力少不能得上」。

一　一七七頁下二行第四字「怠」，石作「迷」。

一　一七七頁下三行第七字「分」，石作「分中」。

一　一七七頁下八行第七字「一」，資、磧、普、南、徑、清無。

一　一七七頁下九行「大地」，資、磧、普、南、徑、清作「天地」。

一　一七七頁下一一行「念我」，石、磧、普、南、徑、清無。

一　一七七頁下一三行第二字「終」，資、磧、普、南、徑、清作「衆」。

一　一七七頁下一五行「供養」，石作「養護」。

一　一七七頁下一九行「須我也」，石作「如」。

一　一七八頁上四行首字「悲」，石作「歡」。

一　一七八頁上五行第六字「心」，資、磧、普、南、徑、清作「一心」。

一　一七八頁上七行「種種」，石無。

一　一七八頁上七行第一二字「是」，石作「是爲」。

一　一七八頁上一〇行「乃至捨命」，石作「欲棄身命」。

一　一七八頁上一二行第七字「語」，石作「語是王」。

一　一七八頁上一五行第七字「匄」，石作「丐」；資、磧、普、南作「丐」；徑、清作「匄」；麗作「匃」。

一　一七八頁上一五行第一〇字「王」，資、磧、普、南、徑、清作「語」。

一　一七八頁上二一行第八字「止」，資、磧、普、南、徑、清作「山」。

一　一七八頁上二二行第一三字「王」，資、磧、普、南、徑、清無。

一　一七八頁中二行「甚畏」，資、磧、普、南、徑、清作「自恨」。

一七八頁中五行第二字「辜」，諸本作「孤」。

一七八頁中六行第三字「言」，石作「語須陁須摩王」。

一七八頁中八行第七字「雨」，石、磧、普、南、徑、清無。

一七八頁中一一行第二字「物」，資作「初」。

一七八頁中一一行第四字「不」，資、磧、普、南、徑、清作「多不」。

一七八頁中一七行「小而大」，資、磧、普、南、徑、清作「爲大人」。

一七八頁下四行「既得脱」，資、磧、普、南、徑、清作「得解脱」。

一七八頁下六行「本生中」，資、磧、普、南、徑、清無。

一七八頁下一一行第三字「阿」，資、磧、普、南、徑、清作「何」。

一七八頁下一二行第一〇字「一」，資無。

一七九頁上四行首字「言」，石作「言作」。

一七九頁上四行第七字「在」，石無。

一七九頁上七行「不欲過佛出世時」，石作「佛出世時不欲過」。

一七九頁上七行第九字「若」，資無。

一七九頁上一二行第四字「必」，資、磧、普、南、徑、清無。

一七九頁上末行第三字「一」，資、磧、普、南、徑、清無。

一七九頁中五行第二字「故」，石作「故佛於中生」。

一七九頁中五行第七字「姓」，資、磧、普、南、徑、清無。

一七九頁中六行第二字「者」，石無。

一七九頁中一二行第一〇字「六」，石作「五」。

一七九頁中一四行第一二字「有」，石作「如」。

一七九頁中二二行夾註「狀也」，石作「狀名」；資、磧、普、南、徑、清作「狀名也」。

一七九頁中二二行正文第三字「時」，石作「五⿸虍包時」。

一七九頁中末行夾註第六字「凝」，石作「疑」；第八字「也」，石作「名」。

一七九頁下一行第七字「生」，石作「生時」。

一七九頁下四行第九字「女」，石作「女人」。

一七九頁下七行第一一字「是」，諸本無。

一七九頁下九行第一一字「毋」，石作「毋念」。

一七九頁下一一行第七字「胎」，石作「毋胎」。

一七九頁下一二行第四字「身」，資無。

一七九頁下一八行第八字「相」，資、磧、普、南、徑、清無。

一八〇頁上一五行第四字「飾」，石作「嚴」。

一　一八〇頁上一六行第二字「鹿」，諸本作「鹿王」。

一　一八〇頁中一行第五字「齊」，資、磧、普、南、徑、清作「齎」。

一　一八〇頁中二行末字「穉」；資作「稺」；磧、普、南、徑、清作「旋」。

一　一八〇頁中四行第六字「靡」，磧、普、南、徑、清作「靡」。

一　一八〇頁中五行「何等」，石作「云何」。

一　一八〇頁中一〇行第三字「山」，磧、普、南、徑、清作「山金」。

一　一八〇頁中末行「七處」，資作「身七處」。

一　一八〇頁中末行第一一字及下一行第一二字、二行末字「隆」，石、磧、普、南、徑、清作「平」。

一　一八〇頁下四行第五字「大」，石、磧、普、南、徑、清作「大身」。

一　一八〇頁下一〇行第七字「餘」，資、磧、普、南、徑、清無。

一　一八〇頁下一四行首字「光」，石無。

一　一八〇頁下一六行第一〇字「是」，資、磧、普、南、徑、清無。

一　一八一頁上二行「其一」，石作「一者甚」；資、磧、普、南、徑、清作「一甚」。

一　一八一頁上二行末字「二」，石作「二者」。三行「三」、「四」；四行「五」，例同。

一　一八一頁上四行「音聲」，石無；徑、清作「聲音」。

一　一八一頁上八行第八字「牛」，石作「牛王」。

一　一八一頁上九行第四字「好」，資作「厚」。

一　一八一頁上一〇行第九字「頂」，石作「頭」。

一　一八一頁上一六行「菩薩相者」，石無。

一　一八一頁上一六行末字至一七行首字「一淨」，石作「一者明」。

一　一八一頁上一七行「二分明」，石作「二者分明了了」。

一　一八一頁上一七行第六字「三」，石作「三者」。一七行「四」、「五」；一八行「六」、「七」，例同。

一　一八一頁上一九行「云何名相」，石作「相義云何」。

一　一八一頁中五行「信淨」，石作「清淨」；資、磧、普、南、徑、清作「淨信」。

一　一八一頁中六行第七字「故」，石作「故是」。

一　一八一頁中一〇行第三字「嚴」，資、磧、普、南、徑、清作「端嚴」。

一　一八一頁中一三行第三字「室」，石作「舍」。

一　一八一頁下二行第一〇字「已」，石作「竟」。

一　一八一頁下五行首字「次」，資、磧、普、南、徑、清無。

一　一八一頁下一一行第一二字，一三行第二字「爲」，石、資、磧、普、南、徑、清無。

一八一頁下一九行「摩訶」，石、磧、普、南、徑、清無。

一八一頁下二一行末字「讃」，石作「讚」。

一八一頁下末行第六字「慧」，資、磧、普、南、徑、清無。

一八二頁上四行第一二字「如」，資、磧、南、徑、清無。

一八二頁上一五行「然燈佛然燈」，石作「定光佛定光」。

一八二頁中六行第一一字「若」，資、磧、普、南、徑、清無。

一八二頁中一〇行第一一字「一」，資、磧、普、南、徑、清無。

一八二頁中一二行第八字「又」，磧、南作「人」。

一八二頁中一四行第五字「嚴」，石作「正」。

一八二頁下一行末二字「子弟」，石作「第」。

一八二頁下五行末字「邊」，石作「所」。

一八二頁下一二行第一四字「如」，資、磧、普、南、徑、清無。

一八二頁下一三行第七字「刼」，石作「刼中」。

一八二頁下一四行第四字「言」，資、磧、普、南、徑、清作「言於」。

一八二頁下一六行及一八行「不能」，石作「未能」；資、磧、普、南、徑、清作「不」。

一八二頁下一七行「反復」，石作「緣復人」。

一八二頁下二一行第五字「中」，資、磧、普、南、徑、清無。

一八二頁下二二行第六字「於」，石、磧、普、南、徑、清作「無色界」。

一八三頁上三行第一一字「娑」，資、磧、普、南、徑、清作「婆」。

一八三頁上四行第一〇字「多」，資、磧、普、南、徑、清無。

一八三頁上七行第一一字「日」，資、磧、普、南作「曰」；徑、清作「越」。

一八三頁上一二行第四字「住」，石作「住是一心無力不住」；資、磧、普、南、徑、清作「住是一心中無力不住」。

一八三頁上一七行「福德」，資、磧、普、南、徑、清無。

一八三頁上二二行「摩訶行中」，石作「及摩訶行」。

一八三頁中三行第三字「那」，資、磧、普、南、徑、清無。

一八三頁中一〇行「心雖大」，石作「雖大心」；資、磧、普、南、徑、清作「雖心大」。

一八三頁中一四行第五字「生」，石作「生故」。

一八三頁中一四行第八字「毋」，資、磧、普、南、徑、清無。

一八三頁中一七行第三字「已」，石作「自」。

一八三頁中一七行第六字「吾」，石無。

一八三頁中一九行第三字「於」，

石作「心著」。

一　一八三頁中一九行「心著是」，石作「故名」。

一　一八三頁中二〇行第六字「德」，資、磧、普、南、徑、清無。

一　一八三頁中末行第七字「別」，資、磧、普、南、徑、清無。

一　一八三頁下一行第一〇字「是」，石作「是亦非般若波羅蜜」。

一　一八三頁下一六行首字及一七行第七字「世」，資、磧、普、南、徑、清無。

一　一八三頁下一八行第六字「正」，資、磧、普、南、徑、清作「止」。

一　一八三頁下二二行第七字「染」，石作「深」。

一　一八三頁下二三行第九字「時」，資、磧、普、南、徑、清無。

一　一八四頁上五行第六字「世」，資、磧、普、南、徑、清無。

一　一八四頁上八行「明王佛時」，資作「明若鐙之明王佛時」。

一　一八四頁上九行第四字「時」，資無；磧、普、南、徑、清作「國」。

一　一八四頁上一二行「拘陳若」，石作「憍陳如」。

一　一八四頁上一五行「諸苦惱」，資、磧、普、南、徑、清無。

一　一八四頁上二二行第三字「說」，資無。

一　一八四頁中二行第七字「尼」，資、磧、普、南、徑、清作「尼佛」。

一　一八四頁中四行第一〇字「出」，石作「出世」。

一　一八四頁中一二行第一二字「佛」，資、磧、普、南、徑、清無。

一　一八四頁下六行第一一字「衆」，資、磧、普、南、徑、清作「衆多」。

一　一八四頁下七行第一二字「名」，資、磧、普、南、徑、清無。

一　一八四頁下一三行第一二字「在」，資、磧、普、南、徑、清作「前」。

一　一八四頁下一五行「令欲」，諸本作「欲令」。

一　一八四頁下末行「无量」，石作「等」。

一　一八五頁上一行第九字「道」，資、磧、普、南、徑、清作「導」。

一　一八五頁上八行「二因二緣」，諸本作「內外因緣」。

一　一八五頁上一一行首字「故」，資、磧、普、南、徑、清無。

一　一八五頁上一四行經名、卷次，石作「大智度經論卷第五」。

大智度初品中摩訶薩埵釋論第九 卷第五 作

龍樹菩薩造

後秦龜茲國三藏法師鳩摩羅什奉 詔譯

經摩訶薩埵論問曰云何名摩訶薩埵荅曰摩訶者大薩埵名衆生或名勇心此人心能為大事不退不還大勇心故名為摩訶薩埵復次摩訶薩埵者於多衆生中寂為上首故名為摩訶薩埵復次多衆生中起大慈大悲成立大乘能行大道得寂大處故名摩訶薩埵復次大人相成就故名摩訶薩埵摩訶薩埵相者如讚佛偈中說

唯佛一人獨第一　三界父母一切智
於一切等无與等　稽首世尊希有比
凡夫行恵為已利　求報以財而給施
佛大慈仁無此事　怨親憎愛以等利

復次必能說法破一切衆生及已身大邪見大愛慢大我心等諸煩惱故名為摩訶薩埵復次衆生如大海無初無中无後有明智筭師於无量歲計筭不能盡竟如佛語无盡意菩薩辟如十方一切世界乃至虛空邊際合為一水令無數无量衆生共持一毿取一渧而去更有无央數衆生如前共持一毿取一渧而去如是令彼大水悉盡无餘衆生故不盡以是衆生等无邊無量不可數不可思議盡能救濟令離苦惱著於无為安隱樂中有此大心欲度多衆生故名摩訶薩埵如不可思議經中漚舍那優婆夷語須達那菩薩言諸菩薩摩訶薩輩不為度一人故發阿耨多羅三藐三菩提心亦非為二三乃至十人故非百非千非万非十万非百万非一億十百千万乃至億億非為阿由他億衆生故發心非那由他億非阿耶陁衆生故非頻婆羅非歌歌羅非阿歌羅非敪婆羅非摩波羅非波陁非多婆非鞞婆呵非怖摩非念摩非阿婆迦非摩伽婆非毗羅伽非僧伽摩非毗薩羅非謂閻婆非鞞闍迦非鞞盧呵非鞞跋帝非鞞伽多非兜羅非阿婆羅那非他婆羅非鞞婆耶婆非藐寫非鉎那耶寫非醯婆羅非鞞婆羅非菩遮多非阿跋伽陁非鞞施他非

泥婆羅非醯利浮陁非波摩陁夜非比初婆非阿犁浮陁非阿犁薩寫非醯去迦非度干多非呵樓那非摩樓陁非叉夜非烏羅多非末殊夜摩非三摩陁非毗摩陁非波摩陁非阿滿陁羅非婆滿多羅非摩多羅非醯兜末多羅非鞞摩多羅非波羅多羅非尸婆多羅非醯羅非為羅非提羅非枝羅非翅羅非尼羅非斯羅非波羅非弥羅非婆羅羅非迷樓非企盧非摩屠羅非三牟羅非阿婆夜非翎摩羅非摩摩羅非阿達多非醯樓非鞞樓婆非迦羅跋非呵婆跋非鞞婆跋非婆婆非阿羅婆非娑羅婆羅非迷羅浮羅非摩遮羅非陁摩羅非波摩陁非丘伽摩非阿跋多非泥提舍非阿叉夜非三浮陁非婆摩摩非阿婆陁非漚波羅非波頭摩非僧佉非伽提非漚波伽摩非阿僧祇非阿僧祇阿僧祇非无量非无量無量非无邊非无邊無邊非无等非无等無等非无數非無數无數非不可計非不可計不可計非不可思議非不可思議

不可思議非不可說非不可說不可說非為一國土微塵等衆生故發心非為二三至十百千万億千万億阿由陁那由他乃至不可說不可說國土微塵等衆生故發心非為一閻浮提微塵等衆生故發心非為拘陁尼欝怛羅曰弗婆提微塵等衆生故發心非為小千世界中千世界大千世界微塵等衆生故發心非為二三至十百千万億阿由陁那由他乃至不可說不可說三千大千世界微塵等衆生故發心非為供養供給一佛故發心乃至非為供養供給不可說不可說諸佛故發心非為供養供給一國土微塵等諸佛故發心乃至非為供養供給不可說不可說三千大千世界微塵等諸佛故發心非為淨一佛土故發心乃至非為淨不可說不可說三千大千世界微塵等佛土故發心非為受持一佛法故發心乃至非為受持不可說不可說三千大千世界微塵等佛法故發心非為令一三千大千世界中佛種不斷故發心乃

大智度論卷第五　第四張　作

至非為令不可說不可說三千大千世界微塵等三千大千世界中佛種不斷故發心非為分別知一佛願故發心乃至非為分別知不可說不可說三千大千世界微塵等佛願故發心非為莊嚴一佛土故發心乃至非為莊嚴不可說不可說三千大千世界微塵等佛土故發心非為分別知一佛會弟子衆故發心乃至非為分別知不可說不可說三千大千世界微塵等佛會弟子衆故發心非為持一佛法輪故發心乃至非為持不可說不可說三千大千世界微塵等佛法輪故發心非為知一人諸心故非為知一人諸根故非為知一三千大千世界中諸劫次第相續故非為分別斷一人諸煩惱故發心乃至非為分別斷不可說不可說三千大千世界微塵等人諸煩惱故發心是諸菩薩摩訶薩願言盡教化一切十方衆生盡供養供給一切十方諸佛願令一切十方諸佛土清淨心堅受持一切十方諸佛法分別知一切諸佛土

大智度論卷第五　第五張　作

故盡知一切諸佛弟子衆故分別知一切衆生諸心故知斷一切衆生諸煩惱故盡知一切衆生諸根故諸菩薩發心作阿耨多羅三藐三菩提如是等十門為首乃至百千万億阿僧祇門是為道法門菩薩應知應入略說如是諸菩薩實道一切諸法皆入皆知智慧知故一切佛土菩薩道中莊嚴故漚舍那言善男子我願如是自有世界已來一切衆生盡清淨一切煩惱患斷須達那言是何解脫漚舍那荅言是名无憂安隱幢我知此一解脫門不知諸菩薩大心如大海水一切諸佛法能持能受諸菩薩心不動如須弥山諸菩薩如藥王能除一切諸煩惱諸菩薩如日能照除一切闇諸菩薩如地能含受一切衆生諸菩薩如風能益一切衆生諸菩薩如火能燒一切外道諸煩惱諸菩薩如雲能雨法水諸菩薩如月福德光明能照一切諸菩薩如釋提桓因守護一切衆生是菩薩道法甚深我云何能盡知以是諸菩薩生大願欲得大

大智度論卷第五　第六張　作

事欲至大處故名摩訶薩埵復次是般若波羅蜜經中摩訶薩埵相佛自說如是如是相是摩訶薩埵相舍利弗須菩提富樓那等諸大弟子各各說彼品此中應廣說

大智度初品中菩薩功德釋論第十

經皆得陁羅尼及諸三昧行空无相無作已得等忍論問曰何以故以此三事次第讚菩薩摩訶薩荅曰欲出諸菩薩實功德故應讚則讚應信則信以一切衆生所不能信甚深清淨法讚菩薩復次先說菩薩摩訶薩名字未說所以為菩薩摩訶薩以得諸陁羅尼三昧及忍等諸功德故名為菩薩摩訶薩問曰已知次第義何以故名陁羅尼云何陁羅尼荅曰陁羅尼秦言能持或言能遮能持者集種種善法能持令不散不失譬如完器盛水水不漏散能遮者惡不善根心生能遮令不生若欲作惡罪持令不作是名陁羅尼是陁羅尼或心相應或心不相應或有漏或无漏無色不可見無對一持一入一陰攝法持法入行陰九智知（丹注云除盡智）一識識（丹注云一意識）阿毗曇法陁羅尼義如

是復次得陁羅尼菩薩一切所聞法以念力故能持不失復次是陁羅尼法常逐菩薩譬如閒日瘧病是陁羅尼不離菩薩譬如鬼著是陁羅尼常隨菩薩如善不善律儀復次是陁羅尼持菩薩不令墮二地坑譬如慈父愛子子欲墮坑持令不墮復次菩薩得陁羅尼力故一切魔王魔民魔人無能動无能破無能勝譬如須弥山凡人口吹不能令動問曰是陁羅尼有幾種荅曰是陁羅尼多種一名聞持陁羅尼得是陁羅尼者一切語言諸法耳所聞者皆不忘失是名聞持陁隣尼復有分別知陁羅尼得是陁羅尼者諸衆生諸法大小好醜分別悉知如偈說

諸象馬金　木石諸衣　男女及水
種種不同　諸物名一　貴賤理殊
得此總持　悉能分別

復有入音聲陁羅尼菩薩得此陁羅尼者聞一切語言音不喜不瞋一切衆生如恒河沙等劫惡言罵詈心不憎恨問曰菩薩諸漏未盡去何能如恒河沙等劫忍此諸惡荅曰我先言

得此陁羅尼力故能尒復次是菩薩雖未盡漏大智利根能思惟除遣瞋心作是念若耳根不到聲邊惡聲著誰又如罵聲聞便直過若不分別誰當瞋者凡人心著吾我分別是非而生恚恨復次若人能知諸言隨生隨滅前後不俱則无瞋恚亦知諸法內无有主誰罵誰瞋若有人聞殊方異語此言為好彼以為惡好惡无定雖罵不瞋若有人知語聲無定則無瞋喜如親愛罵之雖罵不恨非親惡言聞則生恚如遭風雨則入舍持蓋如地有刺則著鞾韃六寒燃火熱時求水如是諸患但求遮法而不瞋之罵詈諸惡亦復如是但以慈悲息此諸惡不生瞋心復次菩薩知諸法不生不滅其性皆空若人瞋恚罵詈若打若煞如夢如化誰瞋誰罵復次若有人如恒河沙等劫衆生讚歎供養衣食卧具醫藥華香瓔珞得忍菩薩其心不動不喜不著問曰已知菩薩種種不瞋因緣未知實讚功德而亦不喜荅曰知種種供養恭敬是皆无常今

有因緣故来讚歎供養後更有異因
緣則瞋恚若打若煞是故不喜復次
菩薩作是念以我有功德智慧故来
讚歎供養是為讚歎功德非讚我也
我何以喜復次是人自求果報故於
我所作因緣供養我作功德辟如人
種穀溉灌修理地亦不喜
復次若人供養我我若喜受者我
福德則薄他人得福亦少以是故不
喜復次菩薩觀一切法如夢如響誰
讚誰喜我於三界中未得脫諸漏未
盡未得佛道云何得讚而喜若應喜
者唯佛一人何以故一切功德都已
滿故是故菩薩得種種讚歎供養供
給心不生喜如是等相名為入音聲
陁羅尼復有名寂滅陁羅尼无邊旋
陁羅尼隨地觀陁羅尼威德陁羅尼
華嚴陁羅尼音淨陁羅尼虛空藏陁
羅尼海藏陁羅尼分別諸法地陁羅
尼明諸法義陁羅尼如是等略說五
百陁羅尼門若廣說則无量以是故
言諸菩薩皆得陁羅尼諸三昧者三
三昧空无作無相有人言觀五陰无
我無我所是名為空住是空三昧不

為後世故起三毒是名无作緣離十
相故五塵男女生住滅故是名无相
有人言住是三昧中知一切諸法實
相所謂畢竟空是名空三昧知是空
已無作云何無作不觀諸法若空若
不空若有若无等如佛說法句中偈

見有則恐怖　見无亦恐怖　是故不著有
亦復不著无

是名無作三昧云何无相三昧一切
法无有相一切法不受不著是名无
相三昧如偈說

言語已息　心行亦滅　不生不滅
如涅槃相

復次十八空是名空三昧種種（吾注云五道生有本有死）
（有十有書）有中心不求是名無作三昧一切諸
相破壞不憶念是名无相三昧問曰有
種種禪定法何以故獨稱此三三昧答
曰是三三昧中思惟近涅槃故令人
心不高不下平等不動餘處不介以
是故獨稱是三三昧餘定中或愛多
或慢多或見多是三三昧中第一實
義實利能得涅槃門以是故諸禪定
法中以是三空法為三解脫門亦名

為三三昧是三三昧實三昧故餘定
亦得名定復次除四根本禪從未到地
乃至有頂地名為定亦名三昧非禪四
禪亦名定亦名禪亦名三昧諸餘定亦
名定亦名三昧如四無量四空定四辯
六通八背捨八勝處九次第定十一切
處等諸定法復有人言一切三昧法
有二十三種有言六十五種有言五
百種摩訶衍㝡大故無量三昧所謂
遍法性莊嚴三昧能照一切三世法
三昧不分別知觀法性底三昧入無
底佛法三昧如虛空无底無邊照三
昧如来力行觀三昧佛无畏莊嚴力
嚬呻三昧法性門旋藏三昧一切世
界无㝵莊嚴遍月三昧遍莊嚴法雲光
三昧菩薩得如是等无量諸三昧復次
般若波羅蜜摩訶衍義品中略說則
有一百八三昧初名首楞嚴三昧乃
至虛空不著不染三昧廣說則无量
三昧以是故說諸菩薩得諸三昧行
空无相無作者問曰前言菩薩得諸
三昧何以故復言行空無相无作答
曰前說三昧名未說相今欲說相是

故言行空无作無相若有人行空無
相无作是名得實相三昧如偈說
若持戒清淨 是名實比丘 若有能觀空
是名得三昧 若有能精進 是名行道人
若有得涅槃 是名為實樂
已得等忍者問曰云何等云何忍答
曰有二種等衆生等法等忍亦二種
衆生忍法忍云何衆生等一切衆生
中等心等念等愛等利是名衆生等
問曰慈悲力故於一切衆生中應等
念不應等觀何以故菩薩行實道不
顛倒如法相云何於善人不善人大人
小人人及畜生一等觀不善人中實有
不善相善人中實有善相大人小人人
及畜生亦尒如牛相牛中住馬相馬
中住牛相非馬中馬相非牛中馬不
作牛故衆生各各相云何一等觀而
不墮顛倒答曰若善相不善相是實
菩薩應墮顛倒何以故破諸法相故以
諸法非實善相非實不善相非多相
非少相非人非畜生非一非異以是
故汝難非也如說諸法相偈
不生不滅 不斷不常 不一不異

不去不來 因緣生法 滅諸戲論
佛能說是 我今當禮
復次一切衆生中不著種種相衆生
相空相一等無異如是觀是名衆生
等若人是中心等无㝵直入不退是
名得等忍得等忍菩薩於一切衆生
不瞋不惱如慈母愛子如偈說
觀聲如響 身行如鏡像 如此得觀人
云何而不忍
是名衆生等忍云何名法等忍善法
不善法有漏無漏有為無為等法如
是諸法入不二入法門入實法相門
如是入竟是中深入諸法實相時心
忍直入無諍无㝵是名法等忍如偈說
諸法不生不滅 非不生非不滅
亦不生滅非不生滅 亦非不生滅
非非不生滅
已得解脫（丹注云於邪見得解故言解脫也） 空非
空（丹注云於空不取故言非也） 是等悉捨滅諸
戲論言語道斷深入佛法心通无㝵
不動不退名無生忍是助佛道初門
以是故說已得等忍經得无㝵陁羅尼
論問曰前已說諸菩薩得陁羅尼今
何以復說得无㝵陁羅尼答曰无㝵

陁羅尼最大故如一切三昧中三昧王
三昧最大如人中之王如諸解脫中无
㝵解脫大（丹注云得漏盡道時所得也） 如是一切諸陁羅尼
中無㝵陁羅尼大以是故重說復次先
說諸菩薩得陁羅尼不知是何等陁
羅尼有小陁羅尼如轉輪聖王仙人
等所得聞持陁羅尼分別衆生陁羅
尼歸命救護不捨陁羅尼如是等小
陁羅尼餘人亦有是無㝵陁羅尼外
道聲聞辟支佛新學菩薩皆悉不得
唯无量福德智慧大力諸菩薩獨有
是陁羅尼以是故別說復次是菩薩
輩自利已具足但欲益彼說法教化
无盡以無㝵陁羅尼為根本以是故
諸菩薩常行无㝵陁羅尼經悉是五通
論如意天眼天耳他心智自識宿命
云何如意如意有三種能到轉變聖
如意能到有四種一者身能飛行如
鳥无㝵二者移遠令近不往而到三
者此沒彼出四者一念能至轉變者
大能作小小能作大一能作多多能
作一種種諸物皆能轉變外道輩轉
變極久不過七日諸佛及弟子轉變

自在无有久近聖如意者外六塵中不可愛不淨物能觀令淨可愛淨物能觀令不淨是聖如意法唯佛獨有是如意通從修四如意足生是如意足通等色緣故次第生不可一時得天眼通者於眼得色界四大造清淨色是名天眼天眼所見自地及下地六道中衆生諸物若近若遠若覆若細諸色无不能照見天眼有二種一者從報得二者從修得是五通中天眼從修得非報得何以故常憶念種種光明得故復次有人言是諸菩薩常得无生法忍力故六道中不攝但為教化衆生故以法身現於十方三界中未得法身菩薩或修得或報得問曰是諸菩薩功德勝阿羅漢辟支佛何以故讃凡夫所共小功德天眼不讃諸菩薩慧眼法眼佛眼荅曰有三種天一假号天二生天三清淨天轉輪聖王諸餘大王等是名假号天從四天王天乃至有頂生處是名生天諸佛法身菩薩辟支佛阿羅漢是名清淨天是清淨天修得天眼是謂天眼通

佛法身菩薩清淨天眼一切離欲五通凡夫所不能得聲聞辟支佛亦所不得所以者何小阿羅漢小用心見一千世界大用心見二千世界大阿羅漢小用心見二千世界大用心見三千大千世界辟支佛亦尒是名天眼通云何名天耳通於耳得色界四大造清淨色能聞一切聲天聲人聲三惡道聲云何得天耳通修得常憶念種種聲是名天耳通云何識宿命通本事常憶念日月年歲至胎中乃至過去世中一世十世百世千万億世乃至大阿羅漢辟支佛知八万大劫諸大菩薩及佛知无量劫是名識宿命通云何名知他心通知他心若有垢若無垢自觀心生住滅時常憶念故得復次觀他人喜相瞋相怖相畏相見此相已然後知心是為他心智初門是五通略說竟經言必信受論天人龍阿修羅等及一切大人皆信受其語是不綺語報故諸綺語報者雖有實語一切人皆不信受如偈說

有墮餓鬼中　火炎從口出　四向發大聲

是為口過報　雖復多聞見　在大衆說法
以不誠信業　人皆不信受　若欲廣多聞
為人所信受　是故當至誠　不應作綺語

經無復懈怠論懈怠法破在家人財利福利破出家人生天樂涅槃樂在家出家名聲俱滅大失大賊无過懈怠如偈說

懈怠沒善心　癡闇破智明　妙願皆為滅
大業亦已失

以是故說无復懈怠經已捨利養名聞論是利養法如賊壞功德本辟如天雹傷害五穀利養名聞亦復如是壞功德苗令不增長如佛說辟喻如毛繩縛人斷膚截骨貪利養人斷功德本亦復如是如偈說

得入栴檀林　而但取其葉　既入七寶山
而更取水精　有人入佛法　不求涅槃樂
反求利供養　是輩為自欺　是故佛弟子
欲得甘露味　當棄捨雜毒　勤求涅槃樂
辟如惡雹雨　傷害於五穀　若著利供養
破慚愧頭陀　今世燒善根　後世墮地獄
如提婆達多　為利養自沒

以是故言已捨利養名聞

經說法無所悕望論大慈憐愍為衆說法不為衣食名聲勢力故說大慈悲故心清淨故得無生法忍故如偈說

多聞辯慧巧言語　美說諸法轉人心
自不如法行不正　譬如雲雷而不雨
博學多聞有智慧　訥口拙言无巧便
不能顯發法寶藏　譬如无雷而小雨
不廣學問无智慧　不能說法无好行
是弊法師无慚愧　譬如小雲无雷雨
多聞廣智美言語　巧說諸法轉人心
行法心正无所畏　如大雲雷澍洪雨
法之大將持法鏡　照明佛法智慧藏
持誦廣宣振法鈴　如海中船渡一切
亦如蜂王集諸味　說如佛言隨佛意
助佛明法度衆生　如是法師甚難值

經度深法忍論云何甚深法十二因緣是名甚深法如佛告阿難是十二因緣法甚深難解難知復次依過去未來世生六十二邪見網永離是名甚深法如佛語比丘凡夫無聞若欲讚佛所讃甚小所謂若讃戒清淨若讃離諸欲若能讃是甚深難解難知法是為實讃佛是中梵網經應廣說復次

三解脫門是名甚深法如佛說般若波羅蜜中諸天讃言世尊是法甚深佛言甚深法者空則是義无作無相則是義復次解一切諸法相實不可破不可動是名甚深法復次除內心想智力但定心諸法清淨實相中住譬如熱氣盛非黃見黃心想智力故於諸法轉觀是名淺法譬如人眼清淨无熱氣如實見黃是黃如是除內心想智力慧眼清淨見諸法實相譬如真水精黃物著中則隨作黃色青赤白色皆隨色變心亦如是凡夫人內心想智力故見諸法異相觀諸法實相非空非不空不有非不有是法中深入不轉无所罣㝵是名度深法忍度名得甚深法具足滿无所㝵得度彼岸是名為度經得无畏力論諸菩薩四无所畏力成就問曰如菩薩所作未辦未得一切智何以故說得四无所畏荅曰無所畏有二種菩薩无所畏佛无所畏是諸菩薩雖未得佛无所畏得菩薩无所畏是故名為得無畏力問曰何等為菩薩四無所畏荅曰

一者一切聞能持故得諸陁羅尼故常憶念不忘故衆中說法无所畏故二者知一切衆生欲解脫因緣諸根利鈍隨其所應而為說法故菩薩在大衆中說法无所畏三者不見若東方南西北方四維上下有來難問令我不能如法荅者不見如是少許相故於衆中說法无所畏四者一切衆生聽受問難隨意如法荅能巧斷一切衆生疑故菩薩在大衆中說法无所畏經過諸魔事論魔有四種一者煩惱魔二者陰魔三者死魔四者他化自在天子魔是諸菩薩得菩薩道故破煩惱魔得法身故破陰魔得道得法性身故破死魔常一心故一切處心不著故入不動三昧故破他化自在天子魔以是故說過諸魔事復次是般若波羅蜜覺魔品中佛自說魔業魔事是魔業魔事盡已過故是名已過魔事復次除諸法實相餘殘一切法盡名為魔如諸煩惱結使欲縛取纏陰界入魔王魔民魔人如是等盡名為魔問曰何處說欲縛等諸結使

名為魔荅曰雜法藏經中佛說偈語魔王
欲是汝初軍　憂愁軍第二　飢渴軍第三
愛軍為第四　第五眠睡軍　怖畏軍第六
疑為第七軍　含毒軍第八　第九軍利養
著虛妄名聞　第十軍自高　輕慢於他人
汝軍等如是　一切世間人　及諸一切天
無能破之者　我以智慧箭　修定智慧力
摧破汝魔軍　如坏瓶沒水　一心修智慧
以度於一切　我弟子精進　常念修智慧
隨順如法行　必得至涅槃　汝雖不欲放
到汝不到處　是時魔王聞　愁憂即滅去
是魔惡部黨　亦復沒不現
是名諸結使魔問曰五眾十八界十二入何處說是魔荅曰莫拘羅山中佛教弟子羅陁色眾是魔受想行識亦如是復次若欲作未來世色身是為動處若欲作无色身是亦為動處若欲作有想无想非有想非無想身是為一切動處動是魔縛不動則不縛從惡得脫此中說眾界入是魔自在天子魔魔民魔人即是魔不須說問曰何以名魔荅曰奪慧命壞道法功德善本是故名為魔諸外道人

輩言是名欲主亦名華箭亦名五箭(丹本作六)(五欲箭也)破種種善事故佛法中名為魔羅是業是事名為魔事是何等魔事如覺魔品中說復次人展轉世間受苦樂結使因緣亦魔王力因緣是魔名諸佛怨讎一切聖人賊破一切逆流人事不喜涅槃是名魔是魔有三事戲笑語言歌舞邪視如是等從愛生縛打鞭拷刺割斫截如是等從瞋生炙身自凍拔髮自餓入火赴淵投巖如是等從愚癡生有大過失不淨染著世間皆是魔事憎惡利益不用涅槃及涅槃道亦是魔事沒大苦海不自覺知如是等无量皆是魔事已棄已捨是為過諸魔事經一切業障悉得解脫論一切惡業得解脫是名業障得解脫問曰若三種障煩惱障業障報障何以捨二障但說業障荅曰三障中業力最大故積集諸業乃至百千万劫中不失不燒不壞與果報時不亡是諸業能久住和合時與果報如穀草子在地中得時節而生不失不壞是諸佛一切智第一尊重如須弥

山王尚不能轉是諸業何況凡人如偈說
生死輪載人　諸煩惱結使　大力自在轉
无人能禁止　先世業自作　轉為種種形
業力最為大　世間中无比　先世業自在
將人受果報　業力故輪轉　生死海中迴
大海水乾竭　須弥山地盡　先世因緣業
不燒亦不盡　諸業久和集　造者自逐去
譬如責物主　追逐人不置　是諸業果報
无有能轉者　亦无逃避處　非求哀可免
三界中眾生　追之不暫離　如珂梨羅剎
是業佛所說　如風不入實　水流不仰行
虛空不受害　无業亦如是　諸業无量力
不逐非造者　果報時節來　不亡亦不失
從地飛上天　從天入雪山　從雪山入海
一切處不離　常恒隨逐我　无一時相捨
直至无失時　如星流趣月
以是故說一切諸業障悉得解脫經巧說因緣法論十二因緣生法種種法門能巧說煩惱業事法次第展轉相續空是名十二因緣是中无明愛取三事名煩惱行有二事名為業餘七分名為體事是十二因緣初二過去世攝後

二未来世攝中八現前世攝是略說三事煩惱業苦是三事展轉更互為因緣是煩惱業因緣業苦因緣苦苦因緣苦煩惱因緣煩惱業因緣業苦因緣苦苦因緣是名展轉更互為因緣過去世一切煩惱是名无明從無明生業能作世界果故名為行從行生垢心初身因如犢子識母自相識故名為識是識共生无色四陰及是所住色是名名色是名色中生眼等六情是名六入情塵識合是名為觸從觸生受受中心著是名渴愛渴愛因緣求是名取從取後世因緣業是名有從有還受後世五衆是名生從生五衆熟壞是名老死老死生憂悲哭泣種種愁惱衆苦和合集若一心觀諸法實相清淨則无明盡无明盡故行盡乃至衆苦和合集皆盡是十二因緣相如是能方便不著邪見為人演說是名為巧復次是十二因緣觀中斷法愛心不著知實相是名為巧如彼般若波羅蜜不可盡品中佛告須菩提癡如虛空不可盡行如虛空不

可盡乃至衆苦和合集如虛空不可盡菩薩當作是知作是知者為捨癡際應无所入作是觀十二因緣起者則為坐道場得薩婆若經從阿僧祇劫已來發大誓願論阿僧祇義菩薩義品中已說劫義佛辟喻說四千里石山有長壽人百歲過持細軟衣一來拂拭令是大石山盡劫故未盡四千里大城滿中芥子不槩令平有長壽人百歲過一來取一芥子去芥子盡劫故不盡菩薩如是无數劫發大正願度脫衆生願名大心要誓必度一切衆生斷諸結使成阿耨多羅三藐三菩提是名為願經顏色和悅常先問訊所語不麁論瞋恚本拔故嫉妬除故常修大慈大悲大喜故四種邪語斷故得顏色和悅如偈說

若見七道人　能以四種待　初見好眼視
迎逆敬問訊　牀座好供養　充滿施所欲
布施心如是　佛道如在掌　若能除四種
口過妄語毒　兩舌惡綺語　得大美果報
善軟人求道　欲度諸衆生　除四邪口業
辟如馬有轡

經於大衆中得无所畏論大德故堅實功德智慧故得最上辯陁羅尼故於大衆中得无所畏如偈說

內心智德薄　外善以美言　辟如竹无內
但示有其外　內心智德厚　外善以法言
辟如妙金剛　中外力具足

復次无畏法成就故端正貴族大力持戒禪定智慧語議等皆成就是故无所畏以是故於大衆中无所畏如偈說

少德无智慧　不應處高座　如豺見師子
竄伏不敢出　大智无所畏　應處師子座
辟如師子吼　衆獸皆怖畏

無量无邊智慧福德力集故无所畏如偈說

若人滅衆惡　乃至無小罪　如是大德人
无願而不滿　是人大智慧　世界中无惱
是故如此人　生死涅槃一

復次獨得菩薩无所畏故如毗耶婆耶王經中說菩薩獨得四无所畏如先說經无數億劫說法巧出論不放逸等諸善根自身好修是諸菩薩非一世二三四世乃至無量阿僧祇劫集功

德智慧如偈說

為衆生故發大心　若有不敬生慢者
其罪甚大不可說　何況而復加惡心

復次是菩薩无數無量劫中修身修戒修心修慧生滅縛解逆順中自了了知諸法實相有三種解聞解義解得解種種說法門中无所罣㝵皆得說法方便智慧波羅蜜是諸菩薩所說如聖人說皆應信受如偈說

有慧无多聞　是不知實相　譬如大闇中
有目无所見　多聞无智慧　亦不知實義
譬如大明中　有燈而无目　多聞利智慧
是所說應受　无慧亦無明　是名人身牛

問曰應言无數億劫巧說法復何以言出呑曰於無智人中及弟子中說法易若多聞利智善論議人中說法難若小智法師是中退縮若大學多聞問難中大膽无豫一切衆中有大威德如天會經中偈說

面目齒光明　普照於大會　映奪諸天光
種種皆不現

以是故名為無數億劫巧說法中能得出

大智度論卷第五　第二十八張　作

大智度論卷第五

丁未歲高麗國大藏都監奉
勅雕造

大智度論卷第五　第二十九張　作

大智度論　卷第五

校勘記

一　底本，麗藏本。

一　一九三頁上一行經名，石作「大智度經論卷第六」；資、磧、普、南、徑、清作「大智度論卷第五」。

一　一九三頁上三行與四行之間，石有「摩訶般若波羅蜜經釋初品中摩訶薩埵義第九」；資有「釋初品中摩訶薩埵第九」；磧、普、南、徑、清有「釋初品中摩訶薩埵」。

一　一九三頁上四行首字「經」，資無。

一　一九三頁上四行第六字「論」，資無。

一　一九三頁上五行第五字「者」，石作「秦言」；磧、普、南、徑、清作「名」。

一　一九三頁上六行第一一字「還」，石作「轉」。

一　一九三頁上八行第一〇字「故」，

石作「是故」。

一九三頁上八行第一二字「爲」，石無。

一九三頁上一五行第二字「夫」，諸本作「人」。

一九三頁上二〇行第七字「智」，資、磧、普、南、徑、清作「知」。

一九三頁中四行第五字「餘」，石作「餘殘」。

一九三頁中一四行第一三字「耶」，石作「那」。

一九三頁中末行第二字「菩」，磧、普、南、徑、清作「薩」。

一九三頁下九行首字「枝」，磧、普、南、徑、清作「忮」。

一九三頁下九行第七字「尼」，徑、清作「尸」。

一九三頁下一〇行第九字「迷」，磧、南作「迦」。

一九三頁下一四行第一〇字「羅」，資、磧、普、南、徑、清作「婆」。

一九四頁上一三行第六字「爲」，資、磧、普、南、徑、清無。

一九四頁上一七行末字「佛」，石作「佛國」。

一九四頁上末行第六字「中」，石作「中微塵」。

一九四頁中二行第二字「界」，石作「界中」。

一九四頁中二行「三千大千世界中」，石無。

一九四頁中五行及一一行「等佛」，石作「等諸佛」。

一九四頁中六行、八行及二二行「佛土」，石作「佛世界」。

一九四頁中九行「發心」，石作「發菩薩心」。

一九四頁中一三行「三千大千世界」，石無。

一九四頁中末行第一三字「佛」，石作「佛國」。

一九四頁下四行第四字「作」，磧、普、南、徑、清作「住」。

一九四頁下八行第一〇字「土」，石作「國」。

一九四頁下一六行第一二字「照」，資、磧、普、南、徑、清無。

一九五頁上六行品名，石作「摩訶般若波羅蜜經釋初品中菩薩功德義第十」；資、磧、普、南作「大智度論釋初品中菩薩功德」；徑、清作「釋初品中菩薩功德」。

一九五頁上七行首字「經」，資無。

一九五頁上七行第五字「羅」，石作「隣」，下同。

一九五頁上八行第六字「論」，資無。

一九五頁上一一行末字「讚」，石作「以此法讚」。

一九五頁上一五行第一三字「故」，資、磧、普、南、徑、清無。

一九五頁上一七行「或言能遮能持者」，資無。

一九五頁上一九行「能遮者」，資無。

一九五頁上二三行第四字「一」，

資作「一衆」。

一九五頁上二三行「法持法入行陰」，資無。

一九五頁上末行兩處夾註「丹註云」，石、資、磧、普、南、徑、清無。

一九五頁中二行「以念力故能持不失」，石作「能持不失以念力故」。

一九五頁中七行至八行「菩薩得陀羅尼力故」，石作「得陁隣尼力菩薩」。

一九五頁中八行末字「無」，資、磧作「不」。

一九五頁中一一行「多種一名」，資、磧、普、南、徑、清作「甚多有」。

一九五頁中一三行「是名聞持陀隣尼」，資、磧、普、南、徑、清無。

一九五頁中一四行首字及一九行首字「復」，石作「更」。

一九五頁中二〇行「一切」，石作「若」。

一九五頁中二〇行第一三字「一」，磧、普、南、徑、清作「若一」。

一九五頁中二一行「如恒河」，石作「恒」。

一九五頁下三行第九字「到」，石作「趣」。

一九五頁下六行第一〇字「諸」，資、磧、普、南、徑、清作「語」。

一九五頁下一〇行第八字「語」，石作「諸」。

一九五頁下一二行第八字「雨」，石作「雨時」。

一九五頁下一三行第四字「則」，石作「則應」。

一九五頁下一五行首字「詈」，石作「言」。

一九五頁下一九行第三字「河」，石無。

一九六頁上一行第一二字「有」，石作「以」。

一九六頁上二行第九字「是」，石作「以是」。

一九六頁上二行第一〇字「故」，石作「故菩薩」。

一九六頁上三行「菩薩作是念」，資、磧、普、南、徑、清無。

一九六頁上四行第五字「是」，石作「我是」。

一九六頁上四行末字「也」，石無。

一九六頁上九行第二字「德」，資、磧、普、南、徑、清無。

一九六頁上九行「他人得福亦少以」，資、磧、普、南、徑、清作「於他亦少」。

一九六頁上一四行第三字「是」，石作「以是」。

一九六頁上一六行第一三字「邊」，石作「量」。

一九六頁上一八行「音淨」，資、磧、普、南、徑、清作「淨音」。

一九六頁上二三行第一三字「陰」，石作「衆」。

一九六頁中二行第二字「故」，資、磧、普、南、徑、清作「法」。

一九六頁中二行第八字「住」，資無。

資作「一衆」。

一 一九五頁上二三行「法持法入行陰」，資無。

一 一九五頁上末行兩處夾註「丹註云」，石、資、磧、普、南、徑、清無。

一 一九五頁中二行「以念力故能持不失」，石作「能持不失以念力故」。

一 一九五頁中七行至八行「菩薩得陀羅尼力故」，石作「得陁隣尼力菩薩」。

一 一九五頁中八行末字「無」，資、磧作「不」。

一 一九五頁中一一行「多種一名」，資、磧、普、南、徑、清作「甚多有」。

一 一九五頁中一三行「是名聞持陀隣尼」，資、磧、普、南、徑、清無。

一 一九五頁中一四行首字及一九行首字「復」，石作「更」。

一 一九五頁中二〇行「一切」，石作「若」。

一 一九五頁中二〇行第一三字「一」，磧、普、南、徑、清作「若一」。

一 一九五頁中二一行「如恒河」，石作「恒」。

一 一九五頁下三行第九字「到」，石作「趣」。

一 一九五頁下六行第一〇字「諸」，資、磧、普、南、徑、清作「語」。

一 一九五頁下一〇行第八字「語」，石作「諸」。

一 一九五頁下一二行第八字「雨」，石作「雨時」。

一 一九五頁下一三行第四字「則」，石作「則應」。

一 一九五頁下一五行首字「詈」，石作「言」。

一 一九五頁下一九行第三字「河」，石無。

一 一九六頁上一行第一二字「有」，石作「以」。

一 一九六頁上二行第九字「是」，石作「以是」。

一 一九六頁上二行第一〇字「故」，石作「故菩薩」。

一 一九六頁上三行「菩薩作是念」，資、磧、普、南、徑、清無。

一 一九六頁上四行第五字「是」，石作「我是」。

一 一九六頁上四行末字「也」，石無。

一 一九六頁上九行第二字「德」，資、磧、普、南、徑、清無。

一 一九六頁上九行「他人得福亦少以」，資、磧、普、南、徑、清作「於他亦少」。

一 一九六頁上一四行第三字「是」，石作「以是」。

一 一九六頁上一六行第一三字「邊」，石作「量」。

一 一九六頁上一八行「音淨」，資、磧、普、南、徑、清作「淨音」。

一 一九六頁上二三行第一三字「陰」，石作「衆」。

一 一九六頁中二行第二字「故」，資、磧、普、南、徑、清作「法」。

一 一九六頁中二行第八字「住」，資無。

一　一九六頁中二行末字「相」，石作「相三昧」。

一　一九六頁中四行第六字「空」，資、磧、普、南、徑、清作「空是名空」。

一　一九六頁中五行第一〇字「諸」，資作「是」。

一　一九六頁中一二行第二字「語」，石作「説」。

一　一九六頁中一四行夾註「丹註云」，石、資、磧、普、南、徑、清無。

一　一九六頁中末行第六字「空」，資、磧、普、南、徑、清作「定」。

一　一九六頁下二行第四字「定」，石作「字」。

一　一九六頁下三行「非禪」，資無。

一　一九六頁下五行「四空定」，資、磧、普、南、徑、清無。

一　一九六頁下七行「復有」，石作「有一種」。

一　一九六頁下八行第六字及第一二字「有」，石作「有一種人」。

一　一九六頁下九行第五字「行」，石作「行法」；資、磧、普、南、徑、清作「行」。

一　一九六頁下一五行「莊嚴」，資、磧、普、南、徑、清作「疾」。

一　一九六頁下一六行第一一字「諸」，資、磧、普、南、徑、清無。

一　一九六頁下二一行「无相無作」，石作「無作無相三昧」。

一　一九六頁下二二行「無相无作」，石作「行無作行無相」。

一　一九七頁上一行至二行「無相无作」，石作「無作無相」。

一　一九七頁上九行第九字「利」，石作「益利」。

一　一九七頁上一三行「人人」，南、徑、清作「人」。

一　一九七頁上一三行「人及畜生一等」，石作「畜生及人等一」。

一　一九七頁上一四行第三字及第一〇字「相」，石作「法」。

一　一九七頁上一四行末字「人」，石無。

一　一九七頁上一九行第一三字「相」，資、磧、普、南、徑、清無。

一　一九七頁中二行末字「礼」，資、磧、普、南、徑、清作「説」。

一　一九七頁中一二行第七字「入」，資、磧、普、南、徑、清無。

一　一九七頁中一八行及一九行夾註「丹註云」，石、資、磧、普、南、徑、清無。

一　一九七頁中二二行第九字「經」，資無。

一　一九七頁中二二行末字「尼」，資作「尼者」。

一　一九七頁中二三行首字「論」，資無。

一　一九七頁下九行第八字「是」，石作「但是」。

一　一九七頁下一〇行第一二字「悉」，石作「所」。

一　一九七頁下一五行第一一字「經」，資無。

一　一九七頁下一六行首字「論」，資

無。

一九七頁下一六行第三字「意」，石作「意足」。

一九七頁下一七行第七字「有」，石、資、磧、普、南、徑、清作「通有」。

一九八頁上三行「聖如意」，石作「自在」。

一九八頁上四行第六字「修」，資、磧、普、南、徑、清無。

一九八頁上八行第一二字「覆」，資、磧、普、南、徑、清作「麁」。

一九八頁上九行第七字「見」，石、資、磧、普、南、徑、清作「是」。

一九八頁上一二行「復次」，資、磧、普、南、徑、清無。

一九八頁上一五行末字「是」，石作「若是」。

一九八頁上一七行第一二字「不」，石作「所」。

一九八頁上二〇行「諸餘」，石作「及餘諸」。

一九八頁上二一行第二字「天」，石無。

一九八頁中一行至二行「離欲五通凡夫」，石作「凡夫人離欲五通」。

一九八頁中四行「世界」，石作「國土」，下同。

一九八頁中六行「大千」，石無。

一九八頁中一一行末字至一二行首字「乃至」，石作「及」。

一九八頁中一六行第五字「垢」，石作「垢等」。

一九八頁中一六行「知心」，石作「得知他心」。

一九八頁中一九行第九字「竟」，資、磧、普、南、徑、清無。

一九八頁中一九行第一〇字「經」，資無。

一九八頁中一九行第一四字「受」，資作「受者」。

一九八頁中一九行末字「論」，資無。

一九八頁下四行首字「經」，資無。

一九八頁下四行第五字「忽」，資作「忽者」。

一九八頁下四行第六字「論」，資無。

一九八頁下四行第九字「法」，資、磧、普、南、徑、清無。

一九八頁下一〇行第九字「經」，資無。

一九八頁下一一行首字「聞」，資作「聞者」。

一九八頁下一一行第二字「論」，資無。

一九八頁下一一行第五字「養」，資作「供養」。

一九八頁下二一行「世墮」，石作「墮於」。

一九八頁下末行第四字「言」，石作「名」。

一九九頁上一行首字「經」，資無。

一九九頁上一行第七字「望」，資作「望者」。

一九九頁上一行第八字「論」，資無。

一　一九九頁上一行第一四字「衆」，石作「衆生」。
一　一九九頁上一四行第三字「蜂」，資作「諸」。
一　一九九頁上一六行首字「經」，資無。
一　一九九頁上一六行第三字「深」，石作「甚深」。
一　一九九頁上一六行第五字「忍」，資作「忍者」。
一　一九九頁上一六行第六字「論」，資無；石作「論問曰」。
一　一九九頁上一六行第一一字「法」，石作「法答曰」。
一　一九九頁上一七行第五字「法」，石作「法佛自口說」；資無。
一　一九九頁上一八行第九字「次」，石作「次說法」。
一　一九九頁上一八行第一〇字「依」，石、磧、普、南、徑、清作「說法破」。
一　一九九頁上一九行第二字「生」，石、磧、普、南、徑、清無。

一　一九九頁上一九行「永離是」，石作「故」；磧、普、南、徑、清作「是」。
一　一九九頁上二一行第四字「小」，諸本作「少」。
一　一九九頁中四行「復次」，石無。
一　一九九頁中一六行第一三字「得」，資無。
一　一九九頁中一七行第六字「經」，資無。
一　一九九頁中一七行第一〇字「力」，資作「力者」。
一　一九九頁中一七行第一一字「論」，資無。
一　一九九頁中二〇行「無所畏有二種」，石作「二種無所畏」。
一　一九九頁中二二行第八字「是」，石無。
一　一九九頁中二二行第一三字「無」，石作「無所」。
一　一九九頁下二行第一四字「故」，資、磧、普、南、徑、清無。
一　一九九頁下三行第七字「欲」，石作「欲令」。

一　一九九頁下一一行第二字「經」，資無。
一　一九九頁下一一行第六字「事」，資作「事者」。
一　一九九頁下一一行第七字「論」，資無。
一　一九九頁下一四行第五字「法」，諸本作「法性」。
一　一九九頁下一五行首字「性」，資無。
一　一九九頁下二二行「界入」，石作「入界」。
一　二〇〇頁上一行第二字「爲」，資、磧、普、南、徑、清無。
一　二〇〇頁上一行第七字「法」，諸本無。
一　二〇〇頁上三行第三字「爲」，資、磧、普、南、徑、清作「在」。
一　二〇〇頁上三行「眠睡」，石作「睡眠」。
一　二〇〇頁上一一行第一二字「憂」，

磧、普、南、徑、清作「愛」。

一二〇〇頁上一三行第一〇字「衆」，石作「陰」，下同。

一二〇〇頁上一四行第一〇字「莫」，石作「真」。

一二〇〇頁上一六行第一二字「色」，資、磧、普、南、徑、清作「作色」。

一二〇〇頁上二〇行第一三字「是」，石無。

一二〇〇頁上二二行第五字「以」，石作「以故」。

一二〇〇頁上二二行第九字「曰」，石作「曰魔」。

一二〇〇頁上末行第七字「故」，石無。

一二〇〇頁上末行末字至中一行首字「人輩」，石無。

一二〇〇頁中一行至二行夾註，資、磧、普、南、徑、清無。

一二〇〇頁中二行第六字「故」，資、磧、普、南、徑、清無。

一二〇〇頁中二行正文第一一字「爲」，石無。

一二〇〇頁中一一行第六字「有」，資、磧、普、南、徑、清作「又」。

一二〇〇頁中一二行「利益不用」，石無。

一二〇〇頁中一二行第八字「利」，資、磧、普、南、徑、清作「無」。

一二〇〇頁中一五行第七字「經」，資無。

一二〇〇頁中一五行末字「脱」，資作「脱者」。

一二〇〇頁中一六行首字「論」，資無。

一二〇〇頁中一九行「積集諸業」，石作「諸業積集」。

一二〇〇頁中二〇行第一二字「時」，資、磧、普、南、徑、清作「合時」。

一二〇〇頁下一行第一一字「況」，石作「況於」。

一二〇〇頁下三行第一〇字「使」，資、磧、普、南、徑、清作「業」。

一二〇〇頁下五行「最爲」，諸本作「爲最」。

一二〇〇頁下五行第七字「間」，資、磧、普、南、徑、清作「界」。

一二〇〇頁下八行第五字「盡」，石作「滅」。

一二〇〇頁下九行第三字「責」，諸本作「債」。

一二〇〇頁下一一行「羅刹」，石作「剌逐」。

一二〇〇頁下一一行末字「刹」，資、磧、普、南、徑、清作「剌」。

一二〇〇頁下一六行「不離」，石作「常隨」。

一二〇〇頁下一八行末字「經」，資無。

一二〇〇頁下一九行第五字「法」，資作「法者」。

一二〇〇頁下一九行第六字「論」，資無。

一二〇〇頁下二〇行第一〇字「法」，資、磧、普、南、徑、清無。

一二〇〇頁下二二行第一〇字「爲」，

資、磧、普、南、徑、清無。

一　二〇〇頁下末行「爲體」，資、磧、普、南、徑、清無。

一　二〇一頁上三行「業苦因緣」，石無。

一　二〇一頁上五行「苦苦」，石作「煩惱煩惱」。

一　二〇一頁上五行第六字「緣」，石作「緣業」。

一　二〇一頁上九行第一二字「陰」，磧、南作「法」。

一　二〇一頁上九行末二字至一〇行首二字，「及是所住」，石作「四陰住處」。

一　二〇一頁上一三行第一二字「緣」，資、磧、普、南、徑、清無。

一　二〇一頁上二〇行第八字「是」，石無。

一　二〇一頁上二二行首字「彼」，諸本作「説」。

一　二〇一頁中六行第一二字「千」，資、磧、普、南、徑、清作「十」。

一　二〇一頁中八行末字「千」，資、磧、普、南、徑、清作「十」。

一　二〇一頁中一〇行第一一字「去」，諸本無。

一　二〇一頁中一四行第八字「經」，資無。

一　二〇一頁中一五行第五字「麁」，資作「麁者」。

一　二〇一頁中一五行第六字「論」，資無。

一　二〇一頁中一六行第九字「喜」，資、磧、普、南、徑、清作「喜大捨」。

一　二〇一頁中二〇行末字「種」，南、徑、清作「邪」。

一　二〇一頁中末行「譬如馬有」，石作「如馬四種」。

一　二〇一頁下一行首字「經」，資無。

一　二〇一頁下一行第九字「畏」，資作「畏者」。

一　二〇一頁下一行第一〇字「論」，資無。

一　二〇一頁下四行第四字「德」，資作「慧」。

一　二〇一頁下一四行第七字「福」，石作「功」。

一　二〇一頁下一八行第三字「如」，石作「知」。

一　二〇一頁下二一行第三字「經」，資無。

一　二〇一頁下二一行第一一字「出」，資作「出者」。

一　二〇一頁下二一行第一二字「論」，資無。

一　二〇一頁下末行第四字「四」，磧、普、南、徑、清無。

一　二〇一頁下末行第五字「世」，資無。

一　二〇二頁上二行第一二字「生」，石、磧、普、南、徑、清作「而」；資作「大」。

一　二〇二頁上三行第四字「大」，石作「重」。

一　二〇二頁上三行末字「心」，諸本作「者」。

一 二〇二頁上五行「逆順」，資、磧、資、南、徑、清無。
一 二〇二頁上五行末字「知」，石作「知解」。
一 二〇二頁上七行第一一字「皆」，資、磧、普、南、徑、清無。
一 二〇二頁上八行第一二字「説」，磧、普、南、徑、清無。
一 二〇二頁上九行第二字「説」，諸本作「語」。
一 二〇二頁上一一行末字「義」，資、磧、普、南、徑、清作「相」。
一 二〇二頁上一三行「無慧亦無明」，諸本作「無聞亦無智」。
一 二〇二頁上一八行「欣豫」，石作「歡喜」。
一 二〇二頁中一行經名，石作「大智度經論卷第六」。

大智度初品中十喻釋論第十一　卷第六　作

龍樹菩薩造

後秦龜茲國三藏法師鳩摩羅什奉　詔譯

解了諸法如幻如焰如水中月如虛
空如響如揵闥婆城如夢如影如鏡
中像如化是十喻為解空法故問曰
若一切諸法空如幻何以故諸法有
可見可聞可嗅可嘗可觸可識者若
實無所有不應有可見乃至可識復
次若無而妄見者何以不見聲聞色
若皆一等空無所有何以有可見不
可見者以諸法空故如一指第一甲无第二甲亦
無何以不見第二甲獨見第一甲以
是故知第一甲實有故可見第二甲
實無故不可見荅曰諸法相雖空亦
有分別可見不可見辟如幻化為馬
及種種諸物雖知無實然色可見聲
可聞與六情相對不相錯亂諸法亦
如是雖空而可見可聞不相錯亂如
德女經說德女白佛言世尊如無明
內有不佛言不外有不佛言不內外
有不佛言不世尊是無明從先世来

不佛言不從此世至後世不佛言不
是无明有生者滅者不佛言不有一
法定實性是名無明不佛言不尒時
德女復白佛言若无明無內无外亦
無內外不從先世至今世今世至後
世亦无真實性者云何從无明緣行
乃至衆苦集世尊辟如有樹若无根
者云何得生莖節枝葉華果佛言諸
法相雖空凡夫無聞无智故而於中
生種種煩惱煩惱因緣作身口意業
業因緣作後身身因緣受苦受樂是
中无有實作煩惱亦无身口意業亦
無有受苦樂者辟如幻師幻作種種
事於汝意云何是幻所作內有不荅
言不外有不荅言不內外有不荅言
不從先世至今世今世至後世不荅
言不幻所作有生者滅者不荅言不
實有一法是幻所作不荅言不佛言
汝頗見頗聞幻所作妓樂不荅言我
亦聞亦見佛問德女若幻空欺誑無
實云何從幻能作伎樂德女白佛世
尊是幻相尒雖無根本而可聞見佛
言无明亦如是雖不內有不外有不

內外有不先世至今世今世至後世亦無實性无有生者滅者而无明因緣諸行生乃至衆苦集如幻息幻所作亦息无明亦尒無明盡行亦盡乃至衆苦集皆盡復次是幻譬喻示衆生一切有為法空不堅固如說一切諸行如幻欺誑小兒屬因緣不自在不久住是故說諸菩薩知諸法如幻如炎者炎以日光風動塵故曠野中見如野馬無智人初見謂為水男相女相亦如是結使煩惱日光諸行塵邪憶念風生死曠野中轉无智慧者謂為一相為男為女是名如炎復次若遠見炎想為水近則无水想无智人亦如是若遠聖法不知无我不知諸法空於陰界入性空法中生人相男相女相近聖法則知諸法實相是時虛誑種妄想盡除以是故說諸菩薩知諸法如炎如水中月者月實在虛空中影現於水實法相月在如法性實際虛空中凡人心水中有我我所相現以是故名如水中月復次如小兒見水中月歡喜欲取大人見之則笑无

智人亦如是身見故見有吾我无實智故見種種法見已歡喜欲取諸相男相女相等諸得道聖人笑之如偈說

如水中月炎中水　夢中得財死求生
有人於此實欲得　是人癡惑聖所笑

復次譬如靜水中見月影攪水則不見无明心靜水中見吾我憍慢諸結使影實智慧杖攪心水則不見吾我等諸結使影以是故說諸菩薩知諸法如水中月如虛空者但有名而無實法虛空非可見法遠視故眼光轉見縹色諸法亦如是空無所有人遠無漏實智慧故棄實相見彼我男女屋舍城郭等種種雜物心著如小兒仰視青天謂有實色有人飛上極遠而無所見以遠視故謂為青色諸法亦如是以是故說如虛空復次如虛空性常清淨人謂陰曀為不淨諸法亦如是性常清淨婬欲瞋恚等曀故人謂為不淨如偈說

如夏月天雷電雨　陰雲覆曀不清淨
凡夫無智亦如是　種種煩惱常覆心
如冬天日時一出　常為昬氣雲陰曀

雖得初果第二道　猶為欲染之所蔽
若如春天日欲出　時為陰雲所覆曀
雖離欲染第三果　餘殘癡慢猶覆心
若如秋日无雲曀　亦如大海水清淨
所作已辦无漏心　羅漢如是得清淨

復次虛空无初無中无後諸法亦如是復次如摩訶衍中佛語須菩提虛空無前世亦无中世亦无後世諸法亦如是彼經此中應廣說是故說諸法如虛空問曰虛空實有法何以故若虛空无實法者若擧若下若來若往若屈若申若出若入等有所作應无有以無動處故荅曰若虛空法實有虛空應有住處何以故无住處則无法若虛空在孔穴中住是為虛空在虛空中住以是故不應孔中住若在實中住是實非空則不得住无所受故復次汝言住處是虛空如石壁實中無有住處若无住處則无虛空以虛空无住處故无虛空復次无相故無虛空諸法各各有相相有故知有法如地堅相水濕相火熱相風動相識相慧解相世間生死相涅槃永滅

相是虛空无相故無問曰虛空有相汝不知故言无無色處是虛空相荅曰不尒无色是名破色更無異法如燈滅更无法以是故无有虛空相復次是虛空法无何以故汝因色故以无色處是虛空相若尒者色未生時則无虛空相復次汝謂色是無常法虛空是有常法色未有時應先有虛空法以有常故若色未有則無无色處若无無色處則無虛空相若無相則无法以是故虛空但有名而無實諸法亦如是但有假名而无實以是故諸菩薩知諸法如虛空如響者若深山狹谷中若深絕澗中若空大舍中若語聲若打聲從聲有聲名為響无智人謂為有人語聲智者心念是聲無人作但以聲觸故名為響響事空能誑耳根如人欲語時口中風名憂陁那還入至臍觸臍響出響出時觸七處退是名語言如偈說

風名憂檀那　觸臍而上去　是風七處觸
項及齗齒脣　舌咽及以胷　是中語言生
愚人不解此　惑著起瞋癡　中人有智慧

不瞋亦不著　亦復不愚癡　但隨諸法相
曲直及屈申　去來現語言　都无有作者
是事是幻耶　為機關木人　為是夢中事
我為熱氣悶　有是為无是　是事誰能知
是骨人筋纏　能作是語聲　如融金投水

以是故言諸菩薩知諸法如響　如揵闥婆城者日初出時見城門樓櫓宮殿行人出入日轉高轉滅但可眼見而无有實是名揵闥婆城有人初不見揵闥婆城晨朝東向見之意謂實樂疾行趣之轉近轉失日高轉滅飢渴悶極見熱氣如野馬謂之為水疾走趣之轉近轉滅疲極困厄至窮山狹谷中大喚啼哭聞有響應謂有居民求之疲極而無所見思惟自悟渴願心息無智人亦如是空衆界入中見吾我及諸法淫瞋心著四方狂走求樂自滿顛倒欺誑窮極懊惱若以智慧知无我無實法者是時顛倒願息復次揵闥婆城非城人心想為城凡夫亦如是非身想為身非心想為心問曰一事可知何以多喻荅曰我先已荅是摩訶衍如大海水一切法

盡攝摩訶衍多因緣故多辟喻无各復次是菩薩甚深利智故種種法門種種因緣種種喻壞諸法為人解故應多引喻復次一切聲聞法中无揵闥婆城喻有種種餘无常喻色如聚沫受如泡想如野馬行如芭蕉識如幻及幻網經中空辟喻以是揵闥婆城喻異故此中說問曰聲聞法中以城喻身此中何以說揵闥婆城喻荅曰聲聞法中城喻衆緣實有但城是假名揵闥婆城衆緣亦无如旋火輪但惑人目聲聞法中為破吾我故以城為喻此中菩薩利根深入諸法空中故以揵闥婆城為喻以是故說如揵闥婆城如夢者如夢中无實事謂之有實覺已知無而還自笑人亦如是諸結使眠中實无而著得道覺時乃知無實亦復自笑以是故言如夢復次夢者眠力故無法而見人亦如是无明眠力故種種无而見有所謂我我所男女等復次夢中无喜事而喜无瞋事而瞋無怖事而怖三界衆生亦如是无明眠故不應瞋而瞋不

應喜而喜不應怖而怖復次夢有五種若身中不調若熱氣多則多夢見火見黃見赤若冷氣多則多見水見白若風氣多則多見飛見黑又復所見事多思惟念故則夢見或天與夢欲令知未來事故是五種夢皆无實而妄見人亦如是五道中衆生身見力因緣故見四種我色陰是我色是我所我中色色中我如色受想行識亦如是四五二十得道實智慧覺已知无實問曰不應言夢无實何以故識心得因緣便生夢中識有種種緣若无此緣云何生識答曰无也不應見而見夢中見人頭有角或夢見身飛虛空人實无角身亦不飛是故无實問曰實有人頭餘處亦實有角以心惑故見人頭有角實有虛空亦實有飛者以心惑故目見身飛非无實也答曰雖實有人頭雖實有角但人頭生角者是妄見問曰世界廣大先世因緣種種不同或有餘國人頭生角或一手一足有一尺人有九頭人人有角何所怪答曰若餘國人有角

可介但夢見此國所識人有角則不可得復次若人夢見虛空邊方邊時邊是事云何有實何處无虛空无方无時以是故夢中无而見有汝先言無緣云何生識雖无五塵緣自思惟念力轉故法緣生若人言有二頭因語生想夢中无而見有亦復如是諸法亦介諸法雖无而可見可聞可知如偈說

如夢如幻　如揵闥婆　一切諸法
亦復如是

以是故說諸菩薩知諸法如夢如影者影但可見而不可捉諸法亦如是眼睛等見聞覺知實不可得如偈說

是實智慧　四邊叵捉　如大火聚
亦不可觸　法不可受　亦不應受

復次如影映光則現不映則无諸結煩惱遮正見光則有我相法相影復次如影人去則去人動則動人住則住善惡業影亦如是後世去時亦去今世住時亦住報不斷故罪福熟時則出如偈說

空中亦逐去　山石中亦逐　地底亦隨去

海水中亦入　處處常隨逐　業影不相離

以是故說諸法如影復次如影空無求實不可得一切法亦如是空无有實問曰影空无有實是事不然何以故阿毗曇說云何名色入青黃赤白黑縹紫光明影等及身業三種作色是名可見色入汝云何言无復次實有影有因緣故因為樹緣為明是二事合有影生云何言无若無影餘法因緣有者亦皆應无復次是影色可見長短大小麁細曲直形動影亦動是事皆可見以是故應有答曰影實空无汝言阿毗曇中說者是釋阿毗曇義人所作說一種法門人不體其意執以為實如鞞婆沙中說微塵至細不可破不可燒是則常有復有三世中法未來中出至現在從現在入過去無所失是則為常又言諸有為法新新生滅不住若介者是則為斷滅相何以故先有今無故如是等種種異說違背佛語不可以此為證影則異於色法色法生必有香味觸等影則不介是為非有如瓶二根知眼根

身根影若有亦應二根知而无是事以是故影非有實物但是誑眼法如捉火熖疾轉成輪非實若影是有物應可破可滅若形不滅影終不壞以是故空復次影屬形不自在故空雖空而心生眼見以是故說諸法如影如鏡中像者如鏡中像非鏡作非面作非執鏡者作亦非自然作亦非无因緣何以非鏡作若面未到鏡則無像以是故非鏡作何以非面作無鏡則无像何以非執鏡者作无鏡無面則无像何以非自然作若未有鏡未有面則无像像待鏡待面然後有以是故非自然作何以非无因緣若无因緣應常有若常无若除鏡除面亦應自出以是故非無因緣諸法亦如是非自作非彼作非共作非无因緣云何非自作我不可得故一切因生法不自在故諸法屬因緣故是以非自作亦非他作者自無故他亦無若他作則失罪福力他作有二種若善若不善若善應與一切樂若不善應與一切苦若苦樂雜以何因緣故與

樂以何因緣故與苦若共有二過故自過他過若无因緣生苦樂人應常樂離一切苦若無因緣人不應作樂因除苦因一切諸法必有因緣愚癡故不知辟如人從木求火從地求水從扇求風如是等種種各有因緣是苦樂和合因緣是苦樂和合因緣生先世業因今世若好行若邪行緣從是得苦樂是苦樂種種因緣以實求之無人作無人受空五衆作空五衆受无智人得樂婬心愛著得苦生瞋恚是樂滅時更欲求得如小兒見鏡中像心樂愛著失已破鏡求索智人笑之失樂更求亦復如是亦為得道聖人所笑以是故說諸法如鏡中像復次如鏡像實空不生不滅誑惑人眼一切諸法亦復如是空无實不生不滅誑惑凡夫人眼問曰鏡中像從因緣生有面有鏡有持鏡人有明是事和合故像生因是像生憂喜亦作因亦作果云何言實空不生不滅荅曰從因緣生不自在故空若法實有是不應從因緣生何以故若因緣中

先有因緣无所用若因緣中先無因緣亦无所用辟如乳中若先有酪是乳非酪因酪先有故若先无酪如水中无酪是乳亦非因若無因而有酪者水中何以不生酪若乳是酪因緣乳亦不自在從因緣生乳從牛有牛從水草有如是无邊皆有因緣以是故因緣中果不得言有不得言无不得言有无不得言非有非无諸法從因緣生无自性如鏡中像如偈說

若法因緣生　是法性實空
若此法不空　不從因緣有
辟如鏡中像　非鏡亦非面
亦非持鏡人　非自非无因
非有亦非无　亦復非有无
此語亦不受　如是名中道

以是故說諸法如鏡中像如化者十四變化心初禪二欲界初禪二禪三欲界初禪二禪三禪四欲界初禪二禪三禪四禪五欲界初禪二禪三禪四禪是十四變化心作八種變化一者能作小乃至微塵二者能作大乃至滿虛空三者能作輕乃至如鴻毛四者能作自在能以大為小以長為短如是種種五者能有主力有大力人無所

下故言有主力六者能遠到七者能動地八者隨意所欲盡能得一身能作多身多身作一石壁皆過履水蹈虛手捫日月能轉四大地作水水作地火作風風作火石作金金作石是變化復有四種欲界藥物寶物幻術能變化諸物諸神通人力故能變化諸物天龍鬼神輩得生報力故能變化諸物色界生報修定力故能變化諸物如化人无生老病死無苦无樂亦異於人生以是故空无實一切諸法亦如是皆无生住滅以是故說諸法如化復次化主無定物但以心生便有所作皆无有實人身亦如是本无所因但從先世心生今世身皆无有實以是故說諸法如化如變化心滅則化滅諸法亦如是因緣滅果亦滅不自在如化事雖實空能令衆生生憂苦瞋恚喜樂癡惑諸法亦如是雖空无實能令衆生起歡喜瞋恚憂怖等以是故說諸法如化復次如變化生法无初无中無後諸法亦如是如變化生時无所從來滅亦無所去諸法亦如

是復次如變化相清淨如虛空无所染著不為罪福所汙諸法亦如是如法性如如真際自然常淨譬如閻浮提四大河一河有五百小河偪是水種種不淨入大海水中皆清淨問日不應言變化事空何以故變化心亦從修定得從此心作種種變化若人若法是化有因有果云何空荅曰如影中已荅今當更荅此因緣雖有變化果空如口言無所有雖心生口言不可以心口有故所言無所有便是有若言有第二頭第三手雖從心口生不可言有頭有手如佛說觀无生從有生得脫依无為從有為得脫雖觀无生法无而可作因緣無為亦尒變化雖空亦能生心因緣譬如幻焰等九譬喻雖无能生種種心復次是化事於六因四緣中求不可得是中六因四緣不相應故空復次空不以不見為空以其无實用故言空以是故言諸法如化問曰若諸法十譬喻皆空無異者何以但以十事為喻不以山河石壁等為喻荅曰諸法雖空

而有分別有難解空有易解空今以易解空喻難解空復次諸法有二種有心著處有心不著處以心不著處解心著處問曰此十譬喻何以是心不著處荅曰是十事不久住易生易滅以是故是心不著處復次有人知十喻誑惑耳目法不知諸法空故以此喻諸法若有人於十譬喻中心著不解種種難論以此為有是十譬喻不為其用應更為說餘法門問曰若諸法都空不生不滅是十譬喻等種種譬喻種種因緣論議我已悉知為空若諸法都空不應說是喻若說是喻是為不空荅曰我說空破諸法有今所說者若說有先已破若說無不應難譬如執事比丘舉手唱言衆皆寂靜是為以聲遮聲非求聲也以是故雖說諸法空不生不滅愍念衆生故雖說非有也以是故說諸法如化得无㝵無所畏者種種衆界入因緣中心無㝵无盡無滅是為无㝵無所畏問曰如先說諸菩薩於无量衆中無所畏今何以更說無㝵无所畏荅

曰先說无所畏因今說無所畏果於諸大衆乃至菩薩衆中說法无盡論議无减心無疑難已得無㝵无所畏故復次如先說於無量衆中无所畏不知以何等力故无畏以是故更說無所畏以得無㝵力故問曰若諸菩薩亦有无㝵無所畏佛與菩薩有何等異荅曰如我先說諸菩薩自有無所畏力故於諸法中无所畏非佛無所畏復次无㝵法有二種一者一切處二者非一切處非一切處名如入一經書乃至百千經書中无㝵若入一衆若百千衆中無所畏諸菩薩亦如是自智慧中无㝵非佛智慧如佛放鉢時五百阿羅漢及弥勒等諸菩薩皆不能取諸菩薩亦如是自力中无㝵佛智慧力中有㝵以是故說諸菩薩得无㝵無所畏悉知衆生心行所趣以微妙慧而度脫之問曰云何悉知衆生心行荅曰知衆生心種種法中處處行如日光遍照菩薩悉知衆生心行有所趣向而教之言一切衆生趣有二種一者心常求樂二者

智慧分別能知好惡汝莫隨著心當隨智慧當自責心汝无數劫来集諸雜業而无猒足而但馳逐世樂不覺為苦汝不見世間貪樂致患五道受生皆心所為誰使汝者汝如狂馬蹈藉殘害无所拘制誰調汝者若得善調則離世患當知處胎不淨苦厄猶如地獄既生在世老病死苦憂悲万端若生天上當復墮落三界无安汝何以樂著如是種種呵責其心揩不隨汝是為菩薩知衆生心行問曰云何名以微妙慧而度脫之是中云何名微妙慧云何名麁智慧荅曰世界巧慧是名麁智慧行施戒定是名微妙慧復次布施智是為麁慧戒定智是名微妙慧復次施戒智是為麁慧禪定智是名微妙慧復次禪定智是為麁慧无猗禪是名微妙慧復次取諸法相是為麁慧於諸法相不取不捨是名微妙慧復次破无明等諸煩惱得諸法相是名麁慧入如法相者辟如真金不損不失亦如金剛不破不壞又如虛空無染无著是名微妙慧

如是等无量微妙慧菩薩自得復教衆生以是故說諸菩薩悉知衆生心行所趣以微妙慧而度脫之

大智度初品中意无㝵釋論第十二

意无㝵者云何名意无㝵菩薩於一切怨親非怨非親人中心無有㝵復次一切世界衆生中若来侵害心不恚恨若種種恭敬亦不喜悅如偈說

諸佛菩薩　心不愛著　外道惡人
心不憎恚

如是清淨名為意无㝵復次於諸法中心無㝵問曰是菩薩未得佛道未得一切智云何於諸法中心无㝵荅曰是菩薩得无量清淨智慧故於諸法中心无㝵問曰諸菩薩未得佛道故不應有无量智有殘結故不應有清淨智荅曰是諸菩薩非三界中結業肉身皆得法身自在過老病死憐愍衆生故在世界中行為莊嚴佛土教化衆生已得自在欲成佛能成問曰如法身菩薩則與佛无異何以名為菩薩何以礼佛聽法若與佛異

云何有无量清淨智荅曰是菩薩雖為法身无老病死與佛小異譬如月十四日衆人生疑若滿若不滿菩薩如是雖能作佛能說法然未實成佛佛如月十五日滿足无疑復次无量清淨有二種一者實有量於不能量者謂之无量譬如海水如恒河沙等人不能量名為无量於諸佛菩薩非為无量菩薩无量清淨智亦復如是於諸天人及聲聞辟支佛所不能量名為无量智菩薩得无生道時諸結使斷故得清淨智問曰若尒時已斷諸結成佛時復何所斷荅曰是清淨有二種一者得佛時除結都盡得實清淨二者菩薩捨肉身得法身時斷諸結清淨譬如燈能除闇得有所作更有大燈倍復明了佛及菩薩斷諸結使亦復如是菩薩所斷雖曰已斷於佛所斷猶為未盡是名得无量清淨智故於諸法中意无罣㝵大忍成就者問曰先已說等忍法忍今何以故復說大忍成就荅曰此二忍增長名為大忍復次等忍在衆生中一切能

忍柔順法忍於深法中忍此二忍增大作證得无生忍冣後肉身悉見十方諸佛化現在前於空中坐是名大忍成就譬如聲聞法中煗法增長名為頂法頂法增長名為忍法更無異法增長為異等忍大忍亦復如是復次有二種忍生忍法忍生忍名衆生中忍如恒河沙劫等衆生種種加惡心不瞋恚種種恭敬供養心不歡喜復次觀衆生无初若有初則无因緣若有因緣則无初若无初亦應无後何以故初後相待故若無初後中亦應无如是觀時不墮常斷二邊用安隱道觀衆生不生邪見是名生忍甚深法中心无罣㝵是名法忍問曰何等甚深法荅曰如先甚深法忍中說復次甚深法者於十二因緣中展轉生果因中非有果亦非無果從是中出是名甚深法復次入三解脫門空无相無作則得涅槃常樂故是名甚深法復次觀一切法非空非不空非有相非无相非有作非无作如是觀中心亦不著是名甚深法如偈說

因緣生法　是名空相　亦名假名
亦名中道　若法實有　不應還无
今无先有　是名為斷　不常不斷
亦不有無　心識處滅　言說亦盡

於此深法信心無㝵不悔不没是名大忍成就如實巧度者有外道法雖度衆生不如實度何以故種種邪見結使殘故二乘雖有所度不如所應度何以故无一切智方便心薄是故不能巧度不以佛道而度衆生以是故言不能巧度唯有菩薩能如實巧度譬如渡師一人以浮囊草栰渡之一人以方舟而度二渡之中相降懸殊菩薩巧渡衆生亦如是復次譬如治病苦藥針灸痛而得差如有妙藥名蘇陁扇陁病人眼見衆病皆愈除病雖同優劣法異聲聞菩薩教化度人亦復如是苦行頭陁初中後夜勤心坐禪觀苦而得道聲聞教也觀諸法相无縛無解心得清淨菩薩教也如文殊師利本緣文殊師利白佛大德昔我先世過无量阿僧祇劫尒時有佛名師子音王佛及衆生壽十万億那由他歲佛以三乘而渡衆生國名千光明其國中

諸樹皆七寶成樹出无量清淨法音空無相无作不生不滅无所有之音衆生聞之心解得道時師子音王初會說法九十九億人得阿羅漢道菩薩衆亦復如是諸菩薩一切皆得无生法忍入種種法門見无量諸佛恭敬供養能度无量无數衆生得无量陁羅尼門能得无量種種三昧初發心新入道門菩薩不可稱數是佛土无量莊嚴說不可盡時佛教化已訖入无餘涅槃法住六万歲諸樹法音亦不復出佘時有二菩薩比丘一名喜根二名勝意是喜根法師容儀質直不捨世法亦不分别善惡喜根弟子聡明樂法好聞深義其師不讃少欲知足不讃戒行頭陁但說諸法實相清淨語諸弟子一切諸法婬欲相瞋恚相愚癡相此諸法相即是諸法實相无所罣导以是方便教諸弟子入一相智時諸弟子於諸人中无恚无悔心不悔故得生忍得生忍故得法忍於實法中不動如山勝意法師持戒清淨行十二頭陁得四禪四

无色定勝意諸弟子鈍根多求　分别是淨是不淨心即動轉勝意異時入聚落中至喜根弟子家於坐處坐讃說持戒少欲知足行頭陁行閑處禪寂訾毀喜根言是人說法教人入邪見中是說婬欲瞋恚愚癡无所罣导相是雜行人非純清淨是弟子利根得法忍問勝意言大德是婬欲法名何等相荅言婬欲是煩惱相問言是婬欲煩惱在内耶在外耶荅言是婬欲煩惱不在内不在外若在内不應待外因緣生若在外於我无事不應惱我居士言若婬欲非内非外非東西南北四維上下來遍求實相不可得是法即不生不滅若无生滅空无所有云何能作煩惱勝意聞是語巳其心不悅不能加荅從座而起說如是言喜根多誑衆人著邪道中是勝意菩薩未學音聲陁羅尼聞佛所說便歡喜聞外道語便瞋恚聞三不善則不歡悅聞三善則大歡喜聞說生死則憂聞涅槃則喜從居士家至林樹間入精舍中語諸比丘當知喜根

菩薩是人虛誑多令人入惡邪中何以故其言婬恚癡相及一切諸法皆无导相是時喜根作是念此人大瞋爲惡業所覆當墮大罪我今當爲說甚深法雖今无所得爲作後世佛道因緣是時喜根集僧一心說偈

婬欲即是道　恚癡亦如是　如此三事中
无量諸佛道　若有人分别　婬怒癡及道
是人去佛遠　譬如天與地　道及婬怒癡
是一法平等　若人聞怖畏　去佛道甚遠
婬法不生滅　不能令心惱　若人計吾我
婬將入惡道　見有无法異　是不離有无
若知有无等　超勝成佛道

說如是等七十餘偈時三万諸天子得无生法忍万八千聲聞人不著一切法故皆得解脫是時勝意菩薩身即陷入地獄受无量千万億歲苦出生人中七十四万世常被誹謗无量劫中不聞佛名是罪漸薄得聞佛法出家爲道而復捨戒如是六万三千世常捨戒无量世中作沙門雖不捨戒諸根闇鈍是喜根菩薩於今東方過十万億佛土作佛其土号寶嚴佛

大智度論卷第六　第二十七張　作字号

光踰日明王文殊師利言尒時勝意比丘我身是也我觀尒時受是无量苦文殊師利復白佛若有人求三乘道不欲受諸苦者不應破諸法相而懷瞋恚佛問文殊師利汝聞諸偈得何等利荅日我聞此偈得畢衆苦世世得利根智慧能解深法巧說深義於諸菩薩中寂為第一如是等名巧說諸法相是名如實巧度

大智度論卷第六

大智度論卷第六

校勘記

一　底本，金藏廣勝寺本。

一　二一一頁中一行經名，石作「大智度經論卷第七」；資、磧、普、南、徑、清作「大智度論卷第六」。

一　二一一頁中三行與四行之間，石有「摩訶般若波羅蜜經釋初品中十喻義第十一」；資有「釋初品中喻第十一」；磧、普有「釋初品中喻」；南、徑、清有「釋初品中十喻」。

一　二一一頁中四行首字「解」，石、磧、普、南、徑、清、麗冠以「經」。

一　二一一頁中四行第一一字「中」，石無。

一　二一一頁中六行第五字「是」，石、磧、普、南、徑、清、麗冠以「論」。

一　二一一頁中一二行「以諸法空故」，資、磧、普、南、徑、清無。

一　二一一頁中一八行「與六情相對不相錯亂」；石作「不相錯亂與六情對故」。

一　二一一頁中二〇行「白佛言世尊如」，石作「問佛大德是」。

一　二一一頁中末行「世尊」，石作「大德」。

一　二一一頁下一一行第一字「業」，資、磧、普、南、徑、清無。

一　二一一頁下二一行第一二字至二二行首字「白佛世尊」，石作「答佛大德」；資、磧、普、南、徑、清作「白佛言世尊」。

一　二一一頁下二二行第四字「相」，磧、普、南、徑、清作「相法」。

一　二一二頁上三行第九字及五行第四字「陰」，資、磧、普、南、徑、清無。

一　二一二頁上四行第二字「亦」，資無。

一　二一二頁上五行第四字「陰」，麗無。

一　二一二頁上七行第一二字「不」，石作「不得」。

一　二一二頁上九行第五字「以」，資作「如」。

一　二一二頁上九行第一五字「見」，資、磧、普、南、徑、清無。

一　二一二頁上一〇行第九字「爲」，石、麗作「之爲」。

一　二一二頁上一一行第九字「光」，石、麗作「光熱」。

一　二一二頁上一四行第一〇字「想」，資、磧、普、南、徑、清作「相」。
一　二一二頁上一八行第二字「種」，諸本作「種種」。
一　二一二頁上一九行第一一字「實」，資、磧、普、南、徑、清無。
一　二一二頁上一九行末字「中」，石作「中行」。
一　二一二頁上二一行第四字「凡」，石、麗作「而凡夫」。
一　二一二頁中六行第一一字及八行第七字「攪」，石、磧、普、南、徑、清作「擾」。
一　二一二頁中末行第一二字「雲」，資、磧、普、南、徑、清作「雪」。
一　二一二頁下一一行第七字「者」，資無。
一　二一二頁下一五行第七字「穴」，資、磧、普、南、徑、清無。
一　二一二頁下末行第九字「死」，石、麗作「滅」。
一　二一三頁上四行「更无法」，資、磧、普、南、徑、清無。
一　二一三頁上一一行第一一字「實」，石、麗作「實如虛空」。
一　二一三頁上一七行第六字「故」，石、麗作「故更有聲」。
一　二一三頁上二一行第四字「檀」，磧、普、南、徑、清作「陀」。
一　二一三頁上二二行首字「項」，石作「頂」。
一　二一三頁中四行「氣悶」，石作「悶心」。
一　二一三頁中五行第八字「是」，石、資、磧、普、南、徑、清作「言」。
一　二一三頁中五行第一二字「融」，資、磧、普、南、徑、清作「鎔」。
一　二一三頁中六行第五字及第九字「諸」，石作「語」。
一　二一三頁中八行第一〇字「滅」，諸本作「滅此城」。
一　二一三頁中八行第一一字「但」，資、磧、普、南、徑、清、麗作「比城但」。
一　二一三頁中一六行第一一字「衆」，石、麗作「陰」。
一　二一三頁中二二行第一一字及下三行第七字、四行第四字、五行第一一字「喻」，石作「譬喻」。
一　二一三頁下六行第二字「受」，石作「痛」。
一　二一三頁下八行「聲聞」，石作「若聲聞」。
一　二一三頁下二一行第九字「夢」，石作「如夢」。
一　二一四頁上五行首字「見」，石、資、磧、普、南、徑、清作「聞見」。
一　二一四頁上六行末字「實」，石、磧、普、南、徑、清、麗作「實事」；資作「事」。
一　二一四頁上八行第一〇字「陰」，石作「衆」。
一　二一四頁上一二行第四字「因」，石無。
一　二一四頁上一八行第一二字「非」，石作「非見」。

一 二一四頁上二二行第一三字「頭」，資、磧、普、南、徑、清作「尺」。
一 二一四頁中七行「見有」，資作「有見」。
一 二一四頁中一四行第二字「晴」，諸本作「情」。
一 二一四頁中一七行末字「結」，石作「結使」。
一 二一四頁下一〇行末字「可」，石作「不可」。
一 二一四頁下二二行首字「則」，資、磧、普、南、徑、清、麗作「今」。
一 二一五頁上二行第二字「是」，石作「無」。
一 二一五頁上三行第九字「實」，石、麗作「實影非有物」。
一 二一五頁上一二行「何以非自然作」，石作「亦非自然作何以故」。
一 二一五頁上一四行「何以」，石作「亦」。
一 二一五頁中七行「是苦樂和合因緣」，石、資、磧、普、南、徑、清無。
一 二一五頁中一〇行第一〇字及末字「衆」，石作「陰」。
一 二一五頁中一三行「愛著」，石、麗作「愛著愛著」。
一 二一五頁中一六行第四字「鏡」，石、麗作「鏡中」。
一 二一五頁中一六行末字「人」，石、麗作「凡人」。
一 二一五頁中一七行第一一字「无」，資、磧、普、南、徑、清作「不」。
一 二一五頁中末行首字「是」，石、麗作「是亦」。
一 二一五頁下一行第五字「无」，石、麗作「則無」。
一 二一五頁下四行第八字「因」，石作「若乳中無水中亦無」。
一 二一五頁下六行第六字「從」，石、麗作「乳亦從」；資、磧、普、南、徑、清作「亦從」。
一 二一五頁下七行第四字「有」，石、麗作「生」。
一 二一五頁下八行第一〇字「不」，石作「亦不」。
一 二一六頁上二行第一三字「身」，石、資、磧、普、南、徑、清無。
一 二一六頁上三行第二字「作」，諸本作「能作」。
一 二一六頁上六行第六字「物」，石、磧、普、南、徑、清作「草」。
一 二一六頁上七行第六字「力」，麗作「神力」。
一 二一六頁上一〇行第一一字「亦」，石、麗無。
一 二一六頁上一三行第三字「主」，石、磧、普、南、徑、清作「生先」；麗作「生」。
一 二一六頁上一四行第一三字「因」，石作「有」。
一 二一六頁中五行第九字「水」，石無。
一 二一六頁中九行第一二字「緣」，石作「緣比」。
一 二一六頁中一七行末字「是」，資、磧、普、南、徑、清無。

一　二一六頁中末行第八字「喻」，石作「譬」。

一　二一六頁下六行首字「滅」，石、麗作「滅故」。

一　二一六頁下一六行第八字「丘」，石、麗作「丘高聲」。

一　二一六頁下二〇行首字「得」，石、磧、普、南、徑、清、麗冠以〈經〉。

一　二一六頁下二〇行第七字「者」，石、磧、普、南、徑、清、麗作〈論〉。

一　二一七頁上一一行「名如入」，資作「名如人」；磧、普、南、徑、清作「者如人」。

一　二一七頁上一八行第九字「悉」，石、磧、普、南、徑、清、麗冠以〈經〉。

一　二一七頁上一九行第一一字「問」，石、磧、普、南、徑、清、麗冠以〈論〉。

一　二一七頁中七行第三字「離」，石作「無」。

一　二一七頁中一二行「云何」，南、徑、清作「妙慧」。

一　二一七頁中一五行「布施」，石作「行布施」。

一　二一七頁中一六行「施戒」，麗作「戒定」。

一　二一七頁中一八行第六字「禪」，石、麗作「禪定」。

一　二一七頁中二一行第一〇字「入」，資無。

一　二一七頁下三行末字「之」，至此石卷第七終，卷第八始。

一　二一七頁下四行品名，石作「摩訶般若波羅蜜經釋初品中意無礙義第十二」；資作「大智度論初品中釋意無礙品」；磧、普、南、徑、清無。

一　二一七頁下五行首字「意」，石、磧、普、南、徑、清、麗冠以〈經〉。

一　二一七頁下五行第五字「者」，石、磧、普、南、徑、清、麗作〈論〉。

一　二一七頁下六行第一一字「中」，石、磧、普、南、徑、清、麗作「中等」。

一　二一七頁下一二行第四字「淨」，磧、普、南、徑、清作「淨心」。

一　二一七頁下一六行第五字「无」，石作「無有」。

一　二一八頁上二行第五字「老」，石作「生老」。

一　二一八頁上四行首字「如」，磧、普、南、徑、清作「亦如」。

一　二一八頁上一四行第九字「除」，資、磧、普、南、徑、清作「餘」。

一　二一八頁上一六行第一〇字「除」，資、磧、普、南、徑、清作「除諸」。

一　二一八頁上一七行「倍復」，石作「復倍」。

一　二一八頁上二〇行第一一字「大」，石、磧、普、南、徑、清、麗冠以〈經〉。

一　二一八頁上二一行首字「者」，石、磧、普、南、徑、清、麗作〈論〉。

一　二一八頁中二行首字「大」，石、磧、普、南、徑、清、麗作「長」。

一　二一八頁中三行第四字「化」，石無。

一　二一八頁中一三行「常斷」，石作「斷常」。

一二一八頁中一六行第九字「甚」，資、磧、普、南、徑、清作「逮」。

一二一八頁下二行第二字「名」，資、磧、普、南、徑、清作「說」。

一二一八頁下六行第五字「如」，石、磧、普、南、徑、清、麗冠以「經」。

一二一八頁下六行第九字「者」，石、磧、普、南、徑、清、麗作「論」。

一二一八頁下七行至八行「何以故種種邪見結使殘故二乘雖有所度不如所應度何以故」，石作「二乘不能如所應度外道種種邪見結使殘故不能如實度二乘」。

一二一八頁下九行第八字至一〇行第一〇字「是故……巧度」，資、磧、普、南、徑、清、麗作「故」。

一二一八頁下一〇行第一七字「實」，石作「法」。

一二一八頁下一五行第四字「病」，石、資、磧、普、南、徑、清作「疾」。

一二一九頁上三行末字「初」，諸本作「佛初」。

一二一九頁上九行末字「佛」，石作「國」。

一二一九頁上二一行首字「恚」，諸本作「瞋」。

一二一九頁上二二行首字「得」，石、麗作「則得」。

一二一九頁中一行第一二字「求」，資、磧、普、南、徑、清作「求爲」。

一二一九頁中一三行第九字「欲」，石、磧、普、南、徑、清作「欲煩惱」。

一二一九頁中一五行第一〇字「相」，諸本無。

一二一九頁中一五行第一四字「滅」，石、麗作「滅相」。

一二一九頁中一六行第八字「煩」，麗無。

一二一九頁中一九行第一三字「所」，資、磧、普、南、徑、清無。

一二一九頁中二一行第四字「悅」，石作「喜」。

一二一九頁下一行「是人」，資、磧、普、南、徑、清無。

一二一九頁下二行第一三字「无」，石作「無有」。

一二一九頁下四行第一三字「甚」，石作「其」。

一二一九頁下一四行第六字「十」，石作「千」。

一二一九頁下二〇行第一三字「三」，諸本作「二」。

一二一九頁下末行第一〇字「土」，石作「國土」。

一二二〇頁上一行第一一字「言」，資、磧、普、南、徑、清無。

一二二〇頁上三行第二字「復」，石無。

一二二〇頁上七行第九字「深」，石作「深法」。

一二二〇頁上末行經名卷次，石無（未換卷）。

大智度初品中佛土願釋論第十三　卷第七　作

龍樹菩薩造

後秦龜茲國三藏法師鳩摩羅什奉　詔譯

願受無量諸佛世界者諸菩薩見諸佛世界无量嚴淨發種種願有佛世界都無衆苦乃至無三惡之名者菩薩見已自發願言我作佛時世界无衆苦乃至无三惡之名亦當如是有佛世界七寶莊嚴晝夜常有清淨光明无有日月便發願言我作佛時世界常有嚴淨光明亦當如是有佛世界一切衆生皆行十善有大智慧衣被飲食應念而至便發願言我作佛時世界中衆生衣被飲食亦當如是有佛世界純諸菩薩如佛色身三十二相光明徹照乃至無有聲聞辟支佛名亦無女人一切皆行深妙佛道遊至十方教化一切便發願言我作佛時世界中衆生亦當如是如是等无量佛世界種種嚴淨願皆得之以是故名願受無量諸佛世界問曰諸菩薩行業清淨自得淨報何以要須

立願然後得之辟如田家得穀豈復待願荅曰作福無願无所摽立願為導御能有所成辟如銷金隨師所作金无定也如佛所說有人修少施福修少戒福不知禪法聞人中有富樂人心常念著願樂不捨命終之後生富樂人中復有人修少施福修少戒福不知禪法聞有四天王天處三十三天夜摩天兜率陁天化樂天（專念色假來娛己）他化自在天（此天化他色欲與之行欲展轉如是名他化自在）心常願樂命終之後各生其中此皆願力所得菩薩亦如是修淨世界願然後得之以是故知因願受勝果復次莊嚴佛世界事大獨行功德不能成故要須願力辟如牛力雖能挽車要須御者能有所至淨世界願亦復如是福德如牛願如御者問曰若不作願不得福耶荅曰雖得不如有願願能助福常念所行福德增長問曰若作願得報如人作十惡不願地獄亦不應得地獄報荅曰罪福雖有定報但作願者修少福有願力故得大果報如先說罪中報苦一切衆生

皆願得樂无願苦者是故不願地獄以是故福有無量報罪報有量有人言寂大罪在阿鼻地獄一刧受報寂大福在非有想非无想處受八万大刧報諸菩薩淨世界願亦无量刧入道得涅槃是為常樂問曰如涅槃品中謗般若波羅蜜罪此閒刧盡復至他方泥黎中何以言寂大罪受地獄中一刧報荅曰佛法為衆生故有二道教化一者佛道二者聲聞道聲聞道中作五逆罪人佛說受地獄一刧菩薩道中破佛法人說此閒刧盡復至他方受无量罪聲聞法寂第一福受八万刧菩薩道中大福受无量阿僧祇刧以是故福德要須願是名願受无量諸佛世界念无量佛土諸佛三昧常現在前者无量佛土名十方諸佛土念佛三昧名十方三世諸佛常以心眼見如現在前問曰云何名念佛三昧荅曰念佛三昧有二種一者聲聞法中於一佛身心眼見滿十方二者菩薩道於无量佛土中念三世十方諸佛以是故言念無量佛土

諸佛三昧常現在前問曰如菩薩三昧種種无量何以但讃是菩薩念佛三昧常現在前荅曰是菩薩念佛故得入佛道中以是故念佛三昧常現在前復次念佛三昧能除種種煩惱及先世罪餘諸三昧有能除婬不能除瞋有能除瞋不能除婬有能除癡不能除婬恚有能除三毒不能除先世罪是念佛三昧能除種種煩惱種種罪復次念佛三昧有大福德能度衆生是諸菩薩欲度衆生諸餘三昧无如此念佛三昧福德能速滅諸罪者如說昔有五百估客入海採寶值摩伽羅魚王開口海水入中舩去駛疾舩師問樓上人汝見何等荅言見三日出有大白山水流奔趣如入大坑舩師言是摩伽羅魚王開口一是實日兩日是魚眼白山是魚齒水流奔趣是入其口我曹了矣各各求諸天神以自救濟是時諸人各各求其所事都无所益中有五戒優婆塞語衆人言吾等當共稱南无佛佛為无上能救苦厄衆人一心同聲稱南無

佛是魚先世是佛破戒弟子得宿命智聞稱佛聲心自悔悟即便合口舩人得脫以念佛故能除重罪濟諸苦厄何况念佛三昧以是故言无量國土諸佛念佛三昧常以在前復次佛為法王菩薩為法將所尊所重唯佛世尊是故應常念佛復次常念佛得種種功德利辟如大臣特蒙恩寵常念其主菩薩亦如是知種種功德無量智慧皆從佛得知恩重故常念佛汝言云何常念佛不行餘三昧者今言常念亦不言不行餘三昧行念佛三昧多故言常念復次先雖說空無相無作三昧未說念佛三昧是故今說能請无量諸佛者請有二種一者佛初成道菩薩夜三晝三六時礼請偏袒右肩合掌言十方佛土无量諸佛初成道時未轉法輪我某甲請一切諸佛為衆生轉法輪度脫一切二者諸佛欲捨无量壽命入涅槃時菩薩亦夜三時晝三時偏袒右肩合掌言十方佛土无量諸佛我某甲請令久住世間無央數刧度脫一切利益衆生是名能請无量諸佛問

曰諸佛之法法應說法廣度衆生請與不請法自應介何以須請若於曰前面請諸佛則可令十方无量佛土諸佛亦不目見云何可請荅曰諸佛雖必應說法不待人請請者亦應得福如大國王雖多美饍有人請者必得恩福録其心故又如慈心念諸衆生令得快樂衆生雖无所得念者大得其福請佛說法亦復如是復次有諸佛无人請者便入涅槃而不說法如法華經中多寶世尊无人請故便入涅槃後化佛身及七寶塔證說法華經故一時出現亦如須扇多佛弟子本行未熟便捨入涅槃留化佛一劫以度衆生今是釋迦文尼佛得道後五十七日寂不說法自言我法甚深難解難知一切衆生縛著世法无能解者不如默然入涅槃樂是時諸菩薩及釋提桓因梵天王諸天合掌敬礼請佛為諸衆生初轉法輪佛時默然受請後到波羅捺鹿林中轉法輪如是云何言請无所益復次佛法等觀衆生无貴無賤无輕無重有人

請者為其請故便為說法雖衆生不見佛佛常見其心亦聞彼請假令諸佛不聞不見請佛亦有福德何況佛悉聞見而无所益問曰既知請佛有益何以正以二事請荅曰餘不須請此二事要必須請若不請而說有外道輩言體道常定何以著法多言多事以是故須請而說若有人言若知諸法相不應貪壽久住世間而不早入涅槃以是故須請若不請而說人當謂佛愛著於法欲令人知以是故要待人請而轉法輪諸外道輩自著於法若請若不請而自為人說佛於諸法不著不愛為憐愍衆生故有請佛說者佛便為說諸佛不以无請而初轉法輪如偈說

諸佛說何實　何者是不實　實之與不實
二事不可得　如是真實相　不戲於諸法
憐愍衆生故　方便轉法輪

復次佛若无請而自說法者是為自顯自執法應必荅十四難今諸天請佛說法但為斷老病死无戲論處是故不荅十四難无各以是因緣須請

而轉法輪復次佛在人中生用大人法故雖有大悲不請不說若不請而說外道所譏以是故初要須請又復外道宗事梵天梵天自請則外道心伏復次菩薩法晝三時夜三時常行三事一者清旦偏袒右肩合掌礼十方佛言我某甲若今世若過世无量劫身口意惡業罪於十方現在佛前懺悔願令滅除不復更作中暮夜三亦如是二者念十方三世諸佛所行功德及弟子衆所有功德隨喜勸助三者勸請現在十方諸佛初轉法輪及請諸佛久住世間無量劫度脫一切菩薩行此三事功德无量轉近得佛以是故須請能斷種種見纏及諸煩惱者見有二種一者常二者斷常見者見五衆常心忍樂斷見者見五衆滅心忍樂一切衆生多墮此二見中菩薩自斷此二亦能除一切衆生二見令處中道復有二種見有見無見復有三種見一切法忍一切法不忍一切法亦忍亦不忍復有四種見世間常世間无常世間亦常亦无常

世間亦非常亦非无常我及世間有邊无邊亦如是有死後如去有死後不如去有死後如去不如去有死後亦不如去亦不不如去復有五種見身見邊見邪見見取戒取如是等種種諸見乃至六十二見斷如是諸見種種因緣生種種智門觀種種師邊聞如是種種相能為種種結使能與衆生種種苦是名種種見見義後當廣說纏者十纏瞋纏覆罪纏睡纏眠纏戲纏調纏无慚纏无愧纏慳纏嫉纏復次一切煩惱結繞心故盡名為纏煩惱者能令心煩能作惱故名為煩惱煩惱有二種内著外著内著者五見疑慢等外著者婬瞋等无明内外共復有二種結一屬愛二屬見復有三種屬婬屬瞋屬癡是名煩惱纏者有人言十纏有人言五百纏煩惱名一切結使結有九使有七合為九十八結如迦旃延子阿毗曇義中說十纏九十八結為百八煩惱餘阿毗曇中結使亦同纏有五百如是諸煩惱菩薩能種種方便自斷亦能巧方

便斷他人諸煩惱是名能斷種種諸見纏及煩惱如佛在時三人為伯仲季聞毗耶離國婬女人名菴羅婆利舍婆提有婬女人名須曼那王舍城婬女人名優鉢羅槃那有三人各各聞人讚三女人端正無比晝夜專念心著不捨便於夢中夢與從事覺已心念彼女不來我亦不往而婬事得辦因是而悟一切諸法皆如是耶於是往到颰陀婆羅菩薩所問是事颰陀婆羅荅言諸法實尒皆從念生如是種種為此三人方便巧說諸法空是時三人即得阿鞞跋致是諸菩薩亦復如是為諸衆生種種巧說法斷諸見纏煩惱是名能斷種種見纏及諸煩惱遊戲出生百千三昧者諸菩薩禪定心調清淨智慧方便力故能生種種諸三昧何等為三昧善心一處住不動是名三昧復有三種三昧有覺有觀无覺有觀无覺无觀三昧復有四種三昧欲界繫三昧色界繫三昧无色界繫三昧不繫三昧是中所用菩薩三昧如先說於佛三昧中未滿勤行勤修故言能出生問

曰諸菩薩何以故出生遊戲是百千種三昧荅曰衆生无量心行不同有利有鈍於諸結使有厚有薄是故菩薩行百千種三昧斷其塵勞辟如為諸貧人欲令大富當修種種財物一切備具然後乃能濟諸貧者又復如人欲廣治諸病當備種種衆藥然後能治菩薩亦如是欲廣度衆生故行種種百千三昧問曰但當出生此三昧何以故復遊戲其中荅曰菩薩心生諸三昧欣樂出入自在名之為戲非結愛戲也戲名自在如師子在鹿中自在无畏故名為戲是諸菩薩於諸三昧有自在力能出能入亦能如是餘人於三昧中能自在入不能自在住自在出有自在住不能自在入自在出有自在出不能自在住自在入有自在入自在住不能自在出有自在住自在出不能自在入是諸菩薩能三種自在故能遊戲出生百千三昧如是等種種无量功德成就諸菩薩如是等无量功德成就者是諸菩薩共佛住欲讚其功德无量億劫

不可得盡以是故言无量功德成就其名曰颰陁婆羅菩薩秦言善守剡那伽羅菩薩秦言寶積導師菩薩那羅達菩薩星得菩薩水天菩薩主天菩薩大意菩薩益意菩薩增意菩薩不虛見菩薩善進菩薩勢勝菩薩常勤菩薩不捨精進菩薩日藏菩薩不缺意菩薩觀世音菩薩文殊尸利菩薩秦言妙德執寶印菩薩常舉手菩薩弥勒菩薩如是等无量千万億那由他諸菩薩摩訶薩皆是補處紹尊位者如是等諸菩薩共佛住王舍城耆闍崛山中問曰如是菩薩衆多何以獨說二十二菩薩名荅曰諸菩薩无量千万億說不可盡若都說者文字所不能載復次是中二種菩薩居家出家善守等十六菩薩是居家菩薩颰陁婆羅居士菩薩是王舍城舊人寶積王子菩薩是毗耶離國人星得長者子菩薩是瞻波國人導師居士菩薩是舍婆提國人那羅達婆羅門菩薩是弥梯羅國人水天優婆塞菩薩慈氏妙德菩薩等是出家菩薩觀世音菩薩等

從他方佛土來若說居家攝一切居家菩薩出家他方亦如是問曰善守菩薩有何殊勝最在前說若最大在前應說遍吉觀世音得大勢菩薩等若最小在前應說肉身初發意菩薩等荅曰不以大不以小以善守菩薩是王舍城舊人白衣菩薩中最大佛在王舍城欲說般若波羅蜜以是故最在前說復次是善守菩薩无量種種功德如般舟三昧中佛自現前讚其功德問曰若弥勒菩薩應稱補處諸餘菩薩何以復言紹尊位者荅曰是諸菩薩於十方佛土皆補佛處

大智度初品中放光釋論第十四

尒時世尊自敷師子座結加趺坐直身繫念在前入三昧王三昧一切三昧悉入其中問曰佛有侍者及諸菩薩何以故自敷師子座荅曰此是佛所化成欲以可適大衆以是故阿難不能得敷復次佛心化作故言自敷問曰何以名師子座為佛化作師子為實師子來為金銀木石作師子耶又師子非善獸故佛所不須亦无因

緣故不應來荅曰是号名師子非實師子也佛為人中師子佛所坐處若牀若地皆名師子座譬如今者國王坐處亦名師子座復次王呼健人亦名人師子人稱國王亦名人師子又如師子四足獸中獨步無畏能伏一切佛亦如是於九十六種道中一切降伏无畏故名人師子問曰多有坐法佛何以故唯用結加趺坐荅曰諸坐法中結加趺坐最安隱不疲極此是坐禪人坐法攝持手足心亦不散又於一切四種身儀中最安隱此是禪坐取道法坐魔王見之其心憂怖如是坐者出家人法在林樹下結加趺坐衆人見之皆大歡喜知此道人必當取道如偈說

若結加趺坐　身安入三昧　威德人敬仰
如日照天下　除睡懶覆心　身輕不疲懈
覺悟亦輕便　安坐如龍蟠　見畫加趺坐
魔王亦愁怖　何況入道人　安坐不傾動

以是故結加趺坐復次佛教弟子應如是坐有外道輩或常翹足求道或常立或荷足如是狂狷心沒邪海形

不安隱以是故佛教弟子結加趺直身坐何以故直身心易正故其身直坐則心不嬾端心正意繫念在前若心馳散攝之令還欲入三昧故種種馳念皆亦攝之如此繫念入三昧王三昧云何名三昧王三昧是三昧於諸三昧中冣第一自在能緣无量諸法如諸人中王第一王中轉輪聖王第一一切天上天下佛第一此三昧亦如是於諸三昧中冣第一問曰若以佛力故一切三昧皆應第一何以故獨稱三昧王為第一荅曰雖應以佛神力故佛所行諸三昧皆第一然諸法中應有差降如轉輪聖王衆寶雖勝一切諸王寶然此珎寶中自有差別貴賤懸殊是三昧王三昧何足定攝何等相有人言三昧王三昧名為自在相善五衆攝在第四禪中何以故一切諸佛於第四禪中行見諦道得阿那含即時十八心中得佛道在第四禪中捨壽於第四禪中起入无餘涅槃第四禪中有八生住處背捨勝處一切入多在第四禪中第四禪名

不動无遮禪定法欲界中諸欲遮禪定心初禪中覺觀心動二禪中大喜動三禪中大樂動四禪中无動復次初禪火所燒二禪水所及三禪風所至四禪无此三患无出入息捨念清淨以是故三昧王三昧應在第四禪中如好寶物置之好藏更有人言佛三昧誰能知其相一切諸佛法一相无相无量无數不可思議諸餘三昧尚不可量不可數不可思議何況三昧王三昧如此三昧唯佛能知如佛神足持戒尚不可知何況三昧王三昧復次三昧王三昧諸一切三昧皆入其中故名三昧王三昧譬如閻浮提衆川万流皆入大海亦如一切民人皆屬國王問曰佛一切智无所不知何以故入此三昧王三昧然後能知荅曰欲明智慧從因緣生故止外道六師輩言我等智慧一切時常有常知故以是故言佛入三昧王三昧故知不入則不知問曰若如是者佛力減劣荅曰入是三昧王三昧時不以為難應念即得非如聲聞辟支佛諸小菩薩

方便求入復次入是三昧王三昧中令六神通通徹十方无限無量復次佛入三昧王三昧種種變化現大神力若不入三昧王三昧而現神力者有人心念佛用幻力呪術力或是大力龍神或是天非是人何以故一身出無量身種種光明變化故謂為非人斷此疑故佛入三昧王三昧復次佛若入餘三昧中諸天聲聞辟支佛或能測知雖言佛神力大而猶可知敬心不重以是故入三昧王三昧中一切諸衆聖乃至十住菩薩不能測知不知心何所依何所緣以是故佛入三昧王三昧復次佛有時放大光明現大神力如生時得道時初轉法輪時諸天聖人大集會時若破外道時皆放大光明今欲現其殊特故放大光明令十方一切天人衆生及諸阿羅漢辟支佛菩薩皆得見知以是故入三昧王三昧復次光明神力有下中上呪術幻術能作光明變化下也諸天龍神報得光明神力中也入諸三昧以今世功德心力放大光明現大

神力上也以是故佛入三昧王三昧問曰如諸三昧各各相云何一切三昧悉入其中荅曰得是三昧王三昧時一切三昧悉得故言悉入其中是三昧力故一切諸三昧皆得无量無數不可思議以是故名為入復次入是三昧王三昧中一切三昧欲入即入復次入是三昧王三昧能觀一切三昧相如山上觀下復次佛入是三昧王三昧中能觀一切十方世界亦能觀一切衆生以是故入三昧王三昧尒時世尊從三昧安庠而起以天眼觀視世界舉身微笑問曰云何世尊入三昧王三昧無所施作而從定起觀視世界荅曰佛入是三昧王三昧一切佛法寳藏悉開悉看是三昧王三昧中觀已自念我此法藏无量無數不可思議然後從三昧安庠而起以天眼觀衆生知衆生貧苦此法藏者從因緣得一切衆生皆亦可得但坐癡冥不求不索以是故舉身微笑問曰佛有佛眼慧眼法眼勝於天眼何以用天眼觀視世界荅曰肉眼所見不

遍故慧眼知諸法實相法眼見是人以何方便行何法得道佛眼名一切法現前了了知今天眼緣世界及衆生无障无导餘眼不尒慧眼法眼佛眼雖勝非見衆生法欲見衆生唯以二眼肉眼天眼以肉眼不遍有所障故用天眼觀問曰今是眼在佛何以名為天眼荅曰此眼多在天中天眼所見不导山壁樹木若人精進持戒禪定行力得非是生分以是故名為天眼復次人多貴天以天為主佛隨人心以是故名為天眼復次天有三種名天生天淨天名天天王天子是也生天帝釋梵諸天是也淨天佛辟支佛阿羅漢是也淨天中尊者是佛今言天眼亦無咎也天眼觀視世界者以世界衆生常求安樂而更得苦心著吾我是中實无吾我衆生常畏苦而常行苦如盲人求好道反墮深坑如是等種種觀已舉身微笑問曰笑從口生或時眼笑今云何言一切身笑荅曰佛世界中尊得自在能令一切身如口如眼故皆能笑復次一

切毛孔皆開故名為笑由口笑歡喜故一切毛孔皆開問曰佛至尊重何以故笑荅曰如大地不以無事及小因緣而動佛亦如是若無事及小因緣則不笑今大因緣故一切身笑云何為大佛欲說摩訶般若波羅蜜无央數衆生當續佛種是為大因緣復次佛言我世世曽作小虫惡人漸漸集諸善本得大智慧今自致作佛神力无量最上最大一切衆生亦可得尒云何空受勤苦而墮小處以是故笑復次有小因大果小緣大報如求佛道讃一偈一稱南無佛燒一捻香必得作佛何況聞知諸法實不生不滅不不生不不滅而行因緣業亦不失以是事故笑復次般若波羅蜜相清淨如虛空不可與不可取佛種種方便光明神德欲教化一切衆生令心調柔然後能信受般若波羅蜜以是故因笑放光笑有種種因緣有人歡喜而笑有人瞋恚而笑有輕人而笑有見異事而笑有見可羞耻事而笑有見殊方異俗而笑有見希有難

事而笑今是第一希有難事諸法相不生不滅真空无字無名无言無說而欲作名立字為衆生說令得解脫是第一難事辟如百由旬大火聚有人負乾草入火中過不燒一葉是甚為難佛亦如是持八万法衆名字草入諸法實相中不為染著火所燒直過无㝵是為甚難以是難事故笑如是種種希有難事故舉身微笑從足下千輻相輪中放六百万億光明問曰佛何以先放身光荅曰上笑因緣中已荅今當更說有人見佛无量身放大光明心信清淨恭敬故知非常人復次佛欲現智慧光明神相故先出身光衆生知佛身光既現智慧光明亦應當出復次一切衆生常着欲樂五欲中第一者色見此妙光心必愛著捨本所樂令其心漸離欲然後為說智慧問曰其餘天人亦能放光佛放光明有何等異荅曰諸天人雖能放光有限有量日月所照唯四天下佛放光明滿三千大千世界三千大千世界中出遍至下方餘人光明

唯能令人歡喜而已佛放光明能令一切聞法得度以是為異問曰如一身中頭為最上何以故先從足下放光荅曰身得住處皆由於足復次一身中雖頭貴而足賤佛不自貴光不為利養以是故於賤處放光復次諸龍大虵鬼神從口中出光毒害前物若佛口放光明衆生怖畏是何大光復恐被害是故從足下放光問曰足下六百万億光明乃至肉髻是皆可數三千大千世界尚不可滿何况十方荅曰此身光是諸光之本從本枝流无量无數辟如迦羅求羅虫其身微細得風轉大乃至能吞食一切光明亦如是得可度衆生轉增无限足十指兩踝兩蹲兩膝兩髀腰脊腹背臍心胷徳字肩臂手十指項口四十齒鼻兩孔兩眼兩耳白毫相肉髻各各放六百万億光明問曰足下光明能照三千大千及十方世界何用身分各各放六百万億光明荅曰我先言足下光明照下方餘方不滿是故更放身分光明有人言一切身分足

為立處故最大餘不介是故佛初放足下六百万億光明以示衆生如三十二相中初種足下安住相一切身分皆有神力問曰依何三昧依何神通依何禪定中放此光明荅曰三昧王三昧中放此光明六通中如意通四禪中第四禪放此光明第四禪中火勝處火一切入此中放光明復次佛初生時初成佛時初轉法輪時皆放无量光明滿十方何况說摩訶般若波羅蜜時而不放光辟如轉輪聖王珠寶常有光明照王軍衆四邊各一由旬佛亦如是衆生緣故若不入三昧恒放常光何以故佛衆法藏成故從是諸光出大光明遍照三千大千世界從三千大千世界遍照東方如恒河沙等諸世界南西北方四維上下亦復如是若有衆生遇斯光者必得阿耨多羅三藐三菩提問曰如火相上焰水相下潤風相傍行是光明火氣應當上去云何遍滿三千大千世界及十方世界荅曰光明有二種一者火氣二者水氣日珠火氣月珠水氣火相

雖焰上而人身中火上下遍到曰火亦介是故夏月地水盡熱以是故知火不皆上復次是光明佛力故遍至十方辟如强弓遣箭隨所向至問曰何以先照東方南西北後荅曰以日出東方為上故佛隨衆生意先照東方復次俱有一難若先照南方當言何以不先照東西北方若先照西方北方亦介問曰光明幾時當滅荅曰佛用神力欲住便住捨神力便滅佛光如燈神力如脂若佛不捨神力光不滅也

光明出過東方如恒河沙等世界乃至十方亦復如是問曰云何為三千大千世界荅曰佛雜阿含中分別説千日千月千閻浮提千衢陁尼千欝怛羅越千弗婆提千須弥山千四天王天處千三十三天千夜摩天千兜率陁天千化自在天千他化自在天千梵世天千大梵天是名小千世界名周利以周利千世界為一一數至千名二千中世界以二千中世界為一一數至千名三千大千世界初千小

二千中第三名大千千千重數故名大千二過復千故言三千是合集名百億日月乃至百億大梵天是名三千大千世界是一時生一時滅有人言住時一劫滅時一劫還生時一劫是三千大千世界大劫亦三種破水火風小劫亦三種破刀病飢此三千大千世界在虛空中風上水水上地地上人須弥山有二天處四天處三十三天處餘殘夜摩天等福德因緣七寶地風舉空中乃至大梵天皆七寶地皆在風上是三千大千世界光明遍照竟餘光過出照東方如恒河沙等諸世界南西北方四維上下亦復如是問曰是光遠照云何不滅荅曰光明以佛神力為本本在故不滅辟如龍泉龍力故水不竭是諸光明以佛心力故遍照十方中間不滅問曰如閻浮提中種種大河亦有過恒河者何以常言恒河沙等荅曰恒河沙多餘河不介復次是恒河是佛生處遊行處弟子眼見故以為喻復次佛出閻浮提閻浮提四大河北邊

出入四方大海中北邊雪山中有阿那婆達多池是池中有金七寶蓮華大如車盖阿那婆達多龍王是七住大菩薩是池四邊有四流水東方象頭南方牛頭西方馬頭北方師子頭東方象頭出恒河底有金沙南方牛頭出辛頭河底亦有金沙西方馬頭出婆叉河底亦有金沙北方師子頭出私陁河底亦有金沙是四河皆出北方恒河出北山入東海辛頭河出北山入南海婆叉河出北山入西海私陁河出北山入北海是四河中恒河最大四遠諸人經書皆以恒河為福德吉河若入中洗者諸罪垢惡皆悉除盡以人敬事此河皆共識知故以恒河沙為喻復次餘河名字喜轉此恒河世世不轉以是故以恒河沙為喻不取餘河問曰恒河中沙為有幾許荅曰一切筭數所不能知唯有佛及法身菩薩能知其數佛及法身菩薩一切閻浮提中微塵生滅多少皆能數知何況恒河沙如佛在祇桓外林中樹下坐有一婆羅門來到佛

所問佛此樹林有幾葉佛即時便荅有若干數婆羅門心疑誰證知者婆羅門去至一樹邊取一樹上少葉藏還問佛此樹林定有幾葉即荅今少若干葉如其所取語之婆羅門知巳心大敬信求佛出家後得阿羅漢道以是故知佛能知恒河沙數問曰有幾許人值佛光明必得阿耨多羅三藐三菩提若值光明便得道果佛有大慈何以不常放光明令一切得道何須持戒禪定智慧然後得道荅曰衆生種種因緣得度不同有禪定得度者有持戒說法得度者有光明觸身而得度者辟如城有多門入處各各至處不異有人光明觸身而得度者有若見光明若觸身不得度者尒時世尊舉身毛孔皆亦微笑而放諸光遍照三千大千世界復至十方如恒河沙等世界若有衆生遇斯光者必得阿耨多羅三藐三菩提問曰上巳舉身微笑今何以故復一切毛孔皆笑荅曰舉身微笑是麁分今一切毛孔皆笑是細分復次先舉身微笑光

明有數今一切毛孔皆笑有光明而無數復次先舉身光明所未度者今值毛孔光明即便得度辟如搖樹取果熟者前墮若未熟者更須後搖又如捕魚前網不盡後網乃得笑因緣如上說

大智度論卷第七

大智度論卷第七

校勘記

一　底本，金藏廣勝寺本。

一　二二五頁中一行經名，石無（未換卷）；資、磧、普、南、徑、清作「大智度論卷第七」。

一　二二五頁中三行與四行之間，石有「摩訶般若波羅蜜經釋初品中佛世界願義第十三」；資有「釋初品佛世界願第十三」；磧、普、南、徑、清有「釋初品中佛世界願」。

一　二二五頁中四行首字「願」，石、磧、普、南、徑、清、麗冠以「經」。

一　二二五頁中四行第九字「者」，石、磧、普、南、徑、清、麗作「論」。

一　二二五頁中一〇行末字至一一行首字「世界」，石作「國土」。以下時有出現，不一一出校。

一　二二五頁中一一行第二字「常」，磧作「當」。

一 二二五頁中一一行第九字、一四行第一二字及一九行第九字「當」，石作「復」。

一 二二五頁中一九行第五字「中」，石無。

一 二二五頁中二〇行及次頁上五行「世界」，石作「國」。

一 二二五頁下三行第一三字「所」，資、磧、普、南、徑、清作「而」。

一 二二五頁下九行夾註「他」，石、磧、普、南、徑、清作「欲化」。

一 二二五頁下一〇行至一一行夾註「此天化他……自在」，石作正文。其中「化他」，石、資、磧、普、南、徑、清、麗作「他化」。「名」，石、資、磧、南、徑、清、麗作「故名」。「自在」，石作「自在天」。

一 二二五頁下一四行「世界」，石作「國」；資、磧、普、南、徑、清作「界」。

一 二二五頁下一五行至一六行「力雖能挽車」，石作「雖有挽車力」。

一 二二六頁上一一行末字「切」，資、磧、普、南、徑、清、麗作「劫」。

一 二二六頁上一五行第九字「要」，石、資、磧、普、南、徑、清無。

一 二二六頁上一六行第八字「念」，石、磧、普、南、徑、清、麗冠以「經」。

一 二二六頁上一七行第七字「者」，石、磧、普、南、徑、清、麗作「論」。

一 二二六頁上一九行末字「名」，諸本作「爲」。

一 二二六頁上二二行末字至末行第三字「三世十方」，石作「十方三世」。

一 二二六頁中二行第九字「但」，資、磧、普、南、徑、清無。

一 二二六頁中一四行「海水」，石作「大海水」。

一 二二六頁中一六行「有大白山」，資、磧、普、南、徑、清作「白山羅列」。

一 二二六頁中一八行第一一字「魚」，石無。

一 二二六頁下三行第一六字至四行末字「以是故言無量國土諸佛念佛三昧常以在前」，資、磧、普、南、徑、清、麗無。

一 二二六頁下四行第一四字「以」，石作「現」。

一 二二六頁下一四行第五字「能」，石、磧、普、南、徑、清、麗冠以「經」。

一 二二六頁下一四行第一一字「者」，石、磧、普、南、徑、清、麗作「論」。

一 二二六頁下一九行第五字「諸」，資作「請」。

一 二二七頁上一行「法法」，磧、普、南、徑、清作「法必」。

一 二二七頁上一行末字至二行第三字「請與不請」，資、磧、普、南、徑、清作「其」。

一 二二七頁上二行末字及四行第五字「目」，麗作「自」。

一 二二七頁上三行第八字「令」，諸本作「今」。

一 二二七頁上末行第二字「覩」，石、

一 資、磧、普、南、徑、清作「視」。

一 二二七頁中二行首字「見」，石、麗作「面請」。

一 二二七頁中九行末字「早」，石作「速」。

一 二二七頁中二一行第六字「必」，石無。

一 二二七頁中末行第一二字「緣」，石、麗作「緣故」。

一 二二七頁下一五行第七字「能」，石、磧、普、南、徑、清、麗冠以〔經〕。

一 二二七頁下一六行第三字「者」，石、磧、普、南、徑、清、麗作〔論〕。

一 二二七頁下一七行「五衆」，石作「五陰」，下同。

一 二二八頁上八行第一二字「使」，石、磧、普、南、徑、清、麗作「使作因」。

一 二二八頁上一一行第四字「調」，石、磧、普、南、徑、清、麗作「掉」。

一 二二八頁上一九行第八字「九」，石、麗作「九結」。

一 二二八頁上一九行第一二字「合」，石作「是合集」。

一 二二八頁上二〇行第一二字「義」，石無。

一 二二八頁上二一行第一二字「餘」，石、磧、普、南、徑、清、麗作「憒子兒」。

一 二二八頁中一行第八字至二行首字「是名能斷種種諸見纏及煩惱」，資、磧、普、南、徑、清、麗無。

一 二二八頁中三行第三字「蓌」，諸本作「菴」。

一 二二八頁中三行「婆提」，石作「衛國」。

一 二二八頁中一五行第六字「遊」，石、磧、普、南、徑、清、麗冠以〔經〕。

一 二二八頁中一五行末字「者」，磧、普、南、徑、清、麗作〔論〕。

一 二二八頁下五行第九字「修」，石、磧、普、南、徑、清、麗作「備」。

一 二二八頁下六行第一一字「者」，石作「人」。

一 二二八頁下一〇行第四字「故」，石無。

一 二二八頁下一四行「亦能」，石、資、磧、普、南、徑、清作「亦復」。

一 二二八頁下二〇行第九字「能」，資、磧、普、南、徑、清、麗無。

一 二二八頁下二一行「如是等種種」，石、麗作「諸菩薩如是等」；磧、普、南、徑、清作「諸菩薩如是等種種」，且石、磧、普、南、徑、清、麗在「諸」字前冠以〔經〕。

一 二二八頁下二一行末字至二二行第一二字「諸菩薩如是等无量功德成就者」，石、麗作「〔論〕」；磧、普、南、徑、清作「〔論〕諸菩薩如是等无量功德成就者」。

一 二二九頁上二行首字「其」，石、磧、普、南、徑、清、麗冠以〔經〕。

一 二二九頁上二行「罽那」，資、磧、普、南、徑、清作「剌那那」；麗作「剌那」。

一 二二九頁上一〇行第六字「千」，

磧、普、南、徑、清作「百千」。

一　二二九頁上一一行第一二字「如」，石、磧、普、南、徑、清、麗冠以「論」。

一　二二九頁上二一行「婆提」，石作「衞」。

一　二二九頁中一行第四字「佛」，石作「國」。

一　二二九頁中四行第八字「音」，石作「音菩薩」。

一　二二九頁中四行末字「等」，石無。

一　二二九頁中一二行第八字「言」，資無。

一　二二九頁中一三行末字「處」，至此石卷第八終，卷第九始。

一　二二九頁中一四行品名，石作「摩訶般若波羅蜜經釋初品中放光義第十四之一」；資作「大智度論釋初品中放光第十四」；磧、普、南無；徑、清作「釋初品中三昧」。

一　二二九頁中一五行首字「介」，石、磧、普、南、徑、清、麗冠以「經」。

一　二二九頁中一七行第六字「問」，石、磧、普、南、徑、清、麗冠以「論」。

一　二二九頁下二〇行第四字「愁」，石作「懐」。

一　二三〇頁上一六行「三昧王」，資作「王」。

一　二三〇頁上一六行第一四字「足」，諸本無。

一　二三〇頁中六行及二〇行「三昧王三昧」，資、磧、普、南、徑、清作「王三昧」。

一　二三〇頁中八行第八字及下一二行第三字「諸」，石無。

一　二三〇頁中一三行「諸一切」，資、磧、普、南、徑、清作「一切諸」。

一　二三〇頁中一五行「民人」，石、資、磧、普、南、徑、清作「人民」。

一　二三〇頁下六行第三字「神」，石、麗作「神力」。

一　二三〇頁下一三行第四字「心」，石、磧、普、南、徑、清、麗作「佛心」。

一　二三〇頁下一六行第九字「會」，石、資、磧、普、南、徑、清作「和合」。

一　二三〇頁下二〇行「入三昧」，資作「入」。

一　二三〇頁下末行第八字「力」，石作「力故」。

一　二三一頁上一行第三字「上」，石作「爲上」。

一　二三一頁上一二行首字「介」，石、磧、普、南、徑、清、麗冠以「經」。

一　二三一頁上一三行第九字「問」，石、磧、普、南、徑、清、麗冠以「論」。

一　二三一頁中一四行第四字「帝」，諸本無。

一　二三一頁中二一行第四字「生」，資、磧、普、南、徑、清作「出」。

一　二三二頁上五行末字至六行首字「甚爲」，石、資、磧、普、南、徑、清作「爲甚」。

一　二三二頁上九行第一三字「從」，石、磧、普、南、徑、清、麗冠以「經」。徑、清於「經」前有品題「釋初品中放光」六字。

一　二三二頁上一〇行末字「問」，石、

磧、普、南、徑、清、麗冠以「論」。

一　二三二頁上一一行第四字「以」，石、磧、普、南、徑、清、麗作「以故」。

一　二三二頁上一四行第一一字「神」，資、磧、普、南、徑、清作「初」。

一　二三二頁中一五行末字「足」，石、磧、普、南、徑、清、麗冠以「經」。

一　二三二頁中一九行第九字「問」，石、磧、普、南、徑、清、麗冠以「論」。

一　二三二頁下一四行首字「光」，石作「光明」。

一　二三二頁下一四行第八字「藏」，諸本作「寶」。

一　二三二頁下一四行第一一字「從」，石、磧、普、南、徑、清、麗冠以「經」。

一　二三二頁下一七行「諸世界」，石作「諸佛國土」。

一　二三二頁下一九行第七字「問」，石、磧、普、南、徑、清、麗冠以「論」。

一　二三三頁上一三行首字「光」，石、磧、普、南、徑、清、麗冠以「經」。

一　二三三頁上一四行第八字「問」，石、磧、普、南、徑、清、麗冠以「論」。

一　二三三頁中四行第六字「是」，資、磧、普、南、徑、清無。

一　二三三頁中九行末字至一〇行「三十三天」，石作「忉利天」。

一　二三三頁下二行第一〇字「金」，諸本作「金色」。

一　二三三頁下三行第四字「蓋」，石作「輪」。

一　二三三頁下四行「流水」，石、資、磧、普、南、徑、清作「水流」。

一　二三三頁下一〇行第二字「方」，諸本作「山」。

一　二三四頁上九行第一二字「果」，資、磧、普、南、徑、清、麗作「者」。

一　二三四頁上一六行第一四字「尒」，石、磧、普、南、徑、清、麗冠以「經」。

一　二三四頁上一七行「諸光」，石、麗作「光明」。

一　二三四頁上二〇行第一一字「問」，石、磧、普、南、徑、清、麗冠以「論」。

一　二三四頁中四行第一一字「須」，資、磧、普、南、徑、清作「復」。

一　二三四頁中末行經名卷次，石無（未換卷）。

大智度初品中放光釋論第十四之餘卷第八　作

龍樹菩薩造

後秦龜茲國三藏法師鳩摩羅什奉　詔譯

尒時世尊以常光明遍照三千大千世界亦至東方如恒河沙等諸佛世界乃至十方亦復如是若有衆生遇斯光者必得阿耨多羅三藐三菩提

問曰上已舉身微笑及放毛孔光明今何以復放常光而照十方荅曰有人見異光明謂非佛光見佛常光轉大心則歡喜此實佛光便畢至阿耨多羅三藐三菩提問曰云何為常光荅曰佛身四邊各一丈光明菩薩生便有此是三十二相之一名為丈光相問曰佛何以故光常一丈而不多荅曰一切諸佛常光无量常照十方世界釋迦牟尼佛神通身光无量或一丈百丈千万億乃至滿三千大千世界乃至十方如諸佛常法但於五濁世為衆生少德少智故受一丈光明若受多光今衆生薄福鈍根目不堪其明如人見天身眼則失明以光威眼微故若衆生利根福重佛則為之現無量光明復次有人見佛常光歡喜得度辟如國王以常食之餘賜諸群下得者大喜佛亦如是有人見佛種種餘光心不歡喜見佛常光畢至阿耨多羅三藐三菩提

尒時世尊出廣長舌相遍覆三千大千世界嬉怡而笑從其舌根出无量千万億光是一一光化成千葉金色寶華是諸華上皆有化佛結加趺坐說六波羅蜜衆生聞者必得阿耨多羅三藐三菩提復至十方如恒河沙等諸佛世界皆亦如是

問曰如佛世尊大德尊重何以故出廣長舌似如輕相荅曰上三種放光照十方衆生令得度脫今欲口說摩訶般若波羅蜜摩訶般若波羅蜜甚深難解難知難可信受是故出廣長舌為證舌相如是語必真實如昔一時佛於舍婆提國受歲竟阿難從佛遊行諸國欲到婆羅門城婆羅門城王知佛神德能化衆人感動群心今來到此誰復樂我便作制限若有與佛食聽佛語

者輸五百金錢作制限後佛到其國將阿難持鉢入城乞食城中衆人皆閉門不應佛空鉢而出是時一家有一老使人持破瓦器盛臭糟澱出門棄之見佛世尊空鉢而來老使人見佛相好金色白毛肉髻丈光鉢空無食見已思惟如此神人應食天廚今日降身持鉢行乞必是大慈愍一切故信心清淨欲好供養无由如願慙愧白佛思欲設供更不能得今此弊食佛須者可取佛知其心信敬清淨申手以鉢受其施食佛時即笑出五色光普照天地還從眉間相入阿難合掌長跪白佛唯然世尊今笑因緣願聞其意

佛告阿難汝見老女人信心施佛食不阿難言見佛言是老女人施佛食故十五劫中天上人間受福快樂不墮惡道後得男子身出家學道成辟支佛入无餘涅槃尒時佛邊有一婆羅門立說偈言

汝是日種刹利姓　淨飯國王之太子
而以食故大妄語　如此臭食報何重

是時佛出廣長舌覆面上至髮際語婆羅門言汝見經書頗有如此舌人而作妄語不婆羅門言若人舌能覆鼻言无虛妄何況乃至髮際我心信佛必不妄語不解小施報多如是佛告婆羅門汝頗曾見世所希有難見事不婆羅門言見我曾共婆羅門道中行見一尼拘盧陁樹蔭覆賈客五百乘車蔭猶不盡是謂希有難見事也佛言此樹種子其形大小荅言大如芥子三分之一佛言誰當信汝言者樹大乃尒而種子小婆羅門言實尒世尊我眼見之非虛妄也佛言我亦如是見老女人淨信心施佛得大果報亦如此樹因少報多又是如來福田良美之所致也婆羅門心開意解五體投地悔過向佛我心无狀愚不信佛佛為種種說法得初道果即時舉手大發聲言一切衆人甘露門開如何不出城中一切諸婆羅門皆送五百金錢與王迎佛供養皆言得甘露味誰當惜此五百金錢衆人皆去制限法破是婆羅門王亦共臣民

歸命佛法城中人一切皆得淨信如是佛出廣長舌相為不信者故問曰如為婆羅門出舌相覆面今舌相光明何以乃至三千大千世界荅曰覆面髮際為小信故今為般若波羅蜜大事與故廣長舌相覆三千大千世界問曰是一城中人盡得見此覆面舌相猶尚為難何況今說摩訶般若波羅蜜一切大會此及他方无量衆集而得盡見又以人目所覩不過數里今言遍三千大千世界无乃大而難信荅曰佛以方便借其神力能令一切皆見舌相覆此三千大千世界若不加神力雖復十住亦不知佛心若加神力乃至畜生能知佛心如般若波羅蜜後品中說一切衆人皆見阿閦佛會與眼作對亦如佛說阿弥陁佛世界種種嚴淨阿難言惟願欲見佛時即令一切衆會皆見無量壽佛世界嚴淨見佛舌相亦復如是佛以廣長舌相遍覆三千大千世界已然後便笑笑因緣如上說問曰前已出舌相光明今何以故舌相復放光明荅

曰欲令一切得重信故又以舌相色如珊瑚金光明淨共相發起故復放光復次是諸光明變成千葉金色寶華從舌相出此千葉金色寶華光明徹照如日初出問曰何以故光明中變化作此寶華答曰佛欲坐故問曰諸牀可坐何必蓮華答曰牀為世界白衣坐法又以蓮華軟淨欲現神力能坐其上令不壞故又以莊嚴妙法座故又以諸華皆小無如此華香淨大者人中蓮華大不過尺漫陀耆尼池及阿那婆達多池中蓮華大如車蓋天上寶蓮華復大於此是則可容結加趺坐佛所坐華復勝於此百千万倍又如此華華臺嚴淨香妙可坐復次劫盡燒時一切皆空衆生福德因緣力故十方風至相對相觸能持大水水上有一千頭人二千手足名為韋紐是人齊中出千葉金色妙寶蓮花其光大明如万日俱照華中有人結加趺坐此人復有无量光明名曰梵天王此梵王心生八子八子生天地人民是梵天王於諸婬瞋已盡

無餘以是故言若有人修禪淨行斷除婬欲名為行梵道佛轉法輪或名法輪或名梵輪是梵天王坐蓮華上是故諸佛隨世俗故於寶華上結加趺坐說六波羅蜜聞此法者畢至阿耨多羅三藐三菩提問曰釋迦文尼佛化作無量千万億諸佛云何一時能說法耶如阿毗曇說一時無二心若化佛語時化主應默化主語時化亦應默云何一時皆說六波羅蜜答曰如此說者外道及聲聞變化法身如佛變化無量三昧力不可思議是故佛自語時无量千万億化佛亦一時皆語又諸外道及聲聞化不能作化如佛世尊化復作化諸外道及聲聞滅後不能留化如佛世尊身滅度後復能留化如佛无異復次阿毗曇中一時無二心令佛亦如是當化語時亦不有心佛心念化欲令化語即便皆語問曰佛今欲說般若波羅蜜何以令化佛說六波羅蜜答曰是六波羅蜜及般若波羅蜜一法无異是五波羅蜜不得般若波羅蜜不名波

羅蜜如檀波羅蜜不得般若波羅蜜沒在世界有盡法中或得阿羅漢辟支佛道般涅槃若得般若波羅蜜共合是名波羅蜜能至佛道以是故般若波羅蜜與六波羅蜜一法无異般若波羅蜜有二種一者莊嚴二者未莊嚴如人著好瓔珞莊嚴其身有人不著名未莊嚴亦如國王將諸營從是名王來若无營從是名獨身如是東方如恒河沙等世界乃至十方問曰若佛有如是大神力無數千万億化佛乃至十方說六波羅蜜度脫一切應盡得度不應有殘答曰有三障三惡道中衆生不能解知人中天上若大小若大老若大病及上无色無想天皆不能聞不能知

問曰諸能聞能知者何以不皆得道答曰是亦不應盡得道何以故結使業障故有人於結使重常為結使覆心以是故不盡得道問曰當今十方諸佛亦應遣化說六波羅蜜我等亦無三障何以不聞答曰當今衆生生在惡世則入三障中生在佛後不善

業報或有世界惡罪業障或有厚重
結使障隨在佛後人多為厚重結使
所障或婬欲薄而瞋恚厚瞋恚薄而
婬欲厚婬欲薄而愚癡厚愚癡薄而
瞋恚厚如是等展轉乎有厚薄是結
使障故不聞不知化佛說法不見諸
佛光明何況得道譬如日出盲人不
見便謂世間无有日月日有何咎又
如雷電震地聾人不聞聲有何過今
十方諸佛常說經法常遣化佛至十
方世界說六波羅蜜罪業盲聾故不
聞法聲以是故不盡聞見雖復聖人
有大慈心不能令皆聞皆見若罪欲
滅福將生者是時乃得見佛聞法
尒時世尊故在師子座入師子遊戲
三昧以神通力感動三千大千世界
六種震動問曰此三昧何以名師子
遊戲荅曰譬如師子搏鹿自在戲樂
佛亦如是入此三昧能種種迴轉此
地令六反震動復次師子遊戲譬如
師子戲日諸獸安隱佛亦如是入是
三昧時震動三千大千世界能令三
惡衆生一時得息皆得安隱

復次佛名人師子師子遊戲三昧是
佛戲三昧也入此三昧時令此大地
六種震動一切地獄惡道衆生皆蒙
解脫得生天上是名為戲問曰佛何
以入此三昧荅曰欲動三千大千世
界出三惡衆生著二道中故
復次上三種變化出自佛身人或信
心不深令動大地欲令衆生知佛神
力无量能令外物皆動信淨心喜皆
得離苦問曰有諸阿羅漢及諸天亦
能動地何以獨言是佛神力荅曰諸
阿羅漢及諸天不能具足動唯佛世
尊能令大地六種震動問曰佛何以
故震動三千大千世界荅曰欲令衆
生知一切皆空无常故有諸人言大
地及日月須弥大海是皆有常是以
世尊六種動地示此因緣令知無常
復次如人欲染衣先去塵土佛亦如
是先令三千世界衆生見佛神力敬
心柔軟然後說法是故六種動地云
何六種動東踊西没西踊東没南踊
北没北踊南没邊踊中没中踊邊没
問曰何以故正有六種動荅曰地動

有上中下下者二種動或東踊西没
或南北或邊中中者中有四或東西
南北或東西邊中或南北邊中上者
六種動有種種因緣令地大動如佛
告阿難八因八緣令地震動如別說
復次有人言四種地動火動龍動金
翅鳥動天王動二十八宿日月一周
繞若月至昴宿張宿氐宿婁宿室宿
胃宿是六種宿中尒時地動若崩是
動屬水神是時无雨江河枯竭年不
宜麦天子凶大臣受殃若柳宿尾宿
箕宿辟宿壑宿危宿是六種宿中尒
時地動若崩是動屬龍神是時無雨
江河枯竭年不宜麦天子凶大臣受
殃若參宿鬼宿星宿軫宿亢宿翼宿
是六種宿中尒時若地動若崩是動
屬金翅鳥是時无雨江河枯竭年不
宜麦天子凶大臣受殃若心宿角宿
房宿女宿虛宿井宿畢宿觜宿斗宿
是九種宿中尒時地動若崩是動屬
天帝是時安隱豐雨宜五穀天子吉
大臣受福万民安隱復次地動因緣
有小有大有動一閻浮提有動四天

下一千二千三千大千世界小動以小因縁故若福德人若生若死一國地動是為小動大動大因縁故如佛初生時初成佛時將滅度時三千大千世界皆為震動是為大動今佛欲大集衆生故令此地六種震動復次般若波羅蜜中授諸菩薩記當得作佛佛為天地大主是時地神大喜我令得主是故地動譬如國主初立臣民喜慶皆稱万歲踊躍歌舞復次三千大千世界衆生福德因縁故有此大地山河樹木一切衆物而衆生不知无常是故佛以福德智慧大力動此世界衆生福德令知微薄一切磨滅皆歸无常地皆柔軟令衆生和悦問曰地動云何能令衆生心得和悦荅曰心隨身故身得樂事心則欣悦悦者共住之人及便身之具能令心悦令以是三千大千世界雜惡衆生其心麁獷无有善事是故世尊動此大地令皆柔軟心得利益譬如三十三天王歡樂園中諸天入者心皆柔軟歡樂和悦麁心不生若阿修羅起

兵来時都无鬬心是時釋提婆那民將諸天衆入麁澁園中以此園中樹木華實氣不和悦麁澁惡故諸天人衆鬬心即生佛亦如是以此大地麁澁弊惡故變令柔軟使一切衆生心得喜悦又如呪術藥草熏人鼻時恚心便生即時鬬諍復有呪術藥草能令人心和悦歡喜敬心相向呪術草藥尚能如此何況三千大千世界地皆柔軟是三千大千世界中地獄餓鬼畜生及八難處即時解脫得生天上從四天王天處乃至他化自在天問曰若佛入佛子遊戲三昧能令地獄餓鬼畜生及餘八難皆得解脫生四天處乃至他化自在天者復何用修福行善乃得果報荅曰此如上說福德多者見光得度罪垢深者地動乃悟譬如日出照蓮華池熟者先開生者未敷佛亦如是先放光明福熟智利先得解脫其福未熟智心不利是故未得佛大慈悲等度一切无憎愛也亦如樹果人動其樹熟者先墮佛亦如是三千大千世界如樹動

之者佛先度者果熟未度者果生問曰何以故善心因縁生欲界天不生色界及无色界荅曰佛欲度此衆生令得道證无色界中以无身故不可為說法色界中則无猒心難可得道禪樂多故慧心則鈍復次佛以神通感動令此三千大千世界地皆柔軟衆生心信得歡喜故生欲界天不行四禪及四空定故不得生色无色界問曰丑衆无常空无我云何生天人中誰死誰生者荅曰是事讃菩薩品中已廣說今當略荅汝言五衆无常空无我者是般若波羅蜜中五衆无有常无常有空无空有我无我若如外道求索實我是不可得但有假名種種因縁和合而有有此名字譬如幻人相煞人見其死幻術令起人見其生生死名字有而无實世界法中實有生死實相法中無有生死復次生死人有生死不生死人無生死何以故不生死人以大智慧能破生相如說

佛法相雖空　亦復不斷滅　雖生亦非常

諸行業不失　諸法如芭蕉　一切從心生　若知法无實　是心亦復空　若有人念空　是則非道行　諸法不生滅　念有故失相　有念墮魔網　无念則得出　心動故非道　不動是法印

是諸天人自識宿命皆大歡喜來詣佛所頭面礼佛足却住一面問曰諸天生時有三事自知知所來處知所修福田處知本所作福德是人生時无此三事云何識宿命荅曰人道不定或有識者有不識者復次假佛神力則識宿命問曰諸天有報五神通自識宿命能到佛所人雖蒙佛神力得知宿命所住處遠云何能至佛所荅曰或有人生報得神通如轉輪王聖人等或有人假佛神力問曰人生十月三年乳餔十歲後能自出今蒙佛威神三惡八難皆得解脫生天人中即至佛所天則可尒人法未成云何得來荅曰五道生法各各不同諸天地獄皆化生餓鬼二種生若胎若化生人道畜生四種生卵生濕生化生胎生卵生者如毗舍佉弥伽羅母

三十二子（毗舍佉母生三十二卵卵剖生三十二男皆為力士弥伽羅大兒字也此母人得三道果）如是等名卵生濕生如菴羅婆利（菴烏甘反）婬女頂生轉輪聖王如是等名濕生化生者如佛與四衆遊行比丘尼衆中有比丘尼名阿羅婆地中化生及刼初生時人皆化生如是等名為化生胎生者如常人生化生人即時長能到佛所有大人報得神通故能到佛所復次佛借神力故能到佛所如是十方如恒河沙等世界地皆六種震動一切地獄餓鬼畜生及餘八難處即時解脫得生天上齊第六天問曰三千大千世界无量无數衆生甚多何以復及十方如恒河沙等世界衆生

荅曰佛力無量雖度三千大千世界衆生猶以為少以是故復及十方問曰若釋迦文尼佛以大神力廣度十方復何須餘佛荅曰衆生无量不一時熟故又衆生因緣各各不同如聲聞法中說舍利弗因緣弟子除舍利弗諸佛尚不能度何況餘人復次今但說東方一恒河沙等不說若二三

四乃至千万億恒河沙等諸世界又以世界无邊無量若有邊有量衆生可盡以是故十方无量世界諸佛應度尒時三千大千世界衆生盲者得視聾者得聽瘂者能言狂者得正亂者得定裸者得衣飢渴者得飽滿病者得愈形殘者得具足問曰衆生苦患有百千種若佛神力何以不遍令得脫荅曰一切皆救今但略說麁者如種種結使略說為三毒問曰但言盲者得視則足何以故言生盲荅曰生盲者先世重罪故重罪者猶尚能令得視何況輕者問曰云何先世重罪而令生盲荅曰若破衆生眼若出衆生眼若破正見眼言无罪福是人死墮地獄罪畢為人從生而盲若復盜佛塔中火珠及諸燈明若阿羅漢辟支佛塔珠及燈明若餘福田中奪取光明如是等種種先世業因緣故失明今世若病若打故失明是今世因緣復次九十六種眼病閻鄒迦藥王所不能治者唯佛世尊能令得視復次先令得視後令得智慧眼聾者得

聽亦如是問曰若有生盲何以不說生聾荅曰多有生盲生聾者少是故不說問曰以何因緣故聾荅曰聾者是先世因緣師父教訓不受不行而反瞋恚以是罪故聾復次截衆生耳若破衆生耳若盜佛塔僧塔諸善人福田中揵稚鈴貝及鼓故得此罪如是等種種先世業因緣今世因緣若病若打如是等是今世因緣得聾問曰瘂者不能言作何等罪故瘂荅曰先世截他舌或塞其口或與惡藥人不得語或聞師教父母教勑斷其語非其教或作惡邪人不信罪福破正語墮地獄罪出生世為人瘂不能言如是種種因緣故瘂問曰狂者得正云何為狂荅曰先世作罪破他坐禪破坐禪舍以諸呪術呪人令瞋鬪諍婬欲令世諸結使厚重如婆羅門失其福田其婦復死即時狂發裸形而走又如翅舍伽憍曇比丘尼本白衣時七子皆死大憂愁故失心發狂有人大瞋不能自制成大癡狂有愚癡人惡邪故以灰塗身拔髮裸形狂癡食

糞有人若風病若熱病病重成狂有人惡鬼所著或有人癡飲雨水而狂如是失心如是種種名為狂得見佛故狂即得正問曰亂者得定狂則是亂以何事別荅曰有人不狂而心多散亂志如獼猴不能專住是名亂心復有劇務怱怱心着衆事則失心力不堪受道問曰亂心有何因緣荅曰善心轉薄隨逐不善是名心亂復次是人不觀无常不觀死相不觀世空愛著壽命計念事務種種馳散是故心亂復次不得佛法中內樂外求樂事隨逐樂因是故心亂如是亂人得見佛故其心得定問曰先言狂者得正今言裸者得衣除狂云何更有裸荅曰狂有二種一者人皆知狂二者惡邪故自裸人不知狂如說南天竺國中有法師高坐說五戒義是衆中多有外道來聽是時國王難曰若如所說有人施酒及自飲酒得狂愚報當今世人應狂者多正者少而今狂者更少不狂者多何以故尒是時諸外道輩言善哉斯難甚深是秃高坐

必不能荅以王利智故是時法師以指指諸外道而更說餘事王時即解諸外道語王言王難甚深是不知荅恥所不知而但舉指更說餘事王語外道高坐法師指荅已訖將護汝故不以言說向者指汝言汝等是狂狂不少也汝等以灰塗身裸形无恥以人髑髏盛糞而食拔頭髮臥刺上倒懸熏鼻冬則入水夏則火炙如是種種所行非道皆是狂相復次汝等法以賣肉賣塩即時失婆羅門法於天祠中得牛布施即時賣之自言得法牛則是肉是誑惑人豈非失耶又言入吉河水中罪垢皆除是為罪福无因无緣賣肉賣塩此有何罪入吉河水中言能除罪若能除罪亦能除福誰有吉者如是此諸事无因無緣强為因緣是則為狂如是種種狂相皆是汝等法師將護汝故指而不說是名為裸形狂復次有人貧窮无衣或弊衣藍縷以佛力故令其得衣問曰飢者得飽渴者得飲云何飢渴荅曰福德薄故先世无因今世无緣是故

飢渴復次是人先世奪佛阿羅漢辟支佛食及父母所親食雖值佛世尊猶故飢渴以罪重故問曰今有惡世生人得好飲食值佛世生而更飢渴若罪人不應生值佛世若福人不應生惡世何以故尒荅曰業報因緣各各不同或有人有見佛因緣无飲食因緣或有飲食因緣无見佛因緣辟如黒蝕而抱摩尼珠卧有阿羅漢人乞食不得又如迦葉佛時有兄弟二人出家求道一人持戒誦經坐禪一人廣求檀越修諸福業至釋迦文佛出世一人生長者家一人作大白象力能破賊長者子出家學道得六神通阿羅漢而以薄福乞食難得他日持鉢入城乞食遍不能得到白象廐中見王供象種種豐足語此象言我之與汝俱有罪過象即感結三日不食守象人怖求覔道人見而問言汝作何呪令王白象病不能食荅言此象是我先身時弟共於迦葉佛時出家學道我但持戒誦經坐禪不行布施弟但廣求檀越作諸布施不持戒

不學問以其不持戒誦經坐禪故今作此象大修布施故飲食備具種種豐足我但行道不修布施故今雖得道乞食不能得以是事故因緣不同雖值佛世猶故飢渴問曰此諸衆生云何飽滿荅曰有人言佛以神力變作食令得飽滿復有人言佛光觸身令不飢渴辟如如意摩尼珠有人心念則不飢渴何况值佛病者得愈病有二種先世行業報故得種種病今世冷熱風發故亦得種種病今世病有二種一者内病五藏不調結堅宿痾二者外病奔車逸馬塠壓墜落兵刃刀杖種種諸病問曰以何因緣得病荅曰先世好行鞭杖拷掠閉繫種種惱故今世得病現世病不知將身飲食不節卧起无常以是事故得種種諸病如是有四百四病以佛神力故令病者得愈如說佛在舍婆提國有一居士請佛及僧於舍飯食佛住精舍迎食有五因緣一者欲入定二者欲為諸天說法三者欲遊行觀諸比丘房四者看諸病比丘五者若未

結戒欲為諸比丘結戒是時佛手持户排入諸比丘房見一比丘病苦無人瞻視卧大小便不能起居佛問比丘汝何所苦獨无人看比丘荅言大德我性嬾他人有病初不看視是故我病他亦不看佛言善男子我當看汝時釋提婆那民與水佛以手摩其身摩其身時一切苦痛即皆除愈身心安隱是時世尊安徐扶此病比丘起將出房澡洗著衣安徐將入更與敷蓐令坐佛語病比丘汝久來不勤求未得事令得未到事令到未識事令識受諸苦患如是方當更有大苦比丘聞已心自思念佛恩无量神力无數以手摩我苦痛即除身心快樂以是故佛以神力令病者得愈形殘者得具足云何名形殘者若有人先世破他身截其頭斬其手足破種種身分或破壞佛像毁佛像鼻及諸賢聖形像或破父母形像以是罪故受形多不具足

復次不善法報受身醜陋若今世被賊或被刑戮種種因緣以致殘毁或

大智度論卷第八　第二十四張　作字号

風寒熱病身生惡瘡體分爛壞是名形殘蒙佛大恩皆得具足辟如祇洹中奴字揵抳揵抳秦言續是波斯匿王兄子端正勇健心性和善王大夫人見之心著即微呼之欲令從己揵抳不從夫人大怒向王讒之反被其罪王聞即節節解之棄於𡑞間命未絕頃其夜虎狼羅剎來欲食之是時佛到其邊光明照之身即平復其心大喜佛為說法即得三道佛牽其手將至祇洹是人言我身已破已棄佛續我身今當盡此形壽以身布施佛及比丘僧明日波斯匿王聞如是事來至祇洹語揵抳言向汝悔過汝實无罪枉相刑害今當與汝分國半治揵抳言我已猒矣王亦无罪我宿世殃咎罪報應尒我今已身施佛及僧不復還也如是若有眾生形殘不具足者蒙佛光明即時平復是故言乃至形殘皆得具足蒙佛光明即時平復一切眾生皆得等心相視如父如母如兄如弟如姊如妹亦如親親及善知識是時眾生等行十善業道淨

大智度論卷第八　第二十五張　作字号

修梵行无諸瑕穢恢然快樂辟如比丘入第三禪皆得好慧持戒自守不嬈眾生

問曰是諸眾生未離欲无禪定不得四无量心云何得等心荅曰是等非禪中等是於一切眾生中无慈無恚以此等故善心相視復次等心者經中有言云何等心相視如父母是名等心問曰視一切眾生便是父母兄弟姊妹不荅曰不也見老者如父母長者如兄少者如弟姊妹亦尒等心力故皆如親親問曰云何非父母言父母乃至非親親言親親不墮妄語耶荅曰一切眾生无量世中无非父母兄弟姊妹親親者

復次實法相中无父母兄弟人著吾我顛倒計故名為父母兄弟今以善心力故相視如父如母非妄語也復次如人以義相親非父事之為父非母事之為母兄弟兒子亦復如是如人有子行惡黰而棄之他姓善行養以為子如是相視則為等心如說

視他婦如母　見他財如火　一切如親親

大智度論卷第八　作字号

如是名等見

是時眾生等行十善業道者身業道三種不煞不盜不邪婬口業道四種不妄語不兩舌不惡口不綺語意業道三種不貪不惱害不邪見自不煞生不教他煞讚不煞者見人不煞代其歡喜乃至邪見亦有四種問曰後三業道非業前七業道亦業云何言十善業道荅曰没少從多故通名業道後三雖非業能起業又復為業故生是故揔名業道淨修梵行无諸瑕穢問曰上說行十善業道此理已足今何以復言淨修梵行荅曰有人行十善業道不斷婬今更讚此行梵行天行斷除婬欲故言淨修梵行无諸瑕穢者行婬之人身惡名臭以是故讚斷婬人言无諸瑕穢恢然快樂者問曰此何等樂荅曰是樂二種內樂涅槃樂是樂不從五塵生辟如石泉水自中出不從外來心樂亦如是行等心修梵行得十善業道清淨无穢是名內樂問曰此樂何界繫欲界繫色界无色界繫耶荅曰是樂欲界繫

亦不繫非色无色界繫今言譬如比丘入第三禪若是色界繫不應言譬如以是事故知非色界繫此欲界心生喜樂一切滿身譬如熅酥漬身柔軟和樂不繫者得般若波羅蜜相觀諸法不生不滅得實智慧心无所著无相之樂是為不繫問曰佛言涅槃第一樂何以言第三禪樂荅曰有二種樂有受樂有受盡樂受盡樂一切五衆盡更不生是无餘涅槃樂能除憂愁煩惱心中歡喜是名樂受如是樂受滿足在第三禪中以是故言譬如第三禪樂問曰初禪二禪亦有樂受何以故但言第三禪荅曰樂有上中下下者初禪中者二禪上者三禪初禪有二種樂根喜根五識相應樂根意識相應喜根二禪中意識相應喜根三禪意識相應樂根一切三界中除三禪更无意識相應樂根是五識不能分別不知名字相眼識生如彈指頃意識已生以是故五識相應樂根不能滿足樂意識相應樂根能滿足樂以是故三禪中諸功德少樂多

故无背捨勝處一切入過是三禪更无樂以是故言譬如比丘入第三禪一切衆生皆得好慧持戒自守不嬈衆生問曰何以故次樂後言皆得好慧荅曰人未得樂能作功德既得樂已心著樂多故不作功德是故樂後次第心得好慧好慧者持戒自守不嬈衆生問曰持戒是名自守亦名不嬈衆生何以故復言自守不嬈衆生耶荅曰身口善是名持戒撿心就善是名自守亦名不嬈衆生一切諸功德皆戒身定身慧身所攝言好持戒是戒身攝好自守者是定身攝不嬈衆生禪中慈等諸功德是慧身攝問曰亦无有人言不好持戒者今何以言好持戒荅曰有如婆羅門者世界法者言捨家好持戒是為斷種人又以自力得財廣作功德如是有福出家乞食自身不給何能作諸功德如是為呵好持戒亦有者世界治道人呵好自守者言人當以法治世賞善罰惡法不可犯不捨尊親立法滌世所益者大何用獨善其身自守无事世

亂而不理人惡而不救如是名為呵好自守亦有人呵好不嬈衆生者言有怨不能報有賊不能繫惡人不能治有罪无以肅不能却患救難黙然无益何用此為如是為呵好不嬈衆生如說

人而无勇健　何用生世間
親難而不救　如木人在地

如是等種種不善語名為呵不嬈衆生見諸天人皆得好慧持戒自守不嬈衆生行是善法身心安隱无所畏難无熱无惱有好名善譽人所愛敬是為向涅槃門命欲終時見福德心喜无憂无悔若未得涅槃生諸佛出界若生天上以是故言得好慧持戒自守不嬈衆生

大智度論卷第八　許州三校

大智度論卷第八

校勘記

一　底本，金藏廣勝寺本。

一　二三九頁中一行經名，資、磧、普、南、徑、清作「大智度論卷第八」。

一　二三九頁中三行與四行之間，資有「釋初品中放光第十四之餘」；磧、普、南、徑、清有「釋初品中放光之餘」。

一　二三九頁中四行首字「介」，石、磧、普、南、徑、清、麗冠以「經」。

一　二三九頁中五行「世界」，石作「國土」，下同。

一　二三九頁中八行首字「問」，石、磧、普、南、徑、清、麗冠以「論」。

一　二三九頁中一八行第五字「千」，資、磧、普、南、徑、清作「千丈」。

一　二三九頁下四行第七字「喜」，石作「歡喜」。

一　二三九頁下七行首字「介」，石、磧、普、南、徑、清、麗冠以「經」。

一　二三九頁下八行第四字「嬉」，石、磧、普、南、徑、清、麗作「熙」。

一　二三九頁下八行第六字「而」，磧、普、南、徑、清作「微」。

一　二三九頁下九行第四字「光」，資作「光明」。

一　二三九頁下一三行第一〇字「問」，石、磧、普、南、徑、清、麗冠以「論」。

一　二三九頁下一五行「衆生」，資作「乃至」。

一　二三九頁下一九行末字至二〇行首字「婆提」，石作「衛」，下同。

一　二三九頁下二二行第四字「人」，石、磧、普、南、徑、清作「生」。

一　二四〇頁上六行第七字「毛」，磧、普、南、徑、清作「毫」。

一　二四〇頁上八行首字「日」，諸本作「自」。

一　二四〇頁上一三行第七字「退」，諸本作「還」。

一　二四〇頁上二一行第四字「説」，石作「説此」。

一　二四〇頁中一二行第九字「小」，石、磧、普、南、徑、清、麗作「甚小」。

一　二四〇頁中一四行第一〇字「心」，石作「信心」。

一　二四〇頁中一四行第一二字「佛」，資、磧、普、南、徑、清無。

一　二四〇頁下一行第六字「中」，麗無。

一　二四〇頁下一〇行第一〇字「靚」，石作「見」。

一　二四〇頁下末行第九字「相」，磧、普、南、徑、清、麗作「根」。

一　二四一頁上九行第六字「不」，石、麗作「華不」。

一　二四一頁上一五行第六字「華」，磧、普、南、徑、清作「蓮」。

一　二四一頁上二二行第七字「王」，石、磧、普、南、徑、清、麗作「天王」。

一　二四一頁中一一行末字「身」，諸本作「耳」。

一　二四一頁中一六行第一二字「身」，

一 二四一頁下八行第一三字及九行第七字「營」，石、資、麗作「官」。

一 二四一頁下九行第一二字「身」，石作「身來」。

一 二四一頁下一〇行末字「問」，石、磧、普、南、徑、清、麗作「亦尒問」。

一 二四一頁下二〇行第一二字「令」，資、磧、普、南、徑、清作「今」。

一 二四二頁上九行第一〇字「聲」，資、磧、普、南、徑、清作「聲聲」。

一 二四二頁上一四行末字「法」，至此，石卷第九終，卷第十始。有品名「摩訶般若波羅蜜經釋初品中放光義第十四之二」。

一 二四二頁上一五行首字「尒」，石、磧、普、南、徑、清、麗冠以〔經〕。

一 二四二頁上一七行第五字「問」，石、磧、普、南、徑、清、麗冠以〔論〕。

一 二四二頁上二〇行第四字「反」，石作「種」。

一 二四二頁中五行首字「以」，石、麗作「以故」。

一 二四二頁中六行第四字「惡」，諸本作「惡道」。

一 二四二頁中六行第八字「二」，資作「三」；磧、普、南、徑、清作「二善」。

一 二四二頁中二一行第五字「東」，石、磧、普、南、徑、清、麗冠以〔經〕。

一 二四二頁中末行首字「問」，石、磧、普、南、徑、清、麗冠以〔論〕。

一 二四二頁下二行「南北」，石、麗作「南踊北没」。

一 二四二頁下二行第九字「中」，諸本無。

一 二四二頁下六行第一〇字「火」，石作「水」。

一 二四二頁下七行第一一字「日」，石、麗作「月」。

一 二四二頁下一〇行第三字「水」，資、磧、普、南、徑、清、麗作「火」。

一 二四二頁下一六行第六字「尒」，石作「是」。

一 二四二頁下二二行第八字「隱」，石作「樂」。

一 二四三頁上一行「一千二千三千大千世界」，石作「有動小千國土有動二千國土有動三千大千國土」。

一 二四三頁上三行首字「地」，石作「土地」。

一 二四三頁上五行第八字「是」，石作「是時」。

一 二四三頁上一五行第六字「地」，石、磧、普、南、徑、清、麗冠以〔經〕。

一 二四三頁上一六行首字「問」，石、磧、普、南、徑、清、麗冠以〔論〕。

一 二四三頁中七行末字「能」，資、磧、普、南、徑、清無。

一 二四三頁中八行末字至九行首字「草藥」，石作「藥草」。

一 二四三頁中一〇行第四字「是」，石作「是時」。石、磧、普、南、徑、清、麗冠以〔經〕。

一 二四三頁中一二行末字「天」，石、麗作「天處」。

一　二四三頁中一三行首字「問」，石、磧、普、南、徑、清、麗冠以「論」。

一　二四三頁中一三行第六字「佛」，諸本作「師」。

一　二四三頁中一八行第二字「悟」，資、磧、普、南、徑、清作「度」。

一　二四三頁下八行末字「行」，資、磧、普、南、徑、清作「得」。

一　二四三頁下一六行「和合」，石作「合會」。

一　二四三頁下二二行第二字「說」，石、麗作「說偈言」。

一　二四四頁上六行首字「是」，石、磧、普、南、徑、清、麗冠以「經」。

一　二四四頁上七行第一二字「問」，石、磧、普、南、徑、清、麗冠以「論」。

一　二四四頁上八行第九字「知」，資無。

一　二四四頁上八行第一一字「來」，石、麗作「從來」。

一　二四四頁上一一行第六字「有」，石、磧、普、南、徑、清作「或」。

一　二四四頁上一七行第六字「餔」，石、資、磧、普、南、徑、清作「哺」。

一　二四四頁中一行夾註右「母生」，石、資、磧、普、南、徑、清作「母人生」。

一　二四四頁中二行正文第六字「生」，資、磧、普、南、徑、清作「生人」。

一　二四四頁中二行正文第八字「生」，諸本作「生者」。

一　二四四頁中二行末字「菴」，石作「揜」，並有夾註「揜烏甘反」；資作「掩」；磧、普、南、徑、清作「揜」。

一　二四四頁中三行夾註，石、徑、清無；資、磧、南作「揜音烏甘反」。

一　二四四頁中八行第五字「長」，諸本作「長大」。

一　二四四頁中八行第一一字「大」，諸本無。

一　二四四頁中九行第一二字「神」，石、麗作「神通」。

一　二四四頁中一〇行第五字「如」，石、磧、普、南、徑、清、麗冠以「經」。

一　二四四頁中一二行第八字「時」，石、麗作「得」。

一　二四四頁中一三行第五字「問」，石、磧、普、南、徑、清、麗冠以「論」。

一　二四四頁中二〇行第四字「又」，石作「有」。

一　二四四頁下四行首字「尒」，石、磧、普、南、徑、清、麗冠以「經」。

一　二四四頁下七行第九字「問」，石、磧、普、南、徑、清、麗冠以「論」。

一　二四四頁下九行首字「脫」，諸本作「解脫」。

一　二四四頁下二〇行首字及第一〇字「明」，石、磧、普、南、徑、清作「眼」。

一　二四四頁下末行第六字「後」，磧、普、南、徑、清作「復」。

一　二四五頁上七行第五字「稚」，南、徑、清作「椎」。

一　二四五頁上一一行末字「人」，諸本作「令」。

一　二四五頁上一二行第二字「得」，

石作「能」。

一　二四五頁上一四行第二字「受」，麗無。

一　二四五頁上一九行首字「福」，資、磧、普、南、徑、清作「稲」。

一　二四五頁中二〇行第一二字「狂」，石作「癡狂」。

一　二四五頁下一七行第六字「是」，石、麗無。

一　二四五頁下二一行第三字「藍」，資、磧、普、南、徑、清作「繿」。

一　二四六頁上二行末字「尊」，諸本無。

一　二四六頁上一二行第一三字「文」，石作「文尼」。

一　二四六頁上一七行首字「中」，石、資、磧、普、南、徑、清無。

一　二四六頁中一三行首字「疥」，資、磧、普、南、徑、清作「疾」。

一　二四六頁中一九行「婆提」，石作「衛」。

一　二四六頁下一行第一三字「手」，資、磧、普、南、徑、清無。

一　二四六頁下七行第八字「興」，石作「與」。

一　二四六頁下一三行末字「苦」，石、磧、普、南、徑、清作「苦痛」。

一　二四六頁下一七行第一〇字「者」，資、磧、普、南、徑、清無。

一　二四六頁中一九行第四字「破」，資、磧、普、南、徑、清無。

一　二四六頁下末行「殘毀」，石作「形殘」。

一　二四七頁上三行第八字「秦」，徑、清作夾註「此」。

一　二四七頁上三行第一〇字「續」，石、麗作「續也」。

一　二四七頁上五行第八字「呼」，石作「喚」。

一　二四七頁上六行第一三字「被」，磧、普、南、徑、清作「狀」。

一　二四七頁上八行第一三字「是」，資、磧、普、南、徑、清無。

一　二四七頁上二一行第二字「一」，石、磧、普、南、徑、清、麗冠以「經」。

一　二四七頁上二二行第一三字「親」，石作「族」。

一　二四七頁中四行首字「問」，石、磧、普、南、徑、清、麗冠以「論」。

一　二四七頁中五行「无量心」，石作「等」。

一　二四七頁中八行第一二字「母」，石、資、磧、普、南、徑、清作「如母」。

一　二四七頁中一六行「法相」，資、磧、普、南、徑、清作「相法」。

一　二四七頁中二二行末字「説」，石、磧、南、徑、清、麗作「説偈」，下同。

一　二四七頁下一二行首字「穢」，石、麗作「穢者」。

一　二四七頁下一二行第九字「業」，石無。

一　二四七頁下一二行末字「足」，資、磧、普、南、徑、清作「定」。

一　二四七頁下一四行末字「行」，資、磧、普、南、徑、清、麗無。

一　二四七頁下末行第二字「界」，石、

一　麗作「界繫」。
一　二四八頁上三行首字「如」，資、磧、普、南、徑、清作「如比丘得第三禪」。
一　二四八頁上八行第一三字「有」，資、磧、普、南、徑、清無。
一　二四八頁上一六行第一〇字「五」，石、資作「三」。
一　二四八頁上二一行第八字「以」，石無。
一　二四八頁中四行第二字「生」，石、磧、普、南、徑、清、麗作「生者」。
一　二四八頁中一三行第八字「者」，資、磧、普、南、徑、清無。
一　二四八頁中一八行第四字「財」，石作「財物」。
一　二四八頁中二〇行第一一字「治」，石、麗作「治法」。
一　二四八頁下一三行第一三字「德」，資、磧、普、南、徑、清無。
一　二四八頁下一四行末字至一五行首字「出界」，石作「國土」；資、磧、普、南、徑、清、麗作「世界」。

大智度初品中放光釋論之餘　卷第九　作

龍樹菩薩造

後秦龜茲國三藏法師鳩摩羅什奉　詔譯

介時世尊在師子座上坐於三千大千世界中其德特尊光明色像威德巍巍遍至十方如恒河沙等諸佛世界譬如須弥山王光色殊特衆山無能及者問曰佛以何力故於一切衆生中其德特尊光明威德巍巍乃如是耶如轉輪聖王諸天聖人亦有大力光明威德何以獨言佛德特尊荅曰此諸賢聖雖有光明威德有量有限譬如衆星日光既出則没不現佛從無量阿僧祇刼集大功德一切具足因緣大故果報亦大餘人無此復次佛世世修諸苦行無量无數頭目髓腦常施衆生豈唯國財妻子而已一切種種戒種種忍種種精進種種禪定及无比清淨不可壞不可盡智慧世世修行已具足滿此果力故得不可稱量殊特威神以是故言因緣大故果報亦大問曰若佛神力无量

威德巍巍不可稱說何以故受九罪報一者梵志女孫陀利謗五百阿羅漢亦被謗二者旃遮婆羅門女繫木杅作腹謗佛三者提婆達推山壓佛傷足大指四者迸木刺脚五者毗樓璃王興兵煞諸釋子佛時頭痛六者受阿耆達多婆羅門請而食馬麦七者冷風動故脊痛八者六年苦行九者入婆羅聚落乞食不得空鉢而還復有冬至前後八夜寒風破竹索三衣禦寒又復患熱阿難在後扇佛如是等世界小事佛皆受之若佛神力无量三千大千世界乃至東方恒河沙等諸世界南西北方四維上下光明色像威德巍巍何以故受諸罪報荅曰佛在人中生人父母受人身力一指節力勝千万億那由他白為力神通力无量無數不可思議是淨飯王子猒老病死苦出家得佛道是人豈受罪報為寒熱等所困如佛神力不可思議不可思議法中何有寒熱諸患復次佛有二種身一者法性身二者父母生身是法性身滿十方虛空

无量無邊色像端正相好莊嚴无量
光明无量音聲聽法衆亦滿虛空此衆
亦是法性身非生死人所得見也常出種種身種種
名号種種生處種種方便度衆生常
度一切无須臾息時如是法性身佛
能度十方衆生受諸罪報者是生身
佛生身佛次第說法如人法以有二
種佛故受諸罪无咎復次佛即得道
時一切不善法盡斷一切善法皆成
就云何今實有不善法報可受但憐
愍未来世衆生故現方便受此諸罪
復次如阿泯盧豆與一辟支佛食故
受无量世樂心念飲食應意即得何
况佛世世割肉出髓以施衆生而乞
食不得空鉢而還以是事故知佛方
便為度衆生故受此諸罪云何方便
憐愍未来世五衆佛弟子施福薄故
乞種種自活之具不能得諸白衣言
汝衣食不能得有病不能除何能得
道以益於人是五衆當荅我等雖无
活身小事有行道福德我等今日衆
苦是先身罪報今之功德利在將来
我等大師佛入婆羅門聚落乞食尚

亦不得空鉢而還佛亦有諸病釋子
畢罪時佛亦頭痛何况我等薄福下
人諸白衣聞已瞋心則息便以四種
供養供給比丘身得安隱坐禪得道
是為方便故非實受罪如毗摩羅鞊
經中說佛在毗耶離國是時佛語阿
難我身中熱風氣發當用牛乳汝持
我鉢乞牛乳来阿難持佛鉢晨朝入
毗耶離至一居士門立是時毗摩羅
鞊在是中行見阿難持鉢而立問阿
難汝何以晨朝持鉢立此阿難荅言
佛身小疾當用牛乳故我到此毗摩
羅鞊言止止阿難勿謗如来佛為世
尊已過一切諸不善法當有何疾勿
使外道聞此麁語彼當輕佛便言佛
自疾不能救安能救人阿難言此非
我意面受佛勑當須牛乳毗摩羅鞊
言此雖佛勑是為方便以今五惡之
世故以是像度脫一切若未来世有
諸病比丘當從白衣求諸湯藥白衣
言汝自疾不能救安能救餘人諸比
丘言我等大師猶尚有病况我等身
如草芥能不病耶以是事故諸白衣

等以諸湯藥供給比丘使得安隱坐
禪行道有外道仙人能以藥草呪術
除他人病何况如来一切智德自身
有病而不能除汝且默然持鉢取乳
勿令餘人異學得聞知也以是故知
佛為方便非實病也諸罪因緣皆亦
如是以是故言佛其德特尊光明色
像威德巍巍
尒時世尊以常身示此三千大千世
界一切衆生是時首陁會天梵衆天
他化自在天化自樂天兜率陁天夜
摩天三十三天四天王天及三千大
千世界人與非人以諸天華天瓔珞
天澤香天末香天青蓮華赤蓮華白
蓮華紅蓮華天樹華香持詣佛所問
曰佛何以故以常身示此三千大千
世界中一切衆生荅曰佛欲說摩訶
般若波羅蜜入三昧王三昧從足下
相輪光明上至肉髻光焰大明辟如
劫盡燒時諸須弥山王隨次燃盡是
光明遍滿三千大千世界乃至十方
恒河沙等諸佛世界皆悉大明衆生
見者畢至阿耨多羅三藐三菩提是

佛欲說般若波羅蜜初神力第二
切毛孔皆悉微笑第三放常光明面
各一丈第四舌相遍覆三千大千世
界而笑第五入師子遊戲三昧三千
大千世界六反震動第六佛坐師子
座現最勝身光明色像威德巍巍以
此神力感動衆生其有信者皆至阿
耨多羅三藐三菩提其中疑者示常
身便得信解而各說言今所見者是
佛真身以佛力故此三千大千世界
中人見佛常身遠近无㝵是時三千
大千世界衆生皆大歡喜言此真是
佛身佛初生時初成佛時初轉法輪
時皆以此身如是思惟此真是佛身
問曰何以故名為淨居天梵世天荅
曰第四禪有八種五種是阿那舍住
處是名淨居三種凡夫聖人共住過
是八處有十住菩薩住處亦名淨居
号大自在天王梵世天者生處有三
種一者梵衆天諸小梵生處二者梵
輔天貴梵生處三者大梵天是名中
間禪生處問曰離欲是同何以故有
貴賤異處荅曰初禪三種下中上若

修下禪生梵衆若修中禪生梵輔若
修上禪生大梵慈行亦如是如妙眼
師念言我為衆人說法皆生梵天中
我今不應與弟子同處當修上慈修
上慈故生大梵天中復次第一清淨
心故生大梵中問曰何以故於四禪
中但說初後不說中間荅曰初門難
欲難故最後微妙難得故中間易入
故不說復次言梵世已攝色界以第
四禪第一妙故別說復次以人多識
梵天不識餘天是故但說梵天以淨
居天常憐愍衆生常勸請佛故復次
佛說法聲至梵天佛得道時諸天展
轉唱告乃至淨居天以是故說初後
不說中間復次梵天近欲界故應聞淨
居天是色界生是故應聞辟如守門
人識客客至其主主則識之中間无
事故不說復次二禪大喜三禪大樂
喜樂放逸是故不說問曰何以名他
化自在荅曰此天奪他所化而自娛
樂故言他化自在化自樂者化五塵
而自娛樂故言化自樂兜率名知足
天夜摩名善分天第二名三十三㝡

下天是四天王諸天須弥山高八万
四千由旬上有三十三天城須弥山
邊有山名由揵陁羅高四万二千由
旬此山有四頭頭各有城四天王各
居一城夜摩等諸天七寶地在虛空
中有風持之令住乃至淨居亦復如
是如是諸天見佛身清淨大光明淨
持諸供具水陸諸華陸地生華須曼
提為第一水中生華青蓮華為第一
若樹生華若蔓生華是諸名華種種
異色種種香熏各持天華来詣佛所
以此諸華色好多香柔軟細滑是故
以此為供養具云何為天華天華芬
熏香氣逆風諸天瓔珞懸在佛上天
澤香以塗佛地天末香以散佛上天
蓮華青赤紅白何以無黃黃屬火火
非水華所宜故天寶蓮華琉璃為莖
金剛為臺閻浮那陁金為葉柔軟且
香并天樹葉香持詣佛所問曰若諸
天供養應持天華人及非人云何得
天華荅曰佛以神足放大光明地六
種震動諸天雨種種妙華滿三千大
千世界以供養佛是人非人或取此

華而以供養復次天竺國法名諸好物皆名天物是人華非人華雖非天上華以其妙好故名為天華是故言人非人持諸天華是則无各是諸天華乃至天樹菓香以散佛上問曰何以以華散佛身上荅曰恭敬供養故又佛光照皆遇見佛心大歡喜供養佛故皆以諸華而散佛上復次佛於三界第一福田以是故華散佛上所散寶華於此三千大千世界上在虛空中化成大臺問曰何以化作此臺在虛空中荅曰所散華少而化為大臺以示衆生因少果多問曰何以故臺在虛空中住而不墮落荅曰佛以神力欲示衆生令知佛為福田得報不失乃至成佛其福不滅是華臺邊垂諸瓔珞雜色華蓋五色繽紛是諸華蓋瓔珞遍滿三千大千世界問曰若佛自有神力何以因所散華而變為臺荅曰欲令人心信清淨故是人見所供養變成此臺心大歡喜因歡喜故大得福德以是華蓋瓔珞嚴飾故此三千大千世界皆作金色及十方

恒河沙等諸佛世界皆亦如是有人言轉輪聖王四世界主梵天王千世界主佛三千大千世界主是語非實以是故佛所變化乃至十方恒河沙等諸佛世界尒時三千大千世界及十方衆生各各自念佛獨為我說法不為餘人問曰佛以一身示三千大千世界及十方令諸衆生何以各各見佛在前說法荅曰佛有二種神力一者一處坐說法令諸衆生遠處皆見遠處皆聞二者佛在一處說法能令一一衆生各自見佛在前說法辟如日出影現衆水復次衆生不同有人見佛身遍三千大千世界而得淨信有人各各見佛在前說法得心清淨信樂歡喜以是故佛令各各在前而為說法

尒時世尊在師子座嬉怡而笑笑光遍照三千大千世界以此光故此間三千大千世界中衆生皆見東方恒河沙諸佛及僧彼間恒河沙等世界中衆生皆見此間三千大千世界中釋迦牟尼佛及諸大衆南西北方四維上下亦復如是問曰佛上已多放光明今以何故復放斯光荅曰先放光明各各有事如先說今以彼此衆會兩未相見故以光明神力令彼此世界一切大會兩得相見問曰如弟子中天眼第一大阿羅漢長老阿泥盧豆暫觀見小千世界諦觀見二千世界大辟支佛暫觀見二千世界諦觀見三千大千世界今一切人云何能見東方恒河沙等諸佛世界荅曰是佛神力令彼得見非衆生力也設阿羅漢及餘處辟支佛等亦以佛力故所見无限辟如轉輪聖王飛行一切營從及諸象馬衆畜皆亦隨去今佛神力故衆生雖在遠處亦得相見又如般舟三昧力故雖不得天眼而見十方佛眼耳无导亦如劫盡燒時一切衆生自然皆得禪定得天眼天耳佛以神力令一切衆生皆得遠見亦復如是尒時世尊在師子座而笑如先說餘未說者今當說問曰此間衆生遠見彼方是佛神力彼間衆生亦見此方是誰力耶荅曰是釋迦牟

昰佛力令彼得見此間三千大千世界及見釋迦牟尼佛并一切衆會南西北方四維上下亦復如是

大智度初品中十方諸菩薩來釋論第十五

是時東方過如恒河沙等諸佛世界其世界㝡在邊世界名多寶佛号寶積今現在為諸菩薩說般若波羅蜜問曰如佛所說一切世界无量無邊云何言其世界㝡在邊㝡在邊者是隨有邊相若世界有邊衆生應盡何以故无量諸佛一一佛度無量阿僧祇衆生令入无餘涅槃更无新衆生故者應盡荅曰佛經雖言世界无量此方便說非是實教如實无神方便故說言有神此十四難世界有邊无邊俱為邪見若無邊佛不應有一切智何以故智慧普知无物不盡是一切智若世界無邊是有所不盡若有邊如先說各此二俱邪見何以故依无邊以破有邊故是多寶世界非一切世界邊是釋迦牟尼佛因緣衆生可應度者㝡在邊辟如一國中㝡在邊不言一閻浮提㝡在邊若无邊佛不

應一切智者如上佛義中荅佛智无量故應知辟如函大故盖亦大問曰世界亦名多寶寶有二種財寶法寶何等寶多名為多寶世界荅曰二種皆有又多菩薩照法性等諸寶（言此寶大）多故名（菩薩所有以為寶冠寶冠中皆見諸佛又達一切諸法之性）為多寶是中有佛名寶積以无漏根力覺道等法寶集故名為寶積問曰若尒者一切佛皆應号寶積何以獨稱彼佛為寶積荅曰雖一切諸佛皆有此寶但彼佛即以此寶為名如弥勒名為慈氏諸佛雖皆有慈但弥勒即以慈為名復次如寶華佛生時一切身邊有種種華色光明故名寶華太子如燃燈佛生時一切身邊如燈故名燃燈太子作佛亦名燃燈舊名錠光佛寶積佛亦如是應當初生時亦多諸寶物生或地生或天雨種種寶集故名為寶積問曰唯有釋迦牟尼佛无十方佛何以故是釋迦文尼佛无量威力无量神通能度一切衆生更无餘佛如說阿難一心思惟過去諸佛寶華燃燈等皆生好世壽命

極長能度一切衆生今釋迦牟尼佛惡世生壽命短將无不能度一切弟子耶如是心疑佛時即知阿難心之所念即以日出時入日出三昧尒時佛身一切毛孔出諸光明亦如日邊出諸光明其光遍照閻浮提內其明滿已照四天下照四天下滿已照三千大千世界三千大千世界滿已照十方无量世界尒時世尊從臍邊出諸寶蓮華如偈說

青光琉璃莖　千葉黃金色　金剛為華臺
虎魄為華飾　莖軟不麁曲　其高十餘丈
真青琉璃莖　在佛臍中立　其葉廣而長
白光間妙色　无量寶莊嚴　其華有千葉
妙華色如是　從佛臍中出　是四華臺上
寶座曜天日　（一一諸寶座各有坐佛）　如金山四首
光曜等如一　從四佛臍中　各出妙寶華
華上有寶座　其座各有佛　從是佛臍中
展轉出寶華　華華皆有座　座座各有佛
如是展轉化　乃至淨居天　若欲知近遠
當以辟喻說　有一大方石　縱廣如太山
從上放令下　直過无所导　万八千三百
八十有三歲　如是年歲數　尒乃得到地

於是兩中間 化佛滿其中 其光大盛明
踰於火日月 有佛身出水 亦有身出火
或復現經行 有時靜默等 有佛行乞食
以此福衆生 或復說經法 有時放光明
或到三惡趣 氷闇火地獄 和氣濟寒氷
光明照闇獄 熱處施涼風 隨事救其害
安之以无患 度之以法樂

如是種種方便一時須能度十方无量衆生度衆生已還入本處住佛臍中介時世尊從日出三昧起問阿難言汝見此三昧神通力不阿難白佛唯然已見重白佛言若佛住世一日之中所度弟子可滿虛空何況在世八十餘年以是故言一佛功德神力无量現化十方无異佛也復次如佛所言女人不得作轉輪聖王不得作天帝釋魔天王梵天王不得作佛轉輪聖王不得一處並治十力世尊亦無一世二佛又佛說言佛言不虛世无二佛一法難值佛世尊也無量億劫時時一有是九十一劫中三劫有佛賢劫之前九十一劫初有佛名鞞婆尸秦言種種見第三十一劫中有二佛

一名尸棄秦言大二名鞞恕婆附秦言一切勝是賢劫中有四佛一名迦羅鳩飧陁二名迦那伽牟尼秦言金仙人也三名迦葉四名釋迦牟尼除此餘劫皆空无佛甚可憐愍若有十方佛何以故言餘劫无佛甚可憐愍荅曰雖釋迦文尼佛有无量神力能變化作佛在十方說法放光明度衆生亦不能盡度一切衆生墮有邊故則无未來世佛故然衆生不盡以是故應更有餘佛

復次汝言佛自說女人不得作五事二轉輪聖王不得同時出世佛亦如是同時世亦无二佛汝不解此義佛經有二義有易了義有深遠難解義如佛欲入涅槃時語諸比丘從今日應依法不依人應依義不依語應依智不依識應依了義經不依未了義依法者法有十二部應隨此法不應隨人依義者義中无諍好惡罪福實故語以得義義非語也如人以指指月以示惑者惑者視指而不視月人語之言我以指指月令汝知之汝何看指而不視月此亦如是語為義指

語非義也是以故不應依語依智者能籌量分別善惡識常求樂不入正要是故言不應依識依了義經者有一切智人佛第一一切諸經書中佛法第一一切衆生中比丘僧第一布施得大富持戒得生天如是等是了義經如說法師說法有五種利一者大富二者人所愛三者端正四者名聲五者後得涅槃是為未了義云何未了施得大富是為了了可解說法无財施而言得富得富者說法人種種讚施破人慳心亦自除慳以是因緣得富是故言未了是多持經方便說非實義是經中佛雖言世无二佛俱出不言一切十方世界雖言世无一轉輪聖王亦不言一切三千大千世界无但言四天下世界中无二轉輪聖王作福清淨故獨王一世無諸惡敵若有二王不名清淨雖佛无嫉妬心然以行業世世清淨故亦不一世界有二佛出百億須弥山百億日月名為三千大千世界如是十方恒河沙三千大千世界是名為一佛世

界是中更无餘佛實一釋迦牟尼佛是一佛世界中常化作諸佛種種法門種種身種種因緣種種方便以度衆生以是故多持經中一時一世界无二佛不言十方无佛復次如汝言佛言一事難值是佛世尊又言九十一劫三劫有佛餘劫皆空无佛甚可憐愍佛為此重罪不種見佛善根人說言佛世難值如優曇波羅樹華時時一有如是罪人輪轉三惡道或在人天中佛出世時其人不見如說舍衛城中九億家三億家眼見佛三億家耳聞有佛而眼不見三億家不聞不見佛在舍衛二十五年而此衆生不聞不見何況遠者復次佛與阿難入舍衛城乞食是時有一貧老母立在道頭阿難白佛此人可愍佛應當度佛語阿難是无因緣阿難言佛往近之此人見佛相好光明發歡喜心為作因緣佛往近之迴身背佛佛從四邊往便四向背佛仰面上向佛從上來伍頭下向佛從地出兩手覆眼不肯視佛佛語阿難復欲作何因緣

有如是人无度因緣不得見佛以是故佛言阿難佛難得值如優曇波羅樹華辟如水雨雖多處處易得餓鬼常渴不能得飲汝言九十一劫三劫有佛為一佛世界故不為一切餘諸世界是處劫空无有佛出甚可憐愍者亦是此間一佛世界非為一切餘諸世界也以是故知有十方佛復次聲聞法中有十方佛汝自不解如雜阿含經中說辟如大雨連注渧渧无間不可知數諸世界亦如是我見東方无量世界有成有住有壞其數甚多不可分別如是乃至十方是十方世界中无量衆生有三種身苦老病死三種心苦婬瞋癡三種後世苦地獄餓鬼畜生一切世界皆有三種人下中上下人著現世樂中人求後世樂上人求道有慈悲心憐愍衆生有因緣云何无果報佛言若無老病死佛不出世是人見老病死苦惱衆生心中作願我當作佛以度脫之拔其心病齊後世苦如是十方世界皆有佛出因緣何以故獨言此間有佛餘處无

耶辟如有人言有木無火有濕地而无水是不可信佛亦如是衆生身有老病死苦心有婬瞋癡病佛為斷此三苦令得三乘故出世一切世界中皆有此苦云何无佛復次盲人无量而言唯須一醫此亦不然以是故應更有十方佛復次長阿含中有經言有鬼神王守北方與衆多百千万鬼神後夜到佛所頭面礼佛足一面住放清淨光普照祇桓皆令大明合掌讚佛說此二偈

大精進人我歸命　佛二足中尊最上
智慧眼人能知見　諸天不解此慧事
過去未來今諸佛　一切我皆稽首礼
如是我今歸命佛　亦如恭敬三世尊

如是偈中有十方佛鬼神王稽首三世佛然後別歸命釋迦牟尼佛若无十方現在佛當應但歸命釋迦文尼佛不應言過去未來現在諸佛是故知有十方佛復次過去世有無量佛未来世亦有無量佛以是故現在亦應有无量佛復次若佛於聲聞法中言有十方无數無量佛衆生當言佛

易可遇不勤求脫若不值此佛當遇彼佛如是懈怠不勤求度譬如鹿未被箭時不知怖畏既被箭已跳圍而出人亦如是有老病死苦聞唯有一佛甚難可遇心便怖畏勤行精進疾得度苦以是故佛於聲聞法中不言有十方佛亦不言无若有十方佛汝言无得無限罪若无十方佛而我言有生无量佛想得恭敬福所以者何善心因緣福德力大故譬如慈心三昧力觀一切衆生皆見受樂雖无實益以慈觀故是人得无量福十方佛想亦復如是若實有十方佛而言无得破十方佛无量重罪何以故破實事故肉眼人俱是不知但心信言有其福无量若實有而意謂无其罪甚重人自用心尚應信有何況佛自說摩訶衍中言實有十方佛而不信耶問曰若有十方无量諸佛及諸菩薩今此衆生多墮三惡道中何以不來荅曰衆生罪重故諸佛菩薩雖來不見又法身佛常放光明常說法而以罪故不見不聞譬如日出盲者不見

雷霆振地聾者不聞如是法身常放光明常說法衆生有无量劫罪垢厚重不見不聞如明鏡淨水照面則見垢翳不淨則無所見如是衆生心清淨則見佛若心不淨則不見佛今雖實有十方佛及諸菩薩來度衆生而不得見復次如釋迦牟尼佛在閻浮提中生在迦毗羅國多遊行東天竺六大城有時飛到南天竺億耳居士舍受供養有時暫來北天竺月氏國降阿波羅龍王又至月氏國西降女羅剎佛在彼石窟中一宿于今佛影猶在有人就內看之則不見出孔遙觀光明如佛有時暫飛至罽賓隸跋陁仙人山上住虛空中降此仙人仙人言我樂住此中願佛與我佛髮佛爪起塔供養塔于今現在（此山下有離越寺離越應云隸跋陁）人與佛同國而生猶不遍見何況異處以是故不可以不見十方佛故而言无也復次弥勒菩薩有大慈悲而在天宮不來此間可以不來故便謂无弥勒耶弥勒近而不來不以為恠十方佛遠何足恠也復次十方佛

不來者以衆生罪垢深重不種見佛功德是故不來復次佛知一切衆生善根熟結使薄然後来度如說

諸佛先觀知有人　一切方便不可度
或有難度或易化　或復有遲或有疾
或以光明或神足　種種因緣度衆生
有欲作逆佛愍除　或欲作逆佛不遮
剛强難化用麁言　心柔易度用軟言
雖有慈悲平等心　知時智慧用方便

以是故十方佛雖不來不應言無復次佛智慧力方便神通舍利弗等大阿羅漢大菩薩弥勒等尚不能知何況凡人復次諸佛大菩薩有時衆生恐懼急難一心念或時來度之如大月氏西佛肉髻住處國一佛圖中有人癩風病來至遍吉菩薩像邊一心自歸念遍吉菩薩功德願除此病是時遍吉菩薩像即以大手寶衆光明摩其身病即除愈復一國中有一阿蘭若比丘大讀摩訶衍其國王常布髮令蹈上而過有比丘語王言此人摩訶羅不多讀經何以大供養如是王言我一日夜半欲見此比丘即往到

其住處見此比丘在窟中讀法華經見一金色光明人騎白象合手供養我轉近便滅我即問大德以我來故金色光明人滅比丘言此即遍吉菩薩遍吉菩薩自言若有人誦讀法華經者我當乘白象來教道之我誦法華經故遍吉自來（遍吉法華經名為普賢）復有一國有一比丘誦阿弥陁佛經及摩訶般若波羅蜜是人欲死時語弟子言阿弥陁佛與彼大衆俱來即時動身自歸須臾命終命終之後弟子積薪燒之明日灰中見舌不燒誦阿弥陁佛經故見佛自來誦般若波羅蜜故舌不可燒此皆今世現事如經中說諸佛菩薩來者甚多如是處處有人罪垢結薄一心念佛信淨不疑必得見佛終不虛也以是諸因緣故知實有十方佛尒時彼世界有菩薩名曰普明者菩薩義如讚菩薩品中已說問曰云何名普明答曰其明常照一切世界是故名普明見此大光見地大動又見佛身到寶積佛所白佛言世尊今何因緣有此光明照於世

間地大震動又見佛身者地動佛身光明如先說問曰是普明菩薩於諸菩薩中最尊第一應自知因緣何以問佛答曰普明菩薩大不能知諸佛智慧神力辟如月光雖大日出則滅以是故問佛復次菩薩常欲見佛心无猒足無因緣尚欲見佛何況有大因緣復次是事不應疑辟如犢子隨母未足怪也又如小王朝宗大王法應尒故諸大菩薩亦如是得利大故常欲隨佛是菩薩見是事心即覺知是必大事見无數無量世界皆得相見以是故問復次有人言是菩薩自有神力能知亦是釋迦牟尼佛力令知但為諸小菩薩不知故問佛諸小菩薩怖難未除不能問佛是故為之發問是普明菩薩發其世界與諸小男子小女人俱以是故知不能問佛辟如大象能㧗大樹令諸小象得食華菓是故問佛大德何因何緣有此大光明大地動見佛身

大智度論卷第九

大智度論卷第九

校勘記

一　底本，金藏廣勝寺本。

一　二五四頁中一行經名，石無（未換卷）；資、磧、普、南、徑、清作「大智度論卷第九」。

一　二五四頁中三行與四行之間，資有「釋初品中現普身第十五」；磧、普、南、徑、清有「釋初品中現普身」。

一　二五四頁中四行首字「尒」，石、磧、普、南、徑、清、麗冠以〔經〕。

一　二五四頁中八行第四字「問」，石、磧、普、南、徑、清、麗冠以〔論〕。

一　二五四頁下九行「婆羅」，諸本作「婆羅門」。

一　二五四頁下一四行第三字「諸」，石、麗作「諸佛」。

一　二五四頁下一六行「生人」，資、磧、普、南、徑、清作「生有」。

一　二五五頁上六行「十方」，石、麗作

「十方世界」。

一　二五五頁中四行「供養」，資、磧、普、南、徑、清作「供養佛」。

一　二五五頁中五行末字「鞊」，諸本作「詰」，下同。

一　二五五頁中九行第八字「門」，石、資、磧、普、南、徑、清作「門下」。

一　二五五頁中一〇行「持鉢」，資、磧、普、南、徑、清作「持佛鉢」。

一　二五五頁下六行「皆亦」，石作「亦皆」。

一　二五五頁下八行「巍巍」，至此石卷第十終，卷第十一始，且有品名「摩訶般若波羅蜜經釋初品中放光義之餘」。

一　二五五頁下九行首字「尒」，石、磧、普、南、徑、清、麗冠以「經」。

一　二五五頁下一五行第八字「華」，石、磧、普、南、徑、清、麗作「葉」。

一　二五五頁下一五行末字「問」，石、磧、普、南、徑、清、麗冠以「論」。

一　二五五頁下一七行第三字「中」，石無。

一　二五五頁下末行末字「是」，資、磧、普、南、徑、清作「時」。

一　二五六頁上一六行第二字「第」，磧、普、南、徑、清無。

一　二五六頁中六行第五字「梵」，諸本作「梵天」。

一　二五六頁中一五行第四字「間」，資、磧、普、南、徑、清無。

一　二五六頁中一六行第六字「生」，諸本作「主」。

一　二五六頁中二一行第一二字「化」，諸本作「自化」。

一　二五六頁中末行「三十三」，諸本作「三十三天」。

一　二五七頁上三行第九字「爲」，石無。

一　二五七頁上四行第一二字「是」，石、磧、普、南、徑、清、麗冠以「經」。

一　二五七頁上五行「問曰」，石、磧、普、南、徑、清、麗冠以「論」。

一　二五七頁上九行末字「所」，石、磧、普、南、徑、清、麗冠以「經」。

一　二五七頁上一一行「問曰」，石、磧、普、南、徑、清、麗冠以「論」。

一　二五七頁上一六行「是華臺邊」，石、磧、普、南、徑、清、麗冠以「經」。其中「邊」，資、磧、普、南、徑、清作「四邊」。

一　二五七頁上一八行「問曰」，石、磧、普、南、徑、清、麗冠以「論」。

一　二五七頁上二二行「大得」，石、麗作「得大」。

一　二五七頁上二二行「以是」，石、磧、普、南、徑、清、麗冠以「經」。

一　二五七頁中一行「有人」，石、磧、普、南、徑、清、麗冠以「論」。

一　二五七頁中五行、一八行及二六二頁上一八行「尒時」，石、磧、普、南、徑、清、麗冠以「經」。

一　二五七頁中七行「問曰」，石、磧、普、南、徑、清、麗冠以「論」。

一　二五七頁中一八行「笑光」，石、麗作「光從口出」。

一 二五七頁中二〇行末字至二一行第二字「恒河沙」，石作「如恒河沙等」；磧、普、南、徑、清作「如恒河沙」。

一 二五七頁中二一行「恒河沙」，石、磧、普、南、徑、清作「如恒河沙」。

一 二五七頁中二二行第四字「皆」，石、麗作「亦」。

一 二五七頁下一行「問曰」，石、磧、普、南、徑、清、麗冠以〔論〕。

一 二五七頁下二行「以何故復放斯光」，石作「何以故復放斯光明」。

一 二五七頁下一二行「餘處」，石、麗無。

一 二五七頁下一九行「神力」，石、麗作「神力故」。

一 二五七頁下二〇行末字「笑」，諸本作「笑笑」。

一 二五八頁上四行品名，石作「摩訶般若波羅蜜經釋初品中十方菩薩來義第十五之一」；資作「大智度論釋初品中十方諸菩薩來第十六」；磧、普、南作「大智度論釋初品中十方諸菩薩來」；徑、清作「釋初品中十方諸菩薩來」。

一 二五八頁上五行「是時」，石、磧、普、南、徑、清、麗冠以〔經〕。

一 二五八頁上八行「問曰」，石、磧、普、南、徑、清、麗冠以〔論〕。

一 二五八頁中一六行第一三字至一七行第三字「舊名錠光佛」，麗作夾註「丹注云舊名定光佛也」。

一 二五八頁下八行「三千」，石、麗作「照三千」。

一 二五八頁下一一行第五字「莖」，石、麗作「色」。

一 二五八頁下一六行小字「一一諸寶座座各有坐佛」，石、資、磧、普、南、徑、清作正文；麗作正文「座各有坐佛」。

一 二五九頁上四行第一〇字「法」，麗作「行」。

一 二五九頁上六行末字「害」，資、磧、普、南、徑、清作「苦」。

一 二五九頁上七行第一〇字「藥」，資、磧、普、南、徑、清、麗作「樂」。

一 二五九頁上二〇行第四字「一」，磧、普、南、徑、清無。

一 二五九頁上二〇行第八字「佛」，磧、普、南、徑、清、麗作「是佛」。

一 二五九頁中一三行第四字「世」，諸本作「一世」。

一 二五九頁中一九行末字「實」，諸本作「虛實」。

一 二五九頁中二二行末字「何」，石作「何以」。

一 二五九頁下一行「是以」，石作「以是」。

一 二五九頁下二行首字「能」，諸本作「智能」。

一 二五九頁下五行第七字「生」，磧、普、南、徑、清無。

一 二五九頁下一六行首字「一」，諸本作「二」。

一 二五九頁下一九行首字「惡」，諸本作「怨」。

一　二五九頁下末行第二字「沙」，石、麗作「沙等」。

一　二六〇頁上一四行「舍衛」，石、麗作「舍衛國」。

一　二六〇頁上一八行第六字「是」，石、麗作「是人」。

一　二六〇頁中二行「阿難」，麗無。

一　二六一頁上三行「跳圍」，資、磧、普、南、徑、清、麗作「踔圍」。

一　二六一頁上一五行「俱是」，諸本作「雖俱」。

一　二六一頁上一六行第七字「有」，資、磧、普、南、徑、清作「有佛」。

一　二六一頁中一一行第四字「羅」，石、資、磧、普、南、徑、清作「羅羅」。

一　二六一頁中一四行「光明」，石、麗作「光相」；資、磧、普、南、徑、清作「光明相」。

一　二六一頁中一七行「現在」，諸本作「現存」。

一　二六一頁下一三行「凡人」，石作「凡夫」。

一　二六一頁下一八行「大手」，諸本作「右手」。

一　二六一頁下二一行第七字「有」，石、麗作「有一」。

一　二六二頁上二行「合手」，資、磧、普、南、徑、清作「合掌」。

一　二六二頁上七行末字「有」，資、磧、普、南、徑、清無。

一　二六二頁上一八行「世界」，石作「國」。

一　二六二頁上一九行第四字、中一行第一〇字「者」，石、磧、普、南、徑、清、麗作「論」。

一　二六二頁上二一行「見此」，石、磧、普、南、徑、清、麗冠以「經」。

一　二六二頁中四行「普明菩薩大」，諸本作「是普明菩薩雖大」。

一　二六二頁中一九行第六字「擗」，資、磧、普、南、徑、清作「躃」。

一　二六二頁中二〇行首字「華」，諸本作「枝」。

一　二六二頁中二一行「大地動見」，石、麗作「地大震動又見」；資、磧、普、南、徑、清作「大地震動又見」。

大智度初品中十方菩薩來釋論第十五之餘 卷第十 作

龍樹菩薩造

後秦龜茲國三藏法師鳩摩羅什奉 詔譯

寶積佛報普明言善男子西方度如恒河沙等世界有世界名娑婆是中有佛号釋迦牟尼今現在欲為諸菩薩摩訶薩説般若波羅蜜是其神力

問曰佛辟如須弥山不為大海水波所動今何以荅普明是則動相攝心則无語散心則有説説法從覺觀生覺觀麁事佛不應有此麁事

荅曰佛雖入深禪定不為世事所動今以大慈悲心憐愍衆生為之説法斷疑如須弥山王小風則不能動若隨藍風至則大動散佛亦如是有大慈悲風来憐愍心動散身无數入五道教化衆生或作天身乃至畜生復次佛實不動常入禪定先世福德因緣故身邊出聲應物如響如天伎樂自然發聲又如摩尼珠隨人所欲種種與之若欲衣被飲食音樂自恣所須自然皆得佛亦如是從其身邊諸毛孔中自然有聲隨心説法是中佛无憶想亦无分別如説密迹金剛經中佛有三密身密語密意密一切諸天人皆不解不知有一會衆生或見佛身黄金色白銀色諸雜寶色有人見佛身一丈六尺或見一里十里百千万億乃至無邊無量遍虚空中如是等名身密語密者有人聞佛聲一里有聞十里百千万億无數无量遍虚空中有一會中或聞説布施或有聞説持戒或聞説忍辱精進禪定智慧如是乃至十二部經八万法聚各各隨心所聞是名語密是時目連心念欲知佛聲近遠即時以己神足力去无量千万億佛世界而息聞佛音聲如近不異所息世界其佛與大衆方食彼土人大目連立其鉢緣彼佛弟子問其佛言此人頭虫從何所来著沙門被服而行其佛報言勿輕此人此是東方過无量佛界有佛名釋迦牟尼此是彼佛神足弟子彼佛問自伽路子度汝何以来此目連荅言我尋佛音聲故来至此彼佛告目連

汝尋佛聲過无量億劫不能得其邊際復次佛出世為斷衆生疑故為說法此不應難如不應問日何以除闇佛亦如是不應問佛何以故荅善男子西方去此度如恒河沙等國有世界名娑婆是中有佛号釋迦牟尼今現在欲為諸菩薩摩訶薩說般若波羅蜜是其神力問曰諸佛等故名為等覺今何以稱言是彼神力荅曰示无吾我彼此嫉妬故復次世界有天常求尊勝憍慢法故自言天見人物是我化作如梵天王謂諸梵言我作汝等毗細天言世間有大富貴名聞人皆是我身威徳力分我能成就世間亦能破壞世間世間成壞皆是我作有如是天破因緣法相諸佛實語不破因緣法相故言是彼佛神力是時普明菩薩白寶積佛言世尊我今當往見釋迦牟尼佛礼拜供養及見彼諸菩薩摩訶薩紹尊位者皆得陁羅尼及諸三昧於諸三昧而得自在問日若諸佛持戒禪定智慧度人皆等是普明菩薩何以欲来見釋迦牟尼佛荅曰諸菩薩常欲見佛无猒足聽法无猒足見諸菩薩僧无猒足諸菩薩於世間法皆以猒患於上三事心无猒足如手居

士從淨居天来欲見佛其身微細没夫辟如消酥不得立地佛語手居士汝化作麁身觀此地相居士即如佛言化作麁身觀念此地相頭面礼佛足一面立佛問居士汝幾事无猒生淨居天荅言三事无猒生淨居天一見諸佛供養无猒二聽法无猒三供給僧无猒如佛在閻浮提四部衆常隨逐佛聽法問法是我淨居諸天亦常從我聽法問法聲聞猶尚聽法无猒足何况法性身菩薩以是故普明菩薩来見釋迦牟尼佛及見此閒諸菩薩摩訶薩紹尊位者皆得陁羅尼及諸三昧如先讃菩薩品中說於諸三昧而得自在者問曰如佛一人一切三昧中得自在何以言菩薩亦一切三昧中得自在荅曰有二種三昧一者佛三昧二者菩薩三昧是諸菩薩於菩薩三昧中得自在非佛三昧中如說諸佛要集經中文殊尸利欲見佛集不能得到諸佛各還本處文殊尸利到諸佛集處有一女人近彼佛坐入三昧文殊尸利入礼佛足已

白佛言云何此女人得近佛坐而我不得佛告文殊尸利汝覺此女人令從三昧起汝自問之文殊尸利即彈指覺之而不可覺以大聲喚亦不可覺捉手牽亦不可覺又以神足動三千大千世界猶亦不覺文殊尸利白佛言世尊我不能令覺是時佛放大光明照下方世界是中有一菩薩名棄諸蓋即時從下方出来到佛所頭面礼佛足一面立佛告棄諸蓋菩薩汝覺此女人即時彈指此女從三昧起文殊尸利白佛以何因緣我動三千大千世界不能令此女起棄諸蓋菩薩一彈指便從三昧起佛告文殊尸利汝因此女人初發阿耨多羅三藐三菩提意是女人因棄諸蓋菩薩初發阿耨多羅三藐三菩提意以是故汝不能令覺汝於諸佛三昧中功德未滿是棄諸蓋菩薩三昧中得自在佛三昧中少多入而未得自在故耳佛告普明欲往隨意宜知是時尒時寶積佛以千葉金色蓮華與普明菩薩而告之曰善男子汝以此華散釋

迦牟尼佛上生彼娑婆世界諸菩薩難勝難及汝當一心遊彼世界問曰佛何以言欲往隨意宜知是時答曰佛於弟子愛斷故於弟子中心不著故復次是菩薩未得一切智未得佛眼故心中少多有疑謂釋迦牟尼佛功德大所益或勝是故語言欲往隨意復次是菩薩遥見釋迦牟尼佛身小心生小慢言彼佛不如是故佛語汝往莫觀佛身勿念世界但聽佛說法復次是世界雖娑婆界極遠寂在東邊是菩薩聞釋迦牟尼佛所說諸法相與寶積佛說諸法相正同便言世界雖遠法相不異增益大信心轉堅固復次先世因緣故雖遠處生應來聽法辟如繩繫雀脚雖復遠飛攝之則還復次是娑婆世界中菩薩見普明遠來聽法便作是念彼從遠來況我生此世界中而不聽法如是種種因緣是故佛言欲往隨意宜知是時問曰諸佛力等更不求福何故以華為信答曰隨世間法行故如二國王力勢雖同亦相贈遺復次示善軟

心故以華為信世間法中使從遠來必應有信佛隨世法是故致信復次諸佛恭敬法故供養於法以法為師何以故三世諸佛皆以諸法實相為師問曰何以不自供養身中法而供養他法答曰隨世間法如比丘欲供養法寶不自供養身中法而供養餘持法知法解法者佛亦如是雖身中有法而供養餘佛法問曰如佛不求福德何以故供養答曰佛從无量阿僧祇劫中修諸功德常行諸善不但求報敬功德故而作供養如佛在時有一盲比丘眼無所見而以手縫衣時針紝脫便言誰愛福德為我紝針是時佛到其所語比丘我是愛福德人為汝紝針来是比丘識佛聲疾起著衣礼佛足白佛言佛功德已滿云何言愛福德佛報言我雖功德已滿我深知功德恩功德果報功德力令我於一切衆生中得寂第一由此功德是故我愛佛為此比丘讚功德已次為隨意說法是比丘得法眼淨肉眼更明復次佛雖功德已滿更无所

須為教化弟子故語之言我尚作功德汝云何不作如伎家百歲老翁而舞有人呵之言老翁年已百歲何用是舞翁答我不須舞但欲教子孫故耳佛亦如是功德雖滿為教弟子作功德故而作供養問曰若尒者佛何以不自遥散釋迦牟尼佛上而遣人供養答曰為此間諸菩薩信普明故復次佛所遣使水火兵毒百千種害終不能傷道里懸遠欲令安隱故問曰何故不以好寶深經若佛菩薩寶（言此寶諸天所不見能出種種妙物如摩尼珠寶故曰名佛寶）為信而以蓮華蓮華小物何足為信答曰佛不須物佛寶天寶尚亦不須何況人寶以不須故不遣亦以佛自等有故不遣深經亦尒復次諸經於佛則无甚深甚深之稱出自凡人凡人所疑於佛无㝵凡人所難佛皆易之復次華香清妙宜為供養如人獻贈必以異物問曰何故正以蓮華不以餘物答曰供養唯以華香幡蓋華有二事有色有香問曰餘華亦有香有色何故唯以蓮華供養答曰如華手經中說

十方佛皆以華供養釋迦文佛復次蓮華有三種一者人華二者天華三者菩薩華人華大蓮華十餘葉天華百葉菩薩華千葉彼世界中多有金色光明千葉蓮華娑婆世界中雖有化華千葉无水生者以是故遣是蓮華千葉金色如上舌相中說問曰佛何以令普明以華散佛上荅曰供養法華香幡蓋幡蓋應上乾香應燒濕香應塗地末香及華應散問曰何以不供奉而已而自散上荅曰自手供養是身業軟言問訊是口業能起身口業是意業是三業得功德牢固與佛道作因緣問曰何以言汝當一心敬慎娑婆世界中諸菩薩難及難勝荅曰佛辟支佛阿羅漢一切諸賢聖皆一心敬慎魔若魔民及內身結使種種先世罪報皆是賊近此諸賊故應心敬慎譬如入賊中行不自慎護為賊所得以是故言一心敬慎以遊彼界復次以人心多散如狂如醉一心敬慎則是諸功德初門攝心得禪便得實智慧得實智慧便得解脫得

解脫便得盡苦如是事皆從一心得如佛般涅槃後百一歲有一比丘名憂波毱得六神通阿羅漢當尒時世為閻浮提大導師彼時有一比丘尼年百二十歲此比丘尼年小時見佛憂波毱來入其舍欲問佛容儀先遣弟子弟子語比丘尼我大師憂波毱欲來見汝問佛容儀是時比丘尼以鉢盛滿麻油著戶扇下試之知其威儀詳審以不憂波毱入徐排戶扇麻油小棄坐已問比丘尼汝見佛不容儀何似為我說之比丘尼荅我尒時年小見佛來入聚落衆人言佛來我亦隨衆人出見光明便禮頭上金釵墮地在大闇林下佛光明照之幽隱皆見即時得釵我自是後乃作比丘尼憂波毱更問佛在世時比丘威儀礼法何如荅曰佛在時六羣比丘無羞无恥最是弊惡威儀法則勝汝今日何以知之六羣比丘入戶不令油棄此雖弊惡知比丘儀法行住坐卧不失法則汝雖是六神通阿羅漢不如彼也憂波毱聞是語大自慙愧以

是故言一心敬慎一心敬慎善人相也復次何以故言一心敬慎是菩薩難勝難及難破難近譬如大師子王難勝難破亦如白象王及龍王如大火焰皆難可近是菩薩大福德智慧力故若人欲勝欲破是不可得正可自破是故言難近問曰一切大菩薩皆大功德智慧利根一切難近何以獨言娑婆世界中菩薩難近荅曰實如所言但以多寶世界中菩薩遠來見此世界不如石沙穢惡菩薩身小一切衆事皆亦不如必生輕慢是故佛言一心敬慎彼諸菩薩難近復次樂處生人多不勇猛不聰明少智慧如欝怛羅越人以大樂故无出家無受戒諸天中亦尒是娑婆世界中是樂因緣少有三惡道老病死土地自活法難以是故易得猒心見老病死至心大猒見貧窮人知先世因緣所致心生大猒以是故智慧根利彼間菩薩七寶世界種種寶樹心念飲食應意即得如是生猒心難是故智慧不能大利譬如利刀著好飲食中

刀便生垢飲食雖好而與刀不相宜若以石磨之脂灰瑩治垢除刀利是菩薩亦如是生雜世界中利智難近如人少小勤苦多有所能亦多有所堪又如養馬不乘則无所任復次是娑婆世界中菩薩多方便故難近餘處不尒如佛說我自憶念宿世一日施人千命度衆生故雖諸功德六波羅蜜一切佛事具足而不作佛恒以方便度脫衆生以是事故是娑婆世界中菩薩難近

尒時普明菩薩從寶積佛受千葉金色蓮花與无數出家在家菩薩及諸童男童女俱共發引問曰是普明菩薩大力神通故應能來是出家在家菩薩及童男童女云何自致多寶世界㝡在東邊道里攸遠是自用力行為寶積佛力是普明菩薩力耶為釋迦牟尼佛力荅曰盡是四種人力是出家居家菩薩或是不退五通成就菩薩四如意足好修先世釋迦牟尼佛因緣亦自用己力亦是普明菩薩力何以故是中力勢薄者是普明菩

薩力故得來如轉輪聖王飛上天時四種兵及諸宮觀畜獸一切皆飛轉輪聖王功德大故能令一切隨而飛從此亦如是力勢薄者以普明菩薩力故皆亦得來亦是寶積佛力及釋迦牟尼光明照之若自无力但釋迦牟尼佛光明照之亦應能來何況有三問曰是普明菩薩何不獨來而多將衆人荅曰翼從所宜故譬如國王出時必有營從復次是普明菩薩及釋迦牟尼佛因緣人故所以者何彼大衆中二衆共來是故知有因緣者來无因緣者住問曰是菩薩何以故與諸在家出家童男童女俱來荅曰佛弟子七衆比丘比丘尼學戒尼沙弥沙弥尼優婆塞優婆夷優婆塞優婆夷是居家餘五衆是出家出家在家中更有二種若大若小小者童男童女餘者為大問曰大者應行小者何以能來荅曰在功德不在大小若失功德利行不善法雖老而小若有功德利行善法雖小而大復次見此小者遠來人見則歎小而能尒為法

遠來亦顯佛法小大皆得奉行外道法中婆羅門得行其法非婆羅門不得行佛法無大无小無內無外一切皆得修行譬如服藥以除病為主不擇貴賤大小皆供養恭敬尊重讚歎

東方諸佛問曰若皆供養東方諸佛諸佛甚多何時當訖得來此間荅曰是諸菩薩非作人天法供養自行菩薩供養法菩薩供養法身入禪定其身直進從其身邊出无量身化作種種供養之物滿諸佛世界譬如龍王行時從身出水普雨天下問曰此諸菩薩欲詣釋迦牟尼佛何以中道供養諸佛荅曰諸佛第一福田若供養者得大果報譬如人廣修田業為多得穀故諸菩薩見諸佛供養得佛果報是故供養復次菩薩常敬重於佛如人敬重父母諸菩薩蒙佛說法得種種三昧種種陁羅尼種種神力知恩故廣供養如法華經中藥王菩薩從佛得一切變現色身三昧作是思惟我當云何供養佛及法華三昧即時飛到天上以三昧力雨七寶華香

幡蓋供養於佛出三昧已意猶不足於千二百歲服食衆香飲諸香油然後以天白疊纏身而燒自作誓言使我身光明照八十恒河沙等佛世界是八十恒河沙等世界中諸佛讚言善哉善哉善男子以身供養是為第一勝以國城妻子供養百千万倍不可以辟喻為比於千二百歲身然不滅復次是供養佛得无量名聞福德利益諸不善事皆悉滅除諸善根得增長今世後世常得供養報久後得作佛如是供養佛得種種无量利以是故諸菩薩供養佛持諸華香瓔珞末香澤香燒香塗香衣服幢蓋向釋迦牟尼佛所到已頭面礼佛足一面立問曰應言礼何以名頭面礼足荅曰人身中第一貴者頭五情所著而最在上故足第一賤履不淨處最在下故是故以所貴礼所賤貴重供養故復次有下中上礼下者揖中者跪上者稽首頭面礼足是上供養以是故佛毗尼中下坐比丘兩手捉上坐兩足以頭面礼問曰四種身儀若坐

若立若行若卧何以故一面立荅曰為來故不應行為恭敬供養故不應卧此事易明何足問耶應問或坐或立坐者於供養不重立者恭敬供養法復次佛法中諸外道出家及一切白衣來到佛所皆坐外道他法輕佛故坐白衣如客是故坐一切五衆身心屬佛是故立若得道諸阿羅漢如舍利弗目連須菩提等所作已辦是故聽坐餘雖得三道亦不聽坐大事未辦結賊未破故辟如王臣大有功勲故得坐是諸菩薩中雖有白衣以從遠來供養佛故立白佛言寶積如來致問世尊少惱少患興居輕利氣力安樂不又以此千葉金色蓮華供養世尊問曰寶積佛一切智何以方問訊釋迦牟尼佛少惱少患興居輕利氣力安樂不荅曰諸佛法尒知而故問如毗尼中達膩迦比丘作赤色瓦窟佛見已知而問阿難此作何物阿難白佛是陶家子出家字達膩迦作小草舍常為放牛人所壞三作三破是故作此瓦舍佛語阿難破此瓦

窟何以故外道輩當言佛大師在時漏處法出如是等處處知而故問復次佛雖一切智隨世界法世人問訊佛亦問訊佛人中生受人法寒熱生死與人等問訊法亦應等復次世界中大貴大賤不應相問訊佛等力故應相問訊復次是多寶世界清淨莊嚴佛身色像光明亦大若不問訊人謂輕慢又復欲示佛世界身色光明種種雖勝智慧神力俱等无異是故問訊問曰何以問少惱少病不荅曰有二種病一者外因緣病二者內因緣病外者寒熱飢渴兵刃刀杖墜落搥押如是等種種外患名為惱內者飲食不節卧起无常四百四病如是等種種名為內病如此二病有身皆苦是故問少惱少患不問曰何以不問无惱無病而問少惱少患荅曰聖人實知身為苦本無不病時何以故是四大合而為身地水火風性不相宜各各相害辟如疽瘡無不痛時若以藥塗可得少差而不可愈人身亦如是常病常治治故得活不治則死

以是故不得問无惱无病外患常有風雨寒熱為惱故復有身四儀坐卧行住久坐則極惱久卧久住久行皆惱以是故問少惱少患問曰問少惱少患則足何以復言興居輕利答曰人雖病差未得平復以是故問興居輕利問曰何以故言氣力安樂不答曰有人病差雖能行步坐起氣力未足不能造事施為携輕舉重故問氣力有人雖病得差能舉重携輕而未受安樂是故問安樂不問曰若無病有力何以未受安樂答曰有人貧窮恐怖憂愁不得安樂以是故問得安樂不復次有二種問訊法問訊身問訊心若言少惱少病興居輕利氣力是問訊身若言安樂不是問訊心種種内外諸病名為身病婬欲瞋恚嫉妬慳貪憂愁怖畏等種種煩惱九十八結五百纏種種欲願等名為心病是二病問訊故言少惱少病興居輕利氣力安樂不問曰人問訊則應尒諸天尚不應如此問訊何況於佛答曰佛身二種一神通變化身二父母

生身父母生身受人法故不如天是故應如人法問訊問曰一切賢聖心无所著不貪身不惜壽不惡死不悦生若如是者何用問訊答曰隨世界法故受人法問訊遣問訊亦以人法千葉金色蓮華如上說

尒時釋迦牟尼佛受是千葉金色蓮華已散東方恒河沙等世界中佛問曰佛无勝如今何以故向東方諸佛散華供養如佛初得道時自念人無所尊則事業不成今十方天地誰可尊事者我欲師而事之是時梵天王等諸天白佛佛為无上無過佛者佛亦自以天眼觀三世十方天地中无勝佛者心自念言我行摩訶般若波羅蜜今自致作佛是我所尊即是我師我當恭敬供養尊事是法譬如有樹名為好堅是樹在地中百歲枝葉具足一日出生高百丈是樹出已欲求大樹以蔭其身是時林中有神語好堅樹言世中无大汝者諸樹皆當在汝蔭中佛亦如是無量阿僧祇劫在菩薩地中生一日於菩提樹下金

剛座處坐實知一切諸法相得成佛道是時自念誰可尊事以為師者我當承事恭敬供養時梵天王等諸天白佛言佛為无上無過佛者今何以故復供養東方諸佛答曰佛雖无上三世十方天地中無過佛者而行供養供養有上中下下於已者而供養之是下供養供養勝已是上供養供養與已等者是中供養諸佛供養是中供養如大愛道比丘尼與五百阿羅漢比丘尼等一日中一時入涅槃是時諸得三道優婆塞舉五百牀四天王舉佛乳母大愛道牀佛自在前擎香鑪燒香供養佛語比丘汝等助我供養乳母身尒時諸阿羅漢比丘各各以神足力到摩梨山上取牛頭栴檀香薪助佛作積是為下供養以是故雖不求果而行等供養復次唯佛應供養佛餘人不知佛德如偈說

智人能敬智　智論則智喜　智人能知智
如虵知虵足

以是故諸佛一切智能供養一切智復次是十方佛世世勸助釋迦牟尼

佛如七住菩薩觀諸法空无所有不生不滅如是觀已於一切世界中心不著欲放捨六波羅蜜入涅槃辟如人夢中作栰渡大河水手足疲勞生患猒想在中流中夢覺自念言何許有河而可渡者是時勤心都放菩薩亦如是立七住中得無生法忍心行皆止欲入涅槃尒時十方諸佛皆放光明照菩薩身以右手摩其頭語言善男子勿生此心汝當念汝本願欲度衆生汝雖知空衆生不解汝當集諸功德教化衆生共入涅槃汝未得金色身三十二相八十種隨形好无量光明三十二業汝今始得一无生法門莫便大喜是時菩薩聞諸佛教誨還生本心行六波羅蜜以渡衆生如是等初得佛道時得是佐助又佛初得道時心自思惟是法甚深衆生愚蒙薄福我亦五惡世生今當云何念已我當於一法中作三分分為三乘以渡衆生作是思惟時十方諸佛皆現光明讃言善哉善哉我等亦在五惡世中分一法作三分以度衆生

是時佛聞十方諸佛語聲即大歡喜稱言南无佛如是十方佛處處勸助為作大利知恩重故以華供養十方佛最上福德无過此德何以故是華寶積佛功德力所生非是水生華普明是十住法身菩薩送此華来上釋迦牟尼佛釋迦牟尼佛知十方佛是第一福田故以供養是福倍多何以故佛自供養佛故佛法中有四種布施一施者清淨受者不淨二施者不淨受者清淨三施者清淨受者亦淨四施者不淨受者不淨今施東方諸佛是為二俱清淨是福最大以是故佛自供養十方佛問曰一切聖人不受報果後更不生云何言是施福最大荅曰是福雖无人受其福相自大若有人受者其報无量諸聖人知有為法皆无常空故捨入涅槃是福亦捨辟如燒金丸雖眼見其好不可以手觸燒人手故復次如人有瘡則須藥塗若无瘡者藥无所施人有身亦如是常為飢渴寒熱所逼亦如瘡發以衣被飲食温煗將適如藥塗瘡如愚

癡人為貪藥故不用除瘡若其无瘡藥亦无用諸佛以身為瘡捨放身瘡故亦不受報藥以是故雖有大福亦不受報所散蓮華滿東方如恒河沙等諸佛世界問曰華少而世界多云何滿荅曰佛神通力故如上八種自恣變化法大能令小小能令大輕能令重重能令輕自在无导隨意所到能動大地所願能辦諸大聖人皆得是八種自在是故佛能以小華滿東方如恒河沙等世界又復以示衆生未来福報如此少華滿東方世界又勸東方菩薩言殖福於佛田中所得果報亦如此華弥滿无量汝雖遠来應當歡喜遇此大福田果報无量一一華上皆有菩薩結加趺坐說六波羅蜜聞此法者畢至阿耨多羅三藐三菩提問曰上佛以舌相光明化作千葉寶華一一華上皆有坐佛今何以故一一華上皆有坐菩薩荅曰上是佛所化華故有坐佛此是普明菩薩所供養華是故有坐菩薩復次上諸衆生應見坐佛得度今此衆生應

見坐菩薩得度結加趺坐說六波羅蜜聞此法者畢至阿耨多羅三藐三菩提如先說諸出家在家菩薩及諸童男童女頭面礼釋迦牟尼佛足各以供養具供養恭敬尊重讚歎釋迦牟尼佛是諸出家在家菩薩及諸童男童女各各以善根福德力故得供養釋迦牟尼多陁阿伽度阿羅呵三藐三佛陁如說偈

諸聖所来道　佛亦如是来　實相及所去
佛亦尒无異　諸聖如實語　佛亦如實說
以是故名佛　多陁阿伽度　忍鎧心堅固
精進弓力强　智慧箭勁利　破憍慢諸賊
應受天世人　一切諸供養　以是故名佛
以為阿羅訶　正知苦實相　亦實知苦集
知苦滅實相　亦知苦滅道　真正解四諦
定實不可變　是故十方中　号三藐三佛
得微妙三明　清淨行亦具　是故号世尊
鞞闍遮羅那　解知一切法　自得妙道去
或時方便說　愍念一切故　滅除老病死
令到安隱處　以是故名佛　以為脩伽陁
知世所從来　亦知世滅道　以是故名佛
為路迦鞞陁　禪戒智等眼　无及況出上

以是故名佛　為阿耨多羅　大悲度衆生
軟善教調御　以是故名佛　富樓沙曇藐
智慧无煩惱　說寂上解脫　以是故名佛
提婆魔㝹舍　三世動不動　盡及不盡法
道樹下悉知　是故名為佛

南方度如恒河沙等諸佛世界其土最在邊世界名離一切憂佛号无憂德菩薩名離憂西方度如恒河沙等諸佛世界其世界最在邊世界名滅惡佛号寶山菩薩名儀意北方度如恒河沙等諸佛世界其世界最在邊世界名勝佛号勝王菩薩名得勝下方度如恒河沙等諸佛世界其世界最在邊世界名善佛号善德菩薩名華上上方度如恒河沙等諸佛世界其世界最在邊世界名喜佛号喜德菩薩名得喜如是一切皆如東方問曰如佛法中實无諸方名何以故諸五衆十二入十八界中所不攝四法藏中亦无說方是實法因緣求亦不可得今何以故此中說十方諸佛十方菩薩来荅曰隨世俗法所傳故說方求方實不可得問曰何以言无方

汝四法藏中不說我六法藏中說汝衆入界中不攝我陁羅驃中攝是方法常相故有相故亦有亦常如經中說日出處是東方日没處是西方日行處是南方日不行處是北方日有三分合若前合若今合若後合隨方日分初合是東方南方西方亦如是日不行處是无分彼間此此間彼是方相若無方無彼此彼此是方相而非方荅曰不然須弥山在四域之中日繞須弥照四天下欝怛羅越日中是弗婆提日出於弗婆提人是東方弗婆提日中是閻浮提日出於閻浮提人是東方是實无初何以故一切方皆東方皆南方皆西方皆北方汝言日出處是東方日行處是南方日没處是西方日不行處是北方是事不然復次有處日不合是為非方無方相故問曰我說一國中方相汝以四國為難以是故東方非無初荅曰若一國中日與東方合是為有邊有邊故无常無常故是不遍以是故方但有名而無實尒時是三千大千世

界變成為寶華遍覆地懸繒幡蓋香樹華樹皆悉莊嚴問曰此誰神力令地為寶荅曰是佛无量神力變化所為有人呪術幻法及鬼神龍王諸天等能變少物令三千大千世界皆為珎寶餘人及梵天王皆所不能佛入四禪中十四變化心能令三千大千世界華香樹木一切土地皆悉莊嚴一切衆生皆悉和同心轉為善何以故莊嚴此世界為說般若波羅蜜故亦為十方諸菩薩客來及諸天世人故莊嚴如人請貴客若一家請則莊嚴一家一國主則莊嚴一國轉輪聖王則莊嚴四天下梵天王則莊嚴三千大千世界佛為十方无量恒河沙等諸世界中主是諸他方菩薩及諸天世人客來故亦為此彼衆人見此變化莊嚴則生大心生清淨歡喜心從大心發大業從大業得大報受大報時更生大心如是展轉增益得成阿耨多羅三藐三菩提以是故變此世界皆悉為寶云何名寶寶有四種金銀毗琉璃頗梨更有七種寶金銀毗

琉璃頗梨車𤦲馬瑙赤真珠（此珠極貴非廿）珊瑚更復有寶摩羅伽陁（此珠金翅鳥口邊出綠色能辟一切毒）因陁羅（天青珠）摩訶尼羅（大青珠）鉢摩羅伽（赤光珠）越闍（金剛）龍珠如意珠玉貝珊瑚虎魄等實種種名為寶是寶有三種有人寶天寶菩薩寶人寶力少唯有清淨光色除毒除鬼除闇亦除飢渴寒熱種種苦事天寶亦大亦勝常隨逐天身可使令可共語輕而不重菩薩寶勝於天寶能兼有人寶天寶事又能令一切衆生知死此生彼因緣本末辟如明鏡見其面像

復次菩薩寶能出種種法音若為首飾寶冠則雨十方无量世界諸佛上幢幡華蓋種種供養之具以供養佛又雨衣被卧具生活之物種種衆事隨衆生所須皆悉雨之給施衆生如是等種種衆寶以除衆生貧窮苦厄問曰是諸珎寶從何處出荅曰金出山石沙赤銅中真珠出魚腹中竹中虵腦中龍珠出龍腦中珊瑚出海中石樹生貝出蟲中銀出燒石餘琉璃頗梨等皆出山窟中如意珠出自佛

舍利若法沒盡時諸舍利皆變為如意珠辟如過千歲冰化為頗梨珠如是等諸寶是人中常寶佛所莊嚴一切世界是冣殊勝諸天所不能得何以故是從大功德所生種種華幡如先說香樹者名阿伽樓（蜜香樹）多伽樓（木香樹）栴檀如是等種種香樹華樹名占蔔（黃華樹）阿輸迦（無憂花樹）婆呵迦羅（赤華樹）如是等種種華樹辟如華積世界普華世界妙德菩薩善住意菩薩及餘大威神諸菩薩皆在彼住問曰何以言辟如華積世界荅曰彼世界常有淨華此世界變化一時故以喻也辟喻法以小喻大如人面好辟如滿月問曰更有十方諸清淨世界如阿弥陁佛安樂世界等何故但以普華世界為喻荅曰阿弥陁佛世界不如華積世界何以故法積比丘佛雖將至十方觀清淨世界功德力薄不能得見上妙清淨世界以是故世界不如復次當佛變化此世界時正與華積世界相似以是故言辟如華積世界問曰更有餘大菩薩如毗摩羅詰觀

世音遍吉菩薩等何以不言此諸菩薩在彼住而但言文殊尸利善住意菩薩荅曰是遍吉菩薩一一毛孔常出諸佛世界及諸佛菩薩遍滿十方以化衆生無適住處文殊尸利分身變化入五道中或作聲聞或作緣覺或作佛身如首楞嚴三昧經中說文殊師利菩薩過去世作龍種尊佛七十二億世作辟支迦佛是可言可說遍吉菩薩不可量不可說住處不可知若住應在一切世界中住是故不說復次及諸大威神菩薩亦應揔說遍吉等諸大菩薩

尒時佛知一切世界若天若魔若梵若沙門婆羅門及天若揵闥婆人阿修羅等及諸菩薩摩訶薩紹尊位者皆集問曰佛神力无量一切十方衆生若盡來在會者一切世界應空若不來者佛无量神力有所不能荅曰不應盡來何以故諸佛世界无邊無量若盡來者便為有邊又復十方各各有佛亦說般若波羅蜜如般若波羅蜜四十三品中十方面各千佛現

皆說般若波羅蜜以是故不應盡來問曰若有十方諸佛皆說般若波羅蜜十方諸菩薩何以故來荅曰如普明菩薩來章中已說與釋迦牟尼佛因緣故來復次是諸菩薩本願故若有說般若波羅蜜處我當聽受供養是以遠來欲以身力積功德故亦以示諸衆生我從遠來供養法故云何汝在此世界而不供養問曰佛於法不著何以故七現神力而令衆生大集荅曰是般若波羅蜜甚深難知難解不可思議是故廣集諸大菩薩令新發意者心得信樂辟如小人所語不為人信貴重大人人必信受問曰何以故言若天世界若魔世界若梵世界但應言天世界人世界則足何以故十号中言天人師以是故應言天人而已荅曰諸天有天眼天耳利根智慧多自知來以是故言天世界問曰若天世界已攝魔梵何以故別說若魔若梵荅曰天中有三大主釋提婆那民二處天主魔王六欲天主梵世界中大梵天王為主問曰如夜

魔天兜率陁天化樂天皆有主何以但有三主荅曰釋提婆那民依地住佛亦在地住常來佛所大有名稱人多識故魔王常來嬈佛又是一切欲界中主夜摩天兜率陁天化樂天皆屬魔王復次天世界則三界天皆攝是天中一切欲界魔為主是故別說復次魔常嬈佛今來聽般若波羅蜜餘人增益信故問曰色界中大有天何以但言梵世界荅曰上諸天无覺觀不喜散心又難聞故梵世界有四識易聞故又梵世界近故復次梵名離欲清淨今言梵世界已揔說色界諸天復次餘天不有人民劫初生時梵天王獨在梵宫寂寞无人其心不悅而自生念此間何以不生人民是時光音天命盡者應念來生梵王便自生念此諸天先無隨我念故生我能生此諸天諸天是時亦各自念我從梵王生梵王是我父也以是故但說梵世界復次二禪三禪四禪天於欲界見佛聽法若勸助菩薩眼識耳識身識皆在梵世界中以取是故

别說梵世界問曰何以故獨說諸沙門婆羅門不說國王及長者諸餘人衆荅曰智慧人有二分沙門婆羅門出家名沙門在家名婆羅門餘人心存世樂是故不說婆羅門多學智慧求福出家人一切求道是故但說沙門婆羅門在家中七世清淨生滿六歲皆受戒名婆羅門是沙門婆羅門中有道德智慧以是故說問曰先以說天世界今何以復說天荅曰天世界是四天王忉利天魔是他化自在天梵是色界今說天是欲界中夜摩兜率陁他化樂愛身天等愛身在六天上形色絕妙故言愛身問曰何以但說揵闥婆不說諸餘鬼神及龍王荅曰是揵闥婆是諸天伎人隨逐諸天其心柔軟福德力小減諸天諸鬼神鬼神道中攝龍王畜生道中攝甄陁羅亦是天伎皆屬天與天同住共坐飲食伎樂皆與天同是揵闥婆王名童籠磨(秦言樹)是揵闥婆甄陁羅恒在二處住常所居止在十寶山間有時天上為諸天作樂此二種常番休

上下人在四天下生生有四種極長壽乃至無量歲極短壽乃至十歲阿修羅惡心鬬諍而不破戒大修施福生在大海邊住亦有城郭宮殿是阿修羅王名毗摩質多婆梨羅睺羅如是等名阿修羅王如說一時羅睺羅阿修羅王欲噉月月天子怖疾到佛所說偈

大智成就佛世尊　我今歸命稽首礼
是羅睺羅惱乱我　願佛憐愍見救護

佛與羅睺羅而說偈言

月能照闇而清凉　是虛空中大燈明
其色白淨有千光　汝莫吞月疾放去

是時羅睺羅怖懅流汗即疾放月婆梨阿修羅王見羅睺羅惶怖放月說偈問曰

汝羅睺羅何以故　惶怖戰慄疾放月
汝身流汗如病人　心怖不安乃如是

羅睺羅尒時說偈荅曰

世尊以偈而勑我　我不放月頭七分
設得生活不安隱　以故我今放此月

婆梨阿修王說此偈言

諸佛甚難值　久遠乃出世　說此清淨偈

羅睺即放月

問曰何以不說地獄畜生餓鬼荅曰地獄大苦心乱不能受法畜生愚癡覆心不能受化餓鬼為飢渴火燒身故不得受法復次畜生餓鬼中少多有來聽法者生福德心而已不堪受道是故不說問曰若尒者揵闥婆阿修羅亦不應說何以故鬼神道中已攝故荅曰佛不說攝今何以言攝此是迦旃延子等說如阿修羅力與天等或時戰闘勝天揵闥婆是諸天伎與天同受福樂有智慧能别好醜何以不得受道法如雜阿含天品中說富那婆藪鬼神母佛遊行宿其處尒時世尊說上妙法甘露女男二人啼泣母為說偈止之

汝欝怛羅勿作聲　富那婆藪亦莫啼
我今聞法得道證　汝亦當得必如我

以是事故知鬼神中有得道者復次摩訶衍中密迹金剛力士於諸菩薩中勝何況餘人如屯崘摩甄陁羅王揵闥婆王至佛所彈琴讃佛三千世界皆為震動乃至摩訶迦葉不安其

坐如此人等云何不能得道如諸阿脩羅王龍王皆到佛所問佛深法佛隨其問而荅深義何以言不能得道問曰於五道衆生中佛是天人師不說三惡道以其无福無受道分故是諸龍鬼皆墮惡道中荅曰佛亦不分明說五道說五道者是一切有部僧所說婆蹉弗妬路部僧說有六道復次應有六道何以故三惡道一向是罪處若福多罪少是名阿脩羅揵闥婆等生處應別以是故應言六道復次三惡道亦有道福少故言无及諸菩薩紹尊位者如先說

大智度論卷第十

大智度論卷第十

校勘記

一　底本，金藏廣勝寺本。

一　二六六頁中一行經名，資、磧、南、徑、清作「大智度論卷第十」。

一　二六六頁中三行後，資有品名「釋初品十方菩薩來第十五之餘」；磧、南、徑、清品名作「釋初品中十方諸菩薩來之餘」。

一　二六六頁中四行首字「寶」前，磧、南、徑、清、麗冠以「經」。

一　二六六頁中八行「問曰」，石、磧、南、徑、清、麗冠以「論」，下同。

一　二六六頁中二一行「音樂」，資、磧、南、徑、清作「醫藥」。

一　二六六頁下一二行第一三字「聚」，資作「衆」。

一　二六六頁下一五行首字「去」，石、麗作「至」。

一　二六六頁下一五行「佛世界」，石作「佛國」，下同。

一　二六六頁下一六行「世界」，石作「國土」，下同。

一　二六六頁下二〇行第一〇字「界」，石、麗作「土」。

一　二六六頁下二二行首字「自」，諸本（不包括石，下同。）作「目」。

一　二六六頁下二二行「伽路子度」，石、麗作「度伽略子」；南作「伽略子度」。

一　二六七頁上二行第一六字「如」，資、磧、南、徑、清作「汝」。

一　二六七頁上三行第二字「曰」，磧、南、徑、清作「日」。

一　二六七頁上四行首字「善」前，石冠以「經」。

一　二六七頁上四行首字「善」至六行第一四字「力」，磧、南、徑、清、麗無。

一　二六七頁上九行第九字「見」，諸本作「地」。

一　二六七頁上一〇行第一一字「細」，

諸本作「紐」。

一　二六七頁上一三行「成壞」，資、磧、南、徑、清作「威德」。

一　二六七頁上一四行第九字「破」，資、磧、南、徑、清作「壞」。

一　二六七頁上一五行第七字「是」前，磧、南、徑、清、麗冠以「經」。

一　二六七頁上一九行第三字「昧」，磧、南、徑、清作「昧中」。

一　二六七頁中二行首字「夫」，諸本作「失」。

一　二六七頁中四行第八字「此」，石、資、磧、南、徑、清無。

一　二六七頁中六行第六字「三」，諸本作「我三」。

一　二六七頁中七行第二字「諸」，石、資、磧、南、徑、清無。

一　二六七頁下五行第七字「可」，石無。

一　二六七頁下一二行第七字「佛」，石、麗作「佛言」。

一　二六七頁下一九行「棄諸蓋」，石、麗作「諸」。

一　二六七頁下二〇行末字「耳」，至此石卷第十一終，卷第十二始。且有品名「摩訶般若波羅蜜經釋初品中十方諸菩薩來義之二」。

一　二六七頁下二一行首字「佛」前，石、磧、南、徑、清、麗冠以「經」。

一　二六八頁上二行「勝難及」，石作「及難勝」。

一　二六八頁上一二行第三字「是」，石、麗作「是諸」。

一　二六八頁中一四行第三字「絍」，資、磧、南、徑、清作「袵」，下同。

一　二六八頁中一六行第五字「針」，資、磧、南、徑、清無。

一　二六八頁中一九行第六字「恩」，磧、南、徑、清作「因」。

一　二六八頁中一九行末字「令」，資、磧、徑、清作「今」。

一　二六八頁下二行第一三字「翁」，資、磧、南、徑、清作「公」，下同。

一　二六八頁下五行第三字「亦」，資、磧、南、徑、清作「言」。

一　二六八頁下一〇行第四字「傷」，石作「得傷」。

一　二六八頁下一二行夾註「寶故曰名佛寶」，石作「故名佛寶」；資、磧、南、徑、清作「故名佛寶也」。

一　二六八頁下一八行第五字「人」，石作「夫」。

一　二六八頁下二〇行第六字「正」，磧、南、徑、清作「止」。

一　二六九頁上一行第一一字「文」，石作「牟尼」。

一　二六九頁上三行第一三字「天」，石作「天蓮」。

一　二六九頁上五行第一三字「雖」，石、麗作「唯」。

一　二六九頁上一一行「自手」，石、麗作「手自」。

一　二六九頁上二一行第二字「界」，石作「國」。

一　二六九頁上二一行第一一字「狂」，石作「狂如賊」。

一　二六九頁上二二行第四字「則」，

石無。

一　二六九頁中二行「百一」，諸本作「一百」。

一　二六九頁中四行第一一字「一」，南無。

一　二六九頁中五行第一一字及一三行第二字「小」，石、磧、南、徑、清作「少」。

一　二六九頁中一二行首字「儀」，石、資、磧、南、徑、清作「貌」。

一　二六九頁中一五行第六字「林」，資、磧、南、徑、清作「床」。

一　二六九頁中一五行第一〇字「明」，石無。

一　二六九頁中二一行第六字「知」，資、磧、南、徑、清作「如」。

一　二六九頁下一五行第五字「衛」，徑、清作「越」。

一　二六九頁下二〇行「根利」，石、磧、南、徑、清作「利根」。

一　二七〇頁上一二行「尒時」前，石、磧、南、徑、清、麗冠以「經」，下同。

一　二七〇頁上一六行第三字「及」，資、磧、南、徑、清作「及諸」。

一　二七〇頁中三行第五字「德」，石作「福」。

一　二七〇頁中一四行第三字「在」，資、磧、南、徑、清作「居」。

一　二七〇頁中二二行第一三字「見」，麗無。

一　二七〇頁下五行第六字「皆」前，石、磧、南、徑、清、麗冠以「經」。

一　二七一頁上七行第五字「城」，資、磧、南、徑、清作「財」。

一　二七一頁上一三行第九字「持」前，石、磧、南、徑、清、麗冠以「經」。

一　二七一頁中五行首字「法」，資、磧、南、徑、清作「法重」。

一　二七一頁中九行「目連須菩提」，石作「須菩提目軋連」。

一　二七一頁中一三行第九字「白」前，石、磧、南、徑、清、麗冠以「經」。

一　二七一頁中二〇行第七字「而」，資、磧、南、徑、清作「而故」。

一　二七一頁中二一行「是陶」，石作「此是窯」。

一　二七一頁中二二行第二字「小」，石作「一」。

一　二七一頁下六行「等力」，資、磧、南、徑、清作「力等」。

一　二七一頁下一四行首字「塠」，資、磧、南、徑、清作「推」。

一　二七一頁下一五行第七字「元」，諸本作「無」。

一　二七一頁下二二行第一〇字「可」，石、資、磧、南、徑、清作「可得」。

一　二七二頁上二行第七字「故」，資、磧、南、徑、清無。

一　二七二頁上二行第一二字「儀」，石、麗作「威儀」。

一　二七二頁上一〇行首字「力」，資、磧、南、徑、清作「力安樂不者」。

一　二七二頁上一一行第八字「樂」，石作「隱」。

一　二七二頁上一五行第八字「病」，資、磧、南、徑、清作「患」。

一　二七二頁上一五行第一二字「利」，石、麗作「利及」。

一　二七二頁上一七行第五字「病」，石作「苦」。

一　二七二頁上二〇行「一一」，資、磧、南、徑、清作「二」。

一　二七二頁中八行第五字「方」，石、磧、南、徑、清作「方如」。

一　二七二頁中八行第九字「等」，石、資、磧、南、徑、清作「等諸」。

一　二七二頁下一一行第六字「等」，石、資、磧、南、徑、清無。

一　二七三頁上五行第九字「覺」，石、麗作「覺已」。

一　二七三頁上一二行第八字「共」，磧、南、徑、清作「莫」。

一　二七三頁上一三行第一〇字「種」，石無。

一　二七三頁上一六行「還生」，石作「發起」。

一　二七三頁上一九行第一一字「今」，磧、南、徑、清作「念」。

一　二七三頁中一〇行第一〇字、一一行首字、末字、一二行第五及第九字「淨」，石作「清淨」。

一　二七三頁中一二行第八字「不」，石作「亦不」。

一　二七三頁中一五行「報果」，石作「果報」。

一　二七三頁中一六行第一一字「福」，資、磧、南、徑、清、麗無。

一　二七三頁中一七行第六字「報」，石作「福報」。

一　二七三頁下一行第九字「除」，資、磧、南、徑、清作「塗」。

一　二七三頁下四行第四字「所」前，石、磧、南、徑、清、麗冠以「經」。

一　二七三頁下七行第一三字「輕」，石作「輕者」。

一　二七三頁下八行第三字「重」，石作「重者」。

一　二七三頁下一〇行第一一字「小」，石、南、徑作「少」。

一　二七三頁下一四行第七字「弥」，石無。

一　二七三頁下一四行第一〇字「量」，石、麗作「量土」。

一　二七三頁下一五行末字「一」前，石、磧、南、徑、清、麗冠以「經」。

一　二七四頁上三行第六字「諸」前，石、磧、南、徑、清、麗冠以「經」。

一　二七四頁上六行第四字「是」前，南、清冠以「論」。

一　二七四頁上八行第五字「尼」，石、麗作「尼佛」。

一　二七四頁上九行第五字「如」前，石、磧、徑、麗冠以「論」。

一　二七四頁上九行「說偈」，石作「偈說」。

一　二七四頁上一三行「箭勁利」，麗作「利勁箭」。

一　二七四頁上一五行末字「集」，石作「因」。

一　二七四頁上一六行第三、第九字及二二行第九字「滅」，石均作「盡」。

一二七四頁上一九行第一三字「妙」，石作「好」。

一二七四頁上末行「況出上」，石作「於佛者」。

一二七四頁中六行首字「南」前，石、磧、南、徑、清、麗冠以「經」。

一二七四頁中六行末字「土」，石作「國土」；資、磧、南、徑、清作「世界」。

一二七四頁中八行第一二字「河」，資、磧、南無。

一二七四頁中一六行第九字「名」，資作「名善」。

一二七四頁中一九行第二字及下二行首字「衆」，石作「陰」。

一二七四頁下八行「此此間彼」，石、麗作「此間彼此」。

一二七五頁上一行第二字「變」，石、資、磧、南、徑、清作「皆」。

一二七五頁上四行第八字「及」，諸本作「及諸」。

一二七五頁上五行第三字「變」，石、麗作「變化」。

一二七五頁上一四行第一一字「則」，資、磧、南、徑、清無。

一二七五頁上二〇行第一一字「益」，麗作「長」。

一二七五頁上二二行第八字「名」，石作「名爲」。

一二七五頁中五行第七字「寶」，諸本無。

一二七五頁中一三行第五字「寶」，石、麗作「寶勝」。

一二七五頁中二二行第三字「生」，南作「玉」。

一二七五頁下二行第八字「外」，諸本作「氷」。

一二七五頁下九行第八字「譬」，石、磧、南、徑、清、麗冠以「經」。

一二七五頁下一〇行「妙德菩薩」，石作「文殊師利」。

一二七五頁下一六行「何故」，石、麗作「何以故」。

一二七六頁上九行第八字「迦」，石無。

一二七六頁上一二行第一一字「者」，資、磧、南、徑、清無。

一二七六頁上一四行「若天若魔若梵」，石、磧、南、徑、清作「若天世界若魔世界若梵世界」。

一二七六頁上一五行第三字「門」，石、麗作「門若」。

一二七六頁上一五行第七字「及」，石、磧、南、徑、清作「若」。

一二七六頁上一七行「皆集」，石、麗作「一切皆集」。

一二七六頁上二二行第一一字「如」，石、麗作「如彼」。

一二七六頁中二〇行第一三字「故」，石、資、磧、南、徑、清無。

一二七六頁中二一行第一二字「大」，徑、清作「天」。

一二七六頁中末行第五字「大」，資、磧、南、徑、清無。

一二七六頁下三行第三字「在」，石、資、磧、南、徑、清作「依」。

一　二七六頁下三行「大有」，石作「有大」。

一　二七六頁下一四行第八字「不」，諸本作「未」。

一　二七六頁下末行「以取」，諸本作「取以」。

一　二七七頁上一三行第四字「他」，諸本無。

一　二七七頁上一三行第一一字「愛」，至一四行第一〇字「身」，石作夾註；其中「絶」，石作「殊」。

一　二七七頁中八行末字「偈」，石、麗作「偈言」。

一　二七七頁中九行「成就」，石、資、磧、南、徑、清作「精進」。

一　二七七頁中一二行第一二字「大」，資、磧、南、徑、清作「天」。

一　二七七頁中二二行第五字「王」，資、磧、南、徑、清、麗作「羅王」。

一　二七七頁中二一行「説此偈言」，麗作「説偈」。

一　二七七頁下一一行「戰鬪」，石作「鬪戰」。

一　二七七頁下一三行首字「以」，石、資、磧、南、徑、清作「以故」。

一　二七八頁上一一行第一三字「道」，石、資、磧、南、徑、清作「趣」。

一　二七八頁上一二行第七字「道」，諸本作「受道」。

一　二七八頁上末行經名，石作「大智度經論第十二」。

大智度論釋初品中舍利弗因緣第十六 卷第十一 聖

龍樹菩薩造

後秦龜茲國三藏鳩摩羅什奉 詔譯

告舍利弗問曰般若波羅蜜是菩薩摩訶薩法佛何以故告舍利弗而不告菩薩荅曰舍利弗於一切弟子中智慧最第一如佛偈說

一切衆生智　唯除佛世尊　欲比舍利弗
智慧及多聞　於十六分中　猶尚不及一

復次舍利弗智慧多聞有大功德年始八歲誦十八部經通解一切經書義理是時摩伽陁國有龍王兄弟一名姞利二名阿伽羅降雨以時國無荒年人民感之常以仲春之月一切大集至龍住處為設大會作樂談義終此一日自古及今斯集未替遂以龍名以名此會此日常法敷四高坐一為國王二為太子三為大臣四為論士尒時舍利弗以八歲之身問衆人言此四高座為誰敷之衆人荅言為國王太子大臣論士是時舍利弗觀察時人婆羅門等神情瞻向無勝已者便昇論床結跏趺坐衆人疑怪或謂愚小無知或謂智量過人雖復喜其神異而猶各懷自矜恥其年小不自與語皆遣年少弟子傳言問之其荅酬旨趣辭理超絶時諸論師歎未曾有愚智大小一切皆伏王大歡喜即命有司封一聚落常以給之王乘象輦振鈴告告宣示一切十六大國六大城中無不慶悅是時告占師子名拘律陁姓大目揵連舍利弗友而親之舍利弗才明見貴目揵連豪爽最重此二人者才智相比德行互同行則俱遊住則同止少長繾綣結要終始後俱猒世出家學道作梵志弟子情求道門久而無徵以問於師師名删闍耶而荅之言自我求道弥歷年歲不知為道果有无耶自我非其人耶而亦不得他日其師寢疾舍利弗在頭邊立大目連在足邊立喘喘然其命將終乃愍尒而笑二人同心俱問笑意師荅之言世俗無眼為恩愛所侵我見金地國王死其大夫人自投火積求同一處而此二人行報

各異生處殊絕是時二人筆受師語欲以驗其虛實後有金地商人遠来摩伽陁國二人以跡驗之果如師語乃撫然歎曰我等非其人耶為是師隱我耶二人相與誓曰若先得甘露要畢同味是時佛度迦葉兄弟千人次遊諸國到王舍城頓止竹園二梵志師聞佛出世俱入王舍城欲知消息尒時有一比丘名阿說示（五人之一）著衣持鉢入城乞食舍利弗見其儀服異容諸根靜默就而問言汝誰弟子師是何人荅言釋種太子猒老病死苦出家學道得阿耨多羅三藐三菩提是我師也舍利弗言汝師教授為我說之即荅偈曰

我年既幼稚　受戒日初淺　豈能宣至真　廣說如来義

舍利弗言　略說其要尒時阿說示比丘說此偈言

諸法因緣生　是法說因緣　是法因緣盡　大師如是言

舍利弗聞此偈已即得初道遂報目連目連見其顏色和悅迎謂之言汝

得甘露味耶為我說之舍利弗即為其說向所聞偈目連言更為重說即復為說亦得初道二師與二百五十弟子俱到佛所佛遥見二人與弟子俱来告諸比丘汝等見此二人在諸梵志前者不諸比丘言已見佛言是二人者是我弟子中智慧第一神足第一弟子大衆俱来以漸近佛既到稽首在一面立俱白佛言世尊我等於佛法中欲出家受戒佛言善来比丘即時鬚髮自落法服著身衣鉢具足受成就戒過半月後佛為長抓梵志說法時舍利弗得阿羅漢道所以半月後得道者是人當作逐佛轉法輪師應在學地現前自入諸法種種具知是故半月後得阿羅漢道如是等種種功德甚多是故舍利弗雖是阿羅漢佛以是般若波羅蜜甚深法為舍利弗說問曰若尒者何以初少為舍利弗說後多為須菩提說荅以智慧第一故應為說復何以為須菩提說荅曰舍利弗佛弟子中智慧第一須菩提於弟子中得無諍三昧㝡

第一無諍三昧相常觀衆生不令心惱多行憐愍諸菩薩者弘大誓願以度衆生憐愍相同是故命說復次是須菩提好行空三昧如佛在忉利天夏安居受歲已還下閻浮提尒時須菩提於石窟中住自思惟佛從忉利天来下我當至佛所耶不至佛所耶又念言佛常說若人以智慧眼觀佛法身則為見佛中㝡是時以佛從忉利天下故閻浮提中四部衆集諸天見人人亦見天坐中有佛及轉輪聖王諸天大衆衆會莊嚴先未曽有須菩提心念今此大衆雖復殊特勢不久停摩滅之法皆歸無常因此無常觀之初門悉知諸法空无有實作是觀時即得道證尒時一切衆人皆欲求先見佛礼敬供養有華色比丘尼欲除惡名便化為轉輪聖王及七寶千子衆人見之皆避坐起去化王到佛所已還復本身為比丘尼㝡初礼佛是時佛告比丘尼非汝初礼須菩提初礼我所以者何須菩提觀諸法空是為見佛法身得真供養供養中

寂非以致敬生身為供養也以是故言須菩提常行空三昧與般若波羅蜜空相相似是故佛命令說般若波羅蜜復次佛以衆生信敬阿羅漢諸漏已盡命之為說衆得淨信故諸菩薩漏未盡若以為證諸人不信以是故與舍利弗須菩提共說般若波羅蜜問曰何以名舍利弗為是父母所作字為是依行功德立名荅曰是父母所作名字於閻浮提中第一安樂有摩伽陁國是中有大城名王舍王名頻婆娑羅有婆羅門論議師名摩陁羅王以其人善能論故賜封一邑去城不遠是摩陁羅遂有居家婦生一女眼似舍利鳥眼即名此女為舍利次生一男膝骨麁大名拘郗羅拘郗羅秦言大膝也是婆羅門既有居家畜養男女所學經書皆已陳故不復業新是時南天竺有一婆羅門大論議師字提舍於十八種大經皆悉通利是人入王舍城頭上戴火以銅鍱腹人問其故便言我所學經書甚多恐腹破裂是故鍱之又問頭上何

以戴火荅言以大闇故衆人言日出照明何以言闇荅言闇有二種一者日光不照二者愚癡闇蔽今雖有日明而愚癡猶黒衆人言汝但未見婆羅門摩陁羅汝若見者腹當縮明當闇是婆羅門逕至鼓邊打論議鼓國王聞之問是何人衆臣荅言南天竺有一婆羅門名提舍大論議師欲來論議故打論鼓王大歡喜即集衆人而告之曰有能難者與之論議摩陁羅聞之自疑我以陳故不復業新不知我今能與論不僶俛而來於道中見二特牛方相抵觸心中作想此牛是我彼牛是彼以此為占知誰得勝此牛不如便大愁憂而自念言如此相者我將不如欲入衆時見有母人挾一瓶水正在其前躄地破瓶復作是念是亦不吉甚大不樂既入衆中見彼論師顏貌意色勝相具足自知不如事不獲已與共論議論議既交便墮負處王大歡喜大智明人遠入我國復欲為之封一聚落諸臣議言一聰明人來便封一邑功臣不賞但

寵語論恐非安國全家之道今摩陁羅論議不如應奪其封以與勝者若更有勝人復以與之王用其言即奪與後人是時摩陁羅語提舍言汝是聰明人我以女妻汝男兒相累今欲遠出他國以求本志提舍納其女為婦其婦懷妊夢見一人身被甲冑手執金鋼摧破諸山而在大山邊立覺已白其夫言我夢如是提舍言汝當生男摧伏一切諸論議師唯不勝一人當與作弟子舍利懷妊以其子故母亦聰明大能論議其弟拘郗羅與姊談論每屈不如知所懷子必大智慧未生如是何況出生即捨家學問至南天竺不剪指爪讀十八種經書皆令通利是故時人名為長爪梵志姊子既生七日之後裹以白疊以示其父其父思惟我名提舍逐我名字字為憂波提舍（憂波秦言逐 提舍星名）是為父母作字衆人以其舍利所生皆共名之為舍利弗（弗秦言子也）復次舍利弗世世本願於釋迦文尼佛所作智慧第一弟子字舍利弗是為本願因緣名字以是

故名舍利弗問曰若介者何以不言憂波提舍而但言舍利弗荅曰時人貴重其母於衆女人中聰明第一以是因緣故稱舍利弗

菩薩摩訶薩欲以一切種智一切法當習行般若波羅蜜菩薩摩訶薩義如先讃菩薩品中說問曰云何名一切種云何名一切法荅曰智慧門名為種有人以一智慧門觀有以二三十百千万乃至恒河沙等阿僧祇智慧門觀諸法今以一切智慧門入一切種觀一切法是名一切種如凡夫人三種觀欲離欲離色故觀欲色界麁惡誑惑濁重佛弟子八種觀无常苦空無我如病如癰如箭入體惱患是八聖種觀入四聖諦中為十六行之四十六者觀苦四種無常苦空無我觀苦因四種集因緣生觀苦盡四種盡滅妙出觀道四種道正行跡出入息中復有十六行一觀入息二觀出息三觀息長息短四觀息遍身五除諸身行六受喜七受樂八者受諸心行九無作喜十心作攝十一心作

解脫十二觀无常十三觀散壞十四觀離欲十五觀滅十六觀棄捨復有六種念念佛種者佛是多陁阿伽陁阿羅呵三藐三佛陁如是等十号五念如後說世智出世智阿羅漢辟支佛菩薩佛智如是等智慧知諸法名為一切種一切法者識所緣法是一切法所謂眼識緣色耳識緣聲鼻識緣香舌識緣味身識緣觸意識緣法眼緣色亦緣眼識耳聲鼻香舌味身觸亦如是乃至緣意緣法緣意識是名一切法是為識所緣法復次智所緣法是一切法所謂苦智知苦集智知集盡智知盡道智知道世智知苦集盡道及虛空非數緣滅是為智所緣法復次二法攝一切法色法無色法可見法不可見法有對法無對法有漏无漏有為無為心相應心不相應業相應業不相應近法遠法等如是種種二法攝一切法復次三種法攝一切法善不善无記學無學非學非无學見諦斷思惟斷不斷復有三種法五衆十二入十八界持如是等

種種三法攝一切法復有四種法過去未来現在法非過去未来現在法欲界繫法色界繫法無色界繫法不繫法因善法因不善法因無記法非因善不善無記法緣緣法緣不緣法緣緣不緣法非緣緣非緣不緣法如是等四種法攝一切法有五種法色心心相應心不相應无為法如是等種種五法攝一切法有六種法見苦斷法見習盡道斷法思惟斷法不斷法如是等種種六法乃至無量法攝一切法是為一切法問曰諸法甚深微妙不可思議一切衆生尚不能得知何況一人欲盡知一切法辟如有人欲量大地及數大海水渧欲稱須弥山欲知虛空邊際如是等皆不可知云何欲以一切種知一切法荅曰愚癡闇蔽甚大苦智慧光明寂為樂一切衆生皆不用苦但欲求樂是故菩薩求一切第一大智慧一切種觀欲知一切法是菩薩發大心普為一切衆生求大智慧是故欲知一切種一切法如醫為一人二人用一種二

種藥則足若欲治一切衆生病者當須一切種藥菩薩亦如是欲度一切衆生故欲知一切種一切法如諸法甚深微妙無量菩薩智慧亦甚深微妙无量先答破一切智人中已廣說如函大蓋亦大復次若不以理求一切法則不可得若以理求之則無不得譬如鑽火以木則火可得析薪求火火不可得如大地有邊際非一切智人無大神力則不能知若神通力大則知三千大千世界地邊際今此大地在金剛上三千大千世界四邊則虛空如是名地邊欲稱須弥山亦如是欲量盡空非不能量虛空無法故不可量

舍利弗白佛言世尊菩薩摩訶薩云何欲以一切種知一切法當習行般若波羅蜜問曰佛欲說般若波羅蜜故種種現神變現已應即說何以故令舍利弗問而後說荅曰問而後荅佛法應尒復次舍利弗知般若波羅蜜甚深微妙無相之法難解難知自以智力種種思惟若觀諸法无常是

般若耶不是耶不能自了以是故問復次舍利弗非一切智於佛智慧中譬如小兒如說阿婆檀那經中佛在祇洹住晡時經行舍利弗從佛經行是時有鷹逐鴿鴿飛來佛邊住佛經行過之影覆鴿上鴿身安隱怖畏即除不復作聲後舍利弗影到鴿便作聲戰怖如初舍利弗白佛言佛及我身俱無三毒以何因緣佛影覆鴿鴿便無聲不復恐怖我影覆上鴿便作聲戰慄如故佛言汝三毒習氣未盡以是故汝影覆時恐怖不除汝觀此鴿宿世因緣幾世作鴿舍利弗即時入宿命智三昧觀見此鴿從鴿中來如一二三世乃至八万大劫常作鴿身過是已往不能復見舍利弗從三昧起白佛言是鴿八万大劫中常作鴿身過是已前不能復知佛言汝若不能盡知過去世試觀未來世此鴿何時當脫舍利弗即入願智三昧觀見此鴿一二三世乃至八万大劫未脫鴿身過是已往亦不能知從三昧起白佛言我見此鴿從一世二世乃

至八万大劫未免鴿身過此已往不復能知我不知過去未來齊限不審此鴿何時當脫佛告舍利弗此鴿除諸聲聞辟支佛所知齊限復於恒河沙等大劫中當作鴿身罪訖得出輪轉五道中後得為人經五百世中乃得利根是時有佛度無量阿僧祇衆生然後入無餘涅槃遺法在世是人作五戒優婆塞從比丘聞讚佛功德於是初發心願欲作佛然後於三阿僧祇劫行六波羅蜜十地具足得作佛度無量衆生已而入涅槃是時舍利弗向佛懺悔白佛言我於一鳥尚不能知其本末何況諸法我若知佛智慧如是者為佛智慧故寧入阿鼻地獄受無量劫苦不以為難如是等於諸法中不了故問

大智度論釋初品中檀波羅蜜義第十七

佛告舍利弗菩薩摩訶薩以不住法住般若波羅蜜中以無所捨法具足檀波羅蜜施者受者及財物不可得故問曰般若波羅蜜是何等法荅曰有人言無漏慧根是般若波羅蜜相

何以故一切慧中第一慧是名般若
波羅蜜無漏慧根是第一以是故無
漏慧根名般若波羅蜜問曰若菩薩
未斷結云何得行無漏慧荅曰菩薩
雖未斷結行相似無漏般若波羅蜜
是故得名行無漏般若波羅蜜譬如
聲聞人行暖法頂法忍法世間第一
法先行相似無漏法後易得生苦法
智忍有人言菩薩有二種有斷結使
清淨有未斷結不清淨斷結清淨菩
薩能行無漏般若波羅蜜問曰若菩
薩斷結清淨復何以行般若波羅蜜
荅曰雖斷結使十地未滿未莊嚴佛
土未教化衆生是故行般若波羅蜜
復次斷結有二種一者斷三毒心不
著人天中五欲二者雖不著人天中
五欲於菩薩功德果報五欲未能捨
離如是菩薩應行般若波羅蜜譬如
長老阿泥盧豆在林中坐禪時淨愛
天女等以淨妙之身來試阿泥盧豆
阿泥盧豆言諸姊作青色來不用雜
色欲觀不淨不能得觀黄赤白色亦
復如是時阿泥盧豆閉目不視語言

諸姊遠去是時天女即滅不現天福
報形猶尚如是何況菩薩无量功德
果報五欲又如甄陁羅王與八萬四
千甄陁羅來到佛所彈琴歌頌以供
養佛尒時須弥山王及諸山樹木人
民禽獸一切皆儛佛邊大衆乃至大
迦葉皆於坐上不能自安是時天諸
菩薩問長老大迦葉耆年舊宿行十
二頭陁法之第一何以在坐不能自
安大迦葉言三界五欲不能動我是
菩薩神通功德果報力故令我如是
非我有心不能自安也譬如須弥山
四邊風起不能令動至大劫盡時毗
藍風起如吹爛草以是事故知二種
結中一種未斷如是菩薩等應行般
若波羅蜜是阿毗曇中如是說復有
人言般若波羅蜜是有漏慧何以故
菩薩至道樹下乃斷結先雖有大智
慧有無量功德而諸煩惱未斷是故
言菩薩般若波羅蜜是有漏智慧復
有人言從初發意乃至道樹下於其
中間所有智慧是名般若波羅蜜成
佛時是般若波羅蜜轉名薩婆若復

有人言菩薩有漏無漏智慧揔名般
若波羅蜜何以故菩薩觀涅槃行佛
道以是事故菩薩智慧應是無漏以
未斷結使事未成辦故應名有漏復
有人言菩薩般若波羅蜜無漏无為
不可見無對復有人言是般若波羅
蜜不可得相若有若無若常若无常
若空若實是般若波羅蜜非陰界入
所攝非有為非無為非法非非法無
取无捨不生不滅出有無四句適無
所著譬如火焰四邊不可觸以燒手
故般若波羅蜜相亦如是不可觸以
邪見燒故問曰上種種人説般若波
羅蜜何者為實荅曰有人言各各有
理皆是實如經説五百比丘各各説
二邊及中道義佛言皆有道理有人
言末後荅者為實所以者何不可破
不可壞故若有法如毫氂許者皆有
過失可破若言無亦可破此般若中
有亦無无亦無非有非無亦無如是
言説亦無是名寂滅無量无戲論法
是故不可破不可壞是名真實般若
波羅蜜最勝無過者如轉輪聖王降

伏諸敵而不自高般若波羅蜜亦如是能破一切語言戲論亦不有所破復次從此已後品中種種義門說般若波羅蜜皆是實相如是不住法住般若波羅蜜中能具足六波羅蜜問曰云何名不住法住般若波羅蜜中能具足六波羅蜜荅曰如是菩薩觀一切法非常非無常非苦非樂非空非實非我非無我非生滅非不生滅如是住甚深般若波羅蜜中於般若波羅蜜相亦不取名不住法住若取不取般若波羅蜜相心無所著如佛般若波羅蜜相是為住法住問曰若所言一切諸法欲為其本若不取者云何得具足六波羅蜜荅曰菩薩憐愍衆生故先立擔願我必當度脫一切衆生以精進波羅蜜力故雖知諸法不生不滅如涅槃相復行諸功德具足六波羅蜜所以者何不住法住般若波羅蜜中故是名不住法住般若波羅蜜

大智度論釋初品中讃檀波羅蜜義第十八

問曰檀有何等利故菩薩住般若波羅蜜中檀波羅蜜具足滿荅曰檀有種種利益檀為寶藏常隨逐人檀為破苦能與人樂檀為善御開示天道檀為善府攝諸善人（施攝善人與為因緣故言攝）檀為安隱臨命終時心不怖畏檀為慈相能濟一切檀為集樂能破苦賊檀為大將能伏慳敵檀為妙果天人所愛檀為淨道賢聖所遊檀為積善福德之門檀為立事聚衆之緣檀為善行受果之種檀為福業善人之相檀破貧窮斷三惡道檀能全護福樂之果檀為涅槃之初緣入善人聚中之要法稱譽讃歎之淵府入衆無難之功德心不悔恨之窟宅善法道行之根本種種歡樂之林藪富貴安隱之福田得道涅槃之津梁聖人大士智者之所行餘人儉德寡識之所效復次辟如失火之家黠慧之人明識形勢及火未至急出財物舍雖燒盡財物悉在更修室宅好施之人亦復如是知身危脆財物無常修福及時如火中出物後世受樂亦如彼人更修宅業福慶自慰愚惑之人但知惜屋怱怱營救狂愚失智不量火勢猛風絕焰土石為燋翕響之間蕩然夷滅屋既不救財物亦盡飢寒凍餓憂苦畢世慳惜之人亦復如是不知身命無常須臾叵保而更聚斂守護愛惜死至無期忽焉逝沒形與土木同流財與委物俱棄亦如愚人憂苦失計復次大慧之人有心之士乃能覺悟知身如幻財不可保萬物無常唯福可恃將人出苦津通大道復次大人大心能大布施能自利已小人小心不能益他亦不自厚復次辟如勇士見敵必期吞滅智人慧心深得悟理慳賊雖強亦能挫之必令如意遇良福田值好時節（時應施之時也遇覺事應心而不作是名失時）能大布施復次好施之人為人所敬如月初出無不愛者好名善譽周聞天下人所歸仰一切皆信好施之人貴人所念賤人所敬命欲終時其心不怖如是果報今世所得辟如樹華大果無量後世福也生死輪轉往來五道無親可恃唯有布施若生天上人中得清淨果皆由布施為馬畜生

得好歷養亦是布施之所得也布施之德富貴歡樂持戒之人得生天上禪智心淨無所染著得涅槃道布施之福是涅槃道之資粮也念施故歡喜歡喜故一心觀生滅無常故得道如人求蔭故種樹或求華或求果故種樹布施求報亦復如是今世後世樂如求蔭聲聞辟支佛道如華成佛如果是為檀種種功德

大智度論釋初品中檀相義第十九

問曰云何名檀　答曰檀名布施心相應善思是名為檀有人言從善思起身口業亦名為檀有人言有信有福田有財物三事和合時心生捨法能破慳貪是名為檀辟如慈法觀衆生樂心生慈布施心數法亦復如是三事和合心生捨法能破慳貪檀有三種或欲界繫或色界繫或不繫聖人行施故名不繫心相應法隨心行共心生非色法能作緣非業業相應隨業行共業生非先世業報生二種修應修行修得修二種證身證慧證若思惟斷若不斷二見斷欲界色界盡見斷有覺有觀法凡

夫聖人共行如是等阿毗曇中廣分別說復次施有二種有淨有不淨不淨者直施無所為或有為求財故施或愧人故施或為譏責故施或畏懼故施或欲取他意故施或畏死故施或誑人令喜故施或自以富貴故應施或諍勝故施或妬瞋故施或憍慢自高故施或為名譽故施或為呪願故施或解除衰求吉故施或為聚衆故施或輕賤不敬施如是等種種名為不淨施淨施者與上相違復次為道故施清淨心生無諸結使不求今世後世報恭敬憐愍故是為淨施淨施是趣涅槃道之資粮是故言為道故施若未得涅槃是人天報樂之因如華瓔珞初成未壞香潔鮮明為涅槃淨施亦復如是如佛說世有二人為難得一者出家中作非時解脫比丘二者在家白衣能清淨布施是淨施相乃至無量世世世不失辟如券要无失時是布施果因緣和合時便有辟如樹得時節會便有華葉果實若時節未至有因而無果是布施法若

以求道能與人道何以故結使滅名涅槃當布施時諸煩惱薄故能助涅槃於所施物中不惜故除慳敬念受者故除嫉妬直心布施故除諂曲一心施故除調深思惟施故除悔觀受者功德故除不恭敬自攝心故除不慚知人好功德故除不愧不著財物故除愛慈愍受者故除瞋恭敬受者故除憍慢知行善法故除無明信有果報故除邪見知決定有報故除疑如是等種種不善諸煩惱布施時悉皆薄種種善法悉皆得布施時六根清淨善欲心生善欲心生故內心清淨觀果報功德故信心生身心柔軟故喜樂生喜樂生故得一心得一心故實智慧生如是等諸善法悉皆得復次布施時心生相似八正道信布施果故得正見正見中思惟不亂故得正思惟清淨說故得正語淨身行故得正業不求報故得正命勤心施故得正方便念施不廢故得正念心住不散故得正定如是等相似三十七品善法心中生復次有人布施是

三十二相因緣所以者何施時與心堅固得足下安立相布施時五事圍繞受者是眷屬業因緣故得足下輪相大勇猛力施故得足跟廣平相施攝人故得手足網鞔相美味飲食施故得手足柔軟七處滿相施以益命故得長指身不曲大直相施時言我當相與施心轉增故得足趺高毛上向相施時受者求之一心好聽慇懃約勑令必疾得故得伊泥延蹲相不瞋不輕求者故得臂長過膝相如求者意施不待言故得陰藏相好衣服卧具金銀珎寶施故得金色身相薄皮相布施令受者獨得自在用故得一一孔一毛生眉間白毫相求者求之即言當與以是業故得上身如師子肩圓相病者施藥飢渴者與飲食故得兩腋下滿最上味相施時勸人行施而安慰之開布施道故得肉髻相身圓如尼拘盧相有乞求者意欲與時柔軟實語必與不虛故得廣長舌相梵音聲相如迦陵毗伽鳥聲相施時如實語利益語故得師子頰相

施時供養受者心清淨故得牙白齒齊相施時實語和合語故得齒密相四十齒相施時不瞋不著等心視彼故得青眼相眼睫如牛王相是為種三十二相因緣復次以七寶人民車乘金銀燈燭房舍香華布施故得作轉輪王七寶具足復次施得時故報亦增多如佛說施遠行人遠來人病人看病人風寒衆難時施是為時施復次布施時隨土地所須施故得報增多復次曠路中施故得福增多常施不廢故得報增多如求者所欲施故得福增多施物重故得福增多如以精舍園林浴池等若施善人故得報增多若施僧故得報增多若施者受者俱有德故得報增多種種將迎恭敬受者故得福增多難得物施故得福增多隨所有物盡能布施故得福增多譬如大月氏弗迦羅城中有一畫師名千那到東方多剎陁羅國客畫十二年得三十兩金持還本國於弗迦羅城中聞打鼓作大會聲往見衆僧信心清淨即問維那此衆中

衆許物得作一日食維那荅曰三十兩金足得一日食即以所有三十兩金付維那為我作一日食我明日當來空手而歸其婦問曰十二年作得可等物荅言我得三十兩金即問三十兩金今在何所荅言已在福田中種婦言何等福田荅言施與衆僧婦便縛其夫送官治罪斷事大官問以何事故婦言我夫狂癡十二年作得三十兩金不憐愍婦兒盡以與他人依如官制輒縛送來大官問其夫汝何以不供給婦兒乃以與他荅言我先世不行功德今世貧窮受諸辛苦今世遭遇福田若不種福後世復貧貧貧相續無得脫時我今欲頓捨貧窮以是故盡以金施衆僧大官是優婆塞信佛清淨聞是語已讚言是為甚難懃苦得此少物盡以施僧汝是善人即脫身瓔珞及所乘馬并一聚落以施貧人而語之言汝始施衆僧衆僧未食是為穀子未種牙已得生大果方在後身以是故言難得之物盡用布施其福最多復次有世間檀

有出世間檀有聖人所稱譽檀有聖人所不稱譽檀有佛菩薩檀有聲聞檀何等世間檀凡夫人布施亦聖人作有漏心布施是名世間檀復次有人言凡夫人布施是為世間檀聖人雖有漏心布施以結使斷故名出世間檀何以故是聖人得無作三昧故復次世間檀者不淨出世間檀者清淨二種結使一種屬愛一種屬見為二種結使所使是為世間檀無此二種結使是為出世間檀若三礙繫心是為世間檀何以故因緣諸法實無吾我而言我與彼取是故名世間檀復次我無定處我以為彼彼以為非彼以為我我以為非以是不定故無實我也所施財者從因緣合有無有一法猶可得者如絹如布衆緣合故成除糸除縷則無絹布諸法亦如是一相無相相常自空人作想念計以為有顛倒不實是為世間檀心無三礙實知法相心不顛倒是為出世間檀出世間檀為聖人所稱譽世間檀聖人所不稱譽復次清淨檀不雜諸垢

如諸法實相是聖人所稱譽不清淨雜結使顛倒心著是聖人所不稱譽復次實相智慧和合布施是聖人所稱譽若不尒者聖人所不稱譽復次不為衆生亦不為知諸法實相故施但求脫生老病死是為聲聞檀為一切衆生故施亦為知諸法實相故施是為諸佛菩薩檀於諸功德不能具足但欲得少許分是為聲聞檀一切諸功德欲具足滿是為諸佛菩薩檀畏老病死故施是為聲聞檀為助佛道為化衆生不畏老病死是為諸佛菩薩檀是中應說菩薩本生經如說阿婆陀那經中昔閻浮提中有王名婆薩婆尒時有婆羅門菩薩名韋羅摩是國王師教王作轉輪聖王法韋羅摩財富無量珎寶具足作是思惟人謂我為貴人財富無量饒益衆生今正是時應當大施富貴雖樂一切無常五家所共令人心散輕失不定辟如獮猴不能暫住人命逝速疾於電滅人身無常衆苦之藪以是之故應行布施如是思惟已自作手疏普

告閻浮提諸婆羅門及一切出家人願各屈德來集我舍欲設大施滿十二歲飯汁行船以酪為池米麺為山酥油為渠衣服飲食卧具湯藥皆令極妙過十二歲欲以布施八万四千白象犀甲金飾珞以名寶建大金幢四寶庄嚴八万四千馬亦以犀甲金飾四寶校絡八万四千車皆以金銀琉璃頗梨寶飾覆以師子虎豹之皮若白劒婆羅寶幰雜飾以為庄嚴八万四千四寶牀雜色綩綖種種茵蓐柔軟細滑以為校飾丹枕錦被置牀兩頭妙衣盛服皆亦備有八万四千金鉢盛滿銀粟銀鉢盛金粟琉璃鉢盛頗梨粟頗梨鉢盛琉璃粟八万四千乳牛牛出乳一斛金餝其蹄角衣以白疊八万四千美女端正福德皆以白珠名寶瓔珞其身略舉其要如是種種不可勝記尒時婆薩婆王及八万四千小國王并諸臣民豪傑長者各以十万舊金錢贈遺勸助設此法祠具足施已釋提婆那民來語韋羅摩菩薩說此偈言

天地難得物　能喜悅一切　汝今皆以得
為佛道布施
尒時淨居諸天現身而讚說此偈言
開門大布施　汝所為者是　憐愍眾生故
為之求佛道
是時諸天作是思惟我當閉其金瓶
令水不下所以者何有施者無福田
故是時魔王語淨居天此諸婆羅門
皆出家持戒清淨入道何以乃言無
有福田淨居天言是菩薩為佛道故
布施今此諸人皆是邪見是故我言
無有福田魔王語天言云何知是人
為佛道故布施是特淨居天化作婆
羅門身持金瓶執金杖至韋羅摩菩
薩所語言汝大布施難捨能捨欲求
何等欲作轉輪聖王七寶千子王四
天下耶菩薩荅言不求此事汝求釋
提婆那民為八千那由他天女主耶
荅言不汝求六欲天主耶荅言不汝
求梵天王主三千大千世界為眾生
祖父耶荅言不汝欲何所求是時菩
薩說此偈言
我求無欲處　離生老病死　能度諸眾生

求如是佛道
化婆羅門言布施主佛道難得當大
辛苦汝心軟串樂必不能求成辦此
道如我先語轉輪聖王釋提婆那民
六欲天王梵天王是易可得不如求
此菩薩荅言汝聽我一心誓
假令熱鐵輪　在我頭上轉　一心求佛道
終不懷悔恨　若使三惡道　人中無量苦
一心求佛道　終不為此轉
化婆羅門言布施主善哉善哉求佛
如是便讚偈言
汝精進力大　慈愍於一切　智慧无罣㝵
成佛在不久
是時天雨眾華供養菩薩諸淨居天
閉瓶水者即隱不現菩薩是時至婆
羅門上座前以金瓶行水水閉不下
眾人疑怪此種種大施一切具足不
施主人功德亦大今何以故瓶水不
下菩薩自念此非他事將無我心不
清淨耶得無施物不具足乎何以致
此自觀祠經十六種書清淨無瑕是
時諸天語菩薩言汝莫疑悔汝無不
辦是諸婆羅門惡邪不淨故也即說

偈言
是人邪見網　煩惱破正智　離諸清淨戒
唐苦墮異道
以是故水閉不下如是語已忽然不
現今時六欲天放種種光明照諸眾
會語菩薩而說偈言
邪惡海中行　不順汝正道　諸受施人中
無有如汝者
說是語已忽然不現是時菩薩聞說
此偈自念會中實自無有與我等者
水閉不下其將為此即說偈言
若有十方天地中　諸有好人清淨者
我今歸命稽首札　右手執瓶灌左手
而自立願我一人　應受如是大布施
是時瓶水踊在虛空從上來下而灌
其左手是時婆薩婆王見是感應心
生恭敬而說偈言
大婆羅門生　清琉璃色水　從上流注下
來墮汝手中
是時大婆羅門眾恭敬心生合手作
札歸命菩薩菩薩是時說此偈言
今我所布施　不求三界福　為諸眾生故
以用求佛道

說此偈已一切大地山川樹木皆六反振動韋羅摩本謂此衆應受供養故與既知無堪受者今以憐愍故以所受物施之如是種種檀本生因緣是中應廣說是為外布施云何名內布施不惜身命施諸衆生如本生因緣說釋迦文佛本為菩薩為大國王時世無佛无法無比丘僧是王四出求索佛法了不能得時有一婆羅門言我知佛偈供養我者當以與汝王即問言索何等供養荅言汝能就汝身上破肉為燈炷供養我者當以與汝王心念言今我此身危脆不淨世世受苦不可復數未曾為法今始得用甚不惜也如是念已喚旃陀羅遍割身上以作燈炷而以白疊纏肉酥油灌之一時遍燒舉身火燃乃與一偈又復釋迦文佛本作一鴿在雪山中時大雨雪有一人失道窮厄辛苦飢寒並至命在須臾鴿見此人即飛求火為其聚薪然之又復以身投火施此飢人如是等頭目髓腦給施衆生種種本生因緣經此中應廣說如

是等種種是名內布施如是內外布施無量是名檀相

大智度論釋初品中檀波羅蜜法施義第二十

問曰云何名法布施荅曰有人言常以好語有所利益是為法施復次有人言以諸佛語妙善之法為人演說是為法施復次有人言以三種法教人一修妬路二毗尼三阿毗曇是為法施復次有人言以四種法藏教人一修妬路藏二毗尼藏三阿毗曇藏四雜藏是為法施復次有人言略說以二種法教人一聲聞法二摩訶衍法是為法施問曰如提婆達呵多等亦以三藏四藏聲聞法摩訶衍法教人而身入地獄是事云何荅曰提婆達邪見罪多呵多妄語罪多非是為道清淨法施但求名利恭敬供養惡心罪故提婆達生入地獄呵多死墮惡道復次非但言說名為法施常以淨心善思以教一切是名法施譬如財施不以善心不名福德法施亦尒不以淨心善思則非法施復次說法者能以淨心善思讚歎三寶開罪福

門示四真諦教化衆生令入佛道是為真淨法施復次略說法有二種一者不惱衆生善心慈愍是為佛道因緣二者觀知諸法真空是為涅槃道因緣在大衆中興慈愍心說此二法不為名聞利養恭敬是為清淨佛道法施如說阿輸伽王一日作八万佛圖雖未見道於佛法中少有信樂日日請諸比丘入宮供養日日次第留法師說法有一三藏年少法師聰明端正次應說法在王邊坐口有異香王甚疑怪謂為不端欲以香氣動王宮人語比丘言口中何等開口看之即為開口了無所有與水令漱香氣如故王問大德新有此香舊有之耶比丘荅言如此久有非適今也又問有此久如以偈荅言

迦葉佛時　集此香法　如是久久
常若新出

王言大德略說未解為我廣演荅言王當一心善聽我說我昔於迦葉佛法中作說法比丘常在大衆之中歡喜演說迦葉世尊無量功德諸法實

相無量法門慇懃讚歎教誨一切自
是以来常有妙香從口中出世世不
絶恒如今日而說此偈
草木諸華香　此香氣超絶　能悅一切心
世世常不滅
于時國王愧喜交集白比丘言未曾
有也說法功德大果乃尒比丘言此
名為華未是果也王言其果云何願
為演說若言果略說有十王諦聽之
即為說偈
大名聞端政　得樂及恭敬　威光如日明
為一切所愛　辯才有大智　能盡一切結
苦滅得涅槃　如是名為十
王言大德讚佛功德云何而得如是
果報尒時比丘以偈荅曰
讚佛諸功德　令一切普聞　以此果報故
而得大名譽　讚佛實功德　令一切歡喜
以此功德故　世世常端正　為人說罪福
令得安樂所　以此之功德　受樂常歡豫
讚佛功德力　令一切心伏　以此功德故
常獲恭敬報　顯現說法燈　照悟諸衆生
以此之功德　威光如日曜　種種讚佛德
能悅於一切　以此功德故　常為人所愛
巧言讚佛德　無量無窮已　以此功德故
辯才不可盡　讚佛諸妙法　一切无過者
以此功德故　大智慧清淨　讚佛功德時
令人煩惱薄　以此功德故　結盡諸垢滅
二種結盡故　涅槃身已畢　辟如澍大雨
火盡無餘勲
重告王言若有未悟今是問時當以
智箭破汝疑軍王白法師我心悅悟
无所疑也大德福人善能讚佛如是
等種種因緣說法度人名為法施問
曰財法施何者為勝荅曰如佛所言
二施之中法施為勝所以者何財施
果報在欲界中法施果報或在三界
或出三界復次口說清淨深得理中
心亦得之故出三界財施有量法施
無量財施有盡法施无盡辟如以薪
益火其明轉多復次財施之報淨少
垢多法施之報垢少淨多復次若作
大施必待衆力法施出心不待他也
復次財施能令四大諸根增長法施
能令無漏根力覺道具足復次財施
之法有佛無佛世間常有如法施者
唯有佛世乃當有耳是故當知法施
甚難云何為難乃至有相辟支佛不
能說法直行乞食飛騰變化而以度
人復次從法施中能出生財施及諸
聲聞辟支佛菩薩及佛復次法施能
分別諸法有漏無漏法色法無色法
有為無為法善不善无記法常法無
常法有法無法一切諸法實相清淨
不可破不可壞如是等法略說則八
万四千法藏廣說則无量如是等種
種皆從法施分別了知以是故法施
為勝是二施和合名之為檀行是二
施願求作佛則能令人得至佛道何
況其餘問曰四種捨名為檀所謂財
捨法捨無畏捨煩惱捨此中何以不
說二種捨荅曰無畏捨與尸羅无別
故不說有般若故不說煩惱捨若不
說大波羅蜜則應具說四捨

大智度論卷第十一

大智度論卷第十一

校勘記

一 底本，金藏廣勝寺本。

一 二八四頁中一行經名，石作「大智度經論卷第十三」；資、磧、南、徑、清作「大智度論卷第十一」。

一 二八四頁中三行後，諸本有品名，石作「摩訶般若波羅蜜經釋初品中舍利弗因緣第十六」；資作「釋初品中舍利弗因緣第十七」；磧、南、徑、清作「釋初品中舍利弗因緣」。

一 二八四頁中四行首字「告」，石、麗作「〔經〕佛告」；磧、南、徑、清作「〔經〕告」。

一 二八四頁中四行第五字「問」前，石、磧、南、徑、清、麗冠以「〔論〕」。

一 二八四頁中一三行第八字「羅」，資、磧、南、徑、清作「和羅」。

一 二八四頁下三行首字「喜」，石、資、磧、南、徑、清、麗作「嘉」。

一 二八四頁下八行第七字「告」，資、磧、徑作「吉」；南、清作「言」。

一 二八四頁下九行第一二字「告」，石、資、磧、南、徑、清作「吉」。

一 二八四頁下一一行第一〇字「貴」，石、麗作「重」。

一 二八四頁下一二行第二字「最」，磧、南、徑、清作「取」。

一 二八四頁下一二行第三字「重」，石、麗作「貴」。

一 二八四頁下一三行第六字「住」，南、徑作「坐」。

一 二八四頁下一三行第九字「止」，石作「上」。

一 二八四頁下一四行「終始」，石作「始終」。

一 二八四頁下一五行第三字「情」，石、資、磧、南、徑、清作「精」。

一 二八四頁下一七行「道果有」，石、麗作「有道果」。

一 二八四頁下一七行第九字「有」，資、磧、南、徑、清無。

一 二八四頁下一七行第一二字「自」，石、資、磧、南、徑、清、麗無。

一 二八四頁下一八行第一一字「寢」，石作「病」。

一 二八四頁下一九行第四字「邊」，石作「側」。

一 二八四頁下一九行第一一字「邊」，石作「後」。

一 二八四頁下二一行末字「思」，石作「愚」。

一 二八五頁上一行末字「語」，資、磧、南、徑、清作「意」。

一 二八五頁上四行第二字「撫」，磧、南、清、麗作「憮」。

一 二八五頁上六行第二字「畢」，磧、南、徑、清作「必」。

一 二八五頁上一六行「受戒日」，石、麗作「學日又」。

一 二八五頁上一六行第一三字「宣」，資、磧、南、徑、清作「演」。

一 二八五頁上二二行第三字「弗」，徑作「佛」。

一　二八五頁中四行第三字「俱」，石作「俱來」。

一　二八五頁中四行第七字「佛」，石無。

一　二八五頁中一二行第一三字「抓」，石、資、磧、南、徑、清、麗作「爪」。

一　二八五頁中一六行第二字「知」，石作「足」。

一　二八五頁中二一行第八字「說」，石、磧、南、徑、清、麗作「多說」。

一　二八五頁中末行末字「最」，石無。

一　二八五頁下一行第七字「相」，石無。

一　二八五頁下四行、六行及九至一〇行「忉利」，石作「三十三」。

一　二八五頁下七行第二字「來」，石無。

一　二八五頁下一八行「惡名」，石、磧、南、徑、清、麗作「女名之惡」。

一　二八五頁下二一行第一二字「礼」，石作「礼佛」。

一　二八五頁下二二行第二字「初」，石、資、磧、南、徑、清、麗作「最初」。

一　二八六頁上三行第五字「似」，石、麗作「應以」；資、磧、南、徑、清作「應」。

一　二八六頁上六行第八字「證」，資、磧、南、徑、清作「說」。

一　二八六頁上六至七行「以是故」，石作「是爲」。

一　二八六頁上一七行「秦言大膝也」，徑、清作「此言大膝」。

一　二八六頁上一七行第七字「也」，石無。

一　二八六頁上一八行第二字「畜」，石作「育」。

一　二八六頁上一八行至一九行，中一一行「陳故不復」，石、麗作「廢忘又不」。

一　二八六頁上二一行末字「銅」，石、磧、南、徑、清作「鐵鍱」；資作「銅鍱」。

一　二八六頁中二行末字「者」，資、磧、南、徑、清作「曰」。

一　二八六頁中一三行第七字「抂」，石、磧、南、清作「觝」。

一　二八六頁中一五行末字「此」，石作「是」。

一　二八六頁中一六行第一三字「母」，石作「女」。

一　二八六頁中一八行第八字「大」，石作「以」。

一　二八六頁中二二行「爲之」，石無。

一　二八六頁中二二行第一〇字「落」，石作「落與之」。

一　二八六頁下二行首字「羅」，磧、南、徑作「國」。

一　二八六頁下六行第一三字「女」，磧作「妻」。

一　二八六頁下一三行第八字「知」，資、磧、南、徑、清作「知姊」。

一　二八六頁下一三行第一〇字「懷」，石作「妊」。

一　二八六頁下一五行「不剪指抓」，石作「要不剪爪」；資、磧、南、徑作「不暇剪爪」；清作「暇剪爪」。

一　二八六頁下一六行第九字「名」，石、麗作「號」。

一　二八六頁下一六行第一二字「抓」，石、經作「爪」。

一　二八六頁下一七行第一二字「疊」，磧、南、經、清作「氎」，下同。

一　二八六頁下一九行夾註「秦」，經、清作「此」。

一　二八六頁下二一行夾註「秦言子也」，石、麗作「弗秦言子」；資作「弗秦言子也」；磧、南、經作「弗者秦言子也」；清無。

一　二八七頁上五行首字「菩」前，石、資、磧、南、經、清、麗冠以「經」。

一　二八七頁上五行第一二字「一」，石、磧、南、經、清作「知一」。

一　二八七頁上六行第九字「菩」前，石、資、磧、南、經、清、麗冠以「論」。

一　二八七頁上九行第一一字「有」，資、磧、南、經、清作「有人」。

一　二八七頁上一三行第五字「欲」，石、麗作「欲求」。

一　二八七頁上一六行第三字「聖」，石、麗無。

一　二八七頁上一六行「聖種」，資、磧、南、清作「種聖」。

一　二八七頁上末行第四字「無」，石、磧、南、經、清無。

一　二八七頁中三行第六字「種」，石、磧、南、經、清、麗無。

一　二八七頁中三行末字「陁」，資、磧、南、經、清作「度」。

一　二八七頁中一〇行首字「眼」，石、磧、南、經、清、麗作「緣眼」。

一　二八七頁中一〇行第四字「亦」，石、磧、南、清、麗無。

一　二八七頁中一〇行第八字至一一行第四字「耳聲鼻香舌味身觸亦如是」，石、磧、南、經、清無。

一　二八七頁中一〇行第九字「聲」，資無。

一　二八七頁中一四行第一一字「世」，石作「以世」。

一　二八七頁中一七行第一一字及末字「法」，石無。

一　二八七頁中一九行第八字「應」下，石、磧、南、經、清有夾註「心法中應業即除思餘盡相是思故除」；麗有夾註「丹注云心法中除思餘盡相應業即是思故除」。

一　二八七頁中二〇行首字「是」，石作「是等」。

一　二八七頁中二〇行第九字「法」下，石、磧、南、經、清有夾註「現在及無爲是爲近法未來過去是名遠法」；麗有夾註「丹注云現在及無爲是名近法未來過去是名遠法」。

一　二八七頁中二一行第五字及第七字「善」，石作「善法」。

一　二八七頁中二一行第九字「記」，石作「記法」。

一　二八七頁中末行第一一字「持」，石無。

一　二八七頁下一行第四字「法」，石、麗作「法盡」。

一　二八七頁下四行第二字、第九字、

一 第一三字「法」，石、經作「法從」。

一 二八七頁下四行第二字至五行第六字「法因善法因不善法因無記法非因善不善無記」，磧、南、清作「法從善因法從不善因法從無記因法從非善非不善無記因」。

一 二八七頁下四行「因善」，石、經作「善因」。

一 二八七頁下四行「因不善」，石、經作「不善因」。

一 二八七頁下四行「因無記」，石、經作「無記因」。

一 二八七頁下四行至六行「非因善不善無記法緣緣法緣不緣法緣緣不緣法非緣緣非緣不」，石作「非善非不善無記因法緣緣法緣不緣法緣緣不緣緣法亦非緣緣非不緣」。

一 二八七頁下五行「因善」，經作「善因」。

一 二八七頁下五行第六字「記」，經作「記因」。

一 二八七頁下六行第四字「緣」，麗作「緣緣」。

一 二八七頁下六行第六字「非」，麗作「亦非」。

一 二八七頁下六行第一〇字至第一二字「緣不緣」，麗作「不緣緣」。

一 二八七頁下一三行第七字「一」，石、麗作「若一」。

一 二八七頁下一六行第一一字「等」，石、麗作「等事」。

一 二八七頁下二〇行「一切種觀」，石、磧、南、經、清作「觀一切種」。

一 二八七頁下二二行第一一字「知」，石作「以」；麗無。

一 二八七頁下二二行末字「種」，石作「種知」。

一 二八八頁上九行第一二字「非」，石、麗作「自非」。

一 二八八頁上一〇行第三字「無」，石作「有」。

一 二八八頁上一一行第四字「三」，石、麗作「此三」。

一 二八八頁上一三行「如是名地邊」，石、麗作「是爲知地邊際」。

一 二八八頁上一六行首字「舍」前，石、磧、南、經、清、麗冠以「經」。

一 二八八頁上一七行第六字「種」，石作「種智」。

一 二八八頁上一八行「問曰」前，石、磧、南、經、清、麗冠以「論」。

一 二八八頁上一九行「應即」，石、麗作「即應便」。

一 二八八頁上二〇行末字「答」，石、麗作「説」。

一 二八八頁中一行第二字「若」，石、磧、南、經、清、麗作「若波羅蜜」。

一 二八八頁中四行第二字「洹」，磧、南、經、清作「桓」。

一 二八八頁中八行第二字「戰」，經作「顫」。

一 二八八頁中一〇行及一二行「恐怖」，石作「怖畏」。

一 二八八頁中一一行「戰慄如故」，石、磧、南、經、清作「顫怖如初」。

一　二八八頁中一一行第五字「故」，磧、南、清作「初」。
一　二八八頁中一五行首字「如」，石、資、磧、南、經、清、麗作「如是」。
一　二八八頁中一六行「能復」，石作「復能」。
一　二八八頁下五行第六字「當」，石、資、磧、南、經、清、麗作「常」。
一　二八八頁下六行第四字及第一三字「中」，石無。
一　二八八頁下一二行第八字「而」，石無。
一　二八八頁下一二行第九字「入」，石、麗作「入無餘」。
一　二八八頁下一六行第二字「獄」，石作「獄中」。
一　二八八頁下一六行「不以爲難」，石作「終不中悔」。
一　二八八頁下一七行「於諸」，石作「諸佛」。
一　二八八頁下一八行品名「大智度論」，石作「摩訶般若波羅蜜經」；經、清無，下同。
一　二八八頁下一八行「第十七」，資作「第十五」；經、清無。
一　二八八頁下一九行首字「佛」前，石、磧、南、經、清、麗冠以「經」。
一　二八八頁下二〇行第一二字「法」，石、磧、南、經、清作「法應」。
一　二八八頁下二一行首字「檀」，石作「檀那」。
一　二八八頁下二二行第二字「問」前，石、磧、南、經、清、麗冠以「論」。
一　二八九頁上九行第三字「有」，石、麗作「復有」。
一　二八九頁上一〇行第六及第一一字「結」，石、麗作「結使」。
一　二八九頁中七行末字「諸」，石、資、磧、南、經、清作「鬚」。
一　二八九頁中八至九行「舊宿行十二頭陁法之」，石作「行阿蘭若法」。
一　二八九頁中一二行第一三字「弥」，石作「伱」。
一　二八九頁中一四行第一〇字「事」，石無。
一　二八九頁中一五行第五字「未」，石作「不」。
一　二八九頁中一六行第八字「疊」，石作「疊法」。
一　二八九頁中一六行「如是」，資、磧、南、經、清無。
一　二八九頁中一六行第一三字、二〇行及末行末字「復」，石無。
一　二八九頁中一八行「有大」，石作「大有」。
一　二八九頁下四行末字、六行第六字「復」，石作「又」。
一　二八九頁下一三行第三字「燒」，石、磧、南、經、清、麗作「火燒」。
一　二八九頁下一四行第五字及一七行第六字「爲」，石作「是」。
一　二八九頁下一八行第八字「如」，經作「無」。
一　二八九頁下一八行第一二字「者」，石、麗作「有者」。
一　二九〇頁上三行第七字「品」，石、

資、磧、南、徑、清、麗作「品品」。

一 二九〇頁上四行「如是」，石、麗作「以」。

一 二九〇頁上一一行第八字「名」，石、資、磧、南、徑、清、麗作「是名」。

一 二九〇頁上一九行第一〇字「何」，石作「以」。

一 二九〇頁上二一行第四字「蜜」，石、麗作「蜜中」。

一 二九〇頁上二二行品名，資作「大智度論釋初中讚檀波羅蜜品第十九」，磧、南作「大智度論釋初品中讚檀波羅蜜」；徑、清作「釋讚檀波羅蜜義」。

一 二九〇頁上末行第七字「利」，石、磧、南、徑、清作「利益」。

一 二九〇頁中七行第一〇字「果」，石作「果爲」。

一 二九〇頁中一〇行首字「受」，麗作「愛」。

一 二九〇頁中一一行第一〇字「護」，資、磧、南、徑、清作「獲」。

一 二九〇頁中二〇行「悉在」，石作「不燒」。

一 二九〇頁中末行末字至下一行首字「忩忩」，資、磧、南、清作「怱怱」。

一 二九〇頁下一行「猛風」，石作「風猛」。

一 二九〇頁下五行第四字「叵」，磧作「回」。

一 二九〇頁下六行第五字「馬」，石、資、磧、南、清、麗作「焉」。

一 二九〇頁下六行「逝没」，石作「已盡」。

一 二九〇頁下一二行第七字「厚」，石作「利」。

一 二九〇頁下一五行夾註「作」，石、麗作「施」。

一 二九一頁上一行第三字「歷」，石、磧、南、徑、清、麗作「櫪」。

一 二九一頁上一行第一二字「也」，石無。

一 二九一頁上五行「一心」，石、麗作「一心一心觀生滅無常」。

一 二九一頁上七行第一〇字「是」，石作「是求蔭如」。

一 二九一頁上八行「如求蔭」，石作「華如」。

一 二九一頁上八行「如華」，石作「果如」。

一 二九一頁上九行「如果」，石無。

一 二九一頁上九行第五字「檀」，石作「施」。

一 二九一頁上一〇行品名，資作「大智度論釋初中讚檀波羅蜜品第二十」；磧、南、徑作「大智度論釋初品中檀相義」；清作「釋檀相義」。

一 二九一頁上一三行首字「身」，石作「身業」。

一 二九一頁上一六行首字「樂」，石、麗作「樂而」。

一 二九一頁上一八行第二、第六及第一〇字「或」，石作「若」。

一 二九一頁上一八行「不繫聖人行施故名」，資無。

一　二九一頁上一八行至一九行「聖人行施故名不繫」，石、磧、南、徑、清作夾註。麗作夾註「丹本注云聖人行施故名不繫」。

一　二九一頁上二一行「修應」，石、麗無。

一　二九一頁上末行「欲界色界盡見斷」，石、磧、南、徑、清作夾註」；其中，磧、南、徑、清無「見」字。

一　二九一頁中一行「夫聖人」，石作「聖」。

一　二九一頁中三行「者直施無所爲」，石、資、磧、南、徑、清作「施者愚癡施無所分別」。

一　二九一頁中五行第五字「取」，資、磧、南、徑、清作「求」。

一　二九一頁中五行第六字「他」，石作「他人」。

一　二九一頁中六行第二字「誑」，麗作「狂」。

一　二九一頁中八行第五字「爲」，石、資、磧、南、徑、清、麗作「或爲」。

一　二九一頁中一一行第一〇字「達」，石、磧、南、徑、清、麗作「達名爲淨施」。

一　二九一頁中一三行第一〇字「爲」，石、資、磧、南、徑、清作「名」。

一　二九一頁中一五行第六字「槃」，石、磧、南、徑、清、麗作「槃時施」；資作「盤是施」。

一　二九一頁中一五行第一三字「因」，石、麗作「因淨施者」。

一　二九一頁中一七行第二字「施」，石、磧、南、徑、清、麗作「施得果報香」。

一　二九一頁中一八行第八字「作」，石、資、磧、南、徑、清、麗無。

一　二九一頁中二〇行第六字「世」，石無。

一　二九一頁中二〇行末字「要」，石、資、磧、南、徑、清、麗作「要終」。

一　二九一頁中二一行首字「无」，石作「終不」。

一　二九一頁中二二行第九字「有」，石作「生」。

一　二九一頁中末行第一〇字「是」，石作「是人」。

一　二九一頁下五行第二字「施」，石、麗作「布施」。

一　二九一頁下五行第五字「調」，磧、南、徑、清作「掉」。

一　二九一頁下六行首字「者」，石作「者諸」。

一　二九一頁下七行首字「慚」下，石有夾註「不自放恣故言攝心」。

一　二九一頁下七行第六字「德」下，石有夾註「見好功德人愧而敬之故言知」。

一　二九一頁下九行第七字「善」，石作「善行」。

一　二九一頁下一七行第六字「心」，石、磧、南、徑、清作「心中」。

一　二九一頁下一七行第一一字「正」，石作「聖」。

一　二九一頁下末行「布施是」，石、麗作「言布施是得」。

- 二九二頁上二行第二字「固」，磧作「因」。
- 二九二頁上五行「網輓」，石、資、磧、南、徑、清、麗作「縵網」。
- 二九二頁上一〇行第一二字「蹲」，磧、南、徑、清作「膊」。
- 二九二頁上一四行「相布施令受者獨得自在用」，石作「相施時適可前人意起自在業因緣」，磧、南、徑、清作「時適可前人意起自在業因緣」。
- 二九二頁上一五行至一六行「相求者求之」，石作「相乞者求時」；資、磧、南、徑、清作「相乞者求之」。
- 二九二頁上一七行首字「子」，石作「子相」。
- 二九二頁上一七行末字「食」，石、磧、南、徑、清作「食起少病業因緣」。
- 二九二頁上一八行第六字「滿」，石、磧、南、徑、清作「滿相」。
- 二九二頁上二二行「陵毗伽」，石作「毗羅」。
- 二九二頁中一行「供養」，石、麗作「恭敬」。
- 二九二頁中一行第一三字「白」，石作「白相」。
- 二九二頁中四行第三字「青」，石作「清淨」。
- 二九二頁中七行第二字「輸」，石作「輪聖」。
- 二九二頁中一一行「復次」，石無。
- 二九二頁中一一行「得福增多」，石作「得報增多復次」。
- 二九二頁中一三行第三字「福」，石作「報」。
- 二九二頁中一四行第九字「若」，石無。
- 二九二頁中一六行第六字「故」下，石、麗有夾註「丹注云如菩薩及佛慈心布施是爲施者若施佛及菩薩何羅漢辟支佛是爲受者故」。
- 二九二頁中一六行第八字「報」，石作「福」。
- 二九二頁中二〇行第五字「千」，石作「干」。
- 二九二頁中二〇行第一一字「剎」，磧、南、徑、清作「利」。
- 二九二頁下五行首字「可」，石、資、磧、南、清、麗作「何」。
- 二九二頁下八行第三字「其」，資、磧、南、徑、清無。
- 二九二頁下九行第一二字「年」，石、麗作「年客」。
- 二九二頁下一〇行「婦兒盡以」，石作「妻子盡」。
- 二九二頁下一四行末字「貧」，石作「窮」。
- 二九二頁下一六行「以是」，石作「是以」。
- 二九二頁下一九行第五字「身」，石無。
- 二九二頁下二一行第一一字「牙」，資、磧、南、徑、清作「芽」。
- 二九二頁下二二行第六字「身」，石、資、磧、南、徑、清作「耳」。

一二九三頁上五行「聖人雖」，石作「雖聖人」。
一二九三頁上一四行第九字「彼」，石、麗作「我」。
一二九三頁上一六行第一〇字「合」，石、麗作「和合」。
一二九三頁上一七行第二字「猶」，石、資、磧、南、經、清、麗作「獨」。
一二九三頁上末行第一三字「諸」，石、麗作「結」。
一二九三頁中九行第二字「但」，磧、南、清作「相」。
一二九三頁中一四行第七字「昔」，石作「昔時」。
一二九三頁中一五行第二字「薩」，經作「羅」。
一二九三頁中一六行第一一字「聖」，石無。
一二九三頁中一七行「摩羅」，石、磧、南、經、清、麗作「羅摩」。
一二九三頁中一八行第六字「人」，石、資、磧、南、經、清無。

一二九三頁中一八行第一一字，至一九行第八字「饒益衆生量今正是時應當大施」，石作「今正是時應當大施饒益衆生」。
一二九三頁中二〇行第一二字「失」，石、麗作「泆」；資、磧、南、經、清作「躁」。
一二九三頁下八行第四字「校」，石、麗作「交」。
一二九三頁下一〇行第七字「憶」，石作「慢」；麗作「戇」。
一二九三頁下一三行第五字「盛」，石作「上」。
一二九三頁下一五行「頗梨」，磧、南作「玻瓈」。
一二九三頁下一六行第一二字「𨁈」，石、磧、南、經、清作「甲」。
一二九三頁下一九行第六字「勝」，石作「稱」。
一二九三頁下一九行第一一字「薩」，資、磧、南、經、清、麗作「羅」。
一二九三頁下一九行末字「及」，石作「及與」。

一二九三頁下二〇行第五字「小」，麗作「諸小」。
一二九三頁下二〇行第六字「國」，石無。
一二九三頁下二〇行第八字「并」，石作「及」。
一二九三頁下二一行末字「山」，石、磧、南、經、清、麗作「此」。
一二九三頁下末行首字「維」，石、資、磧、南、經、清、麗作「羅」。
一二九四頁上一行第一四字「以」，磧、南作「已」。
一二九四頁上六行第一二字「其」，石作「此」。
一二九四頁上九行第一一字「以」，石、麗作「以故」。
一二九四頁上一五行第二字「所」，石作「邊」。
一二九四頁上一八行第七字「千」，石、資、磧、南、經、清作「十」。
一二九四頁上二〇行「世界」，石作

「國土」。

一　二九四頁上二〇行第一二字「爲」，石作「爲諸」。

一　二九四頁上末行第一一字「能」，石、麗作「欲」。

一　二九四頁中二行第五字「言」，資、磧、南、徑、清作「問言」。

一　二九四頁中六行第六字「汝」，石無。

一　二九四頁中六行第一一字「誓」，石作「誓願」。

一　二九四頁中二一行第一三字「瑕」，石作「過」。

一　二九四頁下二行第二字「人」，石作「入」。

一　二九四頁下二行第一三字「清」，石作「修」。

一　二九四頁下三行第四字「異」，石、南作「惡」。

一　二九四頁下六行第二字「語」，石作「語於」。

一　二九四頁下七行「邪惡」，資、磧、南、徑、清作「惡邪」。

一　二九四頁下一一行第八字「此」，石、麗作「此乎」。

一　二九四頁下一五行第五字「踴」，石、資、磧、南、徑、清作「涌」。

一　二九四頁下一五行第一一字「來」，石作「而」。

一　二九四頁下一五行第一三字「而」，石無。

一　二九四頁下一六行第三字「手」，石作「手中」。

一　二九四頁下一六行第七字「薩」，資、磧、南、徑、清作「羅」。

一　二九四頁下一六行第一一字「是」，石作「此」。

一　二九四頁下一八行第五字「生」，石、資、磧、南、徑、清、麗作「主」。

一　二九五頁上二行「反振」，石、麗作「返震」；磧、南、徑、清作「反震」。

一　二九五頁上三行第四字「知」，石、麗作「知此衆」。

一　二九五頁上五行第一三字「名」，石無。

一　二九五頁上七行「菩薩爲」，石無。

一　二九五頁上一〇行第五字「偈」，石作「法但」。

一　二九五頁上一四行第七字「數」，石作「計」。

一　二九五頁中一行第六字「名」，石作「名爲」。

一　二九五頁中二行「是名」，石作「名爲」。

一　二九五頁中三行「大智度論」，清無。

一　二九五頁中三行「義第二十」，石作「第二十之一」；資作「義二十一」，磧、南、徑、清無。

一　二九五頁中一一行第九字「次」，石無。

一　二九五頁中一二行第七字「一」，石作「一者」。

一　二九五頁中一三行首字「法」，石作「法教人」。

一　二九五頁下四行第八字「真」，石

作「寶」。

一　二九五頁下一二行第八字「端」，石作「瑞」。

一　二九五頁下一二行第一三字「動」，石作「熏」。

一　二九五頁下一五行末字「耶」，石作「也」。

一　二九五頁下一七行第四字「如」，石、磧、南、清、麗作「如比丘」。

一　二九五頁下一七行第八字「言」，石作「王」。

一　二九五頁下二〇行第一二字「演」，石作「說」。

一　二九六頁上一行第九字「歎」，石、資、磧、南、徑、清作「講」。

一　二九六頁上七行第一〇字「尒」，石作「尒也」。

一　二九六頁上九行第四字「若」，石、資、磧、南、徑、清、麗作「答」。

一　二九六頁上一〇行第四字「偈」，石、麗作「偈言」。

一　二九六頁上一一行末字「明」，石、麗作「月」。

一　二九六頁上一四行「云何而」，石作「何由」。

一　二九六頁上一六行「果報故」，石作「大果報」。

一　二九六頁上一七行「而得大名譽」，石作「得此大名聞」。

一　二九六頁上一七行第八字「寶」，石、資、磧、南、徑、清、麗作「實」。

一　二九六頁上一九行第五字「所」，石作「處」。

一　二九六頁上二二行第一〇字「曜」，石作「月」。

一　二九六頁中二行末字「者」，石作「上」。

一　二九六頁中四行「諸垢滅」，石作「滅諸苦」。

一　二九六頁中五行第一〇字「畢」，石、麗作「證」。

一　二九六頁中六行第二字「盡」，資、磧、南、徑、清作「滅」。

一　二九六頁中一一行第二字「財」，石、磧、南、清、麗作「財施」。

一　二九六頁中一一行第六字「者」，資、磧、南、清作「等」。

一　二九六頁中一四行「復次」，石無。

一　二九六頁中一四行至一五行「口說清淨深得理中心亦得之故出三界」，資、磧、南、徑、清無。

一　二九六頁中一五行第九字「財」，石、麗作「復次財」。

一　二九六頁中一九行末字「也」，資、磧、南、徑、清作「心」。

一　二九六頁下一行「有相」，石作「大」。

一　二九六頁下一一行第九字「之」，資、磧、南、徑、清無。

一　二九六頁下一四行及一六行「煩惱捨」，石作「及捨煩惱」。

一　二九六頁下一五行第一二字「羅」，石作「波羅蜜」。

一　二九六頁下一六行第六字「若」，石作「若波羅蜜」。

一　二九六頁下末行第三字「度」，石

作「度經」。

一　二九六頁下末行「十一」，㊂作「十三」。

大智度論釋初品中檀波羅蜜法施之餘十二　聖

龍樹菩薩造

後秦龜茲國三藏鳩摩羅什奉　詔譯

問曰云何名檀波羅蜜滿答曰檀義如上說波羅（秦言彼岸）蜜（秦言到）是名渡布施河得到彼岸問曰云何名不到彼岸答曰譬如渡河未到而還名為不到彼岸如舍利弗於六十劫中行菩薩道欲渡布施河時有乞人來乞其眼舍利弗言眼無所任何以索之若須我身及財物者當以相與答言不須汝身及以財物唯欲得眼若汝實行檀者以眼見與尒時舍利弗出一眼與之乞者得眼於舍利弗前嗅之嫌臭唾而棄地又以脚蹋舍利弗思惟言如此弊人等難可度也眼實無用而強索之既得而棄又以脚蹋何弊之甚如此人輩不可度也不如自調早脫生死思惟是已於菩薩道退迴向小乘是名不到彼岸若能直進不退成辦佛道名到彼岸復次於事成辦亦名到彼岸（天竺俗法凡造事成辦皆言到彼岸）復次此岸

名慳貪檀名河中彼岸名佛道復次有無見名此岸破有無見智慧名彼岸懃修布施是名河中復次檀有二種一者魔檀二者佛檀若為結使賊所奪憂惱怖畏是為魔檀名曰此岸若有清淨布施無結使賊無所怖畏得至佛道是為佛檀名曰到彼岸是為波羅蜜如佛說毒蛇喻經中有人得罪於王王令掌護一篋篋中有四毒蛇王勅罪人令看視養育此人思惟四蛇難近近則害人一猶叵養而況於四便棄篋而走王令五人拔刀追之復有一人口言附順心欲中傷而語之言養之以理此亦無苦其人覺之馳走逃命至一空聚有一善人方便語之此聚雖空是賊所止處汝今住此必為賊害慎勿住也於是復去至一大河河之彼岸即是異國其國安樂坦然清淨無諸患難於是集衆草木縛以為栰進以手足竭力求渡既到彼岸安樂無患王者魔王篋者人身四毒蛇者四大五拔刀賊者五衆一人口善心惡者是染著空聚

是六情賊是六塵一人慜而語之是為善師大河是愛械是八正道手足愍渡是精進此岸是世間彼岸是涅槃度者漏盡阿羅漢菩薩法中亦如是若施有三导我與彼受所施者財是為隨魔境界未離衆難如菩薩布施三種清淨無导為諸佛所讚是名到彼岸此六波羅蜜能令人渡慳貪等煩惱染著大海到於彼岸以是故名波羅蜜問曰阿羅漢辟支佛亦能到彼岸何以不名波羅蜜荅曰阿羅漢辟支佛渡彼岸與佛渡彼岸名同而實異彼以生死為此岸涅槃為彼岸而不能渡檀之彼岸所以者何不能以一切物一切時一切種布施設能布施亦無大心或以无記心或有漏善心或無漏心施无大悲心不能為一切衆生施菩薩施者知布施不生不滅無漏无為如涅槃相為一切衆生故施是名檀波羅蜜復次有人言一切物一切種內外物盡以布施不求果報如是布施名檀波羅蜜復次不可盡故名檀波羅蜜所以者何

知所施物畢竟空如涅槃相以是心施衆生是故施報不可盡名檀波羅蜜如五通仙人以好寶物藏著石中欲護此寶磨金剛塗之令不可破菩薩布施亦復如是以涅槃實相智慧磨塗之布施令不可盡復次菩薩為一切衆生故布施衆生數不可盡故布施亦不可盡復次菩薩為佛法布施佛法无量無邊布施亦無量无邊以是故阿羅漢辟支佛雖到彼岸不名波羅蜜問曰云何名具足滿荅曰如先說菩薩能一切布施內外大小多少麁細著不著用不用如是等種種物一切能捨心無所惜等與一切衆生不作是觀大人應與小人不應與出家人應與不出家人不應與人應與禽獸不應與於一切衆生平等心施施不求報又得施實相是名具足滿亦不觀時無晝無夜无冬無夏無吉无衰一切時常等施心无悔惜乃至頭目髓腦施而无恡是為具足滿

復次有人言菩薩從初發心乃至

菩提樹下三十四心於是中間名為布施具足滿復次七住菩薩得一切諸法實相智慧是時莊嚴佛土教化衆生供養諸佛得大神通能分一身作无數身一一身皆雨七寶華香幡蓋化作大燈如須弥山供養十方佛及菩薩僧復以妙音讚頌佛德礼拜供養恭敬將迎復次是菩薩於一切十方無量餓鬼國中雨種種飲食衣被令其充滿得滿足已皆發阿耨多羅三藐三菩提心復至畜生道中令其自善无相害意除其畏怖隨其所須各各充足得滿足已皆發阿耨多羅三藐三菩提心於地獄無量苦中能令地獄火滅湯冷罪息心善除其飢渴得生天上人中以此因緣故皆發阿耨多羅三藐三菩提心若十方人貧窮者給之以財富貴者施以異味異色令其歡喜以此因緣皆發阿耨多羅三藐三菩提心若至欲天中令其除却天上欲樂施以妙寶法樂令其歡喜以此因緣故皆發阿耨多羅三藐三菩提心若至色天中除其

樂著以菩薩禪法而娛樂之以此因緣故皆發阿耨多羅三藐三菩提心如是乃至十住是名檀波羅蜜具足滿復次菩薩有二種身一者結業生身二者法身是二種身中檀波羅蜜滿是名具足檀波羅蜜問曰云何名結業生身檀波羅蜜滿荅曰未得法身結使未盡能以一切寶物頭目髓腦國財妻子內外所有盡以布施心不動轉如須提拏太子(秦言好愛)以其二子布施婆羅門次以妻施其心不轉又如薩婆達王(秦言一切施)為敵國所滅身竄窮林見有遠國婆羅門來欲從己乞自以國破家亡一身藏竄愍其辛苦故從遠來而無所得語婆羅門言我是薩婆達王新王募人求我甚重即時自縛以身施之送與新王大得財物亦如月光太子出行遊觀癩人見之要車白言我身重病辛苦懊惱太子嬉遊獨自歡耶大慈愍念願見救療太子聞之以問諸醫醫言當須從生長大無瞋之人血髓塗而飲之如是可愈太子念言設有此人貪生

惜壽何可得耶自除我身無可得處即命旃陀羅令除身肉破骨出髓以塗病人以血飲之如是等種種身及妻子施而無悋如棄草木觀所施物知從緣有推求其實都无所得一切清淨如涅槃相乃至得無生法忍是為結業生身行檀波羅蜜滿云何法身菩薩行檀波羅蜜滿菩薩末後肉身得無生法忍捨肉身得法身於十方六道中變身應適以化眾生種種珍寶衣服飲食給施一切又以頭目髓腦國財妻子內外所有盡以布施辟如釋迦文佛曾為六牙白象獵者伺便以毒箭射之諸象競至欲來蹹煞獵者白象以身捍之擁護其人愍之如子諭遣群象徐問獵人何故射我荅曰我須汝牙即時以六牙內石孔中血肉俱出以鼻舉牙授與獵者雖曰為身用心如是當知此象非畜生行報阿羅漢法中都无此心當知此為法身菩薩有時閻浮提人不知礼敬耆舊有德以言化之未可得度是時菩薩自變其身作迦頻闍羅鳥

是鳥有二親友一者大象二者獼猴共在必鉢羅樹下住自相問言我等不知誰應為大象言我昔見此樹在我腹下今大如是以此推之我應為長獼猴言我曾蹲地手挽樹頭以是推之我應為長鳥言我於必鉢羅林中食此樹果子隨糞出此樹得生以是推之我應最大鳥復說言先生宿舊礼應供養即時大象背負獼猴鳥在猴上周遊而行一切禽獸見而問之何以如此荅曰以此恭敬供養長老禽獸受化皆行礼敬不侵民田不害物命衆人疑怪一切禽獸不復為害獵者入林見象負獼猴復載鳥行敬化物物皆修善傳告國人人各慶曰時將太平鳥獸而仁人亦效之皆行礼敬自古及今化流万世當知是為法身菩薩復次法身菩薩一時之頃化作無央數身供養十方諸佛一時能化無量財寶給足衆生能隨一切上中下聲一時之頃普為說法乃至坐佛樹下如是等種種名為法身菩薩行檀波羅蜜滿復次檀有三種一

者物施二者供養恭敬施三者法施云何物施珎寶衣食頭目髓腦如是等一切內外所有盡以布施是名物施恭敬施者信心清淨恭敬礼拜將送迎逆讃遶供養如是等種種名為恭敬施法施者為道德故語言論議誦讀講說除疑問荅授人五戒如是等種種為佛道故施是名法施是三種施滿是名檀波羅蜜滿復次三事因緣生檀一者信心清淨二者財物三者福田心有三種若憐愍若恭敬若憐愍恭敬施貧窮下賤及諸畜生是為憐愍施施佛及諸法身菩薩等是為恭敬施施諸老病貧乏阿羅漢辟支佛是為恭敬憐愍施施物清淨非盜非刧以時而施不求名譽不求利養或時從心大得福德或從福田大得功德或從妙物大得功德第一從心如四等心念佛三昧以身施虎如是名從心大得功德福田有二種一者憐愍福田二者恭敬福田憐愍福田能生憐愍心恭敬福田能生恭敬心如阿輸伽（秦言無憂）王以土上佛復次

物施中如一女人酒醉沒心以七寶瓔珞布施迦葉佛塔以福德故生三十三天如是種種名為物施問曰檀名捨財何以言具足無所捨法荅曰檀有二種一者出世間二者不出世間今說出世間檀無相故無相故無所捨是故言具足無所捨法復次財物不可得故名為無所捨是物未來過去空現在分別无一定法以是故言無所捨復次以行者捨財時心念此施大有功德倚是而生憍慢愛結等以是故言无所捨以無所捨故無憍慢無憍慢故愛結等不生復次施者有二種一者世間人二者出世間人世間人能捨財不能捨施出世間人能捨財能捨施何以故以財物施心俱不可得故以是故言具足無所捨法復次檀波羅蜜中言財施受者三事不可得問曰三事和合故名為檀今言三事不可得云何名檀波羅蜜具足滿今有財有施有受者云何三事不可得如所施疊實有何以故疊有名則有疊法若無疊法亦无疊

名以有名故應實有疊復次疊有長有短麁細白黒黃赤有因有緣有作有破有果報隨法生心十尺為長五尺為短縷大為麁縷小為細隨染有色有縷為因織具為緣是因緣和合故為疊人功為作人毀為破御寒暑弊身體名果報人得之大喜失之大憂以之施故得福助道若盜若刧戮之都市死入地獄如是等種種因緣故知有此疊是名疊法云何言施物不可得荅曰汝言有名故有是事不然何以知之名有二種有實有不實不實名如有一草名朱利朱利（秦言賊也）草亦不盜不刧實非賊而名為賊又如兎角龜毛亦但有名而無實疊雖不如兎角龜毛無然因緣會故有因緣散故无如林如軍是皆有名而無實辟如木人雖有人名不應求其人法疊中雖有名亦不應求疊真實疊能生人心念因緣得之便喜失之便憂是為念因緣心生有二因緣有從實而生有從不實而生如夢中所見如水中月如夜見杌樹謂為人如是

名從不實中能令心生是緣不定不
應言心生有故便是有若心生因緣
故有更不應求實有如眼見水中月
心生謂是月若從心便是月者則無
復真月復次有三種一者相待有二
者假名有三者法有相待者如長短
彼此等實无長短亦無彼此以相待
故有名長因短有短亦因長彼亦因
此此亦因彼若在物東則以為西在
西則以為東一物未異而有東西之
別此皆有名而無實也如是等名為
相待有是中無實法不如色香味觸等
假名有者如酪有色香味觸四事因
緣合故假名為酪雖有不同因緣法
有雖無亦不如兔角龜毛无但以因
緣合故假名有酪疊亦如是復次有
極微色香味觸故有毛分毛分因緣
故有毛毛因緣故有毳毳因緣故有
縷縷因緣故有疊疊因緣故有衣若
無極微色香味觸因緣亦無毛分毛
分無故亦无毛毛無故亦无毳毳無
故亦無縷縷无故亦無疊疊無故亦
無衣問曰亦不必一切物皆從因緣

和合故有如微塵至細故无分無無
分故无和合疊麁故可破微塵中无
分云何可破答曰至微無實強為之
名何以故麁細相待因麁故有細是
細復應有細復次若有極微色則有
十方分若有十方分是不名為極微
若無十方分則不名為色復次若有
極微則應有虛空分齊若有分者則
不名極微復次若有極微是中有色
香味觸作分色香味觸作分是不名
極微以是推求微塵則不可得如經
言色若麁若細若內若外揔而觀之
無常无我不言有微塵是名分破空
復有觀空是疊隨心如坐禪人觀疊
或作地或作水或作火或作風或青
或黃或白或赤或都空如十一切入
觀如佛在耆闍崛山中與比丘僧俱
入王舍城道中見大水佛於水上敷
尼師檀坐告諸比丘若比丘入禪心
得自在能令大水作地即成實地何
以故是水中有地分故如是水火風
金銀種種寶物即皆成實何以故是
水中皆有其分復次如一美色婬人

見之以為淨妙心生染著不淨觀人
視之種種惡露無一淨處等婦見之
妬瞋憎惡目不欲見以為不淨婬人
觀之為樂妬人觀之為苦行人觀之
得道無豫之人觀之无所適莫如見
土木若此美色實淨四種人觀皆應
見淨若實不淨四種人觀皆應不淨
以是故知好醜在心外无定也觀空
亦如是復次是疊中有十八空相故
觀之便空空故不可得如是種種因
緣財物決定不可得云何施人不可
得如疊因緣和合故有分分推之疊
不可得施者亦如是四大圍虛空名
為身是身識動作来往坐起名為人
分分求之亦不可得復次一切衆界
入中我不可得我不可得故施人不
可得何以故我有種種名字人天男
女施人受人受苦人受樂人畜生等
是但有名而實法不可得問曰若施
者不可得云何有菩薩行檀波羅蜜
答曰因緣和合故有名字如屋如車
實法不可得問曰云何我不可得答曰
上我聞一時中巳說今當更說佛說

六識眼識及眼識相應法六緣色不緣屋舍城郭種種諸名耳鼻舌身識亦如是意識及意識相應法知眼知色知眼識乃至知意知法知意識是識所緣法皆空無我生滅故不自在故無為法中亦不計我苦樂不受故是中若强有我法應當有第七識識我而今不介以是故知無我問曰何以識無我一切人各各自身中生計我不於他身中生我若自身中无我而妄見為我者他身无我亦應於他身而妄見為我復次若內無我色識念念生滅云何分別知是色青黃赤白復次若无我今現在人識漸漸生滅身命斷時亦盡諸行罪福誰隨誰受誰受苦樂誰解脫者如是種種因緣故知有我答曰此俱有難若於他身生計我者復當言何以不自身中生計我復次五衆因緣生故空無我從无明因緣生二十身見是我見自於五陰相續生以從此五衆緣生故即計此五衆為我不在他身以其習故復次若有神者可有彼我汝神有

無末了而問彼我其猶人問兎角答似馬角馬角若實有可以證兎角馬角猶尚未了而欲以證兎角復次自於身生我故便自謂有神汝言神遍亦應計他身為我以是故不應言自身中生計我心於他身不生故知有神復次有人於他物中我心生如外道坐禪人用地一切入觀時見地則是我我則是地水火風空亦如是顛倒故於他身中亦計我復次有時於他身生我如有一人受使遠行獨宿空舍夜中有鬼擔一死人來著其前復有一鬼逐来瞋前鬼是死人是我物汝何以擔来先鬼言是我物我自持来後鬼言是死人實我擔来二鬼各捉一手争之前鬼言此有人可問後鬼即問是死人誰擔来是人思惟此二鬼力大若實語亦當死若妄語亦當死俱不免死何為妄語語言前鬼擔来後鬼大瞋捉人手拔出著地前鬼取死人一辟柎之即著如是兩辟兩脚頭脇舉身皆易於是二鬼共食所易人身拭口而去其人思惟我

父母生身眼見二鬼食盡今我此身盡是他肉我今定有身耶為无身耶若以為有盡是他身若以為無今現有身如是思惟其心迷悶辟如狂人明朝尋路而去到前國土見有佛塔衆僧不論餘事但問已身為有為無諸比丘問汝是何人答言我亦不自知是人非人即為衆僧廣說上事諸比丘言此人自知无我易可得度而語之言汝身從本已来恒自無我非適今也但以四大和合故計為我身如汝本身與今无異諸比丘度之為道斷諸煩惱即得阿羅漢是為有時他身亦計為我不可以有彼此故謂有神復次是神實性決定不可得若常相非常相自在相不自在相作相不作相色相非色相如是等種種皆不可得若有相則有法無相則无法我今無相則知无神若神是常不應有煞罪何以故身可煞非常故神不可煞常故問曰神雖常故不可煞但煞身則有煞罪答曰若煞身有煞罪者毗尼中言自煞無煞罪罪福從惱

他益他生非自供養身自煞身故有罪有福以是故毗尼中言自煞身無煞罪有愚癡貪欲瞋恚之咎若神常者不應死不應生何以故汝等法神常一切遍滿五道中云何有死生死名此處失生名彼處出以是故不得言神常若神常者亦應不受苦樂何以故苦来則憂樂至則喜若為憂喜所變者則非常也若常應如虚空雨不能濕熱不能乾亦无今世後　世不應有後世生今世死若神常者則常有我見不應得涅槃若神常者則无起無滅不應有忘失以其無神識无常故有忘有失是故神非常也如是等種種因緣可知神非常相若神无常相者亦無罪无福若身無常神亦无常二事俱滅則墮斷滅墮斷滅則無到後世受罪福者若斷滅則得涅槃不須斷結亦不用後世罪福因緣如是等種種因緣可知神非無常若神自在相作相者則應隨所欲得皆得今所欲更不得非所欲更得若神自在亦不應有作惡行墮畜生惡

道中復次一切衆生皆不樂苦誰當樂樂而更得苦以是故知神不自在亦不作又如人畏罪故自强行善若自在者何以畏罪而自强修福又諸衆生不得如意常為煩惱愛縛所牽如是等種種因緣知神不自在不自作若神不自在不自作者是為無神相言我者即是識更无異事復次若不作者云何閻羅王問罪人誰使汝作此罪者罪人答言是我自作以是故知非不自作若神色相者是事不然何以故一切色無常故問曰人云何言色是我相答曰有人言神在心中微細如芥子清淨名為淨色身更有人言如麦有言如豆有言半寸有言一寸初受身時最在前受譬如像骨及其成身如像已莊有言大小隨人身死壞時此亦前出如此事皆不尒也何以故一切色四大所造因緣生故无常若神是色色無常神亦无常若無常者如上所說問曰身有二種麁身及細身麁身无常細身是神世世常去入五道中答曰此細身不

可得若有細身應有處所可得如五藏四體一一處中求皆不可得問曰此細身微細初死時已去若活時則不可得求汝云何能見又此細身非五情能見能知唯有神通聖人乃能得見答曰若尒者與無无異如人死時捨此生陰入中陰中是時今世身滅受中陰身此无前後滅時即生譬如臘印印泥泥中受印印即時壞成壞一時亦無前後是時受中陰中有捨此中陰受生陰有汝言細身即此中陰中陰身無出无入譬如然燈生滅相續不常不斷佛言一切色衆若過去未来現在若内若外若麁若細皆悉無常汝神微細色者亦應无常斷滅如是等種種因緣可知非色相神非無色相无色者四衆及無為四是神三無為中不計有神无所受故如是等神因緣知神非无色相如是天地間若内若外三世十方求神不可得但十二入和合生六識三事和合名觸觸生受想思等心數法是法

中無明力故身見生身見生故謂有神是身見見苦諦苦法智及苦比智則斷斷時則不見有神汝先言若內無神色識念念生滅云何分別知色青黃赤白汝若有神亦不能獨知要依眼識故能知若尒者神無用也眼識知色色生滅相似生相似滅然後心中有法生名為念是念相有為法雖滅過去而能知如聖人智慧力能知未來世事念亦如是能知過去法若前眼識滅生後眼識後眼識轉利有力色雖暫有不住以念力利故能知以是事故雖念念生滅无常能分別知色又汝言今現在人識漸漸生滅身命斷時亦盡諸行罪福誰隨受誰受苦樂誰解脫者今當荅汝今未得實道是人諸煩惱覆心作生因緣業死時次第相續五陰生辟如一燈更然一燈又如穀子生有三因緣地水種子後世身生亦如是身有有漏業有結使三事故後身生是中身業因緣不可斷不可破但諸結使可斷結使斷時雖有殘身殘業可得解脫

如有穀子有地無水故不生如是雖有身有業无愛結水潤則不生是名雖無神亦名得解脫无明故縛智慧故解則神无用復次是名色和合假名為人是人為諸結所繫得無漏智慧抓解此諸結是時名人得解脫如繩結繩解繩即是結結無異法世界中說結繩解繩名色亦如是名色二法和合假名為人是結使與名色不異但名名色結名色解受罪福亦如是雖无一法為人空名色故受罪福果而人得名辟如車載物一一推之竟無車實然車受載物之名人受罪福亦如是名色受罪福而人受其名受苦樂亦如是如是種種因緣神不可得神即是施者受者亦如是汝以神為人以是故施人不可得受人不可得如是種種因緣是名財物施人受人不可得問曰若諸佛於諸法無所破无所滅無所生无所作何以故言三事破折不可得荅曰如凡夫人見施人見受人見財物是為顛倒妄見生世間受樂福盡轉還是故佛欲

令菩薩行實道得實果報實果報則是佛道為破妄見故言三事不可得實無所破何以故諸法從本以來畢竟空故如是等種種無量因緣不可得故名為檀波羅蜜具足滿復次若菩薩行檀波羅蜜能生六波羅蜜是時名為檀波羅蜜具足滿云何布施生檀波羅蜜檀有下中上從下生中從中生上若以飲食麁物濡心布施是名為下習施轉增以衣服寶物布施是為從下生中施心轉增无所愛惜能以頭目血肉國財妻子盡用布施是為從中生上如釋迦牟尼佛初發心時作大國王名曰光明求索佛道少多布施轉受後身作陶師能以澡浴之具及石蜜漿布施異釋迦牟尼佛及比丘僧其後轉身作大長者女以燈供養憍陳若佛如是等種種名為菩薩下布施如釋迦文尼佛大身作長者子以衣布施大音聲佛佛滅度後起九十塔後更轉身作大國王以七寶蓋供養師子佛後復受身作大長者供養妙目佛上好房舍及

七寶妙華如是等種種名為菩薩中布施如釋迦牟尼佛本身作仙人見憍陳若佛端政殊妙便從高山上自投佛前其身安隱在一面立又如衆生喜見菩薩以身為燈供養日月光德佛如是等種種不惜身命供養諸佛是為菩薩上布施是名菩薩三種布施若有初發佛心布施衆生亦復如是初以飲食布施施心轉增能以身肉與之先以種種好漿布施後心轉增能以身血與之先以紙墨經書布施及以衣服飲食四種供養供養法師後得法身為無量衆生說種種法而為法施如是等種種從檀波羅蜜中生檀波羅蜜云何菩薩布施生尸羅波羅蜜菩薩思惟衆生不布施故後世貧窮以貧窮故劫盜心生以劫盜故而有殺害以貧窮故不足於色色不足故而行邪婬又以貧故為人下賤下賤畏怖而生妄語如是等貧窮因緣故行十不善道若行布施生有財物有財物故不為非法何以故五欲充足無所乏短故如提婆達

本生曾為一虵與一蝦蟇一龜在一池中共結親友其後池水竭盡飢窮困乏無所控告時虵遣龜以呼蝦蟇蝦蟇說偈以遣龜言

若遭貧窮失本心　不惟本義食為先
汝持我聲以語虵　蝦蟇終不到汝邊

若修布施後生有福無所短乏則能持戒無此衆惡是為布施能生尸羅波羅蜜復次布施時能令破戒諸結使薄益持戒心令得堅固是為布施因緣增益於戒復次菩薩布施常於受者生慈悲心不著於財自物不惜何況劫盜慈悲受者何有殺意如是等能遮破戒是為施生戒若能布施以破慳心然後持戒忍辱等易可得行如文殊師利在昔過去久遠劫時曾為比丘入城乞食得滿鉢百味歡喜丸城中一小兒追而從乞不即與之乃至佛圖手捉二丸而要之言汝若能自食一丸以一丸施僧者當以施汝即相然可以一歡喜丸布施衆僧然後於文殊師利許受戒發心作佛如是布施能令受戒發心作佛是

為布施生尸羅波羅蜜復次布施之報得四事供養好國善師無所乏少故能持戒又布施之報其心調柔心調柔故能生持戒能生持戒故從不善法中能自制心如是種種因緣從布施生尸羅波羅蜜云何布施生羼提波羅蜜菩薩布施時受者逆罵若大求索若不時索或不應索而索是時菩薩自思惟言我今布施欲求佛道亦無有人使我布施我自為故云何生瞋如是思惟已而行忍辱是名布施生羼提波羅蜜復次菩薩布施時若受者瞋惱便自思惟我今布施內外財物難捨能捨何況空聲而不能忍若我不忍所可布施則為不淨譬如白象入池澡浴出已還復以土坌身布施不忍亦復如是如是思惟已行於忍辱如是等種種布施因緣生羼提波羅蜜云何布施生毗梨耶波羅蜜菩薩布施時常行精進何以故菩薩初發心時功德未大尒時欲行二施充滿一切衆生之願以物不足故懃求財法以給足之如釋迦文

屈佛本身作大醫王療一切病不求名利為憐愍衆生故病者甚多力不周投憂念一切而不從心懊惱而死即生忉利天上自思惟言我今生天但食福報无所長益即自方便自取滅身捨此天壽生婆伽陁龍王宮中為龍太子其身長大父母愛重欲自取死就金翅鳥王鳥即取此龍子於舍摩利樹上吞之父母嘷咷啼哭懊惱龍子既死生閻浮提中為大國王太子名曰能施生而能言問諸左右今此國中有何等物盡皆持來以用布施衆人怪畏皆捨之走其母憐愛獨自守之語其母言我非羅刹衆人何以故走我本宿命常好布施我為一切人之檀越母聞其言以語衆人衆人即還母好養育及年月大自身所有盡以施盡至父王所索物布施父與其分復以施盡見閻浮提人貧窮辛苦思欲給施而財物不足便自啼泣問諸人言作何方便當令一切滿足於財諸宿人言我等曾聞有如意寶珠若得此珠則能隨心所索無

不必得菩薩聞是語已白其父母欲入大海求龍王頭上如意寶珠父母報言我唯有汝一兒耳若入大海衆難難度一旦失汝我等亦當何用活為不須去也我今藏中猶亦有物當以給汝兒言藏中有限我意无量我欲以財充滿一切令無乏短願見聽許得遂本心使閻浮提人一切充足父母知其志大不敢制之遂放令去是時五百賈客以其福德大人皆樂隨從知其行日集海道口菩薩先聞婆伽陁龍王頭上有如意寶珠問衆人言誰知水道至彼龍宮有一盲人名陁舍曾以七反入大海中具知海道菩薩即命共行荅曰我年既老兩目失明曾雖數入今不能去菩薩語言我今此行不自為身普為一切求如意寶珠欲給足衆生令身无乏欲以道法因緣而教化之汝是智人何得辭耶我願得成豈非汝力陁舍聞其要言欣然同懷語菩薩言我今共汝俱入大海我必不全汝當安我尸骸著大海之中金沙洲上行事都集

斷第七繩船去如馳到衆寶渚衆賈競取七寶各各已足語菩薩言何以不取菩薩報言我所求者如意寶珠此有盡物我不須也汝等各當知足知量無令船重不自勉也是時衆賈白菩薩言大德為呪願令得安隱於是辭去陁舍是時語菩薩言別留艇舟當隨是別道而去待風七日博海南岸至一險處當有絶崖棗林枝皆覆水大風吹船船當摧覆汝當仰攀棗枝可以自濟我身无目於此當死過此隘岸當有金沙河可以我身置此沙中金沙清淨是我願也即如其言風至而去既到絶岸如陁舍語菩薩仰攀棗枝得以自免置陁舍屍安厝金地於是獨去如其先教深水中浮七日至齊咽水中行七日齊腰水中行七日齊膝水中行七日泥中行七日見好蓮華鮮潔柔軟自思惟言此華軟脆當入虛空三昧自輕其身行蓮華上七日見諸毒虵念言含毒之虫甚可畏也即入慈心三昧行毒虵頭上七日虵皆擎頭授與菩薩令

跆上而過過此難已見有七重寶城有七重塹塹中皆滿毒虵有三大龍守門龍見菩薩形容端政相好嚴儀能度衆難得來至此念言此非凡夫必是菩薩大功德人即聽令前逕得入宮龍王夫婦喪兒未久猶故哀泣見菩薩來龍有神通知是其子兩乳流出命之令坐而問之言汝是我子捨我命終生在何處菩薩亦自識宿命知是父母而荅母言我生閻浮提上為大國王太子憐愍貧人飢寒懃苦不得自在故來至此欲求如意寶珠母言汝父頭上有此寶珠以為首飾難可得也必當將汝入諸寶藏隨汝所欲必欲與汝汝當報言其餘雜寶我不須也唯欲大王頭上寶珠若見憐愍願以與我如此可得即往見父父大悲喜歡慶无量愍念其子遠涉艱難乃來至此指示妙寶隨意與汝須者取之菩薩言我從遠來願見大王求王頭上如意寶珠若見憐愍當以與我若不見與不須餘物龍王報言我唯有一珠常為首飾閻浮提

人薄福下賤不應見也菩薩白言我以此故遠涉艱難冒死遠來為閻浮提人薄福貧賤欲以如意寶珠濟其所願然後以佛道因緣而教化之龍王與珠而要之言今以此珠與汝汝既去世當以還我荅曰敬如王言菩薩得珠飛騰虛空如屈申臂頃到閻浮提人王父母見兒吉還歡悅踊躍抱而問言汝得何物荅言得如意寶珠問言今在何許白言在此衣角裏中父母言何其泰小白言在其神德不在大也白父母言當勑城中內外掃灑燒香懸繒幡蓋持齋受戒明日清旦以長木為表以珠著上菩薩是時自立誓願若我當成佛道度脫一切者珠當如我意願出一切寶物隨人所須盡皆備有是時陰雲普遍雨種種寶物衣服飲食卧具湯藥人之所須一切具足至其命盡常尒不絕如是等名為菩薩施生精進波羅蜜云何菩薩布施生禪波羅蜜菩薩布施時能除慳貪除慳貪已因此布施而行一心漸除五蓋能除五蓋是名

為禪復次心依布施入於初禪乃至滅定禪云何為依若施行禪入時心自念言我以此人行禪定故淨心供養我今何為自替於禪即自撿心思惟行禪若施貧人念此宿命作諸不善不求一心不修福業今世貧窮以是自勉修善一心以入禪定如說喜見轉輪聖王八万四千小王來朝皆持七寶妙物來獻王言我不須也汝等各可自以修福諸王自念大王雖不肯取我等亦復不宜自用即共造工立七寶殿殖七寶行樹作七寶浴池於大殿中造八万四千七寶樓樓中皆有七寶床坐雜色被枕置牀兩頭懸繒幡蓋香熏塗地衆事備已白大王言願受法殿寶樹浴池王嘿然受之而自念言我今不應先處新殿以自娛樂當求善人諸沙門婆羅門等先入供養然後我當處之即集善人先入寶殿種種供養微妙具足諸人出已王入寶殿登金樓坐銀牀念布施除五蓋攝六情却六塵受喜樂入初禪次登銀樓坐金牀入二禪次

登毗琉璃樓坐頗梨寶牀入三禪次登頗梨寶樓坐毗琉璃牀入四禪獨坐思惟終竟三月玉女寶后與八万四千諸侍女俱皆以白珠名寶瓔珞其身来白大王久違親覲敢来問訊王告諸妹汝等各當端心當為知識勿為我怨玉女寶后垂淚而言大王何為謂我為妹必有異心願聞其意云何見勑當為知識勿為我怨王告之言汝若以我為世因緣共行欲事以為歡樂是為我怨若能覺悟非常知身如幻修福行善絶去欲情是為知識諸玉女言敬如王勑說此語已各遣令還諸女出已王登金樓坐銀牀行慈三昧登銀樓坐金牀行悲三昧登毗琉璃樓坐頗梨牀行喜三昧登頗梨寶樓坐毗琉璃牀行捨三昧是為菩薩布施生禪波羅蜜云何菩薩布施生般若波羅蜜菩薩布施時知此布施必有果報而不疑惑能破邪見无明是為布施生般若復次菩薩布施時能分別知不持戒人若鞭打拷掠閉繫枉法得財而作布施生

象馬牛中雖受畜生形負重鞭策羈靽乘騎而常得好屋好食為人所重以人供給又如惡人多懷瞋恚心曲不端而行布施當墮龍中得七寶宮殿妙食好色又如憍人多慢瞋心布施墮金翅鳥中常得自在有如意寶珠以為瓔珞種種所須皆得自恣無不如意變化万端无事不辦又如宰官之人枉濫人民不順治法而取財物以用布施墮鬼神中作鳩槃茶鬼能種種變化五塵自娛又如多瞋佷戾嗜好酒肉之人而行布施墮地夜叉鬼中常得種種歡樂音樂飲食又如有人剛愎强梁而能布施車馬代步墮虛空夜叉中而有大力所至如風又如有人妬心好諍而能以好房舍卧具衣服飲食布施故生宫觀飛行夜叉中有種種娛樂便身之物如是種種當布施時能分別知是為菩薩布施生般若復次布施飲食得力色命樂瞻若布施衣服得生知慚愧威德端政身心安樂若施房舍則種種七寶宫觀自然而有五欲自娛若

施井池泉水種種好漿所生則得无飢無渴五欲備有若施橋船及諸履屣生有種種車馬具足若施園林則得豪尊為一切依止受身端政心樂無憂如是等種種人中因緣布施所得若人布施修作福德不好有為作業生活則得生四天王處若人布施加以供養父母及諸伯叔兄姊无瞋無恨不好諍訟又不喜見諍訟之人得生忉利天上焰摩兜術化自在他化自在如是種種分別布施是為菩薩布施生般若若人布施心不染著猒患世間求涅槃是為阿羅漢辟支佛布施若人布施佛道為衆生故是為菩薩布施如是等種種布施中分別知是為布施生般若波羅蜜復次菩薩布施時思惟三事實相如上說如是能知是為布施生般若波羅蜜復次一切智慧功德因緣皆由布施如千佛始發意時種種財物布施諸佛或以華香或以衣服或以楊枝布施而以發意如是等種種布施是為菩薩布施生般若波羅蜜

大智度論卷第十二

大智度論卷第十二　第三十六張　聖字號

大智度論卷第十二

校勘記

一　底本，金藏廣勝寺本。

一　三〇九頁中三行與四行之間，石有「摩訶般若波羅經釋初品中檀波羅蜜法施之二」；資、磧、南、徑、清作「釋初品中檀波羅蜜法施之餘」。

一　三〇九頁中四行首字「問」前，石、麗冠以「論」。

一　三〇九頁中四行第九字「蜜」，資無。

一　三〇九頁中四行第一〇字「滿」，石、磧、普、南、徑、清無。

一　三〇九頁中五行夾註「秦言」，徑、清作「此言」。

一　三〇九頁中五行夾註「到」，石作「到也」。

一　三〇九頁中七行第七字「到」，石作「過」。

一　三〇九頁中七行第一一字「爲」，石無。

一　三〇九頁中一〇行第七字「住」，石、資、麗作「任」。

一　三〇九頁中一五行第三字「棄」，石作「投」。

一　三〇九頁中一五行第五字「又」，石作「便」。

一　三〇九頁中一七行第一三字「弊」，石作「惡」。

一　三〇九頁中末行夾註「岸」，石作「岸也」。

一　三〇九頁下五行第八字「爲」，石作「名」。

一　三〇九頁下八行第一〇字「喻」，石作「譬喻」。

一　三〇九頁下九行第七字「掌」，石作「賞」。

一　三〇九頁下一五行第六字「命」，石作「去」。

一　三〇九頁下二〇行第七字「械」，諸本作「杻」。

一　三〇九頁下末行第二字「衆」，石、磧、普、南、徑、清作「陰」；資作「蔭」。

一　三一〇頁上七行「無㝵」，石、麗作「無此三碍得到彼岸」。

一　三一〇頁上七行末字「名」，石、麗作「名檀波羅蜜以是故名」。

一　三一〇頁上九行「到於」，石作「令到」。

一　三一〇頁上二〇行第四字「施」，石無。

一　三一〇頁上二一行首字「言」，石作「言以」。

一　三一〇頁中二行第七字「報」，石

無。

一　三一〇頁中六行「磨塗之」，石作「塗治」，資、磧、普、南、徑、清作「磨塗」。

一　三一〇頁中一〇行第一一字「到」，資、磧、普、南、徑、清作「俱到」。

一　三一〇頁中一八行第七字「又」，石作「而」。

一　三一〇頁下一三行第三字「各」，諸本作「令」。

一　三一〇頁下一九行第一一字「緣」，諸本作「緣故」。

一　三一一頁上六行末字「名」，石無。

一　三一一頁上一〇行第六字「提」，資、磧、普、南、徑、清作「提犁」。

一　三一一頁上一〇行夾註及一二行夾註，清無。

一　三一一頁上一三行「窮林」，石作「林野」。

一　三一一頁中一行第三字「何」，石作「云何」。

一　三一一頁中一行第六字「耶」，石無。

一　三一一頁中一三行第一三字及一五行第二字、一六行第一〇字、一八行第一三字及下一四行首字「獦」，資、磧、普、南、徑、清、麗作「獵」。

一　三一一頁下三行第六字及八行第六字「大」，石、麗作「長」。

一　三一一頁下五行第二字「猴」，石、麗作「猕猴」。

一　三一一頁下五行第一三字「是」，資、磧、普、南、徑、清作「此」。

一　三一一頁下八行第七字「鳥」，磧、普、南、徑、清作「象」。

一　三一一頁下一四行第二字「者」，石、資、磧、普、南、徑、清作「師」。

一　三一一頁下一四行第八字「猕」，石作「猴」。

一　三一一頁下一四行第一〇字「復」，麗作「猕猴」。

一　三一一頁下一四行第一一字「載」，諸本作「戴」。

一　三一二頁上九行第一〇字「滿」，石作「滿足」。

一　三一二頁上一四行第六字「施」，石、麗作「若施」。

一　三一二頁上一四行第一一字「乏」，石作「窮」。

一　三一二頁上一五行第一一字及一二字「施物」，石作「所施物者」。

一　三一二頁上二〇行第三字「名」，石、麗作「名爲」。

一　三一二頁上末行夾註，資、磧、普、南、徑、清置於正文第七字「王」後。

一　三一二頁中一行第一二字「以」，石、麗作「誤以」。

一　三一二頁中二行第九字「以」，石、麗作「以施」。

一　三一二頁中六行第一〇字「故」，諸本無。

一　三一二頁中七行第五字「言」，石作「名爲」。

一　三一二頁中一〇行第四字「捨」，石作「捨法」。

一　三一二頁中一〇行第七字「以」，資、磧、普、南、徑、清無。

一　三一二頁中一二行首字「等」，石作「等生」。

一　三一二頁中一二行第八字「捨」，石作「捨法除其著也」。

一　三一二頁中一八行第一二字「施」，石作「施者」。

一　三一二頁中二二行第九字「疊」，石、資、磧、普、南、徑、清作「氎」，下同。

一　三一二頁下六行第五字「功」，徑、清作「成」。

一　三一二頁下八行第八字「助」，石作「德助」。

一　三一二頁下一三行第一一至一二字「朱利」，麗作夾註。

一　三一二頁下一三行夾註末字「也」，磧、普、南、徑、清無。

一　三一三頁上四行第八字「心」，石、麗作「心生」。

一　三一三頁上五行第六字「有」，石、麗作「有有」。

一　三一三頁上七行「亦無」，石無。

一　三一三頁上一〇行第八字「未」，石作「不」。

一　三一三頁上一二行第一二字「香」，諸本作「香味」。

一　三一三頁上一四行「合故」，石作「和合」。

一　三一三頁上一四行第七字「略」，石作「略是四因緣有略是假名略」。

一　三一三頁上一五行首字「有」，石作「有略」。

一　三一三頁上一六行第二字「合」，石作「有略」。

一　三一三頁上一六行第一一字「是」，石作「是不如兔角龜毛無亦不如色香味觸有是爲因緣和合故有」。

一　三一三頁中一行末字「無」，諸本無。

一　三一三頁中一〇行第四字及第一〇字「作」，石無。

一　三一三頁中一〇行第五字「分」，石作「分有」。

一　三一三頁中一一行第四字「是」，石作「是故」。

一　三一三頁中一四行第八字「心」，石、麗作「心有」。

一　三一三頁中一八行第九字及一二字、二〇行第七字、二一行第四字、末行首字「水」，石、磧、普、南、徑、清作「木」。

一　三一三頁中末行第六字「分」，石作「分又言不分亦尔但不順故不作」。

一　三一三頁下四行第一一字「行」，石作「淨行之」；磧、普、南、徑、清作「淨行」。

一　三一三頁下一一行第三字「物」，諸本作「物空」。

一　三一三頁下一四行第一二字「名」，諸本作「假名」。

一　三一三頁下一五行第一三字及次頁上一九行第七字、二一行第一一字、二二行第五字「衆」，石作

「陰」。

一　三一三頁下末行首字「上」，諸本作「如上」。

一　三一四頁上一一行第一一字「六」，諸本作「共」。

一　三一四頁上六行「不計」，石作「無」。

一　三一四頁上七行第六字及八行首字、八行第一一字、一二行第一二字、一四字第六字「我」，石作「神」。

一　三一四頁上九行第二字「識」，石、資、磧、普、南、徑、清作「説」。

一　三一四頁上九行第九字「各」，石、麗作「於」。

一　三一四頁上一一行第八字「身」，石、麗作「身中」。

一　三一四頁上一四行及三一六頁上一四行「漸漸」，石、資、磧、普、南、徑、清作「新新」。

一　三一四頁上二〇行第一三字「見」，石作「見及我所」。

一　三一四頁上二二行末字「習」，石作「久習」。

一　三一四頁中一行末字「答」，石作「答言」。

一　三一四頁中五行第七字「我」，石作「神」。

一　三一四頁中一三行第七字「瞋」，諸本作「瞋罵」。

一　三一四頁中一六行第一〇字「此」，資、磧、普、南、徑、清作「此中」。

一　三一四頁中一九行第六字「兔」，諸本作「免」。

一　三一四頁中一九行第一二字「語」，資、磧、普、南、徑、清無。

一　三一四頁中二一行第八字「柎」，資、磧、普、南、徑、清作「附」。

一　三一四頁下一行首字「父」，麗作「人」。

一　三一四頁下一五行第二字、第六字、一九行第八字、第一〇字，二〇行第一三字，二一字第七字；三一五頁下二一行第一三字；三一六頁中四行第四字「神」，石、麗作「我」。

一　三一四頁下一九行首字「我」，資、磧、普、南、徑、清作「神」。

一　三一四頁下二一行首字「可」，石作「可得」。

一　三一五頁上二行第六字「故」，資、磧、普、南、徑、清作「故故」。

一　三一五頁上九行第五字「非」，石作「非是」。

一　三一五頁上一〇行第一三字「世」，石、麗作「世若神常者亦」。

一　三一五頁上二一行第一一字「墮」，諸本作「隨」。

一　三一五頁中二行首字「樂」，諸本作「好」。

一　三一五頁中三行第三字「作」，資、磧、普、南、徑、清作「自作」。

一　三一五頁中八行第二字「言」，資、磧、普、南、徑、清作「汝言」。

一　三一五頁中八行「識更无異」，石作「六識更無有」；麗作「六識更無異」。

一　三一五頁下四行「得求」，石、麗作「求得」。

一　三一五頁下一三行第一三字「衆」，石作「陰」。

一　三一五頁下一七行第六至第七字「無色」，石無。

一　三一五頁下二〇行第四字「神」，諸本作「種種」。

一　三一六頁上九行第五字「而」，石、麗作「是念」。

一　三一六頁上一〇行第六字「念」，磧、南、徑、清作「念念」。

一　三一六頁上一四行「漸漸」，普、麗作「新新」。

一　三一六頁上一五行末字「受」，諸本作「誰受」。

一　三一六頁上一六行第一三字「今」，石作「人」。

一　三一六頁上一八行「次第相續五陰生」，石、麗作「從此五陰相續生五陰」。

一　三一六頁上一九行第八字「子」，石、麗無。

一　三一六頁上二〇行第八字「亦」，資、磧、普、南、徑、清作「亦復」。

一　三一六頁上二〇行「身有」，諸本作「有身」。

一　三一六頁上二〇行第一三字「有」，麗作「有有」。

一　三一六頁中四行第六字「用」，石、麗作「所用」。

一　三一六頁中六行第二字「抓」，諸本作「爪」。

一　三一六頁中一〇行第三字「名」，諸本作「名爲」。

一　三一六頁中一一行第八字「空」，石、麗作「實」。

一　三一六頁中一八行第二字「得」，石、麗作「得亦如是」。

一　三一六頁中一九行「諸佛」，石、麗作「施」；磧、普、南、徑、清作「諸佛但說如實法相」。

一　三一六頁中一九行第一三字「法」，石、麗作「法是如實相」。

一　三一六頁中二二行第三字及第六字「人」，石、麗作「者」。

一　三一六頁中二二行第一一字「爲」，石無。

一　三一六頁下二行第四字「爲」，石、磧、普、南、徑、清、麗作「佛爲」。

一　三一六頁下八行「下中上」，資、磧、普、南、徑、清作「上中下」。

一　三一六頁下一〇行第九字「以」，諸本作「能以」。

一　三一六頁下一二行第一一字「子」，石作「子金銀珎寶」。

一　三一六頁下一三行第八字「如」，石作「生」。

一　三一六頁下一五行末字「以」，石作「施」。

一　三一六頁下一九行末字「大」，諸本作「本」。

一　三一六頁下二〇行第九字「施」，資、磧、普、南、徑、清作「施布施」。

一　三一六頁下末行第八字「目」，資、磧、普、南、徑、清作「因」。

一 三一七頁上三行第六字及三一九頁上三行第一○字；三二○頁中二二行第四字「下四行第一二字「政」，石、資、磧、普、南、徑、清作「正」。

一 三一七頁上一六行第二字「羅」，資、磧、普、南、徑、清無。

一 三一七頁上一六行末二字及一七行首字「布施故」，石、資、磧、普、南、徑、清作「知布施」。

一 三一七頁上一九行第一二字「貧」，石、麗作「貧窮」。

一 三一七頁上末行第三字「欲」，石、麗作「慶」。

一 三一七頁中四行第五字「以」，資、磧、普、南、徑、清無。

一 三一七頁中五行「惟本」，石作「隨法」。

一 三一七頁中一四行第八字「施」，資、磧、普、南、徑、清作「布施」。

一 三一七頁中一四行「施生戒」，石作「布施生尸羅波羅蜜」。

一 三一八頁上六行「婆迦」，磧、普、南、徑、清作「娑伽」。

一 三一八頁上一三行第五字「恠」，資、磧、普、南、徑、清作「怖」。

一 三一八頁上一七行第一一字「月」，諸本作「長」。

一 三一八頁上二○行第五字「欲」，資、磧、普、南、徑、清作「惟」。

一 三一八頁中一二行首字「婆」，資、磧、普、南、徑、清作「娑」。

一 三一八頁中一六行末字「語」，石、資、磧、普、南、徑、清無。

一 三一八頁中一八行末字「欲」，石、磧、普、南、徑、清、麗作「次」。

一 三一八頁中二二行末字「尸」，石作「身」。

一 三一八頁下六行第七字「爲」，諸本作「爲我」。

一 三一八頁下八行第一三字「愽」，磧、南、徑、清作「搏」。

一 三一八頁下一○行末字及一五行第三字「攀」，麗作「板」。

一 三一八頁下一一行第一○字「自」，諸本作「目」。

一 三一八頁下一二行第九字「河」，諸本作「洲」。

一 三一八頁下一四行第九字「岸」，石、麗作「崖」。

一 三一八頁下一五行第一二字「含」，資、磧、普、南、徑、清作「舍」。

一 三一八頁下一七行第四字「至」，石、資、磧、普、南、徑、清無。

一 三一八頁下一七行第五字第一二字及一八行第五字「坐」，石、資、磧、普、南、徑、清作「齊」。

一 三一八頁下一八行第一二字「泥」，資、磧、普、南、徑、清作「塗泥」。

一 三一九頁上二行第一二字「三」，磧、普、南、徑、清作「二」。

一 三一九頁上七行第五字「龍」，石、磧、普、南、徑、清、麗作「龍王婦」。

一 三一九頁上七行末字「乳」，石、麗作「乳汁」。

一 三一九頁上一三行第八字「有」，

磧、普作「在」。

一　三一九頁上一四行第一一字「諸」，資、磧、普、南、徑、清作「珠」。

一　三一九頁上一七行末字「見」，石作「是」。

一　三一九頁上一八行第六字「歡」，資、磧、普、南、徑、清作「欣」。

一　三一九頁上一八行第一一字「念」，資作「令」；徑作「憐」。

一　三一九頁上末行第六字「一」，石、麗作「此一」。

一　三一九頁中六行第三字「世」，南作「出」。

一　三一九頁中一一行第七字「泰」，石作「大」；磧、普、南作「太」。

一　三一九頁中二〇行第八字「施」，諸本作「布施」。

一　三一九頁下二行第一二字「入」，石、磧、普、南、徑、清作「人」。

一　三一九頁下四行第七字「替」，資作「贊」。

一　三一九頁下四行第一二字「撿」，麗作「歛」。

一　三一九頁下二〇行第一〇字「微」，石作「美」。

一　三二〇頁上五行第五字及七行第一三字「大」，石作「天」。

一　三二〇頁上六行第一二字「爲」，資、磧、普、南、徑、清作「爲我」。

一　三二〇頁上一四行末字「銀」，石作「白銀」。

一　三二〇頁上二一行「般若」，石、普、麗作「般若波羅蜜」。

一　三二〇頁上二一行「復次」，普無。

一　三二〇頁中三行第六字及五行第七字、八行第一三字、一一行第一一字、一四行首字、一六行第三字「如」，石、磧、南、清、麗作「知」。

一　三二〇頁中六行第七字「常」，南作「當」。

一　三二〇頁中一一行末字「佷」，石作「恨」；清作「很」。

一　三二〇頁中一二行第一三字「地」，資、磧、普、南、徑、清作「地行」。

一　三二〇頁中二〇行第一一字「飯」，資、磧、普、南、徑、清、麗作「飲」。

一　三二〇頁中二一行第四字「瞻」，磧、普、南、徑、清作「贍」。

一　三二〇頁中二二行第一三字「則」，石、麗作「則得」。

一　三二〇頁下三行首字「屣」，徑作「屧」。

一　三二〇頁下八行第一〇字「村」，磧、南、徑、清、麗作「叔」。

一　三二〇頁下八行「兄姊」，石、麗作「兄弟姊妹」。

一　三二〇頁下八行第一二字「姉」，徑作「姊」。

一　三二〇頁下一〇行第一〇字「術」，石、資、磧、普、南、徑、清作「率」。

一　三二〇頁下一四行第八字「施」，石、資、磧、普、南、徑、清作「施爲」。

一　三二〇頁下一六行第三字「知」，資作「如」。

一　三二一頁上末行經名，石作「大智度經論卷第十四」。

大智度論釋初品中尸羅波羅蜜義第二十三 卷第十三

龍樹菩薩造　聖

後秦龜茲國三藏鳩摩羅什奉　詔譯

罪不罪不可得故應具足尸羅波羅蜜尸羅（秦言性善）好行善道不自放逸是名尸羅或受戒行善或不受戒行善皆名尸羅尸羅者略說身口律儀有八種不惱害不劫盜不邪婬不妄語不兩舌不惡口不綺語不飲酒及淨命是名戒若不護放捨是名破戒破此戒者墮三惡道中若下持戒生人中中持戒生六欲天中上持戒又行四禪四空定生色無色界清淨天中上持戒有三種下清淨持戒得阿羅漢中清淨持戒得辟支佛上清淨持戒得佛道不著不猗不破不缺聖所讚愛如是名為上清淨若慈愍衆生故為度衆生故亦知戒實相故心不猗著如此持戒令人至佛道如是名為得無上佛道戒若人求大善利當堅持戒如惜重寶如護身命何以故譬如大地一切万物有形之類皆依

地而住戒亦如是戒為一切善法住處復次譬如無足欲行無翅欲飛无舩求度是不可得若無戒欲求好果亦復如是若人棄捨此戒雖山居苦行食果服藥與禽獸無異或有人但服水為戒或服乳或服氣或剃髮或頂上留少許髮或著袈裟或著白衣或著草衣或木皮衣或冬入水或夏火炙若自墜高巖若於恒河中洗若日三浴再供養火種種祠祀種種呪願受行苦行以無此戒空無所得若有人雖處高堂大殿好衣美食而能行此戒者得生好處及得道果若貴若賤若小若大行此淨戒皆得大利若破此戒无貴無賤無大無小皆不得隨意生善處復次破戒之人譬如清涼池而有毒虵不中澡浴亦如好華果樹而多逆刺若人雖在貴家生身體端政廣學多聞而不樂持戒无慈愍心亦復如是如偈說

貴而無智則為衰　智而憍慢亦為衰
持戒之人而毀戒　今世後世一切衰

人雖貧賤而能持戒勝於富貴而破

戒者華香木香不能遠聞持戒之香周遍十方持戒之人具足安樂名聲遠聞天人敬愛現世常得種種快樂若欲天上人中富貴長壽取之不難持戒清淨所願皆得復次持戒之人見破戒人刑獄考掠種種苦惱自知永離此事以為欣慶若持戒之人見善人得譽名聞快樂心自念言如彼得譽我亦有分持戒之人壽終之時刀風解身筋脉斷絶自知持戒清淨心不怖畏如偈說

大惡病中　戒為良藥　大恐怖中
戒為守護　死闇冥中　戒為明燈
於惡道中　戒為橋樑　死海水中
戒為大船

復次持戒之人常得今世人所敬養心樂不悔衣食無乏死得生天後得佛道持戒之人無事不得破戒之人一切皆失譬如有人常供養天其人貧窮一心供養滿十二歲求索富貴天愍此人自現其身而問之曰汝求何等答言我求富貴欲令心之所願一切皆得天與一器名曰德瓶而語

之言所須之物從此瓶出其人得已應意所欲無所不得得如意已具作好舍象馬車乘七寶具足供給賓客事事無乏客問之言汝先貧窮今日所由得如此富答言我得天瓶瓶能出此種種衆物故富如是客言出瓶見示并所出物即為出瓶瓶中引出種種衆物其人憍泆立瓶上儛瓶即破壞一切衆物亦一時滅持戒之人亦復如是種種妙樂無願不得若人破戒憍泆自恣亦如彼人破瓶失利復次持戒之人名稱之香今世後世天上及在人中復次持戒之人人所樂施不惜財物不修世利而無所乏得生天上十方佛前入三乘道而得解脫惟種種邪見持戒後無所得復次若人雖不出家但能修行戒法亦得生天若人持戒清淨行禪智慧欲求度脫老病死苦此願必得持戒之人雖無兵杖衆惡不加持戒之財無能奪者持戒親親雖死不離持戒莊嚴勝於七寶以是之故當護於戒如護身命如愛寶物破戒之人受苦万

端如向貧人破瓶失物復次持戒之人觀破戒人罪應自勉勵一心持戒云何名為破戒人罪破戒之人人所不敬其家如塚人所不到破戒之人失諸功德譬如枯樹人不愛樂破戒之人如霜蓮花人不喜見破戒之人惡心可畏譬如羅刹破戒之人人不歸向譬如人渴不向枯井破戒之人心常疑悔譬如犯事之人常畏罪至破戒之人如田被雹不可依仰破戒之人譬如苦蓏雖形似甘種而不可食破戒之人如賊聚落不可依止破戒之人譬如大病人不欲近破戒之人不得勉苦譬如惡道難可得過破戒之人不可共止譬如惡賊難可親近破戒之人譬如大坑行者避之破戒之人難可共住譬如毒虵破戒之人不可近觸譬如大火破戒之人譬如破船不可乘渡破戒之人譬如吐食不可更噉破戒之人在好衆中譬如惡馬在善馬群破戒之人與善人異如驢在牛群破戒之人在精進衆譬如儜兒在健人中破戒之人雖似

比丘辟如死屍在眠人中破戒之人辟如偽珠在真珠中破戒之人辟如伊蘭在栴檀林破戒之人雖形似善人內無善法雖復剃頭染衣次第捉籌名為比丘實非比丘破戒之人若著法衣則是熱銅鐵鍱以纏其身若持鉢盂則是盛洋銅器若所噉食則是吞燒鐵丸飲熱洋銅若受人供養供給則是地獄獄鬼守之若入精舍則是入大地獄若坐衆僧牀榻是為坐熱鐵牀上復次破戒之人常懷怖懼如重病人常畏死至亦如五逆罪人心常自念我為佛賊藏覆避隈如賊畏人歲月日過常不安隱破戒之人雖得供養利樂是樂不淨辟如愚人供養莊嚴死屍智者聞之惡不欲見如是種種無量破戒之罪不可稱說行者應當一心持戒

大智度論釋初品中戒相義第二十二

問曰已知如是種種功德果報云何為戒荅曰惡止不更作若心生若口言若從他受息身口惡是為戒云何名為惡若實是衆生知是衆生發心

欲煞而奪其命生身業有作色是名煞生罪其餘繫閉鞭打等是助煞法復次煞他得煞罪非自煞身心知衆生而煞是煞罪不如夜中見人謂為杌樹而煞者故煞生得煞罪非不故也快心煞生得煞罪非狂癡命根斷是煞罪非作瘡身業是煞罪非但口教勅口教是煞罪非但心生如是等名煞罪不作是罪名為戒若人受戒心生口言我從今日不復煞生若身不動口不言而獨心生自誓我從今日不復煞生是名不煞生戒有人言是不煞生戒或善或無記問曰如阿毗曇中說一切戒律儀皆善今何以言無記荅曰如迦栴延子阿毗曇中言一切善如餘阿毗曇中言不煞戒或善或無記何以故若不煞戒常善者持此戒人應如得道人常不墮惡道以是故或時應無記无記無報故不生天上人中問曰不以戒無記故墮地獄更有惡心生故墮地獄荅曰不煞生得無量善法作無作福常日夜生故若作少罪有限有量何以故

隨有量而不限無量以是故知不煞戒中或有無記復次有人不從師受戒而但心生自誓我從今日不復煞生如是不煞或時無記問曰是不煞戒何界繫荅曰迦栴延子阿毗曇中言一切受戒律儀皆欲界繫餘阿毗曇中言或欲界繫或不繫以實言之應有三種或欲界繫或色界繫或不繫煞生法雖欲界不煞戒應隨煞在欲界但色界不煞無漏不煞遠遮故是真不煞戒復次有人不受戒而從生已來不好煞生或善或無記是名無記是不煞生非心非心數法亦非心相應或共心生或不共心生迦栴延子阿毗曇中言不煞生是身口業或作色或無作色或隨心行或不隨心行（隨心行定共戒　不隨心者五戒）非先世業報二種修應修二種證應證（身證　慧證）思惟斷一切欲界冣後得見斷時斷凡夫聖人所得是色法或可見或不見法或有對法或无對法有報法有果法有漏法有為法有上法（非如故有上）非相應因如是等分別是名不煞戒問曰八直道中戒亦不煞生何以獨

言不煞生戒有報有漏荅曰此中但
說受戒律儀不說無漏律儀復次餘
阿毗曇中言不煞法常不逐心行非
身口業不隨心業行或有報或無報
非心相應法或有漏或無漏是為異法餘者同復
有言諸佛賢聖不戲論諸法種種異說名為戲也現前衆
生各各惜命是故佛言莫奪他命奪
他命世世受諸苦痛衆生有無後當
說問曰人能以力勝人并國煞怨或
田獵皮肉所濟處大今不煞生得何
等利荅曰得无所畏安樂無怖我以
無害於彼故彼亦無害於我以是故
無怖无畏好煞之人雖復位極人王
亦不自安如持戒之人單行獨遊无
所畏難復次好煞之人有命之屬皆
不喜見若不好煞一切衆生皆樂依
附復次持戒之人命欲終時其心安
樂無疑無悔若生天上若在人中常
得長壽是為得道因緣乃至得佛住
壽無量復次煞生之人今世後世受
種種身心苦痛不煞之人无此衆難
是為大利復次行者思惟我自惜命
愛身彼亦如是與我何異以是之故

不應煞生復次若人煞生者為善人
所訶怨家所嫉負他命故常有怖畏
為彼所憎死時心悔當墮地獄若畜
生中若出為人常當短命復次假令
後世無罪不為善人所訶怨家所嫉
尚不應故奪他命何以故善相之人
所不應行何況兩世有罪弊惡果報
復次煞為罪中之重何以故人有死
急不惜重寶但以活命為先譬如賈
客入海採寶垂出大海其船卒壞珍
寶失盡而自喜慶舉手而言祈失大
寶衆人怪言汝失財物倮形得脫云
何喜言祈失大寶荅言一切寶中人
命第一人為命故求財不為財故求
命以是故佛說十不善道中煞最在
初五戒中亦最在初若人種種修諸
福德而无不煞生戒則無所益何以
故雖在富貴處生勢力豪強而无壽
命誰受此樂以是故知諸餘罪中煞
罪最重諸功德中不煞第一世間中
惜命為第一何以知之一切世人甘
受刑罰刑殘考掠以護壽命復次若
有人受戒心生從今日不煞一切衆

生是於無量衆生中已以所愛重物
施與所得功德亦復無量如佛說有
五大施何等五一者不煞生是為最
大施不盜不邪婬不妄語不飲酒亦
復如是復次行慈三昧其福無量水
火不害刀兵不傷一切惡毒所不能
中以五大施故所得如是復次三世
十方中尊佛為第一如佛語難提迦
優婆塞煞生有十罪何等為十一者
心常懷毒世世不絕二者衆生憎惡
眼不喜見三者常懷惡念思惟惡事
四者衆生畏之如見蛇虎五者睡時
心怖覺亦不安六者常有惡夢七者
命終之時狂怖惡死八者種短命業
因緣九者身壞命終墮泥梨中十者
若出為人常當短命復次行者心念
一切有命乃至昆虫皆自惜身云何
以衣服飲食自為身故而煞衆生復
次行者當學大人法一切大人中佛
為最大何以故一切智慧成就十力
具足能度衆生常行慈愍持不煞戒
自致得佛亦教弟子行此慈愍行者
欲學大人行故亦當不煞問曰不侵

我者煞心可息若為侵害强奪逼迫是當去何答曰應當量其輕重若人煞已先自思惟全戒利重全身為重破戒為失喪身為失如是思惟已知持戒為重全身為輕若苟免全身身何所得是身名為老病死藪必當壞敗若為持戒失身其利甚重又復思惟我前後失身世世无數或作惡賊禽獸之身但為財利諸不善事今乃得為持淨戒故不惜此身捨命持戒勝於毀禁全身百千万倍不以為勝如是定心應當捨身以護淨戒如一須陁洹人生屠煞家年向成人應當修其家業而不肯煞生父母與刀并一口羊閉著屋中而語之言若不煞羊不令汝出得見日月生活飲食兒自思惟言我若煞此一羊便當終為此業豈以身故為此大罪便以刀自煞父母開户見羊在一面立兒已命絶當自煞時即生天上若如此者是為不惜壽命全護淨戒如是等義是名不煞生戒不與取者知他物生盜心取物去離本處物屬我是名盜若

不作是名不盜其餘方便計挍乃至手捉未離地者名助盜法財物有二種有屬他有不屬他取屬他物是為盜罪屬他物亦有二種一者聚落中二者空地此二處物盜心取得盜罪若物在空地當撿挍知是物近誰國是物應當屬不應取如毗尼中說種種不盜是名不盜相問曰不盜有何等利答曰人命有二種一者內二者外若奪財物是為奪外命何以故命依飲食衣被故活若劫若奪是名奪外命如偈說

一切諸衆生　衣食以自活　若奪若劫取
是名劫奪命

以是事故有智之人不應劫奪復次當自思惟劫奪得物以自供養雖身充足會亦當死死入地獄家室親屬雖共受樂獨自受罪亦不能救已得此觀應當不盜復次是不與取有二種一者偷二者劫此二共名不與取於不與取中盜為最重何以故一切人以財自活而或穿踰盜取是最不淨何以故无力勝人畏死盜取故劫

奪之中盜為罪重如偈說

飢餓身羸瘦　受罪大苦處　他物不可觸
譬如大火聚　若盜取他物　其主泣懊惱
假使天王等　猶亦以為苦

煞生人罪雖重然於所煞者是賊偷盜人於一切有物人中賊若犯餘戒於異國中有不以為罪者偷盜人一切諸國無不治罪問曰劫奪之人今世有人讚受其健於此劫奪何以不作答曰不與而盜是不善相劫盜之中雖有差降俱為不善譬如美食雜毒惡食雜毒美惡雖殊雜毒不異亦如明闇蹈火晝夜雖異燒足一也今世愚人不識罪福二世果報无仁慈心見人能以力相侵强奪他財讚以為强諸佛賢聖慈愍一切了達三世殃福不朽所不稱譽以是故知劫盜之罪俱為不善善人行者之所不為如佛說不與取有十罪何等為十一者物主常瞋二者重疑（重罪人疑）三者非時行不籌量四者朋黨惡人遠離賢善五者破善相六者得罪於官七者財物没入八者種貧窮業因緣九者死入

地獄十者若出為人勤苦求財五家所共若王若賊若火若水若不愛子用乃至藏埋亦失邪婬者女人為父母兄弟姉妹夫主兒子世間法王法守護若犯者是名邪婬若有雖不守護以法為守云何法守一切出家女人在家受一日戒是名法守若以力若以財若誘誑若自有妻受戒有身乳兒非道乃至以華鬘與婬女為要如是犯者名為邪婬如是種種不作名為不邪婬問曰人守人瞋法守破法應名邪婬人自有妻何以為邪荅曰既聽受一日戒墮於法中本雖是婦今不自在過受戒時則非法守有身婦人以其身重厭本所習又為傷身乳兒時婬其母乳則竭又以心著婬欲不復護兒非道之處則非女根女心不樂强以非理故名邪婬是事不作名為不邪婬問曰若夫主不知不見不惱他有何罪荅曰以其邪故既名為邪是為不正是故有罪復次此有種種罪過夫妻之情異身同體奪他所愛破其本心是名為賊復有

重罪惡名醜聲為人所憎少樂多畏或畏刑戮又畏夫主傍人所知多懷妄語聖人所呵罪中之罪（婬罪邪婬破戒故言罪中之罪）復次婬泆之人當自思惟我婦他妻同為女人骨肉情態彼此無異而我何為横生惑心隨逐邪意邪婬之人破失今世後世之樂（好名善譽身心安樂今世得也生天得道涅槃之利後世得也）復次迴已易處以自制心若彼侵我妻我則忿恚彼彼亦何異恕已自制故應不作復次如佛所說邪婬之人後墮劍樹地獄衆苦備受得出為人家道不穆常值婬婦邪僻殘賊邪婬為患辟如蝮虵亦如大火不急避之禍害將及如佛所說邪婬有十罪一者常為所婬夫主欲危害之二者夫婦不穆常共鬪諍三者諸不善法日日增長於諸善法日日損減四者不守護身妻子孤寡五者財產日耗六者有諸惡事常為人所疑七者親屬知識所不愛喜八者種怨家業因緣九者身壞命終死入地獄十者若出為女人多人共夫若為男子婦不貞潔如是等種種因緣不作是名不邪婬妄

語者不淨心欲誑他覆隱實出異語生口業是名妄語妄語之罪從言聲相解生若不相解雖不實語无妄語罪是妄語知言不知不知言知見言不見不見言見聞言不聞不聞言聞是名妄語若不作是名不妄語問曰妄語有何等罪荅曰妄語之人先自誑身然後誑人以實為虛以虛為實虛實顛倒不受善法辟如覆瓶水不得入妄語之人心無慙愧閉塞天道涅槃之門觀知此罪是故不作復次觀知實語其利甚廣實語之利自身已出甚為易得是為一切出家人力如是功德居家出家人共有此利善人之相復次實語之人其心端直其心端直易得免苦辟如稠林曳木直者易出問曰若妄語有如是罪人何以故妄語荅曰有人愚癡少智遭事苦厄妄語求脫不知事發今世得罪不知後世有大罪報復有人雖知妄語罪慳貪瞋恚愚癡多故而作妄語復有人雖不貪恚而妄證人罪心謂實尒死墮地獄如提婆達多弟子俱

伽離常求舍利弗目揵連過失是時
二人夏安居竟遊行諸國值天大雨
到陶作家宿藏陶器舍中先有一女
人在闇中宿二人不知此女人其夜
夢失不淨晨朝趣水澡洗是時俱伽
離偶行見之俱伽離能相知人交會
情狀而不知夢與不夢是時俱伽離
顧語弟子此女人昨夜與人情通即
問女人汝在何處卧答言我在陶師
屋中寄宿又問共誰答言二比丘是
時二人從屋中出俱伽離見已又以
相驗之意謂二人必為不淨先懷嫉
妬既見此事適諸城邑聚落告之次
到祇洹唱此惡聲於是中間梵天王
來欲見佛佛入靜室寂然三昧諸比
丘眾亦各閉房三昧皆不可覺即自
思惟我故來見佛佛入三昧且欲還
去即復念言佛從定起亦將不久於
是小住到俱伽離房前扣其户而言
俱伽離俱伽離舍利弗目揵連心淨
柔軟汝莫謗之而長夜受苦俱伽離
問言汝是何人答言我是梵天王問
言佛說汝得阿那含道汝何以故来

梵王心念而說偈言
无量法欲量　不應以相取　無量法欲量
是野人覆沒
說此偈已到佛所具說其事佛言善
哉善哉快說此偈尒時世尊復說此偈
無量法欲量　不應以相取　无量法欲量
是野人覆沒
梵天王聽佛說已忽然不現即還天
上尒時俱伽離到佛所頭面礼佛足
却住一面佛告俱伽離舍利弗目揵
連心淨柔軟汝莫謗之而長夜受苦
俱伽離白佛言我於佛語不敢不信
但自目見了了定知二人實行不淨
佛如是三呵俱伽離亦三不受即從
坐起而去還其房中舉身生瘡始如
芥子漸大如豆如棗如桃轉大如瓜
翕然爛壞如大火燒叫喚嘷哭其夜
即死入大蓮華地獄有一梵天夜来
白佛俱伽離已死復有一梵天言墮
大蓮華地獄其夜過已佛命僧集而
告之言汝等欲知俱伽離所墮地獄
壽命長短不諸比丘言願樂欲聞佛
言有六十斛胡麻有人過百歲取一

胡麻如是至盡阿浮陁地獄中壽故
未盡二十阿浮陁地獄中壽為一尼
羅浮陁地獄中壽如二十尼羅浮陁地
獄中壽為一阿羅邏地獄中壽二十
阿羅邏地獄中壽為一阿婆婆地獄
中壽二十阿婆婆地獄中壽為一休
休地獄中壽二十休休地獄中壽為
一漚波羅地獄中壽二十漚波羅地
獄中壽為一分陁梨迦地獄中壽二
十分陁梨迦地獄中壽為一摩呵波
頭摩地獄中壽俱伽離墮是摩呵波
頭摩地獄中出其大舌以百釘釘之
五百具犁耕之尒時世尊說此偈言
夫士之生　斧在口中　所以斬身
由其惡言　應呵而讚　應讚而呵
口集諸惡　終不見樂　心口業生惡
墮尼羅浮獄　具滿百千世　受諸毒苦痛
若生阿浮陁　具滿三十六　別更有五世
皆受諸苦毒　心依邪見　破賢聖語
如竹生實　自毀其形
如是等心生疑謗遂至決定亦是妄
語妄語人乃至佛語而不信受受罪
如是以是故不應妄語復次如佛子

羅睺羅其年幼稚未知愼口人來問之世尊在不誑言不在若不在時人問羅睺羅世尊在不誑言佛在有人語佛佛語羅睺羅澡槃取水與吾洗足洗足已語羅睺羅覆此澡槃如勑即覆佛言以水注之注已問言水入中不荅言不入佛告羅睺羅无慚愧人妄語覆心道法不入亦復如是如佛說妄語有十罪何等為十一者口氣臭二者善神遠之非人得便三者雖有實語人不信受四者智人語議常不參豫五者常被誹謗醜惡之聲周聞天下六者人所不敬雖有教勑人不承用七者常多憂愁八者種誹謗業因緣九者身壞命終當墮地獄十者若出為人常被誹謗如是種種不作是為不妄語名口善律儀不飲酒者酒有三種一者穀酒二者果酒三者藥草酒果酒者蒲桃阿梨咤樹果如是等種種名為果酒藥草酒者種種藥草合和米麴甘蔗汁中能變成酒同蹄畜乳酒一切乳熱者可中作酒略說若乾若濕若清若濁如是

等能令人心動放逸是名為酒一切不應飲是名不飲酒問曰酒能破冷益身令心歡喜何以不飲荅曰益身甚少所損甚多是故不應飲譬如美飲其中雜毒是何等毒如佛語難提迦優婆塞酒有三十五失何等三十五一者現世財物虛竭何以故人飲酒醉心無節限用費无度故二者衆病之門三者鬪諍之本四者裸露无耻五者醜名惡聲人所不敬六者覆没智慧七者應所得物而不得已所得物而散失八者伏匿之事盡向人說九者種種事業廢不成辦十者醉為愁本何以故醉中多失醒已慚愧憂愁十一者身力轉少十二者身色壞十三者不知敬父十四者不知敬母十五者不敬沙門十六者不敬婆羅門十七者不敬伯叔及尊長何以故醉悶恍惚无所別故十八者不尊敬佛十九者不敬法二十者不敬僧二十一者朋黨惡人二十二者踈遠賢善二十三者作破戒人二十四者無慚无愧二十五者不守六情二十

六者縱色放逸二十七者人所憎惡不喜見之二十八者貴重親屬及諸知識所共擯棄二十九者行不善法三十者棄捨善法三十一者明人智士所不信用何以故酒放逸故三十二者遠離涅槃三十三者種狂癡因緣三十四者身壞命終墮惡道泥梨中三十五者若得為人所生之處常當狂騃如是等種種過失是故不飲

如偈說

酒失覺知相　身色濁而惡　智心動而亂
慚愧已被劫　失念增瞋心　失歡毀宗族
如是雖名飲　實為飲死毒　不應瞋而瞋
不應笑而笑　不應哭而哭　不應打而打
不應語而語　與狂人無異　奪諸善功德
知愧者不飲

如是四罪不作是身善律儀妄語不作是口善律儀名為優婆塞五戒律儀問曰若八種律儀及淨命是名為戒何以故優婆塞於口律儀中无三律儀及淨命荅曰白衣居家受世間樂兼修福德不能盡行戒法是故佛令持五戒復次四種口業中妄語取

重復次妄語心生故作餘者或故作或不故作復次但說妄語已攝三事復次諸善法中實為最大若說實諦四種正語皆已攝得復次白衣處世當官理務家業作使是故難持不惡口法妄語故作事重故不應作是五戒有五種受名五種優婆塞一者一分行優婆塞二者少分行優婆塞三者多分行優婆塞四者滿行優婆塞五者斷婬優婆塞一分行者於五戒中受一戒不能受持四戒少分行者若受二戒若受三戒多分行者受四戒滿行者盡持五戒斷婬者受五戒已師前更作誓言我於自婦不復行婬是名五戒如佛偈說

不殺亦不盜　亦不有邪婬　實語不飲酒
正命以淨心　若能行此者　二世憂畏除
戒福恒隨身　常與天人俱　世間六時華
榮曜色相發　以此一歲華　天上一日具
天樹自然生　花鬘及瓔珞　丹能如燈照
衆色相間錯　天衣无央數　其色若干種
鮮白映天日　輕密無間壠　金色映繡文
斐亹如雲氣　如是上妙服　悉從天樹出

明珠天耳璫　寶渠曜手足　隨心所好愛
亦從天樹出　金華琉璃莖　金剛為華飾
柔軟香芬熏　悉從寶池出　琴瑟箏箜篌
七寶為挍飾　器妙故音清　皆亦從樹出
波疑質姤樹　天上樹中王　在彼歡喜園
一切無有比　持戒為耕田　天樹從中出
大廚甘露味　飲食除飢渴　天女無監身
亦无妊身難　嬉怡縱逸樂　食无便利患
持戒常攝心　得生自恣地　无事亦無難
常得肆樂志　諸天得自在　憂苦不復生
所欲應念至　身光照幽冥　如是種種樂
皆由施與戒　若欲得此報　當勤自勉勵

問曰今說尸羅波羅蜜當以成佛何以乃讚天福荅曰佛言三事必得報果不虛布施得大福持戒生好處修定得解脫若單行尸羅得生好處若修定智慧慈悲和合得三乘道今但讚持戒現世功德名聞安樂後世得報如偈所讚譬如小兒蜜塗苦藥然後能服今先讚戒福然後人能持戒持戒已立大誓願得至佛道是為尸羅生尸羅波羅蜜又以一切人皆著樂世間之樂天上為最若聞天上種

種快樂便能受行尸羅後聞天上無常猒患心生能求解脫更聞佛无量功德若慈悲心生依尸羅波羅蜜得至佛道以是故雖說尸羅報无咎問曰白衣居家惟此五戒更有餘法耶荅曰有一日戒六齋日持功德無量若十二月一日至十五日受持此戒其福甚多問曰云何受一日戒荅曰受一日戒法長跪合掌應如是言我某甲今一日一夜歸依佛歸依法歸依僧如是二如是三歸依我某甲歸依佛竟歸依法竟歸依僧竟如是二如是三歸依竟我某甲若身業不善若口業不善若意業不善貪欲瞋恚愚癡故若今世若過世有如是罪今日誠心懺悔身清淨口清淨心清淨受行八戒是則布薩秦言善宿如諸佛盡壽不殺生我某甲一日一夜不殺生亦如是如諸佛盡壽不盜我某甲一日一夜不盜亦如是如諸佛盡壽不婬我某甲一日一夜不婬亦如是如諸佛盡壽不妄語我某甲一日一夜不妄語亦如是如諸佛盡壽不

飲酒我某甲一日一夜不飲酒亦如是如諸佛盡壽不坐高大牀上我某甲一日一夜不坐高大床上亦如是如諸佛盡壽不著花瓔珞不香塗身不著香薰衣我某甲一日一夜不著花瓔珞不香塗身不著香薰衣亦如是如諸佛盡壽不自歌舞作樂不往觀聽我某甲一日一夜不自歌舞作樂不往觀聽亦如是已受八戒如諸佛盡壽不過中食我某甲一日一夜不過中食亦如是我某甲受行八戒隨學諸佛法名為布薩願持是布薩福報生生不墮三惡八難我亦不求轉輪聖王梵釋天王世界之樂願諸煩惱盡逮薩婆若成就佛道問曰云何受五戒答曰受五戒法長跪合掌言我某甲歸依佛歸依法歸依僧如是二如是三我某甲歸依佛竟歸依法竟歸依僧竟如是二如是三我是釋迦牟尼佛優婆塞證知我我某甲從今日盡壽歸依三歸應言汝優婆塞聽是多陀阿伽度阿羅呵三藐三佛陀知人見人為優婆塞說五戒如

是是汝盡壽持何等五盡壽不殺生是優婆塞戒是中盡壽不應故殺生是事若能當言諾盡壽不盜是優婆塞戒是中盡壽不應盜是事若能當言諾盡壽不邪婬是優婆塞戒是中盡壽不應邪婬是事若能當言諾盡壽不妄語是優婆塞戒是中盡壽不應妄語是事若能當言諾盡壽不飲酒是優婆塞戒是中盡壽不應飲酒是事若能當言諾是優婆塞五戒盡壽受持當供養三寶佛寶法寶比丘僧寶勤修福德以求佛道問曰何以故六齋日受八戒修福德答曰是日惡鬼逐人欲奪人命疾病凶衰令人不吉是故劫初聖人教人持齋修善作福以避凶衰是時齋法不受八戒直以一日不食為齋後佛出世教語之言汝當一日一夜如諸佛持八戒過中不食是功德將人至涅槃如四天王經中佛說月六齋日使者太子及四天王自下觀察眾生布施持戒孝順父母少者便上忉利以啓帝釋帝釋諸天心皆不悅言阿修羅種多

諸天種少若布施持戒孝順父母多者諸天帝釋心皆歡喜說言增益天眾減損阿修羅是時釋提婆那民說此偈言

六日神足月　受持清淨戒　是人壽終後
功德必如我

佛告諸比丘釋提桓因不應說如是偈所以者何釋提桓因三衰三毒未除云何妄言持一日戒功德福報必得如我若受持此戒必應如佛是則實說諸大尊天歡喜因緣故得福增多復次此六齋日惡鬼害人惱亂一切若所在丘聚郡縣國邑有持齋受戒善人者以此因緣惡鬼遠去住處安隱以是六日持齋受戒得福增多問曰何以故諸惡鬼輩以此六日惱害於人答曰天地本起經說劫初成時有異梵天王子諸鬼神父修梵志苦行滿天上十二歲於此六日割肉血以著火中以是故諸惡鬼神於此六日輒有勢力問曰諸鬼神父何以於此六日割身肉血以著火中答曰諸神中摩醯首羅神最大第一諸神

皆有日分摩醯首羅一月有四日分八日二十三日十四日二十九日餘神一月有二日分月一日十六日月二日十七日其十五日三十日屬一切神摩醯首羅為諸神主又得日多故數其四日為齋二日是一切諸神日亦數以為齋是日諸鬼神於此六日輙有力勢

復次諸鬼於此六日割肉出血以著火中過十二歲已天王來下語其子言汝求何願答言我求有子天王言仙人供養法以燒香甘果諸清淨事汝云何以肉血着火中如罪惡法汝破善法樂為惡事令汝生惡子噉肉飲血當讃是時火中有八大鬼出身黑如墨髮黃眼赤有大光明一切鬼神皆從此八鬼生以是故於此六日割身肉血以著火中而得勢力如佛法中日无好惡隨世惡日因緣故教持齋受戒問曰五戒一日戒何者為勝荅曰有因緣故二戒俱等但五戒終身持八戒一日持又五戒常持時多而戒少一日戒時少而戒多復次

若无大心雖復終身持戒不如有大心人一日持戒也辟如軟夫為將雖復持兵終身智勇不足卒無功名若如英雄奮發禍乱立定一日之勲功蓋天下是三種戒名居家優婆塞法居家持戒凡有四種有下中上有上上下人持戒為今世樂故或為怖畏稱譽名聞故或為家法曲隨他意故或避苦役求離危難故如是種種是下人持戒中人持戒為人中富貴歡娛適意或期後世福樂剋已自勉為苦日少所得甚多如是思惟堅固持戒辟如商人遠出深入得利必多持戒之福令人受後世福樂亦復如是上人持戒為涅槃故知諸法一切無常故欲求離苦常樂无為故復次持戒之人其心不悔心不悔故得喜樂喜樂故得一心得一心故得實智得實智故得猒心得猒心故得離欲得離欲故得解脫得解脫故得涅槃如是持戒為諸善法根本復次持戒為八正道初門入道初門必至涅槃

大智度論釋初品中讃尸羅波羅蜜義第二十三

問曰如八正道正語正業在中正見正行在初今何以言戒為八正道初門荅曰以數言之大者為始正見最大是故在初復次行道故正見為先諸法次第故戒在前辟如作屋棟梁雖大以地為先上上人持戒憐愍衆生為佛道故以知諸法求實相故不畏惡道不求樂故如是種種是上上人持戒是四総名優婆塞戒出家戒亦有四種一者沙弥沙弥尼戒二者式叉摩那戒三者比丘尼戒四者比丘僧戒問曰若居家戒得生天上得菩薩道亦得至涅槃復何用出家戒荅曰雖俱得度然有難易居家生業種種事務若欲專心道法家業則廢若欲專修家業道事則廢不取不捨乃應行法是名為難若出家離俗絶諸忿乱一向專心行道為易

復次居家憒丙多事多務結使之根衆惡之府是為甚難若出家者辟如有人出在空野無人之處而一其心无思無慮內想既除外事亦去如偈說

閑坐林樹間　寂然滅衆惡　恬澹得一心

斯樂非天樂　人求富貴利　名衣好床褥
斯樂非安隱　求利无猒足　納衣行乞食
動止心常一　自以智慧眼　觀知諸法實
種種法門中　皆以等觀入　解慧心寂然
三界无能及

以是故知出家修戒行道為易。復次，出家修戒得无量善律儀，一切具足滿，以是故白衣等應出家受戒。復次，佛法中出家法第一難修。如閻浮呿提梵志問舍利弗：「於佛法中何者最難？」舍利弗荅曰：「出家為難。」又問：「出家何等難？」荅曰：「出家樂法為難。」「既得樂法，復何者為難？」「修諸善法難。」以是故應出家。復次，若人出家時，魔王驚疑言：「此人諸結使欲薄，必得涅槃，墮僧寶數中。」復次，佛法中出家人雖破戒墮罪，罪畢得解脫，如優鉢羅華比丘尼本生經中說：佛在時，此比丘尼得六神通阿羅漢，入貴人舍，常讚出家法，語諸貴人婦人言：「姊妹可出家。」者諸貴婦女言：「我等少壯，容色盛美，持戒為難，或當破戒。」比丘尼言：「但出家，破戒便破。」問言：「破戒當墮地獄，云何

可破？」荅言：「墮地獄便墮。」諸貴婦女笑之言：「地獄受罪，云何可墮？」比丘尼言：「我自憶念本宿命時作戲女，著種種衣服而說舊語，或時著比丘尼衣以為戲笑。以是因緣故，迦葉佛時作比丘尼，自恃貴姓端政，心生憍慢而破禁戒。破戒罪故，墮地獄受種種罪。受罪畢竟，值釋迦牟尼佛出家，得六神通阿羅漢道。以是故知出家受戒，雖復破戒，以戒因緣故得阿羅漢道。若但作惡，无戒因緣，不得道也。我乃昔時世世墮地獄，地獄出為惡人，惡人死還入地獄，都無所得。今以此證知出家受戒，雖復破戒，以是因緣可得道果。」復次，如佛在祇洹，有一醉婆羅門来到佛所，求作比丘。佛勑阿難與剃頭著法衣。醉酒既醒，驚怪已身忽為比丘，即便走去。諸比丘問佛：「何以聽此醉婆羅門作比丘？」佛言：「此婆羅門无量劫中初無出家心，今因醉故蹔發心，以是因緣故，當出家得道。」如是種種因緣，出家之利功德無量。以是故白衣雖有五戒，不如出家。是出

家律儀有四種：沙弥、沙弥尼、式叉摩尼、比丘尼、比丘。云何沙弥、沙弥尼出家受戒法？白衣未欲求出家，應求二師：一和上，二阿闍梨。和上如父，阿闍梨如母。以棄本生父母，當求出家父母。著袈裟，剃除鬚髮，應兩手急捉和上兩足。何以捉足？天竺法以捉足為第一恭敬供養。阿闍梨應教十戒，如受戒法。沙弥尼亦如是，惟以比丘尼為和上。式叉摩那受六法二歲。問曰：沙弥十戒便受具足戒，比丘尼法中何以有式叉摩那，然後得受具足戒？荅曰：佛在世時，有一長者婦不覺懷妊，出家受具足戒，其後身大轉現，諸長者譏嫌比丘，因此制有二年學戒，受六法，然後受具足戒。問曰：若為譏嫌，式叉摩那豈不致譏？荅曰：式叉摩那未受具足，譬如小兒，亦如給使，雖有罪穢，人不譏嫌。是式叉摩那有二種：一者十八歲童女受六法，二者夫家十歲得受六法。若受具足戒，應二部僧中五衣鉢盂，比丘尼為和上及教師，比丘為戒師，餘如受戒法略說。

則五百戒廣說則八万戒第三羯磨訖即得無量律儀成就比丘尼比丘則有三衣鉢盂三師十僧如受戒法略說二百五十廣說則八万第三羯磨訖即得無量律儀法是惣名為戒是為尸羅

大智度論卷第十三

大智度論卷第十三

校勘記

一　底本，金藏廣勝寺本。

一　三二八頁中一行經名，石作「大智度經論卷第十五」。

一　三二八頁中三行與四行之間，石有「摩訶般若波羅蜜經釋初品中讚持戒義第二十一」；磧、普、南作「釋初品尸羅波羅蜜上」，徑、清作「釋初品中尸羅波羅蜜」。

一　三二八頁中四行首字「罪」，石、磧、普、南、徑、清、麗冠以「經」。

一　三二八頁中五行第二字「尸」，石、磧、普、南、徑、清、麗冠以「論」。

一　三二八頁中五行夾註首字「秦」，徑、清作「此」。

一　三二八頁中一〇行第四字「戒」，石、麗作「戒相」。

一　三二八頁中一二行第一三字「又」，石作「及」。

一　三二八頁中一九行第六字「戒」，石、磧、普、南、徑、清、麗作「戒將來」。

一　三二八頁中一九行「令人」，磧、普、南、徑、清無。

一　三二八頁下三行第二字「求」，石、磧、普、南、徑、清、麗作「欲」。

一　三二八頁下三行第一二字「求」，石、麗作「得」。

一　三二八頁下六行第一三字「髮」，石、磧、普、南、徑、清、麗作「髮或長髮」。

一　三二八頁下七行第五字「許」，石無。

一　三二八頁下八行第五字「或」，石作「或著」。

一　三二八頁下一〇行第四字「再」，石作「二」。

一　三二八頁下一四行第七字「行」，石、磧、普、南、徑、清、麗作「能行」。

一　三二八頁下一七行首字「清」，石作「清淨」。

一 三二八頁下一八行第一三字「家」，石作「處」。

一 三二八頁下一九行第四字，三三九頁中六行第八字「政」，石、資、磧、普、南、徑、清作「正」。

一 三二八頁下一九行末字「无」，石作「又無」。

一 三二九頁上六行第七字「考」，石、資、磧、南、徑作「栲」，清作「拷」，下同。

一 三二九頁上一二行「恐怖」，石作「怖畏」。

一 三二九頁中一行第七字「從」，普作「復」。

一 三二九頁中一一行首字「破」，石作「敗」。

一 三二九頁中一一行末字「利」，石、麗作「物」。

一 三二九頁中一二行「復次」，石無。

一 三二九頁中一三行首字「天」，石、磧、普、南、徑、清、麗作「周滿天」。

一 三二九頁中一八行「行禪」，磧、普、南、徑、清作「禪定」。

一 三二九頁中二〇行第一二字「之」，石作「之人」。

一 三二九頁中末行第五字「愛」，石作「愛重」。

一 三二九頁下一行第九字「物」，石、麗作「物以是之故應持淨戒」。

一 三二九頁下六行第四字「雹」，諸本作「霜」。

一 三二九頁下八行「人渴」，諸本作「渴人」。

一 三二九頁下一六行「大坑」，石作「火坑」；資、磧、南、徑、清作「火坑」。

一 三二九頁下二一行第七字及二二行第六字「群」，石、資、磧、南、徑、清作「群中」。

一 三二九頁下二二行末字「衆」，石作「衆中」。

一 三二九頁下末行第三字「㾭」，石、磧、普、南、徑、清、麗作「停」。

一 三二九頁下末行第七字「人」，石作「兒」。

一 三三〇頁上三行第六字「林」，石、資、磧、普、南、徑、清作「林中」。

一 三三〇頁上六行第九字「鍱」，資作「葉」。

一 三三〇頁上七行末字「則」，石作「即」。

一 三三〇頁上九行第八字「鬼」，石、資、磧、普、南、徑、清作「卒」。

一 三三〇頁上九行第一〇字「之」，磧、普、南、徑、清作「人」。

一 三三〇頁上一二行首字「懅」，石作「懼」。

一 三三〇頁上一九行品名，石作「摩訶般若波羅蜜經釋初品中戒相義第二十二之一」；磧、普、南作「大智度論釋初品中戒相義」；徑作「釋初品中戒相義」；清作「釋戒相義」；麗作「大智度論釋初品中戒相義第二十二之一」。

一 三三〇頁上二一行「爲戒」，石、磧、普、南、徑、清、麗作「名爲戒相」。

一　三三〇頁上二一行第九字「作」，石、磧、普、南、徑、清作「作是名爲戒」。

一　三三〇頁上二二行第一二字「戒」，石、磧、普、南、徑、清、麗作「戒相」。

一　三三〇頁中三行第一三字「如」，諸本作「知」。

一　三三〇頁中四行第四字「是」，石、麗作「是名」。

一　三三〇頁中六行首字「也」，石無。

一　三三〇頁中八行第一一字「生」，石、磧、普、南、徑、清作「生惡」。

一　三三〇頁中九行第三字「罪」，石、磧、普、南、徑、清作「罪相」。

一　三三〇頁中九行「不作是罪」，石作「是罪不作」。

一　三三〇頁中一三行第四字「生」，石無。

一　三三〇頁中一九行第一三字「報」，石、麗作「果報」。

一　三三〇頁中二二行第一三字「常」，麗作「當」。

一　三三〇頁下一行第六字「限」，石、磧、普、南、徑、清、麗作「隨」。

一　三三〇頁下五行第六字「曰」，諸本作「曰如」。

一　三三〇頁下八行末字至九行首字「不繫」，石、麗作「無漏」。

一　三三〇頁下一〇行「無漏」，石作「不繫」。

一　三三〇頁下一三行第六字「生」，石、磧、普、南、徑、清、麗作「生法」。

一　三三〇頁下一六行第八字「或」，石、麗作「或時」。

一　三三〇頁下一七行夾註，資、磧、普、南、徑、清無；右首字「隨」，麗作「丹註云隨」。

一　三三〇頁下一八行夾註，資、磧、普、南、徑、清無；麗作「丹註云身證慧證」。

一　三三〇頁下一九行「是色」，石作「色是」。

一　三三〇頁下二〇行第三字「不」，諸本作「不可」。

一　三三〇頁下二一行夾註「非如」，石作「非極」；資、磧、普、南、徑、清無；麗作「丹注云非極」。

一　三三一頁上二行第五字「儀」，石、麗作「儀法」。

一　三三一頁上二行第一〇字「律」，石、麗作「戒律」。

一　三三一頁上四行第三字「業」，石作「業相」。

一　三三一頁上五行「非心相應法」，資、磧、普、南、徑、清無。

一　三三一頁上五行第七字「有」，石作「時有」。

一　三三一頁上五行第九字「或」，石作「或時」。

一　三三一頁上五行第一八字「同」，石、磧、普、南、徑、清、麗作「皆同」。

一　三三一頁上五行末字「復」，石作「更」。

一　三三一頁上六行夾註，資、磧、普、南、徑、清無；「種種」，麗作「丹註云種種」。

一　三三一頁上一〇行「田獵」，石作「畋獵」；麗作「田獵」。

一　三三一頁上一〇行第九字「今」，資、麗作「令」。

一　三三一頁上一一行「无所」，石無。

一　三三一頁上一三行第六字「煞」，石作「殺生」；資作「殺」。

一　三三一頁上一四行第五字「如」，石無。

一　三三一頁上一四行「行獨遊」，資、磧、普、南、徑、清作「獨遊行」。

一　三三一頁中一行第八字「人」，石、資、磧、普、南、徑、清無。

一　三三一頁中六行首字「尚」，石作「尚當」。

一　三三一頁中一一行第一二字及一三行第四字「祈」，諸本作「幾」。

一　三三一頁中一二行第四字「恠」，資作「惟」。

一　三三一頁中二一行第七字「以」，石作「故」。

一　三三一頁中末行第六字「生」，資、磧、普、南、徑、清作「生口言」。

一　三三一頁下一行第二字「是」，石作「故」。

一　三三一頁下一行第九字「已」，石、資、磧、普、南、徑、清無。

一　三三一頁下一八行第九字「故」，石作「命」。

一　三三一頁下二〇行第一二字「就」，石作「就故」。

一　三三一頁下二一行第七字「常」，石作「故常」。

一　三三二頁上一行第九字及次頁中八行第一一字「侵」，諸本作「侵」。

一　三三二頁上一一行「不以爲勝」，石、磧、普、南、徑、清、麗作「不可爲喻」；資作「不以爲喻」。

一　三三二頁上一九行第五字「户」，石作「門」。

一　三三二頁上二〇行首字「絶」，石作「終」。

一　三三二頁上二一行第一三字「義」，石作「戒」。

一　三三二頁上二二行第一三字「生」，石作「主」。

一　三三二頁中一行第七字「其」，石作「自」。

一　三三二頁中一行「計校」，石、資、磧、普、南、徑、清作「校計」。

一　三三二頁中二行第七字「名」，石、磧、普、南、徑、清作「是名」。

一　三三二頁中二行第八字「助」，石作「助佐」。

一　三三二頁中三行末字「爲」，石、資、磧、普、南、徑、清無。

一　三三二頁中四行首字「盗」，石作「盗物」。

一　三三二頁中七行第五字「屬」，石、磧、普、南、徑、清、麗作「有屬」。

一　三三二頁中八行「不盗是名不」，石無。

一　三三二頁中一一行第五字「被」，資、磧、普、南、徑、清、麗作「被等」。

一　三三二頁中二二行「穿踰」，石作「偷」。

一　三三二頁中二二行第九字「踰」，資、磧、普、南、徑、清作「窬」。

一　三三二頁中末行第四字「故」，資無。

一　三三二頁下一行首字、八行第一一字及九行第一一字「桀」，石作「盗」。

一　三三二頁下一行「爲罪」，石作「罪爲」。

一　三三二頁下一行「罪重」，磧、普、南、徑、清作「重罪」。

一　三三二頁下二行第五字「疲」，諸本作「瘦」。

一　三三二頁下二行第一〇字「處」，石、麗作「劇」。

一　三三二頁下七行第一一字「偷」，石、麗作「若偷」。

一　三三二頁下九行「受具」，諸本作「美其」。

一　三三二頁下九行末字及一〇行首字「不作」，資、磧、普、南、徑、清作「放捨」。

一　三三二頁下一〇行第七字「盗」，資、磧、普、南、徑、清作「偷盗」。

一　三三二頁下一五行第四字「能」，石無。

一　三三二頁下一七行第二字「福」，資、磧、普、南、徑、清、麗作「禍」。

一　三三二頁下二〇行夾註，資無；麗作「丹注云重罪人疑」。

一　三三二頁下二〇行「時行」，麗作「行時」。

一　三三三頁上三行第一一字「女」，諸本作「若女」。

一　三三三頁上六行第五字「守」，石作「守護」。

一　三三三頁上七行第九字「名」，石作「爲」。

一　三三三頁上八行第三字「財」，石作「錢」。

一　三三三頁上八行「誘誑」，石、麗作「誑誘」。

一　三三三頁上八行第七字「若」，石作「有人言若」。

一　三三三頁上八行末字及一五行、一六行首字「身」，石、磧、普、南、徑、清、麗作「娠」。

一　三三三頁上九行第四字「道」，石、麗作「道如是犯者名爲邪淫如是種種」。

一　三三三頁上九行第七字「以」，石無。

一　三三三頁上一〇行第五字「名」，石作「是」。

一　三三三頁上一〇行「如是種種」，石作「見事」。

一　三三三頁上一三行第一〇字「法」，石作「其」。

一　三三三頁上二〇行第一三字「邪」，石作「邪淫」。

一　三三三頁上二二行「罪過」，石作「過罪」。

一　三三三頁上二二行第八字「妻」、石作「婦」。

一　三三三頁上末行第六字「其」，石作「他」。

一　三三三頁中三行夾註，資、磧、普、南、徑、清無。首字「嬀」，麗作「丹注云娙」。

一　三三三頁中三行末字「泆」，石、麗作「妷」。

一　三三三頁中九行第三字「毒」，石、麗作「恚」。

一　三三三頁中九行第四字「彼」，石、麗作「我若侵彼」；資、磧、普、南、徑、清作「若我侵彼」。

一　三三三頁中九行第七字「何」，石作「無」。

一　三三三頁中一〇行第七字「所」，資、磧、普、南、徑、清無。

一　三三三頁中一二行第二字及一六行首字「穆」，石作「睦」。

一　三三三頁中一二行第八字「避」，資、麗作「僻」。

一　三三三頁中一八行第五字「寘」，諸本作「寡」。

一　三三三頁中二二行首字「人」，石無。

一　三三三頁中二二行第一二字「真」，諸本作「貞」。

一　三三三頁下一二行末字「身」，資、磧、普、南、徑、清、麗作「從」。

一　三三三頁下二二行第七字「恚」，石作「瞋」。

一　三三四頁上一行第九字「揵」，石作「乾」，下同。

一　三三四頁上三行第九字「舍」，諸本作「舍此舍」。

一　三三四頁上四行第一二字「人」，石無。

一　三三四頁上五行第一〇字「洗」，資、磧、普、南、徑、清作「浴」。

一　三三四頁上一三行首字「姤」，石作「妬」。

一　三三四頁上二〇行第一三字及中一一行第二字「心」，石作「清」。

一　三三四頁上二一行「柔軟」，石無。

一　三三四頁中四行第二字「此」，資、磧、普、南、徑、清作「是」。

一　三三四頁中四行第一一字「事」，資、磧、普、南、徑、清作「意」。

一　三三四頁中一一行「柔軟」，石作「人」。

一　三三四頁中一五行首字「坐」，資、磧、普、南、徑、清作「座」。

一　三三四頁中一六行第一〇字「棆」，資、磧、普、南、徑、清作「柰」。

一　三三四頁中一七行「叫喚嘷哭」，資、磧、普、南、徑、清作「叫喚號咷」；麗作「叫喚嘷哭」。

一　三三四頁中一七行「喚嘷」，石作「呼嘷」。

一　三三四頁下一行第二字「麻」，石作「麻而去」。

一　三三四頁下四行第六字、五行首字及六行第五字「阿」，石、磧、南、徑、清作「呵」。

一　三三四頁下七行首字「休」，石作「俅」。

一　三三四頁下一二行第一〇字「以」，石作「有」。

一　三三四頁下一二行第一一字「百」，

資、磧、普、南、徑、清作「五百」。

一　三三四頁下一七行「毒苦」，資、磧、普、南、徑、清作「苦毒」。

一　三三五頁上一行「睺羅」，石作「雲」，下同。

一　三三五頁上四行第九字及五行第一二字「槃」，資、磧、普、南、徑、清作「盤」。

一　三三五頁上一一行第一三字「語」，資、磧、普、南、徑、清作「謀」。

一　三三五頁上一七行第八字「名」，石作「名爲」。

一　三三五頁上一九行「酒者」，石作「酒多種」。

一　三三五頁上一九行「糒桃」，資、磧、普、南、徑、清作「蒲萄」。

一　三三五頁上二一行第八字「麪」，石作「麴」；資、磧、普、南、徑、清作「麯」。

一　三三五頁上二二行第一三字「可」，石無。

一　三三五頁中二行末字「冷」，磧作「令」。

一　三三五頁中三行第八字「以」，資、磧、普、南、徑、清作「以故」。

一　三三五頁中七行第四字「現」，資、磧、普、南、徑、清作「現在」。

一　三三五頁中七行第八字「虛」，石作「空」。

一　三三五頁中八行「用費」，石作「費用」。

一　三三五頁中九行首字「病」，資、磧、普、南、徑、清作「疾」。

一　三三五頁中一七行第五、第一二字及一八行第六字「不」，石作「不知」。

一　三三五頁中一九行第三字「悶」，石作「沒」。

一　三三五頁中一九行第四字「恍」，麗作「悦」。

一　三三五頁下一行第四字「色」，磧、普、南、徑、清作「已」。

一　三三五頁下三行第五字「儐」，諸本作「擯」。

一　三三五頁下九行第三字「騃」，石作「騃是三十五罪」。

一　三三五頁下一一行「覺知」，石作「知覺」。

一　三三五頁下一七行第一三字「語」，磧、普、南、徑、清作「言」。

一　三三五頁下一九行首字「儀」後，石至此卷第十五終，卷第十六始；並有品名「摩訶般若波羅蜜經釋初品中戒相儀之餘」。

一　三三六頁上一行第七字「生」，石作「生而」。

一　三三六頁上六行「事重」，資、磧、普、南、徑、清作「重事」。

一　三三六頁上九行第九字及一三行首字「滿」，石作「滿分」。

一　三三六頁上一四行第五字「誓」，石、麗作「自誓」。

一　三三六頁上一四行第八字「於」，石作「於今」。

一　三三六頁上一五行第二字「名」，石無。

一　三三六頁上二一行第九字「鞅」，石、磧、普、南、徑、清作「央」。

一　三三六頁上二二行第一〇字「瓏」，石作「朧」；資、磧、普、南、徑、清作「朧」；麗作「壟」。

一　三三六頁上二二行「暎繡文」，磧、普、南、徑、清作「照文繡」。

一　三三六頁上二二行「繡文」，石作「文繡」。

一　三三六頁上末行第二字「蠢」，石、資、磧、普、南、徑、清作「疊」。

一　三三六頁中一行第七字「渠」，磧、普、南、徑、清作「磲」。

一　三三六頁中一行第一二字「心」，石作「悳」。

一　三三六頁中一行末字「愛」，資、磧、普、南、徑、清作「服」。

一　三三六頁中二行末字「飾」，諸本作「鬚」。

一　三三六頁中五行「歡喜」，石作「難陁」。

一　三三六頁中七行首字「大」，諸本作「天」。

一　三三六頁中七行「無監㝵」，石作「得自在」。

一　三三六頁中八行第六字「嬉」，磧、普、南、徑、清作「熙」。

一　三三六頁中九行「自恣」，石作「放意」。

一　三三六頁中一二行第二字「由」，磧、普、南作「曰」。

一　三三六頁中一四行首字「以」，石、麗作「以故」。

一　三三六頁中一四行末字及一五行首字「報果」，石作「果報」。

一　三三六頁中一五行第八字「福」，石、麗作「富」。

一　三三六頁中二一行首字「持」，石、麗作「能持」。

一　三三六頁下八行第三字「最」，石、麗作「甚」。

一　三三六頁下九行第一一字「如」，石作「作」。

一　三三六頁下一一行「歸依」，石無。

一　三三六頁下一五行第八字「過」，石、資、磧、普、南、徑、清作「先」。

一　三三六頁下一七行第九字「秦」，徑、清作「此」。

一　三三六頁下一七行「秦言善宿」，石、麗作夾註「秦言共住」。

一　三三六頁下二〇行第一一字「如」，資、磧、普、南、徑、清無。

一　三三七頁上七行第一三字「不」，石、麗作「亦不」。

一　三三七頁上一三行第二字「報」，石、麗作「報願」。

一　三三七頁上一三行第八字「惡」，石作「惡道」。

一　三三七頁上一五行第四字「逮」，石、麗作「逮得」。

一　三三七頁上一五行第六字「婁」，石作「芸」。

一　三三七頁上二〇行第一二字「我」，磧、普、南、徑、清無。

一　三三七頁上二一行「三歸」，諸本作「戒師」。

一 三三七頁中一行第二字「是」，資、磧、普、南、徑、清無。

一 三三七頁中一行第一〇字、二行第八字、三行第八字、四行第五字、五行第三字及六行首字、末字「盡」，石作「盡形」。

一 三三七頁中一二行第六字「德」，石、麗作「業」。

一 三三七頁中二二行第一〇字「利」，石作「利天」。

一 三三七頁中末行第八字「悦」，石、資、磧、普、南、徑、清作「悦説」。

一 三三七頁下二行末字「天」，石、資、磧、普、南、徑、清作「諸天」。

一 三三七頁下三行第一三字「民」，諸本作「民見諸天歡喜」。

一 三三七頁下八行第一〇字「三」，資、磧、普、南、徑、清作「五」。

一 三三七頁下八行末字「未」，石作「不」。

一 三三七頁下九行第五字「言」，石作「語」。

一 三三七頁下一三行「縣國」，石作「國縣」。

一 三三七頁下一四行第二字「善」，石、麗作「行善」。

一 三三七頁下一五行第四字「是」，諸本作「是故」。

一 三三七頁下一六行第八字「鬼」，石、麗作「鬼神」。

一 三三七頁下二〇行首字「血」，諸本作「出血」。

一 三三七頁下末行末字「神」，石作「鬼」。

一 三三八頁上一行第八字「羅」，石作「羅天」。

一 三三八頁上四行第六字「其」，石無。

一 三三八頁上五行第一一字「又」，石作「又復」。

一 三三八頁上七行第八字「旦」，諸本作「故」。

一 三三八頁上七行末字「六」，石作「六齋」。

一 三三八頁上九行第四字「鬼」，諸本作「鬼神父」。

一 三三八頁上一三行第六字「血」，石作「血以」。

一 三三八頁上一五行末二字及一六行首字「出身黑」，石作「出黑身」。

一 三三八頁上二〇行第三字「受」，石、麗作「受八」。

一 三三八頁中三行第二字「持」，石、麗作「將」。

一 三三八頁中三行第一〇字「本」，諸本作「卒」。

一 三三八頁中五行第五字「三」，諸本作「二」。

一 三三八頁中六行第一三字「有」，石無。

一 三三八頁中八行第七字「爲」，石作「爲居」。

一 三三八頁中九行第七字「危」，石作「急」；資、磧、普、南、徑、清作「厄」。

一 三三八頁中一八行首字「喜」，資、

磧、普、南、徑、清、麗作「得喜」。

一　三三八頁中末行品名，石作「摩訶般若波羅蜜經釋初品中讚尸波羅蜜第二十三」；資作「大智度論釋初品中讚尸波羅蜜義第二十四」；磧、普、南作「大智度論釋初品中讚尸波羅蜜義」；徑作「釋初品中讚尸波羅蜜義」；清作「釋讚尸波羅蜜義」。

一　三三八頁下四行第一一字「正」，資、磧、普、南、徑、清、麗作「以」。

一　三三八頁下四行「爲先」，石作「在前」。

一　三三八頁下八行首字「畏」，石作「畏墮」。

一　三三八頁下八行第五字「求」，石作「求天」。

一　三三八頁下一七行首字「乃」，石作「能」。

一　三三八頁下一八行第二字「忿」，石、麗作「紛」。

一　三三八頁下二〇行第二字「惡」，石作「罪」。

一　三三九頁上八行「應出家受戒」，石、麗作「應當出家受具足戒」。

一　三三九頁上一二行首字「何」，石、麗作「有何」。

一　三三九頁上一二行第八、九字，及末字至一三行首字「樂法」，石作「内樂」。

一　三三九頁上一四行「魔王」，石作「一切魔王」。

一　三三九頁上一四行末字「疑」，石、麗作「愁」。

一　三三九頁上一六行末字「戒」，磧、普、南、徑、清作「形」。

一　三三九頁上一七行第九字「鬱」，石、麗作「優」。

一　三三九頁上一八行第八字「在」，諸本作「在世」。

一　三三九頁上二〇行第七字「人」，諸本作「女」。

一　三三九頁上二〇行末字「者」，諸本無。

一　三三九頁上二二行末三字及二三行首四字「但出家破戒便破」，石作「破戒便破但出家」。

一　三三九頁中一行末字「笑」，資、磧、普、南、徑、清作「皆笑」。

一　三三九頁中七行第三字「破」，石作「破禁」。

一　三三九頁中一五行第九字「洹」，石、資、磧、普、南作「桓」。

一　三三九頁中二一行第三字「心」，諸本作「微心」。

一　三三九頁中二一行第五字「是」，石作「此」。

一　三三九頁中二一行第八字「故」，石、麗作「故後」。

一　三三九頁下二行首字「尼」，石、南、徑、清、麗作「那」。

一　三三九頁下三行第七字「未」，諸本作「來」。

一　三三九頁下四行第四字及第一〇字、七行首字、一〇行第三字、二二行第一三字「上」，磧、普、南、經、清作「尚」。

一　三三九頁下四行第五字「二」，諸本作「一」。

一　三三九頁下六行第四字「裟」，資、磧、普、南、徑、清作「裟衣」。

一　三三九頁下六行第一二字「急」，石、麗無。

一　三三九頁下一五行第一二字「年」，石、麗作「歲」。

一　三三九頁下一八行第五字「足」，石、資、麗作「足戒」。

一　三三九頁下一九行第九字「式」，石、麗作「名式」。

一　三三九頁下一九行第一二字「那」，石、麗作「那受六法是式叉摩那」。

一　三三九頁下二一行第八字「若」，石、麗作「若欲」。

一　三三九頁下二二行第三字「中」，石、資、麗作「中間」。

一　三三九頁下二二行第四字「五」，諸本作「用五」。

一　三四〇頁上一行第四字「戒」，石無。

一　三四〇頁上五行第二字「訖」，磧、普、南作「説」。

一　三四〇頁上末行「大智度論卷第十三」，石此處不分卷故無。

大智度論釋初品中尸羅波羅蜜義之餘卷第十四　聖

龍樹菩薩造

後秦龜茲國三藏鳩摩羅什奉　詔譯

問曰已知尸羅相云何為尸羅波羅蜜荅曰有人言菩薩持戒寧自失身不毀小戒是為尸羅波羅蜜如上穫陁穫摩王經中說不惜身命以全禁戒如菩薩本身曾作大力毒龍若衆生在前身力弱者眼視便死身力强者氣往而死是龍受一日戒出家求靜入林樹閒思惟坐久疲懈而睡龍法睡時形狀如虵身有文章七寶雜色獵者見之驚喜言曰以此希有難得之皮獻上國王以為服餙不亦宜乎便以杖按其頭以刀剥其皮龍自念言我力如意傾覆此國其如反掌此人小物豈能困我我今以持戒故不計此身當從佛語於是自忍眠目不視閉氣不息憐愍此人為持戒故一心受剥不生悔意既以失皮赤肉在地時日大熱蜿轉土中欲趣大水見諸小虫來食其身為持戒故不復

敢動自思惟言今我此身以施諸虫為佛道故今以肉施以充其身後成佛時當以法施以益其心如是誓已身乾命絶即生第二忉利天上尒時毒龍釋迦文佛是是時獵者提婆達等六師是也諸小虫輩釋迦文佛初轉法輪八万諸天得道者是菩薩護戒不惜身命決定不悔其事如是是名尸羅波羅蜜復次菩薩持戒為佛道故作大要誓必度衆生不求今世後世之樂不為名聞虛譽法故亦不自為早求涅槃但為衆生沒在長流恩愛所欺愚惑所誤我當度之令到彼岸一心持戒為生善處生善處故見善人見善人故生智慧生智慧故得行六波羅蜜得行六波羅蜜故得佛道如是持戒名為尸羅波羅蜜復次菩薩持戒心樂善清淨不為畏惡道亦不為生天但求善淨以戒熏心令心樂善是為尸羅波羅蜜復次菩薩以大悲心持戒得至佛道是名尸羅波羅蜜復次菩薩持戒能生六波羅蜜是則名為尸羅波羅蜜云何持戒

大智度論卷第十四

能生戒田五戒得沙弥戒因沙弥戒得律儀戒因律儀戒得禪定戒因禪定戒得無漏戒是為戒生戒云何持戒能生於檀檀有三種一者財施二者法施三者無畏施持戒自撿不侵一切衆生財物是名財施衆生見者慕其所行又為說法令其開悟又自思惟我當堅持淨戒與一切衆生作供養福田令諸衆生得无量福如是種種名為法施一切衆生皆畏於死持戒不害是則無畏施復次菩薩自念我當持戒以此戒報為諸衆生作轉輪聖王或作閻浮提王若作天王令諸衆生滿足於財無所乏短然後坐佛樹下降伏魔王破諸魔軍成无上道為諸衆生說清淨法令無量衆生度老病死海是為持戒因緣生檀波羅蜜云何持戒生忍辱持戒之人心自念言我今持戒為持心故若持戒无忍當墮地獄雖不破戒以無忍故不免惡道何可縱忿不自制心但以心故入三惡趣是故應當好自勉强懃修忍辱復次行者欲令戒德堅

大智度論卷第十四

强當修忍辱所以者何忍為大力能牢固戒令不動搖復自思惟我今出家形與俗別豈可縱心如世人法宜自勉勵以忍調心以身口忍心亦得忍若心不忍身口亦尒是故行者當令身口心忍絕諸忿恨復次是戒略說則有八万廣說則無量我當云何能具持此无量戒法唯當忍辱衆戒自得譬如有人得罪於王王以罪人載之刀車六邊利刃間不容間奔逸馳走行不擇路若能持身不為刃傷是則然而不死持戒之人亦復如是戒為利刀忍為持身若忍心不固戒亦傷人又復譬如老人夜行无杖則蹶忍為戒杖扶人至道福樂因緣不能動搖如是種種名為持戒生羼提波羅蜜云何持戒而生精進持戒之人除去放逸自力懃修習无上法捨世間樂入於善道志求涅槃以度一切大心不懈以求佛為本是為持戒能生精進復次持戒之人疲猒世苦老病死患心生精進必求自脫亦以度人譬如野干在林樹間依隨師子

大智度論卷第十四　第四張　聖

及諸虎豹求其殘肉以自存活有時空乏夜半踰城深入人舍求肉不得屏處睡息不覺夜竟惶怖無計走則慮不自免住則懼畏死痛便自定心詐死在地衆人來見有一人言我須野干耳即便截取野干自念截耳雖痛但令身在次有一人言我須野干尾便復截去野干復念截尾雖痛猶是小事次有一人言我須野干牙野干心念取者轉多儻取我頭則無活路即從地起奮其智力絕踊閒關徑得自濟行者之心求脫苦難亦復如是若老至時猶故自寬不能懃懃決斷精進病亦如是以有差期未能決計死欲至時自知無冀便能自勉果敢懃懃大修精進從死地中畢至涅槃復次持戒之法譬如人射先得平地地平然後心安心安然後挽滿挽滿然後陷深戒為平地定意為弓挽滿為精進箭為智慧賊是无明若能如是展力精進必至大道以度衆生復次持戒之人能以精進自制五情不受五欲若心已去能攝令還是為

大智度論卷第十四　第五張　聖

持戒能護諸根護諸根則生禪定生禪定則生智慧生智慧得至佛道是為持戒生毗梨耶波羅蜜云何持戒生禪人有三業作諸善若身口業善意業自然入善譬如曲草生於麻中不扶自直持戒之力能贏諸結使云何能贏若不持戒瞋恚事來煞心即生若欲事至婬心即成若持戒者雖有微瞋不生煞心雖有婬念婬事不成是為持戒能令諸結使贏諸結使贏禪定易得譬如老病失力死事易得結使贏故禪定易得復次人心未息常求逸樂行者持戒棄捨世樂心不放逸是故易得禪定復次持戒之人得生人中次生六欲天上次至色界若破色相生無色界持戒清淨斷諸結使得阿羅漢道大心持戒慈念衆生是為菩薩復次戒為捨麁禪為攝細復次戒攝身口禪止乱心如人上屋非梯不昇不得戒梯禪亦不立復次破戒之人結使風强散亂其心其心散亂則禪不可得持戒之人煩惱風軟心不大散禪定易得如是等種

大智度論卷第十四　第六張　聖

種因緣是為持戒生禪波羅蜜去何持戒能生智慧持戒之人觀此戒相從何而有知從衆罪而生若無衆罪則亦无戒戒相如是從因緣有何故生著辟如蓮華出自汙泥色雖鮮好出處不淨以是悟心不令生著是為持戒生般若波羅蜜復次持戒之人心自思惟若我以持戒貴而可取破戒賤而可捨者若有此心不應般若以智慧籌量心不著戒无取無捨是為持戒生般若波羅蜜復次不持戒人雖有利智以營世務種種欲求生業之事慧根漸鈍辟如利刀以割泥土遂成鈍器若出家持戒不營世業常觀諸法實相無相先雖鈍根以漸轉利如是等種種因緣名為持戒生般若波羅蜜如是名為尸羅波羅蜜生六波羅蜜復次菩薩持戒不以畏故亦非愚癡非疑非惑亦不自為涅槃故持戒但為一切衆生故為得佛道故為得一切佛法故如是相名為尸羅波羅蜜復次若菩薩於罪不罪不可得故是時名為尸羅波羅蜜問曰若

捨惡行善是為持戒去何言罪不罪不可得答曰非謂邪見麁心言不可得也若深入諸法相行空三昧慧眼觀故罪不可得罪無故不罪亦不可得復次衆生不可得故煞罪亦不可得罪不可得故戒亦不可得何以故以有煞罪故則有戒若无煞罪則亦無戒問曰今衆生現有去何言衆生不可得答曰肉眼所見是為非見若以慧眼觀則不得衆生如上檀中說無施者無受者無財物此亦如是復次若有衆生是五衆耶離五衆耶若是五衆五衆有五衆生為一如是者五可為一一可為五辟如市易物直五疋以一疋取之則不可得何以故一不得作五故以是故知五衆不得作一衆生復次五衆生滅无常相衆生法從先世來至後世受罪福於三界若五衆是衆生辟如草木自生自滅如是則无罪縛亦無解脫以是故知非五衆是衆生若離五衆有衆生如先說神常遍中已破復次離五衆則我見心不生若離五衆有衆生是為墮

常若墮常者是則無生无死何以故生名先無今有死名已生便滅若衆生常者應遍滿五道中先已常有去何今復来生若不有生則無有死問曰寔有衆生何以故言无五衆因緣有衆生法辟如五指因緣拳法生答曰此言非也若五衆因緣有衆生法者除五衆則別有衆生法然不可得眼自見色耳自聞聲鼻嗅香舌知味身知觸意知法空無我法離此六事更无衆生諸外道輩倒見故言眼能見色是為衆生乃至意能知法是為衆生又能憶念能受苦樂是為衆生但作是見不知衆生實辟如一長老大德比丘人謂是阿羅漢多致供養其後病死諸弟子懼失供養故夜盜出之於其卧處安施被枕令如師在其狀如卧人来問疾師在何許諸弟子言汝不見牀上被枕耶愚者不審察之謂師病卧大送供養而去如是非一復有智人来而問之諸弟子亦如是答智人言我不問被枕床褥我自求人發被求之竟無人可得除六

事相更無我人知者見者亦復如是復次若衆生於五衆因緣有者五衆无常衆生亦應無常何以故因果相似故若衆生无常則不至後世復次若如汝言衆生從本已来常有若尒者衆生應生五衆五衆不應生衆生今五衆因緣生衆生名字無智之人逐名求實以是故衆生實無若无衆生亦无煞罪無煞罪故亦无持戒復次是五衆深入觀之分别知空如夢所見如鏡中像若煞夢中所見及鏡中像無有煞罪煞五陰空相衆生亦復如是復次若人不樂罪貪著无罪是人見破戒罪人則輕慢見持戒善人則愛敬如是持戒則是起罪因緣以是故言於罪不罪不可得故應具足尸羅波羅蜜

大智度論釋初品中羼提波羅蜜義第二十四

經心不動故應具足羼提波羅蜜論問曰云何名羼提荅曰羼提秦言忍辱忍辱有二種生忍法忍菩薩行生忍得无量福德行法忍得無量智慧福德智慧二事具足故得如所願辟如人

大智度論卷第十四　第十張　聖

有目有足隨意能到菩薩若遇惡口罵詈若刀杖所加思惟知罪福業因緣諸法内外畢竟空無我無我所以三法印印諸法故力雖能報不生惡心不起惡口業尒時心數法生名為忍得是忍法故忍智牢固譬如畫彩得膠則堅著有人言善心有二種有麁有細麁名忍辱細名禪定未得禪定心樂能遮衆惡是名忍辱心得禪定樂不爲衆惡是名禪定是忍是心數法與心相應隨心行非業非業報隨業行有人言二界繫有人言但欲界繫或不繫色界無外惡可忍故亦有漏亦無漏凡夫聖人俱得故障已心他心不善法故名爲善善故或思惟斷或不斷如是等種種阿毗曇廣分别問曰云何名生忍荅曰有二種衆生来向菩薩一者恭敬供養二者瞋罵打害尒時菩薩其心能忍不愛敬養衆生不瞋加惡衆生是名生忍問曰云何恭敬供養名之為忍荅曰有二種結使一者屬愛結使二者屬恚結使恭敬供養雖

大智論卷第十四　第十一張　聖

不生恚令心愛著是名軟賊是故於此應當自忍不著不愛云何能忍觀其无常是結使生處如佛所說利養瘡深辟如斷皮至肉斷肉至骨斷骨至髓人著利養則破持戒皮斷禪定肉破智慧骨失微妙善心髓如佛初遊迦毗羅婆國與千二百五十比丘俱悉是梵志之身供養火故形容憔悴絶食苦行故膚體瘦黒淨飯王心念言我子侍從雖復心淨清潔並无容貌我當擇取累重多子孫者家出一人為佛弟子如是思惟已勑下國中簡擇諸釋貴戚子弟應書之身皆令出家是時斛飯王子提婆達多出家學道誦六万法聚精進修行滿十二年其後為供養利故来至佛所求學神通佛告憍曇汝觀五陰无常可以得道亦得神通而不為説取通之法出求舍利弗目揵連乃至五百阿羅漢皆不為説言汝當觀五陰无常可以得道可以得通不得所求涕泣不樂到阿難所求學神通是時阿難未得他心智敬其兄故如佛所言以授

大智度論卷第十四　第十二張

提婆達多受學通法入山不久便得五神通得五神通已自念誰當與我作檀越者如王子阿闍世有大王相欲與為親厚到天上取天食還到欝旦羅越取自然粳米至閻浮林中取閻浮果與王子阿闍世或時自變其身作爲寶馬寶以惑其心或作嬰孩坐其膝上王子抱之嗚唼與唾時時自說己名令太子知之種種變態以動其心王子意惑於柰園中大立精舍四種供養并種種雜供無物不備以給提婆達多日日率諸大臣自為送五百釜羹飯提婆達多大得供養而徒衆尠少自念我有三十相減佛未幾直以弟子未集若大衆圍繞與佛何異如是思惟已生心破僧得五百弟子舍利弗目揵連說法教化僧還和合尒時提婆達多便生惡心推山壓佛金剛力士以金剛杵而遙擲之碎石迸来傷佛足指華色比丘尼呵之復以拳打尼尼即時眼出而死作三逆罪與惡邪師富蘭那外道等為親厚斷諸善根心無愧悔復以惡毒著指

爪中欲因礼佛以中傷佛欲去未到王舍城中地自然破裂火車来迎生入地獄提婆達多身有三十相而不能忍伏其心為供養利故而作大罪生入地獄以是故言利養瘡深破皮至髓應當除却愛供養人心是為菩薩忍心不愛著供養恭敬人復次供養有三種一者先世因緣福德故二者今世功德修戒禪定智慧故為人敬養三者虛妄欺惑內無實德外如清白以誑時人而得供養於此三種供養中心自思惟若先世因緣懃修福德今得供養是為懃身作之而自得耳何為於此而生貢高辟如春種秋穫自以力得何足自憍如是思惟已忍伏其心不著不憍若今世功德故而得供養當自思惟我以智慧若知諸法實相若能斷結以此功德故是人供養於我無事如是思惟已自伏其心不自憍高此實愛樂功德不愛我也辟如罽賔三藏比丘行阿蘭若法至一王寺寺設大會守門人見其衣服麁弊遮門不前如是數數以衣服弊故

每不得前便作方便假借好衣而来門家見之聽前不禁既至會坐得種種好食先以與衣衆人問言何以尒也荅言我比數来每不得入今以衣故得在此坐得種種好食實是衣故得之故以與衣行者以修行功德持戒智慧故而得供養自念此為功德非為我也如是思惟能自伏心是名為忍若虛妄欺偽而得供養是為自害不可近也當自思惟若我以此虛妄而得供養與惡賊劫盜得食無異是為墮欺妄罪如是於三種供養人中心不愛著亦不自高是名生忍問曰人未得道衣食為急云何方便能得忍心不著不愛給施之人荅曰以智慧力觀無常相苦相无我相心常猒患辟如罪人臨當受戮雖復美味在前家室勸喻以憂死故雖飲食餚膳不覺滋味行者亦尒常觀无常相苦相雖得供養心亦不著又如麞鹿為虎搏逐追之不捨雖得好草美水飲食心無染著行者亦尒常為无常虎逐不捨須臾思惟猒患雖得美味亦

不染著是故行者於供養人中心得
自忍復次若有女人来欲娛樂誑惑
菩薩菩薩是時當自伏心忍不令起
如釋迦文尼佛在菩提樹下魔王憂
愁遣三玉女一名樂見二名悅彼三
名渴愛来現其身作種種姿態欲壞
菩薩菩薩是時心不傾動目不暫視
三女念言人心不同好愛各異或有
好少或愛中年或好長好短好黑好
白如是衆好各有所愛是時三女各
各化作五百美女一一化女作無量
變態從林中出辟如黑雲電光暫現
或揚眉頓睫嫈嫇細視作衆伎樂種
種姿媚来近菩薩欲以態身觸逼菩
薩尒時密迹金剛力士瞋目叱之此
是何人而汝嫉媚敢来觸娆尒時密
迹說偈呵之
汝不知天命 失好而黃𦡂 大海水清美
今日盡苦醎 汝不知日减 婆藪諸天墮
火本為天口 而今一切敢
汝不知此事敢輕此聖人是時衆女
逡巡小退語菩薩言今此衆女端嚴
無比可自娛意端坐何為菩薩言汝

等不淨臭穢可惡去勿妄談菩薩是
時即說偈言
是身為穢藪 不淨物腐積 是實為行廁
何足以樂意
女聞此偈自念此人不知我等清淨
天身而說此偈即自變身還復本形
光曜昱爍照林樹間作天伎樂語菩
薩言我身如是有何可呵菩薩荅言
時至自知問曰此言何謂以偈荅言
諸天園林中 七寶蓮華池 天人相娛樂
失時汝自知 是時見無常 天上樂皆苦
汝當猒欲樂 愛樂正真道
女聞偈已心念此人大智無量天樂
清淨猶知其惡不可當也即時滅去
菩薩如是觀婬欲樂能自制心忍不
傾動復次菩薩觀欲種種不淨於諸
衰中女衰最重刀火雷電霹靂怨家
毒虵之屬猶可暫近女人慳妬瞋諂
妖穢鬪諍貪嫉不可親近何以故女
子小人心淺智薄唯欲是視不觀富
貴智德名聞專行欲惡破人善根桎
梏枷鏁閉繫囹圄雖曰難解是猶易
開女鏁繫人染固根深無智沒之難

可得脫衆病之中女病最重如佛偈言
寧以赤鐵 宛轉眼中 不以散心
邪視女色 含笑作姿 憍慢羞恥
迴面攝眼 美言妬瞋 行步妖穢
以惑於人 婬羅弥網 人皆沒身
坐臥行立 迴眄巧媚 薄智愚人
為之心醉 執劍向敵 是猶可勝
女賊害人 是不可禁 蚖虵含毒
猶可手捉 女情惑人 是不可觸
有智之人 所應不視 若欲觀之
當如母姊 諦視觀之 不淨填積
婬火不除 為之燒滅
復次女人相者若得敬待則令夫心
高若敬待情捨則令夫心怖女人如
是恒以煩惱憂怖與人云何可近親
好乖離女人之罪巧察人要女人之
智大火燒人是猶可近清風無形是
亦可捉蚖虵含毒猶亦可觸女人之
心不可得實何以故女人之相不觀
富貴端政名聞智德族姓技藝辯言
親厚愛重都不在心唯欲是視辟如
蛟龍不擇好醜唯欲煞人又復女人
不瞻視憂苦燋悴給養敬待憍奢逗

制復次若在善人之中則自畜心高无智人中視之如怨富貴人中追之敬愛貧賤人中視之如狗常隨欲心不隨功德如説國王有女名曰拘牟頭有捕魚師名述婆伽隨道而行遥見王女在高樓上窓中見面想像染著心不暫捨弥歷日月不能飲食母問其故以情荅母我見王女心不能忘母諭兒言汝是小人王女尊貴不可得也兒言我心願樂不能暫忘若不如意不能活也母為子故入王宮中常送肥魚美肉以遺王女而不取價王女恠而問之欲求何願母白王女願却左右當以情告我唯有一子敬慕王女情結成病命不云遠願垂愍念賜其生命王女言汝去月十五日於某甲天祠中住天像後母還語子汝願已得告之如上沐浴新衣在天像後住王女至時白其父王我有不吉須至天祠以求吉福王言大善即嚴車五百乘出至天祠既到勑諸從者齊門而止獨入天祠天神思惟此不應介王為世主不可令此小人

大智度論卷第十四　第十九張　聖

毁辱王女即厭此人令睡不覺王女既入見其睡重推之不悟即以瓔珞直十万兩金遺之而去去後此人得覺見有瓔珞又問衆人知王女来情願不遂憂恨懊惱婬火内發自燒而死以是證故知女人之心不擇貴賤唯欲是從復次昔有國王女逐旃陁羅共為不淨又有仙人女隨逐師子如是等種種女人之心無所選擇以是種種因縁於女人中除去情欲忍不愛著云何瞋惱人中而得忍辱當自思惟一切衆生有罪因縁更相侵害我今受惱亦本行因縁雖非今世所作是我先世惡報我今償之應當甘受何可逆也譬如負債債主索之應當歡喜償債不可瞋也復次行者常行慈心雖有惱乱逼身必能忍受譬如羼提仙人在大林中脩忍行慈時迦利王將諸婇女入林遊戲飲食既訖王小睡息諸婇女輩遊花林間見此仙人加敬礼拜在一面立仙人介時為諸婇女讃説慈忍其言美妙聽者無猒久而不去迦利王覺不見

大智度論卷第十四　第二十張　聖

婇女拔劒追蹤見在仙人前立憍妬隆盛瞋目奮劒而問仙人汝作何物仙人荅言我今在此脩忍行慈王言我今試汝當以利劒截汝耳鼻斬汝手足若不瞋者知汝脩忍仙人言任意王即拔劒截其耳鼻斬其手足而問之言汝心動不荅言我脩慈忍心不動也王言汝一身在此無有勢力雖口言不動誰當信者是時仙人即作誓言若我實脩慈忍血當為乳即時血變為乳王大驚喜將諸婇女而去是時林中龍神為此仙人雷電霹靂王被毒害没不還宮以是故言於惱乱中能行忍辱復次菩薩脩行悲心一切衆生常有衆苦處胎迫隘受諸苦痛生時迫迮骨肉如破冷風觸身甚於劒戟是故佛言一切苦中生苦最重如是老病死苦種種困厄云何行人復加其苦是為瘡中復加刀破復次菩薩自念我不應如諸餘人常隨生死水流我當逆流以求盡源入泥洹道一切凡人侵至則瞋益至則喜怖處則畏我為菩薩不可如彼

大智度論卷第十四　第二十一張　聖

雖未斷結當自抑制修行忍辱惱害不瞋敬養不喜衆苦艱難不應怖畏當爲衆生興大悲心復次菩薩若見衆生来爲惱亂當自念言是爲我之親厚亦是我師益加親愛敬心待之何以故彼若不加衆惱惱我則我不成忍辱以是故言是我親厚亦是我師復次菩薩心知如佛所説衆生無始世界无際往来五道輪轉無量我亦曾爲衆生父母兄弟衆生亦皆曾爲我父母兄弟當来亦尒以是推之不應惡心而懷瞋害復次思惟衆生之中佛種甚多若我瞋意向之則爲瞋佛若我瞋佛則爲已了如説鴿鳥當得作佛今雖是鳥不可輕也復次諸煩惱中瞋爲最重不善報中瞋報最大餘結無此重罪如釋提婆那民問佛偈言

何物煞安隱　何物煞不悔　何物毒之根
吞滅一切善　何物煞而讚　何物煞无憂

佛荅偈言

煞瞋心安隱　煞瞋心不悔　瞋爲毒之根
瞋滅一切善　煞瞋諸佛讚　煞瞋則无憂

大智度論卷第十四　第二十二張　聖

菩薩思惟我今行悲欲令衆生得樂瞋爲吞滅諸善毒害一切我當云何行此重罪若有瞋恚自失樂利云何能令衆生得樂復次諸佛菩薩以大悲爲本從悲而出瞋爲滅悲之毒特不相宜若壞悲本何名菩薩菩薩從何而出以是之故應修忍辱若衆生加諸瞋惱當念其功德今此衆生雖有一罪更自别有諸妙功德以其功德故不應瞋復次此人若罵若打是爲治我譬如金師煉金垢隨火去真金獨在此亦如是若我有罪是從先世因緣今當償之不應瞋也當修忍辱復次菩薩慈念衆生猶如赤子閻浮提人多諸憂愁少有歡日若来罵詈或加讒賊心得歡樂此樂難得恣汝罵之何以故我本發心欲令衆生得歡喜故復次世間衆生常爲衆病所惱又爲死賊常隨伺之譬如怨家恒伺人便云何善人而不慈愍復欲加苦苦未及彼先自受害如是思惟不應瞋彼當修忍辱復次當觀瞋恚其咎最深三毒之中无重此者九十

大智度論卷第十四　第二十三張　聖

八使中此爲最堅諸心病中第一難治瞋恚之人不知善不知非善不觀罪福不知利害不自憶念當墮惡道善言忘失不惜名稱不知他惱亦不自計身心疲惱瞋覆慧眼專行惱他如一五通仙人以瞋恚故雖修淨行煞害一國如旃陁羅復次瞋恚之人譬如虎狼難可共止又如惡瘡易發易壞瞋恚之人譬如毒虵人不喜見積瞋之人惡心漸大至不可至煞父煞君惡意向佛如拘睒弥國比丘以小因緣瞋心轉大分爲二部若欲斷當終竟三月猶不可了佛来在衆舉相輪手遮而告言

汝諸比丘　勿起鬪諍　惡心相續
苦報甚重　汝求涅槃　棄捨世利
在善法中　云何瞋諍　世人忿諍
是猶可恕　出家之人　何可諍鬪
出家心中　懷毒自害　如冷雲中
火出燒身

諸比丘白佛言佛爲法王願小默然是輩侵我不可不荅佛念是人不可度也於衆僧中凌虚而去入林樹閒

大智度論卷第十四　第二十四張　聖

寂然三昧瞋罪如是乃至不受佛語以是之故應當除瞋修行忍辱復次能修忍辱慈悲易得得慈悲者則至佛道問曰忍辱法皆好而有一事不可小人輕慢謂為怖畏以是之故不應皆忍荅曰若以小人輕慢謂為怖畏而欲不忍不忍之罪甚於此也何以故不忍之人賢聖善人之所輕賤忍辱之人為小人所慢二輕之中寧為無智所慢不為賢聖所賤何以故无智之人輕所不輕賢聖之人賤所可賤以是之故當修忍辱復次忍辱之人雖不行布施禪定而常得微妙功徳生天上人中後得佛道何以故心柔軟故復次菩薩思惟若人今世惱我毀辱奪利輕罵繫縛且當含忍若我不忍當墮地獄鐵垣熱地受無量苦燒炙燔煮不可具說以是故知小人无智雖輕而貴不忍用威雖快而賤是故菩薩應當忍辱復次菩薩思惟我初發心誓為衆生治其心病今此衆生為瞋恚結使所病我當治之云何而復以之自病應當忍辱辟如

大智度論卷第十四　第二十五張　智

藥師療治衆病若鬼狂病拔刀罵詈不識好醜醫知鬼病但為治之而不瞋恚菩薩若為衆生瞋惱罵詈知其為瞋恚者煩惱所病狂心所使方便治之無所嫌責亦復如是復次菩薩育養一切愛之如子若衆生瞋惱菩薩菩薩愍之不瞋不責辟如慈父撫育子孫子孫幼稚未有所識或時罵詈打擲不敬不畏其父愍其愚小愛之愈至雖有過罪不瞋不恚菩薩忍辱亦復如是復次菩薩思惟若衆生瞋惱加我我當忍辱若我不忍今世心悔後入地獄受苦无量若在畜生作毒龍惡虵師子虎狼若為餓鬼火從口出辟如人被火燒燒時痛輕後痛轉重復次菩薩思惟我為菩薩欲為衆生益利若我不能忍辱不名菩薩名為惡人復次菩薩思惟世有二種一者衆生數二者非衆生數我初發心誓為一切衆生若有非衆生數山石樹木風寒冷熱水雨侵害但求衛之初不瞋恚今此衆生是我所為加惡於我我當受之云何而瞋復次

大智度論卷第十四　第二十六張　聖

菩薩知從久遠已來因緣和合假名為人无實人法誰可瞋者是中但有骨血皮肉辟如累墼又如木人機關動作有去有來知其如此不應有瞋若我瞋者是則愚癡自受罪苦以是之故應修忍辱復次菩薩思惟過去无量恒河沙等諸佛本行菩薩道時皆先行生忍然後修行法忍我今求學佛道當如諸佛法不應起瞋恚如魔界法以是故應當忍辱如是等種種無量因緣故能忍是名生忍

大智度論卷第十四

庚子歲高麗國大藏都監奉
勑雕造

大智度論卷第十四　第二十七張　聖

大智度論卷第十四

校勘記

一 底本，麗藏本。

一 三五一頁上一行經名，石無；資、磧、普、南、徑、清作「大智度論卷第十四」。

一 三五一頁上四行前，資有「釋初品中尸羅波羅蜜下第二十三之餘」；磧、南有「釋初品中尸羅波羅蜜下」；徑、清有「釋初品中尸羅波羅蜜之餘」。

一 三五一頁上一八行第一三字「眠」，資、磧、普、南、徑、清作「眼」。

一 三五一頁上二一行第七字「蜿」，石作「宛」；磧、普、南、徑、清作「宛」。

一 三五一頁中四行第四字「絶」，諸本作「終」。

一 三五一頁中五行、六行「文佛」，石作「牟尼佛」。

一 三五一頁中五行「是是」，磧、南、徑、清作「是也」。

一 三五一頁中一一行第八字「虛」，石、磧、普、南、徑、清作「稱」。

一 三五一頁中一五行「智慧生智慧」，資、磧、普、南、徑、清作「善智生善智」。

一 三五一頁中一六行第六字「得」，磧、南、徑、清無。

一 三五一頁中一九行第九字「淨」，資、磧、普、南、徑、清作「清淨」。

一 三五一頁中二一行第八字「至」，資作「生」。

一 三五一頁下一行第四字「田」，諸本作「因」。

一 三五一頁下二行首字「得」，資作「得戒」。

一 三五一頁下二行「戒因」，資作「因戒」。

一 三五一頁下二行第八字「戒」，資無。

一 三五一頁下六行第七字「名」，資、磧、普、南、徑、清作「則」。

一 三五一頁下一九行第一〇字「持」，資、磧、普、南、徑、清作「治」。

一 三五二頁上一〇行第九字「閒」，南作「門」。

一 三五二頁上一一行第二字「走」，資作「赴」。

一 三五二頁上二二行「求自」，資、磧、普、南、徑、清作「自求」。

一 三五二頁中一行「有時」，資、磧、普、南、徑、清作「時閒」。

一 三五二頁中二行第七字「深」，徑作「滚」。

一 三五二頁中三行首字「屏」，資作「避」；磧作「并」。

一 三五二頁中一一行「閒關」，南作「門開」。

一 三五二頁中一四行第一〇字「差」，資、磧、普、南、徑、清作「瘥」。

一 三五二頁中一六行第一二字「畢」，資、磧、普、南、徑、清作「得」。

一 三五二頁下一行首字「持」，資、

磧、普、南、徑、清作「於」。

一　三五二頁下四行第九字「善」，資作「不善」。

一　三五二頁下一三行第四字「逸」，資、磧、普、南、徑、清作「實」。

一　三五二頁下一五行首字「人」，資作「下」。

一　三五二頁下一六行第二字「若」，資、磧、普、南、徑、清無。

一　三五三頁上一行第九字「禪」，石作「禪那」。

一　三五三頁上九行第六字「者」，資、磧、普、南、徑、清無。

一　三五三頁上一〇行第二字「慧」，資、磧、普、南、徑、清無。

一　三五三頁上一七行第五字「是」，資、磧、普、南、徑、清作「是等」。

一　三五三頁上一九行第七字「惑」，諸本作「戒盜」。

一　三五三頁上末行第三字「故」，資、磧、普、南、徑、清無。

一　三五三頁上末行末字「若」，諸本作「若人」。

一　三五三頁中二行「非謂」，磧、南、徑、清作「非爲」。

一　三五三頁中三行「也若」，資、磧、普、南、徑、清無。

一　三五三頁中九行末字「慧」，石作「智慧」。

一　三五三頁中一二行「是五衆」，石作「五陰是」。

一　三五三頁中一二行第一〇字「衆」，石作「陰」，下同。

一　三五三頁中一三行末字及一四行第四字「可」，石、磧、普、南、徑、清作「不可」。

一　三五三頁中一五行末字及一六行第一一字「不」，石、磧、普、南、徑、清作「不可」。

一　三五三頁下二行第六字「有」，資作「出」。

一　三五三頁下二行末字「衆」，石作「有衆」。

一　三五三頁下三行第六字「滿」，石、資、磧、普、南、徑、清無。

一　三五三頁下一八行第二字「狀」，資作「牀」。

一　三五三頁下二二行第二字「是」，石作「上」。

一　三五三頁下末行第八字「竟」，石無。

一　三五四頁上三行第六字「應」，資、磧、普、南、徑、清無。

一　三五四頁上一三行第二字「是」，石作「是以是故言於罪不罪不著故具足尸羅波羅蜜」。

一　三五四頁上一三行第九字「罪」，磧、普、南、徑、清作「殺罪」。

一　三五四頁上一三行第一一字「著」，南作「者」。

一　三五四頁上一五行第二字「覺」，石作「貴」。

一　三五四頁上一五行末字至一六行第三字「以是故言」，石作「是故說」。

一　三五四頁上一六行第四字「於」，

石無。

一 三五四頁上一六行「可得」，石作「著」。

一 三五四頁上一六行第一二字「應」，石無。

一 三五四頁上一七行後石有「大智度論卷第十六終」，「大智度論十七」。

一 三五四頁上一八行品名，石作「摩訶般若波羅蜜經釋初品中讚羼提波羅蜜第二十四」；清作「釋初品中羼提波羅蜜」；磧、普、南無。

一 三五四頁上一九行首字「經」，資無。

一 三五四頁上一九行第一四字「論」，資無。

一 三五四頁上二〇行第一一字「秦」，徑、清作「此」。

一 三五四頁中一二行「二界」，石作「但欲界」。

一 三五四頁中一七行第一二字「名」，磧、南、徑、清作「名爲」。

一 三五四頁下一〇行「淨清」，資、磧、普、南、徑、清作「清淨」。

一 三五四頁下一三行第二字「簡」，磧、普、南、徑、清作「揀」。

一 三五四頁下一三行第七字「戚」，資、磧、普、南、徑、清作「族」。

一 三五四頁下一五行「法聚」，石作「法藏」。

一 三五四頁下一七行第八字「汝」，資、磧、普、南、徑、清作「以」。

一 三五四頁下一九行第八字「揵」，石作「乹」。

一 三五四頁下末行第六字「敬」，資、磧、普、南、徑、清作「以」。

一 三五五頁上四行第一二字「旦」，資、磧、普、南、徑、清作「怛」。

一 三五五頁上七行首字「寶」，石無。

一 三五五頁上八行第七字「唼」，石、磧、南、徑、清作「嗽」。

一 三五五頁上九行第三字「太」，石作「王」。

一 三五五頁上一〇行「大立」，石、磧、普、南、徑、清作「立大」。

一 三五五頁中一行首字「爪」，資作「抓」。

一 三五五頁中一行末字「到」，諸本作「到於」。

一 三五五頁中五行末字「皮」，石作「肉」。

一 三五五頁中六行「應當」，資、磧、普、南、徑、清作「當應」。

一 三五五頁中九行第一三字至一〇行首字「爲人敬養」，資無。

一 三五五頁中一二行第六字「先」，石作「前」。

一 三五五頁中一八行末字「養」，石作「養功德」。

一 三五五頁中末行第七字「是」，石作「是思惟」。

一 三五五頁下五行末三字至六行首字「衣故得之」，石作「衣得」。

一 三五五頁下一八行第一〇字「雖」，資、磧、普、南、徑、清作「雖欲」。

一 三五五頁下一九行第三字「滋」，

資作「味」。
三五五頁下二二行「無染」，石作「不味」。
三五五頁下末行第九字「恚」，資、磧、普、南、徑、清作「惡」。
三五六頁上一行「不染」，石作「如麞鹿心不味」。
三五六頁上三行第六字「時」，石作「持」。
三五六頁上三行第九字「伏」，石作「伏其」。
三五六頁上四行第四字「文」，石作「牟」。
三五六頁上九行末三字至一〇行首字「好黑好白」，資、磧、普、南、徑、清作「好白好黑」。
三五六頁上一〇行末字至一一行首字「各各」，石作「各」。
三五六頁上一一行第五字「百」，清作「白」。
三五六頁上一三行第五字「睫」，磧、普、南、徑、清作「[目妾]」。

三五六頁上一四行第五字「近」，資、磧、普、南、徑、清作「迎」。
三五六頁上一八行第五字「命」，諸本作「帝」。
三五六頁上一九行第九字「曰」，資、磧、普、南、徑、清作「月」。
三五六頁上二二行第五字「語」，石作「謂」。
三五六頁中七行「昱爍」，磧、普、南、徑、清作「煜爚」。
三五六頁中一一行第八字「見」，石作「覩」。
三五六頁中二〇行第一一字及下二一行第一二字「視」，石、磧、普、南、徑、清作「親」。
三五六頁中末行第七字「固」，石作「著」。
三五六頁下三行末字「恥」，諸本作「慚」。
三五六頁下四行第一一字「嫉」，徑作「妖」。
三五六頁下七行第八字「歒」，普、徑作「敵」。
三五六頁下一〇行「應不」，諸本作「不應」。
三五六頁下一六行第一一字「要」，資、磧、普、南、徑、清作「惡」。
三五六頁下二〇行第四字「政」，資、磧、普、南、徑、清作「正」。
三五六頁下二二行第一三字「女」，資、磧、普、南、徑、清無。
三五七頁上一行第一二字「畜」，石無。
三五七頁上五行第七字「述」，石作「拔」，磧、南、徑、清作「怵」。
三五七頁上一二行第六字「美」，資、磧、普、南、徑、清作「烏」。
三五七頁上一七行第一一字「後」，石作「後彼」。
三五七頁上末行第七字「世」，資、磧、普、南、徑、清作「施」。
三五七頁中一九行第一〇字「林」，石作「林中」。
三五七頁中二〇行第一一字「遊」，

諸本作「採」。

一　三五七頁下一四行末字「悲」，資、磧、普、南、徑、清作「慈」。

一　三五七頁下一五行第一二字「迫」，磧、普、南、徑、清作「逼」。

一　三五七頁下一九行第一三字「加」，資、磧、普、南、徑、清作「以」。

一　三五七頁下二二行「泥洹」，石作「涅盤」。

一　三五八頁上六行「惱惱」，石作「苦」；資、磧、普、南、徑、清作「惱」。

一　三五八頁上六行第一三字「我」，諸本無。

一　三五八頁上八行第九字「所」，石無。

一　三五八頁上一七行末字至一八行第三字「問佛偈言」，石作「説偈問佛」；資、磧、普、南作「佛答偈言」。

一　三五八頁上二〇行第一四字「无」，石作「不」。

一　三五八頁上二一行第三字「偈」，資、磧、普、南、徑、清無。

一　三五八頁中七行第六字「之」，磧、普、南、徑、清無。

一　三五八頁中一〇行第五字「瞋」，資、磧、普、南、徑、清作「瞋之」。

一　三五八頁中一一行第八字「煉」，磧、南、徑、清作「鍊」。

一　三五八頁中一四行第一〇字「猶」，資、磧、普、南、徑、清作「有」。

一　三五八頁中一五行「憂愁」，石作「愁憂」。

一　三五八頁下一四行「告言」，石作「告之曰」；資、磧、普、南、徑、清作「告之」。

一　三五八頁下一八行「何可」，石作「云何」。

一　三五九頁上一〇行第三字「智」，資、磧、南、徑、清作「知」。

一　三五九頁上一三行第五字「行」，資、磧、普、南、徑、清無。

一　三五九頁上一七行「鐵垣」，石作「吞熱鐵丸」。

一　三五九頁上一七行第一一字「地」，石作「地獄」。

一　三五九頁上一八行第四字「燔」，諸本作「煏」。

一　三五九頁中四行第四字「者」，諸本無。

一　三五九頁中一〇行第二字「愈」，石作「踰」；磧、普、南、徑、清作「逾」。

一　三五九頁中一〇行「過罪」，石作「罪過」。

一　三五九頁中二二行首字「衛」，石作「御」；資、磧、普、南、徑、清作「禦」。

一　三五九頁下二行第三字「无」，石作「无有」。

一　三五九頁下三行第七字「累」，磧、普、南、徑、清作「壘」。

一　三五九頁下一〇行首字「魔」，諸本作「魔境」。

一　三五九頁下末行經名，石無。

趙城縣廣勝寺

大智度論釋初品中羼提波羅蜜法忍義第二十五　卷第十五

龍樹菩薩造

後秦龜茲國三藏鳩摩羅什奉　詔譯

云何名法忍忍諸恭敬供養衆生及諸瞋惱婬欲之人是名生忍忍其供養恭敬法及瞋惱婬欲法是為法忍復次法忍者於内六情不著於外六塵不受能於此二不作分別何以故内相如外外相如内二相不可得故一相故因緣合故其實空故一切法相常清淨如真際法性相故二不入故雖無二亦不一如是觀諸法心信不轉是名法忍如毗摩羅鞊經中法作菩薩說生滅為二不生不滅是不二入法門乃至文殊尸利說無聞无見一切滅說無語是不二入法門毗摩羅鞊默然无言諸菩薩讚言善哉善哉是真不二入法門復次一切法有二種一者衆生二者法菩薩於衆生中忍如先說今說法中忍法有二種心法非心法非心法中有内有外外有寒熱風雨等内有飢渴老病死

等如是等種種名為非心法心法中有二種一者瞋恚憂愁疑等二者婬欲憍等是二名為心法菩薩於此二法能忍不動是名法忍問曰於衆生中若瞋惱害命得罪憐愍得福寒熱風雨無有增損云何而忍答曰雖無增損自生惱亂憂苦害菩薩道以是故應當忍復次非但煞惱衆生故得罪為惡心作因緣故有罪所以者何雖煞衆生而無記心是便无罪慈念衆生雖无所與而大得福寒熱風雨雖無增損然以能生惡意故得罪以是故應當忍復次菩薩自知宿罪因緣生此苦處此我自作我應自受如是思惟是故能忍復次菩薩思惟國土有二種有淨有不淨菩薩若生不淨國中受此辛苦飢寒衆惱自發淨願我成佛時國中無此衆苦此雖不淨乃是我利復次菩薩思惟世間八法賢聖所不能勉何況於我以是故應當忍復次菩薩思惟知此人身無牢無强為老病死所逐雖復天身清淨無老无病躭著天樂辟如醉人不

得修行道福出家離欲以是故於此人身自忍修福利益衆生復次菩薩思惟我受此四大五衆身應有種種苦分無有受身而不苦者富貴貧賤出家在家愚智明闇无得免者何以故富貴之人常有畏怖守護財物辟如肥羊早就屠殺如烏銜肉衆烏逐之貧賤之人有飢寒之苦出家之人今世雖苦後世受福得道在家之人今世雖樂後世受苦愚人先求今世樂無常對至後則受苦智人思惟无常苦後則受樂如是等受身之人無不有苦是故菩薩應當行忍復次菩薩思惟一切世間皆苦我當云何於中而欲求樂復次菩薩思惟我於無量劫中常受衆苦無所利益未曾為法今日為衆生求佛道雖受此苦當得大利是故外內諸苦悉當忍受復次菩薩大心福願若阿鼻泥犁苦我當忍之何況小苦而不能忍若小不忍何能忍大如是種種外法中忍名曰法忍問曰云何内心法中能忍答曰菩薩思惟我雖未得道諸結未斷

若當不忍與凡人不異非為菩薩復自思惟若我得道斷諸結使則無法可忍復次飢渴寒熱是外魔軍結使煩惱是内魔賊當破此二軍以成佛道若不尒者佛道不成如說佛苦行六年魔王來言剎利貴人汝千分生中正有一分活耳速起還國布施修福可得今世後世人中天上之樂道不可得汝唐勤苦汝若不受軟言守迷不起我當將大軍衆來擊破汝菩薩言我今當破汝大力内軍何況外軍魔言何等是我内軍荅曰

欲是汝初軍　憂愁為第二　飢渴第三軍
渴愛為第四　睡眠第五軍　怖畏為第六
疑悔第七軍　瞋恚為第八　利養虛稱九
自高蔑他人　如是等軍衆　猒沒出家人
我以禪智力　破汝此諸軍　得成佛道已
度脫一切人

菩薩於此諸軍雖未能破著忍辱鎧捉智慧劒執禪定楯遮諸煩惱箭是名内忍復次菩薩於諸煩惱中應當修忍不應斷結何以故若斷結者所失甚多墮阿羅漢道中與根敗无異

是故遮而不斷以修忍辱不隨結使問曰云何結使未斷而能不隨荅曰正思惟故雖有煩惱而能不隨復次思惟觀空無常相故雖有妙好五欲不生諸結辟如國王有一大臣自覆蔵罪人所不知王言取无脂肥羊來汝若不得者當與汝罪大臣有智繫一大羊以草穀好養日三以狼而畏怖之羊雖得養肥而無脂牽羊與王王遣人煞之肥而無脂王問云何得尒荅以上事菩薩亦如是見无常苦空狼令諸結使脂消諸功德肉肥復次菩薩功德福報无量故其心柔軟諸結使薄易修忍辱辟如師子王在林中吼有人見之叩頭求請則放令去帍豹小物不能尒也何以故師子王貴獸有智分別故帍豹賤虫不知分別故又如壞軍得值大將則活遇小兵則死復次菩薩智慧力觀瞋恚有種種諸惡觀忍辱有種種功德是故能忍結使復次菩薩心有智力能斷結使為衆生故久住世間知結使是賊是故忍而不隨菩薩繫此結賊

不令縱逸而行功德譬如有賊以因緣故不然堅閉一處而自修事業復次菩薩實知諸法相故不以諸結使為惡不以功德為妙是故於結不瞋功德不愛以此智力故能修忍辱如偈說

菩薩斷除諸不善　乃至極微滅无餘
大功德福無有量　所造事業无不辦
菩薩大智慧力故　於諸結使不能惱
是故能知諸法相　生死涅槃一無二

如是種種因緣雖未得道於諸煩惱法中能忍是名法忍復次菩薩於一切法知一相無二一切法可識相故言一眼識識色乃至意識識法是可識相法故言一復次一切法可知相故言一苦法智苦比智知苦諦集法智集比智知集諦滅法智滅比智知滅諦道法智道比智知道諦及善世智亦知苦集滅道虛空非智緣滅是可知相法故言一復次一切法可緣相故言一眼識及眼識相應法緣色耳識鼻識舌識身識亦如是意識及意識相應法亦緣眼亦緣色亦緣眼識乃至緣意緣法緣意識一切法可緣相故言一復次一切法各皆一一復有一名為二三一名為三如是乃至千万皆是一而假名為千万復次一切法中有相故言一一相故名為一一切物名為法法相故名為一如是等无量一門破異相不著一是名法忍

復次菩薩觀一切為二何等二二名內外相內外相故內非外相外非內相復次一切法有無相故為二空不空常非常我非我色非色可見不可見有對非有對有漏無漏有為無為心法非心法心數法非心數法心相應法非心相應法如是无量二門破一不著二是名為法忍復次菩薩觀一切法為三何等為三下中上善不善无記有无非有非無見諦斷思惟斷無斷學無學非學非无學報有報非報非有報如是無量三門破一不著異是名為法忍復次菩薩雖未得無漏道結使未斷能信無漏聖法及三種法印一者一切有為生法無常等印二者一切法無我印三者涅槃實法印得道賢聖人自得自知菩薩雖未得道能信能受是名法忍復次於十四難不荅法中有常無常等觀察無㝵不失中道是法能忍是為法忍如一比丘於此十四難思惟觀察不能通達心不能忍持衣鉢至佛所白佛言佛能為我解十四難使我意了者當作弟子若不能解我當更求餘道佛告癡人汝本共我要誓若荅十四難汝作我弟子耶比丘言不也佛言汝癡人今何以言若不荅我不作弟子我為老病死人說法濟度此十四難是鬪諍法於法无益但是戲論何用問為若為汝荅汝心不了至死不解不能得脫生老病死譬如有人身被毒箭親屬呼醫欲為出箭塗藥便言未可出箭我先當知汝姓字親里父母年歲次欲知箭出在何山何木何羽作箭鏃者為是何人是何等鐵復欲知弓何山木何虫角復次知藥是何處生是何種名如是等盡事了了知之然後聽汝出箭塗

藥佛問比丘此人可得知此衆事然後出箭不比丘言不可得知若待盡知此則已死佛言汝亦如是為邪見箭愛毒塗已入汝心欲拔此箭作我弟子而不欲出箭方欲求盡世間常無常邊无邊等求之未得則失慧命與畜生同死自投黑闇比丘慚愧深識佛語即得阿羅漢道復次菩薩欲作一切智人應推求一切法知其實相於十四難中不滯不㝵知其是心重病能出能忍是名法忍復次佛法甚深清淨微妙演暢種種無量法門能一心信受不疑不悔是名法忍如佛所言諸法雖空亦不斷亦不滅諸法因緣相續生亦非常諸法雖無神亦不失罪福一心念頃身諸法諸根諸慧轉滅不停不至後念新新生滅亦不失無量世中因緣業諸衆界入中皆空無神而衆生輪轉五道中受生死如是等種種甚深微妙法雖未得佛道能信能受不疑不悔是為法忍復次阿羅漢辟支佛畏惡生死早求入涅槃菩薩未得成佛而欲求一

切智憐愍衆生欲了了分別知諸法實相是中能忍是名法忍問曰云何觀諸法得實相荅曰觀知諸法無有瑕隙不可破不可壞是為實相問曰一切語皆可荅可破可壞云何言不可破壞是為實相荅曰以諸法不可破故佛法中一切言語道過心行處滅常不生不滅如涅槃相何以故若諸法相實有不應无若諸法先有今無則是斷滅復次諸法不應是常何以故若常則無罪無福无所傷煞亦無施命亦无脩行利益亦無縛无解世間則是涅槃如是等因緣故諸法不應常若諸法無常則是斷滅亦无罪無福亦無增損功德業因緣果報亦失如是等因緣故諸法不應無常問曰汝言佛法中常亦不實無常亦不實是事不然何以故佛法中常亦實無常亦實常者數緣盡非數緣盡虛空不生不住不滅故是常相無常者五衆生住滅故无常相汝何以言常無常皆不實荅曰聖人有二種語一者方便語二者直語方便語者為

人為因緣故為人者為衆生說是常是無常如對治悉檀中說若說無常欲拔衆生三界著樂佛思惟以何令衆生得離欲是故說無常法如偈說

若觀無生法　於生法得離　若觀无為法
於有為得離

云何生生名因緣和合無常不自在屬因緣有老病死相欺誑相破壞相是名生生則是有為法如對治悉檀說常无常非實相二俱過故若諸法非有常非無常是為愚癡論所以者何若非有則破无若非無則破有若破此二事更有何法可說問曰佛法常空相中非有非無空以除有空空遮無是為非有非無何以言愚癡論荅曰佛法實相不受不著汝非有非無受著故是癡論若言非有非無是則可說可破是心生處是鬪諍處佛法則不然雖因緣有故說非有非無不生著不生著則不可壞不可破諸法若有邊若无邊若有無邊若非有無邊若死後有去若死後无去若死後有去無去若死後非有去非無去

是身是神身異神異亦如是皆不實於六十二見中觀諸法亦皆不實如是一切除却信佛法清淨不壞相心不悔不轉是名法忍復次有無二邊觀諸法生時住時則為有見相觀諸法去時壞時則為無見相三界衆生多著此二見相是二種法虛誑不實若實有相則不應无何以故今無先有則墮斷中若斷是則不然復次一切諸法名字和合故謂之為有以是故名字和合所生法不可得問曰名字所生法雖不可得則有名字和合答曰若無法名字為誰而和合是則無名字復次若諸法實有不應以心識故知有若以心識故有是則非有如地堅相以身根身識知故有若無身根身識知則無堅相問曰身根身識若知若不知而地常是堅相答曰若先自知有堅相若從他聞則知有堅相若先不知不聞則无堅相復次地若常是堅相不應捨其相如凝酥膩蜜樹膠融則捨其堅相墮濕相中金銀銅鐵等亦尒如水為濕相寒則

為堅相如是等種種悉皆捨相復次諸論議師輩有能令無无能令有諸賢聖人坐禪人能令地作水水作地如是等諸法皆可轉如十一切入中說復次是有見為貪欲瞋恚愚癡結縛鬬諍故生若有生此欲恚等處是非佛法何以故佛法相善淨故以是故非實復次一切有法二種色法無色法色法分析乃至微塵散滅无餘如檀波羅蜜品破施物中說無色法五情所不知故意情生住滅時觀故知心有分有分故无常無常故空空故非有彈指頃有六十時一一時中心有生滅相續生故知是貪心瞋心是癡心是信心清淨智慧禪定心行者觀心生滅如流水燈焰此名入空智門何以故若一時生餘時中滅者此心應常何以故此極少時中無滅故若一時中無滅者應終始无滅復次佛說有為法皆有三相若極少時中生而無滅者是為非有為法若極少時中心生住滅者何以但先生而後滅不先滅而後生復次若先有心

後有生則心不待生何以故先已有心故若先有生則生無所生又生滅性相違生則不應有滅滅時不應有生以是故一時不可得異亦不可得是即無生若无生則無住滅若無生住滅則無心數法无心數法則無心不相應諸行色無色法无故無為法亦無何以故因有為故有無為若无有為則亦無无為復次見作法無常故知不作法常若然者今見作法是有法不作法應是無法如是故常法不可得復次外道及佛弟子說常法有同有異同者虛空涅槃外道有神時方微塵冥初如是等名為異有佛弟子說非數緣滅常又言因緣法常因緣生法无常摩訶衍中常法法性如真際如是等種種名為常法虛空涅槃如先說菩薩品中說神及時方微塵亦如上說以是故不應言諸法有若諸法無者有二種一者常无二者斷滅故无若先有今無若今有後無是則斷滅若然者則無因緣无因緣者應一物中出一切物亦應一物

中都無所出後世中亦如是若斷罪福因緣則不應有貧富貴賤之異及墮惡道畜生中若言常无則無苦集盡道若无四諦則無法寶若無法寶則無八賢聖道若无法寶僧寶則無佛寶若如是者則破三寶復次若一切法實空者則無罪福亦無父母亦无世間礼法亦無善无惡然則善惡同門是非一實一切物盡無如夢中所見若言實无有如是失此言誰當信者若言顛倒故見有者當見一人時何以不見二三以其實無而顛倒見故若不墮此有無見得中道實云何知實如過去恒河沙等諸佛菩薩所知所說未来恒河沙等諸佛菩薩所知所說現在恒河沙等諸佛菩薩所知所說信心大故不疑不悔信力大故能持能受是名法忍復次禪定力故心柔軟清淨聞諸法實相應心與會信著深入无疑無悔所以者何疑悔是欲界繫法麁惡故不入柔軟心中是名法忍復次智慧力故於一切諸法中種種觀無有一法可得者

是法能忍能受不疑不悔是名法忍復次菩薩思惟凡夫人以無明毒故於一切諸法中作轉相非常作常想苦作樂想無我有我想空謂有實非有為有有為非有如是等種種法中作轉相得聖實智慧破無明毒知諸法實相得無常苦空無我智慧棄捨不著是法能忍是名法忍復次觀一切諸法從本已来常空今世亦空是法能信能受是為法忍問曰若從本已来常空今世亦空是為惡邪云何言法忍答曰若觀諸法畢竟空取相心著是為邪見若觀空不著不生邪見是為法忍如偈說

諸法性常空　心亦不著空　如是法能忍
是佛道初相

如是等種種入智慧門觀諸實相心不退不悔不隨諸觀亦無所憂能得自利利他是名法忍是法忍有三種行清淨不見忍辱法不見已身不見罵辱人不戲諸法是時名清淨法忍以是事故說菩薩住般若波羅蜜中能具足羼提波羅蜜不動不退故云何名不動不退瞋恚不生不出惡言身不加惡心无所疑菩薩知般若波羅蜜實相不見諸法心無所著故若人来罵若加楚毒殺害一切能忍以是故說住般若波羅蜜中能具足羼提波羅蜜

大智度論釋初品中毗梨耶波羅蜜義第二十六

身心精進不懈息故具足毗梨耶波羅蜜問曰如精進是一切善法大應最在初今何以故第四答曰布施持戒忍辱世間常有如客主之義法應供給乃至畜生亦知布施或有人種種因緣故能布施若為今世若為後世若為道故布施不須精進如持戒者見為惡之人王法治罪便自畏懼不敢為非或有性善不作諸惡有人聞今世作惡後世受罪而以怖畏故能持戒有人聞持戒因緣故得離生老病死是中心生口言我從今日不復殺生如是等即是戒豈須精進波羅蜜而能行耶如忍辱中若罵若打若殺或畏故不報或少力或畏罪或修善人法或為求道故默然不報皆不必須精進波羅蜜乃能忍也今欲

得知諸法實相行般若波羅蜜故修行禪定禪定是實智慧之門是中應勤修精進一心行禪復次布施持戒忍辱是大福德安隱快樂有好名譽所欲者得既得知此福利之味今欲增進更得妙勝禪定智慧譬如穿井已見濕泥轉加增進必望得水又如鑽火已得見烟倍復力勵必望得火欲成佛道凡有二門一者福德二者智慧行施戒忍是為福德門知一切諸法實相摩訶般若波羅蜜是為智慧門菩薩入福德門除一切罪所願皆得若不得願者以罪垢遮故入智慧門則不猒生死不樂涅槃二事一故今欲出生摩訶般若波羅蜜波羅蜜要因禪定門必須大精進力何以故散亂心不能得見諸法實相譬如風中然燈不能照物燈在密屋明必能照是禪定智慧不可以福願求亦非麁觀能得要須身心精懃急著不懈尒乃成辦如佛所說血肉脂髓皆使竭盡但令皮骨筋在不捨精進如是乃能得禪定智慧得是二事則衆

事皆辦以是故精進第四名為禪定實智慧之根上三中雖有精進少故不說問曰有人言但行布施持戒忍辱故得大福德福德力故所願皆得禪定智慧自然而至復何用精進波羅蜜為荅曰佛道甚深難得雖有布施持戒忍辱力要須精進得甚深禪定實智慧及無量諸佛法若不行精進則不生禪定禪定不生則不得生梵天王處何況求佛道復次有人如民大居士等欲得無量寶物則應意皆得如頂生王王四天下雨七寶及所須之物釋提婆那民分座與坐雖有是福然不能得道如羅頻珠比丘雖得阿羅漢道乞食七日不得空鉢而還後以禪定火自燒其身而般涅槃以是故知非但福德力故得道欲成佛道要須懃大精進問曰菩薩觀精進有何利益而懃修不懈荅曰一切今世後世道德利益皆由精進得復次若人欲自度身尚當懃急精進何況菩薩誓願欲度一切如讚精進偈中說

有人不惜身　智慧心決定　如法行精進
所求事无難　如農夫懃修　所取必豐實
亦如涉遠路　懃則必能達　若得生天上
及得涅槃樂　如是之因緣　皆由精進力
非天非無因　自作故自得　誰有智慧人
而不自勉勵　三界火熾然　譬如大炎火
有智決斷人　乃能得勉離　以是故佛告
阿難正精進　如是不懈怠　直至於佛道
勉強而懃修　穿地能通泉　精進亦如是
無求而不得　能如行道法　精進不懈者
无量果必得　此報終不失

復次精進法是一切諸善之根本能出生一切諸道法乃至阿耨多羅三藐三菩提何況於小利如毗尼中說一切諸善法乃至阿耨多羅三藐三菩提皆從精進不放逸生復次精進能動發先世福德如雨潤種能令必生此亦如是雖有先世福德因緣若無精進則不能生乃至今世利尚不能得何況佛道復次諸大菩薩荷負衆生受一切苦乃至阿鼻泥犁中苦心亦不懈是為精進復次一切衆事若無精進則不能成譬如下藥以巴

豆為主若除巳豆則無下力如是意止神足根力覺道必待精進若无精進則衆事不辦如式唯在八道不在餘處信在根力餘處則無如精進者無處不有既総衆法而別自有門辟如無明使遍在一切諸使中而別有不共無明問曰菩薩欲得一切佛法欲度一切衆生欲滅一切煩惱皆得如意云何增益精進而能得佛辟如小火不能燒大林火勢增益能燒一切荅曰菩薩從初發心作誓願當令一切衆生得歡樂常為一切不自惜身若惜身者於諸善法不能成辦以是故增益精進復次菩薩種種因緣呵懈怠心令樂著精進懈怠黑雲覆諸明慧呑滅功德增長不善懈怠之人初雖小樂後則大苦辟如毒食初雖香美久則煞人懈怠之心燒諸功德辟如大火燒諸林野懈怠之人失諸功德辟如被賊無復遺餘如偈說

應得而不得　巳得而復失　既自輕其身
衆人亦不敬　常處大闇中　無有諸威德
尊貴智慧法　此事永以失　聞諸妙道法
不能以益身　如是之過失　皆由懈怠心
雖聞增益法　不能得上及　如是之過罪
皆由懈怠心　生業不修理　不入於道法
如是之過失　皆由懈怠心　上智所棄遠
中人時復近　下愚為之沒　如賭樂在溷
若為世中人　三事皆廢失　欲樂及財利
福德亦復沒　若為出家人　則不得二事
生天及涅槃　名譽二俱失　如是諸廢失
欲知其所由　一切諸賊中　無過懈怠賊
以是衆罪故　懶心不應作　馬井二比丘
懈怠隊善道　雖見佛聞法　猶亦不自勉

如是等種種觀懈怠之罪精進增長復次觀精進之益今世後世佛道涅槃之利皆由精進復次菩薩知一切諸法皆空無所有而不證涅槃憐愍衆生集諸善法是精進波羅蜜力復次菩薩一人獨无等侶以精進福德力故能破魔軍及結使賊得成佛道既得佛道於一切諸法一相無相其實皆空而為衆生說諸法種種名字種種方便度脫衆生老病死苦将滅度時以法身與弥勒菩薩摩訶薩迦葉阿難等然後入金剛三昧自碎身骨令如芥子以度衆生而不捨精進力復次如阿難為諸比丘說七覺意至精進覺佛問阿難汝說精進覺意耶阿難言說精進覺意如是三問三荅佛即從坐起告阿難人能樂修行精進無事不得得至佛道終不虛也如是種種因緣觀精進利而得增益如是精進佛有時說為欲或時說精進有時說不放逸辟如人欲遠行初欲去時是名為欲發行不住是為精進能自勸勵不令行事稽留是為不放逸以是故知欲生精進精進生不放逸不放逸故能生諸法乃至得成佛道復次菩薩欲脫生老病死亦欲度脫衆生常應精進一心不放逸如人擎油鉢行大衆中現前一心不放逸故大得名利又如偏閣嶮道若懸繩若乘山崖此諸惡道以一心不放逸故身得安隱今世大得名利求道精進亦復如是若一心不放逸所願皆得復次辟如水流能決大石不放逸心亦復如是專修方便常行不廢能破煩惱諸結使山復次菩薩有三

種思惟若我不作不得果報若我不自作不從他来若我作者終不失如是思惟當必精進為佛道故懃修事精而不放逸如一小阿蘭若獨在林中坐禪而生懈怠林中有神是佛弟子入一死屍骨中歌儛而来説此偈言

林中小比丘 何以生懈廢 晝来若不畏
夜復如是来

是比丘驚怖起坐内自思惟中夜復睡是神復現十頭口中出火牙瓜如劍眼赤如炎顧語將從捉此懈怠比丘此處不應懈怠何以故尒是比丘大怖即起思惟專精念法得阿羅漢道是名自强精進不放逸力能得道果復次是精進不自惜身而惜果報於身四儀坐卧行立常懃精進寧自失身不廢道業辟如失火以瓶水救之唯存滅火而不惜瓶如仙人師教弟子説偈言

決定心悦豫 如獲大果報 如願事得時
乃知此最妙

如是種種因緣觀精進之利能令精進增益復次菩薩修諸苦行若有人来求索頭目髓腦盡能與之而自念言我有忍辱精進智慧方便之力受之尚苦何况愚騃三塗衆生我當為此衆生故懃修精進早成佛道而度脱之

大智度論卷第十五

大智度論卷第十五

校勘記

一 底本，金藏廣勝寺本。

一 三六五頁中一行經名，石作「摩訶般若波羅蜜經第十七」；資、磧、普、南、徑、清作「大智度論卷第十五」。

一 三六五頁中三行後，資作「釋初品中羼提波羅蜜下第二十五」；磧、普、南作「釋初品初羼提波羅蜜下」；徑、清作「釋初品中羼提波羅蜜之余」。

一 三六五頁中九行第一〇字「相」，諸本作「相俱」。

一 三六五頁中一一行第四字「淨」，諸本作「淨故」。

一 三六五頁中一一行「二不」，諸本作「不二」。

一 三六五頁中一三行第一一字及一七行第三字「鞊」，石、資、磧、普、南、徑、清作「詰」。

一三六五頁中一四行首字「作」，石、麗作「住」。

一三六五頁中一六行第四字「滅」，石、磧、普、南、徑、清、麗作「心滅無」；資作「滅無」。

一三六五頁中一九行第一〇字「法」，石、磧、普、南、徑、清、麗作「諸法」。

一三六五頁中二〇行第五字「先」，資無。

一三六五頁下三行第二字「憍」，諸本作「憍慢」。

一三六五頁下七行第三字「自」，石、麗作「而自」。

一三六五頁下七行第八字「苦」，石作「苦寒熱」。

一三六五頁下一一行第一〇字「福」，石、麗作「福以是故」。

一三六五頁下一一行末字「雨」，石作「雨中」。

一三六五頁下一二行「增損」，石作「可忍」。

一三六五頁下一三行及二〇行末字至二一行第二字「故應當」，石作「以應」。

一三六五頁下一五行第五字「故」，石作「以」。

一三六五頁下末行「無老无病」，石作「無病無老」。

一三六六頁上三行第九字「衆」，石作「陰」。

一三六六頁上六行「畏怖」，石、資、磧、普、南、徑、清作「怖畏」。

一三六六頁上七行第一三字「烏」，資作「鳥」。

一三六六頁上一〇行「世受」，石作「受憂」。

一三六六頁上一一行第一一字「人」，石、資、磧、普、南、徑、清作「人先」。

一三六六頁上一二行第四字「則」，石無。

一三六六頁上一二行第六字「樂」，石、麗作「樂得道」。

一三六六頁上一八行「外内」，石作「内外」。

一三六六頁上二〇行第一三字「小」，石、資、磧、普、南、徑、清作「小苦」。

一三六六頁中三行第一二字「軍」，磧作「中」。

一三六六頁中四行第七字「當」，石、麗作「我當」。

一三六六頁中一六行「蔑他人」，石作「蔑人十」；資、磧、普、南、徑、清作「憍慢十」。

一三六六頁中二〇行第八字「楯」，磧、普、南、徑、清作「盾」。

一三六六頁下二行第七字「未」，石作「不」。

一三六六頁下八行第一二字至九行首字「狼而畏怖」，石作「三示狼而怖畏」。

一三六六頁下一〇行第一一字「問」，石作「問曰」。

一三六六頁下一五行第一一字「請」，石、麗作「哀」。

一三六六頁下一八行末字「遇」，石、

麗作「值遇」。
一　三六六頁下末行「是賊」，石作「頗倒虛妄」。
一　三六七頁上三行第四字「實」，石作「覩」。
一　三六七頁上一三行第一三字「相」，石、資、磧、普、南、徑、清作「相法」。
一　三六七頁上一八行末字「世」，石作「等」。
一　三六七頁中二行第七字「次」，石、麗作「次有人言」。
一　三六七頁中四行第一二字「万」，資無。
一　三六七頁中九行第七字「切」，磧、普、南、徑、清作「切法」。
一　三六七頁中一七行第二字「觀」，石、麗作「或觀」。
一　三六七頁下八行第一〇字「解」，石、麗作「解此」。
一　三六七頁下一八行第二字「塗」，清作「除」。
一　三六七頁下二二行第二字「次」，石、磧、普、南、徑、清作「欲」。
一　三六七頁下末行「盡事」，石、資、普、徑、麗作「事盡」。
一　三六八頁上五行「出箭方」，石作「拔箭而」。
一　三六八頁上一六行「一心」，石、資、磧、普、南、徑、清作「心一」。
一　三六八頁上二一行第六字「能」，資、磧、普、南、徑、清無。
一　三六八頁中一行第二字「智」，石、麗作「智欲」。
一　三六八頁中一行第一一字「別」，石作「明」。
一　三六八頁中三行第四字「得」，石無。
一　三六八頁中九行第五字「有」，資、磧、普、南、徑、清作「有後」。
一　三六八頁中一〇行第二字「則」，資、磧、普、南、徑、清作「即」。
一　三六八頁中一一行第五字「則」，資、徑作「即」。
一　三六八頁中一五行第二字「無」，石無。
一　三六八頁中一五行第九字「德」，資、磧、普、南、徑、清無。
一　三六八頁中二〇行末字「常」，資、磧、普、南、徑、清作「常相」。
一　三六八頁中二二行第四字「皆」，石作「相二俱」。
一　三六八頁下四行末字「說」，資、磧、普、南、徑、清無。
一　三六八頁下八行第四字「有」，資、磧、普、南、徑、清作「有者有」。
一　三六八頁下一七行第二字「愛」，石、磧、普、南、徑、清、麗作「受」。
一　三六八頁下一七行第五字「是」，石、麗作「是爲」。
一　三六八頁下一七行末字「是」，資、磧、普、南、徑、清無。
一　三六八頁下一九行第八字「有」，諸本無。
一　三六九頁上八行「若實」，資、磧、普、南、徑、清無。
一　三六九頁上一〇行第一三字「以」，

石無。

一 三六九頁上一五行第四字「有」，石作「有相」。

一 三六九頁上一五行第一〇字「有」，石、磧、普、南、清、麗作「知有」。

一 三六九頁上二二行首字「臈」，磧、普、南、徑、清作「蠟」。

一 三六九頁中一行首字「爲」，石、磧、普、南、徑、清、麗作「轉爲」。

一 三六九頁中八行「有法」，石、麗作「法有」。

一 三六九頁中一三行第六字「項」，磧作「煩」；南、清、麗作「頃」。

一 三六九頁中一四行第一三字「瞋」，石、麗作「是瞋」。

一 三六九頁中二一行第四字「無」，石作「不」。

一 三六九頁下五行第二字「即」，石作「則」。

一 三六九頁下七行第六字「色」，石作「色法」。

一 三六九頁下一一行第一〇字「如」，資、磧、普、南、徑、清、麗作「以」。

一 三六九頁下一二行末字「法」，資、磧、普、南、徑、清作「法法」。

一 三六九頁下一三行第一三字「有」，石、磧、普、南、徑、清作「言有」。

一 三六九頁下一四行第一三字「有」，麗作「又」。

一 三六九頁下一五行「常又言」，石、麗作「是常又復言滅」；磧、普、南、徑、清作「常又言滅」。

一 三六九頁下一七行第六字「等」，資、磧、普、南、徑、清無。

一 三六九頁下一八行第五字「說」，石、資、磧、南、徑、清、麗作「讚」。

一 三六九頁下二二行「緣无因」，石作「無緣無因無」。

一 三六九頁下末行第一三字「一」，石、麗作「一切」。

一 三七〇頁上四行首字「盡」，石、麗作「滅」。

一 三七〇頁上四行「若無法寶」，資、磧、普、南、徑、清無。

一 三七〇頁上九行第六字「實」，諸本作「貫」。

一 三七〇頁上一三行末字「云」，諸本作「相云」。

一 三七〇頁上二〇行第一〇字「悔」，資作「惱悔」。

一 三七〇頁中一二行第九字「法」，石、麗作「法常」。

一 三七〇頁中一三行第五字「邪」，諸本作「惡邪」。

一 三七〇頁中一六行第五字「有」，諸本作「相」。

一 三七〇頁中一七行第一一字「諸」，石、磧、普、南、徑、清、麗作「諸法」。

一 三七〇頁下五行後，石有「大智度經論卷第十七」。

一 三七〇頁下六行品名，石作「大智度經論卷第十八」、「摩訶般若波羅蜜經釋初品中讚毗梨耶波羅蜜第二十六」；資有「上第二十六」；磧、普、南有「上」；徑、清作「釋初品中毗梨耶波羅蜜」。

一　三七〇頁下七行首字「身」前，石、磧、普、南、徑、清、麗冠以「經」。

一　三七〇頁下七行「息故」，石、麗作「息故應」；磧、普、南、徑、清作「怠故應」。

一　三七〇頁下八行「問曰」前，石、麗冠以「論」毗梨耶(「耶」下有夾註「秦言精進」)；磧、普、南、徑、清冠以「論」。

一　三七〇頁下八行第一三字「大」，諸本作「本」。

一　三七一頁上五行第七字「知」，石作「如」。

一　三七一頁上七行「增進」，石作「精勤」。

一　三七一頁上一五行第一三字「波」，石、資、磧、普、南、徑、清作「般若波」；麗作「若波」。

一　三七一頁上一六行第六字「門」，諸本作「門禪定門」。

一　三七一頁上一七行第二字「散」，石、資、磧、普、南、徑、清作「欲界」。

一　三七一頁中六行第三字「爲」，資、磧、普、南、徑、清無。

一　三七一頁中一〇行第七字「求」，諸本作「欲求」。

一　三七一頁中一二行第一一字「雨」，諸本作「天雨」。

一　三七一頁中一七行第九字「德」，石無。

一　三七一頁中一九行第一一字「懈」，磧作「解」。

一　三七一頁下一行「有人」，資、磧、普、南、徑、清作「人有」。

一　三七一頁下三行第七字「則」，資、磧、普、南、徑、清作「行」。

一　三七一頁下六行「炎火」，資、磧、普、南、徑、清作「火焰」。

一　三七一頁下八行第一〇字「怠」，石、資作「息」。

一　三七一頁下一二行第一〇字「善」，石、麗作「善法」。

一　三七一頁下一四行「於小」，石作「餘」；資、磧、普、南、徑、清作「小」。

一　三七一頁下一七行「動發」，石作「發動」。

一　三七二頁上三行第九字「唯」，石作「雖」。

一　三七二頁上五行第六字「棇」，磧、普、南作「揔」。

一　三七二頁中二行末字「罪」，石作「失」。

一　三七二頁中四行第五字「失」，磧、普、南、徑、清作「罪」。

一　三七二頁中八行第一一字「知」，諸本作「如」。

一　三七二頁中一二行末字「長」，石作「益」。

一　三七二頁中二一行第八字「生」，資、磧、普、南、徑、清作「生生」。

一　三七二頁中二二行第一三字「薩」，石、資、磧、普、南、徑、清無。

一　三七二頁下三行第五字「佛」，諸本作「意佛」。

一　三七二頁下五行第五字「坐」，石

作「卧」。

一　三七二頁下五行第一一字「能」，諸本作「能愛」。

一　三七二頁下八行第一〇字「欲」，資作「欲發」。

一　三七二頁下一二行第一三字「生」，諸本作「生故」。

一　三七二頁下一四行第一三字「亦」，資、磧、普、南、徑、清無。

一　三七二頁下一八行第五字「崖」，麗作「羊」。

一　三七二頁下一九行「大得」，石作「得大」。

一　三七二頁下二二行第七字「專」，石作「勤」。

一　三七三頁上一行第一三字至二行第二字「我不自作」，石作「自不作亦」。

一　三七三頁上八行「復如是」，石作「當更復」。

一　三七三頁上一〇行第一三字「抓」，諸本作「爪」。

一　三七三頁上一六行第八字「立」，石、麗作「住」。

一　三七三頁上一七行末字「救」，石、麗作「投」。

一　三七三頁中末行經名，石無。

大智度論釋初品中毗梨耶波羅蜜義第二十七 卷第十六

龍樹菩薩造

後秦龜茲國三藏鳩摩羅什奉 詔譯

問曰云何名精進相答曰於事必能起發無難志意堅强心无疲惓所作究竟以此五事為精進相復次如佛所說精進相者身心不息故辟如釋迦牟尼佛先世曾作賈客主將諸賈人入嶮難處是中有羅刹鬼以手遮之言汝住莫動不聽汝去賈客主即以右拳擊之拳即著鬼挽不可離復以左拳擊之亦不可離以右足蹴之足復粘著復以左足蹴之亦復如是以頭衝之頭即復著鬼問言汝今如是欲作何等心休息未答言雖復五事被繫我心終不為汝息也當以精進力與汝相擊要不懈退鬼時歡喜心念此人膽力極大即語人言汝精進力大必不休息放汝令去行者如是於善法中初夜中夜後夜誦經坐禪求諸法實相不為結使所覆身心不懈是名精進相是精進名心數法

懃行不住相隨心行共心生或有覺有觀或無覺有觀或無覺无觀如阿毗曇法廣說於一切善法中懃修不懈是名精進相於五根中名精進根根增長名精進力心能開悟名精進覺能到佛道涅槃城是名正精進四念處中能懃繫心是精進分四正懃是精進門四如意足中欲精進即是精進六波羅蜜中名精進波羅蜜問曰汝先讚精進今說精進相是名何精進答曰是一切善法中精進相問曰今說摩訶般若波羅蜜論議中應說精進波羅蜜何以說一切善法中精進答曰初發心菩薩於一切善法中精進漸漸次第得精進波羅蜜問曰一切善法中精進多今說精進波羅蜜已入一切善法精進中答曰為佛道精進名為波羅蜜諸餘善法中精進但名精進不名波羅蜜問曰一切善法中懃何以不名精進波羅蜜而獨名菩薩精進為波羅蜜答曰波羅蜜名到彼岸世間人及聲聞辟支佛不能具足行諸皮羅蜜是故不名

為精進波羅蜜復次是人無大慈大悲棄捨衆生不求十力四无所畏十八不共法一切智及無导解脫無量身無量光明无量音聲無量持戒禪定智慧以是故是人精進不名波羅蜜復次菩薩精進不休不息一心求佛如是行者名為精進波羅蜜如好施菩薩求如意珠抒大海水正使筋骨枯盡終不懈廢得如意珠以給衆生濟其身苦菩薩如是雖為能為是為菩薩精進波羅蜜復次菩薩以精進力為首行五波羅蜜是時名為菩薩精進波羅蜜辟如衆藥和合能治重病菩薩精進亦如是但行精進不能行五波羅蜜是不名菩薩精進波羅蜜復次菩薩精進不為財利富貴力勢亦不為身不為生天轉輪王梵釋天王亦不自為以求涅槃但為佛道利益衆生如是相名為菩薩精進波羅蜜復次菩薩精進修行一切善法大悲為首如慈父愛子唯有一子而得重病一心求藥救療其病菩薩精進以慈為首亦復如是救療一切

心無慙愧捨復次菩薩精進以實相智慧為首行六波羅蜜是名菩薩精進波羅蜜問曰諸法實相无為無作精進有為有作相云何以實相為首答曰雖知諸法實相無為无作以本願大悲欲度衆生故於無作中以精進力度脫一切復次若諸法實相无為無作如涅槃相无一無二汝云何言實相與精進相異耶汝即不解諸法相復次尒時菩薩觀三界五道衆生各失所樂无色界天樂定心著不覺命盡墮在欲界中受禽獸形色界諸天亦復如是從清淨處墮還受婬欲在不淨中欲界六天樂著五欲還墮地獄受諸苦痛見人道中以十善福貿得人身人身多苦少樂壽盡多墮惡趣中見諸畜生受諸惡惱鞭杖駈馳負重涉遠項領穿壞熱鐵燒爍此人宿行因緣以繫縛衆生鞭杖苦惱如是等種種因緣故受爲馬牛羊麞麋畜獸之形婬欲情重无明偏多受鵝鴨孔雀鴛鴦鳩鴿鷄鷺鸚鵡百舌之屬受此衆鳥種類百千婬行罪故

身生毛羽隔諸細滑觜距麁鞕不別觸味瞋恚偏多受毒虵蝮蝎蚑蜂百足含毒之虫愚癡多故受蚓蛾蜣蜋蟻螻鵂鶹角鵄之屬諸騃虫鳥憍慢瞋恚多故受師子虎豹諸猛獸身邪慢緣故受生驢猪駱駝之中慳貪嫉妬輕躁短促故受獼猴狐玃熊羆之形邪貪憎嫉業因緣故受猫狸土虎諸獸之身无愧无慚饕餮因緣故受烏鵲鵄鷲諸鳥之形輕慢善人故受鷄狗野干等身大作布施瞋恚曲心以此因緣故受諸龍身大修布施心高陵瘧苦惱衆生受金翅鳥形如是等種種結使業因緣故受諸畜生禽獸之苦菩薩得天眼觀衆生輪轉五道迴旋其中天中死人中生人中死天中生天中死生地獄中地獄中死生天上天上死生餓鬼中餓鬼中死還生天上天上死生畜生中畜生中死生天上天上死還生天上地獄餓鬼畜生亦如是欲界中死色界中生色界中死欲界中生欲界中死无色界中生無色界中死欲界中生欲界

中死欲界中生色界中無色界亦如是活地獄中死黑繩地獄中生黑繩地獄中死活地獄中生活地獄中死還生活地獄中合會地獄乃至阿鼻地獄亦如是炭坑地獄中死沸屎地獄中生沸屎地獄中死炭坑地獄中生炭坑地獄中死還生炭坑地獄中燒林地獄乃至摩訶波頭摩地獄亦如是展轉生其中卵生中死胎生中生胎生中死卵生中生卵生中死還生卵生中胎生濕生化生亦如是閻浮提中死弗婆提中生弗婆提中死閻浮提中生閻浮提中死還生閻浮提中劬陁尼欝怛羅越亦如是四天處死三十三天中生三十三天中死四天處生四天處死還生四天處三十三天乃至他化自在天亦如是梵眾天中死梵輔天中生梵輔天中死梵眾天中生梵眾天中死還生梵眾天中梵輔天少光天無量光天光音少淨無量淨遍淨阿那跋羅伽得生大果虛空處識處無所有處非有想非無想處亦如是非有想非無想天中

死阿鼻地獄中生如是展轉生五道中菩薩見是已生大悲心我於眾生為无所益雖與世樂樂極則苦當以佛道涅槃常樂益於一切云何而益當懃大精進乃得實智慧得實智慧知諸法實相以餘波羅蜜助成以益眾生是為菩薩精進波羅蜜見餓鬼中飢渴故兩眼陷毛髮長東西馳走若欲趣水護水諸鬼以鐵杖逆打設無守鬼水自然竭或時天雨雨化為炭或有餓鬼常被火燒如劫盡時諸山火出或有餓鬼羸瘦狂走毛髮蓬乱以覆其身或有餓鬼常食屎溺唾嘔吐盪滌餘汁或時至廁溷邊立伺求不淨汁或有餓鬼常求產婦藏血飲之形如燒樹咽如針孔若與其水千歲不足或有餓鬼自破其頭以手取腦而舐或有餓鬼形如黑山鐵鏁鏁頸叩頭求哀歸命獄卒或有餓鬼先世惡口好以麤語加彼眾生眾生憎惡見之如讎以此罪故墮餓鬼中如是等種種罪故墮餓鬼趣中受無量苦痛見八大地獄苦毒方端活

大地獄中諸受罪人各各共鬪惡心瞋諍手捉利刀互相割剝以槊相刺鐵叉相叉鐵棒相棒鐵杖相撾鐵鉾相貫而以利刀互相切膾又以鐵抓而相爴裂各以身血而相塗漫痛毒逼切悶無所覺宿業因緣冷風來吹獄卒喚之咄諸罪人還活以是故名活地獄即時平復復受苦毒此中眾生以宿行因緣好煞物命牛羊禽獸為田業舍宅奴婢妻子國土錢財故而相煞害如是等種種煞業報故受此劇罪見黑繩大地獄中罪人為惡羅剎獄卒鬼匠常以黑熱鐵繩拼度罪人以獄中鐵斧教人斫之長者令短短者令長方者使圓圓者使方斬截四肢却其耳鼻落其手足以大鐵鋸解析揣截破其肉分齊稱之此人宿行因緣讒賊忠良妄語惡口兩舌無義語枉煞无辜或作姧吏酷暴侵害如是等種種惡口讒賊故受此罪見合會大地獄中惡羅剎獄卒作種種形牛馬豬羊麞鹿狐狗虎狼師子六駮大鳥鵰鷲鶉鳥作此種種語

鳥獸頭而来吞噉齩齧齭掣罪人兩山相合大熱鐵輪轢諸罪人令身破碎熱鐵臼中擣之令碎如柞蒱桃亦如壓油辟如槊塲聚肉成積積頭如山血流成池鵰鷲虎狼各来諍掣罪人宿業因縁多煞牛馬猪羊麞鹿狐兎虎狼師子六駮大鳥衆鳥如是等種種鳥獸多殘賊故還為此衆鳥獸頭来害罪人又以力勢相陵抂壓羸弱受兩山相合罪慳貪瞋恚愚癡怖畏故斷事輕重不以正理或破正道轉易正法受熱鐵輪轢熱鐵臼擣第四第五名叫喚大叫喚此大地獄其中罪人羅剎獄卒頭黄如金眼中火出著赤色衣身肉堅勁走疾如風手足長大口出惡聲捉三鈷叉箭墮如雨剌射罪人罪人狂怖叩頭求哀大將軍小見放捨小見憐愍即時將入熱鐵地獄縱廣百由旬驅打馳走足皆燋然脂髓流出如炸麻油鐵棒棒頭頭破腦出如破酪瓶斫剉割剝身體糜爛而復將入鐵閤屋間黑烟来熏互相推壓更相怨毒皆言何以壓

我栽欲求出其門以閉大聲嘷呼音常不絶此人宿行因縁皆由科秤欺誑非法斷事受寄不還侵陵下劣惱諸窮寡令其噼哭破他城郭壞人聚落傷害刼剝室家怨毒舉城叫喚有時决謫欺誑誘之令出而復害之如是等種種因縁故受如此罪大叫喚地獄中人皆坐熏煞穴居之類幽閉囹圄或闇烟窟中而熏煞之或投井中刼奪他財如是等種種因縁受大叫喚地獄罪第六第七熱大熱地獄中有二大銅鑊一名難陁二名跋難陁（秦言喜大喜也）鹹沸水滿羅剎獄卒以罪人投中如厨士烹肉人在鑊中脚上頭下辟如煮豆熟爛骨節解散皮肉相離知其已爛以叉叉出行業因縁冷風吹活復投炭坑或著沸屎中辟如魚出於水而著熱沙中又以濃血而自煎熬從炭坑中出投之焰牀强駈令坐眼耳鼻口及諸毛孔一切火出此人宿世惱乱父母師沙門婆羅門好人福田中惱令心熱以此罪故受熱地獄罪或有宿世煑生蠒或

生炙猪羊或以木貫人而生炙之或焚燒山野及諸聚落佛圖精舍及天神等或推衆生著火坑中如是等種種因縁生此地獄中見阿鼻地獄縱廣四千里周迴鐵壁於七地獄其處最深獄卒羅剎以大鐵椎椎諸罪人如鍛師打鐵從頭剝皮乃至其足以五百釘釘其身如挓牛皮互相掣挽應手破裂熱鐵火車以轢其身駈入火坑令抱炭出熱沸屎河駈令入中有鐵嘴毒虫從鼻中入脚底出從足下入口中出竪劒道中駈令馳走足下破碎如厨膾肉利刀劒槊飛入身中辟如霜樹落葉隨風乱墜罪人手足耳鼻支節皆被斫剝割截在地流血成池二大惡狗一名賒摩二名賒婆羅鐵口猛毅破人筋骨力踰虎豹猛如師子有大剌林駈逼罪人强令上樹罪人上時剌便下向下時剌便上向大身毒虵蝮蠍惡虫競来齧之大鳥長嘴破頭噉腦入醎河中隨流上下出則蹈熱鐵地行鐵剌上或坐鐵杙杙從下入以鉗開口灌以洋銅

吞熱鐵丸入口口燋入咽咽爛入腹
腹燃五藏皆燋直過墮地但見惡色
恒聞臭氣常觸麁澁遭諸苦痛迷悶
萎熟或狂逸唐突或藏竄投擲或巔
匐墮落此人宿行多造大惡五逆重
罪斷善根法言非法非法言法破因
破果憎嫉善人以是罪故入此地獄
受罪最劇如是等種種八大地獄周
圍其外其中罪毒不可見聞見十六
小地獄為眷屬八寒氷八炎火炎火地獄者
一名炭坑二名沸屎三名燒林四名
劍林五名刀道六名鐵刺林七名鹹
河八名銅橛是為八八寒氷地獄者
一名頞浮陀（少多有孔）二名尼羅浮陀（无孔）三
名阿羅羅（寒戰聲也）四名阿婆婆（亦患寒聲）五名睺
睺（亦是患惡聲）六名漚波羅（此地獄形以青蓮花也）七名波
頭摩（紅蓮花罪人生中受苦也）八名摩訶波頭摩是
為八若破清淨戒出家法令白衣輕
賤佛道或排衆生著火坑中或衆生
命未盡須於火上炙之如是等種種
因緣墮炭坑地獄中炎炎炭至膝燒
罪人身若沙門婆羅門福田食以不
淨手觸或先噉或以不淨物著中或

以熱沸屎灌他身破淨命以邪命自
活如是等種種因緣墮沸屎地獄中
沸屎深廣如大海水中有虫以鐵為
觜破罪人頭噉腦破骨食髓若焚燒
草木傷害諸虫或燒林大獵為害弥
廣如是等種種因緣墮燒林地獄中
草木火然以燒罪人若執持刀劍鬪
諍傷煞若斫樹壓人以報宿怨若人
以忠信誠告而密相中陷如是等種
種因緣墮劍林地獄中此地獄中人
入中風吹劍葉割截手足耳鼻皆令
墮落是時林中有烏鷲惡狗來食其
肉若以利刀刺人若橛若槍傷人若
斷截道路撥徹橋樑破正法道示以
非法道如是等種種因緣墮利刀道
地獄中剃刀道地獄中立絕壁狹道
中豎利刀令罪人行上而過若犯邪
婬侵他婦女貪受樂觸如是等種種
因緣墮鐵刺林地獄中刺樹高一由
旬上有大毒虵化作美女身喚此罪
人上來共汝作樂獄卒駈之令上刺
皆下向貫刺罪人身被刺害入骨徹
髓既至林上化女還復虵身破頭入

腹處處穿穴皆悉破爛忽復還活身
體平復化女復在樹下喚之獄卒以
箭仰射呼之令下刺復仰刺既得到
地化女身復毒虵破罪人身如是久
久從熱鐵刺林出遥見河水清涼快
樂走往趣之入中變成熱沸鹹水罪
人在中須臾之頃皮肉離散骨立水
中獄卒羅剎以叉鉤出之持著岸上
此人宿行因緣傷煞水性魚鱉之屬
或時排人及諸衆生令沒水中或投
之沸湯或投之氷水如是等種種惡
業因緣故受此罪若在銅橛地獄
卒羅剎問諸罪人汝何處來荅言我
苦惱不知來處但患飢渴若言渴是
時獄卒即駈逐罪人令坐熱銅橛上
以鐵鉗開口灌以洋銅若言飢坐之
銅橛吞以鐵丸入口口燋入咽咽爛
入腹燋燃五藏爛壞直過墮地此人
宿行因緣劫盜他財以自供口諸出
家人或時詐病多求酥油石蜜或无
戒無禪无有智慧而多受人施或惡
口傷人如是等種種宿業因緣墮銅
橛地獄若人墮頞浮陀獄中其處積

氷毒風来吹令諸罪人皮毛裂落筋肉斷絶骨破髓出者即復見堅受罪如初此人宿業因緣寒月剥人或劫盗凍人薪火或作悪龍瞋毒忿恚放大雹雨冰凍害人或輕賤謗毀者佛及佛弟子持戒之人或口四業作衆重罪如是等種種因緣墮阿浮陀獄中尼羅浮陀亦如是頞浮陀少多有孔時得出入尼羅波絶無孔竅無出入處呵婆婆呵羅睺羅睺此三地獄寒風噤戰口不能開因其呼聲而以名獄漚波羅獄中凍氷浹渫有似青蓮花波頭摩狀如此間好蓮花摩呵波頭摩是中拘迦離住處有智之人聞是驚言咄以此無明恚愛法故乃受此苦出而復入无窮無已菩薩見此如是思惟此苦業因緣皆是無明諸煩惱所作我當精進懃修六度集諸功德斷除衆生五道中苦興發大哀增益精進如見父母幽閉囹圄考掠搒笞憂毒万端方便求救心不暫捨菩薩見諸衆生受五道苦念之如父亦復如是復次菩薩精進世世懃

修求諸財寶給施衆生心無懈廢自有財物能盡施與心亦不懈復次精進持戒若大若小一切能受一切能持不毀不犯大如毛髮設有違失即時發露初不覆藏復次懃修忍辱若人刀杖打害罵詈毀辱及恭敬供養一切能忍不受不著於深法中其心不沒亦不疑悔復次專精一心修諸禪定能住能守得五神通及四等心勝處背捨十一切處具諸功德得四念處及諸菩薩見佛三昧復次菩薩精進求法不懈身心懃力供養法師種種恭敬供給給使初不違失亦不廢退不惜身命以為法故誦讀問荅初中後夜思惟憶念籌量分別求其因緣選擇同異欲知實相一切諸法自相異相摠相別相一相有相无相如實相諸佛菩薩無量智慧不沒不退是名菩薩精進如是等種種因緣能生能辦種種善法是故名為精進波羅蜜波羅蜜義如先說復次菩薩精進名為精進波羅蜜餘人精進不名波羅蜜問曰云何為精進滿足荅

曰菩薩生身法性身能具功德是為精進波羅蜜滿足滿足義如上說身心精進不廢息故問曰精進是心數法何以名身精進荅曰精進雖是心數法從身力出名為身精進如受是心數法而有五識相應受是名身受有意識相應受是為心受精進亦如是身力懃修若手布施口誦法言若講說法如是等名為身口精進復次行布施持戒是為身精進忍辱禪定智慧是名心精進復次外事懃修是為身精進內自專精是為心精進麁精進名為身細精進名為心福德精進名為身為智慧精進是為心若菩薩初發心乃至得无生忍從是中間名身精進生身未捨故得無生忍捨肉身得法性身乃至成佛是為心精進復次菩薩初發心時功德未足故種三福因緣布施持戒善心漸得福報以施衆生衆生未足更廣修福發大悲心一切衆生不足於財多作衆惡我以少財不能滿足其意其意不滿不能懃受教誨不受道教不能得

脫生老病死我當作大方便給足於財令其充滿便入大海求諸異寶登山履危以求妙藥入深石窟求諸異物石汁珎寶以給衆生或作薩陁婆冐涉嶮道劫賊師子虎狼惡獸為布施衆生故懃求財寶不以為難藥草呪術能令銅變為金如是種種變化致諸財物及四方無主物以給衆生是為身精進得五神通能自變化作諸美味或至天上取自然食如是等名為心精進能集財寶以用布施是為身精進以是布施之德得至佛道是為心精進生身菩薩行六波羅蜜是為身精進法性身菩薩行六波羅蜜是為心精進未得法身心則隨身已得法身則心不隨身身不累心復次一切法中皆能成辦不惜身命是為身精進求一切禪定智慧時心不懈惓是為心精進復次身精進者受諸懃苦終不懈廢如說波羅奈國梵摩達王遊獵於林中見二鹿羣羣名有主一主有五百羣鹿一主身七寶色是釋迦牟尼菩薩一主是提婆達多菩薩鹿王見人王大衆煞其部

黨起大悲心逕到王前王人競射飛矢如雨王見此鹿直進趣已無所忌憚勑諸從人攝汝弓矢无得斷其来意鹿王既至跪白人王君以嬉遊逸樂小事故羣鹿一時皆受死苦若以供膳輙當差次日送一鹿以供王厨王善其言聽如其意於是二鹿羣主大集差次各當一日送應次者是時提婆達多鹿羣中有一鹿懷子来白其主我身今日應當送死而我懷子子非次也乞垂料理使死者得次生者不濫鹿王怒之言誰不惜命次来但去何得辭也鹿母思惟我王不仁不以理恕不察我辭横見瞋怒不足告也即至菩薩王所以情具白王問此鹿汝主何言鹿白我主不仁不見料理而見瞋怒大王仁及一切故来歸命如我今日天地雖曠無所控告菩薩思惟此甚可愍若我不理枉煞其子若非次更差次未及之如何可遣唯有我當代之思之既定即自送身遣鹿母還我今代汝汝勿憂也鹿王逕到王門衆人見之怪其自来以

事白王王亦怪之而命令前問言諸鹿盡耶汝何以来鹿王言大王仁及羣鹿人無犯者但有滋茂何有盡時我以異部羣中有一鹿懷子以子垂産身當俎割子亦併命歸告於我我以愍之非分更差是亦不可若歸而不救无異木石是身不久必不免死慈救苦厄功德无量若人無慈與虎狼無異王聞是言即從坐起而說偈言

我實是畜獸　名曰人頭鹿　汝雖是鹿身
名為鹿頭人　以理而言人　非以形為人
若能有慈惠　雖獸實是人　我從今日始
不食一切肉　我以無畏施　且可安汝意

諸鹿得安王得仁信復次如法愛梵志十二歲遍閻浮提求知聖法而不能得時世無佛佛法亦盡有一婆羅門言我有聖法一偈若實愛法當以與汝荅言實愛法婆羅門言若實愛法當以汝皮為紙以身骨為筆以血書之當以與汝即如其言破骨剥皮以血寫偈

如法應修行　非法不應受　今世亦後世
行法者安隱

復次昔野火燒林林中有一雉勤身自力飛入水中漬其毛羽來滅大火火大水少往來疲乏不以為苦是時天帝釋來問之言汝作何等答曰言我救此林愍衆生故此林蔭育處廣清涼快樂我諸種類及諸宗親并諸衆生皆依仰此我有身力云何懈怠而不救之天帝問言汝乃精勤當至幾時雉言以死為期天帝言汝心雖尒誰證知者即自立誓我心至誠信不虛者火即當滅是時淨居天知菩薩弘誓即為滅火自古及今唯有此林常獨蔚茂不為火燒如是等種種宿世所行難為能為不惜身命國財妻子象馬七珍頭目骨髓勤施不惓如說菩薩為諸衆生一日之中千死千生如檀尸忍禪般若波羅蜜中所行如是菩薩本生經中種種因緣相是為身精進於諸善法修行信樂不生疑悔而不懈怠從一切賢聖下至凡人求法無猒如海吞流是為菩薩心精進問曰心无猒足是事不然所以者何若所求事辦所願以成是則

應足若理不可求事不可辦亦應捨廢云何恒無猒足如人穿井求泉用功轉多轉无水相則應止息亦如行道已到所在不應復行云何恒無猒足答曰菩薩精進不可以世間辟喻為比如穿井力少則不能得水非無水也若此處無水餘處必有如有所至必求至佛至佛無猒悔人不惓故言无猒復次菩薩精進志願弘曠誓度一切衆生无盡是故精進亦不可盡汝言事辦應止是事不然雖得至佛衆生未盡不應休息辟如火相若不滅終不冷菩薩精進亦復如是未入滅度終不休息以是故十八不共法中欲及精進二事常修復次菩薩不住法住般若波羅蜜中不廢精進是菩薩精進非佛精進復次菩薩未得菩薩道生死身以好事施衆生衆生反更以不善事加之或有衆生菩薩讃美反更毀辱菩薩恭敬而反輕慢菩薩慈念反求其過謀欲中傷此衆生等無有力勢來惱菩薩菩薩於此衆生發弘誓願我得佛道要當度

此惡中之惡諸衆生輩於此惡中其心不懈生大悲心辟如慈母憐其子病憂念不捨如是相是為菩薩精進復次行布施波羅蜜時十方種種乞兒來欲求索不應索者皆來索之及愛重難捨之物語菩薩言與我兩眼與我頭腦骨髓愛重妻子及諸貴價珍寶如是等難捨之物乞者强索其心不動慳瞋不起見疑心不生一心為佛道故布施辟如須弥山四方風吹所不能動如是種種相是名精進何所食噉牧牛者答言此人夜中少多服酥以自全命太子知已還宮欲出其證驗即以種種諸下藥草熏青蓮華清旦梵志入宮坐王邊太子手執此花來供養之拜已授與梵志歡喜自念王及夫人內外大小皆服事我唯太子不見敬信今日以好華供養甚善无量得此好華敬所來處鼻以向鼻嗅之華中藥氣入腹須臾腹內藥作欲求下處太子言梵志不食何緣向廁急捉之須臾便吐王邊吐中純酥證驗現已王與夫人乃知其

事輕重擯諸犯法被擯之人愁苦懊惱但欲持戒不愍其苦或時行世俗般若息慈悲心如釋迦牟尼菩薩宿世為大國王太子父王有梵志師不食五穀衆人敬信以為奇特太子思惟人有四體必資五穀而此人不食必是曲取人心非真法也父母告子此人精進不食五穀是世希有汝何愚并而不敬之太子答言願小留意此人不久證驗自出是時太子求其住處至林樹間問林中牧牛人此人波羅蜜復次菩薩精進遍行五波羅蜜是為精進波羅蜜問曰若行戒波羅蜜時若有人來乞三衣鉢盂與之則毀戒何以故佛不聽故若不與則破檀波羅蜜精進云何遍行五事若新行菩薩則不能一世一時遍行五波羅蜜如菩薩行檀波羅蜜時見餓虎飢急欲食其子菩薩是時興大悲心即以身施菩薩父母以失子故憂愁懊惱兩目失明虎殺菩薩亦應得罪而不籌量父母憂苦虎得殺罪但欲滿檀自得福德又如持戒比丘隨

誑太子言此人真賊求名故以誑一國如是行世俗般若但求滿智不憐愍心不畏人瞋或時菩薩行出世間般若於持戒布施心不染著何以故施者受者所施財物於罪不罪瞋不瞋於進於怠攝心散心不可得故復次菩薩行精進波羅蜜攝一切法不生不滅非常非無常非苦非樂非空非實非我非无我非一非異非有非無盡知一切諸法因緣和合有名字實相不可得菩薩作如是觀知一切有為皆是虛誑心息无為欲滅其心唯以寂滅為安隱尒時念本願憐愍衆生故還行菩薩法集諸功德菩薩自念我雖知諸法虛誑衆生不知是事於五道中受諸苦痛我今當具足行六波羅蜜菩薩得生報十神通亦得佛道三十二相八十種好一切智慧大慈大悲無导解脫十力四无所畏十八不共法三達等無量諸佛法得時一切衆生皆得信淨皆能受行愛樂佛法能辦是事皆是精進波羅蜜力是為精進波羅蜜如佛所說尒

時菩薩精進不見身不見心身無作心无所念身心一等而無分別所求佛道以度衆生不見衆生為此岸佛道為彼岸一切身心所作放捨如夢所為覺无所作是時名為菩薩實精進如佛言我於无量劫中頭目髓腦以施衆生令其願滿持戒忍辱禪定時在山林中身體乾枯或持齋節食或絕諸色味或忍罵辱刀杖之患是故身體燋枯又常坐禪曝露懃苦以求智慧誦讀思惟問難講說一切諸法以智分別好惡麁細虛實多少供養无量諸佛懃懃精進求此功德故具足五波羅蜜我是時無所得不得檀尸羼精進禪智慧波羅蜜見然燈佛以五華散佛布髮泥中得無生法忍即時六波羅蜜滿於空中五偈讚然燈佛見十方无量諸佛是時實精進身精進平等故得心平等故得一切諸法平等如是種種因緣相名為精進波羅蜜

大智度論卷第十六

大智度論卷第十六

校勘記

一　底本，金藏廣勝寺本。

一　三七九頁中一行經名，石作「摩訶般若波羅蜜經釋初品中毗梨耶波羅蜜相義第二十七」；資、磧、普、南、徑、清作「大智度論卷第十六」。

一　三七九頁中三行後，資有「釋初品中毗梨耶波羅蜜下第二十七」一行；磧、普、南有「釋初品中毗梨耶波羅蜜下」一行；徑、清有「釋初品中毗梨耶波羅蜜之餘」一行。

一　三七九頁中六行「以此五事爲」，石、資、磧、普、南、徑、清作「如是等名」。

一　三七九頁中一二行首字「以」，資、磧、普、南、徑、清作「次」。

一　三七九頁中一五行及一九行「休息」，石作「首伏」。

一　三七九頁中一六行第一〇字「息」，石、資、磧、普、南、徑、清作「伏」。

一　三七九頁中二一行第八字「爲」，諸本作「爲諸」。

一　三七九頁下八行第一三字「即」，石、磧、南、徑、清無。

一　三七九頁下一三行第八字「以」，石、麗作「以故」。

一　三七九頁下末行「諸波羅蜜」，石、資、磧、普、南、徑、清作「精進」。

一　三八〇頁上一行「精進」，資、磧、普、南、徑、清無。

一　三八〇頁上一行第一〇字及五行第八字「人」，石作「人等」。

一　三八〇頁上五行第三字「慧」，石、資、磧、普、南、徑、清作「慧等諸善法」。

一　三八〇頁上七行首字「佛」，石、磧、南、徑、清、麗作「佛道」。

一　三八〇頁上八行末字「筋」，資、磧、普、南、徑、清作「筋」。

一　三八〇頁上一七行第一三字「王」，石、資、磧、普、南、徑、清作「聖王」。

一　三八〇頁上二一行「父愛子」，石、資、磧、普、南、徑、清作「父母」。

一　三八〇頁中九行第一〇字「即」，石作「即是」。

一　三八〇頁中一〇行「尒時菩薩觀」，石、磧、普、南、徑、清作「菩薩得神通力以天眼見」；資作「菩薩得神通力見」。

一　三八〇頁中一一行「各失所樂」，石、資、磧、普、南、徑、清作「以失樂爲苦」。

一　三八〇頁中一七行第二字「趣」，石作「道」。

一　三八〇頁中一七行第一〇字「惡」，諸本作「苦」。

一　三八〇頁中一八行第一三字「爍」，磧、普、南、徑、清作「烙」。

一　三八〇頁中一九行第一二字「杖」，石作「打」。

一　三八〇頁中二二行第一〇字「鷲」，石、磧、普、南、徑、清作「鷲」；資作「鵰」。

— 三八〇頁中末行第一二字「行」，石作「欲」。

— 三八〇頁下一行第五字「隔」，資作「翮」。

— 三八〇頁下一行第九字「嘴」，磧、南、徑、清作「觜」；麗作「嘴」。

— 三八〇頁下一一行第一二字「鞅」，資、磧、普、南、徑、清作「鞕」。

— 三八〇頁下四行第四字「鷖」，石作「鶩」；資、磧、普、南、徑、清作「鷗」。

— 三八〇頁下五行第二字「恚」，資、磧、普、南、徑、清無。

— 三八〇頁下一二行第八字「龍」，石作「龍等」。

— 三八〇頁下一三行「陵瘧」，石作「慠虐」；資、磧、普、南、徑、清作「陵虐」。

— 三八一頁上一行第九字「中」，諸本無。

— 三八一頁上一一行「生中」，資作「中生」。

— 三八一頁上一五行第三至六字「三十三天」，石、資、磧、普、南、徑、清作「忉利天」，下同。

— 三八一頁上二〇行第八字「天」，石、資、磧、普、南、徑、清無。

— 三八一頁中七行第四字「爲」，石作「名」。

— 三八一頁中一五行第五字「汁」，石、資、磧、普、南、徑、清無。

— 三八一頁中一九行第三字「頸」，石作「項」。

— 三八一頁中二〇行第一一字「彼」，石、資、磧、普、南、徑、清作「被」。

— 三八一頁下二行第一二字「槊」，資、磧、普、南、徑、清作「矟」；麗作「槊」。

— 三八一頁下三行第一二字「捶」，石作「撾以」。

— 三八一頁下三行末字「丳」，石、麗作「鏈」。

— 三八一頁下四行末字「抓」，諸本作「爪」。

— 三八一頁下五行第六字「以」，資、磧、南、徑、清作「把」。

— 三八一頁下九行第六字「緣」，石作「緣故」。

— 三八一頁下一四行「教人」，麗作「煞之」。

— 三八一頁下一五行第八字「使」，石作「令」。

— 三八一頁下一七行第四字「揣」，資、磧、普、南、徑、清作「剸」。

— 三八一頁下一九行「無義」，石作「綺語」；資、磧、普、南、徑、清作「綺」。

— 三八一頁下二〇行首字「侵」，諸本作「侵」。

— 三八一頁下二〇行第一二字「故」，石、磧、普、南、徑、清作「故故」。

— 三八一頁下末行及次頁上七行「大鳥」，石、資、磧、普、南、徑、清作「大象」。

— 三八一頁下末行末字「語」，諸本作「諸」。

一　三八二頁上一行「嗤齮」，資、磧、普、南、徑、清作「齧齇」。
一　三八二頁上三行第六字「搗」，石作「擣」；資、磧、普、南、徑、清、麗作「擣」。
一　三八二頁上三行第一一字及二〇行第九字「柞」，諸本作「笮」。
一　三八二頁上三行「蒱桃」，石、麗作「蒲桃」；資、磧、普、南、徑、清作「蒲萄」。
一　三八二頁上七行第一一字「烏」，石、磧、普、南、徑、清作「烏多相殘賊」；資作「烏多殘賊」。
一　三八二頁上八行「多殘賊」，石、資、磧、普、南、徑、清無。
一　三八二頁上八行第一〇字「爲」，石、資、磧、南、徑、清作「受」。
一　三八二頁上一四行末字「火」，石作「焰」。
一　三八二頁上一五行第三字「赤」，石、資、磧、南、徑、清作「赭」。
一　三八二頁上一五行第七字「肉」，石作「皮」。
一　三八二頁上一六行第一〇字「鈷」，諸本作「股」。
一　三八二頁上一七行末字至一八行第二字「大將軍」，石、麗無。
一　三八二頁上二一行第一一字「剉」，石作「剌」；資、磧、普、南、徑、清作「刺」。
一　三八二頁中一行第二字「裁」，石、徑、清、麗作「纔」。
一　三八二頁中一行第一二字「嘷」，石、麗作「嗥」；資、磧、普、南、徑、清作「號」。
一　三八二頁中四行第三字「寡」，資、磧、普、南、徑、清、麗作「貧」。
一　三八二頁中五行第八字「怒」，諸本作「怨」。
一　三八二頁中五行第一三字「唤」，石、資、磧、普、南、徑、清作「呼」。
一　三八二頁中六行「決譎」，石、磧、普、南、徑、清、麗作「譎詐」；資作「決詐」。
一　三八二頁中一一行第一二字「熱」，石無。
一　三八二頁中一三行夾註「秦言喜大喜也」，徑、清無。
一　三八二頁中一三行正文第五字「滿」，諸本作「滿中」。
一　三八二頁中一七行第九字「坑」，石、麗作「坑中」。
一　三八二頁中一七行第一三字「屎」，磧、普、南、徑、清作「灰」。
一　三八二頁中一八行末字「濃」，磧、普、南、徑、清作「膿」。
一　三八二頁中一九行「杸之焰」，磧、南、徑、清作「投之炎」。
一　三八二頁中二一行第一一字「師」，諸本作「師長」。
一　三八二頁中二二行第三字「好」，石、磧、普、南、徑、清、麗作「於諸好」。
一　三八二頁下一行第二字「炙」，石作「爛」；資、磧、普、南、徑、清作「燀」。

一　三八二頁下二行第一三字至一四行首字「及天神」，石、資、磧、普、南、經、清無。

一　三八二頁下八行第四字「釘」，資作「釘庀」；磧、普、南、經、清作「釘礫」；麗作「釘挓」。

一　三八二頁下八行第八字「挓」，資作「庀」；磧、普、南、經、清作「礫」。

一　三八二頁下一〇行末字「中」，石、資、磧、普、南、經、清作「中中」。

一　三八二頁下一一行第三字「嗺」，石、資、磧、普、南、經、清作「觜」；麗作「嘴」，下同。

一　三八二頁下一七行第七字「破」，資、磧、普、南、經、清作「破碎」。

一　三八二頁下一七行第九字「䈥」，石作「䈥」；資、磧、普、南、經、清、麗作「筋」，下同。

一　三八二頁下末行「杙杙」，資、磧、普、南、經、清作「弋弋」。

一　三八三頁上四行第二字「熱」，石、磧、南、經、清、麗作「頓」。

一　三八三頁上四行第六字「唐」，石作「踼」。

一　三八三頁上四行末字至五行首字「顛匐」，資作「蹎仆」；磧、普、南、經、清作「顛仆」。

一　三八三頁上六行第二字「斷」，石、磧、普、南、經、清、麗作「斷諸」。

一　三八三頁上六行第一二字「法」，石、資、磧、普、南、經、清作「法實言非實非實言實」。

一　三八三頁上八行末字至九行第三字「周圍其外」，石、資、磧、普、南、經、清無。

一　三八三頁上九行第四字至一〇行第一二字「其中……八炎火」，諸本作「復有十六小地獄爲眷屬八寒冰八炎火其中罪毒不可見聞八」。

一　三八三頁上一五行第二字「阿」，石、資、磧、普、南、經、清作「呵」。

一　三八三頁上一五行正文第一〇字「五」，諸本作「五名」。

一　三八三頁上一六行夾註「恚惡聲」，諸本作「恚寒聲」。

一　三八三頁上一六行夾註「形辟以青蓮花也」，石、資、麗作「外壁似青蓮花也」；磧、普、南作「外壁似青黃花也」；經、清作「外壁似青蓮華色」。

一　三八三頁上一七行夾註「紅蓮花」，經、清作「紅蓮花色」。

一　三八三頁上一八行第五字「清」，石無。

一　三八三頁上一九行第五字及本頁下一〇行第三字「排」，資、磧、南、經、清作「推」。

一　三八三頁上二〇行第四字「須」，諸本作「頃」。

一　三八三頁上二一行「炎炎」，諸本作「大火炎」。

一　三八三頁中三行第一一字「虫」，資、磧、普、南、經、清作「細虫」。

一　三八三頁中一〇行第一三字「中」，諸本作「罪」。

一　三八三頁中一二行第八字「烏」，

資、磧、普、南、徑、清作「鳥」。

一　三八三頁中一三行第一一字「槍」，資、磧、普、南、徑、清作「鏘」。

一　三八三頁中一四行第三字「道」，石作「通」。

一　三八三頁中一四行「撥徹」，石作「發徹」；資作「撥撤」；磧、普、南、徑、清作「發撤」。

一　三八三頁中一五行第一二字及一六行第四字「利」，石、資、磧、普、南、徑、清無。

一　三八三頁中一六行第九字「中」，石、麗作「者」。

一　三八三頁中一六行第一〇字「立」，諸本作「於」。

一　三八三頁中末行第四字「林」，資、磧、普、南、徑、清作「樹」。

一　三八三頁下三行第四字「呼」，石作「喚」。

一　三八三頁下四行第五字「復」，石、資、磧、普、南、徑、清作「復作」。

一　三八三頁下八行第一〇字「之」，資、磧、南、徑、清無。

一　三八三頁下一二行第一一字「撅」，石作「鐝」；資、磧、普、南、徑、清作「橛」。

一　三八三頁下一四行第二字「惱」，諸本作「悶」。

一　三八三頁下一五行及一七行「銅撅」，石作「銅鐝」；資、磧、普、南、徑、清、麗作「銅橛」。

一　三八三頁下一八行第三字「燋」，石、麗作「腹」。

一　三八三頁下末行第一〇字及次頁上七行末字「獄」，諸本作「地獄」。

一　三八四頁上二行第八字「者」，諸本無。

一　三八四頁上二行第一一字「皃」，諸本作「完」。

一　三八四頁上四行「瞋毒忿恚」，石作「瞋恚忿怒」。

一　三八四頁上六行首字「及」，石作「若」。

一　三八四頁上八行第一三字至一〇行第二字「多有……入處」，石作「多有間斷得休息尼羅浮陀常無間無休息時」；資、磧、普、南、徑、清作「時有間暫得休息尼羅浮陀無間無休息時」。

一　三八四頁上一〇行第三字「呵」，石、徑、清作「阿」。

一　三八四頁上一〇行「羅睺羅睺」，諸本作「羅羅睺睺」。

一　三八四頁上一三行第一〇字「好」，諸本作「赤」。

一　三八四頁中九行第六字「守」，磧、普、南、徑、清作「學」。

一　三八四頁中九行第一二字至一〇行第二字「四等心勝處」，資、磧、普、南、徑、清作「四無量心八勝處八」。

一　三八四頁中一〇行第八字「處」，資、磧、普作「入」。

一　三八四頁中一〇行第一三字「得」，資、普無。

一　三八四頁中一八行第一二字至一

九行首字「不没不退」，資作「不退不没」；磧、普、南、徑、清作「心不退不没」；麗作「心不没不退」。

一 三八四頁下四行首字「法」，磧、普、南、徑、清、麗作「法經」。

一 三八四頁下五行第七字「名」，麗作「故名」。

一 三八四頁下七行首字「有」，資、磧、普、南、徑、清無。

一 三八四頁下九行第一〇字「口」，普、南、徑、清無。

一 三八四頁下一三行第一二字「福」，資、磧、普、南、徑、清、麗作「爲福」。

一 三八四頁下一五行第一一字「從」，麗作「於」。

一 三八五頁上九行第一三字「化」，資、磧、普、南、徑、清作「作」。

一 三八五頁上二〇行第八字「林」，石、麗作「野林」。

一 三八五頁上二一行首字「名」，諸本作「各」。

一 三八五頁上二一行第一〇字「鹿」，石無。

一 三八五頁中二行首字，中三行第九字「矢」，石、資、磧、普、南、徑、清作「箭」。

一 三八五頁中四行「跪白人王」，資作「跽白王言」；磧、普、南、徑、清作「跪白王言」。

一 三八五頁中五行首字「樂」，石作「樂以」。

一 三八五頁中六行「輙當差」，資、磧、普、南、徑、清作「當自差」。

一 三八五頁中八行「送應次者是時」，石、資、磧、普、南、徑、清作「是」。

一 三八五頁中九行第四字「多」，石無。

一 三八五頁中九行第一二字「子」，石、資、磧、普、南、徑、清作「子次至應送」。

一 三八五頁中一六行第八字「白」，諸本作「曰」。

一 三八五頁中一九行第一三字「狂」，磧、普、南、徑、清作「枉」。

一 三八五頁下一行第八字「而」，石作「即」。

一 三八五頁下九行第二字「無」，資、磧、普、南、徑、清作「亦何」。

一 三八五頁下一〇行第五字「獸」，資、磧、普、南、徑、清作「生」。

一 三八五頁下一一行第一〇字「人」，諸本作「之」。

一 三八五頁下一四行第四字「安」，石作「安隱」。

一 三八五頁下一四行「法愛」，石、磧、普、南、徑、清、麗作「愛法」。

一 三八五頁下一六行第六字「佛」，南作「法」。

一 三八五頁下二二行第一三字「亦」，資、磧、普、南、徑、清作「及」。

一 三八六頁上一行第六字「燒」，石作「焚」。

一 三八六頁上四行第一三字「曰」，諸本無。

一 三八六頁上五行末字「廣」，石作「黄」。

一 三八六頁上一三行第二字「常」，

資、磧、普、南、徑、清作「當」。

一 三八六頁上一五行「骨髓懃」，石、資、磧、普、南、徑、清作「髓腦勤」。

一 三八六頁上二一行第二字「人」，資、磧、普、南、徑、清作「夫」。

一 三八六頁中八行第一〇字「悔」，資、磧、普、南、徑、清作「誨」。

一 三八六頁中一〇行「衆生」，石、麗作「而衆生」。

一 三八六頁中一三行「終不冷」，石作「必有所燒」；資、磧、普、南、徑、清作「終無不燒」。

一 三八六頁下二行第六字「悲」，石作「慈」。

一 三八六頁下五行末字「及」，石作「及所」。

一 三八六頁下六行首字「愛」，石、麗作「所愛」；資、磧、普、南、徑、清作「索所」。

一 三八六頁下一二行首字至末行末字「何所……知其」與次頁上一二行首字至末行末字「波羅蜜……比丘隨」兩段經文位置，諸本前後互換。

一 三八六頁下一三行第六字「全」，石作「存」。

一 三八七頁上四行第一三字「師」，資、磧、普、南、徑、清作「師詐以」。

一 三八七頁上七行「非真法也」，石作「非是真法」。

一 三八七頁上八行「五穀」，資、磧、普、南、徑、清無。

一 三八七頁上九行第二字「并」，資、磧、普、南、徑、清、麗作「甚」。

一 三八七頁上一四行第一三字「與」，諸本作「若與」。

一 三八七頁上一五行「何以故佛」，石作「佛所」。

一 三八七頁上一六行末字「若」，諸本作「答曰若」。

一 三八七頁中一行首字「誑」，諸本作「詐」。

一 三八七頁中二行首字「圍」，諸本作「國」。

一 三八七頁中二行第一三字「[illegible]」，石、麗作「寢」；資、磧、普、南、徑、清作「寑」。

一 三八七頁中五行第一三字「瞋」，諸本作「於瞋」。

一 三八七頁中七行第一〇字「攝」，諸本作「於」。

一 三八七頁中七行第一三字「法」，石、資、磧、普、南、徑、清作「諸法」。

一 三八七頁中一〇行第一二字「有」，諸本作「但有」。

一 三八七頁中一七行「得生報十」，石、麗作「報得」；資、磧、普、南、徑、清作「得生報」。

一 三八七頁中二一行首字「得」，諸本作「得是法」。

一 三八七頁中末行末字至本頁下一行首字「尒時」，石作「若」；資、磧、普、南、徑、清無。

一 三八七頁下一行末字「作」，諸本作「所作」。

一 三八七頁下五行「是時名爲菩薩」，

諸本作「是名寂滅諸精進故名爲波羅蜜所以者何知一切精進皆是邪僞故以一切作法皆是虛妄不實如夢如幻諸法平等是爲真實平等法中不應有所求索是故知一切精進皆是虛妄雖知精進虛妄而常成就不退是名菩薩真（真資無）」。

一 三八七頁下九行第八字「罵」，資、磧、普、南、徑、清作「詈」。

一 三八七頁下一三行末字「故」，諸本作「欲」。

一 三八七頁下一四行第一〇字「無」，資、磧、普、南、徑、清作「未有」。

一 三八七頁下一七行第一二字「五偈」，石、資、磧、普、南、徑、清作「立」；麗作「立偈」。

一 三八七頁下一八行第一三字「實」，諸本作「得實」。

一 三八七頁下一九行「心平等」諸本作「心平等心平等」。

一 三八七頁下末行經名，石作「大智度經論卷第十八」。

大智度論釋初品中禪波羅蜜第二十八 卷第十七 聖

龍樹菩薩造

後秦龜茲國三藏鳩摩羅什奉 詔譯

不亂不味故應具足禪波羅蜜問曰菩薩法以度一切衆生為事何以故閑坐林澤靜嘿山閑獨善其身棄捨衆生荅曰菩薩身雖遠離衆生心常不捨靜處求定得實智慧以度一切辟如服藥將身權息家務氣力平健則修業如故菩薩宴寂亦復如是以禪定力服智慧藥得神通力還在衆生或作父母妻子或師徒宗長或天或人下至畜生種種語言方便開導復次菩薩行布施持戒忍辱三事名為福德門於無量世中作天王釋提桓因轉輪聖王閻浮提王常施衆生七寶衣服五情所欲今世後世皆令具足如經中說轉輪聖王以十善教民後世皆生天上世世利益衆生令得快樂此樂无常還復受苦菩薩因此發大悲心欲以常樂涅槃利益衆生此常樂涅槃從實智慧生實智

慧從一心禪定生辟如然燈雖能照在大風中不能為用若置之密宇其用乃全散心中智慧亦如是若無禪定靜室雖有智慧其用不全得禪定則實智慧生以是故菩薩雖離衆生遠在靜處求得禪定以禪定清淨故智慧亦淨辟如油炷淨故其明亦淨以是故欲得淨智慧者行此禪定復次若求世間近事不能專心則事業不成何況甚深佛道而不用禪定禪定名攝輕亂心亂心輕飄甚於鴻毛馳散不停駛過疾風不可制止劇於獮猴暫現轉滅甚於掣電心相如是不可禁止若欲制之非禪不定如偈說

禪為守智藏　功德之福田　禪為清淨水
能洗諸欲塵　禪為金剛鎧　能遮煩惱箭
雖未得無餘　涅槃分已得　得金剛三昧
摧碎結使山　得六神通力　能度無量人
囂塵蔽天日　大雨能淹之　覺觀風散心
禪定能滅之

復次禪定難得行者一心專求不廢乃當得之諸天及神仙尚不能得何況凡夫懈怠者如佛在尼拘盧樹下

坐禪魔王三女說偈問言

獨坐林樹閒　六根常寂嘿　有若失重寶
無援愁苦毒　容顏世無比　而常閉目坐
我等心有疑　何求而在此

尒時世尊以偈荅曰

我得涅槃味　不樂處染愛　內外賊以除
汝父亦滅退　我得甘露味　安樂坐林閒
恩愛之衆生　為之起慈心

是時三女心生慚愧而自說言此人離欲不可動也即滅去不現問曰行何方便得禪波羅蜜荅曰却五事除五法行五行去何却五事當呵責五欲哀哉衆生常為五欲所惱而猶求之不已此五欲者得之轉劇如火炙疥五欲無益如狗齩骨五欲增諍如鳥競肉五欲燒人如逆風執炬五欲害人如踐惡虵五欲無實如夢所得五欲不久如假借須臾世人愚惑貪著五欲至死不捨為之後世受無量苦辟如愚人貪著好果上樹食之不肯時下人伐其樹樹傾乃墮身首毀壞痛惱而死又此五欲得時須臾樂失時為大苦如蜜塗刀舐者貪甜不

知傷舌五欲法者與畜生共有智者識之能自遠離如說有一優婆塞與衆估客遠出治生是時寒雪夜行失伴在一石窟中住時山神變為一女來欲試之說此偈言

白雪覆山地　鳥獸皆隱藏　我獨無所恃
惟願見愍傷

優婆塞兩手掩耳而荅偈言

無耆弊惡人　說此不淨言　水漂火燒去
不欲聞汝聲　有婦心不欲　何況造邪婬
諸欲樂甚淺　大苦患甚深　諸欲得无猒
失之為大苦　未得願欲得　得之為所惱
諸欲樂甚少　憂苦毒甚多　為之失身命
如蛾赴燈火

山神聞此偈已即擎此人送至伴中是為智者呵欲不可五欲者名為妙色聲香味觸欲求禪定皆應棄之云何棄色觀色之患若人著色諸結使火盡皆熾然燒害人身如火燒煑沸熱蜜雖有色味燒身爛口急應捨之若人染著妙色美味亦復如是復次好醜在人色無定也何以知之如遥見所愛之人即生喜愛心若遥

見怨家惡人即生怒害心若見中人則無怒無喜若欲棄此喜怒當除邪念及色一時俱捨辟如洋金燒身若欲除之不得但欲棄火而留金要當金火俱棄如頻婆娑羅王以色故身入敵國獨在婬女阿梵婆羅房中憂填王以色染故截五百仙人手足如是等種種因緣是名呵色欲云何呵聲聲相不停暫聞即滅愚癡之人不解聲相无常變失故於音聲中妄生好樂於已過之聲念而生著如五百仙人在山中住甄陁羅女於雪山池中浴聞其歌聲即失禪定心醉狂逸不能自持辟如大風吹諸林樹聞此細妙歌聲柔濡清淨生邪念想是故不覺心狂今世失諸功德後世當墮惡道有智之人觀聲生滅前後不俱无相及者作如是知則不生染著若斯人者諸天音樂尚不能乱何況人聲如是等種種因緣是名呵聲欲云何呵香人謂著香少罪染愛於香開結使門雖復百歲持戒能一時壞之如阿羅漢常入龍宮食已以鉢授與

沙弥令洗鉢中有残飯數粒沙弥嗅之大香食之甚美便作方便入師繩牀下兩手捉繩牀脚其師至時與繩牀俱入龍宮龍言此未得道何以將来師言不覺沙弥得飲食又見龍女身體端正香妙無比心大染著即作要願我當作福奪此龍處居其宮殿龍言後莫將此沙弥来沙弥還已一心布施持戒專求所願願早作龍是時遶寺足下水出自知必得作龍逕至師本入處大池邊以袈裟覆頭而入即死變為大龍福徳大故即煞彼龍舉池盡赤未尒之前諸師及僧呵之沙弥言我心已定心相已出將諸衆僧就池觀之如是因緣由著香故復次有一比丘在林中蓮華池邊經行聞蓮華香鼻受心著池神語之言汝何以捨彼林下禪淨坐處而偷我香以著香故諸結使卧者今皆覺起時更有一人来入池中多取其花掘挽根莖狼藉而去池神嘿無所言比丘言此人破汝池取汝花汝都無言我但池岸邊行便見呵罵云我偷香

池神言世間惡人常在罪垢糞中不淨沒頭我不共語也汝是禪行好人而著此香破汝好事是故呵汝譬如白疊鮮淨而有黒物點汙衆人皆見彼惡人者譬如黒衣點墨人所不見誰問之者如是等種種因緣是名呵香欲云何呵味欲當自覺悟我但以貪著美味故當受衆苦洋銅灌口敢燒鐵丸若不觀食嗜心堅著墮不淨虫中如一沙弥心常愛酪諸檀越餉僧酪時沙弥每得殘分心中愛著樂喜不離命終之後生此殘酪瓶中沙弥師得阿羅漢道僧分酪時語言徐徐莫傷此愛酪沙弥諸人言何以言愛酪沙弥荅言此虫本是我沙弥但坐貪愛殘酪故生此瓶中師得酪分虫在中来師言愛酪人汝何以来即以酪與之復次如一國王名月分王有太子愛著美味王守園者日送好菓園中有一大樹樹上有鳥養子常飛至香山中取好香果以餉其子衆子爭之一果墮地守園人晨朝見之奇其非常即送與王王珎此果香色

殊異太子見之便索王愛其子即以與之太子食果得其氣味深心染著日日欲得王即召園人問其所由守園人言此果無種從地得之不知所由来也太子啼泣不食王催責園人仰汝得之園人至得果處見有鳥巢知鳥銜来翳身樹上伺欲取之鳥母来時即奪得果送日日如是鳥母怒之於香山中取毒果其香味色令似前者園人奪得輸王王與太子食之未久身肉爛壞而死如是等種種因緣是名呵著味欲云何呵觸此觸是生諸結使之火因繫縛心之根本何以故餘四情各當其分此則遍滿身識生處廣故多生染著此著難離何以知之如人著色觀身不淨三十六種則生心猒若於觸中生著雖知不淨貪其細滑觀無所益是故難離復次以其難捨故為之常作重罪若墮地獄地獄有二部一名寒氷二名焰火此二獄中皆以身觸受罪苦毒万端此觸名為大黒闇處危難之險道也復次如羅睺羅母本生經中說釋

迦文菩薩有二夫人一名劬毗耶二名耶輸陀羅耶輸陀羅羅睺羅母也劬毗耶是寶女故不孕子耶輸陀羅以菩薩出家夜自覺娠身菩薩出家六年苦行耶輸陀羅亦六年懷娠不產諸釋詰之菩薩出家何由有此耶輸陀羅言我無他罪我所懷子實是太子體胤諸釋言何以久而不產答言非我所知諸釋集議聞王欲如法治罪劬毗耶白王願寬恕之我常與耶輸陀羅共住我為其證知其無罪待其子生知似父不治之無晚王即寬置佛六年苦行既滿初成佛時其夜生羅睺羅王見其似父愛樂忘憂語群臣言我兒雖去今得其子與兒在無異耶輸陀羅雖勉罪黜惡聲滿國耶輸陀羅欲除惡名佛成道已還迦毗羅婆度諸釋子時淨飯王及耶輸陀羅常請佛入宮食是時耶輸陀羅持一百味歡喜丸與羅睺羅令持上佛是時佛以神力變五百阿羅漢令如佛身無有別異羅睺羅以七歲身持歡喜丸逕至佛前奉進世尊是

時佛攝神力諸比丘身復如故皆空鉢而坐唯佛鉢中盛滿歡喜丸耶輸陀羅即白王言以此證驗我無罪也耶輸陀羅即問佛言我有何因緣懷娠六年佛言汝子羅睺羅過去久遠世時曾作國王時有一五通仙人來入王國語王言王法治賊請治我罪王言汝有何罪答言我入王國犯不與取輙飲王水用王楊枝王言我以相與何罪之有我初登王位皆以水及楊枝施於一切仙人言王雖已施我心疑悔罪不除也願今見治無令後罪王言若必欲尒小停待我入還王入宮中六日不出此仙人在王園中六日飢渴仙人思惟此王正以此治我王過六日而出辭謝仙人我便相忘莫見咎也以是因緣故受五百世三惡道罪五百世常六年在母胎中以是證故耶輸陀羅无有罪也是時世尊食已出去耶輸陀羅心生悔恨如此好人世所希有我得遭遇而今永失世尊坐時諦視不眴世尊出時尋後觀之遠沒乃止心大懊恨每

一思至躃地氣絕傍人以水灑之乃得穌息常獨思惟天下誰能善為呪術能轉其心令復本意歡樂如初即以七寶名珠著金槃上以持募人有一梵志應之言我能呪之令其意轉當作百味歡喜丸以藥草和之以呪語禁之其心便轉必來無疑耶輸陀羅受其教法遣人請佛願與聖眾俱屈威神佛入王宮耶輸陀羅即遣百味歡喜丸著佛鉢中佛既食之耶輸陀羅冀想如願歡娛如初佛食无異心目澄靜耶輸陀羅言今不動者藥力未行故耳藥勢發時必如我願佛飯食訖而呪願已從座起去耶輸陀羅冀藥力晡時日入當發必還宮中佛食如常身心無異諸比丘明日食時著衣持鉢入城乞食具聞此事增益恭敬佛力无量神心難測不可思議耶輸陀羅藥歡喜丸其力甚大而世尊食之身心無異諸比丘食已出城以是事具白世尊佛告諸比丘此耶輸陀羅非但今世以歡喜丸惑我乃往過去世時亦以歡喜丸惑我令

時世尊為諸比丘說本生因緣過去久遠世時婆羅㮈國山中有仙人以仲秋之月於澡槃中小便見鹿麚麀合會婬心即動精流槃中麀鹿飲之即時有身滿月生子形類如人惟頭有一角其足似鹿鹿當產時至仙人菴邊而產見子是人以付仙人而去仙人出時見此鹿子自念本緣知是已兒取已養育及其年大懃教學問通十八種大經又學坐禪行四無量心得五神通一時上山值大雨泥滑其足不便躃地破其鍕持又傷其足便大瞋恚以鍕持盛水呪令不雨仙人福德諸龍鬼神皆為不雨不雨故五穀五果盡皆不生人民窮乏無復生路婆羅㮈王憂愁懊惱命諸大官集議雨事明者議言我傳聞仙人中有一角仙人以足不便故上山躃地傷足瞋呪此雨令十二年不墮王思惟言若十二年不雨我國了矣無復人民王即開募其有能令仙人失五通屬我為民者當與分國半治是婆羅㮈國有婬女名曰扇陁端政巨富

來應王募問諸人言此是人非人衆人言是人耳仙人所生婬女言若是人者我能壞之作是語已取金槃盛好寶物語王言我當騎此仙人項來婬女即時求五百乘車載五百美女五百鹿車載種種歡喜丸皆以衆藥草和之以釆畫令似雜果及持種種大力美酒色味如水服樹皮衣草行林樹間以像仙人於仙人菴邊作草菴而住一角仙人遊行見之諸女皆出迎逆好華好香供養仙人仙人大喜諸女以美言敬辭問訊仙人將入房中坐好牀蓐與好淨酒以為淨水與歡喜丸以為果蓏食飲飽已語諸女言我從生已來初未得如此好果好水諸女言我以一心行善故天與我願得此好蓏仙人問諸女汝何以故膚色肥盛答言我曹食此好果飲此美水故肥如此女白仙人言汝何以不在此間住答曰亦可住耳女言可共澡洗即亦可之女手柔軟觸之心動便復與諸女更互相洗欲心轉生遂成婬事即失神通天為大雨七日七夜令得歡喜飲食七日已後酒食皆

盡繼以山水木果其味不美更索前者答言已盡今當共行去此不遠有可得處仙人言隨意即便共出去城不遠女便在道中卧言我極不能復行仙人言汝不能行者騎我項上當擔汝去女先遣信白王王可觀我智能王勑嚴駕出而觀之問言何由得介女白王言我以方便力故今已如此無所復能令住城中好供養恭敬之足五所欲拜為大臣住城少日身轉羸瘦念禪定心樂猒此世欲王問仙人汝何不樂身轉羸瘦仙人答王我雖得五欲常自憶念林閒閑靜諸仙遊處不能去心王自思惟若我強違其志違志為苦苦極則死本以求除旱患今已得之當復何緣強奪其志即發遣之既還山中精進不久還得五通佛告諸比丘一角仙人我身是也婬女者耶輸陁羅是介時以歡喜丸惑我我未斷結為之所惑今復欲以藥歡喜丸惑我不可得也以是事故知細軟觸法能動仙人何況愚夫如是種種因緣是名呵細滑欲如

是呵五欲除五蓋復次貪欲蓋者去
道甚遠所以者何欲為種種惱乱住
處若心著貪欲無由近道如除欲蓋
偈所說
入道慚愧人　持鉢福衆生　云何縱塵欲
沉沒於五情　著鎧持刀杖　見敵而退走
如是怯弱人　舉世所輕笑　比丘為乞士
除鬚著袈裟　五情馬所制　取笑亦如是
又如豪貴人　威服以嚴身　而行乞衣食
取笑於衆人　比丘除飾好　毀形以攝心
而更求欲樂　取笑亦如是　已捨五欲樂
棄之而不顧　如何還欲得　如愚自食吐
如是貪欲人　不知觀本願　亦不識好醜
狂醉於渴愛　慚愧尊重法　一切皆以棄
賢智所不親　愚騃所愛近　諸欲求時苦
得之多怖畏　失時懷熱惱　一切无樂時
諸欲患如是　以何當捨之　得諸禪定樂
則不為所欺　欲樂著無猒　以何能滅除
若得不淨觀　此心自然無　著欲不自覺
以何悟其心　當觀老病死　尒乃出四㴊
諸欲難放捨　何以能遠之　若能樂善法
此欲自然息　諸欲難可解　何以能釋之
觀身得實身　則不為所縛　如是諸觀法

能滅諸欲火　譬如大澍雨　野火無在者
如是等種種因緣滅除欲蓋瞋恚蓋
者失諸善法之本墮諸惡道之因諸
樂之怨家善心之大賊種種惡口之
府藏如佛教瞋弟子偈言
汝當知思惟　受身及處胎　穢惡之幽苦
既生之艱難　既思得此意　而復不滅瞋
則當知此輩　則是無心人　若无罪報果
亦无諸呵責　猶當應慈忍　何況苦果劇
當觀老病死　一切無免者　當起慈悲心
云何惡加物　衆生相怨賊　斫刺受苦毒
云何修善人　而復加惱害　常當行慈悲
定心修諸善　不當懷惡意　侵害於一切
若勤修道法　惱害則不行　善惡勢不並
如水火相背　瞋恚來覆心　不知別好醜
亦不識利害　不知畏惡道　不計他苦惱
不覺身心疲　先自受苦困　然後及他人
若欲滅瞋恚　當思惟慈心　獨處自清閑
息事滅因緣　當畏老病死　九種瞋惱除
如是思惟慈　則得滅瞋毒
如是等種種因緣除瞋恚蓋睡眠蓋
者能破今世三事欲樂利樂福德能
破今世後世究竟樂與死無異唯有

氣息如一菩薩以偈呵眠睡弟子言
汝起勿抱臭身卧　種種不淨假名人
如得重病箭入體　諸苦痛集安可眠
一切世間死火燒　汝當求出安可眠
如人被縛將去殺　災害垂至安可眠
結賊不滅害未除　如共毒虵同室宿
亦如臨陣白刃間　尒時安可而睡眠
眠為大闇无所見　日日侵誑奪人明
以眠覆心無所識　如是大失安可眠
如是等種種因緣呵睡眠蓋掉悔蓋
者掉之為法破出家心如人攝心猶
不能住何況掉散掉散之人如無鉤
醉象決鼻駱駝不可禁制如偈說
汝已剃頭著染衣　執持瓦鉢行乞食
云何樂著戲調法　既無法利失世樂
悔者如犯大罪人常懷畏怖悔箭入
心堅不可拔如偈說
不應作而作　應作而不作　悔惱火所燒
後世墮惡道　若人罪能悔　已悔則放捨
如是心安樂　不應常念著　若有二種悔
不作若已作　以是悔著心　是則愚人相
不以心悔故　不作而能作　諸惡事已作
不能令不作

如是等種種因緣呵掉悔蓋疑蓋者以疑覆故於諸法中不得定心定心無故於佛法中空无所得譬如人入寶山若無手者无所能取如說疑義偈言

如人在岐道　疑惑無所趣　諸法實相中
疑亦復如是　疑故不懃求　諸法之實相
是疑從癡生　惡中之弊惡　善不善法中
生死及涅槃　定實真有法　於中莫生疑
汝若生疑心　死王獄吏縛　如師子搏鹿
不能得解脫　在世雖有疑　當隨妙善法
譬如觀岐道　利好者應逐

如是等種種因緣故應捨疑蓋是五蓋譬如負債得脫重病得差飢餓之地得至豐國如從獄得出如於惡賊中得自勉濟安隱無患行者亦如是除却五蓋其心安隱清淨快樂譬如日月以五事覆曀烟雲塵霧羅睺阿修羅手障則不能明照人心亦如是為五蓋所覆自不能利亦不能益人若能呵五欲除五蓋行五法欲精進念巧慧一心行此五法得五枝成就初禪欲名欲於欲界中出欲得初禪

精進名離家持戒初夜後夜專精不懈節食攝心不令馳散念名念初禪樂知欲界不淨狂惑可賤初禪為尊重可貴巧慧名觀察籌量欲界樂初禪樂輕重得失一心名常繫心緣中不令分散復次專求初禪放捨欲樂譬如患怨常欲滅除則不為怨之所害也如佛為著欲婆羅門說我本觀欲欲為怖畏憂苦因緣欲為少樂多苦欲為魔網纏綿難出欲為燒熱乾竭諸樂譬如樹林四邊火起欲為如臨火坑甚可怖畏如逼毒蛇如怨賊拔刀如惡羅刹如惡毒入口如吞銷銅如三流狂象如臨大深坑如師子斷道如摩竭魚開口諸欲亦如是甚可怖畏若著諸欲令人惱苦著欲之人亦如獄囚如鹿在圍如鳥入網如魚吞鉤如豺搏狗如烏在鵄群如蛇值野猪如鼠在猫中如羣盲人臨坑如蠅著熱油如病人在陣如躄人遭火如入沸醎河如舐蜜塗刀如四衢臠肉如薄覆刀杖如華覆不淨如蜜塗毒甕如毒蛇篋如夢虛誑如假借

當歸如幻誑小兒如焰無實如沒大水如船入摩竭魚口如雹害穀如礔礰臨人諸欲亦如是虛誑无實無牢无强樂少苦多欲為魔軍破善功德常為劫害衆生故出如是等種種諸喻呵五欲除五蓋行五法得至初禪問曰八背捨八勝處十一切入四無量心諸定三昧如是等種種定不名波羅蜜何以但言禪波羅蜜荅曰此諸定功德都是思惟修禪秦言思惟修言禪波羅蜜一切皆攝復次禪最大如王說禪則攝一切說餘定則不攝何以故是四禪中智定等而樂未到地中間地智多而定少無色界定多而智少是處非樂譬如車一輪强一輪弱則不安隱智定不等亦如是復次是四禪處有四等心五神通背捨勝處一切處無諍三昧願智頂禪自在定練禪十四變化心般舟般諸菩薩三昧首楞嚴等略說則百二十諸佛三昧不動等略說則百八及佛得道捨壽如是等種種功德妙定皆在禪中以是故禪名波羅蜜問曰汝

先言呵五欲除五蓋行五法得初禪
脩何事依何道能得初禪答曰依不
淨觀安那般那等諸定門如禪經義
偈中說

離欲及惡法　有覺并有觀　離生得喜樂
是人入初禪　已得離婬火　則獲清涼樂
如人大熱悶　入冷池則樂　如貧得寶藏
大喜覺動心　分別則為觀　入初禪亦然
知二法乱心　雖善而應離　如大水澄靜
波蕩亦無見　辟如人大極　安隱睡卧時
若有喚呼聲　其心大惱乱　攝心入禪時
以覺觀為惱　是故除覺觀　得入一識處
內心清淨故　定生得喜樂　得入此二禪
喜勇心大悅　攝心第一定　寂然无所念
愚喜欲棄之　亦如捨覺觀　由受故有喜
失喜則生憂　離喜樂身受　捨念及方便
聖人得能捨　餘人捨為難　若能知樂患
見不動大安　憂喜先已除　苦樂念亦斷
捨念清淨心　入第四禪中　第三禪中樂
无常動故苦　欲界中斷憂　初二禪除喜
是故佛世尊　第四禪中說　先已斷憂喜
今則除苦樂

復次持戒清淨閑居獨處守攝諸根初夜後夜專精思惟棄捨外樂以禪自娛離諸欲不善法依未到地得初禪初禪如阿毗曇說禪有四種一味相應二淨三無漏四初禪所攝報得五衆是中行者入淨无漏二禪三禪四禪亦如是如佛所說若有比丘離諸欲及惡不善法有覺有觀離生喜樂入初禪諸欲者所愛著色等五欲思惟分別呵欲如先說惡不善法者貪欲等五蓋離此內二外事故得初禪初禪相有覺有觀喜樂一心有覺有觀者得初禪中未曾所得善法功德故心大驚悟常為欲火所燒得初禪時如入清涼池又如貧人卒得寶藏行者思惟分別欲界過罪知初禪利益功德甚多心大歡喜是名有覺有觀問曰有覺有觀為一切法為是二法耶答曰二法麁心初念是名為覺細心分別是名為觀辟如撞鍾初聲大時名為覺後聲微細名為觀問曰如阿毗曇說欲界乃至初禪一心中覺觀相應今云何言麁心初念名為覺細心分別名為觀答曰二法雖在一心二相不俱覺時觀不明了觀時覺不明了辟如日出衆星不現一切心心數法隨時受苦亦復如是如佛說若斷一法我證汝得阿那含一法者所謂慳貪實應說五下分結盡得阿那含云何言但斷一法以是人慳貪偏多諸餘結使皆從而生是故慳盡餘結亦斷覺觀隨時受名亦復如是行者知是覺觀雖是善法而嬈乱定心心欲離故呵是覺觀作是念覺觀撓動禪心辟如清水波盪則無所見又如疲極之人得息欲睡傍人喚呼種種惱乱攝心內定覺觀撓動亦復如是如是等種種因緣呵覺觀覺觀滅內清淨繫心一處无覺無觀定生喜樂入二禪既得二禪得二禪中未曾所得無比喜樂覺觀滅者知覺觀過罪故滅內清淨者入深禪定信捨初禪覺觀所得利重所失甚少所獲大多繫心一緣故名內清淨行者觀喜之過亦如覺觀隨所喜處多喜多憂所以者何如貧人得寶歡喜無量一旦失之其憂亦深喜即轉而

成憂是故當捨離此喜故行捨念智受身樂是樂聖人能得能捨一心在樂入第三禪捨者捨喜心不復悔念智者即得三禪中樂不念於樂生患受身樂者是三禪樂遍身皆受聖人能得能捨者此樂世間第一能生心著凡夫少能捨者以是故佛說行慈果報遍淨地中第一行者觀樂之失亦如觀喜知心不動處寂為第一若有動處是則有苦行者以第三禪樂動故求不動處以斷苦樂先滅憂喜故不苦不樂捨念清淨入第四禪是四禪中無苦无樂但有不動智慧以是故說第四禪捨念清淨第三禪樂動故說苦是故第四禪中說斷苦樂如佛說過一切色相不念別相滅有對相得入無邊虛空處行者作是念若无色則无飢渴寒熱繫閉煞害之苦是身色麤重弊惡虛誑非實先世因緣和合報得此身種種苦惱之所住處云何當得免此身患當觀此身身中虛空常觀身空如籠如甑常念不捨則得度色不復見身如內空外色亦尒是

時能觀无量無邊空得此觀已無苦無樂其心轉增如鳥閉著瓶中瓶破得出是名空處定是空無量无邊以識緣之緣多則散能破於定行者觀虛空緣受想行識如病如癰如瘡如刺无常苦空無我欺誑和合則有非是實也如是念已捨虛空緣但緣識云何而緣現前識緣過去未來無量无邊識是識无量無邊如虛空无量無邊是名識處定是識无量無邊以識緣之識多則散能破於定行者觀是緣識受想行識如病如癰如瘡如刺無常苦空无我欺誑和合而有非實有也如是觀已則破識相是呵識處讚无所有處破諸識相繫心在无所有中是名無所有處無所有處緣受想行識如病如癰如瘡如刺无常苦空无我欺誑和合而有非實有也如是思惟無想處如癰有想處如病如癰如瘡如刺第一妙處是非有想非無想問曰非有想非無想處有受想行識云何言非有想非無想答曰是中有想微細難覺故謂為非有想

有想故非无想凡夫心謂得諸法實相是為涅槃佛法中雖知有想因其本名名為非有想非無想處問曰云何是無想答曰無想有三種一無想定二滅受定三无想天凡夫人欲滅心入無想定佛弟子欲滅心入滅受定是諸禪定有二種若有漏若无漏有漏即是凡夫所行如上說无漏行十六聖行若有漏道依上地邊離下地欲若無漏道離自地欲及上地以是故凡夫於有頂處不得離欲更无上地邊故若佛弟子欲離欲界欲界煩惱思惟斷九種上中下上上上中上下中上中中中下下上下中下下斷此九種故佛弟子若依有漏道欲得初禪是時於未到地九無导道八解脫道中現在修有漏道未來修有漏无漏道第九解脫道中於未到地現在修有漏道未來修未到地有漏无漏道及初禪邊地若無漏道欲得初禪亦如是若依有漏道離初禪欲於第二禪邊地九無导道八解脫道中現在修一禪邊地未來修二禪

邊地亦修无漏初禪及眷屬第九解脫道中第二禪邊地現在修二禪邊地未來修二禪邊地初禪無漏及眷屬二禪淨无漏若無漏道離初禪欲九无㝵道八解脫道中現在修自地無漏道未來修初禪及眷屬有漏无漏道第九解脫道中現在修自地無漏道未來修初禪及眷屬有漏无漏道及修二禪淨無漏乃至无所有處離欲時亦如是非有想非無想處離欲時九無㝵道八解脫中修一切无漏道第九解脫道中修三界善根及無漏道除无心定修有二種一得修二行修得修名本所不得而今得未來世修自事亦修餘事行修名曾得於現前修未來亦尒不修餘如是等種種諸禪定中修復次禪定相略說有二十三種八味八淨七無漏復有六因相應因共因相似因遍因報因名因一一無漏七无漏因是相似因自地中增相應共有因初味定初味定因乃至後味定後味定因淨亦如是四緣因緣次第緣緣緣增上緣因緣者如上說初禪无漏定次第生六種定一初禪淨二無漏二禪三禪亦如是二禪无漏定次第生八種定自地淨无漏初禪淨無漏三禪四禪亦如是三禪無漏定次第生十種自地二下地四上地四第四禪空處亦如是識處无漏定次第生九種自地二下地四上地三無所有處無漏定次第生七種自地二下地四上地一非有想非无想處次第生六心自地二下地四淨地亦如是又皆益自地味初禪味次第二種味淨乃至非想非非想處味亦如是淨無漏禪一切處緣味禪緣自地中味亦緣淨愛无無漏緣故淨无漏根本無色定不緣下地有漏名因增上緣通一切四無量心三背捨八勝處八一切處皆緣欲界五神通緣欲色界餘各隨名緣滅受想定无所緣四禪中有練法无漏練有漏故得四禪心自在能以無漏第四禪練有漏第四禪然後第三第二第一禪皆以自地无漏練自地有漏問曰何以名練禪答曰諸聖人樂無漏定不樂有漏離欲時有漏不樂而自得今欲除其滓穢故以无漏練之辟如練金從无漏禪起入淨禪如是數數是名為練復次諸禪中有頂禪何以故名頂有二種阿羅漢壞法不壞法不壞法阿羅漢於一切深禪定得自在能起頂禪得是頂禪能轉壽為富轉富為壽復有願智四辯无諍三昧願智者願欲知三世事隨所願則知此願智二處攝欲界第四禪四辯者法辯辭辯二處攝欲界初禪餘二辯九地攝欲界四禪四无色定无諍三昧者令他心不起諍五處攝欲界及四禪問曰得諸禪更有餘法耶答曰味定生亦得退亦得淨禪生時得離欲時得無漏離欲時得退時得九地无漏定四禪三無色定未到地禪中間能斷結使未到地禪中間捨根相應若人成就禪下地變化心亦成就如初禪成就有二種變化心一者初禪二者欲界二禪三種三禪四種四禪五種若二禪三禪四禪中欲聞見觸時皆用梵世識識滅時則

止四無量意五神通八背捨八勝處
十一切入九次第定九相十想三三
昧三解脫門三無漏根三十七品如
是等諸功德皆禪波羅蜜中生是中
應廣說問曰應說禪波羅蜜何以但
說禪荅曰禪是波羅蜜之本得是禪
已憐愍衆生內心中有種種禪定妙
樂而不知求乃在外法不淨苦中求
樂如是觀已生大悲心立弘誓願我
當令衆生皆得禪定內樂離不淨樂
依此禪樂已次令得佛道樂是時禪
得名波羅蜜復次於此禪中不愛味
不求報不隨報生為調心故入禪以
智慧方便還生欲界度脫一切是時
禪名為波羅蜜復次菩薩入深禪定
一切天人不能知其心所依所緣見
聞覺知法中心不動如毗摩羅詰經
中為舍利弗說宴坐法不依身不依
心不依三界於三界中不得身心是
為宴坐復次若人聞禪定樂勝於人
天樂便捨欲樂求禪定是為自求樂
利不足奇也菩薩則不然但為衆生
故令慈悲心淨不捨衆生菩薩禪禪

中皆發大悲心禪有極妙內樂而衆
生捨之而求外樂譬如大富盲人多
有伏藏不知不見而行乞求智者愍
之其自有妙物不能知見而從他乞
衆生亦如是心中自有種種禪定樂
而不知發反求外樂復次菩薩知諸
法實相故入禪中心安隱不著味諸
餘外道雖入禪定心不安隱不知諸
法實故著禪味問曰阿羅漢辟支佛
俱不著味何以不得禪波羅蜜荅曰
阿羅漢辟支佛雖不著味無大悲心
故不名禪波羅蜜又復不能盡行諸
禪菩薩盡行諸禪麁細大小深淺內
緣外緣一切盡行以是故菩薩心中
名禪波羅蜜餘人但名禪復次外道
聲聞菩薩皆得禪定而外道禪中有
三種患或味著或邪見或憍慢聲聞
禪中慈悲薄於諸法中不以利智貫
達諸法實相獨善其身斷諸佛種菩
薩禪中無此事欲集一切諸佛法故
於諸禪中不忘衆生乃至昆虫常加
慈念如釋迦文尼佛本為螺髻仙人
名尚闍利常行第四禪出入息斷在

一樹下坐兀然不動鳥見如此謂之
為木即於髻中生卵是菩薩從禪覺
知頂上有鳥卵即自思惟若我起動
鳥母必不復來鳥母不來鳥卵必壞
即還入禪至鳥子飛去尒乃起復次
除菩薩餘人欲界心不得次第入禪
菩薩行禪波羅蜜於欲界心次第入
禪何以故菩薩世世修諸功德結使
心薄心柔軟故復次餘人得總相智
慧能離欲如無常觀苦觀不淨觀菩
薩於一切法中能別相分別離欲如
五百仙人飛行時聞緊陀羅女歌聲
心著狂醉皆失神足一時墮地如聲
聞聞緊陀羅王屯崙摩彈琴歌聲以
諸法實相讚佛是時須弥山及諸樹
木皆動大迦葉等諸大弟子皆於坐
上不能自安天須菩提問大迦葉汝
耆年行頭陀第一今何故不能制
心自安大迦葉荅曰我於人天諸欲
心不傾動是菩薩无量功德報聲又
復以智慧變化作聲所不能忍若八
方風起不能令須弥山動劫盡時毗
藍風至吹須弥山令如腐草以是故

知菩薩於一切法中別相觀得離諸欲諸餘人等但得禪之名字不得波羅蜜復次餘人知菩薩入出禪心不能知住禪心所緣所到知諸法深淺阿羅漢辟支佛尚不能知何況餘人辟如爲王渡水入時出時足跡可見在水中時不可得知若得初禪同得初禪人能知而不能知菩薩入初禪有人得二禪觀知得初禪心了了知不能知菩薩入初禪心乃至非有想非无想處亦如是復次超越三昧中從初禪起入第三禪三禪中起入虚空處虚空處起入無所有處惟能超一不能超二菩薩自在超從初禪起或入三禪如常法或時入第四禪或入空處識處无所有處或非有想非無想處或入滅受想定滅受想定起或无所有處或識處空處四禪乃至初禪或時起一或時起二乃至超九聲聞不超二何以故智慧功德禪定力薄故辟如二種師子一黄師子二白䑛師子黄師子雖亦能超不如白䑛師子王如是等種種因緣分別禪

波羅蜜復次尒時菩薩常入禪定攝心不動不生覺觀亦能爲十方一切衆生以無量音聲說法而度脱之是名禪波羅蜜問曰如經中說先有覺觀思惟然後說法入禪定中无語覺觀不應得說法汝今云何言常在禪定中不生覺觀而爲衆生說法荅曰生死人法入禪定先以語覺觀然後說法法身菩薩雖生死身知一切諸法常住如禪定相不見有乱法身菩薩變化無量身爲衆生說法而菩薩心無所分別如阿修羅琴常自出聲隨意而作無人彈者此亦无散心亦無攝心是福德報生故隨人意出聲法身菩薩亦如是無所分別亦無散心亦無說法相是无量福德禪定智慧因緣故是法身菩薩種種法音隨應而出慳貪心多聞說布施之聲破戒瞋恚懈怠乱心愚癡之人各各聞說持戒忍辱禪定智慧之聲聞是法已各各思惟漸以三乘而得度脱復次菩薩觀一切法若乱若定皆是不二相餘人除乱求定何以故以乱法

中起瞋想於定法中生著想如欝陁羅伽仙人得五通日日飛到國王宫中食王大夫人如其國法捉足而礼夫人手觸即失神通從王求車乘駕而出還其本處入林樹間更求五通一心專至垂當得時有鳥在樹上急鳴以乱其意捨樹至水邊求定復聞魚鬬動水之聲此人求禪不得即生瞋恚我當盡煞魚鳥此人久後思惟得定生非有想非無想處於彼壽盡下生作飛狸煞諸魚鳥作无量罪墮三惡道是爲禪定中著心因緣外道如此佛弟子中亦有一比丘得四禪生增上慢謂得四道得初禪時謂是須陁洹第二禪時謂是斯陁含第三禪時謂是阿那含第四禪時謂得阿羅漢恃是而止不復求進命欲盡時見有四禪中陰相来便生邪見謂無涅槃佛爲欺我惡邪生故失四禪中陰便見阿鼻泥犁中陰相命終即生阿鼻地獄諸比丘問佛某甲比丘阿蘭若命終生何處佛言是人生阿鼻泥犁中諸比丘皆大驚惟此人坐禪

持戒所由尒耶佛言此人增上慢得四禪時謂得道故臨命終時見四禪中陰相便生邪見謂無涅槃我是阿羅漢今還復生佛為虛誑是時即見阿鼻泥犂中陰相命終即生阿鼻地獄中是時佛說偈言

多聞持戒禪　未得无漏法　雖有此功德
此事不可信

是比丘受是惡道苦是故知取亂相能生瞋等煩惱取定相能生著菩薩不取亂相亦不取禪定相亂定相一故是名禪波羅蜜如初禪相離欲除蓋攝心一處是菩薩利根智慧觀故於五蓋無所捨於禪定相无所取諸法空故云何於五蓋無所捨貪欲蓋非內非外亦不兩中間何以故若內法有不應待外生若外法有於我亦無患若兩中間有兩間則無處亦不從先世來何以故一切法無來故如童子無有欲若先世有者小亦應有以是故知先世不來亦不至後世不從諸方來亦不常自有不一分中非遍身中亦不從五塵來亦不從五情

出無所從生无所從滅是貪欲若先生若後生若一時生是事不然何以故若先有生後有貪欲是中不應貪欲生未有貪欲故若後有生先有貪欲則生无所生若一時生則無生者無生處生者生處无分別故復次是貪欲貪欲者不一不異何以故離貪欲貪欲者不可得離貪欲者貪欲不可得是但從和合因緣生和合因緣生法即是自性空如是貪欲貪欲者異不可得若一貪欲貪欲者則無分別如是等種種因緣貪欲生不可得若法無生是法亦無滅不生不滅故則無定無亂如是觀貪欲蓋則與禪為一餘蓋亦如是若得諸法實相觀五蓋則無所有是時便知五蓋實相即是禪實禪實即是五蓋菩薩如是能知五欲及五蓋禪定及枝一相無所依入禪定是為禪波羅蜜復次若菩薩行禪波羅蜜時五波羅蜜和合助成是名禪波羅蜜復次菩薩以禪波羅蜜力得神通一念之頃不起於定能供養十方諸佛華香珍寶種種

供養復次菩薩以禪波羅蜜力變身無數遍入五道以三乘法教化衆生復次菩薩入禪波羅蜜中除諸惡不善法入初禪乃至非有想非无想定其心調柔一一禪中行大慈以慈悲因緣拔無量劫中罪得諸法實相智故為十方諸佛及大菩薩所念復次菩薩入禪波羅蜜中以天眼觀十方五道中衆生見生色界中者受禪定樂味還墮禽獸中受種種苦復見欲界諸天七寶池中華香自娛後墮鹹沸屎地獄中見人中多聞世智辯聰不得道故還墮猪羊畜獸中无所別知如是等種種失大樂得大苦失大利得大衰失尊貴得卑賤於此衆生生悲心漸漸增廣得成大悲不惜身命為衆生故懃行精進以求佛道復次不亂不味故名禪波羅蜜如佛告舍利弗菩薩般若波羅蜜中住具足禪波羅蜜不亂不味故問曰云何名亂有二種一者微二者麁微者有三種一愛多二慢多三見多云何愛多得禪定樂其心樂著愛味云何

憍多得禪時自謂難事已得而以自高去何見多以我見等入禪定分別取相是實餘妄語是三名為微細亂從是因緣於禪定退起三毒是為麤亂味者初得禪定一心愛著是為味問曰一切煩惱皆能染著何以但名愛為味荅曰愛與禪相似何以故禪則攝心堅住愛亦專著難捨又初求禪時心專欲得愛之為性欲樂專未欲與禪定不相違故既得禪定深著不捨則壞禪定譬如施人物必望現報則無福德於禪愛味愛著於禪亦復如是是故但以愛名味不以餘結為味

大智度論卷第十七

大智度論卷第十七

校勘記

一　底本，金藏廣勝寺本。

一　三九六頁中一行經名，石作「大智度論經卷第十九、摩訶般若波羅蜜經釋初品中禪波羅蜜義第二十八」；資、磧、普、南、徑、清作「大智度論卷第十七」。

一　三九六頁中三行後，資有品名「釋初品中禪波羅蜜第二十八」；磧、普、南、徑、清品名作「釋初品中禪波羅蜜」。

一　三九六頁中四行首字「不」，石、磧、普、南、徑、清、麗冠以「經」。

一　三九六頁中四行第一三字「問」，石、磧、普、南、徑、清、麗冠以「論」。

一　三九六頁中六行第四字「澤」，石作「野」。

一　三九六頁中八行第七字「得」，資、磧、普、南、徑、清作「獲得」。

一　三九六頁中九行第九字「家」，石、磧、普、南、徑、清作「衆」。

一　三九六頁中一〇行第八字「宴」，石作「閑」。

一　三九六頁中一一行第三字「力」，石、資、麗作「力故」。

一　三九六頁中一二行第八字「或」，石、麗作「或作」。

一　三九六頁中一四行第一三字「三」，石、麗作「是三」。

一　三九六頁下一行第一一字「燈」，諸本作「燈燈」。

一　三九六頁下二行第一三字「宇」，石、磧、普、南、徑、清作「室」。

一　三九六頁下七行第三字「而」，諸本作「亦」。

一　三九六頁下一一行第四字「輕」，資、磧、普、南、徑、清、麗作「諸」。

一　三九六頁下一五行第一二字「爲」，石作「定」。

一　三九六頁下二一行末字「廢」，石作「散」。

一　三九六頁下二二行第一〇字「尚」，石、麗作「猶尚」。

一　三九六頁下末行第六字「者」，石、麗作「心者」。

一　三九七頁上三行第五字「毒」，資、磧、普、南、徑、清作「痛」。

一　三九七頁上三行第七字「顔」，資、磧、普、南、徑、清作「貌」。

一　三九七頁上三行第八字「世」，石作「甚」。

一　三九七頁上八行第九字「慈」，石、資、磧、普、南、徑、清作「悲」。

一　三九七頁上一〇行第九字「去」，石無。

一　三九七頁上一一行第一三字「事」下，石、磧、普、南、徑、清、麗有夾註「五塵」。

一　三九七頁上一二行第二字「法」下，石、磧、普、南、徑、清、麗有夾註「五蓋」。

一　三九七頁上一二行第五字「行」下，磧、普、南、徑、清有夾註「初禪五支」。

一　三九七頁上一八行第五字「如」，石作「亦如」。

一　三九七頁上二二行「須臾」，石無。

一　三九七頁上末行「失時爲大苦」，石作「少失時苦多」。

一　三九七頁中三行第二字「估」，石作「多估」。

一　三九七頁中六行第七字「狩」，資、磧、普、南、徑、清、麗作「獸」。

一　三九七頁中九行第二字「着」，石作「耻」；資、磧、普、南、徑、清、麗作「羞」。

一　三九七頁中九行第六字「説」，資、磧、普作「設」。

一　三九七頁中一〇行第四字「汝」，資、磧、普、南、徑、清作「此」。

一　三九七頁中一六行第八字「可」，石、磧、普、南、徑、清、麗作「可著」。

一　三九七頁中末行「即生喜愛心」，石作「喜愛心即生」。

一　三九七頁下一行第八字「怒」，石作「瞋恚」；資、磧、普、南、徑、清作「怨」。

一　三九七頁下二行第三字「怒」，石作「憂」。

一　三九七頁下二行「喜怒」，石作「愛恚」。

一　三九七頁下三行第六字「俱」，石作「除」。

一　三九七頁下四行第四字「不」至末字「當」，石作「要須」。

一　三九七頁下五行第四字「棄」，石作「棄豈可但除其火而留金耶」。

一　三九七頁下八行第八字「名」，石作「爲」。

一　三九七頁下一一行第三字「於」，石作「於無智之人」。

一　三九七頁下一二行第一一字「於」，石作「在」。

一　三九七頁下一七行第三字「有」，石作「若有」。

一　三九七頁下一七行第九字「生」，石、磧、普、南、徑、清、麗作「念念生」。

一 三九七頁下一八行「及者作」，石作「待者能」。

一 三九七頁下一九行第二字「人」，石、磧、普、南、徑、清作「智」。

一 三九七頁下二〇行首字「聲」，石作「音」。

一 三九七頁下二一行「香人謂著香少罪」，石作「責著香」。

一 三九七頁下末行首字「如」，石、麗作「如一」。

一 三九七頁下末行末字「與」，資、磧、普、南、徑、清無。

一 三九八頁上一行第一〇字「數」，石作「數十」。

一 三九八頁上三行第一一字「至」，磧、普、南、徑、清作「去」。

一 三九八頁上五行「飲食」，石、麗作「飯食之」；資、磧、普、南、徑、清作「飯食」。

一 三九八頁上一四行第一二字「出」，石、磧、普、南、徑、清、麗作「出時師」。

一 三九八頁上一七行「鼻受心著」，石、麗作「其心悅樂過而心愛」。

一 三九八頁上一七行第一三字「之」，石、資、磧、普、南、徑、清無。

一 三九八頁上一八行第三字「以」，石、麗作「以故」。

一 三九八頁上一八行第七字「下」，資、磧、普、南、徑、清作「中」。

一 三九八頁上一九行「今皆覺」，石、麗作「皆」。

一 三九八頁上二〇行第一〇字「多」，石作「大」。

一 三九八頁上末行「云我偷」，石、麗作「言偷我」。

一 三九八頁中四行第二字「疊」，資、磧、普、南、徑、清作「氎」。

一 三九八頁中七行第七字「欲」，諸本無。

一 三九八頁中九行第七字「食」，石、麗作「食法」。

一 三九八頁中一四行第一二字「何」，石、磧、普、南、徑、清、麗作「此是虫何」。

一 三九八頁中一八行第四字「之」，石作「之如是等嗜味皆受此苦」。

一 三九八頁中一八行第九字「國」，資、磧、普、南、徑、清作「國土」。

一 三九八頁中二〇行末字「常」，石、磧、普、南、徑、清作「烏母常」。

一 三九八頁中二一行第一一字「飴」，諸本作「養」。

一 三九八頁中二二行第三字「之」，石作「食」。

一 三九八頁中末行第二字「甚」，石、麗作「其」。

一 三九八頁下一行第一〇字「愛」，石作「愛重」。

一 三九八頁下二行「染心深」，石作「深心愛」。

一 三九八頁下五行第七字「泣」，石、麗作「哭」。

一 三九八頁下五行「催責」，石作「勑」。

一　三九八頁下六行末字「摷」，諸本作「巢」。

一　三九八頁下九行第一三字「令」，資、磧、普、南、徑、清、麗作「全」。

一　三九八頁下九行末字至一〇行首字「似前」，石作「相似」。

一　三九八頁下一一行第八字「死」，石、麗作「死著味如是有失身之苦」。

一　三九八頁下一三行「諸結使之火因繫縛心之根」，石作「結之因繫之心」。

一　三九八頁下一三行第六字「火」，資、磧、普、南、徑、清作「大」。

一　三九八頁下一四行第二字「故」，石作「故知之」。

一　三九八頁下一四行第六字「各」，石、麗作「則各」。

一　三九八頁下一五行末字至一六行第三字「何以知之」，石作「所以者何」。

一　三九八頁下一七行第二字「則」，石作「是則」。

一　三九八頁下一七行「心厭」，石、磧、普、南、徑、清、麗作「厭心」。

一　三九八頁下一八行第六字「觀」，石、麗作「觀不淨」。

一　三九八頁下一九行第三字「其」，石作「是甚」。

一　三九八頁下二一行第三字「獄」，石作「地獄」。

一　三九八頁下二二行第二字「此」至末行首字「也」，石作「所謂翳覆闇蔽危難之甚無過於觸」。

一　三九九頁上一行「劬毗耶」，資、磧、普、南、徑、清作「瞿毗耶」，下同。

一　三九九頁上三行第九字「孕」，石作「懷」。

一　三九九頁上五行第九字「亦」，資、磧、普、南、徑、清無。

一　三九九頁上八行「何以久而」，石作「久而何以」。

一　三九九頁上一四行「生羅睺羅」，石作「羅睺羅生」。

一　三九九頁上一六行第一一字「點」，石作「咎」。

一　三九九頁上二〇行第三字「一」，磧、普、南、徑、清、麗作「一鉢」。

一　三九九頁上二一行「以神力」，資、磧、普、南、徑、清作「神力以」。

一　三九九頁上二一行第一二字「阿」，石無。

一　三九九頁上二二行首字「令」，石、麗作「皆」。

一　三九九頁上二二行「無有別異」，石作「不可分別」。

一　三九九頁中五行第三字「年」，石作「歲」。

一　三九九頁中一五行「此王正以此」，石作「王正以此見」。

一　三九九頁中一七行第一三字「五」，磧作「三」。

一　三九九頁下四行第一一字「持」，石作「待」。

一　三九九頁下九行第七字「宮」，資、磧、普、南、徑、清作「宮時」。

一　三九九頁下九行第一三字「遣」，

石、資、磧、普、南、徑、清作「進」。

一　三九九頁下一二行第二字「目」，石、資、磧、普、南、徑、清作「自」。

一　三九九頁下一六行第二字「食」，石作「色」。

一　三九九頁下二一行第一三字「丘」，石、磧、普、南、徑、清作「丘汝欲聞不諦聽之」。

一　四〇〇頁上三行第二字「秋」，石、磧、普、南、徑、清、麗作「春」。

一　四〇〇頁上五行第四字「身」，石、麗作「娠」。

一　四〇〇頁上五行「類如」，石作「像似」。

一　四〇〇頁上一一行首字「心」，石、麗作「心即」。

一　四〇〇頁上一一行「泥滑」，石作「塗泥」。

一　四〇〇頁上一二行第九字「鉀」，資、磧、普、南、徑、清作「軍」，下同。

一　四〇〇頁上一六行第六字及本頁中四行第五字「王」，石、麗作「國王」。

一　四〇〇頁上一六行末字「官」，石、磧、普、南、徑、清作「臣」。

一　四〇〇頁上一七行第九字「我」，石、麗作「我曾」。

一　四〇〇頁上一七行「仙人中」，石作「山中」；資、磧、普、南、徑、清、麗作「仙人山中」。

一　四〇〇頁上末行「巨富」，石、磧、普、南、徑、清、麗作「無雙」。

一　四〇〇頁中二行首字「人」，石無。

一　四〇〇頁中六行第三字「麁」，諸本作「鹿」。

一　四〇〇頁中六行第一二字「以」，石無。

一　四〇〇頁中七行「草和之以采畫令似雜果」，石作「和之衆彩畫之令似果蘇然惑男心」；麗作「和之以衆彩畫之令似雜果」。

一　四〇〇頁中八行第一三字「草」，諸本作「草衣」。

一　四〇〇頁中九行第四字「以」，磧、普、南、徑、清作「似」。

一　四〇〇頁中一〇行「見之」，石作「次到見諸女房舍」。

一　四〇〇頁中一一行第六字「好」，石、資、磧、普、南、徑、清作「妙」。

一　四〇〇頁中一二行第四字「以」，石、麗作「皆以」。

一　四〇〇頁中一三行第六字「蓐」，磧、普、南、徑、清作「褥」。

一　四〇〇頁中一三行第九字「淨」，石、資、磧、普、南、徑、清作「清」。

一　四〇〇頁中一四行第一一字「飽」，石作「飽滿」。

一　四〇〇頁中一六行第七字「以」，資、磧、普、南、徑、清無。

一　四〇〇頁中一七行「好蘇」，石、麗作「好果好水」；資、磧、普、南、徑、清作「好水好果」。

一　四〇〇頁中一八行首字「曹」，石作「等」。

一　四〇〇頁中一八行第一一字「肥」，石、麗作「肥盛」。

一 四〇〇頁中二一行第五字「女」，石、麗作「美女」。

一 四〇〇頁中二二行第四字「即」，石作「便」。

一 四〇〇頁中末行第五字「喜」，資、磧、普、南、徑、清作「樂」。

一 四〇〇頁中末行第一三字「食」，石、麗作「果」。

一 四〇〇頁下一行第二字「继」，石作「復與」。

一 四〇〇頁下三行「仙人」，石作「等」。

一 四〇〇頁下三行第一三字「去」，石作「婬女知去」；麗作「婬女之去」。

一 四〇〇頁下四行第四字「便」，石無。

一 四〇〇頁下六行首字「檐」，石、麗作「項」；資、磧、普、南、徑、清作「擔」。

一 四〇〇頁下七行第八字「觀」，石作「見」。

一 四〇〇頁下八行第一二字「令」，諸本作「今」。

一 四〇〇頁下一〇行「足五所」，石、磧、普、南、徑、清作「給足五」。

一 四〇〇頁下一〇行「城少曰」，石作「少曰間」。

一 四〇〇頁下一一行第一二字「欲」，石作「俗」。

一 四〇〇頁下一三行第八字「憶」，石作「思憶」。

一 四〇〇頁下一六行第二字「尋」，諸本作「旱」。

一 四〇〇頁下二〇行「爲之所惑」，石作「使爲之所從」。

一 四〇一頁上一行第八字「復」，石、麗作「者復」。

一 四〇一頁上一行「盖者」，石、麗作「之人」。

一 四〇一頁上五行第一三字「縱」，石作「從」。

一 四〇一頁上九行第六字「盛」，石作「衣」。

一 四〇一頁上一三行「貪欲」，資作「欲貪」。

一 四〇一頁上一五行第七字「騃」，石作「癡」。

一 四〇一頁上一六行末字「時」，石作「處」。

一 四〇一頁上二一行「何以」，石作「以何」。

一 四〇一頁上末行第五字「身」，諸本作「相」。

一 四〇一頁上末行「則不」，石作「不復」。

一 四〇一頁中一行「在者」，石、資、磧、普、南、徑、清作「不滅」。

一 四〇一頁中三行末字「諸」，石、磧、普、南、徑、清作「法」。

一 四〇一頁中五行末字「言」，石無。

一 四〇一頁中八行「報果」，石、資、磧、普、南、徑、清作「果報」。

一 四〇一頁中九行第七字「當」，石、磧、普、南、徑、清作「尚」。

一 四〇一頁中一三行第八字「懷」，

石作「行」。
一 四〇一頁中一五行「水火」，石作「火水」。
一 四〇一頁中一六行第一四字「苦」，石作「愌」。
一 四〇一頁中一七行第一〇字「困」，資、磧、普、南、徑、清、麗作「因」。
一 四〇一頁中二〇行「則得滅瞋毒」，石作「瞋恚滅無餘」。
一 四〇一頁下一行「眠睡」，石、資、磧、普、南、徑、清作「睡眠」。
一 四〇一頁下三行第七字「體」，石作「身」。
一 四〇一頁下七行「安可而睡」，石作「云何而可」。
一 四〇一頁下八行第一〇字「侵」，磧、普、南、徑、清作「欺」。
一 四〇一頁下一三行第三字「決」，石、磧、普、南、徑、清作「穴」；資作「缺」。
一 四〇一頁下一三行「偈說」，石作「說偈」。
一 四〇一頁下一五行第六字「恍」，諸本作「掉」。
一 四〇一頁下一六行第二字「者」，石、麗作「法者」。
一 四〇一頁下一七行第五字「捨」，諸本作「拔」。
一 四〇一頁下一九行「善人罪雖」，諸本作「若人罪能」。
一 四〇二頁上二行第三字「覆」，石、麗作「覆心」。
一 四〇二頁上八行「弊惡」，石作「惡有」。
一 四〇二頁上一三行第一一字「疑」，石、麗作「疑蓋」。
一 四〇二頁上二一行「呵五欲除五蓋」，石作「除五蓋呵五欲」。
一 四〇二頁上末行第一二字「得」，磧作「行」。
一 四〇二頁中九行末字至一〇行首字「多苦」，石、麗作「其苦甚多」。
一 四〇二頁中一三行末字「銷」，石、資、磧、普、南、徑、清作「洋」。
一 四〇二頁中一四行第九字「大」，石無。
一 四〇二頁中一八行第五字「犲」，石、資、磧、普、南、徑、清作「豹」。
一 四〇二頁中一八行「鳥在鵄」，資作「鳥在鷄」；磧、普、南、徑、清作「鳥在鴟」。
一 四〇二頁中一九行第一二字「人」，石、資、磧、普、南、徑、清無。
一 四〇二頁中二〇行第七字「㒨」，麗作「痺」。
一 四〇二頁中二二行第七字「杖」，石、麗作「林」。
一 四〇二頁下二行第一二字「穀」，石作「禾」。
一 四〇二頁下四行第一二字「善」，石、麗作「諸善」。
一 四〇二頁下八行「三昧」，石作「諸三昧」。
一 四〇二頁下八行第一二字「定」，石作「諸定」。
一 四〇二頁下一〇行第一〇字至一

一行首字「禪秦言思惟修」，石作夾註。

一　四〇二頁下一四行第二字「地」，石作「禪」。

一　四〇二頁下一六行第七字「隱」，磧、普、南、徑、清作「穩」。

一　四〇二頁下一七行「處有四等」，石作「中有四無量」。

一　四〇二頁下末行第一二字「悶」，諸本作「餘定不名波羅蜜悶」。

一　四〇三頁上三行第六字「那」，石、麗作「那念」。

一　四〇三頁上三行末字「義」，諸本作「禪義」。

一　四〇三頁上六行末字「樂」，諸本作「定」。

一　四〇三頁上七行第八字「池」，資、磧、普、南、徑、清作「地」。

一　四〇三頁上一八行第一三字「念」，諸本作「今」。

一　四〇三頁上二二行第二字「則」，資、磧、普、南、徑、清作「得」。

一　四〇三頁中五行第二字「衆」，石作「陰」。

一　四〇三頁中一〇行「二外」，諸本作「外二」。

一　四〇三頁中一七行「一切法爲」，石、麗作「一法」；資、磧、普、南、徑、清作「一法爲」。

一　四〇三頁中一八行末字及一九行第八字「爲」，石無。

一　四〇三頁下三行第九字「苦」，諸本作「名」。

一　四〇三頁下六行第八字「但」，資作「俱」。

一　四〇三頁下八行末字「復」，石無。

一　四〇三頁下一二行第五字「疲」，石作「病」。

一　四〇三頁下二〇行第三字「大」，石作「太」。

一　四〇四頁上四行第一〇字「念」，諸本作「令」。

一　四〇四頁上六行第一〇字「第」，石作「最第」。

一　四〇四頁上七行第三字「夫」，石作「夫人」。

一　四〇四頁上一八行「繫閉煞害」，資、磧、普、南、徑、清、麗無。

一　四〇四頁上二一行第一一字「身」，石、麗無。

一　四〇四頁上二二行第六字「莚」，石、磧、普、南、徑、清、麗作「籠」。

一　四〇四頁上末行第八字「内」，石、麗作「内身」。

一　四〇四頁中三行末字「以」，資作「行」。

一　四〇四頁中一六行第九字「處」，石、麗作「處定」。

一　四〇四頁中二一行第三字「想」，諸本作「想處」。

一　四〇四頁下五行第四字「受」，石、資、磧、普、南、徑、清作「受想」。

一　四〇四頁下六行末字「受」，石作「受想」。

一　四〇四頁下八行末字「行」，石、麗作「是」。

一　四〇四頁下二〇行第九字及末行第九字「地」，諸本作「地有漏」。
一　四〇四頁下末行第六字「一」，諸本作「二」。
一　四〇五頁上一行第二字及三行首字「地」，諸本作「地有漏道」。
一　四〇五頁上一行第八字「禪」，資、磧、普、南、徑、清作「禪無漏」。
一　四〇五頁上二行第四字「第」，諸本作「於第」。
一　四〇五頁上一一行第一〇字「中」，諸本作「道中但」。
一　四〇五頁上二〇行首字「名」，石作「所作」。
一　四〇五頁上二一行第七字「共」，石、麗作「因共」。
一　四〇五頁中一行第二字「者」，石、資、磧、普、南、徑、清無。
一　四〇五頁中一〇行第六字「處」，石、麗作「處淨」。
一　四〇五頁中一一行第四字「淨」，諸本作「諸淨」。
一　四〇五頁中一五行第三字「故」，石、磧、普、南、徑、清、麗作「故不緣無漏」。
一　四〇五頁中一八行第一二字「名」，諸本作「所」。
一　四〇五頁中一九行第六字「緣」，石、麗作「緣一切」。
一　四〇五頁中一九行第一三字「无」，石、磧、普、南、徑、清、麗作「以無」。
一　四〇五頁下一行第一〇字「時」，石、麗作「時淨」。
一　四〇五頁下三行第五字「金」，石、麗作「金去其穢無漏練有漏亦復如是」。
一　四〇五頁下九行第一〇字至一〇行第三字「三世隨所願則知」，石作「隨願即三世事」。
一　四〇五頁下一〇行第九字及一二行第六字「攝」，石作「所攝」。
一　四〇五頁下一一行第一三字「初」，資無。
一　四〇五頁下一九行首字「捨」，石作「護」。
一　四〇五頁下二〇行第一〇字「二」，磧、普、南、徑、清作「種」。
一　四〇六頁上二行第一〇字「相」，磧、普、南、徑、清作「想」。
一　四〇六頁上六行第二、第五、末字及一一行末字「禪」，石作「禪定」。
一　四〇六頁上八行第九字「法」，石作「道法」。
一　四〇六頁上一一行末字「禪」，麗作「禪定」。
一　四〇六頁上一四行「一切」，諸本作「一切衆生」。
一　四〇六頁上末行首字「故」，石、麗作「欲」。
一　四〇六頁中四行「之其」，石作「之此」；資、磧、普、南、徑、清作「之其人」；麗作「其」。
一　四〇六頁中四行「不能知」，石作「而不能」。
一　四〇六頁中六行第一三字「如」，

石、磧、普、南、徑、清、麗作「知」。

一四〇六頁中一一行末字「心」，石無。

一四〇六頁中一八行第一〇字，四〇七頁上二〇行第三字「不」，資、磧、普、南、徑、清作「不能」。

一四〇六頁下三行第二字「頂」，石、麗作「頭」。

一四〇六頁下一一行第二字「於」，石作「摩訶薩於」。

一四〇六頁下一二行第九字「緊」，石、麗作「甄」。

一四〇六頁下一七行第七字「須」，磧、普、南、徑、清作「鬘」。

一四〇六頁下一七行第九字「提」，諸本作「薩」。

一四〇六頁下一八行第一〇字「何」，石作「何以」。

一四〇七頁上一二行第九字「三」，石、麗作「第三」。

一四〇七頁上一三行第一一字「處」，諸本作「處二乘」。

一四〇七頁上一八行首字「或」，諸本作「或入」。

一四〇七頁上二〇行第三字「不」，石、麗作「不能」。

一四〇七頁上二二行第二字「髮」，資、普作「毛」；磧、南、徑、清作「髦」，下同。

一四〇七頁上二二行第一一字「超」，磧、普、南、徑、清作「踔」。

一四〇七頁中五行第六字「說」，石、麗作「能說」。

一四〇七頁中九行第七字「雖」，諸本作「離」。

一四〇七頁中末行第五字「除」，磧、普、南、徑、清作「於」。

一四〇七頁下二行第一二字「國」，資、磧、普、南、徑、清無。

一四〇七頁下三行第一一字「捉」，石、磧、普、南、徑、清作「接」。

一四〇七頁下一二行第五字「爲」，資作「爲爲」。

一四〇七頁下一二行第八字「中」，石、磧、普、南、徑、清作「中亂」。

一四〇七頁下一六行第一三字「得」，石作「是」。

一四〇八頁上二行第六字「道」，諸本作「四道」。

一四〇八頁上五行末字至六行首字「地獄」，石作「泥黎」。

一四〇八頁上七行「无漏」，石作「漏盡」。

一四〇八頁上一五行首字「法」，石、磧、普、南、徑、清、麗作「法相」。

一四〇八頁上一七行第七字「生」，石作「出」。

一四〇八頁上一八行第一二字「處」，資、磧、普、南、徑、清作「處所」。

一四〇八頁上二二行第一〇字「不」，石、磧、普、南、徑、清作「非」。

一四〇八頁中六行首字「無」，石無。

一四〇八頁中一六行第九字「便」，石作「即」。

一四〇八頁中一七行第五及第六字「禪實」，諸本作「相禪實相」。

一　四〇八頁中一八行第一二字「一」，磧、普、南、徑、清無。

一　四〇八頁下五行「大慈」，石、麗作「大慈大悲」；資、磧、普、南、徑、清作「大慈悲」。

一　四〇八頁下八行第八字「中」，石無。

一　四〇八頁下一二行「見人中」，石、磧、普、南、徑、清作「又見人中」；資作「又見中人」。

一　四〇八頁下一四行第四字「等」，石、資、磧、普、南、徑、清作「等身」。

一　四〇八頁下一六行第二字「悲」，石作「大悲」。

一　四〇八頁下二〇行「問曰」，石無。

一　四〇八頁下二一行第三字「乱」，石、麗作「乱乱」；資、磧、普、南、徑、清作「亂荅亂」。

一　四〇九頁上一行第四字「禪」，石作「定」；麗作「禪定」。

一　四〇九頁上四行第一三字「爲」，石無。

一　四〇九頁上五行第一一字「著」，資、磧、普、南、徑、清作「樂」。

一　四〇九頁上六行第一二字「以」，石、麗作「以故」。

一　四〇九頁上一〇行第一三字「深」，石、資、磧、普、南、徑、清作「染」。

一　四〇九頁上一二行「受味」，石作「愛味」；磧、普、南、徑、清作「愛身」。

一　四〇九頁上末行經名，石作「大智度經論卷第十九」。

大智度論釋初品中般若波羅蜜第三十九卷第十八　聖

龍樹菩薩造

後秦龜茲國三藏鳩摩羅什奉　詔譯

於一切法不著故應具足般若波羅蜜問曰云何名般若波羅蜜答曰諸菩薩從初發心求一切種智於其中聞知諸法實相慧是般若波羅蜜問曰若尒者不應名為波羅蜜何以故未到智慧邊故答曰佛所得智慧是實波羅蜜因是波羅蜜故菩薩所行亦名波羅蜜因中說果故是般若波羅蜜在佛心中變名為一切種智菩薩行智慧求度彼岸故名波羅蜜佛已度彼岸故名一切種智問曰佛一切諸煩惱及習已斷智慧眼淨應如實得諸法實相諸法實相即是般若波羅蜜菩薩未盡諸漏慧眼未淨云何能得諸法實相答曰此義後品中當廣說今但略說如人入海有始入者有盡其源底者深淺雖異俱名為入佛菩薩亦如是佛則窮盡其底菩薩未斷諸煩惱習勢力少故不能深

入如後品中說譬喻如人於闇室然燈照諸器物皆悉分了更有大燈益復明審則知後燈所破之闇與前燈合住前燈雖與闇共住而亦能照物若前燈无闇則後燈無所增益諸佛菩薩智慧亦如是菩薩智慧雖與煩惱習合而能得諸法實相亦如前燈亦能照物佛智慧盡諸煩惱習亦得諸法實相如後燈倍復明了問曰云何是諸法實相答曰衆人各各說諸法實相自以為實此中實相者不可破壞常住不異無能作者如後品中佛語須菩提若菩薩觀一切法非常非无常非苦非樂非我非無我非有非無等亦不作是觀是名菩薩行般若波羅蜜是義捨一切觀滅一切言語離諸心行從本已来不生不滅如涅槃相一切諸法相亦如是是名諸法實相如讚般若波羅蜜偈說

般若波羅蜜　實法不顛倒　念想觀已除
言語法亦滅　无量衆罪除　清淨心常一
如是尊妙人　則能見般若　如虛空無染
无戲無文字　若能如是觀　是即為見佛

若如法觀佛　般若及涅槃　是三則一相
其實无有異　諸佛及菩薩　能利益一切
般若為之母　能出生養育　佛為衆生父
般若能生佛　是則為一切　衆生之祖母
般若是一法　佛說種種名　隨諸衆生力
為之立異字　若人得般若　議論心皆滅
譬如日出時　朝露一時失　般若之威徳
能動二種人　无智者恐怖　有智者歡喜
若人得般若　則為般若主　般若中不著
何况於餘法　般若無所来　亦復无所去
智者一切處　求之不能得　若不見般若
是則為被縛　若人見般若　是亦名被縛
若人見般若　是則得解脫　若不見般若
是亦得解脫　是事為希有　甚深有大名
譬如幻化物　見而不可見　諸佛及菩薩
聲聞辟支佛　解脫涅槃道　皆從般若得
言說為世俗　憐愍一切故　假名說諸法
雖說而不說　般若波羅蜜　譬如大火焰
四邊不可取　無取亦不取　一切取已捨
是名不可取　不可取而取　是即名為取
般若无壞相　過一切言語　適無所依止
誰能讃其徳　般若雖叵讃　我今能得讚
雖未脫死地　則為已得出

大智度論釋般若相義第三十

問曰何以獨稱般若波羅蜜為摩訶而不稱五波羅蜜答曰摩訶秦言大般若言慧波羅蜜言到彼岸以其能到智慧大海彼岸到諸一切智慧邊窮盡其極故名到彼岸一切世間十方三世諸佛第一大次有菩薩辟支佛聲聞是四大人皆從般若波羅蜜中生是故名為大復次能與衆生大果報无量無盡常不變異所謂涅槃餘五波羅蜜不能尒布施等離般若波羅蜜但能與世間果報是故不得名大問曰何者是智慧答曰般若波羅蜜攝一切智慧所以者何菩薩求佛道應當學一切法得一切智慧所謂聲聞辟支佛佛智慧是智慧有三種學無學非學非无學非學非无學智者如乾慧地不淨安那般那欲界繫四念處煗法頂法忍法世間第一法等學智者苦法智忍慧乃至阿羅漢第九無㝵道中金剛三昧慧无學智者阿羅漢第九解脫智從是已後一切無學智如盡智无生智等求辟

支佛道智慧亦如是問曰若辟支佛道亦如是者云何分別聲聞辟支佛答曰道雖一種而用智有異若諸佛不出佛法已滅是人先世因緣故獨出智慧不從他聞自以智慧得道如一國王出在園中遊戲清朝見林樹華菓蔚茂甚可愛樂王食已而卧王諸夫人婇女皆共取華毀折林樹王覺已見林毀壞而自覺悟一切世間无常變壞皆亦如是思惟是已無漏道心生斷諸結使得辟支佛道具六神通即飛到閑靜林間如是等因緣先世福德願行果報今世見少因緣成辟支佛道如是為異復次辟支佛有二種一名獨覺二名因緣覺因緣覺如上說獨覺者是人今世成道自覺不從他聞是名獨覺辟支迦佛獨覺辟支迦佛有二種一本是學人在人中生是時無佛佛法滅是須陁洹已滿七生不應第八生自得成道是人不名佛不名阿羅漢名為小辟支迦佛與阿羅漢无異或有不如舍利弗等大阿羅漢者於二百劫中作功

德增長智慧得三十二相分或有三十一相或三十二十九相乃至一相於九種阿羅漢中智慧利勝於諸深法中摠相別相能入久修習定常樂獨處如是相為大辟支迦佛以是為異求佛道者從初發心作願願我作佛度脫衆生得一切佛法行六波羅蜜破魔軍衆及諸煩惱得一切智成佛道乃至入無餘涅槃隨本願行從是中間所有智慧摠相別相一切盡知是名佛智慧是三種智慧盡能知盡到其邊以是故言到智慧邊問曰若如所說一切智慧盡應入若世間若出世間何以但言三乘智慧盡到其邊不說餘智荅曰三乘是實智慧餘者皆是虛妄菩薩雖知而不專行如除摩梨山一切無出栴檀木若餘處或有好語皆從佛法中得自非佛法初聞似好久則不妙辟如牛乳驢乳其色雖同牛乳攢則成酥驢乳攢則成真佛法語及外道語不殺不盜慈愍衆生攝心離欲觀空雖同然外道語初雖似妙窮盡所歸則為虛誑一

切外道皆著我見若實相我應墮二種若壞相若不壞相若壞相應如牛皮若不壞相應如虛空此二處無殺罪无不殺福若如虛空雨露不能濕風熱不能乾是則墮常相若常者苦不能惱樂不能悅若不受苦樂不應避禍就福若如牛皮為風雨所壞則墮无常若無常則无罪福外道語若實如是何有不殺為福殺生為罪問曰外道戒福所失如是其禪定智慧復云何荅曰外道以我心逐禪故多愛見慢故不捨一切法故無有實智慧問曰汝言外道觀空觀空則捨一切法云何言不捨一切法故无有實智慧荅曰外道雖觀空而取空相雖知諸法空而不自知我空愛著觀空智慧故問曰外道有无想定心心數法都滅都滅故无有取相愛著智慧名荅曰無想定力强令心滅非實智慧力又於此中生涅槃想不知是和合作法以是故墮顛倒中是中心雖暫滅得因緣還生辟如人無夢睡時心想不行悟則還有問曰无想定其

失如是更有非有想非無想定是中無一切妄想亦不如强作无想定滅想是中以智慧力故无想荅曰是中有想細微故不覺若无想佛弟子復何緣更求實智慧佛法中是非有想非無想中識依三衆住是四衆屬因緣故无常無常故苦无常苦故空空故無我空无我故可捨汝等愛著智慧故不得涅槃辟如尺蠖屈安後足然後進前足所緣盡無復進處而還外道依止初禪捨下地欲乃至依非有想非無想處捨无所有處上無所復依故不能捨非有想非无想處以更無依處恐懼失我畏墮無所得中故復次外道經中有聽殺盜婬妄語飲酒言為天祠呪殺无罪為行道故若遭急難欲自全身而殺小人無罪又有急難為行道故除金錢者得益取以自全濟後當除此殃罪除師婦國王夫人善知識妻童女餘者逼迫急難得邪婬為師及父母為牛為身為媒故聽妄語寒鄉聽飲石蜜酒天祠中或聽嘗一渧三渧酒佛法中則

不然於一切衆生慈心等視乃至蟻子亦不奪命何況煞人一針一縷不取何況多物無主婬女不以指觸何況人之婦女戲笑不得妄語何況故作妄語一切酒一切時常不得飲何況寒鄉天祠汝等外道與佛法懸殊有若天地汝等外道法是生諸煩惱處佛法則是滅諸煩惱處是為大異諸佛法無量有若大海隨衆生意故種種說法或說有或說无或說常或說無常或說苦或說樂或說我或說无我或說懃行三業攝諸善法或說一切諸法无作相如是等種種異無智聞之謂為乖錯智者入三種法門觀一切佛語皆是實法不相違背何等是三門一者昆勒門二者阿毗曇門三者空門問曰云何名昆勒云何名阿毗曇云何名空門答曰昆勒有三百二十万言佛在世時大迦栴延之所造佛滅度後人壽轉減憶識力少不能廣誦諸得道人撰為三十八万四千言若人入昆勒門論議則無窮其中有隨相門對治門等種種諸

門隨相門者如佛說偈

諸惡莫作　諸善奉行　自淨其意
是諸佛教

是中心數法盡應說今但說自淨其意則知諸心數法已說何以故同相同緣故如佛說四念處是中不離四正懃四如意足五根五力何以故四念處中四種精進則是四正懃四種定是為四如意足五種善法是為五根五力佛雖不說餘門但說四念處當知已說餘門如佛於四諦中或說一諦或二或三如馬星比丘為舍利弗說偈

諸法從緣生　是法緣及盡　我師大聖王
是義如是說

此偈但說三諦當知道諦已在中不相離故辟如一人犯事舉家受罪如是等名為隨相門對治門者如佛但說四顛倒常顛倒樂顛倒我顛倒淨顛倒是中雖不說四念處當知已有四念處義辟如說藥已知其病說病則知其藥若說四念處則知已說四倒四倒則是邪相若說四倒則已說

諸結所以者何說其根本則知枝條皆得如佛說一切世間有三毒說三毒當知已說三分八正道若說三毒當知已說一切諸煩惱毒十五種愛是貪欲毒五種瞋是瞋恚毒十五種无明是愚癡毒諸邪見憍慢疑屬无明如是一切諸使皆入三毒以何滅之三分八正道若說三分八正道當知已說一切三十七品如是等種種相名為對治門是等諸法名為昆勒門云何名阿毗曇門或佛自說諸法義或佛自說諸法名諸弟子種種集述解其義如佛說有比丘於諸有為法不能正憶念欲得世間第一法无有是處若不得世間第一法欲入正位中无有是處若不入正位欲得須陁洹斯陁含阿那含阿羅漢无有是處有比丘於諸有為法正憶念得世間第一法斯有是處若得世間第一法入正位入正位得須陁洹斯陁含阿那含阿羅漢必有是處如佛直說世間第一法不說相義何界繫何因何緣何果報從世間第一法種種聲

聞所行法乃至无餘涅槃一一分別相義是名阿毗曇門空門者生空法空如頻婆娑羅王迎經中佛告大王色生時但空生色滅時但空滅諸行生時但空生滅時但空滅是中无吾我無人无神無人從今世至後世除因緣和合名字等衆生凡夫愚人逐名求實如是等經中佛說生空法空者如佛說大空經中十二因緣無明乃至老死若有人言是老死若言誰老死皆是邪見生有取受愛觸六入名色識行无明亦如是若有人言身即是神若言身異於神是二雖異同為邪見佛言身即是神如是邪見非我弟子身異於神亦是邪見非我弟子是經中佛說法空若說誰老死當知是虛妄是名生空若說是老死當知是虛妄是名法空乃至無明亦如是復次佛說梵網經中六十二見若有人言神常世間亦常是為邪見若言神無常世間无常是亦邪見神及世間常亦无常神及世間非常亦非非常皆是邪見以是故知諸法皆空

是為實問曰若神常應是邪見何以故神性無故若言世間常亦應是邪見何以故世間實皆無常顛倒故言有常若言神無常亦應是邪見何以故神性无故不應言無常若言世間無常不應是邪見何以故一切有為法性實皆无常荅曰若一切法實皆无常佛云何說世間無常是名邪見是故可知非實是無常問曰佛處處說觀有為法无常苦空無我令人得道云何言無常墮邪見荅曰佛處處說无常處處說不滅如摩訶男釋王來至佛所白佛言是迦毗羅人衆殷多我或值奔車逸馬狂象鬪人時便失念佛心是時自念我今若死當生何處佛告摩訶男汝勿怖勿畏汝是時不生惡趣必至善處譬如樹常東向曲若有斫者必當東倒善人亦如是若身壞死時善心意識長夜以信戒聞施慧熏故必得利益上生天上若一切法念念生滅无常佛云何言諸功德熏心故得上生以是故知非無常性問曰若无常不實佛何以說

无常荅曰佛隨衆生所應而說法佛破顛倒故說無常以人不知不信後世故說心去後世上生天上罪福業因緣百千万劫不失是對治悉檀非第一義悉檀諸法實相非常非无常佛亦處處說諸法空諸法空中亦無无常以是故說世間無常是邪見是故名為法空復次毗耶離梵志名論力諸梨昌等大雇其寶物令與佛論取其雇已即以其夜思撰五百難明旦與諸梨昌至佛所問佛言一究竟道為衆多究竟道佛言一究竟道無衆多也梵志言佛說一道諸外道師各各有究竟道是為衆多非一佛言是雖名有衆多皆非實道何以故一切皆以邪見著故不名究竟道佛問梵志鹿頭梵志得道不荅言一切得道中是為第一是時長老鹿頭梵志比丘在佛後扇佛佛問梵志汝識是比丘不梵志識之慚愧低頭是時佛說儀品偈

各各謂究竟　而各自愛著　各自是非彼
是皆非究竟　是人入論衆　辯明義理時

各各相是非 勝負懷憂喜 勝者墮憍坑
負者墮憂獄 是故有智者 不墮此二法
論力汝當知 我諸弟子法 无虛亦無實
汝欲何所求 汝欲壞我論 終已無此處
一切智難勝 適足自毀壞
如是等處處聲聞經中說諸法空摩訶衍空門者一切諸法性常自空不以智慧方便觀故空如佛為須菩提說色色自空受想行識識自相空十二入十八界十二因緣三十七品十力四无所畏十八不共法大慈大悲薩婆若乃至阿耨多羅三藐三菩提皆自空問曰若一切諸法性常自空无所有者云何不墮邪見邪見名无罪無福无今世後世與此無異荅曰无罪無福人不言無今世但言無後世如草木之類自生自滅或人生或人煞止於現在更无後世生而不知觀身內外所有自相皆空以是為異復次邪見人多行衆惡斷諸善事觀空人善法尚不欲作何況作惡問曰邪見有二種有破因緣果有破果不破因如汝所說破果不破因破果破

因者言無因无緣無罪无福則是破因無今世後世罪福報是則破果觀空人言皆空則罪福因果皆無與此有何等異荅曰邪見人於諸法斷滅令空摩訶衍人知諸法真空不破不壞問曰見邪見三種一者破罪福報不破罪福破因緣果報不破因緣破後世不破今世二者破罪福報亦破罪福破因緣果報亦破因緣破後世亦破今世不破一切法三者破一切法皆令無所有觀空人亦言真空无所有有何等異荅曰邪見破諸法令空觀空人知諸法真空不破不壞復次邪見人言諸法皆空无所有取諸法空相戲論觀空人知諸法空不取相不戲論復次邪見人雖口說一切空然於愛處生愛瞋處生瞋慢處生慢癡處生癡自誑其身如佛弟子實知空心不動一切結使生處不復生辟如虛空烟火不能染大雨不能濕如是觀空種種煩惱不復著其心復次邪見人言无所有不從愛因緣出真空名從愛因緣生是為異四无量

心諸清淨法以所緣不實故猶尚不與真空智慧等何況此邪見復次是見名為邪見真空見為名正見行邪見人今世為弊惡人後世當入地獄行真空智慧人今世致譽後世得作佛辟如水火之異亦如甘露毒藥天食須陀以比臭糞復次真空中有空空三昧邪見空雖有空而无空空三昧復次觀真空人先有無量布施持戒禪定其心柔軟諸結使薄然後得真空邪見中無此事但欲以憶想分別邪心取空辟如田舍人初不識鹽見人以鹽著種種肉菜中而食問言何以故尒語言此鹽能令諸物味美故此人便念此鹽能令諸物美自味必多便空抄鹽滿口食之醎苦傷口而問言汝何以言鹽能作美人言癡人此當籌量多少和之令美云何純食鹽无智人聞空解脫門不行諸功德但欲得空是為邪見斷諸善根如是等義名為空門若人入此三門則知佛法義不相違背能知是事即是般若波羅蜜力於一切法無所罣导

若不得般若波羅蜜法入阿毗曇門則墮有中若入空門則墮无中若入蜫勒門則墮有無中復次菩薩摩訶薩行般若波羅蜜雖知諸法一相亦能知一切法種種相雖知諸法種種相亦能知一切法一相菩薩如是智慧名為般若波羅蜜問曰菩薩摩訶薩云何知一切法種種相云何知一切法一相荅曰菩薩觀諸法相所謂有相因是有諸法中有心生如是等一切有問曰無法中云何有心生荅曰若言无是事即是有復次菩薩觀一切法一相所謂無相如牛中无羊相羊中無牛相如是諸法中各各无他相如先言因有故有心生是法異於有異故應無若有法是牛羊亦應是牛何以故有法不異故若異則无如是等一切皆無復次菩薩觀一切法一因是一法諸法中一心生諸法各各有一相合衆一故名為二名為三一為實二三為虛復次菩薩觀諸法有所因故有如人身无常何以故生滅相故一切法皆如是有所因故

有復次一切生無所因故有如人身无常生滅故因生滅故知无常此因復應有因如是則無窮若无窮則無因若是因更無因是无常因亦非因如是等一切無因復次菩薩觀一切法有相無有法无相者如地堅重相水冷濕相火熱照相風輕動相虛空容受相分別覺知是為識相有此有彼是為方相有久有近是為時相濁惡心惱衆生是為罪相淨善心憐愍生是為福相着諸法是為縛相不着諸法是為解脫相現前知一切法無㝵是為佛相如是等一切各相復次菩薩觀一切法皆無相是諸相從因緣和合生无自性故无如地色香味觸四法和合故名地不但色故名地亦不但香但味但觸故名為地何以故若但色是地餘三則不應是地地則无香味觸香味觸亦如是復次是四法云何為一法一法云何為四法以是故不得以四為地亦不得離四為地問曰我不以四為地但因四法故地法生此地在四法中住荅曰若

從四法生地地與四法異如父母生子子則異父母若尒者眼見色鼻知香舌知味身知觸地若異此四法者應更有異根異識知若更无異根異識知則無有地問曰若上說地相有失應如阿毗曇說地相地名四大造色但地種是堅相地是可見色荅曰若地但是色先已說失又地為堅相但眼見色如水中月鏡中像草木影則無堅相堅則身相觸知故復次若眼見色是地堅相是地種眼見色亦是水火濕熱相是水火種若尒者風風種亦應分別而不分別如說何等是風風種何等風種風若是一物不應作二種荅若是不異者地及地種不應異問曰是四大各各不相離地中有四種水火風各有四種但地中地多故以地為名水火風亦尒荅曰不然何以故若火中有四大應都是熱無不熱火故若三大在火中不熱則不名為火若熱則捨自性皆名為火若謂細故不可知則與无無異若有麁可得則知有細若無麁亦无細

如是種種因緣地相不可得若地相不可得一切法相亦不可得是故一切法皆一相問曰不應言无相何以故於諸法無相即是相若無无相則不可破一切法相何以故無无相故若有是無相則不應言一切法无相答曰以无相破諸法相若有無相相則墮諸法相中若不入諸法中則不應難无相皆破諸法相亦自滅相辟如前火木然諸薪已亦復自然是故聖人行无相無相三昧破無相故復次菩薩觀一切法不合不散无色無形无對無示无說一相所謂无相如是等諸法一相云何觀種種相一切法攝入二法中所謂名色色無色可見不可見有對无對有漏無漏有為无為等二百二法門如千難品中說復次有二法忍辱柔和又二法親敬供養二施財施法施二力慧分別力修道力二具足戒具足正見具足二相質直相柔軟相二法定智二法明解脱二法世間法第一義法二法念巧慧二諦世諦第一義諦二解脱待

時解脱不壞心解脱二種涅槃有餘涅槃无餘涅槃二究竟事究竟願究竟二見知見斷見二具足議具足語具足二法少欲知足二法易養易滿二法法隨法行二智盡智无生智如是等无量二法門復次三道見道修道無學道三性斷性離性滅性三修戒修定修慧修三菩提佛菩提辟支迦佛菩提聲聞菩提（更不復學智滿足之名也）三乘佛乘辟支迦佛乘聲聞乘三歸依佛法僧三住梵住天住聖住三增上自增上他增上法增上諸佛三不護身業不護口業不護意業不護三福處施戒善心三器杖聞器杖離欲器杖慧器杖三輪變化輪示他心輪教化輪三解脱門空解脱門无相解脱門无作解脱門如是等無量三法門復知四法四念處四正懃四如意足四聖諦四聖種四沙門果四知信四道四攝法四依四通達善根四道四天人輪四堅法四无所畏四無量心如是等無量四法門復知五无學衆五出性五解脱處五根五力五大施五

智五阿那舍五淨居天處五治道五智三昧五聖分枝三昧五如法語道如是等无量五法門復知六捨法六愛敬法六神通六種阿羅漢六地見諦道六隨順念六三昧六波羅蜜如是等無量六法門復知七覺意七財七依止七想定七妙法七知七善人去處七淨七財福七非財福七助定法如是等無量七法門復知八聖道分八背捨八勝處八大人念八種精進八大夫八阿羅漢力如是等无量八法門復知九次第定九名色等滅（從名至生死為九）九无漏智九無漏地九地思惟道如是等无量九法門復知十無學法十想十智十一切入十善大地佛十力如是等无量十法門復知十一助聖道法復知十二因緣法復知十三出法十四變化心十五心見諦道十六安那般那行十七聖行十八不共法十九離地一百六十二道能破煩惱賊百七十八沙門果八十九有為果八十九無為果如是等種種无量異相法生滅增減得失垢淨悉能

知之菩薩摩訶薩知是諸法已能令諸法入自性空而於諸法无所著過聲聞辟支佛地入菩薩位中入菩薩位中已以大悲憐愍故以方便力分別諸法種種名字度衆生令得三乘辟如工巧之人以藥力故能令銀變為金金變為銀問曰若諸法性真空云何分別諸法種種名字何以不但說真空性荅曰菩薩摩訶薩不說空是可得可著若可得可著不應說諸法種種異相不可得空者无所罣㝵若有罣㝵是為可得非不可得空若菩薩摩訶薩知不可得空還能分別諸法憐愍度脫衆生是為般若波羅蜜力取要言之諸法實相是般若波羅蜜問曰一切世俗經書及九十六種出家經中皆說有諸法實相又聲聞法三藏中亦有諸法實相何以不名為般若波羅蜜而此經中諸法實相獨名般若波羅蜜荅曰世俗經書中為安國全家身命壽樂故非實外道出家墮邪見法中心愛著故是亦非實聲聞法中雖有四諦以无常苦

空無我觀諸法實相以智慧不具足不利不能為一切衆生不為得佛法故雖有實智慧不名般若波羅蜜如說佛入出諸三昧舍利弗等乃不聞其名何況能知何以故諸阿羅漢辟支佛初發心時无大願無大慈大悲不求一切諸功德不供養一切三世十方佛不審諦求知諸法實相但欲求脫老病死苦諸菩薩從初發心弘大誓願有大慈悲求一切諸功德供養一切三世十方諸佛有大利智求諸法實相除種種諸觀所謂淨觀不淨觀常觀无常觀樂觀苦觀空觀實觀我觀无我觀捨如是等妄見心力諸觀但觀外緣中實相非淨非不淨非常非非常非樂非苦非空非實非我非无我如是等諸觀不著不得世俗法故非第一義周遍清淨不破不壞諸聖人行處是名般若波羅蜜問曰已知般若體相是无相無得法行者云何能得是法荅曰佛以方便說法行者如所說行則得辟如絕崖嶮道假梯能上又如深水因船得渡初

發心菩薩若從佛聞若從弟子聞若於經中聞一切法畢竟空无有決定性可取可著第一實法滅諸戲論涅槃相是寂安隱我欲度脫一切衆生云何獨取涅槃我今福德智慧神通力未具足故不能引導衆生當具足是諸因緣行布施等五波羅蜜財施因緣故得大富法施因緣故得智慧能以此二施引導貧窮衆生令入三乘道以持戒因緣故生人天尊貴自脫三惡道亦令衆生免三惡道以忍辱因緣故障瞋恚毒得身色端政威德第一見者歡喜敬信心伏況復說法以精進因緣故能破今世後世福德道法懈怠得金剛身不動心以是身心破凡夫憍慢令得涅槃以禪定因緣故破散乱心離五欲罪樂能為衆生說離欲法禪是般若波羅蜜依止處依是禪般若波羅蜜自然而生如經中說比丘一心專定能觀諸法實相復次欲界中多以慳貪罪業開諸善門行檀波羅蜜時破是二事開諸善門欲令常開故行十善道尸羅

波羅蜜未得禪定智慧未離欲故破尸羅波羅蜜以是故行忍辱知上三事能開福門又知是福德果報无常天人受樂還復墮苦猒是无常福德故求實相般若波羅蜜是云何當得必以一心乃當可得如貫龍王寶珠一心觀察能不觸龍則價直閻浮提一心禪定除却五欲五蓋欲得心樂大用精進是故次忍辱說精進波羅蜜如經中說行者端身直坐繫念在前專精求定正使肌骨枯朽終不懈退是故精進修禪若有財而施不足為難畏墮惡道恐失好名持戒忍辱亦不為難以是故上三度中不說精進今為般若波羅蜜實相從心求定是事難故應須精進如是行能得般若波羅蜜問曰要行五波羅蜜然後得般若波羅蜜亦有行一二波羅蜜得般若耶荅曰諸波羅蜜有二種一者一波羅蜜中相應隨行具諸波羅蜜二者隨時別行波羅蜜多者受名譬如四大共合雖不相離以多者為名相應隨行者一波羅蜜中具五波

羅蜜是不離五波羅蜜得般若波羅蜜隨時得名者或因一因二得般若波羅蜜若人發阿耨多羅三藐三菩提心布施是時求布施相不一不異非常非无常非有非無等如破布施中說因布施實相解一切法亦如是是名因布施得般若波羅蜜或有持戒不惱衆生心無有悔若取相生著則起諍競是人雖先不瞋衆生於法有憎愛心故而瞋衆生是故若欲不惱衆生當行諸法平等若分別是罪是無罪則非行尸羅波羅蜜何以故憎罪愛不罪心則自高還墮惱衆生道中是故菩薩觀罪者不罪者心无憎愛如是觀者是為但行尸羅波羅蜜得般若波羅蜜菩薩作是念若不得法忍則不能常忍一切衆生未有逼迫能忍苦来切已則不能忍譬如囚畏杖楚而就死苦以是因緣故當生法忍无有打者罵者亦無受者但從先世顛倒果報因緣故名為受是時不分別是忍事忍法者深入畢竟空故是名法忍得是法忍常不復瞋

惱衆生法忍相應慧是般若波羅蜜精進常在一切善法中能成就一切善法若智慧籌量分別諸法通達法性是時精進助成智慧又知精進實相離身心如實不動如是精進能生般若波羅蜜餘精進如幻如夢虛誑非實是故不說若深心攝念能如實見諸法實相諸法實相者不可以見聞念知能得何以故六情六塵皆是虛誑因緣果報是中所知所見皆亦虛誑是虛誑知都不可信所可信者唯有諸佛於阿僧祇劫所得實相智慧以是智慧依禪定一心觀諸法實相是名禪定中生般若波羅蜜或有離五波羅蜜但聞讀誦思惟籌量通達諸法實相是方便智中生般若波羅蜜或從二或三四波羅蜜生般若波羅蜜如聞說一諦而成道果或聞二三四諦而得道果有人於苦諦多惑故為說苦諦而得道餘三諦亦如是或有都惑四諦故為說四諦而得道如佛語比丘汝若能斷貪欲我保汝得阿那含道若斷貪欲當知恚癡亦

斷六波羅蜜中亦如是為破多慳貪故說布施法當知餘惡亦破為破雜惡故具為說六是故或一一行或合行普為一切人故說六波羅蜜非為一人復次若菩薩不行一切法不得一切法故得般若波羅蜜所以者何諸行皆虛妄不實或近有過或遠有過如不善法近有過罪善法久後變異時著者能生憂苦是遠有過罪辟如美食惡食俱有雜毒食惡食即時不悅食美食即時甘悅久後俱奪命故二不應食善惡諸行亦如是問曰若尒者佛何以說三行梵行天行聖行荅曰行無行故名為聖行何以故一切聖行中不離三解脫門故梵行天行中因取衆生相故生雖行時無過後皆有失又即今求實皆是虛妄若賢聖以无著心行此二行則無各若能如是行无行法皆無所得顛倒虛妄煩惱畢竟不生如虛空清淨故得諸法實相以無所得為得如无所得般若中說色等法非以空空從本已來常自空色等法非以智慧不及

故無所得從本已來常自无所得是故不應問行幾波羅蜜得般若諸佛憐愍衆生隨俗故說行非第一義問曰若无所得無所行行者何以求之荅曰無所得有二種一者世間欲有所求不如意是无所得二者諸法實相中受決定相不可得故名無所得非无有福德智慧增益善根如凡夫人分別世間法故有所得諸善功德亦如是隨世間心故說有所得諸佛心中則無所得是略說般若波羅蜜義後當廣說

大智度論卷第十八

佛

大智度論卷第十八

校勘記

一　底本，金藏廣勝寺本。

一　四二〇頁中一行經名，石作「大智度經論卷第二十」，卷末經名同；資、磧、普、南、徑、清作「大智度論卷第十八」。

一　四二〇頁中三行後，資有品名「釋初品中般若波羅蜜第二十九」；磧、普、南、徑、清品名作「釋初品中般若波羅蜜」。

一　四二〇頁中四行首字「於」，石、磧、普、南、徑、清、麗冠以「經」。

一　四二〇頁中五行第二字「問」，石、磧、普、南、徑、清、麗冠以「論」。

一　四二〇頁下五行第三字「燈」，石作「燈中」。

一　四二〇頁下一一行第七字「實」，石、資、磧、普、南、徑、清作「是」。

一　四二〇頁下一三行第一二字「法」，

一 石作「諸法」。

一 四二〇頁下一六行末字至一七行首字「言語」，石作「語言」。

一 四二〇頁下一九行末字「説」，資、磧、普、南、徑、清作「言」。

一 四二〇頁下末行「是即」，石作「即是」。

一 四二一頁上一一行第一二字「不」，石作「人」。

一 四二一頁上一二行第七字「人」，石作「不」。

一 四二一頁上一二行第一一字及一四行首字「是」，石作「則」。

一 四二一頁上二二行「我今能得」，石作「而我今能」。

一 四二一頁中一行品名，石作「摩訶般若波羅蜜經釋初品中般若相義第三十」；資、磧、普、南作「大智度論釋初品中般若相義」；徑、清作「釋初品中般若相義」。

一 四二一頁中三行「秦言大」，石作夾註；徑、清作「此言大」。

一 四二一頁中四行「言慧」，石作夾註「秦言慧」。

一 四二一頁中四行「蜜言到彼岸」，石作夾註「秦言到彼岸」。

一 四二一頁中五行首字「到」，石作「度」。

一 四二一頁中五行第九字「諸」，石、資、磧、普、南、徑、清無。

一 四二一頁中六行第一三字「閙」，石、麗作「閙中」。

一 四二一頁中九行首字「中」，石、資、磧、普、南、徑、清無。

一 四二一頁中一〇行第一〇字「異」，石作「壞」。

一 四二一頁中一三行首字「名」，石作「名爲」。

一 四二一頁中一四行第七字「慧」，石、磧、普、南、徑、清作「慧故」。

一 四二一頁中一六行第二字「聲」，石作「求聲」。

一 四二一頁中二〇行第一二字「至」，諸本作「至向」。

一 四二一頁中末行第一二字「等」，石、麗作「等是爲無學智」。

一 四二一頁下一三行首字「先」，石作「及先」。

一 四二一頁下一五行第三字「種」，石作「種義」。

一 四二一頁下一八行第九字「一」，石作「一種」。

一 四二一頁下一八行末字「在」，石作「在學」。

一 四二一頁下末行第八字「於」，石、麗作「大辟支佛亦於」；資、磧、普、南、徑、清作「二大辟支佛於」。

一 四二一頁下末行第九字「二」，石無；磧、南、徑、清、麗作「一」。

一 四二二頁上二行「三十」，資、普作「三十項或」；磧、南、徑、清作「三十相或」。

一 四二二頁上五行第五字「爲」，諸本作「名爲」。

一 四二二頁上五行「以是爲」，石作「是爲別」。

一　四二二頁上一一行第三字「佛」，諸本作「佛道」。

一　四二二頁上二〇行第七、第一三字「攢」，石、磧、普、南、徑、清均作「抨」。

一　四二二頁上二一行第二字「糞」，石、麗作「屎」。

一　四二二頁中一行第一〇字「相」，諸本作「有」。

一　四二二頁中七行第九字「爲」，石、麗作「則爲」。

一　四二二頁中七行末字「則」，石、麗作「若壞則」。

一　四二二頁中一九行首字「名」，諸本作「咎」。

一　四二二頁中二〇行第一〇字及下三行首字「想」，資作「相」。

一　四二二頁下六行「三衆住是四衆」，石作「四陰住是四陰」；麗作「四衆住是四衆」。

一　四二二頁下一三行首字「復」，至末字「以」，石作「依則不能捨其自地」。

一　四二二頁下一三行第三字「故」，磧、普、南、徑、清作「則」。

一　四二二頁下二一行「牛爲身」，石、麗作「身爲牛」。

一　四二二頁下末行第八字「三」，諸本作「二」。

一　四二三頁上四行第四字「婦」，資、磧、普、南、徑、清作「妻」。

一　四二三頁上九行第六字「有」，石作「又」。

一　四二三頁上一三行第一三字「異」，諸本作「異説」。

一　四二三頁中一四行末字「王」，資、磧、普、南、徑、清作「主」。

一　四二三頁下一行末字「條」，石作「葉」。

一　四二三頁下五行第五字「五」，麗作「十五」。

一　四二三頁下七行第六字「諸」，石、麗作「結」。

一　四二三頁下一〇行第七字「是」，石、麗作「如是」。

一　四二三頁下一三行第八字「有」，石、麗作「若有」。

一　四二三頁下一三行及一八行「諸有」，石作「有」。

一　四二三頁下末行首字「何」，石、資、磧、普、南、徑、清無。

一　四二四頁上二行第二字「義」，石、麗作「義如是等」。

一　四二四頁上二行、八行及一七行「生空」，石作「衆生空」。

一　四二四頁上一一行「受愛」，石、麗作「愛受」。

一　四二四頁上二二行第一三字「亦」，石無。

一　四二四頁中一行第六字「若」，諸本作「若言」。

一　四二四頁中二〇行第五字「熏」，石、磧、普、南、徑、清、麗作「熏心」。

一　四二四頁中二二行第七字「得」，石、徑、清、麗作「必得」；資、磧、普、南作「心得」。

一　四二四頁下一行末字至二行首字「佛破」，資、磧、普、南、徑、清作「佛破常」；麗作「破常」。

一　四二四頁下一五行第三字「名」，石、麗作「各」。

一　四二五頁上二行第三字「墮」，資、磧、普、南、徑、清作「墜」。

一　四二五頁上二行第一二字「墮」，諸本作「隨」。

一　四二五頁上九行第一二字「相」，石、磧、普、南、徑、清、麗無。

一　四二五頁上一四行首字「无」，石、麗作「真空無」。

一　四二五頁上一九行第一三字「爲」，石作「故」。

一　四二五頁上二二行第九字「緣」，諸本作「破」。

一　四二五頁中一行「則是」，石作「是則」。

一　四二五頁中五行首字「令」，石作「故說」。

一　四二五頁中六行第四字「見」，諸本作「是」。

一　四二五頁中一二行「所有」，石、麗作「所有與第三邪見」；資、磧、普、南、徑、清作「所有與第三邪見人」。

一　四二五頁下三行「爲名」，諸本作「名爲」。

一　四二五頁下四行第五字「爲」，石、資、磧、普、南、徑、清作「名爲」。

一　四二五頁下七行第三字「陁」，石作「陁味」。

一　四二五頁下一三行第二字及一七行第一二字「人」，石、麗作「貴人」。

一　四二五頁下二二行第一一字「是」，石作「其」。

一　四二五頁下末行及次頁上五行、六行「一切法」，石作「一切諸法」。

一　四二六頁上五行第一〇字「知」，石作「能知」。

一　四二六頁上九行第一二字「相」，石、磧、普、南、徑、清作「一相」。

一　四二六頁上一二行第九字「有」，石、麗作「有法」。

一　四二六頁上一四行第八字「是」，石、麗作「是等」。

一　四二六頁上一四行「諸法中各各无」，石作「一切法中無有」。

一　四二六頁上二一行「爲虛」，石作「虛假」。

一　四二六頁中一行第六字「生」，石、麗作「諸法」；資、磧、普、南、徑、清作「法」。

一　四二六頁中一三行第一二字「相」，諸本作「有相」。

一　四二六頁下二行第一〇字「眼」，諸本作「今眼」。

一　四二六頁下一〇行「堅則身相」，石、資、磧、普、南、徑、清作「堅相身根」；麗作「堅則身根」。

一　四二七頁上五行第二字「可」，資、磧、普、南、徑、清無。

一　四二七頁上八行第一一字「法」，石、麗作「法相」。

一　四二七頁上一八行第六字「忍」，石作「所謂忍」。

一 四二七頁中六行第二字「等」，石、麗作「等分別」。

一 四二七頁中六行第一〇字「三」，諸本作「知三」。

一 四二七頁中九行首字「迦」，石無。

一 四二七頁中一一行末字「自」，石作「自愧」。

一 四二七頁中一二行「增上法」，石作「愧增上法愧」。

一 四二七頁中一四行首字「施」，石、麗作「布施持」。

一 四二七頁中一四行第七、第一〇字「杖」，石作「用」，下同。

一 四二七頁中一五行「變化」，石作「神通」。

一 四二七頁中一九行第一二字「信」，諸本作「四信」。

一 四二七頁中二二行及下三行「復知」，石作「復次知」。

一 四二七頁中二二行第一三字「衆」下，石有夾註「五分法身」。

一 四二七頁下五行「三昧」，諸本作「三昧六定」。

一 四二七頁下一一行第三字「大」，諸本作「丈」。

一 四二七頁下一二行末字「滅」，石、資、磧、普、南、徑、清作「減」。

一 四二七頁下一三行夾註右第二字「名」，石、麗作「名色」。

一 四二七頁下一三行夾註「爲九」，石、資、磧、普、南、徑、清作「爲九也」。

一 四二七頁下一三行正文第四字「智」，石、麗作「智得盡智故」，且下有夾註「因等智也」。

一 四二七頁下一三行正文第八字「地」下，石、麗有夾註「六禪三無色」。

一 四二七頁下一五行「十想」，石作「十直十想」。

一 四二七頁下一九行第三字「安」，石作「阿」。

一 四二七頁下二〇行第六字「地」，諸本作「地思惟道中」。

一 四二七頁下二〇行第一二字「道」，石作「道在思惟道」；資、磧、普、南、徑、清作「道思惟道」。

一 四二七頁下二一行第四字「百」，石、麗作「一百」。

一 四二八頁上一九行「名爲」，石作「名」。

一 四二八頁上二一行第六字「家」，石作「家爲」。

一 四二八頁上二二行「是亦」，石作「亦是」。

一 四二八頁中四行第一二字「乃」，石、麗作「乃至」。

一 四二八頁中八行第三字「佛」，石作「諸佛」。

一 四二八頁中九行第六字「苦」，石、麗作「苦故」。

一 四二八頁中一〇行「大慈悲」，石作「大慈大悲」。

一 四二八頁中一六行「非空」，石無。

一 四二八頁中一六行「非實」，石作「非不實」。

一　四二八頁中一八行第七字「義」，資、磧、普、南、徑、清作「實義」。

一　四二八頁下八行第一三字「智」，石、麗作「大智」。

一　四二八頁下二一行第五字「欲」，諸本作「知欲」。

一　四二九頁上四行第二字「人」，石、麗作「人中」。

一　四二九頁上七行第九字「則」，石、麗作「則得」。

一　四二九頁上一八行「亦有」，石作「爲」。

一　四二九頁上一九行及次頁中二行「般若」，石、麗作「般若波羅蜜」。

一　四二九頁上二〇行第九字「隨」，石作「修」。

一　四二九頁中五行第一二字「破」，資、磧、普、南、徑、清作「彼」。

一　四二九頁中二〇行第九字「者」，資作「言」。

一　四二九頁中二二行第九字「法」，石、資、磧、普、南、徑、清作「法忍」。

一　四二九頁下七行第一三字「如」，石作「知」。

一　四三〇頁上一二行第一〇字「亦」，石、麗作「亦復」。

一　四三〇頁上二二行第一一字「空」，諸本作「空故」。

一　四三〇頁上末行第七字「華」，諸本作「等」。

一　四三〇頁中七行第三字「受」，石、資、磧、普、南、徑、清無。

大智度論釋初品中三十七品義第三十一 卷第十九 聖

龍樹菩薩造

後秦龜茲國三藏鳩摩羅什奉 詔譯

菩薩摩訶薩以不住法住般若波羅蜜中不生故應具足四念處四正懃四如意足五根五力七覺分八聖道分問曰三十七品是聲聞辟支佛道六波羅蜜是菩薩摩訶薩道何以故於菩薩道中說聲聞法荅曰菩薩摩訶薩應學一切善法一切道如佛告須菩提菩薩摩訶薩行般若波羅蜜悉學一切善法一切道所謂乾慧地乃至佛地是九地應學而不取證佛地亦學亦證復次何處說三十七品但是聲聞辟支佛法非菩薩道是般若波羅蜜摩訶衍品中佛說四念處乃至八聖道分是摩訶衍三藏中亦不說三十七品獨是小乘法佛以大慈故說三十七品涅槃道隨衆生願隨衆生因緣各得其道欲求聲聞人得聲聞道種辟支佛善根人得辟支佛道求佛道者得佛道隨其本願諸

根利鈍有大悲无大悲辟如龍王降雨普雨天下雨無差別大樹大草根大故多受小樹小草根小故少受問曰三十七品雖無處說獨是聲聞辟支佛道非菩薩道以義推之可知菩薩久住生死往來五道不疾取涅槃是三十七品但說涅槃法不說波羅蜜亦不說大悲以是故知非菩薩道荅曰菩薩雖久住生死中亦應知實道非實道是世間是涅槃知是已立大願衆生可愍我當拔出著无為處以是實法行諸波羅蜜能到佛道菩薩雖學雖知是法未具足六波羅蜜故不取證如佛說辟如仰射空中箭箭相拄不令落地菩薩摩訶薩亦如是以般若波羅蜜箭射三解脫門空中復以方便箭射般若箭令不墮涅槃地復次若如汝所說菩薩久住生死中應受種種身心苦惱若不得實智云何能忍是事以是故菩薩摩訶薩求是道品實智時以般若波羅蜜力故能轉世間為道果涅槃何以故三界世間皆從和合生和合生者無

有自性無自性故是則為空空故不可取不可取相是涅槃以是故說菩薩摩訶薩不住法住般若波羅蜜中不生故應具足滿念處復次聲聞辟支佛法中不說世間即是涅槃何以故智慧不深入諸法故菩薩法中說世間即是涅槃智慧深入諸法故如佛告須菩提色即是空空即是色受想行識即是空空即是受想行識空即是涅槃涅槃即是空中論中亦說

涅槃不異世間　世間不異涅槃
涅槃際世間際　一際无有異故

菩薩摩訶薩得是實相故不猒世間不樂涅槃三十七品是實智之地問曰四念處則能具足得道何以說三十七若汝以略說故四念處廣說故三十七此則不然何以故若廣應无量荅曰四念處雖具足能得道亦應說四正懃等諸法何以故眾生心種種不同結使亦種種所樂所解法亦種種佛法雖一實一相為眾生故於十二部經八方四千法聚作分別說若不尒初轉法輪說四諦則足不須

餘法以有眾生猒苦著樂為是眾生故說四諦身心等諸法皆是苦無有樂是苦因緣由愛等諸煩惱是苦所盡處名涅槃方便至涅槃是為道有眾生多念乱心顛倒故著此身受心法中作邪行為是人故說四念處如是等諸道法各各為眾生說辟如藥師不得以一藥治眾病眾病不同藥亦不一佛亦如是隨眾生心病種種以眾藥治之或說一法度眾生如佛告一比丘非汝物莫取比丘言知巳世尊佛言云何知比丘言諸法非我物不應取或以二法度眾生定及慧或以三法戒定慧或以四法四念處是故四念處雖可得道餘法行異分別少異觀亦異以是故應說四正懃諸餘法復次諸菩薩摩訶薩信力大故為度一切眾生故是中佛為一時說三十七品若說異法道門十想等皆攝在三十七品中是三十七品眾藥和合足療一切眾生病是故不用多說如佛雖有无量力但說十力於度眾生事足是三十七品十法為根本

何等十信戒思惟精進念定慧除喜捨信者信根信力戒者正語正業正命精進者四正懃精進根精進力精進覺正精進念者念根念力念覺正念定者四如意足定根定力定覺正定慧者四念處慧根慧力擇法覺正見是諸法念隨順智慧緣中正住是時名念處破邪法正道中行故名正懃攝心安隱於緣中故名如意足軟智心得故名根利智心得故名力脩道用故名覺見道用故名道問曰應先說道何以故行道然後得諸善法辟如人先行道然後得所至處今何以顛倒先說四念處後說八正道荅曰不顛倒也三十七品是初欲入道時名字如行者到師所聽道法時先用念持是法是時名念處持巳從法中求果故精進行是時名正懃多精進故心散乱攝心調柔故名如意足心調柔巳生五根諸法實相甚深難解信根故能信是名信根不惜身命一心求道是名精進根常念佛道不念餘事是名念根常攝心在道是名

定根觀四諦實相是名慧根是五根增長能遮煩惱如大樹力能遮水是五根增長時能轉入深法是名為力得力已分別道法有三分擇法覺精進覺喜覺此三法行道時若心沒能令起除覺定覺捨覺此三法若行道時心動散能攝令定念覺在二處能集善法能遮惡法如守門人有利者令入無益者除却若心沒時念三法起若心散時念三法攝无覺實覺此七事能到故名為分得是法安隱具足已欲入涅槃无為城故行是諸法是時名為道問曰何等是四念處荅曰身念處受心法念處是為四念處觀四法四種觀身不淨觀受是苦觀心無常觀法无我是四法雖各有四種身應多觀不淨受多觀苦心多觀无常法多觀無我何以故凡夫人未入道時是四法中邪行起四顛倒諸不淨法中淨顛倒苦中樂顛倒無常中常顛倒無我中我顛倒破是四顛倒故說是四念處破淨倒故說身念處破樂倒故說受念處破常倒故說

心念處破我倒故說法念處以是故說四不少不多問曰云何得是四念處荅曰行者依淨戒住一心行精進觀身五種不淨相何等五一者生處不淨二者種子不淨三者自性不淨四者自相不淨五者究竟不淨云何名生處不淨頭足腹脊脇肋諸不淨物和合名為女身内有生藏熟藏屎尿不淨外有煩惱業因緣風吹識種令入二藏中間若八月若九月如在厠坑中如說

是身為臰穢　不從花間生　亦不從瞻蔔
又不出寶山

是名生處不淨種子不淨者父母以妄想邪憶念風吹婬欲火故肉髓膏流熱變為精宿業行因緣識種子在赤白精中住是名身種如說

是身種不淨　非餘妙寶物　不由淨白生
但從尿道出

是名種子不淨自性不淨者從足至頂四邊薄皮其中所有不淨充滿飾以衣服澡浴花香食以上饌衆味餚饍經宿之間皆為不淨假令衣以天

衣食以天食以身性故亦為不淨何況人衣食如說

地水火風質　能變除不淨　傾海淨此身
不能令香潔

是名自性不淨自相不淨者是身九孔常流不淨眼流眵淚耳出結聹鼻中涕流口出涎吐廁道水道常出屎尿及諸毛孔汗流不淨如說

種種不淨物　充滿於身内　常流出不止
如漏囊盛物

是名自相不淨究竟不淨者是身若投火則為灰若虫食則為屎在地則腐壞為土在水則膖脹爛壞或為水虫所食一切死屍中人身最不淨不淨法九相中當廣說如說

審諦觀此身　終必歸死處　難御无反復
背恩如小人

是名究竟不淨復次是身生時死時所近身物所安身處皆為不淨如香美淨水隨百川流既入大海變成醎苦身所食噉種種美味好色好香細滑上饌入腹海中變成不淨是身如是從生至終常有不淨甚可患猒行

者思惟是身雖復不淨若少有常者猶差而復無常雖復不淨无常有少樂者猶差而復大苦是身是衆苦生處如水從地生風從空出火因木有是身如是內外諸苦皆從身出內苦名老病死等外苦名刀杖寒熱飢渴等有此身故有是苦問曰身非但是苦性亦從身有樂若令无身隨意五欲誰當受者荅曰四聖諦苦聖人知實是苦愚夫謂之為樂聖實可依愚惑宜棄是身實苦以止大苦故以小苦為樂辟如應死之人得刑罸代命甚大歡喜罸實為苦以代死故謂之為樂復次新苦為樂故苦為苦如初坐時樂久則生苦初行立卧亦樂久亦為苦屈申俯仰視眴喘息苦常隨身從初受胎出生至死無有樂時若汝以受婬欲為樂婬病重故求外女色得之踰多患至踰重如患疥病向火揩炙當時小樂大痛轉深如是小樂亦是病因緣故有非是實樂无病觀之為生慈愍離欲之人觀婬欲者亦復如是愍此狂惑為欲火所燒多

受多苦如是等種種因緣知身苦相苦因行者知身但是不淨无常苦物不得已而養育之辟如父母生子子復弊暴以從已生故要當養育成就身實無我何以故不自在故辟如病風之人不能俯仰行来病咽塞者不能語言以是故知身不自在如人有物隨意取用身不得尒不自在故審知无我行者思惟是身如是不淨無常苦空无我有如是等無量過惡如是等種種觀身是名身念處得是身念處觀已復思惟衆生以何因緣故貪著此身樂受故所以者何從內六情外六塵和合故生六種識六種識中生三種受苦受樂受不苦不樂受是樂受一切衆生所欲苦受一切衆生所不欲不苦不樂受不取不棄如說

若作惡人及出家　諸天世人及蠕動
一切十方五道中　無不好樂而惡苦
狂惑顛倒无智故　不知涅槃常樂處

行者觀是樂受以實知之無有樂也但有衆苦何以故樂名實樂无有顛倒一切世間樂受皆從顛倒生無有

實者復次是樂受雖欲求樂能得大苦如說

若人入海遭惡風　海浪崖起如黑山
若入大陣鬪戰中　經大險道惡山間
豪貴長者降屈身　親近小人為色欲
如是種種大苦事　皆為著樂貪心故

以是故知樂受能生種種苦復次雖佛說三種受有樂受樂少故名為苦如一斗蜜投之大河則失氣味問曰若世間樂顛倒因緣故苦諸聖人禪定生无漏樂應是實樂何以故此樂不從愚癡顛倒有故此云何是苦荅曰非是苦也雖佛說无常即是苦為有漏法故說苦何以故凡夫人於有漏法中心著以有漏法無常失壞故生苦无漏法心不著故雖無常不能生憂悲苦惱等故不名為苦亦諸使不使故復次若无漏樂是苦者佛不別說道諦苦諦攝故問曰有二種樂有漏樂無漏樂有漏樂下賤弊惡无漏樂上妙何以故於下賤樂中生著上妙樂中而不生著上妙樂中生著應多如金銀寶物貪著應重豈同草

本答曰無漏樂上妙而智慧多智慧多故能離此著有漏樂中愛等結使多愛為著本實智慧能離以是故不著復次无漏智慧常觀一切无常觀無常故不生愛等諸結使辟如羊近於虎雖得好草美水而不能肥如是諸聖人雖受无漏樂無常空觀故不生染著脂復次無漏樂不離三三昧十六聖行常無衆生相若有衆生相則生著心以是故无漏樂雖復上妙而不生著如是種種因緣觀世間樂受是苦觀苦受如箭不苦不樂受觀無常壞敗相如是則樂受中不生欲者苦受中不生恚不苦不樂受中不生愚癡是名受念處行者思惟以樂故貪身誰受是樂思惟已知從心受衆生心狂顛倒故而受此樂當觀是心無常生滅相一念不住无可受樂人以顛倒故謂得受樂何以故初欲受樂時心樂生時心異各各不相及云何言心受樂過去心已滅故不受樂未來心不生故不受樂現在心一念住疾故不覺受樂問曰過去未來

不應受樂現在心一念住時應受樂云何言不受答曰我已說去疾故不覺受樂復次諸法无常相故無住時若心一念住第二念時亦應住是為常住无有滅相如佛說一切有為法三相住中亦有滅相若無滅者不應是有為相復次若法後有滅當知初已有滅辟如人著新衣初著日若不故第二日亦不應故如是乃至十歲應常新不應故而實已故當知與新俱有微故不覺故事已成方乃覺知以是故知諸法無有住時云何心住時得受樂若无住而受樂是事不然以是故知無有實受樂者但世俗法以諸心相續故謂為一相受樂問曰云何當知一切有為法无常答曰我先已說今當更答是有為法一切屬因緣故無常先无今有故今有後无故無常復次无常相常隨逐有為法故有為法無有增損故一切有為法相侵剋故无常復次有為法有二種老常隨逐故一者將老二者壞老有二種死常逐故一者自死二者他煞

以是故知一切有為法皆无常於有為法中心無常審易得如佛說凡夫人或時知身无常而不能知心無常若凡夫言身有常猶差以心為常是大惑何以故身住或十歲二十歲是心日月時頃須臾過去生滅各異念念不停欲生異生欲滅異滅如幻事實相不可得如是無量因緣故知心无常是名心念處行者思惟是心屬誰誰使是心觀已不見有主一切法因緣和合故不自在不自在故無自性无自性故无我若無我誰當使是心問曰應有我何以故心能使身亦應有我能使心辟如國主使將將使兵如是應有我使心有心使身為受五欲樂故復次各各有我心故知實有我若但有身心顛倒故計我者何以故不他身中起我以是相故各各有我答曰若心使身有我使心應更有使我者若更有使我者是則无窮又更有使我者則有兩神若更無我我能使心亦應但心能使身若汝以心屬神除心則神無所知若无所知

云何能使心若神有知相復何用心為以是故知但心是識相故自能使身不待神也如火性能燒物不假於人間曰火雖有燒力非人不用心雖有識相非神不使答曰諸法有相故有是神无相故無汝雖欲以氣息出入苦樂等為神相是事不然何以故出入息等是身相受苦樂等是心相云何以身心為神相復次或時火自能燒不待於人世但以名故名為人燒汝論墮負處何以故神則是人不應以人喻人不復汝言各各有我心故知實有我若但有身心顛倒故計我者何以不他身中起我汝於有我无我未了而問何以不他身中起我自身他身皆從我有我亦不可得若色相若无色相若常无常有邊無邊有去者不去者有知者有不知者有作者无作者自在者不自在者如是等我相皆不可得如上我品中說如是等種種因緣觀諸法和合因緣生无有實法有我是名法念處是四念處有三種性念處共念處緣念處云何為性念處觀身智慧是身念處

觀諸受智慧是名受念處觀諸心智慧是名心念處觀諸法智惠是名法念處為性念處云何名共念處觀身為首因緣生道若有漏若无漏是身念處觀受觀心觀法為首因緣生道若有漏若無漏是名受心法念處是為共念處云何為緣念處一切色法所謂十入及法入少分是名身念處六種受眼觸生受耳鼻舌身意觸生受是名受念處六種識眼識耳鼻舌身意識是名心念處想衆行衆及三無為是名法念處是名緣念處是性念處智慧性故无色不可見無對或有漏或无漏有漏有報無漏无報皆有為因緣生三世攝名攝外入攝以慧知有漏是斷知无漏非斷知有漏是可斷無漏非可斷是修法无垢是果亦有果一切非受法非四大造有上法有漏念處是有無漏念處是非有皆是相應因四念處攝六種善中一種行衆善分行衆善分攝四念處不善无記漏中不相攝或有四念處非有漏或有漏非四念處或有四念

處亦有漏或非四念處亦非有漏有四念處非有漏者是无漏性四念處有漏非四念處者除有漏性四念處餘殘有漏分四念處亦有漏法者有漏性四念處非四念處非有漏法者除无漏性四念處餘殘無漏法无漏四句亦如是共念處是共念處中身業口業是為色餘殘非色一切不可見皆无對或有漏或无漏皆有為有漏念處有報無漏念處无報因緣生三世攝身口業色攝餘殘名攝心意識內入攝餘殘外入攝以慧知有漏是斷知无漏非斷知有漏可斷無漏非可斷皆修法皆無垢是果亦有果一切非受法身口業是四大造餘殘非四大造皆有上法有漏念處是有无漏念處是非有身口業及心不相應諸行是非相應因餘殘是相應因五善分攝四念處四念處亦攝五善分餘殘不相攝不善无記漏法不攝四有四念處非有漏或有漏非四念處或有四念處亦有漏或非四念處亦非有漏有四念處非有漏者無漏

四念處有漏非四念處者除有漏四
念處餘殘有漏法四念處亦有漏者
有漏四念處非四念處非有漏者虛
空數緣盡非數緣盡或有四念處非
无漏或有無漏非四念處或有四念
處有無漏或非四念處非无漏有四
念處非無漏者有漏四念處有无漏
非四念處者三無為法有四念處有
无漏者無漏四念處非四念處非無
漏者除有漏四念處餘殘有漏法是
緣念處緣念處中一念處是色三念
處非色三不可見一當分別身念處
有可見有不可見可見者一入不可
見者九入及一入少分三無對一當
分別身念處有對十入无對一入少
分身念處有漏十入及一入少分無
漏一入少分受念處有漏意相應是
有漏无漏意相應是无漏心念處亦
如是法念處有漏想衆行衆是有漏
无漏想衆行衆及無為法是无漏三
是有為一當分別法念處想衆行衆
是有為三无為法是無為不善身念
處及善有漏身念處是有報無記身

念處及无漏是無報受念處心念處
法念處亦如是三從因緣生一當分
別法念處有為從因緣生無為不從
因緣生三三世攝一當分別法念處
有為是三世攝无為非三世攝一念
處攝色三攝名一念處內入攝受念
處法念處外入攝一當分別身念處
或內入攝或外入攝五內入是內入
攝五外入及一入少分是外入攝以
慧知有漏者是一斷見無漏者非斷
見有漏者可斷無漏者非可斷脩當
分別身念處善應脩不善及无記不
應脩受心念處亦如是法念處有為
善法應脩不善及無記及數緣盡不
應脩垢當分別身念處隱沒是垢不
隱沒非垢受心法念處亦如是三念
處是果亦有果一當分別法念處或
果非有果或果亦有果或非果非有
果數緣盡是果非有果有為法念處
是果亦有果虛空非數緣盡是非果
非有果三不受一當分別身念處隨
身數是受不墮身數非受三非四大
造一當分別身念處九入及二入少

分四大造一入少分非四大造三念
處有上一當分別法念處有為及虛
空非數緣盡是有上涅槃是無上四
念處若有漏是有若无漏是非有二
念處相應因一念處不相應因一當
分別受念處心念處相應因身念處
不相應因法念處想衆及相應行衆
相應因餘殘受不相應因四念處分
攝六善法六善法亦攝四念處分不
善分无記分亦如是隨種相攝三漏
攝一念處分一念處分亦攝三漏有
漏攝四念處分四念處分亦攝有漏
无漏攝四念處分四念處分亦攝無
漏如是等義千難中廣說問曰何等
為內身何等為外身如內身外身皆
已攝盡何以復說內外身觀荅曰內
名自身外名他身自身有二種一者
身內不淨二者身外皮毛爪髮等復
次行者觀死屍膖脹爛壞取是相自
觀身亦如是相如是事我未離此法
死屍是外身行者身是內身如行者
或時見端政女人心著即時觀其身
不淨是為外自知我身亦尒是為內

復次眼等五情為內身色等五塵為外身四大為內身四大造色為外身覺喜樂處為內身不覺喜樂處為外身自身及眼等諸根是為內身妻子財寶田宅所用之物是為外身所以者何一切色法盡是身念處故行者求是內身有淨常樂我不審悉求之都不可行如先說觀法內觀不得外或當有耶何以故外物是一切衆生著處外身觀時亦不可得復作是念我內觀不得外或有耶外觀亦復不得自念我或誤錯今當揔觀內外觀內觀外是為別相一時俱觀是為揔相揔觀別觀了不可得所觀已竟問曰身念處可得內外諸受是外入攝云何分別有內受外受荅曰佛說有二種受身受心受身受是外心受是內復有五識相應受是外意識相應受是內十二入因緣故諸受生內六入分生受是為內外六入分生受是為外麁受是為外細受是為內二種苦內苦外苦內苦有二種身苦心苦身苦者身痛頭痛等四百四種病是

為身苦心苦者憂愁瞋怖嫉妬疑如是等是為心苦二苦和合是為內苦外苦有二種一者王者勝已惡賊師子虎狼蚖蛇等逼害二者風雨寒熱雷電霹靂等是二苦名為外受樂受不苦不樂受亦如是復次緣內法是為內受緣外法是為外受復次一百八受是為內受餘殘是外受問曰心是內入攝云何言觀外心荅曰心雖內入攝緣外法故名為外心緣內法故是為內心意識是內心五識是外心攝心入禪是內心散亂心是外心內五蓋內七覺相應心是為內心外五蓋外七覺相應心是為外心如是等種種分別內外是為內外心問曰法念處是外入攝云何言觀內法荅曰除受餘心數法能緣內法心數法是內法緣外法心數法及無為心不相應行是為外法復次意識所緣法是名為法如佛所說依緣生意識是中除受餘心數法是為內法餘心不相應行及無為法是為外法四正懃有二種一者性正懃二者共正懃性

正懃者為道故四種精進遮二種不善法集二種善法四念處觀時若有懈怠心五蓋等諸煩惱覆心離五種信等善根時不善法若已生為斷故未生不令生故懃精進信等善根未生為生故已生為增長故懃精進精進法於四念處多故得名正懃問曰何以故於七種法中卌四名正懃後八名正道餘者不名正荅曰四種精進心勇發動畏錯誤故言正懃行道畏墮邪法故言正道性者四種精進性共者四種精進名為首因緣生道若有漏若无漏若有色若無色如上說行四正懃時心小散故以定攝心故名如意足譬如美食少鹽則無味得鹽則味足如意又如人有二足復得好馬好車如意所至行者如是得四念處實智慧四正懃中正精進精進故智慧增多定力小弱得四種定攝心故智定力等所願皆得故名如意足問曰四念處四正懃中已有定何以故不名如意足荅曰彼雖有定智慧精進力多定力弱故行者不得

如意願四種定者欲為主得定精進為主得定定因緣生道若有漏若无漏心為主得定思惟為主得定定因緣生道若有漏若无漏共善五衆名為共如意欲主等四種定名為性如意四正懃四如意足如性念處共念處中廣分別說五根者信道及助道善法是名信根行是道助道法時懃求不息是名精進根念道及助道法更無他念是名念根一心念不散是名定根為道及助道法觀无常等十六行是名慧根是五根增長不為煩惱所壞是名為力如五根中說是五根五力行衆中攝常共相應隨心行心數法共心生共心住共心滅若有是法心隨正定若無是法隨邪定七覺如先說義問曰先雖說義非以阿毗曇法說荅曰今當更說如四念處義是七覺分無色不可見无對無漏有為因緣生三世攝名攝外入攝慧知非斷見非可斷修法無垢法是果亦有果非受法非四大造有上法非有相應因二善分攝七覺分七覺分

攝二善分不善無記漏有漏法不相攝無漏二分攝七覺分七覺分攝无漏二分如是等種種如千難中廣說八聖道分如先說正見智慧知四念處慧根慧力擇法覺中說正思惟覺四諦時無漏心相應思惟動發覺知籌量正方便如四正懃精進根精進力精進覺中說正念如念根念力念覺中說正定如如意足定根定力定覺中說正語正業正命今當說除四種邪命攝口業以无漏智慧除捨離除口邪業是名正語正業亦如是五種邪命以無漏智慧除捨離是為正命問曰何等是五種邪命荅曰一者若行者為利養故詐現奇特二者為利養故自說功德三者為利養故占相吉凶為人說四者為利養故高聲現威令人畏敬五者為利養故稱說所得供養以動人心邪因緣活命故是為邪命是八正道有三分三種為戒分三種為定分三種為慧分慧分定分分別如先說戒分今當說戒分是色性不可見無對无漏有為無報

因緣生三世攝色攝非名攝外入攝慧知非斷見不可斷修法无垢法是果亦有果非受法四大造有上法非有法相應因一善分攝三正三正攝一善分不善無記漏有漏不相攝无漏一法攝三正三正亦攝無漏一法如是等種種分別如阿毗曇廣說是三十七品初禪地具有未到地中三十六除喜覺第二禪中亦三十六除正行禪中間第三第四禪三十五除喜覺除正行三無色定中三十二除喜覺正行正語正業正命有頂中二十二除七覺分八聖道分欲界中二十二亦如是是為聲聞法中分別義問曰摩訶衍所說三十七品義云何荅曰菩薩摩訶薩四念處觀是內身无常苦如病如癰宍聚敗壞不淨充滿九孔出是為行廁如是觀身惡露無一淨處骨幹肉塗筋纏皮褁先世受有業因緣今世沐浴華香衣服飲食臥具醫藥等所成如車有兩輪牛力牽故能有所至二世因緣以成身車識牛所牽周旋往反是是身四大

和合造如水沫聚虛無堅固是身无常久必破壞是身相身中不可得亦不在外亦不在中間身不自覺无知無作如墻壁瓦石是身中无定身相无有作是身者亦無使作者是身先際後際中際皆不可得八万戶虫無量諸痛及諸飢渴寒熱刑殘等常惱此身菩薩摩訶薩觀身如是知非我身亦非他有不得自在有作及所不作是身身相空從虛妄因緣生是身假有屬本業因緣菩薩自念我不應惜身命何以故是身相不合不散不來不去不生不滅不依猗身觀是身无我無我所故空空故无男女等諸相無相故不作願如是觀者得入无作智門知身無作无作者但從諸法因緣和合生是諸因緣作是身者亦從虛妄顛倒故有是因緣中亦無因緣相是因緣生亦无生相如是思惟亦是身從本以來無有生相知是身无相無可取无生故無相无相故無生但誑凡夫故名為身菩薩如是觀身實相時離諸染欲著心常繫念

在身修身觀如是名為菩薩身念處觀外身觀內外身亦如是菩薩云何觀諸受觀內受是受有三種若苦若樂若不苦不樂是諸受无所從來滅無所至但從虛誑顛倒妄想生是報果屬先世業因緣是菩薩如是求諸受不在過去不在未來不在現在知是諸受空无我無我所無常破壞法觀是三世諸受空无相無作入解脫門觀諸受生滅亦知諸受不合不散不生不滅如是入不生門知諸法不生故无相無相故不生如是知已繫心緣中若有苦樂不苦不樂來心不受不著不作依止如是等因緣觀諸受是名受念處觀外受觀內外受亦如是菩薩云何觀心念處菩薩觀內心是內心有三相生住滅作是念是心無所從來滅亦无所至但從內外因緣和合生是心無有定實相亦无實生住滅亦不在過去未來現在世中是心不在內不在外不在中間是心亦無性无相亦無生者無使生者外有種種雜六塵因緣內有顛倒心

相生滅相續故強名為心如是心中實心相不可得是心性不生不滅常是淨相客煩惱相著故名為不淨心心不自知何以故是心心相空故是心本末无有實法是心與諸法無合無散亦无前際後際中際無色无形無對但顛倒虛誑生是心空无我無我所无常無實是名隨順心觀知心相无生入無生法中何以故是心無生无性無相智者能知智者雖觀是心生滅相亦不得實生滅法不分別垢淨而得心清淨以是心清淨故不為客煩惱所染如是等觀內心觀外心觀內外心亦如是菩薩云何觀法念處觀一切法不在內不在外不在中間不過去未來現在世中但從因緣和合妄見生無有實定无有是法是誑法諸法中法相不可得亦無法若合若散一切法无所有如虛空一切法虛誑如幻諸法性淨不相汙染諸法無所受諸受无所有故諸法無所知心心數法虛誑故如是觀時不見有法若一相若異相觀一切法空

无我是時作是念一切諸法因緣生故無有自性是為實空實空故无有相無有相故无作無作故不見法若生若滅住是智慧中入無生法忍門尒時雖觀諸法生滅亦入无相門何以故一切法離諸相智者之所解如是觀時繫心緣中隨順諸法相不念身受心法知是四法无處所是為內法念處外法念處內外法念處亦如是四正懃四如意足亦如是應分別觀空无處所云何為菩薩所行五根菩薩摩訶薩觀五根修五根信根者信一切法從因緣生顛倒妄見心生如旋火輪如夢如幻信諸法不淨無常苦无我如病如癰如刺灾變敗壞信諸法无所有如空拳誑小兒信諸法不在過去不在未來不在現在無所從來滅无所至信諸法空無相無作不生不滅无信相無相而信持戒禪定智慧解脫解脫知見得是信根故不復退轉以信根為首善住持戒住持戒已信心不動不轉一心信依業果報離諸邪見更不信餘語但受

佛法信衆僧住實道中直心柔軟能忍通達無㝵不動不壞得力自在是名信根精進根者晝夜常行精進除却五蓋撕護五根諸深經法欲得欲知欲行欲誦欲讀乃至欲聞若諸不善惡法起令疾滅未生者令不生未生諸善法令生已生令增廣亦不惡不善法亦不愛善法得等精進直進不轉得正精進定心故名為精進根念根者菩薩常一心念欲具足布施持戒禪定智慧解脫欲淨身口意業諸法生滅住異智中常一心念一心念苦集盡道一心念分別根力覺道禪定解脫生滅入出一心念諸法不生不滅無作无說為得無生智慧具足諸佛法故一心念不令聲聞辟支佛心得入常念不忘如是諸法甚深清淨觀行得故得如是自在念是名念根定根者菩薩善取定相能生種種禪定了了知定門善知入定善知住定善知出定於定不著不味不作依止善知所緣善知壞緣自在遊戲諸禪定亦知無緣定不隨他語不專

隨禪定行自在出入無㝵是名為定根慧根者菩薩為盡苦聖智慧成就是智慧為離諸法為涅槃以智慧觀一切三界无常為三衰三毒火所燒觀已於三界中智慧亦不著一切三界轉為空无相無作解脫門一心求佛法知救頭然是菩薩智慧无能壞者於三界無所依於隨意五欲中心常離慧根力故積聚无量功德於諸法實相利入無疑无難於世間無憂於涅槃无喜得自在智慧故名為慧根菩薩得是五根善知衆生諸根相知染欲衆生根知離欲衆生根知瞋恚衆生根亦知離瞋恚衆生根知愚癡衆生根亦知離愚癡衆生根知欲墮惡道衆生根知欲生人中衆生根知欲生天上衆生根知鈍衆生根知利衆生根知上中下衆生根知罪衆生根知無罪衆生根知逆順衆生根知常生欲界色界無色界衆生根知厚善根薄善根衆生根知正定邪定不定衆生根知輕躁衆生根知持重衆生根知慳貪衆生根知能捨衆生

根知恭敬衆生根知不恭敬衆生根知淨戒不淨戒衆生根知瞋恚忍辱衆生根知精進懈怠衆生根知乱心攝心愚癡智慧衆生根知无畏有畏衆生根知增上慢不增上慢衆生根知正道邪道衆生根知守根不守根衆生根知求聲聞衆生根知求辟支佛衆生根知求佛道衆生根於知衆生根中得自在方便力故名為根菩薩行是五根增長能破煩惱度衆生得无生法忍是名五力復次天魔外道不能沮壞是名為力七覺分者菩薩於一切法不憶不念是名念覺分一切法中求索善法不善法無記法不可得是名擇法覺分不入三界破壞諸界相是名精進覺分於一切作法不生著樂憂喜相壞故是名喜覺分於一切法中除心緣不可得故是名除覺分知一切法常定相不亂不定是名定覺分於一切法不習不依止亦不見是捨心是名捨覺分菩薩觀七覺分空如是問曰此七覺分何以略說荅曰七覺分中念慧精進定

上已廣說三覺今當說菩薩行喜覺分觀是喜非實何以故是喜從因緣生作法有法無常法可著法若生著是無常相變壞則生憂凡夫人以顛倒故心著若知諸法實空是時心悔我則受虛誑如人闇中飢渴所逼食不淨物晝日觀知乃覺其非若如是觀於實智慧中生喜是為真喜得是真喜先除身麁次除心麁然後除一切法相得快樂遍身心中是為除覺分既得喜除捨諸觀行所謂无常觀苦觀空無我觀生滅觀不生不滅觀有觀无觀非有非無觀如是等戲論盡捨何以故无相無緣无作無戲論常寂滅是實法相若不行捨便有諸淨若以有為實則以无為虛若以無為實則以有為虛若以非有非無為實則以有无為虛於實憂著於虛恚憎生憂喜處云何不捨得如是喜除捨七覺分則具足滿八聖道分者正見正方便正念正定上已說正思惟今當說菩薩於諸法空無所得住如是正見中觀正思惟相知一切思惟

皆是邪思惟乃至思惟涅槃思惟佛皆亦如是何以故斷一切思惟分別是名正思惟諸思惟分別皆從不實虛誑顛倒故有分別思惟相皆無菩薩住如是正思惟中不見是正是邪過諸思惟分別是為正思惟一切思惟分別皆悉平等悉平等故心不著如是等名為菩薩正思惟相正語者菩薩知一切語皆從虛妄不實顛倒取相分別生是時菩薩作是念語中無語相一切口業滅知諸語實相是為正語是諸語皆無所從來滅亦无所去是菩薩行正語諸有所語皆住實相中說以是故諸經說菩薩住正語中能作清淨口業知一切語言真相雖有所說不墮邪語正業者菩薩知一切業邪相虛妄无實皆無作相何以故无有一業可得定相問曰若一切業皆空云何佛說布施等是善業煞害等是不善業餘事動作是无記業

荅曰諸業中尚無有一何況有三何以故如行時已過則无去業未至亦

無去業現在去時亦无去業以是故無去業問曰已過處則應无未至處亦應无今去處應是有去荅曰今去處亦無去何以故除去業今去處不可得若除去業今去處可得者是中應有去而不然除今去處則無去業除去業則無今去處是相與共緣故不得但言今去處有去復次若今去處有去業離去業應當有今去處離今去處應當有去業問曰若尒者有何咎荅曰一時有二去業故若有二去業則有二去者何以故除去者則无去若除去者今去處不可得無今去處故亦無去者復次不去者亦不去故无去業若除去者不去者更無第三去者問曰不去者不去應尒去者何以言不去荅曰除去業去者不可得除去者去業不可得如是等一切業空是名正業諸菩薩入一切諸業等不以邪業為惡不以正業為善无所作不作正業不作邪業是名實智慧即是正業復次諸法等中無正无邪如實知諸業如實知已不造不

休如是智人常有正業无邪業是名為菩薩正業正命者一切資生活命之具悉正不邪住不戲論智中不取正命不捨邪命亦不住正法中亦不住邪法中常住清淨智中入平等正命不見命不見非命行如是實智慧以是故名正命若菩薩摩訶薩能觀是三十七品得過聲聞辟支佛地入菩薩位中漸漸得成一切種智

大智度論卷第十九

大智度論卷第十九

校勘記

一　底本，金藏廣勝寺本。

一　四三六頁中一行經名，石作「大智度論卷第二十一」；資、磧、普、南、徑、清作「大智度論卷第十九」。

一　四三六頁中三行後，石有品名「摩訶般若波羅蜜經釋初品中三十七品義第三十一之一」；資有「釋初品中三十七品第三十一」；磧、普、南、徑、清作「釋初品中三十七品」。

一　四三六頁中四行「菩薩」前，石、磧、普、南、徑、清、麗有「經」。

一　四三六頁中七行第二字「問」前，石、磧、普、南、徑、清、麗有「論」。

一　四三六頁下一五行第三字「柱」，石作「尌」；資、磧、普、南、徑、清作「拄」。

一　四三六頁下一七行「般若」，石作「般若波羅蜜」。

一　四三七頁上一行第四字「無」，石作「無有」。

一　四三七頁上三行第五字「不」，資、磧、普、南、徑、清作「以不」。

一　四三七頁上四行第七字「滿」，諸本作「四」。

一　四三七頁上一六行第二字「七」，石作「七品」。

一　四三七頁上二二行第六字「方」，諸本作「萬」。

一　四三七頁上二二行第一一字「作」，石、麗作「作是」。

一　四三七頁中四行第一一字「是」，資、磧、普、南、徑、清作「是名」。

一　四三七頁中一六行第二字「少」，石、麗作「多少」。

一　四三七頁中一六行末字「懃」，石、麗作「勤等」。

一　四三七頁下七行第一二字「正」，石、麗作「止」。

一　四三七頁下二二行第一二字「佛」，資、磧、普、南、徑、清無。

一　四三八頁上一〇行第一一字「覺」，資、磧、普、南、徑、清作「學」。

一　四三八頁上二〇行第八字「苦」，石作「無樂」。

一　四三八頁中一一行首字「屎」，石、麗作「屎尿」。

一　四三八頁中一二行第九字「閙」，石、資、磧、普、南、徑、清作「鬧」。

一　四三八頁中一五行第一二字「肉」，石、麗作「血」。

一　四三八頁中一七行第九字「種」，石、麗作「種子」。

一　四三八頁中一七行「如說」，資、磧、普、南、徑、清作「如偈說」，下同。

一　四三八頁下三行第一三字「淨」，石、麗作「洗」。

一　四三八頁下九行第一〇字「內」，石作「中」。

一　四三八頁下一二行第一一字「屎」，普作「尿」。

一　四三八頁下一五行第四字「相」，磧、普、南、徑、清作「想」。

一　四三九頁上八行第九字「令」，石作「今」。

一　四三九頁上一三行末字「之」，石作「以」。

一　四三九頁中五行末字至六行首字「病風」，石作「風病」。

一　四三九頁中一三行第五字「樂」，資、磧、普、南、徑、清作「以樂」。

一　四三九頁下八行第九字「樂」，資、磧、普、南、清作「樂受」。

一　四四〇頁上六行末字「是」，石無。

一　四四〇頁上二〇行第五字「樂」，諸本作「生異樂」。

一　四四〇頁中一〇行「應常」，石作「常應」。

一　四四〇頁中二〇行第八字「損」，資、磧、普、南、徑、清作「積」。

一　四四〇頁中末行第四字「常」，石、麗作「常隨」。

一　四四〇頁下二行第九字「得」，石、資、磧、普、南、徑、清作「知」。

一　四四〇頁下一八行第一二字「故」，

麗作「故知」。

一 四四〇頁下二一行末字「我」，石、麗作「我但」。

一 四四一頁上一〇行第七字「世」，石、麗無。

一 四四一頁上一二行第六字「不」，諸本作「又」。

一 四四一頁上一七行第一七字「有」，至一八行第一〇字「者」，資、磧、普、南、徑、清無。

一 四四一頁上一八行首字「有」，麗無。

一 四四一頁上一八行第一一字「自」，麗作「有自」。

一 四四一頁上一九行第一一字「我」，諸本作「我聞」。

一 四四一頁中一行第七字「名」，石無。

一 四四一頁中三行第三字「爲」，諸本作「是爲」。

一 四四一頁中七行首字「爲」，石作「名」。

一 四四一頁中一一行第一〇字至四四四頁上一四行第五字，此間諸「衆」，石均作「陰」。

一 四四一頁中一七行第一二字「无」，石、麗作「是无」。

一 四四一頁中二〇行「攝六種善中」，石作「六種善中攝」。

一 四四一頁下七行第九字「是」，石無。

一 四四一頁下二一行首字「四」，諸本作「或」。

一 四四二頁上二行第八字「四」，諸本作「有四」。

一 四四二頁上六行第二字及八行末字「有」，石、麗作「亦」。

一 四四二頁中一〇行第七字「一」，石、麗無。

一 四四二頁中一四行第七字「及」，石無。

一 四四二頁下五行第九字「不」，石作「非」。

一 四四二頁下八行首字「相」，諸本作「是相」。

一 四四二頁下八行第六字「受」，諸本作「是」。

一 四四三頁上三行第二、第一〇字「喜」，諸本均作「苦」。

一 四四三頁上七行第一〇字「不」，石、麗無。

一 四四三頁上八行第四字「行」，諸本作「得」。

一 四四三頁上八行第一二字「不」，石、磧、普、南、徑、清作「不可」。

一 四四三頁上一二行第一二字至一三行第三字「內外觀內觀外」，石作「內觀外觀」。

一 四四三頁上一四行「総觀別觀」，石作「觀別觀捴」。

一 四四三頁中五行第七字「二」，諸本作「二種」。

一 四四三頁中五行第一二字「受」，石作「苦」。

一 四四三頁中一七行第四字「餘」，石作「餘殘」。

一　四四三頁中二〇行第四字「法」，石、資、磧、普、南、徑、清作「内法」。

一　四四三頁下一〇行末字「道」，諸本作「道趣法故」。

一　四四三頁下一二行「共者四種精進」，麗無。

一　四四三頁下一二行第八字「名」，石作「性」；資、磧、普、南、徑、清作「各」；麗無。

一　四四三頁下一三行第八字「有」，資、磧、普、南、徑、清無。

一　四四三頁下一九行第九字「小」，南、清作「少」。

一　四四四頁上五行第六字「主」，資、磧、普、南、徑、清作「生」。

一　四四四頁上七行第六字「説」，石至此卷第二十一終，卷第二十二始。

一　四四四頁上八行第七字「行」，石、麗作「行者行」。

一　四四四頁上一六行「心隨」，石作「必墮」；磧、普、南、徑、清作「必隨」；麗作「心墮」。

一　四四四頁上一六行「法墮」，石、磧、普、南、徑、清作「法必墮」；資作「法忍墮」；麗作「法心隨」。

一　四四四頁上二一行第五字「非」，石、麗作「不」。

一　四四四頁中一行第九字「漏」，南、清作「法」。

一　四四四頁中四行第九字「見」，石、磧、普、南、徑、清作「見是」。

一　四四四頁中四行第一二字「知」，諸本作「如」。

一　四四四頁中一二行首字「除」，諸本作「餘」。

一　四四四頁中一三行第一三字「爲」，石、普作「名爲」。

一　四四四頁中一五行第九字「現」，石、麗作「現異相」。

一　四四四頁中二一行第八字「三」，諸本作「二」。

一　四四四頁下四行第二字「法」，石、資、磧、普、南、徑、清作「法非」。

一　四四四頁下五行第八字「漏」，南、徑、清作「法」。

一　四四四頁下一六行第八字「四」，諸本作「行四」。

一　四四四頁下一七行第八字「灾」，資、磧、南、清作「肉」；普、徑、麗作「焰」。

一　四四四頁下一八行第四字「出」，諸本作「流出」。

一　四四四頁下二〇行第三字「業」，諸本作「漏業」。

一　四四四頁下末行及次頁上四行「是」，諸本作「是」。

一　四四五頁上七行第四字「痛」，石、磧、普、南、徑、清、麗作「病」。

一　四四五頁上九行第二字「身」，石作「身相」。

一　四四五頁上一三行第一二字「身」，諸本作「循身」。

一　四四五頁上一五行首字「諸」，磧作「有」。

一　四四五頁上二〇行第二字「亦」，

諸本作「知」。

一　四四五頁中一行第三字「修」，諸本作「循」。

一　四四五頁中一〇行第二字「觀」，諸本作「亦觀」。

一　四四五頁中一一行第一三字「法」，諸本作「受」。

一　四四五頁下一行首字「相」，石、資、磧、普、南、徑、清作「想」。

一　四四五頁下三行及一三行「客煩惱」，資、磧、普、南、徑、清作「客塵煩惱」。

一　四四六頁上一〇行「如是應」，石、磧、普、南、徑、清作「應如是」。

一　四四六頁上一五行第二字「苦」，資、磧、普、南、徑、清作「苦空」。

一　四四六頁上一九行「无信相」，資、磧、普、南、徑、清作「無作」。

一　四四六頁中一八行第七字「得」，資作「復」。

一　四四六頁下一行第一三字「爲」，石無。

一　四四六頁下六行末字「求」，石、麗作「爲求」。

一　四四六頁下九行第二字「離」，石、麗作「離之」。

一　四四七頁上九行第一三字「根」，石、磧、普、南、徑、清、麗作「知根」。

一　四四七頁上一一行第七字「名」，石作「名爲」。

一　四四七頁上一七行「著樂」，資、磧、普、南、徑、清作「樂著」。

一　四四七頁上二〇行首字「定」，資、磧、普、南、徑、清作「散」。

一　四四七頁上二〇行第一二字「習」，諸本作「著」。

一　四四七頁中一六行首字「淨」，諸本作「諍」。

一　四四七頁下四行第二字「詐」，石、磧、普、南、徑、清、麗作「誑」。

一　四四七頁下一二行第七字「皆」，資、磧、普、南、徑、清作「等」。

一　四四七頁下一三行第八字「語」，石、麗作「語法」。

一　四四八頁上一五行第二字「故」，石作「故故」。

一　四四八頁上一七行第三字「以」，石、麗作「以故」。

一　四四八頁上二〇行第二字「等」，諸本作「平等」。

一　四四八頁中二行首字「爲」，石無。

一　四四八頁中九行第四字「中」，石無。

一　四四八頁中九行末字「智」，石作「智也」。

一　四四八頁中末行經名，石此處不分卷，故無。

大智度論釋初品中三三昧義第三十二　卷第二十　聖

龍樹菩薩造

後秦龜茲國三藏鳩摩羅什奉　詔譯

空三昧無相三昧无作三昧四禪四無量心四无色定八背捨八勝處九次第定十一切處問曰何以故次三十七品後說八種法荅曰三十七品是趣涅槃道行是道已得到涅槃城涅槃城有三門所謂空无相無作已說道次應說到處門四禪等是助開門法復次三十七品是上妙法欲界心散乱行者依何地何方便得當依色界无色界諸禪定於四無量心八背捨八勝處九次第定十一切處中試心知得柔軟自在隨意不辟如御者試馬曲折隨意然後入陣十一切處亦如是觀取少許青色觀一切物皆能使青一切黃一切赤一切白皆如是復於八勝處緣中自在初二背捨觀身不淨第三背捨觀身還使淨四無量心慈觀衆生皆樂悲觀衆生皆苦喜觀衆生皆喜捨是三心但觀

大智度論卷第二十　第二張　聖字号

衆生无有憎愛復次有二種觀一者得解觀二者實觀實觀者是三十七品以實觀難得故次第說得解觀得解觀中心柔軟易得實觀用實觀得入三涅槃門問曰何等空涅槃門荅曰觀諸法我我所空諸法從因緣和合生無有作者无有受者是名空門復次空門如忍智品中說知是無我我所已衆生云何於諸法中心著行者思惟作是念諸法從因緣生無有實法但有相而諸衆生取是相著我我所我今當觀是相有實可得不審諦觀之都不可得若男相女相一相等是相實皆不可得何以故諸法無我我所故空空故无男無女一等法我我所中名字是一是異以是故男女一異法實不可得復次四大及造色圍虛空故名為身是中內外入因緣和合生識種身得是種和合作種種事言語坐起去來於空六種和合中强名為男强名為女若六種是男應有六男不可以一作六六作一亦於地種中無男女相乃至識種亦无

男女相若各各中無和合中亦無如六狗各各不能生師子和合亦不能生无性故問曰何以无男女雖神无有别即身分别有男女之異是身不得離身分身分亦不得離身如見身分足知有分法名為身足等身分異身身即是男女相荅曰神已先破身相亦壞今當重說若有是有分名身為各各分中具足有為身分分在諸分中若諸分中具足有身頭中應有脚何以故頭中具足有身故若身分分在諸分故問曰若足等身分與有分異是分中是身與分无有異有分者隨諸有各今足等身分與有分不異故無各荅曰若足等身分與有分不異頭即是足何以故二事是身不異故又身分多有分少一不應多作一一作多復次因无故果無非果无故因無身分與有分不異應果无故因無何以故因果一故若一若異中求身不可得身無故何處有男女若有男女為即是身為異身則无可得若在餘法餘法非色故無男女之别但二世因

緣和合以顛倒心故謂有男女如說

俯仰屈申立去來　視瞻言語中無實
風依識故有所作　是識滅相念念無
彼此男女生我心　無智慧故妄見有
骨璅相連皮肉覆　機關動作如木人
内雖無實外似人　譬如洋金投水中
亦如野火焚竹林　因緣合故有聲出

如是等諸相如先所說此中應廣說是名无相門無作者既知無相都无所作是名無作門問曰是三種以智慧觀空觀無相觀无作是智慧何以故名三昧荅曰是三種智慧若不住定中則是狂慧多墮邪疑無所能作若住定中則能破諸煩惱得諸法實相復次道是異一切世間與世間相違諸聖人在定中得實相說非是狂心語復次諸禪定中无此三法不名為三昧何以故還退失墮生死故如佛說

能持淨戒名比丘　能觀空名行定人
一心常懃精進者　是名真實行道人
於諸樂中第一者　斷諸渴愛滅狂法
捨五衆身及道法　是為常樂得涅槃

以是故三解脫門佛說名為三昧問曰今何以故名解脫門荅曰行是法得解脫到无餘涅槃以是故名解脫門无餘涅槃是真解脫於身心苦得脫有餘涅槃為作門此三法雖非涅槃涅槃因故名為涅槃世間有因中說果果中說因是空无相無作是定性是定相應心心數法隨行身業口業此中起心不相應諸行和合皆名為三昧譬如王来必有大臣營從三昧如王智慧如大臣餘法如營從餘法名雖不說必應有何以故定力不獨生不能獨有所作故是諸法共生共住共滅共成事互相利益是空三昧二行一者觀五受衆一相異相無故空二者觀我我所法不可得故无我無相三昧四行觀涅槃種種苦盡故名為盡三毒等諸煩惱火滅故名為滅一切法中第一故名為妙離世間故名為出無作三昧二行觀五受衆因緣生故無常身心惱故苦觀五受衆因四行煩惱有漏業和合能生苦果故名為集以六因生苦果故名

為因四緣生苦果故名為緣不多不少等因緣生果故名為生觀五不受衆四行是八聖道分能到涅槃故道不顛倒故正一切聖人去處故迹愛見煩惱不遮故必到是三解脫門在九地中四禪未到地禪中間三無色无漏性故或有說者三解脫門一向無漏三三昧或有漏或无漏以是故三昧解脫解脫有二名如是說者在十一地六地三無色欲界及有頂地若有漏者繫在十一地無漏者不繫喜根樂根捨根相應初學在欲界中成就在色无色界中如是等成就不成就修不修如阿毗曇中廣說復次有二種空義觀一切法空所謂衆生空法空衆生空如上說法空者諸法自相空如佛告須菩提色色相空受想行識識相空問曰衆生空法不空是可信法自相空是不可信何以故若法自相空則無生无滅無生无滅故无罪無福无罪無福故何用學道答曰有法空故有罪福若無法空不應有罪福何以故若諸法實有自性

則無可壞性相不從因緣生若從因緣生便是作法若法性是作法則可破若言法性可作可破是事不然性名不作法不待因緣有諸法自性有則無生者性無有故若无生則無滅生滅無故无罪福無罪福故何用學道若衆生有真性者則无能害無能利自性定故如是等人則不知恩義破業果報法空中亦無法空相汝得法空心著故而生是難是法空諸佛以憐愍心為斷愛結除邪見故說復次諸法實相能滅諸苦諸聖人真實行處若是法空有性者說一切法空時云何亦自空若無法空性汝何所難以是二空能觀諸法空心得離諸法世間虛誑如幻如是觀空若取是諸法空相從是因緣生憍慢等諸結使言我能知諸法實相是時應學无相門以滅取空相故若於無相中生戲論欲分別有所作者是無相是時復自思惟我為謬錯諸法空無相中云何得相取相作戲論是時應隨空無相行身口意不應有所作應觀无

作相滅三毒不應起身口意業不應求三界中生身如是思惟時還入無作解脫門是三解脫門摩訶衍中是一法以行因緣故說有三種觀諸法空是名空於空中不可取相是時空轉名无相無相中不應有所作為三界生是時无相轉名無作譬如城有三門一人身不得一時從三門入若入則從一門諸法實相是涅槃城城有三門空無相无作若人入空門不得是空亦不取相是人直入事辦故不須二門若入是空門取相得是空於是人不名為門通塗更塞若除空相是時從無相門入若於无相相心著生戲論是時除取无相相入无作門阿毗曇義中是空解脫門緣苦諦攝五衆無相解脫門緣一法所謂數緣盡无作解脫門緣二諦攝五衆摩訶衍義中三是解脫門緣諸法實相以是三解脫門觀世間即是涅槃何以故涅槃空無相无作世間亦如是問曰如經說涅槃一門今何以說三答曰先已說法雖一而義有三復次

應度者有三種愛多者見多者愛見等者見多者為説空解脫門見一切諸法從因緣生無有自性无有自性故空空故諸見滅愛多者為説无作解脫門見一切法無常苦從因緣生見已心猒離愛即得入道愛見等者為説無相解脫門聞是男女等相無故斷愛一異等相無故斷見佛或一時説二門或一時説三門菩薩應遍學知一切道故説三門更欲行餘事故三解脫門義略説四禪有二種一者淨禪二者無漏禪云何名淨有漏善五衆云何名無漏无漏五衆是四禪中所攝身口業是色法餘殘非色法一切不可見無對或有漏或无漏有漏者善有漏五衆無漏者无漏五衆皆是有為有漏者色界繫無漏者不繫禪攝身業口業及心不相應諸行是非心非心數法非心相應禪攝受衆想衆及相應行衆是心數法亦心相應禪攝心意識但心四禪或有隨心行非受相應或受相應非隨心行或隨心行亦受相應或非隨心

行非受相應隨心行非受相應者四禪攝身業口業隨心行心不相應諸行及受受相應非隨心行者四禪攝心意識隨心行亦受相應者四禪攝想衆及相應行衆非隨心行亦非受相應者除四禪中攝隨心行心不相應諸行餘殘心不相應諸行想行相應亦如是四禪中三禪非隨覺行亦非觀相應初禪或有隨覺行非觀相應或觀相應非隨覺行或有隨覺行亦觀相應或有非隨覺行非觀相應隨覺行非觀相應者初禪攝身業口業及隨覺行心不相應諸行及觀觀相應非隨覺行者諸覺隨覺行亦觀相應者覺觀相應諸心心數法非隨覺行亦非觀相應者除隨覺行心不相應諸行餘殘心不相應諸行四禪皆有因緣亦與因緣四禪中初禪或次第非與次第緣或次第亦與次第緣或非次第亦非與次第緣次第非與次第緣者未來世中欲生心心數法次第亦與次第緣者過去現在心心數法非次第亦不與次第緣者除

未来世欲生心心數法餘殘未来世中心心數法身業口業及心不相應諸行第二第三禪亦如是第四禪次第不與次第緣者未来世中欲生心心數法及無想定若生若欲生次第亦與次第緣者過去現在心心數法非次第亦非與次第緣者除未来世中欲生心心數法餘殘未来世心心數法除心次第心不相應諸行餘殘心不相應諸行及身業口業四禪中攝身業口業及心不相應諸行是與緣非緣餘殘亦緣亦與緣是四禪亦增上緣亦與增上緣如是等阿毗曇分中廣分別菩薩得禪方便及禪相禪枝禪波羅蜜中已廣説問曰是般若波羅蜜論議中但説諸法相空菩薩云何於空法中能起禪定答曰菩薩知諸五欲及五蓋因緣生無自性空無所有捨之甚易衆生顛倒因緣故著此少弊樂而離禪中深妙樂菩薩為是衆生故起大悲心修行禪定繫心緣中離五欲除五蓋入大喜初禪減覺觀攝心深入內清淨得微妙

喜入第二禪以深喜散之故離一切喜得遍滿樂入第三禪離一切苦樂除一切憂喜及出入息以清淨微妙捨而自在嚴入第四禪是菩薩雖知諸法空無相以衆生不知故以禪相教化衆生若實有諸法空是不名為空亦不應捨五欲而得禪無捨无得故今諸法空相亦不可得不應作是難言若諸法空云何能得禪復次是菩薩不以取相愛著得故行禪如人服藥欲以除病不以美也為戒清淨智慧成就故行禪菩薩於一一禪中行大慈觀空於禪無所依止以五欲為誑顛倒故以細微妙虛妄法治譬如有毒能治諸毒

大智度論釋初品中四無量義第三十三

四無量心者慈悲喜捨慈名愛念衆生常求安隱樂事以饒益之悲名愍念衆生受五道中種種身苦心苦喜名欲令衆生從樂得歡喜捨名捨三種心但念衆生不憎不愛修慈心為除衆生中瞋覺故修悲心為除衆生中惱覺故修喜心為除不悅樂故修

捨心為除衆生中愛憎故問曰四禪中已有四無量心乃至十一切處今何以故別說答曰雖四禪中皆說是法若不別說名字則不知其功德譬如囊中實物不開出則人不知若欲得大福德者為說四無量心患厭色如在牢獄為說四無色定於緣中不能得自在隨意觀所緣為說八勝處若有遮道不得通達為說八背捨心不調柔不能從禪定次第入禪為說九次第定不能得一切緣遍照隨意得解為說十一切處若念十方衆生令得樂時心數法中生法名為慈是慈相應受想行識衆是法起身業口業及心不相應諸行是法和合皆名為慈慈為慈故是法生以慈為主是故慈得名譬如一切心心數法雖皆是後世業因緣而但思得名於作業中思最有力故悲喜捨亦如是是慈在色界或有漏或无漏或可斷或不可斷亦在根本禪中亦禪中間三根相應除苦根憂根如是等向毗曇分別說取衆生相故有漏取相已入諸法

實相故無漏以是故无盡意菩薩問中說慈有三種一者衆生緣二者法緣三者无緣問曰是四無量心云何行答曰如佛處處經中說有比丘以慈相應心無恚无恨無怨無惱廣大無量善修慈心得解遍滿東方世界衆生慈心得解遍滿南西北方四維上下十方世界衆生以悲喜捨相應心亦如是慈相應心者慈名心數法能除心中憒濁所謂瞋恨慳貪等煩惱譬如淨水珠著濁水中水即清無恚根者於衆生中若有因緣若无因緣而瞋若欲惡口罵詈殺害劫奪是名瞋待時節得處所有勢力當加害是名根以慈除此二事故名無瞋恨無怨无惱根即是怨初嫌為恨恨久成怨身口業加害是名惱復次初生瞋結名為瞋瞋增長籌量持著心中未決了是名根亦名怨若心已定無所畏忌是名惱以慈心力除捨離此三事是名無瞋无恨無怨无惱此無瞋無根无怨無惱佛以是讚歎慈心一切衆生皆畏於苦貪著於樂瞋為

苦因緣慈是樂因緣衆生聞是慈三昧能除苦能與樂故一心懃精進行是三昧以是故無瞋无恨無怨无惱廣大無量者大一心分別有三名廣名一方大大名高遠無量名下方及九方復次下名廣中名大上名無量復次緣四方衆生心是名廣緣四維衆生心是名大緣上下方衆生心是名無量復次破瞋恨心是名廣破怨心是名大破惱心是名无量復次一切煩惱心小人所得生小事故名為小復小若此故名瞋恨怨惱破是小中之小是名廣大無量所以者何大因緣常能破小事故廣心者畏罪畏墮地獄故除心中惡法大心者信樂福德果報除惡心無量心者為欲得涅槃故除惡心復次行者持戒清淨故是心廣禪定具足故是心大智慧成就故是心無量以是慈心念得道聖人是名无量心用無量法分別聖人故念諸天及人尊貴處故名為大心諸餘下賤衆生及三惡道是名廣心於所愛衆生中以慈念廣於念已

故名為廣心以慈念中人是名大心以慈念怨憎其功多故名無量心復次為狹緣心故名為廣為小緣心故名為大為有量心故名為无量如是等分別義善修者是慈心牢固初得慈心不名為修非但愛念衆生中非但好衆生非但益巳衆生中非但一方衆生中名為善修久行得深愛樂愛憎及中三種衆生正等無異十方五道衆生中以一慈心視之如父如母如兄弟姉妹子姪知識常求好事欲令得利益安隐如是心遍滿十方衆生中如是慈心名衆生緣多在凡夫人行處或有學人未漏盡者行法緣者諸漏盡阿羅漢辟支佛諸佛是諸聖人破吾我相滅一異相故但觀從因緣相續生諸欲以慈念衆生時從和合因緣相續生但空五衆即是衆生念是五衆以慈念衆生不知是法空而常一心欲得樂聖人愍之令隨意得樂為世俗法故名為法緣無緣者是慈但諸佛有何以故諸佛心不住有為無為性中不依止過去世

未来現在世知諸緣不實顛倒虛誑故心無所緣佛以衆生不知諸法實相往来五道心著諸法分別取捨以是諸法實相智慧令衆生得之是名無緣辟如給賜貧人或與財物或與金銀寶物或與如意真珠緣衆生緣法緣無緣亦復如是是為略說慈心義悲心亦如是以憐愍心遍觀十方衆生苦作是念衆生可愍莫令受是種種苦無瞋无恨無怨无惱心乃至十方亦如是問曰有三種衆生有受樂如諸天及人少分有受苦如三惡道及人中少分有受不苦不樂五道中少分云何行慈觀一切衆生皆受樂行悲者觀一切衆生皆受苦答曰行者欲學是慈無量心時先作願願衆生受種種樂取受樂人相攝心入禪是相漸漸增廣即見衆生皆受樂辟如鑽火先以軟草乾牛屎火勢轉大能燒大濕木慈三昧亦如是初生慈願時唯及諸親族知識慈心轉廣怨親同等皆見得樂是慈禪定增長成就故悲喜捨心亦如是問曰悲心中

取受苦人相喜心中取受喜心相捨心中取何等相荅曰取受不苦不樂人相行者以是心漸漸增廣盡見一切受不苦不樂問曰是三種心中應有福德是捨心於衆生不苦不樂有何等饒益荅曰行者作是念一切衆生離樂時得苦苦時即是苦得不苦不樂則安隱以是饒益行者行慈喜心或時貪著心生行悲心或時憂愁心生以是貪憂故心乱入是捨心除此貪憂貪憂除故名為捨心問曰悲心捨心可知有別慈心令衆生樂喜心令衆生喜樂與喜有何等異荅曰身樂名樂心樂名喜五識相應樂名樂意識相應樂名喜五塵中生樂名樂法塵中生樂名喜先求樂願令衆生得從樂因令衆生得喜如人憐愍貧人先施實物是名樂後教令賣買得愛五欲樂是名喜復次欲界樂願令衆生得是名樂色界樂願令衆生得是名喜復次欲界中五識相應樂初禪中三識相應樂三禪中一切樂是名樂欲界及初禪意識相應樂二禪中

一切樂是名喜麤樂名樂細樂名喜因時名樂果時名喜初得樂時是名樂歡心內發樂心外現歌儛踊躍是名喜譬如初服藥時是名樂藥發遍身時是名喜問曰若尒者何以不和合二心作一無量而分為二法荅曰行者初心未攝未能深愛衆生故但與樂攝心深愛衆生故與喜以是故先樂而後喜問曰若尒者何以不慈喜次第荅曰行慈心時愛衆生如兒子願與樂出慈三昧故見衆生受種種苦發深愛心憐愍衆生令得深樂譬如父母雖常愛子若得病急是時愛心轉重菩薩亦如是入悲心觀衆生苦憐愍心生便與深樂以是故悲心在中問曰若如是深愛衆生復何以行捨荅曰行者如是觀常不捨衆生但捨是三種心何以故妨廢餘法故亦以是慈心欲令衆生樂而不能令得樂悲心欲令衆生離苦亦不能令得離苦行喜心時亦不能令衆生得大喜此但憶想未有實事欲令衆生得實事當發心作佛行六波羅蜜

具足佛法令衆生得是實樂以是故捨是三心入是捨心復次如慈悲喜心愛深故捨衆生難入是捨心故易得出離問曰菩薩行六波羅蜜乃至成佛亦不能令一切衆生離苦得樂何以但言是三心憶想心生无有實事荅曰是菩薩作佛時雖不能令一切衆生得樂但菩薩發大誓願從是大願得大福德果報得大報故能大饒益凡夫聲聞行是四無量為自調自利故亦但空念衆生諸菩薩行是慈心欲令衆生離苦得樂從此慈心因緣亦自作福德亦教他作福德受果報時或作轉輪聖王多所饒益菩薩或時出家行禪引導衆生教令行禪得生清淨界受無量心樂若作佛時共無量阿僧祇衆生入無餘涅槃比於空心願益是為大利乃至舍利餘法多所饒益復次若一佛盡度一切衆生餘佛則无所復度是則無未來佛為斷佛種有如是等過以是故一佛不度一切衆生復次是衆生從凝而有非實定法三世十方諸佛求

眾生實不可得云何盡度一切問曰若空不可盡度者少亦俱空何以度少答曰我言三世十方佛求一切眾生不可得故無所度汝難言何以不盡度是為墮負處汝於負處不能自拔而難言无眾生中多少一種何以度少是為重墮負處復次諸法實相第一義中則無眾生亦无度但以世俗法故說言有度汝於世俗中求第一義是事不可得譬如凡石中求珠寶不可得復次諸佛從初發心乃至法盡於其中間所有功德皆是作法有限有量有初有後故所度眾生亦應有量不應以隨因緣果報有量法盡度無量眾生如大力士弓勢雖大箭遠必墮亦如劫盡大火燒三千世界明照無量雖久必滅菩薩成佛亦如是從初發意執精進弓用智慧箭深入佛法大作佛事亦必當滅菩薩得一切種智時身出光明照无量世界一一光明變化作無量身度十方無量眾生涅槃後八万二千法聚舍利化度眾生如劫盡火照久亦復滅

問曰汝自言光明變化作无量身度十方無量眾生今何以言有量因緣故所度亦應有量答曰无量有二種一者實無量諸聖人所不能量譬如虛空涅槃眾生性是不可量二者有法可量但力劣者不能量譬如須弥山大海水斤兩渧數多少諸佛菩薩能知諸天世人所不能知佛度眾生亦如是諸佛能知但非汝等所及故言無量復次諸法因緣和合生故無有自性自性无故常空常空中眾生不可得如佛說

我坐道場時　智慧不可得　空拳誑小兒
以度於一切　諸法之實相　則是眾生相
若取眾生相　則遠離實道　常念常空相
是人非行道　不生滅法中　而作分別相
若分別憶想　則是魔羅網　不動不依止
是則為法印

問曰若樂有二分慈心喜心悲心觀苦何以不作二分答曰樂是一切眾生所愛重故作二分是苦不愛不念故不作二分又受樂時心軟受苦時心堅如阿育王違陁輸七日作閻浮

提王得上妙自恣五欲過七日已阿育王問言閻浮提主受樂歡暢不答言我不見不聞不覺何以故旃陁羅日日振鈴高聲唱七日中已尒許日過過七日已汝當死我聞是聲雖作閻浮提王上妙五欲憂苦深故不聞不見以是故知苦力多樂力弱若人遍身受樂得一處針刺眾樂皆失但覺刺苦樂力弱故二分乃强苦力多故一處足明問曰行是四無量心得何等果報答曰佛說入是慈三昧現在得五功德入火不燒中毒不死兵刃不傷終不橫死善神擁護以利益無量眾生故得是无量福德以是有漏无量心緣眾生故生清淨處所謂色界問曰何以故佛說慈報生梵天上答曰以梵天眾生所尊貴皆聞皆識故佛在天竺國天竺國常多婆羅門婆羅門法所有福德盡願生梵天若眾生聞行慈生梵天皆多信向行慈法以是故說行慈生梵天復次斷婬欲天皆名為梵說梵皆攝色界以是故斷婬欲法名為梵行離欲亦名

梵若說梵則攝四禪四無色定復次覺觀難滅故不說上地名譬如五戒中口律儀但說一種不妄語則攝三事問曰慈有五功德悲喜捨何以不說有功德答曰如上譬喻說一則攝三事此亦如是若說慈則已說悲喜攝復次慈是真無量慈為如王餘三隨從如人民所以者何先以慈心欲令眾生得樂見有不得樂者故生悲心欲令眾生離苦心得法樂故生喜心於三事中无憎無愛无貪無憂故生捨心復次慈以樂與眾生故增一阿含中說有五功德悲心於摩訶衍經處處說其功德如明網菩薩經中說菩薩處眾生中行三十二種悲漸漸增廣轉成大悲大悲是一切諸佛菩薩功德之根本是般若波羅蜜之母諸佛之祖母菩薩以大悲心故得般若波羅蜜得般若波羅蜜故得作佛如是等種種讚大悲喜捨心餘處亦有讚慈悲二事偏大故佛讚其功德慈以功德難有故悲以能成大業故問曰佛說四無量功德慈心好修善修福極遍淨天悲心好修善修福極虛空

處喜心好修善修福極識處捨心好修善修福極無所有處云何言慈果報應梵天上答曰諸佛法不可思議隨眾生應度者如是說復次從慈定起迴向第三禪易從悲定起向虛空處從喜定起入識處從捨定起入無所有處易故復次慈心願令眾生得樂此報自應受樂三界中遍淨最為樂故言福極遍淨悲心觀眾生老病殘害苦行者憐愍心生云何令得離苦若為除內苦外苦復來若為除外苦內苦復來行者思惟有身必有苦唯有無身乃得无苦虛空能破色是故福極虛空處喜心欲與眾生心識樂心識者心得離身如鳥出籠虛空處心雖得出身猶繫心虛空識處无量於一切法中皆有心識識得自在無邊以是故喜福極在識處捨心者捨眾生中苦樂苦樂捨故得真捨法所謂無所有處以是故捨心福極无所有處如是四无量但聖人所得非凡夫復次佛知未來世諸弟子鈍根故分別著諸法錯說四无量相是四

無量心眾生緣故但是有漏但緣欲界故無色界中无何以故無色界不緣欲界故為斷如是人妄見故說四無量心无色界中佛以四无量心普緣十方眾生故亦應緣無色界中如無盡意菩薩問中說慈有三種眾生緣法緣无緣論者言眾生緣是有漏無緣是无漏法緣或有漏或無漏如是種種略說四無量心四無色定者虛空處識處无所有處非有想非无想處是四無色有三種一者有垢二者生得三者行得有垢者无色中攝三十一結及此結使中起心相應行生得者行是無色定業報因緣故生無色界得不隱沒無記四眾行得者觀是色麤惡重苦老病煞害等種種苦惱因緣如重病如癰瘡如毒刺皆是虛誑妄語應當除却如是思惟已過一切色相滅一切有對相不念一切異相入無邊虛空處定問曰云何能滅是三種相答曰是三種相皆從因緣和合生故無自性自性无故是三種虛誑无實易可得滅復次是色

分別破散後皆無以是故若後无令
亦無衆生顛倒故於和合色中取一
相異相心著色相我今不應隨愚人
學當求實事實事中无是一相異相
復次行者作是念我若除却離諸法
得利為深我先捨財物妻子出家得
清淨持戒心安隱不怖不畏離諸欲
諸惡不善法離生喜樂得初禪離覺
觀内清淨故得第二禪中大喜樂離
喜在第三禪地於諸樂中最第一捨
是樂得念捨清淨第四禪今捨是四
禪應更得妙定以是故過是色相滅
有對相不念異相佛說三種色有色
可見有對有色不可見有對有色不
可見無對過色相者是可見有對色
滅有對相者是不可見有對色念異
相者是不可見無對色復次眼見色
壞故名過色耳聲鼻香舌味身觸壞
故過有對相於二種餘色無教色種
種分別故名異相如是觀離色界中
淤得无邊虛空處得三無色因緣方
便禪波羅蜜品中說是四無色一常
有漏三當分別虛空處或有漏或無

漏有漏者虛空處攝有漏四衆无漏
者虛空處攝無漏四衆識處无所有
處亦如是一切皆有為善有漏虛空
處是有報無記及無漏虛空處是无
報識處無所有處亦如是非有想非
無想處善非有想非无想處有報無
記非有想非無想處是无報善四無
色是可修無記四无色定非可修隱
没者是有垢不隱没者是無垢一有
三中有漏者有無漏者非有四無色
定攝心心數法是相應因心不相應
諸行是非相應因有善法非四無色
中有四無色中非善法有亦善法亦
四无色中有非善法亦非四無色中
有善法非四无色者一切善色衆及
四無色不攝四衆及智緣盡有四無
色中非善法者無記四无色有善法
亦有四无色者善四無色非善法亦
非四無色者一切不善五衆及無記
色衆及四無色不攝无記四衆虛空
及非智緣盡不善法中不相攝有無
記法非四无色有四無色非無記法
有亦无記法亦四無色有非无記亦

非四無色有无記法非四無色者無
記色衆及四無色不攝无記四衆虛
空及非智緣盡四無色中非无記法
者善四无色亦無記法亦四無色者
无記四無色亦非无記法亦非四無
色者不善五衆善色衆无色不攝善
四衆及智緣盡或漏非四無色或四
無色非漏或漏亦四无色或非漏亦
非四無色漏非四无色者一漏及二
漏少分四無色非漏者漏不攝四无
色亦漏亦四無色者二漏少分非漏
非四無色衆者色衆及漏以无色不
攝四衆及無為法或有漏非四无色
或四無色非有漏或有漏亦四無色
或非有漏非四无色有漏非四無色
者有漏色衆及无色不攝有漏四衆
四无色非有漏者三色少分亦非有
漏亦四无色者一無色及三無色少
分亦非有漏非四无色者無漏色衆
無色不攝无漏四衆及三無為或无
漏非四無色或四无色非無漏或无
漏亦四無色或非无漏亦非四無色
无漏非四无色者無漏色衆及无色

大智度論卷第三十　第三十張　聖字号

不攝無漏四衆及三无爲四無色非
无漏者一无色及三無色少分亦无
漏亦四无色者三無色少分非无漏
非四無色者有漏色衆及无色不攝
有漏四衆虚空處或見諦斷或思惟
斷或不斷見諦斷者信行法行人用
見諦忍斷何者是二十八使及二十
八使相應虚空處及此起心不相應
諸行思惟斷者學見道用思惟斷何
者是思惟所斷三使及此相應虚空
處及此起心不相應諸行及无垢有
漏虚空處不斷者無漏虚空處識處
无所有處亦如是非有想非无想處
或見諦斷或思惟斷見諦斷者信行
法行人用見諦忍斷何者是二十八
使及此相應非有想非無想處及此
起心不相應諸行思惟斷者學見道
用思惟斷何者是思惟所斷三使及
此相應非有想非无想處及此起心
不相應諸行及无垢非有想非無想
處四無色中攝心不相應諸行是非
心非心數法非心相應受衆想衆及
此相應行衆心數法亦心相應心意

大智度論卷第三十　第三十一張　聖字号

識獨心四无色或有隨心行非受相
應或受相應非隨心行或隨心行亦
受相應或非隨心行非受相應隨心
行非受相應者隨心行心不相應諸
行及受受相應不隨心行者心是隨
衆非隨心行非受相應者除隨心行
心行亦受相應者想衆及此相應行
心不相應諸行餘殘心不相應諸行
想相應行相應亦應如是說虚空處
或從身見因不還與身見作因或從
身見因亦還與身見作因或不從身
見因亦不還與身見作因從身見因
不還與身見作因者除過去現在見
苦斷諸使及此相應虚空處亦除過
去現在見集斷諸邊結及此相應虚
空處及除未來世中身見相應虚空
處亦除身見生老住滅餘殘有垢虚
空處從身見因亦還與身見作因者
上所除者是亦不從身見因亦不還
與身見作因者無垢虚空處識處无
所有處非有想非無想處亦如是四
无色一切有因緣亦與因緣虚空處
或次第不與次第緣或次第亦與次

大智度論卷第三十　第三十二張　聖字号

第緣或非次第亦非與次第緣次第
不與次第緣者未來世中欲生心心
數虚空處及阿羅漢過去現在寂後
滅時心心數虚空處次第亦與次第
緣者除過去現在阿羅漢最後滅時
心心數虚空處餘殘過去現在心心
數虚空處非次第亦不與次第緣者
除未來世中欲生心心數虚空處餘
殘未來世中心心數虚空處及心不
相應諸行識處無所有處亦如是非
有想非無想處或次第不與次第緣
或次第亦與次第緣或非次第亦非
與次第緣次第不與次第緣者未來
世中欲生心心數非有想非无想處
及阿羅漢過去現在寂後滅時心心
數非有想非无想處及滅受想若生
若欲生次第亦與次第緣者除過去
現在阿羅漢寂後滅時心心數非有
想非无想處餘殘過去現在心心數
非有想非无想處非次第亦非與次
第緣者除未來世中欲生心心數非
有想非无想處餘殘未來世中心心
數非有想非無想處除心次第心不

相應諸行餘殘心不相應諸行四無色中攝諸心心數法有緣亦乃與緣緣四无色攝心不相應諸行非緣與緣緣四無色皆是增上亦與增上緣如是等種種分別四無色如阿毗曇分中說此中應廣說問曰摩訶衍中四無色云何答曰與諸法實相共智慧行是摩訶衍中四无色問曰何等是諸法實相答曰諸法諸法自性空問曰色法和合分別因緣故空此無色中云何空答曰色是眼見耳聞麁事令空何況不可見无有對不覺苦樂而不空復次色法分別乃至微塵皆散滅歸空是心心數法在日月時節須臾須乃至一念中不可得是名四無色定義如是等種種略說四無色

大智度論卷第二十

大智度論卷第二十

校勘記

一　底本，金藏廣勝寺本。

一　四五三頁中一行經名，[資]、[磧]、[普]、[南]、[徑]、[清]作「大智度論卷第二十」。

一　四五三頁中三行後，[資]有品名「釋初品中三三昧第三十二」；[磧]、[普]、[南]、[徑]、[清]有「釋初品中三三昧四禪四無量心四無色定」。

一　四五三頁中四行首字「空」前，[石]、[磧]、[普]、[南]、[徑]、[清]、[麗]有〈經〉。

一　四五三頁中六行第八字「問」前，[石]、[磧]、[普]、[南]、[徑]、[清]、[麗]有〈論〉。

一　四五三頁中一九行第三字「復」，[石]、[麗]作「復次」。

一　四五三頁下六行第五字「我」，[石]、[磧]、[普]、[南]、[徑]、[清]、[麗]作「無我」。

一　四五三頁下一三行第一三字及一五行第一二字「一」，諸本作「一異」。

一　四五三頁下一九行第八字「得」，[石]作「等」。

一　四五四頁上三行「何以」，[石]、[麗]作「何以故」，下同。

一　四五四頁上六行第三字「有」，[石]、[資]、[麗]作「有有」；[磧]、[普]、[南]、[徑]、[清]作「有有身」。

一　四五四頁上一〇行第八字「身」，諸本作「身者」。

一　四五四頁上一四行第一〇字「分」，[石]、[磧]、[普]、[南]、[徑]、[清]、[麗]作「分身法」。

一　四五四頁上一七行第五字「少」，[石]、[磧]、[普]、[南]、[徑]、[清]、[麗]無。

一　四五四頁上二二行「則无」，[石]、[資]、[磧]、[普]、[南]、[徑]、[清]作「身則不」；[麗]作「身則無」。

一　四五四頁中一行第一〇字「有」，諸本作「爲」。

一　四五四頁中一行末字「説」，[資]、[磧]、[普]、[南]、[徑]、[清]作「偈説」。

一　四五四頁中四行第五字「生」，[石]、[麗]作「有」。

一　四五四頁中七行「合故」，石作「和合」。

一　四五四頁中一〇行首字「所」，資、磧、普、南、徑、清無。

一　四五四頁中一一行第七字「觀」，資、磧、普、南、徑、清無。

一　四五四頁中一五行「道是」，諸本作「是道」。

一　四五四頁中末行「五衆」，石作「五陰」，下同。

一　四五四頁下二行末字「法」，石、麗作「法時」。

一　四五四頁下五行首字「脫」，石作「解脫」。

一　四五四頁下二〇行第一〇字「二」，磧、普、南、徑、清作「十」。

一　四五五頁上九行第三、四字「解脫」，諸本無。

一　四五五頁中二行「法性」，石無。

一　四五五頁中四行末字「有」，諸本作「有自性有」。

一　四五五頁中五行第六字「無」，石、磧、普、南、徑、清、麗作「先」。

一　四五五頁中一二行第一〇字「諸」，石、麗作「是諸」。

一　四五五頁中一六行首字「法」，諸本作「法知」。

一　四五五頁下一行第二字「相」，石作「相應」。

一　四五五頁下一三行第五字「名」，磧、徑、清作「得」。

一　四五五頁下一八行第九字「二」，諸本作「三」。

一　四五五頁下一九行「三是」，諸本作「是三」。

一　四五五頁下二二行第四字「經」，石作「經中」。

一　四五六頁上三行第一三字「有」，資、磧、普、南、徑、清無。

一　四五六頁上一〇行第一三字「行」，石、麗作「說」；資、磧、普、南、徑、清作「說行」。

一　四五六頁上一二行第一三字「淨」，石、麗作「淨禪」。

一　四五六頁上一三行第五字「云」，石、麗作「是云」。

一　四五六頁上二〇行第三字、第五字、第一〇字及中五行第二字、第七字「衆」，石均作「陰」。

一　四五六頁中八行第四字「是」，石、麗作「是是」。

一　四五六頁中八行「中三禪」，磧、普、南、徑、清作「三禪中二禪」。

一　四五六頁中一四行第八字「諸」，石、麗作「謂」。

一　四五六頁下四行第二字「不」，石作「非」。

一　四五六頁下一一行第一三字「是」，石、麗無。

一　四五六頁下一二行第八字「六」，諸本作「亦」。

一　四五六頁下一八行第九字「因」，諸本作「從因」。

一　四五七頁上一行第一〇字「之」，諸本作「定」。

一　四五七頁上一〇行第九字「得」，

石、麗無。

一　四五七頁上一五行末字「毒」，石至此卷第二十二終，卷二十三始。

一　四五七頁上一六行品名，磧、普、南、徑、清無。

一　四五七頁上末行第九字「除」，資、磧、普、南、徑、清作「除衆生」。

一　四五七頁中二行及一二行「切處」，石作「切入」。

一　四五七頁中三行第一三字「說」，石、麗作「有」。

一　四五七頁中五行第四字「寶」，資、磧、普、南、徑、清作「其寶」。

一　四五七頁中一〇行第八字「定」，諸本作「起」。

一　四五七頁中一四行第九字「是」，石、磧、普、南、徑、清作「是名心數」。

一　四五七頁中一六行第三字「爲」，石、麗作「名爲」。

一　四五七頁下八行第一〇字「悲」，石作「悲心」。

一　四五七頁下九行第四字「是」，石作「是以」。

一　四五七頁下二一行第八字「恨」，資作「瞋」。

一　四五八頁上四行「大一」，石、資、麗作「一大」；磧、普、南、徑、清作「一」。

一　四五八頁上五行第五字「大」，石、磧、普、南、徑、清、麗無。

一　四五八頁上一一行第八字「得」，諸本作「行」。

一　四五八頁上一六行第四字「報」，石、麗作「報故」。

一　四五八頁上二二行第二字「諸」，諸本作「念諸」。

一　四五八頁上末行「念廣於念」，石作「廣念」。

一　四五八頁中二行第七字「功」，石、麗作「功德」。

一　四五八頁中七行第四字「生」，諸本作「生中」。

一　四五八頁中一七行第九字「以」，資、磧、普、南、徑、清作「心」。

一　四五八頁下四行末字「名」，石作「爲」。

一　四五八頁下六行第一一字「緣」，石、麗無。

一　四五八頁下八行第三字「心」，石、麗作「心義」。

一　四五八頁下一四行第六字「慈」，石、麗作「慈者」。

一　四五八頁下一六行末字「衆」，石、麗作「諸衆」。

一　四五八頁下二一行第五字「諸」，石無。

一　四五九頁上一行第一二字「心」，諸本作「人」。

一　四五九頁上九行第六字「心」，磧、普、南、徑、清作「衆」。

一　四五九頁上九行末字「悡」，諸本作「愁」。

一　四五九頁上一九行第一〇字「界」，石作「界中」。

一　四五九頁中三行第七字「心」，諸

本作「相」。

一 四五九頁中六行第九字「分」，石、麗作「分別」。

一 四五九頁中一七行第三字「捨」，諸本作「捨心」。

一 四五九頁中一八行第二字「但」，石、麗作「但念」。

一 四五九頁下一五行第三字「時」，資、磧、普、南、徑、清無。

一 四五九頁下二二行第一三字「生」，諸本作「生性」。

一 四六〇頁上二行第四字「可」，石、麗作「可得」。

一 四六〇頁上一六行第四字「墮」，石作「墮地」。

一 四六〇頁上二二行第一〇字「二」，諸本作「四」。

一 四六〇頁中一六行末字「相」，石作「想」。

一 四六〇頁中末行第六字「王」，諸本作「王弟」。

一 四六〇頁下二行第一一字「歡」，石作「歡喜」。

一 四六一頁上七行首字「攝」，石作「捨」。

一 四六一頁上七行「如王」，石作「妙主」。

一 四六一頁上一四行末字「處」，石作「處處」。

一 四六一頁中三行第二字「應」，諸本作「應生」。

一 四六一頁中八行第三字「報」，諸本作「果報」。

一 四六一頁中一五行第三字「識」，諸本作「識樂」。

一 四六一頁中一六行第一〇字「虛」，資、磧、普、南、徑、清作「處」。

一 四六一頁下一四行第五字「是」，石、麗作「是四」。

一 四六二頁上一行第三字「破」，諸本作「分分破」。

一 四六二頁上一六行第一三字「念」，諸本作「不念」。

一 四六二頁上一九行第一一字「無」，石、麗作「及無」。

一 四六二頁上二二行第二字「禪」，諸本作「如禪」。

一 四六二頁中五行第一一字至六行第三字「非有想非無想處」，石、麗無。

一 四六二頁中六行第一二字及一〇行第六字「有」，石、麗作「是有」。

一 四六二頁中七行第五字「非」，資、磧、普、南、徑、清無。

一 四六二頁中八行首字「色」，石、麗作「色定」。

一 四六二頁中九行第一三字「一」，磧、普、南、徑、清作「一是」。

一 四六二頁中一六行第六字「四」，磧、普、南、徑、清作「善四」。

一 四六二頁中一七行第一二字「有」，麗作「有亦」。

一 四六二頁中一八行第二字「有」，麗無。

一 四六二頁中一八行第一一字「非」，石、麗作「有非」。

一 四六二頁下三行第七字「四」，石、磧、普、南、徑、清、麗作「有四」。

一 四六二頁下一二行第五字「衆」，諸本無。

一 四六二頁下一二行第一一字「以」，石、麗無。

一 四六二頁下一七行第八字「三」，諸本作「三無」。

一 四六二頁下一七行第一三字「非」，諸本無。

一 四六三頁上二二行首字「心」，資、磧、普、南、徑、清作「心數」。

一 四六三頁上末行第六字「心」，石、麗作「是心」。

一 四六三頁中九行首字「想」，資、磧、普、南、徑、清作「相」。

一 四六三頁中一五行第八字「邊」，石、資、磧、普、南、徑、清作「遍」。

一 四六三頁中一六行第三字「及」，石、麗作「亦」。

一 四六三頁中一六行第一〇字「見」，石、麗作「見及」。

一 四六三頁中二二行第二字「色」，石、麗作「色定」。

一 四六三頁下一行「亦非」，石、麗作「亦不」，下同。

一 四六三頁下二行末字至三行首字「心數」，石、麗作「心數法」，下同。

一 四六三頁下二〇行第七字「處」，資、磧、普、南、徑、清無。

一 四六四頁上二行第一二字「乃」，諸本無。

一 四六四頁上一二行第二字「令」，諸本作「能令」。

一 四六四頁上一五行「須臾頃」，資、普、徑作「頃須臾」。

一 四六四頁上末行經名，石作「大智度經論卷第二十三終」。

大智度論釋初品中八背捨義第三十四　卷二十一　德

聖者龍樹造

後秦龜茲國三藏鳩摩羅什譯

八背捨者內有色外亦觀色是初背捨內無色外觀色是第二背捨淨背捨身作證第三背捨四無色定及滅受想定是五合為八背捨背是淨潔五欲離是著心故名背捨不壞內外色不內外滅色相以是不淨心觀色是名初背捨壞內色滅內色相不壞外色不滅外色相以是不淨心觀外色是第二背捨是二皆觀不淨一者觀內觀外二者不見內但見外何以故眾生有二分行愛行見行愛多者著樂多縛在外諸使行見多者多著身見等行為內諸使縛以是故愛多者觀外色不淨見多者觀自身不淨壞敗復次行者初心未細攝繫心一處難故內外觀漸習調柔能內壞色相但觀外問曰若無內色相誰當觀外答曰是為得解道非實道行者念棄及火燒蟲噉埋著土中皆磨滅若現在觀亦分別是身乃至微塵皆無是名內無

色相外觀色問曰二勝處見內外色六勝處但見外色一背捨見內外色二背捨但見外色何以故但內有壞色相外色不能壞答曰行者眼見是身有死相取是未來死相以況今身外四大不見滅相故難可觀無故不說外色壞復次離色界時是時亦不見外色淨背捨身作證者不淨中淨觀如八勝處說前八一切處觀清淨地水火風及青黃赤白觀青色如青蓮華如金精山如優摩伽華如真青婆羅捺衣觀黃赤白各隨色亦復如是惣名淨背捨問曰若惣是淨背捨不應說一切處答曰背捨是初行者勝處是中行一切處是久行不淨觀有二種一者不淨二者淨不淨觀中二背捨四勝處淨觀中一背捨四勝處八一切處問曰行者以不淨為淨名為顛倒淨背捨觀云何不顛倒答曰女色不淨妄見為淨是名顛倒淨背捨觀一切實青色廣大故不顛倒復次為調心故淨觀以久習不淨觀心猒以是故習淨觀非顛倒亦是中

不著故復次行者先觀身不淨隨身法所有內外不淨繫心觀中是時生猒婬恚癡薄即自驚悟我為無目此身如是云何生著攝心實觀無令復錯心既調柔想身皮肉血髓不淨除却唯有白骨繫心骨人若外馳散攝之令還深攝心故見白骨流光如珂如貝能照內外諸物是為淨背捨初門然後觀骨人散滅但見骨光取外淨潔色相復次若金剛真珠金銀寶物若清淨地淨水如無煙無薪淨潔火若清風無塵諸青色如金精山諸黃色如瞻蔔花諸赤色如赤蓮華諸白色如白雪等取是相繫心淨觀隨是諸色各有清淨光曜是時行者得受喜樂遍滿身中是名淨背捨緣淨故名為淨背捨遍身受樂故名為身證得是心樂背捨五欲不復喜樂是名背捨未漏盡故中間或結使心生隨著淨色復懃精進斷此著故如是淨觀從心相生辟如幻主觀所幻物知從已出心不生著能不隨所緣是時背捨變名勝處於淨觀雖勝未能

廣大是時行者還取淨相用背捨力及勝處力故取是淨地相漸遍滿十方虛空水火風亦尒取青相漸令廣大亦遍十方虛空黃赤白亦如是是時勝處復變為一切處是三事一義轉變有三名問曰是三背捨八勝處十一切處是實觀是得解觀若實觀身有皮肉何以但見白骨人三十六物合為身法何以分別散觀四大各自有相何以滅三大但觀一地大四色非盡是青何以都作青觀荅曰有實觀亦有得解觀身相實是不淨是為實觀外法中有淨相種種色相是為實淨觀淨不淨是為實觀以此少許淨廣觀一切皆是淨取是一水遍觀一切皆是水取是少許青相遍一切皆是青如是等是為得解觀非實四無色背捨如四無色定中觀欲得背捨先入無色定無色定是背捨之初門背捨色緣無量虛空處問曰無色定亦尒有何等異荅曰凡夫人得是無色定是為無色聖人深心得無色定一向不迴是名背捨餘殘識處

無所有處非有想非無想處亦如是背滅受想諸心心數法是名滅受想背捨問曰無想定何以不名背捨荅曰邪見者不審諸法過失直入定中謂是涅槃從定起時還生悔心墮在邪見是故非背捨滅受想患猒散亂心故入定休息似涅槃法著身中得故名身證八勝處者內有色相外觀色少若好若醜是色勝知勝觀是名初勝處內有色相外觀色多若好若醜是色勝知勝觀是名第二勝處第三第四亦如是但以內無色相外觀色為異內亦無色相外觀諸色青黃赤白是為八勝處內有色相外觀色者內身不壞見外緣少者緣少故名少觀道未增長故觀少因緣觀多畏難攝故辟如鹿遊未調不中遠放若好若醜者初學繫心緣中若眉間若額上若鼻端內身不淨相內身中不淨相觀外諸色善業報故名好不善業報故名醜

復次行者如從師所受觀外緣種種不淨是名醜色行者或時憶念忘故

生淨相觀淨色是名好色復次行者
自身中繫心一處觀欲界中色二種
一者能生婬欲二者能生瞋恚能生
婬欲者是淨色名為好能生瞋恚者
是不淨色名為醜於緣中自在勝知
勝見行者於能生婬欲端正色中不
生婬欲於能生瞋恚惡色中不生瞋
恚但觀色四大因緣和合生如水沫
不堅固是名着好若醜勝處者行者
住是不淨門中婬欲瞋恚等諸結使
來能不隨是名勝處是不淨中淨顛
倒等諸煩惱賊故問曰行者云何內
色相外觀色答曰是八勝處深入定
心調柔者可得行者或時見內身不
淨亦見外色不淨不淨觀有二種一
者三十六物等種種不淨二者除內
外皮肉五藏但觀白骨如珂如雪三
十六物等觀是名醜如珂如雪觀是
名好行者內外觀時心散乱難入禪
除自身相但觀外色如阿毗曇中說
行者以得解脫觀見是身死死已舉
出冢間若火燒若虫噉皆已滅盡是
時但見虫火不見身是名內無色相

外觀色行者如教受觀身是骨人若
心外散還攝骨人緣中何以故是人
初習行未能觀細緣故是名少色行
者觀道轉深增長以此一骨人遍觀
閻浮提皆是骨人是名為多還復攝
念觀一骨人以是故名勝知勝見復
次隨意五欲中男女相淨潔相能勝
故名為勝處譬如健人乘馬擊賊能
破名為勝人能制御其馬是亦名勝
行者亦如是能自於不淨觀中少能
多多能少是為勝處亦能破五欲賊
亦名勝處內未能壞身外觀色若多
若少若好若醜是初第二勝處內壞
身無色相觀外色若多若少若好若
醜是第三第四勝處攝心深入定中
壞內身觀外淨緣青青色黃赤白白
色是為後四勝處問曰是後四勝處
十一切處中青等四處有何等異答
曰青一切處能普緣一切令青是勝
處若多若少隨意觀不令異心奪觀
勝是緣名為勝處譬如轉輪聖王遍
勝四天下閻浮提王勝一天下而已
一切處普遍勝一切緣勝處但觀少

色能勝不能遍一切緣如是等比說
八勝處十一切處者背捨勝處已說
此以遍滿緣故名一切處問曰何以
無所有處非有想非無想處不名一
切處答曰是得解之心安隱快樂廣
大無量無邊虛空處是佛所說一切
處中皆有識能疾緣一切法中皆見
有識以是故二處立一切處無所有
中無物可廣亦不得快樂佛亦不說
是無所有無邊無量非有想非無想
處心鈍難得取相令廣大
復次虛空處近色界亦能緣色識處
能緣緣色又識處起能起入第四禪
第四禪起入識處無所有處非有想
非無想處遠無色因緣故非一切處
是三種法皆行得勝處一切處是有
漏初三背捨第七第八背捨是有漏
餘殘或有漏或無漏初二背捨初四
勝處初禪二禪中攝淨背捨後四勝
處八一切處第四禪中攝二一切處即名說空處空
處攝識處識處攝前三背捨八勝處八一切處皆緣
欲界後四背捨緣無色界及無漏法諸功德在
根本中若無色根本不緣下地故滅

受想定非心數法故无緣非有想非无想處皆捨但緣无色四陰及无漏法九次第定者從初禪心起次第入第二禪不令餘心得入若善若垢如是乃至滅受想定問曰餘者亦有次第何以但稱九次第定答曰餘功德皆有異心間生故非次第此中深心智慧利行者自試其心從一禪心起次入二禪不令異念得入於此功德心柔軟善斷法愛故能心心相次是次第二是有漏七或有漏或無漏禪中間未到地不牢固又是聖人所得又此大功德不在邊地是故無次第八背捨八勝處十一切處九次第定聲聞法中略說

大智度論釋初品中九相義第三十五

九相脹相壞相血塗相膿爛相青相噉相散相骨相燒相問曰應當先習九相離欲然後得諸禪何以故諸禪定後方說九相答曰先說果報令行者心樂九相雖是不淨人貪其果報故必習行問曰行者去何觀是脹相等九事答曰行者先持戒清淨令心不悔故易受觀法能破婬欲諸煩惱

賊觀人初死之日辭訣言語息出不反奄忽已死家驚慟號哭呼天言說方今奄便挪去氣滅身冷無所覺識此為大畏無可免處辟如劫盡火燒無有遺脫如說

死至無貧富　無懃修善惡　無貴亦無賤
老少無免者　無祈請可救　亦無欺誑離
無捍格得脫　一切無免處

死法名為永離恩愛之處一切有生之所惡者雖甚傯之無得脫者我身不久必當如是同於木石無所別知我今不應貪著五欲不覺死至同於牛羊牛羊禽獸雖見死者跳騰哮吼不自覺悟我既得人身識別好醜當求甘露不死之法如說

六情身完具　智鑒亦明利　而不求道法
唐受身智慧　禽獸亦皆知　欲樂以自恣
而不知方便　為道修善事　既已得人身
而但自放恣　不知修善行　與彼亦何異
三惡道衆生　不得修道業　已得此人身
當勉自益利

行者到死屍邊見死屍膖脹如韋囊盛風異於本相心生猒畏我身亦當

如是未脫此法身中主識役仰此身視聽言語作罪作福以此自貴為何所趣而今但見空舍在此是身好相細膚姝媚長眼直鼻平額高眉如是等好令人心惑今但見膖脹好在何處男女之相亦不可識作此觀已呵著欲心此臭屎囊膖脹可惡何足貪著死屍風熱轉大裂壞在地五藏屎尿膿血流出惡露已現行者取是壞相以況已身我亦如是皆有是物與此何異我為甚惑為此屎囊薄皮所誑如燈蛾投火但貪明色不知燒身已見裂壞男女相滅我所著者亦皆如是死屍已壞肉血塗漫或見杖捶死者青瘀黃赤或日曝瘀黑臭取是相觀所著者若赤白之色淨潔端正與此何異既見青瘀黃赤鳥獸不食不埋不藏不久膿爛種種虫生行者見已念此死屍本有好色好香塗身衣以上服飾以華綵今但臭壞膿爛塗染此是真實分先所飾綵皆是假借若不燒不埋棄之曠野為鳥獸所食烏挑其眼狗分其手脚虎狼剺腹

分掣齩裂殘藉在地有盡不盡行者見已心生猒想思惟此屍未壞之時人所著處而今壞敗無復本相但見殘藉鳥獸食處甚可惡畏鳥獸已去風日飄曝筋斷骨離各各異處行者思惟本見身法和合而有身相男女皆可分別今已離散各在異處和合法滅身相亦無皆異於本所可愛著今在何處身既離散處處白骨鳥獸食已唯有骨在觀是骨人是為骨相骨相有二種一者骨人筋骨相連二者骨節分離筋骨相連破男女長短好色細滑之相骨節分離破衆生根本實相復有二種一者淨二者不淨淨者久骨白淨無血無膩色如白雪不淨者餘血塗染膩膏未盡行者到屍林中或見積多草木焚燒死屍腹破眼出皮色燋黑甚可怖畏須臾之間變為灰燼行者取是燒相思惟此身未死之前沐浴香華五欲自恣今為火燒甚於兵刃此屍初死形猶似人火燒須臾本相都失一切有身皆歸無常我亦如是九相斷諸煩惱

於滅婬欲最勝為滅婬欲故說是九相問曰無常等十想為滅何事故說荅曰亦為滅婬欲等三毒問曰若尒者二相有何等異荅曰九相為遮未得禪定為婬欲所覆故十想能除滅婬欲等三毒九相如縛賊十想如斬煞九相為初學十想為成就復次是十想中不淨想攝九相有人言十想十不淨想食不淨想世間不可樂想攝九相復有人言十想九相同為離欲俱為涅槃所以者何初死相動轉言語須臾之間忽然已死身體膖脹爛壞分散各各變異是則無常若有著此法無常壞時是即為苦若無常苦無得自在者是則無我不淨無常苦無我則不可樂觀身如是食雖在口腦涎流下與唾和合成味而咽與吐無異下入腹中即是食不淨想以此九相觀身無常變異念念皆滅即是死想以是九相猒世間樂知煩惱斷則安隱寂滅即是斷相以是九相遮諸煩惱即是離想以是九相猒世間故知此五衆滅更不復生是處安隱即

是盡想復次九相為因十想為果是故先九相後十想復次九相為外門十想為內門是故經言二為甘露門一者不淨門二者安那般那門是九相除人七種染著或有人染著色若赤若白若赤白若黃若黑或有人不著色但染著形容細膚纖指脩目高眉或有人不著容色但染著威儀進止坐起行住礼拜俯仰揚眉頓睫親近按摩或有人不著容色威儀但染著言語軟聲美辭隨時而說應意承旨能動人心或有人不著容色威儀軟聲但染著細滑柔膚軟肌熱時身涼寒時體溫或有人皆著五事或有人都不著五事但染著人相若男若女雖得上六種欲不得所著之人猶無所解捨世所重五種欲樂而隨其死死相多除威儀語言愛膖脹相壞相噉相散相多除形容愛血塗相青瘀相膿爛相多除色愛骨相燒相多除細滑愛九相除雜愛及所著人愛噉相散相骨相偏除人愛噉殘離散白骨中不見有人可著以是九相觀離

愛心瞋癡亦微薄不淨中淨顛倒癡故著是身今以是九相披析身內見是身相癡心薄癡心薄則貪欲薄貪欲薄則瞋亦薄所以者何人以貪身故生瞋今觀身不淨心厭故不復貪身不貪身故不復生瞋三毒薄故一切九十八使山皆動漸漸增進其道以金剛三昧摧碎結山九相雖是不淨觀依是能成大事辟如大海中臭屍溺人依以得渡問曰是九相有何性何所緣何處攝荅曰取相性緣欲界身色相陰攝亦身念處少分或欲界攝或初禪二禪四禪攝未離欲散心人得欲界繫離欲人心得色界繫膖脹等八相欲界初禪二禪中攝淨骨相欲界初禪二禪四禪中攝三禪中多樂故無是相是九相是開身念處門身念處開三念處門是四念處開三十七品門三十七品開涅槃城門入涅槃離一切憂惱諸苦滅五眾因緣生故受涅槃常樂問曰聲聞人如是觀心厭離欲疾入涅槃菩薩憐愍一切眾生集一切佛法渡一切眾生

不求疾入涅槃故觀是九相云何不墮二乘證荅曰菩薩於眾生心憐愍知眾生以三毒因緣故受今世後世身心苦痛是三毒終不自滅亦不可以餘理得滅但觀所著內外身相然後可除以是故菩薩滅是婬欲故觀是九相如人憐愍病者合和諸藥以療之菩薩亦如是為著色眾生說是青瘀相等隨其所著分別諸相如先說是為菩薩行九相觀

復次菩薩以大慈悲心行是九相作是念我未具足一切佛法不入涅槃是為一法門我不應住此一門我當學一切法門以是故菩薩行九相無所妨菩薩行是九相或時厭患心起如是不淨身可惡可患欲疾取涅槃尒時菩薩作是念十方諸佛說一切法相空中無無常何況有不淨但為破淨顛倒故習此不淨是不淨皆從因緣和合生無有自性皆歸空相我今不應取是因緣和合生無自性不淨法欲疾入涅槃經中亦有是說若色中無味相眾生不應著色以色中

有味故眾生起著若色無過罪眾生亦無厭色者以色實有過惡故觀色則厭若色中无出相眾生亦不能於色得脫以色有出相故眾生於色得解脫味是淨相因緣以是故菩薩不於不淨中沒早取涅槃九相義分別竟

大智度論釋初品中八念義第三十六

念佛念法念僧念戒念捨念天念入出息念死問曰何以故九相次第有八念荅曰佛弟子於阿蘭若處空舍冢間山林曠野善修九相內外不淨觀厭患其身而作是念我云何擔是底下不淨屎尿囊自隨惛然驚怖及為惡魔作種種惡事來恐怖之欲令其退以是故佛次第為說八念如經中說

佛告諸比丘若於阿蘭若處空舍冢間山林曠野在中思惟若有怖畏衣毛為竪尒時當念佛佛是多陁阿伽度阿羅呵三藐三佛陁乃至婆伽婆恐怖則滅若不念佛當疾念法佛法清淨巧出善說得今世報指示開發有智之人心力能解如是念法怖畏則除若不念法則當念僧佛弟子眾

修正道隨法行僧中有阿羅漢向阿羅漢乃至須陁洹向須陁洹四雙八輩是佛弟子衆應供養合手恭敬礼拜迎逆世間無上福田作如是念僧恐怖即滅

佛告諸比丘釋提桓因與阿修羅鬪在大陣中時告諸天衆汝與阿修羅鬪時設有恐怖當念我七寶幢恐怖即滅若不念我幢當念伊舍那天子帝釋左面天王也寶幢恐怖即除若不念伊舍那寶幢當念婆樓那天子右面天子寶幢恐怖即除以是故知為除恐怖因緣故次第說八念問曰經中說三念因緣除恐怖五念復云何能除恐怖荅曰是比丘自念布施持戒功德怖畏亦除所以者何若破戒心畏墮地獄若慳貪心畏墮餓鬼及貧窮中自念我有是淨戒布施若念淨戒若念布施心則歡喜作是言若我命未盡當更增進功德若當命終不畏墮惡道以是故念戒施亦能令怖畏不生念上諸天皆是布施持戒果報此諸天以福德因緣故生彼我亦有是福德

以是故念天亦能令怖畏不生十六行念安那般那時細覺尚滅何況恐怖麁覺念死者念五衆身念念生滅從生已來常與死俱今何以畏死是五念佛雖不說亦當除恐怖所以者何念他功德以除恐怖則難自念已事以除恐怖則易以是故佛不說問曰云何是念佛荅曰行者一心念佛得如實智慧大慈大悲成就是故言無錯謬麁細多少深淺皆無不實皆是實故名多陁阿伽度亦如過去未来現在十方諸佛於衆生中起大悲心行六波羅蜜得諸法相来至阿耨多羅三藐三菩提中此佛亦如是是名多陁阿伽度如三世十方諸佛身放大光明遍照十方破諸黒闇心出智慧光明破衆生無明闇冥功德名聞亦遍滿十方去至涅槃此佛亦如是去以是故亦名多陁阿伽度有如是功德故應受一切諸天世人最上供養是故名阿羅呵若有人言何以故但佛如實說如来如去故應受最上供養以佛得正遍智慧故正名諸

法不動不壞相遍名不為一法二法故以知一切法無餘盡是名三藐三佛陁是正遍智慧不從無因而得亦不從无緣得是中依智慧持戒具足故得正遍智慧智慧名菩薩從初發意乃至金剛三昧相應智慧持戒名菩薩從初發意乃至金剛三昧身業口業清淨隨意行已是故名鞞闍遮羅那三般那若行是二行得善去如車有兩輪善去者如先佛所去處佛亦如是去故名修伽陁若有言佛自修其法不知我等事以是故知世間知世間因知世間盡知世間盡道故名為路伽憊知世間已調御衆生於種種師中最為無上以是名阿耨多羅富樓沙曇藐婆羅提能以三種道滅三毒令衆生行三乘道以是故名貫多提婆魔㝹舍若有言以何事故能自利益無量復能利益他人無量佛一切智慧成就故過去未来現在盡不盡動不動一切世間了了悉知故名為佛陁得是九種名号有大名稱遍滿十方以是故名婆伽婆經中佛自

說如是名号應當作是念佛復次一切種種功德盡在於佛佛是刧初轉輪聖王摩訶三磨陁等種閻浮提中智慧威德諸釋子中生貴性憍曇氏生時光明遍三千大千世界梵天王持寶蓋釋提桓因以天寶衣承接阿那婆蹹多龍王娑伽多龍王以妙香湯澡浴生時地六種動行至七步安詳如象王觀視四方作師子吼我是末後身當度一切衆生阿私仙人相之告淨飯王是人足下千輻輪相指合縵網當自於法中安平立無能動無能壞者手中德字縵網莊嚴當以此手安慰衆生令無所畏如是乃至肉髻相如青珠山頂青色光明從四邊出頭中頂相無能見上若天若人無有勝者白毫眉間旋白光踰頗梨淨眼長廣其色紺青鼻高直好甚可愛樂口四十齒白淨利好四牙上白其光最勝脣上下等不大不小不長不短舌薄而大軟赤紅色如天蓮華梵聲深遠聞者悅樂聽無厭足身色好妙勝閻浮提金大光周身種種雜

色妙好無比如是等三十二相具足是人不久出家得一切智成佛佛身功德如是應當念佛復次佛身功德身力勝於十万白香象寶是為父母遺體力若神通功德力無量無限佛身以三十二相八十隨形好莊嚴內有無量佛法功德故視之無厭見佛身者忘世五欲万事不憶若見佛身一處愛樂無厭不能移觀佛身功德如是應當念佛

復次佛持戒具足清淨從初發心修戒增積無量興憐愍心俱不求果報不向聲聞辟支佛道不雜諸結使但為自心清淨不惱衆生故世世持戒以是故得佛道持戒得具足應如是念佛戒衆復次佛定衆具足問曰持戒以身口業清淨故可知智慧以分別說法能除衆生疑故可知定者餘人修定尚不可知何況於佛云何得知答曰大智慧具足故當知禪定必具足譬如見蓮華大必知池亦深大又如燈明大者必知酥油亦多亦以佛神通變化力無量無比故知禪定

力亦具足亦如見果大故知因亦必大復次有時佛自為人說我禪定相甚深如經中說佛在阿頭摩國林樹下坐入禪定是時大雨雷電霹靂有四特牛耕者二人聞聲怖死須臾便晴佛起經行有一居士礼佛足已隨從佛後白佛言世尊向者雷電霹靂有四特牛耕者二人聞聲怖死世尊聞不佛言不聞居士言佛時睡耶佛言不睡問曰入無心想定耶佛言不也我有心想但入定耳居士言未曾有也諸佛禪定大為甚深有心想在禪定如是大聲覺而不聞如餘經中佛告諸比丘佛入出諸定舍利弗目揵連尚不聞其名何況能知何者是如三昧王三昧師子遊戲三昧等佛入其中能令十方世界六種震動放大光明化為無量諸佛遍滿十方如阿難一時心生念過去然燈佛時時世好人壽長易化度今釋迦牟尼佛時世惡人壽短難教化佛事未訖而入涅槃耶清旦以是事白佛言已日出佛時入日出三昧如日出光明照

閻浮提佛身如是毛孔普出光明遍
照十方恒河沙等世界一一光中出
七寶千葉蓮華一一華上皆有坐佛
一一諸佛皆放無量光明一一光中
皆出七寶千葉蓮華一一華上皆有
坐佛是諸佛等遍滿十方恒河沙等
世界教化衆生或有說法或有嘿然
或以經行或神通變化身出水火如
是等種種方便度脫十方五道衆生
阿難承佛威神悉見是事佛攝神足
從三昧起告阿難見是事不聞是事
不阿難言蒙佛威神已見已聞佛言
佛有如是力能究竟佛事不阿難言
世尊若衆生滿十方恒河沙等世界
中佛壽一日用如是力必能究竟施
作佛事阿難歎言未曾有也世尊諸
佛法無量不可思議以是故知佛禪
定具足復次佛慧衆具足初發心於
阿僧祇劫中無法不行世世集諸功
德一心專精不惜身命以求智慧如
薩陀波崙菩薩復次以善修大悲智
慧故具足慧衆餘人無是大悲雖有
智慧不得具足大悲欲度衆生求種

種智慧故及斷法愛滅六十二邪見
不墮二邊若受五欲樂若修身苦道
若斷若滅若計常若有若無等如是
諸法邊復次佛慧無上微鑒無比從
甚深禪定中生故諸麤細煩惱所不
能動故善修三十七品四禪四無量
心四無色定八背捨九次第定等諸
功德故有十力四無所畏四無导智
十八不共法得無导不可思議解脫
故佛慧衆具足復次能降伏外道大
論議師所謂優樓頻螺迦葉摩訶迦
葉舍利弗目揵連薩遮尼揵子婆蹉
首羅長爪等大論議師輩皆降伏是
故知佛慧衆具足復次佛三藏十二
部經八万四千法聚是語言多故
知智慧亦大辟如居士清朝見大雨
處語衆人言昨夜雨龍其力甚大衆
人言汝何以知之荅言我見地濕泥
多山崩樹折煞諸鳥獸以此故知龍
力為大佛亦如是甚深智慧雖非眼
見而大法雨諸大論師及釋梵天王
皆以降伏以是可知佛慧多復次諸
佛得無导解脫故於一切法中智慧

無导復次佛此智慧清淨出諸觀上
不觀諸法常相無常相有邊相無邊
相有去相無去相有相無相有漏相
無漏相有為相無為相生滅相不生
滅相空相不空相常清淨無量如虛
空以是故無导若觀生滅者不得觀
不生滅觀不生滅者不得觀生滅若
不生滅實生滅不實若生滅實不生
滅不實如是等諸觀皆尒得無导智
故知佛慧衆具足復次念佛解脫衆
具足佛解脫諸煩惱及習根本拔故
解脫真不可壞一切智慧成就故名
為無导解脫成就八解脫甚深遍得
故名為具足解脫復次離時解脫及
慧解脫故便具足成就共解脫成就
如是等解脫故名具足解脫衆復次
破魔軍故得解脫離煩惱故得解脫
離遮諸禪法故得解脫於諸禪定入
出自在無导故復次菩薩於見諦道
中得深十六解脫一苦法智相應有
為解脫二苦諦斷十結盡得無為解
脫如是乃至道比智思惟道中得十
八解脫一或比智或法智相應有為

大智度論第二十一卷　第二十七張　穀字號

解脫二斷無色界三思惟結故得無為解脫如是乃至第十八盡智相應有為解脫及一切結使盡得無為解脫如是諸解脫和合名為解脫衆具足復次念佛解脫知見衆具足解脫知見衆有二種一者佛於解脫諸煩惱中用盡智自證知知苦已斷集已盡證已修道已是為盡智解脫知衆生苦已不復更知乃至修道已不復更修是為無生智解脫知見衆二者佛知是人入空門得解脫是人無相門得解脫是人無作門得解脫是人無方便可令解脫是人久久可得解脫是人不久可得解脫是人即得解脫是人軟語得解脫是人苦教得解脫是人雜語得解脫是人見神通力得解脫是人說法得解脫是人婬欲多為增婬欲得解脫是人瞋恚多為增瞋恚得解脫如難陀漚樓頻螺龍是如是等種種因緣得解脫如法眼中說於是諸解脫中了了知見是名解脫知見衆具足復次念佛一切智一切見大慈大悲十力四無所畏四無㝵智十八不共法等念如佛所知無量不可思議諸功德是名念佛是在念七地者或有漏或無漏者有報無漏者無報三根相應樂喜捨根行得亦果報得行者如此間國中學念佛三昧果報得者如無量壽佛國人生便自然能念佛如是等如阿毗曇中廣分別

大智度論第二十一卷　第二十八張　穀字號

大智度論卷第二十一

大智度論卷二十一

校勘記

一　底本，金藏廣勝寺本。

一　四六九頁中一行經名，石作「智度經論卷第二十四」；資、磧、普、南、徑、清作「大智度論卷第二十一」。

一　四六九頁中三行後，資有品名「釋初品中八背捨第三十四」；磧、普、南、徑、清品名作「釋初品中八背捨八勝處九次第定十一切處」。

一　四六九頁中一四行「諸使」，石、麗作「諸結使」；磧、普、南、徑、清作「結使」。

一　四六九頁中一五行首字「行」，資作「諸見」。

一　四六九頁中一五行第四字「諸」，石、磧、普、南、徑、清、麗作「結」。

一　四六九頁中一六行第一三字「敗」，石、麗作「敗故」。

一　四六九頁中二〇行第一四字「及」，資、磧、普、南、徑、清無。

一　四六九頁下一二行第一三字「復」，資、磧、普、南、徑、清無。

一　四七〇頁上一〇行第四字「相」，資、磧、普、南、徑、清作「想」。以下時有出現。

一　四七〇頁上一一行第六字「淨」，諸本作「若淨」。

一　四七〇頁中二行第一一字「漸」，諸本作「漸漸」。

一　四七〇頁中八行第一一字「人」，石、麗作「又」。

一　四七〇頁下七行第一三字「中」，資、磧、普、南、徑、清作「中身」。

一　四七〇頁下八行「內有」，資作「內」。

一　四七〇頁下一〇行「內有」，資、磧、普、南、徑、清作「內」，下同。

一　四七一頁上二行第三字「中」，資、磧、普、南、徑、清作「內」。

一　四七一頁上一一行首字「來」，資、磧、普、南、徑、清作「未」。

一　四七一頁上一一行第八字「處」，諸本作「處勝」。

一　四七一頁上二一行末字「舉」，資、磧、普、南、徑、清作「擧」。

一　四七一頁中九行第二字「名」，麗作「是名」。

一　四七一頁中九行第五字「人」，資、磧、普、南、徑、清、麗作「又」。

一　四七一頁中一六行第九字「青」，資無。

一　四七一頁下一行第一三字「比」，資、磧、普、南、徑、清、麗作「略」。

一　四七一頁下七行第一一字「法」，資、磧、普、南、徑、清、麗作「法故一切法」。

一　四七一頁下一四行第五字「入」，資、磧、普、南、徑、清、麗作「超入」。

一　四七一頁下末行第四字「若」，資、磧、普、南、徑、清作「善」。

一　四七二頁上一行第一二字「非」，至二行第一一字「法」，資無。

一　四七二頁上八行「於此」，資、磧、普、南、徑、清作「此於」。

一　四七二頁上一五行「大智度論」，石作「摩訶般若波羅蜜經」；徑、清無。以下品名同。

一　四七二頁上一五行「第三十五」，磧、普、南、徑、清無。

一　四七二頁上一六行首字「九」前，石、磧、普、南、徑、清、麗有「經」。

一　四七二頁上一七行第九字「問」前，石、磧、普、南、徑、清、麗有「論」。

一　四七二頁上一九行第一〇字「說」，石、資、磧、普、南、徑、清作「讚」。

一　四七二頁中二行第二字「奄」，石無。

一　四七二頁中二行第五字「死」，石作「死矣室」；資、磧、普、南、徑、清、麗作「死室」。

一　四七二頁中一九行第一〇字「行」，資、磧、普、南、徑、清作「事」。

一　四七二頁中二一行第二字「勉」、資作「得」。

一　四七二頁下一行第一二字「仰」，諸本作「御」。
一　四七二頁下二行第一二字「貴」，石、磧、普、南、徑、清作「恣」。
一　四七二頁下四行「細膚」，石、麗作「細腰」，下同。
一　四七二頁下二一行第五字「真」，石、麗作「其」。
一　四七三頁上一四行第三字「相」，石、資作「相骨相」；磧、普、南、徑、清作「相骨想」。
一　四七三頁上末行第七字「是」，資、磧、普、南、徑、清作「是觀」。
一　四七三頁中九行首字「十」，諸本作「中」。
一　四七三頁中一三行末字「有」，石、麗無。
一　四七三頁中一九行「无常變異」，資、磧、普、南、徑、清作「常變」。
一　四七三頁中末行「五衆」，石作「五陰」，下同。
一　四七三頁下一三行「柔膚軟肌」，石作「柔軟肌膚」。
一　四七四頁上一一行第九字「取」，資作「死」。
一　四七四頁上一二行第四字「陰」，資、磧、普、南、徑、清作「衆」。
一　四七四頁上二〇行第一三字「衆」，麗作「陰」。
一　四七四頁中二行第一二字「心」，諸本作「心生」。
一　四七四頁中六行第九字「滅」，諸本作「欲滅」。
一　四七四頁中六行第一三字「故」，諸本作「毒故」。
一　四七四頁中一二行首字「是」，石、麗作「如是」。
一　四七四頁中一三行第一一字「一」，資、磧、普、南、徑、清作「一法」。
一　四七四頁中一六行第六字「可」，磧、普、南、徑、清作「何」。
一　四七四頁中一八行第三字「空」，諸本作「空空」。
一　四七四頁中一九行第七字「此」，石、磧、普、南、徑、清作「行」。
一　四七四頁下三行第一一字「脱」，資、磧、普、南、徑、清作「解脱」。
一　四七四頁下四行第一一字「緣」，石、麗作「緣故」。
一　四七四頁下六行「義第三十六」，石、麗作「義第三十六之一」；資作「上第三十六」；磧、普、南作「上」；徑、清無。
一　四七四頁下七行首字「念」前，石、磧、普、南、徑、清、麗有〈經〉。
一　四七四頁下八行第五字「問」前，石、磧、普、南、徑、清、麗有〈論〉。
一　四七四頁下一一行第一三字「穭」，諸本作「擔」。
一　四七四頁下一二行首字「底」，石作「胘」。
一　四七四頁下二〇行第一〇字「疾」石、資、磧、普、南、徑、清作「瘛」。
一　四七五頁上三行第一一字「手」，資、磧、普、南、徑、清作「掌」。
一　四七五頁上四行第三字「逆」，諸

本作「送」。

一　四七五頁上一一行夾註，石作「帝釋右面天王」；資、磧、普、南、徑、清作「右面天王」。

一　四七五頁中五行第八字「當」，石、資、磧、普、南、徑、清作「能」。

一　四七五頁中一一行「故名」，石、麗作「故名爲」，下同。

一　四七五頁中一八行第一〇字「檠」，石、麗作「檠中」。

一　四七五頁下二行第三字「知」，諸本作「悉知」。

一　四七五頁下二行第九字「盡」，諸本作「不盡」。

一　四七五頁下四行「无緣」，資、磧、普、南、徑、清作「天」。

一　四七五頁下八行第七字「已」，資、磧、普、南、徑、清無。

一　四七五頁下一五行第八字「是」，諸本作「是故」。

一　四七五頁下一八行第五字「舍」，資、磧、普、南、徑、清作「舍喃」。

一　四七六頁上一行第五字「号」，石作「字」。

一　四七六頁上四行「貴性」，磧、普、南、徑、清作「貴姓」。

一　四七六頁上五行第五字「遍」，石、麗作「遍照」。

一　四七六頁上七行第一三字「妙」，石作「上妙」。

一　四七六頁上一〇行第一一字「私」，石、麗作「私陁」。

一　四七六頁中一行第六字「如」，資、磧、普、南、徑、清作「以如」。

一　四七六頁中一二行第六字「興」，資、磧、普、南、徑、清、麗作「與」。

一　四七六頁中一五行第七字「持」，諸本作「時」。

一　四七六頁中一八行第七字「生」，石、資、磧、普、南、徑、清無。

一　四七六頁下一〇行第四字「問」，資、磧、普、南、徑、清無。

一　四七六頁下二二行第一二字「言」，石、麗無。

一　四七六頁下末行「佛時」，石作「時佛」。

一　四七七頁上一八行第一一字「初」，諸本作「從初」。

一　四七七頁中三行第三字「若」，諸本無。

一　四七七頁中一六行「居士」，石、麗作「一居士」。

一　四七七頁中二一行第八字「論」，石、麗作「論議」。

一　四七七頁中二二行第一〇字「慧」，諸本作「智慧」。

一　四七七頁下一行「清淨」，諸本作「皆清淨」。

一　四七八頁上八行第一三字「知」，諸本作「知見」。

一　四七八頁上九行首字「生」，石、磧、普、南、徑、清、麗作「知」；資作「生智」。

一　四七八頁上一四行第一二字「即」，諸本作「即時」。

一　四七八頁上一九行第一〇字「漚」，

一 資、磧、普、南、徑、清作「優」。

一 四七八頁上末行第三字「見」，石、麗作「知見」。

一 四七八頁中二行末字至三行首字「在念」，諸本作「念在」。

一 四七八頁中三行第四字「者」，諸本作「中」。

一 四七八頁中三行第一一字「者」，諸本作「有漏者」。

一 四七八頁中五行第五字「者」，石、麗作「得者」。

一 四七八頁中末行經名，石此處不分卷，故無。

大智度論釋初品中八念義第三十六之餘卷第二十二　德

聖者龍樹造

後秦龜茲國三藏鳩摩羅什譯

念法者如佛演說行者應念是法巧出得今世果無熱惱不待時能到善處通達無导巧出者二諦不相違故所謂世諦第一義諦智者不能壞愚者不起諍故是法亦離二邊所謂若受五欲樂若受苦行復離二邊若常若斷若我若无我若有若無如是等二邊不著是名巧出諸外道輩自貴其法毀賤他法故不能巧出得今世果者離愛因緣世間種種苦離邪見因緣種種論議鬬諍身心得安樂如佛說

持戒者安樂　身心不熱惱　卧安覺亦安
名聲亦遠聞

復次此佛法中因緣展轉生果所謂持戒清淨故心不悔心不悔故生歡喜法歡喜故身心快樂身心快樂故能攝心攝心故如實知如實知故得猒得猒故離欲離欲故得解脫解脫果報得涅槃是名得今世果外道法空行苦無所得如閻浮呵羅漢得道時自說

我昔作外道　五十有五年　但食乾牛屎
裸形卧棘上

我受如是辛苦竟無所得不如今得見佛聞法出家三日所作事辦得阿羅漢以是故知佛法得今世果問曰若佛法得今世果何以故佛諸弟子有無所得者答曰行者能如佛所說次第修行无不得報如病人隨良醫教將和治法病無不差若不隨佛教不次第行破戒亂心故无所得非法不良也復次諸未得道者今世雖不得涅槃後世得受福樂漸次當得涅槃終不虛也如佛所說其有出家爲涅槃者若遲若疾皆當得涅槃如是等能得今世果無熱惱者熱惱有二種身惱心惱身惱者繫縛牢獄考掠刑戮等心惱者婬欲瞋恚慳貪嫉妬因緣故生憂愁怖畏等此佛法中持戒清淨故身無是繫縛牢獄考掠刑戮等惱心離五欲除五蓋得實道故

无是婬欲瞋恚慳貪嫉妬邪疑等惱無惱故无熱復次無漏禪定生喜樂遍身受故諸熱則除辟如人大熱悶得入清涼池中冷洗清了無復熱惱復次諸煩惱名屬見者屬愛是名熱佛法中無此故名无熱惱不待時者佛法不待時而行亦不待時與果外道法日未出時受法日出時不受法或有日出時受日未出不受有晝受夜不受有夜受晝不受佛法中无受待時隨修八聖道時便得涅槃辟如火得薪便然無漏智慧生時便能燒諸煩惱不待時也問曰如佛說有時藥時衣時食若人善根未熟待時當得何以言無時荅曰此時者隨世法為佛法久住故結時戒若為修道得涅槃及諸禪定智慧微妙法不待時也諸外道法皆待時節佛法但待因緣具足若雖持戒禪定而智慧未成就不能成道若持戒禪定智慧皆成就便得果不復待時復次久久得果名為時即得不名時辟如好染一入便成心淨人亦如是聞法即染得法

眼淨是名不待時能到善處者是三十七無漏道法能將人到涅槃辟如入恒河必得至大海諸餘外道法非一切智人所說邪見雜故將至惡處或將至天上還墮受苦皆无常故不名善處問曰無有將去者云何得將至善處荅曰雖无將去者但諸法能將諸法去無漏善五衆斷五衆中强名衆生將去入涅槃如風吹塵如水漂草雖无去者而可有去復次因緣和合無有作亦无有將去者而果報屬因緣不得自在是即名為去通達無㝵者得佛法印故通達无㝵如得王印則无所留難問曰何等是佛法印荅曰佛法印有三種一者有為法念念生滅皆無常二者一切法無我三者寂滅涅槃行者知三界皆是有為先滅作法先有今無今有後无念念生滅相續相似生故可得見知如流水燈焰長風相似相續故人以為一衆生於無常法中常顛倒故謂去者是常住是名一切作法无常印一切法無我諸法内无主無作者无知無

見无生者無造業者一切法皆屬因緣屬因緣故不自在不自在故无我相不可得故如破我品中說是名无我印問曰何以故但作法無常一切法无我荅曰不作法無因无緣故不生不滅不生不滅故不名為無常復次不作法中不生心著顛倒以是故不說是無常可說言无我有人說神是常遍知相以是故說一切法中無我寂滅者是涅槃三毒三毒火滅故名寂滅印問曰寂滅印中何以但一法不多說荅曰初印中說五衆二印中說一切法皆無我第三印中說二印果是名寂滅印一切作法無常則破我所外五欲等若說无我破内我法我我所破故是寂滅涅槃行者觀作法無常便生厭世苦既知厭苦存著觀主謂能作是觀以是故有第二法印知一切法無我於五衆十二入十八界十二因緣中内外分別推求觀主不可得不可得故是一切法無我作如是知已不作戲論无所依止但歸於滅以是故說寂滅涅槃印問曰

摩訶衍中說諸法不生不滅一相所謂無相此中云何說一切有為作法无常名為法印二法云何不相違荅曰觀無常即是觀空因緣如觀色念念无常即知為空過去色滅壞不可見故無色相未來色不生無作无用不可見故無色相現在色亦无住不可見不可分別知故無色相无色相即是空空即是無生无滅無生无滅及生滅其實是一說有廣略

問曰過去未來色不可見故無色相現在色住時可見云何言无色相荅曰現在色亦無住時如四念處中說若法後見壞相當知初生時壞相以隨逐微細故不識如人著屐若初日新而无有故後應常新不應有故若无故應是常常故无罪無福无罪無福故則道俗法乱復次生滅相常隨作法无有住時若有住時則無生滅以是故現在色無有住住中亦有生滅是一念中住亦是有為法故是名通達無导如是應念法復次法有二種一者佛所演說三藏十二部八万四千法聚二者佛所說法義所謂持戒禪定智慧八聖道及解脫果涅槃等行者先當念佛所演說次當念法義念佛所演說者佛語美妙皆真實有大饒益佛所演說亦深亦淺觀實相故深巧說故淺重語無失各各有義故佛所演說住四處有四種功德莊嚴一慧處二諦處三捨處四滅處有四種荅故不可壞一定荅二解荅三反問荅四置荅佛所演說或時聽而遮或時遮而聽或聽而不遮或遮而不聽此四皆順從無違佛說得諸法相故無戲論有義理說故破有无論佛演說隨順第一義雖說世間法亦無咎與二諦不相違故隨順利益說於清淨人中為美妙於不淨人中為苦惡於美語荅語中亦无過罪佛語皆隨善法亦不著善法雖是垢法怨家亦不以為高雖種種有所訶亦無有訶罪雖種種讚法亦无所依止佛言說中亦無增无減或略或廣佛語初善久久研求亦善佛語雖多義味不薄雖種種雜語義亦不乱雖能引人心亦不令人生愛著雖殊異高顯亦不令人畏難雖遍有所到凡小人亦不能解佛語如是有種種希有事能令人衣毛為竪流汗氣滿身體戰慄亦能令諸天心默聲嘯十方六種動地亦能令人於無始世界所堅著者能令捨所不堅著者能令樂佛語罪惡人聞之息有罪故憂怖熱惱善一心精進入道人聞如服甘露味初亦好中亦好後亦好復次多會眾中各欲有所聞佛以一言荅各各得解各各自見佛獨為我說大衆中雖有遠近聞者聲無增減滿三千大千世界乃至十方无量世界應度者聞不應度者不聞辟如雷霆振地聾者不聞聽者得悟如是種種念佛言語何等是法義信戒捨聞定慧等為道諸善法及三法印如通達中說一切有為法無常一切法无我寂滅涅槃是名佛法義是三印一切論議師所不能壞雖種種多有所說亦無能轉諸法性者如冷相無能轉令熱諸法性不可壞假使人能傷虛空是諸法印如

法不可壞聖人如是三種法相於一切依止邪見各鬪諍處得離譬如有目人見群盲諍種種色相愍而笑之不與共諍問曰佛說聲聞法有四種實摩訶衍中有一實今何以說三實答曰佛說三種實法印廣說則四種略說則一種無常即是苦諦集諦道諦說無我則一切法說寂滅涅槃即是盡諦復次有為法无常念念生滅故皆屬因緣無有自在无有自在故无我無常无我無相故心不著无相不著故即是寂滅涅槃以是故摩訶衍法中雖說一切法不生不滅一相所謂无相无相即滅涅槃是念法三昧緣知緣盡諸菩薩及辟支佛功德問曰何以故念佛但緣佛身中无學諸功德念僧三昧緣佛弟子身中諸學無學法餘殘善无漏法皆念法三昧所緣答曰迦栴延尼子如是說摩訶衍人說三世十方諸佛及諸佛從初發意乃至法盡於其中間所作功德神力皆是念佛三昧所緣如佛所說及所說法義從一句一偈乃至八万

四千法聚信戒捨聞定智慧等諸善法乃至無餘涅槃皆是念法三昧所緣諸菩薩辟支佛及聲聞衆除佛餘殘一切聖衆及諸功德是念僧三昧所緣念僧者是佛弟子衆戒衆具足禪定衆智慧衆解脫衆解脫知見衆具足四雙八輩應受供養恭敬礼事是世間無上福田行者應念如佛所讚僧若聲聞僧若辟支佛僧若菩薩僧功德是聖僧五衆具足如上說問曰先以五衆讚佛云何復以五衆讚僧答曰隨弟子所得五衆而讚具足具足有二種一者實具足二者名具足如弟子所可應得者盡得而讚是名具足如佛所得而讚是實具足復次為欲異於外道出家衆在家衆故作如是讚外道在家衆讚其富貴豪尊勢力出家衆讚其邪見苦行涂著智慧戲論諍競念僧衆中或有持戒禪定智慧等少不足稱以是故佛自讚弟子衆一切功德根本住處戒衆具足乃至解脫知見衆具足住是戒衆中不傾動引禪定弓放智慧箭

破諸煩惱賊得解脫於是解脫中生智見譬如健人先安足挽弓放箭能破怨敵得出二怖免罪於王拔難於陣決了知見賊已破滅心生歡喜是故以五衆讚應供養者五衆功德具足故如富貴豪勢之人人所宗敬佛弟子衆亦如是有淨戒禪定智慧財富解脫知見勢力故應供養恭敬合掌礼事世間無上福田者施主有二種貧富者貧者礼事恭敬迎送而得果報富者亦能恭敬礼事迎送又以財物供養而得果報是故名為世間无上福田譬如良田耕治調柔以時下種溉灌豐渥所獲必多衆僧福田亦復如是以智慧犁耕出結使根以四無量心磨治調柔諸檀越下信施穀子溉以念施恭敬清淨心水若今世若後世得無量世間樂及得三乘果如薄拘羅比丘鞞婆尸佛時以一呵梨勒果供養衆僧九十一劫天上人中受福樂果常無疾病今值釋迦牟尼佛出家漏盡得阿羅漢如沙門二十億鞞婆尸佛時作一房舍以物

覆地供養衆僧九十一劫天上人中受福樂果足不蹈地生時足下毛長二寸柔軟淨好父見歡喜與二十億兩金見佛聞法得阿羅漢於諸弟子中精進第一如是等少施得大果報是故名世間無上福田僧中有四雙八輩者佛所以說世間无上

福田以

有此八輩聖人故名無上福田問曰如佛告給孤獨居士世間福田應供養者有二種若學人若無學人學人十八无學人有九今此中何以故但說八荅曰彼廣說故十八及九今此略說故八彼二十七聖人此八皆攝信行法行或向須陁洹攝或向斯陁含攝或向阿那含攝家家向斯陁含攝一種向阿那含攝五阿那含向阿羅漢攝信行法行入思惟道名信解脫見得是信解脫見得十五學人攝九種福田阿羅漢攝復次行者應念僧僧是我趣涅槃之真伴一戒一見如是應歡喜一心恭敬順從无違我先伴種種衆惡妻子奴婢人民等是入三惡道伴今得聖

人伴安隱至涅槃佛如醫王法如良藥僧如瞻病人我當清淨持戒正憶念如佛所說法藥我當順從僧是我斷諸結病中一因緣所謂瞻病人是故當念僧復次僧有无量戒禪定智慧等具足其德不可測量如一富貴長者信樂僧自僧執事我次第請僧於舍食日日次請乃至沙弥執事不聽沙弥受請諸沙弥言以何意故不聽沙弥荅言以檀越不喜請年少故便說偈言

鬚髮白如雪　齒落皮肉皺　僂步形體羸
樂請如是輩

諸沙弥等皆是大阿羅漢如打師子頭欻然從坐起而說偈言

檀越無智人　見形不取德　捨是少年相
但取老瘦黑

上尊耆年相者如佛說偈

所謂長老相　不必以年耆　形瘦鬚髮白
空老內无德　能捨罪福果　精進行梵行
已離一切法　是名為長老

是時諸沙弥復作是念我等不應坐觀此檀越品量僧好惡即復說偈

讚歎呵罵中　我等心雖一　是人毀佛法
不應不教誨　當疾到其舍　以法教語之
我等不度者　是則為弃物

即時諸沙弥自變其身皆成老年鬚髮白如雪秀眉垂覆眼皮皺如波浪其脊曲如弓兩手負杖行次第而受請舉身皆振挑行止不自安辟如白花樹隨風而動搖檀越見此輩歡喜迎入坐坐已須臾頃還復年少形檀越驚怖言

如長耆老相　還變成少身　如服還年藥
是事何由然

諸沙弥言汝莫生疑畏我等非非人汝欲平量僧是事甚可傷我等相憐愍故現如是化汝當深識之聖衆不可量如說

辟如以蚊觜　猶可測海底　一切天與人
無能量僧者　僧以功德貴　猶尚不分別
而汝以年歲　稱量諸大德　大小生於智
不在於老少　有智懃精進　雖少而是老
懈怠无智慧　雖老而是少

汝今平量僧是則為大失如欲以一指測知大海底為智者之所笑汝不

大智度論第三十二卷　第十五張　似字号

聞佛說四事雖小而不可輕太子雖
小當為國王是不可輕虵子雖小毒
能煞人亦不可輕小火雖微能燒山
野又不可輕也沙弥雖小得聖神通
寂不可輕又有四種人如菴羅果生
而似熟熟而似生生而似生熟而似
熟佛弟子亦如是有聖功德成就而
威儀語言不似善人有威儀語言似
善人而聖功德不成就有威儀語言
不似善人聖功德未成就有威儀語
言似如善人而聖功德成就汝云何
不念是言而欲稱量於僧汝若毀僧
是則為自毀汝為大失已過事不可
追方來善心除去諸疑悔聽我所說

聖衆不可量　難以威儀知　不可以族姓
亦不以多聞　亦不以威德　又不以耆年
亦不以嚴容　復不以辯言　聖衆大海水
功德故甚深

佛以百事讚是僧　施之雖少得報多
是第三寶聲遠聞　以是故應供養僧
不應分別是老少　多知少聞及明闇
如人觀林不分別　伊蘭占蔔及薩羅
汝欲念僧當如是　不應以愚分別聖

大智度論第三十二　第十六張　似字号

摩訶迦葉出家時　納衣價直十万金
欲作乞人下賤服　更求麁弊不能得
聖衆僧中亦如是　求索寂下小福田
能布施者十万倍　更求不如不可得

衆僧大海中　結戒為畔際　若有破戒者
終不在僧數　譬如大海水　不共死屍宿

檀越聞是事見是神通力身驚毛竪
合手白諸沙弥言諸聖人我今懺悔
我是凡夫人心常懷罪我有少疑今
欲請問而說偈言

大德已過疑　我今得遭遇　若復不諮問
則是愚中愚

諸沙弥言汝欲問者便問我當以所
聞荅檀越問言於佛寶中信心清淨
於僧寶中信心清淨何者福勝荅曰
我等初不見僧寶佛寶有增減何以
故佛一時舍婆提乞食有婆羅門姓
婆羅埵佛數數到其家乞食心作是
念是沙門何以來數數如負其債佛
時說偈

時雨數數墮　五穀數數成　數數修福業
數數受果報　數數受生法　故受數數死
聖法數數成　誰數數生死

大智度論第三十二卷　第十七張　似字号

婆羅門聞是偈已作是念佛大聖人
具知我心慚愧取鉢入舍盛滿美食
以奉上佛佛不受作是言我為說偈
故得此食我不食也婆羅門言是食
當與誰佛言我不見天及人能消是
食者汝持去置少草地若無虫水中
即如佛教持食著无虫水中水即大
沸烟火俱出如投大熱鐵婆羅門見
已驚怖言未曾有也乃至食中神力
如是還到佛所頭面礼佛足懺悔乞
出家受戒佛言善来即時鬚髮自墮
便成沙門漸漸斷結得阿羅漢道復
有摩訶憍曇弥以金色上下衣寶奉
佛佛知衆僧堪能受用告憍曇弥以
此上下衣與衆僧以是故知佛寶僧
寶福無多少檀越言若為佛布施僧
能消能受何以故婆羅埵斷婆羅門
食佛不教令僧食諸沙弥荅為顯僧
大力故若不見食在水中有大威力
者無以知僧力為大若為佛施物而
僧得受知僧力為大譬如藥師欲試
毒藥先以與鷄鷄即時死然後自服
乃知藥威力為大是故檀越當知

若人愛敬佛　亦當愛敬僧　不當有分別
同皆為寶故

介時檀越聞說是事歡喜言我某甲從今日若有入僧數中若小若大一心信敬不敢分別諸沙弥言汝心信敬無上福田不久當得道何以故

多聞及持戒　智慧禪定者　皆入僧數中
如万川歸海　譬如衆藥草　依止於雪山
百穀諸草木　皆依止於地　一切諸善人
皆在僧數中

復次汝等曾聞佛為長鬼神將軍讚三善男子阿泥盧陁難提迦翅弥羅不佛言若一切世間天及人一心念三善男子長夜得無量利益以是事故倍當信敬僧是三人不名僧佛念三人有如是果報何況一心清淨念僧是故檀越當任力念僧名如說偈

是諸聖人衆　則為雄猛軍　摧滅魔王賊
是伴至涅槃

諸沙弥為檀越種種說僧聖功德檀越聞已舉家大小皆見四諦得須陁洹道以是因緣故應當一心念僧念戒者有二種有漏戒無漏戒有漏復

有二種一者律儀戒二者定共戒行者初學念是三種戒學三種已但念無漏戒是律儀戒能令諸惡不得自在枯朽折滅禪定戒能遮諸煩惱何以故得內樂故不求世間樂无漏戒能拔諸煩惱根本問曰云何念戒荅曰如先說念僧中佛如醫王法如良藥僧如瞻病人戒如服藥禁忌行者自念我若不隨禁忌三寶於我為无所益又如導師指示好道行者不用導師無咎以是故我應念戒

復次是戒一切善法之所住處譬如百穀藥木依地而生持戒清淨能生長諸深禪定實相智慧亦是出家人之初門一切出家人之所依仗到涅槃之初因緣如說持戒故心不悔乃至得解脫涅槃行者念清淨戒不缺戒不破戒不穿戒不雜戒自在戒不著戒智者所讚戒無諸瑕隙名為清淨戒云何名不缺戒五衆戒中除四重戒犯諸餘重者是名缺犯餘罪是為破復次身罪名缺口罪名破復次大罪名缺小罪名破善心迴向涅槃

不令結使種種惡覺觀得入是名不穿為涅槃為世間向二處是名為雜隨戒不隨外緣如自在人无所繫屬持是淨戒不為愛等所拘是為自在戒於戒不生愛慢等諸結使知戒實相亦不取是戒若取是戒譬如人在囹圄桎梏所拘雖得蒙赦而復為金鏁所繫人為恩愛煩惱所繫如在牢獄雖得出家愛著禁戒如著金鏁行者若知戒是無漏因緣而不生著是則解脫无所繫縛是名不著戒諸佛菩薩辟支佛及聲聞所讚戒若行是戒用是戒是名智所讚戒外道戒者牛戒鹿戒狗戒羅刹鬼戒啞戒聾戒如是等戒智所不讚唐苦无善報復次智所讚者於三種戒中無漏戒不破不壞依此戒得實智慧是聖所讚戒無漏戒有三種如佛說正語正業正命是三業義如八聖道中說是中應廣說問曰若持戒是禪定因緣禪定是智慧因緣八聖道中何以慧在前戒在中定在後荅曰行路之法應先以眼見道而後行行時當精懃精

懃行時常念如導師所教念已一心進路不順非道正見亦如是先以正智慧觀五受衆皆苦是名苦從愛等諸結使和合生是名集愛等結使滅是名涅槃如是等觀八分名為道是名正見行者是時心定知世間虛妄可捨涅槃實法可取決定是事是名正見知是事心力未大未能發行思惟籌量發動正見令得力是名正思惟智慧既發欲以言宣故次正語正業正命戒行時精進不懈不令住色无色定中是名正方便用是正見觀四諦常念不忘念一切煩惱是賊應當捨正見等是我真伴應當隨是名正念於四諦中攝心不散不令向色無色定中一心向涅槃是名正定是初得善有漏名為煖法頂法忍法中義次第增進初中後心入无漏心中疾一心中俱無有前後分別次第正見相應正思惟正方便正念正定三種戒隨是五分行正見分別好醜利益為事正思惟發動正見為事正語等持是智慧諸功德不令散失正

方便駈策令速進不息正念七事所應行者憶而不忘正定令心清淨不濁不亂令正見七分得成如无風房中燈則照明了了如是無漏戒在八聖道中亦為智者所讚問曰无漏戒應為智者所讚有漏戒何以讚荅曰有漏戒以無漏隨无漏同行同緣是故智者合讚如賊中有人叛來歸我彼雖是賊今来向我我當由之可以破賊何可不念諸煩惱賊在三界城中住有漏戒善根若煖法頂法忍法世間第一法與餘有漏法異故行者受用以是因緣故破諸結使賊得苦法忍無漏法財以是故智者所讚是名念戒念捨者有二種捨一者施二者捨諸煩惱施有二種一者財施二者法施三者捨和合名為捨財施是一切善法根本故行者作是念上四念因緣故得老煩惱病今以何因緣故得是四念則是先世今世於三寶中少有布施因緣故所以者何衆生於無始世界中不知於三寶中布施故福皆盡成是三寶有无量法是故

施亦不虛必得涅槃復次過去諸佛初發心時皆以少多布施為因緣如佛說是布施是初助道因緣復次人命無常財物如電若人不乞猶尚應與何況乞而不施以是應施作助道因緣復次財物是種種煩惱罪業因緣若持戒禪定智慧種種善法是涅槃因緣以是故財物常應自棄何況好福田中不布施譬如有兄弟二人各擔十斤金行道中更無餘伴兄作是念我何以不煞弟取金此曠路中人無知者弟復生念欲煞兄取金兄弟各有惡心語言視占異兄弟即自悟還生悔心我等非人與禽獸何異同生兄弟而為少金故而生惡心兄弟共至深水邊兄以金投著水中弟言善哉善哉弟尋復棄金水中兄復言善哉善哉兄弟更互相問何以言善哉各相荅言我以此金故生不善心欲相危害今得棄之故言善哉二辭各尒以是故知財為惡心因緣常應自捨何況施得大福而不施如說

施名行寶藏　亦為善親友　終始相利益

大智度論第二十二卷　第二十四張　德字号

無有能壞者　施為好密蓋　能遮飢渴雨
施為堅牢船　能度貧窮海　慳為凶衰相
為之生憂畏　洗之以施水　則為生福利
慳惜不衣食　終身无歡樂　雖云有財物
與貧困無異　慳人之室宅　譬如丘塚墓
求者遠避之　終無有向者　如是慳貪人
智者所賤棄　命氣雖未盡　與死等无異
慳人无福慧　於施無堅要　臨當墮死坑
戀惜生懊恨　涕泣當獨去　憂悔火燒身
好施者安樂　終無有是苦　人修布施者
名聞滿十方　智者所愛敬　入衆无所畏
命終生天上　久必得涅槃

如是等種種訶慳貪讚布施是名念財施云何念法施行者作是念法施利益甚大去施因緣故一切佛弟子等得道復次佛說二種施中法施為第一何以故財施果報有量法施果報無量財施欲界報法施三界報亦出三界報若不求名聞財利力勢但為學佛道弘大慈悲度衆生老病死苦是名清淨法施若不尒者為如市易法復次財施施多財物減少法施施多去更增益財施是无量世中舊

大智度論第二十二卷　第二十五張　德字号

法法施聖法初來未得名為新法財施但能救諸飢渴寒熱等病法施能除九十八諸煩惱等病如是等種種因緣分別財施法施行者應念法施問曰何等是法施荅曰佛所說十二部經清淨心為福德與他說是名法施復有以神通力令人得道亦名法施如綱明菩薩經中說有人見佛光明得道者生天者如是等雖口不說令他得法故亦名法施是法施應觀衆生性煩惱多少智慧利鈍應隨所利益而為說法譬如隨病服藥則有益有婬欲重有瞋恚重有愚癡重有兩兩雜三三雜婬重者為說不淨觀瞋重者為說慈心癡重者為說深因緣兩雜者說兩觀三雜者說三觀若人不知病相錯授藥者病則為增若著衆生相為說但有五衆此中无我若言無衆生相即為說五衆相續有不令墮斷滅故求富樂者為說布施欲生天者為說持戒人中多所貧乏者為說天上事惱患居家者為說出家法著錢財居家者為說在家五戒

大智度論第二十二卷　第二十六張　德字号

法若不樂世間為說三法印無常无我涅槃依隨經法自演作義理譬喻莊嚴為衆生說如是等種種利益故當念法施捨煩惱者三結乃至九十八使等皆斷除却是名為捨念捨是法如捨毒虵如捨桎梏得安隱歡喜復次念捨煩惱亦入念法中問曰若入念法中今何以更說荅曰捨諸煩惱是法微妙難得無上无量是故更別說復次念法與念捨異念法念佛法微妙諸法中第一念捨念諸煩惱罪惡捨之為快行相別是為異如是等種種因緣行者當念捨念捨者是初學禪智中畏生增上慢念天者有四天王天乃至他化自在天問曰佛弟子應一心念佛及佛法何以念天荅曰知布施業因緣果報故受天上富樂以是因緣故念天復次是八念佛自說因緣念天者應作是念有四天王天是天五善法因緣故生彼中信罪福受持戒聞善法修布施學智慧我亦有是五法以是故歡喜言天以是五法故生富樂處我亦有是我

欲生彼亦可得生我以天福無常故不受乃至他化自在天亦如是問曰三界中清淨天多何以故但念欲天荅曰聲聞法中說念欲界天摩訶衍中說念一切三界天行者未得道時或心著人間五欲以是故佛說念天若能斷婬欲則生上二界天中若不能斷婬欲生六欲天中是中有妙細清淨五欲佛雖不欲令人更生受五欲有衆生不住入涅槃為是衆生故說念天如國王子在高危處立不可救護欲自投地王使人敷厚綿褥墮則不死老於墮地故復次有四種天名天生天淨天淨生天名天者如今國王名天子生天者從四天王乃至非有想非無想天淨天者人中生諸聖人生淨天者三界天中生諸聖人所謂須陁洹家家斯陁含一種或於天上得阿那含阿羅漢道淨生天色界中有五種阿那含不還是間即於彼得阿羅漢無色界中一種阿那含離色界生無色界是中修無漏道得阿羅漢入涅槃念是二種天生天淨

生天如是等天是名念天念安那般那者如禪經中說念死者有二種死一者自死二者他因緣死是二種死行者常念是身若他不殺必當自死如是有為法中不應彈指頃生信不死心是身一切時中皆有死不待老不應恃是種種憂惱因衰身生心望安隱不死是心癡人所生身中四大各各相害如人持毒蛇篋云何智人以為安隱若出氣保當還入入息保出睡眠復得還覺是皆難必何以故是身內外多怨故如說

或有胎中死　或有生時死　或年壯時死
或老至時死　亦如果熟時　種種因緣墮
當求免離此　死惡之怨賊　是賊難可信
時捨則安隱
假使大智人　威德力无上　無前亦无後
於今無脫者　亦无巧辭謝　無請求得脫
亦无捍挌處　可以得免者　亦非持淨戒
精進可以脫　死賊無憐愍　來時无避處

是故行者不應於無常危脆命中而信望活如佛為比丘說死相義有一比丘偏袒白佛我能修是死相佛言

汝云何修比丘言我不望過七歲活佛言汝為放逸修死相有比丘言我不望過七月活有比丘言七日有言六五四三二一日活佛言汝等皆是放逸修死相有言從旦至食時有言一食頃佛言汝等亦如是放逸修死相一比丘偏袒白佛我於出氣不望入於入氣不望出佛言是真修死相為不放逸比丘一切有為法念念生滅住時甚少其猶如幻欺誑无智行者如是等種種因緣念死相問曰法是三世諸佛師何以故念佛在前是八念云何有次第荅曰是法雖是十方三世諸佛師佛能演出是法其功大故辟如雪山中有寶山寶山頂有如意寶珠種種寶物多有人欲上或有半道還者有近而還者有一大德國王憐愍衆生為作大梯人民大小乃至七歲小兒皆得上山隨意取如意珠等種種寶物佛亦如是世間諸法寶相實山九十六種異道皆不能得乃至梵天王求諸法實相亦不能得何況餘人佛以大慈悲憐愍衆生

大智度論第二十二卷　第二十張　黑字

故具足六波羅蜜得一切智慧方便說十二部經八万四千法聚梯阿若憍陳如舍利弗目揵連摩訶迦葉乃至七歲沙弥蘇摩等皆得諸無漏法根力覺道實相難妙一切衆生皆蒙佛恩故得以是故念佛在前次第念法次第念僧隨佛語能解法故第三餘人不能解僧能得解以是故稱為寶人中寶者是佛九十六種道法中寶者是佛法一切衆中實者是僧復次以佛因緣故法出世閒以法因緣故有僧行者念我云何當得法實得在僧數中當除却一切麁細身口惡業是故次第說持戒復次云何分別有七衆以有戒故欲除心惡破慳貪故念捨欲令受者得樂故破瞋恚信福得果報故破邪見住持戒布施法中則為住十善道中離十不善道十善道有二種果若上行得淨天中生中行得生天以是故戒施次第念天行禪定故得二種天滅諸惡覺但集善法攝心一處是故天次第念安那般那念安那般那能滅諸惡覺如雨

大智度論第二十二卷　第二十一張　德字號

淹塵見息出入知身危脆由息入出身得存立是故念入出息次第念死復次行者或時恃有七念著此功德懈怠心生是時當念死死事常在前云何當懈怠著此法愛如阿那律佛滅度時說

有為法如雲　智者不應信　無常金剛來

破聖主山王

是名八念次第問曰是說聲聞八念菩薩八念有何差別答曰聲聞為身故菩薩為一切衆生故聲聞但為脫老病死故菩薩為遍具一切功德故是為差別復次佛是中亦說告舍利弗菩薩摩訶薩不住法住般若波羅蜜中應具足檀波羅蜜乃至應具足八念不可得故初有不住後有不可得有此二印以是故異不住不可得義如先說

大智度論卷第二十二

大智度論卷二十二

校勘記

一　底本，金藏廣勝寺本。

一　四八三頁中一行經名，[資]、[磧]、[普]、[南]、[徑]、[清]作「大智度論卷第二十二」；「二十六之餘」，應作「三十六之餘」。

一　四八三頁中三行後，[資]有品名「釋初品中八念下第三十六」；[磧]、[普]、[南]品名作「釋初品中八念下」；[徑]、[清]作「釋初品中八念之餘」。

一　四八三頁中四行首字「念」前，[南]、[清]冠以〔經〕。

一　四八三頁中五行第一一字「持」，[資]、[磧]、[普]、[南]、[徑]、[清]、[麗]作「時」。

一　四八三頁中六行第六字「巧」前，[南]、[清]冠以〔論〕。

一　四八三頁中一九行第一三字「生」，[資]、[磧]、[普]、[南]、[徑]、[清]、[麗]作「生法」。

一　四八三頁中末行末二字「解脫」，

石、磧、普、南、徑、清、麗作「得解脱」。

一　四八三頁下七行第八字「日」，磧、普、南、徑、清作「月」。

一　四八四頁上一行「无是婬欲瞋恚」，石作「無婬怒癡」。

一　四八四頁上四行「冷洗漬」，石作「洗浴」；資、磧、普、南、徑、清、麗作「冷然清」。

一　四八四頁上一五行第一三字「世」，石、磧、普、南、徑、清、麗作「世俗」。

一　四八四頁上一八行第九字「節」，石作「節也」。

一　四八四頁上二二行第四字「即」，資、磧、普、南、徑、清作「即時」。

一　四八四頁中五行首字「或」，石、麗作「或時」。

一　四八四頁中八行及下一二行、一九行「五衆」，石作「五陰」。

一　四八四頁中一○行第五字「去」，諸本作「將去」。

一　四八四頁中一五行第一二字「有」，諸本作「一切有」。

一　四八四頁中一八行第二字「先」，諸本作「生」。

一　四八四頁中二二行第二字「是」，資、磧、普、南、徑、清無。

一　四八四頁下七行「心著」，石作「著心」。

一　四八四頁下一○行第一一字「毒」，石、磧、普、南、徑、清、麗作「衰」。

一　四八四頁下一一行首字「名」，石、資、磧、普、南、徑、清作「名爲」。

一　四八四頁下一六行第七字「是」，諸本作「是名」。

一　四八四頁下一七行第八字「厭」，資、磧、普、南、徑、清無。

一　四八四頁下一七行第一四字「世」，資、磧、普、南、徑、清、麗無。

一　四八四頁下一九行第六字「法」，資、磧、普、南、徑、清、麗無。

一　四八五頁上二○行第一一字「亦」，石、麗作「亦無」。

一　四八五頁中二一行第三字「亦」，石作「都」。

一　四八五頁下五行末字「動」，資、徑、清作「震」；磧、普、南作「振」。

一　四八五頁下八行第五字「息」，諸本作「自」。

一　四八五頁下一○行末字「各」，諸本作「各各」。

一　四八五頁下一二行第八字「説」，諸本作「説於」。

一　四八五頁下一三行「世界」，石作「國土」。

一　四八五頁下一五行第九字「振」，磧、普、南、徑、清作「震」。

一　四八五頁下一六行首字「聽」，資、磧、普、南、徑、清作「聽」。

一　四八六頁上一行第七字「如」，諸本作「知」。

一　四八六頁上二行第六字「各」，石、麗作「各各」。

一　四八六頁上五行「何以」，石、麗作「何以故」，下同。

一　四八六頁上末行第五字「義」，石、

麗作「義經」。

一　四八六頁中一一行第二字「先」，石、麗作「先已」。

一　四八六頁中一四行第二字「如」，石、麗作「如佛」。

一　四八六頁中一四行末字及一五行第一〇字「是」，石、麗作「是名」。

一　四八六頁下三行第三字「敵」，石作「賊」。

一　四八六頁下八行「解脫」，諸本作「解脫解脫」。

一　四八六頁下一〇行第二字「貧」，諸本作「貧者」。

一　四八六頁下一一行末字「以」，石作「施」。

一　四八六頁下末行第三字「億」，石、磧、普、南、徑、清作「億耳」。

一　四八七頁上一二行第一三字「故」，石無。

一　四八七頁上一七行第九字「五」，石、麗作「五種」。

一　四八七頁上一九行第七字「五」，石作「六」。

一　四八七頁中二行第八字「當」，資、磧、普、南、徑、清作「當得」。

一　四八七頁中七行第九字「事」，石、磧、普、南、徑、清作「事人」。

一　四八七頁中一八行第四字「年」，資、磧、普、南、徑、清作「年之」。

一　四八七頁中一八行「說偈」，石作「所說」。

一　四八七頁下七行第六字「挑」，諸本作「掉」。

一　四八七頁下八行首字「花」，石、磧、普、南、徑、清、麗作「楊」。

一　四八七頁下一一行第二字「長」，諸本作「是」。

一　四八七頁下一四行第八字「其」，諸本作「甚」。

一　四八八頁上四行第六字「也」，石無。

一　四八八頁上一一行第三字「如」，石、麗無。

一　四八八頁上一二行第一二字「若」，諸本作「若欲」。

一　四八八頁上一三行「是則爲」，資、磧、普、南、徑、清作「則爲是」。

一　四八八頁上一四行末字「說」，石、資、磧、普、南、徑、清作「說偈」。

一　四八八頁上一九行第一三字「報」，資、磧、普、南、徑、清作「果」。

一　四八八頁上末行第五字「當」，石作「應」。

一　四八八頁中四行第二字「布」，石、麗作「報」；資、磧、普、南、徑、清作「教」。

一　四八八頁中五行第五字「中」，石、麗作「水」。

一　四八八頁中八行第二字「手」，石、麗作「掌」。

一　四八八頁中九行第五字「人」，石無。

一　四八八頁中一七行第一〇字「有」，石、麗作「有一」。

一　四八八頁中一八行第三字「埵」，諸本作「埵逝」。

一　四八八頁中一九行「来數數」，石作「數數來」。

一　四八八頁下一行第三字「門」，石作「埵逝」。

一　四八八頁下六行第一〇字「若」，資、磧、普、南、徑、清作「著」。

一　四八八頁下一三行「衣寶」石、麗作「寶衣」。

一　四八八頁下一七行第一一字「断」，諸本作「逝」。

一　四八八頁下一九行第一三字「威」，石作「神通」；資、磧、普、南、徑、清、麗作「神」。

一　四八八頁下二一行第四字「知」，諸本作「便知」。

一　四八八頁下二一行末字「説」，諸本作「試」。

一　四八八頁下末行第三字「藥」，石、麗作「藥師」；資、磧、普、南、徑、清作「藥之」。

一　四八九頁上六行首字「敬」，石、資、磧、普、南、徑、清作「敬於」。

一　四八九頁上一一行「汝等」，石作「汝」。

一　四八九頁上一五行第一三字「佛」，諸本作「佛説」。

一　四八九頁上一七行第七字「任」，磧、普、南、徑、清作「住」。

一　四八九頁上一七行第一〇字「僧」，資、磧、普、南、徑、清作「僧僧」。

一　四八九頁上末行第三字「有」，諸本作「戒有」。

一　四八九頁中六行「根本」，石作「断根本故」；麗作「根本故」。

一　四八九頁中二二行首字「爲」，石作「名」。

一　四八九頁下四行第八字「等」，石、麗作「結」。

一　四八九頁下五行第三字「戒」，石作「戒中」。

一　四八九頁下八行首字「鑠」，資、磧、普、南作「瓅」。

一　四八九頁下一〇行第七字「漏」，石作「漏戒」。

麗作「尚」。

一　四九〇頁下九行第五字「不」，諸本作「而不」。

一　四九〇頁下一三行第九字「占」，石、麗作「瞻皆」；資、磧、普、南、徑、清作「占皆」。

一　四九〇頁下一六行第四字「深」，石作「泉」。

一　四九〇頁下一九行第四字「相」，資、磧、普、南、徑、清無。

一　四九〇頁下二二行第八字「大」，石作「大善」。

一　四九〇頁下二二行「施如說」，石、磧、普、南、徑、清作「布施如說偈」；資作「布施如說」。

一　四九〇頁下末行第二字「名」，石、磧、普、南、徑、清作「爲」。

一　四九一頁上一行第八字「好」，石作「善」。

一　四九一頁上一三行第三字「等」，石無。

一　四九一頁上二〇行第八字「悲」，磧、普、南、徑、清作「悲心」。

一　四九一頁上二〇行第一一字「生」，諸本作「生生」。

一　四九一頁中一行第八字「未」，資、磧、普、南、徑、清作「難」。

一　四九一頁中五行末字「三」，諸本作「二」。

一　四九一頁中一一行第二字「生」，諸本作「生心」。

一　四九一頁中一二行第一〇字「病」，石作「病人」。

一　四九一頁中一三行第二字「有」，石作「有人」。

一　四九一頁中一七行首字「人」，資、磧、普、南、徑、清作「入」。

一　四九一頁中一八行第四字及一九行第六字「相」，石、磧、普、南、徑、清、麗作「相者」。

一　四九一頁下三行「莊嚴」，諸本作「莊嚴法施」。

一　四九一頁下五行第六字「除」，石無。

一　四九二頁中一五行「惡之怨」，石、麗作「怨之惡」。

一　四九二頁中一六行「時捨」，資、磧、普、南、徑、清作「捨時」。

一　四九二頁中二二行「死相」，徑、清作「死想」，下同。

一　四九二頁下四行首字「六」，石作「六日」。

一　四九二頁下五行「死相」，資、磧、普、南作「死想」，下同。

一　四九二頁下六行第九字「如」，諸本無。

一　四九二頁下八行「是真」，資、磧、普、南、徑、清作「真是」。

一　四九二頁下一六行第一〇字「有」，石無。

一　四九二頁下末行第一〇字「悲」，石作「悲心」。

一　四九三頁上五行「雖妙」，石、麗作「實相雖微妙」。

一　四九三頁上七行第五字「僧」，諸本作「僧僧」。

一　四九三頁上一九行第九字「行」，石、麗作「行者」。

一　四九三頁上二一行第三字「定」，石無。

一　四九三頁上二二行第八字「故」，諸本作「故念」。

一　四九三頁中九行第一〇字「說」，石無。

一　四九三頁中一一行第七字「衆」，諸本作「衆生」。

一　四九三頁中一二行「具一切」，石、麗作「具一切智」；資、磧、普、南、徑、清作「具足一切」。

一　四九三頁中一四行「不住」，石、麗作「以不住」。

一　四九三頁中一七行首字「有」，石、麗作「以」。

一　四九三頁中一八行末字「說」後，石有夾註「八念竟」；麗夾註作「丹注云 八念竟」。

一　四九三頁中末行經名，石作「大智度經論卷第二十五」。

大智度論初品中十想釋論第三十七 卷二十三 德

聖者龍樹造

後秦龜茲國三藏鳩摩羅什譯

經十想無常想苦想无我想食不淨想
一切世間不可樂想死想不淨想斷
想離欲想盡想論問曰是一切行法何
以故或時名為智或時名為念或時
名為想答曰初習善法為不失故但
名念能轉相轉心故名為想决定知
无所疑故名為智觀一切有為法無
常智慧相應相是名无常想一切有
為法無常者新新生滅故屬因緣故
不增積故復次生時無來處滅亦无
去處是故名無常復次二種世間无
常故說無常一者衆生無常二者世
界无常如說

大地草木皆磨滅　須弥巨海亦崩竭
諸天住處皆燒盡　尒時世界何物常
十力世尊身光具　智慧明照亦無量
度脫一切諸衆生　名聞普遍滿十方
今日廓然悉安在　何有智者不感傷

如是舍利弗目揵連須菩提等諸聖
人轉輪聖王諸國王常樂天王及諸
天聖德尊貴皆亦盡大火焰明忽然
滅世間轉壞如風中燈如險岸樹如
漏器盛水不久空竭如是一切衆生
及衆生住處皆無常故名為无常問
曰菩薩何以故行是无常想答曰以
衆生著常顛倒受衆苦不得免生死
行者得是无常想教化衆生言諸法
皆無常汝莫著常顛倒失行道時諸
佛上妙法所謂四真諦四諦中苦諦
為初苦四行中无常行為初以是故
菩薩行無常想問曰有人見无常事
至轉更堅著如國王夫人寶女從地
中生為十頭羅刹將度大海王大憂
愁智臣諫言王智力具足夫人還在
不久何以懷憂答言我所以憂者不
慮我婦叵得但恐壯時易過亦如人好
華好果見時欲過便大生著如是知
無常乃更生諸結使云何言无常能
令心猒破諸結使答曰如是見無常
是知无常少分為不具足與禽獸見
無常无異以是故佛告舍利弗當具
足修無常想問曰何等是具足無常

想答曰觀有為法念念生滅如風吹
塵如山上水流如火焰隨滅一切有
為法無牢无強不可取不可著為如
幻化誑惑凡夫因是無常得入空門
是空中一切法不可得故无常亦不
可得所以者何一念中生住滅相不
可得生時不得有住滅住時不得有
生滅滅時亦得有生住生住滅相性
相違故無是无故無常亦无問曰若
無无常佛何以苦諦中說无常答曰
凡夫人生邪見故謂世間是常為滅
除是常見故說無常不為无常是實
故說復次佛未出世凡夫人但用世
俗道遮諸煩惱今欲拔諸煩惱根本
故說是無常復次諸外道法但以形
離五欲謂是解脫佛說邪相因緣故
縛觀無常正相故解脫復有二種觀
无常相一者有餘二者無餘如佛說
一切人物滅盡唯有名在是名有餘
若人物滅盡名亦滅是名无餘復有
二種觀无常相一者身死盡滅二者
新新生滅復次有言持戒為重所以
者何依戒因緣故次第得漏盡有言

多聞為重所以者何依智慧故能有所得有言禪定為重如佛所說定能得道有言以十二頭陀為重所以者何能淨戒行故如是各各以所行為貴更不復懃求涅槃佛言是諸功德皆是趣涅槃分若觀諸法無常是為真涅槃道如是等種種因緣故諸法雖空而說是无常想復次無常想即是聖道別名佛種種異名說道或言四念處或言四諦或言无常想如經中說善修無常想能斷一切欲愛色愛無色愛掉慢无明盡能除三界結使以是故即名為道是無常想或有漏或无漏正得無常是无漏初學無常是有漏摩訶衍中諸菩薩心廣大種種教化一切衆生故是無常想亦有漏亦無漏若无漏在九地若有漏在十一地緣三界五受衆四根相應除苦根凡夫聖人得如是等種種因緣說無常想功德苦想者行者作是念一切有為法無常故苦問曰若有為法無常故苦者諸賢聖人有為无漏法亦應當苦答曰諸法雖無常愛著

者生苦無所著者無苦問曰有諸聖人雖无所著亦皆有苦如舍利弗風熱病苦畢陵伽婆蹉眼痛苦羅婆那跋提（一音聲第一也）痔病苦云何言無苦答曰有二種苦一者身苦二者心苦是諸聖人以智慧力故无復憂愁嫉妬瞋恚等心苦已受先世業因緣四大造身有老病飢渴寒熱等身苦於身苦中亦復薄少如人了了知負他債償之不以為苦若人不憶負債債主強奪瞋惱生苦問曰苦受是心心數法身如草木離心則無所覺云何言聖人但受身苦答曰凡夫人受苦時心生愁惱為瞋使所使心但向五欲如佛所說凡夫人除五欲不知更有出苦法於樂受中貪欲使所使不苦不樂受中無明使所使凡夫人受苦時內受三毒苦外受寒熱鞭杖等如人內熱盛外熱亦盛如經說凡夫人失所愛物身心俱受苦如二箭雙射諸賢聖人無憂愁苦但有身苦更無餘苦復次五識相應苦及外因緣杖楚寒熱等苦是名身苦餘殘名心苦

復次我言有為無漏法不著故非苦聖人身是有漏有漏法則苦有何咎是末後身所受苦亦微少問曰若无常即是苦者道亦是苦云何以苦離苦答曰無常即是苦為五受衆故說道雖作法故无常不名為苦所以者何是能滅苦不生諸著與空无我等諸智和合故但是無常而非苦如諸阿羅漢得道時說偈言

我等不貪生　亦復不樂死　一心及智慧
待時至而去

佛取涅槃時阿難等諸未離欲人未善修八聖道故皆涕泣憂愁諸離欲阿那含皆驚愕諸漏盡阿羅漢其心不變但言世間眼滅疾以得道力故雖從佛得大利益知重佛無量功德而不生苦以是故知道雖无常非苦因緣故不名為苦但五受衆是苦何以故愛著故無常敗壞故如受念處中苦義此中應廣說復次苦者有身常是苦癡覆故不覺如說

騎乘疲極故　求索住立處　住立疲極故
求索坐息處　坐久疲極故　求索安臥處

衆摽中作生　初樂後則苦　視眴息出入
屈伸坐卧起　行立及去來　此事無不苦
問曰是五受衆為一切皆苦為苦想觀故苦若一切皆苦佛云何說有三種受苦受樂受不苦不樂受若以苦想故苦云何說苦諦為實苦荅曰五受衆一切皆苦凡夫人四顛倒因緣為欲所逼以五欲為樂如人塗瘡大痛息故以為樂瘡非樂也佛說三種受為世間故於實法中非是樂也若五受衆中實有樂何以故佛說㓕五受衆名為樂復次隨其所嗜樂心則生樂無定也樂若實定不待心者如火實熱不待著而熱也以樂无定故名為苦復次世間顛倒樂能得今世後世無量苦果報故名為苦譬如大河水中著少毒不能令水異世間顛倒毒樂於一切大苦水中則不現如說
從天下生地獄時　憶本天上歡樂事
宮觀婇女滿目前　園苑浴池以娛志
又見獄火來燒身　似如大火焚竹林
是時雖見天上樂　徒自感結無所益
是苦想攝緣如無常想如是等種種

分別苦名為苦想無我想者苦則是无我所以者何五受衆中盡皆是苦相無有自在若无自在是則無我若有我自在者不應令身有苦如所說
諸有无智人　身心計是我　漸近堅著故
不知無常法　是身无作者　亦無有受者
是身為无主　而作種種事　六情塵因緣
六種識得生　從三事和合　因緣觸法生
從觸法因緣　受念業法生　如珠日草薪
和合故火生　情塵識和合　所作事業成
相續相似有　如種有牙莖
復次我相不可得故無我一切法有相故則知有如見煙覺熱故知有火於五塵中各各別異故知有情種種思惟籌量諸法故知有心心數法此我無相故知无我問曰有出入氣則是我相視眴壽命心苦樂愛憎精懃等是我相若無我誰有是出入息視眴壽命心苦樂愛憎精懃等當知有我在内動發故壽命心亦是我法若無我如牛无御有我故能御心入法不為放逸若無我者誰御心受苦樂者是我若无我者為如樹木則不

應別苦樂愛憎精懃亦如是我雖微細不可以五情知因是相故可知為有荅曰是諸相皆是識相有識則有入出息視眴壽命等若識離身則无汝等我常遍故死人亦應有視眴入出息壽命等復次出入息等是色法隨心風力故動發此是識相非我相壽命是心不相應行亦是識相問曰若入無心定中或眠無夢時息亦出入有壽命何以故言皆是識相荅曰無心定等識雖暫无不久必還生識不捨身故有識時多無識時少是故名識相如人出行不得言其家無主若樂憎愛精懃等是心相應共緣隨心行心有故便有心无故便無以是故是識相非我相復次若有我者我有二種若常若無常如說
若我是常　則無後身　常不生故
亦无解脫　亦無妄无作　以是故當知
無作罪福者　亦无有受者　捨我及我所
然後得涅槃　若實有我者　不應捨我心
若我无常者　則應隨身滅　如大岸墮水
亦無有罪福

如是我及知者不知者作者不作者如檀波羅蜜中說不得是我相故知一切法中無我若知一切法中無我則不應生我心若無我亦无我所心我我所離故則无有縛若無縛則是涅槃是故行者應行無我想問曰是無常苦无我為一事為三事若是一事不應說三若是三事佛何以故說無常即是苦苦即是無我答曰是一事所謂受有漏法觀門分別故有三種異無常行相應是無常想苦行相應是苦想无我行相應是无我想無常不令入三界苦令知三界罪過無我則捨世間復次無常生猒心苦生畏怖无我出拔令解脫無常者佛說五受衆是無常苦者佛說无常則是苦無我者佛說苦即是無我无常者佛示五受衆盡滅相苦者佛示如箭入心無我者佛示捨離於無常者示斷愛苦者示斷我習慢无我者示斷邪見無常者遮常見苦者遮今世涅槃樂見无我者遮著處無常者世間所可著常法是苦者世間計樂處是无我者世間所

大智度論第二十三卷　第十張　由

可計我牢固者是是為三相分別想行我想緣攝種種如苦想中說食猒想者觀是食從不淨因緣生如肉從精血水道生是為膿垂住處如酥乳酪血變所成與爛膿無異廚人汗垢種種不淨若著口中腦有爛涎二道流下與唾和合然後成味其狀如吐從腹門入地持水爛風動火煑如釜熟糜滓濁下沉清者在上譬如釀酒滓濁為屎清者為尿腰有三孔風吹膩汁散入百脉與先血和合凝變為肉從新肉生脂骨髓從是中生身根從新舊肉合生五情根從五根生五識五識次第生意識分別取相籌量好醜然後生我我所心等諸煩惱及諸罪業觀食如是本末因緣種種不淨知內四大與外四大無異但以我見故強為我有復次思惟此食墾植秐除收穫蹂治舂磨洮汰炊煑乃成用功甚重計一鉢之飯作夫流汗集合量之食少汗多此食作之功重辛苦如是入口食之即成不淨無所一直宿昔之間變為屎尿本是美味人之

大智度論第二十三卷　第十一張

所嗜變成不淨僫不欲見行者自思如此弊食我若貪著當墮地獄噉燒鐵丸從地獄出當作畜生牛羊駱駝償其宿債或作猪狗常噉糞除如是觀食則生猒想因食猒故於五欲中皆猒譬如一婆羅門修淨潔法有事緣故到不淨國自思我當云何得免此不淨唯當乾食可得清淨見一老母賣白髓餅而語之言我有因緣住此百日常作此餅送來當多與價老母日日作餅送之婆羅門貪著飽食歡喜老母作餅初時白淨後轉无色無味即問老母何緣介耶母言癰瘡差故婆羅門問此言何謂母言我大家夫人隱處生癰以麵酥甘草拊之癰熟膿出和合酥餅日日如是以此作餅與汝是以餅好今夫人癰差我當何處更得婆羅門聞之兩拳打頭搥胷吁嘔我當云何破此淨法我為了矣棄捨緣事馳還本國行者亦如是著是飲食歡喜樂噉見其好色細滑香美可口不觀不淨後受苦報悔將何及若能觀食本末如是生僫猒心因

大智度論第二十三卷　第十二張

離食欲四欲皆捨於欲界中樂恚皆
捨離斷此五欲於五下分結亦斷如
是等種種因緣惡罪不復樂著是名
食猒想問曰無常苦无我想與無漏
智慧相應食猒等四想與有漏智慧
相應次第法應在前今何以後說荅
曰佛法有二種道見道修道見道中
用是三想破諸邪見等得聖果猶未
離欲為離欲故三想次第說是食猒
等四想得離婬欲等諸煩惱初三想示
見諦道中四想為示學修道後三想
示無學道初習身念處中雖有食猒
想功用少故佛不說今為須陁洹斯
陁含度欲故無我想次第說食猒等
四想一切世間不可樂想者若念世
間色欲滋味車乘服飾廬觀園宅種
種樂事則生樂想若念世間衆惡罪
事則心生猒想何等惡事惡事有二
種一者衆生二者土地衆生有八苦
之患生老病死恩愛別離怨憎同處
所求不得略而言之五受衆苦衆生
之罪婬欲多故不別好醜不隨父母
師長教誨無有慚愧與禽獸无異瞋恚

多故不別輕重瞋毒狂發乃至不受
佛語不欲聞法不畏惡道杖楚横加
不知他苦入大闇中都無所見愚癡
多故所求不以道不識事緣如犢角求
乳無明覆故雖蒙日照永无所見慳
貪多故其舍如塜人不向之憍慢多
故不敬賢聖不孝父母憍逸自壞永
無所直邪見多故不信今世後世不
信罪福不可共處如是等諸煩惱多
故弊敗為無所直惡業多故造無間
罪或煞父母或傷害賢聖或要時榮
貴讒賊忠貞殘害親戚復次世間衆
生善好者少弊惡者多或時雖有善
行貧賤鄙陋或雖富貴端政而所行
不善或雖好布施而貧乏無財或雖
富有財寶而慳惜貪著不肯布施或
見人有所恩累無所說便謂憍高自
畜不下接物或見好下接物恩惠普
潤便謂欺誑諂飾或見能語善論便
謂恃是小智以為憍慢或見質直好
人便共欺誑調捉引挽陵易或見善
心柔濡便共輕陵蹋蹴不以理遇若
見持戒清淨者便謂所行矯異輕賤

不數如是等衆生弊惡無一可樂土
地惡者一切土地多衰无吉寒熱飢
渴疾病惡疫毒氣侵害老病死畏無
處不有身所去處衆苦隨之无處得
免雖有好國豐樂安隱多為諸煩惱
所惱則不名樂土一切皆有二種苦
身苦心苦無國不有如說

有國土多寒　或有國多熱　有國無救護
或有國多惡　有國常飢餓　或有國多病
有國不修福　如是无樂處

衆生土地有如是惡思惟世間無一可
樂欲界惡事如是上二界死時退時
大生懊惱甚於下界譬如極高處墮
摧碎爛壞問曰無常想苦想无我想
一切世間不可樂想有何等異而別
說荅曰有二種觀捴觀別觀前為捴
觀此中別觀復有二種觀法觀衆生
觀前為呵一切法觀此中觀衆生罪
惡不同復次前者無漏道此中有漏
道前見諦道今思惟道如是等種種
差別一切地中攝緣三界法是名一
切世間不可樂想死想者如死念中
說不淨想者如身念處中說斷想離

想盡想者緣涅槃相斷諸結使故名斷想離結使故名離想盡諸結使故名盡想問曰若尒者一想便足何以說三荅曰如前一法三種說无常即是苦苦即是無我此亦如是一切世間罪悪深重故三種可如伐大樹不可以一下断涅槃微妙法昔所未得是故種種讃名為断想離想盡想復次断三毒故名為断離愛故名為離滅一切苦更不生故名為盡復次行者於煗法頂法忍法世間第一法正智慧觀達諸煩惱是名離想得無漏道断諸結使是名断想入涅槃時滅五受衆不復相續是名盡想断想有餘涅槃盡想無餘涅槃離想二涅槃方便門是三想有漏无漏故一切地中攝 十想竟

大智度初品中十一智釋論第三十八 分次三三昧與三根義合

經十一智法智比智他心智世智苦智集智滅智道智盡智無生智如實智

論法智者欲界繫法中无漏智欲界繫因中無漏智欲界繫法滅中無漏智為断欲界繫法道中无漏智及法智品

大智度論第二十三卷 第□□張 □

中無漏智比智者於色無色界中无漏智亦如是他心智者知欲界色界繫現在他心心數法及無漏心心數法少分世智者諸有漏智慧苦智者五受衆無常苦空无我觀時得無漏智集智者有漏法因因集生緣觀時無漏智滅智者滅止妙出觀時无漏智道智者道正行達觀時无漏智盡智者我見苦已断集已盡證已修道已如是念時無漏智慧見明覺无生智者我見苦已不復更見断集已不復更断盡證已不復更證修道已不復更修如是念時無漏智慧見明覺如實智者一切法揔相別相如實正知無有罣㝵是法智緣欲界繫法及欲界繫法因欲界繫法滅為断欲界繫法道比智亦如是世智緣一切法他心智緣他心有漏無漏心心數法苦智集智緣五受衆滅智緣盡道智緣无漏五衆盡智無生智俱緣四諦十智一有漏八无漏一當分別他心智緣有漏心是有漏緣無漏心是無漏法智攝法智及他心智苦智

大智度論第二十三卷 第十七張 □

集智滅智道智盡智无生智少分比智亦如是世智攝世智及他心智少分他心智攝他心智及法智比智世智道智盡智無生智少分苦智攝苦智及法智比智盡智無生智少分集智滅智亦如是道智攝道智及法智比智他心智盡智無生智少分盡智攝盡智及法智比智他心智苦智集智滅智道智少分無生智亦如是九智八根相應除慧根憂根苦根世智十根相應除慧根法智比智苦智空三昧相應法智比智滅智盡智无生智無相三昧相應法智比智他心智苦智集智道智盡智无生智無作三昧相應法智比智世智苦智盡智無生智無常想苦想无我想相應世智中四想相應法智比智滅智盡智無生智後三想相應有人言世智或與離想相應法智緣九智除比智比智亦如是世智他心智盡智無生智緣十智苦智集智緣世智及有漏他心智滅智不緣智道智緣九智除世智法智比智十六相他心智四相苦集

大智度論第二十三卷 第十八張 □

滅道各四相盡智無生智俱十四
相除空相无我相煗法頂法忍法中
世智十六相世間第一法中世智四
相除無相轉相觀相也舊言十六聖行初入無漏心成
就一世智第二心增苦智法智第四
心增比智第六心增集智第十心增
滅智第十四心增道智若離欲者增
他心智無學道增盡智得不壞解脫
增无生智初無漏心中不修智第二
心中現在未来修二智第四心中現
在修二智未来修三智第六心中現
在未来修二智第八心中現在修二
智未来修三智第十心中現在未来
修二智第十二心中現在修二智未
来修三智第十四心中現在未来修
二智第十六心中現在修二智未来
修六智若離欲修七智須陁洹欲離
欲界結使十七心中修七智除他心
智盡智無生智第九解脫心中修八
智除盡智无生智信解脫人轉作見得
雙道中修六智除他心智世智盡智
無生智離七地欲時無㝵道中修七
智除他心智盡智无生智解脫道中

大智度論第二十三卷　第十九張　伍

修八智除盡智無生智離有頂欲時
無㝵道中修六智除他心智世智盡
智无生智八解脫道中修七智除世
智盡智無生智无學初心第九解脫
不時解脫人修十智及一切有漏無
漏善根若時解脫人修九智及一切
有漏無漏善根如是等種種以阿毗
曇門廣分別如實智分別相此般若
波羅蜜後品廣說復次有人言法智
者知欲界五衆無常苦空无我知諸
法因緣和合生所謂無明因緣諸行
乃至生因緣老死如佛為須尸摩梵
志說先用法智分別諸法後用涅槃
智比智者知現在五受衆无常苦空
無我過去未来及色無色界中五受
衆无常苦空無我亦如是辟如見現
在火熱能燒以此比知過去未来及
餘國火亦如是他心智者知他衆生
心心數法問曰若知他心心數法何
以故但名知他心荅曰心是主故但
名知他心若說心當知已說心數法
世智者名為假智聖人於實法中知
凡夫人但假名中知以是故名假智

大智度論第二十三卷　第二十張　伍

如棟梁椽壁名為屋但知是事不知
實義是名世智苦智者用苦慧呵五
受衆問曰五受衆亦無常亦苦亦空
亦無我何以故但說苦智不說无常
空无我智荅曰為苦諦故說苦智集
諦故說集智滅諦故說滅智道諦故
說道智問曰五受衆有種種惡何以故
但說苦諦不說無常諦空无我諦荅
曰若說無常空无我諦亦不壞法相
以衆生多著樂畏苦故佛呵世間一
切皆是苦欲令捨離故无常空無我
中衆生不大畏故不說復次佛說法
中五受衆有異名名為苦以是故但說
苦智是苦智或有漏或無漏若在煗法
頂法忍法世間第一法是有漏若入
見諦道是無漏何以故從煗法至世
間第一法中四種觀苦故集智滅智
道智亦如是復次苦智名知苦相實
不生集智名知一切法離无有和合
滅智名知諸法常寂滅如涅槃道智
名知一切法常清淨無正无邪盡智
名知一切法無所有无生智名知一
切生法不實不定故不生如實智者

大智度論第二十三卷　第二十一張　伍

十種智所不能知以如實智故能知十智各各相各各緣各各別異各各有觀法是如實智中無相无緣無別滅諸觀法亦不有觀十智中有法眼慧眼如實智中唯有佛眼十智阿羅漢辟支佛菩薩共有如實智唯獨佛有所以者何獨佛有不誑法以是故知如實智獨佛有復次是十智入如實智中失本名字唯有一實智辟如十方諸流水皆入大海捨本名字但名大海如是等種種分別十一智義此中略說丹去十一智竟經三三昧有覺有觀三昧无覺有觀三昧無覺无觀三昧論一切禪定攝心皆名為三摩提秦言正心行處是心從無始世界來常曲不端得是正心行處心則端直辟如虵行常曲入竹筒中則直是三昧三種欲界未到地初禪與覺觀相應故名有覺有觀二禪中間但觀相應故名無覺有觀從第二禪乃至有頂地非覺觀相應故名无覺無觀問曰三昧相應心數法乃至二十何以故但說覺觀荅曰是覺觀嬈乱三昧以是故說是二事雖善

而是三昧賊難可捨離有人言心有覺觀者無三昧以是故佛說有覺有觀三昧但不牢固覺觀力小微是時可得有三昧是覺觀能生三昧亦能壞三昧辟如風能生雨亦能壞雨三種善覺觀能生初禪得初禪時發大歡喜覺觀故心散還失以是故但說覺觀問曰覺觀有何差別荅曰麁心相名覺細心相名觀初緣中心發相名覺後分別籌量好醜名觀有三種麁覺欲覺瞋覺惱覺有三種善覺出要覺無瞋覺无惱覺有三種細覺親里覺國土覺不死覺六種覺妨三昧三種善覺能開三昧門若覺觀過多還失三昧如風能使船風過則壞船如是種種分別覺觀問曰經說三種法有覺有觀法無覺有觀法无覺無觀法有覺有觀地無覺有觀地无覺無觀地今何以但說三種三昧荅曰妙而可用者取有覺有觀法者欲界未到地初禪中覺觀相應法若善若不善若無記无覺有觀法者禪中間觀相應法若善若無記无覺无觀法者

離覺觀法一切色心不相應行及无為法有覺有觀地者欲界未到地梵世無覺有觀地者禪中間善修是地作大梵王無覺无觀地者一切光音一切遍淨一切廣果一切無色地於中上妙者是三昧何等是三昧從空等三三昧乃至金剛及阿羅漢辟支佛諸三昧觀十方佛三昧乃至首楞嚴三昧從斷一切疑三昧乃至三昧王等諸佛三昧如是等種種分別略說三三昧義竟經三根未知欲知根知根知已根論未知欲知根者无漏九根和合信行法行人於見諦道中名未知欲知根所謂信等五根喜樂捨根意根信解見得人思惟道中是九根轉名知根無學道中是九根名知已根問曰何以故於二十二根中但取是三根荅曰利解了了自在相是名為根餘十九根根相不具足故不取是三根利能直入至涅槃諸有為法中主故得自在能勝諸根復次十根但有漏自得無所利益故九根不定或有漏或無漏故不說菩薩應具足問曰

十想亦有漏亦無漏何以故說應具足
荅曰十想皆是助道求涅槃法信等
五根雖是善法不盡求涅槃如阿毗
曇中說諸成就信等五根不斷善根者
復次若五根清淨變為無漏三根中
已攝是三根中必有意根三受中必
有一受以是故但說三根復次二十
二根有善有不善有无記雜是故不
說應具足是三根受衆行衆識衆攝
未知欲知根在六地知根知已根在
九地三根緣四諦六想相應未知欲
知根三根因知根二根因知已根但
知已根因未知欲知根次第生二根
知根次第或生有漏根或生知根或
生知已根知已根或生有漏根或生
知已根如是等以阿毗曇門廣分別
說復次未知欲知根名諸法實相未
知欲知故生信等五根是五根力故
能得諸法實相如人初入胎中得二
根身根命根尒時如段肉未具諸根
不能有所別知五根成就能知五塵
菩薩亦如是初發心欲作佛未具足
是五根雖有願欲知諸法實相不能

大智度論第二十三卷　第二十五張　德

得知菩薩生是信等五根則能知諸
法實相如眼四大及四大造色和合名
為眼先雖有四大四大造色未清淨故
不名眼根不斷善根人雖有信未清淨
故不名為根若菩薩得是信等五根
是時能信諸法實相不生不滅不垢不
淨非有非無非取非捨常寂滅真淨
如虛空不可示不可說一切語言道
過出一切心心數法所行如涅槃是
則佛法菩薩以信根力故能受精進
根力故懃行不退不轉念根力故不
令不善法入攝諸善法定根力故心
散五欲中能攝實相中慧根力故於
佛智慧中少多得義味不可壞五根
所依意根必與受俱若喜若樂若捨
依是根入菩薩位乃至未得无生法
忍果是名未知欲知根此中知諸法實
相了了故名知根從是得无生法忍果
住阿鞞跋致地得受記乃至滿十地
坐道場得金剛三昧於其中間名為
知根斷一切煩惱習得阿耨多羅三
藐三菩提一切可知法智慧遍滿故
名為知已根　丹本三根竟

大智度論第二十三卷　第二十六張　德

大智度論卷第二十三

庚子歲高麗國大藏都監奉
勅雕造

大智度論第二十三卷　第二十七張　尚

大智度論卷二十三

校勘記

一　底本，麗藏本。

一　四九九頁上一行經名，石作「大智度經論卷第二十六」；資、磧、南、徑、清作「大智度論卷第二十三」。

一　四九九頁上三行後，資有品名「釋初品中十想第三十七」；磧、南、徑、清有「釋初品中十想」。

一　四九九頁上四行首字（經），資無，下同。

一　四九九頁上六行第七字（論），資無，下同。

一　四九九頁上九行第五字「相」，石作「想」。以下時有出現。

一　四九九頁上一六行首字「界」，石作「間」。

一　四九九頁上一九行「世尊身光具」，石作「尊身光具足」。

一　四九九頁上二〇行第八字「名」，資作「多」。

一　四九九頁上二一行「何有智者不感傷」，石、資、磧、南、徑、清無。

一　四九九頁中二行第一一字「焰」，資作「照」。

一　四九九頁中三行「險岸」，石作「臨坎」。

一　四九九頁中一八行末字「知」，石無。

一　四九九頁下一七行第九字「脱」，石無。

一　五〇〇頁上一八行第一〇字「衆」，石作「陰」，下同。

一　五〇〇頁上二〇行第四字「想」，資、磧、南、徑、清無。

一　五〇〇頁上二二行第一一字「爲」，資、磧、南、徑、清作「爲法」。

一　五〇〇頁中一行末字「聖」，石作「賢聖」。

一　五〇〇頁中一一行第三字「惱」，石作「恚」。

一　五〇〇頁下二二行第五字及末行第一〇字「故」，石作「苦」。

一　五〇一頁上一行「極由」，石作「苦從」。

一　五〇一頁上一八行第一〇字「中」，資、磧、南、徑、清無。

一　五〇一頁中三行首字「相」，資、磧、南、徑、清作「苦想」。

一　五〇一頁中七行第五字「生」，資、磧、南、徑、清作「主」。

一　五〇一頁下九行第八字「眠」，資、磧、南、徑、清作「睡」。

一　五〇一頁下一八行第八字「身」，石作「世」。

一　五〇一頁下一九行第七字「妄」，資、磧、南、徑、清作「忘」。

一　五〇二頁上八行第三字「是」，資、磧、南、徑、清無。

一　五〇二頁上一四行末字至一五行首字「出拔」，資、磧、南、徑、清作「拔出」。

一　五〇二頁中一行第一一字「相」，磧、南、清作「想」。

一　五〇二頁中一行第一四字「想」，資、磧、南、徑、清作「相」。

一　五〇二頁中一〇行第八字「腰」，資作「膚」。

一　五〇二頁中一三行第九字「從」，石、資、磧、南、徑、清作「從此」。

一　五〇二頁中一五行第八字「心」，資、磧、南、徑、清作「心生」。

一　五〇二頁中一九行「洮汰」，石作「洮沙」。
一　五〇二頁下五行第一四字「中」，資、磧、南、徑、清無。
一　五〇二頁下七行第七字「思」，石作「思惟」。
一　五〇二頁下七行末字「此」，石無。
一　五〇二頁下一三行第七字「緣」，石作「因緣」。
一　五〇二頁下一三行第九字「耶」，石無。
一　五〇二頁下一五行第一二字「拊」，石作「傅」。
一　五〇二頁下一九行首字「吁」，資作「于」；磧、南、徑、清作「乾」。
一　五〇二頁下二一行第一三字「滑」，石作「受」。
一　五〇三頁上一行第四字「四」，石作「五」。
一　五〇三頁上一四行第一一字「說」，資、磧、南、徑、清無。
一　五〇三頁中二行第四字「欲」，資作「敬」。
一　五〇三頁中四行第一三字「搆」，磧、南、徑、清作「擊」。
一　五〇三頁中一二行第九字「戚」，石作「族」。
一　五〇三頁中二一行第七字「捉」，資、磧、南、徑、清作「投」。
一　五〇三頁中二二行第三字「濡」，資、磧、南、徑、清作「輭」。
一　五〇四頁上四行第四字「曰」，資、磧、南、徑、清無。
一　五〇四頁上一〇行第五字「苦」，資、磧、南、徑、清作「苦故」。
一　五〇四頁上一五行第一三字「二」，磧、南、徑、清作「無」。
一　五〇四頁上一七行夾註，資、磧、南、徑、清無。
一　五〇四頁上一八行品名並夾註，石作「摩訶般若波羅蜜經釋初品中十一智義第三十八」，夾註「三三昧義三三義合」；資作「大智度論釋初品中十一智第三十八」；磧、南作「大智度論釋初品中十一智」；徑、清作「釋初品中十一智」。
一　五〇四頁上末行第五字「繫」，資無。
一　五〇四頁中一行第九字「色」，石作「色界」。
一　五〇四頁中三行第二字「現」，資、磧、南、徑、清作「見」。
一　五〇四頁中三行第一二字「心」，石作「法心」。
一　五〇四頁中一一行第一二字「集」，石作「習」。
一　五〇四頁中一九行第一〇字「智」，資、磧、南、徑、清作「智緣智」。
一　五〇四頁中二一行第四字「智」，資、磧、南、徑、清作「智者」。
一　五〇四頁下一四行第九字「生」，石作「上」。
一　五〇四頁下二二行「不緣智」，資、磧、南、徑、清作「無生緣智」。
一　五〇五頁上四行首字「相」，資、磧、南、清作「想」。

一　五〇五頁上四行第二字「除」，石作「餘」。

一　五〇五頁上四行夾註「轉相」，資、磧、南、徑、清作「相轉」。

一　五〇五頁上二〇行第一〇字「脫」，資、磧、南、徑、清無。

一　五〇五頁上二〇行末字「得」，石作「到」。

一　五〇五頁中七行第一二字「以」，資、磧、南、徑、清作「如」。

一　五〇五頁下七行「何以故」，資、磧、南、徑、清作「何以」，下同。

一　五〇五頁下一二行第一三字「說」，資、磧、南、徑、清無。

一　五〇五頁下一四行第二字「智」，資、磧、南、徑、清無。

一　五〇六頁上一一行首字「名」，資、磧、南、徑、清作「入」。

一　五〇六頁上一一行第四字「如」，資、磧、南、徑、清作「知如」。

一　五〇六頁上一二行夾註，石、資、磧、南、徑、清無。

一　五〇六頁上一四行第一二字至一五行第二字「秦言正心行處」，石作夾註。

一　五〇六頁上一四行第一二字「秦」，徑、清作「此」。

一　五〇六頁上一九行首字「二」，資、磧、南、徑、清無。

一　五〇六頁上末行第二字「娩」，資、磧、南、徑、清作「挽」。

一　五〇六頁中二行末字「有」，石無。

一　五〇六頁中一八行「無覺有觀地」，磧、南無。

一　五〇六頁下一一行首字「三」，石無。

一　五〇六頁下一一行「義竟」，石、資、磧、南、徑、清作「義」。石下有夾註「三三昧竟」。

一　五〇六頁下一六行第四字「學」，資、磧、南、徑、清作「覺」。

一　五〇六頁下一八行第一一字「是」，石無。

一　五〇七頁上一行第六字「亦」，資、磧、南、徑、清無。

一　五〇七頁上四行第九字「五」，資、磧、南、徑、清無。

一　五〇七頁上二一行首字「不」，資、磧、南、徑、清作「未」。

一　五〇七頁中六行第七字「實」，資、磧、南、徑、清無。

一　五〇七頁中一八行第七字「根」，資、磧、南、徑、清無。

一　五〇七頁中一九行「鞞跋」，石作「惟越」。

一　五〇七頁中末行第二字「爲」，石無。

一　五〇七頁中末行夾註，石、資、磧、南、徑、清無。

一　五〇七頁下一行經名，石作「大智度經論卷第二十六」。

趙城縣廣勝寺

大智度論初品中十力釋論第三十九 卷二十四

聖者龍樹造

後秦龜兹國三藏鳩摩羅什譯

舍利弗菩薩摩訶薩欲遍知佛十力四無所畏四無导智十八不共法大慈大悲當習行般若波羅蜜問曰是十力四無所畏等是佛無上法應當前說何以故先說九相八念等荅曰六波羅蜜是菩薩所應用先已說三十七品乃至三無漏根是聲聞法菩薩行是六波羅蜜得力故過聲聞辟支佛地亦欲教化向聲聞辟支佛人令入佛道是故呵是小乘法捨一切衆生無所利益若諸聲聞人言汝是凡夫人未斷結使不能行是法是故空呵以是故佛言菩薩具足應三十七品等諸聲聞法不可得故雖行是諸法以不可得故為衆生行邪行故行此正行常不捨是諸法不可得空亦不疾取涅槃證若菩薩不解不行是小乘而但呵者誰當肯信辟如釋迦牟尼佛若先不行六年苦行而呵言

非道者無人信受以是故自行苦行過於餘人成佛道時呵是苦道人皆信受是故六波羅蜜後次第行辟聞法

復次此非但是聲聞法是法中和合不捨衆生意具足一切佛法以不可得空智故名菩薩法問曰若菩薩具足三十七品諸法者云何不入聲聞法位荅曰具足者具足觀知而不取證了了觀知故名具足如佛說

一切畏杖痛　莫不惜壽命　恕己可為喻　杖不加群生

雖言一切畏杖痛無色界衆生無身色界雖有身而無鞭杖欲界中諸佛轉輪聖王夜摩天已上皆不畏杖是為畏得杖處者故言一切具足亦如是不為求證者法故言具足復次我先說不捨衆生以不可得空智和合故不墮聲聞地問曰從六波羅蜜至三無漏根但言應具足自此以後何以故皆言欲得欲知是事當習行般若波羅蜜荅曰聲聞法有量有限故言應具足自此已下是諸佛法甚深

無量菩薩未得故言欲得是事當學般若波羅蜜復次聲聞法易解易知故言具足菩薩法佛法難解難知故言當學復次聲聞法揔相但知苦知苦因知苦盡知盡苦道辟如二種醫一者但知病知病因知差病知差病藥而不知一切病不知一切病因不知一切病差不知一切差病藥若復但知治人病不知治畜生病或能治一國土不能治餘國土有能治數十種病不悉知四百四種病病因病差差病藥亦如是二者於四種中悉皆遍知遍知藥遍知病聲聞人如小醫不能遍知菩薩摩訶薩如大醫無病不知無藥不識以是故聲聞法應具足菩薩法應當學

佛有十力者是處不是處如實知一力也知衆生過去未來現在諸業諸法受知造業處知　因緣知報二力也知諸禪解脫三昧定垢淨分別相如實知三力也知他衆生諸根上下相如實知四力也知他衆生種種欲五力也知世間種種無數性六力也

知一切道至處相七力也知種種宿命共相共因緣一世乃至百千世劫初劫盡我在彼衆生中如是性名欲食苦樂壽命長短彼中死是間生是間死還生是間此間生名姓飲食苦樂壽命長短亦如是八力也佛天眼淨過諸天人眼見衆生死時生時端正醜陋若大若小若墮惡道若墮善道如是業因緣受報是諸衆生惡身業成就惡口業成就惡意業成就謗毀聖人邪見邪見業成就是因緣故身壞死時入惡道生地獄中是諸衆生善身業成就善口業成就善意業成就不謗聖人正見正見業成就是因緣故身壞死時入善道生天上九力也佛諸漏盡故無漏心解脫無漏智慧解脫現在法中自識知我生已盡持戒已作後有盡如實知十力也問曰是十力菩薩未得聲聞辟支佛所不能得今何以說荅曰聲聞人雖不能得名聞是十力功德作是念佛有如是大功德自慶言我等益不少得信心清淨入盡苦道諸菩

薩者聞之懃修菩薩道當得如是十力等大功德果復次有聲聞人及菩薩修念佛三昧非但念佛身當念佛種種功德法身應作是念佛一切種一切法能解故名一切智人一切法如實善分別說故名一切見人一切法現前知故名一切知見無导人等心一切衆生故名大慈悲人有大慈悲故名為世救如實道來故名為如來應受一切世間供養故名為應人成就不顛倒智慧故名正知戒定慧智成就故名明行成不復還故名善逝知世間揔相別相故名世間解善說出世間安隱道故名無上調御師以三種教法度衆生故名天人師一切世間煩惱睡能自覺亦能覺人故名為覺人一切所願具足故名有德十力成就故名堅擔得四無畏故名人師子得無量甚深智故名大功德海一切記說無导故名如風一切好醜無憎愛故名如地燒一切結使薪故名如火善斷一切煩惱習故名具足解脫寂上住處故名為世尊佛有

如是等諸功德故應念佛以是故菩薩摩訶薩欲得十力四無所畏十八不共法當學般若波羅蜜復次佛在王舍城耆闍崛山中說是般若波羅蜜時佛四部衆及諸外道在家出家諸天龍鬼神等種種大衆集會佛入三昧王三昧放大光明遍照恒河沙等世界地六種震動說是般若波羅蜜六波羅蜜乃至三無漏根是中有衆生疑有何等力有幾種力故能作如是不可思議感動利益佛知衆生心有如是疑故言我有諸法實相智力是力有十種用是十種智故能作如是感動變化亦能過是所作以是故言欲得十力當學般若波羅蜜復次佛弟子世世殖善根以少罪緣故墮外道諸外道常言佛非實有功德力是幻術力誑惑人心佛弟子墮外道者心疑若尒者佛非大人欲滅是惡謗故言我實有十力四無所畏故度衆生非是幻誑也復次諸菩薩修菩薩道苦行事難辦難成故欲懈息是故佛言行是十力當得無量果報

譬如估客主慰喻商人言汝等慎勿疲惓精懃努力得至寶山當得七寶如意寶珠佛亦如是安慰諸菩薩言無得疲猒當懃精進修菩薩道行是十力當得無量果報如是等種種利益因緣故說十力等問曰佛有無量力何以故但說十力荅曰諸佛雖有無量力度人因緣故說十力足成辦其事以是處不是處智力分別籌量衆生是可度是不可度以業報智力分別籌量是人業障是人報障是人無障以禪定解脫三昧智力分別籌量是人著味是人不著味以上下根智力分別籌量衆生智力多少以種種欲智力分別籌量衆生所樂以種種性智力分別籌量衆生深心所趣以一切至處道智力分別籌量衆生解脫門以宿命智力分別衆生先所從來以生死智力分別衆生生處好醜以漏盡智力分別籌量衆生得涅槃佛用是十種力度脫衆生審諦不錯皆得具足以是故佛雖有無量力但說此十力復次是處不是處力定

知從是因緣出是果報是中總攝九九為欲度衆生故於初力中分別有九種何以故是世間衆生現前見穀從種出而不能知何況心心數法因緣果報佛於內外因緣果報了了遍知故名為力佛知是衆生業煩惱因緣故縛淨禪定三昧解脫因緣故解是一切衆生三世三種諸業諸煩惱輕重深淺麤細佛悉遍知故名力一切衆生諸禪定解脫三昧大小深淺解脫因緣佛悉遍知故名力衆生鈍根為後身故作罪福業因緣利根人為不生故集諸業佛悉知此上下根好醜相故名力知一切衆生二種欲作上下根因緣二種欲善惡種種別異佛悉遍知故名力二種欲由二種性因緣故遍知衆生深心所趣故名力一切衆生種種性因緣故行二種道所謂善道惡道種種門所至處佛悉遍知故名力過去未來世中因緣果報智慧無导是名宿命生死智力知過去未來因果已悉知方便壞因緣果報相續是名漏盡力佛知三世

中二種因緣分別籌量衆生根欲性
為盡漏故說法是漏盡力問曰何等
為處不是處力荅曰佛知一切諸法
因緣果報定相從是因緣生如是果
報從是因緣不生如是果報所以者
何如多性經中說是處不是處相女
身作轉輪聖王無是處何以故一切
女人皆屬男子不得自在故女人尚
不得轉輪聖王何況作佛若女人得
解脫涅槃亦因男子得無有自然得
道二轉輪聖王一時出世無是處何
以故無怨業成就故二轉輪聖王尚
不同世何況二佛惡業得受樂報無是
處惡業尚不能得世間樂何況出世
樂若惡行生天無是處惡行尚不能
得生天何況涅槃五蓋覆心散亂離
修七覺而得涅槃無是處五蓋覆心
離修七覺尚不能得聲聞道何況佛
道心無覆蓋佛道可得何況聲聞道
如是等是處不是處多性經中佛口
自說諸論議師輩依是佛語更廣說
是處不是處若言佛有闕失罪過若
諸賢聖求外道師若諸賢聖自言我

是佛若諸賢聖墮惡道若見諦所斷
結更生若諸賢聖覆藏罪若須陀洹
二十五有皆無是處如賢聖中分別
廣說五逆人五種黃門墮四惡道衆
生欝多羅越人魔眷屬三障所遮若
言得道皆無是處輕說法者輕法自
輕破戒愚癡若言得具足法喜無是
處自言我是佛此身口惡不悔欲見
佛若破僧罪不悔欲見佛邪定入正
定正定入邪定正定入不定除佛法
別有真得道人應得道身若死皆無
是處除因緣生識出名色更有法無
是處佛遣使事未訖若遶身無是處
入慈三昧若他因緣死入滅盡定在
見諦道中若死皆無是處若害佛及
佛母無是處轉輪聖王女寶象馬主
藏臣主兵臣若在胎中死母子夭喪
皆無是處欝多羅越人女寶佛母命
終次身入惡道皆無是處有為常涅
槃無常凡夫人能斷非有想非無想
結使一切取相禪定中修聖道無漏
道有漏因若地濕相水堅相火冷相
風住相皆無是處無明不能生諸行

乃至生不能生老死無有是處二心
一時生五識衆能分別取相若著若
離若眼能起身業口業若眼若入禪定無
有是處但五識相續生不生意識但
五識衆中著有相續但五識衆能緣
名能緣相能緣無色法能緣過去未
來能緣離三世法但五識衆中有增
觸明觸修禪定若受善律儀不善律
儀若憂喜若有無覺無觀若增益諸
根皆無是處鼻識舌識有隱沒無記
凡夫人第六識離我受忍行無是處如是
等無量無是處是處亦如是佛知是
處無是處分別籌量可度者為說法
不可度者為作因緣譬如良醫知病
可治不可治聲聞辟支佛所知少少
故或不應度者欲度如首羅應度而
不度如舍利弗所不度者是佛無是
事無能壞無能勝悉遍知故是初力
業報智力者身口所作業及此生無
作業所受戒業亦惡業日夜隨生業
用生罪福業是業佛略說三處攝是
名一切業用佛知一切衆生有業過
去報亦過去有業過去報在現在有

業過去報在未來有業過去報在過去現在有業過去報在過去未來有業過去報在現在未來有業過去報在過去未來現在現在業亦如是復次善心中受善不善無記業報不善心無記心亦如是復次樂業因緣故受樂報苦業因緣故受苦報不苦不樂業因緣故受不苦不樂報現報業因緣故受現報生報業因緣故受生報後報業因緣故受後報不淨業因緣故受惱報淨業因緣故受無惱報雜業因緣故受雜報復次二種業必受報業不必受報業必受報業不可得離或待時待人待處受報如人應共轉輪聖王受福待轉輪聖王好世出是時乃受是為待時待人者人即是轉輪聖王待處者轉輪聖王所出處復次是必受報業不待伎能功勳若醜若好不求自來如天上生人福樂自至地獄中人罪苦自追不待因緣此業深重故復次必受報業如毗琉璃軍煞七万二千諸得道人及無量五戒優婆塞如目連等大神通人所

不能救如薄拘羅後母投者火中湯中水中而不死如佛遊諸國雖出家行乞不須膳供而五百乘車載王所食業中生粳米隨飯百味羹如是等善惡業必受餘者不必受欲界受三種業報處樂受業苦受業不苦不樂受業色界受二種業報處樂受不苦不樂受業無色界受一種業報處不苦不樂受業或待事者依是事得受業報如弗迦羅婆王池中生千葉金色蓮華大如車輪因是大會使樂多入出家得道佛知一切衆生造諸業處或欲界色界無色界欲界在何道中若天道在何天中若人中在何天下若閻浮提在何國若是國在何城何聚落何精舍何土地若是城在何里何巷何舍在何處知是業何時作過去十世二世乃至百千万世是業果報幾已受幾未受幾必受幾不必受知善不善所用事物所謂刀杖教勑煞等自煞遣人煞諸餘惡業亦如是善業亦如是知如布施持戒修善施中所施何等土地房舍衣服飲食醫藥卧具七寶

財物戒中受戒自然戒心生戒口言戒一行戒少分戒多分戒滿分戒一日戒七善道戒十戒具足戒定共戒善福中修初禪二三四禪慈心喜捨心如是等業善因緣若慳若瞋恚若怖畏若邪見若惡知識等種種惡業因緣福業因緣若信若憐愍若恭敬若禪定若智慧若善知識等種種善業因緣是諸業自在一切天及人是諸業相無能轉者於億千万世常隨逐衆生不捨如債主隨人得因緣具足便與果報如地中種子得因緣時節和合便生是業能令衆生六道中受駛疾於箭一切衆生皆有諸業分分如父母遺財諸子皆應得分是業果報時到不可遮止如劫盡火隨衆生應生處處安置如大國王隨其所應而與官職人命終時是業來蔭覆其心如大山映物是業能與種種身如工畫師作種種像若人以正行業則與好報若以邪行業則與惡報如人事王隨事得報如是等分別諸業相果報復次如分別業經中佛告阿

雖行惡人好處生行善人惡處生問難言是事云何佛言惡人今世罪業未熟宿世善業已熟以是因緣故今雖為惡而生好處或臨死時善心心數法生是因緣故亦生好處行善人生惡處者今世善未熟過世惡已熟以是因緣故今雖為善而生惡處或臨死時不善心心數法生是因緣故亦生惡處問曰熟不熟義可尒臨死時少許時心云何能勝終身行力荅曰是心雖時頃少而心力猛利如火如毒雖少能成大事是垂死時心決定猛健故勝百歲行力是後心名為大心以捨身及諸根事急故如人入陣不惜身命名為健如阿羅漢捨是身著故得阿羅漢如是等種種罪福業報轉報亦應如是知聲聞人但知惡業罪報善業福報不能如是細分別佛悉遍知是業及業報智慧勢力無量無盡無能壞故是名第二力禪定解脫三昧淨垢分別智力者禪名四禪佛知是助禪法禪道法名相利分次第熏修有漏無漏學無學淨垢

味不味深淺分別等八解脫如禪中分別相說禪攝一切色界定説解脫攝一切定禪波羅蜜即是諸解脫定三昧解脫禪三昧皆名為定定名為心不散乱垢名愛見慢等諸煩惱淨名真禪定不雜愛見慢等煩惱如真金分別名諸定中有一心行不一心行常行不常行難入易入難出易出別取相捴取相轉治不轉治轉治如婬欲中慈心瞋人不淨觀愚癡人思惟邊無邊捔戲心中用智慧分別諸法沒心中欲攝心若不尒者名不轉治是定中應分別時及住處若身瘦羸是非行定時如菩薩若行時作是念我今不能生禪定若多人處亦非定處復次佛知是禪定失是禪住是禪增益是禪到涅槃復次佛知是人難入定難出定易入易出易入難出難入易出佛知是人應得如是禪知是人失禪受五欲知是人受五欲已還得禪依是禪得阿羅漢如是等一切諸禪定解脫即是三昧是禪定佛以甚深智慧盡知無能壞無能勝是

名第三力如是生上下根智力者佛知衆生是利根鈍根中根利智名為上鈍智名為下佛用是上下根智力分別一切衆生是利根是中根是鈍根是人如是根今世但能得初果更不能得餘是人但能得第二第三第四果是人但能得初禪是人但能得第二第三第四禪乃至滅盡定亦如是是人當作時解脫證是人當作不時解脫證是人能得於聲聞中第一是人能得於辟支佛中第一是人具足六波羅蜜能得阿耨多羅三藐三菩提如是知已或為略說得度或為廣說得度或為略廣說得度或以軟語教或以苦語教或以軟苦語教佛亦分別是人有餘根應令增生信根是人應令精進念定慧根是人用信根入正位是人用慧根入正位是人利根為結使正遮如鴦群梨摩羅等是人利根不為結使所遮如舍利弗目連等知根雖鈍而無遮如周利般陁伽有根鈍而遮者知是人見諦所斷根鈍思惟所斷根利思惟所斷鈍

見諦所斷利是人一切根同鈍同利是人一切根不同鈍不同利是人先因力大是人今緣力大是人欲縛而得解是人欲解而得縛辟如鴦群摩羅欲煞母害佛而得解脫如一比丘得四禪增上慢故還入地獄知是人必墮惡道是人難出是人易出是人疾出是人久久乃出如是等一切衆生上下根相皆悉遍知無能壞無能勝是名第四力知衆生種種欲智力者欲名信喜好樂好五欲如孫陁羅難陁等好名聞如提婆達等好世間財利如須弥刹多羅等好出家如耶舍等好信如跋迦利等好持戒如羅睺羅等好施如施跋羅佛姑甘露女所生好頭陁遠離如摩訶迦葉女所生好坐禪如離跋多等好智慧如舍利弗等好多聞如阿難等好知毗尼如優婆離等如是佛弟子各各有所好凡夫人亦各各有所喜或有憙婬欲或為瞋恚復次佛知是人多欲多瞋多癡問曰何等是多欲多瞋多癡相答曰如禪經中說三毒相是中應廣說知如是

相已多婬欲人不淨法門治多瞋人慈心法門治多愚癡人因緣法門治如是隨所欲說法所謂善欲隨心為說如船順流惡欲以苦切語教如以梢出梢是欲智中佛悉遍知無能壞無能勝是名第五力性智力者佛知世間種種別異性性名積習相從性欲隨性作行或時從欲為性習欲成性性名深心為事欲名隨緣起是為欲性分別世間種種別異者各各性多性無量不可數是名世間別異有二種世間世界世間衆生世間此中但說衆生世間佛知衆生如是性如是欲從是處來成就善根不善根可度不可度定不定必不必行何行生何處在何地復次佛知是衆生種種性相所謂隨所趣向如是偏多如是貴如是深心事如是欲如是業如是行如是煩惱如是礼法如是定如是威儀如是知如是見如是憶想分別尒所結使生尒所結使未生隨所著生欲隨欲深心隨深心趣向隨向貴重隨貴重常覺觀隨覺觀為戲論隨

戲論常念隨念發行隨發行作業隨作業果報復次佛用是種種性智力知是衆生可度是不可度是今世可度是後世可度是即時可度是異時可度是現前可度是眼不見可度是人佛能度是人聲聞能度是人共可度是人必可度是人必不可度是人略說可度是人廣說可度是人略廣說可度是人讃嘆可度是人折伏可度是人將迎可度是人棄捨可度是人細法可度是人麁法可度是人苦切可度是人軟語可度是人苦軟可度是邪見是正見是著過去是著未來是著斷滅是著常是著有見是著無見是欲生是猒生是求富貴樂是著厚邪見是說無因無緣是說邪因緣是說正因緣是說無作業是說邪作業是說正作業是說不求是說邪求是說正求是貴我是貴五欲是貴得利是貴飲食是貴談戲樂事是樂衆是樂憒閙是樂遠離是多行愛是多行見是好信是好慧是應守護是應捨是貴持戒是貴禪定是貴智慧

是易悟是講說乃悟是可引導是句
句解是利根是鈍根是中根是易出
易拔是難出難拔是畏罪是重罪是
畏生死是不畏生死是多欲是多瞋
是多癡是多欲瞋是多欲癡是多瞋
癡是多欲瞋癡是薄煩惱是厚煩惱
是少垢是多垢是覆慧是衣械慧是
廣慧是人善知五陰相十二入十八
界十二因緣是處非是處苦集滅道
善知入定出定住定復次佛知是欲
界衆生是色界是無色界衆生是地
獄畜生餓鬼人天是卵生胎生濕生
化生是有色是無色是有想是無想
是短命是長命是但凡夫人未離欲
是凡夫人離下地欲未離欲如是
乃至非有想非無想是向道是得果
是辟支佛是諸佛如是等種種分別
五道四生三聚假名障衆入界善根
不善根諸結使地業果是可度是不
可度滅智分別以如是等分別知世
間種種別異性得無导解脫如是等
種種別異佛悉遍知無能壞無能勝
是名第六力一切至處道智力者有

八言業即是道所以者何業因緣故
遍行五道有業能斷業能有所至所
謂三聖道分及無漏思以是故諸業
是一切至處道復次有人言五分五
智三昧（无漏三昧 聖五枝）佳一切利益事辦復有人言
第四禪即是何以故第四禪一切諸
定至處如諸經中說是善心定心不
乱心攝心皆入第四禪中復次有人
言如身相念即是至道是諸道利益
之本復有人言一切善聖道是用是聖
道得隨意利益復有論者言一切道
一切惡道一切聖道各各知諸道至
處如毛竪經中佛悉遍知無能壞無
能勝是名第七力宿命智力者宿命
有三種有通有明有力凡夫人但有
通聲聞人亦通亦明佛亦通亦明亦
力所以者何凡夫人但知宿命所經
不知業因緣相續以是故凡夫人但
有通無有明聲聞人知集諦故了了
知業因緣相續生以是故聲聞人亦
有通亦有明若佛弟子先凡夫人時
得宿命智入見諦道中知集因緣第
八無漏心得斷見故故通變為明所

以者何明名見根本若佛弟子先得
聖道後宿命智生亦知集因緣力故
通變為明問曰若佛本為菩薩時先
得宿命智諸菩薩離無所有處煩惱
後入聖道故云何佛說我初夜得初
明答曰是時非明若佛在衆中說我
彼時得是明亦衆人言是明初夜得
辟如國王未作王時生子後作王時
人問王子何時生答言王子某時生
生時未作王以今是王故以彼為王
子言王子彼時生佛亦如是宿命智
生尓時未是明但名通後時知集因
緣故通變為明後在衆中說言我初
夜時得是明問曰通明義如是云何
為力答曰佛用是明知已身及衆生
無量無邊世中宿命因緣所更種種
悉遍知是為力是名第八力生死智
力者佛用天眼見衆生生死處凡夫
人用是天眼極多見四天下聲聞人
極多傍見小千世界上下亦遍見問
曰大梵王亦能見千世界有何等異
答曰大梵王自於千世界中立則遍
見若在邊立則不見餘處聲聞人則

不尒在所住處常見千世界辟支佛見百千世界諸佛見無量無邊諸世界凡夫人天眼智是通而非明亦如是但見所有事不能見隨業因緣受生如宿命中說復次得天眼人中最第一者阿泥盧豆色界四大造色半頭清淨是天眼佛天眼四大造色遍頭清淨是為差別復次聲聞人所住於三昧得天眼即所住三昧中能見若有覺有觀三昧若無覺有觀三昧若無覺無觀三昧佛隨所入三昧中住欲見盡見若依無覺無觀三昧中得天眼入有覺有觀三昧若無覺有觀三昧中亦能見復次聲聞人用是天眼見時所住三昧中心入餘三昧天眼則滅佛則不尒心雖入餘三昧天眼不滅是智慧遍知一切衆生生死所趣無能壞無能勝是名第九力漏盡智力者問曰九力智慧分別有差別漏盡同一切聲聞辟支佛有何等異答曰雖漏盡是同智慧分別大差別聲聞極大力思惟所斷結生分住分滅分三昧斷佛則不尒一生分時盡斷聲聞人見諦所斷結使生時斷思惟所斷三時滅佛則見諦所斷思惟所斷無異聲聞人初入聖道時八時與達時異佛則一心中亦入亦達一心中得一切智一心中壞一切障一心中得一切佛法復次諸聲聞人有二種解脫煩惱解脫法障解脫佛有一切煩惱解脫亦有一切法障解脫佛自然得智慧諸聲聞人隨教道行得復有人言若佛以智慧斷一切衆生煩惱其智亦不鈍不減辟如熱鐵丸著少綿上雖燒此綿而火熱勢不減佛智慧亦如是燒一切煩惱智力亦不減復次聲聞但知自盡漏諸佛自知盡漏亦知盡他人漏如淨經中說復次佛獨知衆生心中分別有九十八使一百九十六纏除佛無有知者佛亦獨知苦法智苦比智中斷尒所結使性乃至道比智亦如是思惟所斷九解脫道中亦尒佛悉遍知一切衆生如是事聲聞若少知少說皆隨佛語佛如是漏盡智慧力勢無能壞無能勝是名第十力問曰是

十力何者最勝答曰各各於自事中大如水能漬火能燒各自有力有人言初力為大能攝十力故或言漏盡力大事辦得涅槃故論者言是十力皆以無导解脫為根本無导解脫為增上問曰若是十力獨是佛事弟子今世無人能得佛何以故說答曰斷人十力中疑故無智人令心決定堅牢故令四衆歡喜言我等大師獨有如是力不與一切衆生共又諸外道輩言瞿曇氏沙門常寂靜處住智慧縮沒以是故發至誠言我十種智力四無所畏安立具足在大衆中說具足智慧教化衆生如師子吼轉梵輪一切外道及天世人無能轉者為止是謗故說是十力問曰好人法一事智慧尚不應自讚何況無我無所著人而自讚十力如說

自讚自毀　讚他毀他　如是四種
智者不行

答曰佛雖無我無所著有無量力大悲為度衆生故但說十力不為自讚辟如好賈客導師見諸惡賊誑諸賈

客示以非道導師愍念故語諸賈客我是實語人汝莫隨誑惑者又如諸弊醫等誑諸病人良醫愍之語衆病者我有良藥能除汝病莫信欺誑以自苦用復次佛功德深遠若佛不自說無有知者為衆生少說所益甚多以是故佛自說是十力復次有可度者必應為說所應說中次第應說十力若不說彼不得度是故自說譬如日月出時不作是念我照天下當有名稱日月既出必自有名佛亦如是不自念為有名稱故自說功德佛清淨語言說法光明破衆生愚闇自然有大名稱以是故佛自說十力等諸功德無有失力名能有所辦用是十種力增益智慧故能破論議師用是十種力增益智慧故能好說法用是十種力增益智慧故能摧伏不順用是十種力增益智慧故於諸法中得自在如大國主於臣民大衆中得自在是為以聲聞法略說十力義

大智度論卷第二十四

大智度論卷二十四

校勘記

一 底本，金藏廣勝寺本。五一九頁中、下原版殘破，以麗藏本換。

一 五一一頁中一行經名，石作「大智度經論卷第二十七」，卷末經名同；資、磧、普、南、徑、清作「大智度論卷第二十四」。

一 五一一頁中三行後，石有品名「摩訶般若波羅蜜經釋初品中十力義第三十九」；資品名作「釋初品中十力第三十九」；磧、普、南、徑、清作「釋初品中十力」。

一 五一一頁中四行首字「舍」前，石、磧、普、南、徑、清、麗冠以「經」。

一 五一一頁中六行第一二字「問」前，石、磧、普、南、徑、清、麗冠以「論」。

一 五一一頁中八行第九字「相」，磧、普、南、徑、清作「想」。

一 五一一頁中一一行第一〇字「故」，資無。

一 五一一頁中一六行「具足應」，諸本作「應具足」。

一 五一一頁下二行第一一字「苦」，諸本作「苦行」。

一 五一二頁上一行第二字「量」，石作「量法」。

一 五一二頁上七行首字「樂」，諸本作「藥」。

一 五一二頁上八行第一三字「若」，石、資、磧、普、南、徑、清作「或」。

一 五一二頁上九行第一一字「病」，資、磧、普、南、徑、清無。

一 五一二頁上一三行首二字「遍知」，石無。

一 五一二頁上一六行第五字「應」，資、磧、普、南、徑、清無。

一 五一二頁上一七行第二字「有」，石、磧、普、南、徑、清無。

一 五一二頁上一九行「法受」，石、磧、普、南、徑、清、麗作「受」；資作「受法」。

一　五一二頁上一九行第一一字「報」，磧、普、南、徑、清作「果報」。

一　五一二頁中二行「一世」，石、磧、普、南、徑、清、麗作「一世二世」。

一　五一二頁中三行第一二字「性」，諸本作「姓」。

一　五一二頁中一八行第四字「已」，磧、普、南、徑、清作「已立不」。

一　五一二頁中二一行第四字「名」，諸本作「若」。

一　五一二頁中二二行末字「等」，諸本作「等善利蒙」。

一　五一二頁下八行首字「心」，石作「視」。

一　五一二頁下一〇行第一三字「應」，石、資、磧、普、南、徑、清作「應供」；麗作「應供養」。

一　五一二頁下一一行及一二行「故名」，石作「故名爲」。

一　五一二頁下一一行第一一字「知」，諸本作「遍知」。

一　五一二頁下一一行末字至一二行首字「慧智」，石、磧、普、南、徑、清作「智慧」。

一　五一二頁下二二行第二字「名」，資、磧、普、南作「言」。

一　五一二頁下末行「住處」，石、麗作「處住」。

一　五一三頁上二行「十力」，諸本作「佛十力」。

一　五一三頁中一八行及一九行「分別」，徑、清作「分別籌量」。

一　五一三頁下二行首字「九」，諸本作「力」。

一　五一四頁上二行「盡漏」，資、磧、普、南、徑、清作「漏盡」。

一　五一四頁上三行首字「爲」，諸本作「爲是」。

一　五一四頁上九行第二字「得」，石、麗作「得作」。

一　五一四頁上一二行第四字「怨」，資、磧、普、南、徑、清作「惡」。

一　五一四頁上一三行「受樂」，資作「愛」。

一　五一四頁中二行首字「結」，麗作「結使」。

一　五一四頁中七行「法喜」，資、磧、普、南、徑、清作「善法」；麗作「法喜亦」。

一　五一四頁下三行「若眼」，資、磧、普、南、徑、清無。

一　五一四頁下三行「眼若」，麗作「眼能」。

一　五一四頁下七行末字「增」，資、磧、普、南、徑、清作「憎」。

一　五一四頁下九行第五字「若」至一〇行末字「記」，磧、普、南、徑、清作「鼻識舌識有隱没無記若有無覺無觀若增益諸根皆無是處」。

一　五一四頁下一一行「受心」，資、麗無。

一　五一四頁下一八行第一二字「是」，麗作「是名」。

一　五一四頁下二二行第五字「用」，麗作「相」。

一五一五頁上一四行第一一字「如」，資、磧、普、南、徑、清作「如福」。

一五一五頁上一七行第一〇字「聖」，資、磧、普、南、徑、清無。

一五一五頁中七行第一二字「受」，諸本作「受業」。

一五一五頁中一二行首字「入」，諸本作「人」。

一五一五頁中一六行「何精舍何土地」，資、磧、普、南、徑、清無。

一五一五頁中一七行第六字「何」，石、麗作「何等」。

一五一五頁中二二行第二字「如」，石、麗作「如是」。

一五一五頁下四行第一三字「喜」，諸本作「悲喜」。

一五一五頁下五行「業善」，石、麗作「善業」。

一五一五頁下五行第一〇字「慳」，資、磧、普、南、徑、清、麗作「慳貪」。

一五一五頁下一四行首字「受」，諸本作「受生」。

一五一五頁下一七行「應生」，石、麗作「應生處」。

一五一五頁下二〇行末字「業」至二一行第一〇字「則」，石、磧、普、南、徑、清作「御業善法將養則（「則」，石作「還」，下同。）與好報若以邪行御業不善將養則」。

一五一六頁上一三行第二字「猛」，石作「勇」。

一五一六頁上一六行第七字「漢」，石、麗作「漢道」。

一五一六頁上二〇行第八字「故」，徑、清作「無能勝」。

一五一六頁上二二行「助禪法禪」，石、磧、普、南、徑、清、麗作「禪佐助」。

一五一六頁上二二行末字「利」，諸本作「義」。

一五一六頁中三行末字「定」，石、磧、普、南、徑、清、麗作「禪定」。

一五一六頁中四行「三昧解脱禪」，石、磧、普、南、徑、清作「解脱」。

一五一六頁中一〇行第一三字「人」，資、磧、普、南、徑、清無。

一五一六頁中一六行首字「定」，石、麗作「行定」。

一五一六頁中一六行「失是禪住」，石、磧、普、南、徑、清作「爲失故是禪爲住故」。

一五一六頁中一七行「增益是禪到涅槃」；石、磧、普、南、徑、清作「爲增益故是禪爲達到涅槃故」。

一五一六頁下一行「如是生」，諸本作「知衆生」。

一五一六頁下一四行末字「軟」，石作「善耎」。

一五一六頁下一七行第四字「令」，諸本作「令生」。

一五一六頁下一九行第六字「正」，諸本作「所」。

一五一六頁下二一行「目連」，石作「目乹連」。

一五一七頁上四行第一三字「群」，石、磧、普、南、徑、清、麗作「群梨」；資作「群利」。

一　五一七頁上一〇行第三字「名」，資、磧、普、南無。

一　五一七頁上一三行第五字「弥」，石作「那」。

一　五一七頁上一五行第七字「絁」，石、麗作「施」；資、磧、普、南、徑、清作「陀」。

一　五一七頁上一五行「佛姑甘露女所生」，石、資、磧、普、南、徑、清作夾註；麗夾註作「丹注云佛姑甘露女所生」。

一　五一七頁上一五行第一六字「生」，資、磧、普、南、徑、清作「生也」。

一　五一七頁上一六行「女所生」，諸本無。

一　五一七頁上二〇行第七字「喜」，石作「好」。

一　五一七頁上二〇行第一一字「媢」，諸本作「婬」。

一　五一七頁上二〇行末字「爲」，諸本作「有焉」。

一　五一七頁上二二行第七字「欲」，資、磧、普、南、徑、清作「婬」。

一　五一七頁中七行末字「性」，諸本作「性生」。

一　五一七頁中九行、一八行及二二行「深心」，資、磧、普、南、徑、清均作「染心」。

一　五一七頁中一四行第七字「成」，石、麗作「若成」。

一　五一七頁中一七行第一〇字「是」，石、麗作「是處」。

一　五一七頁中二二行第五字及第八字「深」，麗作「染」。

一　五一七頁中二二行第一二字「隨」，資、磧、普、南、徑、清作「隨趣」。

一　五一八頁上七行「衣械」，石、磧、普、南、徑、清作「略」。

一　五一八頁上八行第八字「陰」，石、麗作「衆」。

一　五一八頁上一五行第一一字「欲」，諸本作「禪」。

一　五一八頁上一七行第七字「佛」，石、麗作「佛得無礙解脫」。

一　五一八頁上一九行及二〇行「可度」，石作「可度處」。

一　五一八頁中五行夾註，石作「無漏三昧禪五支」；資、磧、普、南、徑、清無；麗作「丹云无漏三昧五枝」。

一　五一八頁中五行正文第六字「切」，諸本作「切處」。

一　五一八頁中九行「相念」，諸本作「念處」。

一　五一八頁中九行第八字「至」，諸本作「至處」。

一　五一八頁中一〇行第五字「人」，資、磧、普、南、徑、清無。

一　五一八頁中一〇行第九字「善」，諸本無。

一　五一八頁中一一行末字「道」，諸本作「善道」。

一　五一八頁中一三行第六字「中」，諸本作「中說」。

一　五一八頁中末行第九字「故」，石、麗無。

一五一八頁下一〇行首字「生」，諸本作「生是」。

一五一八頁下一二行第一〇字「後」，諸本作「後夜」。

一五一八頁下一七行第六字「力」，徑、清作「力無能壞無能勝」。

一五一九頁上九行第二、三字「三昧」，諸本作「三昧中」。

一五一九頁上二〇行第五字「同」，諸本作「則同」。

一五一九頁上末行第六字「眛」，諸本作「時」。

一五一九頁中七行第一一字「法」，諸本作「少」。

一五一九頁中一一行第一〇字「鈍」，磧、普、南、徑、清作「耗」。

一五一九頁中一三行及一四行「不滅」，資作「不滅」。

一五一九頁中二二行第六字「佛」，資、磧、普、南、徑、清無。

一五一九頁下九行首字「牢」，石作「固」。

一五一九頁下一三行末二字「具足」，資、磧、普、南、徑、清作「真」。

一五二〇頁上一行第一二字「諸」，石作「衆」。

一五二〇頁上五行第三字「用」，諸本作「困」。

一五二〇頁上六行第九字「少」，資、磧、普、南、徑、清作「所」。

一五二〇頁上二一行末字「十」，諸本作「十力義」。

大智度論釋初品中四無畏義第四十　卷二十五　德

聖者龍樹造
後秦龜茲國三藏鳩摩羅什譯

四無所畏者佛作誠言我是一切正智人若有沙門婆羅門若天若魔若梵若復餘衆如實言是法不知乃至不見是微畏相以是故我得安隱得無所畏安住聖主處如牛王在大衆中師子吼能轉梵輪諸沙門婆羅門若天若魔若梵若復餘衆實不能轉一無畏也佛作誠言我一切漏盡若有沙門婆羅門若天若魔若梵若復餘衆如實言是漏不盡乃至不見微畏相以是故我得安隱得无所畏安住聖主處如牛王在大衆中師子吼能轉梵輪諸沙門婆羅門若天若魔若梵若復餘衆實不能轉二無畏也佛作誠言我說障法若有沙門婆羅門若天若魔若梵若復餘衆如實言受是障法不障道乃至不見是微畏相以是故我得安隱得無所畏安住聖主處如牛王在大衆中師子吼能

轉梵輪諸沙門婆羅門若天若魔若梵若復餘衆實不能轉三無畏也佛作誠言我所說聖道能出世間隨是道能盡苦若有沙門婆羅門若天若魔若梵若復餘衆如實言行是道不能出世間不能盡苦乃至不見是微畏相以是故我得安隱得无所畏安住聖主處如牛王在大衆中師子吼能轉梵輪諸沙門婆羅門若天若魔若梵若復餘衆實不能轉四无畏也問曰以何事故說四無所畏答曰有人言佛自稱一切智一切見世間一切經書伎術智巧方便甚多无量若一切衆生共知一切事猶尚難況佛一人而有一切智或有是事有是難佛將無有畏欲斷是疑妄斷是難故佛說四无所畏復次若佛未出世間外道等種種因緣欺誑求道求福人或食種種果或食種種菜或食種種草根或食牛屎或日一食稊稗或二日或十日一月二月一食或噏風飲水食水衣如是等種種食或衣樹皮樹葉草衣鹿皮或衣板木或在地卧

或臥杵上枝上灰上棘上或寒時入水或熱時五處自炙或入水死入火死投巖死斷食死如是等種種苦行法中求天上求涅槃亦教弟子令不捨是法如是引致少智衆生以得供養辟如螢火虫日未出時少多能照若日出時千光明照月及衆星皆無有明豈况螢火若佛未出世諸外道輩小明照世得供養佛出世時以大智光明滅諸外道及其弟子皆不得供養以失供養利故便妄語謗佛弟子如孫陁利經中說自煞孫陁利而謗佛語衆人言世間弊人尚不為是人世間礼法尚不能知何况涅槃佛欲滅如是等誹謗故自說實功德四無所畏言我獨是一切智人无有能如實言佛不能知我不畏是事我獨一切諸漏及習盡無有能如實言佛漏未盡我不畏是事我說遮涅槃道法無有能如實言是法不能遮涅槃佛不畏是事佛說苦盡道達到涅槃無有能如實言是道不能到涅槃佛不畏是事略說是四无所畏體一者

正知一切法二者盡一切漏及習三者說一切障道法四者說道是四法中若有如實言不能盡遍知佛不畏是事何以故正遍知了了故初二無畏為自功德具足故後二无畏為具足利益衆生故復次初弟三弟四無畏中說知第二无畏中說斷智斷具足故所為事畢問曰十力皆名知四無所畏亦是知有何等異荅曰廣說佛諸功德是力略說是无畏復次能有所作是力无所疑難是無畏智慧集故力散諸光明故无畏集諸善法故名力滅諸不善法故名無畏自有智慧故名力无能壞者故名無畏智慧猛健是力堪受問難是无畏集諸智慧是名力智慧外用是無畏辟如轉輪聖王七寶成就是力得是七寶巳周四天下無不降伏是名无畏又如良醫善知藥方是名力合利諸藥與人是名無畏自利益是名力利益他是無畏自除煩惱是名力除他煩惱是无畏無能沮壞是名力不難不退是無畏自成巳善是名力能成他

善是無畏巧便智是名力用巧智是无畏一切智一切種智是名力一切智一切種智顯發是無畏十八不共法是名力十八不共法顯發於外是无畏遍通達法性是名力若有種種問難不復思惟即時能荅是無畏得佛眼是名力佛眼見巳可度者為說法是無畏得三无㝵智是名力得應辯無㝵是无畏義無㝵智是名力樂說无㝵智是無畏一切智自在是名力種種辟喻種種因緣莊嚴語言說法是無畏破魔衆是名力破諸外道論議師是無畏如是等種種因緣分別力无畏問曰何等名無所畏荅曰得無所疑无所忌難智慧不却不沒衣毛不竪在在法中如說即作是無畏問曰云何當知佛無所畏荅曰若有所畏不能將御大衆能攝能捨能苦切治或軟語教如佛一時能駈遣舍利弗目連等還復憐愍心受若有所忌難者諸論議師輩住憍慢山頂以外智慧心狂醉皆言天下唯有我一人更無餘人自於經書决定知故破

他經書論議以惡口訾毀如狂象無所護惜如是狂人菴跋宅長爪薩遮祇尼揵魁盧坻等諸大論議師皆降伏若有所畏則不能介及憍陳如等五出家人漚樓頻螺迦葉等千結髮仙人舍利弗目揵連摩訶迦葉等於佛法中出家及百千釋子并諸閻浮提大王波斯尼亦王頻婆娑羅王旃陁波殊提王優填王弗迦羅婆利王梵摩達王等皆為弟子諸在家婆羅門皆度一切世間智慧為大國王所師仰梵摩喻弗迦羅婆利鵠羅檀陁等皆為弟子有得初道有得第二第三第四道諸大鬼神阿羅婆迦鞞婆迦等諸大龍王阿波羅羅伊羅鉢多羅等鴦群梨摩羅諸惡人等皆降化歸伏若有所畏不能獨在樹下師子坐處坐欲得阿耨多羅三藐三菩提時魔王軍衆化作師子虎狼熊羆之首或一眼或多眼或一耳或多耳擔山吐火四邊圍繞佛以手指按地眴息之頃即皆消滅諸天阿修羅鞞摩質帝隸釋提婆那民梵天王等引導

其心皆為弟子若有所畏不能在此大衆中說法以無所畏故能為如是諸天鬼神大衆中說法故名无所畏復次佛於一切衆生最尊最上盡到一切法彼岸得大名聞故自說无所畏復次置是佛功德佛一切世間功德亦無能及者所畏法一切巳拔根本故所畏法者弊家生弊生處惡色無威儀麁惡語等弊家生者如首陁羅所謂擔死人除糞養鷄猪捕獵屠煞酤酒兵仵等卑賤小家若在大衆中則多怖畏佛從本巳来常生轉輪聖王種中所謂頂生快見王婆竭王摩訶提婆王如是等名白種王家中生亦以是故無所畏弊生處者安陁羅舍婆羅（裸國也）兜呿羅（小月氏）修利安息大秦國等在此邊國中生若在大衆中則多怖畏佛在迦毗羅婆中國生故無所畏惡色者有人身色枯乾羸瘦人不喜見若在大衆則亦有畏佛金色光潤如火照赤金山有如見色故无所畏無威儀者進止行步坐起無有人儀則有怖畏佛無是事麁

惡語者有人惡音聲蹇吃重語無有次第人所不喜則多怖畏佛无是畏所以者何佛語真實柔軟次第易了不疾不遲不少不没不垢不調戲勝迦陵毗伽鳥音辯義分明不中傷物離欲故無染滅瞋故无㝵除愚故易解法喜增長故可愛遮罪故安隱隨他心隨解脫義深語妙有因緣故言有理辟喻故善顯示事說故善會事觀種種衆生心故雜說久久皆入涅槃故一味如是等種種無量莊嚴語故佛於語中无所畏佛但以如是等世間法尚無所畏何况出世間法以是說佛有四无所畏問曰佛十力中有無所畏不若有无所畏不應但言四若有所畏云何言無畏成就荅曰一智在十處若為佛成就十力如一人知十事隨事受名是十力四處出用是無所畏是處不是處力漏盡力即是初二无畏八力雖廣說是第二第四無畏以是故十力中有无畏別說亦无失正遍知者知一切法不顛倒正不邪如餘過去諸佛是名三藐

（大智度論第二十五卷　第九張　御字）

三佛陁如佛告阿難一切世間天及人所不能知佛能遍知故名三藐三佛陁若有人言是法不知問曰是何人答曰是中佛說若沙門婆羅門若天若魔若梵乃至欲與佛論者論何等法有人言佛所不說外諸經書弊迦蘭那僧佉韋陁等十八種大經書有人言須弥山斤兩大地深淺一切草木頭數有人言是常无常有邊無邊十四難佛不能荅有人言是法色法無色法可見不可見有對無對有漏无漏有為無為等佛但知一種道事因緣是異法種種因緣佛或不悉知沙門者說出家人婆羅門者說在家有智人天者說地天虛空天魔者說六欲天梵者說梵天王為首及一切色界餘者除此更有餘天如實者若以現事若以因緣難乃至不見是微畏相者相名因緣我不見小小因緣如法能來破我者以不見故至誠言安立阿梨沙（秦言聖主）住處佛至誠言我一切漏盡若有人言是漏不盡者何等是漏漏名三漏欲漏有漏無明漏

（大智度論第二十五卷　第十張　御字）

復次漏名六情中出垢心相應心數法復次如一切漏障經中分別說七漏障道法名諸有漏業及一切煩惱惡道報障為世間故布施持戒修十善道受諸味禪略說若能障涅槃若善若不善若無記是名障道法有人言道名二法聖定聖慧是二事等達到涅槃有人言三聚道無漏戒定慧有人言四法所謂四聖諦有人言出世間五根有言六出性有言七覺意有言八聖道達到涅槃論議師等言一切無漏道達到涅槃是中若有沙門婆羅門等來如實言是事不介乃至不見微畏相以不見故至誠言安立阿梨沙住處問曰何以故佛至誠言安立阿梨沙住處荅曰自功德具足亦令衆生得安樂利益若佛自得安樂住處不能利益衆生不名阿梨沙住處若但利益衆生不自具足功德亦不名阿梨沙住處若自有功德亦利益衆生以是故至誠言我安立阿梨沙住處復次佛自滅惡亦滅衆生惡故第一清淨妙說法故安立阿

（大智度論第二十五卷　第十一張　御字）

梨沙住處復次四聖諦三轉十二行能轉能分別顯示數演故至誠言我安立阿梨沙主處復次一切疑悔邪見能除却故言一切甚深問難悉能解釋故名安立阿梨沙住處（阿梨沙翻一乘上畨）（不退不却不沒具足功德無所藏少是名阿梨沙住處）如是等因緣功德力故至誠言我安立阿梨沙住處衆中師子吼者衆名八衆沙門衆婆羅門衆刹利衆天衆四天王衆三十三天衆魔衆梵衆衆生於此八衆怖㘺智慧是故經中但說是八衆此中佛師子吼亦在一切衆中以是故此經中言若復餘衆何以故聞佛音聲者盡皆是衆復次有人言佛獨屏處說法以是故說在衆中作是至誠言我有十力四無所畏是名衆中師子吼復次佛示我是至誠言我為一切世間師一切智人諸有疑不信者悉來我當解釋以是故言衆中師子吼師子吼者如師子王清淨種中生深山大谷中住方頰大骨身肉肥滿頭大眼長光澤明淨眉高而廣牙利自淨口鼻方大厚實堅滿齒密齊利

吐赤白舌雙耳高上髦髮光潤上身廣大膺肉堅著脩脊細腰其腹不現長尾利爪其足安立巨身大力從住處出偃脊頻伸以口扣地現大威勢食不過時顯晨朝相表師子王力以威麞鹿熊羆虎豹野猪之屬覺諸久睡降伏高強有力勢者自開行路而大哮吼如是吼時其有聞者或喜或怖穴處者隱縮水居者深入山藏者潛伏廐象振鏁狂逸而去鳥飛空中高翔遠逝佛師子亦如是從六波羅蜜古四聖種大姓中生寂滅大山深潛禪定谷中住得一切種智頭集諸善根頰無漏正見脩目光澤定慧等行高廣眉四無所畏牙白利无㝵解脫具足口四正懃堅滿頤三十七品齒密齊利修不淨觀吐赤白舌念慧耳高上十八不共法髦髮光潤鮮白三解脫門上身肉堅著三示現脩脊明行具足腹不現忍辱腰纖細遠離行尾長四如意足安立無學五根爪利十種力勢无量無漏法衆具足身諸佛三昧王等住處出四无㝵智頻

申諸法地中著无㝵解脫口依是十力廣大度衆生時不過失一切世間天及人晨朝相顯諸法王德威諸外道論議師黨邪見之屬覺諸衆生四諦中睡降伏吾我著五衆者憍慢力開異學論議諸邪見道行邪者怖畏信正者歡喜鈍者令利安慰弟子破壞外道長壽諸天久愛天樂則知無常如是衆生聞四諦師子吼皆生猒心猒心故得離得離故入涅槃是名衆中如師子吼復次佛師子吼及師子吼有差別師子吼者衆獸驚怖若死若近死苦佛師子吼得免死畏師子吼怖世世死苦佛師子吼但今世死更无後苦師子吼者其聲麁惡物不喜聞生死怖畏佛師子吼其聲柔軟聞者无猒心皆深樂普遍遠聞能與二種樂生天樂涅槃樂是為差別問曰佛師子吼亦令聞者生怖與師子吼有何等異答曰聞佛師子吼當時小怖後大利益著吾我心者渴愛世間樂人常顛倒所縛邪見心者生怖畏如經中言佛說四諦乃至上諸天

悉皆怖畏作是念我等无常相苦相無我相空相何以故為顛倒心故著常樂相是為差別復次聞師子吼者除離欲人餘者皆怖畏佛師子吼求涅槃離欲人皆怖師子吼者善人不善人皆怖佛師子吼者但善人怖復次師子吼一切時怖佛師子吼雖小怖畏衆生示世間惡罪令不樂世間生觀涅槃功德利益能除世間種種怖畏閉惡趣開善道能令人到涅槃城復次二十事故佛語名師子吼所謂依止十力故不縮故不展故梵音故未曾有故能引大衆故惡魔驚怖故擾乱魔民故諸天歡喜故得出魔網故斷魔縛故破魔鉤故過魔界故自法增長故減損他法故果報不詐故說法不空故凡夫人入聖道故入聖道者得具足漏盡故隨所應得二乘故以是故佛語名師子吼是名師子吼惣相別相義轉梵輪者清淨故名梵佛智慧及智慧相應法是名輪佛之所說受者隨法行是名轉是輪以具足四念處為轂五根五力為輻

四如意足為堅牢輞四正懃為衆合
輞三解脱為搱禅定智慧為調適无
漏戒為塗輪香七覺意為雜華瓔珞
正見為隨右輪信心清淨為可愛喜
正精進為疾去無畏師子吼為妙聲
能怖魔輪破十二因縁節解輪壞生
死輪離煩惱輪断業輪障世間輪破
苦輪能令行者歡喜天人敬慕是輪
無能轉者是輪持佛法以是故名轉
梵輪復次佛轉法輪如轉輪聖王轉
寶輪問曰佛與轉輪聖王有何相似
答曰如王清淨不雜種中生隨姓家
業成就衆相荘嚴身王德具足能轉
寶輪香湯灌頂受王位於四天下之
首壊除一切賊法令無敢違寶藏豊
溢軍容七寶以為挍飾以四攝法攝
取衆生善用王法委任貴姓主兵大
臣以治國政妙上珎寶樂以布施有
所知念終始無異佛法王亦如是釋
迦牟尼然燈寶華等佛諸佛清淨性
中生先佛威儀行業具足三十二相
以自荘嚴聖主威德備具轉真法輪
智慧甘露味灌智首於三界中尊破

壊一切煩惱賊學無學衆歡喜所結
梵戒无敢違者無量法寶藏具足七
覺分寶荘嚴八万四千法聚軍出世
間四攝法以攝衆生知方便說四聖
諦法為法王儀舍利弗弥勒等大将
善治佛國法諸無漏根力覺種種妙
寶樂以布施深求一切衆生善事為
所念堅固是為相似復次佛於轉輪
聖王有殊勝轉輪聖王不離諸煩惱
佛已永離諸煩惱轉輪聖王没在老
死泥佛已出離轉輪聖王為恩愛業
佛已過出轉輪聖王行生死險道中
佛已過度轉輪聖王在愚癡闇中佛
住第一光明中轉輪聖王极自在四
天下佛自在無量无邊世界轉輪聖
王財寶自在佛心寶自在轉輪聖王
渇樂天樂佛乃至有頂樂已離轉輪
聖王從他求樂佛自心生樂以是故
佛於轉輪聖王為㝡殊勝復次轉輪
聖王手轉寶輪空中無㝵佛轉法輪
一切世間天及人中无㝵無遮其見
寶輪者衆毒皆滅遇佛法輪一切煩
惱毒皆滅見寶輪者諸灾悪害皆滅

遇佛法輪一切邪見疑悔灾害皆悉
消滅王以是輪治四天下佛以法輪
治一切世間天及人令得法自在是
為相似復次法輪於寶輪大有殊勝
寶輪欺誑法輪堅實寶輪長三毒大
法輪滅三毒火寶輪有漏法輪無漏
寶輪樂五欲樂法輪樂法樂寶輪結
使處法輪非結使處寶輪有量處行
法輪無量國行寶輪以一心清淨布
施故世世可得法輪無量阿僧祇劫
集一切善業因縁及智慧故得寶輪
王死後更不轉佛滅度法輪猶轉寶
輪在一人法輪在一切可度者復次
梵名廣佛轉法輪十方無不遍故名
廣復次四梵行心說故名梵輪復次
佛初得道時梵天王請轉法輪故名
梵輪復次佛在波羅柰轉法輪阿若
憍陳如得道聲徹梵天故名梵輪復
次有人貴梵天欲令歡喜故名梵輪
以是故名梵輪問曰佛或時名法輪
或時名梵輪有何等異答曰說梵輪
法輪無異復次有人言說梵輪者現
四无量心說法輪者示四諦法復次

梵輪因四無量心得道是名梵輪依餘法得道是名法輪梵輪示四禪法輪示三十七品梵輪示修禪定聖道法輪示修智慧聖道如是等分別梵輪法輪差別問曰何法是無畏性荅曰佛初得道時得一切佛法十力四無所畏等此中未来世得四无所畏智相應法名無所畏如布施時心中思相應捨法生又如四無量心相應名慈法問曰是四无畏中有何次第荅曰初無畏中示人知一切法知一切法故我漏盡漏盡故知障漏盡法斷是障法故說道復次初无畏如示藥師一切藥草第二示一切病滅第三知禁忌第四示所應食復次初無畏中說一切種智第二無畏中說无一切煩惱習第三無畏中說法無謬失第四无畏中所說事辦得至涅槃問曰如般若波羅蜜中說五衆乃至十力四無所畏十八不共法皆空今云何分別說其相荅曰佛法中不可得空於諸法無所㝵因是不可得空說一切佛法十二部經辟如虛空無

所有而一切物皆依以長成復次是十力四無所畏不以取相著心分別故但為度衆生知衆生從是因緣得解脫辟如藥草但為差病不為求草相如中論中說

若信諸法空　是則順於理　若不信法空
一切皆違失　若以无是空　無所應造作
未作已有業　不作有作者　如是諸法相
誰能思量者　唯有淨真心　所說無依止
離於有无見　心自然內滅

問曰聲聞法說十力四無所畏如是摩訶衍分別十力四无所畏復云何荅曰是十力四無所畏中盡知遍知是摩訶衍中說十力四无所畏問曰聲聞法中亦說盡知遍知云何言摩訶衍中說盡知遍知荅曰諸論議師說佛盡知遍知非佛自說今說摩訶衍中十力四無所畏故佛自說我盡知遍知復次為聲聞人說十力四無所畏合說四諦十二因緣等諸聲聞法皆為到涅槃今說摩訶衍中十力四無所畏合大悲諸法實相不生不滅說問曰佛有十力四无所畏菩薩

有不荅曰有何者是一者發一切智心堅深牢固力二者具足大慈故不捨一切衆生力三者不須一切供養恭敬利故具足大悲力四者信一切佛法具足生一切佛法及心不猒故大精進力五者一心慧行威儀不壞故禪定力六者除二邊故隨十二因緣行故斷一切邪見故滅一切憶想分別戲論故具足智慧力七者成就一切衆生故受無量生死故集諸善根无猒足故知一切世間如夢故不猒生死力八者觀諸法實相故知無吾我无衆生故信解諸法不出不生故無生法忍力九者入空无相無作解脫門觀故知見聲聞辟支佛解脫故得解脫力十者深法自在故知一切衆生心行所趣故具足無㝵智力是為菩薩十力何等為菩薩四無所畏一者一切聞持故諸陁羅尼得故憶念不忘故在衆說法無所畏二者一切法中得解脫故一切法藥分別知用故知一切衆生根故在大衆中隨應說法無所畏三者菩薩常離一切衆畏不作是念十方有來難我者我不

能荅不見是相在大衆中說法无所畏四者悉一切人来問難者一一皆荅能断疑惑在大衆中說法无所畏是為菩薩四無所畏四无㝵智者義無㝵智法无㝵智辝無㝵智樂說无㝵智義無㝵智者用名字言語所說事各各諸法相所謂堅相此中地堅相是義地名字是法以言語說地是辝於三種智中樂說自在是樂說於此四事中通達无滞是名無㝵智濕相水熱相火動相風心思相五衆无常相五受衆無常苦空相一切法無我相如是等惣相別相分別諸法亦如是是名義無㝵智法无㝵智者知是義名字堅相名為地如是等一切名字分別中無滞是名為法无㝵智所以者何離名字義不可得知義必由於名以是故次義有法問曰義之與名為合耶為離耶若合名說火時應燒口若離說火時水應来荅曰亦不合亦不離古人假為立名以名諸法後人因是名字識是事如是各各有名字是為法是名字及義云何令

衆生得解當以言辝分別莊嚴能令人解通達無滞是名辝无㝵智說有道理開演無盡亦於諸禪定中得自在无滞是名樂說無㝵智第一第四無㝵智在九地中第二第三无㝵智欲界及梵天上第二第三無㝵世智第一十智第四九智是无㝵三種上中下上諸佛中大菩薩下大阿羅漢問曰力无所畏無量皆是智慧内有力外無所畏則具足何以復說無㝵荅曰力无畏巳分別有人雖無所畏在大衆中說法而有㝵以是故說四無㝵智得是无㝵智莊嚴四無畏四无所畏莊嚴十力復次說無所畏或有疑者言云何一人於大衆中得无所畏佛以前有十力後有四無㝵智是故在大衆中說法無所畏如是等分別四無㝵智問曰摩訶衍中有菩薩四无㝵智不荅曰有何者是義無㝵智者義名諸法實相不可言說義名字語言不別異前後中亦如是是名義不應離名字語言別有義三事等故名為義復次一切諸法義了了

知通達無滞是名義无㝵智法無㝵智法名一切義名字為知義故復次菩薩入是法無㝵智中常信法不信人常依法不依非法依法者无非法事何以故是人一切諸名字及語言知自相離故復次以是法无㝵智分別三乘雖分別三乘而不壞法性所以者何法性一相所謂無相是菩薩用是語言說法知語言空如響相所說法示衆生令信知同法性所說名字言語通達無滞是名法无㝵智辝无㝵智者以語言說名字義種種莊嚴語言隨其所應能令得解所謂天語龍夜叉揵闥婆阿修羅迦樓羅摩睺羅伽等非人語釋梵四天王等世主語人語一語二語多語略語廣語女語男語過去未来現在語如是等語言能令各各得解自語他語无所毁譽所以者何是一切法不在語中語是非實義若語是實義不可以善語說不善但為入涅槃故說令解莫著語言復次用是語言能令衆生随法義行所以者何言語皆入諸法實

相中是名辭無㝵智樂說无㝵智者菩薩於一字中能說一切字一語中能說一切語一法中能說一切法於是中所說皆是法皆是實皆是真皆隨可度者而有所益所謂樂修妬路者為說修妬路樂祇夜者為說祇夜樂弊迦蘭陁者為說弊迦蘭陁樂伽陁優陁那阿波陁那一筑多闍陁為頭離頞浮陁達摩優波提舍皆為說是經隨一切衆生根樂說若好信者為說信根好精進者為說精進根好懃念者為說念根好攝心者為說定根好智慧者為說慧根如五根等一切善根亦如是復次二万一千婬欲人根為是根故佛說八万四千治法根隨是諸根樂說治法次第菩薩樂說二万一千瞋恚人根為是根故佛說八万四千治法根隨是諸根樂說治法次第菩薩樂說二万一千愚癡人根為是根故佛說八万四千治法根隨是諸根樂說治法次第菩薩樂說二万一千等分人根為是根故佛說八万四千治法根隨是諸根樂說

大智度論第二十五卷 第二十四張 德

治法次第菩薩樂說是名樂說無㝵智復次菩薩用是無㝵智若一劫若半劫各各莊嚴說法亦不壞諸法性相是菩薩或隱身不現而為衆生用一切毛孔說法隨其所應不失本行是菩薩智慧無量一切論議師不能窮盡亦不能壞是菩薩得是无㝵智轉身受生時一切五通仙人所有經書呪術智慧技能自然悉知所謂四韋陁六鴦伽呪術知日月五星經原夢經地動鬼語鳥語獸語四足獸鬼著人語國王相占豊儉日月五星鬪相醫藥章筭數卜歌儛伎樂如是等工巧技術諸經盡知明達過一切人及諸外道亦不自高亦不惱他知是俗事不為涅槃是菩薩成就四無㝵智故色力光明殊於諸梵諸梵恭敬愛樂尊重心無所著為如是等一切諸天所尊重恭敬亦无所著但生無常苦空無我心亦以神通發起諸天令心渴仰而為說法无盡無壞断除疑悔令住阿耨多羅三藐三菩提是名摩訶衍中菩薩四無㝵智力能度衆生

大智度論第二十五卷 第二十五張 德

是名四無㝵智義

大智度論第二十五卷 第二十六張 [illegible]

大智度論卷第二十五

[illegible]明[illegible]寺僧德[illegible]

大智度論卷二十五

校勘記

一 底本，金藏廣勝寺本。五三三頁上、中原版漫漶缺字，以麗藏本換。

一 五二五頁中一行經名，石作「大智度經論卷第二十八」，卷末經名同；資、磧、普、南、徑、清作「大智度論卷第二十五」。

一 五二五頁中三行後，石有品名「摩訶般若波羅蜜經釋初品中四無畏義第四十」；資有品名「釋初品中四無畏第四十下訖四無礙智」；磧、普、南有「釋初品中四無畏下訖四無礙智」；徑、清有「釋初品中四無畏四無礙智」。

一 五二五頁中一三行末字「微」，諸本作「是微」。

一 五二五頁下三行第一三字「隨」，徑作「行」。

一 五二五頁下四行首字「道」，石、磧、普、南作「行」。

一 五二五頁下四行第四字「苦」，諸本作「諸苦」。

一 五二五頁下一五行第一三字「是」，資、磧、普、南、徑、清作「是事」。

一 五二五頁下一六行第六字「欲」，石、麗作「而欲」。

一 五二五頁下一七行末字「間」，資、磧、普、南、徑、清無。

一 五二五頁下二〇行「日一食稊稗」，石作「日一食」；資、磧、普、南、徑、清作「食稊稗或日一食」。

一 五二五頁下二二行第二字「食」，諸本作「或食」。

一 五二六頁上一行第五字「枝」，石、資、磧、普、南、徑、清作「杖」。

一 五二六頁上二行第六字「處」，諸本作「熱」。

一 五二六頁上八行第一一字「世」，石作「世時」。

一 五二六頁上一〇行末字「得」，諸本作「復得」。

一 五二六頁上一一行末字「弟」，諸本作「及佛弟」。

一 五二六頁上一三行末字「是」，諸本作「是是」。

一 五二六頁上二一行第一一字「達」，資作「速」。

一 五二六頁中二行第一一字「道」，石、磧、普、南、徑、清、麗作「盡苦道」。

一 五二六頁中六行「弟三弟四」，石、磧、南、徑、清作「第一第三」。

一 五二六頁中七行第四字、八行第一三字及九行第六字「知」，諸本作「智」。

一 五二六頁中七行「第二」，石、磧、普、南、徑、清作「第二第四」。

一 五二六頁中一二行「力散諸光」，石、磧、普、南、徑、清、麗作「名力散諸無」；資作「二力散諸無」。

一 五二六頁中一二行第八字「故」，石、麗作「故名」；資作「故二」；磧、普、南、徑、清作「故是」。

一 五二六頁中一五行第三字「健」，石作「利」。

一 五二六頁下九行第七字「義」，資、麗無。

一 五二六頁下一九行第一一字「能」，石、麗無。

一 五二六頁下二〇行「目連」，石作「目乹連」。

一 五二七頁上五行第五字「漚」，徑、清作「優」。

一 五二七頁上八行第七字「示」，徑、清作「大」。

一 五二七頁上一〇行首字「梵」，石作「梵羅」。

一 五二七頁上一二行第五字「喻」，石作「論喻」。

一 五二七頁上一四行末字「婆」，資、磧、普、南、徑、清、麗作「沙」。

一 五二七頁中六行第三字「次」，諸本作「次且」。

一 五二七頁中一一行第五字「忤」，石、磧、普、南、徑、清、麗作「伍」。

一 五二七頁中一三行第八字「生」，資、磧、普、南、徑、清、麗作「生王」。

一 五二七頁中一三行第一二字「娑」，資、磧、普、南、徑、清作「婆」。

一 五二七頁中一四行「種王」，石、麗作「王種」。

一 五二七頁中二一行末字「見」，石、資、麗作「是」；磧、普、南、徑、清作「是好」。

一 五二七頁下四行第六字「少」，資、磧、普、南、徑、清、麗作「少不多」。

一 五二七頁下四行末字「勝」，石、麗作「勝於」。

一 五二七頁下八行第五字「脱」，資、磧、普、南、徑、清作「説」。

一 五二七頁下一四行首字「是」，石、麗作「是故」。

一 五二七頁下一六行「無畏」，石作「四無畏」。

一 五二七頁下一七行第六字「若」，諸本作「名」。

一 五二七頁下二一行第一一字「有」，石、麗作「雖有」。

一 五二八頁上四行第八字「若」，石作「若有」。

一 五二八頁上六行第七字「所」，石無。

一 五二八頁上一七行第一一字「天」，資、磧、普、南、徑、清、麗作「人」。

一 五二八頁上二二行第一四字「者」，石、磧、普、南、徑、清、麗作「者无有畏也」。

一 五二八頁中八行第八字「聚」，磧、普、南、徑、清作「聖」。

一 五二八頁中一〇行「七覺意」，石作「七覺分」，下同。

一 五二八頁中一四行第三字「見」，石作「見是」。

一 五二八頁中末行第二字「惡」，諸本作「惡滅二惡」。

一 五二八頁下三行第六字「主」，諸本作「住」。

一 五二八頁下四行第六字「言」，石、麗無。

一　五二八頁下五行夾註左末字「高」，諸本作「極高」。

一　五二八頁下一五行第一二字「是」，石無。

一　五二八頁下一八行第四字「師」，磧、普、南、徑、清作「師子」。

一　五二八頁下末行首字「自」，諸本作「白」。

一　五二九頁上一三行第一二字「顯」，諸本作「頭」。

一　五二九頁上一八行第一二字「潤」，石作「澤」。

一　五二九頁中二行「大力」，麗無。

一　五二九頁中五行「五衆」，石作「五陰」，下同。

一　五二九頁中八行第八字「愛」，諸本作「受」。

一　五二九頁下二行第八字「故」，石無。

一　五二九頁下五行第五字「人」，資、磧、普、南、徑、清作「人不離欲人」。

一　五二九頁下七行第八字「怖」，石、麗作「怖畏」。

一　五二九頁下一〇行「人到」，石作「入」。

一　五二九頁下一二行第一一字「展」，資、磧、普、南、徑、清作「畏」。

一　五三〇頁上二行首字「輞」，石、麗作「輪」。

一　五三〇頁上四行第六字「輪」，石、麗作「轉輪」；資、磧、普、南、徑、清作「轉」。

一　五三〇頁上一八行末字至一九行首字「有所」，石作「所有」。

一　五三〇頁中二行首字「梵」，諸本作「禁」。

一　五三〇頁中一一行末字「業」，石、麗作「僕」。

一　五三〇頁中一二行「過出」，石作「出過」。

一　五三〇頁中一五行「世界」，石作「國土」。

一　五三〇頁下一二行第九字「度」，石、麗作「度後」。

一　五三一頁上一〇行第三字「法」，石、麗作「法門」。

一　五三一頁上一〇行「无畏」，石、麗作「无所畏」。

一　五三一頁上一九行第九字「中」，資、磧、普、南、徑、清作「中品品」。

一　五三一頁中四行末字「草」，諸本作「藥草」。

一　五三一頁中九行第九字「真」，資、磧、普、南、徑、清、麗作「直」。

一　五三二頁上七行第一一字「此」，資、磧、普、南、徑、清作「地此」。

一　五三二頁上一二行第五字「衆」，石作「陰」。

一　五三二頁上一九行第一二字「説」，石無。

一　五三二頁上二〇行「水應來」，石、麗作「應得水」。

一　五三二頁中六行「欲界」，麗作「在欲界」。

一　五三二頁中九行第八字「量」，資、磧、普、南、徑、清、麗作「礙」。

一五三二頁中一三行「四無畏」，石無；資、磧、普、南、徑、清、麗作「四無所畏」。

一五三二頁下二行首字「智」，諸本作「智者」。

一五三三頁上八行第四字「那」，徑、清作「那尼陀那」。

一五三三頁中三行第一四字「性」，資、磧、普、南、徑、清無。

一五三三頁中一一行第七字「獸」，石、資、磧、普、南、清作「手」。

一五三三頁中一二行「相占」，資、磧、普、南、徑、清作「占相」。

一五三三頁中一三行第二字「章」，普、南作「草」。

大智度論釋初品中十八不共法釋論第四十一 卷二十六 德

聖者龍樹造

後秦龜茲國三藏鳩摩羅什譯

十八不共法者一者諸佛身無失二者口無失三者念無失四者無異想五者無不定心六者無不知已捨七者欲無減八者精進無減九者念無減十者慧無減十一者解脫無減十二者解脫知見無減十三者一切身業隨智慧行十四者一切口業隨智慧行十五者一切意業隨智慧行十六者智慧知過去世無㝵十七者智慧知未來世無㝵十八者智慧知現在世無㝵問曰是三十六法皆是佛法何以故獨以十八為不共答曰前十八中聲聞辟支佛有分於後十八中無分如舍利弗能分別諸法暢演一句通達無㝵佛讃言善通法性阿泥盧豆天眼第一如是等諸聲聞皆有分於四無所畏有分者如佛說弟子中能師子吼第一賔徒羅叵羅墮逝舍利弗亦自措言我七日七夜能

演暢一義令無窮盡四分別慧諸阿羅漢舍利弗目揵連富樓那阿難迦栴延等亦知是義名字語言樂說以是故前十八不名不共問曰何以故佛無身失無口失答曰佛於無量阿僧祇劫來持戒清淨故身口業無失餘諸阿羅漢如舍利弗等極多六十劫不久習戒故有失佛無量阿僧祇劫集諸清淨戒成就故常行甚深禪定故得一切微妙智慧故善修大悲心故無有失復次佛拔諸罪根因緣故無有失罪根本因緣有四種一者貪欲因緣二者瞋恚因緣三者怖畏因緣四者愚癡因緣諸罪根因緣及習皆已拔阿羅漢辟支佛雖拔罪因緣習不盡故或時有失佛於一切法中遍滿智慧常成就故若不知故有失如舍利弗與五百比丘遊行至一空寺宿是時說戒日不知內界外界事白佛佛言住處乃至一宿棄捨則無界又異時舍利弗目揵連將五百比丘還時高聲大聲故佛驅遣令出是為口失又如舍利弗不知等食法

佛言食不淨食如是等身口有失佛諸煩惱習盡故無如是失復次佛一切身口業隨智慧行故身無失口無失如是等種種因緣故身無失口無失念無失者四念處心長夜善修故善修甚深禪定心不散乱故善斷欲愛及法愛諸法中心無著故得第一心安隱處故若心懆忩忩念有忘失佛心無得失以是故無失復次佛宿命通明力三種莊嚴念故念則成就無失念多在過去用故復次念根力無邊無盡故念無失復次佛一切意業隨智慧行故念無失一念隨意行故如是等名為念无失如天問經中說

何人無過失　何人不失念　何人常一心
應作者能作　正知一切法　一切障得脫
諸切德成就　唯有佛一人

無異想者佛於一切衆生無分別無遠近異想是貴可為說是賤不可為說如日出普照万物佛大悲光明一切憐愍等處恭敬者不恭敬者怨親貴賤一切怨等如客除糞人名泥陁

佛度化之得大阿羅漢亦如德護居士火坑毒飯欲以害佛即以其日除其三毒滅邪見火如是等無有異想復次佛於舍利弗弥勒菩薩等順佛法行亦不愛提婆達多富羅那外道六師邪見等亦不憎是為佛於無量阿僧祇刧修熏心故是衆生中寶如真金不可令異復次佛以佛眼一日一夜各三觀一切衆生誰可度者無令失時等觀衆生故無有異想復次佛種種因緣讃善法種種因緣呵不善法亦於善於悪心無增減但為度衆生故有是分別是為無有異想復次如一切不行經中說佛觀一切衆生如已身所作已辦無始無中無終是名無異想復次佛觀一切衆生及諸法從本已來至不生不滅常清淨如涅槃是名無異想復次不二入法門是諸法實相門異相即是二法二法即是邪道佛是無諍法人不應行諍法常行不二入法門諍法即是異相如是等名無異想無不定心者定名一心不乱乱心中不能得見實事

如水波盪不得見面如風中燈不得好照以是故說佛無不定心問曰定名從未到地乃至滅盡定入此定中不能起身業口業佛若常定無不定心者云何得遊行諸國具四威儀為大衆種種因緣辟喻說法如是事欲界繫心及梵世不入定可有是事答曰無不定心者有種種義定名常攝心善法中住佛於諸法實相中定不退失是名無不定心復次欲界中有定入是定中可說法以是故阿毗曇中說欲界繫四聖種四念處四正懃四如意足五根五力無諍三昧願智四無导智有如是等妙功德佛入欲界中定故名無不定心諸聲聞辟支佛從定起若入無記心若入善或退入垢心佛從定起入欲界定初無散乱心時以是故名無不定心復次如聲聞法化人說法化主不說化主說化人不說佛則不尒化人化主俱能說法定心亦應異聲聞入定則無說佛在定亦能說法亦能遊行如密迹經心密中諸佛心常在定中心亦應

說法復次散乱心法諸結使疑悔等佛皆無阿羅漢雖無四諦中疑一切法中處處有疑佛於一切法中常定無疑無不定智慧故復次聲聞有諸煩惱習氣故有退法故散乱佛於一切智處中智滿故無乱如瓶中水滿則無聲無動復次唯佛一人名不誑法三堅固人中最上苦樂心不異一相異相生滅相斷常相来去相如是等諸法相皆是誑法虛妄和合作法故佛安立於諸法實相中故心無不定無不定故心不異復次五種不可思議法中佛最不可思議是十八不共法是佛甚深藏誰能思議者以是故佛無不定心事必當尒佛雖常入定無覺觀麁心有不可思議智慧故亦能說法辟如天樂隨天所好種種聲應是亦無心亦無識法以諸天福德因緣故有是如天樂無心無識而能應物何况佛有心而不說法以是故說佛無不定心無不知已捨者衆生有三種受苦受樂受不苦不樂受苦受生瞋樂受生愛不苦不樂受生

愚癡是三種受苦受生苦住苦滅樂受生樂住樂滅不苦不樂不知為苦不知為樂餘人鈍根故多覺苦受樂受於不苦不樂受中不覺不知而有捨心是為癡使所使佛於不苦不樂受中知覺生時覺住時覺滅時以是故言佛無不知已捨心問曰此中何等為捨不苦不樂即是捨耶為七覺中捨四無量心中捨名為捨荅曰不苦不樂即是捨二處捨亦是捨何以故餘人於不苦不樂受中不覺念念中生時住時滅時久遠乃覺佛念念中盡皆了知七覺中捨若心正等不没不掉是時應捨若没時行精進想若掉時行攝心想諸聲聞辟支佛或時錯亂心掉心未平等便捨佛於念念中麁細深淺無不悉知知已而捨問曰若尒者佛何以為難陁說告諸比丘難陁諸受生時覺住時覺滅時覺諸想諸覺亦如是荅曰覺有二種一者覺心中苦受生知苦是生苦受住知苦受住苦受滅知苦受滅樂受生知樂受生樂受住知樂受住

樂受滅知樂受滅不苦不樂亦如是但能知是惣相不能別相知二者念念中苦樂不苦不樂受中悉覺悉知念念中心數法無不知而過以是故說佛無不知已捨復次佛或時捨衆生入甚深禪定一月二月有人疑佛為度衆生故出世何以故常入定佛言我種種因緣知故捨非是無知已捨問曰何等是知已捨因緣荅曰於大衆中疲猒故小息復次佛世世常愛遠離行若菩薩在母胎母亦樂遠離行去城四十里嵐鞞尼林中生得道時漚樓頻螺林中獨在樹下成佛初轉法輪時亦在仙人住處鹿林中入湼槃時在娑羅林雙樹下長夜樂行遠離以是故佛入禪定復次佛常捨心成就故入禪定復次佛遠離情丙及雜語處亦自觀諸佛功德藏亦受第一清淨樂故入禪定復次佛說法已常教諸比丘當坐禪無令後悔口之所說身亦自行故入禪定復次猒惡供養故知衆生應得度者入禪定作化人往度復次有衆生定少慧

多者身示行禪以教化之復次有人常見佛生猒想故小遠離令其飢虛故復次佛欲為諸天說法故在閑靜處復次佛為後世作法故坐禪又佛自轉法輪已以事付弟子故入禪定復次現二種道攝衆生故一者禪定二者智慧佛在大衆說法為現智慧靜處攝心為現禪定復次衆生於六塵中三種行見好色生喜樂見惡色生憂苦不苦不樂見生捨心乃至法亦如是佛於六塵中自在於喜樂法處能生捨心如聖如意中說如是等種種因緣故入禪定非不知已捨欲無減者佛知善法恩故常欲集諸善法故欲無減修習諸善法心無猒足故欲無減譬如一長老比丘目闇自縫僧伽梨針絍脫語諸人言誰樂欲福德者為我絍針尒時佛現其前語言我是樂欲福德無猒足人持汝針來是比丘斐亹見佛光明又識佛音聲白佛言佛無量功德海皆盡其邊底云何無猒足佛告比丘功德果報甚深無有如我知恩分者我雖復盡

其邊底我本以欲心無猒足故得佛是故今猶不息雖更無功德可得我欲心亦不休諸天世人驚悟佛於功德尚無猒足何況餘人佛為比丘說法是時肉眼即明慧眼成就問曰如佛相斷一切善法中欲云何言欲無減答曰言斷一切善法中欲者是未得欲得得已欲增佛無如是欲佛一切功德具足無不得者亦無增益今言欲者如先說佛雖具得一切功德欲心猶不息譬如馬寶雖到至處去心不息至死不已佛寶亦如是又如劫盡大火燒三千大千世界悉盡火勢故不息佛智慧火亦如是燒一切煩惱照諸法已智慧相應欲亦不盡復次佛雖一切善功德滿足衆生未盡欲故度不息問曰若佛欲度衆生未息何以入涅槃答曰度衆生有二種或有現前得度或有滅後得度如法華經中說藥師為諸子合藥與之而捨是故入涅槃復次有衆生鈍根德薄故不能成大事但可種福德因緣是故入涅槃問曰佛滅度後

亦有得阿羅漢者何以言但可種福德因緣答曰雖有得阿羅漢者少不足言如佛一說法時十方無量阿僧祇衆生得道佛滅度後不尒譬如大國征伐雖少有所得不名為得以是故雖衆生未盡而入涅槃復次摩訶衍首楞嚴經中說佛於莊嚴世界壽七百阿僧祇劫度脫衆生以是故說佛欲無減精進無減者如欲中說欲義即是精進問曰若尒者無有十八不共法復次欲精進心數法中各別云何言欲即是精進答曰欲為初行欲增長名精進如佛說一切法欲為根本欲如人渴欲得飲精進如因緣方便求飲欲為心欲得精進為成其事欲屬意業精進屬三業欲為內精進為外如是等差別復次是精進諸佛所樂如釋迦牟尼佛精進力故超越九劫疾得阿耨多羅三藐三菩提復次如說一時佛告阿難汝為諸比丘說法我背痛小息尒時世尊四襞欝多僧敷下以僧伽梨枕頭而卧是時阿難說七覺義至精進覺佛驚起

坐告阿難汝讚精進義阿難言讚如
是至三佛言善哉善哉修精進乃
至得阿耨多羅三藐三菩提何况餘
道以是義故佛精進無減病時猶尚
不息何况不病復次佛為度衆生故
捨甚深禪定樂種種身種種語言種
種方便力度脱衆生或時過悪險道
或時食悪食或時受寒熱或時值諸
邪難聞悪口罵詈忍受不猒佛世尊
雖於諸法中自在而行是事不生懈
怠如佛度衆生已於薩羅林中雙樹
下卧梵志須跋陁語阿難我聞一切
智人今夜當滅度我欲見佛阿難止
之言佛為衆人廣説法疲極佛遥聞
之告阿難聽須跋陁入是我末後弟
子須跋陁得入問佛所疑佛隨意説
法斷疑得道先佛入無餘涅槃諸比
丘白佛言世尊甚為希有乃至末後
憐愍外道梵志而共語言佛言我非
但今世末後度先世未得道時亦末
後度乃往過去無量阿僧祇劫有大
林樹多諸禽獸野火來燒三邊俱起
惟有一邊而隔一水衆獸窮逼逃命

無地我尒時為大身多力鹿以前脚
跨一岸以後脚跨一岸令衆獸蹈脊
上而渡皮肉盡壞以慈愍力忍之至
死最後一兎来氣力已竭自強努力
忍令得過過已脊折墮水而死如是
久有非但今也前得度者今諸弟子
最後一兎須跋陁是佛世世樂行精
進今猶不息是故言精進無減念無
減者於三世諸法一切智慧相應故
念滿足無減問曰先已説念無失今
復説念無減念無失念無減為一為
異若一今何以重説若異有何差別
荅曰失念名誤錯減名不及失念名
威儀俯仰去来法中失念無減名住
禪定神通念過去現在世通達無导
問曰何以故念無減獨是佛法荅曰
聲聞辟支佛善修四念處故念牢固
念雖牢固猶亦減少导不通達如宿
命智力中説聲聞辟支佛念宿命極
多八万劫於廣有減亦於見諦道中
不能念念分別佛於念念中皆分別
三相佛心無有一法而不念者以是
故獨佛有念無減復次宿命智力隨

念知佛於是中有力聲聞辟支佛尚
無是念力何况餘人復次佛以一切
智無导解脱守護念是故無減如是
等因縁故佛念無減慧無減者佛得
一切智慧故慧無減三世智慧無导
故慧無減復次十力四無所畏四無
导智成就故慧無減復次譬如酥油
豊饒燈炷清淨光明亦盛佛亦如是
三昧王等諸三昧禪定油念無減清
淨炷是因縁故慧光明無量無減復
次從初發心無量阿僧祇劫集一切
智慧故深心為法故頭目髓腦悉捨
内外所有而布施入火投山剥皮釘
身如是等無苦不受故一心為集智
慧故慧無減復次佛智慧以一切功
德持戒禪定等助成故慧無減復次
世世求一切經書世俗法佛法麁細
善不善悉皆學　知故故慧無減復次
從十方無量諸佛所聞法讀誦思惟
修習問難故慧無減復次為一切衆
生故為增益一切善法故破一切癡
無明故慧無減復次是智慧實知諸
法相不生不滅不淨不垢無作無行

不分別是智非智知諸法一等清淨如虛空無染無著不以二法故得不二入法相不二入法相無量無邊以是故慧無減如是等種種因緣慧無減解脫無減者解脫有二種有為解脫無為解脫有為解脫名無漏智慧相應解脫無為解脫名一切煩惱都盡無餘佛於二解脫無減何以故聲聞辟支佛智慧不大利故煩惱不悉盡故智慧有減佛智慧第一利故煩惱習永盡無餘故解脫無減復次如漏盡力中說佛與聲聞解脫有差別佛得漏盡力故解脫無減二乘無力故有減解脫知見無減者佛於諸解脫中智慧無量無邊清淨故名解脫知見無減問曰佛一切法中無減何以故但六事中無減答曰一切自利他利中四事能具足欲求一切善法之根本精進能行念能守護如守門人善者聽入惡者遮慧照一切法門一切煩惱用是四法事得成辦是四法果報有二種一者解脫二者解脫知見解脫義如先說解脫知見者用

是解脫知見知是二種解脫相有為無為解脫知諸解脫相所謂時解脫不時解脫慧解脫俱解脫壞解脫不壞解脫八解脫不可思議解脫無㝵解脫等分別諸解脫相牢固不牢固是名解脫知見無減如念佛中佛成就五無學眾解脫知見眾此中應廣說問曰解脫知見者但言知何以復言見答曰言知言見事得牢固譬如繩二合為一則牢固復次若但說知則不攝一切慧如阿毗曇所說慧有三種有知非見有見非知有亦知亦見有知非見者盡智無生智五識相應智有見非知者八忍世間正見五邪見有亦知亦見者餘殘諸慧若說知則不攝見若說見則不攝知是故說知見則具足復次如從人誦讀分別籌量是名知自身得證是名見譬如耳聞其事猶尚有疑是名知親自目覩了了無疑是名見解脫中知見亦如是差別復次有人言阿羅漢自於解脫中疑不能自了是阿羅漢非阿羅漢以是故佛為破如是邪見故說諸聖

人於解脫中亦知亦見諸阿羅漢雖得解脫知見解脫知見有減不得一切知故上上智慧根不成就故諸法念念生滅時不知別相分別故佛上上智慧根成就知諸法念念別相生滅故解脫知見無減復次法眼清淨具足成就故如法眼義中說知是眾生空解脫門入涅槃是眾生無相解脫門入涅槃是眾生無作解脫門入涅槃知是眾生觀五眾門十二入十八界如是種種法門得解脫佛於解脫知見盡知遍知是故說佛解脫知見無減一切身業一切口業一切意業隨智慧行者佛一切身口意業先知然後隨知行諸佛身口意業一切行無不利益眾生故名先知然後隨智慧行如經中說諸佛乃至出息入息利益眾生何況身口意業故作而不利益諸怨惡眾生聞佛出入息氣香皆得信心清淨愛樂於佛諸天聞佛氣息香亦皆捨五欲發心脩善以是故言身口意業隨智慧行聲聞辟支佛無是事心故作善然後身口業

善意業或時無記不隨智慧而自生何況餘人如憍梵波提比丘雖得阿羅漢自食吐而更食是業不隨智慧又如摩頭波斯吒比丘阿羅漢跳上梁枰或壁上樹上又如畢陵伽婆蹉罵恒神言小婢如是等身口業先無智慧亦不隨智慧行佛無是事問曰若介者佛或時身口業亦似不隨智慧行何以故入外道衆中說法都無信受者又復一時在大衆中說法現胷臆示尼揵子又復為人疑不見二相故在大衆現舌相陰藏相又復罵諸弟子汝狂愚人罵提婆達汝是狂人死人噉唾人佛結戒八種鉢不應畜聽比丘用二種鉢若瓦若鐵而自用石鉢有時外道難問佛嘿然不荅又佛處處說有我處處說無我處處說諸法有處處說諸法無如是等身口業似不隨智慧行身口業不離意業意業亦應有不隨智慧行云何言常隨智慧行荅曰是事不然於是諸事皆先有智慧然後諸業隨智慧行何以故佛入外道衆中雖知今世不

信不受以種後世大因緣故又復為止外道謗言佛自高憍以是故自往入其衆中又外道言佛自言有大悲普濟一切而但自為四衆說法我等亦是出家求道而不為說又如此經佛往外道衆中說法不言不信受佛遇見外道大會高聲論議欲至餘處迴往趣之論議師輩遥見佛來自語其衆汝等皆嘿佛是樂寂靜人見汝等靜嘿或能來此衆即嘿然佛入其衆說婆羅門三諦外道衆皆嘿然佛作是念狂人輩皆為惡魔所覆是法微妙乃至無有一人受誠作弟子者作是念已從坐而去是人魔蔽得離便自念我等得聞妙法云何不以自利即皆往詣佛所為佛弟子得道離苦復次外道弟子難其師故不敢到佛所是故佛自入其衆中衆得聞法信受堅固不復難師得為弟子或得道跡如是等有種種智慧因緣是故往入外道衆復次薩遮祇尼揵子銅鍱絡腹自誓言無有人得我難而不流汗破壞大象乃至樹木瓦石聞我

難聲亦皆流汗作是誓已來至佛所與佛論議佛質問之皆不能得荅汗流淹地舉體如漬佛告尼揵汝先誓言無有聞我難者而不流汗汝今汗流淹地汝試觀佛見有汗相不佛時脫欝多羅僧示之言汗在何處復次有人言或有頭汗身不汗者佛頭雖不汗身必有汗以是故佛脫欝多羅僧示其身因是外道大得信尚皆入佛法中是智慧因緣身業隨行佛現舌相陰藏相者有人疑佛身二相而是人應得道疑故不得以是故現二相出言覆面舌雖大還入口中而亦無妨見者疑斷有人見出舌相若生輕慢心出舌如小兒相見還入口說法無妨便起恭敬嘆未曾有有人疑佛陰藏不現介時世尊化作寶象寶馬指示之言陰藏相不現正如是有人言佛出陰藏相但示一人斷其疑故論議師輩言佛大慈悲心若有人見佛陰藏相能集善根發阿耨多羅三藐三菩提心及能大歡喜信敬心生者皆令得見斷其疑心除是皆不

得見佛以大悲為度衆生故從三種覆出暫現如電光是衆生見已信佛有大悲心實於戒法不取不著如是等因緣故現二相非戲非無着佛苦切語諸比丘汝狂愚人者苦切語有二種一者垢心瞋罵二者憐愍衆生欲教化教離欲人無有垢心瞋罵何況佛佛憐愍教化故有苦切語有衆生軟語善教不入道撿要須苦切麁鑛得痛手乃行亦如有瘡得軟藥雖吮便差有瘡刀破出其惡肉塗以惡藥乃愈者復次苦語有五種一者但綺語二者惡口亦綺語三者惡口亦綺語妄語四者惡口亦綺語妄語兩舌五者無煩惱心苦切語為教弟子分別善不善法故拔衆生於難地故具四種惡語者其罪重三二一轉轉輕微佛弟子白衣得初道若二道使令奴婢故有惡口非不善道攝律儀有二種若綺語若惡口綺語阿那含阿羅漢無煩惱起惡口但以淨心須惡言教化故惡口語阿那含阿羅漢

尚無煩惱所起惡口何況佛復次佛若有苦切語不應疑不應難謂佛惡心起苦切語所以者何佛惡心久已滅但以深心念衆生如慈父教子雖有苦言為成就子故非是惡心佛為菩薩時三毒未盡作仙人名羼提波惡王截其耳鼻手足而不生惡心不出惡言尒時未得道尚無惡心何況得阿耨多羅三藐三菩提三毒已盡於一切衆生大慈悲具足云何疑佛有惡心苦切語復次佛若言狂愚人是軟語實語所以者何三毒發故名為狂愚亦以善事利益而不肯受不解佛心不受佛語是為狂愚復次佛內常行無我智慧外常觀諸法空如是者云何有惡口是衆生不解佛心故求佛語短若衆生解佛以深心憐愍者假令教入大火即時歡樂而入如人熱悶時入清涼池何況但語而不受衆生為惡魔覆故不知佛以深心念之是故不受佛語以是故言汝是狂愚人復次有人得苦切語便歡喜言親愛我故如是言以是故佛言

狂愚人佛語提婆達汝狂人死人歠唾人狂人者以提婆達罪重當入阿鼻地獄故三種苦切語死人者似人而不能集諸善法故亦以提婆達剃頭法服似如聖人內無慧命故名死人如死人種種莊嚴輾轉爛壞終不可令活提婆達亦如是佛日日種種教化惡心轉劇惡不善法日日轉增乃至作三逆罪如是故名為死人歠唾人者提婆達貪利養故化作天身小兒在阿闍貰王抱中王嗚其口與唾令歠以是故名歠唾人問曰提婆達得禪定已離欲云何復歠他唾荅曰是人惡心亦深其根亦利離欲故能變化歠唾時便失利根故求時便得以是故名歠唾人狂義如先說復次以提婆達白佛佛已老矣常樂閑靜可入林中以禪自娛僧可付我佛言舍利弗目揵連等有大智慧善軟清淨人尚不令僧屬何況汝狂人死人歠唾人如是等因緣故佛於諸法雖無所著而為教化故現苦切語佛不聽比丘用八種鉢者金銀等寶鉢

以寶物人貪故難得故貪著故不聽畜此寶物乃至不得手舉石寶亦不得畜若作淨施得用價不貴故木鉢受垢膩不淨故不聽畜三種鉢無如是事問曰凡鐵鉢皆亦受垢膩與木鉢無異何以聽畜荅曰凡鐵鉢不熏亦不聽以熏不受垢膩故石有麁細細者亦不受垢膩故世尊自畜所以不聽比丘畜者以其重故佛乳餔力勝一万白香象是故不以為重慈悲諸比丘故不聽問曰侍者羅睺弥喜迦須那利羅多那伽婆娑羅阿難等常侍從世尊執持應器何以不憐愍荅曰侍者雖執持佛鉢以佛威德力故又恭敬尊重佛故不覺為重又阿難身力亦大故復次以細石鉢難得故麁者受垢膩故不聽用佛鉢四天王四山頭自然生故餘人無此自然鉢若不作甚難多所妨廢是故不聽又欲令佛與弟子異故佛用石鉢又如國王人所尊重食器亦異有人見佛鉢異倍加尊重供養信心清淨問曰若鉢應異衣何以同荅曰佛衣亦

異佛初成道時知迦葉衣應佛所著迦葉衣價直十万兩金次後耆域上佛深摩根羯鞁衣價亦直十万兩金佛勑阿難持此衣去割截作僧伽梨作已佛受著是為異問曰佛因是告諸比丘從今日若有比丘一心求湼槃背捨世間者若欲著聽著價直十万兩金衣亦聽食百味食衣異而後聽鉢獨不聽荅曰我先已說石鉢因緣今當更說佛鉢不從人受佛初得道欲食時須器四天王知佛心念持四鉢上佛三世佛法皆應四天王上鉢尒時未有衆僧云何言聽後者聽無人與石鉢又閻浮提不好石鉢故無人與復次佛說比丘常應覆功德若受石鉢人謂從天龍邊得若令人作其工既難又恐人言此比丘欲與佛齊功所以聽衣者若有人言佛在僧中受種越好衣獨著而不聽比丘是故佛聽著比丘亦自無著者以施者難有著者難得故若不清淨比丘人所不與清淨比丘少欲知足故不著弗断人疑故聽著衣鉢中無望是

故不聽問曰如經中說佛金剛身不恃仰食何以畜鉢荅曰佛法有二道一者聲聞道二者佛道聲聞法中佛隨人法有所食噉摩訶衍法中方便為人故現有所噉其實不食問曰云何是方便荅曰佛欲度人示行人法若不尒者人以佛非人我等云何能行其法復次有人因布施得度為是人故佛受其食便作是念我食得助益佛身心大歡喜以歡喜故信受佛語如大國主臣下請食王雖不須為攝彼人故多少為食令其歡喜如是等因緣佛現受食問曰若佛不食所受者在何處荅曰佛事不可思議不應致問復次有人得佛食而度者有聞聲見色觸身聞香而得度須食得度者佛以食與之如密迹金剛經說佛以食著口中有天求佛道者持至十方施之問曰若尒者今僧中說佛食無有衆生能食者此義云何荅曰佛不與者無有能食今佛施之是故得食何以知之佛食馬麦時以食與阿難有沙門二十億以好羹上佛佛

以殘羹與頻婆娑羅王以是故知佛受已與則得食不與則不能消復次為佛設食佛未食者人不能消已食殘者佛與能消以是故雖實不食為度人故現受食畜鉢佛不荅十四難者佛有四種荅一者定荅二者分別義荅三者反問荅四者置荅此十四難法應置荅又復若有所利益事則荅外道所問不為涅槃增長疑惑故以置荅知必有所益者分別為荅必無所益置而不荅以是因緣故知佛是一切智人復次若佛說三種法有為法無為法不可說法則已說一切法竟復次是諸外道依止常見依止滅見故問以常滅實相無故佛不荅如外道所見常相無常相無是事何以故外道取相者是常滅故佛雖說常無常相但為治用故復次若人說無者為有有者為無如是人則是過罪佛不荅則無咎如日照天下不能令高者下下者高但以顯現而已佛亦如是於諸法無所作諸法有者說有無者說無如說生因緣老死乃至

無明因緣諸行有佛無佛是因緣法相續常在世間諸佛出世為衆生顯示此法復次若荅常滅則為有咎如問石女黃門兒脩短黑白何類此問則不應荅十四難亦如是但以常滅為本故問無常滅故佛不荅如是等種種因緣故佛不荅十四難無咎佛處處說有我處處說無我者若人解佛法義知假名者說言有我若人不解佛法義不知假名者說無我復次佛為衆生欲墮斷滅見者說言有我受後世罪福若人欲墮常見者為說言無我無作者受者離是五衆假名更無一法自在者問曰若尒者何等為實荅曰無我是實如法印中說一切作法無常一切法無我寂滅是安隱涅槃法印名為諸法實相若人善根未熟智慧不利佛不為說是深無我法若為說衆生即墮斷滅見中問曰若尒者如迦葉問中佛說我是一邊無我是一邊離此二邊名為中道今云何言無我是實有我為方便說荅曰說無我有二種一者取無我相

著無我二者破我不取無我亦不著無我自然捨離如先說無我則是邊後說無我是中道復次佛說有我無我有二因緣一者用世俗說故有我二者用第一實相說故無我如是等說有我無我無咎佛處處說諸法有處處說諸法無問曰不應別說有無有即是有我無即是無我何以更說荅曰不然佛法有二種空一者衆生空二者法空說無我示衆生空說無有我所法法空說有我示知假名相不著我者說有我於五衆中著我相者為破是著我故說但有五衆無常苦空無我寂滅涅槃是名有復次有二種斷見一者無後世受罪福苦樂者為說有我從今世至後世受罪福果報二者一切法皆空無著是邪見為是衆生故說有一切法所謂有為無為法復次不大利根衆生為說無我利根深智衆生說諸法本末空何以故若無我則捨諸法如說

若了知無我　有如是人者　聞有法不喜

無法亦不憂

說我者一切法所依止處若說無我者一切法無所依止復次佛法二種說若了了說則言一切諸法空若方便說則言無我是二種說法皆入般若波羅蜜相中以是故佛經中說趣涅槃道皆同一向無有異道復次有我有法多為在家者說有父母罪福大小業報所以者何在家人多不求涅槃故者於後果報為出家人多說無我無法所以者何出家人多向涅槃故求涅槃者不受一切法故自然滅是涅槃復次有人信等諸根未成就故先求有所得然後能捨為是人故佛說諸善法捨諸惡法有人信等諸根成就故於諸法不求有所得但求遠離生死道為是人故佛說諸法空無所有此二皆實如無名指亦長亦短觀中指則短觀小指則長長短皆實有說無說亦如是說有或時是世俗或時是第一義說無或時是世俗或時是第一義佛說是有我無我皆是實問曰若是二事皆實佛何以故多讚嘆空而毀呰有答曰空无所有

是十方諸佛一切賢聖法藏如般若波羅蜜囑累品中說般若波羅蜜是三世十方諸佛法藏般若波羅蜜即是無所有空佛或說有法為教化衆生故久後皆當入無所有法藏中問曰若尒者云何般若波羅蜜若觀五衆空無所有非是道答曰是般若波羅蜜中說有無皆無如長爪梵志經中說三種邪見一者一切有二者一切無三者半有半無佛告長爪梵志是一切有見為欲染為瞋恚愚癡所縛一切無見為不染不瞋不癡故所不縛半有半無有者同上有縛無者同上無縛於三種見中聖弟子作是念若我受一切有見則與二人共諍所謂一切無者半有半無者若我受一切無見亦與二人共諍所謂一切有者半有半無者諍若我受半有半無者亦與二人共諍所謂一切無者一切有者鬪諍故相謗相謗故致惱見是諍謗惱故捨是無見餘見亦不受不受故即入道若不著一切諸法空心不起諍但除結使是名為實智

若取諸法空相起諍不滅諸結使依止是智慧是為非實智如佛所說為度衆生故有所說無不是實但衆生於中有著不著故有實不實如是種種因緣故佛身口意業無有過失是故說佛身口意先知然後隨智慧行問曰初說身無失口無失念無失今復說身口意業隨智慧行義有何差別答曰先三種無失不說因緣今說因緣隨智慧行故不失若先不籌量而起身口意業則有失佛先以智慧起身口意業故無失復次佛成就三種淨業三種寂靜業三不護業有人疑言佛何因緣成就如是業以是故佛言我一切身口意業先以智慧然後隨智慧行佛以智慧知過去未來現在世通達無㝵者此三種智慧於三世通達無㝵故三業隨智慧行問曰過去諸法已滅已盡無所復有未來世諸法今不來不生未和合現在乃至一念中無住時云何能知三世通達無㝵答曰佛說過去未來現在通達無㝵此言豈虛復次若無過去

未来但有現在一念頃佛亦不得成就無量功德如十種智是十力是時亦不得一心有十智若介者佛亦不得具足十力以是因緣故知有過去未来問曰若過去未来現在皆有者何等是無佛說四諦苦諦觀無常等相無常名生滅敗壞不可得若過去法今實有不名為無常敗壞不可得復次若過去未来現在皆有者便墮常何以故是法在未来世中定有轉来現在從現在轉入過去如人從一房入一房不名失人荅曰若不失有何咎問曰若無無常無罪無福無生無死無縛無解罪名煞等十不善道若無無常無煞等罪如分别邪見中説刀在身七分中過無所惱害福名不煞等十善道無常名分别生死若無無常亦無生死亦無縛亦無解如是等無量過咎荅曰諸法三世各各有相過去法有過去相未来法有未来相現在法有現在相若過去未来有現在相者應有是難而今過去未来現在各自有相復次若實無過去

未来亦無出家律儀所以者何若現在惡心中住過去復無戒是為非比丘又賢聖人心在世俗中是時應當是凡夫無過去未来現在道故如是亦無五逆等諸罪所以者何是五逆罪業已過去及死時入地獄是五逆罪未来無業故無報現在身不為逆罪若無過去則無逆罪若無逆罪何有餘罪福亦如是若無罪福是為邪見與禽獸無異復次我不說過去未来如現在相有我說過去雖滅可生憶想能生心心數法如昨日火滅今日可生想憶念不可以憶想念故火便有若見積薪知當然火亦生心想念明日火如過去火不可以今心念火火便有未来世事亦如是現在心雖一心念時不住相續生故能知諸法内以現在意為因外以諸法為緣是因緣中生意識用意識自在知過去未来現在法但不自知現在心心數法餘者悉知問曰般若波羅蜜如相品中三世一相所謂無相云何言佛智慧知三世通達無㝵荅曰諸佛

有二種說法先分别諸法後說畢竟空若說三世諸法通達無㝵是分别說若說三世一相無相是說畢竟空復次非一切智人於三世中智慧有㝵乃至觀世音文殊師利弥勒舍利弗等諸賢聖於三世中智慧皆有㝵以是因緣故說佛智慧於三世中通達無㝵不為空事故說復次有人於三世中生邪見謂過去法及衆生有初無初若有初則有新衆生諸法亦無因無緣而生若無初亦無後若無初無後中亦無初名有中有後無前後名有初有中無後中名有初有後若衆生及諸法無初亦無中無後若無三世則都無所有復次若無初云何有一切智人破如是等邪見故說三世諸法一相所謂無相不為破三世佛智慧問曰無相是為有邊荅曰若無相即是無邊不可說不可難法云何言有邊若無相中取相非是無相是無相名為不可得空是中無相亦不可得空亦不可得是故名不可得空復次佛有二種道一者福德道

有人聞佛十力四無所畏四無㝵智十八不共法等生恭敬信樂心二者智慧道有人聞說諸法因緣和合生故無有自性便捨離諸法於空中心不著如月能潤物日能熟物二事因緣故万物成就福德道智慧道亦如是福德道能生諸功德智慧道能於福德道中離諸邪見者以是故佛雖說諸法畢竟空亦說三世通達無㝵而無咎如是等略說佛十八不共法義問曰若尒者迦栴延尼子何以言十力四無所畏大悲三不共意止名為十八不共法若前說十八不共法是真義者迦栴延尼子何以故如是說荅曰以是故名迦栴延尼子若釋子則不作是說釋子說者是真不共法佛法無量是三十六法於佛法中如大海一渧法亦不少何以重數為十八復諸阿羅漢辟支佛菩薩亦能知是處不是處分別三世業果報及諸禪定乃至漏盡智等云何言不共法問曰聲聞辟支佛菩薩不能盡知但有通明無有力獨佛能盡遍知故

言不共如十力中說荅曰佛說十力義不言盡知遍知直言知是處不是處言盡知遍知者是諸論議師說問曰汝先自言摩訶衍經中說佛為菩薩故自說盡知遍知荅曰摩訶衍經中說何益於汝汝不信摩訶衍不應以為證汝自當說聲聞法為證復次十力佛雖盡知而聲聞辟支佛有少分十八不共法中始終都無分以是故名真不共法問曰十八不共法二乘亦應有分但佛身口念常無失二乘身口念亦有無失如是等皆應有分荅曰不然所以者何常無失故名為不共不以不失不共聲聞辟支佛於常無失中無分復次諸阿羅漢說有力無有是處說有不共法汝不信摩訶衍故不受真十八不共法而更重數十力等是事不可如汝所信八十種好而三藏中無何以不更說問曰我等分別十八不共法不重數甚何等十八一者知諸法實相故名一切智二者佛諸功德相難解故功德無量三者深心愛念眾生故名大悲

四者得無比智故智慧中自在五者善解心相故定中自在六者得度眾生方便故變化自在七者善知諸法法因緣故記莂無量八者說諸法實相故記莂不虛九者分別籌量說故言無失十者得十力成就智慧無減十一者一切有為法中但觀法聚無我故常捨行十二者善知時不時安立於三乘常觀眾生故十三者常一心故不失念十四者無量阿僧祇劫深善心故無煩惱習十五者得真淨智故無有能如法出其失十六者世敬重所尊故無能見頂十七者脩大慈悲心故安庠下足足下柔軟眾生過者即時得樂十八者得神通波羅蜜故轉眾生心令歡喜得度故如入城時現神變力荅曰如是十八不共法非三藏中說亦諸餘經所不說以有人求索是法故諸聲聞論議師輩處處撰集讚佛功德如言無失慧無滅念不失皆於摩訶衍十八不共法中取已作論議雖有無見頂足下柔軟如是甚多不應在十八不共法

中不共法皆以智慧為義佛身力如十方白香象力及神通力等皆不說以是故當知十八不共法中但說智慧功德等不說自然果報法復次是十八不共法阿毗曇分別五衆攝身口無失身口隨智慧行是色衆攝無異想是想衆攝無不定心是識衆攝餘者行衆攝皆在四禪中佛四禪中得道得涅槃故有人言四色不共法色界欲界中攝餘九地中攝皆是善皆是無漏法四色法二緣生因緣增上緣餘殘四緣生四無緣十四有緣四隨心行不與心相應十三與心相應亦隨心行一不與心相應亦不隨心行如是等種種阿毗曇分別說初如是分別入般若波羅蜜諸法實相中盡皆一相所謂無相入佛心皆一寂滅相

大智度論卷第二十六

大智度論卷二十六

校勘記

一　底本，金藏廣勝寺本。

一　五三八頁中一行經名，石作「大智度經論卷第二十九」，卷末經名同；資、磧、普、南、徑、清作「大智度論卷第二十六」。

一　五三八頁中三行後，石有品名作「摩訶般若波羅蜜經釋初品中十八不共法第四十一」；資有「釋初品中十八不共法第四十一」；磧、普、南、徑、清有「釋初品中十八不共法」。

一　五三八頁中四行第六字「者」，資、普、南、清無。

一　五三八頁中一九行第三字「豆」，資、南、清作「頭」。

一　五三八頁下三行第五字「知」，資、磧、普、南、徑、清作「如」。

一　五三八頁下一四行第九字「諸」，諸本作「是」。

一　五三九頁上七行第四字「愛」，石作「愛處」。

一　五三九頁上七行第九字「無」，資、磧、普、南、徑、清作「不」。

一　五三九頁上一三行第一〇字「一」，石、普、南、徑、清、麗作「一一」。

一　五三九頁上二二行第五字「處」，諸本作「度」。

一　五三九頁中一行「度化」，諸本作「化度」。

一　五三九頁中九行第四字「三」，石、磧、普、南、徑、清、麗作「三時」。

一　五三九頁中一九行第九字、二一行首字「相」，石作「想」。

一　五三九頁下一〇行第二字「失」，石、資、磧、普、南、徑、清作「不失」。

一　五三九頁下一六行第一二字「善」，磧、普、南、徑、清作「善心」。

一　五三九頁下末行第四字「中」，諸本作「中說」。

一　五四〇頁上三行第八字「於」，石

作「已於」。

一　五四〇頁上一三行「法中佛」，資作「佛法中」。

一　五四〇頁上末行末字「生」，石作「中生」。

一　五四〇頁中二行第一二字「樂」，諸本作「樂受」。

一　五四〇頁中一七行第四字「中」，諸本作「心中」。

一　五四〇頁中一九行第七字「諸」，石、資、磧、普、南、徑、清作「於諸」。

一　五四〇頁中二一行第一三字「是」，諸本作「受」。

一　五四〇頁下一行第一一字「樂」，石、麗作「樂受」。

一　五四〇頁下一六行「禪定」，石作「寂禪一心」。

一　五四一頁上一〇行第四字「不」，諸本作「見不」。

一　五四一頁上一〇行第八字「見」，諸本作「色」。

一　五四一頁上一一行末字「法」，石作「處憂苦」；資、磧、普、南、徑、清作「憂苦」；麗作「苦」。

一　五四一頁上一七行第六字「絍」，資、磧、普、南、徑、清作「袵」。

一　五四一頁上一七行末字「欲」，石作「欲爲」。

一　五四一頁中九行第一二字「無」，石作「不」。

一　五四一頁中一二行「佛寶」，資作「人寶」。

一　五四一頁中一三行及本頁下七行「世界」，石作「國土」。

一　五四一頁中一六行第九字「善」，諸本作「善法」。

一　五四一頁中一七行「欲故」，諸本作「故欲」。

一　五四一頁下四行第八字「度」，資、磧、普、南、徑、清無。

一　五四一頁下七行第八字「佛」，資、磧、普、南、徑、清無。

一　五四一頁下一一行第六字「欲」，石、麗作「欲以」。

一　五四一頁下一七行第一〇字「次」，資、磧、普、南、徑、清作「以」。

一　五四一頁下二一行末字「襞」，磧、普、南、徑、清作「褺」。

一　五四一頁下二二行第二字「多」，諸本作「多羅」。

一　五四二頁上五行第六字「病」，石作「病時」。

一　五四二頁上七行第一一字「過」，石、麗作「遇」。

一　五四二頁上九行第三字「聞」，資、磧、普、南、徑、清作「問」。

一　五四二頁中二行第七字「跨」，諸本作「踞」。

一　五四二頁中二行末字及五行第七字「背」，石、資、磧、普、南、徑、清作「脊」。

一　五四二頁中九行第六字「諸」，磧、普、南、徑、清作「諸佛」。

一　五四二頁中一五行第九字「在」，資、磧、普、南、徑、清無。

一　五四二頁中二二行第八字「法」，

資、磧、普、南、徑、清作「法過」。

一　五四二頁下一四行第九字「故」，石、麗無。

一　五四二頁下一八行第九字「故」，諸本無。

一　五四三頁上七行第一三字「惱」，諸本作「惱習」。

一　五四三頁上二一行「一切」，諸本作「斷一切」。

一　五四三頁上末行末字「用」，麗作「固」。

一　五四三頁中五行「不牢固」，資無。

一　五四三頁下三行第二字「知」，諸本作「智」。

一　五四三頁下一〇行「五衆」，石作「五陰」，下同。

一　五四三頁下一五行第五字「知」，石、麗作「智慧」。

一　五四四頁上五行第二字「枰」，石、磧、普、南、徑、清、麗作「棚」。

一　五四四頁上一一行第二字「臆」，徑、清作「腹」。

一　五四四頁上一二行第五字「衆」，諸本作「衆中」。

一　五四四頁上一四行第四字「噭」，諸本作「嗽」，下同。

一　五四四頁中二行第九字「憍」，石作「慢」。

一　五四四頁中一〇行第七字「此」，資、磧、普、南、徑、清作「此中」。

一　五四四頁中一三行「受誡」，諸本作「試」。

一　五四四頁中二二行第二字「絡」，資、磧、普、南、徑、清作「鍱」。

一　五四四頁中末行第四字「壞」，諸本作「壞者」。

一　五四四頁下七行第四字「或」，石作「人或」。

一　五四四頁下一三行第三字「言」，諸本作「舌」。

一　五四四頁下二二行第六字「心」，資、磧、普、南、徑、清無。

一　五四五頁上七行第四字「教」，諸本作「故」。

一　五四五頁上一二行首字「吭」，資、磧、普、南、徑、清、麗作「呪」。

一　五四五頁上一三行第七字「苦」，諸本作「苦切」。

一　五四五頁上一七行第一二字「難」，諸本作「苦難」。

一　五四五頁上末行第八字「語」，資、磧、普、南、徑、清、麗作「綺語」。

一　五四五頁中五行及一一行「惡心」，石作「惡口」。

一　五四五頁中一八行第一二字「樂」，資、磧、普、南、徑、清作「喜」。

一　五四五頁中二一行第一三字「言」，石、麗作「佛言」。

一　五四五頁下三行第八字「切」，資、磧、普、南、徑、清無。

一　五四五頁下九行第七字「如」，石、麗作「以」。

一　五四五頁下二二行末字「佛」，資、磧、普、南、徑、清作「而」。

一　五四六頁上二行第一一字「石」，諸本作「名」。

一　五四六頁上八行第三字「亦」，資、磧、普、南、徑、清無。

一　五四六頁上一一行末字「喜」，資、磧、普、南、徑、清作「善」。

一　五四六頁上一二行第四字「利」，資、磧、普、南、徑、清作「刹」。

一　五四六頁上一二行「羅多」，石作「多羅」。

一　五四六頁上一九行第九字「妨」，資無。

一　五四六頁中三行第二字「深」，磧、普、南、徑、清作「染」。

一　五四六頁中七行第九字「者」，石、磧、普、南、徑、清、麗作「著」。

一　五四六頁中一二行第七字「佛」，石、麗作「諸佛」。

一　五四六頁中一八行第六字「聽」，資、磧、普、南、徑、清作「不聽」。

一　五四六頁下一一行第五字「主」，石、資、磧、普、南、徑、清作「王」。

一　五四六頁下一九行第一〇字「今」，石、資、磧、普、南、徑、清作「念」。

一　五四六頁下末行第三字「有」，石、麗作「又」。

一　五四六頁下末行第八字「億」，石、麗作「億耳」。

一　五四七頁上一三行第一〇字「則」，諸本作「則爲」。

一　五四七頁下七行第六字「無」，石、麗作「無者」。

一　五四七頁下一一行「我所」，資、麗無。

一　五四八頁上九行第六字「後」，石、麗作「後世」。

一　五四八頁中四行第八字「説」，石、麗作「時説」。

一　五四八頁中六行第一一字「蜜」，諸本作「蜜言」。

一　五四八頁中一二行「故所」，石、資、磧、普、南、徑、清作「不著」。

一　五四八頁下九行第七字「無」，石作「不」。

一　五四九頁上一八行「生死」，資、磧、普、南、徑、清作「邪見」。

一　五四九頁中五行第七字「罪」，石、磧、普、南、徑、清作「罪是凡夫無過去等諸罪」。

一　五四九頁中一三行「想憶」，石、普、南、徑、清、麗作「憶想」。

一　五四九頁中一七行第三字「心」，諸本無。

一　五五〇頁上一五行第五字「是」，石作「義」。

一　五五〇頁上一九行第三字「復」，諸本作「復次」。

一　五五〇頁上二二行及本頁中八行「盡知」，諸本作「盡知遍知」。

一　五五〇頁中一行第三字「共」，石作「共法」。

一　五五〇頁中一四行第八字「不」，諸本作「爲不」。

一　五五〇頁中一六行第五字「是」，諸本無。

一　五五〇頁下四行首字「法」，諸本無。

一　五五〇頁下五行第一三字「説」，

一 石作「記」。

一 五五〇頁下八行第四字「放」，石、麗作「施」。

一 五五〇頁下一三行首字「世」，諸本作「世世」。

一 五五一頁上二行第二字「方」，諸本作「萬」。

一 五五一頁上六行至八行「衆」，石均作「陰」。

大智度論釋初品大慈大悲義第四十二 卷二十七 德

後秦龜茲國三藏鳩摩羅什譯

聖者龍樹造

大慈大悲者四無量心中已分別今當更略說大慈與一切衆生樂大悲拔一切衆生苦大慈以喜樂因緣與衆生大悲以離苦因緣與衆生辟如有人諸子繫在牢獄當受大罪其父慈惻以若干方便令得免苦是大悲得離苦已以吾所欲給與諸子是大慈如是等種種差別問曰大慈大悲如是何等是小慈小悲因此小而名為大荅曰四無量心中慈悲名為小此中十八不共法次第說大慈悲名為大復次諸佛心中慈悲名為大餘人心中名為小問曰若尒者何以言菩薩大慈大悲荅曰菩薩大慈者於佛為小於二乘為大此是假名為大佛大慈大悲真實最大復次小慈但心念與衆生樂實無樂事小悲名觀衆生種種身苦心苦憐愍而已不能令脫大慈者念令衆生得樂亦與樂事

大智度論第二十七卷　第二張　德字号

大悲憐愍衆生苦亦能令脫苦復次凡夫人聲聞辟支佛菩薩慈悲名為小諸佛慈悲乃名為大復次大慈從大人心中生十力四無所畏四無㝵智十八不共法大法中出能破三惡道大苦能與三種大樂天樂人樂涅槃樂復次是大慈遍滿十方三世衆生乃至蜫虫慈徹骨髓心不捨離若三千大千世界衆生墮三惡道若人一一皆代受其苦得脫苦已吾所欲樂禪定樂世間最上樂自恣與之皆令滿足比佛慈悲千万分中不及一分何以故世間樂欺誑不實不離生死故問曰法在佛心中一切皆大何以故但說慈悲為大荅曰佛所有功德法應皆大故問曰若尒者何以但說慈悲為大荅曰慈悲是佛道之根本所以者何菩薩見衆生老病死苦身苦心苦今世後世苦等諸苦所惱生大慈悲救如是苦然後發心求阿耨多羅三藐三菩提亦以大慈悲力故於無量阿僧祇世生死中心不猒没以大慈悲力故久應得涅槃而不

取諍以是故一切諸佛法中慈悲為大若無大慈大悲便早入涅槃復次得佛道時成就無量甚深禪定解脫諸三昧生清淨樂棄捨不受入聚落城邑中種種譬喻因緣說法變現其身無量音聲將迎一切忍諸衆生罵詈誹謗乃至自作伎樂皆是大慈大悲力復次大慈大悲大名非佛所作衆生名之譬如師子大力不自言力大皆是衆獸名之衆生聞佛種種妙法知佛為祐利衆生故於無量阿僧祇刧難行能行衆生聞見是事而名此法為大慈大悲譬如一人二親友以罪事因緣故繫之囹圄一人供給所須一人代死衆人言能代死者是為大慈悲佛亦如是世世為一切衆生頭目髓腦盡為一切衆生聞見是事即共名之為大慈大悲如尸毗王為救鴿故盡以身肉代之猶不與鴿等後以手攀稱欲以身代之是時地為六種振動海水波盪諸天香華供養於王衆生稱言為一小鳥所感乃尒真是大慈大悲佛因衆生所名故

言大慈大悲如是等無量本生是中悲應廣說問曰禪定等諸餘功德人不知故不名為大智慧說法等能令人得道何以不稱言大答曰佛智慧所能無有遍知者大慈大悲故世世不惜身命捨禪定樂救護衆生人皆知之於佛智慧可比類知不能了了知慈悲心眼見耳聞處處變化大師子吼是故可知復次佛智慧細妙諸菩薩舍利弗等尚不能知何況餘人慈悲相可眼見耳聞故人能信受智慧深妙不可測知復次是大慈大悲一切衆生所愛樂譬如美藥人所樂服智慧如服苦藥人多不樂人多樂故稱慈悲為大復次智慧者得道人乃能信受大慈悲相一切雜類皆能生信如見像若聞說皆能信受多所饒益故名為大慈大悲復次大智慧名捨相遠離相大慈悲為憐愍利益相是憐愍利益法一切衆生所愛樂以是故名為大是大慈大悲如持心經中說大慈大悲有三十二種於衆生中行是大慈大悲攝相緣如四無

量心說復次佛大慈悲等功德不應一切如迦旃延法中分別求其相上諸論議師雖用迦旃延法分別顯示不應盡信受所以者何迦旃延說大悲一切智慧是有漏法繫法世間法是事不尒何以故大慈悲名為一切佛法之根本云何言是有漏法繫法世間法問曰大慈悲雖是佛法根本故是有漏如淤泥中生蓮華不得言泥亦應妙大慈悲亦如是雖是佛法根本不應是無漏答曰菩薩未得佛時大慈悲若言有漏其失猶可令佛得無㝵解脫智故一切諸法皆清淨一切煩惱及習不盡處處中疑不得無㝵解脫智煩惱習不盡處處中疑不斷故心應有漏諸佛無是事何以故說佛大慈悲應是有漏問曰我不敢不敬佛以慈悲心為衆生故生應是有漏答曰諸佛力勢不可思議諸聲聞辟支佛不能離衆生想而生慈悲諸佛能離衆生想而生慈悲所以者何如諸阿羅漢辟支佛十方衆生相不可得而取衆生相生慈悲今諸

佛十方求衆生不可得亦不取衆生相而能生慈悲如無盡意經中說有三種慈悲衆生緣法緣無緣復次一切衆中唯佛盡行不誑法若佛於衆生中取相而行慈悲心不名行不誑法何以故衆生畢竟不可得故聲聞辟支佛不名為盡行不誑法故聲聞辟支佛於衆生於法若取相若不取相不應難不悉行不誑法故一切智能斷一切諸漏能從一切有漏法中出能作無漏因緣是法云何自是有漏問曰無漏智各各有所緣無有能悉緣一切法者唯有世俗智能緣一切法以是故說一切智是有漏相荅曰汝法中有是說非佛法中所說如人自持斗入市不與官斗相應無人用者汝亦如是自用汝法不與佛法相應無人用者無漏智慧何以故不能緣一切法有漏智是假名虛誑勢力少故不應真實緣一切法汝法中自說能緣一切法復次是聲聞法中十智摩訶衍法中有十一智名為如實相智是十智入是如實智中都為

一智所謂無漏智如十方水入大海水中都為一味是大慈大悲佛三昧王三昧師子遊戲三昧所攝如是略說大慈大悲義菩薩摩訶薩欲得具足道種慧當習行般若波羅蜜者道名一道一向趣涅槃於善法中一心不放逸道隨身念道復有二道惡道善道世間道出世間道定道慧道有漏道無漏道見道修道學道無學道信行道法行道向道果道無㝵道解脫道信解脫道見得道慧解脫道俱解脫道如是無量二道門復有三道地獄道畜生道餓鬼道三種地獄熱地獄寒地獄黑闇地獄三種畜生道地行水行空行三種鬼道餓鬼食不淨鬼神鬼三種善道人道天道涅槃道人有三種作罪者作福者求涅槃者復有三種人受欲行惡者受欲不行惡者不受欲不行惡者天有三種欲天色天無色天涅槃道有三種聲聞道辟支佛道佛道聲聞道有三種學道無學道非學非無學道辟支佛道亦如是佛道有三種波羅蜜道方

便道淨世界道佛復有三道初發意道行諸善道成就衆生道復有三道戒道定道慧道如是等無量三道門復有四種道凡夫道聲聞道辟支佛道佛道復有四種道聲聞道辟支佛道菩薩道佛道聲聞道有四種苦道集道滅道道道復有四沙門果道復有四種道觀身實相道觀受心法實相道復有四種道為斷未生惡不善令不生道為斷生惡令疾滅道為未生善法令生道為已生善法令增長道復有四種道欲增上道精進增上道心增上道慧增上道復有四聖種道不擇衣食卧具醫藥樂斷苦修復有四行道苦難道苦易道樂難道樂易道復有四修道一為今世樂修道二生死智修道三為漏盡故修道四分別慧修道復有四天道所謂四禪復有四種道天道梵道聖道佛道如是等無量四道門復有五種道地獄道畜生餓鬼人天道復有五無學衆道無學戒衆道乃至無學解脫知見衆道復有五種淨居天道復有五治

道復有五如法語道復有五非法語道復有五道凡夫道聲聞道辟支佛道菩薩道佛道復有五道分別色法道分別心法道分別心數道分別心不相應行道分別無為法道復有五種道苦諦所斷道集諦所斷道滅諦所斷道道諦所斷道思惟所斷道如是等無量五法道門復有六種道地獄道畜生餓鬼人天阿修羅道復有捨六塵道復有六和合（舊云六重）道六神通道六種阿羅漢道六地修道六定道六波羅蜜道一一波羅蜜各各有六道如是等無量六道門復有七道七覺意道七地無漏道七想定道七淨道七善人道七財福道七法福道七助定道如是等無量七道門復有八道八正道八解脫道八背捨道如是等無量八道門復有九道九次第道九地無漏道九見斷道九阿羅漢道九菩薩道所謂六波羅蜜方便成就衆生淨佛世界如是等無量九道門復有十道所謂十無學道十想道十智道十一切處道十不善道十善道

乃至一百六十二道如是等無量道門如是諸道盡知遍知是為道種慧問曰般若波羅蜜是菩薩第一道一相所謂無相何以說是種種道荅曰是道皆入一道中謂諸法實相初學有種種別後皆同一無有差別辟如劫盡燒時一切所有皆同虛空復次為引道衆生故菩薩分別說是種種道所謂世間道出世間道等問曰云何菩薩住一相無相中而分別是世間是出世間道荅曰世間名但從顛倒憶想虛誑二法生如幻如夢如轉火輪凡夫人強以為世間是世間皆從虛妄中來今亦虛妄本亦虛妄其實無生無作但從內外六情六塵和合因緣生隨凡夫所著故為說世間是世間種種邪見羅網如亂系相著常往來生死中如是知世間何等是出世間道如實知世間即是出世間道所以者何智者求世間出世間二事不可得若不可得當知假名為世間出世間但為破世間故說出世間世間相即是出世間更無所復有所

以者何世間相不可得是世間世間相常空世間法定相不可得故如是行者不得世間亦不著出世間若不得世間亦不著出世間愛慢破故不共世間諍何以故行者久知世間空無所有虛誑故不作憶想分別世間名五衆五衆相假令十方諸佛求之亦不可得無來處無住處亦無去處若不得五衆來住去相即是出世間行者尒時觀是世間出世間實不可見不見世間與出世間合亦不見出世間與世間合離世間亦不見出世間離出世間亦不見世間如是則不生二識所謂世間出世間若捨世間不受出世間是名出世間若菩薩能如是知則能為衆生分別世間出世間道有漏無漏一切諸道亦如是入一相是名道種慧經欲以道種慧具足一切智當習行般若波羅蜜欲以一切智具足一切種智當習行般若波羅蜜論問曰一切智一切種智有何差別荅曰有人言無差別或時言一切智或時言一切種智有人言揔相是

一切智別相是一切種智因是一切智果是一切種智略說一切智廣說一切種智一切智者惣破一切法中無明闇一切種智者觀種種法門破諸無明一切智辟如說四諦一切種智辟如說四諦義一切智者如說苦諦一切種智者如說八苦相一切智者如說生苦一切種智者如說種種衆生處處衆生復次一切法名眼色乃至意法是諸阿羅漢辟支佛亦能惣相知無常苦空無我等知是十二入故名為一切智聲聞辟支佛尚不能盡別相知一衆生生處好醜事業多少未來現在世亦如是何況一切衆生如一閻浮提中金名字尚不能知何況三千大千世界於一物中種種名字若天語若龍語如是等種種語言名金尚不能知何況能知金因緣生處好醜貴賤因而得福因而得罪因而得道如是現事尚不能知何況心心數法所謂禪定智慧等諸法佛盡知諸法惣相別相故名為一切種智復次後品中佛自說一切智是

聲聞辟支佛事道智是諸菩薩事一切種智是佛事聲聞辟支佛但有惣一切智無有一切種智復次聲聞辟支佛雖於別相有分而不能盡知故惣相受名佛一切智一切種智皆是真實聲聞辟支佛但有名字一切智辟如畫燈但有燈名無有燈用如聲聞辟支佛若有人問難或時不能悉荅不能斷疑如佛三問舍利弗而不能荅若有一切智云何不能荅以是故但有一切智名勝於凡夫無有實也是故佛是實一切智一切種智有如是無量名字或時名佛為一切智人或時名為一切種智人如是等略說一切智一切種智種種差別問曰如經中說行六波羅蜜三十七品十力四無所畏等諸法得一切智何以故此中說但用道種智得一切智荅曰汝所說六波羅蜜等即是道知是道行是道得一切智何所疑復次初發心乃至坐道場於其中間一切善法盡名為道此道中分別思惟而行是名道智如此經後說道智是菩薩

事問曰佛道事已備故不名道智阿羅漢辟支佛諸功德未備何以不名道智荅曰阿羅漢辟支佛道自於所行亦辦是故不名　道智道是行相故復次此經中說聲聞辟支佛聲聞中攝三道故不說佛道大故名為道智聲聞辟支佛道小故不名道智

復次菩薩摩訶薩自行亦示衆生各各所行道以是故說名菩薩行道智得一切智問曰何等是一切智所知一切法荅曰如佛告諸比丘為汝說一切法何等是一切法所謂眼色耳聲鼻香舌味身觸意法是十二入名一切法復有一切法所謂名色如佛說利衆經中偈

若欲求真觀　但有名與色　若欲審實知
亦當知名色　雖癡心多想　分別於諸法
更無有異事　出於名色者

復次一切法所謂色無色法可見不可見有對無對有漏無漏有為無為心非心心相應非心相應共心生不共心生隨心行不隨心行從心因不從心因如是等無量二法門攝一切

法如阿毗曇攝法品中說復次一切法所謂善法不善法無記法見諦所斷思惟所斷不斷法有報法無報法非有報非無報法如是等無量三法門攝一切法復次一切法所謂過去法未來法現在法非過去未來現在法欲界繫法色界繫法無色界繫法不繫法從善因法從不善因法從無記因法從非善非不善非無記因法有緣緣法無緣緣法有緣緣亦無緣緣法非有緣緣非無緣緣法如是等無量四法門攝一切法復次一切法所謂色法心法心數法心不相應諸行法無為法四諦及無記無為如是等無量五法門攝一切法復次一切法所謂五衆及無為苦諦所斷法集諦滅諦道諦思惟所斷法不斷法如是等無量六法門攝一切法七八九十等法門是阿毗曇分別義復次十切法所謂有法無法空法實法所緣法能緣法聚法散法等復次一切法所謂有法無法亦有亦無法空法實法非空非實法所緣法能緣法非所

緣非能緣法復次一切法所謂有法無法亦有亦無法非有非無法空法不空法空不空法非空非不空法生法滅法生滅法非生非滅法不生不滅法非不生非不滅法不生不滅亦非不生非不滅法非不生非不滅亦非不不生非不不滅法復次一切法所謂有法無法有無法非有非無法捨是四句法空不空生滅不生不滅五句皆亦如是如是等種種無量阿僧祇法門所攝諸法以是無导智慧盡遍知上諸法名為一切智一切種智問曰一切衆生皆求智慧云何獨佛一人得一切智荅曰佛於一切衆生中第一故獨得一切智如佛所說無足二足四足多足有色無色有想無想非有想非無想等一切衆生中佛最第一辟如須弥山於衆山中自然最第一如四大中火最有力能照能燒佛亦如是於一切衆生中最第一故得一切智問曰佛何以故於一切衆生獨最第一荅曰如先荅得一切智故今當更說佛自利益亦利益

他故於衆生中最第一如一切照中日為第一一切人中轉輪聖王最第一一切蓮華中青蓮為第一一切陸生華須曼色第一一切木香中牛頭栴檀為第一一切珠中如意珠為第一一切諸戒中聖戒為第一一切解脫中不壞解脫為最第一一切清淨中解脫為第一一切諸諦中空觀為第一一切諸法中涅槃為第一如是等無量各各第一佛亦如是於一切衆生最為第一故獨得一切智復次佛從初發意以大誓莊嚴一切衰沒衆生欲拯濟故盡遍行諸善道無善不集無善不行皆集一切諸佛功德如是等種種無量因緣故佛於一切衆生中獨第一問曰三世十方諸佛亦有是功德何以故言佛獨第一荅曰除諸佛為餘衆生故言佛獨第一諸佛第一功德復次薩婆若多者薩婆秦言一切若秦言智多秦言相一切如先說名色等諸法佛知是一切法一相異相漏相非漏相作相非作相等一切法各各相各各力各各因

緣各各果報各各性各各得各各失一切智慧力故一切世一切種盡遍解知以是故說欲以道種智具足得一切智當習行般若波羅蜜欲以一切智具足一切種智當習行般若波羅蜜問曰如佛得佛道時以道智得具足一切智一切種智今何以言以一切智得具足一切種智答曰佛得道時以道智雖具足得一切智得具足一切種智而未用一切種智如大國王得位時境土寶藏皆已得但未開用欲以一切種智斷煩惱習當習行般若波羅蜜舍利弗菩薩摩訶薩應如是學般若波羅蜜問曰一心中得一切智一切種智斷一切煩惱習今云何言以一切智具足得一切種智以一切種智斷煩惱習答曰實一切一時得此中為令人信般若波羅蜜故次第差品說欲令衆生得清淨心是故如是說復次雖一心中得亦有初中後次第如一心有三相生因緣住住因緣滅又如心心數法不相應諸行及身業口業以道

智具足一切智以一切智具足一切種智以一切種智斷煩惱習亦如是先說一切種智即是一切智道智名金剛三昧佛初心即是一切智知一切種智是時煩惱習斷一切智一切種智相先已說斷一切煩惱習者煩惱名略說則三毒廣說則三界九十八使是名煩惱煩惱習名煩惱殘氣若身業口業不隨智慧似從煩惱起不知他心者見其所起生不淨心是非實煩惱久習煩惱故起如是業譬如久鏁脚人卒得解脫行時雖無有鏁猶有習在如乳母衣久故垢著雖以淳灰淨浣無有垢垢氣猶在衣如聖人心垢如諸煩惱雖以智慧水浣煩惱氣猶在如是諸餘賢聖雖能斷煩惱不能斷習如難陁婬欲習故雖得阿羅漢道於男女大衆中坐眼先視女衆而與言語說法如舍利弗瞋習故聞佛言舍利弗食淨不淨食即便吐食終不復受請又舍利弗自說偈言

覆罪妄念人　無智而懈怠　終不欲令此

妄来近我住

如摩訶迦葉瞋習故佛滅度後集法時勑令阿難八突吉羅懺悔而復自牽阿難手出不共汝漏未盡不淨人集法如畢陵伽婆蹉常罵恒神為小婢如摩頭婆和吒掉戲習故或時從衣架踔上梁從梁至枰從枰至閣如憍梵缽提牛業習故常吐食而呞如是等諸聖人雖漏盡而有煩惱習如火焚薪已灰炭猶在火力薄故不能令盡若劫盡時火燒三千大千世界無復遺餘火力大故佛一切智火亦如是燒諸煩惱無復殘習如一婆羅門以五百種惡口衆中罵佛佛無異色亦無異心此婆羅門心伏還以五百種語讃佛佛無喜色亦無悅心於此毀譽心色無變又復旃遮婆羅門女帶杅謗佛佛無慚色事情既露佛無悅色轉法輪時讃美之聲滿於十方心亦不高孫陁利死惡聲流布心亦不下阿羅毗國土風寒又多蒺蔾佛於中坐臥不以為苦又在天上歡喜園中夏安居時坐劍婆石柔軟清潔

如天𦆭綖亦不以為樂受大天王跽
奉天食不以為美毗蘭若國食馬麦
不以為惡諸大國王供奉上饌不以
為得入薩羅聚落空鉢而出不以為
失提婆達多於耆闍崛山推石押佛
佛亦不憎是時羅睺羅敬心讚佛佛
亦不愛阿闍貰𦆭諸醉象欲令害佛
佛亦不畏降伏狂象王舍城人益加
恭敬持香華瓔珞出供養佛佛亦不
喜九十六種外道一時和合議言我
等亦皆是一切智人從舍婆提来欲
共佛論議尒時佛以神足從脣放光
光中皆有化佛國王波斯匿亦命之
令来於其坐上尚不能得動何况能
得與佛論議佛見一切外道賊来心
亦無退破是外道諸天世人倍益恭
敬供養心亦不進如是等種種因緣
来欲毀佛佛不可動辟如真閻浮檀
金火燒不異搥打磨斫不敗不異佛
亦如是經諸毀辱誹謗論議不動不
異以是故知佛諸煩惱習都盡無餘
問曰諸阿羅漢辟支佛同用無漏智
斷諸煩惱習何以有盡不盡荅曰先

已說智慧力薄如世間火諸佛力大
如刧盡火今當更荅聲聞辟支佛集
諸功德智慧不久或一世二世三世
佛智慧功德於無量阿僧祇刧廣修
廣習善法久熏故於煩惱習無復餘
氣復次佛於一切諸功德皆已攝盡
故乃至諸煩惱習氣永盡無餘何以
故諸善法功德消諸煩惱故諸阿羅
漢於此功德不盡得故但斷世間愛
直入涅槃復次佛斷結使智慧力甚
利用十力為大刀以無㝵智直過故
無諸結使盡無復遺餘辟如人有重
罪國王大瞋誅其七世根本令無遺
餘佛亦如是於煩惱重賊誅拔根本
令無遺餘以是故說欲以一切種智
斷一切煩惱習當習行般若波羅蜜
問曰但斷習亦除煩惱荅曰有人言
斷煩惱及習俱盡如先說習盡無餘
阿羅漢辟支佛但斷煩惱不能斷習
菩薩斷一切煩惱及習令盡無餘有
人言佛久已遠欲如佛說我見定光
佛已来已離欲以方便力故現有生
死妻子眷屬有人言從得無生法忍

来得諸法實相故一切煩惱及習盡
有人言佛從初發意来有煩惱至坐
道場於後夜時斷一切煩惱及習問
曰如是種種說何者為實荅曰皆是
佛口所說故無有不實聲聞法中佛
以方便力故現受人法有生老病寒
熱飢渴等無人生而無煩惱者是故
佛亦應隨人法有煩惱於樹王下外
先破魔軍內滅結使賊破外內賊故
成阿耨多羅三藐三菩提人皆信受
是人能為是事我等亦當學習是事
若言久来无煩惱若從然燈佛得無生法
忍来斷煩惱盡是亦方便說令諸菩
薩歡喜故若菩薩久已斷一切煩惱
成佛時復何所為問曰佛有種種事
斷結使是一事餘有淨佛國土成就
衆生等未具以具足衆事故名為佛
荅曰若尒者佛言斷結使是未後身
人若都無結使云何得生問曰從得
無生法忍已来常得法性生身變化
不荅曰化法要有化主然後能化若
得無生法忍斷一切結使死時捨是
肉身無有實身誰為變化以是故若

得無生已来不應盡結使復次聲聞人言菩薩不斷結使乃至坐道場然後斷是為大錯何以故汝法中說菩薩已滿三阿僧祇劫後更有百劫中常得宿命智自憶迦葉佛時作比丘名欝多羅修行佛法云何今六年苦行修邪道法日食一麻一米後身菩薩一日尚不應謗何況六年瞋亦如是從久遠世時作毒虵獵者生剥其皮猶尚不瞋云何冣後身而瞋五人以是故知聲聞人受佛義為錯佛以方便力欲破外道故現六年苦行汝言瞋五人者是為方便亦是瞋習非煩惱也今當如實說菩薩得無生忍法煩惱已盡習氣未除故因習氣及法性生身能自在化生有大慈悲為衆生故亦為滿本願故還来世間具足成就餘殘佛法故十地滿坐道場以無礙解脫力故得一切智一切種智斷煩惱習摩訶衍人言得無生法忍菩薩一切煩惱及習都盡亦是錯若都盡與佛無異亦不應受法性生身以是故菩薩得無生法忍捨生身

得法性身若言至坐道場一切煩惱及習俱斷是語亦非所以者何若菩薩具有三毒者云何能集無量佛法辟如毒瓶雖著甘露皆不中食菩薩集諸純淨功德乃得作佛若雜三毒云何能具足清淨佛法問曰觀諸法實相及修悲心故能令三毒薄故能集清淨功德荅曰薄三毒可得轉輪聖王諸天王身欲得佛功德身無有是事三毒斷習未盡可得集諸功德復次薄名如離欲人斷不地結猶有上地煩惱又如須陁洹見諦所斷結盡思惟所斷未盡是名為薄如佛說斷三結薄婬怒癡名為斯陁含汝若言薄應當是斷以是故得無生忍法時斷煩惱得佛時斷煩惱習是則實說復次舍利弗菩薩摩訶薩欲上菩薩位當學般若波羅蜜菩薩位者無生法忍是得此法忍觀一切世間空心無所著住諸法實相中不復染世間復次般舟般三昧是菩薩位得是般舟般三昧悉見現在十方諸佛從諸佛聞法斷諸疑網是時菩薩心不動

摇是名菩薩位復次菩薩位者具足六波羅蜜生方便智於諸法實相亦不住自知自證不隨他語若魔作佛形来心亦不惑復次入菩薩法位力故得名阿鞞跋致菩薩復次菩薩摩訶薩入是法位中不復墮凡夫數名為得道人一切世間事欲壞其心不能令動閉三惡趣門墮諸菩薩數中初生菩薩家智慧清淨成熟復次住頂不墮是名菩薩法位如學品中說上位菩薩不墮惡趣不生下賤家不墮聲聞辟支佛地亦不從頂墮問曰云何為頂墮荅曰如須菩提語舍利弗若菩薩摩訶薩無方便心行六波羅蜜入空無相無作中不能上菩薩位不墮聲聞辟支佛地愛著諸功德法於五衆無常苦空無我取相心著言是道是非道是應行是不應行如是等取相分別是菩薩頂墮何等是住頂如上所說諸法愛斷於愛斷法亦復不取如住頂義中說若菩薩摩訶薩行般若波羅蜜時內空中不見外空外空中不見內空外空中不見

内外空内外空中不見外空乃至無法自法空亦如是復次上位菩薩得無等等心亦不自高知心相真空諸有無等戲論滅問曰何以故聲聞法中名為正位此菩薩法中位但名位荅曰若言正位亦無苦所以者何若言菩薩法位是則為正聲聞法中但言位不言聲聞位以是故言正位復次學聲聞人無大慈悲心智不利故未生猒心多求諸法生種種邪見疑悔菩薩摩訶薩大慈悲一切故多求度脫衆生老病死苦不求分別種種戲論譬如長者有一子愛之甚重其子得病但求良藥能差病者不求分別諸藥名字取之時節合和分數以是故諸菩薩從果觀十二因緣不從因觀見多者從因觀愛多者從果觀諸聲聞人因邪位故有正位菩薩邪位薄故但名菩薩位問曰聲聞法中從苦法忍乃至道比忍名為正位如經中說三惡道中不可得三事所謂正位聖果漏盡破戒邪見五逆罪等亦如是從得何法名為菩薩位荅曰

發意修行大悲方便具足行是四法得入菩薩位如聲聞法中先具四種善根煗法頂法忍法世間第一法然後入苦法忍正位問曰修行皆攝四法何以故差別為四荅曰初發意雖有修行不久修故不名修行如在家雖終日不住不名為行復次發意時但有意願行時造作以財與人受持禁戒如是等行六波羅蜜是名修行修行已以般若波羅蜜知諸法實相以大悲心憐念衆生不知是諸法實相染著世間虛誑法受種種身苦心苦是更受大悲名故不名修行方便者具足般若波羅蜜故知諸法空大悲心故憐愍衆生於是二法以方便力不生染著雖知諸法空方便力故亦不捨衆生雖不捨衆生亦知諸法實空若於是二事等即得入菩薩位如聲聞人於定慧二法等故是時即得入正位是法雖有行更有餘名字不名修行從初發意乃至坐道場於其中間所行皆名修行小小差別有異名字為易解故譬如有人初發阿

耨多羅三藐三菩提意欲度脫一切衆生老病死等身心諸苦作大莊嚴功德慧明二事因緣故所願皆滿是二事有六分修行名為六波羅蜜布施持戒忍辱是功德分精進禪定智慧是慧明分修行六波羅蜜知是諸法相甚深微妙難解難知作是念衆生著三界諸法以何因緣令衆生得是諸法相當以具足諸功德清淨智慧成就佛身三十二相八十隨形好光明具足神通無量以十力四無所畏十八不共法四無礙智觀應度者說法開化譬如金翅鳥王觀諸龍命應盡者以翅搏海令水兩闢取而食之佛亦如是以佛眼觀十方世界五道衆生誰應得度初視神足次為示其心趣以此二事除三障礙而為說法拔三界衆生得佛力無量神通假令虛妄猶尚可信何况實說是名方便復次菩薩以般若波羅蜜知諸法相念其本願欲度衆生作是思惟諸法實相中衆生不可得當云何度復作是念諸法實相中衆生雖不可得

而衆生不知是諸法相故欲令知是實相復次是實法相亦不礙衆生實法相者名為無所除壞亦無所作是名方便具足是四法得入菩薩位欲過聲聞辟支佛地住阿鞞跋致地當學般若波羅蜜問曰菩薩入法位時即已過聲聞辟支佛地住阿鞞跋致地何以故復說荅曰雖三事一時諸法各各相應當次第讃如一心中一時得無漏五根而各各分別說其相菩薩入法位時斷若干結使得若干功德過是地住是地唯佛能知亦欲引導諸菩薩故佛種種讃說如此經始佛在耆闍崛山與五千比丘俱皆是阿羅漢諸漏盡所作已辦等阿羅漢即是漏盡漏盡者即是所作已辦等亦為引導餘人令心清淨故種種讃說無各此亦如是入法位即是過阿羅漢辟支佛地住阿鞞跋致地復次因入法位故得過阿羅漢辟支佛地住阿鞞跋致地問曰入法位中過老病死及斷諸結使破三惡道等如先說何以但說過聲聞辟支佛地

亦住種種功德何以故但說住阿鞞跋致地荅曰捨諸惡事得諸功德後當次第說及所住功德諸法當須次第不可一時頓說復次菩薩初發意時所可怖畏無過聲聞辟支佛地正使墮地獄無如是怖畏不永破大乘道故阿羅漢辟支佛於此大乘以為永滅辟如空地有樹名舍摩梨觚枝廣大衆鳥集宿一鴿後至住一枝上其枝及觚即時押折澤神問樹神大鳥鵰鷲皆能任持何至小鳥便不自勝樹神荅言此鳥從我怨家尼俱盧樹上來食彼樹果来栖我上必當放糞子墮地者惡樹復生為害必大以是故於此一鴿大懷憂愁寧捨一枝所全者大菩薩摩訶薩亦如是於諸外道魔衆及諸結使惡業無如是畏如阿羅漢辟支佛何以故聲聞辟支佛於菩薩邊亦如彼鴿壞敗大乘心永滅佛業以是故但說過聲聞辟支佛地住阿鞞跋致地者從初發意已来常喜樂住阿鞞跋致地聞諸菩薩多退轉故發意時作願何時當得過

聲聞辟支佛地住阿鞞跋致地以是故說住阿鞞跋致地問曰何等是阿鞞跋致地荅曰若菩薩能觀一切法不生不滅不不生不不滅不共非不共如是觀諸法於三界得脫不以空不以非空一心信忍十方諸佛所用實相智慧無能壞無能動者是名無生忍法無生忍法即是阿鞞跋致地復次入菩薩位是阿鞞跋致地過聲聞辟支佛亦名阿鞞跋致地復次住阿鞞跋致地世世常得果報神通不失不退若菩薩得此二法雖得諸法實相而以大悲不捨一切衆生復有二法一者清淨智慧二者方便慧復有二法一者深心念涅槃二者所作不離世間譬如大龍尾在大海頭在虛空震電雷霆而降大雨復次阿鞞跋致菩薩得是諸法實相智慧世世不失終不墮離於諸佛深經終不疑亦不作礙何以故我未得一切智慧故不知何方便何因緣故如是說阿鞞跋致菩薩常以深心終不生惡阿鞞跋致以深心集諸善淺心作諸不

大智度論第二十七卷　第三十三張　德字号

善問曰若阿鞞跋致相得無生法忍云何以淺心作諸不善答曰有二種阿鞞跋致一者得無生忍法二者雖未得無生忍法佛知其過去未來所作因緣必得作佛為利益傍人故為其受記是菩薩生死肉身結使未斷於諸凡夫中為最第一是亦名阿鞞跋致相若得無生忍法斷諸結使此則清淨未後肉身盡得法性生身結使所不礙不須教誡如大恒中船不須將御自至大海復次有初發意生大心斷諸煩惱知諸法實相便得阿鞞跋致有但行檀波羅蜜使具足六波羅蜜乃至般若波羅蜜亦如是有行六波羅蜜未得阿鞞跋致於衆生中生大悲心是時便得阿鞞跋致有得悲心而作是念若諸法皆空則無衆生誰可度者是時悲心便弱或時以衆生可愍於諸法空觀弱若得方便力於此二法等無偏黨大悲心不妨諸法實相得諸法實相不妨大悲生如是方便是時便得入菩薩法位住阿鞞跋致地如從生品中說復次

大智度論第二十七卷　第三十四張　德字号

阿鞞跋致相如後阿鞞跋致二品中說

大智度論卷第二十七

大智度論卷二十七

校勘記

一　底本，金藏廣勝寺本。

一　五五六頁中一行經名，石作「大智度經論卷第三十」，卷末經名同；資、磧、普、南、徑、清作「大智度論卷第二十七」。

一　五五六頁中三行後，石有品名「摩訶般若波羅蜜經釋初品中六大慈大悲義第四十二」；資有品名「釋初品中大慈大悲第四十二」；磧、普、南、清品名作「釋初品中大慈大悲」；徑品名作「釋初品中大慈大悲當習行般若波羅蜜」。

一　五五六頁中四行首字「大」，前，石、磧、普、南、徑、清、麗有「〔經〕大慈大悲當習行般若波羅蜜〔「蜜」，麗作「密」〕〔論〕」；資作「大慈大悲當習行般若波羅蜜」。

一　五五六頁中八行第一二字「罪」，石、資、磧、普、南、徑、清作「辟」。

一　五五六頁中一七行「菩薩」，諸本作「菩薩行」。

一　五五六頁中二〇行第五字「生」，諸本作「生樂」。

一　五五六頁下八行末字「若」，資、磧、普、南、徑、清無。

一　五五六頁下一〇行第一二字「吾」，石、麗作「以吾」；資、磧、普、南、徑、清作「以五」。

一　五五七頁上一三行第一二字「二」，諸本作「有二」。

一　五五七頁上一六行第四字「悲」，石作「大悲」。

一　五五七頁上一七行「頭目髓腦盡爲一切」，石、磧、普、南、徑、清作

一　「故以頭目髓腦布施盡爲一切衆生一切」；麗作「頭目髓腦盡以布施」。

一　五五七頁上二〇行第二字「後」，石、磧、普、南、徑、清、麗作「復」。

一　五五七頁上二〇行第五字「攀」，資作「攀」。

一　五五七頁上二一行第四字「振」，石、徑、清、麗作「震」。

一　五五七頁中一行第一三字「是」，磧、普、南、徑、清作「經」。

一　五五七頁中二行首字「悉」，資無。

一　五五七頁中一八行首字「饒」，石作「利」。

一　五五七頁中一九行、本頁下一行、六行及一〇行「大慈悲」，石、麗作「大慈大悲」。

一　五五七頁下四行末字「大」，石、麗作「大慈大」；資、磧、普、南、徑、清作「大慈」。

一　五五七頁下一二行第一三字「令」，諸本作「今」。

一　五五七頁下一四行「不盡處處中疑」，諸本作「盡聲聞辟支佛」。

一　五五七頁下一五行第五字「智」，石、麗作「智故」。

一　五五七頁下一七行首字「故」，石無。

一　五五八頁上四行第二字「衆」，諸本作「衆生」。

一　五五八頁上末行第二字「相」，磧、普、南、徑、清無。

一　五五八頁中一行第七字「智」，資作「智中」。

一　五五八頁中四行「菩薩」前，石、磧、普、南、徑、清、麗冠以「經」。

一　五五八頁中四行「欲得」，石、磧、普、南、徑、清、麗作「欲得道慧當習行般若波羅蜜菩薩摩訶薩欲以道慧」。

一　五五八頁中五行第一三字「者」，石、磧、普、南、徑、清、麗作「論」。

一　五五八頁中七行第七字「念」，磧、普、南、徑、清作「心念」。

一　五五八頁中一一行第五字「脱」，諸本無。

一　五五八頁下一行「世界」，石作「國土」，下同。

一　五五八頁下一〇行第七字「生」，石、麗作「已生」。

一　五五八頁下一四行第一三字「修」，諸本作「修定」。

一　五五八頁下二一行首字「道」，石無。

一　五五八頁下末行末字「治」，磧、普、南、徑、清作「欲天」。

一　五五九頁上一〇行夾註左末字「重」，諸本作「種」。

一　五五九頁上一五行第八字「福」，資、磧、普、南、徑、清作「富」。

一　五五九頁中二行第二字「如」，資、磧、普、南、徑、清作「知」。

一　五五九頁中五行第八字「謂」，諸本作「所謂」。

一　五五九頁中八行第三字「道」，諸本作「導」。

一　五五九頁中一一行首字「間」，石、麗作「聞道」。

一　五五九頁下一行「世間世間」，石、麗作「出世間是世間」；磧、普、南、徑、清作「世間出世間」。

一　五五九頁下七行「五衆」，石作「五陰」，下同。

一　五五九頁下一四行第六字「世」，資、磧、普、南、徑、清作「此世」。

一　五五九頁下一八行第八字〈經〉及二一行第三字〈論〉，資無。

一　五六〇頁上九行第五字「衆」，石、資、磧、普、南、徑、清無；麗作「受」。

一　五六〇頁上一五行第三字「如」，石作「亦如」。

一　五六〇頁上一九行第五字「醜」，諸本作「惡」。

一　五六〇頁中五行第二字「相」，資、磧、南、徑、清作「想」。

一　五六〇頁中七行第三字「晝」，資、磧、普、南、徑、清作「畫」。

一　五六〇頁中一〇行第三字「若」，資作「言」。

一　五六〇頁中一九行末二字及二〇行首字「知是道」，石作「智」。

一　五六〇頁下四行第八字「道」，資作「中道」。

一　五六〇頁下六行「攝三道故」，石、麗作「不攝三道故此中」。

一　五六〇頁下八行第九字「行」，諸本作「行道」。

一　五六〇頁下一七行第六字「雖」，資、磧、普、南、徑、清作「離」。

一　五六一頁上一九行第三字「法」，諸本作「諸法」。

一　五六一頁中七行第五字「非」，資、磧、普、南、徑、清、麗作「亦非」。

一　五六一頁中二二行第三字及下一一行第二字「生」，石、麗作「生中」。

一　五六一頁下三行第八字「蓮」，石、麗作「蓮華」。

一　五六一頁下七行第八字「最」，石、資、磧、普、南、徑、清無。

一　五六一頁下八行第一〇字「諦」，資、磧、普、南、徑、清作「觀」。

一　五六一頁下一一行「第一」，石、資、磧、普、南、徑、清作「第一第一」。

一　五六一頁下一四行第四字「善」，資、磧、普、南、徑、清、麗作「苦」。

一　五六一頁下一九行「第一」，資、磧、普、南、徑、清作「等一切」。

一　五六一頁下一九行末字「薩」至二〇行第一三字「相」，石、南、徑、清作夾註。

一　五六二頁上九行第一三字至一〇行首字「得具足」，石、資、磧、普、南、徑、清無。

一　五六二頁上一二行第七字「欲」，石、磧、普、南、徑、清、麗冠以〈經〉。

一　五六二頁上一四行末字「問」，石、磧、普、南、徑、清、麗冠以〈論〉。

一　五六二頁上一八行「一切」，資、徑、清作「一切智」。

一　五六二頁上一九行第九字「差」，資、磧、普、南、徑、清作「差別」。

一　五六二頁中四行第六字「初」，資、磧、普、南、徑、清作「初發」。

一　五六二頁中四行第一三字「知」，諸本無。

一　五六二頁中七行第二字「各」，諸本作「名」。

一　五六二頁中八行第九字「習」，資、磧、普、南、徑、清作「習者」。

一　五六二頁中一四行第六字「無」，諸本作「雖無」。

一　五六二頁中一六行第三字「氣」，石、麗作「垢氣」。

一　五六二頁中一六行第七字「是」，石、磧、普、南、徑、清作「是習氣」。

一　五六二頁中一六行第一二字「雖」，石作「唯」。

一　五六二頁中二〇行第一〇字「淨」，諸本無。

一　五六二頁下三行第六字「八」，石、麗作「六」。

一　五六二頁下三行第七字「窔」，諸本作「突」。

一　五六二頁下三行第九字「羅」，石、資、磧、普、南、徑、清作「羅罪」。

一　五六二頁下六行第六字「和」，資、磧、普、南、徑、清作「私」。

一　五六二頁下六行第八字「掉」，石、麗作「跳」。

一　五六二頁下七行「枰」，石、資、磧、普、南、徑、清均作「棚」。

一　五六二頁下八行第五字「牛」，資無。

一　五六三頁上一行末字「跽」，石作「跪」。

一　五六三頁上一三行第一二字「示」，諸本作「亦」。

一　五六三頁中一〇行第一三字「力」，磧、普、南、徑、清作「刀」。

一　五六三頁中一一行第七字「刀」，資、南作「力」。

一　五六三頁中一二行首字「無」，諸本作「斷」。

一　五六三頁下一二行第八字「若」，資、磧、普、南、徑、清無。

一　五六三頁下一三行第二字「来」，資、磧、普、南、徑、清作「未」。

一　五六三頁下末行末字「若」，資、磧、普、南、徑、清、麗作「知」。

一　五六四頁上七行第一一字「米」，資、磧、普、南、徑、清作「参」。

一　五六四頁上一四行末字至一五行首字及中一五行「忍法」，麗作「法忍」。

一　五六四頁上一五行第一三字「氣」，資、磧、普、南、徑、清、麗作「氣受」。

一　五六四頁中一行第四字「身」，資、磧、普、南、徑、清、麗作「生身」。

一　五六四頁中六行第一三字「諸」，資、磧、普、南、徑、清無。

一　五六四頁中七行第一一字「薄」，資、磧、普、南、徑、清作「薄薄」。

一　五六四頁中一一行第九字「不」，資、磧、普、南、徑、清、麗作「下」。

一　五六四頁中一三行第四字「断」，資、磧、普、南、徑、清作「断結」。

一　五六四頁中一七行首字「復」前，

- 磧、普、南、徑、清、麗冠以「經」。
- 五六四頁中一八行「菩薩」前，磧、普、南、徑、清、麗冠以「論」。
- 五六四頁下九行第一一字「熱」，石、磧、普、南、徑、清作「就」。
- 五六四頁下一六行第二字「不」，石、麗作「亦不」。
- 五六四頁下一八行第四字「是」，資、磧、普、南、徑、清無。
- 五六五頁上二行第二字「自」，諸本作「有」。
- 五六五頁上六行第九字「苦」，諸本作「咎」。
- 五六五頁上九行第一一字「智」，石、麗作「智慧」。
- 五六五頁上一九行「問曰」，石無。
- 五六五頁上末行第三字「是」，石作「問曰」。
- 五六五頁中二行第一二字「具」，石作「具足」；資、磧、普、南、徑、清、麗作「具說」。
- 五六五頁下二行第一二字「大」，石、磧、普、南、徑、清、麗作「大誓」。
- 五六五頁下一二行第一三字「度」，石、磧、普、南、徑、清、麗作「可度」。
- 五六五頁下一三行第一一字「觀」，諸本作「普觀」。
- 五六五頁下一六行第九字「視」，諸本作「現」。
- 五六六頁上五行首字「欲」前，石、磧、普、南、徑、清、麗冠以「經」。
- 五六六頁上六行第八字「問」前，石、磧、普、南、徑、清、麗冠以「論」。
- 五六六頁上八行第一一字「三」，南、徑、清作「二」。
- 五六六頁上一五行第八字「盡」，石、麗作「已盡」。
- 五六六頁上一八行第五字「各」，諸本作「咎」。
- 五六六頁中三行第一〇字「諸」，磧、普、南、徑、清作「說」。
- 五六六頁中一五行第一〇字「愁」，諸本作「畏」。
- 五六六頁中一六行第二字「全」，石作「存」。
- 五六六頁下八行第二至第三字「忍法」，石作「法忍」。
- 五六六頁下一〇行第四字「佛」，石、麗作「佛地」。
- 五六六頁下一四行第一三字「慧」，資、磧、普、南、徑、清作「智慧」。
- 五六七頁上五行第五字「得」，石、資、磧、普、南、徑、清作「當」。
- 五六七頁上六行第二字「受」，麗作「授」。
- 五六七頁上一〇行第一一字「恒」，石、麗作「恒河」。
- 五六七頁上一三行第一一字「使」，諸本作「便」。

趙城縣廣勝寺

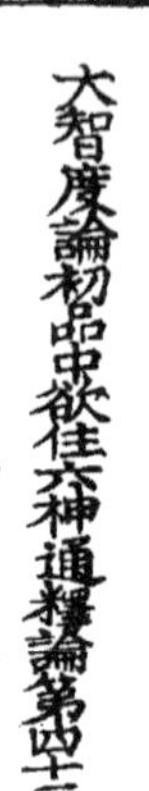

大智度論初品中欲住六神通釋論第四十三

聖者龍樹造
後秦龜茲國三藏鳩摩羅什譯

欲住六神通當學般若波羅蜜問曰如讚菩薩品中言諸菩薩皆得五通今何以言欲住六神通答曰五通是菩薩所得今欲住六神通是佛所得若菩薩得六神通可如來難問曰往生品中說菩薩住六神通至諸佛國云何言菩薩皆得五通答曰第六漏盡神通有二種一者漏習俱盡二者漏盡而習不盡習不盡故言皆得五通漏盡故言住六神通問曰若菩薩漏盡云何復生云何受生一切受生皆由愛相續故有辟如米雖得良田時澤終不能生諸聖人愛糠已脫故雖有有漏業生因緣不應得生答曰先已說菩薩入法位住阿鞞跋致地末後肉身盡得法性生身雖斷諸煩惱有煩惱習因緣故受法性生身非三界生也問曰阿羅漢煩惱已盡習亦未盡何以不生答曰阿羅漢无大慈悲無本誓願度一切衆生又以實際作證已離生死故

復次先已答有二漏盡此中不說菩薩得漏盡通自言欲得六神通者當學般若波羅蜜六神通義如後品中佛所說上讚菩薩品亦已說菩薩五神通義問曰神通有何次第答曰菩薩離五欲得諸禪有慈悲故為衆生取神通現諸希有奇特之事令衆生心清淨何以故若無希有事不能令多衆生得度菩薩摩訶薩作是念已繫心身中虛空滅麁重色相常取空輕相發大欲精進心智慧籌量心力能舉身未籌量已自知心力大能舉其身辟如學跳常壞色麁重相常修輕空相是時便能飛二者亦能變化諸物令地作水水作地風作火火作風如是諸大皆令轉易令金作凡礫凡礫作金如是諸物各能令化變地為水相常修念水令多不復憶念地相是時地相如念即作水如是等諸物皆能變化問曰若尒與一切入有何等異答曰一切入是神通初道先已一

切入背捨勝處柔伏其心然後易入神通復次一切入中一身自見地變為水餘人不見神通則不然自見實是水他人亦見實水問曰一切入亦是大定何以不能令是實水已身他人皆見答曰一切入觀處廣但能令一切是水相而不能令實是水神通不能遍一切而能令地轉為水便是實水以是故二定力各別問曰二定變化事為實為虛若實云何石作金地作水若虛云何聖人而行不實答曰皆實聖人無虛也三毒已拔故以一切法各各无定相故可轉地或作水水寒則結成氷而為堅相石汁作水相如酥膠蠟是地類得火則消為金金則為銅或還為石衆生亦如是惡可為善善可為惡以是故知一切法無定相故用神通力變化實而不誑若本各各定相不可變三者諸賢聖神通於六塵中隨意自在見好能生猒想見醜能生樂想亦能離好醜想行捨心是名三種神通此自在神通唯佛具足菩薩得是神通遊諸佛

國於諸異國語言不同及在遠微細衆生不聞故求天耳通常憶念種種多衆大聲取相修行常修習故耳得色界四大造清淨色得已便得遠聞於天人音聲麁細遠近通達無㝵問曰如禪經中說先得天眼見衆生而不聞其聲求天耳通既得天眼天耳見知衆生身形音聲而不解語言種種憂喜苦樂之辝故求辝无㝵智但知其辝而不知其心故求知他心智知其心已未知本所從来故求宿命通既知所来欲治其心病故求漏盡通得具足五通已不能變化故所度未廣不能降化邪見大福德人是故求如意神通應如是次第何以故先求如意神通答曰衆生麁者多細者少是故先以如意神通如意神通能兼麁細度人多故是以先說復次諸神通得法異數法異得法者多先求天眼以易得故行者用日月星宿珠火取是等光明相常懃精進善修習故晝夜無異若上若下若前若後等一明徹无所罣㝵是時初得天眼神

通餘次第得如先說復次佛如所自得為人說次第佛初分夜得一通一明所謂如意通宿命明中夜分得天耳通天眼明後夜分得知他心智通漏盡明求明用功重故在後說通明次第得如四沙門果大者在後問曰若天眼易得故在前菩薩何以不先得天眼答曰菩薩於諸法皆易無難餘人鈍根故有難有易復次初夜時魔王来欲與佛戰菩薩以神通力種種變化令魔兵器皆為瓔珞降魔已續念神通欲令具足生心即入便得具足神通降魔已自念一身云何得大力便求宿命明自知世世積福徳力故中夜時魔即還去寂寞无聲慈念一切故念魔衆聲生天耳神通及天眼明用是天耳聞十方五道衆生苦樂聲聞聲已欲見其形而以障蔽不見故求天眼後夜時既見衆生形欲知其心故求他心智知衆生心皆欲離苦求樂是故菩薩求漏盡神通於諸樂中漏盡最勝令衆生得之問曰菩薩已得無生法忍世世常得果

報神通今何以自疑既見衆生而不知其心荅曰有二種菩薩一者法性生身菩薩二者為度衆生故方便受人法身生淨飯王家出四城門問老病死人是菩薩坐樹王下具六神通復次菩薩神通先有而未具足今於三夜所得是佛神通行人法故自疑無咎問曰六神通次第常初天眼後漏盡通亦有不尒時耶荅曰多先天眼後漏盡智或時隨所好修或先天耳或先神足有人言初禪天耳易得有覺觀四心故二禪天眼易得眼識無故心攝不散故三禪如意通易得身受快樂故四禪諸通皆易得一切安隱處故宿命等三神通義如十力中說欲知一切衆生意所趣向當學般若波羅蜜問曰六通中已說知他心通今何以重說荅曰知他心通境界少但知欲界色界現在衆生心心數法不知過去未來及無色界衆生心心數法凡夫通於上四禪地隨所得通處已下遍知四天下衆生心心數法聲聞通於上四禪地隨所得通

處已下遍知千世界衆生心心數法辟支佛通於上四禪地隨所得通處已下遍知百千世界衆生心心數法上地鈍根者不能知下地利根者心心數法凡夫不知聲聞心心數法聲聞不知辟支佛心心數法辟支佛不知佛心心數法以是故說欲知一切衆生心所趣向當學般若波羅蜜問曰以何智能知一切衆生心心數法荅曰諸佛有無㝵解脱入是解脱中能知一切衆生心心數法諸大菩薩得相似无㝵解脱亦能知一切衆生心心數法新學菩薩欲得是大菩薩无㝵解脱及佛無㝵解脱以此无㝵解脱知一切衆生心心數法大菩薩欲得佛無㝵解脱以是故雖已說知他心通更說欲知一切衆生心所趣向當學般若波羅蜜問曰心所趣向心為去為不去若去此則無心猶若死人若不去能知佛言依意緣法意識生意若不去云何則无和合荅曰心不去不住而能知如般若波羅蜜中說一切法無来无去相云何言心有来

去又言諸法生時无所從来滅時滅無所去若有来去即隨常見諸法無有定相以是故但以内六情外六塵和合生六識及生六受六想六思以是故心如幻化能知一切衆生心心數法無有知者无有見者如歎衍品中言若一切衆生心心數法性實有不虛誑者佛不能知一切衆生心心數法以一切衆生心心數法性實虛誑無来无去故佛知一切衆生心心數法辟如比丘貪求者不得供養无所貪求則無所乏短心亦如是若分別取相則不得實法不得實法故不能通達知一切衆生心心數法若不取相無所分別則得實法得實法故能通達知一切衆生心心數法无所罣㝵問曰一切衆生諸心可得悉知不若悉知則衆生有邊若不知何以故說欲知一切衆生心所趣向云何佛有一切種智荅曰一切衆生心心數法可得悉知何以故如經中說一切實語中佛㝡第一若不能悉知一切衆生心得其邊際者佛何以言悉

知亦不名一切智人而佛語皆實必應實有一切智人復次衆生雖无邊一切種智亦無邊辟如函大盖亦大若智慧有邊衆生無邊者應有是難今智慧及衆生俱无邊故汝難非也復次若言有邊無邊此二於佛法中是置荅是十四事虛妄无實無益故不應以為難問曰若有邊无邊二俱不實而佛處處說無邊如衆生有癡愛已来无始無邊十方亦無邊際荅曰衆生無邊佛智慧无邊是為實若人者無邊取相戲論故佛說是邪見辟如世間常無常工俱顛倒入十四難中而佛多以无常度衆生少用有常若著無常取相戲論佛說是邪見虛妄若不著无常知無常即是苦苦即是無我无我即是虛空能如是依無常觀入諸法空便是實以是故知无常入諦中是實十四難中以著因緣故說是邪見是故說無常以明无邊无邊故衆生猒生死長久辟如波梨國四十比丘俱行十二淨行来至佛所佛為說猒行佛問比丘五恒河伽

藍牟佛薩羅由阿脂羅婆提摩醯徙所来處流入大海其中間水為多少比丘言甚多佛言但一人一劫中作畜生時屠割剥剌或時犯罪截其手足斬其身首如是等血多於此水如是無邊大劫中受身出血不可稱數啼哭流淚及飲母乳亦如是計一劫中一人積骨過於鞞浮羅大山此山天竺人常見如是無量劫中受生死苦諸比丘聞是已猒以易信故說患世間即時得道

復次聞十方衆生無邊故心生歡喜受不煞戒得無邊福德以是因緣故初發意菩薩一切世間衆生皆應供養何以故為度無邊世界衆生故功德亦无邊有如是等益故說無邊以是故說悲知一切衆生心所趣向如日照天下一時俱至無不遍明菩薩摩訶薩欲勝一切聲聞辟支佛智慧當學般若波羅蜜問曰何等是聲聞辟支佛智慧荅曰以惣相別相觀諸法實相是聲聞智慧如經中說初以分別諸法智慧後用涅槃智慧分別

諸法智慧是別相涅槃智慧是揔相復次知是法能解是法為縛是流轉是来還是生是滅是味是患是逆是順是此岸是彼岸是世間是出世間如是等分別二門諸法名為聲聞智慧復次三種智慧知五受衆如是集如是散如是出是味是患是離三解脫門相應智如是等分別三門諸法復次四種智慧四念處智法智比智他心智世智苦智集智滅智道智不淨智無常智苦智无我智無常智苦智空智无我智法智比智盡智無生智如是等分別四門諸法復次從苦法智忍慧乃至空空三昧无相無相三昧無作无作三昧智於其中間所有智慧盡是聲聞智略說猒世間念涅槃離三界斷諸煩惱得最上法所謂涅槃是名聲聞智慧復次如般若波羅蜜義品中說菩薩智慧相異聲聞智慧是一智慧但無方便无大莊嚴無大慈大悲不求一切佛法不求一切種智知一切法但猒老病死斷諸愛繫直趣涅槃為異問曰聲聞如是辟支

佛智慧云何答曰聲聞智慧即是辟
支佛智慧但時節利根福德有差別
時名佛不在世亦無佛法以少因緣
出家得道名辟支佛利根㲉法相是
同但智慧深入得辟支佛道福德名
有相或一相二相乃至三十一相若
先佛法中得聖法法滅後爲羅漢名
爲辟支佛身無有相有辟支佛第一
疾者四世行久者乃至百劫行如聲
聞疾者三世久者六十劫此義先已
廣說問曰如佛說有四種沙門果四種
聖人須陁洹乃至阿羅漢五種佛子
須陁洹乃至辟支佛三種菩提阿羅
漢菩提辟支佛菩提佛菩提果中聖
中佛子中　菩提中皆无菩薩云何
言菩薩勝一切聲聞辟支佛智慧答
曰佛法有二種一者聲聞辟支佛法二
者摩訶衍法聲聞法小故但讃聲聞
事不說菩薩事摩訶衍廣大故說諸
菩薩摩訶薩事發心修行十地入位
淨佛世界成就衆生得佛道此法中
說菩薩次佛應如供養佛能如是觀
諸法相是爲福田能勝聲聞辟支佛

如是摩訶衍經中處處讃菩薩摩訶
薩智慧勝聲聞辟支佛如寶頂經中
說轉輪聖王少一不滿千子雖有大
力諸天世人所不貴重有真轉輪聖
王種處在胎中初受七日便爲諸天
所貴重所以者何九百九十九人不
能嗣轉輪聖王種令世人得二世樂
是雖在胎必能紹胄聖王是故恭敬
諸阿羅漢辟支佛雖得根力覺意六
神通諸禪智慧力於實際得證爲衆
生福田十方諸佛所不貴重菩薩雖
在諸結煩惱欲縛三毒胎中初發无
上道意未能有所作而爲諸佛所貴
以其漸漸當行六波羅蜜得方便力
入菩薩位乃至得一切種智度无量
衆生不斷佛種法種僧種不斷天上
世間淨樂因緣故又如迦羅頻伽鳥
在鷇中未出殻聲微妙勝於餘鳥菩
薩摩訶薩亦如是雖未出無明鷇說
法議論之音勝於聲聞辟支佛及諸
外道如明網經中說慧命舍利弗白
佛言世尊是諸菩薩所說若能解者
大得功德何以故是諸菩薩乃至得

聞其名字得大利益何况聞其所說
世尊譬如人種樹不依於地而欲得
其根莖枝葉成其果實是難可得諸
菩薩行相亦如是不住一切法而現
住生死在諸佛世界於中自恣樂說
智慧法誰有聞是大智慧遊戲自恣
樂說法而不發阿耨多羅三藐三菩
提意者尒時會中有普華菩薩語舍
利弗佛說耆年於諸弟子中智慧第
一今耆年於諸法法性不得耶何以
不以大智慧自恣樂說法舍利弗言
諸佛弟子如其境界則能有說普華
菩薩復問法性有境界不舍利弗言
無也若法性無境界云何耆年言如
其境界則能有說舍利弗言隨所得
法說普華又問耆年以无量相法性
爲證耶舍利弗言尒普華言尒云何
言隨所得而說如所得法性无量說
亦應無量法性无量非量相舍利弗
語普華言法性非得相普華言若法
性非得相汝離法性得解脫不舍利
弗言不也何以故法性不壞相故普
華言汝所得聖智亦如法性耶舍利

弗言我欲聞法非説時也普華言一切法定在法性中有聞者説者不舍利弗言無也普華言汝何以言我欲聞法非説時舍利弗言佛説二人得福無量一心説者一心聽者普華言汝入滅盡定中能聽法不舍利弗言善男子滅盡定中無聽法也普華言汝信受一切法常滅相不舍利弗言信是事普華言法性常滅無聽法也何以故諸法常滅相故舍利弗言汝能不起于定而説法不普華言无有法非定相者舍利弗言若尒者今一切凡夫皆是禪定普華言尒一切凡夫皆是禪定舍利弗言以何等禪定故一切凡夫皆是普華言以不壊法性三昧故一切凡夫皆是禪定舍利弗言若尒者凡夫聖人無有差別普華言我亦不欲令凡夫聖人有差別何以故諸聖人無有滅法凡夫人亦無生法是二皆不出法性等相舍利弗言善男子何等是法性等相荅言耆年得道時所知見者是又問生聖法耶不也滅凡夫法耶不也得聖法

耶不也見知凡夫人法耶不也耆年以何知見故得聖道舍利弗言凡夫入如比丘得解脱如比丘入无餘涅槃如是如一如如无別普華言舍利弗是名法性相如不壊如用是如當知一切法皆如舍利弗白佛言世尊辟如大大聚無物不燒是諸上人所説亦如是一切法皆入法性又如毗摩羅鞊經中説舍利弗等諸聲聞皆自説言我不堪任詣彼問疾各各自説昔為毗摩羅鞊所呵如是等處處經中説菩薩智慧勝於聲聞辟支佛問曰何因緣故菩薩智慧勝聲聞辟支佛荅曰如一本生經中説菩薩智慧於無量阿僧祇劫已來合集衆智於无量劫中無苦不行无難不為為求法故赴火投巖受剥皮苦出骨為筆以血為墨以皮為紙書受經法如是等為法故受無量苦以智慧故世世供養其師視之如佛一切所有經書悉皆誦讀解説於無量阿僧祇劫常思惟籌量尋求諸法好醜深淺善不善漏不漏常不常有無等思惟分別問難

為智慧故供養諸佛及菩薩聲聞聽法問難信受正憶念如法行如是智慧因緣具足故云何不勝阿羅漢辟支佛

復次菩薩智慧五波羅蜜佐助莊嚴有方便力於一切衆生有慈悲心故不為邪見所妨住十地中故智慧勢力深大大故勝於聲聞辟支佛以大因故小者自壊阿羅漢辟支佛無是事以是故言欲勝聲聞辟支佛智慧當學般若波羅蜜欲得諸陁羅尼門諸三昧門當學般若波羅蜜陁羅尼如讚菩薩品中説門者得陁羅尼方便諸法是如三三昧名解脱門何者是方便若人欲得所聞皆持應當一心憶念令念增長先當作意扶相似事繫心令知所不見事如周利槃陁迦葉繫心拭屣物中令憶禪定除心垢法如是初學聞持陁憐尼三聞能得心根轉利再聞能得成者一聞能得得而不忘是為聞持陁憐尼初方便或時菩薩入禪定中得不忘解脱不忘解脱力故一切語言談法乃至一

句一字皆能不忘是為第二方便或時神呪力故得聞持陁憐尼或時先世行業因緣受生所聞皆持不忘如是等名聞持陁羅尼門復次菩薩聞一切音聲語言分別本末觀其實相知音聲語言念念生滅音聲已滅而衆生憶念取相念是已滅之語作是念言是人罵我而生瞋恚稱讚亦如是是菩薩能如是觀衆生雖復百千劫罵詈不生瞋心若百千劫稱讚亦不歡喜知音聲生滅如響相又如鼓聲無有作者若无作者是無住處畢竟空故但誑愚夫之耳是名入音聲陁羅尼復次有陁羅尼以是四十二字攝一切語言名字何者是四十二字阿羅波遮那等阿提秦言初阿耨波奈秦言不生行陁羅尼菩薩聞是阿字即時入一切法初不生如是等字字隨所聞皆入一切諸法實相中是名字入門陁羅尼如摩訶衍品中說諸字門復次菩薩得是一切三世無㝵明等諸三昧於一一三昧中得无量阿僧祇陁羅尼如是等和合名

為五百陁羅尼門是為菩薩善法功德藏如是名為陁羅尼門諸三昧門者三昧有二種聲聞法中三昧摩訶衍法中三昧聲聞法中三昧者所謂三三昧復次三三昧空空三昧无相無相三昧无作無作三昧復有三三昧有覺有觀无覺有觀無覺无觀復有五枝三昧五智三昧等是名諸三昧復次一切禪定亦名定亦名三昧四禪亦名禪亦名定亦名三昧除四禪諸餘定亦名定亦名三昧不名為禪十地中定名為三昧有人言欲界地亦有三昧何以故欲界中有二十二道品故知有三昧若無三昧不應得是深妙功德復次千問中亦有是問四聖種幾欲界繫幾色界繫幾无色界繫幾不繫荅曰一切當分別四聖種或欲界繫或色界繫或無色界繫或不繫四念處四正懃四如意足亦如是以是義故當知欲界有三昧若散乱心云何得此上妙法以是故是三昧在十一地中如是等諸三昧阿毗曇中廣分別摩訶衍三昧者從

首楞嚴三昧乃至虛空際无所著解脫三昧又如見一切佛三昧乃至一切如來解脫修觀師子頻呻等无量阿僧祇菩薩三昧如有三昧名無量淨菩薩得是三昧者能示現一切清淨身有三昧名威相菩薩得是三昧能奪日月威德有三昧名焰山菩薩得是三昧奪諸釋梵威德有三昧名山塵菩薩得是三昧滅一切大衆三毒有三昧名无㝵光菩薩得是三昧能照一切佛國有三昧名不忘一切法菩薩得是三昧一切諸佛所說法皆能憶持復為他人講說佛語有三昧名聲如雷音菩薩得是三昧能以梵聲滿十方佛國有三昧名能娛樂一切衆生菩薩得是三昧能令一切深心歡喜有三昧名喜見无猒菩薩得是三昧一切衆生見聞喜樂無有猒足有三昧名功德報不可思議一緣中樂菩薩得是三昧成就一切神通有三昧名知一切音聲語言菩薩得是三昧能說一切音聲語言於一字中說一切字於一切字中說一字

有三昧名集一切福富樂果報若菩薩得是三昧常默然入禪定而能令一切衆生聞佛法衆聞聲聞辟支佛六波羅蜜之聲而是菩薩實無一言有三昧名出高一切陁羅尼王菩薩得是三昧得入無量无邊諸陁羅尼有三昧名一切樂說菩薩得是三昧樂說一切字一切音聲語言辟喻因緣如是等無量力勢三昧問曰是三昧門問曰若尒者何以不但說三昧而復說三昧門荅曰佛諸三昧無量无數如虛空無邊菩薩去何盡得菩薩聞是心則退沒以是故佛說三昧門入一門中攝無量三昧如牽衣一角舉衣皆得亦如得蜜蜂王餘蜂盡攝復次展轉為門如持戒清淨一心精進初夜後夜懃修思惟離五欲樂繫心一處行是方便得是三昧是名三昧門復次欲界繫三昧未到地三昧門未到地三昧是初禪門初禪及二禪邊地三昧是二禪三昧門乃至非有想非無想處三昧亦如是煖法

定是頂法三昧門頂法是忍法三昧門忍法是世間第一法三昧門世間第一法是苦法忍三昧門苦法忍乃至金鋼三昧門略說一切三昧有三相入住出相是出相入相名為門住相是三昧體如是等法是聲聞法中三昧門摩訶衍法中三昧門如禪波羅蜜義中諸三昧分別廣說復次尸羅波羅蜜是三昧門何以故三枝是佛道所謂戒枝定枝慧枝清淨戒枝是定枝門能生是定定枝能生慧枝是三枝能斷煩惱能與湼槃以是故尸羅波羅蜜及智慧三昧立門餘三波羅蜜雖是門義名遠門如布施因緣得福德福德故所願皆得如所願故心柔軟慈悲心故知畏罪念衆生觀世間無常故攝心行忍辱忍辱亦是三昧門精進者於五欲中御心除五蓋攝心不乱心去則攝不令馳散是三昧門復次初地是二地三昧門如是展轉乃至九地是十地三昧門十地是無量諸佛三昧門名是等名為諸三昧門問曰陁羅尼三昧門為

同為異若同何以重說若異有何義荅曰先以說三昧門陁羅尼門異今當更說三昧但是心相應法也陁羅尼亦是心相應亦是心不相應問曰云何知陁羅尼是心不相應荅曰如人得聞持陁羅尼雖心瞋恚亦不失常隨人行如影隨形是三昧修行習久後能成陁羅尼如衆生久習欲使成其性是諸三昧共諸法實相智慧能生陁羅尼如坏瓶得火燒熟能持水不失亦能令人得度河禪定無智慧亦如坏瓶若得實智慧如坏瓶得火燒成熟能持菩薩二世无量功德菩薩亦因之而度得至佛如是等三昧陁羅尼種種差別問曰聲聞法中何以無是陁羅尼名但大乘中有荅曰小法中無大故不應問大法中无小者則可問如小家无金銀不應問也復次聲聞不大殷懃集諸功德但以智慧求脫老病死苦以是故聲聞人不用陁羅尼持諸功德辟如人渴得一掬水則足不須瓶器持水若供大衆人民則須瓶甕持水菩薩為一切

衆生故須陁羅尼持諸功徳復次聲聞法中多説諸法生滅無常相故諸論議師言諸法无常若無常相則不須陁羅尼何以故諸法无常相則無所持唯過去行業因緣不失如未来果報雖無必生過去行因緣亦如是摩訶衍法生滅相不實不生不滅相亦不實諸觀諸相皆滅是為實若持過去法則無咎以持過去善法善根諸功德故須陁羅尼世陁羅尼世常隨菩薩諸三昧不介或時易身則失如是等種種分別陁羅尼諸三昧以是故言欲得陁羅尼諸三昧門當學般若波羅蜜一切求聲聞辟支佛人布施時欲以隨喜心過其上者當學般若波羅蜜一切求聲聞辟支佛人持戒時欲以隨喜心過其上者當學般若波羅蜜

大智度論釋布施隨喜心過上第四十四

一切求聲聞辟支佛人三昧智慧解脱解脱知見欲以隨喜心過其上者當學般若波羅蜜隨喜心者如隨喜品中説復次隨喜名有人作功德見者心隨歡喜讃言善哉在无常世界中為癡闇所蔽能弘大心建此福德譬如種種妙香一人賣一人買傍人在邊亦得香氣於香無損二主无失如是有人行施有人受者有人在邊隨喜功德俱得二主不失如是相名為隨喜以是故菩薩但以隨喜心過於求二乘人上何況自行問曰菩薩云何能以隨喜心過聲聞辟支佛人以財布施上荅曰聲聞辟支佛行是布施菩薩於傍見之一心念隨喜讃言善哉以此隨喜福德迴向阿耨多羅三藐三菩提為度一切衆生故以此為得無量佛法故以二種功德過求聲聞辟支佛人所行布施上復次以諸法實相智慧心隨喜故過求聲聞辟支佛人布施上復次菩薩以隨喜心生福徳果報迴向供養三世十方諸佛過聲聞辟支佛布施上譬如久以少物獻上國王得報甚多又如吹貝用氣甚少其音甚大復次菩薩以隨喜功德和合無量諸餘功德乃至法滅亦不盡譬如少水置大海中

窮劫乃盡持戒三昧智慧解脱解脱知見亦如是問曰諸佛次第有菩薩菩薩次第有聲聞辟支佛今言菩薩欲過求聲聞辟支佛人布施等有何奇特荅曰不以聲聞辟支佛布施持戒等福德比菩薩功德但以隨喜心能勝何況菩薩自行功德求聲聞辟支佛人懃身作功德疲勞菩薩默然隨喜智慧福德過其上譬如工匠但以智心指授而去執斤斧者疲苦終日計功受賞匠者三倍又如征伐闘者冒死主將受功問言若隨喜心故勝於布施持戒者何以但説菩薩隨喜勝荅曰凡夫人煩惱覆心吾我未斷著世間樂云何能勝求聲聞辟支佛者聲聞辟支佛利雖勝鈍同在聲聞地故不説問曰聲聞辟支佛功德法甚多何以故但説六事荅曰此六法中攝一切聲聞辟支佛法若説布施已説信聞等功德何以故先聞已能信信巳布施是施有二種財施法施持戒攝三種戒律儀戒禪戒无漏戒定攝諸禪定解脱三昧等慧攝諸

聞慧思慧修慧解脫攝二種解脫有為解脫無為解脫解脫知見攝盡智自知漏已盡於三界得解脫於是中了了知見是中助道法聖道法已說復次若不向涅槃功德是中不說過上以其功德薄故問曰勝名力勢相奪今菩薩不與聲聞辟支佛競云何言勝答曰勝名俱於一事中以智慧方便心力故得福多辟如人於一華中但取色香蜂但取味以成蜜亦如取水器大者得多器小得少如是等喻可知以隨喜心深利智慧相應勝聲聞辟支佛布施等諸功德是六法初布施如檀波羅蜜義中分別聲聞辟支佛法說持戒如尸羅波羅蜜義品中分別聲聞辟支佛法說三昧智慧解脫解脫知見如念佛義中分別

大智度論卷第二十八　　登州彫字傅善蓮三士

大智度論卷二十八

校勘記

一　底本，金藏廣勝寺本。

一　五七二頁中一行經名，石作「大智度經論卷第三十一」；資、磧、普、南、徑、清作「大智度論卷第二十八」。

一　五七二頁中三行後，石有品名「摩訶般若波羅蜜經釋初品中菩薩欲住六神通義第四十三」；資有品名「釋初品中六神通第四十三」；磧、普、南、徑、清品名作「釋初品中六神通等」。

一　五七二頁中四行首字「欲」前，石、磧、普、南、徑、清、麗有「〔經〕菩薩摩訶薩」；資有「菩薩摩訶薩」。

一　五七二頁中四行「問曰」前，石、磧、普、南、徑、清、麗冠以〔論〕。

一　五七二頁中五行末字「通」，諸本作「神通」。

一　五七二頁下三行第七字「二」，諸本作「二種」。

一　五七二頁下二〇行「念水」，資無。

一　五七三頁上五行第九字「是」，磧、普、南、徑、清作「作」。

一　五七三頁上一五行「水水」，石、麗作「水則成濕相水得」；資、磧、普、南、徑、清作「水則成濕相水」。

一　五七三頁上一六行第三字「則」，石、磧、普、南、徑、清、麗作「敗」。

一　五七三頁上一九行第八字「不」，諸本作「則不」。

一　五七三頁中三行「衆大」，石作「大衆」；南作「衆」。

一　五七三頁中七行第五字「求」，石、磧、普、南、徑、清、麗作「故求」。

一　五七三頁下二行「分夜」，諸本作「夜分」。

一　五七三頁下一五行第八字「還」，資、磧、普、南、徑、清作「遠」。

一　五七三頁下一六行首字「念」，諸本作「愍」。

一　五七四頁上九行第八字「時」，石、資、磧、普、南、徑、清無。
一　五七四頁上一六行第三字「欲」前，石、磧、普、南、徑、清、麗冠以〔經〕。
一　五七四頁上一七行「問曰」，石、磧、普、南、徑、清、麗冠以〔論〕。
一　五七四頁中一行「世界」，石作「國土」，以下時有出現。
一　五七四頁中二〇行「能知」，諸本作「云何能知如」。
一　五七四頁中二一行「云何」，諸本無。
一　五七四頁下一行末字「滅」，諸本無。
一　五七四頁下六行第一三字「衍」，石、磧、普、南、徑、清、麗作「摩訶衍」。
一　五七五頁上一七行第九字「虚」，諸本無。
一　五七五頁上一九行第四字「諦」，諸本作「真諦」。
一　五七五頁上二一行第五字「生」，石、麗作「生生」。
一　五七五頁中一行第三字「佛」，石、麗作「那」。
一　五七五頁中一行第一〇字「娑」，諸本作「婆」。
一　五七五頁中六行第一三字「稱」，資、磧、普、南、徑、清作「勝」。
一　五七五頁中八行第一三字至九行第五字「此山天竺人常見」，石作央註「此山天竺以人常見易信故説也」；資、磧、普、南、徑、清作央註「此山天竺人常見以易信故説」；麗作央註「丹注云此山天竺以人常見易信故説也」。
一　五七五頁中一〇行「以易信故説」，諸本無。
一　五七五頁中一八行「菩薩」，石、磧、普、南、徑、清、麗冠以〔經〕。
一　五七五頁中二〇行「問曰」，石、磧、普、南、徑、清、麗冠以〔論〕。
一　五七五頁下一行第五字「是」，石作「是名」。
一　五七五頁下二行第六字「能」，諸本作「爲」。
一　五七五頁下六行第一一字「衆」，石作「陰」。
一　五七五頁下一六行第八字「智」，諸本作「智慧」。
一　五七五頁下一九行「菩薩智慧相與」，資、磧、普、南、徑、清作「智慧相是」。
一　五七五頁下二〇行第一〇字「大」，諸本作「大誓」。
一　五七六頁上四行第一二字「異」，資無。
一　五七六頁中九行第一三字「意」，資、磧、普、南、徑、清作「道」。
一　五七六頁中一二行第三字「結」，諸本作「結使」。
一　五七六頁下一六行首字「法」，石、麗作「而」。
一　五七六頁下一七行第一二字「尒」，諸本作「今」。

一　五七六頁下二一行第六字「離」，石作「於」。
一　五七七頁中四行「如无別」，資無。
一　五七七頁中一八行第八字「受」，磧、普、南、徑、清作「寫」。
一　五七七頁下八行第四字「故」，資、磧、普、南、徑、清作「因故」。
一　五七七頁下一一行第七字「欲」前，石、磧、普、南、徑、清、麗冠以〈經〉。
一　五七七頁下一二行第一一字「陀」前，石、磧、普、南、徑、清、麗冠以〈論〉。
一　五七七頁下一八行首字「葉」，諸本無。
一　五七七頁下一八行第五字「屣」，諸本作「革屣」。
一　五七七頁下一九行第三字「是」，石、麗作「是名」。
一　五七八頁上一六行「秦言初」及一七行「秦言不生」，石、磧、普、南、徑、清作夾註「秦言」；徑、清均作「此言」。
一　五七八頁中七行末字「復」，石作「復次」。
一　五七八頁下九行首字「山」，諸本作「出」。
一　五七九頁上一行「富樂」，石、資、磧、普、南、徑、清作「德業」。
一　五七九頁上一行第一三字「若」，磧、普、南、徑、清作「生」。
一　五七九頁上二〇行第一一字「未」，石、麗作「是未」。
一　五七九頁中一〇行第八字「枝」，資無。
一　五七九頁中一三行第八字「慧」，石、麗作「慧名」。
一　五七九頁中一三行第一一字「立」，諸本作「近」。
一　五七九頁中一七行第三字「間」，諸本作「間空」。
一　五七九頁中二〇行首字「是」，石、麗作「亦是」。
一　五七九頁中二〇行第九字「是」，資、磧、普、南、徑、清無。
一　五七九頁中二二行第一一字「名」，諸本作「如」。
一　五七九頁中末行「陁羅尼」，諸本作「陁羅尼門」。
一　五七九頁下三行第一二字「也」，石、麗無。
一　五七九頁下八行末字「使」，諸本作「便」。
一　五七九頁下一二行第八字「實」，諸本作「實相」。
一　五七九頁下一七行第一〇字「問」，石、麗作「致問」。
一　五八〇頁上一〇行「世陁羅尼世」，諸本作「陁羅尼世世」。
一　五八〇頁上一三行「陁羅尼」，諸本作「諸陁羅尼」。
一　五八〇頁上一四行第四字「蜜」，至此徑、清卷第二十八終，卷二十九始，且有品名「釋初品隨喜迴向等」；麗有品名作「大智度論釋布施隨喜心過上第四十四」。
一　五八〇頁上一四行「一切」，磧、普、南、徑、清、麗冠以〈經〉。

一 五八〇頁上一九行品名，磧、普、南、徑、清、麗無。

一 五八〇頁上二〇行首字「一」前，麗有「一切求聲聞辟支佛人持戒時欲以隨喜心過其上者當學般若波羅蜜」。

一 五八〇頁上二二行第八字「隨」前，磧、普、南、徑、清、麗冠以「論」。

一 五八〇頁中二〇行首字「久」，資、磧、普、南、徑、清、麗作「人」。

一 五八〇頁下二行第八字「諸」，麗作「若諸」。

一 五八〇頁下九行第四字「慧」，資、磧、普、南、徑、清、麗作「慧力」。

一 五八〇頁下一一行末字「聞」，資、磧、普、南、徑、清、麗作「闘」。

一 五八〇頁下一七行「功德」，資、磧、普、南、徑、清作「功德功德」。

一 五八〇頁下一八行末字「六」，麗作「六事」。

一 五八一頁上一七行末字「別」，資、磧、普、南、徑、清作「別說」；麗作「別聲聞辟支佛法說」。

一 五八一頁上末行經名，磧、普、南、徑、清，此處不分卷，故無。

大智度論初品中布施隨喜心過上釋論第四十四之餘 卷二十九 德

聖者龍樹造

後秦龜茲國三藏鳩摩羅什譯

經一切求聲聞辟支佛人諸禪定解脫三昧欲以隨喜心過其上者當學般若波羅蜜論禪定者四禪九次第定解脫三昧者八背捨三解脫門慧解脫共解脫時解脫不時解脫有為解脫無為解脫等有覺有觀三昧无覺有觀三昧無覺无觀三昧空三昧無相三昧无作三昧如是等諸三昧問曰上六事中三昧即是禪定解脫三昧今何以復說荅曰有二種三昧一種慧解脫分二種共解脫分前者慧解脫分不能入禪定但說未到地中三昧此中說共解脫分具有禪定解脫三昧彼是略說此則廣說彼但說名此中分別義復次前勝三昧者有人謂一二三昧非深三昧今此中具說禪定解脫甚深三昧復次禪定解脫三昧有二種一者離欲時得二者求而得離欲得者前已說求而得者此中說復次禪定解脫三昧得之甚難精懃求之乃得菩薩但持隨喜心便得過其上是為未曾有法是故重說問曰彼中三昧智慧解脫解脫知見亦難得何以言此為難得荅曰先以說是慧解脫分不盡甚深義共解脫阿羅漢三明阿羅漢難得故更說復次是三昧智慧解脫解脫知見難難得而不廣周悉直為涅槃此閒明阿羅漢欲得現世禪定樂所謂滅盡定頂際禪願智無諍三昧等如是事非直為涅槃以是故更廣說何以故如前者直為涅槃彼中說解脫解脫知見相次故當知一向直為涅槃問曰若以禪定解脫三昧難得故重說者智慧於一切法中最難微妙何以不重說荅曰上言欲過聲聞辟支佛慧當學般若波羅蜜中已說此禪定未說故重說禪定智慧二法最妙有此二行所願皆得如鳥有兩翼能有所至解脫從此二法得解脫知見即是智慧布施持戒是身口業麁行易得故不重說問曰菩薩以隨喜心勝於聲

聞辟支佛布施持戒智慧可介所以者何布施持戒眼見耳聞智慧亦是聞法可得生隨喜心如禪定解脫三昧是不可見聞法云何隨喜荅曰菩薩以知他心智而隨喜問曰知他心智法有漏知他心智知他有漏心無漏知他心智知他无漏心菩薩未成佛云何知聲聞辟支佛無漏心荅曰汝聲聞法中介摩訶衍法中菩薩得無生忍法斷諸結使世世常不失六神通以有漏他心智能知无漏心何況以無漏知他心智復有人言初發意菩薩未得法性生身若見若聞聲聞辟支佛布施持戒皆知當得阿羅漢隨喜心言此人得諸法實相離三界我所欲度一切衆生生老病死彼已得脫則是我事如是等種種因緣隨喜以是故隨喜無咎

大智度論初品中迴向釋論第四十五

經菩薩摩訶薩行少施少戒少忍少進少禪少智欲以方便力迴向故而得無量无邊功德者當學般若波羅蜜

論問曰前已說六波羅蜜今何以復說

荅曰上揔相説此欲別相説彼説因緣此説果報問曰不佘彼中説六波羅蜜廣普具足此言少施乃至少智似不同上六波羅蜜義荅曰不然即是六波羅蜜何以故六波羅蜜義在心不在事多少菩薩行若多若少皆是波羅蜜如賢劫經説八万四千諸波羅蜜此經中亦説有世間檀波羅蜜有出世間檀波羅蜜乃至般若波羅蜜亦有世間出世間問曰菩薩何以故少施荅曰有種種因緣故少施或有菩薩初發意福德未集貧故少施或有菩薩聞施無多少功德在心以是故不求多物布施但求好心或有菩薩作是念若我求多集財物破戒失善心心散乱多惱衆生若惱衆生以供養佛佛所不許破法求財故若施凡人奪彼與此非平等法如菩薩法等心一切皆如兒子以是故少施復次菩薩有二種一者敗壞菩薩二者成就菩薩敗壞菩薩者本發阿耨多羅三藐三菩提心不遇善緣五盖覆心行雜行轉身受大富貴或作

國王或大鬼神王龍王等以本造身口意惡業不清淨故不得生諸佛前及天上人中無罪處是名為敗壞菩薩如是人雖失菩薩心先世因緣故猶好布施多惱衆生劫奪非法取財以用作福成就菩薩者不失阿耨多羅三藐三菩提心慈愍衆生或有在家受五戒者有出家受戒者在家菩薩雖行業成就有先世因緣貧窮聞佛法有二種施法施財施出家人多應法施在家者多應財施我今以先世因緣故不生富家見敗菩薩輩作罪布施心不喜樂聞佛不讚多財布施但美心清淨施以是故隨所有物而施又出家菩薩守護戒故不畜財物又自思惟戒之功德勝於布施以是因緣故隨所有而施復次菩薩聞佛法中本生因緣少施得果報多如薄拘羅阿羅漢以一呵梨勒果藥布施九十一劫不墮惡道受天人福樂身常不病末後身得阿羅漢道又如沙門二十億耳於鞞婆尸佛法中作一房舍給比丘僧布一羊皮令僧蹈上以是

因緣故九十一劫中足不蹈地受人天中無量福樂末後身生大長者家受身端政足下生毛長二寸色如青瑠璃右旋初生時父與二十億兩金後猒世五欲出家得道佛説精進比丘第一又如須曼耳比丘先世見鞞婆尸佛塔以耳上須曼華布施以是因緣故九十一劫中常不墮惡道受天上人中樂末後身生時須曼在耳香滿一室故字為須曼耳後猒世出家得阿羅漢道菩薩如是等本生因緣少施得大報便隨所有多少而布施復次菩薩亦不一定常少物布施隨所有多則多施少則少施復次佛欲讃般若波羅蜜功德大故言少施得大果功德無量問曰如薄拘羅阿羅漢等亦少施而得大報何用般若波羅蜜荅曰薄拘羅等雖得果報有劫數限量得小道入涅槃菩薩以般若波羅蜜方便迴向故少施福德無量无邊阿僧祇問曰何等是方便迴向以少布施而得無量无邊功德荅曰雖少布施皆迴向阿耨多羅三藐

三菩提菩薩作是念我以是福德因緣不求人天中王及世間之樂但求阿耨多羅三藐三菩提如阿耨多羅三藐三菩提無量无邊是福德亦無量无邊又以是福德為度一切衆生如衆生無量无邊故是福德亦無量无邊復次是福德用大慈悲大慈悲無量无邊故是福德亦無量无邊復次菩薩福德諸法實相和合故三分清淨受者與者財物不可得故如般若波羅蜜初為舍利弗說菩薩布施時與者受者財物不可得故具足般若波羅蜜用是實相智慧布施故得無量无邊福德復次菩薩皆念所有福德如相法性相實際相故以如法性實際无量無邊故是福德亦無量無邊問曰若菩薩摩訶薩觀諸法實相知如法性實際是无為滅相云何更生心而作福德荅曰菩薩久習大悲心故大悲心尒時發起衆生不知是諸法實相當令得是實相以精進波羅蜜力故還行福德業因緣以精進波羅蜜助大悲心辟如火欲滅遇得

大智度論第二十九卷　第七張　德

風薪火則然熾復次念本願故亦十方佛来語言汝念初發心時又汝始得是一法門如是有无量法門汝未皆得當還集諸功德如漸備經七地中說問曰施多少可尒戒中有五戒一日戒十戒少多亦可知色法可得分別故餘四波羅蜜云何知其多少荅曰是皆可知如忍有二種一者身忍二者心忍身忍者雖身口不動而心不能令不起少忍故不能制心心忍者身心俱忍猶如枯木復次少忍者若人摑罵不還報大忍者不分別罵者忍者忍法復次衆生中忍是為少忍法忍是為大忍如是等分別少忍少進者有二身進心進身進為少心進為大外進為少内進為大身口進為少意進為大如佛說意業大力故如大仙人瞋時能令大國磨滅復次身口作五逆罪大果報一劫在阿鼻泥犁中意業力大得生非有想非无想壽八万大劫亦在十方佛國壽命無量以是故知身口精進為少意精進為大復次如經說若身口意業寂

大智度論第二十九卷　第八張　德

滅不動是為大精進動者為少精進如是等名為少精進少禪者欲界定未到地不離欲故名為少亦觀二禪初禪則少乃至滅盡定有漏為少无漏為大未得阿鞞跋致未得無生法忍禪是為少得阿鞞跋致得无生法忍禪是為大乃至坐道場十六解脫相應定為少十七金剛三昧為大復次若菩薩觀一切法常定無散乱者无依止無分別是為大餘者皆為少慧有二種一者世間二者出世間世間慧為少出世間慧為大淨慧雜慧相慧无相慧分別慧不分別慧隨法慧破法慧為生死慧為涅槃慧為自益慧為益一切衆生慧等亦如是復次聞慧為少思慧為大思慧為少修慧為大有漏慧為少無漏慧為大發阿耨多羅三藐三菩提心慧為少修行六度慧為大修慧為少方便慧為大諸地中方便展轉有大少乃至十地如是等分別多少佛歎菩薩奇特於少事中得無量无邊功德豈况大事餘人多捨財身口意懃苦得福少持戒忍辱精進

大智度論第二十九卷　第九張　德

禪定智慧等亦如是不及菩薩少而報大如先說辟如口氣出聲聲則不遠聲入角中聲則能遠如是布施等同少餘人行是所得福報則少菩薩摩訶薩以般若波羅蜜方便力迴向故得無量无邊福以是故說欲行少施少戒少忍少進少禪少智

經菩薩摩訶薩欲行檀波羅蜜尸羅波羅蜜羼提波羅蜜毗梨耶波羅蜜禪波羅蜜當學般若波羅蜜論諸波羅蜜義如先說問曰五波羅蜜相即是般若波羅蜜相不若是般若波羅蜜相不應五名差別若異何以故言欲行檀波羅蜜當學般若波羅蜜答曰亦同亦異異者般若波羅蜜名觀諸法實相故不受不著一切法檀名捨內外一切所有以般若波羅蜜心行施是時檀得名波羅蜜復次五波羅蜜殖諸功德般若波羅蜜除其著心邪見如一人種穀一人芸除衆穢令得增長果實成就餘四波羅蜜亦如是問曰今云何欲行檀波羅蜜當學般若波羅蜜答曰檀有二種一者淨二者不

大智度論第二十九卷　第十張　德

淨不淨者憍慢故施作是念劣者尚與我我豈不能嫉妬故施作是念我之怨憎施故得名如是勝我今當廣施要必勝彼貪報故施作是念我施少物千万倍報是故布施為名故施作是念我今好施為人所信好人數中為攝人故施作是念我今施之人必歸我如是等種種雜結行施是名不淨淨施者無是雜事但以淨心信因緣果報敬愍受者不求今利但為後世功德復有淨施不求後世利益但以脩心助求涅槃復有淨施生大悲心為衆生故不求自利早得涅槃但為阿耨多羅三藐三菩提是名淨施以是般若波羅蜜心故能如是淨施以是故說欲行檀波羅蜜當學般若波羅蜜復次般若波羅蜜力故捨諸法著心何況我心而不捨捨吾我心故身及妻子視如草土無所戀惜盡以布施以是故說欲行檀波羅蜜當學般若波羅蜜餘波羅蜜亦皆如是以般若波羅蜜心助成故復次諸餘波羅蜜不得般若波羅蜜不得波羅蜜名

大智度論第二十九卷　第十一張　德

字亦不牢固如後品中說五波羅蜜不得般若波羅蜜無波羅蜜名字又如轉輪聖王无輪寶者不名轉輪聖王不以餘寶為名亦如群盲無導不能有所至般若波羅蜜亦如是導五波羅蜜令至薩婆若辟如大軍无健將不能成辦其事又如人身餘根雖具若無眼者不能有所至又如人無命根則餘根皆滅有命根故餘根有用般若波羅蜜亦如是五波羅蜜不得般若波羅蜜則不得增長得般若波羅蜜故餘波羅蜜得增益具足以是故佛言欲行檀波羅蜜當學般若波羅蜜

經菩薩摩訶薩欲使世世身體與佛相似欲具足三十二相八十隨形好當學般若波羅蜜論問曰聲聞經中說菩薩過三阿僧祇劫後百劫中種三十二相因緣今云何說世世與佛身體相似有三十二相八十隨形好答曰迦栴延子阿毗曇鞞婆沙中有如是說非三藏中所說何以故三十二相餘人亦有何足為貴如難陀先世時一浴衆僧因作願言使我世

大智度論第二十九卷　第十二張　德

世端政淨潔又於異世值辟支佛塔餝以彩畫莊嚴辟支佛像作願言使我世世色相嚴身以是因緣故世世得身相莊嚴乃至後身出家作沙門衆僧遥見謂其是佛恚皆起迎難陁小乘種少功德尚得此報豈況菩薩於無量阿僧祇劫中修立功德世世形體而不似佛又如弥勒菩薩白衣時師名跋婆梨有三相一眉間白毛相二舌覆面相三陰藏相如是等非是菩薩亦皆有相菩薩豈當三阿僧祇劫後乃種相好復次是摩訶衍中有菩薩從初發心乃至阿耨多羅三藐三菩提初不生惡心世世報得五通身體似佛問曰菩薩未得佛道何得身相如佛荅曰菩薩為度衆生故或作轉輪聖王身或作帝釋身或作梵王身或作聲聞身辟支佛身菩薩身佛身如首楞嚴經中文殊師利自說七十二億反作一緣覺而般涅槃又現作佛号龍種尊時世未應有佛而衆生見佛身歡喜心伏受化問曰菩薩若能作佛身說法度衆生者與佛有何差別

荅曰菩薩有大神力住十住地具足佛法而住世間廣度衆生故不取涅槃亦如幻師自變化身為人說法非真佛身雖亦度脫衆生有量有限佛所度者無量无限菩薩雖作佛身不能遍滿十方世界佛身者普能遍滿無量世界所可度者皆現佛身亦如十四日月雖有光明猶不如十五日有如是差别或有菩薩得无生法忍法性生身在七住地住五神通變身如佛教化衆生或初發意菩薩行六波羅蜜行業因緣得身相似佛教化衆生問曰三十二相布施等果報般若波羅蜜無所有如虛空云何說欲得相好當學般若波羅蜜荅曰三十二相有二種一者具足如佛二者不具足如轉輪聖王難陁等般若波羅蜜與布施和合故能具足相好如佛餘人但行布施等相不具足問曰云何布施等得三十二相荅曰如檀越布施時受者得色力等五事益身故施者具手足輪相如檀波羅蜜中廣說戒忍等亦如是各各具三十二相何

等是三十二相一者足下安立相餘如讚菩薩品中說問曰以何因緣得足下安立相荅曰佛世世一心堅固持戒亦不令他敗戒以是業因緣故得是初相初相者自於法中无能動者若作轉輪聖王自於國土無能侵者以如法養護人民及出家沙門等以是業因緣故得千輻輪相是轉法輪初相若作轉輪聖王得轉輪寶離煞生業因緣故得長指相離不與取業因緣故得足跟滿相以四攝法攝衆生業因緣故得手足縵網相以上妙衣服飲食卧具供養尊長業因緣故得手足柔軟相脩福轉增業因緣故得足趺高相一一孔一毛生相毛上向相如法遣使為福和合因緣及速疾誨人故得妙踹相如伊泥延鹿王如法淨物布施不惱受者故得平立手過膝相方身相如尼拘盧樹多脩慙愧及斷邪婬以房舍衣服覆蓋之物用布施故得陰藏相如馬王脩慈三昧信淨心多及以好色飲食衣服卧具布施故得金色相大光相常好問

義供給所尊及善人故得肌皮細軟相如法断事不自專執委以執政故得上身如師子相腋下滿相肩圓相恭敬尊長迎逆侍送故得身體直廣相布施具足充滿故得七處滿相一切捨施無所遺惜故得方頰車相離兩舌故得四十齒相齒齊相齒密相常修行慈好思惟故得白牙無腧相離妄語故得舌廣薄相美食布施不惱受者故得味中冣上味相離惡口故得梵聲相善心好眼視衆生故得眼睫紺青相眼睫如牛王相礼敬所尊及自持戒以戒教人故得肉髻相所應讃歎者而讃歎故得眉間白毛相是為用聲聞法三十二相業因縁摩訶衍中三十二相業因縁者問曰十方諸佛及三世諸法皆无相相今何以故説三十二相一相尚不實何况三十二荅曰佛法有二種一者世諦二者第一義諦世諦故説三十二相第一義諦故説無相有二種道一者令衆生修福道二者慧道福道故説三十二相慧道故説无相為生身故

大智度論第二十九卷　第十六張　德

説三十二相為法身故説無相佛身以三十二相八十隨形好而自荘嚴法身以十力四無所畏四无㝵智十八不共法諸功德荘嚴衆生有二種因縁一者福德因縁二者智慧因縁欲引導福徳因縁衆生故用三十二相身欲以智慧因縁引導衆生故用法身有二種衆生一者知諸法假名二者著名字為著名衆生故説无相為知諸法假名衆生故説三十二相問曰是十力四无所畏功德亦各有別相云何説法身無相荅曰一切无漏法十六行三三昧相應故皆名無相佛欲令衆生解故種種分別説説一切諸佛法以空無相无作印故皆入如法性實際而為見色歡喜發道心者現三十二相荘嚴身

復次為一切衆生中顯冣勝故現三十二相而不破無相法如菩薩初生七日之中褁以白氎示諸相師相師以古聖相書占之以荅王曰我讖記法若人有三十二相者在家當為轉輪聖王出家當得作佛唯此二處无

大智度論第二十九卷　第十七張　德

有三處諸相師出已菩薩寢息復有仙人名阿私陁白淨飯王言我以天耳聞諸天鬼神説淨飯王生子有佛身相故来請見王大歡喜此人仙聖故從遠来欲見我子勑諸侍人將太子出侍人荅王太子小睡是時阿私陁言聖王常請一切施以甘露不應睡也即從坐起詣太子所抱著髀上上下相之相已涕零不能自勝王大不悦問相師曰有何不祥涕泣如是仙人荅言假使天雨金剛大山不能動其一毛豈有不祥太子必當作佛我今年已晩暮當生無色天上不得見佛不聞其法故自悲傷耳王言諸相師説不定一事若在家者當作轉輪聖王若出家者當得作佛阿私陁言諸相師者以世俗比知非天眼知諸聖相書又不具足遍知於相捴觀不能明審是故或言在家當為轉輪聖王出家當為佛今太子三十二相正滿明徹甚深淨絜具足必當作佛非轉輪王也以是故知三十二相於一切衆生中冣為殊勝言无相法者

大智度論第二十八卷　第十八張　恩

為破常淨樂相我相男女生死等相故如是說以是故佛法雖无相相而現三十二相引導衆生令知佛第一生淨信故說三十二相無咎問曰何以故說三十二相不多不少荅曰若說多若說少俱當有難復次佛身丈六若說少相則不周遍不具莊嚴若過三十二相則復雜亂譬如嚴身之具雖復富有珠璣不可重著瓔珞是故三十二相不多不少正得其中復次若少不端嚴則留八十隨形好處過則雜亂問曰若須八十隨形好何不皆名為相而別為好荅曰相大嚴身若說大者則已攝小復次相麁而好細衆生見佛則見其相好則難見故又相者餘人共得好者或共或不共以是故相好別說問曰佛畢竟斷衆生相吾我相具足空法相何以故以相莊嚴如取相者法荅曰若佛但以妙法莊嚴其心身無相好者或有可度衆生心生輕慢謂佛身相不具不能一心樂受佛法譬如以不淨器盛諸美食人所不喜如臭皮囊盛諸寶物取

者不樂以是故佛以三十二相莊嚴其身復次佛常於大衆中作師子吼言我於衆生中一切功德最為第一若佛生身不以相好莊嚴或有人言身形醜陋何所能知佛以三十二相八十隨形好莊嚴其身衆生猶有不信何况不以相好莊嚴復次佛法甚深常寂滅相故狂愚衆生不信不受謂身滅盡無所一取以是故佛以廣長舌梵音聲身放大光為種種因緣譬喻說上妙法衆生見佛身相威德又聞音聲皆歡喜信樂復次莊嚴物有內外禪定智慧諸功德等是內莊嚴身相威德持戒具足是外莊嚴佛內外具足復次佛愍念一切衆生出興於世以智慧等諸功德饒益利根衆生身相莊嚴饒益鈍根衆生心莊嚴開涅槃門身莊嚴開天人樂門身莊嚴故置衆生於三福處心莊嚴故置衆生入三解脫門身莊嚴故拔衆生於三惡道心莊嚴故拔衆生於三界獄如是等無量利益因緣故以相好莊嚴生身經欲生菩薩家欲得鳩摩

羅伽地欲得不離諸佛當學般若波羅蜜論菩薩家者若於衆生中發甚深大悲心是為生菩薩家如生王家無敢輕者亦不畏飢渴寒熱等入菩薩道中生菩薩家亦如是以佛子故諸天龍鬼神諸聖人等無敢輕者益加恭敬不畏惡道人天賤處不畏聲聞辟支佛人外道論師来沮其心復次菩薩初發意一心作願從今日不復隨諸惡心但欲度脫一切衆生當得阿耨多羅三藐三菩提復次菩薩若能知諸法實相不生不滅得无生法忍從是以往常住菩薩道如前所說持心經中我見錠光佛時得諸法无生忍初具足六波羅蜜自尒之前都無布施持戒等復次若菩薩作是念如恒河沙等劫為一日一夜用是日夜三十日為月十二月為歲如是歲數過百千万億劫乃有一佛於是佛所供養持戒集諸功德如是恒河沙等諸佛然後受記作佛菩薩心不懈怠不没不猒悉皆樂行復次菩薩於諸邪定五逆衆生及斷善根人中而

生慈悲令入正道不求恩報復次菩薩初發心以来不為諸煩惱所覆所壞復次菩薩雖觀諸法實相於諸觀心亦不生著復次菩薩自然口常實言乃至夢中亦不妄語復次菩薩有所見色皆是佛色念佛三昧力故於色亦不著復次菩薩見一切衆生流轉生死苦中一切樂中心亦不著但作願言我及衆生何時當度復次菩薩於一切珍寶心不生著唯樂三寶復次菩薩常断婬欲乃至不生念想況有實事復次衆生眼見菩薩者即得慈三昧復次菩薩能令一切法悉為佛法無有聲聞辟支佛法凡夫之法種種差別復次菩薩分別一切法於一切法中亦不生法相亦不生非法相如是等無量因緣是名生菩薩家問曰從發心巳来巳生菩薩家今云何欲生菩薩家當學般若波羅蜜答曰有二種菩薩家有退轉家不退轉家名字家實家淨家雜家有信堅固家不堅固家為不退轉家乃至信堅固家欲得如是等家故言欲生菩

大智度論第二十九卷　第十二張　德

薩家當學般若波羅蜜欲得鳩摩羅伽地者或有菩薩從初發心斷婬欲乃至阿耨多羅三藐三菩提常行菩薩道是名鳩摩羅伽地復次或有菩薩作願世世童男出家行道不受世間愛欲是名為鳩摩羅伽地復次又如王子名鳩摩羅伽佛為法王菩薩入法正位乃至十地故悉名王子皆任為佛如文殊師利十力四無所畏等悉具佛事故住鳩摩羅伽地廣度衆生復次又如童子過四歲以上未滿二十名為鳩摩羅伽若菩薩初生菩薩家者如嬰兒得無生法忍乃至十住地離諸惡事名為鳩摩羅伽地欲得如是地當學般若波羅蜜常欲不離諸佛者菩薩世世所生常値諸佛問曰菩薩當化衆生何故常欲値佛答曰有菩薩未入菩薩位未得阿鞞跋致受記別故若遠離諸佛便壞諸善根没在煩惱自不能度安能度人如人乘船中流壞敗欲度他人反自没水又如少湯投大氷池雖消少處反更成氷菩薩未入法位若遠離諸

大智度論第二十九卷　第十三張　德

佛以少功德無方便力欲化衆生雖少利益反更墜落以是故新學菩薩不應遠離諸佛問曰若尒者何以不說不離聲聞辟支佛聲聞辟支佛亦能利益菩薩答曰菩薩大心聲聞辟支佛雖有涅槃利益無一切智故不能教導菩薩諸佛一切種智故能教導菩薩如象没泥非象不能出菩薩亦如是若入非道中唯佛能救同大道故以是故說菩薩常欲不離諸佛復次菩薩作是念我未得佛眼故如盲無異若不為佛所引導則无所趣錯入餘道設聞佛法異處行者未知教化時節行法多少復次菩薩見佛得種種利益或眼見心清淨若聞所說心則樂法得大智慧隨法脩行而得解脫如是等値佛無量利益豈不一心求欲見佛辟如嬰兒不應離母又如行道不離粮食如大熱時不離涼風冷水如大寒時不欲離火如度深水不應離船辟如病人不離良醫菩薩不離諸佛過於上事何以故父母親屬知識人天王等皆不能如佛

大智度論第二十九卷　第十四張　德

利益佛刹益諸菩薩離諸苦處住世尊之地以是因緣故菩薩常不離佛問曰有為之法欺誑不真皆不可信云何得如願不離諸佛荅曰福德智慧具足故乃應得佛何况不離諸佛以衆生有無量刼罪因緣故不得如願雖行福德而智慧薄少雖行智慧而福德薄少故所願不成菩薩求佛道故要行二忍生忍法忍行生忍故一切衆生中發慈悲心滅无量刼罪得无量福德行法忍故破諸法無明得無量智慧二行和合故何願不得以是故菩薩世世常不離諸佛復次菩薩常愛樂念佛故捨身受身恒得值佛辟如衆生習欲心重受婬鳥身所謂孔雀鴛鴦等習瞋恚偏多生毒虫中所謂惡龍羅刹蜈蚣毒虵等是菩薩心不貴轉輪聖王人天福樂但念諸佛是故隨心所重而受身形復次菩薩常善脩念佛三昧因緣故所生常值諸佛如般舟三昧中說菩薩入是三昧即見阿弥陁佛便問其佛何業因緣故得生彼國佛即荅言

善男子以常脩念佛三昧憶念不廢故得生我國問曰何者是念佛三昧得生彼國荅曰念佛者念佛三十二相八十隨形好金色身身出光明遍滿十方如融閻浮檀金其色明淨又如須弥山王在大海中日光照時其色發明行者是時都無餘色想所謂山地樹木等但見虛空中諸佛身相如真琉璃中赤金外現亦如比丘入不淨觀但見身體膖脹爛壞乃至但見骨人是骨人無有作者亦无來去以憶想故見菩薩摩訶薩入念佛三昧悉見諸佛亦復如是以攝心故心清淨故辟如有人莊嚴其身照淨水鏡无不悉見此水鏡中亦無形相以明淨故見其身像諸法從本以來常自清淨菩薩以善脩淨心隨意悉見諸佛問其所疑佛荅所問聞佛所說心大歡喜從三昧起作是念言佛從何所來我身亦不去即時便知諸佛無所從來我亦無所去復作是念三界所有皆心所作何以故隨心所念悉皆得見以心見佛以心作佛心即是佛

心即我身心不自知亦不自見若取心相悉皆無智心亦虛誑皆從无明出因是心相即入諸法實相所謂常空得如是三昧智慧已二行力故隨意所願不離諸佛如金翅鳥王二翅具足故於虛空中自在所至菩薩得是三昧智慧力故或今身隨意供養諸佛命終亦復值遇諸佛以是故說菩薩常不離諸佛者當學般若波羅蜜

大智度論卷第二十九

丁未歲高麗國大藏都監奉
勅雕造

大智度論卷二十九

校勘記

一 底本，麗藏本。

一 五八五頁上一行經名，石、磧、普、南、徑、清此處不分卷，故無；資作「大智度論卷第二十九」。

一 五八五頁上三行後，資有品名「釋初品中隨喜第四十四之餘」。

一 五八五頁上四行首字「經」，資無，下同。

一 五八五頁上六行第五字「論」，資無，下同。

一 五八五頁上末行第一〇字「而」，資、磧、普、南、徑、清作「難」。

一 五八五頁中五行末字「説」，諸本作「答」。

一 五八五頁中一二行第一三字「如」，石作「知」。

一 五八五頁中一九行第八字「二」，磧、普、南、徑、清作「是」。

一 五八五頁下一四行第九字「皆」，諸本作「比」。

一 五八五頁下一五行第四字「心」，資無。

一 五八五頁下一八行末字「咎」，磧、普、南至此卷第二十八終，卷第二十九始；磧重出上品經文，並有品名「釋初品中隨喜第四十四之餘」。

一 五八五頁下一九行品名，石作「摩訶般若波羅蜜經釋初品中迴向義第四十五」；普、南作「釋初品中回向等」。

一 五八五頁下二〇行首字「經」，磧無，下同。

一 五八五頁下二〇行第七字「行」，石、普、南、徑、清作「欲行」。

一 五八五頁下末行首字「論」，磧無，下同。

一 五八六頁上七行第二字「波」，石作「六波」。

一 五八六頁上一六行第五字「心」，南、徑、清作「必」。

一 五八六頁中二一行首字「不」，資、磧、普、南、徑、清作「無」。

一 五八六頁中二二行第四字「耳」，資、磧、普、南、徑、清無。

一 五八七頁上七行「大慈悲」，石均作「大慈大悲」。

一 五八七頁上一五行第四字「相」，資、磧作「想」。

一 五八七頁上二〇行第二字「心」，資、磧、普、南、徑、清無。

一 五八七頁下二行第七字「精」，資、磧、普、南、徑、清無。

一 五八七頁下五行「未得」，資、磧、普、南、徑、清無。

一 五八七頁下一一行第五字及第一〇字「間」，資、磧、普、南、徑、清作「間慧」。

一 五八七頁下一六行第九字及第一三字「爲」，資、磧、普、南、徑、清無。

一 五八七頁下二〇行第六字「少」，資、磧、普、南、徑、清作「小」。

一　五八七頁下末行第四字「意」，資、磧、普、南、徑、清無。

一　五八八頁上一行第五字「等」，資、磧、普、南、徑、清無。

一　五八八頁上二行「如口」，資、磧作「如」；普、南、徑、清作「口」。

一　五八八頁上三行第一三字「同」，資、磧、普、南、徑、清作「因」。

一　五八八頁上一三行第一〇字「故」，資、磧、普、南、徑、清無。

一　五八八頁中一行第一三字「者」，石、普、南、徑、清作「我者」。

一　五八八頁中九行第三字「施」，資、磧、普、南、徑、清無。

一　五八八頁中一二行第七字「復」，資、磧、普、南、徑、清作「後」。

一　五八八頁中二一行第一〇字「皆」，資、磧、普、南、徑、清無。

一　五八九頁上九行「跋婆梨」，諸本作「婆跋梨」。

一　五八九頁上一二行首字「劫」，資、磧、普、南、徑、清無。

一　五八九頁上二〇行第五字「一」，資、磧無。

一　五八九頁上二二行「心伏」，資、磧、普、南、徑、清無。

一　五八九頁中一五行第一〇字「蜜」，資、磧、普、南、徑、清作「蜜耶」。

一　五八九頁中末行第九字「各」，資、磧、普、南、徑、清無。

一　五八九頁下二行第一〇字「以」，資、磧、普、南、徑、清無。

一　五八九頁下三行首字「下」，資、磧、普、南、徑、清無。

一　五八九頁下四行第五字「敗」，資、磧、普、南、徑、清作「破」。

一　五八九頁下九行「輪寶」，資、磧、普、南、徑、清作「寶輪」。

一　五八九頁下一二行第八字「纓」，石作「鞔」。

一　五八九頁下一七行第六字「踹」，普、南、徑、清作「腨」。

一　五八九頁下一九行第一一字「樹」，諸本作「陀樹」。

一　五八九頁下末行第九字「大」，資、磧、普、南、徑、清作「文」。

一　五九〇頁上四行第一二字「體」，諸本無。

一　五九〇頁上八行第一三字「喻」，資、磧、普、南、徑、清作「踰」。

一　五九〇頁上一九行第一〇字「種」，諸本作「諦」。

一　五九〇頁中九行第八字「名」，資、磧、普、南、徑、清作「名字」。

一　五九〇頁中一八行第九字「顯」，石作「高顯」。

一　五九〇頁中二〇行第八字「髦」，資、磧作「氂」。

一　五九〇頁下四行第七字「王」，石作「淨飯王」。

一　五九〇頁下二二行第四字「王」，石作「聖人」。

一　五九一頁上六行「多若說少」，石作「多者若說少者」。

一　五九一頁上一一行第七字「留」，石作「不具」。

一 五九一頁上一二行第六字「若」，普、南、徑、清作「共」。

一 五九一頁上一五行第七字「其」，資、磧、普、南、徑、清無。

一 五九一頁上一九行第一一字「但」，普、南作「俱」。

一 五九一頁下一三行第一二字「前」，諸本作「佛」。

一 五九二頁上七行第二字「亦」，資、磧、普、南、徑、清無。

一 五九二頁中九行首字「任」，南、徑、清作「住」。

一 五九二頁中一二行第九字「伽」，徑、清作「伽地」。

一 五九二頁中一二行末字「主」，諸本作「生」。

一 五九二頁中一八行末字至一九行首字「鞞跋」，石作「惟越」。

一 五九二頁下一〇行「以是」，資、磧、普、南、徑、清無。

一 五九三頁上六行首字「以」，資、磧、普、南、徑、清無。

一 五九三頁上二一行第七字「舟」，資、磧、普、南、徑、清作「舟般」。

一 五九三頁上二二行第六字「見」，資、磧、普、南、徑、清作「見生」。

一 五九三頁上二二行第一〇字「佛」，資、磧、普、南、徑、清作「佛國」。

一 五九三頁中一七行第六字「修」，資、磧、普、南、徑、清作「清」。

一 五九三頁下九行第八字「者」，資、磧、普、南、徑、清無。

一 五九三頁下九行「當學般若波羅蜜」，資、磧無。

一 五九三頁下末行經名，石作「大智度經論第三十二」。

大智度論釋初品中善根供養義第四十六 卷第三十 德

聖者龍樹造

後秦龜茲國三藏鳩摩羅什譯

欲以諸善根供養諸佛恭敬尊重讚歎隨意成就者當學般若波羅蜜菩薩既得不離諸佛當應供養若得值佛而無供具甚為不悅如須摩提菩薩奉言妙意見然燈佛无供養具周旋求索見賣華女以五百金錢買得五莖青蓮華以供養佛又薩陁波崙菩薩為供養師故賣身血肉如是等菩薩既得見佛心欲供養若无供具其心有辱辟如庶民遇見君長不持礼貺則為不敬是故諸菩薩求供養具供養諸佛佛雖不須菩薩心得具足辟如農夫過好良田而無種子雖欲加功无以肆力心大愁憂菩薩亦如是得過諸佛而無供具設有餘物不稱其意心便有辱諸善根者所謂善根果報華香瓔珞衣服幡蓋種種珎寶等所以者何或時以因說果如言月食千兩金金不可食因金得食

故言食金或時以果說因如見好畫言是好手手非是畫見畫妙故說言手好善根果報亦如是以善根業因緣故得供養之具名為善根問曰若介者何不即說華香等而說其因答曰供養具有二種一者財供養二者法供養若但說華香等供養則不攝法供養今說善根供養當知則財法俱攝供養者若見若聞諸佛功德心敬尊重迎逆侍送旋繞礼拜曲躬合手而住避坐安處勸進飲食華香珎寶等種種稱讚持戒禪定智慧諸功德有所說法信受教誨如是善身口意業是為供養尊重者知一切衆生中德無過上故言尊敬畏之心過於父母師長君王利益重故故言重恭敬者謙遜畏難故言恭推其智德故言敬讚歎者美其功德為讚讚之不足又稱揚之故言歎隨意成就者須華供養如意即至或求得或不求而得有自然出者或變化生乃至妓樂供養之具悉皆如是問曰菩薩遇得便以供養何以隨意求索答曰福德

從心於所愛重持用供養得福增多如阿育王小兒時以所重土持用奉佛得閻浮提王一日之中起八万塔若大人雖以多土投鉢而無所得非所重故有人偏貴重華以其所貴持供養佛得福增多乃至寶物亦如是復次隨時所宜若寒時應以薪火上衣温室被褥及以飲食熱時應以氷水扇蓋凉室生薄之服上妙之食風雨之時就送供具如是等隨時供養又隨土地所宜隨受者所須皆持供養復次隨意供養者有菩薩知佛无所須又知諸物虚誑如幻一相所謂无相為教化衆生故隨衆生國土所重引導故供養復有菩薩得甚深禪定生菩薩神通以神通力故飛到十方佛前或於佛國若須遍雨天華即滿三千世界持供養佛或雨天栴檀或雨真珠光相鮮發或雨七寶或雨如意珠大如須弥或雨妓樂音聲清妙或以身如須弥以為燈炷供養諸佛如是等名為財供養又菩薩行六波羅蜜以法供養諸佛或有菩薩行

一地法供養諸佛乃至十地行法供養或時菩薩得無生法忍自除煩惱及衆生煩惱是法供養或時菩薩住於十地以神力故令地獄火滅於餓鬼道皆得飽滿令畜生得離恐怖令生人天漸住阿惟越致地如是等大功德力名為法供養

以是故說欲得善根成就當學般若波羅蜜欲滿一切衆生所願衣服飲食卧具塗香車乘房舍牀榻燈燭等當學般若波羅蜜問曰有何次第欲滿一切衆生願荅曰菩薩業有二種一為供養諸佛二為度脱衆生以供養諸佛得無量福德持是福德利益衆生所謂滿衆生願如賈客主入海採寶安隱得出利益所親及知識等菩薩如是入諸佛法海得无量功德之寶利益衆生如小王供養大王能令歡喜與其所願職位財帛還其本國利益人物除却怨賊菩薩供養諸佛法王故得受記莂以無量善根珎寶得無盡智力來入衆生善人供養貧者隨其所須而給與之魔民邪見

外道之屬悉皆破壞是為供養諸佛次滿衆生所願問曰菩薩實能滿一切衆生願不若悉滿衆生願餘佛菩薩何所利益若不悉滿是中何故說欲滿一切衆生願當學般若波羅蜜荅曰有二種願一者可得願二者不可得願不可得願者有人欲筭量虚空盡其邊際及求時方邊際如小兒求水中月鏡中像如是等願皆不可得可得願者鑽木求火穿地得水修福得人天中生及得阿羅漢辟支佛果乃至得諸佛法王如是等名皆可得願可得願有二種一謂世間二謂出世間是中世間願故滿衆生願云何得知以飲食牀卧乃至燈燭所須之物皆給與之問曰菩薩何以故與衆生易得願不與難者荅曰願有下中上下願令致今世樂因緣中願後世樂因緣上願與涅槃因緣是故先與下願次及中願然後上願復次衆生多著今樂少求後樂涅槃樂者轉復少也若說多者少亦攝之復次此經前後多說後世涅槃道少說今世

利事菩薩法者常與衆生種種利益不應有捨所以者何初心但欲令諸衆生行大乘法以不堪受化次與聲聞辟支佛道若復不能當與十善四梵行等令修德若衆生都不樂者如是衆生不應遺捨當與今世利益所謂飲食等也復次凡夫雖能與人飲食等滿彼願者皆有因緣若今世事若後世事聲聞辟支佛雖無因緣滿衆生願而所益甚少菩薩摩訶薩行檀波羅蜜等因緣故得為國王或為大長者財富無量四方衆生若來求者盡滿足之如類頭居士為大檀越坐七寶大牀金剛為脚敷以天蓐以赤真珠上為帳幔左右立侍各八万四千皆莊嚴琦妙開四大門恣所求者晝夜六時鳴鼓又放光明十方无量衆生有聞鼓聲光明觸身者無不悉來欲得種種食者長者見其大集即時默然仰視虛空中雨種種百味之食隨意皆得若衆生不自取者左右給使分布與之足滿乃止須飲食衣被卧具寶物等皆亦如是恣衆生

所欲已然後說法令離四食皆住阿鞞跋致地如是等菩薩神通力故能滿衆生願問曰佛在時衆生尚有飢餓天不降雨衆生困弊佛猶不能滿一切衆生之願云何菩薩能滿其願荅曰菩薩住於十地入首楞嚴三昧於三千大千世界或時現初發意行六波羅蜜或現阿鞞跋致或現一生補處於兜率天上為諸天說法或從兜率天上來下生淨飯王宮或現出家成佛或現大衆中轉法輪度無量衆生或現入涅槃起七寶塔遍諸國土令衆生供養舍利或時法都滅盡菩薩利益如是何況於佛而佛有二種一者真身二者化身衆生見佛真身無願不滿佛真身者遍於虛空光明遍炤十方說法音聲亦遍十方无量恒河沙等世界滿中大衆皆共聽法說法不息一時之頃各隨所聞而得解悟如劫盡已衆生行業因緣故大雨澍下間無斷絕三大所不制惟有劫盡十方風起更互相對能持此水如是法性身佛有所說法除十住

菩薩三乘之人皆不能持惟有十住菩薩不可思議方便智力悉能聽受衆生其有見法身佛无有三毒及衆煩惱寒熱諸苦一切皆滅無願不滿如如意珠令衆生隨願皆得豈況於佛珠與一切世間之願佛與一切出世間願若言佛不能悉滿衆生所願是語不然復次釋迦文尼佛王宮受身現受人法有寒熱飢渴睡眠受諸誹謗老病死等內智慧神德真佛正覺無有異也欲滿衆生所願悉皆能滿而不滿者以無數世來常滿衆生衣食之願而不免苦今但以涅槃无為常樂益之如人憐愍所親不與雜毒美食如是世間願者生諸結使又離時心生大苦是故不以為要復次有人言釋迦牟尼佛已滿衆生所願而衆生自不能得如毗摩羅詰經佛以足指案地即時國土七寶莊嚴我佛國如是為多怒害者現佛國異又如龍王等心降雨在人為水餓鬼身上皆為炭火問曰若能滿一切衆生願者則衆生有邊無有受諸飢寒苦

者何以故一切衆生皆滿所願願離苦得樂故答曰滿一切者名字一切非實一切如法句偈說

一切皆懼死　莫不畏杖痛　恕己可為譬
勿殺勿行杖

雖言一切畏杖痛如无色衆生無身故則無杖痛色界衆生雖可有身亦无杖痛欲界衆生亦有不受杖痛而言一切謂應得杖者說言一切非實一切以是故菩薩滿一切衆生所願謂應可得者然菩薩心无齊限福德果報亦無有量但衆生無量阿僧祇劫罪厚障故而不能得如舍利弗弟子羅頻周比丘持戒精進乞食六日而不能得乃至七日命在不久有同道者乞食持與鳥即持去時舍利弗語目揵連汝大神力守護此食令彼得之即時目連持食往與始欲向口變成為泥又舍利弗乞食持與而口自合最後佛來持食與之以佛福德無量因緣故令彼得食是比丘食已心生歡喜倍加信敬佛告比丘有為之法皆是苦相為說四諦即時比丘

漏盡意解得阿羅漢道有薄福衆生罪甚此者佛不能救又知衆生不可得故深達法性故諸佛无有憶想分別是可度是不可度心常寂滅意无增減以是故菩薩欲滿一切衆生願彼以罪故而不能得菩薩無咎飲食者略說麤細二種餅飯等百味之食經雖說四食衆生久住而此但說揣食餘者無色不可相與若說揣食則與三食何以故因揣食故增益三食如經所說檀越施食則與受者五事利益飲漿說二種一者草木酒所謂蒱桃甘果等及諸穀酒二者草木漿甘蔗漿蒱桃漿石蜜漿安石留漿梨㮈漿波盧沙果漿等及諸穀漿如是和合人中飲食及天飲食所謂修陁甘露味天果食等摩頭摩陁婆漿等衆生各各所食或食穀者或食肉者或食淨者不淨者來皆飽滿衣服者衣有二種或從衆生生所謂綿絹毛毳皮韋等或從草木生所謂布㲲樹皮等有諸天衣无有經緯自然樹出光色輕軟卧具者牀榻被褥幃帳枕

等塗香者有二種一者栴檀木等摩以塗身二者種種雜香擣以為末以塗其身及熏衣服并塗地壁乘者所謂象馬車轝等房舍者所謂土木寶物所成樓閣殿堂宮觀等以障寒熱風雨賊盜之屬燈燭者所謂脂膏酥油漆蠟明珠等諸物者是一切衆生所須之物不可具說故略言諸物問曰此中何以不說燒香妙等答曰說諸物者皆已攝之問曰若尒者但應略說三種飲食衣服莊嚴之具答曰此諸物是所須要者若慈念衆生以飲食為先次以衣服以身垢臭須以塗香次以卧具寒雨須房舍黒闇須燈燭問曰華香亦能除臭何故不說答曰華非常有亦速萎爛利益少故是故不說燒香者寒則所須熱時為患塗香寒熱通用寒時雜以栴檀以塗其身是故但說塗香問曰若行檀波羅蜜得無量果報能滿一切衆生所願何故言欲滿衆生願當學般若波羅蜜答曰先已說以般若波羅蜜和合故得名檀波羅蜜今當更說所

可滿衆生願者非謂一國土一閻浮提都欲滿十方世界六趣衆生所願非但布施所能辦故以般若波羅蜜破近遠相破一切衆生相非一切衆生相除諸身故彈指之頃化无量身遍至十方能滿一切衆生所願如是神通利益要從般若出生以是故菩薩欲滿一切衆生願當學般若波羅蜜復次舍利弗菩薩摩訶薩欲使如恒河沙等世界衆生立於檀波羅蜜立於尸羅羼提毗梨耶禪般若波羅蜜當學般若波羅蜜問曰是義次第有何因緣荅曰利有三種今世利後世利畢竟利復有三種樂今世後世出世樂前說今世利樂此說後世出世利樂以是故令衆生住六波羅蜜菩薩慈念衆生過於父母念子慈悲之心徹於骨髓先以飲食充足其身除飢渴苦次衣服莊嚴其身令得受樂菩薩心不滿足復作是念衆生已得今世樂復更思惟令得後樂若以世間六波羅蜜教之則得人天中樂久後還來輪轉生死當復以出世間

六波羅蜜令得無為常樂復次先以衣服華香等莊嚴其身令以功德莊嚴其心若有三種莊嚴則為具足无有過者一者衣服七寶等二者福德三者道法菩薩欲具足三種莊嚴衆生故先說功德果報今說功德因緣復次前說雖有大施而衆生罪故不能悉得如餓鬼經說雖與其食而不得取變成炭火不淨之物又菩薩不捨一切當作方便令衆生得衣食利益是故教修福業自行自得菩薩善知因緣不可強得教令得之以是故次第教衆生住六波羅蜜問曰菩薩志願令十方一切衆生住六波羅蜜何故但說如恒河沙世界衆生荅曰為聽法者聞恒河沙故又於新發意菩薩以無邊无量為多多則致乱若大菩薩不以恒河沙為數復次說如恒河沙者是無邊无量數如後品中說復次如恒河沙者已說十方諸世界此中亦不言一恒河沙不應為難以是故說如恒河沙世界無各恒河沙世界義如先說衆生者於五衆十

八界十二入六種十二因緣等衆多法中假名衆生是天是人是牛是馬衆生有二種動者靜者動者生身口業靜者不能有色衆生無色衆生无足二足四足多足衆生世間出世間衆生大者小者賢聖凡夫邪定正定不定衆生苦樂不苦不樂衆生上中下衆生學無學非學非无學衆生有想無想非有想非无想衆生欲界色界无色界衆生欲界衆生者有三種以善根有上中下故上者六欲天中者人中富貴下者人中卑賤以面類不同故四天下別異不善亦有三品上者地獄中者畜生下者餓鬼復次欲界衆生有十種三惡道人及六天地獄有三種熱地獄寒地獄黑闇地獄畜生有三種空行陸行水行晝行夜行晝夜行如是等差別鬼有二種弊鬼餓鬼弊鬼如天受樂但與餓鬼同住即為其主餓鬼腹如山谷咽如針身惟有三事黑皮筋骨無數百歲不聞飲食之名何況得見復有鬼火從口出飛蛾投火以為飲食有食糞

涕唾膿血洗器遺餘或得祭祀或食産生不淨如是等種種餓鬼六欲天者四王天等於六天中間別復有天所謂持瓔珞天戲忘天心恚天烏足天樂見天此諸天等皆六天所攝有人言欲界衆生應有十一種先說五道今益阿修羅道問曰阿修羅即爲五道所攝是阿修羅非天非人地獄苦多畜生形異如是應鬼道所攝答曰不然阿修羅力與三十三天等何以故或爲諸天所破或時能破諸天如經中說釋提桓因爲阿修羅所破四種兵衆入藕根孔以自藏翳受五欲樂與天相似爲佛弟子如是威力何得餓鬼所攝以是故應有六道復次如阿修羅毗陁羅乾沓婆鳩槃茶夜义羅刹浮陁等大神是天阿修羅民衆受樂小減諸天威德變化隨意所作是故人疑言是修羅非修羅修羅秦言不也說者言是阿修羅非修羅阿修羅道初得名餘者皆同一道問曰經說有五道云何言六道答曰佛去久遠經法流傳五百年後多有

別異部部不同或言五道或言六道若說五者於佛經迴文說五若說六者於佛經迴文說六又摩訶衍中法華經說有六趣衆生觀諸義旨應有六道復次分別善惡故有六道善有上中下故有三善道天人阿修羅惡有上中下故地獄畜生餓鬼道若不尒者惡有三果報而善有二果是事相違若有六道於義無違問曰善法亦有三果下者爲人中者爲天上者涅槃答曰是中不應說涅槃但應分別衆生果報住處涅槃非報故善法有二種一者三十七品能至涅槃二者能生後世樂今但說受身善法不說至涅槃善法世間善有三品上分因緣故天道果報中分因緣故人道果報下分因緣故阿修羅道果報問曰汝自說阿修羅與天等力受樂與天不異云何今說善下分爲阿修羅果報答曰人中可得出家受戒以至於道阿修羅道結使覆心得道甚難諸天雖隨結使心直信道阿修羅衆心多邪曲不時近道以是故阿修羅

雖與天相似以其近道難故故在人下如龍王金翅鳥力勢雖大亦能變化故在畜生道中阿修羅道亦如是問曰若龍王金翅鳥力勢雖大猶爲畜生道攝阿修羅亦應餓鬼道攝以何更作六道答曰是龍王金翅鳥雖復受樂傍行形同畜生故畜生道攝地獄餓鬼形雖似人以其大苦故不入人道阿修羅力勢既大形似人天故別立六道是爲略說欲界衆生色界無色界衆生如後品中說立檀波羅蜜者菩薩語諸衆生行布施貧爲大苦无以貧故作諸惡行墮三惡道作諸惡行墮三惡道則不可救衆生聞已捨慳貪心行檀波羅蜜如後品中廣說復次菩薩於衆生前種種因緣種種譬喻而爲說法毀呰慳貪夫慳貪者自身所須惜不能用見告求者心濁色變即於現身聲色醜惡種後世惡業故受形醜陋先不種布施因緣故今身貧賤慳者財物多求不息開諸罪門專造惡事故墮惡道中復次生死輪轉利益之業無過布施

今世後世隨意便身之事悉從施得

施為善導能開三樂天上人中涅槃之樂所以者何好施之人聲譽流布八方信樂无不愛敬處大衆中無所畏難死時無悔其人自念我以財物殖良福田人天中樂涅槃之門我必得之所以者何施破慳結慈念受者滅除瞋惱嫉妬心息恭敬受者則除憍慢决定心施疑網自裂知施果報則除邪見及滅無明如是等諸煩惱破則涅槃門開復次非塗開三樂而已乃能開無量佛道世尊之處所以者何六波羅蜜是佛道檀為初門餘行皆悉隨從如是等布施有無量功德以是因緣故令衆生立檀波羅蜜檀波羅蜜義如先檀中說立尸羅者菩薩於衆生前讚說戒行汝諸衆生當學持戒持戒之德拔三惡趣及人中下賤令得天人尊貴乃至佛道戒為一切衆樂根本辟如大藏出諸珎寶戒為大護能滅衆怖辟如大軍破賊戒為莊嚴如香瓔珞戒為大舩能度生死巨海戒為大乘能致重寶至涅槃城戒為良藥能破結病戒為善

知識世世隨逐不相遠離令心安隱辟如穿井已見濕泥喜慶自勸无復憂患戒能成就利益諸行辟如父母長育衆子戒為智梯能入無漏戒能驚怖諸結辟如師子能令群獸慴伏戒為一切諸德之根出家之要修淨戒者所願隨意辟如如意珠應念時得如是等種種讚戒之德令衆生歡喜發心住尸羅波羅蜜住羼提者於衆生前讚歎忍為忍辱為一切出家之力能伏諸惡能於衆中現奇特事忍能守護令施戒不毀忍為大鎧衆兵不加忍為良藥能除惡毒忍為善勝於生死險道安隱無患忍為大藏施貧苦財人無極大寶忍為大舟能渡生死此岸到涅槃彼岸忍為碑璖能瑩明諸德若人加惡如睹揩金山益發其明求佛道度衆生之利器忍為寂妙行者當作是念我若以瞋報彼則為自害又我先世自有是罪不得如意要必當償若於此人不受餘亦害我俱不得免云何起瞋

復次衆生為煩惱所牽起諸惡事不得自在辟如人為非人所持而罵辱良醫良醫是時但為除鬼不嫌其罵行者亦如是衆生加惡向已不嫌其瞋但為除結復次行忍之人視前罵辱者如父母視嬰孩見其瞋罵益加慈念愛之踰深又復自念彼人加惡於我是業因緣前世自造今當受之若以瞋報更造後苦何時解已若今忍之永得離苦是故不應起瞋如是種種因緣訶瞋恚生慈悲入衆生忍中入衆生忍中已作是念十方諸佛所說法皆無有我亦無我所但諸法和合假名衆生如機關木人動雖能動作內無有主身亦如是但皮骨相持隨心風轉念念生滅无常空寂無有作者無罵者亦无受者本末畢竟空故但顛倒虛誑故凡夫心著如是思惟已則無衆生無衆生已法无所屬但因緣和合無有自性如衆生和合強名衆生法亦如是即得法忍得是衆生忍法忍故能得阿耨多羅三藐三菩提何況諸餘利益衆生聞是

巳住羼提波羅蜜立毗梨耶者教衆生言汝莫懈怠若能精進諸善功德悉皆易得若懈怠者見木有火而不能得何况餘事是故勸令精進若人隨方便精進無願不得凡得勝法非天非無因皆從精進生精進有二相一能進生諸善法二能除諸惡法復有三相一欲造事二精進作三不休息復有四相巳生惡法斷之令滅未生惡法能令不生未生善法能令發生巳生善法能令增長如是等名精進相精進故能助成一切善法辟如火得風助其然乃熾又如世間勇健之人能越山渡海道法精進乃至能得佛道何况餘事衆生聞巳皆立精進波羅蜜復次菩薩見有未發阿耨多羅三藐三菩提者為讚歎阿耨多羅三藐三菩提法於一切諸法中最為第一極為尊貴能益一切令得諸法實相不誑之法有大慈悲具一切智金色身相第一微妙三十二相八十隨形好無量光明无量戒定智慧解脫解脫知見三達無㝵於一切法

無㝵解脫得如是者一切衆生中最為上尊應受一切世間供養若人但心念佛尚得无量無盡福德何况精進布施持戒供養承事礼拜者語衆生言佛事如是汝等當發無上道心懃修精進行如法者得之不難衆生聞是巳便發無上道心若發心者不可但空尒而得當行檀波羅蜜行檀波羅蜜次行尸羅波羅蜜羼提波羅蜜禪波羅蜜般若波羅蜜行五波羅蜜則是毗梨耶波羅蜜若不發大乘心者當教辟支佛道若無辟支佛道者教行聲聞道若无聲聞道者教令離色受無色定寂滅安樂若无無色定者教令離欲受色界種種禪定樂若無禪者教令修十善道人天中受種種樂莫自懈怠空無所得貧窮下賤種種懃苦甚為可患懈怠法最為弊惡破壞今世後世利益善道衆生聞巳集諸善法懃行精進立禪者菩薩於衆生前讚歎禪定清淨樂內樂自在樂離罪樂今世後世樂聖所受樂梵天王樂遍身受樂深厚妙樂汝

諸衆生何以著五欲不淨樂與畜生同受諸罪垢樂而捨是妙樂若汝能捨小樂則得大樂汝不見田夫棄少種子後獲大果如人獻王少物而得大報如少餌而得大魚所捨甚少而所獲大多智者亦如是能棄世間之樂得甚深禪定快樂既得此樂反觀欲樂甚為不淨如從獄出如病疫得差更不求樂復次禪定名實智初門令智慧澄靜能照諸法如燈在密室其明得用若依禪定得四无量皆捨勝處神通辯才等諸甚深功德悉皆具得能令凡石變成如意寶珠何况餘事隨意所為無不能作入地如水履水如地手捉日月身不燋冷化為鴻毛或重若太山或時以足指按地天地大動如動草葉如是等神通變化力皆從禪得衆生聞是巳立於禪波羅蜜立般若波羅蜜者菩薩教諸衆生當學智慧智慧者其明第一名為慧眼若無慧眼雖有肉眼猶故是

盲雖云有眼與畜生無異若有智慧自別好醜不隨他教若无智慧隨人東西如牛駱駞穿鼻隨人一切有為法中智慧為上聖所親愛能破有為法故如經中說於諸寶中智慧寶為冣一切利器中慧刀利為冣住智慧山頂無有憂患觀諸苦惱衆生无不悲見智慧力能斷无始煩惱生死連鏁智慧力故能具六波羅蜜得不可思議無量佛道成一切智何況聲聞辟支佛及世間勝事是智慧增長清淨不可沮壞名為波羅蜜衆生聞已住般若波羅蜜復次菩薩或時不以口教或現神足光明令衆生住六波羅蜜或現種種餘緣乃至夢中為作因緣使其覺悟令衆生住六波羅蜜是故經言欲令衆生住六波羅蜜當學般若波羅蜜

欲殖一善根於佛福田中至得阿耨多羅三藐三菩提不盡者當學般若波羅蜜善根者三善根元貪善根無瞋善根無癡善根一切諸善法皆從三善根生增長如藥樹草木因有根

故得生成增長以是故名為諸善根今言善根者善根因緣供養之具所謂花香燈明及法供養持戒誦經等因中說果何以故香華不定以善心供養故名為善根布施非即是福但能破慳貪開善法門善根名為福如針導綖縷衣縷非針也一者若華若香若燈明若礼敬若誦經持戒若禪定若智慧等一一供養及法供養殖於諸佛田中佛田者十方三世諸佛若佛在世若形像若舍利若但念佛殖者專心堅著問曰經言種種福田何以獨言殖於佛田荅曰雖有種種福田佛為第一福田以十力四無所畏十八不共法如是等无量佛法具足是故獨說殖於佛田法寶雖為佛師若佛不說法為無用如雖有好藥若無良醫藥則无用以是故法寶雖上而前說佛寶何況僧寶復次佛田能獲無量果報餘者雖言无量而有差降以是故佛田第一不盡者諸佛成就無量功德故於中殖福亦无盡復次佛功德无量無邊无數無等故

殖福者福亦不盡復次佛為菩薩時緣一切衆生如衆生無量无邊故福亦無盡復次佛田清淨拔愛等諸煩惱穢草淨戒為平地大慈悲為良美除諸惡邪鹹土三十七品為溝港十力四無所畏四無导智等為垣牆能出生三乘涅槃果報殖種於此無上無比田者其福无盡問曰一切有為法无常相故皆歸於盡福從因緣生何得不盡荅曰亦不言常不盡自言乃至得佛中間不盡復次一切有為法雖念念生滅相續不斷果報不失故名為不盡如燈雖焰焰生滅不名滅脂盡炷滅乃可稱滅福亦如是深心種於良田故乃至法盡而亦不盡復次菩薩知諸法實相如涅槃不盡福德入諸法實相故而亦不盡問曰若尒者涅槃不盡福德亦應常不盡云何言乃至佛中間不盡荅曰是福者以智慧力故今是功德如涅槃畢竟空不生不滅以是故喻如涅槃非即涅槃若是涅槃不應為喻若是涅槃云何果報成佛而不盡譬如三解

脫門空無相无作如解脫畢竟空相是空解脫門觀世間亦畢竟空如解脫無相相是無相解脫門觀世間亦无相相如解脫無作相是無作解脫門觀世間亦无作相以是故說欲殖一善根於佛福田乃至阿耨多羅三藐三菩提而不盡者當學般若波羅蜜復次舍利弗菩薩摩訶薩欲令十方諸佛稱讚其名當學般若波羅蜜問曰菩薩若觀諸法畢竟空內無吾我已破憍慢云何欲令諸佛稱讚其名又菩薩法應供養諸佛云何又求諸佛供養答曰佛法有二門一為第一義門二為世俗法門以世俗門故欲令諸佛讚歎雖為諸佛所讚歎而不見我不取衆生相世間假名故說汝言云何又求佛供養者如後品中佛所讚歎菩薩畢竟阿鞞跋致阿耨多羅三藐三菩提令是菩薩欲得決定知是阿鞞跋致以不以是故求佛讚歎非求供養復次餘人餘衆生貪欲瞋恚愚癡覆心故不能如實讚歎何以故若偏有所愛不見實過但見功

德若偏有所瞋但見其過不見其德若愚癡多不能如實見其好醜諸天世人雖有智慧三毒薄者亦不能得如實讚猶有謬失無一切智故結使不盡故聲聞辟支佛三毒雖盡亦不能如實讚猶有餘氣未盡又智慧不具足故唯佛一人三毒及氣永盡成就一切智故能如實讚不增不減以是故行者欲得諸佛所讚知其實德不求餘人稱讚問曰若諸佛出世於三界不著世間無有我及我所親於外道惡人大菩薩阿羅漢一等無異云何讚歎菩薩答曰佛雖无吾我無有憎愛於一切法心無所著憐愍衆生以大慈悲心引導一切故分別善人而有所讚亦欲破壞惡魔所願以佛讚歎故無量衆生愛樂菩薩恭敬供養後皆成就佛道以是故諸佛讚歎菩薩問曰云何讚歎答曰如佛於大衆中說法欲令衆生入甚深法讚是菩薩如薩陁波崙等復次佛讚歎菩薩言是菩薩能觀諸法畢竟空亦能於衆生有大慈悲能行生忍亦不

見衆生雖行法忍於一切法而不生著雖觀宿命事不墮始見雖觀衆生入無餘涅槃而不墮邊見雖知涅槃是无上寶法亦能起身口意善業雖行生死中而深心樂涅槃雖住三解脫門觀於涅槃亦不斷本願及善行如是等種種奇特功德甚為難有復次若菩薩未得无生忍未得五神通生死肉身有大慈悲心能為衆生故內外所有所貴惜悉能施與外謂所著妻子上妙五欲如意珠最上寶安樂國土等內謂身體肌肉皮膚骨血頭目髓腦耳鼻手足如是等施甚為難有是故諸佛讚歎其德若菩薩入法位得神通行苦行不足為難以是菩薩生身肉眼志願弘曠有大悲心愛樂佛道行如是事甚為希有復次若菩薩持戒清淨具足無所分別持戒破戒於一切諸法畢竟不生常空法忍精進不休不息不著不猒精進懈怠一相不異無量无邊無數劫懃修精進都欲受行甚深禪定無所依止定乱不異不起於定而能變身无

量遍至十方說法度人行深智慧觀一切法不生不滅非不生非不滅亦非不生非不滅非非不生非非不滅過諸語言心行處滅不可壞不可破不可受不可著諸聖行處淨如涅槃亦不著是觀意亦不没能以智慧而自饒益如是菩薩諸佛讚歎復次菩薩未得受記未得無生法忍生不值佛不見賢聖以正思惟故能觀諸法實相雖觀實相心亦不著如是菩薩十方諸佛皆共讚歎復次菩薩聞甚深无量無邊不可思議佛法雖自未得智慧未及而能定心信樂不生疑悔若魔作佛來詭說其意意无增減如是菩薩諸佛所讚復次有諸菩薩一時發心中有疾成佛者佛則讚歎有大精進力故如釋迦文尼佛與弥勒等諸菩薩同時發心釋迦文尼佛精進力故超越九劫復次若有菩薩具足菩薩事所謂十地六波羅蜜十力四無所畏四無导智十八不共法等无量清淨佛法為衆生故久住生死不取阿耨多羅三藐三菩提而度

度衆生如是菩薩諸佛讚歎何者是如文殊師利毗摩羅鞊觀世音大勢力遍吉等諸菩薩之上首出於三界變化無央數身入於生死教化衆生故如是希有事皆從甚深般若波羅蜜生以是故說欲得諸佛稱歎其名當學般若波羅蜜

大智度論初品諸佛稱讚其名釋論第四十七

復次舍利弗菩薩摩訶薩欲一發意到十方如恒河沙等世界當學般若波羅蜜者菩薩得身通變化力作十方恒河沙等身於十方恒河沙等世界一時能到問曰如經說彈指頃有六十念若一念中能至一方恒河沙世界尚不可信何況十方恒河沙等世界時少而所到處多答曰經說五事不可思議所謂衆生多少業果報坐禪人力諸龍力諸佛力於五不可思議中佛力寂不可思議菩薩入深禪定生不可思議神通故一念中悉到十方諸佛世界如說四種神通中惟佛菩薩有如意疾遍神通若金翅鳥子始從鷇出從一須弥至一須弥

諸菩薩亦如是以無生忍力故破諸煩惱無明鷇即時一念中作无量身遍至十方復次菩薩一切無量世界悉已消滅以智慧力故能轉一切諸法所謂小能作大大能作小能以千万無量劫為一日又能以一日為千万劫是菩薩世間之王所欲自在何願不滿如毗摩羅鞊經所說以七夜為劫壽以是因緣故菩薩乘神通力能速疾超越十方世界問曰前五不可思議中无有菩薩今何以說菩薩不可思議答曰或時因中說果如日食百斤金金不可食因金得食故言食金是為因中說果或時果中說因如見好畫言是好手是為果中說因諸菩薩亦如是菩薩為因諸佛為果若說佛力不可思議當知已說菩薩以是故言欲一發意到十方恒河沙世界者當學般若波羅蜜

復次舍利弗菩薩摩訶薩欲發一音使十方恒河沙等世界聞聲當學般若波羅蜜者菩薩得六神通增長梵聲相過三千大千世界至十方恒河

沙等諸世界問曰若尒者與佛音聲何異答曰菩薩音聲有恒河沙等之數佛音聲所到無有限數如密跡經中所說目連誡佛音聲極至西方猶聞佛音若如對面問曰若尒者佛常在國土聚落說法教化而閻浮提內人不至佛邊則不得聞何以知之多有從遠方来欲聽法者故答曰佛音聲有二種一為密中音聲二為不密音聲密音聲先已說不密音聲至佛邊乃聞是亦有二種弟子一為出世聖人二為世間凡夫出世聖人如目揵連等能聞微密音聲凡夫人隨其所近乃聞復次諸菩薩得入正位離生死身得法性身形能見十方无量佛身及遍烱光明亦能得聞諸佛六十種極遠無量音聲諸大菩薩雖未具足如佛音聲於佛音聲中普得其分是佛菩薩音聲有三種一者先世種善音聲因緣故咽喉中得微妙四大能出種種妙好遠近音聲所謂一里二里三里十里百里千里乃至三千大千世界音聲遍滿二者神通力

故咽喉四大出聲遍滿三千大千世界及十方恒河沙世界三者佛音聲常能遍滿十方虛空問曰若佛音聲常能遍滿今衆生何以不得常聞答曰衆生無量劫以来所作惡業覆是故不聞辟如雷電礔礰聾者不聞雷聲無減佛亦如是常為衆生說法如龍震大雷聲衆生罪故自不得聞如今世人精進持戒者於念佛三昧心得定時罪垢不障即得見佛聞佛說法音聲清了菩薩於三種音聲中欲得二種是二種音聲甚難希有故如業果音聲自然可得故以是故說菩薩摩訶薩欲以一音使十方恒河沙等世界聞聲者當學般若波羅蜜復次舍利弗菩薩摩訶薩欲使諸佛世界不斷者當學般若波羅蜜佛世界不斷者菩薩欲令國國相次皆使衆生發心作佛問曰言次第者為一國前後相次為十方世界次第若一國相次者大悲普覆一切衆生何以不及餘國若十方一切世界次第者餘佛菩薩何所利益答曰菩薩心願

欲令一切世界皆悉作佛大心曠遠無有齊限以是心集諸智慧无量福德神通力故又隨衆生種作佛因緣者是菩薩皆悉令作若一切世界皆種作佛因緣者餘佛菩薩不應有益但是事不然復次十方世界无量無邊不應一菩薩盡得遍諸世界令佛種不斷諸餘菩薩各隨因緣皆有其分以慈悲大故願亦無量利益之心無有齊限衆生種無量故非一佛一菩薩所可盡度問曰若事不稱心何故作願耶答曰欲令心願曠大清淨故如行慈三昧雖不能令衆生離苦但自欲令心曠大清淨成利益願如諸佛大菩薩力皆能度一切而衆生福緣未集未有智慧因緣不會故而不得度如大海水一切衆生取用水不窮竭但衆生不能得用如餓鬼衆生自罪因緣不得見水設得見之即時乾竭或為洋銅或成膿血佛亦如是有大慈悲智慧无量無邊悉能滿足衆生而衆生罪業因緣故而不值佛設得值佛如餘人無異或生瞋恚

或起誹謗以是因緣故不見佛威相神力雖得值佛而無利益復次二因二緣發於正見所謂內因外緣佛外因緣具足有三十二相八十隨形好無量光明莊嚴其身種種神力種種音聲隨意說法斷一切疑但衆生內因緣不具足先不種見佛善根而不信敬不精進持戒鈍根深厚著於世樂以是故無有利益非為佛咎佛化度衆生神器利用悉皆備足譬如日出有目則覩盲者不見設使有目而無日者則无所覩是故日無咎也佛明亦如是問曰云何佛世界因緣不斷菩薩摠攝衆生中種種因緣讚歎佛道令衆生發阿耨多羅三藐三菩提心漸漸行六波羅蜜然後於諸世界各各作佛若於一國次第作佛或於異國各自作佛是名不斷佛國復次菩薩疾集智慧具足作佛度无量衆生欲入涅槃時為菩薩受記我滅度後汝次作佛展轉皆悉如是令不斷絕若佛不記菩薩者則斷佛國譬如王立太子展轉如是國祚不斷問曰

何以貴有佛世界賤無佛國荅曰是事不應致問佛是莊嚴十方世界主何況一國若離有佛國者雖受人天樂而不知是佛恩力之所致與畜生無異若一切諸佛不出世者則无三乘涅槃之道常閉在三界獄永無出期若世有佛衆生得出三界牢獄譬如二國之間无日之處是中衆生從冥中生從冥中死若佛生時光明暫炤各各相見乃見日月所炤衆生知彼為大福我等有罪如是或時佛以光明遍炤諸佛國无佛國衆生見佛光明則大歡喜念言我等黑闇彼為大明復次有佛之國衆生知有罪福人受三歸五戒八齋及出家五衆等種種甚深禪定智慧四沙門果有餘无餘涅槃等如是種種善法以是因緣故佛國為貴若佛國衆生雖不見佛值遇經法修善持戒布施礼敬等種涅槃因緣乃至畜生皆能種福德因緣若无佛之國乃至天人不能修善以是故菩薩生願欲使佛世界不斷

大智度論卷第三十

大智度論卷第三十

校勘記

一　底本，金藏廣勝寺本。

一　五九七頁中一行經名，石作「大智度經論卷第三十三」，資、磧、普、南、徑、清作「大智度論卷第三十」。

一　五九七頁中三行後，石有品名「摩訶般若波羅蜜經釋品中善根供養義第四十六」；資有品名「釋初品中善根供養第四十六」；磧、普、南、徑、清品名作「釋初品中善根供養」。

一　五九七頁中四行首字「欲」，石、磧、普、南、徑、清、麗冠以「經」。

一　五九七頁中五行第六字「者」，資、磧、普、南、徑、清無。

一　五九七頁中五行末字「菩」，石、磧、普、南、徑、清、麗冠以「論」。

一　五九七頁中八行「秦言妙意」，石、磧、普、南、徑、清作夾註。

一　五九七頁中末行第二字「月」，石、麗作「一月」；磧、普、南、徑、清作「日」。

一　五九七頁下四行第二字「故」，資、磧、普、南、徑、清無。

一　五九七頁下八行第一二字「則」，石無。

一　五九八頁上一一行第八字「受」，資、磧、普、南、徑、清作「愛」。

一　五九八頁上一八行「世界」，石作「國土」，以下時有出現。

一　五九八頁上一九行第六字「相」，石、麗作「明」。

一　五九八頁中六行「阿惟越」，徑、清作「阿鞞跋」。

一　五九八頁中七行第三字「力」，石、麗作「力故」。

一　五九八頁中九行第四字「欲」，石、磧、普、南、徑、清、麗冠以「經」。

一　五九八頁中一一行第八字「問」，石、磧、普、南、徑、清、麗冠以「論」。

一　五九八頁中一六行「得出」，石、資、磧、普、南、徑、清作「出還」。

一　五九八頁下一五行第八字「卧」，石、麗作「卧具」。

一　五九八頁下一八行末字「後」，石、麗作「與後」。

一　五九八頁下一九行第一○字「因」，資、磧、普、南、徑、清作「樂因」。

一　五九九頁上五行第六字「德」，諸本作「福德」。

一　五九九頁上一一行第五字「等」，石、麗作「業」。

一　五九九頁上一九行「食者」，石作「食」；磧、普、南、徑、清、麗作「飲食者」。

一　五九九頁上二○行「虛空」，諸本作「虛空於時空」。

一　五九九頁中三行第八字「在」，資、磧、普、南、徑、清作「在世」。

一　五九九頁中一四行第一二字「佛」，諸本作「佛身」。

一　五九九頁中一六行第一○字「遍」，石、資、磧、普、南、徑、清作「滿」。

一　五九九頁中二一行第一三字「制」，諸本作「能制」。
一　五九九頁下五行第五字「令」，諸本作「尚令」。
一　五九九頁下一〇行第七字「內」，諸本作「內心」。
一　五九九頁下一五行末字「又」，石、麗作「又復」。
一　五九九頁下一八行「結經」，諸本作「詰經説」。
一　五九九頁下二〇行第七字「怒」，資、磧、普、南、徑、清作「怨」。
一　五九九頁下末行第一一字「諸」，資、磧、普、南、徑、清無。
一　六〇〇頁中九行第一一字「説」，石、麗作「施」。
一　六〇〇頁中一三行第四字「果」，諸本作「蔗」。
一　六〇〇頁中二一行第三字「韋」，磧、普、南、徑、清作「葦」。
一　六〇〇頁下九行第一一字「等」，石、資、磧、普、南、徑、清作「華」；麗作「華等」。
一　六〇〇頁下一七行第二字「故」，石作「以」。
一　六〇〇頁下一八行「寒時」，諸本作「寒時雜以沉水熱時」。
一　六〇一頁上九行第二字「復」，石、磧、普、南、徑、清、麗冠以「經」。
一　六〇一頁上一〇行第四字「等」，石作「等諸」。
一　六〇一頁上一二行第九字「問」，石、磧、普、南、徑、清、麗冠以「論」。
一　六〇一頁上一九行第五字「次」，資、磧、普、南、徑、清、麗作「次以」。
一　六〇一頁上二一行第一一字「後」，石、麗作「後世」。
一　六〇一頁中八行第七字「經」，石作「經中」。
一　六〇一頁中九行第二字「取」，諸本作「嗽」。
一　六〇一頁中末行第一三字「衆」，石作「陰」。
一　六〇一頁下八行首字「下」，資、磧、普、南、徑、清作「下樂」。
一　六〇二頁上一三行第八字「孔」，石作「孔中」。
一　六〇二頁上一九行末行「羅」至二〇行第五字「也」，石作夾註。
一　六〇二頁上二〇行「秦言不也」，徑、清作夾註「此言不飲酒」。
一　六〇二頁中四行第一二字「旨」，石、資、磧、普、南、徑、清作「意」。
一　六〇二頁中七行第一二字「道」，石無。
一　六〇二頁中九行第九字「無」，石、麗作「不」。
一　六〇二頁下五行末字至六行首字「以何」，石、麗作「何以」。
一　六〇二頁下一一行首字「界」，資、磧、普、南、徑、清、麗無。
一　六〇二頁下一二行第一〇字「行」，諸本作「當行」。
一　六〇三頁上一行第四字「世」，資、磧、普、南、徑、清作「世常得」。
一　六〇三頁上一一行第一〇字「塗」，

諸本作「但」。

一　六〇三頁上二〇行「一切」，石、麗作「一切衆生」。

一　六〇三頁上二二行第七字「香」，磧、普、南、徑、清、麗作「著」。

一　六〇三頁中三行第一二字「勸」，諸本作「歡」。

一　六〇三頁中八行末字「時」，石作「皆」。

一　六〇三頁中一一行「忍爲忍辱」，諸本作「忍辱忍」。

一　六〇三頁中一六行「苦財」，石、麗作「苦」；資、磧、普、南、徑、清作「善」。

一　六〇三頁中一七行「硨磲」，諸本作「碳礭」。

一　六〇三頁中一八行第五字「德」，石作「功德」。

一　六〇三頁下五行第四字「除」，石作「斷」。

一　六〇三頁下一四行第一二字「動」，石、麗無。

一　六〇三頁下一七行第一三字「畢」，石作「究」。

一　六〇四頁上六行「天非無因」，資、磧、普、南、徑、清、麗作「無因緣」。

一　六〇四頁上七行第三字「進」，石、資、磧、普、南、徑、清作「集」。

一　六〇四頁中一八行第一二字「法」，諸本作「法者」。

一　六〇四頁下五行第五字「餌」，諸本作「鉤餌」。

一　六〇四頁下八行第一三字「疢」，石、麗作「疹」；資、磧、普、南、徑、清作「疚」。

一　六〇四頁下一三行第一一字「寶」，資、磧、普、南、徑、清無。

一　六〇四頁下末行第一三字「故」，石無。

一　六〇五頁上一行首字「盲」，石作「盲人」。

一　六〇五頁上八行第五字「力」，諸本作「刀」。

一　六〇五頁上一九行首字「欲」，石、磧、普、南、徑、清、麗冠以「經」。

一　六〇五頁上二一行第四字「善」，石、磧、普、南、徑、清、麗冠以「論」。

一　六〇五頁中一三行首字「何」，石、麗作「今何」。

一　六〇五頁中一四行末字「所」，資、磧、普、南、徑、清無。

一　六〇五頁中二二行第一一字「福」，諸本作「福福」。

一　六〇五頁下五行第一三字「港」，石、資、磧、普、南、徑、清作「膝」。

一　六〇五頁下一三行第七字「燈」，資、磧、普、南、徑、清作「燃燈」。

一　六〇五頁下一三行末字「名」，石、資、磧、普、南、徑、清作「名爲」。

一　六〇五頁下一九行末字「福」，石、麗作「福德」。

一　六〇五頁下二二行第五字「是」，資、磧、普、南、徑、清作「見」。

一　六〇六頁上七行末字「蜜」，石至此卷第三十三終，卷第三十四始，且有品名「摩訶般若波羅蜜經釋初品中諸佛稱讚其名第四十七」；麗有品名作「大智度論初品中諸佛稱讚其名釋論第四十七」。

一　六〇六頁上八行首字「復」，石、磧、普、南、徑、清、麗冠以「經」。

一　六〇六頁上九行末字「問」，石、磧、普、南、徑、清、麗冠以「論」。

一　六〇六頁中一〇行第九字「若」，資、磧、普、南、徑、清無。

一　六〇六頁中一〇行第一三字「世」，諸本無。

一　六〇六頁中一一行第一三字「覩」，諸本作「視」。

一　六〇六頁中一六行「破壞」，石、資、磧、普、南、徑、清作「壞破」。

一　六〇六頁下二行第九字「始」，南、徑、清作「邪」。

一　六〇六頁下四行第四字「寶」，石、磧、普、南、徑、清、麗作「實」。

一　六〇六頁下五行第八字「樂」，麗作「愛樂」。

一　六〇六頁下一〇行第七字「惜」，諸本作「惜者」。

一　六〇六頁下一一行第一三字「寶」，資、磧、普、南、徑、清作「妙寶」。

一　六〇六頁下一二行首字「樂」，資、磧、普、南、徑、清作「隱」。

一　六〇七頁上三行第四字「非」，石、磧、普、南、徑、清、麗作「亦非」；資無。

一　六〇七頁上八行第四字「受」，磧、南、徑、清作「授」。

一　六〇七頁中三行首字「力」，諸本作「至」。

一　六〇七頁中八行品名，諸本無。

一　六〇七頁中九行及下二〇行「復次」，石、磧、普、南、徑、清、麗冠以「經」。

一　六〇七頁中一一行第四字及下二二行第五字「者」，石、磧、普、南、徑、清、麗作「論」；資無。

一　六〇七頁中一三行第一一字「彈」，石、麗作「一彈」。

一　六〇七頁中一四行末字「沙」，諸本作「沙等」。

一　六〇七頁中一九行末字「深」，資、磧、普、南、徑、清作「於」。

一　六〇七頁下七行第九字「王」，石、徑、清、麗作「主」。

一　六〇七頁下二一行「恒河」，資、磧、普、南、徑、清、麗作「如恒河」。

一　六〇八頁上四行第六字「誡」，資、磧、普、南、徑、清、麗作「試」。

一　六〇八頁上八行第七字「聽」，資、磧、普、南、徑、清作「聽說」。

一　六〇八頁上九行「密中」，資、磧、普、南、徑、清作「口密」。

一　六〇八頁上一八行第一二字「普」，磧、普、南、徑、清作「並」。

一　六〇八頁上二二行第九字「里」，資、磧、普、南、徑、清無。

一　六〇八頁中八行第九字「故」，資、磧、普、南、徑、清作「業」。

一　六〇八頁中一六行首字「復」，磧、普、南、徑、清、麗冠以「經」。

一　六〇八頁中一七行第一三字「佛」，

磧、普、南、徑、清、麗冠以「論」。

一　六〇八頁下一四行末字「如」，石、麗作「故如」。

一　六〇八頁下一五行「一切」，石、麗作「一切衆生」。

一　六〇八頁下一七行第一一字「生」，石作「生所」。

一　六〇八頁下二〇行第六字「洋」，資、磧、普、南、徑、清作「烊」。

一　六〇九頁上一四行「上答曰」，石、麗作「答曰」；資、磧、普、南、徑、清無。

一　六〇九頁中一行「世界」，石作「土」。

一　六〇九頁中一二行第八字「无」，麗作「有」。

一　六〇九頁中一七行「无餘」，資、磧、普、南、徑、清無。

一　六〇九頁中一九行第七字「善」，石作「善根」。

一　六〇九頁下卷末經名，石此處不分卷，故無。

大智度論釋初品中十八空義第四十八　卷三十一　建

聖者龍樹造

後秦龜茲國三藏鳩摩羅什譯

經復次舍利弗菩薩摩訶薩欲住內空外空內外空空空大空第一義空有為空無為空畢竟空无始空散空性空自相空諸法空不可得空無法空有法空无法有法空當學般若波羅蜜論內空者內法內法空內法者所謂內六入眼耳鼻舌身意眼空無我无我所無眼法耳鼻舌身意亦如是外空者外法外法空外法者所謂外六入色聲香味觸法色空者无我無我所無色法聲香味觸法亦如是內外空者內外法內外法空內外法者所謂內外十二入十二入中無我无我所無內外法問曰諸法无量空隨法故則亦无量何以但說十八若略說應一空所謂一切法空若廣說隨一法空所謂眼空色空等甚多何以但說十八空答曰若略說則事不周若廣說則事繁譬如服藥少則病不除多則增其患應病投藥令不增減則能愈病空亦如是若佛但說一空則不能破種種邪見及諸煩惱若隨種種邪見說空空則過多人愛著空相墮在斷滅說十八空正得其中復次若說十若說十五俱亦有疑此非問也復次善惡之法皆有定數若四念處四正勤三十七品十力四無所畏四无㝵智十八不共法五衆十二入十八界十二因緣三毒三結四流五蓋等諸法如是各有定數以十八種法中破著故說有十八空問曰般若波羅蜜空十八空為異為一若異者離十八空以何為般若蜜又如佛說何等是般若波羅蜜所謂色空受想行識空乃至一切種智空若不異者云何言欲住十八空當學般若波羅蜜答曰有因緣故言異有因緣故言一異者般若波羅蜜名諸法實相滅一切觀法十八空則十八種觀令諸法空菩薩學是諸法實相能生十八種空是名異一者十八空是空无所有相般若波羅蜜亦空無所有相十八空是捨離相般若

波羅蜜一切法中亦捨離相是十八空不著相般若波羅蜜亦不著相以是故學般若波羅蜜則是學十八空不異故般若波羅蜜有二分有小有大欲得大者先當學小方便門欲得大智慧當學十八空住是小智慧方便門能得十八空何者是方便門所謂般若波羅蜜經讀誦正憶念思惟如說修行譬如人欲得種種好寶當入大海若人欲得內空等三昧智慧實當入般若波羅蜜大海問曰行者云何學般若波羅蜜時住內空外空內外空答曰世間有四顛倒不淨中有淨顛倒苦中有樂顛倒无常中有常顛倒無我中有我顛倒行者為破四顛倒故脩四念處十二種觀所謂初觀內身三十六種不淨充滿九孔常流甚可猒患淨相不可得淨相不可得故名內空行者既知內身不淨觀外所著亦復如是俱實不淨愚夫狂惑為婬欲覆心故謂之為淨觀所著色亦如我身淨相不可得是為外空行者若觀已身不淨或謂外色為淨若觀外

不淨或謂巳身為淨今俱觀内外我身不淨外亦如是外身不淨我亦如是一等無異淨不可得是名内外空行者思惟知内外身俱實不淨而惑者愛著愛著深故由以受身身為大苦而愚以為樂問曰三受皆外入所攝云何言觀内受荅曰六塵初與六情和合生樂是名外樂後貪著深入生樂是名内樂復次内法緣樂是名内樂外法緣樂是名外樂復次五識相應樂是名外樂意識相應樂是名内樂麁樂名為外樂細樂名為内樂如是等分別内外樂苦受不苦不樂受亦如是復次行者思惟觀是内樂實可得不即分別知實不可得但為是苦強名為樂何以故是樂從苦因緣生亦生苦果報樂无猒足故苦復次如人患疥搔之向火疥雖小樂後轉傷身則為大苦愚人謂之為樂智者但見其苦如是世間樂顛倒病故著五欲樂煩惱轉多以是故行者不見樂但見苦如病如癰如瘡如刺復次樂少苦多少樂不現故名為苦如大河

水投一合鹽則失鹽相不名為鹹復次樂不定故或此以為樂彼以為苦彼以為樂此以為苦者者為樂失者為苦愚以為樂智以為苦見樂患為苦不見樂過者為樂不見樂无常相為樂見樂无常相為苦未離欲人以為樂離欲人以為苦如是等觀樂為苦觀苦如箭入身觀不苦不樂无常變異相如是等觀三種受心則捨離是名觀内受空觀外受内外受亦如是行者作是念若樂即是苦誰受是苦念巳則知心受然後觀心為實為虛觀心无常生住滅相苦受心樂受心不苦不樂受心各各異念覺樂心滅而苦心生苦心尒所時住住巳還滅次生不苦不樂心知尒所時不苦不樂心住住巳還滅滅巳還生樂心三受无常故心亦無常復次知染心无染心瞋心无瞋心癡心不癡心散心攝心縛心解脫心如是等心各各異相故知心無常无一定心常住受苦受樂等心從和合因緣生因緣離散心亦隨滅如是等觀内心外心内外

心无常相問曰心是内入攝云何為外心荅曰觀内身名為内心觀外身名為外心復次緣内法名内心緣外法為外心復次五識常緣外法不能分別故名為外心意識能緣内法亦分別好醜故名為内心復次意識初生未能分別決定是為外心意識轉深能分別取相是名内心如是等分別内外心行者心意轉異知身為不淨相知受為苦相知心不住為无常相結使未斷故或生吾我如是思惟若心无常誰知是心心為屬誰誰為心主而受苦樂一切諸物誰之所有即分別知無有別主但於五衆取相故計有人相而生我心以我心故生我所我所心生故有利益我者生貪欲違逆我者而生瞋恚此結使不從智生從狂惑生故是名為癡三毒為一切煩惱之根本亦由吾我故作福德為我後當得亦修助道法我當得解脫初取相故名為想衆因吾我起結使及諸善行是名行衆是二衆則是法念處於想行衆法中求我不可

得何以故是諸法皆從因緣生悉是
作法而不牢固无實我法行如芭蕉
葉葉求之中無有堅相如遠見野馬
无水有水想但誑惑於眼如是等觀
内法外法内外法問曰法是外入攝
云何為内法荅曰内法名為内心相
應想衆行衆外法名為外心相應想
衆行衆及心不相應諸行及无為法
一時等觀名為内外法復次内法名
為六情外法名為六塵復次身受心
及想衆行衆揔觀為法念處何以故
行者既於想衆行衆及无為法中求
我不可得還於身受心中求亦不可
得如是一切法中若色若非色若可
見若不可見若有對若无對若有漏
若無漏若有為若无為若遠若近若
麁若細其中求我皆不可得但五衆
和合故強名為衆生衆生即是我我
不可得故亦无我所我所不可得故
一切諸煩惱皆為衰薄復次身念處
名一切色法行者觀内色无常苦空
无我觀外色觀内外色亦如是受心
法亦尒四念處内觀相應空三昧名内

空四念處外觀相應空三昧名外空
四念處内外觀相應空三昧名内外
空問曰是空為是三昧力故空為是
法自空荅曰名為三昧力故空如經
説三三昧三解脱門空无相無作是
空三昧緣身受心法不得我我所故
名為空問曰四念處空法皆應觀无
常苦空無我何以故身觀不淨受觀
苦心觀无常法觀无我荅曰雖四法
皆觀無常苦空無我而衆生身中多
著淨顛倒受中多著樂顛倒心中多
著常顛倒法中多著我顛倒以是故
行者觀身不淨觀受苦觀心無常觀
法无我復次内外空者无有内外定
法互相因待故謂為内外彼以為外
我以為内我以為外彼以為内隨人
所繫内法為内隨人所著外法為外
如人自舍為内他舍為外行者觀
是内外法无定相故空
復次是内外法無有自性何以故和
合生故是内外法亦不在和合因緣
中若因緣中無者餘處亦无内外法
因緣亦无因果無故内外法空問曰

内外法定有云何言无如手足等和
合故有身法生是名内法如梁椽壁
等和合故有屋法生是名為外是身
法雖有别名亦不異足等所以者何
若離足等身不可得故屋亦如是荅
曰若足不異身者頭應是足足與身
不異故若頭是足者甚為可笑問曰
若足與身不異者有如是過今應足
等和合故更有法生名為身身雖異
於足等應當依於足住如衆縷和合
而能生氎是氎依縷而住荅曰是身
法為足等分中具有為分有若具有
頭中應有足何以故身法具有故若
分有與足分无異又身是一法所因
者多一不為多多不為一復次若除
足等分别有身者與一切世間皆相違
背以是故身不得言即是諸分亦不
得言異於諸分以是故則无身身無
故足等亦无如是等名為内空房舍
等外法亦如是空名為外空問曰破
身舍等是為破一破異破一破異是
破外道經佛經中實有内外法所謂
内六情外六塵此云何无荅曰是内

外法和合假有名字亦如身如舍復次略說有二種空衆生空法空小乘弟子鈍根故為說衆生空我我所無故則不著餘法大乘弟子利根故為說法空即時知世間常空如涅槃聲聞論議師說内空於内法中无我無我所无常無作者无知者無受者是名内空外空亦如是不說内法相外法相即是空大乘說内法中无内法相外法中無外法相如般若波羅蜜中說色色相空受想行識識相空眼眼相空耳鼻舌身意意相空色色相空聲香味觸法法相空如是等一切諸法自法空問曰此二種說内外空何者是實荅曰二皆是實但為小智鈍根故先說衆生空為大智利根者說法空如人閉獄破壞桎梏傷煞獄卒隨意得去又有怖畏盜穿牆壁亦得免出聲聞者但破吾我因緣生諸煩惱離諸法愛畏怖老病死惡道之苦不復欲本末推求了了壞破諸法但以得脫為事大乘者破三界獄降伏魔衆斷諸結使及滅習氣了知一切諸法本末通

大智度論第三十一卷　第十張　建

達无导破散諸法令世間如涅槃同寂滅相得阿耨多羅三藐三菩提將一切衆生令出三界問曰大乘有何方便能破壞諸法荅曰佛說色從種種因緣生无有堅實如水波浪而成泡沫暫見即滅色亦如是今世四大先世行業因緣和合故而得成色因緣滅故色亦俱滅行無常道轉入空門所以者何諸法生滅无有住時若无住時則無可取復次有為相故生時有滅滅時有生若已生生無所用若未生生无所生法與生亦不應有異何以故生若生法應有生生如是復應生是則無窮若生生更無生者生不應有生若生无有生者法亦不應有生如是生不可得滅亦如是以是故諸法空不生不滅是為實復次諸法若有者終歸於無若後无者初亦應无如人著屐初已有故微細不覺若初无故則應常新若後有故相初亦有故法亦如是後有无故初亦有無以是故一切法應空以衆生顛倒著内六情故行者破是顛倒名為内空外

大智度論第三十一卷　第十一張　建

空内外空亦如是空空者以空破内空外空内外空破是三空故名為空空復次先以法空破内外法復以此空破是三空是名空空復次空三昧觀五衆空得八聖道斷諸煩惱得有餘涅槃先世業因緣身命盡時欲放捨八道故生空空三昧是名空空問曰空與空空有何等異荅曰空破五受衆空空破空問曰空若是法空為已破空若非法空何所破荅曰空破一切法唯有空在空破一切法已空亦應捨以是故須是空空復次空緣一切法空空但緣空如一健兒破一切賊復更有人能破此健人空空亦如是又如服藥藥能破病病已得破藥亦應出若藥不出則復是病以空滅諸煩惱病恐空復為患是故以空捨空是名空空復次以空破十七空故名為空空大空者聲聞法中法空為大空如雜阿含大空經說生因緣老死若有人言是老死是人老死二俱邪見是人老死則衆生空是老死是法空摩訶衍經說十方十方相空是為大空問曰十方空何以名為

大智度論第三十一卷　第十七張　建

大空荅曰東方无邊故名為大亦一切處有故名為大遍一切色故名為大常有故名為大益世間故名為大令衆生不迷悶故名為大如是大方能破故名為大空餘空破因緣生法作法麁法易破故不名為大是方非因緣生法非作法微細法難破故名為大空問曰若佛法中无方三無為虛空智緣盡非智緣盡亦所不攝何以言有方亦是常是無為法非因緣生法非作法微細法荅曰是方法聲聞論議中无摩訶衍法中以世俗諦故有第一義中一切法不可得何況方如五衆和合假名衆生方亦如是四大造色和合中分别此閒彼閒等假名為方日出處是則東方日没處是則西方如是等是方相是方自然常有故非因緣生亦不先無今有今有後無故非作法非現前知故是微細法問曰方若如是云何可破荅曰汝不聞我先說以世俗諦故有第一義故破以俗諦有故不墮斷滅中第一義破故不墮常中是名略說大空

大智度論第三十一卷　第十三張　建

義問曰第一義空亦能破无作法無因緣法細微法何以不言大空荅曰前已得大名故不名為大今第一義名雖異義實為大出世間以涅槃為大世間以方為大以是故第一義空亦是大空復次破大邪見故名為大空如行者以慈心緣東方一國土衆生復緣一國土衆生如是展轉緣時若謂盡緣東方國土則墮邊見若謂未盡則墮无邊見生是二見故即失慈心若以方空破是東方則滅有邊无邊見若不以方空破東方者則隨東方心隨心不已慈心則滅邪心則生譬如大海潮時至其常限水則旋還魚若不還則漂在露地有諸苦患若魚有智則隨水還永得安隱行者如是若隨心不還則漂在邪見若隨心還不失慈心如是破大邪見故名為大空第一義空者第一義名諸法實相不破不壞故是諸法實相亦空何以故无受無著故若諸法實相有者應受應著以无實故不受不著若受著者即是虛誑復次諸

大智度論第三十一卷

法中第一法名為涅槃如阿毗曇中說云何有上法一切有為法及虛空非智緣盡云何無上法智緣盡智緣盡是即涅槃涅槃中亦无涅槃相涅槃空是第一義空問曰若涅槃空無相云何聖人乘三種乘入涅槃又一切佛法皆為涅槃故說譬如衆流皆入于海荅曰有涅槃是第一寶无上法是有二種一者有餘涅槃二無餘涅槃愛等諸煩惱斷是名有餘涅槃聖人今世所受五衆盡更不復受是名無餘涅槃不得言涅槃無以衆生聞涅槃名生邪見著涅槃音聲而作戲論若有若無以破著故說涅槃空若人著有是著世間若著无則著涅槃破是凡人所著涅槃不破聖人所得何以故聖人於一切法中不取相故復次愛等諸煩惱假名為縛若脩道解是縛得解脫即名涅槃更无有法名為涅槃如人被械得脫而作戲論是械是脚何者是解脫是人可怪於脚械外更求解脫衆生亦如是離五衆械更求解脫法復次一切法不離

大智度論第三十一卷

第一義第一義不離諸法實相能使諸法實相空是名為第一義空如是等種種名為第一義空

有為空無為空者有為法名因緣和合生所謂五衆十二入十八界等无為法名無因緣常不生不滅如虚空今有為法二因緣故空一者无我無我所及常相不變異不可得故空二者有為法有為法相空不生不滅无所有故問曰我我所及常相不可得故應空云何言有為法有為法相空荅曰若無衆生法無所依又无常故無住時无住時故不可得知是故法亦空問曰有為法中常相不可得不可得者為是衆生空為是法空荅曰有人言我心顛倒故計我為常是常空則入衆生空有人言以心為常如梵天王說是四大四大造色恚皆無常心意識是常是常空則入法空或有人言五衆即是常如色衆雖有變化而亦不滅餘衆如心說五衆空即是法空是故常空亦入法空中復次有為法無為法空者行者觀有為法无

為法實相無有作者因緣和合故有皆是虚妄從憶想分別生不在內不在外不在兩中間凡夫顛倒見故有智者於有為法不得其相知但假名以此假名導引凡夫知其虚誑无實無生无作心無所著復次諸賢聖人不緣有為法而得道果以觀有為法空故於有為法心不繫著故復次離有為則無无為所以者何有為法實相即是无為無為相者則非有為但為衆生顛倒故分別說有為相者生滅住異無為相者不生不滅不住不異是為入佛法之初門若無為法有相者則是有為有為法生相者則是集諦滅相者則是盡諦若不集則不作若不作則不滅是名無為法如實相若得是諸法實相則不復墮生滅住異相中是時不見有為法與無為法合不見无為法與有為法合於有為法無為法不取相是為無為法所以者何若分別有為法无為法則於有為無為而有㝵若斷諸憶想分別滅諸緣以无緣實智不墮生數中則得

安隱常樂涅槃問曰前五空皆別說今有為無為空何以合說荅曰有為無為法相待而有若除有為則无無為若除無為則无有為是二法攝一切法行者觀有為法無常苦空等過知無為法所益處廣是故二事合說問曰有為法因緣和合生无自性故空此則可介無為法非因緣生法无破無壞常若虚空云何空荅曰如先說若除有為則无無為有為實相即是無為如有為空无為亦空以二事不異故復次有人聞有為法過罪而著無為法以著故生諸結使如阿毗曇中說八十九有為法緣六无為法緣三當分別欲界繫盡諦所斷無明使或有為緣或無為緣何者有為緣盡諦所斷有為法緣使相應无明使何者無為緣盡諦所斷有為法緣使不相應无明使色無色界无明亦如是以此結使故能起不善業不善業故墮三惡道是故言無為法空无為法緣使疑邪見无明疑者於涅槃法中有耶無耶邪見者若生心言定無涅

槃是邪疑相應無明及獨无明合為無明使問曰若去无為法空與邪見何異荅曰邪見人不信涅槃然後生心言定無涅槃法无為空者破取涅槃相是為異復次若人捨有為著无為以著故無為即成有為以是故雖破無為而非邪見是名有為无為空畢竟空者以有為空無為空破諸法令無有遺餘是名畢竟空如漏盡阿羅漢名畢竟清淨阿那含乃至離无所有處欲不名畢竟清淨此亦如是內空外空內外空十方空第一義空有為空無為空更无有餘不空法是名畢竟空復次若人七世百千万億无量世貴族是名畢竟貴不以一世二三世貴族為真貴也畢竟空亦如是從本已来无有定實不空者有人言今雖空寂初不空如天造物始及冥初微塵是等皆空何以故果无常因亦無常如虛空不作果亦不作因天及微塵等亦應如是若是常不應生无常若過去無定相未来現在世亦如是於三世中无有一法定實不

空者是名畢竟空問曰若三世都空乃至微塵及一念無所有者則是大可畏處諸智慧人以禪定樂故捨世間樂以涅槃樂故捨禪定樂今畢竟空中乃至無有涅槃依止何法得捨涅槃荅曰有著吾我人以一異相分別諸法如是之人則以為畏如佛說凡夫人大驚怖處所謂无我無我所復次有為法有三世以有漏法故生著處涅槃名一切愛著斷去何於涅槃而求捨離復次如比丘破四重禁是名畢竟破戒不任得道又如作五逆罪畢竟閉三善道若取聲聞證者畢竟不得作佛畢竟空亦如是於一切法畢竟空無復有餘問曰一切法畢竟空是事不然何以故三世十方諸法乃至法相法住必應有實以有一法實故餘法為虛妄若無一法實者亦不應有諸虛妄法是畢竟空荅曰无有乃至一法實者何以故若有乃至一法實者是法應有若有為若无為若是有為有為空中已破若是無為无為空中亦破如是世間出世間若世間內

空外空內外空大空已破若出世間第一義空已破色法無色法有漏无漏法等亦如是復次一切法皆畢竟空是畢竟空亦空空無有法故亦无虛實相待復次畢竟空者破一切法令无遺餘故名畢竟空若小有遺餘不名畢竟若言相待故應有是事不然問曰諸法不盡空何以故因緣所生法空而因緣不空譬如樑椽因緣和合故名舍舍空而樑椽不應空荅曰因緣亦空因緣不定故譬如父子父生故名為子生子故名為父復次取後因緣無所依止故如山河樹木衆生之類皆依止地地依止水水依止風風依止虛空虛空无所依止若本無所依止末亦無所依止以是故當知一切法畢竟空問曰不然諸法應有根本如神通有所變化所化雖虛而化主不空荅曰凡夫人見所化物不久故謂之為空化主久故謂之為實聖人見化主復從前世業因緣和合生今世復集諸善法得神通力故能作化如般若波羅蜜後品中說有三種

變化煩惱變化業變化法變化（法法身也）
是故知化主亦空問曰諸不牢固者
不實故應空諸牢固物及實法不應
空如大地須弥山大海水日月金剛
等色實法牢固故不應空所以者何
地及須弥常住竟劫故衆川有竭海則
常滿日月周天無有窮極又如凡人
所見虛妄不真故應空聖人所得如
及法性真際涅槃相應是實法云何
言畢竟皆空復次有為法因緣生故
不實無為法不從因緣生故應實復
云何言畢竟空答曰堅固不堅固不
定故皆空所以者何有人以此為堅
固有人以此為不堅固如人以金剛
為牢固帝釋手執如人捉杖不以為
牢固又不知破金剛因緣故以為牢
固若知著龜甲上以山羊角打破則
知不牢固如七尺之身以大海為深
羅睺阿脩羅王立大海中膝出水上
以兩手隱須弥頂下向觀忉利天喜
見城此則以海水為淺若短壽人以
地為常久牢固長壽者見地無常不
牢固如佛說七日喻經佛告諸比丘

一切有為法无常變異皆歸磨滅劫
欲盡時大旱積久藥草樹木皆悉燋
枯有第二日出諸小流水皆悉乾竭
第三日出大河流水亦都涸盡第四
日出閻浮提中四大河及阿那婆達
多池皆亦空竭第五日出大海乾涸
第六日出大地須弥山等皆悉烟出
如窯燒器第七日出悉皆熾然无復
烟氣地及須弥乃至梵天火皆然滿
尒時新生光音天者見火怖畏言既
燒梵宮將無至此先生諸天慰喻後
生天言曾已有此正燒梵宮於彼而滅
不來至此燒三千大千世界已無復
灰炭佛語比丘如此大事誰信之者
唯有眼見乃能信耳又比丘過去時
須涅多羅外道師離欲行四梵行无
量弟子亦得離欲須涅多羅作是念
我不應與弟子同生一處今當深脩
慈心此人以深思慈故生光音天佛
言須涅多羅者我身是也我是時眼
見此事以是故當知牢固實物皆悉
歸滅問曰汝說畢竟空何以說无常
事畢竟空今即是空無常今有後空

答曰無常則是空之初門若諦了无
常諸法則空以是故聖人初以四行
觀世間無常若見所著物无常無常
則能生苦以苦故心生猒離若無常空
相則不可取如幻如化是名為空外物
既空內主亦空是名無我復次畢竟空
是為真空有二種衆生一多習愛二
多習見愛多者喜生著以所著無常
故生憂苦為是人說汝所著物无常
壞故汝則為之生苦若此所著物生
苦者不應生著是名說無作解脫
門見多者為分別諸法以不知實故
而著邪見為是人故直說諸法畢竟
空復次若有所說皆是可破可破故
空所見既空見主亦空是名畢竟空
汝言聖人所得法應實者以聖人法
能滅三毒非顛倒虛誑能令衆生離
老病死苦得至涅槃是雖名實皆
從因緣和合生故先無今有今有
後無故不可受不可著故亦空非實
如佛說栰喻經善法尚應捨何況不
善復次聖人有為無漏法從有漏法
緣生有漏法虛妄不實緣所生法云

何為實離有為法無无為法如先說有為法實相即是无為法以是故一切法畢竟不可得故名為畢竟空無始空者世間若衆生若法皆无有始如今生從前世因緣有前世復從前世有如是展轉無有衆生始法亦如是何以故若先生後死則不從死故生生亦無死若先死後有生則無因无緣亦不生而有死以是故一切法則無有始如經中說佛語諸比丘衆生无有始無明覆愛所繫往来生死始不可得破是无始法故名為无始空問曰無始是實不應破何以故若衆生及法有始者即墮邊見亦墮无因見遠離如是等過故應說衆生及法無始今以无始空破是無始則還墮有始見荅曰今以無始空為破无始見又不墮有始見辟如救人於火不應著深水中今破是无始亦不應著有始中是則行於中道問曰云何破無始荅曰以無窮故若无窮則無後无窮無後則亦無中若无始則為破一切智人所以者何若世間無窮則不知

大智度論第三十一卷　第三十五張　建

其始不知始故則無一切智人若有一切智人不名无始復次若取衆生相又取諸法一相異相以此一異相從今世推前世從前世復推前世如是展轉衆生及法始不可得則生無始見是見虛妄以一異為本是故應破如有為空破有為法是有為空即復為患復以無為空破无為法今以無始破有始无始即復為患復以無始空破是無始是名无始空問曰若尒者佛何以說衆生往来生死本際不可得荅曰欲令衆生知久遠已来往来生死為大苦生猒患心如經說一人在世間計一劫中受身被害時聚集諸血多於海水啼泣出淚及飲母乳皆亦如是積集身骨過於毗浮羅山辟喻斬天下草木為二寸籌數其父祖曾祖猶不能盡又如盡以地為泥丸數其母及曾祖母猶亦不盡如是等無量劫中受生死苦惱初始不可得故心生怖畏斷諸結使如無常雖為邊而佛以是无常而度衆生無始亦如是雖為是邊亦以是无始而

大智度論第三十一卷　第三十六張　建

度衆生為度衆生令生猒心故說有無始非為實有所以者何若有无始不應說無始空問曰若无始非實法云何以度人荅曰實法中無度人諸可說法語言度人皆是有為虛誑法佛以方便力故說是無始以无著心說故受者亦得无著無著故則生猒離復次以宿命智見衆生生死相續無窮是時為實若以慧眼則見衆生及法畢竟空以是故說無始空如般若波羅蜜中說常觀不實无常觀亦不實苦觀不實樂觀亦不實而佛說常樂為倒無常苦為諦以衆生多著常樂不著无常苦是故以无常苦諦破是常樂倒以是故說無常苦為諦若衆生著無常苦者說无常苦亦空有始無始亦如是无始能破著始倒若著无始復以無始為空是名无始空問曰有始法亦是邪見應當破何以但說破無始荅曰有始是大惑所以者何若有始者初身則無罪福因緣而生善惡處若從罪福因緣而生不名為初身何以故若有罪福則從前

大智度論第三十一卷　第三十七張　建

身受後身故若世間無始無如是各
是故菩薩先已捨是麁惡邪見菩薩
常習用無始念衆生故說無始常行
因緣法故言法無始未得一切智故
或於無始中錯謬是故說無始空復
次無始已破有始不須空破有始今
欲破無始故說無始空問曰若無始
破有始者有始亦能破無始汝何以
言但以空破無始答曰是二雖皆邪
見而有差別有始起諸煩惱邪見因
緣無始起慈悲及正見因緣所以者
何念衆生受無始世苦惱而生悲心
知從身次第生身相續不斷便知罪
福果報而生正見若人不著無始即
是助道善法若取相生著即是邪見
如常無常見有始見雖破無始見不
能畢竟破無始無始能畢竟破有始
是故無始為勝如善破不善不善破
善雖互相破而善能畢竟破惡如得
賢聖道永不作惡惡法則不然勢力
微薄故如人雖起五逆罪斷善根墮
地獄久不過一劫因緣得脫地獄終成

大智度論第三十一卷　第二十八張　達

道果無始有始優劣不同亦如是以無
始力大故能破有始是故不說有始空
散空者散名別離相如諸法和合故
有如車以輻輞轅轂衆合為車若離
散各在一處則失車名五衆和合因
緣故名為人若別離五衆人不可得
問曰若如是說但破假名而不破色
亦如離散輻輞可破車名不破輻輞
散空亦如是但離散五衆可破人而不
破色等五衆答曰色等亦是假名破
所以者何和合微塵假名為色故問曰
我不受微塵令以可見者為色是實
為有云何散而為空答曰若除微塵
四大和合因緣生出可見色亦是假
名如四方風和合扇水則生沫聚四
大和合成色亦如是若離散四大則
無有色復次是色以香味觸及四大
和合故有色可見除諸香味觸等更
無別色以智分別各各離散色不可
得若色實有捨此諸法應別有色而
更無別色是故經言所有色皆從四大
和合有和合有故皆是假名假名故

大智度論第三十一卷　第二十九張　達

可散問曰色假名故可散四衆無色
云何可散答曰四陰亦是假名生老
住無常觀故散而為空所以者何生
時異老時異住時異無常時異故復
次三世中觀是四衆皆亦散滅復次
心隨所緣緣滅則滅緣破則破復次
此四衆不定隨緣生故譬如火隨所
燒處為名若離燒處火不可得因眼
緣色生眼識若離所緣識不可得餘
情識亦如是如經中說佛告羅陁此
色衆破壞散滅令無所有餘衆亦如
是是名散空復次譬如小兒聚土為
臺殿城郭閭里宮舍或名為米或名
為麪愛著守護日暮將歸其心捨離
蹋壞散滅凡夫人亦如是未離欲故
於諸法中生愛著心若得離欲見諸
法皆散壞棄捨是名散空復次諸法
合集故各有名字凡夫人隨逐名字
生顛倒染著佛為說法當觀其實莫
逐名字有無皆空如迦旃延經說觀
集諦則无無見觀滅諦則无有見如
是種種因緣是名散空性空者諸法
性常空假業相續故似若不空譬如

大智度論第三十一卷　第三十張　達

水性自冷假火故熱止火停久水則還冷諸法性亦如是未生時空无所有如水性常冷諸法衆緣和合故有如水得火成熱衆緣若少若無則无有法如火滅湯冷如經說眼空無我无我所何以故性自尒耳鼻舌身意色乃至法等亦復如是問曰此經說我我所空是為衆生空不說法空云何證性空荅曰此中但說性空不說衆生空及法空性空有二種一者於十二入中無我无我所二者十一入相自空無我无我所是聲聞論中說摩訶衍法說十二入我我所無故空十二入性無故空復次若无我無我所自然得法空以人多著我及我所故佛但說無我无我所如是應當知一切法空若我我所法尚不著何況餘法以是故衆生空法空終歸一義是名性空復次性名自有不待因緣若待因緣則是作法不名為性諸法中皆無性何以故一切有為法皆從因緣生從因緣生則是作法若不從因緣和合則是無法如是一切諸法性不可得

故名為性空問曰畢竟空無所有則是性空今何以重說荅曰畢竟空者名為無有遺餘性空者名為本來常尒如水性冷假火故熱止火則還冷畢竟空如虛空常不生不滅不垢不淨云何言同復次諸法畢竟空何以故性不可得故諸法性空何以故畢竟空故復次性空多是菩薩所行畢竟空多是諸佛所行何以故性空中但有因緣和合無有實性畢竟空三世清淨有如是等差別復次一切諸法性有二種一者總性二者別性總性者無常苦空無我无生無滅无來無去无入無出等別性者如火熱性水濕性心為識性如人喜作諸惡故名為惡性好集善事故名為善性如十力經中說佛知世間種種性如是諸性皆空是名性空何以故若无常性是實應失業果報所以者何生滅過去不住故六情亦不受塵亦不積習因緣若無積習則无誦經坐禪等以是故知无常性不可得無常尚不可得何況常相復次苦性亦不可得

若實有是苦則不應生染著心若人猒畏苦痛於諸樂中亦應猒畏佛亦不應說三受苦受樂受不苦不樂受亦不應苦中生瞋樂中生愛不苦不樂中生癡若一相者樂中應生瞋苦中應生愛但是事不然如是等苦性尚不可得何況樂性虛妄而可得復次空相亦不可得所以者何若有空相則无罪福無罪福故亦無今世後世復次諸法相待有所以者何若有空應當有實若有實應當有空空性尚无何況有實復次若无我者則無縛无解亦無從今世至後世受罪福亦無業因緣果報如是等因緣知无我性尚不可得何況我性復次無生无滅性亦不實何以故若實則墮常見若一切法常則无罪無福若有者常有无者常無若无者不生有者不失如不生不滅性不可得何況生滅性无來無去无入無出等諸總性亦如是復次諸法別性是亦不然何以故如火能燒造色能焰二法和合故名為火若離是二法有火者應別有火用而

無別用以是故知火是假名亦无有實若實無火法云何言熱是火性復次熱性從衆緣生内有身根外有色觸和合生身識覺知有熱若未和合時則無熱性以是故知無定熱為火性復次若火實有熱性云何有人入火不燒及人身中火而不燒身空中火水不能滅以火无有定熱性故神通力故火不能燒身業因緣五藏不熱神龍力故水不能滅復次若熱性與火異火則非熱若熱與火一云何言熱是火性餘性亦如是是惣性別性無故名為性空復次性空者從本已來空如世間人謂虚妄不久者是空如須弥金剛等物及聖人所知以為真實不空欲斷此疑故佛說是雖堅固相續久住皆亦性空聖人智慧雖度衆生破諸煩惱性不可得故是亦為空又人謂五衆十二入十八界皆空但如法性實際是其實性佛欲斷此疑故但分別說五衆如法性實際皆亦是空是名性空復次有為性三相生住滅無為性亦三相不生不住不

大智度論第三十一卷　第三十四張　建

滅有為性尚空何況有為法无為性尚空何況無為法以是種種因緣性不可得名為性空

自相空者一切法有二種相惣相別相是二相空故名為相空問曰何等是惣相何等是別相荅曰惣相者如無常等別相者諸法雖皆无常而各有別相如地為堅相火為熱相問曰先已說性今說相性相有何等異荅曰有人言其實無異名有差別說性則為說相說相則為說性譬如說火性即是熱相說熱相即是火性有人言性相小有差別性言其體相言可識如釋子受持禁戒是其性剃髮割截染衣是其相梵志自受其法是其性頂有周羅執三奇杖是其相如火熱是其性烟是其相近為性遠為相相不定從身出性則言其實如見黄色為金相而内是銅火燒石磨知非金性如人恭敬供養時似是善人是為相罵詈毀辱忿然瞋恚便是其性性相内外遠近初後等有如是差別是諸相皆空名為相空如說一切有為法皆

大智度論第三十一卷　第三十五張　建

是無常相所以者何生滅不住故先無今有已有還无故屬諸因緣故虚誑不真故無常因緣生故衆合則緣起故如是等因緣故一切有為法是無常相能生身心惱故名為苦身四威儀无不苦故苦聖諦故聖人捨不受故無時不惱故无常故如是等因緣名為苦相離我所故空因緣和合生故空無常苦空無我故名為空始終不可得故空誑心故名為空賢聖一切法不著故名為空以無相无作解脫門故名為空諸法實相無量无數故名為空斷一切語言道故名為空滅一切心行故名為空諸佛辟支佛阿羅漢入而不出故名為空如是等因緣故是名為空無常苦空故无我不自在故無我无主故名為無我諸法無不從因緣生從因緣生故无我無相无作故無我假名字故无我身見顛倒故無我斷我心得道故无我以是種種名為無我如是等名為惣相別相者地堅相火熱相水濕相風動相眼識依處名眼相耳鼻舌身亦

大智度論第三十一卷　第三十六張　建

如是識覺相智慧相慧智相捨為施相不悔不惱為持戒相心不變異為忍相發懃為精進相攝心為禪相無所著為智慧相能成事為方便相識作生滅為世間相無識為涅槃相如是等諸法各有別相當知是諸相皆空是名自相空餘義如性空中說性相義同故問曰何以不但說相空而說自相空荅曰若說相空不說法體空說自相空即法體空復次衆法和合故一法生是一法空如是等一一法皆空令和合因緣法展轉皆亦空一切法各各自相空以是故名為自相空問曰若一切法各各自相空云何復有所說荅曰衆生顛倒故以一相異相惣相別相等而著諸法為斷是故而有所說如是等因緣名為自相空一切法空者一切法名五衆十二入十八界等是諸法皆入種種門所謂一切法有相知相識相緣相增上相因相果相惣相別相依相問曰云何一切法有相荅曰一切法有好有醜有內有外一切法有

心生故名為有問曰無法中云何言有相荅曰若无法不名為法但以遮有故名為無法若實有无法則名為有是故說一切法有相知相者苦法智苦比智能知苦諦集法智集比智能知集諦滅法智滅比智能知滅諦道法智道比智能知道諦及世俗善智能知苦能知集能知滅能知道亦能知虛空非智緣滅是名一切法知相知相故攝一切法識相者眼識能知色耳識能知聲鼻識能知香舌識能知味身識能知觸意識能知法能知眼能知色能知眼識能知耳能知聲能知耳識能知鼻能知香能知鼻識能知舌能知味能知舌識能知身能知觸能知身識能知意能知法能知意識是名識相緣相者眼識及眼識相應諸法能緣色耳識及耳識相應諸法能緣聲鼻識及鼻識相應諸法能緣香舌識及舌識相應諸法能緣味身識及身識相應諸法能緣觸意識及意識相應諸法能緣法能緣眼能緣色能緣眼識能

緣耳能緣聲能緣耳識能緣鼻能緣香能緣鼻識能緣舌能緣味能緣舌識能緣身能緣觸能緣身識能緣意能緣法能緣意識是名緣相增上相者一切有為法各各增上無為法亦於有為法有增上是名增上相因果相者一切法各各為因各各為果是名因果相惣相別相者一切法中各各有惣相別相如馬是惣相白是別相如人是惣相若失一耳則是別相如是各各展轉皆有惣相別相是為惣相別相依相者諸法各共相依止如草木山河依止於地地依止水如是一切各各相依是名依止相依止相攝一切法如是等一法門相攝一切法復次二法門攝一切法所謂色無色法可見不可見法有對无對法有漏無漏法有為无為法內法外法觀法緣法有法無法如是等種種二法門相三四五六乃至无量法門相攝一切法是諸法皆空如上說名一切法空問曰若皆空者何以說一切法種種名字荅曰凡夫人於空法中無

明顛倒取相故生愛等諸煩惱因煩惱故起種種業起種種業故入種種道入種種道故受種種身受種種身故受種種苦樂如蚕出絲無所因自從巳出而自纏裹受燒煑苦聖人清淨智慧力故分別一切法本末皆空欲度衆生故說其著處所謂五衆十二入十八界等汝但以无明故而生五衆等自作自著若聖人但說空者不能得道以無所因无所猒故問曰汝言一切法空是事不然何以故一切法各各自相攝故如地堅相水濕相火熱相風動相心為識相慧為知相如是一切法各自住其相云何言空荅曰性空自相空中已破今當更說相不定故不應是相如酥蜜膠蠟等皆是地相與火合故自捨其相轉成濕相金銀銅鐵與火合故亦自捨其相變為水相如水得寒成氷轉為地相如人醉睡入無心定凍氷中魚皆無心識捨其心相无所覺知如慧為知相入諸法實相則无所覺知自捨知相是故諸法無有定相復次若

謂諸法定相是亦不然所以者何如未來法相不應未至現在若至現在則捨未來相若不捨未來相入現在者未來則是現在為无未來果報若現在入過去則捨現在相若不捨現在相入過去過去則是現在如是等過則知諸法無有定相復次若謂無為法定有者應別自有相如火自有熱相不因他作相是故當知无為法無相故實無復次汝以未來世中非智緣滅法是有為法而无有為相若汝謂以非智緣盡是滅相是亦不然所以者何無常滅故是名滅相非以非智緣滅故名為滅相如是等種種无有定相若有定相可使不空而無定相而不空者是事不然問曰應實有法不空所以者何凡夫聖人所知各異凡夫所知是虛妄聖人所知是實依實聖智故捨虛妄法不可依虛妄捨虛妄荅曰為破凡夫所知故名為聖智若無凡夫法則無聖法如无病則無藥是故經言離凡夫法更無聖法凡夫法實性即是聖

法復次聖人於諸法不取相亦不著是故聖法為真實凡夫於諸法取相亦著故以凡夫人法為虛妄聖人雖用而不取相不取相故則无定相如是不應為難於凡夫地者法分別是聖法是凡夫法若於賢聖地則无所分別為斷衆生病故言是虛是實如說佛語非虛非實非縛非解不一不異是故無所分別清淨如虛空復次若法不悉空不應說不戲論為智人相亦不應說不受不著無所依止空无相無作名為真法問曰若一切法空即亦是實云何言无實荅曰若一切法空假令有法巳入一切法中破若無法不應致難問曰若一切法空是真實者佛三藏中何以多說無常苦空无我法如經說佛告諸比丘為汝說法名為第一義空何等是第一義空眼生無所從來滅亦无所去但有業有業果報作者不可得耳鼻舌身意亦復如是是中若說生無所從來滅亦无所去是常法不可得故無常但有業及業果報而作者不可得是為聲聞法中

第一義空云何言一切法空答曰我是一切諸煩惱根本先著五衆為我然後著外物為我所我所縛故而生貪恚貪恚因縁故起諸業如佛說无作者則破一切法中我若說眼無所從來滅亦無所去則說眼无常若無常即是苦苦即是非我非我所我我所无故於一切法中心無所著心无所著故則不生結使不生結使何用說空以是故三藏中多說无常苦空無我不多說一切法空復次衆生雖聞佛說無常苦空无我而戲論諸法為是人故說諸法空若無我亦无我所若無我無我所是即入空義問曰佛何以說有業有果報若有業有果報是則不空答曰佛說法有二種一者无我一者無法為著見神有常者故為說无作者為著斷滅見者故為說有業有業果報若人聞說無作者轉墮斷滅見中為說有業有業果報此五衆能起業而不至後世此五衆因縁生五衆受業果報相續故說受業果報如母子身雖異而因縁相續故如母

大智度論第三十一卷　第四十七張　德

服藥兒病得差如是今世後世五衆雖異而罪福業因縁相續故從今世五衆因縁受後世五衆果報復次有人求諸法相著一法若有若无若常若無常等以著法故自法生愛他法生恚而起惡業為是人故說諸法空諸法空則無有法所以者何所可愛法能生結使能生結使則是无明因縁若生無明云何是實是為法空復次衆生有二種一者著世間二者求出世間求出世間有上中下上者利根大心求佛道中者中根求辟支佛道下者鈍根求聲聞道為求佛道者說六波羅蜜及法空為求辟支佛者說十二因縁及獨行法為求聲聞者說衆生空及四真諦法聲聞畏惡生死聞衆生空及四真諦无常苦空無我不戲論諸法如圍中有鹿既被毒箭一向求脫更無他念辟支佛雖猒老病死猶能少觀甚深因縁亦能少度衆生辟如犀在圍中雖被毒箭猶能顧戀其子菩薩雖猒老病死能觀諸法實相究盡深入十二因縁通達法

大智度論第三十一卷　第四十八張　德

空入無量法性辟如白香象王在獵圍中雖被箭射顧視獵者心無所畏及將營從安步而去以是故三藏中不多說法空或有利根梵志求諸法實相不猒老病死者種種法相為是故說法空所謂先尼梵志不說五衆即是實亦不說離五衆是實復有強論梵志佛荅我法中不受有无汝何所論有無是戲論法結使生處及雜阿含中大空經說二種空衆生空法空羅陀經中說色衆破裂分散令无所有栰喻經中說法尚應捨何況非法波羅延經利衆經中說智者於一切法不受不著若受著法則生戲論若無所依止則無所論諸得道聖人於諸法无取無捨若无取捨能離一切諸見如是等三藏中處處說法空如是等名為一切法空

不可得空者有人言於衆界入中我法常法不可得故名為不可得空有人言諸因縁中求法不可得如五指中拳不可得故名為不可得空有人言一切法及因縁畢竟不可得故名

大智度論第三十一卷　第四十九張　德

為不可得空問曰何以故名不可得空為智力少故不可得為實无故不可得荅曰諸法實無故不可得非智力少也問曰若尒者與畢竟空自相空無異今何以故更說不可得空荅曰若人聞上諸空都無所有心懷怖畏生疑今說所以空因緣以求索不可得故為說不可得空斷是疑怖故佛說不可得空所以者何佛言我從初發心乃至成佛及十方佛於諸法中求實不可得是名不可得空問曰何事不可得荅曰一切法乃至無餘涅槃不可得故名為不可得空復次行者得是不可得空不得三毒四流四縛五蓋六愛七使八邪九結十惡諸弊惡垢結等都不可得故名為不可得空問曰若尒者行是不可得空得何等法荅曰得戒定慧得四沙門果五根五無學衆六捨法七覺分八聖道分九次第定十無學法得如是等是聲聞法若得般若波羅蜜則具足六波羅蜜及十地諸功德問曰上言一切法乃至涅槃不可得今何

以言得戒定慧乃至十无學法荅曰是法雖得皆助不可得空故亦名不可得又復無受無著故是名不可得為無為法故名不可得聖諦故名不可得第一義諦故名不可得聖人雖得諸功德入無餘涅槃故不以為得凡夫人以為大得如師子雖有所作不自以為奇餘衆生見以為希有如是等義名為不可得空無法空有法空无法有法空無法空者有人言无法名法已滅是滅无故名无法空有法空者諸法因緣和合生故無有法有法无故名有法空无法有法空者取無法有法相不可得是為無法有法空復次觀无法有法空故名无法有法空復次行者觀諸法生滅若有門若無門生門生喜滅門生憂行者觀生法空則滅喜心觀滅法空則滅憂心所以者何生无所得滅無所失除世間貪憂故是名无法有法空復次十八空中初三空破一切法後三空亦破一切法有法空破一切法生時住時無法空破一切法滅時無法有法空生滅一時俱破

復次有人言過去未來法空是名无法空現在及無為法空是名有法空何以故過去法滅失變異歸无未來法因緣未和合未生未有未出未起以是故名無法觀知現在法及无為法現有是名有法是二俱空故名為無法有法空復次有人言無為法无生住滅是名無法有為法生住滅是名有法如是等空名為无法有法空是為菩薩欲住内空乃至無法有法空當學般若波羅蜜

大智度論卷第三十一

辛丑歲高麗國大藏都監奉
勅雕造

大智度論卷三十一

校勘記

一 底本，麗藏本。

一 六一五頁上一行經名，石無（未換卷）；資、磧、普、南、徑、清作「大智度論卷第三十一」。

一 六一五頁上二行作者及三行譯者，石無（未換卷）。

一 六一五頁上三行與四行之間，石有品名「摩訶般若波羅蜜釋初品中十八空義第四十八之一」；資有品名「釋初品中十八空第三十九」；磧、普、南、徑、清有品名「釋初品中十八空」。

一 六一五頁上四行首字「經」，資無。

一 六一五頁上九行第二字「論」，資無。

一 六一五頁上一八行首字「故」，資無。

一 六一五頁中四行第四字「說」，石、磧、普、南、徑、清作「廣說」。

一 六一五頁中四行「人愛著空相」，資無。

一 六一五頁中九行「五衆」，石作「五陰」，下同。

一 六一五頁中二一行「是名異」，資無。

一 六一五頁下三行第一一字「學」，資、磧、普、南、徑、清無。

一 六一五頁下七行第八字「者」，磧、普、南、徑、清作「等」。

一 六一五頁下一八行第七字及一二字、二二行第五字「相」，資無。

一 六一六頁上一行第九字「今」，資、磧、普、南、徑、清作「令」。

一 六一六頁上三行第六字「淨」，磧、普、南、徑、清作「淨相」。

一 六一六頁上五行「愛著愛著」，資、磧、普、南、清作「愛著」。

一 六一六頁上一五行第二字「可」，資、磧、普、南、徑、清作「不可」。

一 六一六頁上一六行第一二字「從」，資無。

一 六一六頁上一八行「之向火疥」，諸本無。

一 六一六頁上一九行末字「但」，石作「深」。

一 六一六頁上二二行「復次」，石作「復次有人言」。

一 六一六頁中五行第四字「樂」，資無。

一 六一六頁下一九行第八字「亦」，資、磧、普、南、徑、清作「悉」。

一 六一六頁下二一行第一〇字至次頁上八行第三字「衆」，石均作「陰」。

一 六一七頁上三行第九字「相」，資、磧、普、南、徑、清作「想」。

一 六一七頁上一一行第三字「衆」，諸本無。

一 六一七頁上一二行「想衆行衆」，石作「想陰行陰」。

一 六一七頁上一三行第九字「心」，資、磧、普、南、徑、清作「心法」。

一 六一七頁上末行第一一字及中一

行第九字、二行第九字「空」，資、磧、普、南、徑、清無。

一 六一七頁中三行第一〇字至四行第一一字「力故……三昧力故」，資作「空爲是法空答曰名爲三昧」。

一 六一七頁中四行「答曰」，石、磧、普、南、徑、清作「答曰有人言」。

一 六一七頁中八行末字「觀」，資、磧、普、南、徑、清作「觀是」。

一 六一七頁中一三行第八字「受」，徑、清作「受是」。

一 六一七頁中一五行第五字「待」，資作「得」。

一 六一七頁中末行「因果」，石、磧、普、南、徑、清作「因緣」。

一 六一七頁下六行「足足」，石作「足」。

一 六一七頁下七行「甚爲可笑」，石作「是事不然」。

一 六一八頁上五行「常空」，資無。

一 六一八頁上六行「論議師」，資、磧、普、南、徑、清無。

一 六一八頁上一九行第七字「生」，資、磧、普、南、徑、清作「不生」。

一 六一八頁中三行末五字至四行首二字「大乘有何方便能」，石作「大乘人有何方便能」；資、磧、普、南、徑、清作「大乘云何」。

一 六一八頁中七行第九字「成」，石作「成就」。

一 六一八頁中一〇行第二字「無」，石作「不」。

一 六一八頁中一四行末字「不」，諸本作「亦不」。

一 六一八頁中一八行第三字「者」，資無。

一 六一八頁中一九行第八字及二〇行第二字、第一〇字、二一行首字「故」，石作「盡」。

一 六一八頁中二〇行第六字「新」，石作「在」。

一 六一八頁中二一行第二字「法」，石作「相法」。

一 六一八頁下四行「復次」，石作「復次有人言」。

一 六一八頁下八行第一一字「曰」，資、磧、普、南無。

一 六一八頁下九行第二字「衆」，石作「陰」。

一 六一八頁下一一行第一二字「法」，資無。

一 六一八頁下一三行第一二字「兒」，石作「人」。

一 六一八頁下一八行第七字至一九行第六字「復次以空破十七空故名爲空空」，資、磧、普、南、徑、清無。

一 六一九頁上四行「迷悶故」，徑無。

一 六一九頁上一二行第三字「議」，資、磧、普、南、徑、清作「義」。

一 六一九頁中五行第六字「爲」，資作「空」。

一 六一九頁中五行末字「空」，資、磧、普、南、徑、清無。

一 六一九頁中六行第七字及一八行第一一字「破」，資、磧、普、南、徑、清作「破惡時」。

一　六一九頁中一三行第二字「隨」，資作「墮」。

一　六一九頁下四行「是即」，徑、清作「即是」。

一　六一九頁下六行第一三字「又」，石作「及」。

一　六一九頁下八行第一一字「一」，資作「二」。

一　六一九頁下九行第七字「者」，諸本無。

一　六一九頁下九行及一〇行首二字「涅槃」，石無。

一　六一九頁下二〇行第一〇字「脱」，石作「解」。

一　六一九頁下二一行第一三字「怪」，資、磧、普、南、徑、清作「笑」。

一　六二〇頁上二行第六字「是」，資、磧、普、南、徑、清無。

一　六二〇頁上三行末字「空」，至此，石換卷，爲卷第三十五，並有品名「摩訶般若波羅蜜經釋初品中十八空義第四十八之二」。

一　六二〇頁上七行第九字「空」，資無。

一　六二〇頁上一〇行第七字「我」，資無。

一　六二〇頁上二〇行第一二字「有」，資、磧、普、南、徑、清作「復」。

一　六二〇頁中五行第一一字「虛」，南作「盡」。

一　六二〇頁中一六行第五字「不」，諸本作「無」。

一　六二〇頁中二一行第八字「法」，石無。

一　六二〇頁下二二行首字「法」，資、磧、普、南、徑、清無。

一　六二一頁上九行首字「令」，資、磧、普、南、徑、清無。

一　六二一頁上一七行第四字「来」，資、磧、普、南、徑、清作「来因緣」。

一　六二一頁上末行第一三字「定」，資無。

一　六二一頁中二行「及一念無所」，資作「無」。

一　六二一頁中七行第七字「畏」，資、磧、普、南、徑、清作「異」。

一　六二一頁中二一行第六字「有」，資無。

一　六二一頁下六行第一一字「小」，石作「少」。

一　六二一頁下一二行第四字及第一〇字「名」，資無。

一　六二一頁下一三行第五字「所」，資、磧、普、南、徑、清無。

一　六二二頁上六行第九字「故」，資、磧、普、南、徑、清無。

一　六二二頁上一七行第六字「甲」，資、磧、普、南、徑、清作「冑」。

一　六二二頁上二〇行末字「喜」，南、徑、清作「善」。

一　六二二頁中三行第二字「有」，石無。

一　六二二頁中一四行第一一字「誰」，資、磧、普、南、徑、清作「難」。

一　六二二頁下四行第五字「以」，資、

磧、普、南、徑、清無。

一 六二二頁下一〇行第一〇字「此」，石作「以」。

一 六二三頁上二行第一三字「故」，資、磧、普、南、徑、清無。

一 六二三頁上一六行第七字「空」，石作「空爲」。

一 六二三頁上一七行第一一字「爲」，諸本無。

一 六二三頁上一九行第五字「今」，磧作「令」。

一 六二三頁上一九行第一二字「應」，資、磧、普、南、徑、清無。

一 六二三頁上末行第七字「若」，資、磧、南、徑、清作「著」。

一 六二三頁下二行第六字「有」，資、磧、普、南、徑、清作「有無始」。

一 六二三頁下二行第一一字「若」，資、磧、普、南、徑、清作「實」。

一 六二三頁下二〇行第二字「說」，資、磧、普、南、徑、清無。

一 六二四頁上一〇行第三字「有」，石作「各」。

一 六二四頁上一二行第八字「世」，諸本作「世界」。

一 六二四頁上一六行第六字「有」，資作「始」。

一 六二四頁上一七行「無始無始」，資作「無始」。

一 六二四頁中一一行第一一字及下一三行第一一字「爲」，資、磧、普、南、徑、清無。

一 六二四頁中二一行第四字「色」，資、磧、普、南、徑、清無。

一 六二四頁下一行第一二字、一一行第二及一二字「衆」，石作「陰」。

一 六二四頁下一八行「合集」，石作「和合」。

一 六二四頁下末行第五字「業」，資、磧、普、南、徑、清作「来」。

一 六二五頁上一一行第一三字「一」，資、磧、普、南、徑、清作「二」。

一 六二五頁上一五行第九字「多」，資、磧、普、南、徑、清無。

一 六二五頁上二二行第二字「從」，資、磧、普、南、徑、清無。

一 六二五頁中九行第二字「空」，石作「定」。

一 六二五頁中二〇行第一三字「不」，資、磧、普、南、徑、清作「無」。

一 六二五頁下三行第七字、第九字及第一四字「受」，資、磧、普、南、徑、清無。

一 六二五頁下二一行首字「火」，資、磧、普、南、徑、清作「一火」。

一 六二五頁下末行第一三字「火」，資、磧、普、南、徑、清無。

一 六二六頁上一行第一二字「亦」，石作「而」。

一 六二六頁上五行「無定熱爲」，資、磧、普、南、徑、清作「熱非」。

一 六二六頁上七行第一一字「空」，石、磧、普、南、徑、清作「雲」。

一 六二六頁中八行第五字「爲」，資、磧、普、南、徑、清作「有」。

一 六二六頁中一六行第七字「奇」，磧、普、南、徑、清作「歧」。

一　六二六頁中二一行第一〇字「便」，資、磧、普、南、徑、清無。

一　六二六頁中二二行第七字「等」，資、磧、普、南、徑、清無。

一　六二六頁下九行第六字「苦」，資、清作「若」。

一　六二六頁下二一行第一四字「爲」，資、磧、普、南、徑、清無。

一　六二七頁上四行末字及五行第九字「識」，資、磧、普、南、徑、清作「織」。

一　六二七頁上六行第五字「各」，石作「各各」。

一　六二七頁上六行第九字「當」，資、磧、普、南、徑、清無。

一　六二七頁上七行「餘義」，資、磧、普、南、徑、清無。

一　六二七頁上七行末字至八行第四字「性相義同故」，資、磧、普、南、徑、清無。

一　六二七頁上一二行「等一」，資無。

一　六二七頁中三行第三字「名」，資、磧、普、南、徑、清作「名字」。

一　六二七頁中一〇行「知相故攝一切法」，資、磧、普、南、徑、清無。

一　六二七頁中一七行第一三字「相」，石作「相識相故攝一切法」。

一　六二七頁下四行第九字「相」，石作「相緣相故攝一切法」。

一　六二七頁下六行第一〇字「相」，石作「相增上相故攝一切法」。

一　六二七頁下七行「各各爲因各各爲果是名」，石作「互爲因互爲果是名爲」。

一　六二七頁下八行第二字「相」，石作「相因果相故攝一切法」。

一　六二七頁下一一行第八字「相」，資無。

一　六二七頁下一三行末字「如」，資、磧、普、南、徑、清無。

一　六二七頁下一四行末字至一五行第六字「依止相攝一切法」，資、磧、普、南、徑、清無。

一　六二七頁下一八行第四字「漏」，資、磧、普、南、徑、清作「漏法」。

一　六二七頁下一八行「有爲」，資、磧、普、南、徑、清作「有爲法」。

一　六二七頁下二一行末二字至二二行第三字「名一切法空」，資、磧、普、南、徑、清無。

一　六二七頁下末行第四字「字」，石作「字種種空相」。

一　六二八頁上二〇行第八字「入」，資無。

一　六二八頁中七行第一三字「無」，資、磧、普、南、徑、清作「有」。

一　六二八頁中八行第四字至一〇行第七字「者應……復次」，資、磧、普、南、徑、清作「三相生住滅無爲法亦有三相不生不住不滅」。

一　六二八頁中一一行第三字「滅」，石作「滅畢竟不生」。

一　六二八頁中一三行「滅故」，資、磧、普、南、徑、清作「盡」。

一　六二八頁中一五行第一一字至一六行第五字「可使不空而無定相」，

資、磧、普、南、徑、清無。

一　六二八頁中一六行「而不空者是事不然」，石作「是故空」。

一　六二八頁中末行第一一字「實」，資、磧、普、南、徑、清無。

一　六二八頁下七行第一一字「虚」，石作「空」。

一　六二八頁下一〇行第二字「法」，資無。

一　六二八頁下一二行第一〇字「若」，石無。

一　六二八頁下一五行末字至一六行第二字「真實者」，資、磧、普、南、徑、清作「實」。

一　六二八頁下二二行第三字「常」，資、磧、普、南、徑、清無。

一　六二八頁下二二行「及業」，資無。

一　六二九頁上三行第八字「所」，資無。

一　六二九頁上一二行第五字「空」，資、磧、普、南、徑、清無。

一　六二九頁上一七行首字「一」，諸本作「二」。

一　六二九頁上二〇行「滅見」，資作「見滅」。

一　六二九頁中一行第五字「得」，諸本作「則」。

一　六二九頁中一二行第一〇字「根」，石作「根樂獨行」。

一　六二九頁中一三行第一〇字「爲」，資、磧、普、南、徑、清無。

一　六二九頁中一五行首字「説」，石作「説四諦」。

一　六二九頁中一八行第一三字「著」，資、磧、普、南、徑、清作「被」。

一　六二九頁中末行第四字「相」，資無。

一　六二九頁下一一行「色衆」，石作「色陰」。

一　六二九頁下一三行「利衆」，石作「義品」。

一　六二九頁下一八行「如是等」，資、磧、普、南、徑、清作「是」。

一　六二九頁下一八行末字「空」，石作「空義」。

一　六二九頁下一九行「衆界」，石作「陰界」。

一　六三〇頁上七行「所以空」，資、磧、普、南、徑、清無。

一　六三〇頁上七行第一一字「以」，資、磧、普、南、徑、清無。

一　六三〇頁上一六行首字「結」，資、磧、普、南、徑、清作「縛」。

一　六三〇頁上一八行首字「利」，資、磧、普、南、徑、清無。

一　六三〇頁上二一行首字至二二行第一〇字「是聲聞……諸功德」，資無。

一　六三〇頁上二二行第一〇字「德」，磧、普、南、徑、清作「德地諸功德趣」。

一　六三〇頁中一行「十无學法」，石作「得十地諸功德法」；磧、普、南、徑、清作「十地諸功德法」。

一　六三〇頁中二行第七字「助」，磧、普、南、徑、清作「趣」。

一六三〇頁中二行第一二字至三行第九字「故亦名不可得又復無受無」，資、磧、普、南、徑、清作「無受」。

一六三〇頁中四行第一二字「得」，石作「得於」。

一六三〇頁中九行「如是等義」，資、磧、普、南、徑、清作「聖人雖有所得而不以爲得是」。

一六三〇頁中一〇行第一一字至一一行第三字「無法空者有人言」，資、磧、普、南、徑、清作「者」。

一六三〇頁中一三行第三字「無」，資、磧、普、南、徑、清無。

一六三〇頁中二一行第一二字「三」，資、磧、普、南、徑、清作「三品」。

一六三〇頁下六行第三字「有」，資、磧、普、南、徑、清作「在」。

大智度論釋初品中四緣義第四十九 卷三十二 建

聖者龍樹造

後秦龜茲國三藏鳩摩羅什譯

菩薩摩訶薩欲知諸法因緣次第緣緣緣增上緣一切有為法皆從四緣生所謂因緣次第緣緣緣增上緣因緣者相應因共生因自種因遍因報因是五因名為因緣復次一切有為法亦名因緣次第緣者除阿羅漢過去現在末後心心數法諸餘過去現在心心數法能與次第是名次第緣緣緣增上緣者一切法復次菩薩欲知四緣自相共相當學般若波羅蜜問曰如般若波羅蜜中四緣皆不可得所以者何若因中先有果是事不然因中先無亦不然若先有則无因若先無以何為因若先無而有者亦可從无因而生復次見果從因生故名之為因若先无果云何名因

復次若果從因生果則屬因因不自在更屬餘因若因不自在者云何言果但從此因生如是種種則知無因緣又

過去心心數法都滅无所能作云何能為次第緣現在有心則无次第若與未來欲生心次第者未來則未有云何與次第如是等則無次第緣如一切法无相無緣云何言緣緣若一切法無所屬无所依皆平等云何言增上緣如是四緣不可得云何說欲知四緣當學般若波羅蜜荅曰汝不知般若波羅蜜相以是故說般若波羅蜜中四緣皆不可得般若波羅蜜於一切法無所捨无所破畢竟清淨無諸戲論如佛說有四緣但以少智之人著於四緣而生邪論為破著故說言諸法實空無所破如心法從內外處因緣和合生是心如幻如夢虚誑無有定性心數法亦如是是心共生心數法所謂受想思等是心數法同相同緣故名為相應心以心數法相應為因心數法以心相應為因是名相應因相應因者辟如親友知識和合成事共生因者一切有為法各有共生因以共生故更相佐助辟如兄弟同生故不相成濟自種因者過

去善種現在未来善法因過去現在善種未来善法因不善無記亦如是如是一切法各有自種因遍因者苦諦集諦所斷結使一切垢法因是名遍因報因者行業因緣故得善惡果報是為報因是五因名為因緣心心數法次第相續無間故名為次第緣心心數法緣塵故生是名緣緣諸法生時不相障㝵是為無障復次心心數法從四緣生无想滅盡定從三緣生除緣緣諸餘心不相應諸行及色從二緣生除次第緣緣緣有為法性羸故无有從一緣生報生心心數法從五因生不隱没無記非垢法故除遍因諸煩惱亦從五因生除報因何以故諸煩惱是隱没報是不隱没故除報因報生色及心不相應諸行從四因生色非心心數法故除相應因不隱没無記法故除遍因染汙色及心不相應諸行亦從四因生非心心數法故除相應因垢故除報因諸餘心心數法除初無漏心皆從四因生除報因遍因所以者何非无記故除報因

非垢故除遍因諸餘不相應法所謂色心不相應諸行若有自種因則從二因生除相應因報因遍因若無自種因則從二因生共生因无障因初無漏心心數法從三因生相應因共生因无障因是初無漏心中色及心不相應諸行從二因生共生因无障因無有法從一因生若六因生是名四緣菩薩行般若波羅蜜如是觀四緣心无所著雖分別是法而知其空皆如幻化幻化中雖有種種別異智者觀之知無有實但誑於眼為分別知凡夫入法皆是顛倒虛誑而无有實故有四緣如是云何為實賢聖法因從凡夫法生故亦是不實如先十八空中說菩薩於般若波羅蜜中无有一法定性可取故則不可破以衆生著因緣空法故名為可破譬如小兒見水中月心生愛著欲取而不能得心懷憂惱智者教言雖可眼見不可手捉但破可取不破可見菩薩觀知諸法從四緣生而不取四緣中定相四緣和合生如水中月雖為虛誑

无所有要從水月因緣生不從餘緣有諸法亦如是各自從因緣生亦无定實以是故說菩薩欲如實知因緣次第緣緣緣增上緣相當學般若波羅蜜問曰若欲廣知四緣義應學阿毗曇云何此中欲知四緣義當學般若波羅蜜答曰阿毗曇四緣義初學而得其實求之轉深入於邪見如汝上破四緣義中說

復次諸法所因因於四緣四緣復何所因若有因則無窮若无窮則無始若无始則無因若然者一切法皆應无因若有始始則無所因若无所因而有則不待因緣若然者一切諸法亦不待因緣而有復次諸法從因緣生有二種若因緣中先有則不待因緣而生則非因緣若因緣中先無則无各各因緣以戲論四緣故有如是等過如般若波羅蜜中不可得空無如是等失如世間人耳目所覩生老病死是則為有細求其相則不可得以是故般若波羅蜜中但除邪見而不破四緣是故言欲知四緣相

當學般若波羅蜜欲知諸法如法性實際當學般若波羅蜜舍利弗菩薩摩訶薩應如是住般若波羅蜜諸法如有二種一者各各相二者實相各各相者如地堅相水濕相火熱相風動相如是等分別諸法各自有相實相者於各各相中分別求實不可得不可破無諸過失如自相空中說地若實是堅相者何以故膠臈等與火會時捨其自性有神通人入地如水又分散木石則失堅相又破地以為微塵以方破塵終歸於空亦失堅相如是推求地相則不可得若不可得其實皆空空則是地之實相一切別相皆亦如是是名為如法性者如前說各各法空空有差品是為如同為一空是為法性是法性亦有二種一者用無著心分別諸法各自有性故二者名无量法所謂諸法實相如持心經說法性無量聲聞人雖得法性以智有量故不能无量說如人雖到大海以器小故不能取無量水是為法性實際者以法性為實證故為際

如阿羅漢名為住於實際問曰如法性實際是三事為一為異若一云何說三若三今應當分別說荅曰是三皆是諸法實相異名所以者何凡夫無智於一切法作邪觀所謂常樂我淨實我等佛弟子如法本相觀是時不見常是名無常不見樂是名苦不見淨是名不淨不見實是名空不見我是名無我若不見常而見无常者是則妄見見苦空無我不淨亦如是是名為如如者如本无能敗壞以是故佛說三法為法印所謂一切有為法無常印一切法无我印涅槃寂滅印問曰是三法印般若波羅蜜中悉皆破壞如佛告須菩提若菩薩摩訶薩觀色常不行般若波羅蜜觀色无常不行般若波羅蜜若樂我無我寂滅非寂滅亦如是如是云何名法印荅曰二經皆是佛說如般若波羅蜜經中了了說諸法實相有人著常顛倒故捨常見不著無常相是名法印非謂捨常著无常者以為法印我乃至寂滅亦如是般若波羅蜜中破者

無常等見非謂破不受不著得是諸法如已則入法性中滅諸觀不生異信性自尒故辟如小兒見水中月入水求之不得便愁智者語言性自尒莫生憂惱善入法性是為實際問曰聲聞法中何以不說是如法性實際而摩訶衍法中處處說荅曰聲聞法中亦有說處但少耳如雜阿含中說有一比丘問佛十二因緣法為是佛作為是餘人作佛告比丘我不作十二因緣亦非餘人作有佛无佛諸法如法相法位常有所謂是事有故是事有是事生故是事生如无明因緣故諸行諸行因緣故識乃至老死因緣故有憂悲苦惱是事無故是事无是事滅故是事滅如無明滅故諸行滅諸行滅故識滅乃至老死滅故憂悲苦惱滅如是生滅法有佛无佛常尒是處說如如雜阿含舍利弗師子吼經中說佛問舍利弗一句義三問三不能荅佛少開示舍利弗已入於靜室舍利弗集諸比丘語諸比丘言佛未示我事端未卽能荅今我於此

法七日七夜演說其事而不窮盡復有一比丘白佛佛入靜室後舍利弗作師子吼而自讚歎佛語比丘舍利弗語實不虛所以者何舍利弗善通達法性故聲聞法中觀諸法生滅相是為如滅一切諸觀得諸法實相是處說法性問曰是處但說如法性何處復說實際荅曰此二事有因緣起故說實際無因緣故不說實際問曰實際即是涅槃為涅槃故佛說十二部經云何言無因緣荅曰涅槃種種名字說或名為離或名為妙或名為出如是等則為說實際但不說名字故言無因緣復次諸法如者如諸法未生時生時亦如是生已過去現在亦如是諸三世法平等是名為如問曰若未生法名為未有生法現在則有法可用因現在法有事用相故追憶過去是名過去三世各異不應如實為一云何言三世平等是名為如荅曰諸法實相中三世等一無異如般若波羅蜜如品中說過去如未來如現在如如來如一如無有異復次先論議

中已破生法若無生者未来現在亦无生云何不等又復過去世無始未来世無後現在世无住以是故三世平等名為如行是如已入無量法性中法性者法名涅槃不可壞不可戲論法性名本分種如黃石中有金性白石中有銀性如是一切世間法中皆有涅槃性諸佛賢聖以智慧方便持戒禪定教化引導令得是涅槃法性利根者即知是諸法皆是法性譬如神通人能變凡石皆使為金銀根者方便分別求之乃得法性譬如大冶鼓石然後得金復次如水性下流故會歸於海合為一味諸法亦如是一切揔相別相皆歸法性同為一相是名法性如金剛在山頂漸漸穿下至金剛地際到自性乃止諸法亦如是智慧分別推求已到如中從如入自性如本未生滅諸戲論是名為法性又如犢子周慞嗚呼得母乃止諸法亦如是種種別異取捨不同得到自性乃止無復過處是名法性實際者如先說法性名為實入處名為際復

次一一法有九種一者有體二者各各有法如眼耳雖同四大造而眼獨能見耳無見功又如火以熱為法而不能潤三者諸法各有力如火以燒為力水以潤為力四者諸法各自有因五者諸法各自有緣六者諸法各各自有果七者諸法各自有性八者諸法各有限㝵九者諸法各各有開通方便諸法生時體及餘法凡有九事知此法各各有體法具足是名世間下如知此九法終歸變異盡滅是名中如譬如此身生從不淨出雖復澡浴嚴飾終歸不淨是法非有非无非生非滅滅諸觀法究竟清淨是名上如復次有人言是九事中有法者是名如譬如地法堅重水法冷濕火法熱照風法輕動心法識解如是等法名為如如經中說有佛無佛如法相法位常住世間所謂无明因緣諸行常如本法法性者是九法中性實際者九法中得果證復次諸法實相常住不動衆生以无明等諸煩惱故於實相中轉異邪曲諸佛賢聖種種

方便說法破無明等諸煩惱令衆生還得實性如本不異是名為如實性與無明合故變異則不清淨若除却无明等得其真性是名法性清淨實際名入法性中知法性無量无邊寂為微妙更无有法勝於法性出法性者心則滿足更不餘求則便作證辟如行道日月發引而不止息到所至處無復去心行者住於實際亦復如是如羅漢辟支佛住於實際縱復恒沙諸佛為其說法亦不能更有增進又不復生三界若菩薩入是法性中玄知實際若未具足六波羅蜜教化衆生尒時若證妨成佛道是時菩薩以大悲精進力故還修諸行復次知諸法實相中无有常法無有樂法无有我法無有實法亦捨是觀法如是等一切觀法皆滅是為諸法實如涅槃不生不滅如本未生辟如水是冷相假火故熱若火滅熱盡還冷如本用諸觀法如水得火若滅諸觀法如火滅水冷是名為如如實常住何以故諸法性自尒辟如一切色法皆有

空分諸法中皆有涅槃性是名法性得涅槃種種方便法中皆有涅槃性若得證時如法性則是實際復次法性者無量无邊非心心數法所量是名法性妙極於此是名真際

復次舍利弗菩薩摩訶薩欲數知三千大千世界中大地諸山微塵當學般若波羅蜜菩薩摩訶薩欲析一毛為百分欲以一分毛盡舉三千大千世界中大海江河池泉諸水而不擾水性者當學般若波羅蜜三千大千世界中諸火一時皆然辟如劫盡燒時菩薩摩訶薩欲一吹令滅者當學般若波羅蜜三千大千世界中諸大風起欲吹破三千大千世界及諸須弥山如摧腐草菩薩摩訶薩欲以一指障其風力令不起者當學般若波羅蜜問曰佛何以不讚歎諸菩薩六度等諸功德而讚歎此大力荅曰衆生有二種一者樂善法二者樂善法果報為樂善法者讚歎諸功德為樂善法果報者讚歎大神力復次有人言四大之名其實亦無邊无盡常在世故

無能恚動量其多少久雖造作城郭臺殿所用甚少地之廣大載育万物寂為牢固為是故佛說三千大千世界中地及須弥諸山微塵皆欲盡知其數及微塵中衆生業因緣者各有分欲知其多少當學般若波羅蜜問曰一石土之微塵尚難可數何況三千大千世界地及諸山微塵之數是不可信荅曰聲聞辟支佛智慧尚不能知何況凡夫是事諸佛及大菩薩所知如法華經說辟喻三千大千世界地及諸山末以為塵東方過千世界下一塵如是過千世界復下一塵如是盡三千世界諸塵佛告比丘是微塵數世界筭數籌量可得知不諸比丘言不可得知佛言所可著微塵不著微塵諸國盡皆末以為塵大通惠佛出世已来劫數如是如是無量恒河沙等世界微塵佛大菩薩皆悉能知何況一恒河等世界復次无量者隨人心說如大海水名為無量而深八万由旬如大身羅睺阿修羅王量其多少不以為難問曰何人行般若

波羅蜜得是智慧答曰有人行般若波羅蜜滅諸煩惱及邪見戲論入菩薩甚深禪定念智清淨增廣故則能分別一切諸色微塵知其量數復次諸佛及大菩薩得无导解脫故過於是事尚不以為難何況於此復次有人為地為牢堅心無形質皆是虛妄以是故佛說心力為大行般若波羅蜜故散此大地以為微塵以地有色香味觸重故自無所作水少香故動作勝地火少香味故勢勝於水風少色香味故動作勝火心無四事故所為力大又以心多煩惱結使繫縛故令心力微少有漏善心雖無煩惱以心取諸法相故其力亦少二乘无漏心雖不取相以智慧有量及出無漏道時六情隨俗分別取諸法相故不盡心力諸佛及大菩薩智慧无量無邊常處禪定於世間涅槃无所分別諸法實相其實不異但智有優劣行般若波羅蜜者畢竟清淨無所罣导一念中能數十方一切如恒河沙等三千大千世界大地諸山微塵何況十方各一恒河沙世界復次若離般若波羅蜜雖得神通則不能如上所知以是故說欲得是大神力當學般若波羅蜜復有人言一切諸物中水為最大所以者何大地上下四邊無不有水若護世天主不節量天龍雨又無消水珠者則天地漂沒又以水因緣故世間衆生數非衆生數皆得生長以是可知水為最大是故佛說菩薩欲知水渧多少渧渧分散令无力者當學般若波羅蜜復有人言火為最大所以者何除香味故又以水出處甚多而火能滅之大火之力能燒万物能照諸闇以是故知火為最大是故佛說菩薩欲吹滅大火者當學般若波羅蜜問曰火因於風乃得然熾云何相滅答曰雖復相因過則相滅問曰若介者火多無量口風甚少何能滅之答曰菩薩行般若波羅蜜因禪定得神通能變身令大口風亦大故能滅之又以神力小風能滅譬如小金剛能摧破大山以是故諸天世人見此神力皆悉宗伏復次菩薩以火為害處廣憐愍衆生故以神力滅之又以三千世界成立甚難菩薩福德智慧故力能制之復有人言於四大中風力最大無色香味故動相最大所以者何如虛空無邊風亦无邊一切生有成敗皆由於風大風之勢摧碎三千大千世界諸山以是故佛說能以一指障其風力當學般若波羅蜜所以者何般若波羅蜜實相無量无邊能令指力如是菩薩摩訶薩欲一加趺坐悉滿三千大千世界中虛空者當學般若波羅蜜問曰菩薩以何因緣故如是結加趺坐答曰以梵天王主三千世界生邪見心自以為大見菩薩結加趺坐遍滿虛空則憍慢心息又於神通力中巧方便故一能為多多能為一小能作大大能作小亦為欲現希有難事故坐遍虛空亦為遮諸鬼神龍王惱亂衆生故坐滿虛空令衆生安隱如難陁婆難陁龍王兄弟欲破舍婆提城雨諸兵仗毒虵之屬是時目連端坐遍滿虛空變諸害物皆成華香瓔珞以

是故說菩薩摩訶薩欲一結加趺坐遍滿三千大千世界虛空當學般若波羅蜜復次菩薩摩訶薩欲以一毛舉三千大千世界中諸須弥山王擲過他方無量阿僧祇諸佛世界不嬈衆生者當學波若波羅蜜問曰菩薩何以故舉須弥山及諸山過著他方無量世界荅曰不必有舉者此明菩薩力能舉之耳復次諸菩薩為佛當說法故先莊嚴三千大千世界除諸山令地平整如法華經中說佛欲集諸化佛故先平治地亦欲現希有事令衆生見故所以者何一須弥山高八万四千由旬若舉此一山已為希有何況三千大千世界百億須弥山若以一毛舉三千大千世界百億須弥山尚難何況以一毛頭擲百億須弥山過無量阿僧祇世界衆生見菩薩希有事皆發阿耨多羅三藐三菩提心作是念言是菩薩未成佛道神力乃尒何況成佛以是故如是說欲以一食供養十方各如恒河沙等諸佛及僧當學般若波羅蜜欲以一衣華香瓔珞末香塗香燒香

燈燭幢幡華蓋等供養諸佛及僧當學般若波羅蜜問曰菩薩若以一食供養一佛及僧尚是難事何況十方如恒河沙等諸佛及僧荅曰供養功德在心不在事也若菩薩以一食大心悉供養十方諸佛及僧亦不以遠近為㝵是故諸佛皆見皆受問曰諸佛有一切智故皆見皆受僧无一切智云何得見云何得受荅曰僧雖不見不知而其供養施者得福譬如有人遣使供養彼人彼人雖不得而此人已獲施福如慈三昧於衆生雖无所施而行者功德無量復次諸菩薩无量無盡功德成就以一食供養十方諸佛及僧皆悉充足而亦不盡譬如涌泉出而不竭如文殊尸利以一鉢歡喜丸供養八万四千僧皆悉充足而亦不盡復次菩薩於此以一鉢食供養十方諸佛而十方佛前飲食之具具足而出譬如鬼神得人一口之食而千万倍出復次菩薩行般若波羅蜜得無量禪定門及得无量智惠方便門以是故无所不能以般若

波羅蜜無㝵故是菩薩心所作亦無㝵是菩薩能供養十方千万恒河沙等諸佛及僧何況各如一恒河沙衣服華香瓔珞末香塗香燒香燈燭幢幡華蓋等亦如是復次舍利弗菩薩摩訶薩欲使十方各如恒河沙等世界中衆生悉具於戒三昧智慧解脫解脫知見令得須陁洹果斯陁含果阿那含果阿羅漢果乃至令得无餘涅槃當學般若波羅蜜五衆義如先說須陁洹果有二種一者佛說三結斷得無為果又如阿毗曇說八十八結斷得无為須陁洹果二者信行法行人住道比智中得須陁洹果諸者是復次須陁洹名流即是八聖道分般那名入入是八聖道分流入涅槃是名初觀諸法實相得入無量法性分墮聖人數中息忌名一伽弥名來是人從此死生天上天上一來得盡衆苦阿那名不伽弥名来是名不來相是人欲界中死生色界无色界中於彼漏盡不復来生問曰今世滅阿那伽弥中陰滅阿那伽弥此亦不生色无

色界何以名為阿那伽弥荅曰阿那伽弥多生色無色界中現在滅者少以少從多故中間滅者亦欲生色界見後身可患即取涅槃以是故因多得名阿羅漢盡一切煩惱故應受一切天龍鬼神供養是阿羅漢有九種退法不退法死法護法住法勝進法不壞法慧解脫共解脫九種義如先說及八背捨八勝處十一切處滅盡定無諍三昧願智等阿羅漢諸妙功德及得无餘涅槃無餘涅槃名阿羅漢捨此五衆更不復相續受有五衆身心苦皆悉永滅後三道果如初道說復次舍利弗菩薩摩訶薩行般若波羅蜜布施時應作是分別如是布施得大果報如是布施得剎利大姓婆羅門大姓居士大家如是布施生四天王天處三十三天夜摩天兜率陀天化樂天他化自在天因是布施得入初禪二禪三禪四禪无邊空處無邊識處無所有處非有想非无想處因是布施能生八聖道分因是布施能得須陁洹道乃至佛道當學般若波

羅蜜菩薩摩訶薩知諸法實相無取無捨无所破壞行不可得般若波羅蜜以大悲心還脩福行福行初門先行布施菩薩行般若波羅蜜智慧明利能分別施福施物雖同福德多少隨心優劣如舍利弗以一鉢飯上佛佛即迴施狗而問舍利弗汝以飯施我我以飯施狗誰得福多舍利弗言如我解佛法義佛施狗得福多舍利弗者於一切人中智慧最上而佛福田最為第一不如佛施狗惡田得福極多以是故知大福從心生在田也如舍利弗千万億倍不及佛心問曰如汝說福田妙故得福多而舍利弗施佛不得大福荅曰良田雖復得福多而不如心所以者何心為內主田是外事故或時布施之福在於福田如億耳阿羅漢昔以一華施於佛塔九十一劫人天中受樂餘福德力得阿羅漢又如阿輸迦王小兒時以土施佛王閻浮提起八万塔最後得道施物至賤小兒心專但以福田妙故得大果報當知大福從良田生若大

中之上三事都具心物福田三事皆妙如般若波羅蜜初品中說佛以好華散十方佛復次又如以般若波羅蜜心布施無所著故得大果報復次為涅槃故施亦得大報以大悲心為度一切衆生故布施亦得大報復次大果報者如是中說生剎利家乃至得佛者是問曰云何布施得生剎利家乃至得佛荅曰若有人布施及持戒故得人天中富貴如有人至心布施持戒故生剎利家剎利者王及大臣若著於智慧經書而不惱衆生布施持戒故生婆羅門家若布施持戒減少而樂著世樂生居士大家居士者小人而巨富若布施持戒清淨小勝猒患家業好樂聽法供養善人生四天王處所以者何在彼有所須欲心生皆得常見此間賢聖善人心生供養以近修福處故若布施持戒清淨供養父母及其所尊心欲求勝生三十三天若布施持戒清淨而好學問其心柔和生夜摩天若布施持戒清淨令二事轉勝好樂多聞分別好

醜愛樂涅槃心著功德生兜率天若
布施深心持戒多聞好樂學問自力
生活生化樂天若布施時清淨持戒
轉深好樂多聞自貴情多不能自苦
從他求樂生他化自在天他所思惟
懃心方便化作女色五欲奪而自在
譬如庶民苦身自業強力奪之復次
布施時以願因緣故生天上如經說
有人少行布施持戒不知禪定是人
聞有四天王天心常志願佛言是人
命終生四天上必有是處乃至他化
自在天亦如是復次有人布施持戒
修布施時其心得樂若施多樂亦多
如是思惟捨五欲除五蓋入初禪乃
至非有想非無想亦如是四禪四無
色定義如上說復次有人布施佛及
佛弟子從其聞說道法是人因此布
施故心得柔軟智慧明利即生八聖
道分斷三結得須陁洹果乃至佛道
亦如是因是布施聞其說法便發阿
耨多羅三藐三菩提心復次未離欲
布施生人中富貴及六欲天中若離
欲心布施生梵世天上乃至廣果天

若離色心布施生無色天中離三界
布施為涅槃故得聲聞道布施時惡
猒憒閙好樂閑靜喜深智慧得辟支
佛布施時起大悲心欲度一切為第一
甚深畢竟清淨智慧得成佛道
復次舍利弗菩薩摩訶薩行般若波
羅蜜布施時以慧方便力故能具足
檀波羅蜜尸羅波羅蜜羼提波羅蜜
毗梨耶波羅蜜禪波羅蜜般若波羅
蜜舍利弗白佛言世尊菩薩摩訶薩
云何布施時以慧方便力故具足檀
波羅蜜乃至般若波羅蜜佛告舍利
弗施人受人財物不可得故能具足
檀波羅蜜罪不罪不可得故具足尸
羅波羅蜜心不動故具足羼提波羅
蜜身心精進不懈息故具足毗梨耶
波羅蜜不亂不味故具足禪波羅蜜
知一切法不可得故具足般若波羅
蜜具足義先已廣說慧方便今此中
說所謂三事不可得者更問曰慧方
便者能成就其事無所破壞更无所
作今破此三事應墮斷滅云何言惠
方便荅曰有二種不可得一者得不

可得二者不得不可得得不可得者
墮於斷滅若不得不可得者是為慧
方便不墮斷滅若無惠方便布施者
取三事相若以三事空則取無相有
慧方便者從本以來不見三事相以
是故慧方便者不墮有无中復次布
施時壞諸煩惱是名慧方便復次於
一切衆生起大悲心布施是名慧方
便復次過去未來无盡世所修福德
布施迴向阿耨多羅三藐三菩提亦
名慧方便復次於一切十方三世諸
佛及弟子所有功德憶念隨喜布施
迴向阿耨多羅三藐三菩提是名慧
方便如是等種種力是為慧方便義
乃至般若波羅蜜慧方便亦如是
復次舍利弗菩薩摩訶薩欲得過去
未來現在諸佛功德當學般若波羅
蜜問曰過去佛功德已滅未來佛功
德未有現在佛功德不可得又三世
中佛功德皆不可得云何言欲得三
世佛功德當學般若波羅蜜荅曰不
言欲得三世佛功德自欲得如三世
佛功德無所減少耳所以者何一切

大智度論第三十二卷　第三十七張

佛功德皆等無多无少問曰若尒者
何以言阿弥陁佛壽命無量光明千
万億由旬無量劫度衆生荅曰諸佛
世界種種有淨不淨有雜如三十三
天品經說佛在三十三天安居自恣
時至四衆久不見佛愁思不樂遣目
連白佛言世尊云何捨此衆生住彼
天上時佛告目連汝觀三千世界目
連以佛力故觀或見諸佛為大衆說
法或見坐禪或見乞食如是種種施
作佛事目連即時五體投地是時須
弥山王跛䟶大動諸天皆大驚怖目
連涕泣稽首白佛佛有大悲不捨一
切作如是種種化度衆生佛告目連
汝所見甚少過汝所見東方有國純
以黃金為地彼佛弟子皆是阿羅漢
六通無㝵復過是東方有國純以白
銀為地彼佛弟子皆學辟支佛道復
過是東方有國純以七寶為地其地
常有无量光明彼佛所化弟子純諸
菩薩皆得陁羅尼諸三昧門住阿毗
䟦致地目連當知彼諸佛者皆是我
身如是等東方恒河沙等无量世界

大智度論第三十二卷　第三十八張

有莊嚴者不莊嚴者皆是我身而作
佛事如東方南西北方四維上下亦
復如是以是故當知釋迦文佛更有
清淨世界如阿弥陁國阿弥陁佛亦
有嚴淨不嚴淨世界如釋迦文佛國
諸佛大悲徹於骨髓不以世界好醜
隨應度者而教化之如慈母愛子子
雖没在廁溷慇懃求拯拔不以為惡

大智度論卷第三十二

大智度論卷三十二

校勘記

一　底本，金藏廣勝寺本。

一　六三八頁中一行經名，石作「大智度經論卷第三十六」，卷末經名同；資、磧、普、南、徑、清作「大智度論卷第三十二」。

一　六三八頁中三行後，石有品名「摩訶般若波羅蜜經釋初品中四緣義第四十九」；資有品名「釋初品中四緣義第四十」；磧、普、南、徑、清品名作「釋初品中四緣義」。

一　六三八頁中四行首字「菩」，石、磧、普、南、徑、清、麗冠以「經」。

一　六三八頁中五行第五字「緣」，石、磧、普、南、徑、清、麗作「緣當學般若波羅蜜（論）」；資作「緣當學般若波羅蜜」。

一　六三八頁中八行「復次」，石作「又復」。

一 六三八頁下四行末字「如」，石、麗作「如是」。

一 六三九頁上一三行第三字「无」，資無。

一 六三九頁上一八行第三字「色」，資、磧、普、南、徑、清無。

一 六三九頁中三行首字「二」，諸本作「三」。

一 六三九頁下四行「緣緣增上緣」，資、磧、普、南、徑、清作「增上」。

一 六三九頁下五行第七字「義」，資無。

一 六三九頁下五行第八字「應」，石作「當」。

一 六三九頁下七行第一〇字「而」，資、磧、普、南、徑、清、麗作「如」。

一 六三九頁下八行第九字「汝」，資、磧、普、南、徑、清無。

一 六三九頁下一九行第一一字「中」，資、磧、普、南、徑、清無。

一 六四〇頁上一行「欲知」前，石有品名「摩訶般若波羅蜜經釋初品中如法性實際義第五十之初」，並與麗同作「〔經〕復次舍利弗菩薩摩訶薩欲知一切」；磧、普、南、徑、清冠以〔經〕。

一 六四〇頁上三行第一三字「諸」，石、磧、普、南、徑、清、麗冠以〔論〕。

一 六四〇頁上一八行末字「故」，資、磧、普、南、徑、清無。

一 六四〇頁上二一行第二字「智」，石、麗作「智慧」。

一 六四〇頁中一行首字「如」，資、磧、普、南、徑、清作「又如」。

一 六四〇頁中五行末字「我」，石、磧、普、南、徑、清、麗無。

一 六四一頁上八行末字「起」，石、麗無。

一 六四一頁上九行第一一、一二字「實際」，資無。

一 六四一頁上一六行「諸三世法」，諸本作「諸法三世」。

一 六四一頁上一八行末字「去」，諸本作「事」。

一 六四一頁中一行第八字「生」，石、麗作「生法」。

一 六四一頁中六行第四字「名」，石、麗作「名爲」。

一 六四一頁中一三行第二字「鼓」，石、磧、普、南、徑、清作「錮」。

一 六四一頁中一七行末二字「如是」，諸本無。

一 六四一頁中一九行「本未」，石、清、麗作「本末」。

一 六四一頁中一九行第七字「諸」，石作「諸法」。

一 六四一頁下六行末字「各」，諸本無。

一 六四二頁上四行第五字「其」，石作「是」。

一 六四二頁上八行第五字「月」，諸本作「日」。

一 六四二頁上一九行第八字「未」，石、資、磧、普、南、清、麗作「末」。

一 六四二頁上二一行首字「用」，石作「時」。

一　六四二頁中一行「法中皆有」，石、資、磧、普、南、徑、清作「法亦名爲法」。

一　六四二頁中六行首字「復」，石、磧、普、南、徑、清、麗冠以〔經〕。

一　六四二頁中七行「世界」，石作「國土」，以下時有出現。

一　六四二頁中八行第一一字「欲」，資、磧、普、南、徑、清無。

一　六四二頁中一一行第二字及一三行第一〇字「者」，資、磧、普、南、徑、清無。

一　六四二頁中一八行首字「問」，石、磧、普、南、徑、清、麗冠以〔論〕。

一　六四二頁下五行第六字「徵」，諸本作「微」。

一　六四二頁下五行第一四字「者」，資、磧、普、南、徑、清、麗無。

一　六四二頁下一五行首字「微」，石、資、磧、普、南、徑、清無。

一　六四二頁下一九行第二字「河」，資、磧、普、南、徑、清無。

一　六四二頁下二二行第六字「如」，資、磧、普、南、徑、清無。

一　六四二頁下末行第四字「不」，資、磧、普、南、清作「尚不」。

一　六四二頁下末行「何人」，諸本作「云何」。

一　六四三頁上七行第二字「爲」，石、資、磧、普、南、徑、清作「謂」。

一　六四三頁上一一行第一二字「水」，磧、南、徑、清作「火」。

一　六四三頁中四行第五字「復」，石作「復次」。

一　六四三頁中末行第一〇字「宗」，資、磧、普、南、徑、清作「崇」。

一　六四三頁下六行第六字「有」，石、磧、普、南、徑、清、麗作「育」。

一　六四三頁下七行第四字「碎」，資、磧、普、南、徑、清作「破」。

一　六四三頁下一〇行「菩薩」，石、磧、普、南、徑、清、麗冠以〔經〕。

一　六四三頁下一一行第四字「一」，諸本作「一結」。

一　六四三頁下一二行「問曰」，石、磧、普、南、徑、清、麗冠以〔論〕。

一　六四四頁上三行「復次」，石、麗冠以〔經〕；磧、普、南、徑、清作〔經〕；資無此二字。

一　六四四頁上五至六行「者當學波若波羅蜜」，資、磧、普、南、徑、清無。

一　六四四頁上五行末字「波」，石、麗作「般」。

一　六四四頁上六行、中二行、六四六頁下一八行「問曰」，石、磧、普、南、徑、清、麗冠以〔論〕。

一　六四四頁上七行「過著」，磧、普、南、徑、清作「擲過」。

一　六四四頁下二行第一一字「万」，資、磧、普、南、徑、清作「萬億」。

一　六四四頁下五行第八字及次頁上一三行末字「復」，石、磧、普、南、徑、清、麗冠以〔經〕。

一　六四四頁下一〇行第一〇字「五」，石、磧、普、南、徑、清、麗冠以〔論〕。

一 六四四頁下一五行第六字「恒」，石、麗作「洹」；資、磧、普、南、徑、清無。

一 六四四頁下末行第四字「陰」，資無。

一 六四五頁上五行首字「得」，石作「爲」。

一 六四五頁上七行第一四字「法」，資、磧、普、南、徑、清無。

一 六四五頁上一二行「五衆」，石作「五陰」。

一 六四五頁上一二行第一〇字「有」，磧、普、南、徑、清、麗作「後」。

一 六四五頁上一三行首字「苦」，磧、普、南、徑、清作「若」。

一 六四五頁上一五行第七字「是」，石、麗作「如是」。

一 六四五頁上一六行第八字「得」，資、磧、普、南、徑、清無。

一 六四五頁上一七行第一二字「生」，石、麗作「得生」。

一 六四五頁上一九行首字「化」，磧、普、南、徑、清作「化自」。

一 六四五頁上一九行第四字「他」，資無。

一 六四五頁中一行第三字「菩」，石、磧、普、南、徑、清、麗冠以「論」。

一 六四五頁中一二行第一一字「生」，石、麗作「生不」；資、磧、普、南、徑、清作「不」。

一 六四五頁中二〇行第七字「輸」，徑作「輸」。

一 六四五頁中二二行第八字「專」，石、麗作「薄」；資、磧、普、南、徑、清作「淨」。

一 六四五頁中二二行第一一字「福」，磧、普、南、徑、清作「施」。

一 六四五頁下二二行「其心」，資、磧、普、南、徑、清、作「心意」。

一 六四六頁上二行第三字「深」，石作「用」。

一 六四六頁上八行第八字「故」，石作「欲」。

一 六四六頁上一五行第八字「亦」，資、磧、普、南、徑、清作「天亦」；麗作「天」。

一 六四六頁中四行第一三字「爲」，資、磧、普、南、徑、清無。

一 六四六頁中六行及下一六行「復次」，石、磧、普、南、徑、清、麗冠以「經」。

一 六四六頁中一六行第八字「息」，磧、普、南、徑、清作「息」。

一 六四六頁中一九行第二字「具」，石、磧、普、南、徑、清、麗冠以「論」。

一 六四六頁中二〇行第一〇字「吏」，石、麗作「是」。

一 六四六頁下九行第九字「盡」，諸本作「量」。

一 六四六頁下一七行第八字「德」，石、麗作「德者」。

一 六四七頁上一二行「跛蹴」，磧、普作「嶺峨」，徑、清作「岠峨」。

一 六四七頁中四行第八字「陁」，石作「陁佛」。

趙城縣廣勝寺

大智度論釋初品中到彼岸義第五十　卷三十三　建

聖者龍樹造

後秦龜茲國三藏鳩摩羅什譯

復次舍利弗菩薩摩訶薩欲到有為無為法彼岸當學般若波羅蜜彼岸者於有為無為法盡到其邊云何是彼岸以大智慧悉知悉盡有為法㧾相別相種種悉解无為法中從須陁洹至佛悉皆了知有為無為法相義如先說欲知過去未來現在諸法如諸法法相不生際當學般若波羅蜜問曰上已說如今何以更說荅曰上直言諸法如今言三世皆如上略說此廣說上說一此說三法相即是法性無生際即是實際過去法如即是過去法相未來現在亦如是復次過去法如即是未來現在法如現在法如即是過去未來法如未來法如即是過去現在法如所以者何如相非一非異故復次如先說二種如一者世間如二者出世間如用是世間如三世各各異用是出世間如三世為一

復次法相名諸法業諸法所作力因緣果報如火為熱相水為濕相如是諸法中分別因緣果報各各別相如是處非處力中說是名世間法相若是諸法相推求尋究入無生法中更无過是者是名無生際問曰如法相可分別有三世无生際是未來法云何有過去現在如阿毗曇說生法者過去現在是無生法者未來及无為法是云何故令過去現在有無生荅曰如先種種說破生法一切法皆無生何但未來无生如一時義中已破三世三世一相所謂无相如是則無生相復次无生名為涅槃以涅槃不生不滅故涅槃者末後究竟不復更生而一切法即是涅槃以是故佛說一切法皆是無生際

欲在一切聲聞辟支佛前欲給侍諸佛欲為諸佛內眷屬欲得大眷屬欲得菩薩眷屬欲淨報大施當學般若波羅蜜問曰若菩薩未得漏盡云何在漏盡聖人前荅曰菩薩初發意時

已在一切衆生前何況積刧修行是菩薩功德智慧大故世世常大能利益聲聞辟支佛衆生知菩薩恩故推崇敬重乃至畜生中亦為尊重如菩薩昔作鹿其色如金其角七寶五百鹿隨逐宗事若在人中好世作轉輪聖王恶世恒作大王護持佛法利益衆生若出家值有佛法則為世作大度師與顯佛法若无佛法則為外道大師行四無量羅漢辟支佛雖有无漏利益事少辟如一井酥雖精不如大海水酪菩薩雖有漏智恵及其成熟利益無量復次羅漢辟支佛四事供養助道之具多由菩薩得如首楞嚴經說文殊師利七十二億作辟支佛化辟支佛人令其成道以是故在聲聞辟支佛前欲為諸佛給使者如釋迦文佛未出家時車匿給使優陁耶戲笑瞿毗耶耶輸陁等諸婇女為内眷屬出家六年苦行時五人給侍得道時弥喜羅陁須鄉刹多羅阿難密跡力士等是名内眷屬大眷屬者舍利弗目揵連摩訶迦葉須菩提迦

栴延富樓那阿泥盧豆等諸聖人及弥勒文殊師利颰陁婆羅諸阿毗跋致一生補處菩薩等是名大眷屬復次佛有二種身一者法性生身二者隨世間身世間身眷屬如先說法性生身者有無量无數阿僧祇一生補處菩薩侍從所以者何如不可思議解脫經說佛欲生時八万四千一生補處菩薩在前導菩薩從後而出辟如陰雲籠月又如法華經說從地踊出菩薩等皆是内眷屬大眷屬菩薩眷屬者有佛純以菩薩為眷屬有佛純以聲聞為眷屬有佛菩薩聲聞雜為眷屬是故言但欲得菩薩為眷屬者當學般若波羅蜜眷屬有三上中下下者純聲聞中者雜上者但菩薩淨報大施者有人言菩薩多集福德未除煩惱受人信施未能淨報佛言菩薩行般若波羅蜜諸法皆空不可得何況諸結使菩薩入法性中故不證真際是故能淨報施福復次菩薩功德廣大從發心已來欲代一一衆生受一切苦欲以一切功德與一切

衆生然後當自求佛道但是事不可得故而自成佛度一切衆生又菩薩志願不以阿僧祇為拘如世間如及法性實際虚空等久住菩薩心住世間利益衆生故亦如是久住無有窮已是人不能淨報施福者誰能淨畢如父母雖有結使諸恶以一世利益子故受其供養令得大福何況菩薩無諸結使而住无邊世中利益衆生而不淨畢又復菩薩但有悲心而無般若尚能利益何況行般若波羅蜜問曰若菩薩無結使云何世間受生荅曰先已荅菩薩得无生法忍得法性生身處處變化以度衆生莊嚴世界是功德因緣故雖未得佛能淨報施福

欲不起慳心破戒心瞋恚心懈怠心乱心癡心當學般若波羅蜜是六種心恶故能障蔽六波羅蜜門如菩薩行布施時若有慳心起令施不清淨所謂不能以好物施若與好物不能多與若與外物則不能内施若能内施不能盡與皆由慳心故菩薩行般

若波羅蜜知一切法無我无我所諸
法皆空如夢如幻以身頭目骨髓布
施如施草木是菩薩雖未得道欲常
不起是慳心當學般若波羅蜜諸餘
人離欲得道故不生破戒心菩薩行
般若波羅蜜故不見破戒事所以者
何戒為一切諸善功德住處辟如地
為一切萬物所依止處破戒尚不得
餘道何況阿耨多羅三藐三菩提以
是故不生破戒心復作是念菩薩法
者安樂衆生若破戒者惱乱一切以
是故菩薩不生破戒心何況破戒小
乘及諸凡夫尚不應生瞋恚心何況
菩薩發阿耨多羅三藐三菩提意身
為菩器法自受惱辟如犯罪之人自
致刑戮自作自受不得怨人但當自
護其心不令起惡辟如人遭風雨寒
熱亦無所瞋復作是念菩薩求佛以
大悲為本若懷瞋恚則喪志願瞋恚
之人尚不得世間樂何況道樂瞋恚
之人自不得樂何能以樂與人懈怠
之人世間勝事尚不能成何況阿耨
多羅三藐三菩提辟如鑽火數息無

得火期散乱之心辟如風中然燈雖
有光明不能照物乱心中智慧亦復
如是智慧是一切善法根本若欲成
就是智先當攝心然後可成辟如狂
酔之人自利他利好醜之事都不覺
知散乱之心亦如是世間好事尚不
能善知何況出世間法愚癡人心一
切成敗事皆不能及何況微妙深義
辟如無目之人或墜溝坑或入非道
无智之人亦復如是無智慧眼故受
著邪法不受正見如是之人世間近
事尚不能成何況阿耨多羅三藐三
菩提菩薩行般若波羅蜜力故能障
是六蔽淨六波羅蜜以是故說若欲
不起六蔽當學般若波羅蜜
復次舍利弗菩薩摩訶薩欲使一切
衆生立於布施福處持戒福處修定
福處勸導福處欲令衆生立於財福
法福者當學般若波羅蜜問曰云何
名為福處答曰阿毗曇言福名善有
漏身口意業復有人言不隱没無記
是所以者何善有漏業因縁果報故
得是不隱没无記福是果報亦名為

福如世間人說能成大事多所成辦
是名福德人是福略說三種布施持
戒修定何等是布施有人以衣服卧
具飲食花香瓔珞等與人是名布施
問曰飲食等物便是布施為更有布
施答曰飲食等物非布施以飲食等
物與時心中生法名捨與慳心相違
是名布施福德是或有漏或无漏常
是善心數法心相應隨心行共心生无
色無形能作縁業相應隨業行業共
生非先業果報得修行修慧證身證
凡夫人得亦聖人得有人言是捨法
相應思是名布施福德所以者何業
能生果報故思即是業身口不名為
業從思生故得名業此布施有二種
一者淨二者不淨不淨者直施而已
或畏失財故與或惡訶罵故與或无
用故與或親愛故與或為求勢故與
以施故多致勢援或死急故與或求
善譽故與或求貴勝齊名故與或妬
嫉故與或憍慢故與小人愚賤尚施
我為貴重大人云何不與或為呪願
福德故與或求吉除凶故與或求入

伴儻故與或不一心不恭敬輕賤受者而與如是種種因緣為今世事故施與淨相違名為不淨淨施者如經中說洽心故施莊嚴意故施為得第一利故施生清淨心能分別為助涅槃故施辟如新花未萎色好且香淨心布施亦復如是如說諸天不淨心布施者宮殿光明薄少若淨心布施者宮殿光明增長此布施業雖過去万至千万世中不失辟如券要問曰此布施福云何增長荅曰應時施故得福增長如經說飢餓時施得福增多或遠行来時若曠路險道中施若常施不斷或時常念施故施得增廣如六念中念捨說若大施故得福多若施好人若施佛若施者受者得淨故若決定心若自以力致財施若隨所有多少能盡施若交以物施若以園田使人等施如是布施唯有菩薩能以深心行之如鼻羅摩菩薩十二年布施已嚴餝乳牛七寶鉢及婇女各有八万四千及諸餘物飲食之屬不可勝數又如須帝䄍拏菩薩下善

勝白象施與怨家入在深山以所愛二子施十二醜婆羅門復以妻及眼施化婆羅門尒時地為大動天為雷震空中雨花又如薩婆達多王自縛其身施婆羅門如尸毗王為一鴿故自持其身以代鴿肉又如菩薩曾為兔身自炙其肉施與仙人如是等菩薩本生經中所說復有聲聞人布施如須弥陁比丘尼與二同學為迦鄉伽牟尼佛作精舍於无數千万世受轉輪聖王及天王福如施婆羅門持一瓶酪施僧世世受樂今得阿羅漢諸受樂中受樂第一如末利夫人供養須菩提故得今世果報為波斯尼示王后如尸婆供養迦栴延故得今世報為栴陁波周陁王后如罽伽陁居士供養舍利弗等五百阿羅漢故即日得果報五百賈客得其餘食人人以珠瓔珞與之卒得大富遂号卒罽伽陁如是等布施得今世報當知布施論議說不可盡持戒福處者佛說五戒福者是問曰云何煞罪相荅曰知是衆生故奪命得煞罪非不故安隱快

心得煞罪非散乱狂心奪命得煞罪非作瘡死已得煞罪非未死身業是煞罪非口煞身作是煞罪非但心生如是等罪止不作是初戒善相或有人言謂是不隱没無記或欲界繫或不繫是非心非心數法非心相應非隨心行或共心生或不共心生非業相應非隨業行或共業生或不共業生非先業果報得修行修身證慧證或思惟斷或不斷離欲界欲時得斷知凡夫聖人共有是名說不煞生戒相餘戒亦如是隨義分別諸戒讚歎論議如尸羅波羅蜜中說修定福處者雖經中說修慈是修定福亦說有漏禪定能生果報者摠名修定福以欲界多瞋多乱故先說慈心為修定福得慈方便願與衆生樂後實見受樂是心相應法名為慈法是法或色界繫或不繫是為真慈是方便慈欲界繫常隨心行隨心生無形无對能緣法非業業相應而隨業行共業生非先業果報得修行修身證慧證或思惟斷或不斷離色界欲時得斷知

有覺有觀亦無覺有觀亦无覺無觀或有喜或无喜或有息或无息亦凡夫人亦聖人或樂受相應或不苦不樂受相應先緣得解相後緣實義根本四禪中亦過四禪依止四禪得者牢固有力慈應言親愛無恚无諍故名為親愛能緣無量衆生故名為无量能利益衆生能離欲故名為梵行慈心餘論議如四無量中說問曰修定福中佛何以但說慈心不說餘荅曰四無量中慈心能生大福德悲心憂愁故捨福德喜心自念功德故福德不深捨心放捨故福亦少復次佛說慈心有五利不說餘何等五一者刀不傷二者毒不害三者火不燒四者水不没五者於一切瞋怒惡害衆生中見皆歡喜悲心等事不尒以是故說修定福為慈餘者隨從及諸能生果報有漏定勸導福處者若比丘不能坐禪不能誦經教化勸導修立福德或有比丘能坐禪誦經見諸比丘衣食乏少力能引致亦行勸導及諸菩薩憐愍衆生故以福德因緣勸化

之又出家人若自求財於戒有失是故勸導以為因緣財福者衣服飲食卧具醫藥金銀車馬田宅等問曰上言布施福處此言財福有何等異荅曰布施者捴攝一切施財施法施俗施道施今欲分別法施財施法施者如佛以大慈故初轉法輪無量衆生得道後舍利弗逐佛轉法輪餘諸聖人雖非轉法輪亦為衆生說法得道亦名法施復有遍吉菩薩觀世音得大勢文殊師利弥勒菩薩等以二種神通力果報神通修得神通住是中以福德方便力光明神足等種種因緣開度衆生亦名法施諸辟支佛飛騰虛空而說一偈引導衆生令殖善根亦名法施又佛弟子未得聖道者坐禪誦經不壞諸法相教化弟子皆名法施如是等種種名為法施相以是故說菩薩欲立衆生於六種施福者當學般若波羅蜜

復次舍利弗菩薩摩訶薩欲得五眼者當學般若波羅蜜何等五肉眼天眼慧眼法眼佛眼肉眼見近不見遠見

前不見後見外不見內見晝不見夜見上不見下以此导故求天眼得是天眼遠近皆見前後內外晝夜上下悉皆無导是天眼見和合因緣生假名之物不見實相所謂空无相無作無生无滅如前中後亦尒為實相故求慧眼得慧眼不見衆生盡滅一異相捨離諸著不受一切法智慧自內滅是名慧眼但慧眼不能度衆生所以者何無所分別故以是故生法眼法眼令是人行是法得道知一切衆生各各方便門令得道證法眼不能遍知度衆生方便道以是故求佛眼佛眼無事不知覆障雖密无不見知於餘人極遠於佛至近於餘幽闇於佛顯明於餘為疑於佛決定於餘微細於佛為麤於餘甚深於佛甚淺是佛眼无事不聞無事不見无事不知無事為難无所思惟一切法中佛眼常照後品五眼義中當廣說菩薩摩訶薩欲以天眼見十方如恒河沙等世界中諸佛欲以天耳聞十方諸佛所說法欲知諸佛心當學般若波羅

蜜天眼法所見不過三千大千世界令以般若波羅蜜力故見十方恒河沙等國中諸佛所以者何般若波羅蜜中無近遠无所罣㝵故問曰如般舟經說以般舟三昧力故雖未得天眼而能見十方現在諸佛此菩薩以天眼故見十方諸佛有何等異荅曰此天眼不隱没無記般舟三昧離欲人未離欲人俱得天眼但是離欲人得般舟三昧憶想分別常修常習故見天眼脩神通得色界四大造色眼四邊得遍明相是為差別天眼功易辟如日出見色不難三昧功難如夜然燈見色不易天耳亦如是知諸佛心者問曰如上地鈍根不能知下地利根心菩薩一佛心尚不應知何况恒河沙等十方諸佛心荅曰以佛神力故令菩薩知如經說一切衆生無知佛心者若佛以神力令知乃至蜫虫亦能知以是故知佛以神力故令菩薩知佛心復次般若波羅蜜无㝵相麁細深淺愚聖都無差別諸佛心如菩薩心如一如无異菩薩隨是如故能知諸佛心復次希有難事不應知而知以是故言欲得是者當學般若波羅蜜

欲聞十方諸佛所說法聞已乃至阿耨多羅三藐三菩提不忘當學般若波羅蜜問曰一佛所說猶尚難持何况無量諸佛所說欲憶而不忘荅曰菩薩以聞持陁羅尼力故能受堅憶念陁羅尼力故不忘復次此中說以般若波羅蜜力畢竟清淨无所著辟如大海含受衆流菩薩從十方諸佛所聞法以般若波羅蜜器大故能受無量法持而不忘復次是般若波羅蜜不可辟喻如虚空如劫燒盡已大雨弥滿是雨除虚空更無處能受十方諸佛說法雨從佛口出除行般若波羅蜜菩薩更無能受者以是言欲聞十方諸佛說法當學般若波羅蜜

大智度論釋初品中見一切佛世界義第五十一之二

復次舍利弗菩薩摩訶薩欲見過去未來諸佛世界及見現在十方諸佛世界當學般若波羅蜜問曰若見十方佛則已見世界今何以復說欲見世界荅曰菩薩未深入禪定若見十方世界山河草木心則散乱故但觀諸佛如念佛義中說行者但觀諸佛不觀土地山河樹木得禪定力已隨意廣觀復次清淨佛國難見故言欲見諸佛國當學般若波羅蜜又一佛有無量百千種世界如先說有嚴淨有不嚴淨有雜有畢竟清淨世界難見故以般若波羅蜜力乃能得見辟如天子聽正殿則外人可見內殿深宮無能見者問曰十方現在世界可見過去未來諸佛世界云何得見荅曰菩薩有見過去未來三昧入是三昧已見過去未來事如夢中所見復次菩薩有不滅除三昧入是三昧已不見諸佛有滅者問曰此二法非眼云何能見荅曰此是智慧假名為眼如轉法輪中於四諦中得眼智明覺復次菩薩見十方現在佛世界定知過去未來諸佛世界亦尒所以者何一切諸佛功德同故是事如先說復次是般若波羅蜜中如現在過去未來等無異一如一法性故以是故不應難

復次舍利弗菩薩摩訶薩欲聞十方諸佛所說十二部經修多羅祇夜受記經伽陀優陀那因緣經阿波陀那如是語經本生經廣經未曾有經論議經諸聲聞等聞與不聞盡欲誦受持當學般若波羅蜜先說盡　欲聞十方諸佛所說法者當學般若波羅蜜所說法者即此十二部經諸經中直說者名修多羅所謂四阿含諸摩訶衍經及二百五十戒經出三藏外亦有諸經皆名修多羅諸經中偈名祇夜眾生九道中受記所謂三乘道六趣道此人經尒所阿僧祇劫當作佛若記尒所歲當作佛記聲聞人今世後世得道記辟支佛但後世得道記餘六道亦皆後世受報諸佛法欲與眾生受記先皆微笑无量種光從四牙中出所謂青黃赤白縹紫等從上二牙出者光炤三惡道從其光明演无量法說一切作法无常一切法無我安隱涅槃眾生得遇斯光聞說法者身心安樂得生人中天上從是因緣皆得畢苦從下二牙出者上炤人

天乃至有頂禪若聾盲瘖瘂狂病皆得除愈六欲天人及阿修羅受五欲樂遇佛光明聞說法聲皆猒患欲樂身心安隱色界諸天受禪定樂時遇佛光明聞說法聲亦生猒患來詣佛所此諸光明復至十方遍照六道作佛事已還遶身七匝若記地獄光從足下入若記畜生光從踌入若記餓鬼光從脞入若記人道光從齊入若記天道光從胷入若記聲聞光從口入若記辟支佛光從眉間相入若記得佛光從頂入若欲受記先現此相然後阿難等諸弟子發問一切偈名祇夜六句三句五句句多少不定亦名祇夜亦名伽陀優陀那者名有法佛必應說而無有問者佛略開問端如佛在舍婆提毗舍佉堂上陰地經行自說優陀那所謂无我無我所是事善哉尒時一比丘合掌白佛言世尊云何無我无我所是事善哉佛告比丘凡夫人未得无漏道顛倒覆心故於無我无我所心大驚怖若佛及佛弟子聞好法者歡喜奉行无顛倒

故不復更作如是等雜阿含中廣說又如般若波羅蜜品中諸天子讚須菩提所說善哉善哉希有世尊難有世尊是名優陀那又如佛涅槃後諸弟子抄集要偈諸无常偈等作无常品乃至婆羅門偈等作婆羅門品亦名優陀那諸有集眾妙事皆名優陀那如是等名優陀那經相尼陀那者說諸佛法本起因緣佛何因緣說此事修多羅中有人問故為說是事毗尼中有人犯是事故結是戒一切佛語緣起事皆名尼陀那阿波陀那者與世間相似柔軟淺語如中阿含中長阿波陀那經長阿含中大阿波陀那毗尼中億耳阿波陀那二十億阿波陀那解二百五十戒經中欲阿波陀那一部菩薩阿波陀那出一部如是等無量阿波陀那如是語經者有二種一者結句言我先許說者今已說竟二者三藏摩訶衍外更有經名竹篋多迦有人言目多迦目多迦名出三藏及摩訶衍何等是如佛說淨飯王強令出家作佛弟子者佛選擇

五百人堪任得道者將至舍婆提所以者何以其未離欲若近親里恐其破戒故將至舍婆提令舍利弗目連等教化之初夜後夜專精不睡勤修精進故得道得道已佛還將至本生國一切諸佛法還本國時與大會諸天衆俱住迦毗羅婆仙人林中此林去迦毗羅婆城五十里是諸釋遊戲園此諸釋子比丘處舍婆提時初夜後夜專精不睡故以夜為長從林中来入城乞食覺道里長遠尒時佛知其心有師子来礼佛足在一面住佛以是三因緣故說偈

不寐夜長　疲惓道長　愚生死長
莫知正法

佛告比丘汝未出家時其心遊逸多睡眠故不覺夜長今初夜後夜專精道減省睡眠故覺夜為長此迦毗羅婆林汝本駕乘遊戲不覺為遠今著衣持鉢步行疲極故覺道長是師子鞞婆尸佛時作婆羅門師見佛說法来至佛所

尒時大衆以聽法故無共說者即生

悪念發悪罵言此諸禿輩與畜生何異不別好人不知言語以是悪口業故從鞞婆尸佛乃至今日九十一劫常墮畜生中此人尒時即應得道以愚癡故自作生死長久今於佛所心清淨故當得解脫如是等經名為出因緣於何處出於三藏摩訶衍中出故名為出何名因緣是三事之本名為因緣本生經者昔者菩薩曾為師子在林中住與一獼猴共為親友獼猴以二子寄於師子時有鷲飢行求食值師子睡故取猴子而去住於樹上師子覺已求猴子不得見鷲持在樹上而告鷲言我受獼猴寄託二子護之不謹令汝得去孤負言信請從汝索我為獸中之王汝為鳥中之主貴勢同等宜以相還鷲言汝不知時吾今飢乏何論同異師子知其叵得自以利抓斵其胷肉以貿猴子又過去世時人民多病黃白瘦熱菩薩尒時身為赤魚自以其肉施諸病人以救其疾又昔菩薩作一鳥身在林中住見有一人入於深水非人行處為

水神所羂水神羂法著不可解鳥知解法至香山中取一藥草著其羂上繩即爛壞人得脫去如是等无量本生多有所濟是名本生經廣經者名摩訶衍所謂般若波羅蜜經六波羅蜜經華首經法華經佛本起因緣經雲經法雲經大雲經如是等无量阿僧祇諸經為得阿耨多羅三藐三菩提故說毗佛略（呂夜反）秦言未曾有經如佛現種種神力衆生怪未曾有所謂佛生時身放大光明照三千大千世界及幽闇之處復照十方无量諸佛三千大千世界是時於佛母前有清淨好池以浴菩薩梵王執蓋帝釋洗身二龍吐水又生時不須扶持而行七步足跡之處皆有蓮華而發是言我是度一切衆生老病死者地大震動天雨衆花樹出音聲作天伎樂如是等無量希有事是名未曾有經論議經者荅諸問者釋其所以又復廣說諸義如佛說四諦何等是四所謂四聖諦何等是四所謂苦集滅道聖諦是名論議何等為苦聖諦所謂

大智度論第三十三卷　第二十四張

生苦等八種苦何等是生苦所謂諸衆生各各生處是中受苦如是等問荅廣解其義是名優波提舍如摩訶衍中佛説六波羅蜜何等六所謂檀波羅蜜乃至般若波羅蜜何等是檀波羅蜜檀波羅蜜有二種一者具足二者不具足何等是具足與般若波羅蜜和合乃至十住菩薩所得是名具足不具足者初發菩薩心未得无生忍法未與般若波羅蜜和合是名不具足乃至禪波羅蜜亦如是般若波羅蜜具足者有大方便未具足者無方便力復次佛所説論議經及摩訶迦栴延所解修多羅乃至像法凡夫人如法説者亦名優波提舍聲聞所不聞者佛獨與菩薩説法无諸聲聞聽者又佛以神通力變身無數遍至十方一乘世界説法又復佛為欲天色天説法無諸弟子故不得聞問曰諸六通阿羅漢者佛説時雖不在坐以天耳天眼可得見聞若以宿命通弁知過去事何以不聞荅曰諸聲聞神通力所不及處是故不聞復次佛

大智度論第三十三卷　第二十五張

為諸大菩薩説不可思議解脱經舍利弗目連在佛左右而不得聞以不種是聞大乘行法因緣故譬如坐禪人入一切處定中能使一切名水皆火而餘人不見如不可思議解脱經中廣説盡欲受持者聞而奉行為受久久不失為持

大智度論卷第三十三

大智度論　卷三十三

校勘記

一　底本，金藏廣勝寺本。

一　六五一頁中一行經名，石作「大智度經論卷第三十七」，卷末經名同；資、磧、普、南、徑、清作「大智度論卷第三十三」。

一　六五一頁中三行後，石有品名「摩訶般若波羅蜜經釋初品中如法性實際到彼岸義第五十之餘」；資有品名「釋初品中到彼岸第四十一」；磧、普、南、徑、清品名作「釋初品中到彼岸等」。

一　六五一頁中四行「復次」，石、磧、普、南、徑、清、麗冠以「經」。

一　六五一頁中五行第一三字「彼」，石、磧、普、南、徑、清、麗冠以「論」。

一　六五一頁中一〇行第四字「欲」前，石、磧、普、南、徑、清、麗有「〔經〕菩薩摩訶薩」。

一六五一頁中一一行「不生際」，石、磧、普、南、徑、清、麗作「無生際者」。

一六五一頁中一二行及下二二行「問曰」，石、磧、普、南、徑、清、麗冠以〔論〕。

一六五一頁中一四行首字「此」，石作「令」。

一六五一頁下一一行第六字「故」，諸本作「欲」。

一六五一頁下一九行首字「欲」前，石、磧、普、南、徑、清、麗有「〔經〕復次舍利弗菩薩摩訶薩」。

一六五一頁下二一行第六字「欲」，石、麗作「欲得」。

一六五二頁上九行第三字「與」，諸本作「興」。

一六五二頁上一〇行「羅漢」，石、麗作「阿羅漢」。

一六五二頁上一一行第九字「升」，石作「㪷」。

一六五二頁中九行第一三字「出」，資、磧、普、南、徑、清作「生」。

一六五二頁中一〇行第一〇字「經」，石作「經中」。

一六五二頁中一〇行末字「踊」，石、徑、清作「涌」。

一六五二頁下三行「如及」，石、麗作「及如」。

一六五二頁下八行第七字「令」，石、麗作「令子」。

一六五二頁下一四行末字及一五行首字「世界」，石作「國土」，下同。

一六五二頁下一七行首字「欲」前，石、南、徑、清、麗有「〔經〕復次舍利弗菩薩摩訶薩」；磧、普冠以〔經〕。

一六五二頁下一八行第四字「心」，石、麗作「心者」。

一六五二頁下一八行第一二字「是」，諸本冠以〔論〕。

一六五二頁下二〇行第一一字「施」，石、麗作「布施」。

一六五三頁上一六行第九字「得」，諸本作「應」。

一六五三頁上一七行第一二字「風」，石作「惡風」。

一六五三頁中一行第一二字「然」，資、磧、普、南、徑、清作「燈」。

一六五三頁中二行第一二字「慧」，石無。

一六五三頁中一六行首字「復」，石、磧、普、南、徑、清、麗冠以〔經〕。

一六五三頁中一九行第三字「者」，資、磧、普、南、徑、清、麗作「處」。

一六五三頁中一九行第一一字「問」，石、磧、普、南、徑、清、麗冠以〔論〕。

一六五三頁中二〇行第一二字「名」，諸本作「者」。

一六五三頁中二一行第七字「有」，石作「次」。

一六五三頁下一八行第一〇字「爲」，石無。

一六五三頁下二〇行第二字「譽」，石、麗作「名譽」。

一六五三頁下二〇行第六字「求」，

資、磧、普、南、徑、清、麗作「求與」。

一　六五四頁上九行第七字「長」，諸本作「廣」。

一　六五四頁上一二行第二字「福」，石、資無。

一　六五四頁上一四行末三字「得增廣」，石作「福增多」；麗作「福增廣」。

一　六五四頁上一六行第一三字「得」，諸本作「清」。

一　六五四頁上一七行第五字「心」，諸本作「心施」。

一　六五四頁上二一行第五字「嚴」，石、麗作「莊」。

一　六五四頁上末行第三字「勝」，資、磧、普、南、徑、清作「稱」。

一　六五四頁中一六行首字及二○行第九字「報」，石、麗作「果報」。

一　六五四頁中一八行第三字「果」，資、磧、普、南、徑、清無。

一　六五四頁中一九行第三字「珞」，資、磧、普、南、徑、清無。

一　六五四頁中一九行第一一字「号」，石、資、磧、普、南、徑、清作「號爲」。

一　六五四頁中一九行第一三字「贊」，麗無。

一　六五四頁下三行第五字「熬」，資、磧、普、南、徑、清作「教」。

一　六五四頁下三行末字「生」，磧、普、南、徑、清作「生惡」。

一　六五五頁上一七行第九字「事」，石、麗作「三事」。

一　六五五頁中一九行第一三字「施」，資無。

一　六五五頁中二一行及次頁中二○行「復次」，石、磧、普、南、徑、清、麗冠以「經」。

一　六五五頁中二一行末字「者」，資、磧、普、南、徑、清無。

一　六五五頁中二二行第八字「何」，石、資、麗冠以「論」。

一　六五五頁中末行第七字「肉」，磧、普、南、徑、清冠以「論」。

一　六五五頁下一一行第一○字「道」，諸本作「是道」。

一　六五五頁下一二行第七字「令」，石作「各令」。

一　六五五頁下二○行第一二字「菩」，石、磧、普、南、徑、清、麗冠以「經」。

一　六五六頁上一行第二字「天」，石、磧、普、南、徑、清、麗冠以「論」。

一　六五六頁上四行第五字「遠」，諸本作「無遠」。

一　六五六頁上二○行第八字「知」，資、磧、普、南、麗無。

一　六五六頁上末行第三字「心」，資作「心則」。

一　六五六頁中四行首字「欲」，石、磧、普、南、徑、清、麗冠以「經」。

一　六五六頁中五行第一○字「忘」，石、麗作「忘者」。

一　六五六頁中六行及二二行「問曰」，石、磧、普、南、徑、清、麗冠以「論」。

一　六五六頁中一七行第一二字「是」，石、麗作「是故」。

一　六五六頁中一九行「大智度論」，

石作「摩訶般若波羅蜜經」。
一 六五六頁中一九行品名，磧、普、南、徑、清無。「五十一之一」，資作「四十二之一」。
一 六五六頁下五行第六字「清」，石、麗作「諸清」。
一 六五六頁下一五行第七字「除」，麗作「際」。
一 六五六頁下一八行第九字「中」，資、磧、普、南、徑、清無。
一 六五七頁上一行首字「復」，石、磧、普、南、徑、清、麗冠以「經」。
一 六五七頁上六行首字「持」，麗作「持者」。
一 六五七頁上六行第九字「先」，諸本冠以「論」。
一 六五七頁上六行第一三字「問」，諸本作「聞」。
一 六五七頁上一五行第八字「佛」，資、磧、普、南、徑、清作「佛人」。
一 六五七頁下一七行第一二字「一」，南作「二」。
一 六五七頁下一九行第五字「結」，資、磧、普、南作「經」。
一 六五七頁下二一行「竹葉」，石作「一竹葉」；資、磧、普、南、徑、清、麗作「一目」。
一 六五八頁上三行「目連」，石、麗作「目乹連」。
一 六五八頁上一六行第一二字「遊」，諸本作「放」。
一 六五八頁上一七行第一四字「精」，資無。
一 六五八頁上末行第一一字「說」，諸本作「語」。
一 六五八頁中八行第五字「何」，石、麗作「云何」。
一 六五八頁中九行第三字「緣」，石、麗作「緣經」。
一 六五八頁中一一行第一一字「鷲」，諸本作「鷲鳥」。
一 六五八頁中一五行第五字「令」，磧、南作「今」。
一 六五八頁中一九行第四字「抓」，諸本作「爪」。
一 六五八頁中二〇行第一一字「熱」，諸本作「熱」。
一 六五八頁下一行第四字「羂」，資作「衒」，下同。
一 六五八頁下六行第四字「首」，資、磧、普、南、徑、清作「手」。
一 六五八頁下九行「秦言未曾有經」，石、麗爲夾註。
一 六五八頁下一八行第一二字「天」，石作「大」。
一 六五九頁上一行末字「諸」，石無。
一 六五九頁上一二行「大方便」，石、麗作「方便力」；資、磧、普、南、徑、清作「大方便力」。
一 六五九頁中一行「解脫」，磧、普、南無。
一 六五九頁中四行第一二字「各」，諸本作「皆」。

趙城縣廣勝寺

大智度論釋初品中見一切佛世界義第五十一之餘　卷三十四　建

聖者龍樹造

後秦龜茲國三藏鳩摩羅什譯

十方如恒河沙等世界中諸佛所說法已說今說當說聞已欲一切信持自行亦為人說當學般若波羅蜜問曰上已說十方諸佛所說欲憶持不忘當學般若今何以復說信持三世佛法答曰上說欲憶持十方諸佛法未知是何法故說十二部經是佛法及聲聞所不聞者上但言恒河沙等世界諸佛今言恒河沙三世諸佛法又上但說受持不忘不說受持利益今言自為亦為他人說是故須說復次舍利弗菩薩摩訶薩過去諸佛說已未來諸佛當說欲聞聞已自利亦利他人當學般若波羅蜜問曰十方現在佛所說法可受可持過去已滅未來未有云何可聞答曰此義先已答今當更說菩薩有三昧名觀三世諸佛三昧菩薩入是三昧中悉見三世諸佛聞其說法譬如外道神仙於未來世事未有形兆未有言說以智慧力故亦見亦聞復次諸菩薩力不可思議未來世雖未有形未有言說而能見能聞或以陀羅尼力或以今事比知過去未來諸事以是故言欲得是者當學般若波羅蜜

十方如恒河沙等諸世界中闇處日月所不照欲持光明普照當學般若波羅蜜菩薩從兜率天上欲降神母胎𡖋時身放光明遍照一切世界及世間幽冥之處次後生時光明遍照亦復如是初成道時轉法輪時般涅槃時放大光明皆亦如是及於餘時現大神通放大光明如欲說般若波羅蜜時現大神通以大光明遍照世間幽冥之處如是此處處經中說神通光明問曰此是佛力何以說菩薩答曰今言菩薩欲得是者當學般若波羅蜜諸大菩薩能有是力如遍吉菩薩觀世音得大勢明網无量光菩薩等能有是力身出無量光明能照十方如恒河沙等世界又如阿弥陁佛世界中諸菩薩身出常光照十

萬由旬問曰菩薩身光如是本以何業因緣得答曰身業清淨故身得莊嚴如經說有一鬼頭似猪臭蟲從口出身有金色光明是鬼宿世作比丘惡口罵詈客比丘身持淨戒故身有光明口有惡言故臭蟲從口出如經說心清淨優劣故光有上中下少光大光光音欲界諸天心清淨布施持戒故身有光明復次有人憐愍眾生故於闇處然燈亦為供養尊像塔寺故亦以明珠户嚮明鏡等明淨物布施故身有光明復次常修慈心遍念眾生心清淨故又常修念佛三昧念諸佛光明神德故得身光明復次行者常修大一切入又以智慧光明教化愚闇邪見眾生以是業因緣故得心中智慧明身亦有光如是等業因緣得身光清淨

十方如恒河沙等世界中无有佛名法名僧名欲使一切眾生皆得正見聞三寶音者當學般若波羅蜜菩薩於先無佛法塔寺處於中起塔以是業因緣後身得力成就於无佛法眾

處讚歎三寶令眾生入於正見如經說有人於先無佛塔國土中修立塔廟得梵福德梵名无量福德以是因緣疾得禪定得禪定故得無量神通神通力故能到十方讚歎三寶正見者若先不識三寶功德因菩薩故得信三寶信三寶故信業因緣罪福信業因緣故信世間是縛涅槃是解讚歎三寶義如八念中說

欲令十方如恒河沙等世界中眾生以我力故盲者得視聾者得聽狂者得念裸者得衣飢渴者得飽滿當學般若波羅蜜菩薩行無导般若波羅蜜若得无导解脫成佛若作法性生身菩薩如文殊師利等在十住地有種種功德具足眾生見者皆得如願譬如如意珠所欲皆得法性生身佛及法性生身菩薩人有見者皆得所願亦復如是復次菩薩從初發意已来於無量劫中治一切眾生九十六種眼病又於无量世中自以眼布施眾生又智慧光明破邪見黒闇又以大悲欲令眾生所願皆得如是業因

緣云何令眾生見菩薩身而不得眼餘事亦如是此諸義如放光中說

復次舍利弗菩薩摩訶薩若欲令十方如恒沙等世界中眾生諸在三惡趣者以我力故皆得人身當學般若波羅蜜問曰自以善業因緣故得人身云何菩薩言以我力因緣故令三惡道中眾生皆得人身答曰不言以菩薩業因緣令眾生得人身但言菩薩恩力因緣故得菩薩以神通變化說法力而令眾生修善得人身如經中說二因緣發起正見一者外聞正法二者内有正念又如草木内有種子外有雨澤然後得生若无菩薩眾生雖有業因緣無由發起以是故知諸佛菩薩所益甚多問曰云何能令三惡道中眾生皆得解脫佛尚不能何况菩薩答曰菩薩心願欲尒則无過咎又多得解脫故言一切如諸佛及大菩薩身遍出無量光從是光明出無量化身遍入十方三惡道中令地獄火滅湯冷其中眾生心清淨故生天上人中令餓鬼道飢渴飽滿開

發善心得生天人中令畜生道隨意得食離諸恐怖開發善心亦得生天人中如是名為一切三惡道得解脫問曰如餘經說生天人中此何以但說皆得人身答曰於人中得修大功德亦受福樂天上多著樂故不能修道以是故願令皆得人身復次菩薩不願衆生但受福樂欲令得解脫常樂涅槃以是故不說生天上

欲令十方如恒河沙等世界中衆生以我力故立於戒三昧智慧解脫解脫知見令得須陁洹果乃至阿耨多羅三藐三菩提當學般若波羅蜜問曰先已說此五衆道果今何以更說答曰上說但是聲聞法從須陁洹乃至無餘涅槃今雜說三乘聲聞辟支佛乃至阿耨多羅三藐三菩提復次舍利弗菩薩摩訶薩欲學諸佛威儀當學般若波羅蜜問曰何等是諸佛威儀答曰威儀名身四動止辟如象王迴身而觀行時足離地四指雖不踏地而輪跡現不遲不疾身不傾動常舉右手安慰衆生結加趺坐其身

正直常偃右脅累膝而卧所敷草蓐齊整不乱食不著味美惡等一若受人請默然無違言辞柔濡方便利益不失時節復次法身佛威儀者過東方如恒河沙等世界以為一步梵音說法亦復如是法身佛相義如先說菩薩摩訶薩欲得如象王視觀當學般若波羅蜜菩薩作是願使我行時離地四指足不踏地我當共四天王天乃至阿迦尼吒無量千万億諸天衆圍繞恭敬至菩提樹下當學般若波羅蜜如象王視者若欲遠迴身觀時舉身俱轉大人相者身心專一是故若有所觀身心俱轉迴辟如師子有所搏撮不以小物故而改其壯勢佛亦如是若有所觀若有所說身與心俱常不分散所以者何從无數劫来集一心法以是業因緣故頂骨與身為一無有分解又以世世破憍慢故不輕衆生觀則俱轉如尼陁阿波陁那中說舍婆提國除糞人而佛以手摩頭教令出家猶不輕之足離地四指者佛若常飛衆生疑怪謂佛非

是人類則不歸附若足到地則衆生以為與常人不異不生敬心是故雖為行地四指不到而輪跡現問曰如佛常放大光足不到地衆生何以故不盡敬附答曰衆生无量劫中積罪甚重無明垢深於佛生疑謂是幻師以術誑人或言足不踏地生來自尒如鳥能飛有何奇特或有衆生罪重因緣故不見佛相直謂大威德沙門而已辟如人重病欲死名藥美食皆謂臭穢是故不盡敬附共四天王乃至阿迦尼吒無量千萬億諸天衆恭敬圍繞至菩提樹下者是諸佛常法佛為世尊至菩提樹下欲破二種魔一者結使魔二者自在天子魔欲成一切智是諸天衆云何不來敬侍送又諸天世世佐助擁護菩薩乃至出家時令諸宮人綵女淳惛而卧捧馬足踰城出今日事辦我當共侍送至菩提樹下問曰何以不說刹利婆羅門等無量人侍送而但說諸天答曰佛獨於深林中求菩提樹非是人行處是故不說又以人無天眼他心智故

不知佛當成道是故不說復次諸天貴於人故但說天復次諸佛常樂閑靜處諸天能隱身不現不妨閑靜是故但諸天是從復次菩薩見五比丘捨菩薩而去而菩薩獨至樹下是故作是願我當於菩提樹下坐四天王天乃至阿迦尼吒天以天衣為坐當學般若波羅蜜問曰如經說佛數草樹下坐而成佛道今云何願言以天衣為坐荅曰聲聞經中說數草摩訶衍經中隨衆生所見或有見數草樹下或見數天綩綖隨其福德多少所見不同復次生身佛把草樹下法性生身佛以天衣為坐或勝天衣復次佛於深林樹下成佛林中人見則奉佛草若貴人見者當以所貴衣服為坐但林中无貴人故時諸龍神天各以妙衣為坐四天王衣重二兩忉利天衣重一兩夜摩天衣重十八銖兜率天衣重十二銖化樂天衣重六銖他化自在天衣重三銖色界天衣无量相欲界天衣從樹邊生無纏无織辟如薄氷光曜明淨有種種色色界天衣

純金色光明不可稱知如是等實衣數坐菩薩坐上成阿耨多羅三藐三菩提問曰何以但說諸天數衣不說十方諸大菩薩為佛數坐諸菩薩等佛將成道時皆為佛數坐或廣長一由旬十百千万億乃至無量由旬高亦如是此諸寶座是菩薩无量福德生故是諸天目所不見何況手觸十方三世諸佛降魔得道莊嚴佛事皆悉照見辟如明鏡如是妙座何以不說荅曰般若波羅蜜有二種一者與聲聞菩薩諸天共說二者但與十住具足菩薩說是般若波羅蜜中應說菩薩為佛數坐所以者何諸天知佛恩不及一生二生諸大菩薩如是菩薩云何不以神通力而供養佛是中合聲聞說是故不說

我得阿耨多羅三藐三菩提時若行住坐卧處欲使悉為金剛當學般若波羅蜜問曰何以故佛四威儀中地悉為金剛荅曰有人言菩薩至菩提樹下時於此處坐得阿耨多羅三藐三菩提尒時菩薩入諸法實相中无有

地能舉是菩薩所以者何地皆是衆生虛誑業因緣報故有是故不能舉菩薩欲成佛時實相智慧身是時坐處變為金剛有人言土在金輪上金輪在金剛上從金剛際出如蓮花臺直上持菩薩坐處令不陷没以是故以道場坐處名為金剛有人言成佛道已四種威儀處悉變成金剛問曰金剛亦是衆生虛誑業因緣有云何能舉佛荅曰金剛雖是虛誑所成於地最為牢固更無勝者金剛下水諸大龍王以此堅固物奉獻於佛亦是佛宿世業因緣故得此安立處又復佛變金剛及四大令為虛空虛空不誑佛智慧亦不誑二事既同是故能舉

經復次舍利弗菩薩摩訶薩若出家日即成阿耨多羅三藐三菩提即是日轉法輪轉法輪時無量阿僧祇衆生遠塵離垢諸法中得法眼淨无量阿僧祇衆生一切不受故諸漏心得解脫无量阿僧祇衆生於阿耨多羅三藐三菩提得不退轉當學般若波羅蜜

論或有菩薩於惡世邪見衆生中為除

衆生邪見故自行勤苦甚難之行如釋迦文佛於漚樓頻螺樹林中食一麻一米諸外道言我等先師雖修苦行不能如是六年勤苦又復有言謂佛先世惡業今受苦報有菩薩謂佛爲實受是苦是故發心我當即以出家日成佛又有菩薩於好世出家如大通慧求佛道結加趺坐經十小劫乃得成佛菩薩聞是已發心言願我以出家日即得成佛有菩薩成佛已不即轉法輪如然燈佛成佛已十二年但放光明人無識者而不說法又如須扇多佛成佛已无受化者作化佛留住一劫說法度人自身滅度又如釋迦文佛成佛已五十七日不說法菩薩聞是已願我成佛已即轉法輪有佛度衆生有限數如釋迦文佛轉法輪時憍陳如一人得初道八万諸天諸法中得法眼淨菩薩聞是已作是願我轉法輪時令無量阿僧祇人遠塵離垢諸法中得法眼淨以釋迦文佛初轉法輪時一比丘及諸天皆得初道而无一人得阿羅漢及菩

薩道者是故菩薩言我作佛時當使無量阿僧祇衆生一切法不受諸漏心得解脫及无量阿僧祇衆生於阿耨多羅三藐三菩提得不退轉問曰若一切佛神力功德度衆生皆等此菩薩何以作此願荅曰一佛能變作無量阿僧祇身而度衆生而世界有嚴淨者有不嚴淨者菩薩若見若聞是諸佛有苦行難得佛者有不即轉法輪者有如釋迦牟尼佛六年苦行成道又聞初轉法輪時未有得阿羅漢道者何况得菩薩道是故菩薩未聞諸佛力等故作是願然諸佛神力功德平等無異

經我得阿耨多羅三藐三菩提時以无量阿僧祇聲聞爲僧我一說法時便於坐上盡得阿羅漢當學般若波羅蜜

論有佛以聲聞爲僧有數有限如釋迦文尼佛千二百五十比丘爲僧弥勒初會僧九十九億第二會九十六億第三會九十三億如是等諸佛僧各各有限有數不同以是故菩薩願言我當以無量阿僧祇聲聞爲僧有

佛爲衆生說法一說法得初道異時更說得二道三道第四道如釋迦文尼佛爲五比丘說法得初道異日得阿羅漢道如舍利弗得初道經半月然後得阿羅漢道摩訶迦葉見佛從初道過八日已得阿羅漢如阿難得須陁洹道二十五歲供養佛已佛般涅槃後得阿羅漢如是等諸阿羅漢不一時得四道以是故菩薩願言我一說法時便於坐上盡得阿羅漢

經我當以無量阿僧祇菩薩摩訶薩爲僧我一說法時无量阿僧祇菩薩皆得阿鞞跋致

論菩薩所以作此願者諸佛多以聲聞爲僧無別菩薩僧如弥勒菩薩文殊師利菩薩等以釋迦文佛无別菩薩僧故入聲聞僧中次第坐有佛爲一乘說法純以菩薩爲僧有佛聲聞菩薩雜以爲僧如阿弥陁佛國菩薩僧多聲聞僧少以是故願以無量菩薩爲僧有佛初轉法輪時无有人得阿鞞跋致以是故菩薩願言我一說法無量阿僧祇人得阿鞞跋致

經欲得壽命无量光明具足當學

般若波羅蜜論諸佛壽命有長有短如鞞婆尸佛壽八万四千歲如拘樓孫陁佛壽六万歲迦那伽牟尼佛壽三万歲迦葉佛壽二万歲釋迦文佛壽百歲少有過者弥勒佛壽八万四千歲如釋迦文佛常光一丈弥勒佛常光十里諸佛壽命光明各有二種一者隱藏二者顯現一者真實二者為衆生故隱藏真實者无量顯現為衆生者有限有量實佛壽不應短所以者何諸佛長壽業因緣具足故如婆伽梵宿世救一聚落人命故得无量阿僧祇壽命梵世中壽法不過半劫而此梵天壽獨無量以是故生邪見言唯我常住佛到其所破其邪見說其本緣救一聚落其壽乃尒何況佛世世救無量阿僧祇衆生或以財物救濟或以身命代死云何壽限不過百歲又不煞生戒是長壽業因緣佛以大慈衆生愛徹骨髓常能為衆生故死何況煞生又以諸法實相智慧真實不誑故亦是長壽因緣菩薩以般若波羅蜜和合持戒諸功德故得

壽命無量何況佛世世具足此諸无量功德而壽命有限復次如一切色中佛身第一一切心中佛心第一以是故一切壽命中佛壽亦應第一如世俗人言人生於世以壽為貴佛為人中之上壽亦應長問曰佛雖有長壽業因緣生於惡世故壽命便短以此短壽能具佛事何用長為又佛以神通力故一日之中能具佛事何況百歲答曰此間閻浮提惡故佛壽應短餘處好故佛壽應長問曰若然者菩薩於此閻浮提淨飯王宮生出家成道是實佛餘處皆是神通力變化作佛以度衆生答曰此言非也所以者何餘處閻浮提亦各各言我國是實佛餘處為變化何以知之若餘處國土自知是化佛則不肯信受教戒又如餘國土人壽命一劫若佛壽百歲於彼纔無一日衆生則起輕慢不肯受教彼則以一劫為實佛以此為變化如首楞嚴經說神通遍照佛壽七百千阿僧祇劫佛告文殊尸利彼佛則是我身彼佛亦言釋迦文佛則

是我身以是故知諸佛壽命實皆无量為度人故現有長短汝言釋迦文佛以神通力故所度衆生與人壽不異者則不須百歲一日之中可具足佛事如阿難一時心生是念如然燈世尊一切勝佛鞞婆尸佛出於好世壽命極多能具佛事我釋迦文佛出生惡世壽命極短將無世尊不能具佛事耶尒時世尊入日出三昧從身變化出無量諸佛及无量光明普至十方一一化佛在諸世界各作佛事或有說法或現神通或現三昧或現飯食如是之比種種因緣施作佛事而度衆生從三昧起告阿難曰汝悉見聞是事不阿難言唯然已見佛告阿難佛以如是神力能具佛事不阿難言假令佛壽一日大地草木悉為可度衆生則能度盡何況百歲以是故知諸佛壽命皆悉無量為度人者現有長短譬如日出影現於水隨水大小水大則影久水小則速滅若照琉璃頗梨珠山影則久住又如大燒草木然少則速滅然多則久住不可

以滅處無火故謂多然處亦无無量光明長短義亦如是

大智度論釋初品中信持无三毒義第五十二

經我成阿耨多羅三藐三菩提時世界中無有婬欲瞋恚愚癡亦无三毒之名一切衆生成就如是智慧善施善戒善定善梵行善不嬈衆生當學般若波羅蜜論問曰若世界無三毒亦无三毒名者佛為何等故出生其國答曰貪欲瞋恚愚癡名為三不善根是欲界繫法佛若說貪欲瞋恚愚癡是欲界繫不善若說染愛無明是則通三界有佛世界純諸離欲人為是衆生故菩薩願言我成佛時國無三毒三毒之名復有清淨佛國純阿鞞跋致法性生身菩薩无諸煩惱唯有餘習是故言無三毒之名若有人言如菩薩願言我當度一切衆生而衆生實不盡度此亦如是欲令世界無三毒之名亦應實有三毒不盡若无三毒何用佛為如地無大闇則不須日照如經所說若无三法則佛不出世若三法不斷則不得離老病死三法者

則是三毒如三法經此中應廣說復次有世界衆生分別諸法是善是不善是縛是解等於一相寂滅法中而生戲論菩薩以是故願令我世界中衆生不生三毒知三毒實相即是涅槃問曰一切衆生如是智慧是何等智慧答曰智慧是世間正見世間正見中說有布施有罪福有今世後世有阿羅漢信罪福故能善布施信有阿羅漢故能善持戒善禪定善梵行得正見力故能善不嬈衆生世間正見是無漏智慧根本以是故說國中无三毒之名貪欲有二種一者邪貪欲二者貪欲瞋恚有二種一者邪瞋恚二者瞋恚愚癡有二種一者邪見愚癡二者愚癡是三種邪毒衆生難可化度餘三易度無三毒名者无邪三毒之名善布施等五事如上放光品中說

經我般涅槃後法無滅盡亦无滅盡之名當學般若波羅蜜論問曰佛為法王尚自滅度云何言法无滅盡答曰如上說是菩薩願事不必實一切有

為法從因緣和合生云何常住而不滅佛如日明法如日没餘光云何日没而餘光不滅但久住故無能見滅者故名不滅復次菩薩見諸佛法住有多有少如迦葉佛法住七日如釋迦牟尼佛法住千歲是故菩薩發是願言法雖有為願令相續不滅如火得薪相傳不絕復次諸法實相名為佛法是實法相不生不滅不斷不常不一不異不來不去不受不動不著不依無所有如涅槃相法相如是云何有滅問曰法相如是者一切佛法皆應不滅答曰如所言諸法實相无有滅者有人憶想分別取諸法相壞實法相用二法說是故有滅實相法中无有滅也復次般若波羅蜜無異法集无量功德故隨其本願法法相續無有見其滅者譬如仰射虛空箭去極遠人雖不見要必當墮經我得阿耨多羅三藐三菩提時十方如恒河沙等世界中衆生聞我名者必得阿耨多羅三藐三菩提欲得如是等功德當學般若波羅蜜論問曰有人生值佛世在佛法中或墮地獄者如提婆達俱迦利

訶多羅子等三不善法覆心故墮地獄此中云何言去佛如恒河沙等世界但聞佛名便得道耶答曰上已說有二種佛一者法性生身佛二者隨衆生優劣現化佛為法性生身佛故說乃至聞名得度為隨衆生現身佛故說雖共佛住隨業因緣有墮地獄者法性生身佛者無事不濟无願不滿所以者何於無量阿僧祇劫積集一切善本功德一切智慧無㝵具足為衆聖主諸天及大菩薩希能見者辟如如意寶珠難見難得若有見者所願必果如喜見藥其有見者衆患悉除如轉輪聖王人有見者無不富足如釋提桓因有人見者隨願悉得如梵天王衆生依附恐怖悉除如人念觀世音菩薩悉脫厄難是事尚尒何況諸佛法性生身問曰釋迦文佛亦是法性生身分無有異體何以故佛在世時有作五逆罪人飢餓賊盜如是等惡答曰釋迦文佛本誓我出惡世欲以道法度脫衆生不為富貴世樂故出若佛以力與之則无事不

能又亦是衆生福德力薄罪垢深重故不得隨意度脫又今佛但說清淨涅槃而衆生譏論誹謗言何以多畜弟子化導人民此亦是繫縛法但以涅槃法化猶尚譏謗何況雜以世樂如提婆達欲令足下有千輻相輪故以鐵作摸燒而烙之烙已足壞身惱大呼尒時阿難聞已涕泣白佛我兄欲死願佛哀救佛即申手就摩其身發至誠言我看羅睺羅與提婆達等者彼痛當滅是時提婆達衆痛即除執手觀之知是佛手便作是言淨飯子以此醫術足自生活佛告阿難汝觀提婆達多用心如是云何可度若好世人則無是各如是衆生若以世樂不得度也是事種種因緣上已廣說以是故說聞佛名有得道者有不得者復次佛身無量阿僧祇種種不同有佛為衆生說法令得道者有佛放無量光明衆生遇之而得道者有以神通變化指亦其心而得道者有佛但現色身而得道者有佛遍身毛孔出衆妙香衆生聞之而得道者有佛

以食與衆生令得道者有佛衆生但念而得道者有佛能以一切草木之聲而作佛事令衆生得道者有佛衆生聞名而得道者為是佛故說言我作佛時其聞名者皆令得度復次聞名不但以名便得道也聞已修道然後得度如須達長者初聞佛名內心驚喜詣佛聽法而能得道又如貰夷羅婆羅門從鷄泥耶結髮梵志所初聞佛名心即驚喜直詣佛所聞法得道是但說聞名聞名為得道因緣非得道也問曰此經言聞諸佛名即時得道不言聞名已修道乃得答曰今言即時不言一心中但言更无異事聞之故言即時辟如經中說修慈心時即修七覺意難者言慈三昧有漏是緣衆生法云何得即時修七覺答者言從慈起已即修七覺更無餘法故言即時即時有二種一者同時二者雖久更無異法即是心而得修七覺亦名即時復次有衆生福德淳熟結使心薄應當得道若聞佛名即時得道又復以佛威力故聞即得度辟如熟

癰若無治者得小因緣而便自潰亦如熟果若人无取微風因緣便自墮落辟如新淨白疊易為受色為是人故說若聞佛名即時得道辟如鬼神著人聞仙人呪名即時捨去問曰過如恒河沙等世界誰傳此名令彼聞荅曰佛以神力舉身毛孔放无量光明一一光上皆有寶華一一華上皆有坐佛一一諸佛各說妙法以度衆生又說諸佛名字以是故聞如旋品中說復次諸大菩薩以本願欲至無佛法處稱揚佛名如此品中說者是故得聞復有大功德人從虛空中聞佛名号如薩陁波崙菩薩又有從諸天聞或從樹木音聲中聞或從夢中復次諸佛有不可思議力故自往語或以聲告又如菩薩作願擔度一切衆生以是故說我成佛時過如恒河沙等世界衆生聞我名皆得成佛欲得是者當學般若波羅蜜

問曰上欲得諸功德及諸所願是諸事皆是衆行和合所成何以故但說當學般若波羅蜜荅曰是經名般若

波羅蜜佛欲解說其事是故品品中皆讚般若波羅蜜復次般若波羅蜜是諸佛母父母之中母功最重是故佛以般若為母般舟三昧為父三昧能攝持乱心令智慧得成而不能觀諸法實相般若波羅蜜能遍觀諸法分別實相無事不達无事不成功德大故名之為母以是故行者雖行六波羅蜜及種種功德和合能具衆願而但說當學般若波羅蜜復次如般若後品中說若無般若波羅蜜餘五事不名波羅蜜雖普修衆行亦不能滿具諸願如種種畫綵若无膠者言不中用衆生從無始世界中来雖修布施持戒忍辱精進一心智慧受世間果報已而復還盡所以者何離般若波羅蜜故今以佛恩以般若波羅蜜修行六事故得名波羅蜜成就佛直使佛佛相續而无窮盡復次菩薩行般若波羅蜜時普觀諸法皆空空亦復空滅諸觀得無㝵般若波羅蜜以大悲方便力還起諸功德業此清淨業因緣故無願不得餘功德離般

若波羅蜜無得无㝵智慧云何言次得諸願當學檀波羅蜜等復次又名五波羅蜜離般若不得波羅蜜名字五波羅蜜如盲般若波羅蜜如眼五波羅蜜如坏瓶盛水般若波羅蜜如成熟瓶五波羅蜜如鳥無兩翼般若波羅蜜如有翼之鳥如是等種種因緣故般若波羅蜜能成大事以是故言欲得諸功德及願當學般若波羅蜜

大智度論卷第三十四

大智度論卷三十四

校勘記

一 底本，金藏廣勝寺本。

一 六六三頁中一行經名，資、磧、普、南、徑、清作「大智度論卷第三十四」。

一 六六三頁中三行後，石有品名「摩訶般若波羅蜜經釋初品中見一切佛世界義第五十一之餘」；資作「釋初品中信持第四十二」；磧、普、南、徑、清作「釋初品中信持」。

一 六六三頁中四行「十方」前，石、麗有「〔經〕復次舍利弗菩薩摩訶薩」；磧、普、南、徑、清冠以〔經〕。

一 六六三頁中四行第三字「如」，石無。

一 六六三頁中四行「世界」，石作「國土」，下同。

一 六六三頁中六行第六字「說」，石、麗作「說者」。

一 六六三頁中六行末字、一七行第一二字及次頁下六行第四字「問」，石、磧、普、南、徑、清、麗冠以〔論〕。

一 六六三頁中一四行第一二字「須」，諸本作「復」。

一 六六三頁中一五行及次頁下三行「復次」，石、磧、普、南、徑、清、麗冠以〔經〕。

一 六六三頁下七行及次頁上一九行「十方」，石、磧、普、南、徑、清、麗冠以〔經〕。

一 六六三頁下七行第一二字「聞」，諸本作「間」。

一 六六三頁下八行第一一字「照」，石、麗作「照者」。

一 六六三頁下九行及次頁上二一行、中一三行「菩薩」，石、磧、普、南、徑、清、麗冠以〔論〕。

一 六六三頁下一六行第九字「此」，資、磧、普、南、徑、清、麗作「比」。

一 六六三頁下一七行第一二字「以」，石、麗作「以故」。

一 六六四頁上一五行第四字「大」，諸本作「火」。

一 六六四頁中二行第五字「先」，資、磧、普、南、徑、清作「生」。

一 六六四頁中一〇行首字「欲」前，石、麗有「〔經〕菩薩摩訶薩」；磧、普、南、徑、清冠以〔經〕。

一 六六四頁中一二行第一二字「滿」，石、麗作「滿者」。

一 六六四頁中一九行第一三字「意」，石作「心」。

一 六六四頁下五行第一〇字「身」，石、麗作「身者」。

一 六六四頁下一一行第四字「而」，諸本作「故」。

一 六六四頁下一九行第二字「各」，諸本作「咎」。

一 六六四頁下二〇行第一〇字「光」，諸本作「光明」。

一 六六五頁上一〇行首字「欲」，石、磧、普、南、徑、清、麗冠以〔經〕。

一 六六五頁上一三行第六字「提」，

石、麗作「提者」。

一　六六五頁上一三行末字、一九行第八字及次頁上八行第六字、中二〇行第三字「問」，石、磧、普、南、徑、清、麗冠以「論」。

一　六六五頁上一七行「復次」，石、磧、普、南、徑、清、麗冠以「經」。

一　六六五頁上一八行末字「儀」，石、麗作「儀者」。

一　六六五頁中三行第六字「違」，資、磧、普、南、徑、清作「言」。

一　六六五頁中七行「菩薩」前，石、麗有「『經』復次」，磧、普、南、徑、清冠以「經」。

一　六六五頁中七行第一二字「觀」，石、麗作「觀者」。

一　六六五頁中九行「離地四指足」，石作「足離地四指而」。

一　六六五頁中一〇行「阿迦尼」，資作「阿迦貳」，下同。

一　六六五頁中一〇行第七字「吒」，諸本作「吒天」。

一　六六五頁中一一行第一〇字「下」，石、麗作「下者」。

一　六六五頁中一二行第四字「如」，石、磧、普、南、徑、清、麗冠以「論」。

一　六六五頁中一二行第一一字「遠」，諸本無。

一　六六五頁中一四行第八字「轉」，諸本無。

一　六六五頁中一八行第一一字「頂」，石、磧、普、南、徑、清作「頭」。

一　六六五頁中一九行第六字「解」，資作「別」。

一　六六五頁中二一行首字「陁」，資、磧、普、南、徑、清作「阿」。

一　六六五頁下一一行第一二字「王」，資、磧、普、南、徑、清作「王天」。

一　六六五頁下一九行第八字「我」，石、麗作「我等」。

一　六六六頁上二行首字「貴」，石作「數」。

一　六六六頁上四行「諸天是」，石、麗作「說諸天」；資、磧、普、南、徑、清作「說諸天侍」。

一　六六六頁上六行第三字及中一八行首字「我」，石、磧、普、南、徑、清、麗冠以「經」。

一　六六六頁上七行第一二字「坐」，石、麗作「座者」。

一　六六六頁上一九行「兜率」，石、資、磧、普、南、徑、清作「兜率陁」。

一　六六六頁上二一行第一三字「量」，諸本作「重」。

一　六六六頁中七行第一二字「量」，諸本作「漏」。

一　六六六頁中一八行「欲得」，資、磧、普、南、徑、清、麗無。

一　六六六頁中一九行第九字「剛」，石、麗作「剛者」。

一　六六六頁下七行首字「以」，諸本作「此」。

一　六六六頁下一六行首字「經」，資無，下同。

一　六六六頁下一六行第一二字「若」，資、磧、普、南、徑、清、麗無。

一 六六六頁下二〇行「一切」，諸本作「一切法」。

一 六六六頁下二二行第七字「轉」，石、麗作「轉者」。

一 六六六頁下末行首字（論），資無，下同。

一 六六七頁上四行第一四字「言」，資、磧、普、南、徑、清、麗無。

一 六六七頁上一三行第七字「佛」，石作「佛時」。

一 六六七頁中一行「菩薩」，諸本作「菩薩願」。

一 六六七頁中二行第一二字「受」，石、麗作「受故」。

一 六六七頁中一四行末字「異」，資、磧、普、南、徑、清作「量」。

一 六六七頁中一七行「羅漢」，石、麗作「羅漢者」。

一 六六七頁中二〇行首字「勒」，諸本作「勒佛」。

一 六六七頁下五行「德初」，石、磧、普、南、徑、清、麗作「得初」；資作「得」。

一 六六七頁下一三行「菩薩」，資無。

一 六六七頁下末行第一三字「足」，石、麗作「足者」。

一 六六八頁中二一行第七字「經」，徑、清作「三昧經」。

一 六六八頁中二二行第三字「千」，磧、普、南、徑、清無。

一 六六八頁下三行第一二字「八」，資、磧、普、南、徑、清作「久」。

一 六六八頁下一九行末字「者」，諸本作「故」。

一 六六九頁上一行「無量」，石、麗無。

一 六六九頁上三行品名，石作「摩訶般若波羅蜜經釋初品中信持第五十二」；資作「大智度論釋初中信持無三毒義品第四十三」；磧、普、南、徑、清無。

一 六六九頁上七行第一一字「生」，石、麗作「生者」。

一 六六九頁上一四行末字「三」，諸本作「及三」。

一 六六九頁中四行第九字「願」，諸本作「願言」。

一 六六九頁中四行末字「中」，資、磧、普、南、徑、清無。

一 六六九頁中六行「衆生」，石、麗作「衆生得」。

一 六六九頁中一七行末字至一八行首字「邪三」，資作「三邪」。

一 六六九頁中二二行首字「王」，資、磧、普、南、徑、清作「主」。

一 六六九頁中末行第三字「説」，資、磧、普、南、徑、清作「所説」。

一 六六九頁下一行第一三字「而」，石無。

一 六六九頁下四行第七字「次」，石、麗作「次是」。

一 六六九頁下一二行「法相」，資作「若」。

一 六六九頁下一四行第二字「懷」，諸本作「壞」。

一 六六九頁下一五行第六字「次」，石、麗作「次行」。

一　六六九頁下二一行「等功德」，石作「功德者」；麗作「等功德者」。

一　六七〇頁上一行第六字「三」，磧、普、南、徑、清作「五」。

一　六七〇頁上一六行第四字「王」，資、磧、普、南、徑、清作「主」。

一　六七〇頁上一七行「菩薩」，石、麗作「菩薩名者」。

一　六七〇頁上一七行第九字「厄」，資、磧、普、南、徑、清作「危」。

一　六七〇頁中七行第七字及第九字「烙」，石、資、麗作「爍」。

一　六七〇頁中八行第二字「呼」，石、磧、普、南、徑、清作「號」。

一　六七〇頁中一三行首字「子」，諸本作「王子」。

一　六七〇頁中一四行第五字「多」，石無；資、磧、普、南、徑、清、麗作「不」。

一　六七〇頁下一三行末字「今」，南作「令」。

一　六七〇頁下一四行第一〇字「言」，石無。

一　六七〇頁下一五行首字「聞」，磧、普、南、徑、清作「間」。

一　六七〇頁下一七行第八字「得」，資、磧、普、南、徑、清無。

一　六七一頁上二行「人无」，石、資、磧、普、南、徑、清作「无人」。

一　六七一頁上六行末字「聞」，諸本作「得聞」。

一　六七一頁上一〇行末字「品」，資、磧、普、麗無。

一　六七一頁上一五行末字「中」，石、資、磧、普、南、徑、清作「中聞」。

一　六七一頁上一六行第一一字「故」，石、資、磧、普、南、徑、清作「或」。

一　六七一頁中五行首字「能」，石、麗作「唯能」。

一　六七一頁中一三行末字「言」，諸本作「亦」。

一　六七一頁中一九行首字「直」，諸本作「道」。

一　六七一頁下一行第六字「得」，諸本作「有」。

一　六七一頁下一行末字「次」，諸本作「欲」。

一　六七一頁下二行末字「名」，諸本作「以」。

一　六七一頁下五行第五字「瓦」，諸本作「坏」。

一　六七一頁下六行首字「戲」，資、磧、普、南、徑、清、麗作「盛」。

一　六七一頁下末行經名，石作「大智度經論第三十八」；資、磧、普、南、徑、清下有夾註「已上釋序品訖」。

大智度論釋報應品第二 卷三十五　建

聖者龍樹造

後秦龜茲國三藏鳩摩羅什譯

佛告舍利弗若菩薩摩訶薩行般若波羅蜜能作是功德是時四天王皆大歡喜意念言我等當以四鉢奉上菩薩如前天王奉先佛鉢問曰前品說已具足今何以重說荅曰前雖歎般若波羅蜜事未具足聞者无猒是故復說復次初品但讃般若波羅蜜力今讃行者能作是功德四天王等歡喜奉鉢復次以菩薩能具諸願行故佛安慰勸進言有此果報終不虛也復次般若波羅蜜有二種果一者成佛度衆生二者雖未成佛受世間果報轉輪聖王釋梵天王主三千世界世間福樂供養之事悉皆備足今以世間果報以示衆生故說是事復次世間欲成大業多有壞乱者菩薩則不然内心既定外事亦應如是等因緣故說此品問曰菩薩增益六波羅蜜時諸天世人何因緣故喜荅曰諸天皆因十善四禪四無量故生是諸功德皆由諸佛菩薩故有若佛出世增益諸天衆減損阿修羅種若佛不在世阿修羅種多諸天減少以種種福不清淨故若諸佛出能斷諸天疑網能成大事如釋提桓因命欲終時心懷怖畏求佛自救遍不知處雖見出家之人山澤閑處所供養者皆亦不能斷其疑網尒時䏶首羯磨天白釋提桓因言尸毗王苦行奇特世所希有諸智人言是人不久當得作佛釋提桓因言是事難辯何以知之如魚子菴羅樹華發心菩薩是三事因時雖多成果甚少今當試之帝釋自化為鷹䏶首羯磨化作鴿鴿投於王王自割身肉乃至舉身上稱以代鴿命地為震動是時釋提桓因等心大歡喜散衆天華歎未曾有如是決定大心成佛不久復次凡夫人肉眼無有智慧苦身求財以自活闇菩薩增益六波羅蜜成佛不久猶尚歡喜何況諸天問曰四天王天三十三天有何修羅難上諸天等无有此患何以

大智度論第三十五卷　第二張　建字号

歡喜答曰上諸天雖無阿修羅患若佛不出世生其天上者少設有生者五欲不妙所以者何但修不淨福故色界諸天宮殿光明壽命亦復如是復次諸天中有智慧者能知禪味五欲悉皆无常惟佛出世能令得常樂涅槃以世間樂涅槃樂皆由佛菩薩得是故歡喜辟如甘美果樹茂盛成就人大歡喜以樹有種種利益有庇其蔭者有用其華食其果實菩薩亦如是能以離不善法蔭遮三惡苦熱能與人天富樂之華令諸賢聖得三乘之果是故歡喜問曰諸天供養事多何以奉鉢答曰四天王奉鉢餘天供養諸天供養各有定法如佛初生時釋提桓因以天衣奉承佛身梵天王躬自執蓋四天王四邊防護淨居諸天欲令菩薩生猒離心故化作老病死人及沙門身又出家時四天王勑使者捧舉馬足自四邊侍護菩薩天帝釋取髮於其天上城東門外立髮塔又持菩薩寶衣於城南門外立衣塔佛至樹下時奉上好草執金剛

菩薩常執金剛衛護菩薩梵天王請佛轉法輪如是等各有常法以是故四天王奉鉢四鉢義如先說問曰佛一身何以受四鉢答曰四王力等不可偏受一人令見佛神力合四鉢為一心喜信淨作是念我等從菩薩初生至今成佛所修供養功德不虛問曰四天王壽命五百歲菩薩過无量阿僧祇劫然後成佛今之四天非是後天何以故喜答曰同一姓故辟如貴姓胤流百世不以遠故為異或時行者見菩薩增益六波羅蜜時心作是願是菩薩成佛時我當奉鉢是故得生復次四天王壽五百歲人間五十歲為四天王處一日一夜亦三十日為一月十二月為一歲以此歲壽五百歲為人間九百万歲菩薩能作是功德者或近成佛初生四天王足可得值問曰如摩訶衍經中說有佛以喜為食不食揣食如天王佛衣服儀容與白衣无異不須鉢食何以言四天王定應奉鉢答曰定者為用鉢者故不說不用復次用鉢諸佛多不

用鉢者少是故以多為定經三十三天乃至他化自在天亦皆歡喜意念言我等當給侍供養菩薩減損阿修羅種增益諸天衆三千大千世界四天王天乃至阿迦尼吒天皆大歡喜意念言我等當請是菩薩轉法輪釋曰是諸天等以華香瓔珞礼拜恭敬聽法讚歎等供養亦作是念人修淨福阿修羅種減增益三十三天我諸天亦得增益問曰上六種天已說何以故更說三千大千世界中乃至阿迦尼吒天歡喜供養答曰先說一須弥山上六天此說三千大千世界諸天先但說欲界今此說欲界色界諸天請佛轉法輪上雖說淨居諸天種種供養勸助今請轉法輪事大故問曰三藏中但說梵天請轉法輪今何以說四天王乃至阿迦尼吒天答曰欲界天近故前來色界都名為梵若說梵王請佛已說餘天又梵為色界初門說初故後亦說

復次衆生有佛无佛常識梵天以梵天為世間祖父為世人故說梵天法

輪相如先説。

舍利弗是菩薩摩訶薩行般若波羅蜜增益六波羅蜜時諸善男子善女人各各歡喜意念言我等當爲是人作父母妻子親族知識問曰前已説能作是功德今何以復説增益六波羅蜜答曰先説惣相今説别相復次前所説功德中（前品中功德也）種種無量聞者猒惓今但略説六波羅蜜則盡攝諸功德復次爲天説故能作諸功德爲人説故增益六波羅蜜何以知之如後説善男子善女人以是故知問曰四天王天乃至阿迦尼吒天何以不説善天而但人中説善男子善女人答曰諸天皆有天眼天耳他心智知供養菩薩故不别説其善人以肉眼无知善者能知供養以少故别説善者善者從佛聞法或從弟子菩薩聞或聞受記當作佛又聞佛讚歎其名者故知修善問曰何以但説男子女人善不説二根無根者善答曰無根所謂无得道相是故不説如毗尼中不得出家以其失男女相故其心

不定以小因緣故便瞋結使多故著於世事多懷疑網不樂道法雖能少修福事智慧淺薄不能深入本性轉易是故不説聲聞法如是説摩訶衍中辟如大海無所不容是无根人或時修善但以少故不説所謂少者於男女中是人寡少是人修善者少辟如白鵝復鬚鷹子黒不名黒人二根人結使多雜亦行男事亦行女事其心邪曲難可勉濟辟如稠林曳木曲者難出又如阿修羅其心不端故常疑於佛謂佛助天佛爲説五衆謂有六衆不爲説一若説四諦謂有五諦不説一事二根人亦如是心多邪曲故不任得道以是故但説男子女人中善者善根者有慈悲心能忍惡罵如法句罵品中説能忍惡罵人是爲人中上辟如好良馬可中爲王乘復次以五種邪語及鞭杖打害縛繫等不能毀壞其心是名爲善相復次三業无失樂於善人不毀他善不顯已德隨順衆人不説他過不著世樂不求名譽信樂道德之樂自業清淨

不惱衆生心貴實法輕賤世事惟好直信不隨他語爲一切衆生得樂故自捨已樂令一切衆生得離苦故以身代之如是等无量名爲善人相是相多在男女故説善男子善女人問曰善男子善女人何因能作是願答曰善男子善女人自知福薄智慧鈍少習近菩薩欲求過度辟如沉石雖重依船得度又善男子善女人聞菩薩不從一世二世而得成道无央數世往來生死便作是念我當與爲因緣復次菩薩積德厚故在所生處衆生皆來敬仰菩薩以衆利益重故若見菩薩捨壽則生是願我當與菩薩作父母妻子眷屬所以者何知習近善人增益功德故辟如積集衆香香氣轉多如菩薩先世爲國王太子見閻浮提人貧窮欲求如意珠入於大海至龍王宫龍見太子威德殊妙即起迎逆延前供養而問之言何能遠來太子答曰我憐閻浮提衆生故欲求如意寶珠以饒益之龍言能住我宫受供一月當以相與太子即住一

月為龍王讚歎多聞龍即與珠是如意珠能雨一由旬龍言太子有相不久作佛我當作多聞第一弟子時太子復至一龍宮得珠雨二由旬二月讚歎神通力龍言太子作佛不久我當作神足第一弟子復至一龍宮得珠雨三由旬三月讚歎智慧龍言太子作佛不久我當作智慧第一弟子諸龍與珠已言盡汝壽命珠當還我菩薩許之太子得珠至閻浮提一珠能雨飲食一珠能雨衣服一珠能雨七寶利益衆生又如須摩提菩薩見燃燈佛從須羅婆女買五莖花不肯與之即以五百金錢得五莖花女猶不與而要之言願我世世常為君妻當以相與菩薩以供養佛故即便許之又妙光菩薩長者女見其身有二十八相生愛敬心住在門下菩薩既到女即解頸琉璃珠著菩薩鉢中心作是願我當世世為此人婦此女二百五十劫中集諸功德後生喜見婬女園蓮花中喜見養育為女至年十四女工世智皆悉備足尒時有閻浮

提王名為財主太子名德主有大悲心時出城入園遊觀諸婬女等導引歌讚德主太子散諸寶物衣服飲食辟如龍雨无不周遍喜德女見太子自造歌偈而讚太子愛眼視之目未曾眴而自發言世間之事我悉知之以我此身奉給太子太子問言汝為屬誰若有所屬此非我宜尒時喜見婬女荅太子言我女生年日月時節皆與太子同此女非我腹生我晨朝入園見蓮花中有此女生我因養育畜以為女無以我故而輕此女此女六十四能无不悉備女工妓術經書醫方皆悉了達常懷慙愧內心忠直无有嫉妬無邪婬想我女德儀如是太子必應納之德主太子荅語女言姊我發阿耨多羅三藐三菩提心修菩薩道无所愛惜國財妻子象馬七珎有所求索不逆人意若汝生男女及以汝身有人求者當以施之莫生憂悔或時捨汝出家為佛弟子淨居山藪汝亦勿愁喜德女荅言假令地獄火来燒滅我身終亦不悔我亦不

為婬欲戲樂故而以相好我為勸助阿耨多羅三藐三菩提故奉事正士女又白太子言我昨夜夢見妙日身佛坐道樹下可往觀之太子見女端正又聞佛出以此二因緣故共載一車俱詣佛所佛為說法太子得無量陁羅尼門女得調伏心志太子尒時以五百寶花供養於佛以求阿耨多羅三藐三菩提太子白父王言我得見妙日身佛大得善利父王聞已捨所愛重之物以與太子與其宮屬國內人民俱詣佛所佛為說法王得一切法无闇燈陁羅尼時王思惟不可以白衣法攝治國土愛於五欲而可得道作是思惟已立德主太子為王出家求道是時太子於月十五日六寶来應喜德妻變為寶女如不可思議經中廣說如是等因緣故知善男子善女人世世願為菩薩父母妻子眷屬

尒時四天王乃至阿迦尼吒天皆大歡喜各自念言我等當作方便令是菩薩離於婬欲從初發意常作童真

大使與色欲共會若受五欲障生梵天何況阿耨多羅三藐三菩提以是故舍利弗菩薩摩訶薩斷婬欲出家者應得阿耨多羅三藐三菩提非不斷問曰諸天何以作是願荅曰世間中有五欲第一無不愛樂於五欲中觸為第一能繫人心如人墮在深泥難可拯濟以是故諸天方便令菩薩遠離婬欲復次若受餘欲猶不失智慧婬欲會時身心慌迷无所省覺深著自没以是故諸天令菩薩離之問曰云何令離荅曰如釋迦文菩薩在淨飯王宮欲出城遊觀淨居諸天化為老病死人令其心猒又令夜半見諸宮人妓直惡露不淨涕唾流涎屎尿塗漫菩薩見已即便穢猒或時諸天令女人惡心妬忌不識恩德惡口欺誑無所省察菩薩見已即生念言身雖似人其心可惡即便捨之欲使菩薩從初發心常作童真行不與色欲共會何以故婬欲為諸結之本佛言寧以利刀割截身體不與女人共會刀截雖苦不墮惡趣婬欲因緣於

無量劫數受地獄苦人受五欲尚不生梵世何況阿耨多羅三藐三菩提或有人言菩薩雖受五欲心不著故不妨於道以是故經言受五欲尚不生梵世梵世无始衆生皆得生中受五欲者尚所應得而不得之何況阿耨多羅三藐三菩提本所不得而欲得之以是故菩薩應作童真修行梵行當得阿耨多羅三藐三菩提梵行菩薩不著世間故速成菩薩道若婬欲者辟如膝漆難可得離所以者何身受欲樂婬欲根深是故出家法中婬戒在初又亦為重

舍利弗白佛言世尊菩薩摩訶薩要當有父母妻子親族知識耶佛告舍利弗或有菩薩有父母妻子親族知識或有菩薩從初發意斷婬欲修梵童真行乃至得阿耨多羅三藐三菩提不犯色欲或有菩薩方便力故受五欲已出家得阿耨多羅三藐三菩提釋曰是三種菩薩初者如世間人受五欲後捨離出家得菩提道二者大功德牢固初發心時斷於婬欲乃

至成佛是菩薩或法身或肉身或離欲或未離欲三者清淨法身菩薩得无生法忍住六神通為教化衆生故與衆生同事而攝取之或作轉輪聖王或作閻浮提王長者剎利隨其所須而利益之經辟如幻師若師弟子善知幻法幻作五欲於中共相娛樂於汝意云何是人於此五欲頗實受不舍利弗言不也世尊佛告舍利弗菩薩摩訶薩以方便力故化作五欲於中受樂成就衆生亦復如是是菩薩摩訶薩不染於欲種種因緣毀呰五欲欲為熾然欲為穢惡欲為毀壞欲為如怨是故舍利弗當知菩薩為衆生故受五欲問曰三種菩薩中何以獨為一種菩薩作辟喻荅曰一者如人法不斷婬欲二者常斷婬欲修於淨行三者亦修淨行現受婬欲以人不了故為作辟喻問曰何以不以夢化等為喻荅曰夢非五情所知但內心憶想故生人以五情所見變失無常可以得解化雖五情所知而見者甚少佛為度可度衆生幻是衆人所

信是故為喻如幻師以幻術故於衆人中現希有事令人歡喜菩薩幻師亦如是以五神通術故於衆生中化作五欲共相娛樂化度衆生衆生有二種在家出家為度出家衆生故現在聲聞辟支佛佛及諸出家外道師在家衆生或有見出家者得度或有見在家同受五欲而可化度菩薩常以種種因緣毀訾五欲欲為熾然者若未失時三毒火然若其失時无常火燒二火燒故名為熾然都無樂時欲為穢惡者諸佛菩薩阿羅漢等諸離欲者皆所穢賤譬如人見狗食糞賤而愍之不得好食而噉不淨受欲之人亦復如是不得内心離欲之樂而於色欲不淨求樂欲為毀壞者者五欲因緣故天王人王諸富貴者亡國危身无不由之欲如怨者失人善利亦如刺客外如親善内心懷害五欲如是喪失善心奪人慧命五欲之生正為破壞衆善毀敗德業故出又知五欲如鈎賊魚如擬害虎如燈焚蛾是故說欲如怨怨家之害不過一

世著五欲因緣墮三惡道無量世受諸苦毒

舍利弗白佛言菩薩摩訶薩云何應行般若波羅蜜佛告舍利弗菩薩摩訶薩行般若波羅蜜時不見菩薩不見菩薩字不見般若波羅蜜亦不見我行般若波羅蜜亦不見我不行般若波羅蜜何以故菩薩菩薩字性空空中無色无受想行識離色亦無空離受想行識亦無空空即是色色即是空空即是受想行識受想行識即是空何以故舍利弗但有名字故謂為菩提但有名字故謂為菩薩但有名字故謂為空所以者何諸法實性無生无滅無垢无淨故菩薩摩訶薩如是行亦不見生亦不見滅亦不見垢亦不見淨何以故名字是因緣和合作法但分別憶想假名說是故菩薩摩訶薩行般若波羅蜜時不見一切名字不見故不著

問曰云何真行般若者是事舍利弗上已問今何以重問荅曰先因佛說欲以一切種知一切法當學般若波羅蜜故問非自意

問復次舍利弗聞上種種讚般若功德心歡喜尊重般若故問云何應行如病人聞歎良藥便問云何應服問曰先已問住不住法行檀波羅蜜施者受者財物不可得故如是等為行般若今何以復問行荅曰上總問諸波羅蜜此但問般若上廣讚歎般若為主此直問行般若復次上雖廣歎般若波羅蜜時會渴仰欲得是故舍利弗為衆人故問行般若波羅蜜般若波羅蜜功德无量無盡佛智慧亦無量无盡若舍利弗不發問則佛讚歎无窮已若舍利弗不問者則无因緣故不應止問曰般若功德尊重若佛廣讚有何不可荅曰讚歎般若聞者歡喜尊重則增其福德若聞說般若則增其智慧不但福德因緣故可成佛道要須智慧得成是故不須但讚歎人聞讚歎心已清淨渴仰欲得般若如為渴人廣讚歎美飲不解於渴即便與之如是等因緣故舍利弗今問行般若問曰如人有眼見方知所趣處然後能行菩薩亦如是先念

佛道知般若見已身然後應行今何以言不見菩薩及般若若不見云何得行荅曰此中不言常不見但明行般若觀時不見菩薩及般若波羅蜜般若波羅蜜為令衆生知實法故出此菩薩名字衆緣和合假稱如後品中廣說般若波羅蜜名字亦如是衆法和合故假名般若波羅蜜般若波羅蜜雖是假名而能破諸戲論以自性无故說言不可見如火從衆緣和合假名為火雖無實事而能燒物問曰若入般若中不見出則便見何者可信荅曰上言般若為實法故出是則不信出般若波羅蜜不實故不可信問曰若入般若中不見出則見者當知非法常空以般若力故空荅曰世俗法故言行言入般若波羅蜜諸觀戲論滅故無出无入若諸賢聖不以名字說則不得以教化凡夫當取說意莫著語言問曰若般若中貴一切法空此中何以先說衆生空破我荅曰初聞般若不得便說一切法空我不以五情求得但憶想分別生我

想无而謂有又意情中無有定緣但憶想分別顛倒因緣故於空五衆中而生我想若聞无我則易可解色等諸法現眼所見若初言空無則難可信今先破我次破我所法破我我所法故則一切法盡空如是離欲名為得道復次般若波羅蜜无一定法故不見我行般若不見不行者如凡夫不得般若故名不行菩薩則不然但行空般若故說不見不行復次佛為法王觀餘菩薩其智甚少雜諸結使不名為行譬如國王雖得少物不名為得佛亦如是教諸菩薩雖有少行不名為行復次行般若波羅蜜者生憍慢言我有般若波羅蜜取是相若不行者心自懈没而懷憂悴是故言不見我行與不行復次不見我行般若波羅蜜者破著有見不見我不行般若波羅蜜者破著无見復次不見我行般若波羅蜜者止諸法戲調不見我不行者止懈怠心故譬如乘馬疾則制之遲則鞭之如是等分別行不行復次佛自說因緣所謂菩薩字

字性空是中雖但說菩薩字空而五衆亦空空中无色亦無空者空名法空法空中乃無一毫法何況麁色空亦不離色所以者何破色故有空云何言離色受想行識亦如是何以故佛自更說因緣所謂但有名謂為菩提但有名字謂為菩薩但有名字謂為空問曰先說此事今何以重說荅曰先說不見菩薩不見菩薩字不見般若波羅蜜今說不見是因緣所謂但有名謂為菩提但名謂為菩薩但名謂為空上菩薩此菩薩義同菩薩字即如菩薩中說般若波羅蜜分為二分成就者名為菩提未成就者名為空生相實不可得故名為无生所以者何若先生後法若先法後生若生法一時皆不可得如先說無生故無滅若法不生不滅如虛空云何有垢有淨譬如虛空万歲雨亦不濕火燒不熱烟亦不著所以者何本自无生故菩薩能如是觀不見離是不生不滅法有生有滅有垢有淨何以故佛自說因緣一切法皆憶想分別

因緣和合故強以名說不可說者是實義可說者皆是名字菩薩行般若波羅蜜不見一切名字者先略說名字所謂菩薩菩薩字般若波羅蜜菩提字今廣說一切名字皆不可見不見故不著不著者不可得故如諸眼中慧眼第一菩薩以慧眼遍求不見乃至不見細微一法是故不著問曰若菩薩一切法中不著何得不入涅槃答曰是事處處已說今此中略說大悲心故十方佛念故本願未滿故精進波羅蜜力故般若波羅蜜方便二事和合故所謂不著於不著故如是等種種因緣故說菩薩雖不著諸法而不入涅槃

大智度論釋習相應品第三之二

佛告舍利弗菩薩摩訶薩行般若波羅蜜時應如是思惟菩薩但有字佛亦但有字般若波羅蜜亦但有字色但有字受想行識亦但有字舍利弗如我但有字一切我常不可得眾生壽者命者生者養育眾數人作者使作者起者使起者受者使受者知者

見者是一切皆不可得不可得空故但以名字說菩薩摩訶薩亦如是行般若波羅蜜不見我不見眾生乃至不見知者見者所說名字亦不可見問曰第二品末已說空今何以重說答曰上多說法空今雜說法空眾生空行者觀外法盡空无所有而謂能知空者不空是故復說觀者亦空是生空聲聞法中多說一切佛弟子皆知諸法中无我佛滅後五百歲分為二分有信法空有但信眾生空言五眾是定有法但受五眾者空以是故佛說眾生空以況法空復次我空易知法空難見所以者何我以五情求之不可得但以身見力故憶想分別為我法空者色可眼見聲可耳聞是故難知其空是二事般若波羅蜜中皆空如十八空義中說問曰如我乃至知者見者為是一事為各各異答曰皆是一我但以隨事為異於五眾中我我所心起故名為我五眾和合中生故名為眾生命根成就故名為壽者命者能起舉事如父生子名為生

者乳餔衣食因緣得長是名養育五眾十二入十八界等諸法因緣是眾法有數故名眾數行人法故名為人手足能有所作名為作者力能役他故名使作者能造後世罪福業故名能起者令他起後世罪福業故名使起者後身受罪福果報故名受者令他受苦樂是名使受者目覩色名為見者五識知名為知者復次用眼見色以五邪見觀五眾用世間出世間正見觀諸法是名見者所謂眼根五邪見世間正見无漏見是名見者餘四根所知及意所知通名為知者如佛及諸賢聖求之不可得但憶想分別強為其名諸法亦如是皆空无實但假為其名問曰是神但有十六名字更有餘名答曰略說則十六廣說則无量隨事起名如官号差別工能智巧出家得道種種諸名皆是因緣和合生故無自性无自性故畢竟空生空故法空法空故生亦空

菩薩摩訶薩作如是行般若波羅蜜

除佛智慧過一切聲聞辟支佛上用不可得空故所以者何是菩薩摩訶薩諸名字法名字所著處亦不可得故舍利弗菩薩摩訶薩能如是行為行般若波羅蜜譬如滿閻浮提竹麻稻茅諸比丘其數如是智慧如舍利弗目連等欲比菩薩行般若波羅蜜智慧百分不及一千分百千分乃至筭數譬喻所不能及何以故菩薩摩訶薩用智慧度脫一切衆生故釋曰有二因緣故菩薩智慧勝聲聞辟支佛一者以空知一切法空亦不見是空空以不空等一不異二者以此智慧為欲求一切衆生令得涅槃聲聞辟支佛智慧但觀諸法空不能觀世間涅槃為一譬如人出獄有但穿牆而出自脫身者有破獄壞鏁既自脫身兼濟衆人者復次菩薩智慧入二法中故勝一者大悲二者般若波羅蜜復次有二法一者般舟三昧二者方便復有二法一者常住禪定二者能通達法性復有二法一者能代一切衆生受苦二者自捨一切樂復有

二法一者慈心無怨无恚二者乃至諸佛功德心亦不著如是等種種功德莊嚴智慧故勝聲聞辟支佛問曰諸鈍根者可以為喻舍利弗智慧利根何以為喻答曰不必以鈍根為譬喻譬喻為莊嚴論議令人信著故以五情所見以喻意識令其得悟譬如登樓得梯則易上復次一切衆生著世間樂聞道得涅槃則不信不樂以是故以眼見事喻所不見譬如苦藥服之甚難假以蜜服之則易復次舍利弗於聲聞中智慧第一比諸佛菩薩未有現焉如閻浮提者閻浮樹名其林茂盛此樹於林中最大提名為洲此洲上有此樹林林中有河底有金沙為閻浮檀金以閻浮樹林名為閻浮洲此洲有五百小洲圍繞通名閻浮提問曰諸弟子甚多何以故說舍利弗目揵連等滿閻浮提中如竹麻稻茅答曰一切佛弟子中智慧第一者舍利弗神足第一者目揵連二人於佛法中大於外法中亦大富樓那迦部那阿那律等於佛法中雖大

於外法不如又此二人常在大衆助佛揚化破諸外道富樓那等比丘無是功德是故不說復次若說舍利弗則攝一切智慧人若說目揵連則攝一切禪定人譬喻有二種一者假以為喻二者實事為喻今此名為假喻所以不以餘物為喻者以此四物藂生稠緻種類又多故舍利弗目連等比丘滿閻浮提如是諸阿羅漢智慧和合不及菩薩智慧百分之一乃至筭數譬喻所不能及問曰何以不但說筭數譬喻所不能及而說百分千分不及一答曰筭數譬喻所不能及者是其極語譬如人有重罪先以打縛楚毒然後乃煞如聲聞法中常以十六不及一為喻大乘法中則以乃至筭數譬喻所不能及舍利弗置閻浮提滿中如舍利弗目連等若滿三千大千世界如舍利弗目連等復置是事若滿十方如恒河沙等世界如舍利弗目連等智慧欲比菩薩行般若波羅蜜智慧百分不及一千分百千分乃至筭數譬喻所不能及釋曰此

義同上閻浮提但以多為異問曰舍利弗目連等雖多智慧无異何以以多為喻答曰有人謂少無力多則有力辟如水少其力亦少又如絶健之人少衆力索不能制之大軍攻之則伏有人謂一舍利弗智慧少則不及菩薩多或能及佛言雖多不及故以多為喻如一切草木力不如火一切諸明勢不及日亦如十方世界諸山不如一金剛珠所以者何菩薩智慧是一切諸佛法本能令一切衆生離苦得樂如迦陵毗伽鳥子雖未出㲉其音勝於衆鳥何况出㲉菩薩智慧亦如是雖未出无明㲉勝一切聲聞辟支佛何况成佛又如轉輪聖王大子雖未成就福祚威德勝於一切諸王何况作轉輪聖王菩薩亦如是雖未成佛无量阿僧祇刧集無量智慧福德故勝於聲聞辟支佛何况成佛復次舍利弗菩薩摩訶薩行般若波羅蜜一日脩智慧出過一切聲聞辟支佛上問曰先已說除佛智慧過一切聲聞辟支佛上今何以復重說答

曰非重說也上揔相說今別相說先言一切聲聞辟支佛不及菩薩智慧今但明不及一日智慧何况千万歲舍利弗白佛言世尊聲聞所有智慧若須陁洹斯陁含阿那含阿羅漢辟支佛智慧佛智慧是諸衆智无有差別不相違背无生性空若法不相違背無生性空是法无有別異云何世尊言菩薩摩訶薩行般若波羅蜜一日脩智慧出過聲聞辟支佛上問曰上佛已說菩薩摩訶薩脩智慧出過聲聞辟支佛上今舍利弗何以故問答曰不問智慧勢力能度衆生令但問佛及六子智慧體性法中无有差別者以諸賢聖智慧皆是諸法實相慧皆是四諦及三十七品慧皆是出三界入三脫門成三乘果慧以是故說無有差別復次如須陁洹以無漏智滅結得果乃至佛亦如是如須陁洹用二種解脫果有為解脫无為解脫乃至佛亦如是如佛入涅槃須陁洹極遲不過七世皆同事同緣同行同果報以是故言无相違背所以者

何不生性空故問曰破無明集諸善法故生智慧是智慧心相應心共生隨心行是中云何說智慧无生性空無有別異答曰智慧緣滅諦是不生因緣和合故无有自性是名性空無所分別智慧隨緣得名如眼緣色生眼識或名眼識或名色識智慧雖因緣和合作法以緣無生性空故名為无生性空問曰諸賢聖智慧皆緣四諦生何以但說滅諦答曰四諦中滅諦為上所以者何是三諦皆屬滅諦故辟如人請天子併餙群臣亦名供養天子復次滅諦故說无生三諦故說性空復次有人言是諸慧性自然不生性自空所以者何一切法皆因緣和合故無自性无自性故不生問曰若尒者智慧愚癡無有別異答曰諸法如入法性中无有別異如火各各不同而滅相無異辟如衆川万流各各異色異味入於大海同為一味一名如是愚癡智慧入於般若波羅蜜中皆同一味无有差別如五色近須弥山自失其色皆同金色如是內

外諸法入般若波羅蜜中皆為一味
何以故般若波羅蜜相畢竟清淨故
復次愚癡實相即是智慧若分別著
此智慧即是愚癡如是愚癡智慧有
何別異初入佛法是癡是慧轉後深
入癡慧无異以是故是諸衆智无有
別異不相違背不生性空故無咎佛
告舍利弗於汝意云何菩薩摩訶薩
行般若波羅蜜一日修智慧心念我
行道慧益一切衆生當以一切種智
知一切法度一切衆生諸聲聞辟支
佛智慧為有是事不舍利弗言不也
世尊釋曰有四種論一者必定論二
者分別論三者反問論四者置論必
定論者如衆生中世尊為第一一切
法中無我世間不可樂涅槃為安隱
寂滅業因緣不失如是等名為必定
論分別論者如无畏太子問佛佛能
説是語令他人瞋不佛言是事當分
別答太子言諸尼健子輩了矣佛或
時无憐愍心故出衆生於罪中而衆
生瞋然衆生後當得利爾時无畏之
子坐其膝上佛問無畏汝子或時吞

諸瓦石草木汝聽咽不吞言不聽先
教令吐若不肯吐左手捉耳右手擿
口縱令血出亦不置之佛言汝不愍
之耶答言愍之深故為出瓦石雖當
時痛後得安隱佛言我亦如是若衆
生欲作重罪善教不從以苦言諫之
雖起瞋恚後得安隱又如五比丘問
佛受樂得道耶佛言不必定有受苦
得罪受苦得樂有受樂得罪受樂得
福如是等名為分別論反問論者還
以所問答之如佛告比丘於汝意云
何是色常耶无常耶比丘言無常若
無常是苦不答言苦若法是无常苦
聞法聖弟子著是法言是法是我是
我所不答曰不也世尊佛告比丘從
今已後所有色若過去若未來若現
在若内若外若好若醜是色非我所
我非此色所如是應以正實智慧知
受想行識亦如是如是等名反問論
置論者如十四難世間有常世間無
常世間有邊世間无邊如是等是名
為置論今佛以反問論答舍利弗以
舍利弗智於事未悟佛反問事端令

其得解菩薩度衆生智慧名為道慧
如後品中説薩婆若慧是聲聞辟支佛
事一切種智慧是諸佛事道種慧是
菩薩事復次八聖道分為實道令衆
生種種因緣入道是名道慧令衆生
住於道中是為利益聲聞種辟支佛
種佛種又復一切智慧无所不得是
名一切種若有為若無為用一切種
智知得佛道已應度一切衆生利益
一切衆生或大乘或聲聞乘或辟支
佛乘若不入三乘道教修福德受天
上人中富樂若不能修福以今世利
益之事衣食卧具等名着後不得當以
慈悲心利益是名度一切衆生問曰
若佛知一切聲聞辟支佛不能為衆
生何以故問答佛意如是欲令舍利
弗口自説諸聲聞辟支佛不如菩薩
是故佛問舍利弗言不也世尊所以
者何聲聞辟支佛雖有慈心本不發
心願度一切衆生亦不迴善根向阿
耨多羅三藐三菩提以是故菩薩一
日修智慧過聲聞辟支佛上舍利弗
於汝意云何諸聲聞辟支佛頗有是

念我等當得阿耨多羅三藐三菩提度一切衆生令得无餘涅槃不舍利弗言不也世尊佛告舍利弗以是因縁故當知諸聲聞辟支佛智慧欲比菩薩摩訶薩智慧百分不及一千分百千分乃至筭數辟喻所不能及問曰上已反問舍利弗事已定今何以復問荅曰以舍利弗欲以須陁洹同得解脱故與諸佛菩薩等而佛不聽辟如有人欲以毛孔之空與虚空等以是故佛重質其事復次雖同一事義門各異先言智慧為一切衆生故今言頗有是念我當得阿耨多羅三藐三菩提令一切衆生得無餘涅槃者无餘涅槃義如先說復次一聲聞辟支佛尚不作是念何況一切聲聞辟支佛舍利弗於汝意云何諸聲聞辟支佛頗有是念我行六波羅蜜成就衆生莊嚴世界具佛十力四无所畏四無㝵智十八不共法度脱無量阿僧祇衆生令得涅槃不舍利弗言不也世尊釋曰先略說我當得阿耨多羅三藐三菩提今廣說得阿耨多羅三藐三菩提

因縁所謂六波羅蜜乃至十八不共法六波羅蜜義如先說教化衆生淨佛世界後當說餘十力等如先說

佛告舍利弗菩薩摩訶薩能作是念我當行六波羅蜜乃至十八不共法成阿耨多羅三藐三菩提度脱无量阿僧祇衆生令得涅槃辟如螢火虫不作是念我力能照閻浮提普令大明諸阿羅漢辟支佛亦如是不作是念我等行六波羅蜜乃至十八不共法得阿耨多羅三藐三菩提度脱无量阿僧祇衆生令得涅槃

釋曰所以十方恒河沙舍利弗目連不如一菩薩者辟如螢火虫雖衆多各有所照不及於日螢火虫亦不作是念我光明能照閻浮提諸聲聞辟支佛不作是念我智慧能照无量無邊衆生如螢火虫夜能有所照日出則不能諸聲聞辟支佛亦如是未有大菩薩時能師子吼說法教化有菩薩出不能有所作舍利弗辟如日出時光明遍照閻浮提无不蒙明者菩薩摩訶薩亦如是行六波羅蜜乃至

十八不共法得阿耨多羅三藐三菩提度脱无量阿僧祇衆生令得涅槃

釋曰如日天子憐愍衆生故與七寶宮殿俱繞四天下從初至終常不懈息為衆生除諸冷濕照諸闇冥令各得所菩薩亦如是從初發心常行六波羅蜜乃至十八不共法為度衆生无有懈息除不善冷乾竭五欲泥破愚癡無明教導修善業令各得所又日明普照无憎無愛隨其高下深淺悉照菩薩亦如是出於世間住五神通處於虚空放智慧光照明諸罪福業及諸果報菩薩以智慧光明滅衆生邪見戲論辟如朝露見日則消

大智度論卷第三十五　釋第二品訖　第三品十

大智度論卷三十五

校勘記

一　底本，金藏廣勝寺本。
一　六七六頁中一行經名，石作「大智度經論卷第三十九」；資、磧、普、南、徑、清作「大智度論卷第三十五」。
一　六七六頁中三行後，石有品名「摩訶般若波羅蜜經報應品第二釋」；資、磧、普、南、徑、清作「釋奉鉢品第二」。
一　六七六頁中四行「佛告」，石、磧、普、南、徑、清、麗冠以〔經〕，下同。
一　六七六頁中七行「問曰」，石、磧、普、南、徑、清、麗冠以〔論〕。
一　六七六頁中八行第一四字「歎」，石、資、磧、普、南、徑、清作「讚歎」。
一　六七六頁中一六行第一〇字「主」，資作「生」。
一　六七六頁下四行末字「種」，諸本作「離」。
一　六七六頁下五行第九字「出」，諸本作「出世」。
一　六七六頁下一二行第九字「辯」，石、麗作「辦」。
一　六七六頁下一九行第一〇字「夫」，石、資、磧、普、南、徑、清無。
一　六七六頁下二〇行第一〇字「活」，諸本作「生活」。
一　六七六頁下末行首字「何」，諸本作「阿」。
一　六七七頁上一八行第九字「離」，石無。
一　六七七頁上一九行第七字「身」，資、磧、普、南、徑、清作「形」。
一　六七七頁上末行「佛至」，資、磧、普、南、徑、清作「至佛」。
一　六七七頁中五行「一人」，石、麗作「又」；資、磧、普、南、徑、清作「一人又」。
一　六七七頁下一行第一一字〔經〕，資無，下同。
一　六七七頁下四行「世界」，石作「國土」，下同。
一　六七七頁下六行「釋曰」，石作「〔論〕論者言」；磧、普、南、徑、清、麗冠以〔論〕。
一　六七八頁上二行「舍利弗」，石、磧、普、南、徑、清、麗冠以〔經〕。
一　六七八頁上五行第一〇字「問」，石、磧、普、南、徑、清、麗冠以〔論〕。
一　六七八頁上八行夾註，石無；資作正文。
一　六七八頁上一六行首字「知」，資無。
一　六七八頁上一七行首字「眼」，資、麗作「眼見」。
一　六七八頁上二二行第七字「相」，資、徑作「根」。
一　六七八頁中八行「復贅」，資、磧、普、南、徑、清作「贅」。
一　六七八頁中一二行第一三字及一三行第三字「衆」，石作「陰」。
一　六七八頁中一六行第六字「根」，石、麗作「相」。

一　六七八頁中一八行首字「爲」，石、麗作「名」。

一　六七八頁中二〇行第一二字「相」，資、徑、清作「根」。

一　六七八頁中二二行第六字「人」，石作「生」。

一　六七八頁下六行第九字「因」，石作「因緣」。

一　六七八頁下一二行第八字「厚」，石作「淳」。

一　六七八頁下二一行第七字「憐」，資、磧、普、南、徑、清作「憐愍」。

一　六七九頁上一三行第七字「娑」，資、磧、普、南、徑、清作「婆」。

一　六七九頁上一三行末字「肯」，資無。

一　六七九頁中二二行首字「山」，石作「巖」。

一　六七九頁下四行第六字「可」，資、磧、普、南、徑、清作「共」。

一　六七九頁下一一行第一三字「宮」，諸本作「官」。

一　六七九頁下一四行第一〇字「愛」，諸本作「受」。

一　六七九頁下二一行首字「介」，石、磧、普、南、徑、清、麗冠以「經」。

一　六七九頁下二一行第五字「王」，石、資、磧、普、南、徑、清作「王天」。

一　六八〇頁上一行首字「大」，諸本作「莫」。

一　六八〇頁上五行第二字「欲」，資、磧、普、南、徑、清無。

一　六八〇頁上五行、本頁下一五行及次頁中二一行「問曰」，石、磧、普、南、徑、清、麗冠以「論」。

一　六八〇頁上六行第二字「有」，石、資、磧、普、南、徑、清無。

一　六八〇頁上六行「第一無不愛樂於五欲中」，石無。

一　六八〇頁上八行第三字「拯」，石作「救」。

一　六八〇頁上二二行第一三字「人」，石、資、磧、普、南、徑、清作「色」。

一　六八〇頁中六行第四字「尚」，資、磧、普、南、徑、清作「常」。

一　六八〇頁中六行第八字「而」，資、磧、普、南、徑、清作「尚」。

一　六八〇頁中一四行及次頁中三行「舍利弗」，石、磧、普、南、徑、清、麗冠以「經」。

一　六八〇頁中一七行末字「梵」，石、麗無。

一　六八〇頁中二一行「釋曰」，石作「〔論〕論者言」；磧、普、南、徑、清、麗冠以「論」。

一　六八〇頁下一行第三字「佛」，石、麗作「佛道」。

一　六八〇頁下六行第一二字「師」，石作「幻師」；資、磧、普、南、徑、清、麗作「幻」。

一　六八〇頁下八行第一一字「頗」，石作「頗有」。

一　六八一頁上六行首字「在」，石、麗作「作」；資、磧、普、南、徑、清無。

一　六八一頁上六行第七字「佛」，徑、清無。

一　六八一頁上一八行第九字「如」，石作「爲」。
一　六八一頁上末行第一一字「害」，徑、清作「苦」。
一　六八一頁中一八行第四字及下一七行第八字「但」，石、麗作「但以」。
一　六八一頁中二一行「云何真行般若者」，資、磧、普、南、徑、清、麗無。
一　六八一頁下一行第四字「舍」，石、麗作「今舍」。
一　六八一頁下三行第五字及八行末字「歎」，石作「讚歎」。
一　六八一頁下一四行第三字「不」，石、麗作「則不」。
一　六八一頁下一九行第八字「已」，資、磧、普、南、徑、清作「已得」。
一　六八一頁下二一行第四字「與」，石、麗作「應與」。
一　六八二頁上三行末字「行」，諸本作「入」。
一　六八二頁上八行第六字「名」，石、麗作「名爲」。

一　六八二頁上一四行第二字「不」，諸本作「可」。
一　六八二頁上一六行第四字「法」，資、磧、普、南、徑、清作「是」。
一　六八二頁上一七行第七字「言」，資、磧、普、南、徑、清作「者」。
一　六八二頁上末行第二字「不」，石、資、磧、普、南、徑、清作「不可」。
一　六八二頁中六行第六字「法」，資、磧、普、南、徑、清作「法法」。
一　六八二頁中七行「波羅蜜」，石無。
一　六八二頁中一五行第三字「言」，石、資、磧、普、南、徑、清作「心言」。
一　六八二頁中一六行末字「言」，資、磧、普、南、徑、清無。
一　六八二頁中末行「菩薩字」，石、麗作「菩薩菩薩」。
一　六八二頁下二行第七字「色」，石、磧、普、南、徑、清、麗作「色離色」。
一　六八二頁下六行第一一字「名」，諸本作「名字」。
一　六八二頁下一〇行第一一字「是」，石、麗無。
一　六八二頁下一一行第九字及一二行首字「但」，石、麗作「但有」。
一　六八二頁下二〇行首字「火」，石、麗作「大火」。
一　六八二頁下二二行第二字「不」，石無。
一　六八三頁上五行第二字「字」，磧、普、南、徑、清作「空」。
一　六八三頁上七行「不見」，資無。
一　六八三頁上一五行末字「槃」，石至此卷第三十九終，卷第四十始。
一　六八三頁上一六行品名，石作「摩訶般若波羅蜜經習相應品第三釋論習相應品之一」；資作「大智度論第三品釋之一」；磧、普、南作「大智度論釋習相應品第三」；徑、清作「釋習相應品第三之一」，並有夾註「經作習應品」。
一　六八三頁上一七行首字「佛」，石、磧、普、南、徑、清、麗冠以「經」。
一　六八三頁中五行首字「問」，石、

磧、普、南、徑、清、麗冠以〔論〕。

一　六八三頁中八行第五字「空」，石作「空也」。

一　六八三頁中九行首字「生」，石、磧、普、南、徑、清、麗作「衆生」。

一　六八三頁中一〇行第八字「滅」，資、磧、普、南、徑、清無。

一　六八三頁中一一行「五衆」，石作「五陰」，下同。

一　六八三頁中末行第六字「舉」，諸本作「衆」。

一　六八三頁下一三行第六字「意」，諸本作「意識」。

一　六八三頁下一九行第一二字「别」，資、磧、普、南、徑、清作「品」。

一　六八三頁下末行首字「菩」，石、磧、普、南、徑、清、麗冠以〔經〕。

一　六八四頁上六行「稻茅」，資作「稻等」；磧、普、南、徑、清作「稻葦」。

一　六八四頁上七行「目連」，石作「目乹連」，下同。

一　六八四頁上一〇行及本頁下末行「釋曰」，石、磧、普、南、徑、清、麗冠以〔論〕。

一　六八四頁上一四行第四字「求」，石、磧、普、南、徑、清、麗作「度脱」；資作「度」。

一　六八四頁上二〇行第三字「次」，諸本無。

一　六八四頁中九行第六字「得」，資、磧、普、南、徑、清作「德」。

一　六八四頁中一一行第五字「假」，諸本作「假之」。

一　六八四頁中一六行第三字「爲」，資、磧、普、南、徑、清、麗作「名爲」。

一　六八四頁中一六行第一二字「林」，諸本作「故」。

一　六八四頁中二〇行第三字「茅」，資、磧、普、南、徑、清作「葦」。

一　六八四頁中二一行末字「二」，石、麗作「此二」。

一　六八四頁下一行第三字「法」，石、麗作「法中」。

一　六八四頁下八行第二字「繳」，資作「繹」。

一　六八四頁下一七行及次頁中四行「舍利弗」，石、磧、普、南、徑、清、麗冠以〔經〕。

一　六八四頁下一七行第一二字「置」，石作「置滿」。

一　六八四頁下一八行第二字「滿」，石無。

一　六八五頁上二行末字「以」，資、磧、普、南、徑、清作「故」。

一　六八五頁上三行第九字「少」，石作「少以」。

一　六八五頁上五行第五字「寮」，諸本作「寨」。

一　六八五頁上九行第五字「及」，石、資、磧、普、南、徑、清作「如」。

一　六八五頁上一二行末字及一三行第一〇字「㲉」，資、磧、普、南、徑作「轂」；清作「鷇」。

一　六八五頁上一四行第九字「㲉」，資作「鷇」。

一　六八五頁上二〇行首字「復」，石、

磧、普、南、徑、清、麗冠以「經」。

一　六八五頁上二二行及本頁中一〇行「問曰」，石、磧、普、南、徑、清、麗冠以「論」。

一　六八五頁中一四行第四字「六」，資、磧、普、南、徑、清作「弟」。

一　六八五頁下九行第六字「曰」，資、磧、普、南、徑、清無。

一　六八五頁下一二行「併飴」，石、麗作「併食」；資、磧、普、南、徑、清作「並及」。

一　六八五頁下一四行第一〇字「諸」，石、麗作「諸智」。

一　六八五頁下一五行第一三字「皆」，石無。

一　六八六頁上七行第一一字「故」，石無。

一　六八六頁上七行末字至八行首字及次頁中四行「佛告」，石、磧、普、南、徑、清、麗冠以「經」。

一　六八六頁上一三行及次頁上二一行、中一三行、下三行「釋曰」，石、磧、普、南、徑、清、麗冠以「論」。

一　六八六頁上二一行第二字「无」，資、磧、普、南、徑、清無。

一　六八六頁下二行第一〇字「是」，資、磧、普、南、徑、清無。

一　六八六頁下一三行「卧具」，南作「如是」。

一　六八六頁下一三行第九字「名」，諸本無。

一　六八六頁下一六行第五字「問」，資、磧、普、南、徑、清無。

一　六八六頁下二二行及次頁上一六行、中二一行「舍利弗」，石、磧、普、南、徑、清、麗冠以「經」。

一　六八七頁上五行「千分百千分」，資、磧、普、南、徑、清、麗無。

一　六八七頁上六行第九字「問」，石、磧、普、南、徑、清、麗冠以「論」。

一　六八七頁上一三行第二字「我」，石、麗作「我等」。

一　六八七頁上一四行第一〇字「者」，諸本無。

一　六八七頁上一四行末字「義」，石作「者義亦」；麗作「者義」。

一　六八七頁上一五行第六字「一」，石、磧、普、南、徑、清作「一切」。

一　六八七頁上一六行第六字「切」，石無。

一　六八七頁中八行第八字及一六行第七字「照」，石、麗作「照一」。

一　六八七頁中八行第一二字「普」，石作「皆」。

一　六八七頁下一〇行第六字「憎」，資、磧、普、南作「增」。

一　六八七頁下一二行「照明」，石、資、磧、普、南、徑、清作「明照」。

一　六八七頁下一五行經名，石此處不分卷，故無。經名下夾註，資、磧、普、南、徑、清無。

大智度論釋習相應品第三之餘 卷三十六　建

聖者龍樹造

後秦龜茲國三藏鳩摩羅什譯

經 舍利弗白佛言云何菩薩摩訶薩過聲聞辟支佛地住阿鞞跋致地淨佛道

論問曰舍利弗何因作是問答曰舍利弗上問衆智無異佛既種種辟喻明菩薩智勝意既已解今問云何能過二乘住阿毗跋致地淨佛道問曰小乘不住成佛何以故問淨佛道事答曰舍利弗者是隨佛轉法輪將雖自無益為利益求佛道衆生故問又以菩薩大悲多所利益是故問菩薩事以益衆生復次舍利弗蒙佛恩故破諸邪見得成道果欲報恩故問菩薩事又舍利弗於聲聞地中究盡邊際所未了者唯菩薩事是故復問又以菩薩法甚深微妙雖不能得愛樂故問辟如見人妙寶已雖自无愛樂故問

經佛告舍利弗菩薩摩訶薩從初發意行六波羅蜜住空无相無作法能過一切聲聞辟支佛地住阿毗跋

致地淨佛道

論問曰是三事後品中各有因緣佛今何以併說答曰是中略說後當廣說三事因緣又今但說空無相无作因緣後當說種種功德故合說三事問曰入三解脫門則到涅槃今云何以空無相无作能過聲聞辟支佛地答曰无方便力故入三解脫門直取涅槃若有方便力住三解脫門見涅槃以慈悲心故能轉心還如後品中說辟如仰射虛空箭箭相拄不令墮地菩薩如是以智慧箭仰射三解脫虛空以方便後箭射前箭不令墮涅槃之地是菩薩雖見涅槃直過不住更期大事所謂阿耨多羅三藐三菩提今是觀時非是證時如是等應廣說若過是二地知諸法不生不滅即是阿毗跋致地住阿毗跋致地中教化衆生淨佛世界是為能淨佛道復次菩薩住三解脫門觀四諦知是聲聞辟支佛法直過四諦入一諦所謂一切法不生不滅不垢不淨不來不去等入是一諦中是名阿毗跋致地住是阿毗跋致地淨佛道地

滅除身口意麁惡之業及滅諸法中
從初已來所失之事是名淨佛道地
經舍利弗白佛言菩薩摩訶薩住何等
地能為諸聲聞辟支佛作福田釋曰
舍利弗深心恭敬菩薩故今問菩薩
漏結未盡住何功德能為諸聲聞辟
支佛作福田經佛告舍利弗菩薩摩訶
薩從初發意行六波羅蜜乃至坐道
場於其中間常為聲聞辟支佛作福
田釋曰佛以是義示舍利弗雖三解
脫門涅槃事同而菩薩有大慈悲聲
聞辟支佛无菩薩從初發心行六波
羅蜜乃至十八不共法欲度一切衆
生具一切佛法莊嚴何以故以有菩
薩摩訶薩因緣故世間諸善法生釋
曰佛先已以一因緣益衆生故為
諸聲聞辟支佛作福田今說菩薩外
益因緣故世間有一切諸善法所以
者何菩薩發心雖未成佛令可度衆
生住三乘道不得三乘者令住十善
道何況成佛問曰聲聞辟支佛因緣
故亦使世間得十善法何以但說菩薩
能令世間有善法荅曰因聲聞辟支

佛世間有善法者亦皆由菩薩故有
若菩薩不發心者世間尚無佛道何
況聲聞辟支佛佛道是聲聞辟支佛
根本故復次雖因聲聞辟支佛有善
法少以少故不說尚不說聲聞辟支
佛何況外道諸師經何等是善法所謂
十善道五戒八分成就齋四禪四无
量心四無色定四念處四正勤四如
意足五根五力七覺分八聖道分盡
現於世以菩薩因緣故六波羅蜜十
八空佛十力四無所畏四无㝵智十
八不共法大慈大悲一切種智盡現
於世以菩薩因緣故有刹利大姓婆
羅門大姓居士大家四天王天乃至
非有想非无想天皆現於世以菩薩
因緣故有須陁洹斯陁含阿那含阿
羅漢辟支佛佛皆現於世論問曰以菩
薩因緣故有善法於世可尒刹利大
姓婆羅門大姓居士大家若世無菩
薩亦有此貴姓云何言皆從菩薩生
荅曰以菩薩因緣故世間有五戒十
善八齋等是法有上中下上者得道
中者生天下者為人故有刹利大姓

婆羅門大姓居士大家問曰若世无
菩薩世間亦有五戒十善八齋刹利
等大姓荅曰菩薩受身種種或時受
業因緣身或受變化身於世間教化
說諸善法及世界法王法世俗法出
家法在家法種類法居家法憐愍衆
生護持世界雖無菩薩法常行菩薩法以
是因緣故皆從菩薩有問曰菩薩清
淨行大慈悲云何說世俗諸雜法荅
曰有二種菩薩一者行慈悲直入菩
薩道二者敗壞菩薩亦有悲心治以
國法无所貪利雖有所惱所安者多
治一惡人以成一家如是立法人雖
不名為清淨菩薩得名敗壞菩薩以
是因緣故皆由菩薩有世間諸富貴
皆從一乘道有二乘道從佛有佛因
菩薩有若無菩薩說善法者世間无
有天道人道阿修羅道無有樂受不
苦不樂受但有苦受常有地獄啼哭
之聲菩薩如是大利益故云何不名
為世間作福田舍利弗聞是菩薩有
大功德應當供養心念煩惱未盡雖
有大福不能消其供養如人雖噉好

食以內有病故不能消化以是故經舍利弗白佛言菩薩摩訶薩淨畢施福不佛言不也何以故本以淨畢故釋曰以菩薩從初發心時便為一切衆生供養之上首所以者何心决定為无量無邊阿僧祇劫衆生代受勤苦又利益无量阿僧祇劫衆生令得度脫欲取一切諸佛法大智慧力故能令世間即是涅槃如是種種因緣故言本已淨畢復次佛重說消施因緣故

經舍利弗菩薩摩訶薩為大施主施何等施諸善法何等善法十善道五戒乃至十八不共法一切種智以是施與釋曰先說由菩薩因緣世間有善法今說菩薩施善法之主是為差別

經舍利弗白佛言世尊菩薩摩訶薩云何習般若波羅蜜與般若波羅蜜相應釋曰上說一日修般若波羅蜜勝聲聞辟支佛從是因緣來佛種種讚歎菩薩如是大功德皆從般若波羅蜜生是故今問云何菩薩習行是般若波羅蜜與般若波羅蜜相應復次舍利弗知般若波羅蜜難行難得如

幻如化難可受持恐行者違錯故問習應

佛告舍利弗菩薩摩訶薩習應色空是名與般若波羅蜜相應習應受想行識空是名與般若波羅蜜相應復次舍利弗菩薩摩訶薩習應眼空是名與般若波羅蜜相應習應耳鼻舌身心空是名與般若波羅蜜相應習應色空是名與般若波羅蜜相應習應聲香味觸法空是名與般若波羅蜜相應習應眼界空色界眼識界空是名與般若波羅蜜相應習應耳聲識界鼻香識界舌味識界身觸識界意法識空是名與般若波羅蜜相應習應苦空是名與般若波羅蜜相應習應集滅道空是名與般若波羅蜜相應習應無明空是名與般若波羅蜜相應習應行識名色六處觸受愛取有生老死空是名與般若波羅蜜相應習應一切諸法空若有為若無為是名與般若波羅蜜相應

釋曰五衆者色受想行識色衆者是可見法是色差別故亦有不可見有對有對雖不可見亦

名為色如得道者名為道人餘出家未得道者亦名為道人何等是可見一處是可見有對色少分一人攝餘九處无作業名不可見色有對者十處无對者唯无作色有漏无漏等分別亦如是如經說色有三種有色可見有對有色不可見有對有色不可見無對是故當知非但眼見故是色內外十處能起五識者皆名色因是色分故生无作色復有四種內有受不受外有受不受復有五種色所謂五塵復有一種色所謂惱壞相衆生身色名為惱壞相非衆生色亦為惱壞相惱相因緣故亦名惱辟如有身則有飢渴寒熱老病刀杖等苦復有二種色所謂四大四大造色內色外色受色不受色繫色不繫色有色能生罪有色能生福業色非業色業色果色業色報色果色報色隱沒無記色不隱沒無記色可見色不可見色有對色无對色有漏色無漏色如是等二種分別色復有三種色如上可見有對中說復有三種色善色不善色無記色學色无學色非學非无學色從見諦所斷生色從思惟所斷生色從无斷生色復有三種色欲界繫色色界繫色不繫色有色能生貪欲有色能生

瞋恚有色能生愚癡三結三漏等亦如是有色能生不貪善根不瞋善根不愚癡善根如是等諸三善根應廣說有色能生隱没無記法能生不隱没無記法不隱没无記有二種有報生有非報生者如是等二種無記復有四種色如上受不受中說四大及造色三種善不善無記身業作无作色口業作無作色受色(受戒時得律儀色)止色(不愿不善業止也)用色(如衆僧受用檀越所施之物)不用色(餘无用之色)如是等四種色復有五種色身作無作色口作无作色及非業色五情五塵麁色動色影色像色誑色麁色者可見可聞可嗅可味可觸如土石等動色者有二種一者衆生動作二者非衆生動作如水火風動作地依他故動下有大風動水水動地風之動樹如酒自沸動如磁石吸鐵如真珠玉車渠馬瑙夜能自行皆是衆生先世福德業因緣不可思議問曰影色像色不應別說何以故眼光明對清淨鏡故反自照見影亦如是遮光故影現無更有法答曰是事不然如油中

見像黑則非本色如五尺刀中横觀則面像廣縱觀則面像長則非本面如大秦水精中珸珸皆有面像則非一面像以是因緣故非還見本像復次有鏡有人有持者有光明衆緣和合故有像生若衆緣不具則像不生是像亦非無因緣亦不在因緣中如是別自有法非是面也此微色生法如是不同麁色如因火有烟火滅烟在問曰若尒者不應別說影同是細色故答曰鏡中像有種種色影則一色是故不同是二雖待形俱動形質各異影從遮明而現像則從種種因緣生雖同細色各各差別誑色者如炎如幻如化如乹闥婆城等遠誑人眼近無所有如是等種種无量色捴名色衆受衆者内眼因外色緣念欲見有明有空色在可見處如是等因緣生眼識是上因緣及識和合故從識中生心數法名為觸是觸為一切心數法根本三衆俱生所謂受想行問曰眼識中亦有觸及三衆何以故言觸法因緣生三衆答曰此論現在

因緣觸生三衆非眼見因緣問曰因心心數法生三衆何以但言觸答曰眼識少許時住便滅生意識細微不了故不說生三衆但說從觸生如色法從因緣和合生心數法亦如是從觸法和合生如色法從和合生无和合則不生心數法亦如是有觸則生無觸則不生此受衆一種所謂受相復有二種受身受心受内受外受麁細遠近淨不淨等復　有三種受苦樂不苦不樂善不善无記學無學非學非無學見諦所斷思惟所斷不斷因見諦所斷生受因思惟所斷生受因不斷生受或因身見生不還與身見作因緣或因身見生還與身見作因或不因身見生不還與身見作因復有三種受欲界繫色界繫无色界繫如是等三種受復有四種受内身受外身受内心受外心受四正勤四如意足等相應受及四流四縛等相應受是名四種受復有五種受樂根苦根憂根喜根捨根見苦所斷相應受乃至思惟所斷相應受五蓋五結

諸煩惱相應受亦如是復有六受衆六識相應受復有意識分別為十八受所謂眼見色思惟分別心生喜眼見色思惟分別心生憂眼見色思惟分別心生捨乃至意識亦如是十八受中有淨有垢為三十六三世各三十六為百八如是等種種因緣分別受義无量名為受衆想衆相應行衆識衆亦如是分別何以故與受衆相應故復次佛說有四種想有小想大想無量想无所有想小想者覺知小法如說小法者小欲小信小色小緣相名為小想復次欲界繫想為小色界繫想名為大三无色天繫想名為無量无所有處繫想是名无所有想復次煩惱相應想名為小想煩惱覆故善有漏想名為大想諸法實相想名為無所有想无漏想名為無量想為涅槃无量法故復次佛說有六想眼觸相應生想乃至意觸相應生想如是等名為想衆行衆者佛或時說一切有為法名為行或說三行身行口行意行身行者出入息所以者何息屬身故口行者覺觀所以者何先覺觀然後語言意行者受想所以者何受苦樂取相心發是名意行心數法有二種一者屬見二者屬愛屬愛主名為受屬見主名為想以是故說是二法為意行佛或說十二因緣中三行福行罪行無動行福行者欲界繫善業罪行者不善業无動行者色無色界繫業阿毗曇除受想餘心數法及无想定滅盡定等心不相應法是名為行衆識衆者內外六入和合故生六覺名為識以內緣力大故名為眼識乃至名為意識問曰意即是識云何意緣力故生意識答曰意生滅相故多因先生意故緣法生意識問曰前意已滅云何能生後識答曰意有二種一者念念滅二者次第相續名為一為是相續心故諸心名為一意是故依意而生識無各意識難解故九十六種外道不說依意故生識但以依神為本此五衆四念處中廣說所以者何身念處說色衆受念處說受衆心念處說識衆法念處說想衆行衆問曰不應有五衆但應有色衆識衆隨時分別故有異名名為受想行如不淨識名為煩惱淨識名為善法答曰不然所以者何若名異故實亦異若無異法名不應異若唯有心而無心法者心不應有垢有淨譬如清淨池水狂象入中令其混濁若清水珠入水即清淨不得言水外無象无珠心亦如是煩惱入故能令心濁諸慈悲等善法入心令心清淨以是故不得言煩惱慈悲等法即是心問曰汝不聞我先說垢心即是煩惱淨心即是善法答曰若垢心次第云何能生淨心淨心次第云何當生垢心以是故是事不然汝但知麁現之事不知心數法不可以不知故便謂為無當知必有五衆問曰若有者何以不多不少但說五答曰諸法各有定限如手法五指不得求其多少復次有為法雖復無量佛分判為五分則盡問曰若尒者何以故復說十二入十八界答曰衆義應尒入界義異佛為法王為衆生故或時略說或時廣說有衆生於色識中不大邪

惑於心數法中多有錯謬故說五衆有衆生心心數法中不生邪惑但惑揔色爲是衆生故說色爲十處心心數法揔說二處或有衆生於心數法中少生邪惑而多不了色心爲是衆生故說心數法爲一界色心爲十七界或有衆生不知世間苦法生滅不知離苦道爲是衆生故說四諦世間及身皆爲是苦愛等煩惱是苦因煩惱滅是苦盡滅煩惱方便法是名道或有衆生著吾我故於諸法中邪見生一異相或言世間无因無緣或墮邪因緣爲是衆生故說十二因緣有人說常法或說神常或說一切法常但滅時隱藏微細非是無也若得因緣會還出更無異法爲是人故說一切有爲法皆是作法无有常定譬如木人種種機關木楔和合故能動作无有實事是名有爲法問曰是中說五衆有何次第答曰行者初習觀法先觀麁法知身不淨無常苦空无我等身患如是衆生所以著此身者以能生樂故諦觀此樂有無量苦常隨逐

之此樂亦無常空无我等六塵中有無量苦衆生何因緣生著以衆生取相故著如人身一種偏有所著能没命隨死取相受苦樂發動生思等諸行心行發動時識知離苦得樂方便是爲識復次衆生五欲因緣故受苦樂取相因緣故深著是樂以深著樂故或起三毒若三善根是名爲行識爲其主受用上事五欲即是色色是根本故初說色衆餘次第有名餘入界諸法等皆由五衆次第有唯法入法界中增無爲法四諦中增智緣滅入界乃至有爲无爲法如上說今五衆等諸法皆是空何以故聖主說故聖有三種下中上佛爲其主如星宿月中日爲其寂光明大故佛得一切智慧故名爲聖主聖主所說故應當是實復次以有十八空故一切法空若以性空能空一切法何況十八若以內空外空能空一切法何況十八復次著有法不空應當有二種色法非色法是色法分別破裂乃至微塵分別微塵亦不可得終歸皆空无色法乃至念念生滅

故皆空如四念處中說復次諸法性空但名字因緣和合故有名字如山河草木土地人民州郡城邑名之爲國巷里市陌廬館宮殿名之爲都梁柱椽棟瓦竹壁石名之爲殿上中下分和合名之爲柱片片和合故有分名衆札和合故有片名衆微和合故有札名是微塵有大有中有小大者遊塵可見中者諸天所見小者上聖人天眼所見慧眼觀之則無所見所以者何法實无故若微塵實即有是常不可分裂不可毀壞火不能燒水不能没復次若微塵有形无形二俱有過若無形云何是色若微塵有形則與虛空作分亦有十方分若有十方分則不名爲微佛法中色无有遠近麁細是常者復次離是因緣名字則無有法今除山河土地因緣名字更无國名除廬里道陌因緣名字則無都名除梁椽竹瓦因緣名字更無殿名除三分柱因緣名字更无柱名除片因緣名字則無分名除札因緣名字則無片名除衆微因緣名字則

无札名除中微塵名字則无大微塵名除小微塵名字則無中微塵名除天眼妄見則无小微塵名如是等種種因緣義故知諸法必空問曰若法畢竟空何以有名字荅曰名字若是有與法俱破若無則不應難名字與法俱無有異以是故知一切法空復次一切法實空所以者何定无有一法故皆從多法和合生若無有亦无有多辟如樹根莖枝葉和合故有假名樹若無樹法根莖枝葉為誰和合若无和合則無一法若无一法則亦無多初一後多故復次一切諸觀語言戲論皆無實者若世間常亦不然世間无常亦不然有衆生無衆生有邊無邊有我无我諸法實諸法空皆不然如先種種論議門中說若是諸觀戲論皆無者云何不空問曰汝言諸法實諸法空皆不然者今云何復言諸法空荅曰有二種空一者說名字空但破著有而不破空二者以空破有亦無有空如小刼盡時刀兵疾疫飢餓猶有人物鳥獸山河大刼燒時山河樹木乃至金剛地下大水亦盡刼火即滅持水之風亦滅一切廓然無有遺餘空亦如是破諸法皆空唯有空在而取相著之大空者破一切法空亦復空以是故汝不應作是難若滅諸戲論云何不空如是等種種因緣處處說空當知一切法空習者隨般若波羅蜜修習行觀不息不休是名為習辟如弟子隨順師教不違師意是名相應如般若波羅蜜相菩薩亦隨是相以智慧觀能得能成就不增不減是名相應辟如函蓋大小相稱雖般若波羅蜜滅諸觀法而智慧力故名為無所不能无所不觀能如是知不墮二邊是為與般若相應復次舍利弗菩薩摩訶薩習應性空是名與般若波羅蜜相應如是舍利弗菩薩摩訶薩行般若波羅蜜習應七空所謂性空自相空諸法空不可得空無法空有法空无法有法空是名與般若波羅蜜相應論問曰何以不說住十八空但說住七空名與般若波羅蜜相應荅曰佛法中廣說則十八空略說則七空如廣說助道法則有三十七品略說則七覺分復次是七空多用利益衆生故如大空無始空或時有衆生起是邪見為是故說性空者一切諸法性本末尚自空何況現在因緣尚空何況果報自相空者諸法總相別相盡觀其空心則遠離用是二空諸法皆空是名諸法空從性空故有相相空故諸法皆空諸法空故更無所得是名不可得空用是四種空破一切有法若以有法有相為過者取於無法是故說无法空若以无法為非還欲取有法是故說有法空先說四空雖破有法行者心則離有而存於無是則說无法空若說無法為非心无所寄還欲存有是故略說有法空以存有心薄故無法有法空者行者以無法空為非心還疑有若心觀有還疑无法是故有無俱觀其空如內外空觀以是故但說七空問曰汝言知一切法空滅諸觀是名與般若波羅蜜相應如是觀是名相應不如是觀則不相應分別是非故

即亦是觀云何言滅吾曰以是故
佛告舍利弗菩薩摩訶薩習應七空時不見色若相應若不相應不見受想行識若相應若不相應不見色若生相若滅相不見受想行識若生相若滅相不見色若垢相若淨相不見受想行識若垢相若淨相釋曰不見色若生相若滅相者不見五衆有生有滅若五衆有生滅相即墮斷滅中墮斷滅故則無罪无福無罪无福故與禽獸無異不見色若垢若淨者不見五衆有縛有解若五衆是縛性無有得解脫者若五衆是淨性者則无有學道法經不見色與受合不見受與想合不見想與行合不見行與識合何以故無有法與法合者其性空故釋曰心心數法无形無形故則無住處以是故色不與受合如四大及四大所造色二觸和合心心數法中無觸法故不得和合問曰若介者何以說受想行識不共和合吾曰佛此中自說無有法與法合者何以故一切法性常空故若无法與法合亦無有離復次佛自說因緣經舍利

弗色空中無有色受想行識空中无有識論何以故色與空相違若空来則滅色云何色空中有色譬如水中無火火中无水性相違故復次有人言色非實空行者入空三昧中見色為空以是故言色空中都無有色受想行識亦如是
舍利弗色空故無惱壞相受空故无受相想空故无知相行空故無作相識空故無覺相論問曰此義有何次第吾曰先說五衆空中无五衆是中今說其因緣五衆各各自相不可得故故言五衆空中無五衆經何以故舍利弗非色異空非空異色色即是空空即是色受想行識亦如是釋曰佛重說因緣若五衆與空異空中應有五衆今五衆不異空空不異五衆五衆即是空空即是五衆以是故空不破五衆所以者何是中佛自說因緣經舍利弗是諸法空相不生不滅不垢不淨不增不減是空法非過去非未来非現在是故空中無色无受想行識無眼耳鼻舌身意无色聲香味觸法

無眼界乃至无意識界無无明亦無无明盡乃至無老死亦无老死盡無苦集滅道亦无智亦无得无須陁洹无須陁洹果无斯陁含無斯陁含果无阿那含無阿那含果无阿羅漢無阿羅漢果无辟支佛無辟支佛道無佛亦无佛道舍利弗菩薩摩訶薩如是習是名與般若波羅蜜相應論問曰人皆知空中无所有不生不滅不垢不淨不增不減無一切法佛何以分別說五衆等諸法各各空吾曰有人雖復習空而想空中猶有諸法如行慈人雖無衆生而想衆生得樂自得無量福故以是故佛說諸法性常自空非空三昧故令法空如水冷相火令其熱若言以空三昧故令法空者是事不然智者是無漏八智得者初得聖道須陁洹果乃至佛道是義先已廣說經舍利弗是菩薩摩訶薩行般若波羅蜜不見般若波羅蜜若相應若不相應不見檀波羅蜜尸波羅蜜羼提波羅蜜毗梨耶波羅蜜禪波羅蜜若相應若不相應亦不見色若相應若不相應不見受

想行識若相應若不相應不見眼乃至意色乃至法眼色識界乃至意法識界若相應若不相應不見四念處乃至八聖道分佛十力乃至一切種智若相應若不相應如是舍利弗當知菩薩摩訶薩與般若波羅蜜相應釋曰菩薩得諸法實相入般若波羅蜜即於般若波羅蜜不見定相若相應若不相應何況見有餘法云何不見般若相應不相應不見如是行為應般若波羅蜜不見不如是行為不應般若波羅蜜如常樂我行不應般若波羅蜜無常苦无我行為應波羅蜜若行實不應般若波羅蜜若行空為應般若波羅蜜如有無行為不應般若波羅蜜如非有非无行為應般若波羅蜜般若波羅蜜中皆無是事般若波羅蜜相畢竟清淨故五波羅蜜五衆乃至一切種智亦如是問曰般若波羅蜜畢竟清淨應尒五波羅蜜及餘法云何清淨答曰先說五事離般若波羅蜜不名波羅蜜與般若波羅蜜和合名波羅蜜如般若波羅

蜜初品中說云何名檀波羅蜜不見施者不見受者无財物故五衆法是菩薩觀處與般若波羅蜜和合故畢竟清淨故不見相應不相應十二入十八界十二因緣亦如是是諸法无有定性無有定法以是故不見若相應若不相應十八空四念處乃至大慈大悲一切種智不見若相應若不相應問曰是菩薩非聲聞辟支佛云何有三十七品未得佛道云何有十力四無所畏答曰是菩薩雖非聲聞辟支佛亦觀聲聞辟支佛法欲以聲聞辟支佛道度衆生故復有人言行聲聞辟支佛道但不取證如後品中說入空無相无作三昧菩薩住是三解脫門作是念言今是觀時非是證時或有新發意菩薩聞有聲聞辟支佛三十七品法讀誦正憶念分別以是故說菩薩有三十七品佛十力等亦如是菩薩自於菩薩十力四無所畏十八不共法中住住是法中若聞若憶想分別佛十力四無所畏十八不共法等甚深微妙亦是我分復次是

菩薩無量阿僧祇劫來修習佛十力四無所畏等坐樹下時得无导解脫故增益清淨辟如勳勞既立然後受其功賞菩薩亦如是有是功德乃受其名是功德皆是般若波羅蜜勢力合故不見若相應若不相應此諸法義從六波羅蜜乃至一切智先已說經復次舍利弗菩薩摩訶薩行般若波羅蜜時空不與空合無相不與无相合无作不與无作合何以故空無相無作无有合與不合舍利弗菩薩摩訶薩如是習應是名與般若波羅蜜相應論問曰一心中無有二空云何說空不與空合答曰空有二種一者空三昧二者法空空三昧不與法空合何以故若以空三昧力合法空者是法非自性空又空者性自空不從因緣生若從因緣生則不名性空行者若入時見空出時不見空當知是虛妄復次佛自說因緣空中无合無不合無相无作亦如是舍利弗菩薩如是習是名與般若波羅蜜相應問曰但一處說不見與般若波羅蜜相應不

相應便足何以故復更種種說相應不相應因緣若一處應餘則皆應若一處不應餘亦不應辟如一盲无見千盲俱亦尒答曰不然若欲以戲論求勝應如是難諸法相雖不可說佛以大慈大悲故種種方便說又佛說法為一種衆生得度為未悟者重說又復一說為斷見諦結使二說為斷思惟結使復更說為諸餘結使分分皆斷又一說有人得聲聞道一說種辟支佛道因緣更一說發阿耨多羅三藐三菩提心更一說行六波羅蜜更一說行方便得無生忍更一說得初住地更一說乃至十住地更一說為人故更一說為天故復次是般若波羅蜜相甚深難解難知佛知衆生心根有利鈍鈍根少智為其重說若利根者一說二說便悟不須種種重說辟如駛馬下一鞭便走駑馬多鞭乃去如是等種種因緣故經中重說无咎經復次舍利弗菩薩摩訶薩行般若波羅蜜時入諸法自相空入已色不作合不作不合受想行識不作合不作不合色不與前際合何以故不見前際故色不與後際合何以故不見後際故色不與現在合何以故不見現在故受想行識亦如是釋曰先說空無相无作無合无不合今更說因緣入自相空故五衆不作合不作不合若一切法自相空是中無有合不合合者諸法如其相如地堅相識知相如是等自相不在異法是名為合不合者自相不在自法中略說諸法相不增不減色不與前際合何以故前際空無所有但有名字若色入過去則滅无所有云何與前際合後際者未有未生色不應與後際合現在色生滅不住故不可取相色不應與現在合復次佛自說因緣色不與前際合非不合何以故前際不可見故色不與後際合非不合何以故後際不可見故色不與現在合非不合何以故現在不可見故受想行識亦如是經復次舍利弗菩薩摩訶薩行般若波羅蜜前際不與後際合後際不與前際合現在不與前際後際合前際後際亦不與現在合三世名空故舍利弗菩薩摩訶薩如是習應者是名與般若波羅蜜相應論問曰云何前際後際合答曰有人說三世諸法皆是有未來法轉為現在現在轉為過去如泥摶現在瓶為未來土為過去若成瓶時瓶為現在泥摶為過去瓶破為未來如是者是為合若有三世時是事不然以多過故是為不合復次三世合者如過去法與過去未來現在世作因現在法與現在未來世作因未來法與未來世作因又過去心心數法緣三世法未來現在心心數法亦如是斷心心數法能緣不斷法不斷心心數法能緣可斷法如是等三世諸法因緣業果報共相和合是名為合菩薩不作是合何以故如先說過去已滅云何能為因能為緣未來未有云何為因緣現在乃至一念中不住云何為因緣是名不合復次佛自說因緣三世及名字空故云何言合

大智度論卷第三十六

大智度論第三十六卷　第三十張　建字号

大智度論卷三十六

校勘記

一 底本，金藏廣勝寺本。

一 六九三頁中一行經名，石作「大智度經論卷第四十一」；資、磧、普、南、徑、清作「大智度論卷第三十六」。

一 六九三頁中二至三行著、譯者，石作「龍樹菩薩造」，其中「後秦」，石作「姚秦」；資、磧、普、南、徑、清同上卷。

一 六九三頁中三至四行之間有品名，資作「釋習相應品之餘第三品」；磧、普、南作「釋習相應品之二」；徑、清作「釋習相應品第三之二」。

一 六九三頁中三行首字「經」，資無，下同。

一 六九三頁中四行首字「舍」，石作「經舍」。

一 六九三頁中六行第二字「論」，資無，下同。

一 六九三頁中六行第一一字「是」，石、資、磧、普、南、徑、清作「此」。

一 六九三頁中一〇行第四字「任」，麗作「住」。

一 六九三頁中二一行第二字「意」，石作「心」。

一 六九三頁下一行「論道」，諸本作「道論」。

一 六九三頁下二行第七字「以」，資、磧、普、南、徑、清無。

一 六九三頁下八行第九字「方」，石無。

一 六九三頁下八行第一三字「三」，資無。

一 六九三頁下九行第七字「悲」，資無。

一 六九三頁下九行第一三字「還」，石、磧、普、南、徑、清、麗作「還起」。

一 六九三頁下一〇行末字「拄」，石作「澍」。

一 六九三頁下一八行「世界」，石作

「國土」，下同。

一　六九四頁上二行第三字「已」，磧、普、南、徑、清作「以」。

一　六九四頁上四行第一三字，上一〇行第二字及一五行末字「釋」，石、磧、普、南、徑、清、麗冠以「論」。

一　六九四頁上八行「至坐」，資作「至」；磧、普作「坐至」。

一　六九四頁上九行第五字「閒」，石作「聞」。

一　六九四頁上九行第七字「爲」，資、磧、普、南、徑、清、麗作「爲諸」。

一　六九四頁上一六行第一二字「生」，資、磧、南、徑、清、麗作「行」。

一　六九四頁上二二行第七字「十」，資、磧、普、南、徑、清、麗無。

一　六九四頁下七行第一四字「法」，資無。

一　六九四頁下末行第一三字「敢」，資、磧、普、南、徑、清、麗作「噉」。

一　六九五頁上三行末字及一四行第二字、一八行第二字「釋」，石、磧、普、南、徑、清、麗冠以「論」。

一　六九五頁上五行第一一字「心」，石、麗作「以」。

一　六九五頁上六行第八字及七行第九字「劫」，石、麗無。

一　六九五頁上七行「利益」，資、磧、普、南、徑、清作「益利」。

一　六九五頁上一五行末字「別」，至此石卷第四十終，卷第四十一始；且有品名「摩訶般若波羅蜜經習相應品第三釋之二」。

一　六九五頁上一七行第二字「習」，諸本作「習應」。

一　六九五頁中三行首字「佛」，石、磧、普、南、徑、清、麗冠以「經」。

一　六九五頁中一一行第一二字「眼」，資、磧、普、南、徑、清無。

一　六九五頁中一三行「界」，資、磧、普、南、徑、清均無。

一　六九五頁中一三行末字「空」，石作「界空」。

一　六九五頁中一八行第七字「處」，石作「入」。

一　六九五頁中二〇行第一一字「爲」，石、麗作「爲空」。

一　六九五頁中二二行首字「釋」，石、磧、普、南、徑、清冠以「論」。

一　六九五頁中二二行第一四字「是」，資無。

一　六九五頁中末行「差別」，石、磧、普、南、徑、清作「分別」；資無；麗作「因緣」。

一　六九五頁中末行「有不可見」，資無。

一　六九五頁中末行「雖不可見」，資作「者」。

一　六九五頁下一行末字「者」，磧、普、南、徑、清作「因得道者」。

一　六九五頁下三行「少分一人」，石、磧、普、南、徑、清作「少分一入」；資作「氣分一入」；麗作「小分一入」。

一　六九五頁下三行第九字「无」，諸本作「及無」。

一　六九五頁下四行第七字「唯」，資無。

一　六九五頁下八行第七字「色」，資、磧、普、南、徑、清作「色是色」。

一　六九五頁下八行第一一字「種」，石、麗作「種色」。

一　六九五頁下九行末字至一〇行首字「所謂」，石、麗作「如經說」。

一　六九五頁下一〇行「惱壞」，石作「壞惱」。

一　六九五頁下一一行首字「爲」，石、麗作「名」；資、磧、普、南、徑、清作「名爲」。

一　六九五頁下二一行第四、第七字「色」，資、磧、普、南、徑、清無。

一　六九六頁上三行第一二字「根」，資、磧、普、南、徑、清作「法」。

一　六九六頁上九行夾註「色」，資、磧、普、南、徑、清無。

一　六九六頁上一〇行夾註第二字「業」，麗作「禁」。

一　六九六頁上一〇行夾註「之物」，資、磧、普、南、徑、清作「之物也」。

一　六九六頁上一〇行夾註「之色」，資、磧、普、南、徑、清作「之色也」。

一　六九六頁上一一行第二字「等」，資、磧、普、南、徑、清無。

一　六九六頁上一二行第七字「色」，資、磧、普、南、徑、清無。

一　六九六頁上一六行末字「他」，資、磧、普、南、徑、清作「地」。

一　六九六頁上一八行第二字「如」，資、磧、普、南、徑、清無。

一　六九六頁中三行第九字「皆」，磧、普、南、徑、清、麗作「中皆」。

一　六九六頁中一七行「內眼因」……至同頁下四行「從觸生」，麗作「如經說因眼緣色生眼識三事和合故生觸是觸即時三衆共生所謂受想行問曰眼識亦與三衆作因何以但說觸答曰眼識少時住見色便滅次生意識能分別色好醜是故不說眼識因眼色識三事和合故生觸觸生心數法眼識因緣遠故不說問曰一切識皆有觸何以但觸因緣生心數法答曰心有二種一者念念生滅心二者次第相續心觸亦如是次第相續觸麁故說因觸生心數法念念觸微細亦共生心數法不了故不說若情塵識三事和合能受苦樂爾時觸法了了以是故說因觸生心數法」共一百九十六字。

一　六九六頁下二行第一一字「言」，磧、普、南、徑、清無。

一　六九六頁下二行末字「曰」，磧、普、南、徑、清作「曰言」。

一　六九六頁下一〇行第八字「復」，資、磧、普、南、徑、清作「復次」。

一　六九六頁下一五行第四字「緣」，資、磧、普、南、徑、清、麗無。

一　六九七頁上一行首二字「諸煩」，原有描摹墨迹。

一　六九七頁上二行「復有」，資、磧、普、南、徑、清無。

一　六九七頁上五行第一〇字「是」，諸本作「是是」。

一 六九七頁上六行第一一字「各」，石、麗作「各有」。

一 六九七頁上七行「受義無量」，資、磧、普、南、徑、清無。

一 六九七頁上九行第七字「衆」，資、磧、普、南、徑、清無。

一 六九七頁上一二行第八字「相」，資、磧、普、南、徑、清作「想」。

一 六九七頁上一三行第五字「爲」，石、麗作「名爲」。

一 六九七頁上一六行「善有漏」，資、磧、普、南、徑、清、麗作「有漏無垢」。

一 六九七頁上二〇行「如是等名爲相衆」，資、磧、普、南、徑、清無。

一 六九七頁上二〇行第一四字「相」，石、麗作「想」。

一 六九七頁中一四行「先生」，石、麗作「前」。

一 六九七頁中一六行「次第」，資、磧、普、南、徑、清無。

一 六九七頁中一九行第七字「外」，資、磧、普、南、徑、清無。

一 六九七頁下一一行第七字「間」，諸本作「聞」。

一 六九七頁下一九行第一三字「判」，石作「制」。

一 六九七頁下末行「不大」，南、徑作「不生」；清作「生大」。

一 六九八頁上三行首字「總」，諸本作「於」。

一 六九八頁上四行第七字「或」，資、磧、普、南、徑、清無。

一 六九八頁上五行第一〇字「心」，石作「及心」。

一 六九八頁上一〇行第四字「盡」，資、磧、普、南、徑、清、麗作「滅」。

一 六九八頁上二〇行末字「先」，石作「元」。

一 六九八頁中三行第五字「人」，資、普、南、徑、清作「二人」。

一 六九八頁中七行第七字及第一二字「深」，磧、普、南、徑、清作「染」。

一 六九八頁中九行第三字「主」，磧作「王」。

一 六九八頁中一八行第六字「有」，資、磧、普、南、徑、清無。

一 六九八頁中一九行首字「以」，石、麗作「但以」。

一 六九八頁中二一行「法不空應當有」，資作「法應」。

一 六九八頁中末行「乃至」，資、磧、普、南、徑、清無。

一 六九八頁下二行「名字」，石、麗無。

一 六九八頁下八行第四字「是」，資、磧、普、南、徑、清作「是衆」。

一 六九八頁下一一行第四字「法」，諸本作「性」。

一 六九八頁下一一行「即有」，諸本作「有即」。

一 六九八頁下一六行第七字「微」，資、磧、普、南、徑、清作「微塵」。

一 六九八頁下一九行第六字「盧」，磧、普、南、徑、清作「閭」。

一 六九八頁下二一行第六字「柱」，麗無。

一　六九九頁上四行第九字「必」，石作「必竟」；麗作「畢竟」。

一　六九九頁上八行第一一字「定」，石、麗無。

一　六九九頁上九行首字「法」，石、麗作「法定」。

一　六九九頁上九行第一二字「有」，資、磧、普、南、徑、清無。

一　六九九頁上一八行「云何」，石作「何得」。

一　六九九頁上二一行「以空」，資無。

一　六九九頁中二行第二字「即」，資、磧、普、南、徑、清、麗作「既」。

一　六九九頁中一五行第二字「知」，資無。

一　六九九頁下五行第八字「未」，諸本作「末」。

一　六九九頁下五行第九字及六行第四字「尚」，資、磧、普、南、徑、清作「常」。

一　六九九頁下一三行「是故説」，石作「故言」。

一　七〇〇頁上二行首字「佛」，石、磧、普、南、徑、清、麗冠以「經」。

一　七〇〇頁上七行「釋曰」，石、磧、普、南、徑、清、麗冠以「論」。

一　七〇〇頁上七行第一三字至八行第三字「不見色若生相若滅相者」，資作「不生不滅」。

一　七〇〇頁上一〇行至一一行「不見色若垢若淨」，資作「不垢不淨」。

一　七〇〇頁上一一行第七字「者」，石、麗無。

一　七〇〇頁上一三行第三字「者」，資、磧、普、南、徑、清無。

一　七〇〇頁上一六行「釋曰」，石、磧、普、南、徑、清、麗冠以「論」。

一　七〇〇頁中二行「何以」，石作「釋何以」；麗作「釋曰何以」。

一　七〇〇頁中八行「舍利弗」，石、磧、普、南、徑、清、麗冠以「經」。

一　七〇〇頁中一五行「釋曰」，石、磧、普、南、徑、清、麗冠以「論」。

一　七〇〇頁中一一行「是中今」，石、麗作「今是中」。

一　七〇〇頁下七行第一〇字「習」，石、磧、普、南、徑、清、麗作「習應」。

一　七〇〇頁下一一行第一三字「而」，資無。

一　七〇〇頁下一八行第五字「是」，資、磧、普、南、徑、清無。

一　七〇〇頁下二一行第三字「尸」，石作「尸羅」。

一　七〇一頁上四行末字「種」，磧、普、南作「若種」。

一　七〇一頁上六行第九字「若」，磧、普、南無。

一　七〇一頁上七行首字「釋」，石、磧、普、南、徑、清、麗冠以「論」。

一　七〇一頁上一三行第一二字「應」，諸本作「應般若」。

一　七〇一頁上末行第六字「名」，石、麗作「故名」。

一　七〇一頁中一一行第一一字「雖」，資、磧、普、南、徑、清無。

一　七〇一頁中一八行第六字「讀」，

資、磧、普、南、徑、清作「讚」。

一　七〇一頁中一九行至二〇行「佛十力等亦如是」，石無。

一　七〇一頁下二行第六字「坐」，石、麗作「坐佛」。

一　七〇一頁下二二行首字「習」，諸本作「習應」。

一　七〇一頁下末行「波羅蜜」，石無。

一　七〇二頁上一行第七字「故」，石無。

一　七〇二頁上三行末字「見」，資、磧、普、南、徑、清作「見則」。

一　七〇二頁上一七行第七字「者」，資、磧、普、南、徑、清無。

一　七〇二頁上一九行第三字「駃」，麗作「駛」。

一　七〇二頁中四行第一〇字「釋」，石、磧、普、南、徑、清、麗冠以「論」。

一　七〇二頁中一一行第六字「不」，資、磧、普、南、徑、清作「不說」。

一　七〇二頁下一行第一〇字「世」，石、麗作「際」。

一　七〇二頁下六行第三字「揣」，石作「摶時」；資、磧、普、南、徑、清作「團」。

一　七〇二頁下六行第七字「爲」，石作「時爲」。

一　七〇二頁下六行第九字「米」，諸本作「來」。

一　七〇二頁下六行第一〇字「土」，石作「土時」。

一　七〇二頁下七行末字「破」，石作「破時」。

一　七〇二頁下八行末字「時」，諸本作「相」。

一　七〇二頁下一二行第四字「法」，石、麗作「世法」。

一　七〇二頁下一六行「業果報」，石、資、磧、普、南、徑、清作「業果」；麗作「果報」。

一　七〇二頁下一九行第二字「有」，石作「有故」。

一　七〇二頁下二〇行第二字「住」，石作「住故」。

一　七〇三頁上一行經名，石作「大智度經論卷四十一」。

大智度論釋習相應品第三之餘　卷三十七　建

聖者龍樹造

後秦龜茲國三藏鳩摩羅什譯

復次舍利弗菩薩摩訶薩行般若波羅蜜菩薩婆若不與過去世合何以故過去世不可見何況薩婆若與過去世合薩婆若不與未来世合何以故未来世不可見何况薩婆若與未来世合薩婆若不與現在世合何以故現在世不可見何況薩婆若與現在世合舍利弗菩薩摩訶薩如是應是名與般若波羅蜜相應釋曰菩薩行般若波羅蜜不觀薩婆若與過去世同何以故過去世是虚妄薩婆若是實法過去世是生滅相薩婆若非生滅相過去世及法求覓不可得何況薩婆若與過去合復次佛自說因緣菩薩摩訶薩行般若波羅蜜不見過去世何况薩婆若與過去世合未来現在世亦如是未来世除生滅相其餘義同復次以時故說有三世過去未来現在時義如一時中說復次薩婆若是十方三世諸佛真實智慧三世者從凡夫虚妄生云何與薩婆若合辟如真金不與弊鐵同相問曰如隨喜品中說菩薩摩訶薩念過去現在諸佛薩婆若智慧等諸功德迴向阿耨多羅三藐三菩提云何言過去現在世不與薩婆若合答曰若以著心取相念薩婆若者不名迴向阿耨多羅三藐三菩提辟如雜毒食初雖香美後不便身若菩薩分別過去現在諸佛薩婆若者應與三世合今不取相故則無有合問曰菩薩亦念未来世當成佛薩婆若亦自念我當得薩婆若是名與未来世薩婆若合云何言不合答曰薩婆若過三界出三世畢竟清淨相行者但以憶想分別我當得是薩婆若如世間法憶想當有所得而是事未生未有時節未至因緣未會都无處所云何當與合如明當服酥今已憶臭又如迦栴延弟子輩言未来世中菩提語菩薩言若能修相好身者我當来處之如貴家女自恣無難遣使語貧家子言汝好

大智度論第三十七卷　第二張　建字号

莊嚴房舍帷帳種種備具我當來處汝家中如是說者是不如法以是故不得以薩婆若與三世合問曰餘法甚多何以但說薩婆若答曰是薩婆若菩薩所歸趣深心欲得於三世中求索故問曰何以不於有為无為法中求答曰後當說一切法中求

復次舍利弗菩薩摩訶薩行般若波羅蜜色不與薩婆若合色不可見故受想行識亦如是眼不與薩婆若合眼不可見故耳鼻舌身意亦如是色不與薩婆若合色不可見故聲香味觸法亦如是舍利弗菩薩摩訶薩如是習應名與般若波羅蜜相應問曰何以但說五衆十二入不說十八界十二因緣答曰應當說或時誦者忘失何以知之佛所說五衆十二入十八界十二因緣事垢淨五衆十八界十二入十二因緣名為事不定是垢不定是淨是中或有結使生或有善法生如田定能生物隨種皆生衆界入十二因緣是為事法六波羅蜜乃至一切種智是為淨種所以不說垢者是

菩薩結使已薄不以自惱是故不說又菩薩智慧深入解諸法空无諸煩惱但集諸功德以是故應說十八界十二因緣如色等事中不應有薩婆若合所以者何是薩婆若亦世中不可得故色等事中亦不可得是皆世間因緣和合無有定性

復次舍利弗菩薩摩訶薩行般若波羅蜜檀波羅蜜不與薩婆若合檀波羅蜜不可見故乃至般若波羅蜜亦如是四念處不與薩婆若合四念處不可見故乃至八聖道分亦如是論問曰五衆等是世間法可不與薩婆若合六波羅蜜云何不與合答曰六波羅蜜有二種一者世間二者出世間為世間檀波羅蜜故說不與合出世間檀波羅蜜應與合復次菩薩行六波羅蜜漏結未盡不得與佛薩婆若合復次佛說六波羅蜜空尚不可見何況與薩婆若合三十七品亦如是問曰是六波羅蜜雜有道俗故三十七品趣涅槃道云何不合答曰三十七品是二乘法但為涅槃菩薩為佛道是故不合問曰摩訶衍品中有三十

七品亦是菩薩道云何不與薩婆若合答曰有菩薩以著心故行三十七品多迴向涅槃是故佛說不合經佛十力乃至十八不共法不與薩婆若合佛十力乃至十八不共法不可見故舍利弗菩薩摩訶薩如是習應名與般若波羅蜜相應釋曰是十力乃至十八不共法雖是妙法為薩婆若故行以菩薩漏結未盡故不應與薩婆若合復次佛十力等法有三種一者菩薩所行雖未得佛道漸漸修習二者佛所得而菩薩憶想分別求之三者佛心所得上二種不應合下一種雖可合而菩薩未得是故不合復次空故不可見不可見故不合是以皆言不可見故

復次舍利弗菩薩摩訶薩行般若波羅蜜佛不與薩婆若合薩婆若不與佛合菩提不與薩婆若合薩婆若不與菩提合論問曰菩薩及菩薩法可不與薩婆若合云何佛及菩提復不與合答曰佛是人薩婆若是法人是假名法是因緣衆生乃至知者見者無

故佛亦无衆生中尊上第一是名為佛是故不合復次得薩婆若故名為佛若佛得薩婆若先以是佛不須薩婆若若非佛得薩婆若者何以言佛得薩婆若以是故和合因緣生不得言先後復次離佛无薩婆若離薩婆若無佛得薩婆若故名佛佛所有故名薩婆若問曰佛是人故可不與合菩提是無上道云何不合荅曰菩提名為佛智慧薩婆若名為佛一切智慧十力智為菩提第十一如實智名為薩婆若二智不得一心中生復次是十力等諸佛法及佛菩提皆是菩薩憶想分別非實唯佛所得薩婆若是實今此菩提是菩薩菩提是心中虛妄未實云何與薩婆若合復次此經中佛自說不合因緣經何以故佛即是薩婆若薩婆若即是佛菩提即是薩婆若薩婆若即是菩提舍利弗菩薩摩訶薩行般若波羅蜜如是應是名與般若波羅蜜相應復次舍利弗菩薩摩訶薩行般若波羅蜜不習色有不習色無受想行識亦如是不習

色有常不習色无常受想行識亦如是不習色苦不習色樂受想行識亦如是不習色我不習色非我受想行識亦如是不習色寂滅不習色不寂滅受想行識亦如是不習色空不習色非空受想行識亦如是不習色有相不習色無相受想行識亦如是不習色有作不習色无作受想行識亦如是是菩薩摩訶薩行般若波羅蜜時不作是念我行般若波羅蜜不行般若波羅蜜非行非不行般若波羅蜜舍利弗菩薩摩訶薩如是習應是名與般若波羅蜜相應釋曰若菩薩觀五衆非有非无於是亦不著尒時與般若波羅蜜相應所以者何一切世間著二見若有若無順生死流者多著有逆生死流者多著无我見多者著有邪見多者著無復次四見多者著有邪見多者著无二毒多者著有無明多者著无不知五衆因緣集著是有不知集者著無近惡知識及邪見外書故墮斷滅无罪福中無見者著无餘著著有或有衆生謂一切皆

空心著是空著是空故名為无見或有衆生謂一切六根所知法皆有是為有見愛多者著有見多者著無見如是等衆生著有見无見是二種見虛妄非實破中道譬如人行狹道一邊深水一邊大火二邊俱死著有著無二事俱失所以者何若諸法實定有則无因緣若從因緣和合生是法无自性若無自性即是空若無法是實則无罪福無縛无解亦無諸法種種之異復次有見者與无見者相違相違故有是非是非故共諍有諍故起諸結使起諸結使故生業生業故開惡道門實相中無有相違是非鬪諍復次著有者事若無常則生憂惱若著無者作諸罪業死墮地獄受苦著有无著者有如是等種種過失應捨是則得實復次是五衆若常若无常是事不然所以者何若五衆常則無生无滅无生無滅故則无罪福無罪福故則無善惡果報世間如涅槃不壞相如是妄語誰當信者現見死亡啼哭是則衆生無常如草木彫落華果摩

滅是則外物無常大劫盡時一切都滅是為大无常如是等種種因緣如是五衆常不可得復次無常破常不應以無常為是所以者何若諸法无常相念念皆滅則六情不能取六塵所以者何内心外塵俱無住故不應得緣不應得知亦无修習因緣果報因緣多故果報亦多此事不應得又以有常見與無常見共諍如是等種種因緣五衆无常則不可得苦樂我非我若空若實有相無相有作无作此義如先處處說五衆寂滅者因緣生故無性无性故寂滅寂滅故如涅槃三毒熾然故不寂滅无常火然故不寂滅不著三毒實相故不寂滅三毒各各分別相故不寂滅此義先未說故今是中說若菩薩摩訶薩能如是離二邊行中道行般若波羅蜜亦不著所以者何菩薩不可得般若波羅蜜亦不可得故不行般若波羅蜜亦不著所以者何餘諸凡人不能如菩薩觀諸法實相云何當言我不行般若波羅蜜行不行亦不著二俱過故是名與般若波羅蜜相應相

復次舍利弗菩薩摩訶薩不為般若波羅蜜故行般若波羅蜜不為檀波羅蜜尸羅波羅蜜羼提波羅蜜毗梨耶波羅蜜禪波羅蜜故行般若波羅蜜不為阿鞞跋致地故行般若波羅蜜不為成就衆生故行般若波羅蜜不為淨佛世界故行般若波羅蜜不為佛十力四无所畏四無㝵智十八不共法故行般若波羅蜜不為内空故行般若波羅蜜不為外空内外空空空大空第一義空有為空无為空畢竟空無始空散空性空諸法空自相空不可得空無法空有法空无法有法空故行般若波羅蜜不為如法性實際故行般若波羅蜜何以故是菩薩摩訶薩行般若波羅蜜時不壞諸法相故如是習應是名與般若波羅蜜相應論問曰六波羅蜜乃至如法性實際此是佛法菩薩若不為是法故行般若波羅蜜更有何法可為行般若波羅蜜答曰如佛此中自說諸法無有破壞者不壞諸法相故亦不分別是檀是慳乃至是三界是實際復次　菩薩於此善法深心繫著繫著故能生罪為是人故說是六波羅蜜乃至實際皆空無有自性如夢如幻汝莫生著真菩薩不為是故行有菩薩心無所著行六波羅蜜乃至實際為是人故說為是事故行般若波羅蜜如後品中說為具足六波羅蜜乃至為教化衆生淨佛世界故行般若波羅蜜

復次舍利弗菩薩摩訶薩行般若波羅蜜不為如意神通故行般若波羅蜜不為天耳故不為他心智故不為宿命智故不為天眼故不為漏盡神通故行般若波羅蜜何以故菩薩摩訶薩行般若波羅蜜尚不見般若波羅蜜何況見菩薩神通舍利弗菩薩摩訶薩如是行是名與般若波羅蜜相應論問曰先說禪波羅蜜中已具說五神通今何以復重說答曰彼中總相說不別名字此中別相說復次功德果報所謂五神通菩薩得是五神通廣能利益衆生復次雖有慈悲般

若波羅蜜無五神通者如鳥无兩翼不能高翔如健人无諸器杖而入敵陣如樹無華果无所饒益如枯泉無水無所潤及以是故重說五神通及餘无量佛法中別說無咎問曰若尒者佛何以言莫為五神通故行般若波羅蜜荅曰多有无方便菩薩得五神通輕餘菩薩心生憍高為是故說所以者何菩薩於般若波羅蜜諸佛之母尚不著何況五神通

復次舍利弗菩薩摩訶薩行般若波羅蜜不作是念我以如意神通飛到東方供養恭敬如恒河沙等諸佛南西北方四維上下亦如是復次舍利弗菩薩摩訶薩行般若波羅蜜不作是念我以天耳聞十方諸佛所說法不作是念我以他心智當知十方衆生心所念不作是念我以宿命通知十方衆生宿命所作不作是念我以天眼見十方衆生死此生彼舍利弗菩薩摩訶薩如是行是名與般若波羅蜜相應亦能度无量阿僧祇衆生

釋曰先雖說五神通名今此中說其

功用問曰菩薩何以故不作是念我以如意神通飛到十方供養恭敬如恒河沙等諸佛荅曰已拔我見根本故已摧破憍慢山故善修三解脫門三三昧故佛身雖妙亦入三解脫門如熱金丸雖見色妙不可手觸又諸法如幻如化無來无去無近无遠無有定相如幻化人誰去誰来不取神通國土此彼近遠相故無咎若能在佛前住於禪定變為无量身至十方供養諸佛无所分別已斷法愛故餘通亦如是菩薩得是五神通為供養諸佛故變無量身顯大神力於十方世界三惡趣中度无量衆生如往生品中說

舍利弗菩薩摩訶薩能如是行般若波羅蜜惡魔不能得其便世間衆事所欲隨意十方各如恒河沙等諸佛皆悉擁護是菩薩令不墮聲聞辟支佛地四天王天乃至阿迦尼吒天皆亦擁護是菩薩不令有㝵是菩薩所有重罪現世輕受何以故是菩薩摩訶薩用普慈加衆生故舍利弗是菩薩

摩訶薩如是行是名與般若波羅蜜相應

釋曰今讃是菩薩如上行般若波羅蜜得大功德是名菩薩智慧功力果報得此五利問曰魔是欲界主菩薩是人肉眼不得自在云何不能得其便荅曰如此中佛自說諸佛諸大天擁護故復次是菩薩行畢竟不可得自相空故於一切法中皆不著不著故無違錯无違錯故魔不能得其便譬如人身不瘡雖卧毒屑中毒亦不入若有小瘡則死無變是菩薩於諸佛中心不著於諸魔中心不瞋是故魔不得便復次菩薩深入忍波羅蜜慈三昧故一切外惡不能中傷所謂水火刀兵等世間衆事者資生所須所謂治生諧偶種蒔果樹贖路作井安立客舍如法理事皆得如意若欲造立塔寺作大福德若作大施若欲說法教度衆生皆得如意如是等世間衆事若大若小皆得如法隨意所以者何是菩薩世世集无量福德智慧因緣故復次是菩薩行般若波羅蜜於一切法中心不著心不著故

結使薄結使薄故能生深厚善根深厚善根生故所願如意復次是菩薩行般若波羅蜜故諸大天皆敬念是菩薩讃歎稱揚其名諸龍鬼等聞諸天稱說亦来助成其事是故世間衆事皆得如意復次是菩薩為諸佛所念威德所加皆得如意問曰十方諸佛心等何以偏念是菩薩荅曰是菩薩智慧功德大故諸佛心雖平等法應念是菩薩以勸餘人又是菩薩得佛智慧氣分故别知善惡賞念好人無過於佛是故佛念復次佛念不欲令墮聲聞辟支佛故所以者何入空无相无作以佛念故而不墮落辟如魚子母念則得生不念則壞諸大天擁護者不欲令失其所得諸天効佛念故又諸天以菩薩行般若波羅蜜都无所著不樂世樂但欲教化衆生故住於世間知其尊貴故念所有重罪者先世重罪應入地獄以行般若波羅蜜故現世輕受譬如重囚應死有勢力者護則受鞭杖而已又如王子雖作重罪以輕罰除之以是王種中

生故菩薩亦如是能行般若波羅蜜得實智慧故即入佛種中生佛種中生故雖有重罪云何重受復次辟如鐵器中空故在水能浮中實則没菩薩亦如是行般若波羅蜜智慧心虚故不没重罪凡人無智慧故沉没重罪復次佛此中自說因緣所以得五功德者用普慈加衆生故問曰先言行般若波羅蜜故具五功德今何以言用普慈加衆生故荅曰能生无量福無過於慈是慈因般若波羅蜜生得无量利益復次惡魔不得便諸佛所念重罪今世輕受是般若波羅蜜力世間衆事所欲隨意諸天擁護是大慈力復次有二種緣一者衆生二者法是菩薩若緣衆生則是慈心若緣法則是行般若波羅蜜是慈從般若波羅蜜生隨順般若波羅蜜故是故說慈。經復次舍利弗菩薩摩訶薩行般若波羅蜜時疾得諸陁羅尼門諸三昧門在所生處常值諸佛乃至得阿耨多羅三藐三菩提初不離見佛舍利弗菩薩摩訶薩如是習應是名與

般若波羅蜜相應釋曰陁羅尼三昧門如先說疾得者福德因緣故心柔軟行深般若波羅蜜故智慧心利以是故疾得如上說五功德故疾得所生處常值諸佛者是菩薩除諸佛毋般若波羅蜜其餘一切衆事皆不愛著是以在所生處常值諸佛如人常喜鬬諍生還活地獄復執刀杖共相加害婬欲多故常受胞胎又作婬鳥瞋恚多故還生毒蟲虵虺之屬愚癡多者如燈蛾赴火地中隱虫等是諸菩薩愛敬於佛及實相般若波羅蜜及修念佛三昧業故所生處常值諸佛復次如先菩薩願見諸佛中說終不離見佛者又人雖一世見佛更不復值如毗婆尸佛時王師婆羅門雖見佛及僧而惡口毀呰言此等人畜生不別好人見我不起以是罪故經九十一劫墮畜生中復次深念佛故終不離佛世世善修念佛三昧故不失菩薩心故作不離佛願願生在佛世故種值佛業緣常相續不斷故乃至阿耨多羅三藐三菩提終不離見佛

問曰此中是果報事云何說與般若波羅蜜相應答曰般若波羅蜜相應故值佛或時果中說因故相應有二種一者心相應二者應菩薩行所謂生好處值遇諸佛常聞法正憶念是名相應

復次舍利弗菩薩摩訶薩行般若波羅蜜時不作是念有法與法若合若不合若等若不等何以故是菩薩摩訶薩不見是法與餘法若合若不合若等若不等舍利弗菩薩摩訶薩如是習應是名與般若波羅蜜相應釋曰一切法無有法與法共合者何以故諸法无分合故譬如二指有四方共一方合三方不合不合多故何以不名為不合問曰以有合處故名為合云何言不合答曰合處不為指是指分但是指分更無指法以二指相近故假名為合更无合法復次色香味觸總名為指但觸有合力餘三无合以是故不得言指合復次如異類同處不名為合相各異故諸法亦如是地相地中水相水中火相火中如是性異不名為合以是故言無有法與法若合无不合等者一切法一相故名等以皆是有相皆是無常相皆是苦相皆是空无我相皆是不生不滅相事無異故名為等不等者各各別相故如色相无色相堅相濕相如是等各異不同是名不等菩薩不見等與不等何以故一切法無故自性空故无法無法故不可見不可見故无等不等等不等與合是習相應不合不等是不相應問曰何以不說相應竟然後讃歎答曰聽者歡悕是故佛讃歎果報功德聞者心得悅樂故

復次舍利弗菩薩摩訶薩行般若波羅蜜不作是念我當疾得法性若不得何以故法性非得相故舍利弗菩薩摩訶薩如是習應是名與般若波羅蜜相應釋曰法性者諸法實相除心中無明諸結使以清淨實觀得諸法本性名為法性性名真實以衆生邪觀故縛正觀故解菩薩不作是念我疾得法性何以故法性無相无有遠近亦不言我久久當得何以故法性無邊无久法性義如如法性實際義中說

復次舍利弗菩薩摩訶薩行般若波羅蜜時不見有法出法性者舍利弗菩薩摩訶薩如是習是名與般若波羅蜜相應釋曰無明等諸煩惱入一切法中故失諸法自性自性失故皆邪曲不正聖人除却無明等諸法實性還得明顯譬如陰雲覆虛空清淨性除陰雲則虛空清淨性現若有法無明不入者是則出於法性但是事不然无有法出無明者是故菩薩不見是法出法性者譬如衆流皆歸於海如栗散小王皆屬轉輪聖王如衆小明皆屬於日

復次舍利弗菩薩摩訶薩行般若波羅蜜時不作是念法性分別諸法如是習應是名與般若波羅蜜相應論問曰何以故不作是念法性分別諸法答曰為者法性貴於法性以是因緣生諸結使是故不作是念問曰若法性空一相无相云何分別諸法答曰得是法性滅無明等諸煩惱破諸法實相者然後心清淨智慧明了知諸法

寳隨法性者為善不隨法性者為不
善如婆蹉梵志問佛世尊天地間有
善惡好醜不佛言有婆蹉言我久歸
命佛願為我善說佛言有三種惡三
種善十種惡十種善所謂貪欲是惡
除貪是善瞋恚愚癡是惡除恚癡是
善煞生是惡除煞生是善乃至邪見
是惡除邪見是善能如實分別善惡
是我弟子入於法性名為得道
復次舍利弗菩薩摩訶薩行般若波
羅蜜時不作是念是法能得法性若
不得何以故是菩薩不見用是法能
得法性若不得舍利弗菩薩摩訶薩
如是習應是名與般若波羅蜜相應釋
名諸法實相法名般若波羅蜜菩薩
曰云何得法性行八聖道分得諸法
實相所謂涅槃是名得法性復次性
不作是念行般若波羅蜜得是諸法
性何以故般若波羅蜜及諸法性是
二法無有異皆畢竟空　故云何以
般若波羅蜜得達法性
復次舍利弗菩薩摩訶薩行般若波
羅蜜時法性不與空合空不與法性

合如是習應是名與般若波羅蜜相應
釋曰菩薩不觀法性是空不觀空是
法性行空得法性緣法性得空以是
故無異所以者何是二畢竟空故
復次舍利弗菩薩摩訶薩行般若波
羅蜜時眼界不與空合空不與眼界
合色界不與空合空不與色界合眼
識界不與空合空不與眼識界合乃
至意界不與空合空不與意界合法
界不與空合空不與法界合意識界
不與空合空不與意識界合是故舍
利弗是空相應名為第一相應釋曰
眼界不與空合空不與眼界合者眼
是有空是无空有云何合復次菩薩
種種因緣分別散滅是眼眼則空空
无眼名因本故有眼空空亦無分別
是眼空是非眼空是則眼不與空合
又空不從眼因緣生何以故是二法
本自空故乃至意識界亦如是問曰
此中何以不說五衆等諸法但說十
八界答曰應說或時誦寫者忘失復
有人言若說十八界則攝一切法有
衆生於心色中錯心法中不錯應聞

十八界得度是故但說十八界問曰
何以名為第一　相應答曰空是十
方諸佛深奥之藏唯一涅槃門更无
餘門能破諸邪見戲論是相應不可
壞不可破是故名為第一復次佛自
說第一因緣所謂經舍利弗空行菩薩
摩訶薩不墮聲聞辟支佛地能淨佛
土成就衆生疾得阿耨多羅三藐三
菩提舍利弗諸相應中般若波羅蜜
相應為冣第一冣尊冣勝冣妙為无
有上何以故是菩薩摩訶薩行般若
波羅蜜相應所謂空無相无作當知
是菩薩如受記無異若近受記舍利
弗菩薩摩訶薩如是相應者能為无
量阿僧祇衆生作益厚是菩薩摩訶
薩亦不作是念我與般若波羅蜜相
應諸佛當授我記我當近受記我當
淨佛土我得阿耨多羅三藐三菩提
當轉法輪何以故是菩薩摩訶薩不
見有法出法性亦不見有法行般若波羅蜜亦
不見有法諸佛授記亦不見有法得阿耨多羅
三藐三菩提何以故菩薩摩訶薩行般若波羅
蜜時不生我相衆生相乃至知者見者相何以

故衆生畢竟不生不滅故衆生无有生無有滅若法無有生相滅相云何是法當行般若波羅蜜如是舍利弗菩薩摩訶薩不見衆生故為行般若波羅蜜衆生不受故衆生空故衆生不可得故衆生離故為行般若波羅蜜舍利弗菩薩摩訶薩於諸相應中為最第一相應所謂空相應是空相應勝餘相應菩薩摩訶薩如是習空能生大慈大悲菩薩摩訶薩習是相應不生慳心不生犯戒心不生瞋心不生懈怠心不生乱心不生无智心釋曰不墮聲聞辟支佛地者空相應有二種一者但空二者不可得空但行空墮聲聞辟支佛地行不可得空空亦不可得則無處可墮是復有二種空一者无方便空墮二地二者有方便空則無所墮直至阿耨多羅三藐三菩提復次本有深悲心入空則不墮无大悲心則墮如是等因緣不墮二地能淨佛世界成就衆生者菩薩住是空相應中無所復得教化衆生令行十善道及諸善法以衆生行善法因緣故佛土清淨以不煞生故壽命長以

不劫不盜故佛土豊樂應念即至如是等衆生行善法則佛土莊嚴問曰教化衆生則佛土淨何以別說答曰衆生雖行善要須菩薩行願迴向方便力因緣故佛土清淨如牛力挽車要須御者乃得到所至處以是故別說疾得者行是空相應无有障㝵則能疾得阿耨多羅三藐三菩提問曰先說空相應今說般若波羅蜜相應後說無相无作相應有何差別答曰有二種空一者般若空二者非般若空先言空相應聽者疑謂一切空故說是般若波羅蜜空復有人疑但言空第一無相无作非第一耶是故說空無相无作相應而是第一何以故空則是無相若无相則是無作如是為一名字為別最上故言尊破有故言勝得是相應不復樂餘是為最妙如一切衆生中佛為無上一切法中涅槃无上一切有為法中善法習相應為無上餘義如讚般若品中說問曰若能行如是空相應便應受記云何言如受記無異若近受記答曰是

菩薩新行道肉身未得无生法忍未得般舟三昧但以智慧力故能如是分別深入空佛讚其入空功德故言如受記無異有三種菩薩得受記者如受記者近受記者得受記者如阿毗跋致品中說二種如此中說問曰如此說相應第一無上云何不與受記答曰餘功德方便禪定等未集但有智慧是故未與受記復次是菩薩雖復利根智慧餘功德未熟故聞現前受記或生憍慢是故未與受記所以讚歎者欲以勸進其心利根者行是空相應如受記無異鈍根者行是空相應若近受記令衆生常安隱得涅槃是名利益復有二種益利一者離苦二者與樂復有二種滅衆生身苦心苦復有三種天樂人樂涅槃樂復有三種離三界入三乘如是菩薩摩訶薩无量阿僧祇利益衆生衆生義如先說世人有大功勳則生憍心求其報賞以求報故則為不淨菩薩則不然雖與般若波羅蜜相應利益无量衆生無我心无憍慢故不求功報如

地雖利物功　重不求其報以是故
說是菩薩不作是念我與般若相應
諸佛當受我記若近受記我當淨佛
土得無上道轉法輪法輪義如先說
問曰何等法出法性荅曰此中佛說
所謂行般若波羅蜜者行般若波羅
蜜者即是菩薩知者見者即是衆生
法性中衆生變為法性以是故菩薩
自不生高心不從衆生求恩分不見
諸佛與受記如菩薩空佛亦如是如
行者空得阿耨多羅三藐三菩提者
亦空何以故佛自說菩薩摩訶薩行
般若波羅蜜不生衆生相乃至知者
見者相菩薩行般若波羅蜜尚不生
法相何況衆生相何以故佛自說因
緣是衆生畢竟不生不生故不滅若
法不生不滅即是法性相法性即是
般若波羅蜜云何般若波羅蜜行般
若波羅蜜等菩薩不受衆生者不受神
但有虛妄計我衆生空者衆生法无
所有故衆生不可得者以實智求索
不可得故衆生離者一切法自相離
故一切離自相者如火離熱相等如

相空中廣說第一相應勝餘相應如
上說菩薩行是衆生空法空深入空
相應憶本願度衆生見衆生狂惑顛
倒於空事中種種生著即生大悲心
我雖知是事餘者不知以教化故生
大慈大悲心能常不生破六波羅蜜
法所以者何初發心菩薩行六波羅
蜜以六惡雜行故六波羅蜜不增長
不增長故不疾得道令知諸法相拔
是六惡法根本所以者何菩薩知布
施為善慳心不善能墮餓鬼貧窮中
知慳貪如是自惜其身者世間樂故
還生慳心是菩薩輕物能施重物不
能外物能施內物不能施以者我者受者
以取相者財物以是故破檀波羅蜜
雖有所施而不清淨是菩薩行空相
著而破檀波羅蜜問曰若不見我不
應故不見我亦不見世間樂云何生
見世間樂故不破亦應不見檀云何
行布施荅曰是菩薩雖不見布施以
清淨空心布施作是念是布施空无
所有衆生須故施與如小兒以土為
金銀長者則不見是金銀便隨意與

竟無所與餘五法亦如是以是故雖
同空破慳而不破檀舍利弗菩薩摩
訶薩住是空相應中能常不生是六
惡心

大智度論卷第三十七

大智度論卷三十七

校勘記

一 底本，金藏廣勝寺本。

一 七〇九頁中一行經名，石作「大智度經論卷第四十二」；資、磧、普、南、徑、清作「大智度論卷第三十七」。

一 七〇九頁中三行與四行之間，石有「摩訶般若波羅蜜經習相應品第三釋之三」；資有「釋第三品下」；磧、普、南有「釋習相應品之三」；徑、清有「釋習相應品第三之三」。

一 七〇九頁中四行首字「復」，石、磧、普、南、徑、清、麗冠以「經」。

一 七〇九頁中一一行「如是習應」，資作「如是習」，下同。

一 七〇九頁中一二行「釋曰」，石、磧、普、南、徑、清、麗冠以「論」。

一 七〇九頁中一七行「過去」，諸本作「過去世」。

一 七〇九頁中二〇行第一〇字「除」，資作「際」。

一 七一〇頁上二行「如法」，資、磧、普、南、徑、清作「相應」。

一 七一〇頁上八行、中七行、下一七行及次頁上二一行「復次」，石、磧、普、南、徑、清、麗冠以「經」。

一 七一〇頁上一四行第四字「名」，石、資、磧、普、南、徑、清作「是名」。

一 七一〇頁上一四行「問曰」，石、磧、普、南、徑、清、麗冠以「論」。

一 七一〇頁上二二行第八字「法」，資、磧、普、南、徑、清、麗無。

一 七一〇頁中一一行第一四字「論」，石、磧、普、南、徑、清、麗作「論」；資無。

一 七一〇頁中一六行第二字「檀」，資、磧、普、南、徑、清無。

一 七一〇頁下三行「是故」，磧、普、南、徑、清作「以是故」。

一 七一〇頁下三行第一三字「經」，石、磧、普、南、徑、清、麗作「經」；資無。

一 七一〇頁下六行「是應」，石、磧、普、南、徑、清、麗作「應是」；資作「是」。

一 七一〇頁下七行「釋曰」，石、磧、普、南、徑、清、麗冠以「論」。

一 七一〇頁下一三行第一一字「合」，石、磧、普、南、徑、清、麗作「與合」。

一 七一〇頁下二〇行第四字「合」，磧、普、南、徑、清作「合何以故佛即是薩婆若薩婆若即是佛菩提即是薩婆若薩婆若即是菩提舍利弗菩薩摩訶薩行般若波羅蜜如是習應是名與般若波羅蜜相應」。

一 七一〇頁下二〇行第五字「論」，資無。

一 七一一頁上一一行第三字「力」，資、磧、普、南、徑、清無。

一 七一一頁上一七行第一〇字「經」，石、麗作「經」；資、磧、普、南、徑、清無。

一　七一一頁中四行第一三字「不」，石、麗作「非」。

一　七一一頁中一三行「釋曰」，石、磧、普、南、徑、清、麗冠以「論」。

一　七一一頁中一九行第九字「二」，磧、普、南、徑、清作「三」。

一　七一一頁中二〇行末字至二一行首字「著是」，石、麗作「著」；資、磧、普、南、徑、清作「是」。

一　七一一頁下七行末字至八行首字「實定」，石、麗作「定實」。

一　七一一頁下一〇行第六字「福」，資作「業」。

一　七一一頁下一三行第六字、七字「起諸」，資、磧、普、南、徑、清、麗無。

一　七一一頁下一六行第一四字「不」，資無。

一　七一一頁下一七行「无者有」，石、磧、普、南、徑、清、麗作「无者無有」；資作「无有」。

一　七一一頁下末行末字「摩」，諸本作「磨」。

一　七一二頁上二一行「凡人」，石、麗作「凡夫」。

一　七一二頁中一行末字「相」，磧、普、南、徑、清無。

一　七一二頁中二行，下一一行及次頁上一一行「復次」，石、磧、普、南、徑、清、麗冠以「經」。

一　七一二頁中八行「世界」，石作「國土」，下同。

一　七一二頁中一九行第四字「論」，資無。

一　七一二頁中二〇行「是法」，石、麗作「是佛法」。

一　七一二頁下二行首字「次」，石作「有」；資、磧、普、南、徑、清、麗作「次有」。

一　七一二頁下一九行第三字「論」，資無。

一　七一二頁下二一行第四字「別」，石、麗作「列」。

一　七一三頁上末行「釋曰」，石、磧、普、南、徑、清、麗冠以「論」。

一　七一三頁中五行第二字「三」，資無。

一　七一三頁中一六行首字「舍」，石、磧、普、南、徑、清、麗冠以「經」。

一　七一三頁中末行第一三字「是」，資、磧、普、南、清無。

一　七一三頁下二行「釋曰」，石、磧、普、南、徑、清、麗冠以「論」。

一　七一三頁下一〇行「不瘖」，石、資、磧、普、南、徑、清作「無瘖」。

一　七一三頁下一一行「無疑」，資、磧、普、南、徑、清無。

一　七一三頁下一四行第八字「外」，資無。

一　七一三頁下一六行第九字「蒔」，石作「殖」。

一　七一三頁下一九行第五字「度」，石作「化」。

一　七一四頁上六行第八字及次頁上一〇行第五字「是」，資、磧、普、南、徑、清無。

一七一四頁上一〇行第六字「勸」，諸本作「勸進」。

一七一四頁上一五行第四字「則」，石、麗作「故」。

一七一四頁上一六行第九字「得」，資、磧、普、南、徑、清、麗作「行」。

一七一四頁上一七行第二字「又」，資、磧、普、南、徑、清作「有」。

一七一四頁中一行「般若」，石作「是般若」。

一七一四頁中一九行第六字「經」，資無。

一七一四頁中二一行第六字「在」及末字「得」，資、磧、普、南、徑、清無。

一七一四頁中二二行第一〇字「初」，磧、普、南、徑、清作「終」。

一七一四頁下七行「是以」，石、資、磧、普、南、徑、清作「以是故」。

一七一四頁下一六行第四字「此」，諸本作「呲」。

一七一四頁下一六行末字「見」，石、麗作「得見」。

一七一四頁下一七行「等人」，石、磧、普、南、徑、清、麗作「人等如」；資作「人等」。

一七一四頁下二一行「作不」，石作「不作」。

一七一四頁下二二行第六字「緣」，石、資、磧、普、南、徑、清作「因緣」。

一七一五頁上一行第四字「中」，資、磧、普、南、徑、清、麗無。

一七一五頁上七行、中一四行、下三行、一五行「復次」，石、磧、普、南、徑、清、麗冠以「經」。

一七一五頁上一二行、中一八行、下五行「釋曰」，石、磧、普、南、徑、清、麗冠以「論」。

一七一五頁上一四行第二字「无」，資無。

一七一五頁中二行「若合无」，石作「若合若」；資、磧、普、南、徑、清作「合無合故亦无」；麗作「合若合若」。

一七一五頁中四行第二字「苦」，磧、南作「若」。

一七一五頁中一〇行第五字至一一行第五字「等與合……不相應」，石作夾註。

一七一五頁下四行「舍利佛菩薩摩訶薩如是應習」，石、磧、普、南、徑、清、麗作「如是習應」；資作「如是習」。

一七一五頁下一七行第一四字「論」，資無。

一七一六頁上一〇行、上二二行、中五行、下五行「復次」，石、磧、普、南、徑、清、麗冠以「經」。

一七一六頁上一四行末字「釋」，石、磧、普、南、徑、清、麗冠以「論」。

一七一六頁中二行、一二行及次頁上一二行「釋曰」，石、磧、普、南、徑、清、麗冠以「論」。

一七一六頁下二行「相應」，資、磧、普、南、徑、清作「習相應」。

一七一六頁下六行第八字「經」，資、磧、普、南、徑、清無。

一七一六頁下七行末字至八行首字

及一八行、次頁上末行「佛土」，石作「佛國土」。

一 七一六頁下二〇行及二一行第一二字、一三字「有法」，資、磧、普、南、徑、清作「是法」。

一 七一七頁上二行「法無有」，資、磧、普、南、徑、清作「無有法」。

一 七一七頁上二行「滅相」，石作「無有滅相」。

一 七一七頁上三行首字「是」，資、磧、普、南、徑、清作「有」。

一 七一七頁上五行第一二字「故」，磧、普、南作「諸」。

一 七一七頁上末行第一〇字「故」，石作「故應」。

一 七一七頁中一行及二行、三行、五行、次頁上三行末字至四行首字「佛土」，石作「國土」。

一 七一七頁中一五行第八字「而」，石、麗作「亦」。

一 七一七頁中一七行首字「爲」，資作「無」。

一 七一七頁下一行第六字「肉」，資作「内」。

一 七一七頁下三行第九字「人」，資、磧、普、南、徑、清、麗作「入」。

一 七一七頁下六行「二種」，麗作「三種」。

一 七一七頁下七行「云何」，石作「何故」。

一 七一七頁下一一行「前受」，石作「在授」。

一 七一七頁下一五行「益利」，資、磧、普、南、徑、清、麗作「利益」。

一 七一八頁上三行第四字「受」，資作「授」。

一 七一八頁上四行首字「土」，石作「國土」。

一 七一八頁上四行第九字「法」，麗作「轉法」。

一 七一八頁中六行第五字「心」，資、磧、普、南、徑、清、麗作「亦」。

一 七一八頁中一四行第五字及第一〇字「施」，資、磧、普、南、徑、清、麗無。

一 七一八頁下末行經名，石作「大智度經論卷第四十二」。

大智度論釋往生品第四之上　卷三十八　建

聖者龍樹造

後秦龜茲國三藏鳩摩羅什譯

舍利弗白佛言世尊菩薩摩訶薩行般若波羅蜜能如是習相應者從何處終來生此間從此間終當生何處佛告舍利弗是菩薩摩訶薩行般若波羅蜜能如是習相應者或從他方佛國來生此間或從兜率天上來生此間或從人道中來生此間舍利弗從他方佛國來者疾與般若波羅蜜相應與般若波羅蜜相應故捨身來生此間諸深法要皆現在前後還與般若波羅蜜相應在所生處常值諸佛舍利弗有一生補處菩薩兜率天上終來生是間是菩薩不失六波羅蜜隨所生處一切陀羅尼門諸三昧門疾現在前舍利弗有菩薩人中命終還生人中者除阿毗跋致是菩薩根鈍不能疾與般若波羅蜜相應諸陀羅尼門三昧門不能疾現在前問曰是般若波羅蜜中衆生畢竟不可得如上

品說舍利弗一切衆生不可得壽者命者乃至知者見者等衆生諸異名字皆空無實此中何以問從何所來去至何所上衆生異名即是菩薩衆生无故菩薩亦無又此經中說菩薩但有名字無有實法今舍利弗何以作此問荅曰佛法中有二諦一者世諦二者第一義諦為世諦故說有衆生為第一義諦故說衆生無所有復有二種有知名字相有不知名字相譬如軍立密号有知者有不知者復有二種有初習行有久習行有著者有不著者有知他意有不知他意者雖有言辭知其音言以宣理為不知名字相初習行者著者不知他意者故說无衆生為知名字相久習行不著知他意者故說有衆生舍利弗以天眼明見六道衆生生死善惡於此無疑但不知從他方无量阿僧祇世界諸菩薩來者故問有諸大菩薩從此間終生他方无量阿僧祇佛國舍利弗天眼所不見故問復次有聲聞人見菩薩行六波羅蜜久住生死中漏未盡故集種種智

慧内外經書而不證實際未勉老病死愍而輕之言此等命終以三毒未盡故當墮何處如佛說諸凡夫人常開三惡道門於三善道為客於三惡處為家三毒力強過去世無量劫罪業積集而不取涅槃將受衆苦甚可愍之如是等小乘人輕愍是菩薩舍利弗於一切聲聞中為第一大法將知有是事欲令衆生起敬心於菩薩故問佛以三事答一從他方佛國来生二從兜率天上来三從人道中来問曰如從他方佛國来者以遠故舍利弗不知兜率天上人道中来者何以不知答曰舍利弗不知他方佛國来者故問佛為如所應分別答有三處来問曰世間有六道何以故於天中分别說兜率天来人道中不分别處所他方佛國来者亦不分别天道人道答曰六趣中三是惡道惡道中来受苦因緣心鈍故不任得道是故不說問曰三惡道中来亦有得道者如舍利弗大弟子牛足比丘五百世牛中生末後得人身足猶似牛而得阿

羅漢道復有摩偷婆尸他比丘五百世生獼猴中末後得人身得三明六神通阿羅漢猶好跳擲以有餘習故如是等皆得道何以言不任答曰雖有得者少不足言又此人先世深種涅槃善根小有謬錯故墮惡道中償罪既畢涅槃善根熟故得成道果此中不說聲聞道但為得阿耨多羅三藐三菩提前身後身次第辟如從垢心起不得次第入無漏中間必有善有漏心以無漏心貴故言於三惡道出不任次第得阿耨多羅三藐三菩提心天人阿修羅則不然下三天結使利而深上二天結使深而不利兜率天結使不深不利所以者何常有菩薩說法故是故不說餘處或有少故不說色界諸天得道者不復来下未得道者樂著禪味故不下以著味故智慧亦鈍是故不說阿修羅同下二天故不說他方佛國来者從諸佛前来生是間諸根猛利所以者何除无量阿僧祇劫罪故又遇諸佛隨心教導故如刀得好石則利又常聞誦

正憶念般若波羅蜜故利如是等因緣則菩薩心利人中来者此間佛弟子聽般若波羅蜜集諸功德捨身還生是間或於異國土雖無有佛值遇佛法聽受書寫正憶念隨力多少修福德智慧是人諸根雖鈍堪受般若波羅蜜以不見現在佛故心鈍他方佛國来者利根故修行般若波羅蜜疾得相應以相應故常值諸佛值佛因緣如先說問曰兜率天上何以但說一生補處不說二生三生答曰人身罪結煩惱處所唯大菩薩處之則無滓累如鵝入水水不令濕如是菩薩一切世間法所不能著所以者何佛自說因緣不失六波羅蜜諸陀羅尼門諸三昧門疾現在前是菩薩於是世界應利益衆生其餘菩薩分布十方辟如大智慧人已在一處其餘大智則至異處是故不說復次有人言但說大者不墮於小復次餘天中来生者餘處當廣說人中死人中生者不如上二處何以故以人身地大多故身重心鈍以心心數法隨身強

弱故又諸業結使因緣生故彼二處来者是法身菩薩變身无量以度衆生故来生是間人道中者皆是肉身問曰阿毗跋致菩薩不以結業受身何以人道中說答曰来生此間得阿毗跋致未捨肉身故以鈍根故諸陀羅尼三昧門不疾現在前不疾現在前故不疾與般若相應

舍利弗汝所問菩薩摩訶薩與般若波羅蜜相應從此間終當生何處者舍利弗此菩薩摩訶薩從一佛國至一佛國常值諸佛終不離佛舍利弗有菩薩摩訶薩不以方便入初禪乃至第四禪亦行六波羅蜜是菩薩摩訶薩得禪故生長壽天隨彼壽終来生是間得人身值諸佛是菩薩諸根不利舍利弗有菩薩摩訶薩入初禪乃至第四禪亦行般若波羅蜜不以方便故捨諸禪生欲界是菩薩諸根亦鈍舍利弗有菩薩摩訶薩入初禪乃至第四禪入慈心乃至捨入虛空處乃至非有想非無想處修四念處乃至八聖道分行十力乃至大慈大

悲是菩薩用方便力不隨禪生不隨無量心生不隨四無色定生在所有佛處於中生常不離般若波羅蜜行如是菩薩賢劫中當得阿耨多羅三藐三菩提問曰舍利弗今問前世後世佛何以故前世中三種答後世中廣分別答曰人以肉眼不見過去未来故而生邪疑雖疑二處而未来世當受故廣分別辟如已滅之火不復求救但多方便防未来火又如治病已滅之病不復加治但治將生之病復次佛無量辯才自恣舍利弗所問雖少佛廣為其說如問與般若波羅蜜相應一事而佛種種分別如貧者從大富好施者乞所乞雖少所與甚多佛亦如是有无量無漏佛法具足之富以大慈悲好行施惠因舍利弗少問故佛為大衆廣分別說復次是般若波羅蜜中種種因緣辟喻多說空法有新發意者取空相著是空法於生死業因緣中生疑若一切法畢竟空無来无去無出无入相云何死而有生現在眼見法尚不應有何況

死後餘處生不可見而有如是等種種邪疑顛倒心為斷是故佛種種因緣廣說有死有生問曰無有死生因緣何以故人死歸滅滅有三種一者火燒為灰二者虫食為糞三者終歸於土今但見其滅不見更有出者受於後身以不見故則知為无答曰若汝謂身滅便無者云何有衆生先世所習憂喜怖畏等如小兒生時或啼或笑先習憂喜故今無人教而憂喜續生又如犢子生知趣乳猪羊之屬其生未幾便知有牝牡之合子同父母好醜貧富聰明闇鈍各各不同若無先世因緣者不應有異如是等種種因緣知有後世又汝先言不見別有去者人身中非獨眼根能見身中六情各有所知有法可聞可嗅可味可觸可知者可聞法尚不可見何況可知者有生有死法亦可見亦可知汝肉眼故不見得天眼者了了能見如是入從一房出入一房捨此身至後身亦如是若肉眼能見者何用求天眼若尒者天眼肉眼愚聖无異汝以畜

大智度論第三十八卷　第九張　

生同見何能見後世可知者如人死生雖无來去者而煩惱不盡故於身情意相續更生身情意身情意造業亦不至後世而從是因緣更生受後世果報辟如乳中著毒乳變為酪酪變為酥乳非酪酥酪酥非乳乳酪雖變而皆有毒此身亦如是今世五衆因緣故更生後世五衆行業相續不異故而受果報又如冬木雖未有花菓果實得時節會則次第而出如是因緣故知有死生復次現世有知宿命者如人行疲極睡卧覺已憶所經由又一切聖人內外經書皆說後世復次現世不善法動發過重生瞋恚嫉妒疑悔亦惱故身則枯悴顏色不悅惡不善法受害如是何况起身業口業若生善法淨信業因緣心清淨得如實智慧心則懽悅身得輕軟顏色和適以有苦樂因緣故有善不善今定有善不善故當知必有後世但衆生肉眼不見智慧薄故而生邪疑雖修福事所作淺薄辟如藥師為王療病王密為起宅而藥師不知既歸

大智度論第三十八卷　第十張　

見之乃悔不加意盡力治王復次聖人說今現在事實可信故說後世事亦皆可信如人夜行嶮道導師授手知可信故便隨逐比知 及聖人語可知定有後世汝以肉眼重罪比知 薄故又无天眼既自無智又不信聖人語云何得知後世復次佛法中諸法畢竟空而亦不斷滅生死雖相續亦不是常無量阿僧祇劫業因緣雖過去亦能生果報而不滅是為微妙難知若諸法都空者此品中不應說往生何有智者前後相違若死生相實有云何言諸法畢竟空但為除諸法中愛著邪見顛倒故說畢竟空不為破後世故說汝無天眼明故疑後世欲自陷罪惡邊是罪業因緣故說種種往生佛法不著有不著无有無亦不著非有非無非非有非非无亦不著不著亦不著如是人則不容難辟如以刀斫空終无所傷為衆生故隨緣說法自無所著以是故中論中說

一切諸法實　一切法虛妄　諸法實亦虛
非實亦非虛　涅槃際為真　世間際亦真
涅槃世无別　小異不可得

大智度論第三十八卷　第十一張　

是為畢竟空相畢竟空不遮生死業因緣是故說往生問曰若般若波羅蜜一相所謂無相云何與般若相應從一佛國至一佛國常值諸佛答曰般若波羅蜜攝一切法辟如大海以是故不應作難復次汝自說般若波羅蜜一相無相若无相云何有難汝則無相中取相是事不然復次因般若波羅蜜故行念佛三昧等諸善法生值諸佛復次行般若波羅蜜者深入大悲如慈父見子為無所直物故死父甚愍之此兒但為虛誑故死諸佛亦如是知諸法畢竟空不可得而衆生不知衆生不知故於空法中染者著因緣故墮大地獄是故深入大悲以大慈悲因緣故得无量福德得無量福德故生值諸佛從一佛國至一佛國是菩薩從斷死彼間生彼間死復至彼間生如是乃至得佛終不離佛辟如有福之人從一大會至一大會或有是間死彼間生於彼以五神通力故從一佛國至一佛國供養

諸佛度脫衆生是初菩薩佛國者十方如恒河沙等諸三千大千世界是名一佛土諸佛神力雖能普遍自在無㝵衆生度者有局諸佛現在者佛現在其佛國土中者第二菩薩无方便入初禪乃至行六波羅蜜無方便者入初禪時不念衆生住時起時亦不念衆生但著禪味不能與初禪和合行般若波羅蜜是菩薩慈悲心薄故功德薄少功德薄少故為初禪果報所牽生長壽天復次不能以初禪福德與衆生共迴向阿耨多羅三藐三菩提如是等無量无方便義長壽天者非有想非无想處壽八万大劫或有人言一切無色定通名長壽天以无形不可化故不任得道常是凡夫處故或說無想天名為長壽亦不任得道故或說從初禪至四禪除淨居天皆名長壽以著味邪見不能受道者還生人間值佛者以本發阿耨多羅三藐三菩提心故或於禪中集諸福德所以者何彼間著味善心難生故如經中說如佛問比丘甲頭土

多地上土多諸比丘言地土甚多不可為喻佛言天上命終還生人中者如甲頭土墮地獄者如地土問曰鈍根者二十二根中何者是荅曰有人言慧根能觀諸法以久受著禪味故鈍有人言信等五根皆助成道法以受報著味故鈍有人言菩薩清淨福德智慧因緣故十八根皆利罪故則鈍眼等六根如法華經說命根不為老病貧窮等所惱安隱受樂是為命根利樂等五根了了覺知故言利復次受樂時知樂无常等過隨逐不生貪欲故利餘受亦如是信根牢堅深固難事能信故言利餘亦應如是隨相分別男根淨者得陰藏相不著細滑故知欲為過是為利復次三善根利故名為利菩薩或時於三無漏根不證實際故利與利相違故鈍問曰第三菩薩若能捨禪云何言无方便荅曰是菩薩命終時入不善心捨諸禪定方便菩薩若入欲界繫善心若无記心而捨諸禪入慈悲心憐愍衆生作是念我若隨禪定生不能廣利益

衆生生欲界者有十處四天下人六欲天三惡道菩薩所不生鈍根者如第二菩薩說第四菩薩入位得菩薩道修三十七品能住十八空乃至大慈大悲此名方便上二菩薩但有禪定直行六波羅蜜以是故无方便第四菩薩方便力故不隨禪定無量心生所以者何行四念處乃至大慈大悲故命終時憐愍衆生願生他方現在佛國續與般若波羅蜜相應所以者何愛樂隨順般若波羅蜜故問曰此是何等菩薩荅曰佛自說跋陁劫中菩薩或有非跋陁劫中菩薩但取其大者問曰云何名跋陁云何名劫荅曰如經說有一比丘問佛言世尊幾許名劫佛告比丘我雖能說汝不能知當以譬喻可解有方百由旬城溢滿芥子有長壽人過百歲持一芥子去芥子都盡劫猶不澌又如方百由旬石有人百歲持迦尸軽軟疊衣一來拂之石盡劫猶不澌時中最小者六十念中之一念大時名劫劫有二種一為大劫二為小劫大劫者如

上譬喻劫欲盡時衆生自然心樂遠離樂遠離故除五蓋入初禪是人離生喜樂從是起已舉聲大唱言諸衆生甚可慁者是五欲第一安隱者是初禪衆生聞是唱已一切衆生心皆自然遠離五欲入於初禪自然滅覺觀入第二禪亦如是唱或離二禪三禪亦如是三惡道衆生自然得善心命終皆生人中若重罪者生他方地獄如泥犁品中說是時三千大千世界无一衆生在者尒時二日出乃至七日出三千大千世界地盡皆燒盡如十八空中廣說劫生滅相復有人言四大中三大有所動作故有三種劫或時火劫起燒三千大千世界乃至初禪四處或時水劫起漂壞三千大千世界乃至二禪八處或時風劫起吹壞三千大千世界乃至三禪十二住處是名大劫小劫亦三種外三大發世界滅内三毒發故衆生滅所謂飢餓刀兵疾病復有人言時節歲數名為小劫如法華經中說舍利弗作佛時正法住二十小劫像法住二

十小劫佛從三昧起於六十小劫中說法華經是衆小劫和合名為大劫劫簸秦言分別時節跋陀者秦言善有千万劫過去空無有佛是一劫中有千佛興諸淨居天歡喜故名為善劫淨居天何以知此劫當有千佛前劫盡已廓然都空後有大水水底涌出有千枚七寶光明蓮華是千佛之相淨居諸天因是知有千佛以是故說是菩薩於此劫中得阿耨多羅三藐三菩提

舍利弗有菩薩摩訶薩入初禪乃至第四禪入慈心乃至捨入空處乃至非有想非無想處以方便力不隨禪生還生欲界刹利大姓婆羅門大姓居士大家成就衆生故問曰菩薩有二種一者隨業生二者得法性身為度衆生故種種變化身生三界具佛功德度脫衆生故二身之中今是何者答曰是菩薩是業因緣生身所以者何入諸禪方便力故不隨禪生法身菩薩變化自在則不大須方便入禪方便義先已說問曰若不隨禪定

何以生於欲界不生他方清淨世界答曰諸菩薩行各不同或有菩薩於禪轉心生他方佛國菩薩迴心生欲界亦如是問曰生他方佛國者為是欲界非欲界答曰他方佛國雜惡不淨者則名欲界若清淨者則无三惡道三毒乃至無三毒之名亦無二乘之名亦無女人一切人皆有三十二相无量光明常照世間一念之頃作無量身到无量如恒河沙等世界度无量阿僧祇衆生還來本處如是世界在地上故不名色界無欲故不名欲界有形色故不名无色界諸大菩薩福德清淨業因緣故別得清淨世界出於三界或有以大慈大悲心憐愍衆生故生此欲界問曰若命終時捨此禪定初何以求學答曰欲界心狂不定為柔軟攝心故入禪命終時為度衆生起欲界心問曰若生人中何以故正生刹利等大家不生餘處答曰生刹利為有勢力生婆羅門家為有智慧生居士家為大富故能利益衆生貧窮中自不能利何能益人

生欲界天次當說

舍利弗復有菩薩摩訶薩入初禪乃至第四禪入慈心乃至捨入空處乃至非有想非無想處以方便力故不隨禪生或生四天王天處或生三十三天夜摩天兜率陁天化樂天他化自在天於是中成就衆生亦淨佛世界常值諸佛是義同上生天為異問曰欲界諸天情著五欲難可化度菩薩何以生彼而不生人中荅曰諸夫著心雖大菩薩方便力亦大如說三十三天上有須浮摩樹林天中聖天猒捨五欲在中止住化度諸天兜率天上恒有一生補處諸菩薩常得聞法密迹金剛力士亦在四天王天上如是等教化諸天

復次舍利弗有菩薩摩訶薩行般若波羅蜜以方便力入初禪此間命終生梵天處作梵天王從梵天處遊一佛國至一佛國在所有諸佛得阿耨多羅三藐三菩提未轉法輪者勸請令轉問曰若隨初禪生有何方便荅曰雖生而不著味念佛道憶本願入

慈心念佛三昧與禪和合故名為方便問曰何以故作梵王荅曰菩薩集福德因緣大故世世常為物主乃至生鹿中亦為其王復次是菩薩本願欲請佛轉法輪不應作散天或時此中三千大千世界無佛從一佛國至一佛國求見初成佛未轉法輪者所以者何梵天王法常應勸請諸佛轉法輪故

舍利弗有菩薩摩訶薩一生補處行般若波羅蜜以方便力入初禪乃至第四禪入慈心乃至捨入空處乃至非有想非无想處修四念處乃至八聖道分入空三昧無相无作三昧不隨禪生生有佛處修梵行若生兜率天上隨其壽終具足善根不失正念以無數百千億万諸天圍繞恭敬來生此間得阿耨多羅三藐三菩提問曰是三生菩薩在十住地已具足諸功德今何以修習諸天行荅曰心未入涅槃要有所行所謂四禪乃至三三昧復次是菩薩於天人中示行人法修行求道復次是菩薩雖在十住地

猶有煩惱習在又於諸法猶有所不知是故修道復次是菩薩雖行深行三十七品三解脫門等猶未取證今為證故更修諸行復次雖是大菩薩於佛猶小辟如大聚火雖有能照於日則不現如放鉢經中弥勒菩薩語文殊尸利如我後身復作佛如恒河沙等文殊尸利不知我舉足下足事以是故雖在十住猶應修行問曰三生菩薩何以不廣度衆生而要生佛前荅曰是菩薩所度已多今垂欲成佛應在佛前所以者何非但度衆生得成佛諸佛深法應當聽聞故問曰若為諮問佛事故在佛前者何以故釋迦文佛作菩薩時在迦葉佛前惡口毀呰天曰是事先已說法身菩薩種種變化身以度衆生或時行人法有飢渴寒熱老病憎愛瞋喜讚歎呵罵等除諸重罪餘者皆行是釋迦文菩薩尒時為迦葉佛弟名欝多羅兄智慧熟不好多語弟智慧未脩故多好論議時人謂弟為勝兄後出家得成佛道号名迦葉弟為閻浮提王説梨

机師有五百弟子以婆羅門書教授諸婆羅門諸婆羅門等不好佛法尒時有一陶師名難陁婆羅迦葉佛五戒弟子得三道與王師欝多羅為善友以其心善淨信故尒時欝多羅乘金車駕四白馬與弟子俱出城門難提婆羅於路相逢欝多羅問言從何所来荅言汝兄得阿耨多羅三藐三菩提我供養還汝可共行覲見於佛故来相迎欝多羅作是念若我逕到佛所我諸弟子當生疑恠汝本論議智德恒勝今往供養將是親屬愛故必不隨我恐破其見佛因緣故往諸法實相智中入無上方便慧度衆弟子故口出惡言此秃頭人何能得菩提道尒時難提婆羅善友為如瞋狀捉頭挽言汝不得止欝多羅語弟子言其事如是吾不得止即將師徒俱行詣佛見佛光相心即清淨前礼佛足在一面坐佛為隨意說法欝多羅得無量陁羅尼門諸三昧門皆開五百弟子還發阿耨多羅三藐三菩提心欝多羅從坐起白佛言願佛聽我

出家作比丘佛言善来即成沙門以是方便故現出惡言非是實也虛空可破水可作火火可作水三生菩薩於凡夫中瞋心叵得何況於佛問曰若尒者佛何以受第八罪報六年苦行荅曰小乘法與大乘法異若无異者不應有大小小乘法中不說法身菩薩秘奥深法無量不可思議神力多說斷結使直取湼槃法復次若佛不受是第八罪報有諸天神仙龍鬼諸長壽者見有此惡業而不受罪報謂為無業報因緣以是故雖現无惡業亦受罪報又有今世因緣諸外道等信著苦行若佛不六年苦行則人不信言是王子串樂不能苦行以是故佛六年苦行有外道苦行者或三月半歲一歲無能六年日食一麻一米者諸外道謂此為苦行之極是人若言是道真無道也於是信受皆入正道以是二因緣故六年苦行非實罪也何以故諸佛斷一切不善法成就一切善法故佛若實受罪報不得言成一切善法斷一切不善法復次小乘

法中佛為小心衆生故說二生菩薩猶惡口毀佛二生菩薩尚不罵小兒云何實毀佛皆是方便為衆生故何以知之是釋迦文佛毗婆尸佛時作大婆羅門見佛衆僧食疾而發是言如是人輩應食馬麦因此罪故墮黒繩等地獄受无量世苦已餘罪因緣雖成佛道而三月食馬麦又聲聞法中說佛過三阿僧祇劫常為男子常生貴家常不失諸根常識宿命常不墮三惡道中從毗婆尸佛来九十一劫如汝法九劫中不應墮惡道何況末後一劫以是故知非是實也方便故說問曰佛二罪毗尼雜藏中說是信可受三阿僧祇後百劫不墮惡道者從初阿僧祇亦不應墮惡道若不墮者何以但說百劫佛无是說但是阿毗曇鞞婆沙論議師說荅曰阿毗曇是佛說汝聲聞人隨阿毗曇論議是名鞞婆沙不應有錯又如薄拘盧以一訶梨勒果施僧於九十一劫中不墮惡道況菩薩無量世来以身布施修諸功德而以小罪因緣墮在地

獄如是事鞞婆沙不應錯以是故小乘人不知菩薩方便復次聽汝鞞婆沙不錯佛自説菩薩本起菩薩初生時行七步口自説言我所以生者為度衆生故言已默然乳餔三年不行不語漸次長大行語如法一切嬰孩小時未能行語漸次長大能具人法今云何菩薩初生能行能語後便不能當知是方便力故若受是方便一切佛語皆得通若不受者一實一虚如是種種因縁知為度衆生故現行惡口問曰三生菩薩何以但生兜率天上不生餘處答曰若在他方世界来者諸長壽天龍鬼神求其来處不能知則生疑心謂為幻化若在人中死人中生然後作佛者人起輕慢天則不信法應天來化人不應人化天也是故天上来生則是從天為人人則敬信無色界中无刑不得説法故不在中生色界中雖有色身可為説法而深著禪味不能大利益衆生故是故不在中生下三欲天深厚結使麁心錯乱上二天結使既厚心軟不

利兜率天上結使薄心軟利常是菩薩住處譬如太子將登王位先於靜室七日齋潔然後登正殿受王位補處菩薩亦如是兜率天上如齋處於彼末後受天樂壽終來下末後受人樂便成阿耨三佛无量百千万億諸天圍繞來生是間以菩薩先常於无始生死中往反天上人間今是末後天身不復更來生天是故咸皆侍送菩薩於彼壽盡當下作佛諸天壽有盡者不盡者作願下生為菩薩檀越復次諸天下者欲常侍衛菩薩以有百億魔怨恐來惱乱菩薩故此菩薩生人中猒老病死出家得阿耨多羅三藐三菩提如菩薩本起經中説

復次舍利弗有菩薩摩訶薩得六神通不生欲界色界无色界從一佛國至一佛國供養恭敬尊重讃歎諸佛

釋曰菩薩有二種一者生身菩薩二者法身菩薩一者斷結使二者不斷結使法身菩薩斷結使得六神通生身菩薩不斷結使我離欲得五神通得六神通者不生三界遊諸世界供

養十方諸佛遊戲神通者到十方世界度衆生兩七寶所至世界皆一乘清淨壽無量阿僧祇劫問曰菩薩法應度衆生何以但至清淨无量壽佛世界中荅曰菩薩有二種一者有慈悲心多為衆生二者多集諸佛功徳樂多集諸佛功徳者至一乘清淨无量壽世界好多為衆生者至無佛法衆處讃歎三寶之音如後章説

舍利弗有菩薩摩訶薩初發意時得初禪乃至第四禪得四无量心得四無色定修四念處乃至十八不共法是菩薩不生欲界色界無色界中常生有益衆生之處

釋曰此菩薩或生无佛世界或生有佛世界世界不淨有三惡道貧窮下劣或生清淨世界至無佛世界以十善道四禪乃至四无色定利益衆生令信向三寶稱説五戒及出家戒令得禪定智慧功徳不清淨世界有二種有現在佛及佛滅度後佛滅度後或時出家或時在家以財施法施種種利益衆生若佛在世作種種因縁引導衆生令至佛所清

淨世界者衆生未具功德者令其滿足是名在所生處利益衆生舍利弗有菩薩摩訶薩初發意時行六波羅蜜上菩薩位得阿毗跋致地舍利弗有菩薩摩訶薩初發心時便得阿耨多羅三藐三菩提轉法輪與无量阿僧祇衆生作益厚已入無餘涅槃是佛般涅槃後餘法若住一劫若減一劫舍利弗有菩薩摩訶薩初發意時與般若波羅蜜相應與无數百千億菩薩從一佛國至一佛國淨佛世界釋曰有三種菩薩利根心堅未發心前久來集諸無量福德智慧是人遇佛聞是大乘法發阿耨多羅三藐三菩提心即時行六波羅蜜入菩薩位得阿鞞跋致地所以者何先集無量福德利根心堅從佛聞法故辟如遠行或有乘羊而去或有乘馬而去或有神通去者乘羊者久久乃到乘馬去者差速乘神通者發意頃便到如是不得言發意間云何得到神通相尒不應生疑菩薩亦如是發阿耨多羅三藐三菩提時即入菩薩位有菩薩初發意初雖心好後雜諸惡時時生念我求佛道以諸功德迴向阿耨多羅三藐三菩提是人久久無量阿僧祇劫或至或不至先世福德因緣薄而復鈍根心不堅固如乘羊者有人前世少有福德利根發心漸漸行六波羅蜜若三若十若百阿僧祇劫得阿耨多羅三藐三菩提如乘馬者必有所到第三乘神通者如上說是三種發心一者罪多福少二者福多罪少三者但行清淨福德清淨有二種一者初發心時即得菩薩道二者小住供養十方諸佛通達菩薩道故入菩薩位即是阿鞞跋致地阿鞞跋致地菩薩義如先說次後菩薩大猒世間世世已來常好真實偲於欺誑是菩薩亦利根堅心久集無量福德智慧初發心時便得阿耨多羅三藐三菩提即轉法輪度无量衆生入無餘涅槃法住若一劫若減一劫留化佛度衆生佛有二種神通力一者現在時二者滅後劫義如上說劫中所度衆生亦復不少次後菩薩亦利根心堅久集福德發心即與般若波羅蜜相應得六神通與无量衆生共觀十方清淨世界而自莊嚴其國如阿弥陁佛先世時作法藏比丘佛將導遍至十方示清淨國令選擇淨妙之國以自莊嚴其國

大智度論卷第三十八

大智度論卷三十八

校勘記

一　底本，金藏廣勝寺本。

一　七二三頁中一行經名，石作「大智度經論卷第四十三」；資、磧、普、南、徑、清作「大智度論卷第三十八」。

一　七二三頁中三行與四行之間，石有「摩訶般若波羅密經往生品第四釋之一」；資有「釋第四品上往生品」；磧、普、南、徑、清有「釋往生品第四之一」。

一　七二三頁中四行首字「舍」，石、磧、普、南、徑、清、麗冠以「經」。

一　七二三頁中一三行「法要」，資、磧、普、南、徑、清作「妙法」。

一　七二三頁中二一行「問曰」，石、磧、普、南、徑、清、麗冠以「論」。

一　七二三頁下一行「一切」，石、麗作「如一切」；磧、普、南、徑、清作「知一切」。

一　七二三頁下三行第七字「中」，資、磧、普、南、徑、清無。

一　七二三頁下四行第四字「上」，資、磧、普、南、徑、清作「止」。

一　七二三頁下一三行第八字「有」，石作「者」；麗作「者有」。

一　七二三頁下一四行夾註「宣哩」，諸本作「宣理」。

一　七二三頁下一五行「者著者」，資、麗作「著」；磧、普、南、徑、清作「著有」。

一　七二三頁下一九行「世界」，石作「國土」，以下間錯出現，不出校。

一　七二四頁上一行「未勉」，石、資作「未勉生」；磧、普、南、徑、清、麗作「未免生」。

一　七二四頁上一七行第二字「分」，麗無。

一　七二四頁上一七行第七字「天」，石作「天上」。

一　七二四頁中三行第九字「擲」，石、麗作「躑」。

一　七二四頁中一二行第三字「任」，資、磧、普、南、徑、清作「任得道」。

一　七二四頁下四行第四字「或」，資、磧、普、南、徑、清無。

一　七二四頁下一九行「異處」，石作「餘處」。

一　七二四頁下二〇行「不墮」，諸本作「不限」。

一　七二五頁上五行「何以」，石、麗作「何以故」。

一　七二五頁上九行首字「舍」，石、磧、普、南、徑、清、麗冠以「經」。

一　七二五頁中五行「問曰」，石、磧、普、南、徑、清、麗冠以「論」。

一　七二五頁中五行第一〇字「今」，石、資、磧、普、南、徑、清作「合」。

一　七二五頁中一七行第六字「悲」，石作「大悲」。

一　七二五頁下二〇行第六字「得」，資、磧、普、南、徑、清、麗無。

一　七二五頁下二〇行末字至二一行首字「是入」，石、資、磧、普、南、徑、清作「見人」；麗作「是人」。

一　七二六頁上一二行第五字「行」，資、磧、普、南、徑、清作「夢行」。

一　七二六頁上一九行第三字「適」，石作「澤」；資、磧、普、南、徑、清作「悦」。

一　七二六頁上一九行「不善」，石作「有不善」。

一 七二六頁中四行及五行「比知」，諸本作「比智」。

一 七二六頁中六行第一四字「人」，資、磧、普、南、徑、清無。

一 七二六頁中八行第三字「而」，石無。

一 七二六頁中一五行第九字「明」，資、磧、普、南、徑、清無。

一 七二六頁中一八行「非非有非非无」，資、磧、普、南、徑、清、麗無。

一 七二六頁中一九行第一一字「斫」，資作「破」。

一 七二六頁下一五行末字「染」，石、麗作「深」。

一 七二六頁下一六行第七字「大」，石無。

一 七二六頁下一九行第九字「間」，資、磧、普、南、徑、清無。

一 七二七頁上五行第八字「者」，石無。

一 七二七頁上一九行「長壽」，石作「長壽天」。

一 七二七頁中一一行第一一字「土」，磧、普、南、徑、清作「上」。

一 七二七頁中一一行第三字「樂」，石、麗作「喜樂」。

一 七二七頁中一四行第九字「餘」，資、磧、普、南、徑、清無。

一 七二七頁中一八行首字「證」，資作「識」。

一 七二七頁下二〇行「羅衣輕軟疊」，資、磧、普、南、徑、清作「輕軟氎」；麗作「輕軟疊」。

一 七二八頁上二〇行第二字「發」，麗作「發故」。

一 七二八頁上末行第六字及第一三字「住」，石、麗作「住世」。

一 七二八頁中三行首字至末字「劫……善」，石作夾註。

一 七二八頁中一二行首字「舍」，石、磧、普、南、徑、清、麗冠以「經」。

一 七二八頁中一三行及次頁上三行、次頁中一二行「空處」，石作「虛空處」。

一 七二八頁中一四行及次頁上一八行、次頁中一一行「方便力」，石、麗作「方便力故」。

一 七二八頁中一五行「剎利」，石、麗作「若剎利」。

一 七二八頁中一六行「成就」，石作「爲成就」。

一 七二八頁中一六行「問曰」，石、磧、普、南、徑、清冠以「論」。

一 七二八頁中一九行「二身」，石、麗作「二者」。

一 七二八頁下二行第七字「各」，石、資、磧、普、南、徑、清作「各各」。

一 七二八頁下二〇行「正生」，石作「止空」。

一 七二九頁上二行首字「舍」，石、磧、普、南、徑、清、麗冠以「經」。

一 七二九頁上五行第二字「禪」，石作「禪定」。

一 七二九頁上六行「他化」，麗作「地化」。

一 七二九頁上八行第五字「是」，石、

磧、普、南、徑、清、麗冠以「論」。

一　七二九頁上一三行第九字「度」，資作「應」。

一　七二九頁上一七行「復次」，石作「經」；磧、普、南、徑、清、麗冠以「經」。

一　七二九頁上一九行「梵天王」，石、麗作「大梵天王」。

一　七二九頁上二二行「問曰」，石、磧、普、南、徑、清、麗冠以「論」。

一　七二九頁中一行「三昧」，石、麗作「三昧時」。

一　七二九頁中四行第七字「王」，石作「主」。

一　七二九頁中七行第五字「見」，石、資、磧、普、南、徑、清作「覓」。

一　七二九頁中一〇行首字「舍」，石、磧、普、南、徑、清、麗冠以「經」。

一　七二九頁中一〇行「一生」，資、麗作「三生」。

一　七二九頁中一七行首字「以」，石、麗作「與」。

一　七二九頁中一八行末字「問」，石、磧、普、南、徑、清、麗冠以「論」。

一　七二九頁中一九行「三生」，磧、普、南、徑、清作「一生」。

一　七二九頁中二〇行第九字「天」，資、磧、普、南、徑、清、麗無。

一　七二九頁下二行「修道」，石、資、磧、普、南、徑、清作「修行」。

一　七二九頁下五行第一二字「能」，石、資、磧、普、南、徑、清作「所」。

一　七二九頁下七行第九字「復」，石、麗無。

一　七二九頁下九行及次頁中三行「三生」，徑、清作「一生」。

一　七二九頁下一一行第三字「是」，磧、普、南、徑、清作「於」。

一　七二九頁下一六行「天曰」，諸本作「答曰」。

一　七三〇頁上一二行第二字「德」，石、磧、普、南、徑、清、麗作「慧」。

一　七三〇頁中四行「凡夫」，石作「凡夫人」；資、磧、普、南、徑、清作「凡人」。

一　七三〇頁中一二行「現无」，石、麗作「現在无」；資、磧、普、南、徑、清作「現作」。

一　七三〇頁中一五行「串樂」，石、資、磧、普、南、徑、清作「慣樂」。

一　七三〇頁中一九行第二字「言」，資、磧、普、南、徑、清無。

一　七三〇頁中二一行第一二字「法」，資、磧、普、南、徑、清無。

一　七三〇頁下一行及二行「二生」，磧、普、南作「三生」；徑、清作「一生」。

一　七三〇頁下六行「是人輩」，石作「是輩人」。

一　七三〇頁下一二行「九劫」，石、磧、普、南、徑、清作「九十一劫」；麗作「九十劫」。

一　七三〇頁下一四行第二字「說」，石、磧、普、南、徑、清作「說二罪」。

一　七三〇頁下一四行第五字「佛」，石無。

一　一七三〇頁下一五行「信可」，諸本作「可信」。

一　一七三〇頁下二二行第五字「況」，諸本作「何況」。

一　一七三一頁上九行首字「能」，普、南、徑、清作「能語」。

一　一七三一頁上一〇行第四字「皆」，石作「悉皆」。

一　一七三一頁上一二行「三生」，徑、清作「一生」。

一　一七三一頁上一九行「无刑」，諸本作「无形」。

一　一七三一頁中五行第三字「後」，磧、普、南、徑、清無。

一　一七三一頁中五行第九字「来」，磧、普、南、徑、清作「後來」。

一　一七三一頁中一六行「復次」，石作〔經〕；磧、普、南、徑、清、麗冠以〔經〕。

一　一七三一頁中一七行第六、七字「色界」，石作「不生色界不生」。

一　一七三一頁中一八行末字「佛」，諸本作「佛舍利弗有菩薩摩訶薩遊戲神通從一佛國至一佛國所至到處無有聲聞辟支佛乘乃至無二乘之名舍利弗有菩薩摩訶薩遊戲神通從一佛國至一佛國所至到處其壽無量舍利弗有菩薩摩訶薩遊戲神通從一國土（國土，麗作「佛國」，下同）至一國土所至到處有無佛法僧處讚佛法僧功德諸衆生等聞佛（聞佛，石、麗作「以聞佛名」）法名僧名故於此命終生諸佛前」。

一　一七三一頁中一九行、下一四行及次頁上一二行「釋曰」，石、磧、普、南、徑、清、麗冠以〔論〕。

一　一七三一頁中二二行第八字「我」，諸本作「或」。

一　一七三一頁下九行第一三字「舍」，石、磧、普、南、徑、清、麗冠以〔經〕。

一　一七三二頁上一行第八字「具」，石作「具足」。

一　一七三二頁上三行首字「舍」，石、磧、普、南、徑、清、麗冠以〔經〕。

一　一七三二頁上四行第五字「上」，徑、清作「入」。

一　一七三二頁上六行第一一字「轉」，石、磧、普、南、徑、清作「便轉」。

一　一七三二頁上一一行末字至一二行第三字「淨佛世界」，石作「爲淨佛土故」；麗作「爲淨佛世界故」。

一　一七三二頁上一二行「三種」，資作「二種」。

一　一七三二頁上二〇行第四字「去」，諸本無。

一　一七三二頁中一四行第三字「故」，資、磧、普、南、徑、清無。

一　一七三二頁下六行首字「淨」，石作「清淨上」。

一　一七三二頁下末行經名，石作「大智度經論卷第四十三」。

大智度論釋往生品第四之中　卷三十九　建

聖者龍樹造

後秦龜茲國三藏鳩摩羅什譯

舍利弗有菩薩摩訶薩行般若波羅蜜時得四禪四無量心四无色定遊戲其中入初禪從初禪起入滅盡定從滅盡定起乃至入四禪從四禪起入滅盡定從滅盡定起入虛空處從虛空處起入滅盡定從滅盡定起乃至入非有想非無想處從非有想非無想處起入滅盡定如是舍利弗菩薩摩訶薩行般若波羅蜜以方便力入起越定論問曰若凡夫人不能入滅盡定云何菩薩從初禪起入滅盡定答曰阿毗曇鞞婆沙中小乘如是說非佛三藏說又是菩薩聖人尚不及何況當是凡夫辟如六牙白象雖被毒箭猶憐愍怨賊如是慈悲心阿羅漢所無畜生中猶尚如是何況作人身離欲入禪而不得滅盡定問曰若菩薩得滅盡定可尒超越定法不能過二若言從初禪起乃至入滅盡定

無有是法答曰餘人雖有定法力少故不能遠超菩薩无量福德智慧力深入禪定心亦不著故能遠超辟如人中力士趠不過三四丈若天力士無復限數小乘法中超一者是定法菩薩禪定力大心所著故遠近隨意問曰若尒者超越者是大次第定不應為大答曰二俱為大所以者何從初禪起至二禪更無餘心一念得入乃至滅盡定皆尒超越者從初禪起入第三禪亦不令餘心雜乃至滅盡定逆順皆尒有人言超越定勝所以者何但無餘心雜而能超越故辟如騬馬迴轉隨意

舍利弗有菩薩摩訶薩行般若波羅蜜修四念處乃至十八不共法不取須陁洹果斯陁含果阿那含果阿羅漢果辟支佛道以方便力為衆生故起八聖道分以是八道令得須陁洹果乃至辟支佛道佛告舍利弗一切阿羅漢辟支佛果及智是菩薩摩訶薩無生法忍舍利弗當知是菩薩摩訶薩行般若波羅蜜在阿鞞跋致地

中住問曰何以不說是菩薩行六波羅蜜而但說得四念處荅曰若說若不說當知菩薩皆行六波羅蜜於三十七品或行或不行不證聲聞辟支佛道者有大慈大悲深入方便力等如先說問曰自不得諸道果云何能以化人荅曰佛自說因緣所謂聲聞辟支佛果及智皆是菩薩法忍恒不受諸道果名字果及智皆入无生法忍中復次唯不取證餘者皆行得菩薩道故名為阿鞞跋致

舍利弗有菩薩摩訶薩住六波羅蜜淨兜率天道當知是賢劫中菩薩釋曰菩薩有各各道各各行各各願是菩薩修業因緣生兜率天上入千菩薩會中次第作佛如是相當知是賢劫中菩薩

舍利弗有菩薩摩訶薩修四禪乃至十八不共法未證四諦當知是菩薩一生補處問曰是一生補處菩薩應生兜率天云何說得四禪等荅曰是菩薩生兜率天上離欲得四禪等復次是補處菩薩離欲來久具足佛法

以方便力隨補處法生兜率天未證四諦者故留不證若取證者成辟支佛欲成佛故不證舍利弗有菩薩摩訶薩无量阿僧祇劫脩行得阿耨多羅三藐三菩提釋曰是菩薩雖種善根求阿耨多羅三藐三菩提以鈍根雜行故久乃得之以深種善根故必得

舍利弗有菩薩摩訶薩行六波羅蜜常懃精進利益衆生不說无益之事釋曰是菩薩先有惡口故發菩薩心願言我永離口四過行是道復次此菩薩知是般若波羅蜜中諸法无有定相不可著不可說相故如是知能利益者皆是佛法若不能利益雖種種好語非是佛法辟如種種好藥不能破病不名為藥趣得土泥等能差病者是名為藥以是故恐其謬錯故不說無益之事

舍利弗有菩薩摩訶薩行六波羅蜜常懃精進利益衆生從一佛國至一佛國斷衆生三惡道釋曰是菩薩住六神通到十方世界遮上中下三種不善道

舍利弗有菩薩摩訶薩住六波羅蜜以檀為首安樂一切衆生須飲食與飲食衣服卧具瓔珞花香房舍燈燭隨其所須皆給與之釋曰菩薩有二種一者能令衆生離苦二者能與樂復有二種一者憐愍三惡道衆生二者憐愍人是菩薩與衆生樂憐愍人故隨所須皆與之

舍利弗有菩薩摩訶薩行般若波羅蜜時變身如佛為地獄中衆生說法為畜生餓鬼中衆生說法論問曰是菩薩何以變作佛身以不尊重作佛荅曰有衆生見佛身得度者或有見轉輪聖王等餘身得度者以是故變身作佛復次世間稱佛名字是大悲是世尊若以佛身入地獄者則閻羅王諸鬼神不遮辱是我所尊者師云何可遮問曰若地獄中火燒常有苦痛心常散亂不得受法云何可化荅曰是菩薩以不可思議神通力破鑊滅火禁制獄卒放光照之衆生心樂乃為說法聞則受持問曰若尒者地獄衆生有得道者不荅曰雖不得道種

得道善根因緣所以者何以重罪故不應得道畜生道中當分別或得者或不得者如阿那婆達多龍王沙竭龍王等修菩薩道鬼神道中如夜叉密迹金剛鬼子母等有得道是大菩薩

舍利弗有菩薩摩訶薩行六波羅蜜時變身如佛遍至十方如恒河沙等諸佛世界為衆生說法亦供養諸佛及淨佛世界聞諸佛說法觀採十方淨妙國土相而已自起殊勝世界其中菩薩摩訶薩皆是一生補處釋曰是菩薩遍為六道說法以佛身為十方衆生說法若衆生聞弟子教者不能信受若聞佛獨尊自在者說法信受其語是菩薩二事因緣故供養諸佛莊嚴世界聞莊嚴世界法到十方佛國取清淨世界相行業因緣轉復殊勝光明亦多所以者何此國中皆一生補處菩薩問曰若先已說兜率天上一生補處菩薩今云何說他方世界菩薩皆一生補處答曰兜率天上一生補處者是三千世界常法餘處不定所謂第一清淨者轉身成佛道菩薩舍利弗有菩薩摩訶薩行六波羅蜜時成就三十二相諸根淨利諸根淨利故衆人愛敬以愛敬故漸以三乘法而度脫之如是舍利弗菩薩摩訶薩行般若波羅蜜時應學身清淨口清淨釋曰是菩薩欲令衆生眼見其身得度故以三十二相莊嚴身諸根淨利者眼等諸根明利出過餘人信慧根諸心數根等利淨第一見者歎其希有我無此事愛敬是菩薩信受其語世世具足道法以三乘道入涅槃是三十二相眼等諸根皆從身口業因緣清淨得以是故佛說菩薩應當淨身口業

舍利弗有菩薩摩訶薩行六波羅蜜時得諸根淨以是淨根而不自高亦不下他釋曰是菩薩常心淨行六波羅蜜故得眼等諸根淨利人皆愛敬慧等諸心數法根淨利无比為度衆生故世間常法若得殊異心則自高輕諸餘人作是念汝无此事我獨有此以是因緣故還失佛道如經中說菩薩輕餘菩薩一念一劫遠於佛道經介所劫更修佛道以是故而不自高亦不下他

舍利弗有菩薩摩訶薩從初發心住檀波羅蜜尸羅波羅蜜乃至阿鞞跋致地終不墮惡道釋曰是菩薩從初已來性畏惡道所作功德願不墜墮乃至阿鞞跋致地者以未到中間畏墮惡道故作願菩薩作是念若我墮三惡道者自不能度何能度人又受三惡道苦惱時以瞋惱故結使增長還起惡業復受苦報如是无窮何時當得修行佛道問曰若持戒果報不墮惡道者何以復說布施答曰持戒是不墮惡道根本布施亦能不墮復次菩薩持戒雖不能墮惡道中生人中貧窮不能自利又不益人以是故行布施餘波羅蜜各有其事

舍利弗菩薩摩訶薩從初發心乃至阿鞞跋致地常不捨十善行釋曰佛說持戒故不墮惡道布施隨逐今不知云何行尸羅波羅蜜乃至阿鞞跋致地是故復說常行十善復次先菩

薩持戒不牢固布施助令說但持戒牢固不捨十善不墮三惡道
舍利弗有菩薩摩訶薩住檀波羅蜜尸羅波羅蜜中作轉輪聖王安立衆生於十善道亦以財物布施衆生釋曰是檀尸波羅蜜因緣故作轉輪聖王行尸羅波羅蜜故能令衆生信受十善行檀波羅蜜故以財寶給施衆生亦不可盡問曰一切菩薩皆行是二波羅蜜作轉輪聖王不荅曰不必然也何以故如此品中諸菩薩種種法入佛道有菩薩聞轉輪聖王儀法在此處能利益衆生故作是願或有菩薩種轉輪聖王因緣雖不作願亦得轉輪聖王報自行二波羅蜜故作轉輪聖王亦教一切衆生行十善道亦自行布施聞者生疑為一世作為世世作以是故
佛告舍利弗有菩薩摩訶薩住檀波羅蜜尸羅波羅蜜無量千万世作轉輪聖王值遇无量百千諸佛供養恭敬尊重讚歎釋曰若菩薩知作轉輪聖王大益衆生者便作轉輪聖王若

自知餘身益大亦作餘身復次欲以世間法大供養佛故作轉輪聖王
舍利弗有菩薩摩訶薩常為衆生以法照明亦以自照乃至阿耨多羅三藐三菩提終不離照明舍利弗是菩薩摩訶薩於佛法中已得尊重舍利弗以是故菩薩摩訶薩行般若波羅蜜時身口意不淨不令妄起釋曰上菩薩行檀尸波羅蜜作轉輪聖王是菩薩但分別諸經誦讀憶念思惟分別諸法以求佛道以是智慧光明自利益亦能利益衆生如人闇道中然燈亦能自益亦能益人終不離者是因緣故終不離智慧光明乃至阿耨多羅三藐三菩提復次是菩薩清淨法施不求名利供養恭敬不貪弟子不恃智慧亦不自高輕於餘人亦不譏刺但念十方諸佛慈心念衆生我亦如是學佛道說法无所依止適無所著但為衆生令知諸法實相如是清淨說法世世不失智慧光明乃至阿耨多羅三藐三菩提已得尊重者上諸菩薩能如是者於諸衆生皆為尊

重身口意不淨不令妄起者能以清淨法施者不應雜起身口意惡業所以者何若起身口意惡者聞者或不信受若意不淨智慧不明智慧不明不能善行菩薩道復次不但此一菩薩上來菩薩能行此法者皆名尊重佛教若菩薩欲行菩薩道皆不應雜罪行一切惡罪業不令妄起雜行者於行道則難不能疾成佛道罪業因緣壞諸福德故
舍利弗白佛言世尊云何菩薩身業不淨口業不淨意業不淨問曰舍利弗智慧第一何以故不識身口意惡業荅曰舍利弗於聲聞法中則知菩薩事異故不知如說若菩薩生聲聞辟支佛心是為菩薩破戒以是故舍利弗疑不知何者是菩薩罪非罪復次舍利弗知身三不善道口四不善道意三不善道是為身口意罪此中佛荅若菩薩取身口意相是則為菩薩身口意罪如是等因緣故舍利弗問佛告舍利弗若菩薩摩訶薩作是念是身是口是意如是取相作緣舍

利弗是名菩薩身口意罪舍利弗菩薩摩訶薩行般若波羅蜜時不得身不得口不得意舍利弗菩薩摩訶薩行般若波羅蜜時若得身得口得意用是得身口意故能生慳心犯戒心瞋心懈怠心乱心癡心當知是菩薩行六波羅蜜時不能除身口意麁業釋曰佛示舍利弗法空中菩薩不見是三業是為無罪若見是三業是為罪聲聞法中十不善道是為罪業摩訶衍中見有身口意所作是為罪所以者何有作有見作者見者皆是虛誑故麁人則麁罪細人則細罪如離欲界時五欲五蓋為惡罪初禪攝善覺觀為無罪離初禪入二禪時覺觀為罪二禪所攝善喜為无罪乃至非有想非無想處亦如是入諸法實相中一切諸觀諸見諸法皆名為罪小乘人畏三惡道故以十不善業為罪大乘人以一切能生著心取相法與三解脫門相違者名為罪以是事異故名為大乘若見有是三業雖不起惡亦不名牢固不見是身口意是三業

根本是為牢固是菩薩法空故不見是三事用是三事起慳貪相犯戒相瞋相懈怠相散乱相愚癡相因无故果亦無如无樹則無蔭若能如是觀者則能除身口意麁業問曰先說罪業今何以故言麁業荅曰麁業罪業無異罪即是麁不名為細復次聲聞人以身口不善業名為麁意不善業名為細瞋恚邪見等諸結使名為麁罪愛慢等結使名為細罪三惡覺所謂欲覺瞋覺惱覺名為麁親里覺國土覺不死覺名為細但善覺名為微細於摩訶衍中盡皆為麁以是故此說麁罪

舍利弗白佛言世尊菩薩摩訶薩云何除身口意麁業佛告舍利弗若菩薩摩訶薩不得身不得口不得意如是菩薩摩訶薩能除身口意麁業復次舍利弗菩薩摩訶薩從初發意行十善道不生聲聞心不生辟支佛心如是菩薩摩訶薩能除身口意麁業問曰何等身口意細業與相違者為麁荅曰如前所說者是復次凡夫人

業於聲聞業為麁聲聞業於大乘為麁復次垢業為麁非垢業為細能生苦受因緣業為麁不生苦受因緣業為細有覺有觀業為麁无覺無觀業為細復次見我乃至知者見者為麁若不見我乃至知者見者但見三業處五衆十二入十八界為細復次有所見者名為麁無所見者名為細以是故佛告舍利弗若菩薩不得身口意是時則除三麁業復次初發意住畢竟空中一切法不可得而常行十善道不起聲聞辟支佛心以不取相心一切諸善根皆迴向阿耨多羅三藐三菩提是名菩薩除身口意業麁罪名為清淨

舍利弗有菩薩摩訶薩行般若波羅蜜淨佛道時行檀波羅蜜尸羅波羅蜜羼提波羅蜜毗梨耶波羅蜜禪波羅蜜是名菩薩摩訶薩除身口意麁業舍利弗白佛言世尊何等是菩薩摩訶薩淨佛道佛告舍利弗佛道者菩薩摩訶薩不得身不得口不得意不得檀波羅蜜乃至不得般若波羅蜜不得聲聞辟支佛不得菩薩不得

佛舍利弗是名菩薩摩訶薩佛道所謂一切諸法不可得故釋曰是菩薩依六波羅蜜拯相淨佛道問曰舍利弗從佛聞除三惡三麤即是淨佛道今何以更問答曰先說三業清淨相今說一切法清淨相先略說今說別相先但不得三業今不得六波羅蜜諸賢聖菩薩及佛是名淨佛道一切法皆不可得故不得身乃至不得般若波羅蜜是名法空不得聲聞乃至佛是名衆生空菩薩住是二空中漸得一切不可得空不可得空即是諸法實相是不可得空義如先十八空中說

舍利弗有菩薩摩訶薩行六波羅蜜時無能壞者舍利弗白佛言世尊云何菩薩摩訶薩行六波羅蜜時无能壞者佛告舍利弗若菩薩摩訶薩行六波羅蜜時不念有色乃至識不念有眼乃至意不念有色乃至法不念有眼界乃至法界不念有四念處乃至八聖道分不念有檀波羅蜜乃至般若波羅蜜不念有佛十力乃至

十八不共法不念有須陁洹果乃至阿羅漢果不念有辟支佛乃至阿耨多羅三藐三菩提舍利弗菩薩摩訶薩如是行增益六波羅蜜無能壞者釋曰佛為舍利弗種種分別諸菩薩次為說有菩薩發心時無有能壞者舍利弗驚喜恭敬諸菩薩是故問菩薩結使未断未證實相法作證何因緣故不可破壞佛答若菩薩不念有色乃至不念有阿耨多羅三藐三菩提得是法空故亦得衆生空若是法空觀空者亦空住是無导般若波羅蜜中無有能壞者

舍利弗有菩薩摩訶薩住般若波羅蜜中具足智慧以是智慧常不墮惡道不生弊惡人中不作貧窮人所受身體不為人天阿修羅所憎惡釋曰此菩薩先世來愛樂智慧學一切經書觀察思惟聽採諸法自以智力推求一切法中實相得是一切法實相故為諸佛深心愛念是无量智慧福德因緣故身心具足常受富樂无諸不可

舍利弗白佛言世尊何等是菩薩摩訶薩智慧佛告舍利弗菩薩摩訶薩用是智慧成就見十方如恒河沙等諸佛聽法見僧亦見嚴淨佛土菩薩摩訶薩以是智慧不作佛想不作菩薩想不作聲聞辟支佛想不作我想不作佛國想用是智慧行檀波羅蜜亦不得檀波羅蜜乃至行般若波羅蜜亦不得般若波羅蜜行四念處亦不得四念處乃至行十八不共法亦不得十八不共法舍利弗是名菩薩摩訶薩智慧用是智慧能具足一切法亦不得一切法釋曰是中佛說二種智慧一者分別破壞諸法而不取相二者不著心不取相見十方諸佛聽法問曰云何行檀波羅蜜而不得檀答曰不得檀中若一若異若實若空是檀從和合因緣生於是檀中令衆生得富樂及勸助佛道以是故行檀亦不得檀不得義如上說乃至十八不共法亦如是是名菩薩智慧能具足一切法而不得諸法

舍利弗有菩薩摩訶薩般若波羅

蜜時淨於五眼肉眼天眼慧眼法眼佛眼舍利弗白佛言世尊云何菩薩摩訶薩肉眼淨佛告舍利弗有菩薩肉眼見百由旬有菩薩肉眼見二百由旬有菩薩肉眼見一閻浮提有菩薩肉眼見二天下三天下四天下有菩薩肉眼見小千世界有菩薩肉眼見中千世界有菩薩肉眼見三千大千世界舍利弗是為菩薩摩訶薩肉眼淨問曰佛何以不說行般若波羅蜜生五眼而說淨五眼荅曰菩薩先有肉眼亦有四眼分以諸罪結使覆故不清淨如鏡性有明照垢故不見若除垢則明如本菩薩行六波羅蜜滅諸垢法故眼得清淨肉眼業因緣故清淨天眼禪定及業因緣故清淨餘三眼修無量智慧福德因緣故清淨最大菩薩肉眼最勝見三千大千世界問曰若三千大千世界中百億須弥山諸山鐵圍陵阜樹木等是事障㝵云何得遍見若能得見何用天眼若不能見此中云何說見三千大千世界荅曰不以障㝵故見若无障

得見三千世界如觀掌無異復次有人言菩薩天眼有二種一者從禪定力得二者先世行業果報得業報生天眼常在肉眼中以是故三千世界所有之物不能為㝵因天眼開障肉眼得見是故肉眼得名果報生天眼常現在前不待攝心問曰佛為世尊力皆周遍何以但見一三千大千世界不能見多荅曰若肉眼能過三千大千世界復有所見者何用天眼以肉眼不能及故修學天眼復次三千大千世界劫初一時生劫盡一時滅世界之外無殃數由旬皆是虛空空中常有風肉眼與風相違以相違故不能得過見異世界或有菩薩住三千世界境上計其道數亦應見他方近世界問曰菩薩及佛何以不集無量清淨福德令肉眼遠有所見荅曰是肉眼因緣虛誑不淨天眼因緣清淨若无天眼當修肉眼強令遠見復次如經中說極遠見三千世界佛法不可思議經法甚多或能遠見但此中不說小遠見佛道菩薩見三千中世

界不能種清淨業因緣故小復不如者見小千世界復不如者見四天下一須弥山一日月處又見三天下二天下一天下千由旬乃至百由旬是名最小肉眼淨問曰何以不說九十八十等由旬以為小荅曰轉輪聖王所見過於餘人又人先世然燈等因緣故得堅固眼根能遠有所見雖遠終不能見百由旬以是故菩薩小者見百由旬問曰日月在上去地四万二千由旬人皆能見何以不能見百由旬見百由旬何足稱荅曰日月雖遠自有光明還照其形人得見之餘色不然又日月遠故雖見而顛倒所以者何日月方圓五百由旬而今所見不過如扇大而見小顛倒非實菩薩肉眼則不然問曰菩薩既得肉眼能見何事荅曰見可見色色義色衆中廣說

舍利弗白佛言世尊云何菩薩摩訶薩天眼淨佛告舍利弗菩薩摩訶薩天眼見四天王天所見三十三天夜摩天兜率陁天化樂天他化自在天

所見梵天王所見乃至阿迦尼吒天所見菩薩天眼所見者四天王天乃至阿迦尼吒天所不知不見舍利弗是菩薩摩訶薩天眼見十方如恒河沙等諸佛世界中衆生死此生彼舍利弗是為菩薩摩訶薩天眼淨

釋曰菩薩天眼有二種一者果報得二者修禪得果報得者常與肉眼合用唯夜闇天眼獨用諸人得果報天眼見四天下欲界諸天見下不見上菩薩所得果報天眼見三千大千世界禪定離欲天眼所見如先十力天眼明中說菩薩用是天眼見十方如恒河沙等世界中衆生生死善惡好醜及善惡業因緣无所障导一切皆見四天王天乃至阿迦尼吒天所見又能過之是諸天不能知菩薩天眼所見何以故是菩薩出三界得法性生身得菩薩十力故如是等因緣菩薩天眼淨餘菩薩天眼論議如讃菩薩五神通中說

舍利弗白佛言世尊云何菩薩摩訶薩慧眼淨佛告舍利弗慧眼菩薩不

作是念有法若有為若無為若世間若出世間若有漏若无漏。以慧眼菩薩無法不見無法不聞无法不知無法不識舍利弗是為菩薩摩訶薩慧眼淨

釋曰肉眼不能見障外事又不能遠見是故求天眼天眼雖復能見亦是虚誑見一異相取男女相取樹木等諸物相見衆物和合虚誑法以是故求慧眼慧眼中無如是過問曰若尒者何等是慧眼相荅曰有人言八聖道中正見是慧眼相能見五受衆實相破諸顛倒故有人言能緣涅槃慧名為慧眼所緣不可破壞故是智慧非虚妄有人言三解脱門相應慧是名慧眼何以故是慧能開涅槃門故有人言智慧現前能觀實際了了深入通達悉知是名慧眼有人言能通達法性直過無导有人言定心知諸法相如是名慧眼有人言法空是名慧眼有人言不可得空中亦无法空是名慧眼有人言十八空皆是慧眼有人言癡慧非一非異世間法不異

出世間出世間法不異世間世間法即是出世間出世間法即是世間所以者何異不可得故諸觀滅諸心行轉還無所去滅一切語言世間法相如涅槃不異能得如是智慧是名慧眼復次此中佛自說慧眼菩薩一切法中不念有為若無為若世間若出世間若有漏若无漏等是名慧眼若菩薩見有為世間有漏即墮有見中若見無為出世間无漏即墮無見中是有无二見捨以不戲論慧行於中道是名慧眼得是慧眼無法不見无法不聞無法不知无法不識所以者何得是慧眼破邪曲諸法無明諸法捴相別相各皆如是問曰阿羅漢辟支佛亦得慧眼何以不說無法不見无法不聞無法不知无法不識荅曰慧眼有二種一者捴相二者別相聲聞辟支佛見諸法捴相所謂無常苦空等佛以捴相別相慧觀諸法聲聞辟支佛雖有慧眼有量有限復次聲聞辟支佛慧眼雖見諸法實相因緣少故慧眼亦少不能遍照法性辟如燈

油炷雖淨小故不能廣照諸佛慧眼照諸法實性盡其邊底以是故无法不見無法不聞无法不知無法不識辟如劫盡火燒三千世界明無不照復次若聲聞辟支佛慧眼无法不知者與一切智人有何等異菩薩世世集福德智慧菩行何所施用問曰佛用佛眼无法不知非是慧眼今云何言慧眼無法不知荅曰慧眼成佛時變名佛眼无明等諸煩惱及習滅故一切法中皆悉明了如佛眼中說無法不見聞知識以是故肉眼天眼慧眼法眼成佛時失其本名但名佛眼辟如閻浮提四大河入大海中則失其本名何以故肉眼諸煩惱有漏業生故虛誑不實唯佛眼无誑法天眼亦從禪定因緣和合生故虛誑不能如實見事慧眼法眼煩惱習未盡故不畢竟清淨故捨佛眼中无有謬錯盡其邊極以是故阿羅漢辟支佛慧眼不能畢竟清淨故不能无法不見問曰佛現得果報肉眼能見色是事云何荅曰肉眼雖生眼識而佛不隨

其用不以為實如聖自在神通中說佛告阿難所見好色中生猒惡心眼見悪色生不悪猒心或時見色不生汙穢不汙穢但生捨心如是則肉眼无所施用復次有人言得聖道時五情清淨異本復次諸法畢竟空及諸法通達無㝵是二捴為慧眼

大智度論卷第三十九

滕水縣圓明寺僧[illegible]刻

大智度論卷三十九

校勘記

一　底本，金藏廣勝寺本。

一　七三七頁中一行經名，石作「大智度經論卷第四十四」；資、磧、普、南、徑、清作「大智度論卷第三十九」。

一　七三七頁中三行與四行之間，石有「摩訶般若波羅蜜經往生品第四釋之二」；資有「釋第四品中」；磧、普、南有「釋往生品之二」；徑、清有「釋往生品第四之二」。

一　七三七頁中四行、下一五行首字「舍」，石、磧、普、南、徑、清、麗冠以「經」。

一　七三七頁中五行第二字「時」，資、磧、普、南、徑、清無。

一　七三七頁中一二行末字「力」，石、麗作「力故」。

一　七三七頁中一三行第五字「論」，資無。

一七三七頁中一五行第三字「阿」，石作「如阿」。

一七三七頁中一八行第六字「怨」，資作「惡」。

一七三七頁下四行第一二字「天」，石、磧、普、南、徑、清、麗作「天中」。

一七三七頁下六行第八字「力」，諸本無。

一七三七頁下一三行第三字「但」，資、磧、普、南、徑、清作「俱」。

一七三七頁下一六行首字「蜜」，石、麗作「蜜時」。

一七三七頁下一八行「衆生」，石、麗作「度衆生」。

一七三七頁下一九行「八道」，石作「八聖道分」。

一七三八頁上一行、二〇行「問曰」，石、磧、普、南、徑、清、麗冠以「論」。

一七三八頁上三行「菩薩」，石、麗作「是菩薩」。

一七三八頁上八行第一三字「恒」，諸本作「但」。

一七三八頁上一二行、一八行、中八行、一九行、下一行、九行首字「舍」，石、磧、普、南、徑、清、麗冠以「經」。

一七三八頁上一三行、中四行末字「釋」，石、磧、普、南、徑、清、麗冠以「論」。

一七三八頁中三行「欲成佛故不證」，資無。

一七三八頁中三行「舍利弗」，石、磧、普、南、徑、清、麗冠以「經」。

一七三八頁中八行第一〇字「行」，資、磧、普、南、徑、清、麗作「住」。

一七三八頁中一〇行、二一行、下四行「釋曰」，石、磧、普、南、徑、清、麗冠以「論」。

一七三八頁中一一行第九字「行」，資、磧、普、南、徑、清作「得」。

一七三八頁下四行第二字「其」，資、磧、普、南、徑、清無。

一七三八頁下一一行第一一字「論」，資無。

一七三八頁下一二行「何以」，石、磧、普、南、徑、清作「何以故」。

一七三八頁下一二行第一二字「作」，石、磧、普、南、徑、清、麗無。

一七三八頁下一八行末字「痛」，石作「惱」。

一七三八頁下二一行「衆生心」，石作「令衆生」。

一七三九頁上四行第四字「修」，資、磧、普、南、徑、清、麗作「得」。

一七三九頁上四行第一〇字「道」，石無。

一七三九頁上五行第一一字「道」，資、磧、普、南、徑、清、麗作「見道」。

一七三九頁上七行、中一六行、下四行、一九行首字「舍」，石、磧、普、南、徑、清、麗冠以「經」。

一七三九頁上九行「世界」，石作「國土」，下同。

一七三九頁上一一行「國土」，石作「國」；資、磧、普、南、徑、清作「佛國」。

一七三九頁上一二行、中七行、一八

行、下六行、二〇行「釋曰」，石、磧、普、南、徑、清、麗冠以「論」。

一　七三九頁上一九行第一二字「國」，石、麗作「國土」。

一　七三九頁中二行首字「道」，石、麗無。

一　七三九頁中二行第三字「經」，資無。

一　七三九頁中一七行首字「時」，資、磧、普、南、徑、清無。

一　七三九頁中一八行第一〇字「心」，諸本作「深」。

一　七三九頁下一行「一念」，資、磧、普、南、徑、清、麗作「念念」。

一　七三九頁下七行第三字「性」，磧、普、南、徑、清作「怖」。

一　七三九頁下一六行「不能」，石、麗作「不」；資、磧、普、南、徑、清作「能不」。

一　七三九頁下一九行「菩薩」，石、磧、普、南、徑、清、麗作「有菩薩」。

一　七四〇頁上三行、中三行、下一一行首字「舍」，石、磧、普、南、徑、清、麗冠以「經」。

一　七四〇頁上五行末字「釋」，石、磧、普、南、徑、清、麗冠以「論」。

一　七四〇頁上九行第一三字「行」，石作「以」。

一　七四〇頁上一九行「佛告」，石、磧、普、南、徑、清作「經」；麗冠以「經」。

一　七四〇頁上二二行、中八行「釋曰」，石、磧、普、南、徑、清、麗冠以「論」。

一　七四〇頁中一三行「能益人」，石作「益他人」。

一　七四〇頁中一八行第一一字「念」，資無。

一　七四〇頁下四行第四字「意」，石、磧、普、南、徑、清、麗作「意業」。

一　七四〇頁下一二行「問曰」，石、磧、普、南、徑、清、麗冠以「論」。

一　七四〇頁下二二行「佛告」，石、磧、普、南、徑、清、麗冠以「經」。

一　七四〇頁下二二行末字「是」，石作「如是」。

一　七四一頁上八行「釋曰」，石、磧、普、南、徑、清、麗冠以「論」。

一　七四一頁上一四行第三字「時」，石、麗作「欲時」。

一　七四一頁上末行第一四字「三」，資無。

一　七四一頁中三行首字「瞋」，石、麗作「瞋恚」。

一　七四一頁中五行「麁業」，石作「三麁業」。

一　七四一頁中一五行首字「舍」，石、磧、普、南、徑、清、麗冠以「經」。

一　七四一頁中二二行「問曰」，石、磧、普、南、徑、清、麗冠以「論」。

一　七四一頁中末行「曰如前」，石作「曰如向」；資、磧、普、南、徑、清作「如向」。

一　七四一頁下一四行「業麁」，石、麗作「麁業」。

一　七四一頁下一六行首字「舍」，石作「復次舍」，并冠以「經」；磧、普、南、徑、清、麗冠以「經」。

一七四一頁下一九行第三字至第一五字「是名……業」，資無。

一七四一頁下一九行第四字「名」，磧、普、南、徑、清無。

一七四一頁下二一行「菩薩」，石、麗作「若菩薩」。

一七四二頁上二行、中五行、一七行、下一三行「釋曰」，石、磧、普、南、徑、清、麗冠以「論」。

一七四二頁上一一行末字「漸」，石、資、磧、普、南、徑、清作「漸漸」。

一七四二頁上一五行首字「舍」，石、磧、普、南、徑、清、麗冠以「經」。

一七四二頁上一八行第一〇字「若」，石作「若有」。

一七四二頁上末行第一一字「佛」，資、磧、普、南、徑、清、麗無。

一七四二頁中八行第九字「相」，資、磧、普、南、徑、清無。

一七四二頁中一四行、下一行、二三行首字「舍」，石、磧、普、南、徑、清、麗冠以「經」。

一七四二頁下一〇行第八字「行」，資、磧、普、南、徑、清無。

一七四三頁上一三行「明照」，石、磧、普、南、徑、清、麗作「照明」。

一七四三頁上一四行第五字「明」，石、磧、普、南、徑、清、麗作「照明」。

一七四三頁上二〇行「陵阜」，麗作「山阜」。

一七四三頁上二一行第五字「得」，資作「復」。

一七四三頁上末行末字至中一行首字「障得」，石作「障礙」；資、磧、普、南、徑、清、麗作「障礙得」。

一七四三頁中一行「三千」，石作「三千大千」。

一七四三頁中一四行第一〇字「違」，石作「違故」。

一七四三頁中末行第六字「見」，資無。

一七四三頁中末行「三千」，諸本作「二千」。

一七四三頁下二〇行及次頁上二二行首字「舍」，石、磧、普、南、徑、清、麗冠以「經」。

一七四三頁下二二行「四天」，石、麗作「一切四天」。

一七四三頁下二二行第九字及次頁上一行第二字「見」，石、麗作「見見」。

一七四四頁上二行第一三字「天」，資、磧、普、南、徑、清無。

一七四四頁上三行第七字「所」，資、徑、清作「無所」。

一七四四頁上七行、中六行「釋曰」，石、磧、普、南、徑、清、麗冠以「論」。

一七四四頁上九行「諸人」，石作「餘人」。

一七四四頁上一六行「所見」，石作「眼所見」。

一七四四頁中三行第二字「無」，石作「亦無」。

一七四四頁中一二行「受衆」，石作「受陰」。

一七四四頁中二〇行第五字「名」，

石作「等名」。

一 七四四頁下三行第一二字「滅」，資、磧、普、南、徑、清、麗無。

一 七四四頁下五行「能得如」，石、麗作「如」；資、磧、普、南、徑、清作「能得」。

一 七四五頁上八行首字「用」，石作「有」。

一 七四五頁中三行「惡厭」，石作「厭惡」。

一 七四五頁中末行經名，石作「大智度經論卷第四十四」。

大智度論釋往生品第四之下 卷四十 建

聖者龍樹造

後秦龜茲國三藏鳩摩羅什譯

經舍利弗白言世尊云何菩薩摩訶薩法眼淨佛告舍利弗菩薩摩訶薩以法眼知是人隨信行是人隨法行是人無相行是人行空解脫門是人行无相解脫門是人行無作解脫門得五根得五根故得无間三昧得無間三昧故得解脫智得解脫智故斷三結有衆見疑戒取是人名為須陁洹是人得思惟道薄婬恚癡當得斯陁含增進思惟道斷婬恚得阿那含增進思惟道斷色染無色染无明慢掉得阿羅漢是人行空无相無作解脫門得五根得五根故得無間三昧得無間三昧故得解脫智得解脫智故知所有集法皆是滅法作辟支佛是為菩薩法眼淨復次舍利弗菩薩摩訶薩知是菩薩初發意行檀波羅蜜乃至行般若波羅蜜成就信根精進根善根純厚用方便力故為衆生受身若生刹利大姓若生婆羅門大姓若生居士大家若生四天王天處乃至他化自在天處是菩薩於其中住成就衆生隨其所樂皆給施之亦淨佛世界值遇諸佛供養恭敬尊重讃歎乃至阿耨多羅三藐三菩提亦不墮聲聞辟支佛地是為菩薩摩訶薩法眼淨復次舍利弗菩薩摩訶薩如是知是菩薩於阿耨多羅三藐三菩提退知是菩薩於阿耨多羅三藐三菩提不退知是菩薩受阿耨多羅三藐三菩提記知是菩薩未受阿耨多羅三藐三菩提記知是菩薩到阿鞞跋致地知是菩薩未到阿鞞跋致地知是菩薩具足神通知是菩薩未具足神通知是菩薩已具足神通飛到十方如恒河沙等世界見諸佛供養恭敬尊重讃歎知是菩薩未得神通當得神通知是菩薩當淨佛世界未淨佛世界是菩薩成就衆生未成就衆生是菩薩為諸佛所稱譽所不稱譽是菩薩親近諸佛不親近佛是菩薩壽命有量壽命無量是菩薩得佛時比丘衆

有量比丘衆无量是菩薩得阿耨多羅三藐三菩提時以菩薩為僧不以菩薩為僧是菩薩當修苦行難行不修苦行難行是菩薩一生補處未一生補處是菩薩受最後身未受最後身是菩薩能坐道場不能坐道場是菩薩有魔无魔如是舍利弗是為菩薩摩訶薩法眼淨論釋曰菩薩摩訶薩初發心時以肉眼見世界衆生受諸苦患心生慈愍學諸禪定修得五通以天眼遍見六道中衆生受種種身心苦益加憐愍故求慧眼以救濟之得是慧眼已見衆生心相種種不同云何令衆生得是實法故求法眼引導衆生令入法中故名法眼所謂是人隨信行是人隨法行初入无漏道鈍根者名隨信行是人初依信力故得道名為隨信行利根者名隨法行是人分别諸法故得道是名隨法行是二人十五心中亦名為无相行過是已往或名須陁洹或名斯陁含或名阿那含十五心中疾速無人能取其相者故名无相有人無始世界来

性常質直好樂實事者有人好行捨
讎者有人世世常好善寂者好實者
用空解脫門得道以諸實中空為第一
故好行捨者行無作解脫門得道好
善寂者行无相解脫門得道問曰何
以說得五根答曰有人言一切聖道
名為五根五根成立故八根雖皆是
善而三無漏根无有別異以是故但說
五根取果時相應三昧名无間三昧
得是三昧已得解脫智以是解脫智
斷三結得果證有衆見者於五受衆
中生我若我所疑者於三寶四諦中
不信齋戒取者九十六種外道法中
取是法望得吾解脫問曰見諦所斷
十結得須陁洹果何以故但說三不說
七答曰若說有衆見已說一切見結
如經說有衆見為六十二見根本故
若人著我復思惟我為是常為是无
常若謂无常墮斷滅中而生邪見無
有罪福若謂為常墮常見中而生齋
戒取計望得道或修後世福德樂欲
得此二事故取戒求苦樂因緣故謂
天所作便生見取若說有衆見則攝

是二見邊見邪見若說齋戒取已說
見取餘四結未拔根本故不說是十
結於三界四諦所斷分別有八十八
須陁洹乃至辟支佛分別聲聞辟支
佛道如先說菩薩法眼有二種一者
分別知聲聞辟支佛方便得道門二
者知菩薩方便行道門聲聞辟支佛事
先已處處說今當分別菩薩法若菩
薩知是菩薩深行六波羅蜜薄諸煩
惱故用信根精進根及方便為度衆
生故受身是菩薩生死肉身未得法
性神通法身以是故不說三根未離
欲故今世行布施功德信根精進根後
世生刹利大姓乃至他化自在天先
知因後知果復次是菩薩不退者如
先說不退轉相亦如後阿鞞跋致品
中說與此相違名為退不退菩薩有
二種一者受記二者未受記如首楞
嚴三昧四種受記中說具足神通者
於十方恒河沙世界中一時能變化
無量身供養諸佛聽法說法度衆生
如是等除佛无能及者是為未後身
菩薩與此相違者名不具足復次各

各自地中無所少名為具足各各地
中未成就是不具足得神通有二種
有用者有不用者未得神通者有菩薩
新發意故未得神通或未離欲故懈
怠心故行餘法故是為未得與上相
違是為得淨佛世界未淨世界如先
說成就衆生者有二種有先自成功
德然後度衆生者有先成就衆生後
自成功德者如寶華佛欲涅槃時觀
二菩薩心所謂弥勒釋迦文菩薩弥
勒菩薩自功德成就弟子未成就釋
迦文菩薩弟子成就自身未成就成
就多人難自成則易作是念已入雪
山谷寶窟中身放光明是時釋迦文
菩薩見佛其心清淨一足立七日七
夜以一偈讚佛以是因緣故超越九
劫如是等知成就衆生不成就衆生
者諸佛稱譽如先說與此相違名為
不稱譽親近諸佛无量壽命無量比
丘僧繞菩薩為僧不修苦行如初品
未說一生補處者或以相知者如阿
私陁仙人觀其身相知今世成佛稱若
婆羅門見乳糜知今日成佛者應食如

遍吉菩薩觀世音菩薩文殊師利菩薩等見是菩薩如諸佛相知當成佛如是等坐道場者有菩薩見菩薩行處地下有金剛地持是菩薩又見天龍鬼神持種種供養具送至道場如是等知坐道場有魔者宿世遮他行道及種種求佛道因緣不喜行慈好行空等餘法如是等因緣以宿世破他行道故有魔破壞問曰云何末後身菩薩受惡業報為魔來壞荅曰菩薩以種種門入佛道或從悲門或從精進智慧門入佛道是菩薩行精進智慧門不行悲心好行精進智慧故辟如貴人雖有種種好衣或時著一餘者不著菩薩亦如是脩種種行以求佛道或行精進智慧道息慈悲心破行道者增上慢故諸長壽天龍鬼神不識方便者見作惡行因緣若不受報生斷滅見是故佛現受報是故雖无罪因緣實魔來以方便力故現有魔如是等一切聲聞辟支佛諸菩薩種種方便門令眾生入道是名法眼淨

大智度論第四十卷　第七張　建

經舍利弗白佛言世尊云何菩薩摩訶薩佛眼淨佛告舍利弗有菩薩摩訶薩求佛道心次第入如金剛三昧得一切種智尒時成就十力四無所畏四无导智十八不共法大慈大悲是菩薩摩訶薩用一切種一切法中無法不見無法不聞无法不知無法不識舍利弗是為菩薩摩訶薩得阿耨多羅三藐三菩提時佛眼淨如是舍利弗菩薩摩訶薩欲得五眼當學六波羅蜜何以故舍利弗是六波羅蜜中攝一切善法若聲聞法辟支佛法菩薩法佛法舍利弗若有實語能攝一切善法者般若波羅蜜是舍利弗般若波羅蜜能生五眼菩薩學五眼者得阿耨多羅三藐三菩提論釋曰菩薩住十地中具足六波羅蜜乃至一切種智菩薩入如金剛三昧破諸煩惱習即時得諸佛无导解脫即生佛眼所謂一切種智十力四無所畏四無导智乃至大慈大悲等諸功德是名佛眼問曰智慧見物是眼相云何大慈悲等名為眼荅曰諸功德皆與

大智度論第四十卷　第八張　丈

慧眼相應故通名為眼復次慈悲心有三種眾生緣法緣无緣凡夫人眾生緣聲聞辟支佛及菩薩初眾生緣後法緣諸佛善脩行畢竟空故名為無緣是故慈悲亦名佛眼已說佛眼今說佛眼所用是眼無法不見不聞不知不識復次有人謂十住菩薩與佛無有差別如遍吉文殊師利觀世音等具足佛十力功德等而不作佛為廣度眾生故是故生疑以是故說佛眼相十方眾生及諸法中無不見無不聞是諸菩薩於餘菩薩為大比於佛不能遍知如月光明雖大於日則不現問曰眼為見相云何說聞荅曰眾生智慧從六情生知六塵人謂佛有所不聞如外經書中言或有所不聞是故佛智慧无所不聞又耳識因緣生智慧智慧所知言無法不聞問曰何以故三識所知合為一三識所知別為三眼名為見耳名為聞意知名為識鼻舌身識名為覺荅曰是三識助道法多是故別說餘三識不尒是故合說是三識但知世間事是故

大智度論第四十卷　第九張　建

合為一餘三亦知世間亦知出世間是故別說復次是三識但緣无記法餘三識或緣善或緣不善或緣無記復次是三識能生三乘因緣如眼見佛及佛弟子耳聞法心籌量正憶念如是等種種差別以是故六識所知事分為四分一切種智者如人眼見近不見遠見內不見外見麁不見細見東不見西見此不見彼見和合不見散見生時不見滅肉眼見天眼不見眼根成就未離欲凡夫人故无天眼天眼見慧眼不見凡夫人得天眼神通故无慧眼慧眼見法眼不見未離欲聲聞聖人不知種種度衆生道故无法眼法眼見佛眼不見菩薩得道種智知種種度衆生道未成佛故無佛眼復次肉眼天眼見慧眼法眼佛眼不見凡夫人眼根成就得天眼神通故無慧眼法眼佛眼肉眼慧眼見法眼佛眼不見眼根成就聲聞聖人不知種種度衆生道故无法眼聲聞人故無佛眼肉眼法眼見佛眼不見初得无生忍未受法性生身菩薩

大智度論第四十卷　第十六張　宅

得道種智未成佛故無佛眼天眼慧眼見法眼佛眼不見離欲聲聞聖人得天眼神通非菩薩故无道種智無道種智故無法眼聲聞人故无佛眼天眼法眼見佛眼不見得菩薩神通知種種度衆生道未成佛故無佛眼慧眼法眼見佛眼不見菩薩得无生法忍得無生法忍已能觀一切衆生得道因緣以種種道而度脫之未成佛故無佛眼復次肉眼天眼慧眼見法眼佛眼不見眼根成就聲聞聖人得天眼神通無道種智故无法眼聲聞人故无佛眼天眼慧眼法眼見佛眼不見法性生身菩薩具六神通以種種道度衆生未成佛故無佛眼復次肉眼天眼慧眼法眼見佛眼不見初得无生法忍菩薩未捨肉身得菩薩神通無生法忍道種智具足未成佛故无佛眼如是等不名無法不見聞覺識若以佛眼觀諸法是名无所不見無所不聞无所不覺無所不識五塵隨義分別亦如是三乘等諸善法是五眼因緣諸善法皆六波羅蜜攝

大智度論第四十卷　第十七張　宅

是六波羅蜜般若波羅蜜為本以是故說般若波羅蜜能生五眼菩薩漸漸學是五眼不久當作佛經舍利弗有菩薩摩訶薩行般若波羅蜜時修神通波羅蜜以是神通波羅蜜受種種如意事能動大地變一身為无數身無數身還為一身隱顯自在山壁樹木皆過無㝵如行空中履水如地凌虛如鳥出沒地中如出入水身出烟炎如大火聚身中出水如雪山水流日月大德威力難當而能摩捫乃至梵天身得自在亦不著是如意神通神通事及已身皆不可得自性空故自性離故自性無生故不作是念我得如意神通除為薩婆若心如是舍利弗菩薩摩訶薩行般若波羅蜜時得如意神通智證是菩薩以天耳淨過於人耳聞二種聲天聲人聲亦不著是天耳神通天耳與聲及已身皆不可得自性空故自性離故自性無生故不作是念我有是天耳除為薩婆若心如是舍利弗菩薩摩訶薩行般若波羅蜜時得天耳神通智證是

大智度論第四十卷　第十八張　宅

菩薩如實知他衆生心若欲心如實知欲心離欲心如實知離欲心瞋心如實知瞋心離瞋心如實知離瞋心癡心如實知癡心離癡心如實知離癡心渴愛心如實知渴愛心无渴愛心如實知無渴愛心有受心如實知有受心无受心如實知無受心攝心如實知攝心散心如實知散心小心如實知小心大心如實知大心定心如實知定心乱心如實知乱心解脫心如實知解脫心不解脫心如實知不解脫心有上心如實知有上心無上心如實知無上心亦不著是心何以故是心非心相不可思議故自性空故自性離故自性无生故不作是念我得他心智證除為薩婆若心如是舍利弗菩薩摩訶薩行般若波羅蜜時得他心神通智證是菩薩以宿命智證通念一心乃至百心念一日乃至百日念一月乃至百月念一歲乃至百歲念一劫乃至百劫无數百劫無數千劫无數百千劫乃至无數百千万億劫世我是處如是姓如是名如是

生如是食如是久住如是壽限如是長壽如是受苦樂我是中死生彼處彼處死生是處有相有因緣亦不著是宿命神通宿命神通事及已身皆不可得自性空故自性離故自性無生故不作是念我有是宿命神通除為薩婆若心如是舍利弗菩薩摩訶薩行般若波羅蜜時得宿命神通智證是菩薩以天眼見衆生死時生時端政醜陋悪處好處若大若小知衆生隨業因緣是諸衆生身悪業成就口悪業成就意悪業成就故謗毀聖人受邪見因緣故身壞命終墮悪道生地獄中是諸衆生身善業成就口善業成就意善業成就不謗毀聖人受正見因緣故命終入善道生天上亦不著是天眼神通天眼神通事及已身皆不可得自性空故自性離故自性無生故不作是念我有是天眼神通除為薩婆若心如是舍利弗菩薩摩訶薩行般若波羅蜜時得天眼神通智證亦見十方如恒河沙等世界中衆生生死乃至生天上四神通亦如是是

菩薩摩訶薩漏盡神通雖得漏盡神通不墮聲聞辟支佛地乃至阿耨多羅三藐三菩提亦不依異法亦不著是漏盡神通漏盡神通事及已身皆不可得自性空故自性離故自性無生故不作是念我得漏盡神通除為薩婆若心如是舍利弗菩薩摩訶薩行般若波羅蜜時得漏盡神通智證如是舍利弗菩薩摩訶薩行般若波羅蜜時具足神通波羅蜜具足神通波羅蜜已增益阿耨多羅三藐三菩提論釋曰如大海中有種種寶珠有能煞毒有能避鬼有能破病有能除寒熱飢渴有能隨人所願皆能與者如是等無量无數寶珠大乘海中亦如是有種種菩薩寶有菩薩能破三悪道有能開三善門有能生五眼有能修行神通波羅蜜是故諸菩薩能為奇特希有之事所謂取空相多地相少則能隨意動地一身能多多身能一虛空中常有微塵滿中是人離欲福德因緣故集諸微塵以為諸身令皆相似有人言諸非人恭敬是離欲菩

薩入其身中隨其意所欲變化則皆能化轉輪聖王未離欲少有福德因緣故諸鬼神尚為其使何況離欲行無量心人復次是心相無有住處若內若外若大若小以禪定力故其心調柔疾遍諸身還復亦速辟如千頭龍眼耳各有二千及有千口心一時用龍是畜身尚尒何況菩薩有人言坐禪人事所有力勢不可思議故一身為無量身无量身為一身石辟無㝵者取石辟虛空相微塵開闢如擬入土履水者取地相多故履水如地取水相多故入地如水取火相多故身出烟火捫摸日月者神通不可思議力故令手及日月入火定故月不能令冷入水定故日不能令熱問曰是神通力乃至四禪中此何以言但至梵世身得自在荅曰此先已說梵是初門故言梵世則攝一切色界又世人皆貴梵王以為世界主故又是菩薩不欲於欲界散乱心現其自在是故乃至離欲人中能有所作如是神通相無量无數為易解故少說辟

大智度論第四十卷 第十六張 達

喻諸外道於此神通有二事錯一者起吾我心我能起此事而生憍慢二者者是神通辟如貪人著寶以是故外道神通不及聖人神通菩薩於是神通力知一切法自性不生故不著但念一切種智為度眾生故餘五神通亦如是如其法分別先說其相後皆說空六神通餘義如讚菩薩品中五神通義說以是六神通廣利益眾生故說具足得如是神通增益阿耨多羅三藐三菩提

經舍利弗有菩薩摩訶薩行般若波羅蜜時住檀波羅蜜淨薩婆若道畢竟空不生慳心故舍利弗有菩薩摩訶薩行般若波羅蜜時住尸羅波羅蜜淨薩婆若道畢竟空罪不罪不著故舍利弗有菩薩摩訶薩行般若波羅蜜時住羼提波羅蜜淨薩婆若道畢竟空不瞋故舍利弗有菩薩摩訶薩行般若波羅蜜時住毗梨耶波羅蜜淨薩婆若道畢竟空身心精進不懈息故舍利弗有菩薩摩訶薩行般若波羅蜜時住禪波羅蜜淨薩婆若道

大智度論第四十卷 第十七張 曹

畢竟空不乱不味故舍利弗有菩薩摩訶薩行般若波羅蜜時住般若波羅蜜淨薩婆若道畢竟空不生癡心故如是舍利弗菩薩摩訶薩行般若波羅蜜時住六波羅蜜淨薩婆若道畢竟空故不來不去故不施不受故非戒非犯故非忍非瞋故不進不怠故不定不乱故不智不愚故尒時菩薩摩訶薩不分別布施不布施持戒犯戒忍辱瞋恚精進懈怠定心乱心智慧愚癡不分別毀害輕慢恭敬何以故舍利弗無生法中无有受毀者無有受害者无有受輕慢恭敬者舍利弗菩薩摩訶薩行般若波羅蜜得如是諸功德聲聞辟支佛所无有得是功德具足成就眾生淨佛世界得一切種智

論釋曰是菩薩初發意行般若波羅蜜漸行餘功德所謂檀波羅蜜等菩薩住檀波羅蜜修治薩婆若道觀一切法畢竟空不生慳貪心以是二事故開薩婆若道所以者何畢竟空中無有慳貪慳貪根本斷故具足檀波羅蜜具足檀波羅蜜故莊嚴

大智度論第四十卷

般若波羅蜜乃至般若波羅蜜畢竟空故常不生癡心所以者何此中佛自說一切法不來不去无施無受故乃至不智不愚故問曰若能如是觀行六波羅蜜得何等利益荅曰此中佛自說此菩薩不念有所施與无所施與若念有施入虛妄法中又著布施心生憍慢若念無所施即墮邪見中是布施論議是佛法中初門云何言无乃至不念有癡有慧是人如金剛山四面風起不能令動是菩薩尒時若有罵詈讚歎心無有異何以故此中佛自說無生法中无有罵者無有害者无恭敬者聲聞辟支佛有加害者不能深有慈悲心若默然若遠離菩薩則不然能深加慈心愛之如子方便度之是故勝一切聲聞辟支佛而能教化一切衆生忍辱慈悲方便深故隨願清淨業因緣故能淨佛世界是法具足故不久當得一切種智

經復次舍利弗菩薩摩訶薩行般若波羅蜜時一切衆生中生等心一切衆生中生等心已得一切諸法等得一

切諸法等已立一切衆生於諸法等中是菩薩摩訶薩現世為十方諸佛所念亦為一切菩薩一切聲聞辟支佛所念是菩薩在所生處眼終不見不愛色乃至意不覺不愛法如是舍利弗菩薩摩訶薩行般若波羅蜜不減於阿耨多羅三藐三菩提

論釋曰佛若廣說諸菩薩相則窮劫不盡今佛此品末略說其相是相足為諸菩薩所通行所謂大慈悲故初發度一切衆生心故學諸佛等心觀衆生故一切法自性空故如是等因緣故於一切衆生中生等心得是等心已得一切諸法等一切法等者如先說衆生等法等義今當更說慈愍四生衆生一心欲利益名衆生等觀四念處亦不見身名為法等四正勤等諸四法亦如是復次念五道中衆生皆没无常老病死是名衆生等行是信等五根若五神通一心欲度是衆生是名法等復次衆生中行忍辱慈悲等福功德無量功德無量故心柔軟心柔軟故疾得禪定修禪定故心如意調柔心如

意調柔故破世間長短男女白黑等入一相法所謂無相得是法等已令一切衆生得是法等是菩薩得是二等成就無量福德智慧故得現世果報為諸佛所念餘人所念愛著生念者皆是虛妄唯諸佛念是為實念不愛著故是人諸佛尚念何況聲聞辟支佛菩薩聲聞辟支佛斷結者猶尚愛念何況凡夫未離欲者以菩薩福德因緣生故得如是等无量今世果報後世所生處眼終不見惡色惡色者所謂能生苦受聲香味觸法乃至能生憂心者如六欲天六情所對淨妙五欲隨意歡喜衆生種少福德生天上如是何況菩薩福德實智慧無量无邊為十方諸佛諸餘賢聖所念

經說是般若波羅蜜品時三百比丘從坐起以所著衣上佛發阿耨多羅三藐三菩提心佛尒時微笑種種色光從口中出尒時慧命阿難從坐起整衣服合掌右膝著地白佛言佛何因緣微笑佛告阿難是三百比丘從是已後六十一劫當得作佛皆号名大相是三百比丘捨此身已當生阿閦佛國及

六万欲天子皆發阿耨多羅三藐三菩提心於弥勒佛法中出家行佛道是時佛之威神故此閒四部衆見十方面各千佛是十方世界嚴淨此娑婆世界所不能及尒時十千人作願言我等修淨願行以淨願行故當生彼佛世界尒時佛知是善男子深心而復微笑種種色光從口中出阿難整衣服合掌白佛佛何因緣微笑佛告阿難汝見是十千人不阿難言見佛言是十千人於此壽終當生彼世界終不離諸佛後當作佛皆号莊嚴王論問曰如佛結戒比丘三衣不應少是諸比丘何以故破尸羅波羅蜜作檀波羅蜜荅曰有人言佛過十二歲然後結戒是比丘施衣時未結戒有人言是比丘有淨施衣心生當受以是故施有人言是諸比丘多知多識即能更得事不經宿復次有人言是諸比丘聞佛說諸菩薩行檀波羅蜜諸功德力勢無量故得與般若波羅蜜相應心大踊躍即以衣施无復他念不故破戒復次諸比丘知佛法畢竟空無所著

斷法愛為世諦故結戒非第一義是比丘從佛聞第一義及布施等六波羅蜜聞諸菩薩種種大威力愍念衆生為諸煩惱所覆不能得是菩薩功德是故生大悲心為衆生故發阿耨多羅三藐三菩提意以是故以衣布施若人以貪欲瞋恚怖畏邪見不恭敬心輕佛語而不持戒是名為破戒是諸比丘都無此心是故无破戒罪問曰佛何以故微笑荅曰笑有種種有人見妓樂事而笑有人内懷瞋恚而笑有人憍慢故笑有人輕物故笑有人事辦歡喜故笑有人見不應作而作故笑有人懷詐揚善故笑有人見希有事故笑佛今見比丘以一袈裟施故未來世中成辦佛事是為希有以是故笑問曰阿難何以常問佛笑而餘比丘不問荅曰是諸比丘不親近佛又敬難心多故不敢自問阿難善知人相知諸比丘意又見佛笑疑故作是念佛無衆生相无有法相知三界如夢如幻今有何事能令佛笑佛如須弥山王大地大海不以小因緣故動

以是故問笑因緣佛告阿難業因緣果報相續不可思議是三百比丘却後六十一劫當得作佛号名大相（施以手舉物顯示為相故因以為名）六十一劫中是人利根值佛說法與般若波羅蜜相應故是諸人疾得作佛是諸比丘未得天眼故自疑不知生何處恐不能得集諸功德不得至道是故佛言捨是身當生阿閦佛世界六万欲天子必是宿世共福德因緣故與三百比丘俱發阿耨多羅三藐三菩提心是弥勒所應度是故佛說弥勒時當出家今佛記諸比丘生阿閦佛世界故諸人咸欲見諸佛清淨世界是故佛令大衆見十方面各千佛是四衆見是清淨莊嚴佛世界見諸佛身大於須弥山者一生補處菩薩大衆圍繞以梵音聲徹無量无邊世界各自鄙薄其身憐愍衆生故為求無量佛法作願生彼佛世界如清淨世界行願中說笑因緣如先說是十千人於此壽終當生彼國隨生彼國行業因緣具足故此聞集深厚无量福德故終不離諸佛

見諸莊嚴佛世界發心故皆号莊嚴
王佛

大智度論釋歎度品第五

經尒時慧命舍利弗慧命目揵連慧命須菩提慧命摩訶迦葉如是等諸多知識比丘及諸菩薩摩訶薩諸優婆塞優婆夷從坐起合掌白佛言世尊摩訶波羅蜜是菩薩摩訶薩般若波羅蜜尊波羅蜜第一波羅蜜勝波羅蜜妙波羅蜜無上波羅蜜无等波羅蜜無等等波羅蜜如虛空波羅蜜是菩薩摩訶薩般若波羅蜜世尊自相空波羅蜜是菩薩摩訶薩般若波羅蜜世尊自性空波羅蜜是菩薩摩訶薩般若波羅蜜諸法空波羅蜜无法有法空波羅蜜開一切功德波羅蜜成就一切功德波羅蜜不可壞波羅蜜是諸菩薩摩訶薩般若波羅蜜諸菩薩摩訶薩行是般若波羅蜜無等等布施具足无等等檀波羅蜜得无等等身得無等等法所謂阿耨多羅三藐三菩提尸羅波羅蜜羼提波羅蜜毗梨耶波羅蜜禪波羅蜜般若波

羅蜜亦如是世尊本亦復行此般若波羅蜜具足无等等六波羅蜜得無等等法得无等等色無等等受想行識佛轉無等等法輪過去佛亦如是行此般若波羅蜜具足無等等布施乃至轉无等等法輪未來世佛亦行此般若波羅蜜當作无等等布施乃至當轉無等等法輪以是故世尊菩薩摩訶薩欲度一切法彼岸當習行般若波羅蜜唯世尊是行般若波羅蜜菩薩摩訶薩一切世間天及人阿脩羅應當礼敬供養佛告衆弟子及諸菩薩摩訶薩如是如是諸善男子行是般若波羅蜜者一切世間天及人阿脩羅應當礼敬供養何以故因菩薩来故出生人道天道刹利大姓婆羅門大姓居士大家轉輪聖王四天王天乃至阿迦尼吒天出生須陁洹乃至阿羅漢辟支佛諸佛因菩薩来故世間便有飲食衣服卧具房舍燈燭摩尼真珠毗琉璃珊瑚金銀等諸寶物生舍利弗世間所有樂具若人中若天上若離欲樂是一切樂具皆由

菩薩有何以故舍利弗菩薩摩訶薩行菩薩道時住六波羅蜜自行布施亦以布施成就衆生乃至自行般若波羅蜜亦以般若波羅蜜成就衆生舍利弗是故菩薩摩訶薩為安樂一切衆生故出現於世論問曰五千比丘中上有千餘上座所謂漚樓頻螺迦葉等何以止說此四人名答曰是四比丘是現世無量福田舍利弗是佛右面弟子目揵連是佛左面弟子須菩提脩無諍定行空第一摩訶迦葉行十二頭陁第一世尊施衣分坐常深心憐愍衆生佛在世時若有人欲求今世果報者供養是四人輙得如願是故是多知多識比丘及四衆讚般若波羅蜜問曰是阿羅漢寂後身所作已辦何以復讚歎般若波羅蜜答曰人皆知阿羅漢得無漏道以菩薩智慧雖大結使未斷故不貴又以是阿羅漢有慈悲心助佛揚化故以之為證佛道於世間中最大是般若能與此事故名為大波羅蜜　切法中智慧第一故言尊波羅蜜能正導五

度故名第一波羅蜜五度不及故名為勝波羅蜜如五情不及意能自利利人故名為妙波羅蜜一切法中无有過者故名無上波羅蜜无有法與同者故名無等波羅蜜諸佛名無等從般若波羅蜜生故名无等等波羅蜜是般若波羅蜜畢竟清淨不可以戲論破壞故名如虚空波羅蜜般若波羅蜜中一切法自相不可得故名為自相空波羅蜜此波羅蜜中一切法自性空故諸法因緣和合生无有自性故名為自性空波羅蜜諸法中無有自法故名為諸法空波羅蜜以此衆生空法空故破諸法令无所有無所有亦无所有是名無法有法空波羅蜜菩薩行是般若波羅蜜无有功德而不攝者如日出時華無不敷故名開一切功德波羅蜜是菩薩心中般若波羅蜜日出成就一切諸功德皆令清淨般若波羅蜜是一切善法之本是故名為成就一切功德波羅蜜世間無有法能傾動者故名不可破壞波羅蜜是諸阿羅漢讚歎因緣所謂

大智度論卷四十　第二十八張　建

三世佛皆從般若波羅蜜生所謂無比布施乃至無比智慧世間中无有與等者故言无比是六波羅蜜畢竟清淨無有過失故名為无比無比即是无等等復次無等等諸佛名无等與諸佛等故名為無等等問曰三世諸佛中已有釋迦文佛何以别説荅曰令座上衆皆由釋迦文佛得度感恩重故别説如舍利弗説我師不出者我等永為盲冥諸阿羅漢知三世諸佛皆從般若波羅蜜中出以是故諸阿羅漢説世尊諸菩薩摩訶薩欲遍知一切法當習般若波羅蜜阿羅漢讚歎菩薩時心生恭敬是故説礼敬供養天人阿修羅者説三善道三惡道無所别知故不説佛聞羅漢讚歎已佛印可言如是如是應當礼敬供養行般若波羅蜜者汝雖無一切智慧而説不錯故重言如是如是何以故此中佛自説因菩薩故出生人道天道乃至一切諸菩薩為安樂一切衆生故説剎利大姓乃至阿迦尼吒須陁洹乃至諸佛皆如先説問曰若

大智度論卷四十　第二十九張　建

大智度論卷四十　第三十張　建

因菩薩有飲食等及諸寶物人何以力作求生受諸辛苦乃得荅曰飢餓劫時人雖設其功力亦無所得以衆生罪重故菩薩世世讚歎布施持戒善心是三福因緣故有上中下上者念便即得中者人中尊重供養自至下者施功力乃得以是故説因菩薩得實而不虚樂因緣甚多不可稱計令佛略説天樂人樂涅槃樂皆由菩薩得此中佛自説菩薩住六波羅蜜自行布施亦教衆生行布施雖衆生自行布施無菩薩教導則不能行問曰除解脱樂此二種樂是衆生生結使處貪欲因緣故生恚菩薩何以教導此結使因緣荅曰菩薩无咎所以者何菩薩慈悲清淨心與衆生樂因緣教修福事若衆生不能清淨行福德者於菩薩何咎如人好心作井盲人墮中而死作者無罪如人設好食施人不知量者多食致患施者无罪復次若諸佛菩薩不教衆生作福德因緣則无天無人无阿修羅但長三惡道无從罪得出者復次衆生樂因緣

故生貪貪因緣故生恚恚因緣故生苦苦因緣故生罪今欲勉衆生於第五罪中是故與樂復次非定樂因緣生貪欲或正憶念故樂為善福因緣邪憶念故生貪欲今為正憶念樂故令生福德因緣復次唯佛一人無錯無失是菩薩未成就佛道未得佛眼故以三種樂故教化可度衆生諸佛但以解脫樂教化衆生

大智度論釋舌相品第六

尒時世尊出舌相遍覆三千大千世界從其舌相出無數无量色光明普照十方如恒河沙等諸佛世界是時東方如恒河沙等世界中无量無數諸菩薩見是大光明各各白其佛言世尊是誰力故有是大光明普照諸世界諸佛告諸菩薩言諸善男子西方有世界名娑婆是中有佛名釋迦牟尼是舌相出大光明普照東方如恒河沙等諸佛世界南西北方四維上下亦復如是為諸菩薩摩訶薩說般若波羅蜜故是時諸菩薩各白其佛言我欲往供養釋迦牟尼佛及諸

菩薩摩訶薩并欲聽般若波羅蜜諸佛告諸菩薩善男子汝自知時是時諸菩薩摩訶薩持諸供養具無量華蓋幢幡瓔珞衆香金銀寶花向娑婆世界詣釋迦牟尼佛所尒時四天王諸天乃至阿迦尼吒諸天各持天上天香末香澤香天樹香葉香天種種蓮華青赤紅白向釋迦牟尼佛所是諸菩薩摩訶薩及諸天所散諸華於三千大千世界虛空中化成四柱大寶臺種種異色莊嚴分明是時釋迦牟尼佛衆中有十万億人皆從坐起合掌白佛言世尊我等於未來世中亦當得如是法如今釋迦牟尼佛弟子侍從大衆說法亦尒是時佛知善男子至心於一切諸法不生不滅不出不作得是法忍佛便微笑種種色光從口中出阿難白佛言世尊何因緣故微笑佛告阿難是衆中十万億人於諸法中得无生忍是諸人於未來世過六十八億劫當作佛劫名華積佛皆号覺花問曰初品中佛已出舌相今何以重出荅曰是事非一日一坐

說前出舌相為和合大會度一切衆生舍利弗問佛荅今此異時更為餘人須菩提巧說空故佛命令更說是故出舌相光明問曰舍利弗智慧第一竟何所少而復命須菩提荅曰佛弟子衆多一人說已次命一人辟如王者群臣衆多次第共語問曰若尒者目連迦葉等其多何以不次皆與語荅曰此經名智慧舍利弗智慧第一是故問須菩提雖有種種因緣以二因緣大故一者好行无諍定常慈悲衆生雖不能廣度衆生而常助菩薩以菩薩事問佛二者好深行空法是般若中多說空法是故命須菩提說是舌相光明諸菩薩來往義乃至華臺供養義如先說尒時衆生見是大神通力所謂十方如恒河沙等世界中諸佛以諸佛及釋迦文佛出无量光明故衆生蒙佛神力見舌相覆三千大千世界及聞見諸佛在大衆中說法即得無生法忍作是願言我等未來世神通變化亦當如今佛佛知衆生得无生法忍故微笑笑義佛

荅如先說是人過六十八億劫作佛是人見十方諸菩薩持七寶華來供養變成七寶花臺因見是已其心清淨得無生法忍是故作佛時劫名華積佛皆号覺華

大智度論卷第四十

大智度論卷四十

校勘記

一　底本，麗藏本。金藏廣勝寺本原版見存，但多殘缺，今採用其中可用者五版，即七五九頁下至卷末。

一　七五〇頁上一行經名，石作「大智度經論卷第四十五」；資、磧、普、南、徑、清作「大智度論卷第四十」。

一　七五〇頁上三行與四行之間，石有「摩訶般若波羅蜜經往生品第四釋之三」；資有「釋第四品下」；磧、普、南有「釋往生品之三」；徑、清有「釋往生品第四之三」。

一　七五〇頁上四行首字「經」，資無。

一　七五〇頁上四行第五字「白」，石、資、磧、普、南、徑、清作「白佛」。

一　七五〇頁上一〇行第一三字「斷」，磧、普、南、徑、清作「常斷」。

一　七五〇頁上一二行第一二字「當」，石無。

一　七五〇頁上一三行第一一字「得」，磧、普、南作「當得」；徑、清作「癡當得」。

一　七五〇頁上一九行第三、四字「菩薩」，石、磧、普、南、徑、清作「菩薩摩訶薩」。

一　七五〇頁中九行「如是」，石、磧、普、南、徑、清無。

一　七五〇頁中一七行「世界」，石作「國土」。以下時有出現，不出校。

一　七五〇頁中一九行第二字「知」，資無。

一　七五〇頁中一九行第一一字「未」，資、磧、普、南、徑、清作「不」。

一　七五〇頁中二〇行「是菩薩」，石、磧、普、南、徑、清作「知是菩薩」，下同止本頁下七行。

一　七五〇頁中二二行第八字「佛」，石作「諸佛」。

一　七五〇頁下八行第八字「論」，資無。

一　七五〇頁下一二行第七字「故」，資、磧、普、南、徑、清作「故故」。

一七五一頁上七行第四字「根」，磧、普、南、徑、清作「根成」。

一七五一頁上八行第六字及中一三行第一一字「根」，資無。

一七五一頁上一五行第七字「果」，石作「道果」。

一七五一頁上一五行第一〇字「故」，資、磧、普、南、徑、清無。

一七五一頁上一五行第一三字「二」，石、資、磧、普、南、徑、清作「三」。

一七五一頁上一八行第五字「復」，資作「後」。

一七五一頁上末行第四字「便」，石、資、磧、普、南、徑、清作「更」。

一七五一頁中七行「行道」，石、資、磧、普、南、徑、清作「得道」。

一七五一頁中七行末字「事」，資、磧、普、南、徑、清無。

一七五一頁中二二行首字「如」，資、磧、普、南、徑、清無。

一七五一頁下一行第一二字至二行首字「各各地中」，石無。

一七五一頁下三行第四字「有」，資、磧、普、南、徑、清無。

一七五一頁下九行第二字「成」，石作「成就」。

一七五一頁下一三行首字「就」，石、資、磧、普、南、徑、清無。

一七五一頁下一九行第一一字「命」，資無。

一七五二頁上六行第一三字「他」，磧、普、南作「地」。

一七五二頁上一〇行「業報爲」，資作「報業有」；磧、普、南、徑、清作「業報有」。

一七五二頁上二〇行「罪因緣實魔来以方便力」，石作「魔來以方便」。

一七五二頁上二一行第一三字「諸」，資、磧、普、南、徑、清無。

一七五二頁中一行首字「經」，資無。

一七五二頁中六行第九字「種」，磧、普、南、徑、清作「種智」。

一七五二頁中一六行第一二字「論」，資無。

一七五二頁中末行第三字「悲」，石作「大悲」。

一七五二頁下一〇行第二字「廣」，石無。

一七五二頁下一六行第一一字「言」，資、磧、普、南、徑、清無。

一七五二頁下一九行第九字「合」，石作「和合」。

一七五三頁上五行第八字「法」，石作「法時」。

一七五三頁上七行第二字「分」，石作「分別」。

一七五三頁上八行「內不見外」，資、磧、普、南、徑、清作「外不見內」。

一七五三頁上九行第一二字「和」，石無。

一七五三頁上一〇行「見生時不見滅」，石作「見生不見滅」；資、磧、普、南、徑、清作「見生時不見滅時」。

一七五三頁上一九行「法眼」，石作「及法眼」。

一　七五三頁中二二行「三乘」，資作「三業」。

一　七五三頁中末行第一〇字「皆」，資、磧、普、南、徑、清無。

一　七五三頁下三行第一一字「經」，資無。

一　七五四頁中一三行「命終」，資、磧、普、南、徑、清無。

一　七五四頁中一七行第五字及第九字「神」，資、磧、普、南、徑、清無。

一　七五四頁下一〇行第六字及第一三字「神」，石作「六神」。

一　七五四頁下一二行第二字「論」，資無。

一　七五四頁下一二行「大海」，石作「大海水」。

一　七五四頁下一六行末字「道」，資、磧、普、南、徑、清無。

一　七五四頁下一九行「空相」，資、徑、清作「水相」。

一　七五五頁上三行第六字「尚」，資無。

一　七五五頁上八行第三字「是」，資、磧、普、南、徑、清作「及」。

一　七五五頁上一四行第四字「火」，石作「焰」；資、磧、普、南、徑、清作「炎」。

一　七五五頁上一九行第九字「攝」，資、磧、普、南、徑、清作「說」。

一　七五五頁中七行「如其法」，石無。

一　七五五頁中九行第五字「說」，資無。

一　七五五頁中九行第一二字「利」，石無。

一　七五五頁中一二行首字「經」，資無。

一　七五五頁中二二行首字「息」，磧、普、南、徑、清作「怠」。

一　七五五頁下一七行第五字「論」，資無。

一　七五五頁下一七行第一三字「意」，石作「心」。

一　七五六頁上七行第九字「妄」，資、磧、普、南、徑、清作「誑」。

一　七五六頁上一四行首字「有」，資、磧、普、南、徑、清無。

一　七五六頁上二一行首字「經」，資無。

一　七五六頁中七行第一二字「論」，資無。

一　七五六頁中九行「足爲」，資、磧、普、南、徑、清作「是」。

一　七五六頁中一四行「一切法」，石作「得一切諸法」。

一　七五六頁中一六行第九字「觀」，資、磧、普、南、徑、清無。

一　七五六頁中一七行第九字「等」，資、磧、普、南、徑、清無。

一　七五六頁下一〇行第五字及二三行第六字「得」，資、磧、普、南、徑、清無。

一　七五六頁下一四行首字「五」，資、磧、普、南、徑、清無。

一　七五六頁下一六行第三字「爲」，資、磧、普、南、徑、清作「及」。

一　七五六頁下一六行第六字及次頁

一　上二〇行第一〇字「諸」，石無。

一　七五六頁下一六行末字「經」，資無。

一　七五六頁下二〇行「介時」，資、磧、普、南、徑、清無。

一　七五六頁下末行第七字「已」，資、磧、普、南、徑、清無。

一　七五六頁下末行第一三字「國」，資、磧、普、南、徑、清作「世界」。

一　七五七頁上五行第五字「能」，資、磧、普、南、徑、清無。

一　七五七頁上五行第一四字「言」，資、磧、普、南、徑、清無。

一　七五七頁上六行第六字「以」，資、磧、普、南、徑、清無。

一　七五七頁上六行末字至七行首字及一一行「世界」，石作「國」。

一　七五七頁上八行第四字「色」，資、磧、普、南、徑、清無。

一　七五七頁上一二行第一一字「王」，石作「王佛」。

一　七五七頁上一二行第一二字「論」，資無。

一　七五七頁上一四行第三字及中一〇行第五字、一五行第一三字「故」，資、磧、普、南、徑、清無。

一　七五七頁中二行第一二字「等」，資、磧、普、南、徑、清作「得」。

一　七五七頁中八行第九字「戒」，資、磧、普、南、徑、清無。

一　七五七頁中一〇行「笑有種種」，石作「有種種笑」。

一　七五七頁中一三行第二字「歎」，資、磧、普、南、徑、清無。

一　七五七頁中一七行「何以」，石作「何以故」。

一　七五七頁中一九行第四字「多」，石無。

一　七五七頁下三行至四行夾註「施以……爲名」，石作正文。

一　七五七頁下七行第一二字「得」，石無。

一　七五七頁下一二行第六字「説」，資、磧、普、南、徑、清作「記」。

一　七五七頁下一三行第八字「佛」，資、磧、普、南、徑、清無。

一　七五七頁下一七行末字「聲」，資、磧、普、南、徑、清無。

一　七五八頁上三行品名，石作「摩訶般若波羅蜜經歎度品第五釋」；徑、清作「釋歎度品第五」。

一　七五八頁上四行首字「經」，資無。

一　七五八頁中一四行第二字「是」，資、磧、普、南、徑、清無。

一　七五八頁下六行第九字「論」，資無。

一　七五八頁下八行第五字「止」，資作「正」。

一　七五九頁上五行末字「等」，資、磧、普、南、徑、清作「等等」。

一　七五九頁上一一行第三字「性」，石作「法」。

一　七五九頁上一六行第一〇字至第一二字「波羅蜜」，資無。

一　七五九頁中四行第五字「過」，資、磧、普、南、徑、清無。

一　七五九頁下一七行第二字「教」，資作「故」。

一　七六〇頁上二行第一〇字「勉」，磧、普、南、徑、清、麗作「免」。

一　七六〇頁上九行末字「生」，至此，石換卷，爲卷第四十六。

一　七六〇頁上一〇行品名，石作「摩訶般若波羅蜜經舌相品第六釋」；徑、清作「釋舌相品第六」。

一　七六〇頁上一一行首字「尒」，磧、普、南、徑、清、麗冠以「經」。

一　七六〇頁上一六行第五字「力」，石、麗作「神力」。

一　七六〇頁上一六行末字「諸」，石、麗作「諸佛」。

一　七六〇頁上一七行第三字「諸」，資無。

一　七六〇頁上一九行第三字「是」，諸本作「是其」。

一　七六〇頁上二〇行第九字至二一行第六字「南西……如是」與二一行第七字至二二行第六字「爲……故」，石前後互置。

一　七六〇頁中一〇行末字「寶」，資、磧、普、南、徑、清無。

一　七六〇頁中二一行第八字「當」，石、麗作「當得」。

一　七六〇頁中二二行「問曰」，石、磧、普、南、清、麗冠以「論」。

一　七六〇頁下八行第一二字「次」，石、麗作「次第」。

一　七六〇頁下一四行第一一字「命」，資、磧、普、南、徑、清作「令」。

一　七六一頁上五行末字「華」後，磧、普、南、徑、清有夾註「釋第四品下訖第六品也」。

一　七六一頁上末行經名，石無，未換卷。

大智度論釋三假品第七　卷第四十一　名

龍樹菩薩造

後秦龜茲國鳩摩羅什奉　詔譯

尒時佛告慧命須菩提汝當教諸菩薩摩訶薩般若波羅蜜如諸菩薩摩訶薩所應成就般若波羅蜜即時諸菩薩摩訶薩及聲聞大弟子諸天等作是念慧命須菩提自以智慧力當為諸菩薩摩訶薩說般若波羅蜜耶為是佛神力慧命須菩提知諸菩薩摩訶薩大弟子諸天心所念語慧命舍利弗諸佛弟子所說法所教授皆是佛力佛所說法法相不相違背是善男子學是法得證此法佛說如燈舍利弗一切聲聞辟支佛實無力能為菩薩摩訶薩說般若波羅蜜

尒時慧命須菩提白佛言世尊所說菩薩菩薩字何等法名菩薩世尊我等不見是法名菩薩云何教菩薩般若波羅蜜佛告須菩提般若波羅蜜亦但有名字名為般若波羅蜜菩薩菩薩字亦但有名字是名字不在內不在外不在中間須菩提譬如說我名和合故有是我名不生不滅但以世間名字故說如衆生壽命生者養育衆數人作者使作者起者使起者受者使受者知者見者等和合法故有是諸名不生不滅但以世間名字故說般若波羅蜜菩薩菩薩字亦如是皆和合故有是亦不生不滅但以世間名字故說須菩提譬如身和合故有是亦不生不滅但以世間名字故說須菩提譬如色受想行識亦和合故有是亦不生不滅但以世間名字故說須菩提般若波羅蜜菩薩菩薩字亦如是皆是和合故有是亦不生不滅但以世間名字故說須菩提譬如眼和合故有是亦不生不滅但以世間名字故說是眼不在內不在外不在中間耳鼻舌身意和合故有是亦不生不滅但以世間名字故說色乃至法亦如是眼界和合故有是亦不生不滅但以世間名字故說乃至意識界亦如是須菩提般若波羅蜜菩薩菩薩字

亦如是皆和合故有是亦不生不滅但以世間名字故說是名字亦不在內不在外不在中間須菩提譬如內身名為頭但有名字項肩髀脊肋膝蹲腳是和合故有是法及名字亦不生不滅但以名字故說是名字亦不在內不在外不在中間須菩提般若波羅蜜菩薩菩薩字亦如是皆和合故有但以名字故說是亦不生不滅不在內不在外不在中間須菩提譬如外物草木枝葉莖節如是一切但以名字故說是法及名字亦不生不滅非內非外非中間住須菩提般若波羅蜜菩薩菩薩字亦如是皆和合故有是法及名字亦不生不滅非內非外非中間住須菩提譬如過去諸佛名字和合故有是亦不生不滅但以名字故說是亦非內非外非中間住般若波羅蜜菩薩菩薩字亦如是須菩提譬如夢嚮影幻炎佛所化皆是和合故有但以名字說是法及名字不生不滅非內非外非中間住般若波羅蜜菩薩菩薩字亦如是如是須菩提菩薩摩訶薩

行般若波羅蜜名假施設受假施設法假施設如是應當學問曰佛既不自說諸菩薩摩訶薩福德智慧利根勝諸聲聞何以故命須菩提令說答曰先舌相中已有二因緣故使須菩提說復次佛威德尊重畏敬心故不敢問佛畏不自盡復次佛知眾中心所疑眾人敬難佛故不敢發問所以者何眾生見佛身過須彌山舌覆三千大千世界身出種種無量光明是時眾會心皆驚怖不敢發問各各自念我當云何從佛聞法以是故佛命須菩提令為眾人說法言汝所說者皆是佛力如經中說復次般若波羅蜜有二種一者共聲聞菩薩合說二者但與諸法身菩薩說為離說故令須菩提為首及彌勒舍利弗釋提桓因尒時眾會聞佛命須菩提令說心皆驚疑須菩提知眾人心告舍利弗等言一切聲聞所說所知皆是佛力我等當承佛威神為眾人說譬如傳語人所以者何佛所說法法相不相違背是弟子等學是法作證敢有所說皆是佛

力我等所說即是佛說所以者何現在佛前說我等雖有智慧眼不值佛法則無所見譬如夜行險道無人執燈必不得過佛亦如是若不以智慧燈炤我等者則無所見又告舍利弗一切聲聞辟支佛實無力能為諸菩薩說般若波羅蜜況我一人所以者何菩薩智慧甚深問答玄遠諸餘淺近法於菩薩邊說猶難何況深法如人能食一斛飯從有一斗者索欲以除飢是不能除以是故說聲聞辟支佛無力能為菩薩說般若須菩提大明菩薩尊貴佛亦然可令須菩提欲於實相法中說是故言一切法中求菩薩不可得菩薩不可得故字亦不可得菩薩菩薩字不可得故般若波羅蜜亦不可得是三事不可得故我云何當教菩薩般若波羅蜜問曰佛命須菩提為諸菩薩說般若而須菩提言無菩薩與佛相及佛何以同之答曰有二種說一者著心說二者不著心說今須菩提以不著心說空佛不訶之復次須菩提常行空三昧

知諸法空故佛告須菩提為諸菩薩說般若波羅蜜而菩薩畢竟空是故須菩提驚言云何有菩薩佛即述成菩薩如是從發心以來乃至佛道皆畢竟空故不可得若如是教者是即教菩薩般若波羅蜜復次凡有二法一者名字二者名字義如火能照能燒是其義照是造色燒是火大是二法和合名為火若離是二法有火更應有第三用除燒除照更無第三業以是故知二法和合假名為火是火名不在二法內何以故是法二火是一一不為二二不為一義以名二法不相合所以者何若二法合說火時應燒口若離索火應得水如是等因緣知不在內若火在二法外聞火名不應二法中生火想若在兩中間則無依止處一切有為法无有不依止處若在中間則不可知以是故火不在三處但有假名菩薩亦如是二法和合名菩薩所謂名色色事異名事異若定有菩薩應更有第三事而無有事則知假名是菩薩菩薩名亦如是

不在內不在外不在兩中間是中佛說譬喻如五衆和合故名為我實我不可得衆生乃至知者見者皆是五衆因緣和合生假名法是諸法實不生不滅世間但用名字說菩薩菩薩字般若波羅蜜亦如是皆是因緣和合假名法是中佛更說譬喻有人言但五衆和合有衆生而衆生空但有五衆法佛言衆生空五衆亦和合故假名字有十二處十八界亦如是復次菩薩有二種一者坐禪二者誦經坐禪者常觀身骨等諸分和合故名為身即以所觀為譬喻言頭骨分和合故名為頭脚骨分和合故名為脚頭脚骨等和合故名為身一一推尋皆無根本所以者何此是常習常觀故以為譬喻不坐禪者以草木枝葉華實為喻如過去諸佛亦但有名字用是名字可說十譬喻亦但有名字菩薩義亦如是十喻義如先說菩薩應如是學三種波羅聶提五衆等法是名法波羅聶提五衆因緣和合故名為衆生諸骨和合故名為頭骨如根

莖枝葉和合故名為樹是名受波羅聶提用是名字取二法相說是二種是為名字波羅聶提復次衆微法和合故有麁法生如微塵和合故有麁色是名法波羅聶提從法有法故是麁法和合有名字生如能照能燒有火名字生名色有故為人色是法人是假名是為受波羅聶提取色取名故名為名多名字邊更有名字如梁椽瓦等名字邊更有屋名字生如樹枝樹葉名字邊有樹名生是為名字波羅聶提行者先壞名字波羅聶提到受波羅聶提次破受波羅聶提到法波羅聶提破法波羅聶提到諸法實相中諸法實相即是諸法及名字空般若波羅蜜復次須菩提菩薩摩訶薩行般若波羅蜜不見色名字是常不見受想行識名字是常不見色名字無常不見受想行識名字無常不見色名字樂不見色名字苦不見色名字我不見色名字無我不見色名字空不見色名字無相不見色名字無作不見色名字寂滅不見色名字垢不

大智度論第四十一卷　第九張

見色名字淨不見色名字生不見色名字滅不見色名字內不見色名字外不見色名字中閒住受想行識亦如是眼色眼識眼觸眼觸因緣生諸受乃至意法意識意觸意觸因緣生諸受亦如是何以故菩薩摩訶薩行般若波羅蜜般若波羅蜜字菩薩菩薩字有為性中亦不見無為性中亦不見菩薩摩訶薩行般若波羅蜜是法皆不作分別是菩薩行般若波羅蜜住不壞法中修四念處時不見般若波羅蜜不見般若波羅蜜字不見菩薩不見菩薩字乃至修十八不共法時不見般若波羅蜜不見般若波羅蜜字不見菩薩不見菩薩字菩薩摩訶薩如是行般若波羅蜜時但知諸法實相諸法實相者無垢無淨如是須菩提菩薩摩訶薩行般若波羅蜜時當作是知名字假施設知假名字已不著色不著受想行識不著眼乃至意不著色乃至法不著眼識乃至不著意識不著眼觸乃至不著意觸不著眼觸因緣生受若苦若樂若

大智度論第四十一卷　第十張

不苦不樂乃至不著意觸因緣生受若苦若樂若不苦不樂不著有為性不著無為性不著檀波羅蜜尸羅波羅蜜羼提波羅蜜毗梨耶波羅蜜禪波羅蜜般若波羅蜜不著三十二相不著菩薩身不著菩薩肉眼乃至不著佛眼不著智波羅蜜不著神通波羅蜜不著內空乃至不著無法有法空不著成就衆生不著淨佛世界不著方便法何以故是諸法無著者無著法無著處皆無故如是須菩提菩薩摩訶薩行般若波羅蜜時不著一切法便增益檀波羅蜜尸羅波羅蜜羼提波羅蜜毗梨耶波羅蜜禪波羅蜜般若波羅蜜入菩薩位得阿鞞跋致地具足菩薩神通遊一佛國至一佛國成就衆生恭敬尊重讚歎諸佛為淨佛世界為見諸佛供養供養之具善根成就故隨意悉得亦聞諸佛所說法聞已乃至阿耨多羅三藐三菩提終不忘得諸陀羅尼門諸三昧門如是須菩提菩薩摩訶薩行般若波羅蜜時當知諸法名假施設須菩提

大智度論第四十一卷　第十一張

於汝意云何色是菩薩不受想行識是菩薩不不也世尊眼耳鼻舌身意是菩薩不不也世尊色聲香味觸法是菩薩不不也世尊眼識乃至意識是菩薩不不也世尊須菩提於汝意云何地種是菩薩不不也世尊水火風空識種是菩薩不不也世尊於須菩提意云何無明是菩薩不不也世尊乃至老死是菩薩不不也世尊於須菩提意云何離色是菩薩不不也世尊乃至離老病死是菩薩不不也世尊須菩提於汝意云何色如相是菩薩不不也世尊乃至老死如相是菩薩不不也世尊離色如相乃至離老死如相是菩薩不不也世尊佛告須菩提汝觀何等義言色非菩薩乃至老死非菩薩離色非菩薩乃至離老死非菩薩色如相非菩薩乃至老死如相非菩薩離色如相非菩薩乃至離老死如相非菩薩須菩提言世尊衆生畢竟不可得何況當是菩薩色不可得何況色離色色如離色如是菩薩乃至老死不可得何况老死離

老死老死如離老死如是菩薩佛告須菩提善哉善哉如是須菩提菩薩摩訶薩衆生不可得故般若波羅蜜亦不可得當作是學於須菩提意云何色是菩薩義不不也世尊受想行識是菩薩義不不也世尊於須菩提意云何色常是菩薩義不不也世尊受想行識常是菩薩義不不也世尊色無常是菩薩義不不也世尊受想行識無常是菩薩義不不也世尊色樂是菩薩義不不也世尊受想行識樂是菩薩義不不也世尊色苦是菩薩義不不也世尊受想行識苦是菩薩義不不也世尊色我是菩薩義不不也世尊受想行識我是菩薩義不不也世尊色非我是菩薩義不不也世尊受想行識非我是菩薩義不不也世尊於須菩提意云何色空是菩薩義不不也世尊受想行識空是菩薩義不不也世尊色非空是菩薩義不不也世尊受想行識非空是菩薩義不不也世尊色相是菩薩義不不也世尊受想行識相是菩薩義不不也

世尊色無相是菩薩義不不也世尊受想行識無相是菩薩義不不也世尊色作是菩薩義不不也世尊受想行識作是菩薩義不不也世尊色無作是菩薩義不不也世尊受想行識無作是菩薩義不不也世尊乃至老死亦如是佛告須菩提汝觀何等義言色非菩薩義受想行識非菩薩義乃至色受想行識無作非菩薩義乃至老死亦如是須菩提白佛言世尊色畢竟不可得何況色是菩薩義受想行識亦如是世尊色常畢竟不可得何況色無常是菩薩義乃至識亦如是世尊色樂畢竟不可得何況色苦是菩薩義乃至識亦如是世尊色我畢竟不可得何況色非我是菩薩義乃至識亦如是世尊色法畢竟不可得何況色空是菩薩義乃至識亦如是世尊色相畢竟不可得何況色無　相是菩薩義乃至識亦如是世尊色作畢竟不可得何況色無作是菩薩義乃至識亦如是佛告須菩提善哉善哉如是須菩提菩薩摩訶薩

行般若波羅蜜色義不可得受想行識義乃至無作義不可得當作是學般若波羅蜜須菩提汝言我不見是法名菩薩須菩提諸法不見諸法諸法不見法性法性不見諸法相法性不見地種地種不見法性乃至識種不見法性法性不見識種法性不見眼色眼識性眼色眼識性不見法性乃至法性不見意法識意法識不見法性須菩提有為性不見無為性無為性不見有為性何以故離有為不可說無為離無為不可說有為如是須菩提菩薩摩訶薩行般若波羅蜜於諸法無所見是時不驚不畏不怖心亦不沒不悔何以故是菩薩摩訶薩不見色受想行識故不見眼乃至意不見色乃至法不見淫怒癡不見無明乃至老死不見我乃至知者見者不見欲界色界無色界不見聲聞心辟支佛心不見菩薩不見菩薩法不見佛不見佛法不見佛道是菩薩一切法不見故不驚不畏不怖不沒不悔須菩提白佛言世尊何因緣故

菩薩心不怖不沒不悔佛告須菩提菩薩摩訶薩一切心心數法不可得不可見以是故菩薩摩訶薩心不沒不悔世尊云何菩薩心不驚不畏不怖佛告須菩提是菩薩意及意界不可得不可見以是故不驚不畏不怖如是須菩提菩薩摩訶薩一切法不可得故應行般若波羅蜜須菩提菩薩摩訶薩一切行處不得般若波羅蜜不得菩薩名亦不得菩薩心即是教菩薩摩訶薩釋曰菩薩行般若波羅蜜觀色法名字非常非無常乃至有為無為性中不見有菩薩菩薩字如先說一切法中不作憶想分別菩薩住不壞法中行六波羅蜜乃至十八不共法以諸法實相智慧於諸法中求不見一定法所謂般若波羅蜜亦不見般若波羅蜜名字又不見菩薩及菩薩名字用是智慧故破無明等諸煩惱用是不見亦不見智慧故破着般若波羅蜜般若波羅蜜名字菩薩菩薩名字諸法實相清淨通達無㝵菩薩得如是智慧若見若聞若念皆如幻化若聞見念皆是虛誑以是故不著色等住是無㝵智慧中增益六波羅蜜入菩薩位得如是等利益是一章佛自教菩薩作如是觀次後章人謂佛多說法空故反問須菩提若諸法不空頗有一法定是菩薩不所謂色是菩薩不乃至如是菩薩不須菩提作是念諸法和合故有菩薩我云何言一法定是菩薩以是故言不也世尊須菩提得衆生空故佛言善哉善哉菩薩知衆生空不可得故應行般若波羅蜜色是菩薩義乃至無作畢竟空亦如是須菩提入諸法深空中不疑故能益諸菩薩故佛讚言善哉善哉菩薩法應如是學一切法不可得空般若波羅蜜如須菩提說我不見是法名為菩薩佛言非但菩薩獨不可見都無有法見法者法性無量不可見故是故諸法不見法性諸法因緣和合生無有自性畢竟空故法性不見諸法色性不見法性法性不見色性乃至識性亦如是五衆性與法性同名故名為性十二處十八界有為法無為法亦如是略說因緣離有為性不得說無為性離無為性不得說有為性是二法中攝一切法故是菩薩雖不見一切法亦不怖畏何以故有所見有所不見則有恐畏若都無所見則無所畏所謂五衆乃至十八不共法問曰若佛已說不恐畏因緣須菩提何故重問荅曰須菩提若謂法都空無所有恐墮邪見所以者何佛弟子得正見故名為行道人云何言都不可見佛知須菩提意故說言一切心心數法不可得不可見故無畏凡夫人欲入空中見心心數心可得外法不可得故恐怖菩薩以心心數法虛妄不實顛倒果報不能示人實事故不恐怖以是異義故重問問曰若尒者何以復次有第三問荅曰心心數法意識中　可見意及意識是心心數法根本所以者何意識中多分別故生恐怖五識時須促故無所分別欲破怖畏根本以是故重問無咎若菩薩能行如是般若波羅蜜雖不見四種事菩薩菩薩

字般若波羅蜜般若波羅蜜字能三種因緣不畏即是教菩薩般若波羅蜜若但了菩薩般若波羅蜜相是為行般若波羅蜜不復十方求亦無與者亦非如金銀寶物力求而得

大智度論釋勸學品第八

尒時須菩提白佛言世尊菩薩摩訶薩欲具足檀波羅蜜當學般若波羅蜜欲具足尸羅波羅蜜羼提波羅蜜毗梨耶波羅蜜禪波羅蜜般若波羅蜜當學般若波羅蜜菩薩摩訶薩欲知色當學般若波羅蜜乃至欲知識當學般若波羅蜜欲知眼乃至意欲知色乃至法欲知眼識乃至意識欲知眼觸乃至意觸欲知眼觸因緣生受乃至意觸因緣生受當學般若波羅蜜欲斷婬瞋癡當學般若波羅蜜菩薩摩訶薩欲斷身見戒取疑婬欲瞋恚色愛無色愛掉慢無明等一切結使及纏等當學般若波羅蜜欲斷四縛四結四顛倒當學般若波羅蜜欲知十善道欲知四禪欲知四無量心四無色定四念處乃至十八不共法

當學般若波羅蜜菩薩摩訶薩欲入覺意三昧當學般若波羅蜜欲入六神通九次第定超越三昧當學般若波羅蜜欲得師子遊戲三昧當學般若波羅蜜欲得師子奮迅三昧欲得一切陀羅尼門當學般若波羅蜜菩薩摩訶薩欲得首楞嚴三昧寶印三昧妙月三昧月幢相三昧一切法印三昧觀印三昧畢法性三昧畢住相三昧如金剛三昧入一切法門三昧三昧王三昧王印三昧淨力三昧高出三昧畢入一切辯才三昧入諸法名三昧觀十方三昧諸陀羅尼門印三昧一切法不忘三昧攝一切法聚印三昧虛空住三昧三分清淨三昧不退神通三昧出鉢三昧諸三昧幢相三昧欲得如是等諸三昧門當學般若波羅蜜復次世尊菩薩摩訶薩欲滿一切衆生願當學般若波羅蜜

問曰初品中言種種欲有所得當學般若波羅蜜今何以重說答曰先但讚歎欲得是諸功德當行般若波羅蜜未說般若波羅蜜令足聞般若波

羅蜜未因欲得餘功德所謂六波羅蜜等當學般若波羅蜜復次上種種因緣說諸法空有人謂佛法斷滅無所復作為斷是人疑故言欲得布施等種種功德當行般若波羅蜜若般若波羅蜜實空無所有斷滅者不應說應行布施等功德有智者說何緣初後相違復次前廣說此略說彼是佛說此是須菩提說復次般若波羅蜜深妙故重說譬如讚德之美故言善哉善哉六波羅蜜義如先說知五衆者見無常苦空總相別相等六情六塵六識六觸六受亦如是一切世間繫縛愛為主以愛故生諸結使樂受生貪欲苦受生瞋恚不苦不樂受生愚癡三毒起諸煩惱及業因緣以是故但說愛餘心數法不說所謂想憶念等三毒十結諸使纏乃至十八不共法如先說覺意三昧超越三昧師子遊戲三昧是菩薩諸三昧後當說欲滿一切衆生願先已說欲得具足如是善根常不墮惡趣欲得不生卑賤之家欲得不住聲聞辟支佛地

中欲得不墮菩薩頂者當學般若波
羅蜜尒時慧命舍利弗問須菩提云
何為菩薩摩訶薩墮頂須菩提言舍
利弗若菩薩摩訶薩不以方便行六
波羅蜜入空無相無作三昧不墮聲
聞辟支佛地亦不入菩薩位是名菩
薩摩訶薩法生故墮頂舍利弗問須
菩提云何名菩薩生須菩提荅舍利
弗言生名愛法舍利弗言何等法愛
須菩提言菩薩摩訶薩行般若波羅
蜜色是空受念著受想行識是空受念
著舍利弗是名菩薩摩訶薩順道法
愛生復次舍利弗菩薩摩訶薩色是
無相受念著受想行識無相受念著
色是無作受念著受想行識无作受
念著色是寂滅受念著受想行識寂
滅受念著色是無常乃至識色是苦
乃至識色是無我乃至識受念著是
為菩薩順道法愛生是菩薩應知集應
斷盡應證道應修是垢法是淨法是
應近是不應近是菩薩所應行是非
菩薩所應行是菩薩道是菩薩學是
非菩薩道是非菩薩學是菩薩檀波

羅蜜乃至般若波羅蜜是非菩薩檀
波羅蜜乃至般若波羅蜜是菩薩方
便是非菩薩方便是菩薩熟是非菩
薩熟舍利弗菩薩摩訶薩行般若波
羅蜜是諸法受念著是為菩薩摩訶
薩順道法愛生問曰何等善根故不
墮惡道貧賤及聲聞辟支佛亦不墮
頂荅曰有人言行不貪善根故愛等
諸結使衰薄深入禪定行不瞋善根
故瞋等諸結使薄深入慈悲心行不
癡善根故無明等諸結使薄深入般
若波羅蜜如是禪定慈悲般若波羅
蜜力故無事不得何況四事問曰何
以四事中但問墮頂荅曰三事先已
說墮頂未說故問問曰頂者是法位
此義先已說今何以重說荅曰雖說
其義名字各異無方便入三解脫門
及有方便先已說法愛於無生忍法
中無有利益故名曰生譬如多食不
消若不療治於身為患菩薩亦如是
初發心時貪受法食所謂無方便行
諸善法深心繫著於無生法忍是則
為生為病以著法愛故於不生不滅

亦愛譬如必死之人雖加諸藥藥乃
成病是菩薩於畢竟空不生不滅法
忍中而生愛著反為其患法愛於人
天中為妙於無生法忍為累一切法
中憶想分別諸觀是非隨法而愛是
名為生不任成諸法實相水與生相
違是名菩薩熟問曰是一事何以故
名為頂名為位名為不生荅曰於和
從忍無生忍中間所有法名為頂住
是頂上直趣佛道不復畏墮辟如聲
聞法中煗忍中間名為頂法問曰若
得頂不墮今云何言頂墮荅曰垂近
應得而失者名為墮得頂者智慧安
隱則不畏墮辟如上山既得到頂則
不畏墮未到之間傾危畏墮頂增長
堅固名為菩薩位入是位中一切結
使一切魔民不能動搖亦名無生法
忍所以者何異於生故愛等結使雜
諸善法為生復次無諸法實相智慧
火故名為生有諸法實相智慧火故
名為熟是人能信受諸佛實相智慧
故名為熟辟如熟瓶能感受水生則
爛壞復次依止生滅智慧故得離顛

倒離生滅智慧故不生不滅是名無生法能信能受能持故名為忍復次位者拔一切無常等諸觀法名為位若不如是為順道法愛生舍利弗問須菩提云何名菩薩摩訶薩無生須菩提言菩薩摩訶薩行般若波羅蜜時內空中不見外空外空中不見內空外空中不見內外空內外空中不見外空內外空中不見空空空空中不見內外空空空中不見大空大空中不見空空大空中不見第一義空第一義空中不見大空第一義空中不見有為空有為空中不見第一義空有為空中不見無為空無為空中不見有為空無為空中不見畢竟空畢竟空中不見無為空畢竟空中不見無始空無始空中不見畢竟空無始空中不見散空散空中不見無始空散空中不見性空性空中不見散空性空中不見諸法空諸法空中不見性空諸法空中不見自相空自相空中不見諸法空自相空中不見不可得空不可得空中不見自相空

不可得空中不見無法空無法空中不見不可得空無法空中不見有法空有法空中不見無法空有法空中不見無法有法空無法有法空中不見有法空舍利弗菩薩摩訶薩行般若波羅蜜得入菩薩位復次舍利弗菩薩摩訶薩欲學般若波羅蜜應如是學不念色受想行識不念眼乃至意不念色乃至法不念檀波羅蜜尸羅波羅蜜羼提波羅蜜毗梨耶波羅蜜禪波羅蜜般若波羅蜜乃至十八不共法如是舍利弗菩薩摩訶薩行般若波羅蜜得是心不不應念不應高無等等心不應念不應高大心不應念不應高何以故是心非心心相常淨故舍利弗語須菩提云何名心相常淨須菩提言若菩薩知是心相與婬怒癡不合不離諸纏流縛等諸結使一切煩惱不合不離聲聞辟支佛心不合不離舍利弗是名菩薩心相常淨舍利弗語須菩提有是無心相心不須菩提報舍利弗言無心相中有心相無心相可得不舍利弗言

不可得須菩提言若不可得不應問有是无非是相心非心不舍利弗復問何等是無心相須菩提言諸法不壞不分別是名無心相舍利弗問須菩提但是心不壞不分別色亦不壞不分別乃至佛道亦不壞不分別耶須菩提言若能知心相不壞不分別是菩薩亦能知色乃至佛道不壞不分別尒時慧命舍利弗讃須菩提善哉善哉汝真是佛子從佛口生從見法生從法化生取法分不取財分法中自信身得證如佛所說得無諍三昧中汝最第一實如佛所舉須菩提菩薩摩訶薩應如是學般若波羅蜜是中亦當分別知菩薩如汝所說行則不離般若波羅蜜須菩提善男子善女人欲學聲聞地亦當應聞般若波羅蜜持誦讀正憶念如說行欲學辟支佛地亦當應聞般若波羅蜜持誦讀正憶念如說行欲學菩薩地亦當應聞般若波羅蜜持誦讀正憶念如說行何以故是般若波羅蜜中廣說三乘是中菩薩摩訶薩聲聞辟支佛當學釋曰

內空中不見外空外空中不見內空有人言外四大飲食入身中故名為內若身死還為外一切法無来去相故外空不在內空中餘十七空亦如是不生不滅無異相無来去故各各中不住復次菩薩位相不念一切色為有乃至十八不共法亦不念是有不念有義如先說問曰菩提心無等等心大心有何差別荅曰菩薩初發心緣無上道我當作佛是名菩提心無等名為佛所以者何一切衆生一切法無與等者是菩提心與佛相似所以者何因似果故是名无等等心是心無事不行不求恩惠深固決定復次檀尸波羅蜜是名菩提心所以者何檀波羅蜜因緣故得大富無所乏少尸波羅蜜因緣故出三惡道人天中尊貴住二波羅蜜果報力故安立能成大事是名菩提心羼提毗梨耶波羅蜜相於衆生中現奇特事所謂人来割肉出髓如截樹木而慈念惡家血化為乳是心似如佛心於十方六道中一一衆生皆以深心濟度又知諸法畢竟空而以大悲能行諸行是為奇特譬如人欲空中種樹是為希有如是等精進波羅蜜力勢與無等相似是名無等等入禪定行四無量心遍滿十方與大悲方便合故拔一切衆生苦又諸法實相滅一切觀諸語言斷而不墮斷滅中是名大心復次初發心名菩提心行六波羅蜜名無等等心入方便心中是名大心如是等各有差別復次菩薩得如是大智心亦不高心相常清淨故如虛空相常清淨烟雲塵霧假来故覆蔽不淨心亦如是常自清淨無明等諸煩惱客来覆蔽故以為不淨除去煩惱如本清淨行者功夫微薄此清淨非汝所作不應自高不應念何以故畢竟空故問曰舍利弗知心相常淨何以故問荅曰菩薩發阿耨多羅三藐三菩提心深入深著故雖聞心畢竟空常清淨猶憶想分別取是無心相以是故問是無心相心為有為無若有去何言無心相若無何以讚歎是無等等心當成佛道須菩提荅曰是无心相中畢竟清淨有無不可得不應難舍利弗復問何等是无心相須菩提荅曰畢竟空一切諸法無分別是名無心相舍利弗復問但心相不壞不分別餘法亦如是須菩提荅言諸法亦如是若尒者阿耨多羅三藐三菩提亦如虛空無壞無分別諸菩薩深著阿耨多羅三藐三菩提故作是念諸凡夫法可言虛誑以不真實故菩薩漏未盡故亦可言不清淨云何阿耨多羅三藐三菩提亦復虛誑是時心驚不悅須菩提知其心已思惟籌量我今應為說實相法不思惟已自念今在佛前當以實相荅若我有失佛自當說重思惟竟以是故說阿耨多羅三藐三菩提雖是第一亦從虛誑法邊生故亦是空不壞不分別相以是故行者當隨阿耨多羅三藐三菩提相行不應取相自高尒時舍利弗讚須菩提言善哉善哉佛時默然聽須菩提所荅亦可舍利弗所歎從佛口生者有人言婆羅門從梵天王口邊生故於四姓中第一以是故舍利弗讚

言汝真從佛口生所以者何見法知法故有未得道者亦依佛故得供養是名取財分又如弊惡子不隨父教但取財分取法分者取諸禪定根力覺道種種善法是名取法分得四信故名為法中自信得諸神通滅盡定等著身中故是名身得證如舍利弗於智慧中第一目揵連神足第一摩訶迦葉頭陁第一須菩提得無諍三昧中第一得無諍定阿羅漢者常觀人心不令人起諍是三昧根本四禪中攝亦欲界中用問曰般若波羅蜜是菩薩事何以言欲得三乘者皆當習學荅曰般若波羅蜜中說諸法實相即是無餘涅槃三乘人皆為無餘涅槃故精進習行復次般若中種種因緣說空解脫門義如經中說若離空解脫門無道無涅槃以是故三乘人皆應學般若復次舍利弗自說因緣於般若波羅蜜中廣說三乘相是中三乘人應學成

大智度論卷第四十一

大智度論卷第四十一

校勘記

一 底本，金藏廣勝寺本。

一 七六六頁中一行經名，石作「摩訶般若波羅蜜經無名字品第七釋」；磧、南、徑、清作「大智度論卷第四十一」。

一 七六六頁中二行作者、三行譯者，石無。未換卷。

一 七六六頁中三行與四行之間，磧、普、南、徑、清有「釋三假品第七」一行。

一 七六六頁中四行首字「介」，石、磧、普、南、徑、清、麗冠以「經」。

一 七六六頁中一〇行第八字「神」，磧、普、南、徑、清無。

一 七六六頁中一二行第六字「諸」，磧、普、南、徑、清作「敢」。

一 七六六頁下四行第一〇字「者」，磧、普、南、徑、清無。

一 七六七頁上二行「世間」，磧、普、南、徑、清、麗無。

一 七六七頁上二行第一二字「亦」，磧、普、南、徑、清無。

一 七六七頁上一六行第一一字「字」，磧、普、南、徑、清無。

一 七六七頁上一七行第一一字「故」，磧、普、南、徑、清無。

一 七六七頁中二行「問曰」，石、磧、普、南、徑、清、麗冠以「論」。

一 七六七頁中二行第一二字至三行第二字「佛既不自說」與三行第三字至四行第四字「諸菩薩……諸聲聞」，石前後互置。

一 七六七頁中一六行「離說故令」，磧、普、南、徑、清、麗作「離說故命」。

一 七六七頁下二〇行第一〇字「及」，磧、普、南、徑、清、麗作「反」。

一 七六八頁上三行第八字「有」，石、麗作「名」。

一 七六八頁上一八行第一二字「不」，徑、清、麗無。

一　七六八頁中一〇行「十二處」，石作「十二入」，下同。

一　七六八頁下三行第一二字「微」，磧、普、南、徑、清、麗作「微塵」。

一　七六八頁下七行第一一字「色」，磧、普、南、徑、清、麗作「名色」。

一　七六八頁下九行第四字「名」，磧、普、徑、清、麗作「受」；南作「取」。

一　七六八頁下一二行第六字「壞」，石作「破壞」。

一　七六八頁下一五行第一二字「空」，磧、普、南、徑、清作「立」。

一　七六八頁下一六行「復次」，石、磧、普、南、徑、清、麗冠以「經」。

一　七六八頁下一七行「波羅蜜」，石、麗作「波羅蜜時」。

一　七六九頁中九行「世界」，石作「國土」，以下間有出現，不出校。

一　七六九頁中一九行第六字「故」，磧、普、南、徑、清無。

一　七六九頁下一一行首字「尊」，石作「尊離受想行識」。

一　七六九頁下一一行第六字「病」，石、磧、普、南、徑、清、麗無。

一　七七〇頁上四行首字「亦」，磧、普、南、徑、清無。

一　七七〇頁中一一行第九字「色」，石、磧、普、南、徑、清、麗作「無色」。

一　七七〇頁中一七行第一一字「法」，石、麗作「有」；磧、普、南、徑、清作「有法」。

一　七七〇頁下二行第二字「義」，麗作「義不可得」。

一　七七〇頁下五行第一二字「相」，石、磧、普、南、徑、清、麗無。

一　七七〇頁下九行「意法識意法識」，石、磧、普、南、徑、清、麗作「意法意識性意法意識性」。

一　七七〇頁下一二行首字及第九字「可」，石作「可得」。

一　七七一頁上一行「菩薩」，石、麗作「是菩薩」。

一　七七一頁上一行「不怖」，徑、清無。

一　七七一頁上三行「不没」，石、麗作「不怖不没」。

一　七七一頁上一一行「釋曰」，石、磧、普、南、徑、清、麗冠以「論」。

一　七七一頁中一〇行第九字「得」，石、磧、普、南、徑、清、麗作「善得」。

一　七七一頁中一七行第七字「名」，石、磧、普、南、徑、清作「名字」。

一　七七一頁中二一行「色性」，磧、普、南、徑、清作「色性色性」。

一　七七一頁下八行「何故」，麗作「何以故」。

一　七七一頁下一四行第三字「心」，石、磧、普、南、徑、清、麗作「法」。

一　七七一頁下一七行第一二字「次」，石、麗無。

一　七七一頁下一八行「可見」，磧、普、南、徑、清作「不可見」。

一　七七二頁上二行「即是」，石作「須菩提即是」。

一　七七二頁上三行第二字「若」，石無。

一　七七二頁上四行第八字「復」，磧、

普、南、徑、清、麗作「從」。

一　七七二頁上五行末字「得」後，石有夾註「釋第七品竟」。

一　七七二頁上六行品名，石作「摩訶般若波羅蜜經勸學品第八釋」；徑、清作「釋勸學品第八」。

一　七七二頁上七行「尒時」，磧、普、南、徑、清作「尒時慧命」，且與石、麗俱冠以「經」。

一　七七二頁上二〇行第五字「等」，磧、普、南、徑、清無。

一　七七二頁中二〇行「問曰」，石、磧、普、南、徑、清、麗冠以「論」。

一　七七二頁下二一行「欲得」，石、磧、普、南、徑、清、麗冠以「經」。

一　七七三頁上七行「法生」，磧、普、南、徑、清作「法愛生」。

一　七七三頁上九行「愛法」，磧、普、南、徑、清作「法愛」。

一　七七三頁上一一行第一二字「是」，磧、普、南、徑、清無。

一　七七三頁上二二行第一一字至末行第四字「菩薩學是非菩薩道」，石、麗作「非菩薩道是菩薩學」。

一　七七三頁中六行「問曰」，石、磧、普、南、徑、清、麗冠以「論」。

一　七七三頁中一八行「忍法」，麗作「法忍」。

一　七七三頁中二一行第六字「受」，磧、普、南、徑、清作「愛」。

一　七七三頁中二二行及下一七行末字至一八行首字「法忍」，石、磧、普、南、徑、清作「忍法」。

一　七七三頁下一行末字「乃」，石、磧、普、南、徑、清、麗作「反」。

一　七七三頁下三行末字至四行首字「人天」，石作「天人」。

一　七七三頁下五行第一三字「受」，石、磧、普、南、徑、清、麗作「愛」。

一　七七三頁下六行第六字「成」，磧、普、南、徑、清、麗作「盛」。

一　七七三頁下八行末字至九行首字「和從」，石、磧、普、南、徑、清、麗作「柔順」。

一　七七三頁下一九行第四字「爲」，石、麗作「名爲」。

一　七七三頁下二一行「諸佛」，磧、普、南、徑、清作「諸法」。

一　七七四頁上三行第一二字「名」，石、麗作「故名」。

一　七七四頁上四行「舍利弗」，石、磧、普、南、徑、清、麗冠以「經」。

一　七七四頁中八行第一二字至九行首字「眼乃至意」，石作「有眼乃至有意」。

一　七七四頁中一〇行首字「羅」，磧、普、南、徑、清無。

一　七七四頁中一三行「不不」，石、磧、普、南、徑、清、麗作「不」。

一　七七四頁下二行「无非是相心非」，石、麗作「无心相」；磧、普、南、徑、清作「心非」。

一　七七四頁下四行第九字「問」，石作「復問」。

一　七七四頁下四行第一四字「是」，磧、普、南、徑、清無。

一　七七四頁下九行第五字「讚」，石作「讃歎」。

一　七七四頁下一七行末字至一八行首字及一九行、二一行「誦讀」，石、麗作「讀誦」。

一　七七四頁下末行「釋曰」，石、磧、普、南、徑、清、麗冠以「論」。

一　七七五頁上二行第一〇字「身」，石、麗作「其身」。

一　七七五頁上六行「復次」，石作「復有」。

一　七七五頁上一一行第二字「等」，磧、普、南、徑、清作「等等」。

一　七七五頁中一二行第一〇字「故」，磧、普、南、徑、清無。

一　七七五頁中一八行「菩薩」，石、麗作「以菩薩」。

一　七七五頁下末行「四姓中」，磧、普、南、徑、清作「四姓衆生中」。

一　七七六頁上二行「有未」，磧、普、南、徑、清作「未有」。

一　七七六頁上二行第八字「亦」，磧、普、南、徑、清無。

一　七七六頁上一六行「般若」，麗作「般若波羅蜜」。

一　七七六頁上末行經名卷次後，麗有夾註「釋第七品訖第八品」。

大智度論釋集散品第九 卷第四十二 名

龍樹菩薩造

後秦龜茲國鳩摩羅什奉 詔譯

尒時慧命須菩提白佛言世尊我不覺不得是菩薩行般若波羅蜜當為誰説般若波羅蜜世尊我不得一切諸法集散若我為菩薩作字言菩薩或當有悔世尊是字不住亦不不住何以故是字無所有故以是故是字不住亦不不住世尊我不得色集散乃至識集散若不可得云何當作名字世尊以是因緣故是字不住亦不不住何以故是名字無所有故世尊我亦不得眼集散乃至意集散若不可得云何當作名字言是菩薩世尊是眼名字乃至意名字不住亦不不住何以故是名字無所有故以是故是字不住亦不不住世尊我不得色集散乃至法集散若不可得云何當作名字言是菩薩世尊是色字乃至法字不住亦不不住何以故是字無所有故以是故是字不住亦不不住眼識乃至意識眼觸乃至意觸眼觸因緣生受乃至意觸因緣生受亦如是世尊我不得無明集散乃至不得老死集散世尊我不得無明盡集散乃至不得老死盡集散世尊我不得婬怒癡集散諸邪見集散皆亦如是世尊我不得六波羅蜜集散四念處集散乃至八聖道分集散空无相無作集散四禪四無量心四無色定集散念佛念法念僧念戒念捨念天念善念入出息念身念死集散我亦不得佛十力乃至十八不共法集散世尊我若不得六波羅蜜乃至十八不共法集散云何當作自言是菩薩世尊是字不住亦不不住何以故是字無所有故以是故是字不住亦不不住世尊我不得如夢五受陰集散我不得如響如影如焰如化五受陰集散亦如上説世尊我不得離集散我不得寂滅不生不滅不示不垢不淨集散世尊我不得如法性實際法相法位集散亦如上説我不得諸善不善法集散我不得有為無為法有漏無漏法集散過

大智度論第四十二卷　第二張　名字號

大智度論第四十二卷　第三張　名字號

去未来現在法集散不過去不未来不現在法集散何等是不過去不未来不現在所謂無為法世尊我亦不得無為法集散世尊我亦不得佛集散世尊我亦不得十方如恒河沙等世界諸佛及菩薩聲聞僧集散世尊我若不得諸佛集散云何當教菩薩摩訶薩般若波羅蜜世尊是菩薩字不住亦不不住何以故是字無所有故以是故是字不住亦不不住世尊我亦不得是諸法實相集散云何當與菩薩作字言是菩薩世尊是諸法實相名字不住亦不不住何以故是名字無所有故以是故是名字不住亦不不住問曰先品中已說不見菩薩菩薩字般若波羅蜜一切諸法不內不外不中間等今何以重說答曰有四種愛欲愛有愛非有愛法愛欲愛易見其過不淨等有愛無不淨等小難遣非有愛破有似智慧故難遣法愛者愛諸善法利益道者法愛中過患難見故重說譬如小草加功少易除大樹功重難除復次上法與此法

大智度論第四十二卷　第四張　名字號

有同有異彼聞說菩薩字不見此中說菩薩字不覺不得以不覺不得故不見非是智慧力少故不見問曰未行般若波羅蜜時為有菩薩耶今何以言不見菩薩行般若波羅蜜答曰從無始已来衆生不可得非行般若波羅蜜故不可得但以虛誑顛倒凡夫人隨是假名故謂為有今行般若波羅蜜滅顛倒虛誑了知其無非本有今無本有今無則墮斷滅復次須菩提心悔畏破妄語戒所以者何佛法中一切諸法決定無我而我說言有菩薩為說般若波羅蜜則墮妄語罪是故心悔復有心悔因緣一切法以不可得空故皆空所以者何無集無散故譬如眼色因緣生眼識三事和合故生眼觸眼觸因緣中即生受想思等心數法是中邪憶念故生諸煩惱罪業正憶念故生諸善法善惡業受六道果報從是身邊復種善惡業如是展轉無窮是名為集餘情亦如是散者是眼識等諸法念念滅故諸因緣離故是眼識等法生時無来處非

大智度論第四十二卷　第五張　名字號

如田上穀運致聚集若滅時无去處非如散穀與民是名略說諸法集散相生時無所從来散時無所從去是諸法皆如幻化但誑惑於眼問曰若尒有集散相須菩提何以言不覺不得答曰無来處故集不可得无去處故散不可得復次生無故集不可得滅無故散不可得畢竟空故集不可得業因緣不失故散不可得復次觀世間滅諦故集不可得觀世集諦故散不可得如是等義當知集散不可得云何當作菩薩字若強為名是名亦無住亦無不住問曰是名字何以故不住答曰名字在法中住法空故名字無住處如車輪輞輻轂等和合故有車名若散是和合則失車名是車名非輪等中住亦不離輪等中住車名一異中求皆不得失車名故名字無住處因緣散時尚無何況因緣滅衆生亦如是色等五衆和合故有衆生字若五衆離散名字无住處五衆離散時尚無何況無五衆問曰若散時名字不可得和合未散時有名字

何以言不可得荅曰是菩薩名一五衆則有五一不作五五不作一若五作一如五匹物不得為一匹用若一作五如一匹物不得為五匹用以是故一菩薩字不得五衆中住非不住者若名字因緣和合無則世俗語言衆事都滅世諦无故第一義諦亦無二諦無故諸法錯乱復次若因緣中有名字者如說火則燒口說有則塞口若名字不在法中者說火不應生火想求火亦可得水從久遠已共來傳名字故因名則識事以是故說名字義非住非不住復次是中須菩提自說因緣無所有故是名字非住非不住如菩薩名字五衆十二入十八界等諸法亦如是問曰如上来說五衆諸法集散不可得今何以復說五衆荅曰上直說五衆今說五衆如夢如幻復次有人謂凡夫人五衆虛誑不實如夢聖人五衆非是虛誑以是故須菩提說如夢如幻同皆不住問曰十辟喻中何以但說五事荅曰若說十事無在但以隨衆生心說五喻事辯故

不盡說或以五衆故說五喻餘法亦如是離有二種一者身離二者心離身離者捨家恩愛世事等閑居靜處心離者於諸結使恚皆遠離復有二種離一者諸法離名字二者諸法各各離自相此中說後二種離所以者何此中破名字故餘處自相離小乘法中多說前二離寂滅亦有二種一者淳善相寂滅惡事二者如涅槃寂滅相觀世間諸法亦如是此中但說後寂滅不生亦有二種一者未来无為法名不生二者一切法實無生相生不可得故此中但說後不生不滅有三種智緣滅非智緣滅无常滅此中說無常滅與此相違故名不滅不示者一切諸觀滅語言道斷故無法可示是法如是相若有若無若常若无常等不垢不淨如法性實際法相法位義如先說問曰五衆法有集散與此相違故言不集不散如法性實際等無相違故云何言不集不散荅曰行者得如法性等故名為集失故名為散如虛空雖無集無散鑿户牖為

集塞故名為散善不善乃至十方如恒河沙等諸佛義如先說是諸法及佛名字無所依止故皆空不住非不住世尊諸法因緣和合假名施設所謂菩薩是名字於五陰中不可說十二入十八性乃至十八不共法中不可說於和合法中亦不可說世尊辟如夢於諸法中不可說響影焰化於諸法中不可說辟如名虛空亦無法中可說世尊如地水火風名亦無法中可說戒三昧智慧解脫解脫知見名亦無法中可說如須陁洹名字乃至阿羅漢辟支佛名字亦無法中可說如佛名　法名亦無法中可說所謂若善若不善若常若无常若苦若樂若我若無我若寂滅若離若有若無世尊我以是義故心悔一切諸法集散相不可得若為菩薩作字言是菩薩世尊是字不住亦不不住何以故是字無所有故以是故是字不住亦不不住若菩薩摩訶薩聞作是說般若波羅蜜如是相如是義心不沒不悔不驚不畏不怖當知是菩

薩必住阿鞞跋致性中住不住法故釋曰上来非住非不住門破菩薩名字及諸法今以異門破菩薩名字無法可說為菩薩何以故菩薩非是五衆五衆非是菩薩五衆中无菩薩菩薩中無五衆五衆不屬菩薩菩薩不屬五衆離五衆無菩薩離菩薩无五衆如是菩薩名字不可得當知是空乃至十八不共法亦如是辟如夢中有所見皆是虛妄不可說此夢中無有定法相所謂五衆十二入十八界但有誑心餘影響焰化亦如是但誑耳目如虛空一切法中不可說无相故虛空與色相違故不得說名為色色盡處亦非虛空更無別法故若謂入出為虛空相是事不然是身業非虛空相若無相則無法以是故虛空但有名字菩薩名字亦如是問曰如夢虛空等可但有名字云何地水火風實法亦但有名字荅曰無智人謂地等諸物以為實聖人慧眼觀之皆是虛誑譬如小兒見鏡中像以為實歡喜欲取謂為真實大人觀之但誑

惑入眼諸凡夫入見微塵和合成地謂為實地餘有大眼者散此地但見微塵慧眼分別破散此地都不可得復次初品論中種種破身相如身破地亦破復次若地是實云何一切火觀時皆是火若以禪定觀為實佛說一切法空為虛妄但是事不然水火風亦如是如四大為身本猶尚尒何況身所作持戒等諸業而不空如戒等廣業尚空何況禪定智慧解脫解脫慧智見等而不空若戒等五衆空者何況是因緣得諸聖道果而不空若聖道果空者何況須陁洹人乃至佛而不空以是故菩薩名字雖善法乃至有無法中出不名為善乃至不名為有無集散不可得故須菩提知空相如是云何說名菩薩為說般若波羅蜜若菩薩聞是不恐不畏則是阿鞞跋致性中住以如不住法住故阿鞞跋致性者是菩薩未得無生法忍未從諸佛授記但福德智慧力故能信樂諸法畢竟空是名阿鞞跋致性中住得阿鞞跋致氣分故如小兒在貴

姓中生雖未成事以姓貴故便貴復次世尊菩薩摩訶薩欲行般若波羅蜜色中不應住受想行識中不應住眼耳鼻舌身意中不應住色聲香味觸法中不應住眼識乃至意識中不應住眼觸乃至意觸中不應住眼觸因緣生受乃至意觸因緣生受中不應住地種水火風空識種中不應住無明乃至老死中不應住何以故世尊色色相空受想行識識相空世尊色空不名為色離空亦無色色即是空空即是色受想行識空不名為識離空亦無識識即是空空即是識乃至老死老死相空世尊老死空不名老死離空無老死老死即是空空即是老死世尊以是因緣故菩薩摩訶薩欲行般若波羅蜜不應色中住乃至老死中不應住復次世尊菩薩摩訶薩欲行般若波羅蜜四念處中不應住何以故四念處四念處相空世尊四念處空不名為四念處離空亦無四念處四念處即是空空即是四念處乃至十八不共法亦如是世尊

以是因緣故菩薩摩訶薩欲行般若波羅蜜四念處乃至十八不共法中不應住復次世尊菩薩摩訶薩欲行般若波羅蜜檀波羅蜜中不應住尸羅波羅蜜羼提波羅蜜毗梨耶波羅蜜禪波羅蜜般若波羅蜜中不應住何以故檀波羅蜜相空乃至般若波羅蜜般若波羅蜜相空世尊檀波羅蜜空不名為檀波羅蜜離空亦無檀波羅蜜檀波羅蜜即是空空即是檀波羅蜜乃至般若波羅蜜亦如是世尊以是因緣故菩薩摩訶薩欲行般若波羅蜜不應六波羅蜜中住釋曰上須菩提以謙讓門說般若雖言不說而實為菩薩說般若波羅蜜令須菩提以不住門直為菩薩說般若波羅蜜般若波羅蜜有種種名字觀修相應合入習住等是皆名修行般若波羅蜜但種種名字說聞者歡喜復次小有差別行名聽聞誦讀書寫正憶念說思惟籌量分別修習等乃至阿耨多羅三藐三菩提捴名為行是行中分別故初者名觀如初始見物

日日漸學是名習與般若相可是名合隨順般若波羅蜜名相應通徹般若波羅蜜是名為入分別取相有是事名為常念行不息令與相似是名為學學已巧方便觀知是非得失名為思惟以禪定心共行名為修得是般若波羅蜜道不失是名住與住相違名不住問曰先說諸法空即是不住今何以說諸法中不應住答曰先雖說著法愛心難遣故今更說復次有無相三昧入此三昧於一切法不取相而不入滅定菩薩智慧不可思議雖不取一切法相而能行道如鳥於虛空中無所依而能高飛菩薩亦如是於諸法中不住而能行菩薩道問曰人心得緣便起云何菩薩於一切法不住而不入滅定中答曰須菩提自說所謂色色相自空色空為非色亦不離空有色色即是空空即是色是義第二品中已說乃至不應六波羅蜜中住亦如是以空故無所住復次世尊菩薩摩訶薩欲行般若波羅蜜文字中不應住一字門二字門

是種種字門中不應住何以故諸字諸字相空故如上說

復次世尊菩薩摩訶薩欲行般若波羅蜜諸神通中不應住何以故諸神通諸神通相空神通空不名為神通離空亦無神通神通即是空空即是神通世尊以是因緣故菩薩摩訶薩欲行般若波羅蜜諸神通中不應住釋曰有二種菩薩一者習禪定二者學讀坐禪者生神通學讀者知分別文字一字門者一字一語如地名浮二字門者二字一語如水名闍藍三字名者如水名波尸藍如是等種種字門復次菩薩聞一字即入一切諸法實相中如聞阿字即知諸法從本已來無生如是等如聞頭佉一切法中苦相生即是生大悲心如聞阿尼吒知一切法無常相即時入道聖行餘如文字陁羅尼中廣說神通義先已說是二事畢竟空故菩薩不於中住復次世尊菩薩摩訶薩欲行般若波羅蜜色是无常不應住受想行識是無常不應住何以故無常無常相

空世尊無常空不名無常離空亦無無常無常即是空空即是無常世尊以是因緣故菩薩摩訶薩欲行般若波羅蜜色是無常不應住受想行識是無常不應住色是苦不應住受想行識是苦不應住色是無我不應住受想行識是無我不應住色是空不應住受想行識是空不應住色是寂滅不應住受想行識是寂滅不應住色是離不應住受想行識是離不應住如上說復次世尊菩薩摩訶薩欲行般若波羅蜜如相中不應住何以故如相如相空世尊如相空不名如離空亦無如如即是空空即是如世尊菩薩摩訶薩欲行般若波羅蜜法性法相法位實際不應住何以故實際空世尊實際空不名為實際離空亦無實際實際即是空空即是實際

復次世尊菩薩摩訶薩欲行般若波羅蜜一切陀羅尼門中不應住一切三昧門中不應住何以故陀羅尼門陀羅尼門相空三昧門三昧門相空世尊陀羅尼三昧門空不名為陀羅

尼門三昧門離空亦無陀羅尼三昧門陀羅尼三昧門即是空空即是陀羅尼三昧門世尊以是因緣故菩薩摩訶薩欲行般若波羅蜜如乃至陀羅尼三昧門中不應住世尊如菩薩摩訶薩欲行般若波羅蜜無方便故以吾我心於色中住是菩薩作色行以吾我心於受想行識中住是菩薩作識行若菩薩作行者不受般若波羅蜜亦不具足般若波羅蜜不具足般若波羅蜜故不能得成就薩婆若世尊如菩薩摩訶薩欲行般若波羅蜜無方便故以吾我心於十二入乃至陀羅尼三昧門中住是菩薩作十二入乃至陀羅尼三昧門行若菩薩作行者不受般若波羅蜜亦不具足般若波羅蜜不具足般若波羅蜜故不能得成就薩婆若何以故色是不受受想行識是不受色不受則非色性空故受想行識不受則非識性空故十二入是不受乃至陀羅尼三昧門是不受十二入不受則非十二入乃至陀羅尼三昧門不受則非陀羅

尼三昧門性空故般若波羅蜜亦不受般若波羅蜜不受則非般若波羅蜜性空故如是菩薩摩訶薩欲行般若波羅蜜應觀諸法性空如是觀心無行處是名菩薩摩訶薩不受三昧廣大之用不與聲聞辟支佛共是薩婆若慧亦不受內空故外空內外空空空大空第一義空有為空無為空畢竟空無始空散空性空自相空諸法空不可得空無法空有法空無法有法空故何以故是薩婆若不可以相行得相行有垢故何等是垢相色相乃至陀羅尼三昧門相是名垢相是相若受若修可得薩婆若者釋曰無常等聖行及如法性實際陀羅尼三昧門先已說問曰垢法中不應住以罪故善無記法中何故不應住答曰是雖非罪而生罪因緣如佛此中說有菩薩以吾我心行般若波羅蜜住色中著色為生色故作諸業受想行識亦如是為起五衆故行是為不取般若波羅蜜是人雖言我行般若波羅蜜是為世間行不具足般若波

羅蜜故不能至一切智乃至陁羅尼三昧門亦如是此中須菩提自說不住因緣所謂色是不受若色不受則非色性常空故問曰是色無常苦空等過罪故不受辟如熱金丸雖有金可貪但以熱知不可取如是者有何咎而強破五衆法荅曰有二種著一者欲著二者見著有人觀是無常苦等破欲著得解脫或有人雖觀无常等猶著法生見為是人故分別色相空如是則離見著乃至陁羅尼三昧門亦如是問曰聲聞辟支佛一切法不受故漏盡此中云何說不受三昧不與二乘共荅曰彼雖有不受三昧無有廣大之用不利不深亦不堅固復次聲聞辟支佛漏盡時得諸法不受菩薩久來知一切法不受皆如無餘涅槃畢竟空是故說不與二乘共復次二乘有習氣有㝵有障故雖有無受三昧不清淨如摩訶迦葉聞菩薩妓樂於坐處不能自安諸菩薩問言汝頭陁第一何故欲起似儛迦葉荅言我於人天五欲中永離不動此

是大菩薩福德業因緣變化力我未能忍如須弥山王四面風起皆能堪忍若隨嵐風至不能自安聲聞辟支佛習氣於菩薩為煩惱復次此無受三昧唯佛遍知菩薩求佛道故雖不能遍而勝於二乘以是故說不與二乘共以人貴重是不受三昧而生著心是故須菩提說不但是三昧不受色乃至一切種智皆不受所以者何須菩提自說因緣所謂十八空故不受問曰何以故用是十八空觀諸法皆空荅曰此中須菩提自說因緣取相者故生諸結使相者色乃至陁羅尼門諸三昧門相皆是煩惱根本若佛法中乃至有法微相可取者先尼梵志於一切智中終不生信云何為信信般若波羅蜜分別解知稱量思惟不以相法不以無相法如是先尼梵志不取相住信行中用性空智入諸法相不受色不受受想行識何以故諸法自相空故不可得受是先尼梵志非內觀得故見是智慧非外觀得故見是智慧非內非外觀得故見

是智慧亦不無智觀得故見是智慧何以故梵志不見是法智者知法知處故此梵志非內色中見是智慧非內受想行識中見是智慧非外色中見是智慧非外受想行識中見是智慧非內外色中見是智慧非內外受想行識中見是智慧亦不離色受想行識中見是智慧內外空故先尼梵志此中心得信解於一切智以是故梵志信諸法實相一切法不可得故如是信解已無法可受諸法无相無憶念故是梵志於諸法亦無所得若取若捨取捨不可得故是梵志亦不念智慧諸法相無念故世尊是名菩薩摩訶薩般若波羅蜜此彼岸不度故是菩薩色受想行識不受一切法不受故乃至諸陁羅尼三昧門亦不受一切法不受故是菩薩於是中亦不取涅槃未具足四念處乃至八聖道分未具足十力乃至十八不共法何以故是四念處非四念處乃至十八不共法非十八不共法是諸法非法亦不非法是名菩薩摩訶薩般若

波羅蜜色不受乃至十八不共法不受問曰此中何因緣說先尼梵志荅曰此經種種因緣說法空乃至無微相可取人心疑恠不信是理難見以畢竟無相故以是故須善提引證小乘中尚有法空何況行大乘法者而不信法空復次如刪若婆婆羅門善知一切智人相見菩薩食乳糜知今日當成佛先尼是其舅也耆年智德有大名聞出家廣讀一切經書修心坐禪學道時時欲求智慧故往詣論議堂諸梵志言六師皆共稱一切智不蘭迦葉有大名聞是大衆師其弟子死若小若大皆不說其生處餘五師弟子死若小若大皆說其生處佛亦是大師有大名聞其弟子死小者說其生處大者不說其生處先尼聞已異時詣佛所問訊已一面坐問佛言佛聽當問佛言恣汝所問先尼言昔我一時曾到論堂與諸人論議如昔所聞具向佛說是時我作是念佛法說弟子小者更生大者不生何者為定佛告先尼我法甚深微妙難解汝

等長夜著諸異見異欲異法汝於我法不能自見先尼梵志白佛言我心敬佛願加愍念為說妙法令我於坐得眼無令空起佛問梵志於汝意云何汝見是色如去不荅言不也受想行識如去不荅言不也色中如去不荅言不也受想行識中如去不荅言不也離色如去不荅言不也離受想行識如去不荅言不也汝更見無色無受想行識如去者不荅曰不也若汝種種門不見如去者應生疑言佛法何者為定荅曰不應佛告先尼若我弟子是法中不了了知者說有後生本來有我慢等殘故若我弟子了了解知是義者不說其生處本來我慢等無殘故先尼聞是已即時得道得道已從坐起白佛言願得出家為道即時鬚髮自墮便成沙門不久得阿羅漢從佛得眼不虛故是經論議先尼信者信佛能令我得道是名初信然後聞佛破吾我從本已來常自無我無我故諸法無所屬如幻如夢虛誑不實不可得取得是信力已入諸

法實相不受色是如去乃至識是如去問曰梵志何以荅佛皆言不也荅曰梵志本總相為我佛今一一別問以是故荅佛言不也復次梵志聞人二種說我或有說五衆即是我或有說離五衆別有我若五衆即是我則无別我所以者何我是一衆是五一不作五五不作一復次五衆無常生滅相五衆是我亦應生滅若生滅者則失罪福是五衆從因緣和合生不自在我若介者何用我為不自在故如是等過罪故不得說言色如去受想行識如去離五衆亦不應有我無相故若知見受等是皆五衆相非是我相智者云何說離五衆而有我以是故言不也若有言別更有我無五衆是亦不然皆是顛倒妄見分別如是種種因緣知無我我即是如去諸法亦介皆同如去以無主故法無所屬復次梵志推求得道智慧於四處求之皆無定相所謂觀自身五衆名為內外觀他身名為外彼此名為內外是三種智慧不得道无智慧亦不得道復次

内者内六入外者外六入復次内名能觀智慧外名所觀處是先已知諸觀皆有過罪何以故内以智慧力故謂外諸法是常無常有无等非外法有定相若有定相則無智用又此智慧從外法因緣生外法相不定故智慧亦不定如稱為物故物為稱故二事相待若離物無稱離稱无物無量教智名得道方便得名得聖道果復次略說實智慧義所謂不見内五衆中不見外五衆中亦不見内外五衆中亦不見離五衆中見是智慧為實以無常智慧觀五衆无常是智慧從因緣和合故有不實著觀者邪見不著者得道若無常相是實者何故著而不得道以是故一切内外不見定智慧若離是無常等觀得道者一切凡人亦應得道以是故說離是智惠亦無所得尒時梵志以是智慧於一切法中心得遠離於智慧亦復遠離一切我見等取相邪見一切皆滅亦不從無智得尒時梵志歡喜觀無量法性相佛真為大師不捨者諸法中皆

有助道力故不受者諸法實相畢竟空無所得故不受復次諸結使煩惱顛倒虛妄故無所捨但知諸法如實相無相無憶念故是名菩薩不受不捨波羅蜜名無般若波羅蜜此彼不度故世間即是涅槃相涅槃相即是世間相一相所謂無相若如是知應當滅以未具足諸功德故不滅大慈悲本願力故不滅雖求佛道於此法中亦無好醜相及受捨相以是故非法亦非非法是名菩薩般若波羅蜜一切相不受

大智度論卷第四十二

大智度論卷第四十二

校勘記

一　底本，金藏廣勝寺本。

一　七八〇頁中一行經名，石作「大智度論卷第四十七」；磧、普、南、徑、清作「大智度論卷第四十二」。

一　七八〇頁中三行與四行之間，石有「摩訶般若波羅蜜經集散品第九釋」；磧、普、南、徑、清有「釋集散品第九」。

一　七八〇頁中四行首字「尒」，石、磧、普、南、徑、清、麗冠以「經」。

一　七八〇頁中八行第一三字「不」，磧、普、南、徑、清無。

一　七八〇頁中一〇行首字「不」，磧、普、南、徑、清作「不不」。

一　七八〇頁中一三行第六字「名」，石、磧、普、南、徑、清無。

一　七八〇頁下一四行第六字「自」，磧、普、南、徑、清、麗作「字」。

一　七八〇頁下一七行及一八行「五

受陰」，資、普、南、徑、清、麗作「五陰」。

一　七八一頁上六行「世界」，石作「國土」。

一　七八一頁上七行「我若」，資、普、南、徑、清作「若我」。

一　七八一頁上一一行第二字「亦」，資、普、南、徑、清無。

一　七八一頁上一五行「問曰」，石、資、普、南、徑、清、麗冠以「論」。

一　七八一頁上二〇行第七字「有」，資、普、南作「有愛」；徑、清作「有愛破有」。

一　七八一頁中一行第六字「聞」，資、普、南、徑、清作「間」。

一　七八一頁中五行首字「以」，石、資、普、南、徑、清、麗作「以故」。

一　七八一頁中一四行第六字「復」，石、資、普、南、徑、清、麗作「復次」。

一　七八一頁下三行第一二字「從」，麗無。

一　七八一頁下一〇行第一〇字「世」，石、麗作「世間」。

一　七八一頁下一二行第一一字「名」，石、資、普、南、徑、清作「其名」。

一　七八一頁下一八行首字，次頁上一行第一二字「名」，石、資、普、南、徑、清、麗作「名字」。

一　七八一頁下一八行第七字「不」，石、資、南、徑、清作「不可」。

一　七八一頁下一八行第一一字「名」，麗作「名字」。

一　七八一頁下二一行第二字「字」，資、普、南、徑、清作「名字」。

一　七八一頁下末行第一二字「有」，石、資、普、南、徑、清、麗作「則有」。

一　七八二頁上一一行「共来」，石、資、普、南、徑、清、麗作「来共」。

一　七八二頁上末行第一三字「辯」，石、資、普、南、徑、清作「辦」。

一　七八二頁中末行末字「爲」，石、資、南、徑、清、麗作「名爲」。

一　七八二頁下二行第一三字「法」，石、麗作「佛法」。

一　七八二頁下四行「世尊」，石、資、普、南、徑、清、麗冠以「經」。

一　七八二頁下五行「五陰」，石、麗作「五受陰」。

一　七八二頁下六行第四字「性」，資、普、南、徑、清、麗作「界」。

一　七八二頁下七行第八字「不」，石作「無」。

一　七八二頁下八行「響影」，石作「影響」。

一　七八二頁下九行「不可」，石、資、普、南、徑、清、麗作「亦不可」。

一　七八二頁下九行「名虛空」，資、普、南、徑、清作「虛空名」。

一　七八二頁下一七行「故故」，石、資、普、南、徑、清、麗作「故」。

一　七八二頁下一八行第九字「若」，資、普、南、徑、清作「云何」。

一　七八三頁上一行第三字「住」，石作「在」。

一　七八三頁上二行「釋曰」，石、資、普、南、徑、清、麗冠以「論」。

一　七八三頁中二行「大眼」，石、磧、普、南、徑、清、麗作「天眼」。

一　七八三頁中一一行「慧知見」，石、麗作「知見」；磧、普、南、徑、清作「慧」。

一　七八三頁中二一行「授記」，磧、普、南、徑、清作「受記」。

一　七八三頁下一行「姓貴」，磧、普、南、徑、清作「貴姓」。

一　七八三頁下一行末字「復」，石、磧、普、南、徑、清、麗冠以〔經〕。

一　七八三頁下一二行第九字「識」，石、磧、普、南、徑、清作「識識」。

一　七八三頁下一四行末字「名」，石、麗作「名爲」。

一　七八三頁下一五行第五字「無」，石、磧、普、南、徑、清、麗作「亦無」。

一　七八三頁下一八行第五字「不」，石、磧、普、南、徑、清、麗作「亦不」。

一　七八四頁上七行「檀波羅蜜」，石、麗作「檀波羅蜜檀波羅蜜」。

一　七八四頁上一三行、下九行「釋曰」，石、磧、普、南、徑、清冠以〔論〕。

一　七八四頁上一五行「菩薩」，石、麗作「諸菩薩」。

一　七八四頁中一行「般若相」，石作「般若波羅蜜相」；磧、普、南、徑、清作「般若相應」。

一　七八四頁中四行「常念」，石、磧、普、南、徑、清、麗作「念常」。

一　七八四頁中一七行「答曰」，石、麗作「答曰此中」。

一　七八四頁中二二行、下二一行「復次」，石、磧、普、南、徑、清、麗冠以〔經〕。

一　七八四頁下一行首字「是」，石、磧、南、徑、清、麗作「如是」。

一　七八四頁下二行及次頁上一一行「如上説」，石、麗作「亦如上説」。

一　七八四頁下一三行「字名」，麗作「字門」。

一　七八四頁下一三行第八字「尸」，磧、普、南、徑、清作「尼」。

一　七八四頁下一七行「即是」，磧、普、南、徑、清、麗作「即時」。

一　七八五頁上一二行第八字及一三行首字「相」，磧、普、南、徑、清無。

一　七八五頁上一三行「不名」，石、麗作「不名爲」。

一　七八五頁上一六行第四字「際」，石、麗作「際中」。

一　七八五頁上末行「陁羅尼」，石、麗作「陁羅尼門」。

一　七八五頁中一行及二行、二行至三行、四行至五行「陁羅尼」，石作「陁羅尼門」。

一　七八五頁中四行第一一字「如」，麗無。

一　七八五頁中六行及一三行「無方便故」，石作「以無方便故」。

一　七八五頁中七行第四字及八行第四字、一三行第九字「心」，石作「心故」。

一　七八五頁中一二行第三字「如」，石、麗作「如是」。

一　七八五頁中一五行「乃至」，石、磧、普、南、徑、清、麗作「乃至作」。

一　七八五頁下一三行「阤羅尼」，石作「阤羅尼門」；麗作「諸阤羅尼」。

一　七八五頁下一四行「釋曰」，石、磧、普、南、徑、清、麗冠以「論」。

一　七八六頁上六行「熱知」，石、磧、普、南、徑、清作「熱故」；麗作「熱故知」。

一　七八六頁上一四行第八字「彼」，磧、普、南、徑、清作「後」。

一　七八六頁上一八行第六字「空」，石作「空故」。

一　七八六頁上末行「人天」，石作「天人」。

一　七八六頁中一五行第六字「有」，石、磧、普、南、徑、清、麗作「無有」。

一　七八六頁中一五行第一三字「先」，石、磧、普、南、徑、清、麗冠以「經」。

一　七八六頁下一行第七字「智」，麗作「智慧」。

一　七八六頁下三行「智慧」，石作「智」，下同止八行。

一　七八六頁下一四行「無念」，石、麗作「不念」。

一　七八七頁上二行「問曰」，石、磧、普、南、徑、清、麗冠以「論」。

一　七八七頁上二行第六字「何」，石作「何有」。

一　七八七頁上五行第六字「以」，磧、普、南、徑、清無。

一　七八七頁上七行第一〇字「婆」，石、磧、普、南、徑、清無。

一　七八七頁上一一行「時時」，磧、普、南、徑、清作「時」。

一　七八七頁上一二行「共稱」，石、磧、普、南、徑、清、麗作「自稱」。

一　七八七頁上一九行第九字「汝」，磧、普、南、徑、清無。

一　七八七頁中二行「自見」，磧、普、南、徑、清作「疾見」。

一　七八七頁中一一行第四字「門」，磧、普、南、徑、清作「問」。

一　七八七頁中一五行第三字「知」，石作「如」。

一　七八七頁中一八行「鬢髮」，石作「髮鬚」；磧、普、南、徑、清作「鬚髮」。

一　七八七頁下一八行第七字「是」，石無。

一　七八八頁上六行第一〇字「相」，磧作「根」。

一　七八八頁上九行首字「教」，石、磧、普、南、徑、清作「數」。

一　七八八頁上一八行首字「人」，磧、普、南、徑、清作「夫」。

一　七八八頁中五行「名無」，石、磧、普、南、徑、清、麗作「名爲」。

一　七八八頁中五行第一三字「彼」，石、麗作「彼岸」。

一　七八八頁中九行首字「悲」，麗作「慈」。

一　七八八頁中末行經名，石無，未換卷。

大智度論釋集散品第九下 卷第四十三 名

龍樹菩薩造

後秦龜茲國三藏鳩摩羅什譯

復次世尊菩薩摩訶薩欲行般若波羅蜜應如是思惟何者是般若波羅蜜何以故名般若波羅蜜是誰般若波羅蜜若菩薩摩訶薩行般若波羅蜜如是念若法無所有不可得是般若波羅蜜尒時舍利弗問須菩提何等法無所有不可得須菩提言般若波羅蜜是法無所有不可得禪波羅蜜毗梨耶波羅蜜羼提波羅蜜尸羅波羅蜜檀波羅蜜是法無所有不可得內空故外空內外空空空大空第一義空有為空無為空畢竟空無始空散空性空自相空諸法空不可得空無法空有法空無法有法空故舍利弗色法無所有不可得受想行識法無所有不可得內空法無所有不可得乃至無法有法空無所有不可得舍利弗四念處法无所有不可得乃至十八不共法無所有不可得舍

利弗諸神通法無所有不可得如相無所有不可得法性法相法住法位實際法無所有不可得舍利弗佛无所有不可得薩婆若无所有不可得一切種智法無所有不可得內空乃至無法有法空故舍利弗若菩薩摩訶薩如是思惟如是觀時心不没不悔不驚不畏不怖當知是菩薩不離般若波羅蜜行舍利弗問須菩提何因緣故當知菩薩不離般若波羅蜜行須菩提言色離色性受想行識離識性六波羅蜜離六波羅蜜性乃至實際離實際性舍利弗復問須菩提云何是色性云何是受想行識性云何乃至實際性須菩提言無所有是色性無所有是受想行識性乃至無所有是實際性舍利弗以是因緣故當知色離色性受想行識離識性乃至實際離實際性舍利弗色亦離色相受想行識亦離識相乃至實際亦離實際相相亦離相性亦離性舍利弗問須菩提菩薩摩訶薩若如是學得成就薩婆若須菩提言如是如是

舍利弗若菩薩摩訶薩如是學得成就薩婆若何以故以諸法不生不成就故舍利弗問須菩提何因緣故諸法不生不成就須菩提言色色空是色生成就不可得受想行識識空是識生成就不可得乃至實際實際空是實際生成就不可得舍利弗菩薩摩訶薩如是學漸近薩婆若漸得身清淨心清淨相清淨漸得身清淨心清淨相清淨故是菩薩不生染心不生瞋心不生癡心不生憍慢心不生慳貪心不生邪見心是菩薩不生染心乃至不生邪見心故終不生母人腹中常得化生從一佛國至一佛國成就衆生淨佛世界乃至阿耨多羅三藐三菩提終不離諸佛舍利弗菩薩摩訶薩當作是行般若波羅蜜當作是學般若波羅蜜問曰上来廣說般若波羅蜜今須菩提何以作是言菩薩摩訶薩應如是思惟何者是般若波羅蜜答曰須菩提上来謙讓門說次不住門說今明般若波羅蜜體何等是般若波羅蜜般若波羅蜜者

是一切諸法實相不可破不可壞若有佛若無佛常住諸法相法位非佛非辟支佛非菩薩非聲聞非天人所作何況其餘小衆生復次常是一邊斷滅是一邊離是二邊行中道是為般若波羅蜜又復常无常苦樂空實我無我等亦如是色法是一邊無色法是一邊可見法不可見法有對無對有為無為有漏無漏世間出世間等諸二法亦如是復次無明是一邊無明盡是一邊乃至老死是一邊老死盡是一邊諸法有是一邊諸法無是一邊離是二邊行中道是為般若波羅蜜菩薩是一邊六波羅蜜是一邊佛是一邊菩提是一邊離是二邊行中道是為般若波羅蜜略說內六情是一邊外六塵是一邊離是二邊行中道是名般若波羅蜜此般若波羅蜜是一邊此非般若波羅蜜是一邊離是二邊行中道是名般若波羅蜜如是等二門廣說無量般若波羅蜜相復次離有離無離非有非無不墮愚癡而能行善道是為般若波羅

蜜如是等三門是般若波羅蜜相復次須菩提此中自說是法無所有不可得是般若波羅蜜空故無所有常無常等諸觀求覓無定相故不可得復次無所有者此中須菩提自說般若波羅蜜乃至五波羅蜜法無所有不可取不可受不可著故復次十八空故是六波羅蜜無所有不可得譬如大風能破散諸雲亦如大火燒乾草木如金剛寶摧破大山諸空亦如是能破諸法何以故名般若波羅蜜者般若者秦言智慧一切諸智慧中最為第一無上無比無等更無勝者窮盡到邊如一切衆生中無為第一一切諸法中涅槃為第一一切衆中比丘僧第一問曰汝先說諸法實相是般若波羅蜜所謂法位法住有佛無佛常住不異今何以說諸智慧中般若波羅蜜第一譬如諸法中涅槃為第一答曰世間法或時因中說果或時果中說因無咎如人日食數匹布布不可食從布因緣得食是名因中說果如見好畫而言好手是名果

中說因諸法實相生智慧是則果中說因復次是菩薩入不二入法門是時能直行此般若波羅蜜不分別是因是果是緣是智是內是外是此是彼等所謂一相無相以是故不應難復次世間三種智慧一者世俗巧便博識文藝仁智礼敬等二者離生智慧所謂離欲界乃至無所有處三者出世間智慧所謂離我及我所諸漏盡聲聞辟支佛智慧般若波羅蜜為寂殊勝畢竟清淨无所著故為饒益一切衆生故聲聞辟支佛智慧雖漏盡故清淨無大慈悲不能饒益一切故不如何況世俗罪垢不淨欺誑智慧二種智慧不及是智慧故名為般若波羅蜜復次是智慧為度一切衆生故為得佛道故是智慧相應受想行識及從智慧起身業口業及生住等心不相應諸行是諸法和合名為波羅蜜是諸波羅蜜中智慧多故名為般若波羅蜜念定等多故名為禅波羅蜜餘波羅蜜義亦如是如是等種種無量因緣故名為般若波羅蜜

是誰般若波羅蜜者第一義中無知者見者得者一切法無我無我所相諸法但空因緣和合相續生若尒般若波羅蜜當屬誰佛法有二種一者世諦二者第一義諦為世諦故般若波羅蜜屬菩薩凡夫人法種種過罪不清淨故則不屬凡夫般若波羅蜜畢竟清淨凡夫所不樂如蠅樂處不淨不好蓮花凡夫人雖復離欲有吾我心著離欲法故不樂般若波羅蜜聲聞辟支佛雖欲樂般若波羅蜜無深慈悲故大猒世間一心向涅槃是故不能具足得般若波羅蜜是般若波羅蜜菩薩成佛時轉名一切種智以是故般若不屬佛不屬聲聞辟支佛不屬凡夫但屬菩薩問曰此經中常說五衆在前一切種智在後今何以先說六波羅蜜荅曰舍利弗問須菩提無所有義解五衆種種因緣觀强令無所有難解般若波羅蜜即是无所有易解辟如水中月易明其空天上月難令無所有五波羅蜜與般若波羅蜜同名同事是故續說五波羅蜜然後

續說五衆乃至一切種智無所有不可得菩薩入是門觀諸法實相不恐不怖者當知是菩薩不離般若波羅蜜不離者常行般若波羅蜜不虛必有果報此中須菩提自說不離因緣所謂色離色性色中無色相虛誑無所有菩薩能如是知不離實智慧乃至實際亦如是菩薩能行是無障㝵道得至薩婆若一切法不生不出故舍利弗問須菩提云何一切法不生須菩提荅色色相空故色無生無成就乃至實際亦如是若菩薩能如是行是清淨第一無上無比故漸近薩婆若漸近薩婆若故心不生邪見煩惱戲論即時得心清淨心清淨果報故得身清淨三十二相八十隨形好莊嚴其身得三種清淨故破諸虛誑取相之法受法性生身所謂常得化生不處胞胎問曰若有力如此何用化生貪著其身而不取涅槃荅曰有二事因緣故以諸佛是衆生中寶欲供養無猒故有本願度衆生淨佛世界未滿故是菩薩福德方便力故常

不離諸佛

大智度論釋行相品第十

介時須菩提白佛言世尊若菩薩摩訶薩無方便欲行般若波羅蜜若行色為行相若行受想行識為行相若色是常行為行相若受想行識是常行為行相若色是無常行為行相若受想行識是無常行為行相若色是樂行為行相若受想行識是樂行為行相若色是苦行為行相若受想行識是苦行為行相若色是有行為行相若受想行識是有行為行相若色是空行為行相若受想行識是空行為行相若色是我行為行相若受想行識是我行為行相若色是無我行為行相若受想行識是无我行為行相若色是離行為行相若受想行識是離行為行相若色是寂滅行為行相若受想行識是寂滅行為行相世尊若菩薩摩訶薩無方便行四念處為行相乃至行十八不共法為行相世尊若菩薩摩訶薩行般若波羅蜜時作是念我行般若波羅蜜有所得行

亦皆是行相世尊若菩薩摩訶薩作是念能如是行是修行般若波羅蜜亦是行相當知是菩薩摩訶薩行般若波羅蜜無方便須菩提語舍利弗若菩薩摩訶薩行般若波羅蜜時色受念妄解若色受念妄解為色故作行若為色作行不得離生老病死憂悲苦惱及後世苦若菩薩摩訶薩行般若波羅蜜時無方便眼受念忘解乃至意色乃至法眼識界乃至意識界眼觸乃至意觸眼觸因緣生受乃至意觸因緣生受四念處乃至十八不共法受念妄解為十八不共法故作行若為作行是菩薩不能得離生老病死憂悲苦惱及後世苦如是菩薩尚不能得聲聞辟支佛地證何況得阿耨多羅三藐三菩提無有是處舍利弗當知是菩薩摩訶薩行般若波羅蜜無方便舍利弗問須菩提云何當知菩薩摩訶薩行般若波羅蜜有方便須菩提語舍利弗若菩薩摩訶薩欲行般若波羅蜜時不行色不行受想行識不行色相不行受想行

識相不行色受想行識常不行色受想行識無常不行色受想行識樂不行色受想行識苦不行色受想行識我不行色受想行識無我不行色受想行識空不行色受想行識無相不行色受想行識無作不行色受想行識離不行色受想行識寂滅何以故舍利弗是色空為非色離空无色離色無空色即是空空即是色受想行識空為非識離空無識離識无空空即是識識即是空乃至十八不共法空為非十八不共法離空無十八不共法離十八不共法無空空即是十八不共法十八不共法即是空如是舍利弗當知是菩薩摩訶薩行般若波羅蜜有方便是菩薩摩訶薩如是行般若波羅蜜能得阿耨多羅三藐三菩提是菩薩摩訶薩行般若波羅蜜時行亦不受不行亦不受行不行亦不受非行非不行亦不受不受亦不受舍利弗語須菩提菩薩摩訶薩行般若波羅蜜時何因緣故不受須菩提言是般若波羅蜜自性不可得

故不受何以故無所有性是般若波羅蜜舍利弗以是故菩薩摩訶薩行般若波羅蜜行不受不行亦不受行不行亦不受非行非不行亦不受不受亦不受何以故一切法性無所有不墮諸法行不受諸法相故是名菩薩摩訶薩諸法無所受三昧廣大之用不與聲聞辟支佛共是菩薩摩訶薩行是三昧不離疾得阿耨多羅三藐三菩提釋曰前品用空門破諸法此品欲以無相門破諸法若菩薩無方便觀色則墮相中墮相中故失般若波羅蜜行所以者何以一切法空故無相可取問曰人知善惡果報取果報相已分別善惡善者取惡者捨是故行道云何說諸法無相相答曰取相者為初學者說無相者為行道住解脫門者說不應以麁事為難今行者取善相破不善相所謂取男女等相生諸煩惱因緣後以無相相破善法相若破不善而不破善相者善即為患生諸著故以無相相破善法無相亦自破所以者何無相善法所攝

故譬如電墮害穀雹自消滅

復次一切法無相相為實譬如身不淨充滿九孔常流無有淨相而人無明故強以為淨生煩惱作諸罪如小兒於不淨物中取淨相以為樂長者觀之而笑知為虛妄如是等種種取相皆為虛妄如頗梨珠隨前色變自無定色諸法亦如是無有定相隨心為異若常無常等相如以瞋心見此人為弊若瞋心休息淫欲心生見此人還復為好若以憍慢心生見此人以為卑賤聞其有德還生敬心如是等有理而憎愛无理而憎愛皆是虛妄憶想若除虛誑相亦無空相无相相無作相無所破故是色從種種因緣和合而有譬如水沫如幻如夢若菩薩於色中取一異相即失般若波羅蜜色性是無相相故受是色相已見色散壞磨滅謂是无常若見和合少許時住謂為常常有二種一者若住百歲千万億歲若一劫若八万劫然後歸滅二者常住不壞菩薩若邊邪滅故亦不復觀真實常若觀常知是

久住故常非是真實若不滅邊邪觀色為真實常作是念草木零落還歸為土但離合有時是故說是菩薩無方便菩薩或觀色無常无常亦有二種一者念念滅一切有為法不過一念住二者相續法壞故名為無常如人命盡若火燒草木如煎水消盡若初發心菩薩行是相續斷麁无常心猒故若久行菩薩能觀諸法念念生滅無常是二菩薩皆墮取相中所以者何是色常無常相不可得知先說受想行識亦如是苦樂我非我亦尒問曰是五衆可作常無常等觀云何言五衆是寂滅遠離相答曰行者不見五衆常无常相故知是五衆離自相若知五衆離自相即是寂滅如涅槃問曰若尒者初自無相云何說言無方便墮相中答曰是菩薩根鈍不自覺心離五衆著轉復著遠離寂滅於無相中而生著三十七品乃至十八不共法亦應如是隨義分別若菩薩觀外諸法皆无相言我能作是觀以有我心殘故亦墮相中若菩薩能

離此著相非道行真淨无相智慧作是念能如是內外清淨行是為修行般若波羅蜜是人亦〻墮相中所以者何不可著而著不可取而取故是菩薩名為無方便係止愛見著善法故是菩薩雖有福德亦不得離老病死憂悲苦惱雜行道故尚不能得小乘何況大乘與上相違名為有方便於一切法不受不著諸法和合因緣生無自性故問曰前說無受三昧此說不受三昧有何等異答曰前者為空故此為無相故不遠離者常行不息不休以大慈悲心故疾得佛道者入是三昧無障㝵故所行智慧與佛相似若無量阿僧祇劫應得或時超一阿僧祇劫百劫乃至六十一劫如弗沙佛讚歎釋迦文佛超越九劫舍利弗言但不離是三昧令菩薩疾得阿耨多羅三藐三菩提更有餘三昧須菩提語舍利弗言更有諸三昧菩薩摩訶薩行是疾得阿耨多羅三藐三菩提舍利弗言何等三昧菩薩摩訶薩行是疾得阿耨多羅三藐三菩

提須菩提言諸菩薩摩訶薩有三昧名首楞嚴行是三昧令菩薩摩訶薩疾得阿耨多羅三藐三菩提有名寶印三昧師子遊戲三昧妙月三昧月幢相三昧諸法印三昧灌頂三昧畢法性三昧畢幢相三昧金剛三昧入法印三昧三昧王安立三昧王印三昧放光三昧力進三昧出生三昧必入辯才三昧入名字三昧觀方三昧陁羅尼印三昧不忘三昧攝諸法海印三昧遍覆虛空三昧金剛輪三昧寶斷三昧普照三昧不求三昧無處住三昧無心三昧淨燈三昧無邊明三昧能作明三昧普遍明三昧堅淨諸三昧三昧無垢明三昧作樂三昧電光三昧無盡三昧威德三昧離盡三昧不動三昧莊嚴三昧日光三昧月淨三昧淨明三昧能作明三昧作行三昧知相三昧如金剛三昧心住三昧遍照三昧安立王昧寶頂三昧妙法印三昧法等三昧生喜三昧到法頂三昧能散三昧壞諸法處三昧字等相三昧離字三昧斷緣三昧不壞三昧無

種相三昧無處行三昧離闇三昧無去三昧不動三昧度緣三昧集諸德三昧住無心三昧妙淨華三昧覺意三昧無量辯三昧無等等三昧度諸法三昧分別諸法三昧散疑三昧无住處三昧一相三昧一性三昧生行三昧一行三昧不一行三昧妙行三昧達一切有底散三昧入言語三昧離音聲字語三昧然炬三昧淨相三昧破相三昧一切種妙足三昧不喜苦樂三昧不盡行三昧多陁羅尼三昧取諸邪正相三昧滅憎愛三昧逆順三昧淨光三昧堅固三昧滿月淨光三昧大莊嚴三昧能照一切世三昧等三昧無諍行三昧無住處樂三昧如住定三昧壞身衰三昧壞語如虛空三昧離著虛空不染三昧舍利弗是菩薩摩訶薩行是諸三昧疾得阿耨多羅三藐三菩提復有無量阿僧祇三昧門陁羅尼門菩薩摩訶薩學是三昧門陁羅尼門疾得阿耨多羅三藐三菩提慧命須菩提隨佛心言當知是菩薩摩訶薩行是三昧者以為

過去佛所授記今現在十方諸佛亦授是菩薩記是菩薩不見是諸三昧亦不念是三昧亦不念我當入是三昧我今入是三昧我已入是三昧是菩薩摩訶薩都无分別念舍利弗問須菩提菩薩摩訶薩住是諸三昧已從過去佛授記耶須菩提報言不也舍利弗何以故般若波羅蜜不異諸三昧諸三昧不異般若波羅蜜菩薩不異般若波羅蜜及三昧般若波羅蜜及三昧不異菩薩般若波羅蜜即是三昧三昧即是般若波羅蜜菩薩即是般若波羅蜜及三昧般若波羅蜜及三昧即是菩薩舍利弗語須菩提若三昧不異菩薩菩薩不異三昧三昧即是菩薩菩薩即是三昧菩薩去何知一切諸法等三昧須菩提言若菩薩入是三昧是時不作是念我以是法入是三昧以是因緣故舍利弗是菩薩於諸三昧不知不念舍利弗言何以故不知不念須菩提言諸三昧無所有故是故菩薩不知不念尒時佛讚言善哉善哉須菩提如我說汝行

無諍三昧第一與此義相應菩薩摩訶薩應如是學般若波羅蜜禪波羅蜜毗梨耶波羅蜜羼提波羅蜜尸羅波羅蜜檀波羅蜜四念處乃至十八不共法亦應如是學問曰如佛說涅槃一道所謂空無相無作舍利弗何以更問有餘三昧令菩薩疾得佛不荅曰未近涅槃時多有餘道近涅槃時惟有一道空无相無作諸餘三昧皆入此三解脫門辟如大城多有諸門皆得入城又如衆川万流皆歸於海何等餘三昧所謂首楞嚴三昧等諸三昧摩訶衍品中佛自說有深難解者彼中當說若菩薩能行是百八三昧等諸陁羅尼門十方諸佛皆與授記所以者何是菩薩雖得是諸三昧實無諸憶想分別我心故亦不作是念我當入是三昧今入已入我當住是三昧是我三昧以是心清淨微妙法不著故諸佛授記尒時舍利弗還以空智慧難須菩提言菩薩住是三昧取是三昧相得授記耶須菩提言不也何以故三事不異故　般若不

異三昧三昧不異般若般若不異菩薩三昧菩薩三昧不異般若般若三昧即是菩薩菩薩即是般若三昧若三昧菩薩異者諸佛授其記不異故無授記舍利弗復問若尒者三昧及一切法平等不異須菩提言諸菩薩有諸法等三昧入是三昧中諸法無異復次如先說於諸三昧不作憶想分別覺與不覺諸三昧自性無所有故菩薩不知不念佛以須菩提自未得是三昧而善說菩薩微妙三昧陁羅尼般若波羅蜜中不念不著是故讚言善哉我說汝得無諍三昧第一如我所讚不虛

舍利弗白佛言世尊菩薩摩訶薩如是學為學般若波羅蜜耶佛告舍利弗菩薩摩訶薩如是學為學般若波羅蜜是法不可得故乃至學檀波羅蜜是法亦不可得故學四念處乃至十八不共法是法不可得故舍利弗白佛言世尊如是菩薩摩訶薩學般若波羅蜜是法不可得耶佛言如是菩薩摩訶薩學般若波羅蜜是法不可

得舍利弗言世尊何等法不可得佛言我不可得乃至知者見者不可得畢竟淨故五陰不可得十二入不可得十八界不可得畢竟淨故無明不可得畢竟淨故乃至老死不可得畢竟淨故苦諦不可得畢竟淨故集滅道諦不可得畢竟淨故欲界不可得畢竟淨故色界無色界不可得畢竟淨故四念處不可得畢竟淨故乃至十八不共法不可得畢竟淨故六波羅蜜不可得畢竟淨故須陁洹不可得畢竟淨故斯陁含阿郍含阿羅漢辟支佛不可得畢竟淨故菩薩不可得畢竟淨故佛不可得畢竟淨故舍利弗白佛言世尊何等是畢竟淨佛言不出不生無得無作是名畢竟淨舍利弗白佛言世尊菩薩摩訶薩若如是學為學何等法佛告舍利弗菩薩摩訶薩如是學於諸法無所學何以故舍利弗諸法相不如凡夫所著舍利弗白佛言世尊諸法實相云何有佛言諸法無所有如是有如是無所有是事不知名為無明舍 利弗白

佛言世尊何等無所有是事不知名為無明佛告舍利弗色受想行識無所有內空乃至無法有法空故四念處乃至十八不共法無所有內空乃至無法有法空故是中凡夫以無明力渴愛故妄見分別說是無明是凡夫為二邊所縛是人不知不見諸法無所有而憶想分別著色乃至十八不共法是人著故於無所有法而作識知見是凡夫不知不見何等不知不見不知不見色乃至十八不共法亦不知不見以是故墮凡夫數如小兒是人不出於何不出不出欲界不出色界不出無色界聲聞辟支佛法中不出是人亦不信不信何等不信色空乃至不信十八不共法空是人不住不住何等不住檀波羅蜜乃至不住般若波羅蜜不住阿毗跋致地乃至不住十八不共法以是因緣故名為凡夫如小兒亦名著者何等為著著色乃至識著眼入乃至意入著眼界乃至意識界著婬怒癡著諸邪見著四念處乃至著佛道舍利弗白

佛言世尊菩薩摩訶薩作如是學亦不學般若波羅蜜不得薩婆若佛語舍利弗菩薩摩訶薩作如是學亦不學般若波羅蜜不得薩婆若舍利弗白佛言世尊何以故菩薩摩訶薩亦不學般若波羅蜜不得薩婆若佛告舍利弗菩薩摩訶薩無方便故想念分別著般若波羅蜜著禪波羅蜜毗梨耶波羅蜜羼提波羅蜜尸羅波羅蜜檀波羅蜜乃至十八不共法一切種智隨念分別著以是因緣故菩薩摩訶薩如是學亦不學般若波羅蜜不得薩婆若舍利弗白佛言世尊若菩薩摩訶薩如是學不學般若波羅蜜不得薩婆若佛告舍利弗菩薩摩訶薩如是學不學般若波羅蜜不得薩婆若舍利弗白佛言世尊菩薩摩訶薩今云何應學般若波羅蜜得薩婆若佛告舍利弗若菩薩摩訶薩學般若波羅蜜時不見般若波羅蜜舍利弗菩薩摩訶薩如是學學般若波羅蜜得薩婆若心不可得故舍利弗白佛言世尊云何名不可得佛言諸

法内空乃至無法有法空故釋曰舍利弗上問但無受三昧疾得佛更有餘三昧須菩提說更有餘三昧疾得佛是菩薩不念不著是三昧過去現在諸佛授記佛讚言善哉菩薩摩訶薩應如是學般若波羅蜜乃至一切佛法是時舍利弗作是念般若波羅蜜是空相諸三昧種種分別相云何學諸三昧為是學般若波羅蜜是故問佛荅舍利弗如是學般若波羅蜜皆以不可得故以般若波羅蜜氣分相皆在諸三昧中能如是學是為學般若波羅蜜乃至十八不共法佛即可之舍利弗復問何等法不可得佛此中自說衆生空故畢竟清淨故我不可得乃至知者見者須陁洹乃至佛不可得法空故畢竟清淨故五衆不可得乃至十八不共法不可得畢竟清淨者不出不生不得不作等因邊不起故名為不出緣邊不起故名為不生定生相不可得故名為不出不生不出不生故名不可得不可得故名無作無起是起作法皆是虛誑離如是相

名畢竟清淨舍利弗問佛菩薩能如是行畢竟真淨道為學何法為得何法佛荅能如是學為無所學无所得問曰菩薩用是畢竟空學六波羅蜜乃至十八不共法云何言無法可學荅曰此中佛自說諸法不如凡夫所著凡夫人心有无明邪見等結使所聞所見所知皆異法相乃至聞佛說法於聖道中果報中皆著汙染於道舍利弗白佛言若凡夫人所見皆是不實今是諸法云何有佛言諸法無所有凡夫人於無所有處亦以為有所以者何是凡夫人離無明邪見不能有所觀以是故說著无所有故名為無明辟如空拳以誑小兒小兒著故謂以為有舍利弗問佛何等法無所有著故名無明佛荅色乃至十八不共法是中無明愛故憶想分別是明是無明墮有邊無邊失智慧明失智慧明故不見不知色畢竟空無所有相自生憶想分別而著乃至識衆十二入十八界十二因緣或聞善法所謂六波羅蜜乃至十八不共法亦

如世間法憶想分別著聖法亦如是以是故名墮凡夫數如小兒為人輕笑如人以指示月愚者但看指不看月智者輕笑言汝何不得示者意指知為月因緣而更看指不知月諸佛賢聖為凡夫人說法而凡夫著音聲語言不取聖人意不得實義不得實義故還於實中生著佛今說凡夫所失故言不能過三界亦不能離二乘不得聖人意故聞說諸法空而不信不信故不行不住六波羅蜜乃至十八不共法以失如是功徳故名為凡夫小兒是小兒著五衆十二入十八界三毒諸煩惱乃至六波羅蜜十八不共法阿耨多羅三藐三菩提皆著是故名為著者舍利弗問若菩薩如是行是名不行般若波羅蜜不行般若波羅蜜不得薩婆若佛可舍利弗言如是如是即為說因緣所謂新行菩薩無方便力聞是般若波羅蜜憶想分別尋求欲取作是念我捨世間樂復不能得般若波羅蜜是為兩失專求欲得或謂說空是般若波羅蜜

大智度論第四十三卷　第三十七張　名字号

或說空亦空是般若波羅蜜或說諸法如實相是般若波羅蜜如是用六十二見九十八使煩惱心着是般若波羅蜜乃至一切種智亦如是以是着心學諸法不能得薩婆若與此相違者能行般若波羅蜜亦不能得薩婆若所謂不見般若波羅蜜不見行者不見緣法不見亦不見舍利弗更問不見因緣佛答是菩薩入十八空故不見非以無智故不見

大智度論卷第卌三

大智度論卷第四十三

校勘記

一　底本，金藏廣勝寺本。

一　七九二頁中一行經名，石無（未換卷）；磧、普、南、徑、清作「大智度論卷第四十三」。

一　七九二頁中二行作者、三行譯者，石無。

一　七九二頁中三行與四行之間，磧、普、南有「釋集散品之餘」；徑、清有「釋集散品第九之餘」。

一　七九二頁中四行「復次」，石、磧、普、南、徑、清、麗冠以「經」。

一　七九二頁中二〇行第一〇字「無」，石、麗作「法無」。

一　七九二頁下一行「如相」，石、麗作「如相法」；磧、普、南、徑、清作「如法」。

一　七九三頁上二行第八字「以」，磧、普、南、徑、清無。

一　七九三頁上一五行「世界」，石作「國土」。

一　七九三頁上一八行「問曰」，石、磧、普、南、徑、清、麗冠以「論」。

一　七九三頁下一二行「秦言智慧」，麗作夾註。

一　七九三頁下一四行第一一字「無」，石、磧、普、南、徑、清、麗作「佛」。

一　七九三頁下一六行「第一」，石、磧、普、南、徑、清、麗作「爲第一」。

一　七九四頁上一行第四字「因」，磧、普、南、徑、清無。

一　七九四頁上三行第三字「直」，磧、南、徑、清作「具」。

一　七九四頁上一五行「二種」，石、磧、普、南、徑、清、麗作「三種」。

一　七九四頁中四行「波羅蜜」，磧、普、南、徑、清無。

一　七九四頁中七行「凡夫」，石、麗作「凡夫人」。

一　七九四頁中一九行第四字「解」，磧、普、南、徑、清無。

一　七九五頁上一行末字「佛」，至此

一　石換卷，爲卷第四十八。

一　七九五頁上二行品名，石作「摩訶般若波羅蜜經行相品第十釋」；徑、清作「釋行相品第十」。

一　七九五頁上三行「介時」，石、徑、清、麗冠以「經」。

一　七九五頁上二一行第六字「行」，麗無。

一　七九五頁中一行第二字「背」，石、磧、普、南、徑、清、麗無。

一　七九五頁中九行「忘解」，石、磧、普、南、徑、清、麗作「妄解」。

一　七九五頁中二〇行「菩薩」，石、麗作「是菩薩」。

一　七九五頁中末行第一〇字「不」，磧、普、南作「不不」。

一　七九五頁下末行第四字「是」，麗作「是行」。

一　七九六頁上三行第六字「行」，石、麗作「行亦」。

一　七九六頁上六行第二字「墮」，石、磧、普、南、徑、清、麗作「隨」。

一　七九六頁上一〇行「釋曰」，石、磧、普、南、徑、清、麗冠以「論」。

一　七九六頁中九行第九字「如」，磧、普、南、徑、清作「亦」。

一　七九六頁中一七行第八字「異」，麗無。

一　七九六頁中一九行首字「色」，石無。

一　七九六頁中二〇行第六字「常」，石、麗作「常有」。

一　七九六頁下一一行第一二字「知」，石、磧、普、南、徑、清、麗作「如」。

一　七九七頁上九行「不受」，石作「不愛」。

一　七九七頁上一三行第七字「悲」，石無。

一　七九七頁上一七行末字「舍」，石、磧、普、南、徑、清、麗冠以「經」。

一　七九七頁上一八行「菩薩」，石、麗作「菩薩摩訶薩」。

一　七九七頁上一九行第一二字「餘」，石、麗作「諸餘」。

一　七九七頁上二〇行第一一字「諸」，石、麗作「諸餘」。

一　七九七頁上二一行第六字「是」，石、麗作「是三昧」。

一　七九七頁中五行「灌頂」，磧、普、南、徑、清、麗作「觀頂」。

一　七九七頁中七行「王印三昧」，徑、清、麗無。

一　七九七頁中一二行「普照」，石作「能照曜」。

一　七九七頁中二〇行第五字「王」，石、磧、普、南、徑、清、麗作「三」。

一　七九七頁中二一行「生喜」，徑、清作「斷喜」。

一　七九七頁下二行「不動」，徑、清作「不變」。

一　七九七頁下二行「諸德」，石、磧、普、南、徑、清、麗作「諸功德」。

一　七九七頁下六行「一性三昧」，石無。

一　七九七頁下一二行首字「取」，麗作「攝」。

一　七九七頁下一四行末字「昧」，石、麗作「昧三昧」。

一　七九七頁下一五行第六字「行」，磧、普、南、徑、清無。

一　七九七頁下一六行第七字「裹」，石無。

一　七九七頁下一七行「虛空」，石、麗作「如虛空」。

一　七九八頁上一行第三字「佛」，石、麗作「諸佛」。

一　七九八頁上一〇行及一一行「及三昧」，磧、普、南、徑、清無。

一　七九八頁上二二行第六字「故」，磧、普、南、徑、清無。

一　七九八頁中五行「問曰」，石、磧、普、南、徑、清、麗冠以〔論〕。

一　七九八頁中七行第七字「令」，磧、普、南、徑、清作「今」。

一　七九八頁中一五行末字「授」，磧、普、南作「受」。

一　七九八頁中二〇行及二二行「授記」，磧、普、南、徑、清作「受記」。

一　七九八頁下三行末字「若」，磧、普、南、徑、清作「般若」。

一　七九八頁下九行「覺與不覺」，磧、普、南、徑、清作「不覺不知」。

一　七九八頁下一五行首字「舍」，石、磧、普、南、徑、清、麗冠以〔經〕。

一　七九八頁下一六行第一〇字「那」，石、磧、普、南、徑、清、麗作「耶」。

一　七九八頁下一九行第四字「亦」，磧、普、南、徑、清無。

一　七九八頁下一九行「乃至」，石、麗作「乃至學」。

一　七九九頁上二〇行「凡夫」，石、麗作「凡人」。

一　七九九頁中五行及六行末字至七行首字、次頁中六行「凡夫」，石作「凡夫人」。

一　七九九頁中二〇行「著著」，石、麗作「著者」；磧、普、南、徑、清作「爲著者」。

一　七九九頁下一行「菩薩」，石、麗作「若菩薩」。

一　七九九頁下一一行「隨念」，石、磧、普、南、徑、清作「想念」。

一　七九九頁下一四行「不學」，石、麗作「亦不學」。

一　七九九頁下一九行「舍利弗」，石、麗作「舍利弗言」。

一　七九九頁下二一行第一一字「學」，石、磧、普、南、徑、清無。

一　七九九頁下二二行第七字「心」，石、磧、普、南、徑、清作「以」。

一　八〇〇頁上一行「釋曰」，石、磧、普、南、徑、清、麗冠以〔論〕。

一　八〇〇頁上九行「爲是」，石、麗作「是爲」。

一　八〇〇頁上一四行第一五字「比」，石、磧、普、南、徑、清、麗作「此」。

一　八〇〇頁上一九行第一一字及二〇行第六字「邊」，磧、普、南、徑、清作「邊邊」。

一　八〇〇頁中六行第一三字「夫」，磧、普、南、徑、清作「人」。

一　八〇〇頁中一〇行第一二字「見」，

石作「知」。

一 八〇〇頁中一九行及二〇行「智慧明」，石作「智慧眼」。

一 八〇〇頁下五行「知爲」，石、磧、普、南、徑、清、麗作「爲知」。

一 八〇〇頁下五行第八字「看」，石作「着」。

一 八〇〇頁下六行「賢聖」，磧、普、南、徑、清作「聖人」。

一 八〇一頁上六行第一一字「不」，石、磧、普、南、徑、清、麗無。

一 八〇一頁上末行經名，石作「大智度經論卷第四十八」。

大智度論釋幻人無作品第十一 卷第四十四 名

龍樹菩薩造

後秦龜兹國鳩摩羅什奉 詔譯

經介時慧命須菩提白佛言世尊若當有人問言幻人學般若波羅蜜當得薩婆若不幻人學禪波羅蜜毗梨耶波羅蜜羼提波羅蜜尸羅波羅蜜檀波羅蜜學四念處乃至十八不共法及一切種智得薩婆若不我當云何荅

佛告須菩提我還問汝隨汝意荅我須菩提於汝意云何色與幻有異不受想行識與幻有異不須菩提言不也世尊佛言於汝意云何眼與幻有異不乃至意與幻有異不色乃至法與幻有異不眼界乃至意識界與幻有異不眼觸乃至意觸眼觸因緣生受乃至意觸因緣生受與幻有異不須菩提言不也世尊於汝意云何四念處與幻有異不乃至八聖道分與幻有異不不也世尊於汝意云何空無相無作與幻有異不不也世尊須菩提於汝意云何檀波羅蜜與幻有異不乃至十八不共法與幻有異不不也世尊須菩提於汝意云何阿耨多羅三藐三菩提與幻有異不不也世尊何以故色不異幻幻不異色色即是幻幻即是色世尊受想行識不異幻幻不異受想行識識即是幻幻即是識世尊眼不異幻幻不異眼眼即是幻幻即是眼眼觸因緣生受乃至意觸因緣生受亦如是世尊四念處不異幻幻不異四念處四念處即是幻幻即是四念處乃至阿耨多羅三藐三菩提不異幻幻不異阿耨多羅三藐三菩提阿耨多羅三藐三菩提即是幻幻即是阿耨多羅三藐三菩提佛告須菩提於汝意云何幻有垢有淨不不也世尊須菩提於汝意云何幻有生有滅不不也世尊若法不生不滅是法能學般若波羅蜜當得薩婆若不不也世尊於汝意云何五受陰假名是菩薩不如是世尊於汝意云何五受陰假名有生滅垢淨不不也世尊於汝意云何若法但有

名字非身非身業非口非口業非意非意業不生不滅不垢不淨如是法能學般若波羅蜜得薩婆若不不也世尊菩薩摩訶薩若能如是學般若波羅蜜當得薩婆若以無所得故須菩提白佛言世尊菩薩摩訶薩應如是學般若波羅蜜得阿耨多羅三藐三菩提如幻人學何以故世尊當知五陰即是幻人幻人即是五陰佛告須菩提於汝意云何是五陰學般若波羅蜜當得薩婆若不不也世尊何以故是五陰性無所有無所有性亦不可得佛告須菩提於汝意云何如夢五陰學般若波羅蜜當得薩婆若不不也世尊何以故夢性無所有無所有性亦不可得於汝意云何如響如影如焰如化五衆學般若波羅蜜當得薩婆若不不也世尊何以故響影焰化性無所有無所有性亦不可得六情亦如是世尊識即是六情六情即是五衆是法皆內空故不可得乃至無法有法空故不可得論問曰須菩提何以故以是事問佛若人問幻人學

般若得作佛不應答言不得幻人虛誑無有本末是事易答何以故問佛答曰上品佛答舍利弗甚深空義須菩提作是念諸法一相無分別若介者幻人及實菩薩無異而菩薩行諸功德得作佛幻人無實但誑人眼不能作佛問曰幻人不能行功德以無心識云何言行答曰雖實不行人見似行故名為行如幻人以飲食財物七寶布施出家持戒忍辱精進坐禪說法等无智人謂是為行不知是幻須菩提作是念若如佛說諸法一相無所有但是虛誑幻人及實菩薩乃至佛等無有異如幻人亦幻作佛行六波羅蜜降魔兵坐道場成佛道放光明說法度人實菩薩行實道得作佛度衆生有何差別佛言我還問汝隨汝意答我問曰佛何以不直答而還問令隨意答答曰須菩提以空智慧觀三界五衆皆空心生猒離諸煩惱習故雖能総相知諸佛法空猶有所貴不能觀佛法如幻無所有以是故方便說如汝以五衆空爲證諸佛法

亦介汝觀世間五衆為空我觀佛法亦介是故問須菩提於汝意云何色與幻有異不幻與色有異不乃至受想行識亦如是若異者汝應問若不異不應作是問須菩提言不異問曰若色不異幻可介幻人有色故云何言受想行識如幻不異答曰幻人有喜樂憂苦相無智人見謂為有受想行識復次辟喻欲令人知五受衆虛誑如幻五受衆雖與幻無異佛欲令解故為作辟喻衆生謂幻是虛誑五受衆雖有與幻無異是故須菩提一心籌量知五衆與幻無異所以者何如幻人色誑肉眼能令生憂喜苦樂五受衆亦能誑慧眼令生貪欲瞋惱諸煩惱等如幻因少許呪術物事語言為本能現種種事城郭廬觀等五受衆亦以先世少許無明術因緣有諸行識名色等種種以是故說不異如人見幻事生者心廢其生業幻滅時生悔五受衆亦如是先業因緣幻生今五衆受五欲生貪瞋无常壞時心乃生悔我云何著是幻五衆失諸

法實相佛問須菩提樂說門故荅言
幻與色不異若不異是色法即是空入
不生不滅法若不生不滅法云何行般
若波羅蜜得作佛須菩提作是念若
尒者菩薩何以故種種行道求阿耨
多羅三藐三菩提佛知其念即荅五
衆虛誑但以假名故号為菩薩是假
名中無業無業因緣無心無心數法
無垢無淨畢竟空故佛言菩薩應如
幻人行般若波羅蜜五衆即是幻人
無異從先世業因緣幻業出故是五
衆亦不能得成就佛何以故性無所
有故餘夢化影響等亦如是問曰何
以故說識即是六情六情即是五衆荅
曰是識十二因緣中第三事是中亦
有色亦有心數法未熟故受識名從
識生六入是二時俱有五衆色成故
名五情名成故名意情六情不離五
衆以是故說識即是六情問曰若尒者十二因
緣中處處皆有五衆何以但說六情
有五衆荅曰是識今身之本衆生於
現在法中多錯名色未熟未有所能
故不說六情受苦樂能生罪福故說

其餘十一因緣故說五衆復次佛知
五百歲後學者分別諸法相各異離
色法說識離識法說色欲破是諸見
令入畢竟空故識中雖無五情而說
識即是六情六情中雖不具五衆而
說六情即是五衆復次先世但有心
住六情作種種憶想分別故生今世
六情五衆身從今世身起種種結使
造後世六情五衆如是等展轉是故
說識即是六情六情即是五衆是法
內空中不可得乃至無法有法空中
不可得

須菩提白佛言世尊新發大乘意菩
薩聞說般若波羅蜜將无恐怖佛告
須菩提若新發大乘意菩薩於般若
波羅蜜無方便亦不得善知識是菩
薩或驚或怖或畏須菩提白佛言世
尊何等是方便菩薩行是方便不驚
不畏不怖佛告須菩提有菩薩摩訶
薩行般若波羅蜜應薩婆若心觀色
無常相是亦不可得觀受想行識无
常相是亦不可得須菩提是名菩薩
摩訶薩行般若波羅蜜中方便復次

須菩提菩薩摩訶薩應薩婆若心觀
色苦相是亦不可得受想行識亦如
是應薩婆若心觀色無我相是亦不
可得受想行識亦如是復次須菩提
菩薩摩訶薩應薩婆若心觀色空相
是亦不可得受想行識亦如是觀色無
相相是亦不可得受想行識亦如是
觀色無作相是亦不可得受想行識
亦如是觀色寂滅相是亦不可得乃
至識亦如是觀色離相是亦不可得
乃至識亦如是是名菩薩摩訶薩行
般若波羅蜜中方便復次須菩提菩
薩摩訶薩行般若波羅蜜觀色無常
相是亦不可得觀色苦相無我相空
相無相相無作相寂滅相離相是亦
不可得受想行識亦如是是時菩薩
作是念我當為一切衆生說是無常
法是亦不可得當為一切衆生說苦
相無我相空相無相相無作相寂滅
相離相是亦不可得是名菩薩摩訶
薩檀波羅蜜復次須菩提菩薩摩訶薩不以
聲聞辟支佛心觀色无常亦不可得
不以聲聞辟支佛心觀識无常亦不

可得不以聲聞辟支佛心觀色苦無我空無相無作寂滅離亦不可得受想行識亦如是是名菩薩摩訶薩尸羅波羅蜜復次須菩提菩薩摩訶薩行般若波羅蜜是諸法無常相乃至離相忍欲樂是名菩薩摩訶薩羼提波羅蜜復次須菩提菩薩摩訶薩行般若波羅蜜應薩婆若心觀色無常相亦不可得乃至離相亦不可得受想行識亦如是應薩婆若心不捨不息是名菩薩毗梨耶波羅蜜復次須菩提菩薩摩訶薩行般若波羅蜜不起聲聞辟支佛意及餘不善心是名菩薩摩訶薩禪波羅蜜復次須菩提菩薩摩訶薩行般若波羅蜜如是思惟不以空色故色空色即是空空即是色受想行識亦如是不以空眼故眼空眼即是空空即是眼乃至意觸因緣生受不以空受故受空受即是空空即是受不以空四念處故四念處空四念處即是空空即是四念處乃至不以空十八不共法故十八不共法空十八不共法即是空空即是

十八不共法如是須菩提菩薩摩訶薩行般若波羅蜜不驚不畏不怖須菩提白佛言世尊何等是菩薩摩訶薩善知識守護故聞說是般若波羅蜜不驚不畏不怖佛告須菩提菩薩摩訶薩善知識者說色無常亦不可得持是善根不向聲聞辟支佛道但向一切智是名菩薩摩訶薩善知識說受想行識无常亦不可得持是善根不向聲聞辟支佛道但向一切智是名菩薩摩訶薩善知識須菩提菩薩摩訶薩復有善知識說色苦亦不可得說受想行識苦亦不可得說色無我受想行識無我亦不可得說色空無相無作寂滅離相亦不可得受想行識空無相無作寂滅離相亦不可得持是善根不向聲聞辟支佛道但向一切智須菩提是名菩薩摩訶薩善知識須菩提菩薩摩訶薩復有善知識說眼無常乃至離亦不可得乃至意觸因緣生受說無常乃至離亦不可得持是善根不向聲聞辟支佛道但而一切智是名菩薩摩訶薩善知識

須菩提菩薩摩訶薩復有善知識說修四念處法乃至離亦不可得持是善根不向聲聞辟支佛道但向一切智須菩提是名菩薩摩訶薩善知識乃至說修十八不共法修一切智亦不可得持是善根不向聲聞辟支佛道但向一切智是名菩薩摩訶薩善知識問曰須菩提何以生此疑問佛言新發意菩薩聞是將無恐怖答曰聞無有菩薩行般若波羅蜜者但空五衆法亦不能行般若波羅蜜以是故生疑誰當行般若波羅蜜是故問佛佛言若菩薩內外因緣不具足當有恐怖內因緣者無正憶念無利智慧於衆生中無深悲心內無如是等方便外因緣者不生中國土不得聞般若波羅蜜不得善知識能斷疑者無如是等外因緣內外因緣不和合故生驚怖畏今須菩提問是方便佛答一切種智相應心觀諸法亦不得諸法問曰方便有觀色無常等種種相故不怖畏今何以但說薩婆若相應心觀諸法故不恐怖答曰菩薩先來但觀

諸法空心麁故生著今憶想分別觀如佛意於衆生中起大悲不著一切法於智慧無所㝵但欲度衆生以無常空等種種觀諸法亦不得是法如是觀諸法已作是念我以是法度衆生令離顛倒以是故心不著不是定實有一法譬如藥師和合諸藥冷病者與熱藥於熱病中為非藥二施中法施大故是名檀波羅蜜五波羅蜜亦如是隨義分別復次菩薩方便者非十八空故令色空何以故是色相強令空故色即是空是色從本已来常自空色相空故空即是色乃至諸佛法亦如是善知識者教人令以是智慧迴向阿耨多羅三藐三菩提菩薩先知無常空等諸觀令惟說迴向為異

須菩提白佛言云何菩薩摩訶薩行般若波羅蜜無方便隨惡知識聞說是般若波羅蜜驚怖畏佛告須菩提菩薩摩訶薩離一切智心修般若波羅蜜得是般若波羅蜜念是般若波羅蜜禪波羅蜜毗梨耶波羅蜜羼提波羅蜜尸羅波羅蜜檀波羅蜜皆得皆念復次須菩提菩薩摩訶薩離薩婆若心觀色內空乃至無法有法空觀受想行識內空乃至無法有法空觀眼內空乃至無法有法空乃至觀意觸因緣生受內空乃至無法有法空於諸法空有所念有所得復次須菩提菩薩摩訶薩行般若波羅蜜離薩婆若心修四念處亦念亦得乃至修十八不共法亦念亦得如是須菩提菩薩摩訶薩行般若波羅蜜以無方便故聞是般若波羅蜜驚怖畏須菩提白佛言世尊云何菩薩摩訶薩隨惡知識聞般若波羅蜜驚怖畏佛告須菩提菩薩摩訶薩惡知識教離般若波羅蜜禪波羅蜜毗梨耶波羅蜜羼提波羅蜜尸羅波羅蜜檀波羅蜜須菩提是名菩薩摩訶薩惡知識須菩提菩薩摩訶薩復有惡知識不說魔事不說魔罪不作是言惡魔作佛形像來教菩薩離六波羅蜜語菩薩言善男子用修般若波羅蜜為用修禪波羅蜜毗梨耶波羅蜜羼提波羅蜜尸羅波羅蜜檀波羅蜜為當知是菩薩摩訶薩惡知識復次須菩提惡魔復作佛形像到菩薩所為說聲聞經若修妬路乃至優波提舍教詔分別演說如是經終不為說魔事魔罪當知是菩薩摩訶薩惡知識復次須菩提惡魔作佛形像到菩薩所作是語善男子汝無真菩薩心亦非阿毗跋致地汝亦不能得阿耨多羅三藐三菩提不為說如是魔事魔罪當知是菩薩惡知識復次須菩提惡魔作佛形像到菩薩所語菩薩言善男子色空無我无我所受想行識空無我無我所眼空無我無我所乃至意觸因緣生受空無我無我所檀波羅蜜空乃至般若波羅蜜空四念處空乃至十八不共法空汝用阿耨多羅三藐三菩提為如是魔事魔罪不說不教當知是菩薩惡知識復次須菩提惡魔作辟支佛身到菩薩所語菩薩言善男子十方皆空是中無佛无菩薩無聲聞如是魔事魔罪不說不教當知是菩薩摩訶薩惡知識復次須菩提惡魔作和尚阿闍梨身到菩薩所教離菩薩道教

大智度論第四十四卷　第十四張　名

離一切種智教離四念處乃至八聖道分教離檀波羅蜜乃至教離十八不共法教入空無相無作作是言善男子汝修念是諸法得聲聞證用阿耨多羅三藐三菩提為如是魔事魔罪不說不教當知是菩薩惡知識復次須菩提惡魔作父母形像到菩薩所語菩薩言子汝為須陁洹果證故勤精進乃至阿羅漢果證故勤精進汝用阿耨多羅三藐三菩提為求阿耨多羅三藐三菩提當受無量阿僧祇劫生死截手截脚受諸苦痛如是魔事魔罪不說不教當知是菩薩惡知識復次須菩提惡魔作比丘形像到菩薩所語菩薩言眼無常可得法乃至意無常可得法眼苦眼無我眼空無相無作寂滅離說可得法乃至意亦如是用有所得法說四念處乃至用有所得法說佛十八不共法須菩提如是魔事魔罪不教不說當知是菩薩惡知識知已當遠離之釋曰先略說無方便令欲廣說無方便所謂離一切種智相應心行般若得是

般若波羅蜜定相丑波羅蜜乃至諸佛法亦如是是自無方便又得惡知識教故復次惡知識大失利益種種壞人是大惡因緣故佛更種種因緣說惡知識相惡知識者教人遠離六波羅蜜或不信罪福報故教遠離或著般若波羅蜜故言諸法畢竟空汝何所行或讚歎小乘汝但自勉老病死苦衆生何豫汝事如是等種種因緣教令遠離是名惡知識復夊惡知識者不教弟子令覺知魔是佛賊魔者欲界主有大力勢常憎行道者佛威力大故魔無所能但能壞小菩薩乃至佛形像來壞菩薩行六波羅蜜或讚歎聞解論說隨聲聞所應學經法或作佛身來語之言汝不任得佛或說眼等一切諸法空何用是阿耨多羅三藐三菩提為或作辟支佛身或說十方世界中三乘人空求佛道者但有空名汝去何欲作佛或教令遠離菩薩三十七品令入聲聞三解脫門中汝入是三門實際作證得盡衆苦汝勤精進汝為得四果故何用阿耨

多羅三藐三菩提為或作和尚阿闍梨父母來教令遠離佛道空當受是截手脚耳鼻等苦以與求者若不與則破求佛意若與則受是辛苦或時作阿羅漢比丘被服來為說眼是定無常相苦空無相無作寂滅離乃至諸佛法亦如是用有所得取相億念分別說如是等種種無量魔事不教令覺知是為惡知識遠離者以其无利益如歎語賊轉來親近則害人惡知識復過於是所以者何是賊但能害今世一身惡知識則世世害人賊但能害命奪財惡知識則害慧命根奪佛法無量寶知已急當身心遠離

大智度論釋句義品第十二

尒時須菩提白佛言世尊云何為菩薩句義佛告須菩提無句義是菩薩句義何以故阿耨多羅三藐三菩提中無有義處亦無我以是故無句義是菩薩句義須菩提辟如鳥飛虛空無有足跡菩薩句義無所有亦如是須菩提辟如夢中所見無處所菩薩句義無所有亦如是須菩提辟如幻無

大智度論第四十四卷　第十八張　名字号

有實義如焰如響如影如佛所化無有實義菩薩句義無所有亦如是須菩提辟如如法性法相法位實際無有義菩薩句義無所有亦如是須菩提辟如幻人色無有義幻人受想行識無有義菩薩摩訶薩行般若波羅蜜時菩薩句義無所有亦如是須菩提如幻人眼無有義乃至意無有義須菩提如幻人色無有義乃至法無有義眼觸乃至意觸因緣生受无有義菩薩摩訶薩行般若波羅蜜時菩薩句義無所有亦如是須菩提如幻人行内空時無有義乃至行无法有法空無有義菩薩摩訶薩行般若波羅蜜時菩薩句義无所有亦如是須菩提如幻人行四念處乃至十八不共法無有義菩薩摩訶薩行般若波羅蜜時菩薩句義無所有亦如是須菩提如多陁阿伽度阿羅訶三藐三佛陁色無有義是色無有故菩薩摩訶薩行般若波羅蜜時菩薩句義無所有亦如是須菩提如多陁阿伽度阿羅訶三藐三佛陁受想行識無有

大智度論第四十四卷　第十九張　名字号

義是識無有故菩薩摩訶薩行般若波羅蜜時菩薩句義無所有亦如是須菩提如佛眼無處所乃至意無處所色乃至法無處所眼觸乃至意觸因緣生受無處所菩薩摩訶薩行般若波羅蜜時菩薩句義无所有亦如是須菩提如佛内空無處所乃至無法有法空無處所菩薩摩訶薩行般若波羅蜜時菩薩句義無所有亦如是須菩提如佛四念處無處所乃至十八不共法無處所菩薩摩訶薩行般若波羅蜜時菩薩句義無所有亦如是須菩提如有為性中無無為性義無為性中無有為性義菩薩摩訶薩行般若波羅蜜時菩薩句義無所有亦如是須菩提如不生不滅義無處所菩薩摩訶薩行般若波羅蜜時菩薩句義無所有亦如是須菩提如不作不出不得不垢不淨無處所菩薩句義無所有亦如是須菩提白佛言何法不生不滅故無處所何法不作不出不得不垢不淨故無處所佛告須菩提色不生不滅故无處所受

大智度論第四十四卷　第二十張　名字号

想行識不生不滅故無處所乃至不垢不淨亦如是入界不生不滅故無處所乃至不垢不淨亦如是四念處不生不滅故無處所乃至不垢不淨亦如是乃至十八不共法不生不滅故無處所乃至不垢不淨亦如是須菩提菩薩摩訶薩行般若波羅蜜時菩薩句義無所有亦如是須菩提如四念處淨義畢竟不可得菩薩摩訶薩行般若波羅蜜時菩薩句義無所有亦如是須菩提如四正懃乃至十八不共法淨義畢竟不可得菩薩摩訶薩行般若波羅蜜時菩薩句義無所有亦如是須菩提如淨中我不可得我無所有故乃至淨中知者見者不可得知見無所有故須菩提菩薩摩訶薩行般若波羅蜜時菩薩句義無所有亦如是須菩提辟如日出時無有黑闇菩薩摩訶薩行般若波羅蜜時菩薩句義無所有亦如是須菩提辟如劫燒時無一切物菩薩摩訶薩行般若波羅蜜時菩薩句義无所有亦如是須菩提佛戒中無破戒須

菩提菩薩摩訶薩行般若波羅蜜時菩薩句義無所有亦如是須菩提如佛定中無乱心佛慧中無有愚癡佛解脫中無不解脫解脫知見中無不解脫知見須菩提菩薩摩訶薩行般若波羅蜜時菩薩句義无所有亦如是須菩提辟如佛光中日月光不現佛光中四天王天三十三天夜磨天兜率陁天化樂天他化自在天梵衆天乃至阿迦尼吒天光不現須菩提菩薩摩訶薩行般若波羅蜜時菩薩句義無所有亦如是何以故是阿耨多羅三藐三菩提菩薩菩薩句義是一切法皆不合不散無色无形無對一相所謂無相如是須菩提菩薩摩訶薩一切法無导中應當學亦應當知問曰上来佛與須菩提種種因緣破菩薩字令何以問菩薩句義荅曰須菩提破菩薩字佛不破言菩薩字從本已来畢竟空但五衆中數假名菩薩而衆生以假名為實佛言假名無實但從諸法數和合為名復次諸佛法無量無邊不可思議須菩提因菩

薩字空說般若波羅蜜相令欲聞佛說菩薩字義因是說般若波羅蜜復次應問因緣無量無邊所謂佛音聲有六十種莊嚴能令諸天專聽何況人但音聲令人樂聞何况說大利益義須菩提從佛聞是事未發意人當發阿耨多羅三藐三菩提發意者未行六波羅蜜當令行行者不清淨當令清淨清淨行者當令住阿鞞跋致地成就衆生具足佛法乃至一生補處如是等種種無量因緣利益故佛以須菩提為問主語一切十方世界在會衆生佛告須菩提无句義是菩薩句義阿耨多羅三藐三菩提無處所亦無我無名於是中無依止處即是法空無我名者無得道者佛示須菩提若汝知無我無我所得阿羅漢者菩薩亦如是於阿耨多羅三藐三菩提中無我無我所辟如鳥飛虛空無有足跡菩薩義亦如是行諸法虛空中無依止者處以是故言無菩薩句義問曰何等是菩薩句荅曰天竺語法衆字和合成語衆語和合成句如菩

為一字提為一字是二不合則無語若和合名為菩提秦言無上智慧薩埵或名衆生或是大心為無上智慧故出大心名為菩提薩埵願欲令衆生行無上道是名菩提薩埵復次此品佛及弟子種種因緣說菩薩摩訶薩義菩提一語薩埵一語二語和合故名為義若說名字語句皆同一事無所在今須菩提問以何定相法為菩薩句義天竺言波陁秦言句是波陁有種種義如後辟喻中說問曰但以鳥飛空足明句義何以種種廣說荅曰衆生聽受種種不同有好義者有好辟喻者辟喻可以解義因辟喻心則樂著如人從生端政加以嚴飾益其光榮此辟喻中多以譬喻明義如後所說所謂如夢如影如響如佛所化是事虛誑如先說菩薩義亦如是但可耳聞虛誑無實以是故菩薩不應自高如法性法相實際等句無有定義如幻人無五衆乃至諸佛法如佛无五衆乃至一切法如有為法中无無為法如無為法中無有為法無為

法不生不滅等諸法中無不生不滅相亦無異相如三十七品無清淨相何以故有人著是三十七品法即是結使如我乃至知者見者淨相不可得問曰我乃至知者見者等云何淨荅曰種種求覓我相不可得是名我淨第一義中無淨無不淨辟如洗臭死狗乃至皮毛血肉骨髓都盡是時非狗非腊不得言淨不得言不淨我乃至知者見者亦如是以無我空智慧求我相不可得是時非有我非無我如日出無闇劫盡時無一切物如佛五衆戒中破戒不可得如日月星宿真珠等諸天鬼神龍王光於佛光中則不現從大福德神通力生故菩薩句義亦如是入是般若波羅蜜智慧光中則不現因是辟喻教諸菩薩當學一切法不取相無所得故經須菩提白佛言世尊何等是一切法云何一切法中無㝵相應學應知佛告須菩提一切法者善法不善法記法無記法世間法出世間法有漏法無漏法有為法無為法共法不共法須菩

提是名為一切法菩薩摩訶薩是一切法無㝵相中應學應知須菩提白佛言世尊何等名世間善法佛告須菩提世間善法者孝順父母供養沙門婆羅門敬事尊長布施福處持戒福處修定福處勸導福事方便生福德世間十善道九相脹相血相壞相膿爛相青相噉相散相骨相燒相四禪四無量心四無色定念佛念法念僧念戒念捨念天念善念安般念身念死是名世間善法何等不善法奪他命不與取邪婬妄語兩舌惡口非時語貪欲惱害邪見是十不善道等是名不善法何等記法若善法若不善法是名記法何等无記法無記身業口業意業無記四大無記五衆十二入十八界無記報是名無記法何等名世間法世間法者五衆十二入十八界十善道四禪四無量心四無色定是名世間法何等名出世間法四念處四正懃四如意足五根五力七覺分八聖道分空解脫門無相解脫門無作解脫門三無漏根未知欲知根

知根知已根三三昧有覺有觀三昧無覺有觀三昧無覺無觀三昧明解脫念慧正憶八背捨何等八色觀色是初背捨內無色相外觀色是二背捨淨背捨身作證是三背捨過一切色相故滅有對相故一切異相不念故入無邊虛空處入一切無邊識處是五背捨過一切無邊識處入无所有處是六背捨過一切無所有處入非有想非無想處是七背捨過一切非有想非無想處入滅受想定是八背捨九次第定何等九離欲離惡不善法有覺有觀離生喜樂入初禪滅諸覺觀內清淨故一心無覺無觀定生喜樂入二禪離喜故行捨受身樂聖人能說能捨念行樂入第三禪斷苦樂故先滅憂喜故不苦不樂捨念淨入第四禪過一切色相故滅有對相故一切異相不念故入無邊虛空處過一切無邊虛空處入無邊識處過一切無邊識處入無所有處過一切無所有處入非有想非無想處過一切

非有想非無想處入滅受想定復有出世間法內空乃至無法有法空佛十力四無所畏四無㝵智十八不共法一切智是名出世間法何等為有漏法五受衆十二入十八界六種六觸六受四禪乃至四無色定是名有漏法何等為無漏法四念處乃至十八不共法及一切智是名無漏法何等為有為法若法生住滅欲界色界無色界五衆乃至意觸因緣生受四念處乃至十八不共法及一切智是名有為法何等為無為法不生不住不滅若染盡瞋盡癡盡如不異法相法性法住實際是名無為法何等為共法四禪四無量心四無色定如是等名共法何等名不共法四念處乃至十八不共法是名不共法菩薩摩訶薩於是自相空法中不應著不動故菩薩亦應知一切法不二相不動故是名菩薩義問曰須菩提何以先問世間善法後問出世間法答曰先問麁後當問細先知世間相後則能知出世間相世間善法者知有罪有福果報有今世後世有世間有涅槃有佛等諸賢聖今世後世及諸法實相證所謂孝順父母等乃至十念如法得物供養供給沙門沙門名為出家求道人婆羅門名為在家學問人是二人於世間難為能為利益衆生故應當供養尊長者叔伯姊兄等恭敬供養是一切修家法布施持戒修定勸導如初品中說方便生福德如懺悔隨喜請佛久住不涅槃轉法輪如離行空不著空還修行諸善如是等方便生諸福德十善道乃至四無色如先說十念中八事如先說善念者思惟分別善業因緣制伏其心復次涅槃是真善法常繫心念涅槃是善念身念即是身念處與善法相違是名不善法無記法者所謂威儀心工巧心變化心及是起身業口業除善不善五衆餘五衆及虛空非數緣滅等世間法者五衆或善或不善或無記十二入八無記四三種十八界八無記十三種十善道四禪四無量心四無色定是善法凡夫人能得能成就故又自不能出世間故名世間法出世間者三十七品三解脫門三無漏根三三昧如先說明解脫明者三明解脫者有為解脫无為解脫念者十念慧者十一智慧正憶者隨諸法實相觀如隨身法觀一切善法之本復次八背捨九次第定十八空十力四無所畏十八不共法如先義中廣說是四念處等一心為道故又八背捨九次第定等凡夫所不得名為出世間念慧正憶雖有二種世間出世間此中說出世間有漏法者五衆等四禪四无量心四无色定无漏法者非世間是四念處乃至十八不共法有為法略說三相所謂生住滅三界繫乃至念處乃至十八不共法雖為無為法以作法故是為有為法與有為相違是為無為法復次滅三毒等諸煩惱五衆等不次第相續如法相法性法住實際等是名無為法問曰色如色不離如如不離色色是有為云何是無為答曰色有二種一者凡夫肉眼憶想分別色二者聖人心所知色實

相如涅槃凡人所知名為色是色入如中更不生不滅如有為雖是五衆而有種種名字所謂十二入十八界口緣等無為法雖有三種亦種種分別名字所謂如法相法性法住實際等共法者凡夫聖人生處入定處共故名為共法不共法者四念處乃至十八不共法菩薩分別知此諸法各各相是法皆從因緣和合生故無性無性故自性空菩薩住是無障㝵法中不動以不二法門入一切法不動故

大智度論卷第四十四

大智度論卷第四十四

校勘記

一 底本，金藏廣勝寺本。八〇五頁中至次頁上及八〇九頁下共四版原版漫漶不可用，以麗藏本換。

一 八〇五頁中一行經名，石作「大智度經論卷第四十九」；磧、普、南、徑、清作「大智度論卷第四十四」。

一 八〇五頁中三行與四行之間，石有「摩訶般若波羅蜜經幻人無作品第十一釋」；磧、普、南有「釋幻學品第十一」；徑、清有「釋幻學品第十一」及夾註「經作幻人品」。

一 八〇五頁中四行首字「經」，磧、普、南、徑、清作〈經〉。

一 八〇五頁中一一行「汝隨汝意」，磧、普、徑、清作「汝隨意」；南作「法隨意」。

一 八〇五頁下二二行「滅垢淨」，石作「有滅有垢有淨」。

一 八〇六頁上一七行「五衆」，石作「五陰」，下同。

一 八〇六頁上二二行第一〇字「論」，磧、南、徑、清作〈論〉。

一 八〇六頁中一行「般若」，石、磧、普、南、徑、清、麗作「般若波羅蜜」。

一 八〇六頁下九行「譬喻」，石、磧、普、南、徑、清、麗作「佛譬喻」。

一 八〇六頁下一〇行「五受衆」，石作「五受陰」，下同。

一 八〇六頁下一七行第一一字「盧」，石作「樓」。

一 八〇七頁上二行第一〇字「色」，磧、普、南、徑、清無。

一 八〇七頁上三行第五字「法」，石、麗作「法中法」；磧、普、南、徑、清作「法中」。

一 八〇七頁上三行第一一字「法」，石、磧、普、南、徑、清、麗無。

一 八〇七頁上二〇行「六情」，磧、普、南、徑、清作「識六情」。

一 八〇七頁中七行第一二字「生」，

磧、普、南作「空」。

一 八〇七頁中一三行首字「須」，石、磧、普、南、徑、清、麗冠以〔經〕。

一 八〇七頁中一四行「恐怖」，石、磧、普、南、徑、清、麗作「驚怖畏」。

一 八〇七頁下二一行「須菩提」，磧、普、南、徑、清無。

一 八〇八頁上六行「離想」，石、磧、普、南、徑、清作「離相」。

一 八〇八頁上一〇行第一一字「心」，磧、普、南、徑、清作「心心」。

一 八〇八頁上一一行「菩薩」，石、麗作「菩薩摩訶薩」。

一 八〇八頁中一四行首字「我」，石、麗作「我亦不可得」。

一 八〇八頁中一五行第八字及一六行第一〇字「相」，磧、普、南、徑、清、麗無。

一 八〇八頁下八行「問曰」，石、磧、普、南、徑、清、麗冠以〔論〕。

一 八〇八頁下一二行「波羅蜜」，磧、普、南、徑、清無。

一 八〇八頁下末行第六字「怖」，石、麗作「不怖」。

一 八〇九頁上三行第七字「㝵」，磧、普、南、徑、清作「得」。

一 八〇九頁上一一行「是色」，石、麗作「不以是空」；資、磧、普、南、徑、清作「不以空」。

一 八〇九頁上一八行首字「須」，石、磧、普、南、徑、清、麗冠以〔經〕。

一 八〇九頁上一八行「云何」，石、麗作「世尊云何」。

一 八〇九頁中六行第一三字「法」，磧、普、南、徑、清無。

一 八〇九頁中一五行末字「禪」，石、麗作「離禪」。

一 八〇九頁下四行第二字「終」，磧、普、南、徑、清無。

一 八〇九頁下一〇行「到菩薩所」，石作「來到菩薩所」，下同。

一 八一〇頁上二一行「釋曰」，石、磧、普、南、徑、清、麗冠以〔論〕。

一 八一〇頁上末行第一三字「得」，石、麗作「波羅蜜取」。

一 八一〇頁中二行第六字「是」，磧、普、南、徑、清無。

一 八一〇頁中一四行第二字「佛」，磧、普、南、徑、清、麗作「作佛」。

一 八一〇頁下五行第一三字「定」，磧、普、南、徑、清作「空」。

一 八一〇頁下六行第六字「相」，石、麗作「我相」。

一 八一〇頁下七行「憶念」，磧、普、南、徑、清、麗作「憶念」。

一 八一〇頁下一〇行第一〇字「近」，磧、普、南、徑、清無。

一 八一〇頁下一五行品名，石作「摩訶般若波羅蜜經句義品第十二釋」；徑、清作「釋句義品第十二」。

一 八一〇頁下一六行首字「尒」，石、磧、普、南、徑、清、麗冠以〔經〕。

一 八一〇頁下二一行第三字「足」，磧、普、南、徑、清無。

一 八一一頁下九行第一〇字「得」，石、麗作「得須菩提」。

一　八一二頁上三行第一一字「有」，石無。
一　八一二頁上一三行第一二字及中一三行第一一字「句」，磧、普、南、徑、清無。
一　八一二頁上一六行第六字「礙」，石、麗作「礙相」。
一　八一二頁上一七行「問曰」，石、磧、普、南、徑、清、麗冠以「論」。
一　八一二頁中六行末字「當」，磧、普、南、徑、清作「當令」。
一　八一二頁中一二行「世界」，石作「國土」。
一　八一二頁中一五行第四字「無」，石作「無處所」。
一　八一二頁中一六行第六字「者」，磧、普、南、徑、清無。
一　八一二頁中一六行第一二字「示」，石、麗作「謂」。
一　八一二頁中二〇行第五字「義」，石、麗作「句義」。
一　八一二頁中二二行第八字「句」，石、麗作「句義」。
一　八一二頁下一行第九字「二」，石作「二字」。
一　八一二頁下六行「弟子」，石、麗作「佛弟子」。
一　八一二頁下一二行第四字「空」，石、磧、普、南、徑、清、麗作「虛空」。
一　八一二頁下一六行「光榮」，磧、普、南、徑、清作「光瑩」。
一　八一二頁下一六行「以譬喻明義」，磧、普、南、徑、清作「以義喻義」。
一　八一二頁下一九行「無實」，石作「不實」。
一　八一二頁下二二行第二字「无」，磧、普、南、徑、清無。
一　八一三頁上一八行第一三字「經」，石、磧、普、南、徑、清、麗作「經」。
一　八一三頁中六行第一〇字「事」，石作「處」。
一　八一三頁下三行第五字「憶」，磧、普、南、徑、清作「憶念」。
一　八一三頁下三行第一二字「色」，磧、普、南、徑、清作「內有色相外」。
一　八一三頁下一三行「離惡」，磧、普、南、徑、清作「亦離惡」。
一　八一三頁下一六行「二禪」，石、麗作「第二禪」。
一　八一三頁下一七行「苦樂」，磧、普、南、徑、清作「喜樂」。
一　八一三頁下二一行「無邊」，磧、普、南、徑、清、麗作「一切無邊」。
一　八一四頁上八行「一切智」，麗作「一切種智」。
一　八一四頁上一四行「法住」，石、磧、普、南作「法位」。
一　八一四頁上一六行第二字「名」，石、麗作「是名」。
一　八一四頁上一六行第七字「名」，石、麗作「爲」。
一　八一四頁上二〇行「問曰」，石、磧、普、南、徑、清、麗冠以「論」。
一　八一四頁上二〇行「何以」，石、磧、普、南、徑、清、麗作「何以故」。
一　八一四頁中四行第九字「門」，石、

磧、普、南、徑、清、麗作「門婆羅門」。

一八一四頁中末行末字「能」，磧、普、南、徑、清無。

一八一四頁下一行第一二字「名」，石、麗作「名爲」。

一八一四頁下一一行「凡夫」，石、麗作「凡夫人」。

一八一四頁下一三行「四无量心」，磧、普、南、徑、清無；麗作「四無量」。

一八一四頁下一五行「乃至」，石、磧、普、南、徑、清作「及四」；麗作「乃至四」。

一八一四頁下一八行第二字「爲」，磧、普、南、徑、清無。

一八一四頁下一九行末字至二〇行首字「法住」，石作「法位」。

一八一四頁下二一行末字「是」，磧、普、南、徑、清作「如是」。

一八一五頁上一行「凡人」，石、麗作「凡夫人」；磧、普、南、徑、清作「凡夫」。

一八一五頁上一行第九字「名」，石、磧、普、南、徑、清、麗作「色名」。

一八一五頁上五行「法性法位」，磧、普、南、麗作「法住」；徑、清作「法性法住」。

一八一五頁上一一行「不二」，石、磧、普、南、徑、清、麗作「不二入」。

一八一五頁上末行經名，石作「大智度經論卷第四十九」。

大智度論釋摩訶薩品第十三 卷第四十五 名

龍樹菩薩造

後秦龜茲國三藏鳩摩羅什譯

尒時須菩提白佛言世尊何以故名為摩訶薩佛告須菩提是菩薩於畢定衆中為上首是故名摩訶薩須菩提白佛言世尊何等為畢定衆是菩薩摩訶薩而為上首佛告須菩提畢定衆者性地人八人須陁洹斯陁含阿那含阿羅漢辟支佛初發心菩薩乃至阿鞞跋致地菩薩須菩提是為畢定衆菩薩為上首菩薩摩訶薩於是中心不可壞如金剛當為畢定衆作上首須菩提白佛言世尊何等是菩薩摩訶薩生大心不可壞如金剛佛告須菩提菩薩摩訶薩應生如是心我當於無量生死中大莊嚴我應當捨一切所有我應當等心於一切衆生我應當以三乘度脫一切衆生令入無餘涅槃我度一切衆生已無有乃至一人入涅槃者我應當解一切諸法不生相我應當純以薩婆若心行六波羅蜜我應當學智慧了達一切法我應當了達諸法一相智門我應當了達乃至無量相智門須菩提是名菩薩摩訶薩生大心不可壞如金剛是菩薩摩訶薩住是心中於諸畢定衆中而為上首是法用無所得故須菩提菩薩摩訶薩應生如是心我應當代十方一切衆生若地獄衆生若畜生衆生若餓鬼衆生受諸苦痛為一一衆生無量百千億劫代受地獄中苦乃至是衆生入無餘涅槃以是法故為是衆生受諸勤苦是衆生入無餘涅槃已然後自種善根無量百千億阿僧祇劫當得阿耨多羅三藐三菩提須菩提是為菩薩摩訶薩心不可壞如金剛住是心中為畢定衆作上首復次須菩提菩薩摩訶薩生大快心住是大快心中為畢定衆作上首須菩提白佛言世尊何等是菩薩摩訶薩大快心佛言菩薩摩訶薩從初發意乃至阿耨多羅三藐三菩提不生染心瞋恚心愚癡心不生惱心不生聲聞辟支佛心是名菩薩摩訶

大智度論第四十五卷　第三張　名字號

薩大快心住是心中為畢定衆作上首亦不念有是心復次須菩提菩薩摩訶薩應生不動心須菩提白佛言云何名不動心佛言常念一切種智心亦不念有是心是名菩薩摩訶薩不動心復次須菩提菩薩摩訶薩於一切衆生中應生利益安樂心云何名利益安樂心救濟一切衆生不捨一切衆生是事亦不念有是心是菩薩摩訶薩於一切衆生中生利益安樂心如是須菩提是菩薩摩訶薩行般若波羅蜜於畢定衆中最為上首復次須菩提菩薩摩訶薩應當行欲法喜法樂法心何等是法所謂不破諸法實相是名為法何等名欲法喜法信法忍法受法是名為欲法喜法何等名樂法常修行是法是名樂法如是須菩提菩薩摩訶薩行般若波羅蜜於畢定衆中能為上首是法用無所得故復次須菩提菩薩摩訶薩行般若波羅蜜時住內空乃至無法有法空能為畢定衆作上首是法用無所得故復次須菩提菩薩摩訶薩行般

大智度論第四十五卷　第四張　名字號

若波羅蜜時住四念處中乃至住十八不共法中能為畢定衆作上首是法亦不可得故復次須菩提菩薩摩訶薩行般若波羅蜜時住如金剛三昧乃至離著虛空不染三昧中住於畢定衆作上首是法用無所得故如是須菩提菩薩摩訶薩住是諸法中能為畢定衆作上首以是因緣故名為摩訶薩釋曰須菩提已從佛聞菩薩義今問摩訶薩義摩訶者秦言大薩埵秦言心或言衆生是衆生於世間諸衆生中第一最上故名為大又以大心知一切法欲度一切衆生是名為大復次菩薩故名摩訶薩摩訶薩故名菩薩以發心為無上道故復次如讚菩薩摩訶薩義品中此中應廣說復次佛此中自說摩訶薩義衆生有三分一者正定必入涅槃二者邪定必入惡道三者不定於正定衆生中當最大故名摩訶薩大衆者除佛餘一切賢聖所謂性地人是聖人性中生故名為性如小兒在貴家生雖小未有所能後必望成大事是地

大智度論第四十五卷　第五張　名字號

從煗法乃至世間第一法八人名見諦道十五心中行問曰是十五心中何以名為八人答曰思惟道中用智多見諦道中多用見忍智隨於忍所以者何忍功大故復次忍智二事能斷能證八忍中住故名為八人須陀洹斯陀含阿那含阿羅漢辟支佛義如先說初發意菩薩者有人言初發意者得無生法忍隨阿耨多羅三藐三菩提相發心是名初發意名真發心了了知諸法實相及知心相破諸煩惱故隨阿耨多羅三藐三菩提心不破故不顛倒故此心名為初發心有人言諸凡夫人雖住諸結使聞佛功德發大悲心憐愍衆生我當作佛此心雖在煩惱中心尊貴故天人所敬如轉輪聖王太子初受胎時勝於諸子諸天鬼神皆共尊貴菩薩心亦如是雖在結使中勝諸天神通聖人復次菩薩初發心乃至未得阿耨多羅三藐三菩提有授記入法位得無生法忍者名阿鞞跋致阿鞞跋致相後當廣說如是等大衆當作上首故名摩

訶薩是菩薩欲為一切聖人主故發大心受一切苦心堅如金剛不動故金剛心者一切結使煩惱所不能動辟如金剛山不為風雨所傾揺諸惡衆生魔人來不隨意行不信受其語瞋罵謗毀打撃閉繫斫刺割截心不變異有來乞索頭目髓腦手足皮肉盡能與之求者意猶无猒足更瞋恚罵詈介時心忍不動辟如牢固金剛山人來斲鑿毀壞諸虫來齧无所虧損是名金剛心復次佛自說金剛心相所謂菩薩應作是念我不應一月一歲一世二世乃至千万刧世大誓莊嚴我應無量無數無邊世生死中利益度脫一切衆生二者我應捨一切内外所有貴重之物三者一切衆生中等心無憎愛四者我當以三乘如應度脫一切衆生五者度如是衆生巳實無所一度而無其功此中心亦不悔不没六者我應知一切法不生不滅不來不去不垢不淨等諸相七者我應當以清淨無雜心行六波羅蜜迴向薩婆若八者我應當善知一切

世間所作之事及出世間所應知事皆悉通達了知九者我應當解了諸法一相智門所謂一切諸法畢竟空觀一切諸法如無餘涅槃相離諸憶想分別十者我應當知諸法二相三相乃至無量相門通達明了二相者一切法有二種若有若無若生若滅若作若不作若色若無色等三門者若一若二若多從三以上皆名為多若有若無若非有非無若上若中若下若過去若未來若現在三界三法善不善無記等三門四門五門如是等無量法門皆通達無导是中心不悔不怯不疑信受通達無导常行不息滅諸煩惱及其果報及諸障导之事皆令敗壊如金剛寳能摧破諸山住是金剛心中當於大衆而作上首以不可得空故不可得空者若菩薩生如是大心如金剛而生憍慢者罪過凡夫以是故說用無所得諸法無定相如幻如化復次心如金剛者墮三惡道所有衆生我當代受勤苦為一一衆生故代受地獄苦乃至是衆生

從三惡道出集諸善本至无餘涅槃巳復救一切衆生如是展轉一切衆生盡度巳後當自為集諸功德无量阿僧祇刧乃當作佛是中心不悔不縮能如是代衆生受勤苦自作諸功德久住生死心不悔不没如金剛地能持三千大千世界令不動揺是心堅牢故名為如金剛大快心者雖有牢固心未是大快如馬雖有大力而未大快於衆生中得二種等心故不生欲涤心若有偏愛則為是賊破我等心為佛道之本常行慈悲心故無有瞋心常觀諸法因縁和合生無有自性故則無癡心愛念衆生過於赤子故無有惱心不捨衆生貴佛道故不生聲聞辟支佛心問曰若心牢固如金剛即是不動今何以更說不動心荅曰或時雖復牢固心猶有增減如樹雖牢固猶可動揺動有二種一者外因縁動如先說二者内因縁動諸邪見疑等若常憶念一切智慧佛道我當得是果報故心不動復次菩薩應種種因縁利益衆生飲食乃至

佛樂以利衆生常不捨衆生欲令離苦是名安樂心亦不念有是心復次菩薩樂法名為上首法者不破壞諸法相不破壞諸法相者無法可著無法可受故所謂不可得是不可得空即是涅槃常信愛忍是名為欲法樂常行三解脫門名為樂法復次菩薩住是十八空中不隨十八意行故不起罪業住四念處乃至十八不共法滅諸煩惱集諸善法故能為上首復次菩薩入金剛三昧等心受快樂猒於世樂增長善根智慧方便故於大聖衆而為上首若能為大者作上首何況小者是故名為摩訶薩

大智度論釋斷見品第十四

尒時慧命舍利弗白佛言世尊我亦欲說所以為摩訶薩佛告舍利弗便說舍利弗言我見衆生見壽見命見生見養育見衆數見人見作見使作見起見使起見受見使受見知者見見者見斷見常見有見無見陰見入見界見諦見因緣見四念處見乃至十八不共法見佛道見成就衆生見

淨佛世界見佛見轉法輪見為斷如是諸見故而為說法是名摩訶薩須菩提語舍利弗言何因緣故色見是妄見何因緣故受想行識乃至轉法輪見是名妄見舍利弗語須菩提菩薩摩訶薩行般若波羅蜜時无方便故於色生見用有所得故受想行識乃至轉法輪生見用有所得故是中菩薩摩訶薩行般若波羅蜜以方便力斷諸見故而為說法用無所得故問曰佛將五百大羅漢至阿耨達多龍池受遠離樂欲說自身及弟子本業因緣而舍利弗不在佛令目連命之時目連以神通力到祇洹時舍利弗縫衣語目連言小住待縫衣訖當去目連催促疾去時目連以手摩衣衣即成竟舍利弗見目連貴其神通即以腰帶擲地語言汝舉此帶去目連以兩手舉帶不能離地即入諸深定舉之地為大動帶猶著地時憍陳如問佛以何因緣故地大震動佛言目連入甚深禪定作大神力欲舉舍利弗帶而不能舉佛告諸比丘舍利

弗所入出禪定目連乃至不識其名佛所入禪定舍利弗乃至不識其名如舍利弗智慧與佛懸殊何以言我亦樂說答曰舍利弗非欲於大衆中顯其智慧高心故說舍利弗逐佛轉法輪人廣益衆生是摩訶薩義所益甚廣是故佛說已舍利弗次說復次多人信樂舍利弗語所以者何以宿世因緣故多發菩薩心佛以大慈悲心故吾我心及習根本已拔又法愛已斷故如是種種因緣故聽舍利弗言我見及知者見者佛見菩薩見諸衆生見等及有無斷常等邪見五衆乃至諸佛法轉法輪等諸法見是菩薩能斷是三種見故當於大衆中說法是三種見無始世界來習著入於骨髓須菩提作是念佛說五衆等乃至諸佛法是菩薩行何以為斷諸見故說法作是念已問舍利弗舍利弗答無方便菩薩欲行般若波羅蜜觀色求定相取色一相生色見與此相違名為有方便是菩薩雖觀色不生妄見而能斷諸見尒時須菩提白佛

言世尊我亦欲說所以為摩訶薩佛言便說須菩提言世尊是阿耨多羅三藐三菩提心無等等心不共聲聞辟支佛心何以故是一切智心無漏不繫故是一切智心無漏不繫中亦不著以是因緣故名摩訶薩舍利弗語須菩提何等為菩薩摩訶薩无等等心不共聲聞辟支佛心須菩提言菩薩摩訶薩從初發意已來不見法有生有滅有增有減有垢有淨舍利弗若法無生無滅乃至无垢無淨是中無聲聞心無辟支佛心無阿耨多羅三藐三菩提心無佛心舍利弗是名菩薩摩訶薩无等心不共聲聞辟支佛心舍利弗語須菩提如須菩提說一切智心无漏心不繫心中不著須菩提色亦不著受想行識亦不著四念處亦不著乃至十八不共法亦不著何以但說是心不著須菩提言如是如是舍利弗色亦不著乃至十八不共法亦不著舍利弗語須菩提凡夫人心亦無漏不繫性空故諸聲聞辟支佛心諸佛心亦無漏不繫性

空故須菩提言如是舍利弗舍利弗言須菩提若色亦無漏不繫性空故受想行識無漏不繫性空故乃至意識因緣生受無漏不繫性空故須菩提言介舍利弗言四念處亦无漏不繫性空故乃至十八不共法亦無漏不繫性空故須菩提言介如舍利弗所言凡夫人心亦無漏不繫性空故乃至十八不共法亦無漏不繫性空故舍利弗語須菩提如須菩提所說空無心故不著是心須菩提色无故不著色受想行識乃至意觸因緣生受無故不著受四念處無故不著四念處乃至十八不共法無故不著十八不共法須菩提言如是舍利弗色無故色中不著乃至十八不共法无故十八不共法中不著如是舍利弗菩薩摩訶薩行般若波羅蜜時以阿耨多羅三藐三菩提心無等等心不共聲聞辟支佛心不念有是心亦不著是心以一切法無所有故以是故名摩訶薩釋曰須菩提說摩訶薩无等等心於是心亦不著不著者是菩薩從

發心已來不見有法定相若生若滅若增若減若垢若淨是心畢竟空是中無有心相非心相諸相畢竟清淨故以是故無聲聞心辟支佛心菩薩心佛心須菩提稱貴菩薩如是心亦不美菩薩不著是心亦為尊貴舍利弗欲難須菩提作是言非但一切智心無漏不繫菩薩不應自高所以者何凡夫人心亦無漏不繫性常空故如聲聞辟支佛佛心無漏不繫是凡夫人心實相性空實相性空清淨不著如先說陰雲翳日月不能汙日月又諸煩惱實相與常性空心相無異但住凡夫地中是垢是淨住聖人地中脩無相智慧故無所分別但憐愍衆生故雖復有說心無所著非獨凡夫心無漏不繫五衆乃至十八不共法亦如是須菩提然可又舍利弗言是心無心相空故不著色中色相無故亦不著乃至諸佛法亦如是須菩提言如是以是故菩薩能觀諸法性常空不可得空畢竟清淨以是故說阿耨多羅三藐三菩提心無等等心

不共聲聞辟支佛心不念有是心亦不著是心能疾至阿耨多羅三藐三菩提

大智度論釋莊嚴品第十五

尒時富樓那弥多羅尼子白佛言世尊我亦樂說所以為摩訶薩佛言便說富樓那弥多羅尼子言是菩薩大誓莊嚴是菩薩發趣大乘是菩薩乘於大乘以是故是菩薩名摩訶薩舍利弗語富樓那言云何名菩薩摩訶薩大莊嚴富樓那語舍利弗菩薩摩訶薩不分別為尒所人故住檀波羅蜜行檀波羅蜜為一切衆生故住檀波羅蜜行檀波羅蜜不為尒所人故住尸羅波羅蜜行尸羅波羅蜜羼提波羅蜜毗梨耶波羅蜜禪波羅蜜般若波羅蜜為一切衆生故住般若波羅蜜行般若波羅蜜菩薩摩訶薩大莊嚴不齊限衆生我當度若干人不度餘人不言我令若干人至阿耨多羅三藐三菩提餘人不至是菩薩摩訶薩普為一切衆生故大莊嚴復作是念我當自具足檀波羅蜜亦令一切衆生行檀波羅蜜自具足尸羅波羅蜜羼提波羅蜜毗梨耶波羅蜜禪波羅蜜自具足般若波羅蜜亦令一切衆生行般若波羅蜜復次舍利弗菩薩摩訶薩行檀波羅蜜時所有布施應薩婆若心共一切衆生迴向阿耨多羅三藐三菩提舍利弗是名菩薩摩訶薩行檀波羅蜜時檀波羅蜜大莊嚴復次舍利弗菩薩摩訶薩行檀波羅蜜時應薩婆若心布施不向聲聞辟支佛地舍利弗是名菩薩摩訶薩行檀波羅蜜時尸羅波羅蜜大莊嚴復次舍利弗菩薩摩訶薩行檀波羅蜜時應薩婆若心布施是諸施法信忍欲是名行檀波羅蜜時羼提波羅蜜大莊嚴復次舍利弗菩薩摩訶薩行檀波羅蜜時應薩婆若心布施勤脩不息是名行檀波羅蜜時毗梨耶波羅蜜大莊嚴復次舍利弗菩薩摩訶薩行檀波羅蜜時應薩婆若心布施攝心不起聲聞辟支佛意是名行檀波羅蜜時禪波羅蜜大莊嚴復次舍利弗菩薩摩訶薩行檀波羅蜜時應薩婆若心布施觀諸法如幻不得施者不得所施物不得受者是名行檀波羅蜜時般若波羅蜜大莊嚴如是舍利弗若菩薩摩訶薩應薩婆若心不取不得諸波羅蜜相當知是菩薩摩訶薩大莊嚴復次舍利弗菩薩摩訶薩行尸羅波羅蜜時應薩婆若心布施共一切衆生迴向阿耨多羅三藐三菩提是名菩薩摩訶薩行尸羅波羅蜜時檀波羅蜜復次舍利弗菩薩摩訶薩行尸羅波羅蜜時是諸法信忍欲是名菩薩摩訶薩行尸羅波羅蜜時羼提波羅蜜復次舍利弗菩薩摩訶薩行尸羅波羅蜜時勤脩不息是名菩薩摩訶薩行尸羅波羅蜜時毗梨耶波羅蜜復次舍利弗菩薩摩訶薩行尸羅波羅蜜時不受聲聞辟支佛心是名菩薩摩訶薩行尸羅波羅蜜時禪波羅蜜復次舍利弗菩薩摩訶薩行尸羅波羅蜜時觀一切法如幻亦不念有是戒用無所得故是名菩薩摩訶薩行尸羅波羅蜜時般若波羅蜜如是舍利弗菩薩摩訶薩

行尸羅波羅蜜時攝諸波羅蜜以是故名大莊嚴復次舍利弗菩薩摩訶薩行羼提波羅蜜時應薩婆若心布施共一切衆生迴向阿耨多羅三藐三菩提是為菩薩摩訶薩行羼提波羅蜜時檀波羅蜜復次舍利弗菩薩摩訶薩行羼提波羅蜜時不受聲聞辟支佛心但受薩婆若心是名菩薩摩訶薩行羼提波羅蜜時尸羅波羅蜜復次舍利弗菩薩摩訶薩行羼提波羅蜜時應薩婆若心身心精進不休不息是名菩薩摩訶薩行羼提波羅蜜時毗梨耶波羅蜜復次舍利弗菩薩摩訶薩行羼提波羅蜜時攝心一處雖有苦事心不散乱是名菩薩摩訶薩行羼提波羅蜜時禪波羅蜜復次舍利弗菩薩摩訶薩行羼提波羅蜜時應薩婆若心觀諸法空無作者無受者若有呵罵割截者心如幻夢是名菩薩摩訶薩行羼提波羅蜜時般若波羅蜜復次舍利弗菩薩摩訶薩行毗梨耶波羅蜜時應薩婆若心布施時不令身心懈怠是名菩薩摩訶

薩行毗梨耶波羅蜜時檀波羅蜜復次舍利弗菩薩摩訶薩行毗梨耶波羅蜜應薩婆若心始終具足清淨持戒是名菩薩摩訶薩行毗梨耶波羅蜜時尸羅波羅蜜復次舍利弗菩薩摩訶薩行毗梨耶波羅蜜時應薩婆若心脩行忍辱是名菩薩摩訶薩行毗梨耶波羅蜜時羼提波羅蜜復次舍利弗菩薩摩訶薩行毗梨耶波羅蜜時應薩婆若心攝心離欲入諸禪定是名菩薩摩訶薩行毗梨耶波羅蜜時禪波羅蜜復次舍利弗菩薩摩訶薩行毗梨耶波羅蜜時應薩婆若心不取一切諸法相於不取相亦不著是名菩薩摩訶薩行毗梨耶波羅蜜時般若波羅蜜如是舍利弗菩薩摩訶薩行毗梨耶波羅蜜時攝諸波羅蜜復次舍利弗菩薩摩訶薩行禪波羅蜜時應薩婆若心定心布施不令心乱是名菩薩摩訶薩行禪那波羅蜜時檀波羅蜜復次舍利弗菩薩摩訶薩行禪波羅蜜時應薩婆若心持戒禪定力故破戒諸法不令得入

是名菩薩摩訶薩行禪波羅蜜時尸羅波羅蜜復次舍利弗菩薩摩訶薩行禪波羅蜜時應薩婆若心慈悲定故忍諸惱害名菩薩摩訶薩行禪波羅蜜時羼提波羅蜜復次舍利弗菩薩摩訶薩行禪波羅蜜時應薩婆若心於禪不味不著常求增進從一禪至一禪是名菩薩摩訶薩行禪波羅蜜時毗梨耶波羅蜜復次舍利弗菩薩摩訶薩行禪波羅蜜時應薩婆若心於一切法無所依止亦不隨禪生是名菩薩摩訶薩行禪波羅蜜時般若波羅蜜如是舍利弗菩薩摩訶薩行禪波羅蜜時攝諸波羅蜜復次舍利弗菩薩摩訶薩行般若波羅蜜時應薩婆若心布施內外所有無所愛惜不見與者受者及以財物是名菩薩摩訶薩行般若波羅蜜時檀波羅蜜復次舍利弗菩薩摩訶薩行般若波羅蜜時應薩婆若心持戒破戒二事不見故是名菩薩摩訶薩行般若波羅蜜時尸羅波羅蜜復次舍利弗菩薩摩訶薩行般若波羅蜜時應薩

婆若心不見訶者罵者打者殺者亦不見用是空能忍辱是名菩薩摩訶薩行般若波羅蜜時羼提波羅蜜復次舍利弗菩薩摩訶薩行般若波羅蜜時應薩婆若心觀諸法畢竟空以大悲心故行諸善法是名菩薩摩訶薩行般若波羅蜜時毗梨耶波羅蜜復次舍利弗菩薩摩訶薩行般若波羅蜜時應薩婆若心入禪定觀諸禪離相空相無相相無作相是名菩薩摩訶薩行般若波羅蜜時禪波羅蜜如是舍利弗菩薩摩訶薩行般若波羅蜜時攝諸波羅蜜舍利弗如是名為菩薩摩訶薩大莊嚴是大莊嚴菩薩十方諸佛歡喜於大衆中稱名讚歎某世界某菩薩摩訶薩大莊嚴成就衆生淨佛世界釋曰富樓那聞上二大弟子說摩訶薩義而佛可言善哉又富樓那佛大衆中讚歎法師之上復欲說摩訶薩義白佛言我亦樂說佛即聽許問曰須菩提說般若波羅蜜主舍利弗應問須菩提今何故乃問富樓那答曰此二人同是婆羅

門俱以母字為名此二人佛法中俱大舍利弗智慧中大富樓那說法種種莊嚴牽引衆情說法中大是故二人等等故於佛前共論又富樓那先已共舍利弗論議善能相答如七車譬喻經中說已共為親厚好共論理須菩提無是因緣又富樓那說摩訶薩義是故應問云何乃問須菩提所說摩訶薩義者所謂是人大莊嚴如入遠行重有資粮又如破賊備諸器仗是菩薩亦如是欲破魔人煩惱賊故行六波羅蜜以自莊嚴是人無量劫久住生死集諸福德智慧以為資粮三種乘中為趣大乘故發心行六波羅蜜乘是大乘舍利弗問富樓那聲聞辟支佛亦趣道何以不名大莊嚴而但說菩薩大莊嚴富樓那答言聲聞辟支佛雖行布施等六事有量有限自為度身及餘衆生可度者度是故不名大莊嚴菩薩所度不分別不齊限為若干衆生故布施乃至智慧不作是念我度若干人令得三乘不能度若干人令若干人得阿耨多羅

三藐三菩提若干人不能度菩薩作是莊嚴令一切衆生盡入大乘作佛菩薩行大莊嚴自行檀波羅蜜亦令一切衆生行檀波羅蜜乃至般若波羅蜜亦如是問曰云何名大莊嚴答曰為度衆生故為阿耨多羅三藐三菩提故行諸善福功德者略說是六波羅蜜如富樓那次第說若菩薩為一切智慧故行檀波羅蜜是福德共一切衆生共者此布施福德我及衆生共等我以此迴向阿耨多羅三藐三菩提迴向者於此福德不求人王天王世間禪定樂為衆生乃至涅槃樂亦不求持此果報盡為度衆生故求佛法如是等相是名檀波羅蜜大莊嚴是菩薩行布施時若見諸辟支佛阿羅漢現大神通得漏盡入涅槃於中不貪不著一心修佛道是名檀波羅蜜生尸羅波羅蜜布施時有人惡口罵詈刀杖毀害所不應乞者而強乞不瞋不悔入諸法相中所謂畢竟空是名檀波羅蜜生羼提波羅蜜行布施時和合財物守護施彼心身不懈

不息是名檀波羅蜜生毗梨耶波羅蜜布施時一心念佛念諸佛法不令聲聞辟支佛心入因是布施即入禪定是名檀波羅蜜生禪波羅蜜布施時菩薩作是念施者受者財物因緣和合生故無自性無自性故空如幻如夢衆生空故無受者無施者法空故無財物是名檀波羅蜜生般若波羅蜜若菩薩為一切智故不取諸波羅蜜相而能行諸波羅蜜是名菩薩大莊嚴此中一波羅蜜邊生諸波羅蜜此經中自分別其義古今語異義不了故助分別說開論議門餘五波羅蜜亦應如是隨義說問曰何以但檀波羅蜜中說生六波羅蜜餘波羅蜜中但說生五荅曰若後五波羅蜜中各各生六亦無咎六波羅蜜非一時非一念法無量劫中集六種功德和合名為六波羅蜜先生小後生中大有何咎一切諸法皆初小後大以是故諸餘波羅蜜各各應生六復次一切諸佛說法時檀波羅蜜為初門如經中說佛常初為衆生說布施說

持戒說生天說五欲味先說世間苦
大智度論第四十五卷　第二十五張
惱道德利益後為說四諦以是故初說檀問曰佛何以說檀為初門荅曰攝衆生法無過於檀大小貴賤乃至畜生檀皆攝之乃至怨家得施則為中人中人得施則成親善諸佛三十二相八十隨形好諸功德具足所願如意皆從布施得如實掌菩薩等七寶從手中出給施衆生又能令衆生歡喜柔軟可任得涅槃如是等義故檀波羅蜜為初問曰富樓那何以故說一波羅蜜中生諸波羅蜜為大莊嚴荅曰是波羅蜜各各別行力勢少譬如兵人未集故無戰力若大軍都集莊嚴執持器仗則能破敵菩薩亦如是六波羅蜜一時莊嚴能破諸煩惱魔人賊疾得阿耨多羅三藐三菩提以是故說一波羅蜜中具諸波羅蜜十方諸佛稱名讚歎成就衆生淨佛世界如先說慧命舍利弗問富樓那彌多羅尼子云何菩薩摩訶薩發趣大乘富樓那語舍利弗菩薩摩訶薩行六波羅蜜時離諸欲離諸惡不

善法有覺有觀離生喜樂入初禪乃
大智度論第四十五卷　第二十六張
至入第四禪中以慈廣大無二無量無怨無恨無惱心行遍滿一方二三四方四維上下遍一切世間悲喜捨心亦如是是菩薩入禪時起時諸禪慧及支共一切衆生迴向薩婆若是名菩薩摩訶薩禪波羅蜜發趣大乘是菩薩摩訶薩住禪無量心作是念我當得一切種智為斷一切衆生煩惱故當說法是名菩薩摩訶薩行禪波羅蜜時檀波羅蜜若菩薩摩訶薩應薩婆若心修初禪住初禪二三四禪亦如是不受餘心所謂聲聞辟支佛心是名菩薩摩訶薩行禪波羅蜜時尸羅波羅蜜若菩薩摩訶薩應薩婆若心入諸禪作是念我為斷一切衆生煩惱故當說法是諸心欲樂忍是名菩薩摩訶薩行禪波羅蜜時羼提波羅蜜若菩薩摩訶薩應薩婆若心入諸禪諸善根皆迴向薩婆若勤修不息是名菩薩摩訶薩行禪波羅蜜時毗梨耶波羅蜜若菩薩摩訶薩應薩婆若心入四禪及支觀無常相苦相

無相相空相無我相無作相共一切衆生迴向薩婆若是名菩薩摩訶薩行禪波羅蜜時般若波羅蜜舍利弗是名菩薩摩訶薩發趣大乘復次菩薩摩訶薩行慈心作是念我當安樂一切衆生入悲心我當救濟一切衆生入喜心我當度一切衆生入捨心我當令一切衆生得諸漏盡是名菩薩摩訶薩行無量心時檀波羅蜜復次菩薩摩訶薩是諸禪无量心不向聲聞辟支佛地但迴向薩婆若是名菩薩摩訶薩行無量心時尸羅波羅蜜復次舍利弗菩薩摩訶薩行四無量心不貪聲聞辟支佛地但忍樂欲薩婆若是名菩薩摩訶薩行无量心時羼提波羅蜜若菩薩摩訶薩應薩婆若行四無量心但有清淨行是名菩薩摩訶薩行無量心時毗梨耶波羅蜜復次菩薩摩訶薩入禪入無量心時亦不隨禪无量心生是名菩薩摩訶薩行無量心時方便般若波羅蜜舍利弗是名菩薩摩訶薩發趣大乘復次舍利弗菩薩摩訶薩發趣大乘一切種修四念處乃至一切種修八聖分一切種修三解脫門乃至十八不共法是名菩薩摩訶薩發趣大乘復次舍利弗菩薩摩訶薩內空中智慧用無所得故乃至無法有法空中智慧用無所得故是名菩薩摩訶薩發趣大乘復次舍利弗菩薩摩訶薩一切法中不乱不定智慧是名菩薩摩訶薩發趣大乘復次舍利弗菩薩摩訶薩發趣大乘非常非无常智慧非樂非苦非實非空非我非無我智慧是名菩薩摩訶薩發趣大乘用無所得故復次舍利弗菩薩摩訶薩智不行過去世不行未來世不行現在世亦非不知三世是名菩薩摩訶薩發趣大乘用無所得故復次菩薩摩訶薩發趣大乘智不行欲界不行色界不行無色界亦非不知欲界色界無色界用無所得故是名菩薩摩訶薩發趣大乘復次菩薩摩訶薩發趣大乘智不行世間法不行出世間法不行有為法不行无為法不行有漏法不行無漏法亦非不知世間法出世間法有為無為有漏无漏法用無所得故舍利弗是名菩薩摩訶薩發趣大乘問曰六波羅蜜中若逆說則應說般若波羅蜜次說禪若順應先說檀波羅蜜今何以乃說禪波羅蜜為首荅曰發大莊嚴无有衆生能破壞者若菩薩無禪定心未離欲雖行餘波羅蜜則易壞行禪波羅蜜能入慈無量是時無能壞如說行慈三昧者刀不能傷水火不害亦有神通力種種變化能發大莊嚴如佛說鳥無兩翼不能飛翔菩薩无神通力不能發大莊嚴入禪波羅蜜中能生慈無量五神通故物無能傷以是故今此說禪波羅蜜為首問曰四禪中有種種功德皆可行六波羅蜜今何以但說四無量心中行六波羅蜜荅曰四無量心取衆生相緣衆生菩薩常為衆生故行道是四無量等中有慈悲心能利益衆生餘八背捨九次第等無如是利益問曰菩薩住五神通能廣利益衆生何以故不說荅曰大悲是菩薩根本又五神通先已說後

當更說無量心未說故今說若菩薩　大智度論第四十五卷　第三十　字号
但行四無量心不名發趣大乘六波
羅蜜和合故名為發趣大乘四無量
心生六波羅蜜富樓那此中自說因
緣問曰云何一切種修四念處乃至
十八不共法荅曰有二種信行性法
行性信行性觀无常苦或但觀無常
或但觀苦法行性人觀空無我或但
觀空或但觀無我菩薩度衆生故一
切門皆修皆學復次發大乘者以十
八空破十八種法亦捨是十八種空
智慧復次若菩薩觀諸法常定亦不
取定相是名不定不乱智慧復次畏
墮常樂顛倒故不觀諸法常樂等畏
墮斷滅故不觀無常等復次若菩薩
三世三界中智慧不觀不行不取相
知皆虛妄而不墮无明復次世間出
世間中亦非智非不智非智者空故
無空相故畢竟清淨故非不智者觀
無常苦空等入般若波羅蜜空故非
不行智不行者遮見斷法愛離依止
故無非智者是中无愚癡異於凡夫
故又行者持戒修禪定習諸觀云何

言非智如佛利衆生經中說　大智度論第四十五卷　第三十一張　字号
行者捨諸法亦不依止慧亦无所分別
是為決定智

大智度論卷第四十五

大智度論卷第四十五

校勘記

一　底本，金藏廣勝寺本。

一　八一九頁中一行經名，石作「大智度經論卷第五十」，卷末經名同；磧、普、南、徑、清作「大智度論卷第四十五」。

一　八一九頁中三行後，石有品名「摩訶般若波羅蜜經摩訶薩品第十三釋」一行；磧、普、南有品名「釋摩訶薩品第十三」一行；徑、清有品名「釋摩訶薩品第十三經作金剛品」一行。

一　八一九頁中四行首字「介」，石、磧、普、南、徑、清、麗冠以「經」。

一　八一九頁中五行末字「畢」，石作「必」，下同。

一　八一九頁中六行第九字「名」，石、磧、南、徑、清、麗作「名爲」。

一　八一九頁中一三行第二字「中」，

石、磧、普、南、徑、清、麗作「中生大」。

一　八一九頁中一七行第一〇字，八二四頁上一一行首字「大」，石、麗作「大誓」。

一　八一九頁下七行末字「應」，磧、普、南、徑、清、麗無。

一　八一九頁下九行第一一字「諸」，磧、普、南、徑、清無。

一　八一九頁下一四行首字「億」，石、麗作「萬億」。

一　八一九頁下一五行第一三字「心」，石、磧、普、南、徑、清、麗作「大心」。

一　八二〇頁上九行第一三字「是」，石、磧、普、南、徑、清、麗作「是名」。

一　八二〇頁上一五行第一〇字「名」，磧、普、南、徑、清作「名爲」。

一　八二〇頁上一六行第九字「爲」，磧、普、南、徑、清無。

一　八二〇頁中三行「亦不可」，石、磧、普、南、徑、清、麗作「用無所」。

一　八二〇頁中九行第五字「釋」，石、磧、普、南、徑、清、麗冠以「論」。

一　八二〇頁中一〇行第九字至一一行第九字「摩……生」共十五字，石作夾註。

一　八二〇頁下一行第二字「熖」，石作「暖」。

一　八二〇頁下一二行「不破」，磧、普、南、徑、清無。

一　八二〇頁下一四行第七字「住」，磧作「有」。

一　八二一頁上四行第九字「雨」，磧、普、南、徑、清、麗無。

一　八二一頁上六行第五字「擊」，石作「縛」。

一　八二一頁上七行第一三字「肉」，磧、普、南、徑、清作「肉筋骨」。

一　八二一頁上八行第一〇字「足」，磧、普、南、徑、清無。

一　八二一頁上一〇行第二字「斵」，石、麗作「斷」；磧、普、南、徑、清作「斲」。

一　八二一頁上一九行第四字「一」，石、磧、普、南、徑、清無。

一　八二一頁上二二行第八字「雜」，磧、普、南、徑、清作「染」。

一　八二一頁中五行「應當」，石作「當應」。

一　八二一頁下七行，八二二頁中一行，八二六頁一六行「世界」，石作「國土」。

一　八二一頁下八行「堅牢」，磧、普、南、徑、清作「牢堅」。

一　八二一頁下一六行第一〇字「曰」，石作「日」，下同。

一　八二二頁上六行「喜法」，磧、普、南、徑、清無。

一　八二二頁上一五行品名，石作「摩訶般若波羅蜜經斷見品第一四釋」；「大智度論」，徑、清無。

一　八二二頁上一五行第一一字「四」，徑、清作「四經作斷諸見品」。

一　八二二頁上一六行首字「尒」，石、磧、普、南、徑、清、麗冠以「經」。

一　八二二頁上一八行第一一字「壽」，

石作「壽者」。

一　八二二頁中四行首字「妄」，磧、普、南、徑、清無。

一　八二二頁中五行第四字「妄」，磧、普、南、徑、清作「爲」。

一　八二二頁中七行第九字「故」，石、麗作「故於」。

一　八二二頁中一〇行第四字「故」，磧、普、南、徑、清作「網」。

一　八二二頁中一〇行末字「問」，石、磧、普、南、徑、清、麗冠以「論」。

一　八二二頁中一一行第六字「大」，石、磧、普、南、徑、清作「大阿」。

一　八二二頁中一二行首字「龍」，石、麗作「龍王」。

一　八二二頁中一四行第一一字「洹」，石作「桓」。

一　八二二頁中一九行第五字「舉」，石、麗作「舉此」。

一　八二二頁中二二行第一二字「欲」，磧、普、南、徑、清無。

一　八二二頁中末行第九字「告」，石作「語」。

一　八二二頁中一三行末字及次頁下七行第八字「衆」，石作「陰」。

一　八二二頁下二一行第七字「一」，麗作「一切」。

一　八二二頁下末行第七字「見」，磧、普、南、徑、清作「邪見等」。

一　八二二頁下末行第八字「尒」，石、磧、普、南、徑、清、麗冠以「經」。

一　八二三頁上一四行第八字「等」，石、磧、普、南、徑、清作「等等」。

一　八二三頁上一九行第四字「以」，石、麗作「以故」。

一　八二三頁中一行末字「弗」，石作「弗舍利弗」。

一　八二三頁中四行首字「識」，石、麗作「觸」。

一　八二三頁中二一行第二字「以」，石作「用」。

一　八二三頁中二一行第八字「有」，石、麗作「得」。

一　八二三頁中二二行第三字「釋」，石、磧、普、南、徑、清、麗冠以「論」。

一　八二三頁中末行末字「從」，石、麗作「從初」。

一　八二三頁下六行首字「不」，石、磧、普、南、徑、清、麗無。

一　八二三頁下一七行首字「夫」，石、麗作「夫人」。

一　八二三頁下一九行第四字「心」，石、麗作「心心」。

一　八二四頁上三行末字「提」，石作「提釋第十四品竟」。

一　八二四頁上四行品名，石作「摩訶般若波羅蜜經大誓莊嚴品第十五釋」；「大智度論」，徑、清無；「莊嚴」，磧、普、南、徑、清作「富樓那」。

一　八二四頁上七行末字「誓」，磧、普、南、徑、清、麗無。

一　八二四頁下二行第六字「所」，磧、普、南、徑、清無。

一　八二四頁下四行第五字「若」，磧、普、南、徑、清無。

一　八二四頁下一一行第一二字「是」，

磧、南、徑、清、麗無。

一　八二五頁上一三行第三字「時」，麗作「持」。

一　八二五頁上一九行第一三字「幻」，石、磧、南、徑、清作「幻如」。

一　八二五頁中三行第二字「蜜」，石、磧、普、南、徑、清、麗作「蜜時」。

一　八二五頁中二〇行第一三字「那」，磧、普、南、徑、清無。

一　八二五頁下四行第六字「名」，磧、普、南、徑、清、麗作「是名」。

一　八二六頁上一七行第八字「釋」，石、磧、普、南、徑、清、麗冠以「論」。

一　八二六頁上二二行第一三字「何」，石、麗作「何以」。

一　八二六頁中三行第一三字「故」，石無。

一　八二六頁中四行第三字「等」，石無。

一　八二六頁中五行「七車」，石作「十輪」。

一　八二六頁中六行第一〇字「厚」，石作「友」。

一　八二六頁中一三行首字「劫」，石作「劫来」。

一　八二六頁下末行「心身」，麗作「身心」。

一　八二七頁上一一行第一〇字「邊」，石、麗作「備」；磧、普、南、徑、清作「遍」。

一　八二七頁中二行第六字「後」，石作「復」。

一　八二七頁中三行第七字「以」，石、麗作「以故」。

一　八二七頁中一四行第七字「故」，石、磧、普、南、徑、清、麗作「則」。

一　八二七頁中二〇行第八字「慧」，石、磧、普、南、徑、清、麗冠以「經」。

一　八二七頁下六行第五字，末行第九字「支」，石、磧、普、南、徑、清作「枝」。

一　八二七頁下二〇行第八字「皆」，磧、普、南、徑、清無。

一　八二七頁下末行第五字「入」，磧、普、南、徑、清無。

一　八二八頁上一行第二字「相」，石、磧、普、南、徑、清、麗作「我」。

一　八二八頁上一行第七字「我」，石、磧、普、南、徑、清、麗作「相」。

一　八二八頁上六行第一〇字「救」，磧、普、南、徑、清作「拔」。

一　八二八頁上一五行第一一字「行」，石作「行四」。

一　八二八頁上一七行第二字「若」，石、麗作「若心」。

一　八二八頁上一七行第九字「有」，石、磧、普、南、徑、清、麗作「行」。

一　八二八頁上一八行第七字「無」，磧、普、南、徑、清作「四無」。

一　八二八頁中二行第二字「聖」，石、磧、普、南、徑、清、麗作「聖道」。

一　八二八頁中一一行第九字「空」，石、麗作「虛」。

一　八二八頁下三行第五字「問」，石、磧、普、南、徑、清、麗冠以「論」。

一　八二八頁下二〇行「利益」，磧、

普、南、徑、清作「益利」，下同。

一　八二九頁上一行第二字「更」，磧、普、南、徑、清、麗無。

一　八二九頁上一行第八字「未」，磧、普、南、徑、清無。

一　八二九頁上一一行第一一字「今」，磧、普、南、徑、清作「今不」。

一　八二九頁上一九行第二字「空」，石、磧、普、南、徑、清作「定」。

一　八二九頁上二〇行第一二字「空」，石、麗作「中」。

一　八二九頁中三行末字「智」，石、麗作「智釋第十五品竟」。

大智度論釋乘乘品第十六 卷第四十六 名

龍樹菩薩造

後秦龜茲國三藏鳩摩羅什譯

尒時慧命舍利弗問富樓那云何名菩薩摩訶薩乘於大乘富樓那荅舍利弗言菩薩摩訶薩行般若波羅蜜時乘檀波羅蜜亦不得檀波羅蜜亦不得菩薩亦不得受者用無所得故是名菩薩摩訶薩乘檀波羅蜜菩薩摩訶薩行般若波羅蜜時乘尸羅波羅蜜羼提波羅蜜毗梨耶波羅蜜禪波羅蜜乘般若波羅蜜亦不得般若波羅蜜亦不得菩薩用無所得故是為菩薩摩訶薩乘於般若波羅蜜如是舍利弗是為菩薩摩訶薩乘於大乘復次舍利弗菩薩摩訶薩摩訶衍一心應薩婆若脩四念處法壞故乃至一切應薩婆若脩十八不共法法壞故是亦不可得如是舍利弗是名菩薩摩訶薩乘於大乘復次舍利弗菩薩摩訶薩作是念菩薩但有名字衆生不可得故是名菩薩摩訶薩乘於大乘復次舍利弗若菩薩摩訶薩作是念色但有名字色不可得故受想行識但有名字識不可得故眼但有名字眼不可得故乃至意亦如是四念處但有名字四念處不可得故乃至八聖道分但有名字八聖道分不可得故內空但有名字內空不可得故乃至無法有法空但有名字無法有法空不可得故乃至十八不共法但有名字十八不共法不可得故諸法如但有名字如不可得故法相法性法住實際但有名字實際不可得故阿耨多羅三藐三菩提及佛但有名字佛不可得故如是舍利弗是名菩薩摩訶薩乘於大乘復次舍利弗若菩薩摩訶薩從發意已來具足菩薩神通成就衆生從一佛國至一佛國恭敬供養尊重讚歎諸佛從諸佛聽受法教所謂菩薩大乘是菩薩乘此大乘從一佛國至一佛國淨佛世界成就衆生初無佛國想亦無衆生想此人住不二法中為衆生受身隨其所應自變其形而教化之乃至一切智

終不離菩薩乘是菩薩得一切種智已轉法輪聲聞辟支佛及天龍鬼神阿修羅世間人民所不能轉尒時十方如恒河沙等諸佛皆歡喜稱名讚歎作是言某方某國某菩薩摩訶薩乘於大乘得一切種智轉法輪舍利弗是名菩薩摩訶薩乘於大乘釋曰富樓那以三事明摩訶薩上已説二事今問第三事乘於大乘富樓那答有人言菩薩直布施內外物不能破吾我相是名大莊嚴若能破吾我相入衆生空未入法空是名發大莊嚴因衆生空入法空中行檀波羅蜜不見三事施者受者財物能如是者是名乘於大乘餘波羅蜜亦如是是菩薩以不雜心離諸煩惱及二乘意爲薩婆若修行四念處修相亦不可得畢竟清淨故是名乘於大乘乃至十八不共法亦如是復次若菩薩知一切法假名字於名字和合中復有名字一切世間若出世間皆是假名是名乘於大乘復次菩薩發大莊嚴具足菩薩神通具菩薩神通故成就衆

生從一佛國至一佛國所經諸國雨七寶蓮華供養諸佛拔三惡道衆生變身無數各各至諸佛前聽受大乘法化從諸佛前趣大乘相乘此大乘從一佛國至一佛國成就衆生淨佛世界不生衆生相不取佛國相住不二入地中隨諸衆生所應度者而化度之爲衆生故受身常乘大乘初無休息是菩薩乘於大乘得成佛轉法輪諸聲聞辟支佛所不能轉何況餘小凡夫十方如恒河沙等世界諸佛讚歎是菩薩某方某國甲菩薩乘於大乘成佛轉法輪如是相名爲乘於大乘復次大乘名畢竟清淨六波羅蜜菩薩摩訶薩乘時以五神通而自莊嚴菩薩住是乘中一時變身無數至十方世界供養諸佛度脫衆生是菩薩常不離諸佛乃至得佛道常乘此大乘

大智度論釋無縛無脫品第十七

尒時須菩提白佛言世尊菩薩摩訶薩大莊嚴何等是大莊嚴何等菩薩能大莊嚴佛語須菩提菩薩摩訶薩

摩訶衍大莊嚴所謂檀波羅蜜乃至般若波羅蜜莊嚴四念處莊嚴乃至八聖道分內空莊嚴乃至無法有法空十力乃至十八不共法及一切種智莊嚴變身如佛莊嚴光明遍照三千大千世界亦照東方如恒河沙等世界南西北方四維上下亦復如是三千大千世界六種振動亦動東方如恒河沙等諸世界南西北方四維上下亦復如是是菩薩摩訶薩住檀波羅蜜摩訶衍大莊嚴是三千大千世界變爲琉璃化作轉輪聖王須食與食須飲與飲衣服卧具花香瓔珞擣香澤香房舍燈燭醫藥種種所須盡給與之與已而爲説法所謂應六波羅蜜衆生聞是法者終不離六波羅蜜乃至阿耨多羅三藐三菩提如是須菩提是名菩薩摩訶薩摩訶衍大莊嚴須菩提譬如工幻師若幻師弟子於四衢道中化作大衆於前須食與食須飲與飲乃至種種所須盡給與之於須菩提意云何是幻師實有衆生有給與不須菩提言不也世尊

須菩提菩薩摩訶薩亦如是化作轉輪聖王種種具足須食與食須飲與飲乃至種種所須盡給與之雖有所施實無所與何以故須菩提諸法相如幻故復次須菩提菩薩摩訶薩住尸羅波羅蜜現生轉輪聖王家以十善道教化衆生又以四禪四無量心四無色定四念處乃至十八不共法教化衆生聞是法者至阿耨多羅三藐三菩提終不離是法譬如幻師若幻師弟子於四衢道中化作大衆以十善道教化令行又以四禪四無量心四無色定四念處乃至十八不共法教化令行須菩提於汝意云何是幻師實有衆生教令行十善道乃至十八不共法不須菩提言不也世尊須菩提菩薩摩訶薩亦如是以十善道教化衆生令行乃至十八不共法實無衆生行十善道乃至十八不共法何以故諸法相如幻故須菩提是名菩薩摩訶薩大莊嚴復次須菩提菩薩摩訶薩住羼提波羅蜜教化衆生忍辱須菩提云何菩薩摩訶薩住

羼提波羅蜜教化衆生著忍辱波羅蜜中須菩提菩薩摩訶薩從初發意已来如是大莊嚴若一切衆生罵詈刀杖傷害菩薩摩訶薩於此中不起一念亦教一切衆生行此忍辱譬如幻師若幻師弟子於四衢道中化作大衆令行忍辱餘如上說須菩提是名菩薩摩訶薩大莊嚴復次須菩提菩薩摩訶薩住毗梨耶波羅蜜教一切衆生令行毗梨耶波羅蜜須菩提云何菩薩摩訶薩住毗梨耶波羅蜜教一切衆生令行毗梨耶波羅蜜須菩提菩薩摩訶薩應薩婆若心身心精進教化衆生譬如幻師幻師弟子於四衢道中化作大衆教令行身心精進餘如上說是名菩薩摩訶薩大莊嚴復次須菩提菩薩摩訶薩住禪波羅蜜教一切衆生令行禪波羅蜜須菩提云何菩薩摩訶薩住禪波羅蜜教一切衆生令行禪波羅蜜須菩提菩薩摩訶薩住諸法等中不見法若乱若定如是須菩提菩薩摩訶薩禪波羅蜜教一切衆生令行禪波羅

蜜乃至阿耨多羅三藐三菩提終不離禪波羅蜜譬如工幻師若幻弟子於四衢道中化作大衆教令行禪波羅蜜餘如上說須菩提是名菩薩摩訶薩大莊嚴復次須菩提菩薩摩訶薩住般若波羅蜜教一切衆生令行般若波羅蜜須菩提云何菩薩摩訶薩住般若波羅蜜教一切衆生令行般若波羅蜜須菩提菩薩摩訶薩行般若波羅蜜時無有法得此岸彼岸如此作菩薩摩訶薩住般若波羅蜜中教一切衆生令行般若波羅蜜譬如幻師若幻弟子於四衢道中化作大衆教令行般若波羅蜜須菩提是名菩薩摩訶薩大莊嚴復次須菩提菩薩摩訶薩大莊嚴十方如恒河沙等世界衆生隨其所應自變其身住檀波羅蜜乃至般若波羅蜜亦教衆生令行檀波羅蜜乃至般若波羅蜜是衆生行是法乃至阿耨多羅三藐三菩提終不離是法須菩提譬如幻師若幻師弟子於四衢道中化作衆生教令行六波羅蜜餘如上說如是須

菩提是名菩薩摩訶薩大莊嚴復次須菩提菩薩摩訶薩大莊嚴應薩婆若心不生是念我教若干人住檀波羅蜜不教若干人住檀波羅蜜乃至般若波羅蜜亦如是不生是念我教若干人住四念處不教若干人住四念處乃至十八不共法亦如是亦不生是念我教若干人令得須陁洹果斯陁含果阿那含果阿羅漢果辟支佛道一切種智亦不教若干人令得須陁洹果乃至一切種智我當令無量無邊阿僧祇衆生住檀波羅蜜乃至般若波羅蜜立衆生於四念處乃至十八不共法令無量无邊阿僧祇衆生得須陁洹果乃至一切種智辟如工幻師若幻師弟子於四衢道中化作大衆教令行六波羅蜜乃至得一切種智餘如上說須菩提是名菩薩摩訶薩大莊嚴釋曰上富樓那說大莊嚴及發大誓莊嚴相令須菩提作是念富樓那未得一切智雖說大莊嚴或當有錯是故問佛取定佛為須菩提說檀波羅蜜大莊嚴乃至一

切智是諸善法果報故得菩薩大神通力為出家好道衆生故化作佛身放大光明照十方世界振動大地令衆生發心行善法隨其所應而為說法令得三乘為在家好樂衆生作轉輪聖王變三千世界悉為琉璃為不障身故乘七寶車身放光明雨諸寶物隨衆生所須皆令充足然後為說菩薩法菩薩住大乘中以二施利益衆生所謂財施法施衆生聞已行六波羅蜜乃至十八不共法至阿耨多羅三藐三菩提終不離是法菩薩雖住是變化中亦不於諸法中生著相亦不自高須菩提作是念菩薩能作如是大事又諸漏未盡故云何於諸法得不著亦不生高心是中佛自說辟喻若幻師於四衢道中化作種種物隨人所須悉能與之於須菩提意云何如幻師實有所與不有受者有用者不須菩提言是但虛誑實無所有佛言菩薩亦如是雖作佛身轉輪聖王以財法施衆生亦如幻師實无所與何以故諸法相畢竟空如幻餘五

波羅蜜亦如是隨義分別復次檀波羅蜜尸羅波羅蜜因緣故人中富貴作轉輪聖王餘波羅蜜或作梵王或作法身菩薩問曰波羅蜜外更有何法可莊嚴答曰諸功德皆六波羅蜜中攝有人言別有智波羅蜜及方便等於十方如恒河沙等世界中隨所應度作種種因緣說法令衆生住六波羅蜜復次決定誓願名為大莊嚴所謂菩薩不作是念我度若干人令住檀波羅蜜不能度餘人乃至十八不共法亦如是亦不作是念我令若干人得須陁洹果不能令若干人得須陁洹果乃至佛道亦如是我當悉令無量阿僧祇衆生住諸功德中檀波羅蜜乃至一切種智自立如幻師如先說是名發大莊嚴尒時須菩提白佛言世尊如我從佛所聞義菩薩摩訶薩無大莊嚴為大莊嚴諸法自相空故所謂色色相空受想行識識相空眼眼相空乃至意意相空色色相空乃至法法相空眼識眼識相空乃至意識意識相空眼觸眼觸相空乃至

意觸意觸相空眼觸因緣生受受相空乃至意觸因緣生受受相空世尊檀波羅蜜檀波羅蜜相空乃至般若波羅蜜般若波羅蜜相空內空內空相空乃至無法有法空無法有法空相空四念處四念處相空乃至十八不共法十八不共法相空菩薩菩薩相空世尊以是因緣故當知菩薩摩訶薩無大莊嚴為大莊嚴佛告須菩提如是如是如汝所說須菩提薩婆若非作法衆生亦非作法菩薩為是衆生大莊嚴須菩提白佛言世尊何因緣故薩婆若非作法是衆生亦非作法菩薩為是衆生大莊嚴佛語須菩提作者不可得故薩婆若非作非起法是諸衆生亦非作非起法何以故須菩提色非作非不作受想行識非作非不作眼非作非不作乃至意非作非不作色乃至法眼識乃至意識眼觸乃至意觸眼觸因緣生受乃至意觸因緣生受非作非不作須菩提我非作非不作乃至知者見者非作非不作何以故是諸法畢竟不可

得故須菩提夢非作非不作何以故畢竟不可得故幻響影焰化非作非不作何以故畢竟不可得故須菩提內空非作非不作畢竟不可得故乃至無法有法空非作非不作畢竟不可得故須菩提四念處非作非不作畢竟不可得故乃至十八不共法非作非不作何以故是法皆畢竟不可得故須菩提諸法如法相法性法住法位實際法非作非不作畢竟不可得故須菩提菩提非作非不作畢竟不可得故薩婆若及一切種智非作非不作畢竟不可得故以是因緣故須菩提薩婆若非作非起法是衆生亦非作非起法菩薩為是衆生大莊嚴尒時須菩提白佛言如我觀佛所說義世尊色無縛無脫受想行識無縛無脫

尒時富樓那弥多羅尼子語須菩提色是無縛無脫受想行識是無縛無脫須菩提言如是如是色是無縛無脫受想行識是無縛無脫富樓那弥多羅尼子問須菩提何等色无縛無

脫何等受想行識無縛無脫須菩提言如夢色無縛無脫如夢受想行識無縛無脫如響如影如幻如焰如化色受想行識無縛無脫富樓那弥多羅尼子過去色無縛無脫過去受想行識無縛無脫未來色無縛無脫未來受想行識無縛無脫現在色无縛無脫現在受想行識無縛無脫何以故無縛無脫是色無所有故無縛无脫受想行識無所有故無縛无脫離故寂滅故不生故無縛無脫富樓那善色受想行識無縛无脫不善色受想行識無縛無脫無記色無縛无脫無記受想行識無縛無脫世間出世間有漏無漏色無縛無脫受想行識亦無縛無脫何以故無所有故離故寂滅故不生故無縛无脫富樓那一切法亦無縛無脫無所有故離故寂滅故不生故富樓那檀波羅蜜無縛無脫尸羅波羅蜜羼提波羅蜜毗梨耶波羅蜜禪波羅蜜般若波羅蜜无縛無脫無所有故離故寂滅故不生故無縛无脫富樓那內空亦無縛無脫

无法有法空亦無縛無脫四念處無縛無脫乃至十八不共法无縛無脫無所有故離故寂滅故不生故無縛無脫阿耨多羅三藐三菩提無縛無脫一切智一切種智无縛無脫菩薩無縛無脫佛亦無縛無脫无所有故離故寂滅故不生故无縛無脫冨樓那諸法如法相法住法位實際無為法無縛無脫無所有故離故寂滅故不生故无縛無脫冨樓那是名菩薩摩訶薩無縛無脫檀波羅蜜乃至般若波羅蜜四念處乃至一切種智无縛無脫是菩薩摩訶薩住無縛无脫檀波羅蜜中乃至住無縛无脫般若波羅蜜住無縛无脫四念處乃至住無縛无脫一切種智無縛无脫成就衆生無縛无脫淨佛世界無縛无脫諸佛當供養無縛無脫當聽法無縛無脫諸佛終不離无縛無脫諸神通終不離无縛無脫五眼終不離无縛無脫陁羅尼門終不離无縛無脫諸三昧終不離无縛無脫當生道種智無縛無脫當得一切種智無縛无脫

法輪轉無縛無脫衆生安立三乘如是冨樓那菩薩摩訶薩行无縛無脫六波羅蜜當知一切法無縛無脫無所有故離故寂滅故不生故冨樓那是名菩薩摩訶薩無縛无脫大莊嚴

釋曰須菩提言如我聞佛義无大莊嚴為大莊嚴何以故自相空故問曰須菩提何以如是說荅曰佛說發大莊嚴義甚深難得難解會中衆生聞是事心或退没如是莊嚴畢竟空亦神通力故一時能遍至十方如恒河沙世界可適衆生言此是聖王事我等云何能知以是故須菩提說發大莊嚴非深非難非但發大莊嚴自相空易行易得色色中定相不可得乃至十八不共法亦尒若菩薩能如是知諸法空寂滅相而不捨本願精進是故名發大莊嚴非是難得佛譴須菩提所說故言如是作法皆是虚誑故言薩婆若無作法衆生畢竟空故亦無作法佛說作者不可得故一切智非作相衆生不可得故作者不可得作者不可得故薩婆若非作非起相

復次色亦無所能作法空故乃至諸佛法亦如是須菩提等謂諸法中無有定作相如幻雖無實事而有来去相以是故佛說如幻如焰等无作相畢竟不可得故是時聽者作是念十八空能破一切法得是有用是則為實謂言有作是以佛言内空无所作乃至無法有法空至十八不共法亦無所作若謂今十八空有為虚誑无實故可無作如法性實際是真實法應當有作何以故一切有為法各各共因無為法亦與有為法作因故佛言如法性實際法住法位亦無作又謂菩薩佛一切種智是實法能有所作以是故佛言是法亦畢竟空故亦無所作作相因緣生故行者念言佛法甚難甚為希有諸法都无作無縛无解者我等云何當從苦得脫是故須菩提白佛言如我知佛所說義五衆无縛無解若畢竟空無有作者誰縛誰解凡夫法虚誑不可得故非縛聖人法畢竟空不可得故非解如夢等五衆及三世五衆善不善等五衆一切

法亦如是乃至實際等亦復如是無所有故離故不生故無縛無解是名菩薩摩訶薩不縛不解菩薩道住是道中諸煩惱不牽墮凡夫中故言不縛不以諸無漏法破煩惱故言不解教化衆生淨佛世界乃至五神通五眼諸陁羅尼三昧門終不離佛及安立衆生於三乘亦無縛無解所以者何諸法無所有故離故寂滅故不生故畢竟空故如是等因緣是名菩薩摩訶薩發大莊嚴相所謂不縛不解

大智度論釋摩訶衍品第十八

尒時須菩提白佛言世尊何等是菩薩摩訶薩摩訶衍云何當知菩薩摩訶薩發趣大乘是乘發何處是乘至何處當住何處誰當乘是乘出者佛告須菩提汝問何等是菩薩摩訶薩摩訶衍須菩提六波羅蜜是菩薩摩訶薩摩訶衍何等六檀波羅蜜尸羅波羅蜜羼提波羅蜜毗梨耶波羅蜜禪波羅蜜般若波羅蜜云何名檀波羅蜜須菩提菩薩摩訶薩以應薩婆若心內外所有布施共一切衆生迴向阿耨多羅三藐三

菩提用無所得故須菩提是名菩薩摩訶薩檀波羅蜜云何尸羅波羅蜜須菩提菩薩摩訶薩以應薩婆若心自行十善道亦教他行十善道用無所得故是名菩薩摩訶薩不著尸羅波羅蜜云何羼提波羅蜜須菩提菩薩摩訶薩以應薩婆若心自具足忍辱亦教他行忍辱用無所得故是名菩薩摩訶薩羼提波羅蜜云何毗梨耶波羅蜜須菩提菩薩摩訶薩以應薩婆若心行五波羅蜜懃脩不息亦安立一切衆生於五波羅蜜用無所得故是名菩薩摩訶薩毗梨耶波羅蜜云何禪波羅蜜須菩提菩薩摩訶薩以應薩婆若心自以方便入諸禪不隨禪生亦教他令入諸禪用無所得故是名菩薩摩訶薩禪波羅蜜云何般若波羅蜜須菩提菩薩摩訶薩以應薩婆若心不著一切法亦觀一切法性用無所得故亦教他不著一切法觀一切法性用無所得故是名菩薩摩訶薩般若波羅蜜須菩提是為菩薩摩訶薩摩訶衍復次須菩提

菩薩摩訶薩復有摩訶衍所謂內空外空內外空空空大空第一義空有為空無為空畢竟空無始空散空性空自相空諸法空不可得空無法空有法空無法有法空須菩提白佛言何等為內空佛言內法名眼耳鼻舌身意眼眼空非常非滅故何以故性自尒耳耳空鼻鼻空舌舌空身身空意意空非常非滅故何以故性自尒是名內空何等為外空外法名色聲香味觸法色色空非常非滅故何以故性自尒聲聲空香香空味味空觸觸空法法空非常非滅故何以故性自尒是名外空何等為內外空內外法名內六入外六入內法內法空非常非滅故何以故性自尒外法外法空非常非滅故何以故性自尒是名內外空何等為空空一切法空是空亦空非常非滅故何以故性自尒是名空空何等為大空東方東方空非常非滅故何以故性自尒南西北方四維上下南西北方四維上下空非常非滅故何以故性自尒是名大空何等

為第一義空第一義名涅槃涅槃涅槃空非常非滅故何以故性自尒是名第一義空何等為有為空有為法名欲界色界無色界欲界空色界色界空無色界無色界空非常非滅故何以故性自尒是名有為空何等為無為空無為法名為無生相無住相無滅相無為法無為法空非常非滅故何以故性自尒是名無為空何等為畢竟空畢竟名諸法至竟不可得非常非滅故何以故性自尒是名畢竟空何等為無始空若法初來處不可得非常非滅故何以故性自尒是為無始空何等為散空散名諸法無滅非常非滅故何以故性自尒是為散空何等為性空一切法性若有為法性若無為法性是性非聲聞辟支佛作非佛所作亦非餘人所作是性性空非常非滅故何以故性自尒是名性空何等為自相空自相名色壞相受受相想取相行作相識識相如是等有為無為法各各自相空非常非滅故何以故性自尒是名自相空何等為諸

法空諸法名色受想行識眼耳鼻舌身意色聲香味觸法眼界色界眼識界乃至意界法界意識界是諸法諸法空非常非滅故何以故性自尒是為諸法空何等為不可得空求諸法不可得是不可得空非常非滅故何以故性自尒是名不可得空何等為無法空若法無是亦空非常非滅故何以故性自尒是名無法空何等為有法空有法名諸法和合中有自性相是有法空非常非滅故何以故性自尒是名有法空何等為無法有法空諸法中無法諸法和合中有自性相是無法有法空非常非滅故何以故性自尒是名無法有法空

復次須菩提法法相空無法無法相空自法自法相空他法他法相空何等名法法相空法名五衆五衆空是名法法相空何等無法無法相空無法名無為法是名無法無法空何等名自法自法空諸法自法空是空非智作非見作是名自法自法空何等名他法他法空若佛出若佛未出法

住法相法位法性如實際過此諸法空是名他法他法空是名菩薩摩訶薩摩訶衍問曰是經名為般若波羅蜜又佛命須菩提為菩薩說般若波羅蜜須菩提應問般若波羅蜜佛亦應答般若波羅蜜今須菩提何以乃問摩訶衍佛亦答摩訶衍荅曰般若波羅蜜摩訶衍一義但名字異若說般若波羅蜜說摩訶衍无咎摩訶衍名佛道行是法得至佛所謂六波羅蜜六波羅蜜中第一大者般若波羅蜜如後品佛種種說大因緣若說般若波羅蜜則攝六波羅蜜若說六波羅蜜則具說菩薩道所謂從初發意乃至得佛譬如王來必有營從雖不說從者當知必有摩訶衍亦如是菩薩初發意所行為求佛道故所脩集善法隨可度衆生所說種種法所謂本起經斷一切衆生疑經華手經法華經雲經大雲經法雲經弥勒問經六波羅蜜經摩訶般若波羅蜜經如是等無量無邊阿僧祇經或佛說或化佛說或大菩薩說或聲聞說或諸

得道天說是事和合皆名摩訶衍此諸經中般若波羅蜜最大故說摩訶衍即知已說般若波羅蜜諸餘助道法無般若波羅蜜和合則不能至佛以是故一切助道法皆是般若波羅蜜如後品中佛語須菩提汝說摩訶衍不異般若波羅蜜問曰若尒者初何以不先說摩訶衍答曰我上說般若波羅蜜最大故應先說又佛意欲說摩訶般若波羅蜜放大光明十方諸菩薩各自問佛今何以有是光明諸佛各荅言娑婆世界有佛名釋迦牟尼欲說般若波羅蜜彼諸菩薩及諸天人和合而來舍利弗問佛世尊云何菩薩摩訶薩欲知一切法習行般若波羅蜜又佛初品中種種讚般若波羅蜜功德若欲得是者當學般若波羅蜜有如是等因緣故應初說般若波羅蜜佛命須菩提汝為諸菩薩說般若波羅蜜須菩提謙言菩薩空但有名後言能如是解了知菩薩相即是行般若波羅蜜既知是已問菩薩句義次有摩訶薩義摩訶薩義中

有大莊嚴摩訶衍如勇夫雖有種種器杖莊嚴不乘駿馬則無能為是大乘天竺語名摩訶衍諸佛斷法愛故又明般若波羅蜜義無異故佛不訶以是故須菩提更作異名問摩訶衍問曰如摩訶衍序中說從初發心乃至佛道為佛道故集一切善法皆名摩訶衍今何以但說六波羅蜜為摩訶衍答曰如先說般若波羅蜜則說六波羅蜜說六波羅蜜則攝一切善法以是故不應作是問諸善法多何以但說六波羅蜜復次摩訶衍初發心作願乃至後方便等六波羅蜜是諸法雖不名為波羅蜜然義皆在六波羅蜜中如初發心作願大悲等心力大故名毗梨耶波羅蜜捨小利取大乘名般若波羅蜜方便即是智慧智慧淳淨故變名方便教化衆生淨佛世界等皆在六波羅蜜中隨義相攝問曰若尒者後何以更說十八空百八三昧等名摩訶衍答曰六波羅蜜是摩訶衍體但後廣分別其義如十八空四十二字等是般若波羅蜜

義百八三昧等是禪波羅蜜義以是故初說六波羅蜜問曰何以故正說六波羅蜜不多不少荅曰佛為法王隨衆生可度或時可說一二三四或時廣說如賢劫經八万四千波羅蜜復次六道衆生皆受身心苦惱如地獄衆生考掠苦畜生中相殘害苦餓鬼中飢餓苦人中求欲苦天上離所愛欲時苦阿修羅道鬪諍苦菩薩生大悲心欲滅六道衆生苦故生六波羅蜜以是故說六波羅蜜不多不少問曰檀波羅蜜有種種相此中佛何以但說五相所謂用薩婆若相應心捨內外物是福共一切衆生向阿耨多羅三藐三菩提用無所得故何以不說大慈悲心供養諸佛及神通布施等荅曰此是五種相中攝一切布施相應薩婆若心布施者此緣佛道依佛道捨內外者則捨一切諸煩惱共衆生者則是大悲心迴向者以此布施但求佛道不求餘報用無所得故者得諸法實相般若波羅蜜氣分故檀波羅蜜非誑非倒亦無窮盡問

曰若尒者則不須五種相但說薩婆若相應心則足答曰此事可尒但以衆生不知云何應薩婆若心布施義故是故以四事分別其義應薩婆若心者以菩薩心求佛薩婆若作緣作念繫心持是布施欲得薩婆若果不求今世因緣名聞恩分等亦不求後世轉輪聖王天王富貴處為度衆生故不求涅槃但欲具一切智等諸佛法為盡一切衆生苦故是名應薩婆若心內外物者內名頭腦骨髓血肉等難捨故在初說外物者國土妻子七寶飲食等共一切衆生者是布施福德果報與一切衆生共用譬如大家種穀與人共食菩薩福德果報一切衆生皆來依附譬如好果樹衆鳥歸集迴向者是福德邊不求餘報但求阿耨多羅三藐三菩提問曰先言應薩婆若心後言迴向有何等異答曰應薩婆若心為起諸福德因緣迴向者不求餘報但求佛道復次薩婆若相應心為應阿耨多羅三藐三菩提故施如先義說薩婆若為主一切

功德皆為薩婆若讚佛智慧有二種一者無上正智名阿耨多羅三藐三菩提二者一切種智名薩婆若用無所得者以般若波羅蜜心布施順諸法實相而不虛誑如是等說檀波羅蜜義問曰尸羅波羅蜜則揔一切戒法譬如大海揔攝衆流所謂不飲酒不過中食不杖加衆生等是事十善中不攝何以但說十善答曰佛揔相說六波羅蜜十善為揔相戒別相有無量戒不飲酒不過中食入不貪中杖不加衆生等入不瞋中餘道隨義相從戒名身業口業七善道所攝十善道及初後如殺心欲殺是時作方便惡口鞭打繫縛斫刺乃至垂死皆屬於初死後剝皮食噉割截歡喜皆名後奪命是本體此三事和合揔名殺不善道以是故知說十善道則攝一切戒復次菩薩生慈悲心發阿耨多羅三藐三菩提布施利益衆生隨其所須皆給與之持戒不惱衆生不加諸常施無畏十善業道為根本餘者是不惱衆生遠因緣戒律為今世

取涅槃故婬欲雖不惱衆生心繫縛故為大罪以是故戒律婬欲為初白衣不殺戒在前為求福德故菩薩不求今世涅槃於無量世中往返生死修諸功德十善為舊戒餘律儀為客復次若佛出好世則無此戒律如釋迦文佛雖在惡世十二年中亦無此戒以是故知是客復次有二種戒有佛時或有或無十善有佛無佛常有復次戒律中戒雖復細微懺則清淨犯十善戒雖復懺悔三惡道罪不除如比丘殺畜生雖復得悔罪報猶不除如是等種種因緣故但說十善業道亦自行亦教他人名為尸羅波羅蜜十善道七事是戒三為守護故通名為尸羅波羅蜜餘波羅蜜亦如是隨義分別如初品中六波羅蜜論議廣說是經是般若波羅蜜般若波羅蜜名捨離相以是故一切法中皆用無所得故問曰若用有所得集諸善法猶尚為難何況用無所得答曰若得是無所得智慧是時能妨善行或生邪疑若不得是無所得智慧是時

無所妨亦不生邪疑佛亦不稱著心取相行諸善道何以故虛誑住世間終歸於盡若著心修善破者則易若著空生悔還失是道譬如火起草中得水則滅若水生火則無物能滅初習行者心取相菩薩脩福德如草生火易可得滅若體得實相菩薩以大悲心行衆行難可得破如水中火無能滅者以是故雖用無所得心行衆行心亦不弱不生疑悔是名略說六波羅蜜義廣說如初品中一一波羅蜜皆具足十八空者六波羅蜜中說般若波羅蜜義不著諸法所以者何以十八空故十八不空論議如初品中佛告舍利弗菩薩摩訶薩欲住十八空當學般若波羅蜜彼義應此中廣說問曰十八空內空等後皆言非常非滅故此義云何答曰若人不習此空必墮二邊若常若滅所以者何若諸法實有則无有滅義墮常中如人出一舍入一舍眼雖不見不名為無諸法亦介從未來世入現在世現在世入過去世如是則不滅行者以有

為患用空破有心復貴空著於空者則墮斷滅以是故行是空以破有亦不著空離是二邊以中道行是十八空以大悲心為度衆生是故十八空後皆言非常非滅是名摩訶衍若異此者則是戲論狂人於佛法中空無所得如人於珎寶聚中取水精珠眼見雖好價無所直問曰若十八空已攝諸空何以故說四空答曰十八空中現空盡攝諸佛有二種說法或初略後廣或初廣後略初略後廣為解義故初廣後略為易持故或後會衆生略說其要或以偈頌令佛前廣說十八空後略說四空相法法相空者一切法中法相不可得如色中色相不可得復次法中不生法故名為法法空無法無法空者無為法名無法何以故相不可得故問曰佛以三相說無為法云何言無相答曰不然破生故言無生破住故言無住破滅故言無滅皆從生住滅邊有此名更無別無生無滅法是名無法無法空是義如無為空中說自法自法空者自

法名諸法自性自性有二種一者如世間法地堅性等二者聖人知如法性實際此法空所以者何不由智見知故有二性空如先說問曰如法性實際無為法中已攝何以復更說答曰觀時分別說五衆實相法性如實際又非空智慧觀故令空性自介問曰如色是自法識為他法此中何以說如法性實際有佛無佛常住過是名為他法空答曰有人未善斷見結故處處生著是人聞是如法性實際謂過是已更有餘法以是故說過如法性實際亦空

大智度論卷第四十六

大智度論卷第四十六

校勘記

一 底本，金藏廣勝寺本。

一 八三四頁中一行經名，石作「大智度經論卷第五十一」，卷末經名同；磧、普、南、清作「大智度論卷第四十六」。

一 八三四頁中三行至四行間，石有品名「摩訶般若波羅蜜經乘乘品第十六釋」一行；磧、普、南有品名「第十六品釋乘乘品」一行；徑、清有品名「釋乘乘品第十六經作乘大乘品」一行。

一 八三四頁中四行首字「尒」，石、磧、普、南、徑、清、麗冠以「經」。

一 八三四頁中一三行末字及一五行第五字「是」，磧、普、南、徑、清作「是名」。

一 八三四頁中一八行第三字「切」，石、磧、普、南、徑、清、麗作「心」。

一 八三四頁下一行第九字「若」，磧、普、南、徑、清無。

一 八三四頁下一二行第三字「住」，磧、普、南、徑、清作「住法位」。

一 八三四頁下一四行「如是」，磧、普、南、徑、清無。

一 八三四頁下一六行第六字「發」，石、磧、普、南、徑、清、麗作「初發」。

一 八三四頁下二〇行「世界」，石作「國土」，下同。

一 八三五頁上七行第一三字「釋」，石、磧、普、南、徑、清、麗冠以「論」。

一 八三五頁上一七行第三字「若」，石、磧、普、南、徑、清、麗作「若故」。

一 八三五頁上一七行第一〇字「相」，磧、普、南、徑、清無。

一 八三五頁上末行第六字「具」，石、磧、普、南、徑、清、麗作「具足」。

一 八三五頁中一五行第七字「乘」，石作「乘於大乘」；磧、普、南、徑、清、麗作「乘大乘」。

一 八三五頁中一九行第三字「乘」，石作「乘釋第十六品竟」。

一 八三五頁中二〇行「大智度論釋」，石作「摩訶般若波羅蜜經」；徑作「釋」。

一 八三五頁中二〇行「無縛無脫」，磧、普、南、徑、清作「莊嚴」。

一 八三五頁中二〇行末字「七」，石作「七釋」。

一 八三五頁中二一行首字「尒」，石、磧、普、南、徑、清、麗冠以「經」。

一 八三五頁中二二行「大莊嚴」，石作「大誓莊嚴」，下同。

一 八三五頁下一二行第一二字「王」，石、磧、普、南、徑、清、麗作「王隨衆生所欲」。

一 八三五頁下一六行第三字「蜜」，石、麗作「蜜法」。

一 八三五頁下一六行第一二字「離」，磧、普、南、徑、清作「離於」。

一 八三六頁上一二行第六字「令」，普作「今」。

一 八三六頁上一五行第七字「教」，石、磧、普、南、徑、清、麗作「教化」。

一　八三六頁中三行第一二字「生」，石、磧、普、南、徑、清、麗作「生來」。

一　八三六頁中九行第一三字「教」，石、麗作「教化」。

一　八三六頁中一二行首字「教」，石作「教化」。

一　八三六頁中一四行第一一及一二字「幻師」，石、麗作「若幻師」；磧、普、南、徑、清作「若幻」。

一　八三六頁中二二行末字「薩」，石、磧、普、南、徑、清、麗作「薩住」。

一　八三六頁下二行第一二字及一三行第五字「幻」，石、磧、普、南、徑、清、麗作「幻師」。

一　八三六頁下一一行「此作」，石、磧、普、南、徑、清、麗作「是」。

一　八三六頁下一三行首字及二一行第一二字「如」，石、磧、普、南、徑、清作「如工」。

一　八三六頁下一七行「衆生」，磧、普、南、徑、清、麗無。

一　八三七頁上一一行第三字「洹」，磧、普、南、徑作「含」。

一　八三七頁上一七行第七字「行」，麗作「住」。

一　八三七頁上一九行第八字「釋」，石、磧、普、南、徑、清、麗冠以「經」。

一　八三七頁中一三行末字「相」，石作「想」。

一　八三七頁中一七行第四字「幻」，普作「幼」。

一　八三七頁中一九行第三字「如」，石、磧、普、南、徑、清、麗作「是」。

一　八三七頁下四行第七字「曰」，石、磧、普、南、徑、清作「日出」。

一　八三七頁下一七行第八字「尒」，石、磧、普、南、徑、清、麗冠以「經」。

一　八三八頁上五行首字「相」，麗作「空相」。

一　八三八頁上八行第一一字「知」，磧、普、南、徑、清作「知是」。

一　八三八頁上一〇行第九字「說」，磧、普、南、徑、清作「言」。

一　八三八頁上一五行第八字「故」，石作「故以是故」。

一　八三八頁中一〇行第五字「法」，石、磧、普、南、徑、清、麗無。

一　八三八頁中一一行第七字「提」，石、磧、普、南、徑、清作「薩」。

一　八三八頁下一二行第七字「亦」，磧、普、南、徑、清、麗無。

一　八三九頁上一行首字「无」，石、磧、普、南、徑、清、麗作「乃至無」。

一　八三九頁中六行首字「釋」，石、磧、普、南、徑、清、麗冠以「論」。

一　八三九頁中八行第五字「以」，石、麗作「以故」。

一　八三九頁中一〇行末字「亦」，石、磧、普、南、徑、清、麗作「亦以」。

一　八三九頁中一一行第一二字「如」，磧、普、南、徑、清無。

一　八三九頁中一二行第一一字「王」，磧、普、南、徑、清作「主」。

一　八三九頁下六行第八字「得」，石、磧、普、南、徑、清、麗作「則」。

一　八三九頁下一二行第一〇字「法」，

磧、普、南、徑、清無。

一　八三九頁下二一行第三字「夫」，石、磧、普、南、徑、清、麗作「夫人」。

一　八四〇頁上一一行末字「解」，石作「解釋第十七品竟」。

一　八四〇頁上一二行「大智度論釋」，石作「摩訶般若波羅蜜經」。

一　八四〇頁上一二行末字「八」，石作「八釋之一」。

一　八四〇頁上一二行「大智度論釋摩訶衍品第十八」，徑、清作「釋摩訶衍品第十八經作問乘品」。

一　八四〇頁上一三行首字「介」，石、磧、普、南、徑、清、麗冠以「經」。

一　八四〇頁上一五行第一七字「當」，磧、普、南、徑、清作「是乘當」。

一　八四〇頁上一六行「誰當乘是乘出者」，磧、普、南、徑、清無。

一　八四〇頁中二行第九字、六行第五字、九行第一二字、一四行第三字、一八行首字「何」，石、麗作「何名」。

一　八四〇頁中二一行第三字「觀」，石、麗作「亦觀」。

一　八四〇頁下一行「復有」，磧、普、南、徑、清無。

一　八四〇頁下一〇行第九字「法」，磧、普、南、徑、清作「空」。

一　八四〇頁下二〇行第一〇字「方」，石作「方相」。

一　八四一頁上一三行第一二字及一五行第一一字「爲」，石、麗作「名」。

一　八四一頁上一七行第一三字「作」，石、麗作「所作」。

一　八四一頁上二一行末字「爲」，石、麗作「爲法」。

一　八四一頁上末行第一二字及中一九行第七字「等」，石作「等名」。

一　八四一頁中三行末字至四行首字「諸法」，磧、普、南、徑、清無。

一　八四一頁中五行第一三字「覔」，麗無。

一　八四一頁中一九行第三字「法」，磧、普、南、徑、清無。

一　八四一頁中一九行第七字「等」，徑、麗作「等名」。

一　八四一頁中二〇行第一一字「法」，石、磧、普、南、徑、清、麗作「法相」。

一　八四一頁中二一行第五字及末行第五字「法」，徑作「法相」。

一　八四一頁中二二行第一一字及下二行第七字「法」，徑、清作「法相」。

一　八四一頁下一行第五字「位」，徑作「住」。

一　八四一頁下二行第一〇字「名」，石作「爲」。

一　八四一頁下三行第五字「問」，磧、普、南、徑、清、麗冠以「論」。

一　八四一頁下一七行末字「集」，磧、普、南、徑、清作「習」。

一　八四二頁上六行第五字「中」，磧、普、南、徑、清無。

一　八四二頁上一二行末字「牟」，石作「文」。

一　八四二頁中二行第七字「駛」，磧、普、南、徑、清作「快」。

一八四二頁下四行第八字「可」，石、磧、普、南、徑、清、麗作「略」。

一八四二頁下七行第四字「考」，石、磧、普、南、徑、清、麗作「拷」。

一八四二頁下九行首字「愛」，磧、普、南、徑、清作「受」。

一八四二頁下九行第一一字「苦」，磧、普、南作「若」。

一八四二頁下一四行第一二字「向」，石、磧、普、南、徑、清、麗作「迴向」。

一八四二頁下一七行第五字「此」，石、磧、普、南、徑、清、麗無。

一八四三頁上七行第二字「今」，磧、普、南作「念」。

一八四三頁中一二行第一二字「道」，石無。

一八四三頁中一九行第五字「次」，石、磧、普、南、徑、清、麗作「次是」。

一八四三頁中二二行第二字「諸」，石、磧、普、南、徑、清、麗作「諸苦」。

一八四三頁下二行第九字「律」，石、麗作「律中」。

一八四三頁下五行第六字「善」，石、麗作「善道」。

一八四三頁下六行第五字「出」，磧、普、南作「世」。

一八四三頁下一〇行「細微」，石作「微細」。

一八四三頁下一八行第五字「是」，石、磧、普、南、徑、清、麗作「名」。

一八四四頁上五行第六字「水」，石、磧、普、南、徑、清、麗作「水中」。

一八四四頁上八行第一二字「中」，石、麗作「中生」。

一八四四頁上一四行第八字「不」，磧、普、南、徑、清、麗無。

一八四四頁上二〇行第八字「有」，石、磧、普、南、徑、清、麗無。

一八四四頁中九行第六字「故」，石、磧、普、南、徑、清、麗作「更」。

一八四四頁中一二行第一一字「或」，石、磧、普、南、徑、清、麗作「或爲」。

大智度論釋摩訶衍品第十八之餘　卷四十七　名

龍樹菩薩造

後秦龜茲國三藏鳩摩羅什譯

復次須菩提菩薩摩訶薩摩訶衍所謂名首楞嚴三昧寶印三昧師子遊戲三昧妙月三昧月幢相三昧出諸法三昧三昧觀頂三昧畢法性三昧畢幢相三昧金剛三昧入諸法印三昧三昧王安立三昧放光三昧力進三昧高出三昧必入辯才三昧釋名字三昧觀方三昧陁羅尼印三昧無誑三昧攝諸法海三昧遍覆虛空三昧金剛輪三昧断寶三昧能照三昧不求三昧無住三昧無心三昧淨燈三昧無邊明三昧能作明三昧普照明三昧堅淨諸三昧三昧無垢明三昧歡喜三昧電光三昧無盡三昧威德三昧離盡三昧不動三昧不退三昧日燈三昧月淨三昧淨明三昧能作明三昧作行三昧知相三昧如金剛三昧心住三昧普明三昧安立三昧寶聚三昧妙法印三昧法等三昧断喜

三昧到法頂三昧能散三昧分別諸法句三昧字等相三昧離字三昧断緣三昧不壞三昧無種相三昧无處行三昧離曚昧三昧無去三昧不變異三昧度緣三昧集諸功德三昧住無心三昧妙淨華三昧覺意三昧无量辯三昧無等等三昧度諸法三昧分別諸法三昧散疑三昧無住處三昧一莊嚴三昧生行三昧一行三昧不一行三昧妙行三昧達一切有底散三昧入名語三昧離音聲字語三昧然炬三昧淨相三昧破相三昧一切種妙足三昧不喜苦樂三昧無盡相三昧陁羅尼三昧攝諸邪正相三昧滅憎愛三昧逆順三昧淨光三昧堅固三昧滿月淨光三昧大莊嚴三昧能照一切世三昧三昧等三昧攝一切有諍無諍三昧不樂一切住處三昧如住定三昧壞身衰三昧壞語如虛空三昧離著虛空不染三昧云何名首楞嚴三昧知諸三昧行處是名首楞嚴三昧云何名寶印三昧住是三昧能印諸三昧是名寶印三昧

云何名師子遊戲三昧住是三昧能遊戲諸三昧中如師子是名師子遊戲三昧云何名妙月三昧住是三昧能照諸三昧如淨月是名妙月三昧云何名月幢相三昧住是三昧能持諸三昧相是名月幢相三昧云何名出諸法三昧住是三昧能出生諸三昧是名出諸法三昧云何名觀頂三昧住是三昧能觀諸三昧頂是名觀頂三昧云何名畢法性三昧住是三昧決定知法性是名畢法性三昧云何名畢幢相三昧住是三昧能持諸三昧幢是名畢幢相三昧云何名金剛三昧住是三昧能破諸三昧是名金剛三昧云何名入法印三昧住是三昧入諸法印是名入法印三昧云何名三昧王安立三昧住是三昧一切諸三昧中安立住如王是名三昧王安立三昧云何名放光三昧住是三昧能放光照諸三昧是名放光三昧云何名力進三昧住是三昧於諸三昧能作力勢是名力進三昧云何名高出三昧住是三昧能增長諸三

昧是名高出三昧云何名必入辯才三昧住是三昧能辯說諸三昧是名必入辯才三昧云何名釋名字三昧住是三昧能釋諸三昧名字是名釋名字三昧云何名觀方三昧住是三昧能觀諸三昧方是名觀方三昧云何名陀羅尼印三昧住是三昧持諸三昧印是名陀羅尼印三昧云何名無誑三昧住是三昧於諸三昧不欺誑是名無誑三昧云何名攝諸法海印三昧住是三昧能攝諸三昧如大海水是名攝諸法海印三昧云何名遍覆虛空三昧住是三昧遍覆諸三昧如虛空是名遍覆虛空三昧云何名金剛輪三昧住是三昧能持諸三昧分是名金剛輪三昧云何名斷寶三昧住是三昧斷諸三昧煩惱垢是名斷寶三昧云何名能照三昧住是三昧能以光明顯照諸三昧是名能照三昧云何名不求三昧住是三昧無法可求是名不求三昧云何名無住三昧住是三昧一切三昧中不見法住是名無住三昧云何名無心三昧住

是三昧心心數法不行從言無心三昧云何名淨燈三昧住是三昧於諸三昧中作明如燈是名淨燈三昧云何名無邊明三昧住是三昧與諸三昧作無邊明是名無邊明三昧云何名能作明三昧住是三昧即時能為諸三昧作明是名能作明三昧云何名普照明三昧住是三昧即能照諸三昧門是名普照明三昧云何名堅淨諸三昧住是三昧能堅淨諸三昧相是名堅淨諸三昧云何名無垢明三昧住是三昧能除諸三昧垢亦能照一切三昧是名無垢明三昧云何名歡喜三昧住是三昧能受諸三昧喜是名歡喜三昧云何名電光三昧住是三昧照諸三昧如電光是名電光三昧云何名無盡三昧住是三昧於諸三昧不見盡是名無盡三昧云何名威德三昧住是三昧於諸三昧威德照然是名威德三昧云何名離盡三昧住是三昧不見諸三昧盡是名離盡三昧云何名不動三昧住是三昧令諸三昧不動不戲

是名不動三昧云何名不退三昧住是三昧能不見諸三昧退是名不退三昧云何名日燈三昧住是三昧放光照諸三昧門是名日燈三昧云何名月淨三昧住是三昧能除諸三昧闇是名月淨三昧云何名淨明三昧住是三昧於諸三昧得四無礙智是名淨明三昧云何名能作明三昧住是三昧於諸三昧門能作明是名能作明三昧云何名作行三昧住是三昧能令諸三昧各有所作是名作行三昧云何名知相三昧住是三昧見諸三昧知相是名知相三昧云何名如金剛三昧住是三昧能貫達諸法亦不見達是名如金剛三昧云何名心住三昧住是三昧心不動不轉不惱亦不念有是心是名心住三昧云何名普明三昧住是三昧普見諸三昧明是名普明三昧云何名安立三昧住是三昧於諸三昧安立不動是名安立三昧云何名寶聚三昧住是三昧普見諸三昧如見寶聚是名寶聚三昧云何名妙法印三昧住是三昧能

印諸三昧以無印印故是名妙法印三昧云何名法等三昧住是三昧觀諸法等無法不等是名法等三昧云何名斷喜三昧住是三昧斷一切法中喜是名斷喜三昧云何名到法頂三昧住是三昧滅諸法闇亦在諸三昧上是名到法頂三昧云何名能散三昧住是三昧中能破散諸法是名能散三昧云何名分別諸法句三昧住是三昧能分別諸三昧諸法句是名分別諸法句三昧云何名字等相三昧住是三昧得諸三昧字等是名字等相三昧云何名離字三昧住是三昧諸三昧中乃至不見一字是名離字三昧云何名斷緣三昧住是三昧斷諸三昧緣是名斷緣三昧云何名不壞三昧住是三昧不得諸法變異是名不壞三昧云何名無種相三昧住是三昧不見諸法種種是名无種相三昧云何名無處行三昧住是三昧不見諸三昧處是名無處行三昧云何名離矇昧三昧住是三昧離諸三昧微闇是名離矇昧三昧云何名

無去三昧住是三昧不見一切三昧去相是名無去三昧云何名不變異三昧住是三昧不見諸三昧變異相是名不變異三昧云何名度緣三昧住是三昧度一切三昧緣境界是名度緣三昧云何名集諸功德三昧住是三昧集諸三昧功德是名集諸功德三昧云何名住無心三昧住是三昧於諸三昧心不入是名住無心三昧云何名淨妙華三昧住是三昧令諸三昧得淨妙如華是名淨妙華三昧云何名覺意三昧住是三昧諸三昧中得七覺分是名覺意三昧云何名無量辯三昧住是三昧於諸法中得無量辯是名無量辯三昧云何名無等等三昧住是三昧諸三昧中得无等等相是名無等等三昧云何名度諸法三昧住是三昧度一切三昧界是名度諸法三昧云何名分別諸法三昧住是三昧諸三昧及諸法分別見是名分別諸法三昧云何名散疑三昧住是三昧得散諸法三昧疑是名散疑三昧云何名無住處三昧住是三昧不見

諸法住處是名無住處三昧云何名一莊嚴三昧住是三昧終不見諸法二相是名一莊嚴三昧云何名生行三昧住是三昧不見諸行生是名生行三昧云何名一行三昧住是三昧不見諸三昧此岸彼岸是名一行三昧云何名不一行三昧住是三昧不見諸三昧一相是名不一行三昧云何名妙行三昧住是三昧不見諸三昧二相是名妙行三昧云何名達一切有底散三昧住是三昧入一切有一切三昧智慧通達亦無所達是名達一切有底散三昧云何名入名語三昧住是三昧入一切三昧名語是名入名語三昧云何名離音聲字語三昧住是三昧不見諸三昧音聲字語是名離音聲字語三昧云何名然炬三昧住是三昧威德照明炬是名然炬三昧云何名淨相三昧住是三昧淨諸三昧相是名淨相三昧云何名破相三昧住是三昧不見諸三昧相是名破相三昧云何名一切種妙足三昧住是三昧一切諸三昧種皆

具足是名一切種妙足三昧云何名不喜苦樂三昧住是三昧不見諸三昧苦樂是名不喜苦樂三昧云何名無盡相三昧住是三昧不見諸三昧盡是名無盡相三昧云何名陁羅尼三昧住是三昧能持諸三昧是名陁羅尼三昧云何名攝諸邪正相三昧住是三昧於諸三昧不見邪正相是名攝諸邪正相三昧云何名滅憎愛三昧住是三昧不見諸三昧憎愛是名滅憎愛三昧云何名逆順三昧住是三昧不見諸法諸三昧逆順是名逆順三昧云何名淨光三昧住是三昧不得諸三昧明垢是名淨光三昧云何名堅固三昧住是三昧不得諸三昧不堅固是名堅固三昧云何名滿月淨光三昧住是三昧諸三昧滿足如月十五日是名滿月淨光三昧云何名大莊嚴三昧住是三昧大莊嚴成就諸所說三昧是名大莊嚴三昧云何名能照一切世三昧住是三昧諸三昧及一切法能照是名能照一切世三昧云何名三昧等三昧住是三昧於諸三

昧不見定亂相是名三昧等三昧云何名攝一切有諍無諍三昧住是三昧能使諸三昧不分別有諍无諍是名攝一切有諍无諍三昧云何名不樂一切住處三昧住是三昧不見諸三昧依處是名不樂一切住處三昧云何名如住定三昧住是三昧不過諸三昧如相是名如住定三昧云何名壞身衰三昧住是三昧不得身相是名壞身衰三昧云何名壞語如虛空三昧住是三昧不見諸三昧語業如虛空是名壞語如虛空三昧云何名離著虛空不染三昧住是三昧見諸法如虛空無礙亦不染是名離著虛空不染三昧須菩提是名菩薩摩訶薩摩訶衍釋曰上以十八空釋般若波羅蜜今以百八三昧釋禪波羅蜜百八三昧佛自說其義是時人利根故皆得信解今則不然論者重釋其義令得易解

首楞嚴三昧者秦言健相分別知諸三昧行相多少深淺如大將知諸兵力多少復次菩薩得是三昧諸煩惱

魔及魔人無能壞者譬如轉輪聖王
主兵寶將所往至處無不降伏寶印
三昧者能印諸三昧於諸寶中法寶
是實寶今世後世乃至涅槃能為利
益如經中說佛語比丘為汝說法所說法者所
謂法印法印即是寶印寶印即是解
脫門復次有人言三法印名為寶印
三昧一切法無我一切作法無常寂
滅涅槃是三法印一切人天無能如
法壞者入是三昧能三種觀諸法是
名寶印復次般若波羅蜜是寶是相
應三昧名印是名寶印師子遊戲三
昧者菩薩得是三昧於一切三昧中出
入遲速皆得自在譬如眾獸戲時若
見師子率皆怖懾師子戲時自在無
所畏難復次師子戲時於諸群獸強者
則煞伏者則放菩薩亦如是得是三
昧於諸外道強者破之信者度之復
次師子遊戲者如初品中說菩薩入
是三昧中地為六反震動令一切十
方世界地獄湯冷盲者得視聾者得
聽等妙月三昧者如月滿清淨無諸
翳障能除夜闇此三昧亦如是菩薩

入是三昧能除諸法邪見無明闇蔽
等月幢相者如大軍將幢以寶作月
像見此幢相人皆隨從菩薩入是三
昧中諸法通達無礙皆悉隨從出諸
法三昧者菩薩得是三昧令諸三昧
增長譬如時雨林木茂盛觀頂三昧
者入是三昧中能遍見諸三昧如住
山頂悉見眾物畢法性三昧者法性
無量無二難可執持入是三昧必能
得定相譬如虛空無能住者得神足
力則能處之畢幢相三昧者入是三
昧則於諸三昧最為尊長譬如軍將
得幢表其大相金剛三昧者譬如金
剛無物不陷此三昧亦如是於諸法
無不通達令諸三昧各得其用如車
渠瑪瑙琉璃惟金剛能穿入法印三
昧者如人入安隱國有印得入無印
不得入菩薩得是三昧能入諸法實
相中所謂諸法畢竟空三昧王安立
三昧者譬如大王安住正殿召諸羣
臣皆悉從命菩薩入三昧王故大光
明請召十方無不悉集又遣化佛遍
至十方處立者譬如國王安處正殿

身心坦然無所畏懼放光三昧者常
修火一切入故生神通力隨意放種
種色光隨眾生所樂若熱若冷若不熱
不冷照諸三昧者光明有二種一者
色光二者智慧光住是三昧中照諸
三昧無有邪見無明等力進三昧者
先於諸法中得信等五種力然後於
諸三昧中得自在力又雖住三昧而
常能神通變化度諸眾生高出三昧
者菩薩入是三昧所有福德智慧皆
悉增長諸三昧性從心而出必入辯
才三昧者四無㝵中辭辯相應三昧
菩薩得是三昧悉知眾生語言次第
及經書名字等悉能分別無㝵釋名
字三昧者諸法雖空以名字辯諸法
義令入得解觀方三昧者於十方眾
生以慈悲憐愍平等心觀復次方者
循道理名為得方是三昧力故於諸
三昧得其道理出入自在無㝵陀羅
尼印三昧者得是三昧者能得分別
諸三昧皆有陀羅尼無誑三昧者有
三昧生愛恚無明邪見等是三昧於
諸三昧都無迷悶之事攝諸法海三

眛者知一切衆流皆歸於海三乘法皆入是三昧中亦如是又諸餘三昧皆入是三昧中如四禪四無色中攝諸解脫九次第等皆入其中遍覆虛空三昧者是虛空無量无邊是三昧力悉能遍覆虛空或結加趺坐或放光明或以音聲充滿其中金剛輪三昧者如真金剛輪所往無㝵得是三昧者於諸法中所至無㝵復次能分別諸三昧分界故名輪輪分界也斷寶三昧者如有寶能淨治諸寶是三昧亦如是能除諸三昧煩惱垢五欲垢易遣諸三昧垢難却能照三昧者得是三昧能以十種智慧照了諸法辟如日出照閻浮提事皆顯了不求三昧者觀諸法如幻化三界愛斷故都無所求無住三昧者是三昧名無作三昧住是三昧中觀諸法念念無常無有住時無心三昧者即是滅盡定或無想定何以故佛自說因緣入是三昧中諸心心數法不行淨燈三昧者燈名智慧燈諸煩惱名垢離是垢慧則清淨无邊明三昧者無邊名

無量无數明有二種一者度衆生故身放光明二者分別諸法摠相別相故智慧光明得是三昧能照十方無邊世界及無邊諸法能作明三昧者於諸法能為作明如闇中然炬普照明三昧者如轉輪聖王寶珠於軍衆外四邊各照一由旬菩薩得是三昧普照諸法種種門堅淨諸三昧三昧者菩薩得是三昧力故令諸三昧清淨堅牢無垢明三昧者三解脫門相應三昧得是三昧離一切三昧垢離一切無明愛等亦能照一切諸三昧歡喜三昧者得是三昧於法生歡喜樂何者是有人言初禪是如佛說有四修定一者修是三昧得現在歡喜樂二者修定得知見見衆生生死三者修定得智慧分別四者修定得漏盡復次得是三昧生無量无邊法歡喜樂電光三昧者如電暫現行者得路得是三昧者無始世界來失道還得無盡三昧者得是三昧蔵諸法无常等相即入不生不滅威德三昧者菩薩得是三昧威德莊嚴離盡三昧

者菩薩得是三昧無量阿僧祇劫善本功德必得果報不失故不動三昧者有人言第四禪是不動欲界中五欲故動初禪中覺觀故動二禪中喜多故動三禪中樂故動四禪離出入息無諸動相故不動有人言四無色定是不動離諸色故有人言滅盡定是不動離心心數法故有人言知諸法實相畢竟空智慧相應三昧故不動得是三昧已於一切三昧一切法都不戲論不退三昧者住是三昧不見諸三昧退論者言菩薩住是三昧常不退轉即是阿鞞跋致智慧相應三昧不退者不墮頂如不墮頂義中說日燈三昧者得是三昧能照一切諸法種種門及諸三昧辟如日出能照一切閻浮提月淨三昧者如月從十六日漸減至三十日都盡凡夫人亦如是諸善功德漸漸減盡墮三惡道如月從一日漸漸增長至十五日光明清淨菩薩亦如是得是三昧從發心來世世漸增善根乃至得無生法忍授記智慧清淨利益衆生又能破諸

三昧中無明淨明三昧者明名慧垢為㝵得是三昧者於諸法無障礙以是故佛於此說住是三昧中得四無㝵智問曰佛何以獨於此中說四无㝵智荅曰於三昧中無覺觀心所可樂說與定相違是事為難此三昧力故得四無㝵智四無㝵智義如先說能作明三昧者明即是智慧諸智慧中般若智慧第一是般若相應三昧能作明作行三昧者得是三昧力能發起先所得諸三昧知相三昧者得是三昧見一切諸三昧中有實智慧相如金剛三昧者得是三昧以智慧能通達一切諸法亦不見通達用無所得故問曰三種三昧何以皆言金剛荅曰初言金剛中言金剛輪後言如金剛如金剛三昧佛說能貫穿一切諸法亦不見是達金剛三昧能通達諸三昧金剛輪三昧者得是三昧即能持諸三昧輪是皆佛自說義論者言如金剛三昧者能破一切諸煩惱結使無有遺餘譬如釋提桓因手執金剛破阿修羅軍即是學人末後心

從是心次第得三種菩提聲聞菩提辟支佛菩提佛無上菩提金剛三昧者能破一切諸法入无餘涅槃更不受有辟如真金剛能破諸山令滅盡無餘金剛輪者此三昧能破一切諸法無遮無㝵譬如金剛輪轉時無所不破無所障㝵復次初金剛二如金剛輪三如金剛名字分別佛說其義亦異論者釋其因緣亦異不應致難心住三昧者心相輕疾遠逝無形難制難持常是動相如獼猴子又如掣電亦如虵舌得是三昧故能攝令住乃至天欲心不動轉何況人欲普明三昧者得是三昧於一切法見光明相無黑闇想如晝所見夜亦如是如見前後亦尒如見上見下亦尒心中無㝵修是三昧故得天眼通普見光明了了無㝵善修是神通故得成慧眼普照諸法所見無㝵安立三昧者得是三昧者一切諸功德善法中安立牢固如須彌山在大海安立不動寶聚三昧者得是三昧所有國土悉成七寶問曰此是肉眼所見禪定所見荅曰天

眼肉眼皆能見何以故外六塵不定故行者常修習禪定是故能轉本相妙法印三昧者妙法名諸佛菩薩深功德智慧得是三昧得諸深妙功德智慧法等三昧者等有二種衆生等法等法等相應三昧名為法等斷喜三昧者得是三昧觀諸法無常苦空無我不淨等心生猒離十想中一切世間不可樂想相應三昧是到法頂三昧者法名菩薩法所謂六波羅蜜到般若波羅蜜中得方便力到法山頂得是三昧能住是法山頂諸無明煩惱不能動搖能散三昧者得是三昧能破散諸法散空相應三昧是分別諸法句三昧者得是三昧能分別一切諸法語言字句為衆生說辭无滞㝵樂說相應三昧是字等相三昧者得是三昧觀諸字諸語皆悉平等呵罵讃歎無有憎愛離字三昧者得是三昧不見字在義中亦不見義在字中斷緣三昧者得是三昧若內若外樂中不生喜苦中不生瞋不苦不樂中不生　捨心於此三受遠離不

著心則歸滅心若滅緣亦斷不壞三昧者緣法性畢竟空相應三昧戲論不能破無常不能轉先巳壞故无種相三昧者得是三昧不見諸法種種相但見一相所謂無相無處行三昧者得是三昧知三毒火然三界故心不依止涅槃畢竟空故亦不依止離朦昧三昧者得是三昧於諸三昧中微翳無明等悉皆除盡無去三昧者得是三昧不見一切法來去相不變異三昧者得是三昧觀一切諸法因不變為果如乳不變作酪諸法皆住自相不動故度緣三昧者得是三昧於六塵中諸煩惱盡滅度六塵大海亦能過一切三昧緣生智慧集諸功德三昧者得是三昧集諸功德從信至智慧初夜後夜修習不息如日月運轉初不休息住無心三昧者入是三昧中不隨心但隨智慧至諸法實相中住淨妙華三昧者如樹華敷開令樹嚴飾得是三昧諸三昧中開諸功德華以自莊嚴覺意三昧者得是三昧令諸三昧變成無漏與七覺相應譬如

石汁一斤能變千斤銅為金無量辯三昧者即是樂說辯得是三昧力故乃至樂說一句無量劫而不窮盡無等等三昧者得是三昧觀一切衆生皆如佛觀一切法皆同佛法無等等般若波羅蜜相應是度諸法三昧者得是三昧入三解脫門過出三界度三乘衆生分別諸法三昧者即是分別慧相應三昧得是三昧分別諸法善不善有漏無漏有為无為等相散疑三昧者有人言即是見諦道中無相三昧疑結見諦智相應三昧斷故有人言菩薩無生法忍相應三昧是時一切法中疑網斷故見十方諸佛得一切諸法實相有人言無导解脫相應三昧是諸佛得是三昧巳於諸法中無疑无近無遠皆如觀掌無住處三昧者即是無受智慧相應三昧得是三昧不見一切諸法定有住處一莊嚴三昧者得是三昧觀諸法皆一或一切法有相故一或一切法無故一或一切法空故一如是等無量皆一以一相智慧莊嚴是三昧故言一

莊嚴生行三昧者行名觀得是三昧能觀種種行相入相住相出相又是行皆空亦不可見一行三昧者是三昧常一行畢竟空相應三昧中更無餘行次第如無常行中次有苦行苦行中次有無我行又菩薩於是三昧不見此岸不見彼岸諸三昧入相為此岸出相為彼岸初得相為此岸滅相為彼岸不一行三昧者與上一行相違者是所謂諸餘觀行妙行三昧者即是畢竟空相應三昧乃至不見不二相一切戲論不能破達一切有底散三昧者有名三有底者非有想非無想以難到故名底達者以無漏智慧乃至離非有想非無想入無餘涅槃三界五衆散滅復次菩薩得是不生不滅智慧一切諸有通達散壞皆無所有入名語三昧者得是三昧識一切衆生一切物一切法名字亦能以此名字語化人一切語言無不解了皆有次第離音聲字語三昧者得是三昧觀一切諸法皆無音聲語言常寂滅相然炬三昧者如捉炬夜

行不墮險處菩薩得是三昧以智慧炬於諸法中無錯無著淨相三昧者得是三昧能清淨具足莊嚴三十二相又能如法觀諸法總相別相亦能觀諸法無相清淨所謂空無相無作如相品是中廣說破相三昧者得是三昧不見一切法相何況諸三昧相即是無相三昧一切種妙足三昧者得是三昧以諸功德具足莊嚴所謂好姓家姓身姓眷屬禪定智慧皆悉具足清淨不喜苦樂三昧者得是三昧觀世間樂多過多患虛妄顛倒非可愛樂觀世間苦如病如箭入身心不喜樂以一切法虛誑故不求其樂何以故異時變為苦樂尚不喜何況於苦無盡相三昧者得是三昧觀一切法無壞無盡問曰若爾者云何不墮常邊答曰如菩薩雖觀無常不墮滅中若觀不盡不墮常中此二相於諸法中皆不可得有因緣故修行所謂為罪福不失故言常離著故言無常陀羅尼三昧者得是三昧力故聞持等諸陀羅尼皆自然得攝諸邪正

相三昧者得是三昧不見三聚眾生所謂正定邪定不定都無所棄一心攝取又於諸法不見定正相定邪相諸法無定相故滅憎愛三昧者得是三昧可喜法中不生愛可惡法中不生瞋逆順三昧者得是三昧於諸法中逆順自在能破諸邪逆眾生能順可化眾生又離著故破一切法善根增長故成一切法亦不見諸法逆順是事亦不見以無所有故淨光三昧者得是三昧一切法中諸煩惱垢不可得不可得故諸三昧皆清淨堅固三昧者有人言金剛三昧是堅固不壞故有人言金剛非所以者何金剛亦易破故是諸法實相智相應三昧不可破如虛空以是故言牢固滿月淨光三昧者得是三昧所言清淨無諸錯謬如秋時虛空清淨月滿光明涼樂可樂無諸可惡菩薩亦如是修諸功德故如月滿破無明黑故淨智光明具足滅愛恚等火故清涼功德具足大利益眾生故可樂大莊嚴三昧者見十方如恒河沙等世界以七

寶華香莊嚴佛處其中如是等清淨莊嚴得是三昧故一時莊嚴諸功德又觀此莊嚴空無所有心無所著能照一切世三昧者得是三昧故能照三種世間眾生世間住處世間五眾世間三昧等三昧者得是三昧觀諸三昧皆一等所謂攝心相是三昧皆從因緣生有為作法無深淺得是三昧皆悉平等是名為等與餘法亦等無異以是故義中說一切法中定亂相不可得攝一切有諍無諍三昧者得是三昧不見是法如是相是法不如是相不分別諸法有諍無諍於一切法中通達無礙於眾生中亦無好醜諍論但隨眾生心行而度脫得是三昧故於諸三昧皆隨順不逆不樂一切住處三昧者得是三昧不樂住世間不樂住非世間以世間無常過故不樂非世間中無一切法是大可畏處不應生樂如住定三昧者得是三昧故知一切法如實相不見有法過是如者如義如先說壞身衰三昧者血肉筋骨等和合故名為身是

身多患常與飢寒冷熱等諍是名身衰得是三昧故以智慧力分分破壞身衰相乃至不見不可得相壞語如虛空三昧者語名内有風發觸七處故有聲依聲故有語觀如是語言因緣故能壞語言不生我相及以愛憎有人言二禪無覺觀是壞語三昧賢聖默然有人言無色定三昧彼中無身離一切色故有人言但是諸菩薩三昧能破先世結業因緣不淨身而受法身隨可度衆生種種現形離著虛空不染三昧者菩薩行般若波羅蜜觀諸法畢竟空不生不滅如虛空无物可喻鈍根菩薩著此虛空得此三昧故離著虛空等諸法亦不染著是三昧如人没在泥中有人挽出鏁脚為没如有三昧能離著虛空而復著此三昧亦如是今是三昧能離著空空亦自離著問曰佛多說諸三昧汝何以但說諸法答曰佛多說果報論者合因緣果報說辟如人觀身不淨得不淨三昧身是因緣三昧是果又如人觀五衆無常苦空等得七覺意三昧能生八聖道四沙門果復次佛應適衆生故但說一法論者廣說分別諸事辟如一切有漏皆是苦因而佛但說愛一切煩惱滅名滅諦佛但說愛盡是菩薩於諸觀行中必不疑於諸三昧未了故佛但說三昧論者說諸法一切三昧皆已在中是諸三昧末後皆應言用無所得以同般若故如是等無量无邊三昧和合名為摩訶衍

大智度論卷第四十七

大智度論卷四十七

校勘記

一　底本，金藏廣勝寺本。

一　八四九頁中一行經名，石作「大智度經論卷第五十二」；磧、普、南、徑、清作「大智度論卷第四十七」。

一　八四九頁中三行後品名，石作「摩訶般若波羅蜜經摩訶衍品第十八釋之二」；磧、普、南作「第十八品中摩訶衍之餘」；徑、清作「釋摩訶衍品第十八之餘」。

一　八四九頁中四行首字「復」前，石、磧、普、南、徑、清、麗冠以「經」。

一　八四九頁中七行「三昧三昧」，石、徑、清、麗作「三昧」。

一　八四九頁中八行第一〇字「諸」，磧、普、南、徑、清、麗無。

一　八四九頁中一二行第六字「三」，石作「印三」。

一　八四九頁下一四行，八五二頁中五

行、六行末字至七行二字「陀羅尼」，資、普、南、徑、清作「多陀羅尼」。

一　八四九頁下一四行第一三字「相」，磧、普作「住」。

一　八四九頁下一七行第六字「世」，石作「世間」。

一　八五〇頁中九行末二字及一〇行首字「不欺誑」，石作「欺誑」。

一　八五〇頁中一〇行末字及一二行第八字「印」，磧、普、南、徑、清、麗無。

一　八五〇頁下一行「從言」，石、磧、普、南、徑、清作「是名」。

一　八五一頁中一〇行第五字「能」，磧、普、南、徑、清無。

一　八五一頁下二二行「法三昧」，磧、普、南、徑、清、麗作「法」。

一　八五二頁上一八行第一二字「炬」，石、磧、普、南、徑、清作「如炬」。

一　八五二頁中一九行「所説」，石、磧、普、南、徑、清無。

一　八五二頁下一行第三字「見」，麗作「得」。

一　八五二頁下一一行第一三字「諸」，石、磧、普、南、徑、清作「語」。

一　八五二頁下一四行第一一字「是」，磧、普、南、徑、清作「是三昧」。

一　八五二頁下一六行第六字「釋」前，石、磧、普、南、徑、清冠以「論」。

一　八五二頁下二二行第一三字「諸」，石作「識」。

一　八五三頁上六行末字「解」，石、麗作「三解」。

一　八五三頁上二一行，八五四頁中四行，八五七頁中、末行「世界」，石作「國土」。

一　八五三頁中二行第五字「者」，石作「三昧者」。

一　八五三頁中二一行第一二字「故」，石、磧、南、徑、清、麗作「放」。

一　八五三頁下一八行首字「循」，石、磧、南、徑、清作「修」。

一　八五四頁上一行第三字「知」，石作「如」。

一　八五四頁上一八行首字「作」，麗作「住」。

一　八五四頁中一三行第一〇字「於」，石、麗作「於諸」。

一　八五四頁中二一行第一一字「藏」，石、磧、南、徑、清作「滅」。

一　八五四頁下五行第八字「故」，石、磧、普、南、徑、麗作「多故」。

一　八五五頁上九行第八字「是」，石作「是故」。

一　八五五頁上一八行第八字「達」，石、麗無。

一　八五五頁上二〇行首字「即」，磧、普、南、徑、清無。

一　八五五頁中一行第六字「得」，磧、普、南、徑、清無。

一　八五五頁中七行第一〇字「如」，磧、普、南、徑、清無。

一　八五五頁中一五行首字「想」，石、麗作「相」。

一　八五五頁中一五行第一三字「後」，

石、麗作「見後」。
— 八五五頁中二〇行首字「者」，石作「故」。
— 八五五頁下八行第一〇字「十」，磧、南、徑、清作「一」。
— 八五五頁下九行第一一字「是」，磧、普、南、徑、清無。
— 八五五頁下一九行首字「詈」，石、磧、南、徑、清作「罵」。
— 八五五頁下二〇行第一二字「義」，磧、普、南、徑、清作「字」。
— 八五五頁下末行第三字「生」，磧、普、南、徑、清作「生不知」。
— 八五六頁上三行末字「相」，麗無。
— 八五六頁中一二行「斷故」，石作「悉斷」。
— 八五六頁中一三行末字「是」，磧、普、南、徑、清作「是是」。
— 八五六頁中一四行「斷故」，磧、普、南、徑、清作「悉斷」。
— 八五六頁中一七行第三字「疑」，磧、普、南、徑、清作「礙」。
— 八五六頁中一七行第一一字「掌」、石、麗作「掌中」。
— 八五七頁上六行第四字「是」，石、磧、普、南、徑、清無。
— 八五七頁上一〇行「家姓身性眷屬」，石、磧、普、南、徑、清作「好家好身好眷屬」。
— 八五七頁中五行第一一字「惡」，石、麗作「憎」。
— 八五七頁中一九行第二字「樂」，南、徑、清作「爽」。
— 八五七頁中二〇行第一一字「黑」，石、麗作「闇」。
— 八五七頁下四行第五字「世」，麗作「世間」。
— 八五七頁下一五行第一三字「脱」，石、磧、普、南、徑、清作「脱之」。
— 八五八頁上一行第五字「與」，磧、普、南、徑、清無。
— 八五八頁上八行第二字「然」，石、磧、普、南、徑、清、麗作「然故」。
— 八五八頁上一七行第三字「如」，磧、普、南、徑、清無。
— 八五八頁上一八行「空空」，石、麗作「虛空」。
— 八五八頁中九行第一四字「衍」，石有夾注「衍釋第八十品第」。
— 八五八頁中末行石作「大智度論經第五十二」。

大智度論釋四念處品第十九　卷四八　名

龍樹菩薩造

後秦龜茲國三藏鳩摩羅什譯

經佛告須菩提菩薩摩訶薩摩訶衍所謂四念處何等四須菩提菩薩摩訶薩內身中循身觀亦無身覺以不可得故外身中內外身中循身觀亦無身覺以不可得故勤精進一心除世間貪憂內受內心內法外受外心外法內外受內外心內外法循法觀亦無法覺以不可得故勤精進一心除世間貪憂須菩提菩薩摩訶薩云何內身中循身觀須菩提若菩薩摩訶薩行時知行住時知住坐時知坐卧時知卧如身所行如是知須菩提菩薩摩訶薩如是內身中循身觀勤精進一心除世間貪憂以不可得故復次須菩提菩薩摩訶薩若來若去視瞻一心屈申俯仰服僧伽梨執持衣鉢飲食卧息坐立睡覺語默入禪出禪亦常一心如是須菩提菩薩摩訶薩行般若波羅蜜內身中循身觀以不可得故復次須菩提菩薩摩訶薩內身中循身觀時一心念入息時知入息出息時知出息入息長時知入息長出息長時知出息長入息短時知入息短出息短時知出息短譬如旋師若旋師弟子繩長知長繩短知短菩薩摩訶薩亦如是一心念入息時知入息出息時知出息入息長時知入息長出息長時知出息長入息短時知入息短出息短時知出息短如是須菩提菩薩摩訶薩內身中循身觀勤精進一心除世間貪憂以不可得故復次須菩提菩薩摩訶薩觀身四大作是念身中有地大水大火大風大譬如屠牛師若屠牛弟子以刀殺牛分作四分作四分已若立若坐觀此四分菩薩摩訶薩亦如是行般若波羅蜜時種種觀身四大地大水大火大風大如是須菩提菩薩摩訶薩內身中循身觀以不可得故復次須菩提菩薩摩訶薩觀內身從足至頂周匝薄皮種種不淨充滿身中作是念身中有髮毛爪齒薄皮厚皮筋肉骨髓脾腎心肝肺小

大智度論卷第四八　第二張　名

腸大腸胃胞戻尿垢汗目淚涕唾膿血黃白痰陰肪冊腦膜辟如田夫倉中隔𢧐雜穀種種充滿稻麻黍粟豆麥明眼之人開倉即知是麻是黍是稻是粟是麦是豆分別悉知菩薩摩訶薩亦如是觀是身從足至頂周匝薄皮種種不淨充滿身中髮毛爪齒乃至腦膜如是須菩提菩薩摩訶薩觀内身勤精進一心除世間貪憂以不可得故復次須菩提菩薩摩訶薩若見棄死人身一日二日至于五日膖脹青瘀膿汁流出自念我身亦如是相如是法未脫此法如是須菩提菩薩摩訶薩内身中循身觀勤精進一心除世間貪憂以不可得故復次須菩提菩薩摩訶薩若見棄死人身若六日若七日烏鵄鵰鷲犲狼狐狗如是等種種禽獸齰裂食之自念我身如是相如是法未脫此法如是須菩提菩薩摩訶薩内身中循身觀勤精進一心除世間貪憂以不可得故復次須菩提菩薩摩訶薩若見棄死人身禽獸食已不淨爛臭自念我身如

大智度論卷第卌八　第三張　名

是相如是法未脫此法乃至除世間貪憂復次須菩提菩薩摩訶薩若見棄死人身骨鏁血肉塗染筋骨相連自念我身如是相如是法未脫此法乃至除世間貪憂復次須菩提菩薩摩訶薩若見棄死人身骨鏁血肉已離筋骨相連自念我身如是相如是法未脫此法乃至除世間貪憂復次須菩提菩薩摩訶薩若見棄死人身骨鏁已散在地自念我身如是相如是法未脫此法如是須菩提菩薩摩訶薩觀内身乃至除世間貪　憂復次須菩提菩薩摩訶薩若見棄死人身骨散在地腳骨異處腨骨膞骨腰骨肋骨脊骨手骨項骨髑髏各各異處自念我身如是相如是法未脫此法如是須菩提菩薩摩訶薩觀内身乃至除世間貪憂復次須菩提菩薩摩訶薩見是棄死人骨在地歲久風吹日曝色白如貝自念我身如是相如是法未脫此法如是須菩提菩薩摩訶薩觀内身乃至除世間貪憂以不可得故論問曰四念處中有種種觀何

大智度論卷第四十八　第四張　名

大智度論卷第四十八　第五張　名字号

以但說十二種觀所謂若内若外若内外復次何等是内何等是外内外觀已何以復別說内外復次四念處中一念處是内内法中攝所謂心二念處是外外法中攝所謂受與法一念處是内外内外法中攝所謂身何以說四法都是内都是外都是内外何以不但言觀身而言循身觀云何觀身而不生身覺何以言勤精進一心三十七品皆應言一心何以但此中言心此中若修行四念處時一切五蓋應除何以獨言除貪世間喜亦能妨道何以但言除憂觀身法種種門無常苦空無我等今何以但言不淨若但觀不淨何以復念身四威儀等此事易知何足問答曰是十二種觀行者從此得定心先來三種邪行若内若外若内外破三種邪行是故有三種正行有人著内情多著外情少如人為身故能捨妻子親屬寶物有人著外情多著内情少如人貪財喪身為欲没命有人著内外情多是故說三種正行復次自身名内身他身

名外身九受入名為內身九不受入名為外身眼等五情名為內身色等五塵名為外身如是等分別內外行者先以不淨無常苦空無我等智慧觀內身不得是身好相若淨相若常相若樂若我若實內既不得復觀外身求淨常我樂實亦不可得若不得便生疑我觀內時於外或錯觀外時於內或錯今內外一時俱觀亦不可得是時心得正定知是身不淨無常苦空無我如病如癰如瘡九孔流織是為行廁不久破壞離散盡滅死相常有飢渴寒熱鞭杖繫閉罵詈毀呰老病等諸苦常圍遶不得自在內空無主亦無知者見者作者受者但空諸法因緣和合而有自生自滅無所繫屬猶如草木是故內外俱觀餘內外義如十八空中說循身觀者尋隨觀察知其不淨衰老病死爛壞臭處骨節腐敗摩滅歸土如我此身覆以薄皮令人狂惑憂畏万端以是故如身相內外隨逐本末觀察又如佛說循身觀法不生身覺者不取身一

異相而生戲論衆生於是身中起種種覺有生淨覺有生不淨覺有生瞋覺念他過罪有人觀此身為何法諸身分邊為一為異不生如是種種覺所以者何無所利益妨涅槃道故復次餘凡夫聲聞人取身相能觀身菩薩不取身相而能觀身勤精進一心者餘世事巧便從無始世界來常習常作如離別常人易離別知識難離別知識易離別父子難離別父子易自離其身難自離其身易離其心者難自不一心勤精進此不可得譬如攢燧求火一心勤著不休不息乃可得火是故說一心勤精進除世間貪憂者貪除則五蓋盡去猶如破竹初節既破餘節皆去復次行者遠離五欲出家學道既捨世樂未得定樂或時心生憂念如魚樂水心相如是常求樂事還念本所欲行者多生是二心是故佛說當除貪憂說貪即是說世間喜以相應故初觀不淨者人身不淨薄皮覆故先生淨相後生餘倒以是故初說不淨觀復次衆生多著貪

欲取淨相瞋恚邪見不尒故是以先治貪欲觀不淨念身四威儀等者先欲破身賊得一心人所為之事皆能成辦以是故先尋繹其身所為所行來去卧覺坐禪觀身所作常一心安詳不錯不亂作如是觀察以不淨三昧易得身雖安詳內有種種惡覺觀破亂其心以是故說安那波那十六分以防覺觀安那般那義如先說身既安詳心無錯乱然後行不淨觀安隱牢固若先行不淨觀狂心錯乱故不淨反作淨相佛法中此二法名甘露初門不淨觀者所謂菩薩摩訶薩觀身如草木瓦石無異是身外四大變為飲食充實內身堅者是地濕者是水熱者是火動者是風是四事入內即是身是四分中各各無我無我所隨逐自相不隨人意苦空等亦如是說若坐若立者卧則懈息身不動故心亦不動行則心乱身不靜故心亦不靜欲以眼見事況所不見故說譬喻牛即是行者身屠兒即是行者刀是利智慧奪牛命即是破身一相四分

即是四大屠者觀牛四分更無別牛
亦非是牛行者觀身四大亦如是是
四大不名為身所以者何此四身一
故又四大是捴相身是別相若外四
大不名為身入身中假名為身我不
在四大中四大不在我中我去四大
違但以顛倒妄計為身用是散空智
慧分別四大及造色然後入三念處
得入道又此身從足至髮從髮至足
周帀薄皮交覆思惟無一淨處髮毛
等乃至腦膜略說則三十六廣說則
衆多穀倉是身農夫是行者田種
穀是行者身業因緣結實入倉是
行者因緣熟得身稻麻黍粟等是身
中種種不淨農夫開倉即知麻黍麦
豆種種別異是行者不淨觀以慧眼
開見是身倉知此身中不淨充滿必當
敗壞若他來害若當自死此身中但
有屎尿不淨種種惡露等已觀內身
不淨今觀外身敗壞是故說二種不
淨一者已壞二者未壞先觀已身未
壞有識若結使薄利根人即生患猒
鈍根結厚者觀死人已壞可畏可惡

大智度論卷第四十八　第九張　名

大智度論卷第四十八　第十張　名字号

若死一日至五日親里猶尚守護是時
禽獸未食青瘀膖脹膿血流出腹脹
破裂五藏爛壞屎尿臭處甚可惡猒
行者心念此色先好行來言語媱蠱
姿則惑乱人情淫者愛著今者觀之
好色安在如佛所說真是幻法但誑
無智之眼今此實事露現行者即念
我身與彼等無有異未脫此法去何
自著著彼人亦何為自重輕他如是
觀已心則調伏可以求道能除世間
貪憂又復思惟此屍初死之時鳥獸
見之謂非死人不敢來近以是故說
過六七日親戚既去鳥鷲野干之屬
競來食之皮肉既盡日日變異以是
故說但有骨人身其如此更生猒心
念言是心所攸肉實無有我但因是
身合集罪福因緣受苦無量即復自
念我身不久會當如是未離此法或
時行者見骨人在地雨水澆浸日曝
風吹但有白骨或見久骨筋斷節解
分散異處其色如鴿或腐朽爛壞與
土同色初觀三十六物死屍膖脹一
日至五日是不淨觀鳥獸來食乃至

與土同色是無常觀是中求我我所
不可得如先說因緣生不自在故是
非我觀觀身相如此無一可樂若有
著者則生憂苦是名苦觀以四聖行
觀外身自知已身亦復如是然後內
外俱觀若心散乱當念老病死三惡
道苦身命無常佛法欲滅如是等鞭
心令伏還繫不淨觀中是名勤精進
一心勤精進故能除貪憂貪憂二賊
劫我法實行者作是念是身無常不
淨可惡如此衆生何故貪著此身起
種種罪因緣如是思惟已知是身中
有五情外有五欲和合故生世間顛倒
樂人心求樂初無住時當觀此樂為
實為虛身為堅固猶尚散滅何況此
樂此樂亦無住處未來未有過去已
滅現在不住念念皆滅以遮苦故名
樂無有實樂譬如飲食除飢渴苦故
蹔以為樂過度則復生苦如先破樂
中說則知世間樂皆從苦因緣生亦
能生苦果誑人須臾後苦無量譬如
美食雜毒食雖香美毒則害人世間
樂亦如是婬欲煩惱等毒故奪智慧

大智度論卷第四十八　第十一張　名

命心則狂惑捨利取衰誰受此樂雖有心識諦觀此心念念生滅相續有故可得取相辟如水波燈焰受苦心非樂心受樂心非苦心受不苦不樂心非苦樂心時相各異以是故心無常無常故不自在不自在故無我想思憶念等亦如是餘三念處內外相如先說行是四聖行破四顛倒破四顛倒故開實相門開實相門已愧本所習辟人夜食不淨地了知非羞愧其事觀是四法不淨無常等是名苦諦是苦因愛等諸煩惱是集諦愛等煩惱斷是滅諦斷愛等諸煩惱方便是道諦如是觀四諦信涅槃道心住快樂似如無漏是名煖法如人攢火並有煖氣必望得火信此法已心愛樂佛是法如佛所說如服好藥差病知師為妙諸服藥病差者人中第一是則信僧如是信三寶煖法增進罪福停等故名為頂法如人上山至頂兩邊道里俱等從頂至忍乃聲聞羅漢是一邊道從煖至頂是一邊道聲聞法中觀四念處所得果報如是菩

薩法者於是觀中不忘本願不捨大悲先用不可得空調伏心地住是地中雖有煩惱心常不墮如人雖未煞賊繫閉一處菩薩頂法如先法位中說忍法世間第一法則是菩薩柔順法忍須陁洹道乃至阿羅漢辟支佛道卽是菩薩無生法忍如佛後品自說須陁洹若智若果皆是菩薩無生法忍四正勤四如意足雖各各別位皆在四念處中慧多故名四念處精進多故名四正勤定多故名四如意足問曰若爾者何以不說智處而說念處荅曰初習行時未及有智念為初門常念其事是智慧隨念故以念為名四念處實體是智慧所以者何觀內外身卽是智慧念持智慧在緣中不令散亂故名念處與九十六種邪行求道相違故名正勤諸外道等捨五欲自苦身不能捨惡不善不能集諸善法佛有兩種斷惡不善法已來者除却未來者防使不生善法亦有二種未生善法令生已生善法令增長是名正勤智慧火得正勤風無所

不燒正勤若過心則散亂智火微弱如火得風過者或滅或微不能燒照是故須定以制過精進風則可得定定有四種欲定精進定心定思惟定制四念處中過智慧是時定慧道得精進故所欲如意後得如意事辦故名如意足足者名如意因緣亦名分是十二法鈍根人中名為根如樹有根未有力若利根人中名為力是事了了能疾有所辦如利刀截物故名有力事未辦故名為道事辦思惟修行故名為覺三十七品論議如先說問曰若菩薩修是三十七品云何不取涅槃荅曰本願牢故大悲心深入故了了知諸法實相故十方諸佛護念故如經說菩薩到七住地外觀諸空內觀無我如人夢中縛栰渡河中流而覺作是念我自疲苦無河無栰我何所渡菩薩爾時亦如是心則悔猒我何所度何所滅且欲自滅倒心是時十方佛申手摩頂善哉佛子莫生悔心念汝本願汝雖知此眾生未悟汝當以此空法教化眾生汝所得

者始是一門諸佛無量身無量音聲無量法門一切智慧等汝皆未得汝觀諸法空故著是涅槃諸法空中無有滅處無有著處若實有滅汝先來已滅汝未具足六波羅蜜乃至十八法汝當具足此法坐於道場如諸佛法復次三三昧十一智三無漏根覺觀三昧十念四禪四無量心四無色定八背捨九次第定如先說復次佛十力四無所畏四無导智十八不共法如初品中說是諸法後皆用無所得故以般若波羅蜜畢竟空和合故名除世間貪憂以不可得故復次須菩提菩薩摩訶薩見是棄死人骨在地其色如鴿腐朽爛壞與土共合自念我身如是法如是相未脫此法如是須菩提菩薩摩訶薩內身中循身觀勤精進一心除世間貪憂以不可得故外身內外身亦如是受念處心念處法念處亦應如是廣說須菩提是名菩薩摩訶薩摩訶衍復次須菩提菩薩摩訶薩摩訶衍所謂四正勤何等四須菩提菩薩摩訶薩未生諸惡不善法為不生故欲生勤精進攝心行道已生惡不善法為斷故欲生勤精進攝心行道未生諸善法為生故欲生勤精進攝心行道已生諸善法為住不失脩滿增廣故欲生勤精進攝心行道以不可得故須菩提是名菩薩摩訶薩摩訶衍復次須菩提菩薩摩訶薩摩訶衍所謂四如意分何等四欲定斷行成就脩如意分心定斷行成就脩如意分精進定斷行成就脩如意分思惟定斷行成就脩如意分以不可得故須菩提是名菩薩摩訶薩摩訶衍復次須菩提菩薩摩訶薩摩訶衍所謂五根何等五信根精進根念根定根慧根是名菩薩摩訶薩摩訶衍以不可得故復次須菩提菩薩摩訶薩摩訶衍所謂五力何等五信力精進力念力定力慧力是名菩薩摩訶薩摩訶衍以不可得故復次須菩提菩薩摩訶薩摩訶衍所謂七覺分何等七菩薩摩訶薩脩念覺分依離依無染向涅槃擇法覺分精進覺分喜覺分除覺分定覺分捨覺分依離依無染向涅槃以不可得故是名菩薩摩訶薩摩訶衍復次須菩提菩薩摩訶薩摩訶衍所謂八聖道分何等八正見正思惟正語正業正命正精進正念正定是名菩薩摩訶薩摩訶衍以不可得故復次須菩提菩薩摩訶薩摩訶衍所謂三三昧何等三空無相无作三昧空三昧名諸法自相空是為空解脫門無相名壞諸法相不憶不念是為無相解脫門無作名諸法中不作是為無作解脫門是名菩薩摩訶薩摩訶衍以不可得故復次須菩提菩薩摩訶薩摩訶衍所謂苦智集智滅智道智盡智無生智法智比智世智他心智如實智云何名苦智知苦不生是名苦智云何名集智知集應斷是名集智云何名滅智知苦滅是名滅智云何名道智知八聖道分是名道智云何名盡智知諸婬怒癡盡是名盡智云何名無生智知諸有中無生是名無生智云何名法智知五衆本事是名法智云何名比智知眼無常乃至意

觸因緣生受無常是名比智云何名世智知因緣名字是名世智云何名他心智知他衆生心是名他心智云何名如實智知諸佛一切種智是名如實智須菩提是名菩薩摩訶薩摩訶衍以不可得故復次須菩提菩薩摩訶薩摩訶衍所謂三根未知欲知根知根知者根云何名未知欲知根諸學人未得果信根精進根念根定根慧根是名未知欲知根云何名知根諸學人得果信根乃至慧根是名知根云何名知者根諸無學人若阿羅漢若辟支佛諸佛信根乃至慧根是名知者根須菩提是名菩薩摩訶薩摩訶衍以不可得故復次須菩提菩薩摩訶薩摩訶衍所謂三三昧何等三有覺有觀三昧無覺有觀三昧無覺無觀三昧云何名有覺有觀三昧離諸欲離惡不善法有覺有觀離生喜樂入初禪是名有覺有觀三昧云何名無覺有觀三昧初禪二禪中間是名無覺有觀三昧云何名無覺无觀三昧從二禪乃至非有想非無想定是名無覺無觀三昧是名菩薩摩訶薩摩訶衍以不可得故復次須菩提菩薩摩訶薩摩訶衍所謂十念何等十念佛念法念僧念戒念捨念天念善念出入息念身念死以不可得故須菩提是名菩薩摩訶薩摩訶衍復次須菩提菩薩摩訶薩摩訶衍所謂四禪四無量心四無色定八背捨九次第定須菩提是名菩薩摩訶薩摩訶衍以不可得故復次須菩提菩薩摩訶薩摩訶衍所謂佛十力何等十佛如實知一切法是處不是處相一力也如實知他衆生過去未來現在諸業諸受法知造業處知因緣知報二力也如實知諸禪解脫三昧定垢淨分別相三力也如實知他衆生諸根上下相四力也如實知他衆生種種欲解五力也如實知世間種種无數性六力也如實知一切至處道七力也知種種宿命有相有因後一世二世乃至百千世劫初劫盡我在彼衆生中生如是性如是名如是飲食苦樂壽命長短彼中死是間生是間死還生是間此間生姓名飲食苦樂壽命長短亦如是八力也佛天眼淨過諸天眼見衆生死時生時端正醜陋若大若小若墮惡道若墮善道如是業因緣受報是諸衆生惡身業成就惡口業成就惡意業成就謗毀聖人受邪見業因緣故身壞死時入惡道生地獄中是諸衆生善身業成就善口業成就善意業成就不謗聖人受正見因緣故身壞死時入善道生天上九力也佛如實知諸漏盡故无漏心解脫無漏慧解脫現在法中自證知入是法所謂我生已盡梵行已作從今世不復見後世十力也須菩提是名菩薩摩訶薩摩訶衍以不可得故復次須菩提菩薩摩訶薩摩訶衍所謂四無所畏何等四佛作誠言我是一切正智人若有沙門婆羅門若天若魔若梵若復餘衆如實難言是法不知乃至不見是微畏相以是故我得安隱得無所畏安住聖主處在大衆中師子吼能轉梵輪諸沙門婆羅門若天若魔若梵若復餘衆實不能轉

一無畏也佛作誠言我一切漏盡若有沙門婆羅門若天若魔若梵若復餘衆如實難言是漏不盡乃至不見是微畏相以是故我得安隱得無所畏安住聖主處在大衆中師子吼能轉梵輪諸沙門婆羅門若天若魔若梵若復餘衆實不能轉二無畏也佛作誠言我說障法若有沙門婆羅門若天若魔若梵若復餘衆如實難言受是法不障道乃至不見是微畏相以是故我得安隱得無所畏安住聖主處在大衆中師子吼能轉梵輪諸沙門婆羅門若天若魔若梵若復餘衆實不能轉三無畏也佛作誠言我所說聖道能出世間隨是行能盡苦若有沙門婆羅門若天若魔若梵若復餘衆如實難言行是道不能出世間不能盡苦乃至不見是微畏相以是故我得安隱得無所畏安住聖主處在大衆中師子吼能轉梵輪諸沙門婆羅門若天若魔若梵若復餘衆實不能轉四無畏也須菩提是名菩薩摩訶薩摩訶衍以不可得故復次須

菩提菩薩摩訶薩摩訶衍所謂四無㝵智何等四義无㝵法無㝵辤無㝵樂說無㝵須菩提是名菩薩摩訶薩摩訶衍以不可得故復次須菩提菩薩摩訶薩摩訶衍所謂十八不共法何等十八一諸佛身無失二口無失三念無失四無異想五無不定心六無不知已捨心七欲無減八精進無減九念無減十慧無減十一解脫無減十二解脫知見無減十三一切身業隨智慧行十四一切口業隨智慧行十五一切意業隨智慧行十六智慧知見過去世無㝵無障十七智慧知見未來世無㝵无障十八智慧知見現在世無㝵无障須菩提是名菩薩摩訶薩摩訶衍以不可得故復次須菩提菩薩摩訶薩摩訶衍所謂字等語等諸字入門何等為字等語等諸字入門阿字門一切法初不生故羅字門一切法離垢故波字門一切法第一義故遮字門一切法終不可得故諸法不終不生故那字門諸法離名性相不得不失故邏字門諸法度

世間故亦愛枝因滅故陁字門諸法善心生故亦施相故婆字門諸法婆字離故荼字門諸法荼字淨故沙字門諸法六自在王性清淨故和字門入諸法語言道斷故多字門入諸法如相不動故夜字門入諸法如實不生故吒字門入諸法制伏不可得故迦字門入諸法作者不可得故婆字門入諸法時不可得故諸法時來轉故磨字門入諸法我所不可得故伽字門入諸法去者不可得故他字門入諸法處不可得故闍字門入諸法生不可得故駊字門入諸法駊字不可得故馱字門入諸法性不可得故賖字門入諸法定不可得故呿字門入諸法虛空不可得故叉字門入諸法盡不可得故哆字門入諸法有不可得故若字門入諸法智不可得故拕字門入諸法拕字不可得故婆字門入諸法破壞不可得故車字門入諸法欲不可得故如影五衆亦不可得故魔字門入諸法魔字不可得故火字門入諸法喚不可得故嗟字門

入諸法蹉字不可得故伽字門入諸法厚不可得故他字門入諸法處不可得故拏字門入諸法不來不去不立不坐不卧故頗字門入諸法遍不可得故歌字門入諸法聚不可得故醝字門入諸法醝字不可得故遮字門入諸法行不可得故吒字門入諸法驅不可得故荼字門入諸法邊竟處故不終不生過荼無字可說何以故更無字故諸字無㝵无名亦滅不可說不可示不可見不可書須菩提當知一切諸法如虛空須菩提是名陁羅尼門所謂阿字義若菩薩摩訶薩是諸字門印阿字印若聞若受若誦若讀若持若為他說如是知當得二十功德何等二十得强識念得慚愧得堅固心得經旨趣得智慧得樂說無㝵易得諸陁羅尼門得無疑悔心得聞善不憙聞惡不惱得不高不下住心得无增減得善巧知眾生語得巧分別五眾十二入十八界十二因緣四緣四諦得巧分別眾生諸根利鈍得巧知他心得巧分別日月歲節得

巧分別天耳通得巧分別宿命通得巧分別生死通得能巧說是處非處得巧知往來坐起等身威儀須菩提是陁隣尼門字門阿字門等是名菩薩摩訶薩摩訶衍釋曰字等語等者是陁羅尼於諸字平等無有愛憎又此諸字因緣未會時亦無終歸亦無現在亦無所有但住吾我心中憶想分別覺觀心說是散乱心說不見實事如風動水則無所見等者與畢竟空涅槃同等菩薩以此陁羅尼於一切諸法通達無㝵是名字等語等問曰若略說則五百陁羅尼門若廣說則無量陁羅尼門今何以說是字等陁羅尼名為諸陁羅尼門荅曰先說一大者則知餘者皆說此是諸陁羅尼初門說初餘亦說復次諸陁羅尼法皆從分別字語生四十二字是一切字根本因字有語因語有名因名有義菩薩若聞字因字乃至能了其義是字初阿後荼中有四十得是字陁羅尼菩薩若一切語中聞阿字即時隨義所謂一切法從初來不生相

阿提秦言初阿耨波陁秦言不生若聞羅字即隨義知一切法離垢相羅闍秦言垢若聞波字即時知一切法入第一義中波羅木陁秦言第一義若聞遮字即時知一切諸行皆非行遮梨夜秦言行若聞郁字即知一切法不得不失不來不去郁秦言不若聞邏字即知一切法離輕重相邏求秦言輕若聞陁字即知一切法善相陁摩秦言善若聞婆字即知一切法無縛无解婆陁秦言縛若聞荼字即知諸法不熱相南天竺荼闍他秦言不熱若聞沙字即知人身六種相沙秦言六若聞和字即知一切諸法離語言相和（子波反）婆他秦言語言若聞多字即知諸法在如中不動多他秦言如若聞夜字即知諸法入實相中不生不滅夜他跋秦言實若聞吒字即知一切法無障㝵相吒婆秦言障㝵若聞迦字即知諸法中無有作者迦羅迦秦言作者若聞娑字即知一切法一切種不可得薩婆秦言一切若聞摩字即知一切法離我所磨

迦羅秦言我所若聞伽字即知一切法底不可得伽陁秦言底若聞陁字即知四句如去不可得多陁阿伽陁秦言如去若聞闍(音社)字即知諸法生老不可得闍提闍羅秦言生死若聞濕波字即知一切法不可得如濕波字不可得濕波字無義故不釋若聞馱字即知一切法中法性不可得馱摩秦言法若聞賒字即知諸法寂滅相賒多(都餓反)秦言寂滅若聞呿字即知一切法虛空不可得呿伽秦言虛空若聞叉字即知一切法盡不可得叉耶秦言盡若聞哆字即知諸法邊得阿利迦哆度求那秦言是事邊得何利若聞若字即知一切法中無智相若那秦言知若聞他字即知一切法義不可得阿他秦言義若聞婆字即知一切法不可破相婆伽秦言破若聞車字即知一切法無去伽車提秦言去若聞濕麼字即知諸法牢堅如金剛石阿濕麼秦言石若聞火字即知一切法無音聲相火夜秦言喚來若聞蹉字即知一切法無慳无施相末

蹉羅秦言慳若聞伽字即知諸法不厚不薄伽那秦言厚若聞他(土茶反)字即知諸法無作處南天竺他那秦言處若聞拏字即知一切法及衆生不來不去不坐不臥不立不起衆生空法空故南天竺拏秦言不若聞頗字即知一切法因果空故頗羅秦言果若聞歌字即知一切五衆不可得歌大秦言衆若聞醝字即知醝字空諸法亦爾若聞遮字即知一切法不動相遮羅陁秦言動若聞多字即知一切法此彼岸不可得多羅秦言岸若聞荼字即知一切法必不可得波荼秦言必荼外更無字若更有者是四十二字枝派是字常在世間相似相續故入一切語故無㝵如國國不同無一定名故言無名聞已便盡故言滅諸法入法性皆不可得而況字可說諸法無憶想分別故不可示先意業分別故有口業口業因緣故身業作字字是色法或眼見或耳聞衆生強作名字無因緣以是故不可見不可書諸法常空如虛空相何況字說已便

滅是文字陁羅尼是諸陁羅尼門問曰知是陁羅尼門因緣者應得無量無邊功德何以但說二十荅曰佛亦能說諸餘無量无邊功德但以廢說般若波羅蜜故但略說二十得強識念者菩薩得是陁羅尼常觀諸字相脩習憶念故得強識念得慚愧者集諸善法猒諸惡法故生大慚愧心得堅固者集諸福德智慧故心得堅固如金剛乃至阿鼻地獄事尚不退阿耨多羅三藐三菩提何況餘苦得經旨趣者知佛五種方便說法故名為得經旨趣一者知作種種門說法二者知為何事故說三者知以方便故說四者知示理趣故說五者知以大悲心故說得智慧者菩薩因是陁羅尼分別破散諸字言語亦空言語空故名亦空名空故義亦空得畢竟空即是般若波羅蜜智慧樂說者既得如是畢竟清淨無㝵智慧以本願大悲心度衆生故樂說易得陁羅尼者辟如破竹初節既破餘者皆易菩薩亦如是得是文字陁羅尼諸陁羅尼

大智度論卷第四十八 第二十九張 名

自然而得無疑悔心者入諸法實相中雖未得一切智慧於一切深法中無疑无悔聞善不喜聞惡不瞋者各各分別諸字無讚歎无毀呰故聞善不喜聞惡不瞋不高不下者憎愛斷故善巧知衆生語者得解一切衆生言語三昧故巧分別五衆十二入十八界十二因緣四緣四諦者五衆等義如先說巧分別衆生諸根利鈍知他心天耳宿命巧說是處非處者如十力中說巧知往來坐起等者如阿毗跋致中所說日月歲節者日名從旦至旦初分中分後分夜亦三分一日一夜有三十時春秋分時十五時屬晝十五時屬夜餘時增減五月至晝十八時夜十二時十一月至夜十八時晝十二時一月或三十日或三十日半或二十九日或二十七日半有四種月一者日月二者世間月三者月月四者星宿月日月者三十日半世間月者三十日月月者二十九日加六十二分之三十星宿月者二十七日加六十七分之二十一閏月者從日月世間月二事中出是名十三月或十二月或十三月名一歲是歲三百六十六日周而復始菩薩知日中分時前分已過後分未生中分中住處無相可取日分空無所有到三十日時二十九日已滅云何和合成月無故云何和合而為歲以是故佛言世間法如幻如夢但是誑心法菩薩能知世間日月歲和合能知破散無所有是名巧分別如是等種種分別是名菩薩摩訶薩摩訶衍

大智度論卷第四十八

大智度論卷四十八

校勘記

一　底本，金藏廣勝寺本。八六一頁中、下八六二頁上、中，八六三頁下，八六四頁上、下，八六五頁中，八七〇頁下共九版，原版漫漶，以麗藏本換。

一　八六一頁中一行經名，石作「大智度經論卷第五十三」；磧、普、南、徑、清作「大智度論卷第四十八」。

一　八六一頁中三行後，石有「摩訶般若波羅蜜經四念處品第十九釋」；磧、普、南有「第十九品釋四念處」；徑、清作「釋四念處品第十九」，下有夾註「經作廣乘品」。

一　八六一頁中四行第二字「佛」，磧、普、南、徑、清、麗冠以「經」。

一　八六一頁中一七行「以不可得故」，磧、普、南、徑、清無。

一　八六一頁下一七行「種種」，磧、普、南、徑、清無。

一八六二頁上一行「胞屎尿垢汗目淚涕」，磧、普、南、徑、清作「脬尿屎垢汗淚洟涎」。

一八六二頁上二行第四字「陰」，磧、普、南、徑、清作「癊」。

一八六二頁中六行第一一字及一〇行第二字「璅」，磧、南、徑、清作「鏁」；普作「鎖」。

一八六二頁中一三行第一〇字「見」，石作「見是」。

一八六二頁中一四行第九字「膞」，磧、普、南作「踹」；徑、清作「腨」。

一八六二頁中末行第四字「論」，資無。

一八六三頁中一五行第一〇字「猶」，石作「譬」。

一八六三頁中二〇行第一三字「是」，磧、普、南、徑、清無。

一八六三頁下一四行第一〇字「身」，石無。

一八六三頁下一八行第一四字「說」，磧、普、南、徑、清無。

一八六三頁下二一行首字「欲」，磧、普、南、徑、清作「故」。

一八六三頁下末行第一一字「一」，石、磧、普、南、徑、清作「一異」。

一八六四頁上一二行第一二字「田」，磧、普、南、徑、清作「田者」。

一八六四頁上一七行第三字及次頁上一七行第三字「是」，磧、普、南、徑、清無。

一八六四頁上二一行第六字「二」，磧作「一」。

一八六四頁中四行末字「蠱」，磧、普、南、徑、清作「治」。

一八六四頁中九行第五字「人」，石、磧、普、南、徑、清、麗作「又」。

一八六四頁中一三行第九字「鳥」，石、麗作「烏」。

一八六四頁中一九行第九字「雨」，徑作「兩」。

一八六四頁下一九行首字「繫」，磧、普、南、徑、清、麗作「暫」。

一八六四頁下二二行第五字「飯」，磧、普、南、徑、清、麗作「食」。

一八六五頁上一〇行第九字「地」，磧、普、南、徑、清作「他」。

一八六五頁上一三行末字「等」，石、麗作「等諸」。

一八六五頁上一四行末字「住」，石作「甚」。

一八六五頁上二二行「煖至頂」，石作「煖法至頂法」。

一八六五頁中三行第九字「墮」，石作「隨」。

一八六五頁中七行首字「即」，石作「則」；磧、普、南、徑、清無。

一八六五頁中一一行第一三字「足」，石無。

一八六五頁下一二行第四字「爲」，磧、普、南、徑、清作「爲七」。

一八六五頁下一三行第七字「是」，麗作「此」。

一八六五頁下一七行首字「空」，石、磧、普、南、徑、清、麗作「法空」。

一八六五頁下一八行第七字「我」，石、磧、普、南、徑、清、麗作「我空」。

一八六五頁下二一行第一三字「子」，石作「滅」。

一八六六頁上五行末字「八」，石、麗作「八不共」。

一八六六頁上一三行第一二字「復」，石、磧、普、南、徑、清、麗冠以「經」。

一八六六頁上一四行第一二字「人」，磧、普、南、徑、清作「人身」。

一八六六頁上一五行首字「地」，石、麗作「地歲久」。

一八六六頁上一七行第一〇字「内」，石作「觀内」。

一八六六頁中二行第五字「生」，石、磧、普、南、徑、清、麗作「生諸」。

一八六六頁下九行第八字「爲」，石作「名」。

一八六六頁下一一行第一〇字「作」，麗作「作願」。

一八六六頁下二〇行第七字「怒」，石作「恚」。

一八六六頁下二二行第一二字「事」，麗作「事分別知無」。

一八六七頁上一三行第三字「若」，石無。

一八六七頁上二一行末字「間」，磧、普、南、徑、清作「間禪」。

一八六七頁中五行第二字「善」，石、麗作「滅」。

一八六七頁中五行第一一字至一六行首字「以不可得故」，石、磧、普、南、徑、清、麗移至六行末字「行」後。

一八六七頁中一二行第七字「法」，石作「法知」。

一八六七頁中二〇行第一二字「後」，石、磧、普、南、徑、清、麗作「緣」。

一八六七頁下九行第一一字「謗」，石、麗作「謗毀」。

一八六七頁下一〇行第二字「見」，石、磧、普、南、徑、清、麗作「見業」。

一八六七頁下一〇行「身壞死時」，麗作「身就壞時」。

一八六八頁上一九行第一〇字「安」，磧、普、南、徑、清作「安隱」。

一八六八頁中三行第四字「礙」後，麗有「義無礙者知諸法實相義法無礙者知諸法名辭無礙者言辭中無礙樂說無礙者審諦言無盡」三十七字。

一八六八頁中二二行第一一字「門」，石作「門一切」。

一八六八頁下一行第二字「門」，石、磧、普、南、徑、清、麗作「間」。

一八六八頁下一一行第七字「因」，石、麗作「因緣」。

一八六八頁下八行第一三字「婆」，磧、普、南、徑、清作「娑」。

一八六八頁下九行第一三字「来」，磧、普、南、徑、清作「未」。

一八六八頁下一〇行第二字「磨」，磧、普、南、徑、清作「摩」。

一八六八頁下一一行第一二字「他」，石作「陁」；磧、普、南、徑、清作「吔」。

一八六八頁下一二行首字「人」，石、磧、普、南、徑、清、麗作「入」。

一八六八頁下一三行第六字「欺」，

一　磧、普、南、徑、清、麗作「簸」。

一　八六八頁下一九行首字及第七字「拖」，石作「他」。

一　八六九頁上二行第七字「他」，石、麗作「吔」。

一　八六九頁上四行第一三字「遍」，石、磧、普、南、徑、清、麗作「邊」。

一　八六九頁上八行第二字「軀」，磧、普、南、徑、清作「驅」。

一　八六九頁上九行「故不終不生過茶無字可說」，石、麗作「不可得故不終不生故過茶無字可得」。

一　八六九頁上一〇行第一三字「滅」，石、磧、普、南、徑、清、麗作「不滅亦」。

一　八六九頁上一八行第六字「諸」，磧、普、南、徑、清作「諸餘」。

一　八六九頁上二〇行第四字「得」，磧、普、南、徑、清無。

一　八六九頁中四行第三字「障」，石、磧、普、南、徑、清、麗作「羅」。

一　八六九頁中四行「字門」，石、麗無。

一　八六九頁中五行第七字「衍」，磧、普、南、徑、清作「衍以不可得故」。

一　八六九頁中五行第八字「釋」，石、磧、普、南、徑、清冠以「論」。

一　八六九頁中九行第一一字「說」，石、磧、普、南、徑、清作「語」。

一　八六九頁中二二行第九字「語」，磧、普、南、徑、清作「語法」。

一　八六九頁中二二行第一一字「閒」，石、磧、普、南、徑、清、麗作「聞」。

一　八六九頁下一行「秦言初」及「秦言不生」，石作夾註。

一　八六九頁下三行「秦言垢」，石作夾註。

一　八六九頁下四行第八字「木」，石、磧、普、南、徑、清作「末」。

一　八六九頁下四行「秦言第一義」，石作夾註。

一　八六九頁下六行「秦言行」，石作夾註。

一　八六九頁下七行「秦言不」，石作夾註。

一　八六九頁下九行「秦言輕」，石作夾註。

一　八六九頁下九行第六字及次頁上三行第一一字「陁」，石作「他」。

一　八六九頁下一〇行「秦言善」，石作夾註。

一　八六九頁下一二行第四字「不」，磧、普、南、徑、清作「無」。

一　八六九頁下一二行第一二字「他」，石作「陁」。

一　八六九頁下二二行第九字「薩」，磧、普、南、徑、清作「婆」。

一　八六九頁下末行第三字「摩」，磧、普、南、徑、清作「磨」。

一　八六九頁下末行「磨磨」，麗作「魔」。

一　八七〇頁上二行第一三字「陁」，磧、普、南、徑、清作「他」。

一　八七〇頁上五行第一二字「死」，石、磧、普、南、徑、清、麗作「老」。

一　八七〇頁上六行首字「漯」，石、磧、

普、南、徑、清、麗作「濕」，下同。

八七〇頁上六行第九字「不」，磧、普、南、徑、清作「皆不」。

八七〇頁上一三行第一二字「邊」，石、麗作「邊不可」。

八七〇頁上一三行末字「阿」，磧、普、南、徑、清作「何」。

八七〇頁上一六行第四字「知」，磧、普、南、徑、清、麗作「智」。

八七〇頁上一七行第四字「阿」，磧、普、南、徑、清作「阿利」。

八七〇頁上一八行第五字「可」，磧、普、南、徑、清作「可得」。

八七〇頁上一九行第八字「無」，石、磧、普、南、徑、清、麗作「無所」。

八七〇頁上二一行第五字「森」，石、麗作「尛」；磧、普、南、徑、清作「麼」。

八七〇頁上二二行第八字「火」，徑、清作「火婆」。

八七〇頁中二行第一一字及三行第一〇字「他」，石、磧、普、南、徑、清作「咃」。

八七〇頁中八行第七字「切」，石、麗作「切法」。

八七〇頁中一一行第三字「陁」，磧、普、南、徑、清、麗作「地」。

八七〇頁中一一行第九字「多」，石、磧、普、南、徑、清、麗作「吒」。一二行第八字，石、麗同。

八七〇頁中一四行第九字「更」，磧、普、南、徑、清無。

八七〇頁中一八行第九字「而」，石作「何」。

八七〇頁下二二行第三字「破」，石、磧、普、南、徑、清作「析」。

八七一頁上三行第二字「疑」，石作「礙」。

八七一頁上一二行第三字「中」，石、麗作「品中」。

八七一頁中三行首字「日」，石、磧、普、南、徑、清、麗作「百」。

八七一頁中四行第一〇字「生」，南、徑、清作「至」。

八七一頁中四行第一三字「中」，石、磧、普、南、徑、清、麗作「中無」。

八七一頁中六行第六字「日」，磧、普、南、徑、清無。

八七一頁中一一行末字「衍」，石作「衍釋第十九品竟」。

八七一頁中末行經名，石作「大智度經論卷第五十三」。

大智度論釋發趣品第二十 卷四九 名

龍樹菩薩造

後秦龜茲國三藏鳩摩羅什譯

佛告須菩提汝問云何菩薩摩訶薩大乘發趣若菩薩摩訶薩行六波羅蜜時從一地至一地是名菩薩摩訶薩大乘發趣須菩提白佛言世尊云何菩薩摩訶薩從一地至一地佛言菩薩摩訶薩知一切法無來去相亦無有法若來去若至若不至諸法相不滅故菩薩摩訶薩於諸地不念不思惟而修治地業亦不見地何等菩薩摩訶薩治地業菩薩摩訶薩住初地時行十事一者深心堅固是不可得故二者於一切衆生中等心衆生不可得故三者捨心與人受人不可得故四者近善知識亦不自高五者求法一切法不可得故六者常出家家不可得故七者愛樂佛身相好不可得故八者演出法教諸法分別不可得故九者破憍慢法生慧不可得故十者實語諸語不可得故菩薩摩

訶薩如是初地中住修治十事治地業復次須菩提菩薩摩訶薩住二地中常念八法何等八一者戒清淨二者知恩報恩三者住忍辱四者受歡喜五者不捨一切衆生六者入大悲心七者信師恭敬諮受八者勤求諸波羅蜜須菩提是名菩薩摩訶薩住二地中應滿足八法復次須菩提菩薩摩訶薩住三地中行五法何等五一者多學問無厭足二者淨法施亦不自高三者莊嚴佛國土亦不自高四者受世間無量勤苦不以爲厭五者住慚愧處須菩提是名菩薩摩訶薩住三地中應滿足五法復次須菩提菩薩摩訶薩住四地中應受行不捨十法何等十一者不捨阿練若住處二者少欲三者知足四者不捨頭陁功德五者不捨戒六者穢惡諸欲七者厭世間心八者捨一切所有九者心不沒十者不惜一切物須菩提是名菩薩摩訶薩住第四地中不捨十法復次須菩提菩薩摩訶薩住五地中遠離十二法何等十二一者遠離親白

衣二者遠離比丘尼三者遠離慳惜他家四者遠離無益談處五者遠離瞋恚六者遠離自大七者遠離蔑人八者遠離十不善道九者遠離大慢十者遠離自用十一者遠離顛倒十二者遠離婬怒癡須菩提是為菩薩摩訶薩住五地中遠離十二事復次須菩提菩薩摩訶薩住六地中當具足六法何等六所謂六波羅蜜復有六法所不應為何等六一者不作聲聞辟支佛意二者布施不應生憂心三者見有所索心不沒四者所有物布施五者布施之後心不悔六者不疑深法須菩提是名菩薩摩訶薩住六地中應滿具六法遠離六法

復次須菩提菩薩摩訶薩住七地中二十法所不應著何等二十一者不著我二者不著衆生三者不著壽命四者不著衆數乃至知者見者五者不著斷見六者不著常見七者不應作相八者不應作因見九者不著名色十者不著五衆十一者不著十八界十二者不著十二入十三者不著

三界十四者不作著處十五者不作所期處十六者不作依處十七者不著依佛見十八者不著依法見十九者不著依僧見二十者不著依戒見是二十法所不應著復有二十法應具足滿何等二十一者具足空二者無相證三者知無作四者三分清淨五者一切衆生中具足慈悲智六者不念一切衆生七者一切法等觀是中亦不著八者知諸法實相是事亦不念九者無生忍法十者無生智十一者說諸法一相十二者破分別相十三者轉憶想十四者轉見十五者轉煩惱十六者等定慧地十七者調意十八者心寂滅十九者無导智二十者不染愛須菩提是名菩薩摩訶薩住七地中應具足二十法

復次須菩提菩薩摩訶薩住八地中應具足五法何等五順入衆生心遊戲諸神通觀諸佛國如所見佛國自莊嚴其國如實觀佛身自莊嚴佛身是五法具足滿復次須菩提菩薩摩訶薩住八地中復具足五法何等五

知上下諸根淨佛世界入如幻三昧常入三昧隨衆生所應善根受身須菩提是為菩薩摩訶薩住八地中具足五法復次須菩提菩薩摩訶薩住九地中應具足十二法何等十二受無邊世界所度之分菩薩得如所願知諸天龍夜叉揵闥婆語而為說法處胎成就家成就所生成就姓成就眷屬成就出生成就出家成就莊嚴佛樹成就一切諸善功德成滿具足須菩提是名菩薩摩訶薩住九地中應具足十二法須菩提十地菩薩當知如佛尒時慧命須菩提白佛言世尊云何菩薩摩訶薩深心治地業佛言菩薩摩訶薩應薩婆若心集諸善根是名菩薩摩訶薩深心治地業云何菩薩於一切衆生中等心佛言若菩薩摩訶薩應薩婆若心生四無量心所謂慈悲喜捨是名於一切衆生中等心云何菩薩修布施佛言菩薩施與一切衆生無所分別是名修布施云何菩薩親近善知識佛言能教入薩婆若中住如是善知識親近諮

大智度論卷第四十九　第六張　名字号

受恭敬供養是名親近善知識云何菩薩求法佛言若菩薩應薩婆若心求法不墮聲聞辟支佛地是名求法云何菩薩常出家治地業佛言菩薩世世不雜心佛法中出家無能障礙者是名常出家治地業云何菩薩愛樂佛身治地業佛言若菩薩見佛身相乃至阿耨多羅三藐三菩提終不離念佛是名愛樂佛身治地業云何菩薩演出法教治地業佛言菩薩若現在佛若佛滅度後為衆生說法初中後善妙義好語淨潔紀具所謂修妬路乃至優婆提舍是名演出法教治地業云何菩薩破於憍慢治地業佛言菩薩破是憍慢故終不生下賤家是名破於憍慢治地業云何菩薩實語治地業佛言菩薩如所說如所行是名實語治地業是為菩薩摩訶薩初住地中應修行十事治地業論者言須菩提上問摩訶衍佛種種荅摩訶衍相上又問發趣大乘者今荅發趣大乘相菩薩摩訶薩乘是乘知一切法從本已来不来不去無動無發

大智度論卷第四十九　第七張　名字号

法性常住故又以大悲心故精進波羅蜜故方便力故還修諸善法更求勝地而不取地相亦不見此地問曰應荅發趣大乘何以說發趣地荅曰大乘即是地地有十分從初地至二地是名發趣辟如乘馬趣為捨馬乘為乘為趣龍捨為乘龍問曰此中是何等十地荅曰地有二種一者但菩薩地二者共地共地者所謂乾慧地乃至佛地但菩薩地者歡喜地離垢地有光地增曜地難勝地現在地深入地不動地善根地法雲地此地相如十地論中廣說入初地菩薩應行十法深心乃至實語須菩提雖知為斷衆生疑故問世尊云何是深心佛荅應薩婆若心集諸善根薩婆若心者菩薩摩訶薩初發阿耨多羅三藐三菩提意作是願我於未来世當作佛是阿耨多羅三藐三菩提意即是應薩婆若心應者繫心願我當作佛若菩薩利根大集福德諸煩惱薄過去罪業少發意即得深心深心者深樂佛道世世於世間心薄是名應薩

論卷第四十九　第八張　名字

婆若心所作一切功德若布施若持戒若修定等不求今世後世福樂壽命安隱但為薩婆若辟如慳貪人無因緣乃至一錢不施貪惜積聚但埅增長菩薩亦如是福德若多若少不向餘事但愛惜積集向薩婆若問曰是菩薩未知薩婆若不得其味云何能得深心荅曰我先已說此人若利根諸煩惱薄福德紀厚不樂世間雖未聞讚歎大乘猶不樂世間何況已聞如摩訶迦葉娶金色女為妻心不愛樂棄捨出家又如耶舍長者子中夜見衆婇女皆如死狀捨直十万兩金寶屐於水岸邊直度趣佛如是等諸貴人國王厭捨五欲者無數何況菩薩聞說佛道種種功德因緣而不即時發心深入如後薩陀波崙品中長者女聞讚歎佛功德即時捨家詣曇無竭所復次信等五根成就紀熟故能得是深心辟如小兒眼等五情根未成就故不別五塵不識好醜信等五根未成就亦復如是不識善惡不知縛解愛樂五欲沒於邪見信

等五根成就者乃能識別善惡十善道聲聞法猶尚愛樂況無上道而不深念初發無上道心已於世間實上何況成就復次菩薩始得般若波羅蜜氣味故能生深心如人閉在幽闇微隟見光心則踊躍作是念言衆人獨得見如是光明欣悅愛樂即生深心念是光明方便求出菩薩亦如是宿業因緣故閉在十二入無明黑闇獄中所有知見皆是虛妄聞般若波羅蜜少得氣味深念薩婆若我當去何於此六情獄得出如諸佛聖人復次發阿耨多羅三藐三菩提隨願所行以是故生深心深心者一切諸法中愛無如愛薩婆若一切衆生中愛無如愛佛又深入悲心利益衆生如是等名深心相初地菩薩應常行是心於一切衆生等心者菩薩得是深心已等心於一切衆生衆生常情愛其所親惡其所憎菩薩得深心故怨親平等視之無二此中佛自說等心者四無量心是菩薩見衆生受樂則生慈喜心作是願我當令一切衆生皆得

佛樂若見衆生受苦則生悲心愍之作是願我當拔一切衆生苦若見不苦不樂衆生則生捨心作是願我當令衆生捨愛憎心四無量心餘義如先說捨心者捨有二種一者捨財行施二者捨結得道此以除慳為捨與第二捨結作因緣至七地中乃能捨結問曰捨相有種種內外輕重財施法施世間出世間等佛何以故但說無分別憶想出世間施荅曰布施雖有種種相但說大者不取相復次佛於一切法不著亦以此教菩薩布施令如佛法不著此中應廣說無分別布施餘布施相處處已種種說近善知識義如先說求法者法有三種一者諸法中無上所謂涅槃二者得涅槃方便八聖道三者一切善語實語助八聖道者所謂八万四千法衆十二部經四藏所謂阿含阿毗曇毗尼雜藏摩訶般若波羅蜜等諸摩訶衍經皆名為法此中求法者書寫誦讀正憶念如是等治衆生心病故集諸法藥不惜身命如釋迦文佛本為菩薩時

名曰樂法時世無佛不聞善語四方求法精勤不懈了不能得尒時魔變作婆羅門而語之言我有佛所說一偈汝能以皮為紙以骨為筆以血為墨書寫此偈當以與汝樂法即時自念我世世喪身無數不得是利即自剝皮曝之令乾欲書其偈魔便滅身是時佛知其至心即從下方踊出為說深法即得無生法忍又如薩陀波崙苦行求法如釋迦文菩薩五百釘釘身為求法故又如金堅王割身五百處為燈炷投巖入火如是等種種苦行難行為衆生求法復次佛自說求法相為薩婆若不墮聲聞辟支佛地常出家者菩薩知在家有種種罪因緣我若在家自不能得行清淨行何能令人得諸淨行若隨在家法則有鞭杖等苦惱衆生若隨善法行則破居家法籌量二事我今不出家者死時俱亦當捨今自遠離福德為大復次菩薩作是念一切國王及諸貴人力勢如天求樂未已死强奪之我今為衆生故捨家持清淨戒求佛道具足尸

羅波羅蜜因緣此中佛自說菩薩世世不雜心出家不雜心者不於九十六種道中出家但於佛道中出家所以者何佛道中有二種正見世間正見出世間正見故愛樂佛身者聞種種讚佛功德十力四無所畏大慈大悲一切智慧又見佛身三十二相八十種隨形好放大光明天人供養無有猒足自知我當來世亦當如是假令無得佛因緣猶尚愛樂何況當得而不愛樂得是深心愛樂佛故世世常得值佛演出法教者菩薩如上求法已為衆生演說菩薩在家者多以財施出家者愛佛情重常以法施若佛在世若不在世善住持戒不求名利等心一切衆生而為說法讚歎檀義故名為初善分別讚歎持戒名為中善是二法果報若生諸佛國若作大天名為後善復次見三界五受衆身多苦惱則生猒離心名為初善棄捨居家為身離故名為中善為心離煩惱故名為後善解說聲聞乘名為初善說辟支佛乘名為中善宣暢大乘名

為後善妙義好語者三種語雖復辭妙而義味淺薄雖義理深妙而辭不具足以是故說妙義好語離三毒垢故但說正法不雜非法是名清淨八聖道分六波羅蜜備故名為具足修多羅十二部經如先說破憍慢者是菩薩出家持戒說法能斷衆疑或時自恃所生憍慢是時應作是念我剃頭著染衣持鉢乞食此是破憍慢法我云何於中生憍慢又此憍慢在人心中則覆沒功德人所不愛惡聲流布後身常生弊惡畜生中若生人中卑鄙下賤知是憍慢有如是無量過罪破是憍慢為求阿耨多羅三藐三菩提故如人求財猶尚謙遜下意何況求無上道以破憍慢故常生尊貴終不在下賤家生實語者是諸善之本生天因緣人所信受行是實語者不假布施持戒學問但修實語得無量福實語者如說隨行問曰口業有四種何以但說實語答曰佛法中貴實故說實餘皆攝四諦實故得涅槃復次菩薩與衆生共事惡口綺語兩舌或

時能有妄語罪重故初地應捨是菩薩行初地未能具足行此四業故但說實語第二地中則能具足問曰初地中何以但說十事答曰佛為法王諸法中得自在知是十法能成初地辟如良醫善知藥草種數若五若十足能破病是中不應難其多少　初地竟

云何菩薩戒清淨若菩薩摩訶薩不念聲聞辟支佛心及諸破戒障佛道法是名戒清淨云何菩薩知恩報恩若菩薩摩訶薩行菩薩道乃至小恩尚不忘何況多是名知恩報恩云何菩薩住忍辱力若菩薩於一切衆生無瞋無惱是名住忍辱力云何菩薩受歡喜所謂成就衆生生以此為喜是名受歡喜云何菩薩不捨一切衆生若菩薩念欲救一切衆生故是名不捨一切衆生云何菩薩入大悲心若菩薩如是念我為一一衆生故如恒河沙等劫地獄中受勤苦乃至是人得佛道入涅槃如是名為為一切十方衆生忍苦是名入大悲心云何菩薩信師恭敬諮受若菩薩於諸師如

世尊想是名信師恭敬諸受云何菩薩勤求諸波羅蜜若菩薩一心求諸波羅蜜無異事是名勤求諸波羅蜜是為菩薩摩訶薩住二地中滿足八法云何菩薩摩訶薩多學問無厭足諸佛所說法若是此間世界若十方世界諸佛所說盡欲聞持是名多學問無厭足云何菩薩淨法施所有法施乃至不求阿耨多羅三藐三菩提何況餘事是名不求名利法施云何菩薩淨佛世界以諸善根迴向淨佛世界是名淨佛世界云何菩薩受世間無量勤苦不以為厭諸善根備具故能成就衆生亦莊嚴佛界乃至具足薩婆若終不疲厭是名受無量勤苦不以為厭云何菩薩住慙愧處耻諸聲聞辟支佛意是名住慙愧處是為菩薩摩訶薩住三地中滿足五法云何菩薩不捨阿蘭若住處能過聲聞辟支佛地是名不捨阿蘭若住處云何菩薩少欲乃至阿耨多羅三藐三菩提尚不欲何況餘欲是名少欲云何菩薩知足得一切種智是名知

足云何菩薩不捨頭陀功德觀諸深法忍是名不捨頭陀功德云何菩薩不捨戒不取戒相是名不捨戒云何菩薩穢惡諸欲欲心不生故是名穢惡諸欲云何菩薩厭世間心知一切法不作故是名厭世間心云何菩薩捨一切所有不惜內外諸法故是名捨一切所有云何菩薩心不沒二種識處心不生故是名心不沒云何菩薩不惜一切物於一切物不著不念是名不惜一切物是為菩薩於四地中不捨十法云何菩薩遠離親白衣菩薩出家所生從一佛界至一佛界常出家剃頭著染衣是名遠離親白衣云何菩薩遠離比丘尼不共比丘尼住乃至彈指頃亦不生念是名遠離比丘尼云何菩薩遠離慳惜他家菩薩如是思惟我應安樂衆生他今助我安樂云何生慳是名遠離慳惜他家云何菩薩遠離無益談處若有談處或生聲聞辟支佛心我當遠離是名遠離無益談處云何菩薩遠離瞋恚不令瞋心惱心鬭心得

入是名遠離瞋恚云何菩薩遠離自大所謂不見內法故是名遠離自大云何菩薩遠離蔑人所謂不見外法故是名遠離蔑人云何菩薩遠離十不善道是十不善道能障八聖道何況阿耨多羅三藐三菩提是名遠離十不善道云何菩薩遠離大慢是菩薩不見法可作大慢者是名遠離大慢云何菩薩遠離自用是菩薩不見是法可自用者是名遠離自用云何菩薩遠離顛倒顛倒處不可得故是名遠離顛倒云何菩薩遠離婬怒癡婬怒癡處不可見故是名遠離婬怒癡是為菩薩住五地中遠離十二法云何菩薩住六地中具足六法所謂六波羅蜜諸佛及聲聞辟支佛住六波羅蜜中能度彼岸是名具足六法云何菩薩不作聲聞辟支佛意作是念聲聞辟支佛意非阿耨多羅三藐三菩提道云何菩薩布施不生憂心作是念此非阿耨多羅三藐三菩提道云何菩薩見有所索心不沒作是念此非阿耨多羅三藐三菩

提道云何菩薩所有物布施菩薩初發心時布施不言是可與是不可與云何菩薩布施之後心不悔慈悲力故云何菩薩不疑深法信功德力故是為菩薩住六地中遠離六法論者言戒清淨者初地中多行布施次知持戒勝於布施所以者何持戒則攝一切衆生布施則不能普周一切持戒遍滿無量如不殺生戒則施一切衆生命如衆生無量无邊福德亦無量無邊略說諸能破佛道事此中皆名破戒離是破戒垢皆名清淨乃至聲聞辟支佛心尚是戒垢何況餘惡知恩報恩者人言我宿世福德因緣應得或言我自然尊貴汝有何恩堕是邪見是故佛說菩薩當知恩衆生雖有宿世樂因今世事不和合則無由得樂辟如穀種在地無雨則不生不可以地能生穀故言雨無恩雖所受之物是宿世所種供奉之人敬愛好心豈非恩分復次知恩者是大悲之本開善業初門人所愛敬名譽遠聞死則生天終成佛道不知恩人甚

於畜生如佛說本生經有人入山伐木迷惑失道時值暴雨日暮飢寒惡虫毒獸欲來侵害是人入一石窟窟中有一大熊見之恐怖而出熊語之言汝勿恐怖此舍温煖可於中宿時連雨七日常以甘果美水供給此人七日雨止熊將此人示其道逕熊語人言我是罪身多有怨家若有問者莫言見我人答言尒此人前行見諸獵者獵者問言汝從何來見有衆獸不答言我見一大熊此熊於我有恩不得示汝獵者言汝是人當以人類相親何以惜熊今一失道何時復来汝示我者與汝多分此人心變即將獵者示熊處所獵者殺熊即以多分與之此人展手取肉二肘俱墮獵者言汝有何罪答言是熊看我如父視子我今背恩將是此罪獵者恐怖不敢食肉持施衆僧尒時上座六通阿羅漢語諸下座此是菩薩未来世當作佛莫食此肉即時起塔供養王聞此事勅下國内不知恩人無令住此又種種因緣讃知恩者知恩之義遍

閻浮提人皆信行復次菩薩作是念若人有惡事於我我猶尚應度何況於我有恩住忍辱力者如忍波羅蜜中廣說問曰種種因緣是忍辱相此中何以但說不瞋不惱答曰此是忍辱體先起瞋心然後身口惱他是菩薩初行故但說衆生忍不說法忍受歡喜者菩薩見是持戒故身口清淨知恩忍辱故心清淨三業清淨故則自然生歡喜辟如人香湯沐浴著好新衣瓔珞莊嚴鏡中自觀心生歡喜菩薩亦如是得是善法自莊嚴戒是禪定智慧根本我今得是淨戒無量無邊福德皆應易得以是自喜菩薩住是戒忍中教化衆生令得生他方佛前及生天上人中受樂或令得聲聞辟支佛乘佛乘者觀衆生樂著如長者觀小兒共戲亦與之同戲更以少異物與之令捨前所好菩薩亦如是教化衆生令得人天福樂漸漸誘進令得三乘以是故言受歡喜樂不捨一切衆生者菩薩脩集大悲心欲度衆生故發心牢固故不為諸佛賢聖

所輕笑故恐負一切衆生故不捨辟如先許人物後若不與則是虛妄罪人以是因緣故不捨衆生入大悲心者如先說此中佛自說本願大心為衆生故所謂為一一人故於無量劫代受地獄苦乃至令是人集行功德作佛入無餘涅槃問曰無有代受罪者何以作是願答曰是菩薩弘大之心深愛衆生若有代理必代不疑復次菩薩見人間有天祠用人肉血五藏祀羅刹鬼有人代者則聽菩薩作是念地獄中若當有如是代理我必當代衆人聞菩薩大心如是則貴敬尊重之所以者何是菩薩深念衆生踰於慈母故信師恭敬資受者菩薩因師得阿耨多羅三藐三菩提云何不信敬供養師雖智德高明若不恭敬供養則不能得大利譬如深井美水若無綆者無由得水若破憍慢高心宗重敬伏則功德大利歸之又如雨墮不住山頂必歸下處若人憍心自高則法不入若恭敬善師則功德歸之復次佛說依止善師持戒禪定智

慧解脫皆得增長譬如衆樹依於雪山根莖枝葉華果皆得茂盛以是故佛說於諸師宗敬之如佛問曰惡師云何得供養信受善師不能覩之如佛何况惡師佛何以故此中說於諸師尊如世尊想答曰菩薩不應順世間法順世間法者善者心著惡者遠離菩薩則不然若有能開釋深義解散疑結於我有益則盡心敬之不念餘惡如弊囊盛寶不得以囊惡故不取其寶又如夜行嶮道弊人執炬不得以人惡故不取其照菩薩亦如是於師得智慧光明不計其惡復次弟子應作是念師行般若波羅蜜無量方便力不知以何因緣故有此惡事如薩陀波崙聞空中十方佛教汝於法師莫念其短常生敬畏復次菩薩作是念法師好惡非是我事我所求者唯欲聞法以自利益如泥像木像無實功德因發佛想故得無量福德何况是人智慧方便能為人說以是故法師有過於我無咎如世尊想者我先說菩薩異於世人世人分別好

醜好者愛著猶不如佛惡者輕慢了不比數菩薩則不然觀諸法畢竟空從本已來皆如無餘涅槃相觀一切衆生視之如佛何况法師有智慧利益以能作佛事故視之如佛勤求諸波羅蜜者菩薩作是念是六波羅蜜是無上正真道因緣我當一心行是因緣譬如商人農夫隨所適國土所須之物地之所宜種子勤修求辦事無不成又如今世行布施後得大富持戒後得尊貴修禪定智慧得道菩薩亦如是行六波羅蜜則得成佛勤求者常一心勤求六波羅蜜所以者何若軟心漸進則為煩惱所覆魔人所壞以是故佛說於二地中勤求莫懈（二地竟）多學問無猒足者菩薩知多學問是智慧因緣得智慧則能分別行道如人有眼所至無㝵是故菩薩作是願十方諸佛有所說法我盡受持聞持陀羅尼力故得淨天耳力故得不忘陀羅尼力故譬如大海能受持一切十方諸水菩薩亦如是能受持十方諸佛所說之法淨法施者如苗

中生草除穢則茂菩薩亦如是法施
時不求名利後世果報乃至為衆生
故不求小乘涅槃但以大悲於衆生
隨佛轉法輪法施相莊嚴佛國相受
世間無量勤苦住慚愧處不捨阿蘭
若住處少欲知足如先說問曰種種
因緣在生死中不猒何以故但二因
緣說不猒荅曰是善根備具故在生
死中苦惱薄少辟人有瘡良藥塗之
其痛差少菩薩得善根清淨故今世
憂愁嫉妬惡心等惡皆止息若更受
身得善根果報自受福樂亦種種因
緣利益衆生隨其所願自淨世界世
界嚴淨勝於天宮視之無猒能慰釋
大菩薩心何況凡夫以是故雖有多
因緣但說二事無猒慚愧雖有種種
此中大者聲聞辟支佛心菩薩發心
欲廣度一切衆生得少苦惱便欲獨
取涅槃是可慚愧辟如有人大設餚
饍請呼衆人慳恡心起便自獨食甚可
慚愧（三地竟）不捨阿蘭若住處者離衆
獨住若過聲聞辟支佛心是名離衆
一切法以無所得空故不取不著相

乃至阿耨多羅三藐三菩提亦不取用
無有著心故菩薩常集諸功德無猒
足得無上道則足更無勝法故飲食
衣服卧具知足者是善法因緣不以
為要故不說不捨頭陀功德者如後
覺魔品中說無生法忍此中以無生
法忍為頭陀菩薩住於順忍觀無生
忍是十二頭陀為持戒清淨故持戒
清淨為禪定禪定為智慧故無生忍法
即是真智慧無生法忍是頭陀果報
果中說因故不捨戒不取戒相者是
菩薩知諸法實相故尚不見持戒何
況破戒雖種種因緣不破戒此戒為
大入空解脫門故汙穢諸欲者如先
說此中佛說知是心相虛誑不實故
乃至不生欲心何況受欲猒世間心
者如世間不可樂相中說此中佛說
猒心果報所謂無作解脫門捨一切
所有者如先說不沒心者先已種種
因緣說菩薩聞是不沒不畏相不生
二識處者二識處所謂眼色中不生
眼識乃至意法中不生意識菩薩住
是不二門中觀六識所知皆是虛誑

無實作大誓願令一切衆生住不二法
中離是六識不惜一切物者不惜一
切物中雖有種種因緣此因緣最大
所謂菩薩知一切法畢竟空不憶念
滅一切取相是故於受者不求恩惠
施中無高心如是具清淨檀波羅蜜
（四地竟）遠離親白衣者行者以妨道故
出家若復習近白衣則與本無異以
是故行者先求自度然後度人若未
能自度而欲度人者如不知浮人欲救
於溺相與俱沒是菩薩遠離親白衣
則能集諸清淨功德深念佛故棄身
至諸佛國出家剃頭著染衣所以者
何常樂出家法不樂習近白衣故遠
離比丘尼者如初品中說問曰菩薩
等心視一切衆生云何不得共住荅
曰是菩薩未得阿鞞跋致未斷諸漏
集諸功德人所樂著以是故不得共
住又為離人誹謗若誹謗者墮地獄
故遠離慳惜他家者菩薩作是念我
自捨家尚不貪不惜云何貪惜他家
菩薩法欲令一切衆生得樂彼人助我
與衆生樂云何慳惜衆生先世福德

因緣今世少有功夫故得供養我何以慳嫉遠離無益談說者此即是綺語為自心他心解愁事說王法事賊事大海山林藥草寶物諸方國土如是等事無益於福無益於道菩薩慈念一切衆生没在無常苦火我當救濟云何安坐空說無益之事如人失火四邊俱起云何安處其內語說餘事此中佛說若說聲聞辟支佛事猶為無益之言何況餘事遠瞋恚者心中初生名瞋心以未定故瞋心增長事定打斫殺害是名惱心惡口譏謗是名訟心若殺害打縛等是名鬭菩薩大慈悲衆生故則不生是心常防此惡心不令得入遠離自大憍者不見内外法所謂受五衆不受五衆遠離十不善道者菩薩觀十不善道中過罪種種因緣如先語此中佛說十不善道破小乘何況大乘遠離大慢者菩薩行十八空不見諸法定有大小相遠離自用者拔七種憍慢根本故又深樂善法故遠離顛倒者一切法中常樂淨我不可得故遠離三

毒者三毒義如先說又此三毒所緣無有定相（五地竟）六波羅蜜者如先說此中佛說三乘之人皆以此六波羅蜜得到彼岸問曰此是菩薩地何以故說聲聞辟支佛得到彼岸荅曰佛今說六波羅蜜多有所能大乘法中則能含受小乘小乘則不能是菩薩住六地中具足六波羅蜜觀一切諸法空未得方便力畏墮聲聞辟支佛地佛將護故說不應生聲聞辟支佛心菩薩深念衆生故大悲心故知一切諸法畢竟空故施時無所惜見有求者不瞋不憂布施之後心亦不悔福大故信力亦大深清淨信敬諸佛具足六波羅蜜雖未得方便無生法忍般舟三昧於深法中亦無所疑作是念一切論議皆有過罪唯佛智慧滅諸戲論無有闕失故而能以方便修善法是故不疑（六地竟）

大智度論卷第四十九

大智度論卷四十九

校勘記

一　底本，金藏廣勝寺本。

一　八七六頁中一行經名，石作「大智度經論卷第五十四」；磧、普、南、徑、清作「大智度論卷第四十九」。

一　八七六頁中三行後，石有「摩訶般若波羅蜜經發趣品第二十釋之一」；磧、普、南有「第二十品釋發趣品」；徑、清有「釋發趣品第二十」。

一　八七六頁中四行首字「佛」，石、磧、普、南、徑、清、麗冠以「經」。

一　八七六頁中一〇行第六字「去」，石、磧、普、南、徑、清、麗作「若去」。

一　八七六頁中一四行「是不可」，石作「用無所」。

一　八七六頁中一六行第一至二字「不可」，石作「以無所」。

一　八七六頁中一六行「捨心」，石、麗作「布施」。

一 八七六頁中一七行第五字「近」，石、磧、普、南、徑、清、麗作「親近」。

一 八七六頁中二一行第六字「破」，石作「破於」。

一 八七六頁下二行第一三字及八行首字「二」，石作「第二」。

一 八七六頁下四行第一〇字「辱」，石、磧、普、南、徑、清作「辱力」。

一 八七六頁下一一行「莊嚴」，石作「淨」。

一 八七六頁下一四行第二字「三」，石作「第三」。

一 八七六頁下一八行第七字「戒」，磧、普、南、徑、清作「戒不取戒相」。

一 八七六頁下一八行第一一字「惡」，磧、普、南作「汙」。

一 八七七頁上二行第一〇字「處」，南、徑、清作「說」。

一 八七七頁上三行第一三字「篾」，磧、南、徑、清作「儀」；麗作「蔑」。

一 八七七頁上六行第一二字「爲」，石、磧、南、徑、清作「名」。

一 八七七頁上一五行首字「六」，石作「第六」。

一 八七七頁中二二行首字「是」，磧、普、南、徑、清、麗作「是名」。

一 八七七頁下六行第一三字「所」，普、徑、麗作「是」。

一 八七七頁下八行第五至九字「家成就所生」，磧、普、南、徑、清作「生成就家」。

一 八七八頁上一〇行末字「若」，麗作「若佛」。

一 八七八頁上一三行第六字「婆」，磧、南、徑、清作「波」。

一 八七八頁上一六行第三字「名」，磧、普、南、徑、清作「名菩薩」。

一 八七八頁上一七行末二字「如所」，石、麗作「隨說」。

一 八七八頁上一九行第六字「應」，磧、普、南、徑、清、麗無。

一 八七八頁上一九行第一四字「論」，磧、普、南、徑、清、麗冠以「論」。

一 八七八頁上一九行末字至二〇行首字「者言」，石、麗作「釋曰」。

一 八七八頁中一二行第七字「根」，磧、普、南、徑、清作「相」。

一 八七八頁中一三行第四字「論」，石、麗作「經」。

一 八七八頁中末行「世世」，石無。

一 八七八頁下九行第六字「福」，石作「功」。

一 八七八頁下九行第八字及一九行末字「純」，磧、南、徑、清作「淳」。

一 八七九頁上六行第九字「是」，磧、普、南、徑、清無。

一 八七九頁上一三行第九字「提」，石、麗作「提心」。

一 八七九頁上二二行第一〇字「受」，磧、普、南、徑、清作「愛」。

一 八八〇頁中七行第一二字「疑」，石作「疑惑」。

一 八八〇頁中八行第三字「所」，石、磧、普、南、徑、清、麗作「而」。

一 八八〇頁中二〇行「說隨」，石作「實修」。

一八八〇頁下一行第二字「能」，麗無。

一八八〇頁下八行首字「云」，石、磧、普、南、徑、清、麗冠以〔經〕。

一八八〇頁下一五行第一〇字「生」，石、磧、普、南、徑、清、麗無。

一八八一頁上六行第七字「此」，石無。

一八八一頁上七行第一一字「名」，石作「爲」。

一八八一頁上一一行第二字及一二行第四字「淨」，石作「能淨」。

一八八一頁上一一行「世界」，石作「國土」，下同。

一八八一頁上一四行第一〇字「界」，石作「國土」。

一八八一頁中一一行第九字「爲」，石作「名」。

一八八一頁中一三行第一一字「界」，石作「國」。

一八八一頁中二〇行「談處」，徑、清作「談說」，下同。

一八八一頁下一三行第七字「可」，石作「可得」。

一八八二頁上五行第一三字「論」，磧、普、南、徑、清冠以〔論〕。

一八八二頁上五行末字至六行首字「者言」，石作「釋曰」；麗作「〔論〕者言」。

一八八二頁上一四行第六字「人」，石、磧、普、南、徑、清、麗作「有人」。

一八八二頁上一四行第八字「我」，磧、南、徑、清作「我當」。

一八八二頁中一二行第九字「是」，石作「見」。

一八八二頁中一六行第一〇字「肘」，磧作「時」。

一八八二頁中二〇行末字「當」，麗作「當得」。

一八八二頁中末行首字「又」，磧、普、南、徑、清、麗作「又以」。

一八八二頁中末行第一二字「之」，磧、普、南、徑、清作「人」。

一八八二頁下二二行第九字「集」，磧、南、徑、清作「習」。

一八八三頁上一五行第九字「資」，磧、南、徑、清、麗作「諮」。

一八八三頁上一七行第二字「敬」，石、磧、普、南、徑、清、麗作「恭敬」。

一八八三頁上二二行第三字「法」，石、麗作「法水」。

一八八三頁下一三行首字「求」，石、麗作「求道」。

一八八三頁下二〇行第八字「得」，石、磧、普、南、徑、清、麗作「清」。

一八八三頁下二二行第六字「水」，南作「大」。

一八八四頁中四行第八字「是」，徑、清作「則」。

一八八四頁中八行首字「忍」，石、麗作「法忍」。

一八八四頁中九行第一五字「忍」，石作「法忍」。

一八八四頁中一七行第八字「相」，磧、普、南、徑、清作「想」。

一八八四頁中一九行「不沒心」，徑、

清作「心不没」。

一　八八四頁中二一行第一〇字「眼」，磧、普、南、徑、清作「眼中」。

一　八八四頁下一三行首字「至」，磧、普、南、徑、清作「往至」。

一　八八五頁上五行第四字「無」，石無。

一　八八五頁上一〇行第一一字「遠」，石、磧、普、南、徑、清、麗作「遠離」。

一　八八五頁上一三行末字「心」，磧、普、南、徑、清無。

一　八八五頁上一八行第一〇字「語」，石、磧、南、徑、清作「説」。

一　八八五頁上末行「淨我」，磧、普、南、徑、清作「我淨」。

一　八八五頁中四行第一三字「故」，磧、普、南、徑、清無。

一　八八五頁中九行第六字「畏」，磧作「即」。

一　八八五頁中一三行第一三字「福」，石、磧、普、南、徑、清、麗作「福德」。

一　八八五頁中一八行末字「善」，石、磧、普、南、徑、清、麗作「諸善」。

一　八八五頁中末行「四十九」，石作「五十四」。

大智度論釋發趣品第二十之餘　卷五十　名

龍樹菩薩造

後秦龜茲國三藏鳩摩羅什譯

經云何菩薩不著我畢竟無我故云何菩薩不著衆生不著壽命不著衆數乃至知者見者是諸法畢竟不可得故云何菩薩不著斷見无有法斷諸法畢竟不生故云何菩薩不著常見若法不生是不作常云何菩薩不應取相無諸煩惱故云何菩薩不應作因見諸見不可得故云何菩薩不著名色名色處相無故云何菩薩不著五衆不著十八界不著十二入是諸法性無故云何菩薩不著三界三界性无故云何菩薩不應作著心云何菩薩不應作願云何菩薩不應作依止是諸法性無故云何菩薩不著依佛見作依見不見佛故云何菩薩不著依法見法不可見故云何菩薩不著依僧見僧相無為不可依故云何菩薩不著依戒見罪無罪不著故是為菩薩住七地中二十法所不應著

云何菩薩應具足空具足諸法自相空故云何菩薩無相證不念諸相故云何菩薩知無作於三界中不作故云何菩薩三分清淨十善道具足故云何菩薩一切衆生中慈悲智具足得大悲故云何菩薩不念一切衆生淨佛世界具足故云何菩薩一切法等觀於諸法不損益故云何菩薩知諸法實相諸法實相無知故云何菩薩無生忍為諸法不生不滅不作故云何菩薩無生智知名色不生故云何菩薩說諸法一相心不行二相故云何菩薩破分別相一切法不分別故云何菩薩轉憶想小大無量想轉故云何菩薩轉見於聲聞辟支佛地見轉故云何菩薩轉煩惱斷諸煩惱故云何菩薩等定慧地所謂得一切種智故云何菩薩調意於三界不動故云何菩薩心寂滅制六根故云何菩薩無礙智得佛眼故云何菩薩不染愛捨六塵故是為菩薩住七地中具足二十法

云何菩薩順入衆生心菩薩以一心

大智度論卷第五十　第二張　名

知一切衆生心及心數法云何菩薩
遊戲諸神通以是神通從一佛國至
一佛國亦不作佛國想云何菩薩觀
諸佛國自住其國見無量諸佛國亦
無佛國想云何菩薩如所見佛國自莊
嚴其國住轉輪聖王地遍至三千大千
世界以自莊嚴云何菩薩如實觀佛身
如實觀法身故是為菩薩住八地中具
足四法云何菩薩知上下諸根菩薩
住佛十力知一切衆生上下諸根去
何菩薩淨佛世界淨衆生故云何菩
薩如幻三昧住是三昧能成辦一切
事亦不生心相云何菩薩常入三昧
菩薩得報生三昧故云何菩薩隨衆
生所應善根受身菩薩知衆生所應
生善根而為受身成就衆生故是為
菩薩住八地中具足五法云何菩薩
受無邊世界所度之分十方無量世
界中衆生如諸佛法所應度者而度
脫之云何菩薩得如所願六波羅蜜
具足故云何菩薩知諸天龍夜叉揵
闥婆諸辭辯力故云何菩薩胎生成
就菩薩世世常化生故云何菩薩家

大智度論卷第五十　第三張　名

成就常在大家生故云何菩薩所生　第四張
成就若剎利家生若婆羅門家生故
云何菩薩性成就如過去菩薩所生
姓從此中生故云何菩薩眷屬成就
純諸菩薩摩訶薩為眷屬故云何菩
薩出生成就生時光明遍照無量无
邊世界亦不取相故云何菩薩出家
成就出家時無量百千億諸天侍從
出家是一切衆生必至三乘
云何菩薩莊嚴佛樹成就是菩提樹
以黃金為根七寶為莖節枝葉莖節
枝葉光明遍照十方阿僧祇三千大
千世界云何菩薩一切諸善根功德
成滿具足菩薩得衆生清淨佛界亦
淨是為菩薩住九地中具足十二法
云何菩薩住十地中當知如佛者菩
薩摩訶薩具足六波羅蜜四念處乃
至十八不共法一切種智具足滿斷
一切煩惱及習是為菩薩摩訶薩住
十地中當知如佛須菩提菩薩摩訶
薩住是十地中以方便力故行六波
羅蜜行四念處乃至十八不共法過
乾慧地性地八忍地見地薄地離欲

地已作地辟支佛地菩薩地過是九
地住於佛地是為菩薩十地如是須
菩提是名菩薩摩訶薩大乘發趣論者言
我等二十法不可得故不著不可得
因緣如先種種說我見乃至知者見
者佛見僧見是入衆生空故是見不
應著餘斷常乃至戒見是法空故不
應著問曰餘者可知因見云何答曰
一切有為法展轉為因果是法中著
心取相生見是名因見所謂非因說
因或因果一異等具足空者若菩薩
能盡行十八空是名具足空復次能
行二種空衆生空法空是名具足空
復次若菩薩能行畢竟空於中不著
是名具足空問曰若尒者佛此中何
以但說自相空答曰此三種空皆是
自相空以住六地菩薩福德故利根
利根故分別諸法取相以是故七地
中以相空為具足空佛或時說有為
空無為空名具足空或時說不可得
空名具足空無相證者無相即是涅
槃可證不可修不可修故不得言知
無量无邊不可分別故不得言具足

知無作者三事雖通是知三事更義
立其名無作但有知名三分清淨者
所謂十善道身三口四意三是名三
分已上說三解脫門故此中不復說三
分清淨者或有人身業清淨口業不
清淨口業清淨身業不清淨或身口
業清淨意業不清淨或有世間三業
清淨而未能離著是菩薩三業清淨
及離著故是名三分清淨一切衆生
中具足慈悲智者悲有三種衆生緣
法緣無緣此中說無緣大悲名具足
所謂法性空乃至實相亦空是名無緣
大悲菩薩深入實相然後悲念衆生
譬如人有一子得好寶物則深心愛
念欲以與之不念一切衆生者所清
淨世界具足故問曰若不念衆生者
云何能淨佛世界答曰菩薩令衆生
住十善道爲莊嚴佛國雖莊嚴未得
無㝵莊嚴令菩薩教化衆生不取衆
生相諸善根福德清淨諸善根福德
清淨故是無㝵莊嚴一切法等觀者
如法等忍中說此中佛自說於諸法
不增損知諸法實相者如先種種因

緣廣說無生忍法者於無生滅諸法
實相中信受通達無礙不退是名无
生忍無生智者初名忍後名智麤者忍
細者智佛自說知名色不生故說諸
法一相者菩薩知內外十二入皆是
魔網虛誑不實於此中生六種識亦
是魔網虛誑何者是實唯不二法無
眼無色乃至無意无法等是名實令
衆生離十二入故常以種種因緣說
住是不二法破分別相者菩薩是不二
法中破所緣男女長短大小等分別
諸法轉憶想者破內心憶想分別諸
法等轉見者是菩薩先轉我見邊
見等邪見然後入道令轉法見涅槃
見以諸法無定相轉涅槃者轉聲聞
辟支佛見直趣佛道轉煩惱者菩薩
以福德持戒力故折伏麤煩惱安隱
行道唯有愛見慢等微細者在今亦
離細煩惱復次菩薩用實智慧觀是
煩惱即是實相譬如神通人能轉不
淨爲淨等定慧地者菩薩於初三地
慧多定少未能攝心故後三地定多慧
少以是故不得入菩薩位令衆生空

法空定慧等故能安隱行菩薩道從
阿鞞跋致地漸漸得一切種智慧地
調意者是菩薩先憶念老病死三惡
道慈愍衆生故調伏心意令知諸法實
相故不著三界不著三界故調伏心
寂滅者菩薩爲涅槃故先於五欲中
折伏五情意情難折伏故令住七地意
情寂滅無㝵智者菩薩得般若波羅
蜜於一切實不實法中無㝵得是道
慧將一切衆生令入實法得無㝵解
脫得佛眼於一切法中無㝵問曰是七
地中何以說得佛眼答曰是中應學
佛眼於諸法無㝵似如佛眼不染愛
者是菩薩雖於七地得智慧力猶有
先世因緣有此肉身入禪定不著出
禪定時有著氣隨此肉眼所見見好
人親愛或愛是七地智慧實法是故
佛說於六塵中行捨心不取惡好相
七地竟 順入衆生心者菩薩住是八地中順
觀一切衆生心之所趣動發思惟深
念順觀已智慧分別知是衆生永無
得度因緣是衆生過無量阿僧祇劫
然後可度是衆生或一劫乃至十劫可度

是衆生或一世二世乃至今世可度是衆生或即時可度者是熟是未熟是人可以聲聞乘度是久可以辟支佛乘度辟如良醫訣病知差久近可治不可治者遊戲諸神通者先得諸神通今得自在遊戲能至無量无邊世界菩薩住七地中時欲取涅槃尒時有種種因緣及十方諸佛擁護還生心欲度衆生好莊嚴神通隨意自在乃至無量无邊世界中無所罣礙見諸佛國亦不取佛國相觀諸佛國者有菩薩以神通力飛到十方觀諸清淨世界取相欲自莊嚴其國有菩薩佛將至十方示清淨世界取淨國相自作願行如世自在王佛將法積比丘至十方示清淨世界或有菩薩自住本國用天眼見十方清淨世界初取淨相後得不著心故還捨如所見佛國自莊嚴其國者如先說是八地名轉輪地如轉輪王寶輪至處无礙無障无諸怨敵菩薩住是地中能雨法寶滿衆生願無能障导亦能取所見淨國相而自莊嚴其國如實觀佛

身者觀諸佛身如幻如化非五衆十二入十八界所攝若長若短若干種色隨衆生先世業因緣所見此中佛自說見法身者是爲見佛法身者不可得法空不可得法空者諸因緣邊生法無有自性知上下諸根者如十力中說菩薩先知一切衆生心所行誰鈍誰利誰布施多誰智慧多因其多者而度脫之淨佛世界者有二種淨一者菩薩自淨其身二者淨衆生心令行清淨道以彼我因緣清淨故隨所願得清淨世界入如幻三昧者如幻人一處住所作幻事遍滿世界所謂四種兵衆宮殿城郭飲食歌儛殺活憂苦等菩薩亦如是住是三昧中能於十方世界變化遍滿其中先行布施等充滿衆生次說法教化破壞三惡道然後安立衆生於三乘一切所可利益之事無不成就是菩薩心不動亦不取心相常入三昧者菩薩得如幻等三昧所役心能有所作今轉身得報生三昧如人見色不用心力住是三昧中度衆生安隱勝於

如幻三昧自然成事無所役用如人求財有役力得者有自然得者隨衆生所應善根受身者菩薩得二種三昧二種神通行得報得知以何身以何語以何因緣以何事以何道以何方便而爲受身乃至受畜生身而化度之八地竟受無邊世界所度之分者無量阿僧祇十方世界六道中衆生是菩薩教化應所度者而度之是世界有三種有淨不淨有雜是三種世界中衆生所可應度有利益者皆攝取之辟如然燈爲有目之人不爲盲者菩薩亦如是或先有因緣者或始作因緣者復次三千大千世界名一世界一時起一時滅如是等十方如恒河沙等世界是一佛世界如是一佛世界數如恒河沙等世界是一佛世界海如是佛世界海數如十方恒河沙世界是佛世界種如是世界種十方無量是名一佛世界於一切世界中取如是分是名一佛所度之分得如所願者是菩薩福德智慧具足故無願不得聽者聞無量无邊世界

所度之分疑不可得以是故次說所願如意此中佛自說六波羅蜜具足五度則福德具足般若則智慧具足知諸天龍夜叉揵闥婆語者我上說福智慧具足所願如意知他人種種語即是所願事復次菩薩得宿命智清淨故知處處生一切語復次得願智故知立名者心强作種種名字語言復次菩薩得解衆生語言三昧故通一切語無礙復次自得四無导智又復學佛四無礙智以是故知衆生語言音聲處胎成就者有人言菩薩乘白象與無量兜率諸天圍遶恭敬供養侍入母胎有人言菩薩母得如幻三昧力故令腹廣大無量一切三千大千世界菩薩及天龍鬼神皆得入出胎中有宮殿臺觀先莊嚴牀座懸繒幡蓋散花燒香皆是菩薩福德業因緣所成然後菩薩來下處之亦以三昧力故下入母胎於兜率天上如故生成就者菩薩欲生時諸天龍鬼神莊嚴三千大千世界是時有七寶蓮花座自然而有從母胎中有無量

菩薩先出坐蓮華上叉手讚歎侍菩薩及諸天龍鬼神仙聖諸玉女等皆合手一心欲見菩薩生然後菩薩從母右脇出如滿月從雲中出放大光明照無量世界是時有大名聲遍滿十方世界唱言某國菩薩末後身生或有菩薩化生蓮華於四生中菩薩胎生化生於四種人中菩薩生剎利婆羅門二姓中生此二種姓人所貴故家成就者婆羅門家有智慧剎利家有力勢婆羅門利益後世剎利利益今世是二種於世有益是故菩薩在此中生復次諸功德法家所謂不退轉生是名家生姓成就者菩薩兜率天上觀世間何姓為貴能攝衆生即於是姓中生如七佛中初三佛憍陳如姓中生次三佛迦葉姓中生釋迦文尼佛憍曇姓中生復次菩薩初深心牢固是名諸佛姓有人言得無生法忍是諸佛性是時得佛一切種智氣分故如聲聞法中姓地人眷屬成就者皆是智人善人世世集功德此中佛自說能以菩薩為眷屬如不

可思議經中說瞿毗耶是大菩薩一切眷屬皆是住阿毗跋致地菩薩以方便三昧變化力為男為女共為眷屬如轉輪聖王居士寶是夜叉鬼神現作人身與人共事出家成就者如釋迦文菩薩夜於宮殿見諸婇女皆如死狀十方諸天鬼神齎持幡華供養之具奉迎將出是時車匿雖先受淨飯王勅而隨菩薩意自牽馬至四天使者接捧馬足踰城而出為破諸煩惱及魔人示一切衆人在家之穢如此大功德貴重之人猶尚出家況諸凡細如是等因緣名出家成就莊嚴佛樹成就者莊嚴菩提樹如先說佛此中自說是菩提樹以黃金為根七寶為莖節枝葉華節枝葉光明遍照十方無數阿僧祇諸佛世界或有佛以菩薩七寶莊嚴佛樹或有不如是者所以者何諸佛神力不可思議為衆生故現種種莊嚴一切諸善功德成滿具足者菩薩住七地中破諸煩惱自利具足住八地九地利益他人所謂教化衆生淨佛世界自利利他

深大故一切功德具足如何羅漢辟
支佛自利雖重利他輕故不名具足
諸天及小菩薩雖能利益而自未除
煩惱故亦不具足是名功德具足
當知如佛者菩薩坐如是樹下入第
十地名為法雲地譬如大雲澍雨連
下無間心自然生無量无邊清淨諸
佛法念念無量尒時菩薩作是念欲
界魔王心未降伏放眉間光令百億
魔宮闇蔽不現魔即瞋惱集其兵衆
来逼菩薩菩薩降魔已十方諸佛慶
其功勳皆放眉間光從菩薩頂入
是時十地所得功德變為佛法斷一
切煩惱習得無礙解脫具十力四無
所畏四無㝵智十八不共法大慈大
悲等無量无邊諸佛法是時地為六
種震動天雨華香諸菩薩天人皆合
手讚歎是時放大光明遍照十方無
量世界十方諸佛菩薩天人大聲唱
言某方某國某甲菩薩坐於道場成
具佛事是其光明是名十地當知如
佛復次佛此中更說第十地相所謂
菩薩行六波羅蜜以方便力故過乾

慧地乃至菩薩地住於佛地佛地即
第十地菩薩能如是行十地是名發
趣大乘

大智度論釋出到品第二十一

佛告須菩提汝所問是乘何處出至
何處住者佛言是乘從三界中出至
薩婆若中住以不二法故何以故摩
訶衍薩婆若是二法共不合不散無
色無形无對一相所謂無相若人欲
使實際出是人為欲使無相法出若
人欲使如法性不可思議性出是人
為欲使無相法出若人欲使色空出
是人為欲使無相法出若人欲使受
想行識空出是人為欲使無相法出何
以故須菩提色空相不出三界亦不
住薩婆若受想行識空相不出三界
亦不住薩婆若所以者何色色相空
受想行識識相空故若人欲使眼空
出是人為欲使無相法出若人欲使
耳鼻舌身意空出是人為欲使无相
法出若人欲使乃至意觸因緣生受
空出是人為欲使無相法出何以故
須菩提眼空不出三界亦不住薩婆

若乃至意觸因緣生受空不出三界
亦不住薩婆若所以者何眼眼相空
乃至意觸因緣生受意觸因緣生受
相空故若人欲使夢出是人為欲使
無相法出若人欲使幻焰響影化出
是人為欲使無相法出何以故須菩
提夢相不出三界亦不住薩婆若幻
焰響影化相亦不出三界亦不住薩
婆若須菩提若人欲使檀波羅蜜出
是人為欲使無相法出若人欲使尸
羅波羅蜜羼提波羅蜜毗梨耶波羅
蜜禪波羅蜜般若波羅蜜出是人為
欲使無相法出何以故檀波羅蜜相
不出三界亦不住薩婆若尸羅波羅
蜜乃至般若波羅蜜相不出三界亦不
住薩婆若所以者何檀波羅蜜檀波
羅蜜相空尸羅波羅蜜羼提波羅蜜
毗梨耶波羅蜜禪波羅蜜般若波羅
蜜般若波羅蜜相空故若人欲使內
空出乃至無法有法空出是人為欲使
無相法出何以故須菩提內空相乃
至無法有法空相不出三界亦不住
薩婆若所以者何內空內空性空乃

至無法有法空無法有法空性空故若人欲使四念處出是人為欲使無相法出何以故四念處性不出三界亦不住薩婆若所以者何四念處四念處性空故若人欲使四正勤四如意足五根五力七覺分八聖道分出是人為欲使無相法出何以故八聖道分性不出三界亦不住薩婆若所以者何八聖道分八聖道分性空故乃至十八不共法亦如是須菩提若人欲使阿羅漢出生處是人為欲使無相法出若人欲使辟支佛出生處是人為欲使無相法出若人欲使多陁阿伽度阿羅訶三藐三佛陁出生處是人為欲使無相法出何以故須菩提阿羅漢性辟支佛性佛性不出三界亦不住薩婆若所以者何阿羅漢阿羅漢性空辟支佛辟支佛性空佛佛性空故若人欲使須陁洹果斯陁含果阿那含果阿羅漢果辟支佛道佛道一切種智出是人為欲使無相法出如上說若人欲使名字假名施設相但有語言出是人為欲使無相

法出何以故名字空不出三界亦不住薩婆若所以者何名字相名字相空故乃至施設亦如是若人欲使不生不滅法不垢不淨無作法出是人為欲使無相法出何以故不生乃至無作法性不出三界亦不住薩婆若所以者何不生性乃至無作無作性空故須菩提以是因緣故摩訶衍從三界中出至薩婆若中住不動故問曰佛已知須菩提所問今何以更稱而荅荅曰是摩訶般若波羅蜜有十万偈三百二十万言與四阿含等此非一坐說盡又上須菩提所問已荅事異時異曰故稱第三問而荅復次有人言聲聞法中無有不可思議事不得一日一坐中說盡佛有無导解脫菩薩有不可思議三昧能令多時作少時少時作多時亦能以大色入小小色作大又如六十小劫說法華經人謂從旦至食問曰色有形可見時無形但有名云何得以近為遠以遠為近荅曰以是故說以不可思議神通力如人夢中夢有所見自以為覺夢中復

夢如是展轉故是一夜以是故更稱其問而荅是乘何處出至何處住者佛荅是乘從三界中出至薩婆若中住問曰是乘為是佛法為是菩薩法若是佛法云何從三界出若是菩薩法云何薩婆若中住荅曰是乘是菩薩法乃至金剛三昧是諸功德清淨變為佛法是乘有大力能有所去直以至佛更無勝處可去故言住辟如劫盡火燒三千世界勢力甚大更無所燒故便自滅摩訶衍亦如是斷一切煩惱集諸功德盡其邊際更無所斷更無所知更無所集故便自滅滅不一法者斷諸菩薩者故說此中佛自說大乘薩婆若是二法不散不合不異故不散六情所知盡虛妄故無色无形无對一相問曰先言不一故不合今何以言一相荅曰此中言一相所謂無相无相則無有出至佛道為引導凡夫人故說言一相實際者是諸法末後實相無出無入若有狂人欲使實際出至佛道者此人則欲使無相法出如法性法相如先說不可思議性

者有人言即是如法性實際無量无邊心心數法滅故言不可思議復有人言過實際涅槃更求諸法實者有者無是名不可思議復次一切諸佛法無有能思惟籌量者故名不可思議復有人言一切諸法分別思惟皆同涅槃相是不可思議者人欲使空中出此人則欲使無相法中出此中佛自說五衆空相不能出三界不能至薩婆若五衆中五衆相空故十二入乃至意觸因緣生受空亦如是變等空譬喻亦如是自相空故無出無至者人欲使六波羅蜜出此人則為欲使無相法出何以故六波羅蜜因緣和合故無自性自性無故空菩薩著六波羅蜜墮邪道故為說空十八空乃至一切種智亦如是問曰六波羅蜜有道俗俗可著故可說空出世間六波羅蜜三十七品乃至十八不共法無所著故何以說空答曰諸菩薩漏未盡以福德智慧力故行是法或取相愛故凡夫法虛妄顛倒此法從凡夫法邊生云何是實以是故佛

說是亦空以喻無相法是大乘即是無相无相云何有出有至諸法皆空但有名字相假名語言今名字等亦空以喻無相第一義中不可得世俗法中有相名字等假名相義如先說用如是法從三界出至薩婆若中住非是實法亦無所動須菩提汝所問是乘何處住者須菩提是大乘無住處何以故一切法無住相故是乘若住不住法住

須菩提譬如法性不生不滅不垢不淨無相無作非住非不住須菩提是乘亦如是非住非不住何以故法性相乃至无作相非住非不住所以者何法性相空故乃至無作性无作性性空故諸餘法亦如是須菩提以是因緣故是乘無所住以不住法不動法故

問曰上言是乘到薩婆若更無勝法可去今何以復說是乘無住處答曰先說以空不二法故言住如幻如夢雖有坐卧行住非實是住菩薩亦如是雖言到薩婆若住亦無定住佛此中自說一切法從本已來無住相云

何獨大乘有住若有所住以畢竟空法住譬如如法性法相實際非住非不住不生不滅不垢不淨不起不作不住者自相中不住非不住者異相中不住不住者說空破有非不住者說世諦方便有住不住者說無常破常相非不住者破滅相此中佛自說法性法性相空何以故自相空故乃至無起無作諸餘法亦如是

須菩提汝所問誰當乘是乘出者無有人乘是乘出者何以故是乘及出者所用法及出時是一切法皆無所有若一切法無所有用何等法當出何以故我不可得乃至知者見者不可得畢竟淨故不可思議性不可得畢竟淨故衆入界不可得畢竟淨故檀波羅蜜不可得畢竟淨故乃至般若波羅蜜不可得畢竟淨故內空不可得畢竟淨故乃至無法有法空不可得畢竟淨故四念處不可得乃至十八不共法不可得畢竟淨故須陁洹不可得乃至阿羅漢辟支佛菩薩佛不可得畢竟淨故須陁洹果乃至

阿羅漢果辟支佛道佛道一切種智不可得畢竟淨故不生不滅不垢不淨無起无作不可得畢竟淨故過去世未來世現在世生住滅不可得畢竟淨故增減不可得畢竟淨故何法不可得故不可得法性不可得故不可得如實際不可思議性法性法相法位檀波羅蜜不可得故不可得乃至般若波羅蜜不可得故不可得內空不可得故不可得乃至无法有法空不可得故不可得四念處不可得故不可得乃至十八不共法不可得故不可得須陁洹不可得故不可得乃至佛不可得故不可得須陁洹果不可得故不可得乃至佛道不可得故不可得不生不滅乃至不起不作不可得故不可得復次須菩提初地不可得故不可得乃至第十地不可得故不可得畢竟淨故云何為初地乃至十地所謂乾慧地性地八人地見地薄地離欲地已作地辟支佛地菩薩地佛地內空中初地不可得乃至無法有法空中 初地不可得內空乃至無法有法空中第二第三第四第五第六第七第八第九第十地不可得何以故須菩提初地非得非不得乃至十地非得非不得畢竟淨故內空乃至無法有法空中成就衆生不可得畢竟淨故內空乃至無法有法空中淨佛世界不可得畢竟淨故內空乃至無法有法空中五眼不可得畢竟淨故如是須菩提菩薩摩訶薩以一切諸法不可得故乘是摩訶衍出薩婆若

論者言出者行是乘到佛道邊出又復以成就故名出以是乘成就薩婆若是名為出此中佛自說空因緣乘者是六波羅蜜所用法者是慈悲方便等諸法六波羅蜜所不攝出者是菩薩是三法皆空此中佛復說因緣我不可得乃至知見者不可得畢竟空故五衆十二入十八界檀波羅蜜乃至十八不共法須陁洹乃至薩婆若不生不滅不垢不淨乃至三世三相增減等是名法空我乃至知者見者須陁洹乃至佛是名衆生空問曰有二種不可得一者有法智慧少故不能得二者有大智慧推求不能得此云何不可得答曰是法無故不可得問曰一切法本末不可得於人有何利答曰此中佛自說畢竟清淨故畢竟者若行者依無而破有於有得清淨於无未清淨以依止故此中佛自說不可得因緣一切衆生不可得一切法不可得譬如如法性實際等乃至不作不起不可得復次十八空故法性不可得乃至不起不作十八空中無初地乃至十地無成就衆生無淨佛世界無五眼以十八空故空畢竟清淨故不可得菩薩用不可得法乘是乘是乘出薩婆若

是智度論卷第五十 釋第十九品訖第二十

大智度論卷五十

校勘記

一　底本，金藏廣勝寺本。八八九頁中、下及次頁上原版殘，以麗藏本補。

一　八八九頁中一行經名，石作「大智度經論卷第五十五」，卷末經名同；資、普、南、徑、清作「大智度論卷第五十」。

一　八八九頁中三行後，石有品名「摩訶般若波羅蜜經發趣品第二十釋之餘」；資、普、南有品名「第二十發趣品之餘」；徑、清品名作「釋發趣品第二十之餘」。

一　八八九頁中四行「云何」，資、普、南、徑、清、麗冠以「經」。

一　八八九頁中一一行第七字「得」，石作「見」。

一　八八九頁中一三行「八界不著十二入」，石作「二入不著十八界」。

一　八八九頁中二一行第六字「戒」，資作「止」。

一　八八九頁下七行第二字「佛」，資、普、南、徑、清無。

一　八八九頁下一〇行末字「故」，資、普、南、徑、清作「忍故」。

一　八八九頁下一二行第九字「心」，石、資、普、南、徑、清作「一心」。

一　八八九頁下一八行第六字「薩」，資、普、南、徑、清作「薩慧地」。

一　八九〇頁上二行第一三字「國」，資、普、南、徑、清作「界」，下同。

一　八九〇頁上九行第二字「四」，資、普、南、徑、清作「五」。

一　八九〇頁上一三行第六字「相」，石作「想」。

一　八九〇頁上一六行第四字「而」，資、普、南、徑、清作「所」。

一　八九〇頁上二二行第三字「諸」，石、資、普、南、徑、清作「語」。

一　八九〇頁中三行第五字「性」，資、普、南、徑、清作「姓」。

一　八九〇頁中一三行第一二字「根」，石、麗無。

一　八九〇頁中一四行第一三字「界」，石、麗作「國」。

一　八九〇頁中一五行首字「淨」，石作「清淨」。

一　八九〇頁中一八行第一三字「滿」，資、普、南、徑、清作「圓滿」。

一　八九〇頁中一九行第八字「爲」，石作「名」。

一　八九〇頁下三行「是名」，資、普、南、徑、清無。

一　八九〇頁下三行第七字「摩」，石、資、普、南、清、麗作「摩訶薩」。

一　八九〇頁下三行「論者言」，石作「〔論〕釋曰」；資、普、南、徑、清冠以「〔論〕」；麗作「〔論〕者言」。八九七頁中一二行同。

一　八九〇頁下一九行第二字「以」，資、普、南、徑、清作「以自」。

一　八九一頁上一行第一一字「三」，石、資、普、南、徑、清、麗作「二」。

一　八九一頁上四行第五字「三」，資、普、南、徑、清無。

一八九一頁上一〇行第一二字「衆」，石、磧、普、南、徑、清無。

一八九一頁上一二行第四字「性」，磧、普、南、徑、清無。

一八九一頁上一四行第一一字「則」，磧、普、南、徑、清無。

一八九一頁上一五行末字「清」，石、磧、普、南、徑、清、麗作「謂」。

一八九一頁上一八行第九字「國」，石作「國土」。

一八九一頁上一九行第五字「今」，磧、普、南、徑、清作「令」。

一八九一頁中三行第八字「名」，磧、普、南、徑、清無。

一八九一頁中一〇行首字「住」，石、磧、普、南、徑、清、麗無。

一八九一頁中一〇行第一三字「是」，石、磧、普、南、徑、清、麗作「住是」。

一八九一頁下七行第九字「伏」，磧、普、南、徑、清無。

一八九一頁下七行第一一字「令」，麗作「今」。

一八九一頁下二一行第四字「已」，麗作「以」。

一八九一頁下二一行第九字「知」，磧、普、南、徑、清作「如」。

一八九一頁下末行第一一字「乃」，石、磧、普、南、徑、清、麗作「二劫乃」。

一八九二頁上二〇行第八字「王」，磧、普、南、徑、清作「聖王」。

一八九二頁中一一行第七字「以」，石作「以此」。

一八九二頁中一四行第一〇字「鄉」，石作「郭」。

一八九二頁中二二行首字「今」，磧、普、南、徑、清作「念」。

一八九三頁上四行末字「福」，石、磧、普、南、徑、清、麗作「福德」。

一八九三頁上六行第一三字「智」，石作「智慧」。

一八九三頁上一四行第二字「侍」，石、磧、普、南、徑、清、麗作「侍從」。

一八九三頁上一九行第四字「成」，石、磧、普、南、徑、清、麗作「感」。

一八九三頁中一四行第七字「生」，磧、普、南、徑、清作「生成就」。

一八九三頁中一八行第二字「文」，石作「年」。

一八九三頁中二一行第一〇字「姓」，磧、普、南、徑、清作「性」。

一八九三頁下七行第一三字「華」，石作「花蓋」。

一八九三頁下一〇行首字「天」，石、麗作「天王」。

一八九四頁上三行第一一字「而」，石作「他而」。

一八九四頁上一九行第八字「菩」，石、磧、普、南、徑、清作「諸菩」。

一八九四頁上二〇行第四字「某」，磧作「其」。

一八九四頁中一行末字「即」，石、磧、普、南、清作「即是」。

一八九四頁中三行第三字「乘」後，石有夾註「釋地二」。

一八九四頁中四行品名，石作「摩訶

般若波羅蜜經釋出到品第二十一釋」；普、徑、清作「釋出到品第二十一」。

一 八九四頁中五行首字「佛」，石、磧、普、南、徑、清、麗冠以「經」。

一 八九四頁中五行末字「處」，石、磧、普、南、徑、清、麗作「處出至」。

一 八九四頁下一五行第九字「相」，麗無。

一 八九五頁上四行第一三字「處」，磧、普、南、徑、清作「處性」。

一 八九五頁上九行第六字「分」，磧、普、南、徑、清作「分性」。

一 八九五頁上一七行末字「漢」，磧、普、南、徑、清作「漢性」。

一 八九五頁上一八行第八字及末字「佛」，磧、普、南、徑、清作「佛性」。

一 八九五頁中七行第四字「何」，清作「阿」。

一 八九五頁中七行「無作無作性」，石、麗作「無作性性」。

一 八九五頁中九行第五字「至」，磧、普、南、徑、清無。

一 八九五頁中九行第一三字「故」，石、麗作「法故」。

一 八九五頁中九行第一四字「問」，磧、普、南、徑、清、麗冠以「論」。

一 八九五頁中一三行「異時」，磧、普、南、徑、清無。

一 八九五頁下一三行末字「一」，石、磧、普、南、徑、清、麗作「二」。

一 八九六頁上九行第四字「五」，石作「此五」。

一 八九六頁上一八行第六字「俗」，石、磧、普、南、徑、清無。

一 八九六頁上二二行第五字「故」，石、磧、普、南、徑、清、麗作「著故」。

一 八九六頁中七行第九字「須」，石、磧、普、南、徑、清、麗冠以「經」。同頁下一〇行首字同。

一 八九六頁中一二行第三字「相」，石、麗作「起」。

一 八九六頁中一四行「乃至无作相」，磧、普、南、徑、清無。

一 八九六頁中一四行第一八字「相」，磧、普、南作「法」。

一 八九六頁中一四行末字「性」，石作「相」。

一 八九六頁中一七行「所住」，石、麗作「住處」；磧、普、南、徑、清作「所住處」。

一 八九六頁中一七行第八字「法」，石作「故」。

一 八九六頁中一八行首字「問」，石、磧、普、南、徑、清、麗冠以「論」。

一 八九六頁中二二行末字「此」，石作「是」。

一 八九六頁下一〇行首字「須」，石、磧、普、南、徑、清、麗冠以「經」。

一 八九六頁下一六行第五字「衆」，石作「陰」。

一 八九七頁中一八行第七字「知」，石、麗作「知者」。

一 八九七頁下四行第一三字「利」，石、磧、普、南、徑、清、麗作「利益」。

一 八九七頁下一五行「是乘」，石、

普、徑、麗無。

一　八九七頁下一五行末字「若」後，石有夾註「釋第二十一品竟」。

一　八九七頁下末行第四字「論」，石作「經論」。

一　八九七頁下末行夾註，石、磧、普、南、徑、清無。

中華大藏經(漢文部分)

校勘凡例

一 《中華大藏經(漢文部分)》的底本以《趙城金藏》爲主;《趙城金藏》缺佚,則以《高麗藏》等作底本。各卷所用底本的名稱及涉及底本的其他問題,均在校勘記的第一條中說明。

一 《中華大藏經(漢文部分)》選用的參校本共八種,即《房山雲居寺石經》(石)、宋《資福藏》(資)、宋《影印宋磧砂藏》(磧)、元《普寧藏》(普)、明《永樂南藏》(南)、明《徑山藏》(徑)、《清藏》(清)、《高麗藏》(麗)。

一 校勘記中的「諸本」,若底本爲金藏,即包括石、資、磧、普、南、徑、清、麗全部八種校本;若底本爲麗藏,則包括石、資、磧、普、南、徑、清全部七種校本。其他情况若用「諸本」,校勘記中則另加說明。

一 校勘採用底本與校本逐字對校的办法,只勘出經文中的異同及字句錯落,一般不加評注。參校本若有缺卷,或有殘缺、漫漶等字迹無可辨認者,則略去不校,校勘記亦不作記録。

一 一經多卷,經名、譯者、品名出現同樣性質的問題,一般只在第一卷出校,並注明以下各卷同;分卷不同時,以底本爲主出校。

一 古今字、異體字、正俗字、通假字及同義字,一般不出校。如:

古今字:宍(肉);猗(倚);距(跛);鉾(矛);誼(義)等。

異體字:脎(槃);剎(刹);皃(貌);悩(惱);㝵(碍、礙、閡)等。

正俗字:怪(恠);滴(渧);體(躰);刺(刾);閉(閇)等。

通假字:惟(唯);嫉(疾);頻(嚬、顰);揣(摶);尠(鮮)等。

同義字:言(曰);如(若);弗(不)等。